Hemingway

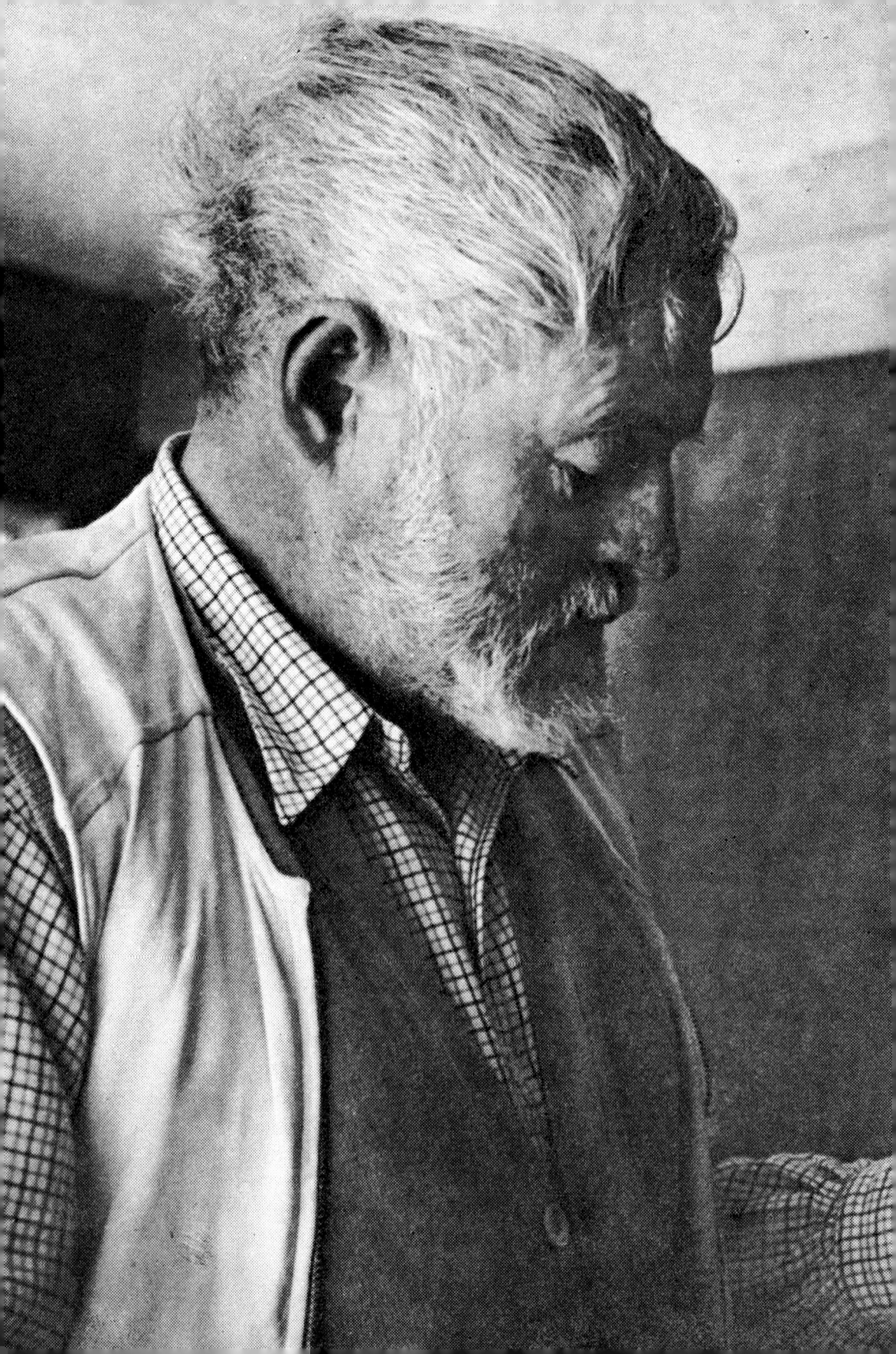

Carlos Baker

Hemingway

Die Geschichte eines
abenteuerlichen Lebens

Edition Praeger
München · Wien · Zürich

*Die Originalausgabe erschien 1970
unter dem Titel* Ernest Hemingway · A Life Story
*im Verlag Charles Scribner's Sons, New York
Aus dem Amerikanischen von Christian Herburg*

ISBN 3 7796 8010 6
© 1969 Carlos Baker
© 1969 Mary Hemingway
Teile dieses Buches erschienen zuerst in The Atlantic Monthly
© 1968, 1969 Carlos Baker
© 1971 der deutschsprachigen Ausgabe
Edition Praeger GmbH, München · Wien · Zürich
Schutzumschlag: Manfred Popp
Gesamtherstellung: Welsermühl, Wels
Printed in Austria

Inhalt

Vorwort 7

Kapitel I *Kindheit und frühe Jugend im Mittelwesten*
Land und Stadt 15 · Kunst und Wissenschaft 22 · Juvenilia 32 · Der ungeheure Raum 44

Kapitel II *Der Kriegsveteran*
Der Schio Country Club 52 · Mailand 61 · Soldaten zu Haus 73 · Nördliches Land 81

Kapitel III *Not*
Hadley 93 · Ein wahrer Satz 103 · Die Rückkehr 113 · Schwarzwald und Schwarzes Meer 117 · Lausanne 124 · Rapallo und Cortina 129 · Iberien 135

Kapitel IV *Sonnenaufgang*
Die Geburt des Sohnes 142 · Über der Sägemühle 151 · Transatlantic 161 · Im östlichen Königreich 169 · This Quarter 175 · Fiesta 182 · Lug und Trug 191 · Das Jahr der Lawinen 198 · Das Ende von Etwas 206

Kapitel V *Literaten*
Die hundert Tage 213 · Männer ohne Frauen 220 · Westwärts 229 · In einem anderen Land 238 · Die Insel und das Tal 247 · Tod am Nachmittag 258 · Ein Ort, an den man zurückkehrt 266

Kapitel VI *Formen des Kampfes*
Der Sieger geht leer aus 275 · Revolutionen 284 · Die Hochebenen Afrikas 290 · Die lange Heimreise 300 · Notizen über das Leben und die Literatur 308 · Die Entdeckung von Bimini 315 · Die Versucher 322 · Die Hänge des Kilimandscharo 330

Kapitel VII *Der Loyalist*

Der Einzug 339 · Hauptstadt der Welt 346 · Die spanische Erde 356 · Amerikanisches Zwischenspiel 362 · Die fünfte Kolonne 369 · Die Ufer des Ebro 377 · Der Rückzug 383

Kapitel VIII *Ost und West*

Die Ausbeute Spaniens 391 · Sun Valley 396 · Wem die Stunde schlägt 399 · Lohn der Arbeit 406 · In den Fernen Osten 414 · The Wound and the Bow 423 · Improvisationen 429 · Männer im Krieg 435 · Unentschlossen 441

Kapitel IX *Ein neuer Krieg*

Verfolgung nach London 447 · Über den Ärmelkanal 455 · Rückkehr in die Normandie 465 · Die Straße nach Paris 474 · Unterm Westwall 486 · Im Hürtgenwald 498 Gefechtsstand Paris 509

Kapitel X *Rückkehr*

Der Blick von der Finca Vigia 518 · Die Distel und die Blume 527 · Eindringlinge im Paradies 535 · Vergangenheit und Gegenwart 544 · Über den Fluß und in die Wälder 556 Schleudern und Pfeile 565 · Menschen in Not 576 · Der alte Mann und das Meer 583

Kapitel XI *Eine Angelegenheit von Leben und Tod*

Das Jahr der Jäger 590 · Uganda und danach 602 · Nobelpreis 609 · Blick zurück 617 Ein Mann von sechzig Jahren 627 · Die letzte Reise 636

Danksagung 661 · Anmerkung des Verlages 665 · In Deutschland lieferbare Werke 665 Bildnachweis 665 · Register 667

Vorwort

Zu seinen Lebzeiten wünsche er keine Biographie, pflegte er zu sagen, und am liebsten auch die nächsten hundert Jahre nach seinem Tod nicht. Wenn er schon der Nachwelt aufgehoben werden sollte, erklärte er einmal in einer anderen Stimmung, so würde er es vorziehen, wenn die Firma Jonas Brothers aus Yonkers, New York, diesen Job übernähme, die besten Tierpräparatoren im Lande. Nur der erste der drei Wünsche ging ihm in Erfüllung. Wäre noch zu seinen Lebzeiten eine Biographie geschrieben worden, so wäre es unmöglich gewesen, all das zu sagen, was man in diesem Buch über sein Leben und Werk lesen kann. Wenn die Fertigstellung der Biographie für ein Jahrhundert aufgeschoben worden wäre, so hätte das den unweigerlichen Verlust oder die Zerstörung einer Menge wertvollsten Materials bedeutet. Und nicht einmal dem besten Präparator wäre es gelungen, diesen komplexen und vielseitigen Mann und Künstler zu konservieren, dessen Abenteuer in der folgenden Lebensgeschichte aufgezeichnet sind.
Keine Biographie ist imstande, einen Menschen so, wie er wirklich war, zu porträtieren. Das beste Resultat ist ein Annäherungswert, bei dem alle falschen Informationen ausgemerzt sind und in dem wenigstens ein Großteil der Wahrheit entweder durch Heranziehung direkter Quellen oder durch implizite Folgerung an den Tag gelegt wird.
Um Ernest Hemingway wieder zum Leben zu erwecken, sind Tausende Bilder nötig, Tausende Szenen, in denen er agierte, Tausende Augenblicke, wenn er von den Dingen schrieb oder sprach, die ihn am meisten interessierten. Aus dem kleinen Jungen, der ›Fraid o'nothing‹ schrie, wurde der Mann, der entdeckte, daß es eine Menge zum Fürchten gab, dieses ungeheure kosmische Nichts inbegriffen, das Goya ›Nada‹ nannte. Der Heranwachsende lernte als Verwundeter in Italien, sich von der Illusion der Unsterblichkeit freizumachen. Der romantische Aktivist, Mittelpunkt und Schöpfer seines eigenen Universums, wurde zum pragmatischen Moralisten, dessen Hauptziel es war, herauszufinden, wie er in diesem Leben bestehen und seinen sorgsam kultivierten stoischen Mut in den Stoff, aus dem seine

Vorwort

Romanhelden gemacht waren, projizieren könne. Der ethische Hedonist suchte und fand tausend und abertausend Genüsse, während er immer wieder erfahren mußte, daß das Leben, sein eigenes nicht ausgenommen, für immer mit Leiden verbunden ist. ›Il faut (d'abord) durer‹ wurde sein Schlagwort und auch seine Lebensregel, bis der Begriff des Sichbehauptens von einer mehr und mehr überhandnehmenden Gewißheit, daß es für ihn Zeit zu sterben sei, abgelöst wurde.

Wenn nicht alle Bilder verzeichnet sind, so dürften es doch genug für den Leser sein, um ihm beim Versuch zu helfen, das Phänomen Ernest Hemingway zu begreifen. Da ist einmal der ungemein ehrgeizige junge Mann mit seinem unüberbietbaren Konkurrenzgeist, getrieben von dem Drang, sich in allen seinen Unternehmungen auszuzeichnen, bewundert und als Vorbild anerkannt zu werden, seine Überlegenheit durch ständige Mutproben zu beweisen, seine Stärke und Ausdauer zum Nutzen anderer zu entfalten. Da ist seine Abneigung gegen Politiker, Poseure, Intellektuelle, Feiglinge und Muttersöhnchen, seine Beherrschung in Furcht und Schmerz, seine stolze Auflehnung gegen den Tod.

Da ist der Mann der vielen Widersprüche: scheu und schüchtern auf der einen Seite, ein unglaublicher Prahlhans auf der anderen; sentimental bis zum unvermittelten Tränenausbruch – und ein Streithahn, der seine Wut wie einen Knüppel niedersausen ließ; der herzliche, generöse Freund und der unbarmherzige, hochfahrende Feind; der Mann, der sich treu hinter einige seiner ältesten Freunde stellte, während er mit anderen Händel suchte, aus Furcht, sie könnten ihn völlig in Beschlag nehmen; der Nicht-Held, der Heldenstatus verlangte, der Mann der Tat und der Mann der Worte.

Da ist der Mann, der nie aufhörte zu lernen, der unersättliche Leser, der brillante Naturkenner, der Fragesteller, dessen Wißbegierde nie zu befriedigen war, der erfahrene Beobachter mit dem phänomenalen Gedächtnis, der exakte Interpret, der launenhafte Lehrer, der Mann, der immer wieder in sich Atavismen und die elementaren Dinge des Lebens kultivierte. Angesichts des Geheimnisvollen war er abergläubisch, rieb seine Glückssteine zwischen den schwieligen Handflächen, konvertierte und fiel wieder von der Kirche ab und landete schließlich bei einem nicht durch Intellektualisierung angesteckten Humanismus; er beklagte sich aber, daß ihm der geistliche Beistand einer Glaubensgemeinschaft versagt blieb (wie einem Mann, der durchfroren und durchnäßt ist, der wahre Trost von gutem Whisky).

Da ist der romantische Lügner, für den die Grenzlinie zwischen Dichtung und Wahrheit dünner war als ein Haar, der mit der Erfindung von Geschichten sein Brot verdiente und keinen Grund sah, diesen Mechanismus abzuschalten, wenn er Briefe schrieb oder sich mit Freunden und Bekannten unterhielt. Da ist auch der Mann, der einmal gestand, daß er gerne ein König geworden wäre. Er konnte mit Untergebenen großmütig sein, aber auch grimmig und schroff, freundlich gegenüber allen, die er auf gleicher Stufe mit sich selbst stehen fühlte; engen Freunden zärtlich zugeneigt; scheu in großen Gesellschaften, voller Hochachtung gegenüber Leuten, deren Aufgaben und Fähigkeiten er schätzte. Er teilte die ganze Welt in gute Kumpels und Dummköpfe ein. Mit einigen bemerkenswerten Ausnahmen zog er Leute aus niederem und mittlerem Milieu den ›upper-classes‹ vor, obgleich sein Gefühl für Menschen ihn (wieder mit einigen Ausnahmen) selten trog.

Da ist der Mann, dessen Handeln vom Stolz diktiert war (den er oft als Todsünde bezeichnete, aber doch als seinen persönlichen und geliebten Dämon anerkannte). Er war stolz auf seine Männlichkeit, seine literarischen und sportlichen Talente, seine Steherqualitäten, seinen Ruhm, seine Trinkfestigkeit, sein Können als Fischer und Flugwildschütze, sein Einkommen, seine Selbstsicherheit, seinen Witz, seine Lyrik, sein Wissen auf medizinischem und militärischem Gebiet, seine Geschicklichkeit im Kartenlesen, in der Navigation und in der Beurteilung des Geländes. Da ist der manisch-depressive Charakter mit seinen Temperamentsausbrüchen, der unverbesserliche und immer kränkliche Hypochonder, der sein Leben lang immer wieder ernsthaft von Selbstmord sprach und dennoch über enorme Energiereserven verfügte, die ihn binnen Tagen, ja manchmal binnen Stunden von ganz unten wieder auf die Höhe seiner Leistungskraft bringen konnten. Er war zeit seines Lebens ein selbstquälerischer Mensch, der aber andere vor dieser verderblichen Gewohnheit nicht genug warnen konnte. Als Erwachsener wurde er von Schlaflosigkeit und Alpträumen heimgesucht, beides Auswüchse seiner überentwickelten Phantasie. Naßkaltes oder feuchtheißes Wetter legten ihn völlig lahm, während ihn der frühe Morgen oder die Zeit des Sonnenuntergangs, strahlende Sonne oder trokkene Kälte, die Berge oder das Meer rasch wieder auf die Beine bringen konnten.

Da war der grimmige Individualist, der modisches Getue wie die Pest mied, der der Meinung war, daß der Schriftsteller wie der Zigeuner ein ›Außenseiter der Gesellschaft‹ sein muß, der der Überzeugung war, daß die Regierung die beste sei, die am wenigsten regiert, der Diktatur, Bürokratie, Steuern, Propaganda und Demagogie haßte, der der Habsucht und Raffgier des Menschen die Schuld gab, überall das zu zerstören, was er auf der Welt am meisten liebte, der gegen den Einbruch der modernen Zivilisation gegen die immer mehr zurückgedrängte unberührte Natur zu Felde zog.

Und da war diese Ausstrahlung des Körperlichen, die stark genug war, einen ganzen Raum in Spannung zu versetzen, wenn er ihn betrat, und die so einnehmend war, daß sie jede Antipathie im Keim erstickte. Größe und Kraft: das war der erste Eindruck, den man von ihm hatte. Er war 1,83 m groß und wog normalerweise um die 95 Kilo. Er setzte leicht Gewicht an und brachte es bis auf 120 Kilo. Er hatte Schuhgröße 45. Seine Augen waren braun, und in seinen roten Wangen hatte er Grübchen, die in späteren Jahren durch seinen Bart verdeckt wurden. Er hatte ursprünglich schlichtes, dunkelbraunes Haar. Mitte der Vierzig lichtete es sich, und gegen Ende der Fünfzig bekam er eine Glatze, die er dadurch kaschierte, daß er sein verbliebenes Haar nach vorn in die Stirn kämmte. Sein Bart war ursprünglich rabenschwarz, wurde später meliert und zuletzt schneeweiß. Er konnte keine Beengung um den Hals aushalten und trug gewöhnlich Ausschlaghemden. Er war der Überzeugung, daß eine lederne Jagdweste seinen ramponierten Nieren guttäte, und kaprizierte sich darauf, immer eine zu tragen. Er hatte die Angewohnheit, auf den Fußballen zu wippen, und oft konnte man bemerken, wie er beim Reden oder Zuhören den Kopf hin und her schwenkte. Wenn man gut hinhörte, konnte man an ihm einen leichten Sprachfehler entdecken: seine ls und rs gerieten wie ws. Kenner der Materie behaupten, er sei ein perfekter Liebhaber gewesen, ohne aber deswegen Don-Juan-Eigenschaften an den Tag gelegt zu haben. Er war ohne Zweifel ein Mann, der die Gesellschaft von Männern der von Frauen vorzog. Er hatte viele Frauenbekanntschaften und rühmte sich, mit allen Frauen, die er haben wollte, im Bett gewesen zu sein. Er erzählte seinen Saufkumpanen gerne von seinen Erfolgen, besonders in seiner Jugend und in den Fünfzigern. Er hatte drei Söhne und sehnte sich nach einer Tochter. So nimmt es nicht wunder, daß er hübsche Frauen gerne mit ›Tochter‹ ansprach. In Gesellschaft von Frauen spielte er gerne die Rolle des großen Bruders, wie ein Mann, der an Schwestern gewöhnt ist. Die Frauen, die er gern hatte, waren nicht unbedingt alle schön oder hübsch. Er bewunderte jene, die Aktivität ausstrahlten und nicht verweichlicht, launisch, unselbständig, eingebildet oder überintellektuell waren. Auf das Haar der Frauen legte er besonderes Augenmerk, seine Länge, seine Beschaffenheit, seine Anordnung und seine Gepflegtheit. Er haßte es aber, wenn Frauen Hautcreme, Tinkturen oder Schönheitssalben verwendeten, er verabscheute die meisten Parfums, übertriebenes Make-up, Hüftgürtel oder künstliche Busen. Sowohl bei Frauen als auch bei Männern bewunderte er Mut und stoische Ausdauer. Herausforderndes Betragen, Gekreisch und Gezänk, falsche wie auch zu Recht bestehende Beschuldigungen konnte er nicht ausstehen. In Gegenwart von Frauen liebte er es, seine Talente in Wortgeplänkeln und witzigen Wortspielen ins rechte Licht zu setzen. Jene, die er gern hatte oder liebte, behandelte er oft wie ein vollendeter Kavalier; wenn er sie aber einmal abgeschrieben hatte, konnte er ungeheuer grausam und beleidigend sein. Wenn er betrunken oder genug provoziert war, konnte er sie sogar manchmal schlagen oder ohrfeigen. Bei Freunden und sogar zu relativ neuen Bekannten nahm er, wenn es um sein Privatleben ging, kein Blatt vor den Mund. Wenn in seinem Privatleben alles zum besten stand, pflegte er seine Frauen mit dem Standardsatz zu beschreiben: Sie sind glücklich, gesund, hart wie Stein und gut gebräunt.

Er war einer der besten Schriftsteller, die Amerika je hervorgebracht hat, ein epochemachender Stilist mit einem außergewöhnlich schöpferischen Talent, der massenweise Nachahmer fand und der, meist im Alleingang, einen lebenslangen Kampf gegen alles Affektierte, Sentimentale, Anmaßende und Künstliche führte. Das Schreiben fiel ihm schwer. Die Intensität seiner Hingabe war so groß, daß ihn schon ein paar Stunden im wahrsten Sinn des Wortes auspumpten und die Tagesleistung selten 500 oder 600 Wörter überstieg. ›Offen gestanden‹, schrieb er im Jahre 1951, ›es ist ein hartes Metier; ganz gleich, wie sehr du es auch liebst. Ich liebe es mehr als irgend etwas auf der Welt. Aber es ist ziemlich schwierig, wenn sich ein Mann wirklich daran versucht.‹ Obwohl sich der größte Teil seiner Abenteuer früher oder später in seinen Werken niederschlug, ist es nicht seine Laufbahn als Mann der Tat, sondern sein Schreiben, das eine Biographie rechtfertigt.

Die folgende Darstellung ist keine ›definitive‹ Biographie und war auch nie als solche gedacht. Obwohl darin der Versuch unternommen wird, eine detailreiche Geschichte seines Lebens von der Geburt bis zum Tod zu geben, wird ein abschließendes Werk sicherlich nicht vor dem Jahr 2000 möglich sein. Vieles bleibt zukünftigen Literaturwissenschaftlern noch zur Erforschung überlassen. Obwohl das hier vorgelegte Werk eine beträchtliche Menge Information über Ursprung, Entwicklung und kritische Aufnahme seiner Werke bietet, stellt es keine ›kritische‹ Biographie dar, in der der Biograph gemeinsam mit der Aufzeichnung des Lebens den ganzen Bereich des literarischen Schaffens zu erforschen, analysieren und auszuwerten sucht. Dieser Plan war ursprünglich ins Auge gefaßt, aber dann fallengelassen worden, weil der Autor dieses Werks in einer noch erhältlichen Studie bereits eine intensive Untersuchung von Hemingways Romanen und Erzählungen unternommen hat. Schließlich handelt es sich hier nicht um eine ›interpretierende‹ Biographie. Obwohl im Mosaik von Hemingways Leben gewisse Verhaltensmuster klar erkennbar sind, dominiert doch keines von ihnen seine psychologische Einstellung ausschließlich oder kann die Natur und Ausrichtung seiner Laufbahn als Mensch und Künstler voll erklären.

Diese Biographie geht zum Großteil direkt oder indirekt auf seine eigenen Aufzeichnungen zurück; sie schließt viele Seiten seines unveröffentlichten Werks und ungefähr 2500 seiner Briefe ein, des weiteren eine große Zahl an ihn adressierter Briefe von Freunden, Familienangehörigen und zufälligen Bekanntschaften. Dieses Material wurde durch zahlreiche Interviews ergänzt, durch eine umfangreiche Korrespondenz mit all denen, die ihn gut kannten, und durch ausgedehnte Reisen in fast alle Gegenden, die Hemingway in früheren und späteren Jahren frequentierte. Seit seinem

Vorwort

Tod ist eine ungeheure Menge falscher Informationen verbreitet worden. Abgesehen davon, daß die Fakten über sein Leben und Werk aufgezeigt werden, wurde kein Versuch unternommen, alle Irrtümer, die da und dort noch als authentisch gelten, zu widerlegen.

Die Biographie verdankt Charles Scribner jr., dem Präsidenten des Verlages, der seit dem Jahr 1926 das gesamte wesentliche Werk Hemingways veröffentlicht hat, ihr Entstehen. Sie wurde mit Wissen und Einwilligung von Mary Welsh Hemingway geschrieben, der Witwe des Autors und Verwalterin seines literarischen Nachlasses; sie gab dem Biographen die großzügige Erlaubnis, in alle Dokumente Einsicht zu nehmen, ohne den Versuch zu machen, ihn in seinem Urteil oder seiner Interpretation zu beeinflussen.

Ein Werk dieses Umfangs hätte ohne die bereitwillige Unterstützung vieler Menschen nie vollendet werden können. Der Autor hätte gerne alle die, die ihm mit Information, Zeit, Energie und Zuspruch zur Seite gestanden haben, namentlich auf der Titelseite aufgeführt, wenn es ihm nicht aus Platzmangel unmöglich wäre. Er spricht allen Mitarbeitern von ganzem Herzen seinen Dank aus.

Princeton, New Jersey
1961–1968

Carlos Baker

Hemingway

Die Geschichte eines
abenteuerlichen Lebens

KAPITEL I

Kindheit und frühe Jugend im Mittelwesten

Land und Stadt

Sobald dem Kind die Reise zugemutet werden konnte, nahm man es mit in die nördlichen Wälder. Für einen Säugling von sieben Wochen war es eine lange und beschwerliche Fahrt: Von dem Vorort Oak Park in Illinois mit dem Zug hinein nach Chicago, mit der Pferdedroschke zum Pier am Michigansee, auf dem Dampfer ›Manitou‹ nach Harbor Springs, dann die kurvenreiche Strecke bis Petoskey mit der Lokalbahn, von dort zum Bear Lake und zuletzt mit einem Ruderboot zu dem am Seeufer gelegenen Grundstück, das Dr. Ed Hemingway von Henry Bacon gekauft hatte, um hier ein Sommerhaus zu errichten.
Es war Anfang September 1899. Das frühherbstliche Wetter war klar, und die Blätter der Espen am andern Ufer des Sees begannen sich golden zu färben. Bacons kastenförmiges weißes Farmhaus stand ein gutes Stück vom Strand entfernt, zwischen Weiden und Obstbäumen, Pferchen und Hühnerställen. In dem Waldstreifen zwischen seiner Farm und der sandigen Straße, die über die Hügel nach Petoskey führte, hatten Ottawa-Indianer ihre Hütten errichtet. Manche der Frauen gingen als Wäscherinnen oder verkauften den Sommerfrischlern selbstgeflochtene Körbe. Die Männer arbeiteten als Sägearbeiter bei einer Holzfirma, die Baumstämme quer über den See in die Sägemühle flößte. Bei richtigem Wind konnte man das Kreischen der Säge über die ganze Entfernung hinweg bis zur Bacon-Farm hören. Das Bauholz für das Haus der Hemingways war bereits in einer Ecke des frisch gerodeten Grundstücks gestapelt. Hier machte Grace Hemingway ein paar Bilder fürs Familienalbum. Sie zeigten ihren lauthals schreienden Sohn in den Armen des Vaters Clarence Edmonds Hemingway.
Er hatte auf dem Oberlin-College in Ohio studiert, seinen Dr. med. am Rush Medical College in Chicago erworben und sich nach seiner Europareise als praktischer Arzt niedergelassen. Er war der älteste Sohn Anson T. Hemingways, eines graubärtigen Bürgerkriegsveteranen, der in Chicago einen gut florierenden Grundstückshandel betrieb. Ed war achtundzwanzig, über 1,80 m, mit kräftigen Armen und einem Brustkorb wie ein Faß. Um gesetzter zu wirken, trug er einen schwarzen Bart. Seine Nase

ragte wie ein Habichtsschnabel zwischen den ungewöhnlich scharfen braunen Augen hervor. Er war ein leidenschaftlicher Münzen- und Briefmarkensammler und hatte schon als Junge eine beachtliche Kollektion von Pfeilspitzen der Pottawatomi-Indianer zusammengetragen. Er stopfte Kleintiere und Vögel aus, präparierte Schlangen und war daneben ein Freund des Angelsports und der Jagd. Fisch und Wild aller Art aß er für sein Leben gern. Ein weiteres Hobby war das Kochen. Bei einem Ausflug in die Great Smoky Mountains in Nord-Carolina servierte er seinen staunenden Kameraden einen frischen Brombeerkuchen, den er mit Honig aus einem nahen Bienenstock gesüßt und über dem Lagerfeuer gebacken hatte. Den Teig hatte er mit einer leeren Bierflasche auf einem Baumstumpf ausgerollt.

Grace Hall kannte er seit der gemeinsamen Schulzeit in Oak Park. Sie hatte eine schöne Altstimme und wollte eigentlich Opernsängerin werden. Nach dem Abitur gab sie fünf Jahre lang Musikunterricht, arbeitete an ihrer Gesangsausbildung und studierte nebenher Sprachen, obwohl ihre Sehkraft durch eine frühere Scharlacherkrankung geschwächt war. Schon gewöhnliches Tageslicht tat ihren Augen so weh, daß sie häufig unter Kopfschmerzen litt. Als ihre Mutter starb, war sie dreiundzwanzig, ein junonischer Typ mit ausdrucksvollen Gesichtszügen, porzellanblauen Augen, hellbraunem Haar und hellem Teint. Im Winter des gleichen Jahres ging sie nach New York, wohnte in der Art Students League und debütierte im Frühjahr am Madison Square Garden Theatre. Aber das grelle Rampenlicht war zu viel für ihre Augen. Im Sommer reiste sie mit ihrem Vater ins Ausland, und nach ihrer Rückkehr heiratete sie am 1. Oktober 1896 Dr. Clarence Edmonds Hemingway.

Das junge Paar zog zu Mr. Ernest Hall, dem verwitweten Vater von Grace, der in der North Oak Park Avenue Nr. 439, gegenüber von Anson und Adelaide Hemingway, wohnte. Der junge Dr. Hemingway nahm seine Praxis wieder auf, Grace gab Musikunterricht, und der recht aufwendige Haushalt wurde von einem deutschen Dienstmädchen namens Sophie Stelzel besorgt. Geld spielte keine Rolle. Mr. Hall fuhr jeden Tag nach Chicago, um in seiner dortigen Eisenwarenfirma nach dem Rechten zu sehen. Er war ein sanfter und gottesfürchtiger Mann, der jeden Sonntag in der Grace Episkopalkirche zu finden war, zu Hause im Salon auf dem Brüsseler Teppich niederkniete, um das Abendgebet vorzusprechen, und bei Tisch voll Vertrauen den Segen Gottes herabflehte. Wie Anson hatte er am Bürgerkrieg teilgenommen und es in der Ersten Freiwilligen Kavallerieabteilung Iowa zum Korporal gebracht. In seinem Bein steckte immer noch ein Geschoß der Konföderierten, aber vom Krieg durfte in seiner Gegenwart nie gesprochen werden.

Ernest wurde am 21. Juli 1899 um acht Uhr morgens geboren. Er wog 4,30 kg und war 60 cm groß. Er hatte dichte schwarze Haare, die später

blond, und dunkelblaue Augen, die später braun wurden. Sein Teint war rötlich, in den Wangen hatte er Grübchen, und seine Stimme klang vom ersten Augenblick an ausgesprochen männlich. Die ältere Schwester Marcelline war im Winter des Jahres 1898 zur Welt gekommen, bei der Geburt des Knaben schien die Sommersonne heiß vom klaren Himmel. ›Die Rotkehlchen‹, schrieb seine Mutter, ›sangen ihre süßesten Lieder, um den kleinen Neuankömmling in dieser schönen Welt willkommen zu heißen.‹ Am 1. Oktober, dem dritten Hochzeitstag, wurde das Kind gegen Mittag in der Kirche der Kongregationalisten auf die Namen Ernest Miller getauft. Beide Namen stammten aus der Familie der Mutter: Ernest nannte man ihn nach seinem Großvater Hall, und Miller nach dessen Bruder. Über die Zeremonie schrieb Grace später, man habe das Kind ›Gott als Opfer‹ dargebracht, ›damit es seinen Namen erhalte und fortan zu Gottes kleinen Lämmern gezählt werden könne‹.
Der Kleine war ruhig und gut genährt, weil er bei seiner Mutter schlief und sie ihn jedesmal stillte, wenn er nachts aufwachte. Seine erste Puppe, ein kleines Indianerbaby aus Gummi, erhielt er von Sophie Stelzel, seine zweite, einen weißen Eskimo, von seinem Vater. Im Januar bekam er seinen ersten Zahn. Es machte Grace damals Spaß, die Kinder gleich zu kleiden, und es gibt noch ein Foto, das ihn im Alter von neun Monaten in einem rosa Kattunkleid und einem breitkrempigen blumengeschmückten Hut zeigt. Während des Sommers 1900 bezog die Familie ihr Häuschen ›Windemere‹ am Bear Lake, das zwischen flachen, grünen Hügeln und blauen Seen lag. Der kleine Ernest spielte, aß und schlief leidenschaftlich gern. Am 13. Juli, kurz vor seinem ersten Geburtstag, bei der Einweihung einer Scheune auf der Bacon-Farm, machte er seine ersten Schritte. Er schätzte geriebene Äpfel und entwickelte eine große Vorliebe für Fisch, wobei er ›Fisch‹ wie ›hisch‹ aussprach und darunter auch Fleischgerichte aller Art verstand. Den ganzen Sommer über hüpften Ernest und Marce wie die Frösche vom Ruderboot des Vaters und tanzten nackt im feuchten Sand herum. Ernest brüllte mit Löwenstimme, ritt auf einem Spazierstock und trieb in seinem bodenlangen, blauen Kittel Bacons Schafe mit einem Stock an. Seine Mutter berichtete stolz, daß sein ›strammer kleiner Körper‹ nur aus Muskeln bestand und seine Hände bereits größer und stärker waren als die seiner Schwester. Wenn nicht alles nach seinem Willen ging, tobte er und trat um sich vor Wut. Beim Spiel jedoch vertrug er auch die härtesten Püffe ohne den geringsten Muckser. Wenn man ihn ins Bett legte, protestierte er nie, sondern legte sich das Kissen aufs Gesicht, um sich vor dem Licht zu schützen. Sprach seine Mutter mit ihm das Nachtgebet, so kniete er neben ihr. Aber schon nach dem ersten oder zweiten Satz sprang er auf und schrie mit großen Nachdruck ›Amen‹.
Bilderbücher begeisterten ihn, besonders die Sammelbände einer monatlich erscheinenden Vogelkunde-Reihe. Er hatte es gern, wenn man für ihn Tier-

karikaturen zeichnete, und hörte bei jeder Geschichte, die man ihm erzählte, aufmerksam zu. Am liebsten hatte er die von Prince, einem schwarzen Pferd, das vor den Wagen seines Vaters in Oak Park gespannt war. Dieses Pferd, so berichtete Dr. Hemingway, hatte einen so kurzen Hals und so lange Beine, daß es auf der Weide niederknien mußte, um das Gras zu erreichen. Ernest hing an den Lippen seines Vaters: bevor der noch mit seiner Erzählung fertig war, fiel ihm der Kleine ins Wort, schrie ›Knien‹ und kniete dann lachend auf dem Boden, um die seltsamen Freßgewohnheiten von Prince zu demonstrieren. Als er im September wieder in die Stadt zurückkehrte, sah er auf einem Baum eine Eule sitzen, und nun mußten alle Geschichten von Eulen handeln. Als er einmal eine blutunterlaufene Zehe hatte, nannte er sie ›Eulenauge‹.

Im Küssen war er schon früh bewandert. ›Er kommt und schlägt einen, wenn ihm etwas nicht paßt‹, schrieb seine Mutter, ›und dann tut es ihm leid, und er gibt einem einen Kuß.‹ Schon lange vorher hatte er aufgehört, ins Bett zu machen und Windeln zu brauchen, eine Leistung, die im Hause gebührend geschätzt wurde. Seinen ersten vollständigen Satz gab er am St.-Patricks-Tag des Jahres 1901 von sich: ›Ich kenne Buffalo Bill nicht.‹ Nachdem man ihn zu Pawnee Bills Wild-West-Show mitgenommen hatte, spielte er prompt Cowboy und ließ sich, rittlings auf dem lammfrommen Prince sitzend, fotografieren. Im April nahm man ihn zum Zirkus der Ringling Brothers mit, worauf er daheim seinem Großvater das Elefantenballett vorführte und mit todernstem, konzentriertem Gesicht Räder schlug, um es den Akrobaten gleichzutun.

Mit zwei Jahren war er nach den Worten seiner Mutter so kräftig ›wie ein Fünfjähriger. Er hat blondes, an den Spitzen gelocktes Haar, das ihm als ›Ponies‹ in die Stirn fällt, eine gesunde Gesichtsfarbe, hellbraune Augen, dichte schwarze Augenbrauen, einen ausdrucksvollen Mund und Grübchen.‹ Wenn sie ihn ›Püppchen‹ nannte, stampfte er mit dem Fuß auf und sagte ›Ich nicht Püppchen, ich Pawnee Bill. Päng.‹ Seine anderen Kosenamen in der Familie waren Punch, Chipmunk und Bobby. Er sang voller Hingabe und ein bißchen falsch intonierend Kinderlieder wie ›Drei blinde Mäuse‹ und ›Jahrmarkt der Tiere‹. ›Wenn man ihn fragt, wovor er sich fürchtet‹, schrieb Grace, ›schreit er emphatisch: Ich keine Angst nicht.‹ Er legte Wert darauf, wie ein Mann behandelt zu werden. Er stolzierte mit einem Stück einer alten Muskete auf der Schulter umher. Er lernte einige Strophen aus Tennysons ›Charge of the Light Brigade‹ auswendig und hatte sich nun für den Beruf des Soldaten entschieden. Er sammelte Holzstücke, die er als seine Donnerbüchse, sein Schießgewehr, seine Flinte, seine Winchester und seine Pistole bezeichnete. Die Eltern waren von seinem Mut und seiner Ausdauer sehr beeindruckt. Er verlegte sich darauf, Stellen aus Longfellows ›Hiawatha‹ zu dramatisieren, wobei Marcelline die dunkelhäutige Tochter des alten Bogenmachers aus dem Lande der Dakotas mimen mußte.

Land und Stadt

Seine häusliche Ader zeigte sich in Graces Nähzimmer in Oak Park. ›Er näht gern‹, schrieb sie, ›und er möchte immer etwas für Papa zum Anziehen zurechtschneidern. Er ist glücklich, wenn er Daddys Hosen flicken darf – ein altes Paar, das Mama für seine Nähkünste bereithält.‹ Er war außerdem sehr weichherzig und konnte ›... bitterlich über den Tod einer Fliege weinen, die er mit Zucker und Wasser wieder zum Leben zu erwecken versuchte‹. Er liebte alle Tiere, besonders aber die in freier Wildbahn. Er sprach zu seinen Spielsachen und personifizierte jedes Stück. Er hätte schrecklich gern einen kleinen Bruder gehabt und war über die Ankunft seiner Schwester Ursula im April 1902 tief enttäuscht. Mit Tränen in den Augen nahm er die Nachricht zur Kenntnis. ›Vielleicht schickt Jesus meinen kleinen Bruder morgen‹, meinte er.

Den dritten Geburtstag verbrachte er wieder im Haus am See und durfte zum ersten Mal mit seinem Vater fischen gehen. ›Er fing den größten Fisch von uns allen‹, schrieb Grace. ›Er merkt, wann einer angebissen hat, und zieht sie alle selber an Land ... Er ist der geborene Naturwissenschaftler und liebt alles, was Käfer, Stein, Muschel, Vogel, Tier, Insekt und Blüte ist.‹ Ein Jahr später war seine Begeisterung dafür noch immer ungemindert. Als Geschenk zum vierten Geburtstag durfte er mit seinem Vater einen ganztägigen Angelausflug machen. Es regnete stark, aber das störte ihn überhaupt nicht: Er plapperte ohne Unterlaß über seine Eindrücke, freute sich über See und Wald, über Maulwürfe und Eichhörnchen, die er flüchtig zu Gesicht bekam, und half während der langen Rückfahrt nach Windemere eifrig beim Rudern.

Sein bester Freund in diesem Sommer des Jahres 1903 war Wesley Dilworth, ein blauäugiger, flachsköpfiger Junge von elf Jahren. Er kam von Horton Bay herüber, drei Kilometer hinter den niedrigen Hügeln, die den Horizont nach Westen begrenzten. Wesleys Vater Jim besaß dort eine Hufschmiede, seine Mutter Liz, die von den Hemingwaykindern Tante Beth genannt wurde, hatte eine Brathähnchen-Station für Ausflügler, die Pinehurst Cottage hieß und auf einem Hügel lag, mit Aussicht auf den See. Horton Bay bestand nur aus einer Handvoll Häuser, einem Kaufladen, der Post und der Methodistenkirche. Aber in seiner Kindheit war Ernest dort fast genauso zu Hause wie in Windemere und Walloon Lake. Die Bucht war blau, und die Brise, die vom Michigansee herüberwehte, warf oft kleine weiße Gischtkronen auf. Gewaltige Lastkähne mit ihren Erzladungen durchpflügten majestätisch und behäbig den See. Der Hügelabhang war kühl und schattig. Es roch angenehm nach sandigem Lehm, sonnengewärmten Fichtennadeln und nach Liz Dilworth' Brathähnchen.

Im Herbst jenes Jahres wurde Ernest in den Ingleside-Kindergarten aufgenommen, den Miss Annie L. Howe leitete. Er trat auch dem Oak Parker Agassiz-Klub bei, den sein Vater ins Leben gerufen hatte. Für diesen Verein zum Studium der Natur streifte er im Frühjahr jeden Samstagmorgen

mit den älteren Jungen umher, sammelte alles, was interessant sein konnte, und versuchte, die Stimmen der Vögel im Unterholz zu bestimmen. Großvater Hall schenkte ihm an seinem fünften Geburtstag ein Mikroskop. ›Er ist überglücklich‹, schrieb seine Mutter, ›stundenlang kann er die Gesteins- und Insektenproben betrachten.‹ Ein halbes Jahr darauf faßte sie die Fertigkeiten ihres Sohnes so zusammen:
›Mit seinen fünfeinhalb Jahren ist Ernest Miller schon sehr selbständig. Er zieht sich ganz allein an, ist seinem Vater eine gute Hilfe und trägt wie er Hosenträger. Er ist sehr stolz darauf, Mitglied des Agassiz-Klubs zu sein. Er zählt bis 100, buchstabiert sehr gut und hat bereits ein entwickeltes musikalisches Gehör. Er baut gern aus Bausteinen Kanonen und Forts und sammelt Zeichnungen aus dem Russisch-Japanischen Krieg. Er liebt Geschichten über berühmte Amerikaner und kann ausgezeichnete Beschreibungen von ihnen geben.‹
Als er gerade begonnen hatte, sich an seine zweijährige Schwester Ursula, die er Mrs. Gigs nannte, zu gewöhnen, erfuhr er von seiner Mutter, daß wieder ein Kind unterwegs war. ›Mein liebster Junge war begeistert‹, schrieb sie, ›als er eines Morgens zu mir ins Bett kam ... und ich ihm die frohe Nachricht mitteilte, Gott wolle uns noch ein kleines Baby schenken.‹ Er erhoffte sich noch immer einen kleinen Bruder. Aber als das Kind am 28. November 1904 zur Welt kam, war es wieder ein Mädchen.
Nach einer Kusine von Grace auf den Namen Madelaine getauft, wurde es doch sein Leben lang beim Spitznamen gerufen: Es war kaum einen Monat alt, als alle anfingen, es nach dem gutgelaunten Baby, dessen Bilder für Frühstückshaferflocken warben, Sunny Jim zu nennen.
Großvater Hall verbrachte mit seinem Sohn Leicester den Winter in Kalifornien. Vom Tod gezeichnet – er hatte die Brightonsche Krankheit – kehrte er im Frühjahr zurück. Obwohl man die Kinder nach Möglichkeit vom Krankenzimmer fernhielt, kam der junge Ernest eines Tages mit der Nachricht hereingestürzt, er habe ein entlaufenes Pferd ganz allein aufgehalten. Sein Großvater war sehr belustigt. ›Merk dir meine Worte, mein Dickerchen‹, sagte er nachher zu seiner Tochter, ›eines Tages wird der Junge noch von sich reden machen. Wenn er seine Phantasie richtig einsetzt, wird er es weit bringen, wenn er aber bei seiner Energie den falschen Weg einschlägt, wird er im Zuchthaus enden.‹ Ernest Hall hatte keine Gelegenheit mehr, weitere Schauermärchen seines Enkels zu hören. Er starb am 10. Mai 1905 und wurde am 12. nach einer im Haus abgehaltenen Totenfeier beerdigt.
In diesem langen Sommer in Michigan ereignete sich mehr, als Ernest erwartet hatte. Die Familienflotte wurde um ein zweites Ruderboot vermehrt, das mit einer Flasche Wasser auf den Namen ›Ursula of Windemere‹ getauft wurde. Auf der gegenüberliegenden Seite des Sees stand ein Gehöft mit 40 Morgen Land zum Verkauf. Die Hemingways erwarben es und ga-

ben ihm seinen ursprünglichen Namen Longfield Farm wieder. Dr. Hemingway pflanzte Hunderte von Bäumen, zwischen denen Ernest in seinem Indianergewand fröhlich umherlief. Es waren seine sechsten Ferien in Michigan und der letzte Sommer, in dem er einen Pagenschnitt trug. Als er im Herbst in die Schule kam, war es für immer vorbei mit den langen Haaren. Aber das war alles nichts gegenüber den Veränderungen, die bald kommen sollten. Grace Hemingway hatte sich entschlossen, das viktorianische Haus ihres Vaters zu verkaufen, in dem die Familie in den vergangenen neun Jahren gewohnt hatte und in dem alle vier Kinder auf die Welt gekommen waren. Sie wünschte sich ein Haus mit großzügigeren Proportionen und modernerer Einrichtung und träumte von einem hohen Raum, in dem sie Klavier spielen, singen und sich nach all den Jahren des Kinderkriegens wieder ihrer früheren Tätigkeit als Musiklehrerin widmen könnte. Im Oktober war der Verkauf perfekt, und die Familie mietete ein Haus neben der öffentlichen Bibliothek von Oak Park. ›Ich erinnere mich‹, schrieb er viel später, ›daß wir nach dem Tod meines Großvaters aus jenem Haus wegzogen ... Alles mögliche, was nicht mitgenommen werden sollte, wurde auf dem Hof verbrannt, und ich erinnere mich, daß die Gläser aus der Bodenkammer ins Feuer geworfen wurden und wie sie in der Hitze sprangen und wie das Feuer durch den Alkohol hoch aufflammte und wie die Schlangen darin verbrannten.‹
Der neue Bauplatz war eine Parzelle an der Ecke North Kenilworth Avenue 600 und Iowa Street. Das dreigeschossige Haus mit einer Stuckfassade war von Grace selbst entworfen worden, mit acht Schlafzimmern, einem Musikzimmer und Praxisräumen für den Doktor. Man brauchte viel Platz. Außer den sechs Hemingways gab es zwei Dienstboten, und eines der Schlafzimmer war für Onkel Tyley Hancock reserviert, der sich während seiner Chicago-Besuche bei den Hemingways einzunisten pflegte. Im April 1906 versammelten sie sich alle in den neuen vier Wänden, um den Einstand zu feiern. Dr. Hemingway hatte eine Blechbüchse mit Familienandenken gefüllt, die in die Kaminplatte eingelassen werden sollte. Ein Maurer warf eine Kelle Mörtel darüber, der Architekt schrieb das Datum darauf, der Priester sprach ein Gebet, und unter der Leitung von Grace sangen sie alle das Lied ›Blest Be the Tie That Binds‹.
Die Sommerferien dieses Jahres waren kürzer als sonst. Ernest durfte einen Nachbarjungen namens Harold Sampson als Feriengast und Spielkameraden einladen. Die Knaben verbrachten die meiste Zeit jenseits des Sees auf der Longfield Farm. Wesley Dilworth nahm die beiden oft zum Fischen an den Horton Creek mit, in Pinehurst Cottage schmausten sie Forellen und Brathuhn, und am Seeufer von Windemere rösteten sie Marshmallow-Konfekt über dem Lagerfeuer. Dann plötzlich war für sie der Sommer vorbei – mit Sack und Pack kehrten die Hemingways schon Mitte August nach Oak Park zurück, um ihr neues Haus zu beziehen.

Kunst und Wissenschaft

Das neue Haus in der Kenilworth Avenue stand im Zeichen von Kunst und Wissenschaft. Das künstlerische Interesse der Mutter manifestierte sich in einem riesigen Musikzimmer von 100 qm und fünf Meter Höhe. Eichene Doppeltüren führten vom Wohnzimmer in dieses pompöse Refugium. Grace hatte alles getan, um perfekte akustische Bedingungen zu schaffen. Besonders stolz war sie auf den nagelneuen Steinway-Flügel. Daneben erhob sich eine kleine teppichbelegte Estrade für die Solovorträge ihrer Schüler. Im Speisezimmer stand ein ziemlich mitgenommenes Pianino, auf dem sich die ungelenken Finger der Kinder mit den ersten Läufen abplagten. Wenn Dr. Hemingway Zeit für sein Horn fand – meistens blies er um eine Nuance daneben –, pflegte er sich in den Keller zurückzuziehen.

Der Wissenschaft widmete man sich am anderen Ende des Hauses, wo der Doktor seine Praxis und sein Wartezimmer hatte. Die Patienten saßen in der in roter Eiche gehaltenen Familienbibliothek, wo die Klassikerausgaben in streng ausgerichteten Reihen standen. Dort hatten auch die ausgestopften Tiere des Doktors, ein mottenzerfressenes Eichhörnchen, eine Eule mit glänzenden Glasaugen und ein kleiner Waschbär ihren Platz. In einem unordentlichen kleinen Raum, der dem Doktor als Laboratorium diente, standen Gläser mit einem Blinddarm und einem Fötus neben einem Skelett.

Daß zwei so ausgeprägte Persönlichkeiten wie Grace und Ed gelegentlich recht heftig aneinandergerieten, war unvermeidlich. Wenn es zu häuslichen Streitigkeiten kam, drehte es sich zumeist um Geldfragen und um die Erziehung der Kinder. Der Bau und die Einrichtung des neuen Hauses hatten das Vermögen, das Grace von ihrem Vater geerbt hatte, erheblich verringert. Sie war von Natur aus etwas extravagant und hatte das Bedürfnis, sich als *grande dame* zu kleiden und ihre Hüte mit Straußenfedern zu schmücken. Ihrer Meinung nach hatte sie mit Ehe und Kinderkriegen ein großes persönliches Opfer gebracht. Ihr mangelndes Interesse am Haushalt, ihr Bildungshunger und ihre künstlerischen Ambitionen machten für Grace Dienstboten notwendig. Ihre Gehälter – auch wenn sie nach heutigen Maßstäben niedrig waren – verursachten eine ständige Belastung des ohnehin nicht üppigen Familienbudgets. Köchinnen und Kindermädchen kamen und gingen. In der Zwischenzeit war Dr. Hemingway gezwungen, häufig selber zu kochen. Ein Patient erinnerte sich, daß er einmal sogar während einer Visite zu Hause anrief, weil er vergessen hatte, den Kuchen aus dem Rohr zu holen. Für die Familie war es ein Glück, daß er gern kochte und sogar einweckte. Er ging auch selber einkaufen, hielt Hühner und Kaninchen im Hinterhof und war medizinischer Gutachter einer Molkerei. Es wurden, wie sich Ernest später erinnerte, täglich etwa zehn Liter Milch ins Haus geliefert.

Bei der Erziehung der Kinder war der Doktor weit strenger als die Mutter.

Kunst und Wissenschaft

Immer in hektischer Eile und überbeschäftigt, reizte ihn jede Trägheit oder Saumseligkeit bei seinen Sprößlingen zu scharfen Worten. Am ›Tag des Herrn‹ war Spielen mit Freunden ebenso verboten wie Sport, Konzerte oder andere erholsame Beschäftigungen. Nur Krankheit konnte von der Teilnahme am Kirchgang und an der Sonntagsschule dispensieren. Schwerere Verstöße gegen die Regeln wurden sofort mit einem Rasierriemen bestraft (Grace benutzte dazu eine Haarbürste); dann mußte man niederknien und Gott um Verzeihung bitten. Grace war im ganzen etwas nachgiebiger. Immer wieder beteuerte sie, ihre Kinder sollten das Leben genießen. Darunter verstand sie vor allem eine Beziehung zur Kunst. Sie sorgte von Anfang an dafür, daß die Kinder Musikunterricht bekamen. Sie schickte sie in Symphoniekonzerte, Opernaufführungen und in die besseren Theaterstücke, die nach Chicago kamen. Recht früh schon wurden sie auch dazu angehalten, sich mit den Gemälden und Zeichnungen des Art Institute in Chicago vertraut zu machen. Grace glaubte fest an eine angeborene Kreativität des Menschen, und so tat sie alles für die Entfaltung der Talente ihrer Kinder.

Der Doktor dagegen lehrte seine Kinder, die Natur zu kennen und zu lieben. Er brachte Ernest bei, wie man ein Lagerfeuer macht, im Freien kocht, eine Axt gebraucht und wie man Fisch und Geflügel für die Bratpfanne zubereitet. Er legte besonderen Wert darauf, daß Gewehre, Angelruten und andere Gerätschaften sorgfältig gepflegt wurden, und er weckte in seinem Sohn Mut und Ausdauer. Auch später erinnerte ihn sein Vater immer an die freie Natur: an Schnepfenjagden auf der Prärie, an abgeerntete Felder, an Getreidemühlen und Apfelweinpressen und an Holzwehre, von denen das Wasser herunterrieselte. Er erinnerte sich daran, daß sein Vater ›bei kaltem Wetter Frost im Bart‹ hatte, während er ›bei heißem Wetter sehr stark schwitzte‹, ebenso wie Ernest. ›Er arbeitete gern auf der Farm in der Sonne, weil er nicht mußte‹, und er liebte jede Art körperlicher Betätigung, was man von Ernest später nicht behaupten konnte.

Für verwundete Tiere hatte der Vater tiefes Mitgefühl, im übrigen war er aber überzeugt, Gott habe das Wild den Menschen zur Nahrung und zum Vergnügen erschaffen. Ernest verdankte ihm seine Vorliebe für Eichhörnchen, Waschbären, Fasane, Enten, Wachteln, Tauben und eine ganze Reihe von Fischarten. Doch kannte er kein Mitleid mit dem Raubzeug, das er als ›Ungeziefer‹ betrachtete. So schrieb er einmal aus Oak Park nach Walloon Lake an Ernest: ›Erzähl es nicht weiter, aber eines Abends sah ich eine große graue Katze in unserem Hühnerstall, gerade als Onkel Tyley die Hühner in den Hof getrieben hatte. Ich lief und holte Mamas 22er Winchester und ging in den Hof hinaus. Da kam der Kater aus dem Hühnerstall herausspaziert und hatte noch die Frechheit, mir gerade ins Auge zu blicken, als ich auf ihn anlegte. Ein kurzer Knall, und Mr. Tom Cat schlug einen Purzelbaum in der Luft und wird niemals mehr Küken stehlen.‹

Kindheit und frühe Jugend im Mittelwesten

Während sich Ernest in den Jahren 1906/07 bis 1912/13 langsam durch die Volksschule arbeitete, träumte er den ganzen Winter vom kommenden Sommer. Er gewöhnte sich so sehr an den Weg von Windemere zur Bacon-Farm, daß er ihn im Dunkeln nicht hätte verfehlen können. Er erinnerte sich an den Fichtennadelboden in den Schierlingstannenwaldungen, an den schwarzen Morast des Sumpfes, an die sonnverbrannte Erde auf den Weiden, an den frischen, warmen Dünger unterhalb der Scheune der Bacon-Farm und an den schwankenden Sumpfboden des Bachbetts, wo sich der Regenpfeifer seine Nahrung holte. Als er sich wieder einmal zum Milchholen auf den Weg zur Bacon-Farm machte, lief er mit einem kurzen Holzstock im Mund den Hügel hinunter, stolperte und stieß sich im Fallen das spitze Ende des Stockes in den Gaumen. Glücklicherweise war sein Vater in der Nähe, stillte rasch die Blutung und desinfizierte die Wunde.

Obwohl der Doktor seine Praxis in Oak Park nicht schließen konnte, während seine Familie in Windemere war, verbrachte er doch so viel Zeit wie möglich in Michigan. Dort oben trug er alte Kleider und einen breitkrempigen Strohhut, düngte die Felder auf der Longfield-Farm, ruderte und fischte. Ernest erzählte später, daß die häuslichen Streitigkeiten schließlich so weit führten, daß Vater und Mutter getrennt Ferien machten, aber durch ihre gemeinsame Frömmigkeit zusammengehalten wurden, er selbst war es gewohnt, sich mal auf die eine, mal auf die andere Seite zu schlagen, um, wie er sagte, ›eine bewaffnete Neutralität‹ aufrechtzuerhalten. Außer den Angelausflügen mit Onkel Tyley zum Brevoort Lake auf der nördlichen Halbinsel von Michigan oder den herbstlichen Jagdausflügen bei seiner Schwester Nettie Hines im südlichen Illinois verbrachte der Doktor den Großteil des Jahres mit seiner Frau. Am längsten war er 1908 abwesend, als er einen viermonatigen Geburtshilfe-Lehrgang im New Yorker Lying-In-Hospital absolvierte. Seiner Tochter Marcelline zufolge bestritt Grace die Reisekosten aus den Einkünften ihres Musikunterrichts. Auf dem Rückweg machte er eine Rundreise: er schiffte sich auf der ›Comus‹ von New York nach New Orleans ein, fuhr auf einem Flußdampfer den Mississippi stromaufwärts und kam schließlich im November nach Hause. Bei seiner Ankunft in New Orleans fand er eine vom 19. Oktober 1908 datierte Nachricht Ernests vor. Sie besagte – mit einigen kindlichen Rechtschreibfehlern –, eine Muschel, die Ernest vom Des Plaines River mitgebracht hatte, habe im Schulaquarium den Schwanz eines japanischen Goldfisches eingeklemmt. Diese Mitteilung war einem Brief der Mutter beigelegt. Grace hoffte, wie sie schrieb, ihr Mann möge sich in dieser ›angenehm südlichen Stadt‹ gut erholen; Gott möge ihn segnen und gesund erhalten.

Neben den jährlichen Ausflügen nach Michigan wurde Ernest wenig auf Reisen mitgenommen. Das machte er wett, indem er die Bände einer von Marian George herausgegebenen und in Chicago veröffentlichten Buchreihe verschlang – ›Little Journeys to France and Switzerland‹ und ähnliche

Bände für Deutschland, Holland, Belgien und Dänemark. An seinem 10. Geburtstag im Sommer 1909 bekam er G. A. Hentys ›True to the Old Flag‹ geschenkt, zu Weihnachten ›Ivanhoe‹, ›Robinson Crusoe‹ und von seinem Onkel Leicester im fernen Kalifornien Dickens' ›Weihnachtsgeschichten für Kinder‹. Seine erste längere Reise machte er im September 1910: Seine Mutter nahm ihn auf eine Fahrt zur Insel Nantucket mit. Sie verließen Windemere am 29. August und fuhren nach Woodshole in Massachusetts und von dort mit dem Dampfer zur Insel. Sie logierten in der Pearl Street in dem hundert Jahre alten Haus Nr. 45 bei einer alten Jungfer namens Annie Ayers. Bei dieser Reise sah Ernest zum ersten Mal das Meer. Er ging täglich schwimmen, ›zwischen Seetang und Hufeisenkrabben‹, wie er später schrieb. Seine Mutter, die leicht einen Sonnenbrand bekam, begnügte sich damit, ab und zu im Meerwasser zu plantschen. Sonntags sang sie im Chor der Ersten Kirche der Kongregationalisten in der Hauptstraße und war stolz darauf, daß das Gebäude aus dem Jahre 1711 stammte und ihre Eltern in den achtziger Jahren dort Chormitglieder gewesen waren. Ernest fischte nach Makrelen und Seebarschen und brachte für die Sammlung des Agassiz-Klubs das Schwert eines Schwertfisches nach Hause. Auf der Rückreise machten sie eine Besichtigungsfahrt zu historischen Plätzen in Boston und Cambridge, Lexington und Concord, genau wie Grace sie ein Jahr zuvor auch mit Marcelline gemacht hatte.

Mit einigen Wochen Verspätung kam Ernest widerstrebend und von dem Monat an der See noch sonnengebräunt in die Schule zurück. In der Familie sprach man jetzt viel davon, daß er Arzt werden solle, wie sein Vater und Onkel Will. Darauf bezieht sich eine Ansichtskarte, die Doktor Hemingway Ernest sandte, als er zu einem Fortbildungskurs (vor allem für Geburtshilfe) an der Mayo-Klinik in Rochester, Minnesota, weilte:

12. Oktober 1910

Mein lieber Ernest! Hier ist ein Bild vom Hauptquartier der Chirurgie der ganzen Welt. Dein Papa macht eine wunderbare Reise, und in ein paar Jahren werden wir gemeinsam Kliniken besuchen. Viele liebe Grüße an alle, in Liebe Dein Vater, Dr. C. E. Hemingway.

Am Ostersonntag 1911 wurden Ernest und Marcelline in der Dritten Kirche der Kongregationalisten, wo Grace Chorleiterin und Solistin war, feierlich konfirmiert. Sie erwartete gerade ihr fünftes Kind, und ihr Herz war voll von mütterlicher Besorgnis und religiösen Empfindungen. Ernest sprach viel später von ›den Gefühlen, die man zu haben glaubte und doch nicht hatte, als man das erste Abendmahl empfing‹. Doch diese Gemütsregungen hielten ihn nicht davon ab, am nächsten Tag seine erste kurze Erzählung zu schreiben, und zwar als Hausarbeit für die Holmes Grammar School. Obwohl er den Namen der Insel Martha's Vineyard erwähnte, an der er im letzten Sommer auf der Reise nach Nantucket vorbeigekommen war, verdankte er den Rest der Abenteuergeschichte seinem Großonkel Tyley Hancock. Wie der Knabe in der Geschichte, hatte Tyley mit vier Jahren seine Mutter verloren und später seinen Vater, Kapitän Alexander Hancock, an Bord der Dreimastbark ›Elizabeth‹ auf einer Reise um das Kap Hoorn nach Australien begleitet.

Ernest H. *Montag, 17. April 1911*

Meine erste Seereise
Ich wurde in einem kleinen weißen Haus auf der Insel Martha's Vineyard im Staate Massachusetts geboren. Meine Mutter starb, als ich vier Jahre alt war, und mein Vater, der Käpten des Dreimastschoners ›Elizabeth‹, nahm mich und meinen kleinen Bruder mit um das ›Kap‹ nach Australien. Es war schönes Wetter, und wir sahen viele Tümmler, die um das Schiff herum spielten, und den großen weißen Albatros, der über den Ozean flog oder auf der Suche nach Speiseresten der Brigg folgte; die Matrosen steckten Zwieback als Köder auf einen riesigen Haken und fingen einen, aber sie ließen ihn gleich wieder frei, denn sie sind sehr abergläubisch, wenn es um diese großen Vögel geht.
Einmal fuhren die Matrosen auf einem Faß hinaus, das am Bugspriet befestigt war, harpunierten einen Tümmler (oder Seeschwein, wie sie ihn nennen), zogen ihn an Deck und schnitten die Leber heraus. Wir bekamen sie gebraten zum Abendessen; sie schmeckte wie Schweinefleisch, nur fetter. Wir kamen gut in Sydney, Australien, an und hatten eine ebenso gute Rückfahrt.

Ernest sollte in seiner Laufbahn als Schriftsteller noch öfter die Geschichte eines anderen als seine eigene ausgeben. Er hatte Onkel Tyleys Bericht nur soweit geändert, als er den Erzähler von Martha's Vineyard und nicht von Liverpool aus abfahren und anstelle von Tyleys älterer Schwester Caroline und Annie einen ›kleinen Bruder‹ auftreten ließ. Wenn man nach irgendeiner Spiegelung seiner innersten Sehnsüchte in der Geschichte sucht, so ist es die Anspielung auf ›meinen kleinen Bruder‹, den er sich seit neun Jahren gewünscht hatte.
Im Sommer jenes Jahres wurde er jedoch wiederum enttäuscht. Zwei Tage vor seinem zwölften Geburtstag, der besinnlich im Rahmen einer kleinen Party auf der windgeschützten Veranda gefeiert wurde, war seine vierte Schwester Caroline zur Welt gekommen – das erste und zugleich letzte der Hemingway-Kinder, das in Windemere geboren wurde. Auf den Schnappschüssen, die man von Ernest an seinem Ehrentage aufnahm, blickte er eher mürrisch drein. Tatsächlich aber sprudelte er innerlich vor Freude.

Von seinem Großvater Anson hatte er ein einläufiges Schrotgewehr Kaliber 20 geschenkt bekommen.
Das Baby war einen Monat alt, als die ersten Verwandten eintrafen. Dr. Willoughby Hemingway war mit seiner Frau und seinen beiden kleinen Töchtern zum erstenmal seit seiner Heirat im Jahre 1903 aus China wieder auf Urlaub zu Hause. Später sprach Grace von der ›schönen Zeit, als Onkel Wills Familie mit uns in Windemere lebte‹. Als dann Tyley und George Hemingway mit ihren Frauen und Kindern sowie Ernests Großmutter Adelaide von Ironton herüberkamen, waren insgesamt zwei Dutzend Familienmitglieder in Windemere versammelt. Von Zeit zu Zeit mußte sich Grace mit Migräne aus dem Tumult zurückziehen.
In den Augen seines älteren Bruders Ed war Willoughby so etwas wie ein Held. Obwohl er als Junge bei einem Unfall mit einem Maisschäler seinen rechten Zeigefinger verloren hatte, war er innerhalb von acht Jahren ein ausgesprochen erfolgreicher und sehr beliebter Missionsarzt in der Provinz Shansi geworden. Dr. Hemingway sehnte sich danach, es ihm gleichzutun. Seinem Sohn zufolge hatte man ihm die Möglichkeit geboten, ›nach Guam oder nach Grönland zu gehen‹, und ein anderes Mal war er entschlossen, ›sich in Nevada niederzulassen, wo er wenigstens dem Stadtleben entrinnen könnte‹. Aber Grace wollte als Sachwalterin der Kultur von dieser Art Wandertrieb nichts wissen. Onkel Will fesselte die versammelte Familie mit einem Bericht über seine kürzliche Begegnung mit dem Dalai Lama. Obwohl die Grenzen Tibets für Ausländer noch immer geschlossen waren, hatte es Willoughby fertiggebracht, an den Lama heranzukommen, als dieser 1910 eine offizielle Reise durch die Mongolei unternahm. Auf den zwölfjährigen Ernest wirkte diese Vision fernöstlicher Exotik, als habe man ihn plötzlich auf einen anderen Planeten versetzt.
Obwohl Ernest die Indianer, die in der Nähe der Bacon-Farm in den Wäldern lebten, nicht heroisierte, war er sich ständig ihrer Gegenwart bewußt; atavistischen Schatten gleich, bewegten sie sich lautlos am Rande seines Bewußtseins. Sie pflückten Beeren entlang des sandigen Wegs, der über die Hügel nach Petoskey führte, und boten sie unten in der Siedlung zum Kauf an – ›wilde rote Erdbeeren, vom eigenen Gewicht zerdrückt, mit Lindenblättern bedeckt, damit sie frisch blieben‹ – und später im Jahr bis zum Rand gefüllte Eimer mit Brombeeren, ›fest und vor Frische glänzend‹. Er hörte nie ihre Schritte, bis sie plötzlich da waren und neben der Küchentür standen. Doch manchmal, wenn er in der Hängematte lag, hatte er das Gefühl, er könne sie buchstäblich riechen, ›wie sie durch das hintere Gatter an dem Holzstapel vorbei und um das Haus kamen‹. Sie rochen für ihn alle gleich; es war ein seltsamer, süßlicher Geruch, den er zuerst entdeckte, ›als Großpapa Bacon die Hütte auf der Landzunge an die Indianer vermietete‹. Sobald sie weg waren, ging er in die Hütte, und ›alles roch so‹. Einer der Bewohner der Hütte war ein sehr großer Indianer, der Ernest ein Kanu-

paddel aus Eschenholz schenkte. Er ›lebte allein in der Hütte, soff wie ein Loch und streifte in der Nacht allein durch die Wälder‹. Sein Tod war denkwürdig. An einem 4. Juli wanderte er nach Petoskey und beging den Nationalfeiertag, indem er sich vollaufen ließ. Auf dem Heimweg schlief er auf den Eisenbahnschienen ein und wurde vom Mitternachtszug überfahren.
Die Indianer, die Ernest am häufigsten zu Gesicht bekam, waren zwei Sägearbeiter, Nick Boulton und Billy Tabeshaw. Nick war ein muskulöser Mann, ›sehr faul, aber ein großartiger Arbeiter, wenn er erst mal angekurbelt war‹. Manche Farmer der Gegend ›hielten ihn für einen Weißen‹. Billy Tabeshaw war klein, untersetzt und hatte ›nur ganz wenig Schnurrbarthaare wie ein Chinese‹. An einem jener Sommertage forderte Dr. Hemingway sie auf, für Herd und Kamin Buchenstämme zu spalten. Die Baumstämme hatten sich beim Transport auf dem See von der Masse losgerissen und waren an den Strand vor dem Haus getrieben. Als die Indianer mit Kanthaken, Äxten, Keilen und einer langen Schrotsäge ankamen, nahm der Doktor seine Kamera und folgte ihnen hinunter an den Strand, um sie während der Arbeit zu fotografieren. Die Bilder wurden gut und scharf, und er klebte sie zur Erinnerung an das Ereignis in sein ›Bear-Lake-Buch‹ ein. Ernest lungerte herum, beobachtete alles und merkte sich jedes Wort, das gesprochen wurde. Viele Jahre später sollte er eine Erzählung darüber schreiben, in der er das Ereignis dichterisch verarbeitete. Und natürlich wurde sie weit besser als die ›Seereise-Geschichte‹ vom vergangenen April.
Abgesehen von Nick Boulton und seiner Tochter Prudence, die manchmal bei Grace Hemingway aushalf, kannte Ernest von allen Indianern Simon Green am besten. Simon besaß eine ansehnliche Farm am Horton Creek, und man konnte ihn, wie Ernest schrieb, oft ›auf einem Stuhl vor (Jim Dilworths) Hufschmiede in Horton Bay schwitzend in der Sonne sitzen sehen, während drinnen seine Pferde beschlagen wurden‹. Er war ein ›alter, dicker Indianer‹, der Dr. Hemingway als großen Schützen bewunderte. Ernest war mit seinem Vater und Simon Green unterwegs, als er zum ersten Mal in seinem Leben ein Volk Rebhühner sah. ›Sie putzten ihr Gefieder und suchten in der Sonne neben der Getreidemühle am Horton Creek Nahrung‹ und gewannen in den Augen des Jungen die Größe von Truthähnen. Als sie hochflogen, war er von dem Schlagen und Schwirren ihrer Flügel so aufgeregt, daß er kein einziges herunterholte. Aber Dr. Hemingway, der ›mit einer alten Winchester Repetierflinte schoß‹, brachte in rascher Folge fünf Stück zur Strecke. ›Ich weiß noch, wie der Indianer sie lachend einsammelte‹, schrieb Ernest, ›mein Vater ... war ein wunderbarer Schütze, einer der schnellsten, den ich je erlebt habe.‹
Als sie im Spätherbst zu Ernests Vettern ins südliche Illinois fuhren, sah er seinem Vater wieder beim Schießen zu. Dr. Hemingways ältere Schwester Nettie hatte 1898 einen Witwer namens Frank Bristow Hines gehe-

licht. Hines war ursprünglich Priester bei den Kongregationalisten gewesen, wurde dann Präsident des Southern Collegiate Institute in Albion und wandte sich schließlich der Landwirtschaft zu, zog Obst und züchtete Vieh auf mehreren großen Anwesen im westlichen Teil des Staates. Hines war ein umgänglicher, fröhlicher Mann und lebte mit seiner Frau und sieben Kindern in Albion in einem hübschen Ziegelhaus. Es war selbst in der Sommerhitze kühl und dunkel, mit hohen, schmalen Fenstern und schattigen Ahornbäumen im Hof. Die Hines-Kinder besaßen drei Ponys: Sorghum, das Fohlen Princess und dessen Mutter Kitty. In diesem Gebiet, das am Ufer des Wabash liegt, herrschte eine ähnliche Südstaaten-Atmosphäre wie in Indiana und Kentucky, den im Osten angrenzenden Bundesstaaten. Die schnittreifen Getreide- und Maisfelder tönten im Sommer vom Summen unzähliger Insekten wider, und die Tafel der Familie Hines bog sich unter der Fülle südlicher Gerichte. Sooft es seine Praxis erlaubte, legte Dr. Hemingway die fünfhundert Kilometer von Chicago nach Albion zurück. Netties lebhafte Kinder nannten ihn ›Onkel Doktor‹, und im Herbst lockte stets ein Jagdausflug auf Wachteln, Waschbären und Opossums, der auf einer der Farmen Frank Hines' in Union County südlich von Carbondale stattfand und drei Tage und zwei Nächte dauerte.

Diesmal wurden Vater und Sohn im Familienwagen der Hines vom Bahnhof zum Ziegelhaus kutschiert, wo die jüngeren Kinder – Margarette, Anginette, Adelaide, Anson und der älteste Sohn Frank jun. – Ernest erwarteten. Obwohl er zwölf Jahre alt war und Frank erst acht, wurden sie sogleich gute Kameraden. Das Pony Sorghum war gerade verkauft worden, und die Jungen machten sich auf den Weg, um es den neuen Besitzern zu überbringen. Ernest saß im Sattel, und Frank folgte im Ponywagen, der von Kitty gezogen wurde. Sie hatten noch nicht mehr als zwei bis drei Kilometer zurückgelegt, als Sorghums Sattelgurt riß und Ernest in den Staub purzelte. ›Ernest blieb gelassen und Sorghum ebenfalls‹, schrieb Margarette, ›keiner von beiden nahm den Vorfall tragisch.‹ Als sie zu Hause ankamen, war der Rest der Familie zum Gottesdienst gegangen. Die Jungen begannen im Salon mit einem Sofakissen Fußball zu spielen, und es gelang ihnen, eine große grüne, mit Gold verzierte Vase zu zertrümmern, die Nettie als Hochzeitsgeschenk von Ernests Eltern erhalten hatte.

In der Tat sollte noch so viel zu Bruch gehen, daß Ernest diese Ferienreise als ›unglückselig‹ in Erinnerung behielt. Als sie auf der Farm in Union County eintrafen, wollte Dr. Hemingway mit der Geschicklichkeit seines Sohnes in der Handhabung der neuen Geburtstags-Schrotflinte auftrumpfen und erlaubte ihm, Tauben zu schießen. Die hoch oben zwischen den Dachsparren im schattigen Giebel der Scheune sitzenden Vögel gaben schemenhaft bewegte Ziele ab. Bald hatte Ernest so viele Tauben erlegt, daß man von dem Brustfleisch eine große Pastete bereiten konnte. Als der Vater die Scharfschützenqualitäten seines Sohnes für hinreichend erwiesen hielt und ihm keine Patronen mehr gab, gab sich Ernest ersatzweise mit bloßen Zielübungen, bei denen er den Hammer des Gewehrschlosses gegen die leere Kammer schnappen ließ, zufrieden. Es dauerte nicht lange und die Hammerfeder brach. Belämmert hob Ernest die Tauben auf, um sie in die Küche zu tragen. Als er aus der Scheune heraustrat, kamen zwei ältere Jungen die Straße herauf. Einer der beiden fragte ihn nach den Tauben. Ernest sagte, er habe sie soeben geschossen. Das sei nicht wahr, meinte der Bursche. Ernest seinerseits nannte den anderen einen Lügner, worauf er windelweich gehauen wurde.

Es war in der Familie ein offenes Geheimnis, daß Ernest die Gewohnheit seiner Knabenzeit, Geschichten zu erfinden, in denen er stets den säbelrasselnden Helden spielte, beibehalten hatte und alles und jedes zu dramatisieren liebte. Seine ersten praktischen Bühnenerfahrungen sammelte er im März 1912, als er in einer Schüleraufführung von ›Robin Hood‹ auftrat; darin streifte er in hohen Schnallenstiefeln, Perücke, Samtmütze, langer Soutane und mit einem selbstgebastelten Bogen durch die Pappmaché-Lichtungen von Sherwood Forest. Er sang nun regelmäßig im Chor der Dritten Kirche der Kongregationalisten und versuchte sich sogar an einigen Versen über die Cubs, das berühmte Footballteam aus Chicago.

Bis zu Ernests Eintritt in die High School sollten noch zwei Sommer und ein Winter vergehen. Der erste Sommer ging dahin wie der Wind. Die Familie erfand eine Feier, die ›Das Einbringen des Geburtstagsbaumes‹ genannt wurde. Dabei wurde eine kleine Schierlingstanne im Wald gefällt und auf einem Schubkarren nach Hause gebracht, wo man sie mit Geschenken für die gemeinsame Geburtstagsfeier von Ernest und dem Baby behängte. Ein zweites Motorboot wurde angeschafft und auf den Namen ›Carol‹ getauft. Auf der Rückreise im September sah Ernest in Harbor Springs erstmals ein Wasserflugzeug – ein zerbrechlich aussehendes Gebilde, das von einem Piloten in ölverschmierter Hose und Baseballmütze mit nach hinten gedrehtem Schirm gelenkt wurde. Im Herbst gab es viele Festivitäten, neunzehn Hemingways kamen zusammen, um den 41. Geburtstag des Doktors zu feiern, und zum sechzehnten Hochzeitstag von Grace und Ed saß die ganze Familie im Sonntagsstaat für ein Erinnerungsfoto. Im Februar gaben Ernest und Marcelline für ihre Mitschüler eine St.-Valentinstag-Party. An zwei aufeinanderfolgenden Samstagen im Mai traten sie im Chicagoer Kolosseum in einem japanischen Bühnenstück auf. Eine Notiz des zerknirschten Ernest an seinen Vater bezieht sich darauf. ›Gestern im Kolosseum habe ich mich schlecht benommen und ebenso heute vormittag in der Kirche. Morgen werde ich mich gut benehmen.‹ Er unterzeichnete förmlich und fügte auch das Datum bei – den 11. Mai 1913. Einen Monat später hatten Marcelline und er die Abschlußprüfungen an der Holmes Grammar School hinter sich, hielten ihre Zeugnisse in Händen und waren wieder einmal zur Abreise nach Windemere bereit.

Kunst und Wissenschaft

Es war Ernests vierzehnter Sommer in Michigan. Im Garten hinter dem Haus stellte er neben dem Zaun ein Zelt auf und schlief dort allnächtlich während der ganzen Ferien. Harold Sampson verbrachte die letzten Augustwochen im Haus, und ein Mädchen namens Ruth McCollum kam zu Marcelline auf Besuch. Eines Nachts saßen sie vor dem Kamin und lasen sich aus Bram Stokers ›Dracula‹ vor. Ernests Phantasie wurde so angeregt, daß er kurz nach Mitternacht mit gellendem Schrei aus einem Alptraum aufwachte und das ganze Haus aufweckte. An einem anderen Tag griff der Hund der Bacons im Wald ein Stachelschwein an. Man brachte ihn winselnd zu Dr. Hemingway. Er sprach ruhig auf das Tier ein und schnitt die widerhakenartigen Stacheln einen nach dem anderen heraus. Nach dieser Operation machten sich Ernest und Harold auf die Jagd nach dem Stachelschwein. Sie fanden und erlegten es in einer Waldlichtung hinter der Bacon-Farm und kehrten triumphierend heim; die Trophäe zogen sie an den Hinterläufen hinter sich her. Wenn sie Lob erwartet hatten, so wurden sie enttäuscht. Dr. Hemingway hielt ihnen über die nutzlose Vernichtung harmloser Tiere eine Standpauke. Da sie es geschossen hätten, meinte er, seien sie nun auch verpflichtet, es zu essen. ›Wir kochten die Keulen stundenlang‹, schrieb Harold, ›aber sie waren noch immer ungefähr so weich und schmackhaft wie ein Stück Schuhleder.‹

In bemerkenswerter Weise war das Kind bereits das Abbild des Mannes: viele Charakterzüge, die Ernest als Junge zeigte, blieben ihm mit nur geringfügigen Veränderungen bis ins Mannesalter. ›Vor nichts Angst haben‹ – das war die Maxime, die er erstmals im Alter von drei Jahren aufgestellt hatte. Auch als er längst entdeckt hatte, daß viele Dinge und Ereignisse wirklich Furcht erwecken können, war sie für sein Verhalten in schwierigen Situationen maßgeblich. Während seines ganzen Lebens strebte er gewissenhaft danach, dem Prinzip des Mutes und der Ausdauer treu zu bleiben, das ihm der Vater und manchmal auch die Mutter schon frühzeitig eingeprägt hatten. Wie sein Vater schätzte er gutes Essen, und auch seine Vorliebe für Zwiebeln geht auf ihn zurück; denn sein Vater hatte ihm von klein auf wilde Zwiebeln als eine ausgezeichnete Sandwichfüllung empfohlen. Da Ernest nicht die phänomenal scharfen Augen seines Vaters hatte, konnte er niemals so wie er Schrotflinte und Büchse handhaben, obwohl er mit der Zeit und mit Hilfe von Augengläsern ein ausgezeichneter Flugwildschütze wurde. Wie sein Vater konnte er einfach keine Melodie in der richtigen Tonart halten, und im Reich der Musik sollte er sich nie so daheim fühlen, wie es sich seine Mutter gewünscht hatte. Dafür war er ihr bald in der Beurteilung und Würdigung von Kunstwerken, besonders von Ölbildern, bei weitem überlegen, während der Schaffensimpuls, den er – durch Anlage und Ausbildung – ihr verdankte, sein Leben in eine Richtung drängte, die sie weder verstehen noch gutheißen konnte.

Nachdem er über seine Jünglingsjahre hinaus war, begann er jede körperliche Arbeit, die seinem Vater solche Freude bereitete, zu vermeiden, obgleich er immer bereit war, die gleiche Energie für die verschiedensten Sportarten aufzuwenden. Zeit seines Lebens liebte er Schwimmen und Wandern. Es war ihm ein Bedürfnis, sich so anzustrengen, bis ihm der Schweiß aus allen Poren trat. Darin waren er und sein Vater einer Meinung: ›Das klärt das Gehirn und säubert den Körper.‹ Mit seinem Vater teilte er auch die Entschlossenheit, die Dinge ›ordentlich‹ zu tun (eine beliebte Vokabel in beider Wortschatz), ob es nun galt, ein Feuer anzumachen, ein Boot aufzutakeln, einen Köder am Haken zu befestigen, eine Fliege auszuwerfen, ein Gewehr in die Hand zu nehmen oder ein Stück Wild zu braten. Weder er noch sein Vater hatten die technischen Kenntnisse für die Reparatur eines defekten Motors. Die Krankheiten und Unfälle, denen er als Kind und dann als Erwachsener ausgesetzt war, weckten in Ernest die Achtung vor dem Arztberuf, obwohl manche seiner physiologischen Vorstellungen bemerkenswert naiv blieben. In späteren Jahren hatte er so wie seine beiden Eltern die Anlage, Gewicht anzusetzen, und vielleicht ist der üppige Bart, den er sich in reifen Jahren wachsen ließ, teilweise durch die Tatsache motiviert, daß er seinen Vater niemals bartlos gesehen hatte.

So verdankte er sein Wissen in Naturgeschichte und Kunst zum großen Teil seinen Eltern und seiner in der Vorortgegend von Oak Park und auf dem Land in Michigan verbrachten Jugend. Als Genie sollte er seine Eltern überflügeln, auf Wegen, die in seinem vierzehnten Lebensjahr noch nicht klar sichtbar waren. Seine Begabung erforderte es, daß er im Laufe der Zeit gegen gesellschaftliche, religiöse und moralische Normen, die ihnen teuer waren, rebellieren mußte. Aber als er im September 1913 seine Koffer zur Heimkehr nach Oak Park packte, war ihm das noch nicht bewußt.

Juvenilia

Nun war es Zeit für die High School, das große Abenteuer in Ernests Jünglingsjahren. Die ›Oak Park and River Forest Township High School‹ hatte majestätische Ausmaße: ein neuer imposanter Bau aus gelben Ziegeln, viergeschossig, mit zwei Flügeln, einer Aula, einem Speisesaal und einem massiven Tor, das man über eine gewundene Steintreppe erreichte. Am ersten Schultag ging er hin, um sich seinen Stundenplan für Algebra, Latein, Englisch und Naturwissenschaften zu holen. Englisch bereitete ihm keine Sorgen, dafür aber die anderen Fächer. Latein fiel ihm so schwer, daß ihm seine Mutter, die selbst in ihrer Schulzeit Latein gehaßt hatte, Nachhilfeunterricht besorgte, um ihm einen guten Start zu sichern. Der Englischunterricht war dagegen geradezu ein Vergnügen. Er wurde von Frank J. Platt, dem Vorstand des Departments, in dem eleganten Raum des Englischen

Klubs abgehalten, der mit Lederfauteuils und einer Balkendecke im Tudorstil ausgestattet war.
Seinen neuen Schulkameraden gegenüber schämte sich Ernest wegen seiner Körpergröße. Er war nämlich einen ganzen Kopf kleiner als Marcelline, die mit ihren sechzehn Jahren schon sehr weiblich wirkte, und sehnte sich vergebens nach einer vergleichbaren Statur. Mit 1,63 m war er noch zu klein und leicht für einen Footballspieler. Er versuchte seine körperlichen Mängel wettzumachen und trainierte als Schütze. Normalerweise erzielte er auf zwanzig Meter Entfernung 112 von 150 möglichen Punkten. Die Fehlschüsse führte er auf die von Geburt an verminderte Sehkraft seines linken Auges zurück; dafür machte er seine Mutter verantwortlich, die ja mit dem gleichen Leiden behaftet war. Den ganzen Frühling seines ersten High-School-Jahres über blieb er 1,65 m. Erst als er im Sommer seines fünfzehnten Lebensjahres nach Walloon Lake kam, trat das langersehnte Wunder ein. Es war, als sei ein Gewicht von einer verborgenen Feder herabgefallen: plötzlich begann er in die Höhe zu schießen, innerhalb von zwei Monaten wuchs er um mehr als 5 cm.
Als Harold Sampson zu Besuch kam, um Ernest bei der Farmarbeit zu helfen, installierten die beiden auf einem erhöht gelegenen Platz der Longfield-Farm ein Zelt, brachten Heu ein, halfen im Gemüsegarten und molken täglich eine Kuh namens Topsy. Mit dem Motorkahn ›Carol‹ richteten Ernest und Sam einen Wasserversorgungsweg für Gemüse ein und boten den kleinen Hotels und Ferienhäusern rund um den See Kartoffeln, Bohnen, Karotten, Erbsen und Rüben an. Sie schlossen ihren ›vegetarischen‹ Sommer – nie wieder in ihrem Leben sollten sie härter arbeiten – mit einer Ernte von fünfzig Scheffeln Kartoffeln ab, die sie in rauhem und stürmischem Wetter einbrachten.
Da er nun aus allen seinen Kleidern herausgewachsen war, bekam Ernest im Oktober seine ersten langen Hosen. Er trug sie anläßlich eines Empfangs, den seine Eltern zu Hause für die ›Söhne und Töchter der Amerikanischen Revolution‹ gaben. Er durfte nun in der zweiten Mannschaft Football spielen, doch der Trainer nahm wenig Notiz von ihm. Er kratzte auch im Schulorchester auf einem Cello mit und machte gelegentlich im Speisesaal der Schule Arbeitsdienst. Am 17. Oktober mußte er, ohne große Begeisterung, Marcelline zu ihrer ersten Stunde in Miss Belle Ingrams Tanzschule in den Colonial Club begleiten, ein riesiges altes Gebäude in der Forest Avenue. Wie beim Football waren ihm auch beim Tanzen seine großen Füße im Weg, aber in der Biologiestunde glänzte er mit einem sechsseitigen Aufsatz über die Anatomie der Heuschrecke, wobei er wohlweislich verschwieg, daß er die Tierchen jahrelang als Forellenköder benutzt hatte. Die Arbeit erhielt die Note ›sehr gut‹ und brachte ihm neunzig Punkte ein.
Grace war jetzt zum sechsten Mal schwanger. Das Baby sollte im April

Kindheit und frühe Jugend im Mittelwesten

zur Welt kommen, und alle Kinder erhofften sich noch immer einen Bruder. Die Devise lautete auch ziemlich eindeutig ›Jetzt oder nie‹, denn Grace war in den Vierzigern, und weitere Kinder konnte man kaum noch erwarten. Kurz vor den Weihnachtsferien begann Ernest, eine Schülerin namens Dorothy Davies nach Hause zu begleiten. ›Es ist das erste Mal, daß er von einem Mädchen Notiz nimmt‹, schrieb seine Mutter, ›und es fällt uns auf, daß er seinem Äußeren größere Aufmerksamkeit schenkt.‹ Außer langen Hosen trug er jetzt auch einen steifen Kragen und eine Krawatte. Im Januar 1915 nahm er Dorothy zu einem Basketballmatch mit. Es war sein erstes Rendezvous. ›Alle seine Klassenkameraden‹, sagte Grace, ›traf deswegen fast der Schlag.‹
Zu diesen Mitschülern gehörten Lewis Clarahan, Ray Ohlsen, Lloyd Golder, Paul Haase, Proctor Gilbert, genannt Bunny, Tom Cusack, Lyman Worthington, Hale Printup, Morrie Musselman und George Madill, der Pickles gerufen wurde. Ernest verachtete Spitznamen wie Bunny oder Pickles und freute sich, wenn Lew Clarahan ihn als Porthos ansprach, nach dem größten der drei Musketiere. Er mochte auch den Namen Butch und drang darauf, daß ihn Marcelline daheim ›Altes Rauhbein‹ nannte. Aber der Name, den er allen anderen vorzog und den er tatsächlich sein ganzes Leben beibehielt, war Hemingstein. Er stammte aus einer Zeit, als antisemitische Witze noch nicht verpönt und selbst in den Veröffentlichungen der High School erlaubt waren. Ernest hatte im Erdgeschoß der Schule seinen Schrank neben Lloyd Golder und Ray Ohlsen. Er malte mit gelber Kreide drei Kreise auf die Schranktüren und behauptete, sie stellten ein Pfandhaus dar. Golder wurde zu Goldberg und Ohlsen zu Cohen. ›Wir handeln mit Anleihen‹, trompetete Jung Hemingstein, ›wir leihen nicht, ihr leiht uns. Wir versprechen alles Geld zu verbrauchen, das ihr uns gebt, und wir versprechen, es niemals zurückzugeben‹.
Die ganze Bande verbrachte den üblichen hektischen Frühling wie alle High-School-Studenten im zweiten Jahrgang. Ernest wandte für die Orchesterproben zu einer anspruchsvollen Inszenierung von Balfes dreiaktiger Operette ›The Bohemian Girl‹ viele Stunden auf. Außerdem besserte er sein wöchentliches Taschengeld von fünfzehn Cent (einen Penny für jedes Lebensjahr) mit Schneeschaufeln auf und trug die *Oak Leaves*, das örtliche Wochenblatt, aus. Am Geburtstag George Washingtons nahm er an dem 50-km-Marsch des Wanderklubs teil, und am darauffolgenden Samstag machte er bei einem anderen Marsch über 40 km mit. Entfernungen und die Ausdauer, sie zu überwinden, interessierten ihn genauso wie im Alter von vier Jahren. Beim neunten jährlichen Querfeldeinlauf waren auf dem Philips Field 46 Teilnehmer am Start. Es regnete heftig. Ernest wurde zwar nur 43., doch er hielt bis zum Ziel durch. Während der Frühlingsferien wanderten er und Lew Clarahan zum etwa 55 km nordwestlich von Oak Park gelegenen Lake Zurich und kehrten erst am 3. April wieder

Juvenilia

heim. Während sie unterwegs waren, brachte Grace ihr sechstes Kind zur Welt – einen Knaben, der am 1. April geboren wurde und sich gleich durch heiseres Gebrüll bemerkbar machte. Aber er war zu spät gekommen, um den Kameraden abgeben zu können, den sich Ernest so lange gewünscht hatte. Man nannte ihn zu Ehren von Graces Bruder und ihrem Mann Leicester Clarence. Ernest gab ihm nach einer Witzblattfigur den Spitznamen ›Leicester De Pester‹. Dies wurde sogleich auf ›The Pest‹ gekürzt, um auf sein Geschrei anzuspielen, doch eine treffendere Bezeichnung wäre vielleicht ›Der letzte Mohikaner‹ gewesen.

Als am 19. Juni das Schuljahr zu Ende ging, packten Ernest und Lew Clarahan ihre Siebensachen und machten sich auf den Weg nach Walloon Lake. Ray Ohlsen begleitete sie an Bord der ›Missouri‹ bis nach Frankfort, Michigan. Die Jungen nahmen zusammen eine Kabine und machten solchen Radau, daß sie mit dem Steward Schwierigkeiten bekamen. In Frankfort trennten sie sich von Ray und begannen die lange, über Traverse City und Charlevoix führende Wanderung nach Walloon Lake. Ernest redete, sang und brüllte den größten Teil des Weges, ›seine Phantasie schoß unaufhaltsam dahin‹. Manchmal wurden sie kurze Strecken von vorbeikommenden Pferdewagen mitgenommen, aber die größte Strecke gingen sie zu Fuß. Nachdem sie sich vier oder fünf Tage lang von frisch gefangenen Forellen und Bohnenkonserven ernährt hatten, kamen sie in Horton Bay an und gingen zu den Dilworths essen. Die letzten Junitage verbrachten sie in Windemere, entfernten die vernagelten Fensterläden und bereiteten auch sonst das Haus für den Sommeraufenthalt vor. Die übrige Zeit kampierten sie in ihrem Zelt auf der Longfield-Farm. Wenn sie von ihrer eigenen Kocherei genug hatten – Pinehurst Cottage war gleich jenseits der Anhöhe.

Eine Woche später sandte Dr. Hemingway aus Oak Park einen Geburtstagsbrief an Ernest. ›Ich bin froh und stolz, daß Du Dich zu solch einem Kerl gemausert hast‹, schrieb er, ›und hoffe, daß sich Deine Entwicklung geradlinig und in Übereinkunft mit unseren höchsten christlichen Idealen fortsetzen wird ... Wenn ich zurückkomme, darfst Du ein paar schöne Forellen fangen.‹

Mit Sechzehn sah Ernest viel erwachsener aus, als es seinem Alter entsprochen hätte. Innerlich war er aber noch immer ein Kind, das sich bemühte, ›in Übereinstimmung mit den christlichen Idealen‹ zu leben, und sich Sorgen und Vorwürfe machte, wenn er mit dem ›Establishment‹ Krach bekam. Kurz nach seinem Geburtstag ereignete sich ein kleiner Zwischenfall, der aber in späteren Erzählungen mit der ihm typischen Übertreibung zum schlimmsten seiner Jugendzeit aufgebauscht wurde. Es begann mit einem unschuldigen Picknick, bei dem seine elfjährige Schwester Sunny, die größte Range unter den Hemingway-Töchtern, mit dabei war. Sie fuhren mit der ›Carol‹, das Ruderboot ›Ursula‹ im Schlepptau, zu einem Platz, der ›The

Kindheit und frühe Jugend im Mittelwesten

Cracken‹ hieß, am Strand des Mud Lake. Dort, am äußersten westlichen Punkt des Walloon, gab es hohes Schilf, Schildkröten, Frösche und Schlamm. Sie hatten eben ihr Ziel erreicht, als sie einen großen Kranich aufschreckten. Einem Impuls folgend knallte ihn Ernest ab.
Er wickelte ihn in eine Zeitung ein und ließ ihn im Boot zurück, während sie zum Essen ans Ufer gingen. Als sie zurückkamen, war der Kranich verschwunden. Der Sohn des örtlichen Wildhüters hatte ihn entdeckt und mitgenommen. Als er wiederkam und nach dem Schuldigen fragte, stritt Ernest alles ab. Ein Mann habe ihm den Vogel geschenkt, sagte er, und er wollte ihn nur nach Hause bringen und ausstopfen. Der Junge fuhr davon, um es seinem Vater zu melden. Ernest rannte heim, erzählte hastig die Geschichte und machte sich sogleich nach Longfield auf, wo er abwarten wollte, bis sich der Sturm gelegt hätte.
Bald darauf erschien im Sommerhaus der Hemingways ein dümmlicher Mann namens Smith, der sich als Wildhüter vorstellte. Eine Menge von ›ungehobelten, hinterhältigen und höhnischen Fragen‹ hagelte auf Grace herab. Er suche einen jungen Mann, ungefähr achtzehn, mit einer kleinen Flinte und einem roten Sweater. Das sei ihr Sohn, sagte Grace. Er sei sechzehn Jahre alt und arbeite auf der Farm jenseits des Sees. Als sich Smith ein Ruderboot ausleihen wollte, erteilte ihm Grace in ihrer gebieterischen Art eine gehörige Abfuhr, ließ Sunny die Schrotflinte holen und wies ihm die Tür.
Ernest floh über die Hügel zu den Dilworths und dann zum Sommersitz seines Onkels George. In der Nacht zum 30. Juli begab er sich im Schutz der Dunkelheit zurück nach Longfield, wo er Bohnen pflückte, Kartoffeln ausgrub und ein Huhn schlachtete, damit Grace während seiner Abwesenheit nichts abginge. Dann zog er sich nach Ironton zurück, bis er ohne Gefahr heimkehren konnte. Sein Vater schrieb ihm aus Oak Park und riet ihm, auf einer Gerichtsverhandlung zu bestehen; er solle sich des Vergehens, einen Kranich geschossen zu haben, schuldig bekennen, jedoch erklären, daß er sich keiner Gesetzesübertretung bewußt gewesen sei. Ernest erzählte seine Geschichte dem Richter in Boyne City, zahlte eine Strafe von fünfzehn Dollar und kehrte ernüchtert zurück, um bei der Heumahd zu helfen. Die Geschichte amüsierte Lew Clarahan köstlich. ›Ich wünschte, ich wäre dabeigewesen‹, schrieb er. ›Wie lange hast Du von der Farm bis zu den Dilworths gebraucht?‹ Aber Ernest nahm die Sache viel ernster. Er war mit dem Gesetz in Konflikt geraten. Er war ein schlimmer Junge gewesen. Für den Rest seines Lebens begegnete er Wildhütern mit äußerstem Mißtrauen. Je älter er wurde, desto größere Ausmaße nahm die Geschichte in seiner Erinnerung an. Als Mann in den Fünfzigern versicherte er einem Englischprofessor todernst, er sei von zwei Wildhütern durch ganz Michigan gejagt worden und habe damals von Glück reden können, daß man ihn nicht in eine Erziehungsanstalt gesteckt habe. Er verfaßte auch eine Kurzge-

schichte, die auf dem Ereignis basierte. Die imaginären Wildhüter verbrachten eine ganze Nacht in Windemere und ließen sich mit Whisky volllaufen, während Ernest und Sunny in die tiefsten Tiefen der Wildnis flohen.

Im Herbst 1915 brachte er es zum Ersatzstürmer im zweiten Footballteam. Philips Field, wo er trainierte, war fünf Kilometer von daheim entfernt, und die körperliche Anstrengung erschöpfte ihn so sehr, daß er oft zu müde war, um noch zu büffeln. Außerdem hielt er sich an eine Diät – ›eine negative Menge von nichts essen‹, wie er es nannte –, weil er sein Gewicht von 65 Kilogramm halten wollte. Latein fand er jetzt viel weniger anstrengend als Footballspielen. ›Cicero ist ein Pappenstiel‹, schrieb er, ›noch mit auf dem Rücken gefesselten Händen könnte ich bessere Sachen schreiben als er.‹ Kurz vorher hatte er für eine Arbeit über antike Geschichte ein ›Ausgezeichnet‹ erhalten. Aber noch immer waren ihm Wandern und Schießen lieber als Schulsport und Studium.

Ernests Begeisterung für das Boxen ging auf das Frühjahr 1916 zurück. Er war jetzt groß für sein Alter, die sommerliche Arbeit auf der Farm hatte seine Muskeln gekräftigt, und nun, da er sich der Kraft seiner Fäuste bewußt wurde, kam der Raufbold in ihm zum Vorschein. Eine Zeitlang benutzte er daheim das Musikzimmer als Boxring und forderte eine ganze Reihe seiner Schulkameraden, von denen viele schmächtiger waren als er, zum Kampf. Grace vertrieb sie, sobald das Boxen ›in Kampf auszuarten‹ begann, und man übersiedelte in den kleinen Turnsaal in Tom Cusacks Haus. Sie kämpften auch im Freien. ›Ich erinnere mich, daß ich einmal mit Ernie auf der Wiese hinter dem Haus 822 North Euclid Avenue boxte‹, schrieb sein leichtgewichtiger Freund Lew Clarahan, ›und dabei vom EMH k. o. geschlagen wurde.‹ Ernest erzählte in späteren Jahren oft, daß er, noch bevor er sechzehn war, das Boxen von Professionals in Chicago gelernt hätte. Zu seinen Sparringspartnern hätten, so sagte er, Sam Longford, Jack Blackburn, Eddie McGoorty, Tommy Gibbson, Mack Dillon und Harry Grab gehört. Die Matches seien in den Sporthallen von Kid Howard, Forbes oder Feretti über die Runden gegangen. Ernest ließ seine Zuhörer in dem Glauben, die mangelhafte Sehkraft seines linken Auges sei eine Folge der schmutzigen Taktiken seiner Gegner (Harz auf der Innenseite des Handschuhs, gelockerte Verschnürungen, die absichtlich gegen den Augapfel geschlenzt werden), und erzählte seine Geschichten mit so treuherziger Überzeugungskraft, daß es seinem Publikum gar nicht in den Sinn kam, sie anzuzweifeln. Prahlen und Angeberei gehörten in gleichem Maß wie Schüchternheit und Bescheidenheit zu seinem Charakter, und er genoß insgeheim das gläubige Staunen, das seine Abenteuergeschichten hervorriefen. So wurde zugleich sein Ruf als rauher Bursche gefestigt und seiner schauspielerischen Begabung Tribut gezollt. Einen lebenden Zeugen dafür, daß er damals oder später in Chicago gegen Professionals geboxt hatte, gibt es nicht. Schließlich hatte einst derselbe Junge fünfjährig seinem Großvater weismachen wollen, er habe ganz allein ein durchgegangenes Pferd mitten im Galopp aufgehalten. Andererseits mag ihn sein Interesse am Boxen dazu geführt haben, an manchen Samstagmorgen zu Forbes, Feretti oder Kid Howard hineinzufahren, nur um zu sehen, wie es gemacht wurde. Wenn er nur Augen und Ohren offenhielt und den abenteuerlichen Geschichten zuhörte, die der eine oder andere Bursche der alten Garde zum besten gab, hatte er stets eine Chance, frisches Material für Erzählungen zu finden. Im April, als seine Boxbegeisterung gerade ihren Höhepunkt erreichte, druckte die *Tabula* eine seiner frühesten Kurzgeschichten ab. ›A Matter of Colour‹ war eine humorige Geschichte, die ein alter Ringfuchs einem jugendlichen Zuhörer erzählt. Schon der erste Satz klang wie etwas, das Ernest bei einem Samstagmorgenbesuch in einer Chicagoer Halle aufgeschnappt haben könnte. ›Was, Sie haben nie die Geschichte von Joe Gans' erstem Kampf gehört?‹, sagte der alte Bob Armstrong, während er an einem seiner Handschuhe zerrte. ›Nun, mein Junge, dieses Bürschchen, das ich gerade zusammengeklopft habe, hat mich an den Großen Schweden erinnert, der mir das beste Ding vermasselt hat, das wir je hätten drehen können.‹ Und Old Bob erzählte, wie er einen aufstrebenden Leichtgewichtler namens Montana Dan Morgan gegen ›die farbige Fresse‹ Joe Gans aufgestellt hatte. Dann wettete er hoch auf Dan und heuerte den Großen Schweden an; dieser sollte hinter dem Vorhang auf einer Seite des Rings stehen und Joe mit einem Baseballschläger k. o. schlagen, sobald Dan ihn in die richtige Stellung manövriert hatte. Aber der Schwede schlug den falschen Mann nieder. Old Bob machte ihm nach dem Kampf die Hölle heiß. ›Warum, im Namen des Propheten, hast du den Weißen statt den Schwarzen getroffen?‹ schrie er. ›Mr. Armstrong‹, sagte der Schwede, ›ich bin farbenblind.‹

›A Matter of Colour‹ war die zweite Erzählung, die in der gut redigierten Schulzeitschrift erschien. Die erste war im Februar veröffentlicht worden. Das blutrünstige Drama von Verstümmelung und Selbstmord spielte sich in den nördlichen Wäldern Michigans ab. Ein Cree-Indianer namens Pierre glaubt, daß ihm sein weißer Partner die Brieftasche gestohlen hat, und stellt entlang des Pfades, dem sie gewöhnlich folgten, eine Falle auf. Als er herausfindet, daß der wirkliche Dieb ein Eichhörnchen gewesen ist, eilt Pierre los, um seinen Freund zu retten. Er kommt zu spät. ›Überall im blutigen Schnee‹ führen Wolfsspuren, und ›in dem unförmigen Etwas, das einst Dick Haywood gewesen war‹, stochern zwei Raben herum, die an die ›Twa Corbies‹ der mittelalterlichen Ballade erinnern. Pierre ist so durcheinander, daß er in eine Bärenfalle tritt. Das ist, wie er weiß, das ›Urteil Manitous‹, weil er seinem Partner mißtraut hat. Am Ende der Geschichte greift er zum Gewehr, um den Wölfen die Mühe zu ersparen.

Neben seiner schriftstellerischen Arbeit war Ernest als Reporter für *The*

Trapeze, die Wochenzeitung der Schule, tätig. Erstmals im Januar zeichnete er einen Bericht über ein Konzert des Chicagoer Symphonieorchesters mit vollem Namen. Im Februar und März schrieb er eine Serie über den Hanna Club, eine Schulorganisation, die Vortragende aus Chicago und seinen Vororten vermittelte. Aber der Griff ins volle Menschenleben faszinierte ihn am meisten. Seine beste Reportage im Frühjahr 1916 war eine 25 Zeilen lange Geschichte über einen an einem Maiabend versuchten Selbstmord im alten Teich, unten bei den Wasserwerken. Der Held der Geschichte war Lyman Worthington, einer von Ernests Boxpartnern, der hineinsprang und das Opfer an Land zog. ›Worthington wurde von der Polizei und den Wasserwerken für seinen Mut und seine rasch entschlossene Handlungsweise in höchsten Tönen beglückwünscht‹, schrieb Ernest. Beim Interview nannte er als einzige unangenehme Nachwirkung ›... den beklagenswerten Verlust des Manuskripts, einer hübschen Anzahl von Witzen für die *Tabula*, das ihm aus der Manteltasche gefallen sei.‹

Vom Boxen und von der Reportage wandte er sich nun dem Kanufahren zu und machte Mondscheinfahrten entlang des Des Plaines River. Es waren vor allem Jungen aus seiner Klasse mit von der Partie, aber ein- oder zweimal nahm er Frances Coates mit, die nun Dorothy Davies in seiner Zuneigung abgelöst hatte. Sein Interesse war im April bei der Aufführung der Oper ›Martha‹, in der Frances aufgetreten war, entbrannt. Während er im Orchestergraben sein Cello spielte, konnte sich Ernest kaum auf die Partitur konzentrieren. Sein Freund Al Dungan, ein talentierter Karikaturist, skizzierte einen Jungen mit verzweifelten Augen und titulierte das Werk ›Erney sieht ein Mädchen namens Frances‹. Er war zu schüchtern, um sie zum großen Schulball am 19. Mai einzuladen. ›Ernest und Marcelline gingen gemeinsam hin‹, schrieb seine Mutter, ›obwohl Marcelline andere Einladungen bekommen hatte.‹

Nach einer längeren Wanderung wieder in Windemere, schlief Ernest, um ja nicht zu sehr in häusliche Angelegenheiten verwickelt zu werden, in einem Zelt hinter dem Haus und errichtete in Murphy's Point, etwa einen Kilometer entfernt, ein eigenes Lager. Wenn er auch manchmal gegenüber seiner Familie die normale Auflehnung eines Siebzehnjährigen fühlte oder wenn er seine Unschuld an Nick Boultons heiratsfähige Tochter Prudy in irgendeiner Waldlichtung verlor – er rühmte sich dessen noch Jahre später in seinem Werk und in Briefen –, gab er sich natürlich Mühe, diese oder ähnliche Emotionen vor seinen Eltern und Schwestern zu verbergen. Nach außen hin zumindest blieb er der pflichtbewußte Sohn, ›der ein Leben in Harmonie mit unseren höchsten christlichen Idealen führt‹. Wenn man dem Bild trauen kann, das Hemingway in seinen Stories von seinem Vater entwirft, fand er dessen Aufklärungsversuche nicht sehr aufschlußreich. Dr. Hemingway hatte die ganze Angelegenheit folgendermaßen zusammengefaßt: Onanie führt Blindheit, Irrsinn und Tod herbei, während ein Mann,

der sich mit Prostituierten einläßt, grauenhafte Geschlechtskrankheiten bekommt. Das einzig Wahre ist es, sich mit niemandem einzulassen.‹ Wie die Geschichten über seinen Boxunterricht bei den Profis in Chicago, basierten Ernests romanhafte Berichte über sein erstes Erlebnis mit Prudy Boulton wohl eher auf Wunschträumen als auf Tatsachen.
Als er zu seinem letzten High-School-Jahr nach Oak Park zurückkehrte, war Ernest ungefähr 1,80 m groß und wog 70 Kilo. Für sein bisheriges Footballteam hatte er zuviel Gewicht angesetzt (dort lag die Gewichtsgrenze bei ungefähr 60 Kilo); also versuchte er, im ersten Team Fuß zu fassen. Er benahm sich noch immer so ungeschickt, daß er im besten Fall hoffen konnte, als zweiter oder dritter Ersatzmann zum Zuge zu kommen. Seine großen Füße hinderten ihn beim Football ebenso wie beim Tanzen, und seine Ungeschicklichkeit war unter seinen Mitspielern bald sprichwörtlich. Von den kotigen Fußballschuhen in der Gerätekammer wollte ihm kein einziges Paar passen. Gordon Shepherd, der Mannschaftskapitän, schlug vor, ein Schuster solle doch Stollen auf ein altes Paar von Ernests eigenen hohen Schnürschuhen nageln. Damit aber waren die Schwierigkeiten nicht beseitigt. Trainer Thistlewaite hatte seine Verteidiger angewiesen, sich Knöchel an Knöchel zu Shepherd, der Schlußmann spielte, zu stellen. Jedesmal, wenn man Ernest als Ersatzmann ins Feld schickte, begann Shepherd sich Sorgen zu machen. ›Er bewegte sich so langsam‹, sagte er, ›daß ich immer Schwierigkeiten hatte, meine Füße von den seinen loszubringen, um den Spielzug nach Plan durchzuführen.‹ Die Spielzeit fiel recht gut aus: unter anderem wurde Waite High aus Toledo 35 zu 19 geschlagen. Auf dieser Reise begleitete Dr. Hemingway die Mannschaft. Er war rührend bestrebt, Ernest zu seinem Teamleibchen zu verhelfen, und versuchte sowohl Shepherd als auch Thistlewaite davon zu überzeugen, daß sein prächtiger Sohn der beste Stürmer der Liga sei. Beide waren höflich und unverbindlich, aber am Ende der Spielzeit durfte Ernest ein großes OP auf seinem Pullover tragen. Es war eine Art Triumph, wie auch im Winter seine Aufnahme in die Schwimmannschaft und seine Wahl zum Kapitän des neuen Wasserballteams.
Aber das Schreiben fiel ihm leichter als der Schulsport. ›Seine Aufsätze wurden fast immer in der Klasse vorgelesen‹, schrieb Susan Lowry, ›als Beispiel dafür, wie wir es machen sollten.‹ Unter seinen Englischlehrern hatte er Fannie Biggs und Margaret Dixon am liebsten. ›Sie waren beide sehr freundlich, besonders freundlich zu mir, weil ich in der gleichen Zeit, da ich versuchte, ein Leichtathlet zu werden, mich auch bemühte, Englisch schreiben zu lernen‹, sagte Ernest. Miss Biggs war eine kleine, sehnige alte Jungfer, die fabulierende, phantasiereiche Aufsätze liebte. Miss Dixon war ›offen, gerade, ehrlich, (und) stand mit beiden Füßen auf der Erde‹. Ansonsten ist über Ernests damalige Arbeiten zu sagen, daß das meiste davon unsentimental war, gut gebaut, originell und bemerkenswert frei von den Unzulänglich-

keiten typischer Gymnasialaufsätze. Kurz nach Ende der Footballspielzeit brachte die *Tabula* seine dritte Geschichte. Sie beruhte auf Ernests vertrautem Umgang mit den Indianern in Michigan und hieß ›Sepi Jingan‹. Sepi Jingan war der Name eines großen Hundes, der Billy Tabeshaw gehörte. Billy war in der Geschichte ›ein langer, schlanker, kupferfarbener Ojibway-Indianer mit vollem Gesicht‹, dessen Vetter von einem Bösewicht namens Paul Black Bird getötet wurde. Zwei Jahre lang jagte Billy den Mörder vergeblich. An einem 4. Juli ging er gerade die Eisenbahngleise entlang, als ihn jemand niederschlug. Es war Paul Black Bird, der sich brüstete, er werde Billy und seinen Hund töten und keine Spuren hinterlassen, denn er habe vor, sie an die Schienen zu fesseln. Aber der Schurke hatte nicht mit der Kraft des Hundes gerechnet. Während Paul Black Bird noch sprach, sprang ihn Sepi Jingan mit gefletschten Zähnen von hinten an.

Der Großteil von Ernests schriftstellerischen Arbeiten in seinem letzten High-School-Jahr war aber journalistischer Art und erschien im *Trapeze*. Zwischen November 1916 und Mai 1917 schrieb er im Durchschnitt mehr als eine Geschichte pro Woche. Viele handelten von Sport, manchmal ernst, manchmal humorvoll. Sein großes Vorbild für die humoristischen Artikel war Ring Lardner, dessen Kolumne in der Chicagoer *Tribune* großen Erfolg hatte. Eine im Dezember gedruckte Erzählung Ernests trug die Überschrift: *In dieser Zeitschrift: Unser neuer Ring Lardner jun. mit seinem Cook County-Team*. Damals beherrschte er Lardners gewollt primitiven Stil noch nicht, und vieles, was er schrieb, war unzusammenhängend und töricht; er hämmerte es auf einer geschenkten Schreibmaschine in der Abgeschiedenheit seines Schlafzimmers im dritten Stock des elterlichen Hauses herunter und legte es ohne Überarbeitung John Gehlmann, dem Vertreter des Redaktionsstabes vor. In der Rechtschreibung war Ernest keine Naturbegabung. Gewisse Feinheiten der englischen Orthographie blieben ihm zeit seines Lebens verschlossen. So verwechselte er stets *already* (schon) mit *all ready* (alles fertig). Dennoch zeigten die Arbeiten, die er auf der High School schrieb, genügend Schwung und Kraft, um kleine Unzulänglichkeiten dieser Art wettzumachen. Wie er oft erklärte, könne man später stets Leute anstellen, die solche Fehler korrigierten.

Als das Eis schmolz, erwachte aufs neue seine Begeisterung für das Kanufahren. Während der Frühjahrsferien 1917 machte er mit Ray Ohlsen auf dem Illinois River eine Fahrt nach Starved Rock. Sie nannten einander immer noch Cohen und Stein und redeten viel mit den Händen, wie es ihrer Meinung nach Pfandleihern zukam. Sie waren drei Tage fort, als Dr. Hemingway seiner Frau und seiner ältesten Tochter Marcelline nach Ohio schrieb: ›Liebe Gracie und Marcelline: Die Kinder sind alle o. k. und oben in ihren Zimmern, drei haben schon gebadet, und Ursula ist jetzt in der Wanne. Es hat gerade zu regnen begonnen, jetzt wird es jede Minute ärger.

Ernest hatte drei schöne Tage, und jetzt kommt der Regen. Ray Ohlsens Vater hat heute einen Brief von ›Ole‹ bekommen, der sagt, daß sie es am zweiten Tag schwer hatten, auch nur 25 Kilometer zu schaffen, daß sie mehrere Male mit dem Boot aus dem Wasser mußten und von Soldaten, die den (Illinois-)Kanal bewachen, aufgehalten und durchsucht worden – aber o. k. durchkamen. Gut, daß sie keine Waffen, Munition oder Dynamit hatten.‹

Die Soldaten, die am Kanal Wache hielten, waren das erste sichtbare Zeichen für den Eintritt der Vereinigten Staaten in den Weltkrieg. Wie viele seiner Mitschüler erwog Ernest, sich freiwillig zu melden. Als man ihn ersuchte, zur Veröffentlichung in der ›Abitur-Ausgabe‹ der *Tabula* das College seiner Wahl anzugeben, schloß er sich mit Ohlsen und Wilcoxen zusammen und nannte die Universität von Illinois. Aber es war nur eine vage Auskunft, denn Dr. Hemingway hatte auf Ernests Bitte bei seinem Onkel Tyler Hemingway in Kansas City angefragt, ob Ernest als Jungreporter beim *Star* anfangen könne. Als aber die Antwort kam, er würde bis September oder Oktober keine freien Stellen geben, traf das Ernest nicht besonders hart. Er träumte schon von einem weiteren Sommer in Nord-Michigan.

Gegen Ende seiner Schulzeit geriet er zum zweiten Mal in eine Klemme, die ihn sein Leben lang beschäftigen sollte. Er war mit Jack Pentecost und Morrie Musselman auf einem Campingausflug am Des Plaines River unterwegs. In den Chicagoer Blättern hatte man in letzter Zeit viel über eine ›Bande Landstreicher geschrieben, die die Distrikte von Oak Park und Proviso terrorisierten‹. Gegen zwei Uhr morgens – Ernest und seine Freunde schliefen – wurden sie von einer brüllenden Bande überfallen, die ihre Zeltschnüre kappte und anfing, ihre Ausrüstung fortzuschleppen. Jack Pentecost traf einen mit einer harten Rechten an der Nase, und Ernest warf nach einem anderen seine Axt, die dessen Kopf nur um Zentimeter verfehlte. Als drei der Bande begannen, ihn wegzuschleifen, setzte sich Ernest so wild zur Wehr, daß sie ihn in den schlammigen Fluß warfen. Erst als er herauskroch, fand er heraus, daß die ganze Sache ein Schabernack war. Die Angreifer waren alle Mitschüler, denen während einer Party bei Tom Cusack plötzlich die Idee gekommen war. Zehn Jungen fuhren mit dem Auto zur North Avenue und schlichen sich durch den Wald zum Lager. ›Es wurde Frieden geschlossen‹, stand im Bericht des *Trapeze* zu lesen. Aber Ernest konnte seinen Axtwurf nicht vergessen. Da sein Name in diesem Zusammenhang erwähnt wurde, setzte er alles daran, um die Geschichte zu vertuschen. Wieder einmal, wie im Zwischenfall mit dem Kranich, fürchtete er sich vor ›dem Gesetz‹. Und wieder nahm das Ereignis in seiner Phantasie gewaltige Dimensionen an, die in keinem Verhältnis zu seiner Bedeutung standen. Als er im Alter von Fünfzig einmal jemandem erzählte, er habe in seiner Jugend ein gefährliches Leben geführt, murmelte

Juvenilia

er undeutlich, er habe eine Axt nach dem Kopf eines anderen Menschen geschleudert, mit der Absicht, ihn zu töten.

Die Woche der Abschlußfeiern begann am 8. Juni. Sie stand unter einem patriotischen Motiv. Körbe mit roten, weißen und blauen Blumen schmückten am Abschlußtag den Versammlungssaal. In Anerkennung seiner literarischen Leistungen war Ernest zum Klassensprecher gewählt worden. Sein stark militärisch angehauchter Vortrag wurde als Höhepunkt des Programms betrachtet und ›mit ganz schön viel Schmiß‹ vorgetragen. Im Programm der Schlußfeierlichkeiten waren Gebete, Hymnen, Schulgesänge, Hochreden und fünf Schülervorträge vorgesehen. Ernest nahm alles mit großer Anteilnahme auf; denn er war genügend Humanist und Idealist, um das Klassenmotto – Qui pro viribus agit, bene agit – ernst zu nehmen.

Seine erste Bewährungsprobe nach dem Abitur kam in Form eines Briefes von Lloyd Harter von der Ersten Kirche der Kongregationalisten:

Mein lieber Ernest,
Ich möchte, daß Sie drei oder vier Minuten lang zu den jüngeren Knaben des Departments sprechen, die sich anschicken, das Feld, das Sie jetzt verlassen haben, zu betreten. Erzählen Sie ihnen auf vertraute und persönliche Weise von den besonders wichtigen Dingen, die Ihnen auf der High-School begegnet sind, und besonders darüber, was Ihnen die Kirche und unser (Sonntagsschule-)Unterricht bedeutet haben, und schließlich über Ihre Pläne im nächsten Jahr. Könnten Sie die Zeit für eine kleine Rede aufbringen, damit Sie und die Knaben daraus Gewinn ziehen? Legen Sie Ihre Seele hinein und geben Sie ihnen eine Botschaft mit, die sie nie vergessen werden. Dies ist Ihr Tag und Ihre Ansprache als Abiturient. Hier, alter Freund, ist eine Gelegenheit, den Ernst des Lebens ein wenig auszuprobieren. Geben Sie den Burschen, ohne lange zu fackeln, das Beste, was Sie haben!

Hochachtungsvoll
Lloyd E. Harter

Noch vier andere Jungen wurden gebeten, eine Rede zu halten. Der Sammeltitel für ihre kurzen Vorträge war ›Heil und Lebewohl‹. An diesem Sonntagnachmittag gab Ernest gemeinsam mit Bob Cole, Clarence Kohler, Gordon Shepherd und Lyman Worthington den Burschen, ohne lange zu fackeln, das Beste, was er hatte ... Es ist zumindest anzunehmen. Der Text seiner Rede ist nicht erhalten. Schade, denn dies war der Schlußpunkt seiner akademischen Ausbildung.

Der ungeheure Raum

College, Krieg oder Arbeit – das war die Wahl, die er nach dem Abitur treffen mußte. Er verzichtete auf die Hochschule, obwohl der Eintritt ins Oberlin College der Wunsch seines Vaters gewesen wäre und obwohl Lewis Clarahan, der seit einem Jahr an der Hochschule von Illinois mit Erfolg studierte, Ernest gern dort gesehen hätte. Dr. Hemingway war gegen den Wehrdienst seines Sohnes, er sei für den Krieg noch zu jung. Ernest hatte es auch nicht eilig. Der Job beim *Kansas City Star* war nicht vor Oktober zu haben. In der Zwischenzeit gab es auf der Farm in Michigan genug zu tun. Die große Welt, wie sie war, konnte noch ein paar Monate warten.
Dr. Hemingway machte es Spaß, mit Grace und seinen beiden Söhnen in seinem Ford-Tourenwagen Modell T nach Michigan hinaufzurattern; unterwegs zeltete man meist. In der dritten Juniwoche brachen sie eines Morgens auf. Die Straßen waren schlecht, Reifenpannen machten ihnen das Leben schwer. Immer wieder mußten sie sich aus Schlammlöchern heraushieven und aus Sanddünen freibuddeln. Sie brauchten fünf Tage bis zu Onkel Georges Sommerhaus in Ironton. Am folgenden Tag hatten sie ihr Ziel erreicht – sie holperten an der Bacon-Farm vorüber und tauchten triumphierend hinter dem Windemere-Haus auf. Sie waren so stolz, als hätten sie einen neuen Kontinent entdeckt, schrieb Marcelline.
Ernest hatte die Absicht, zum *Star* zu gehen, es drängte ihn nach Erfahrungen jenseits der provinziellen Sphäre, in der er aufgewachsen war, und nach Befreiung von der familiären Beeinflussung. Die schriftstellerischen und journalistischen Versuche während seiner High-School-Zeit hatten ihn nur die nacktesten Anfangsgründe des Schreibens gelehrt. Was Genauigkeit, Unmittelbarkeit und Sparsamkeit des Ausdrucks betraf, hatte er noch viel zu lernen. Er rechnete damit, daß der *Star* seine Prosa abschleifen und daß er in Kansas City Gelegenheit haben würde, auch die Schattenseiten der menschlichen Existenz kennenzulernen. Wie anders als durch Erweiterung seines Gesichtskreises könnte er bessere Geschichten als die schreiben, die er in der *Tabula* von Oak Park veröffentlicht hatte? Er stellte diese Frage eines Tages Trumbull White, dem Direktor des Chautauqua Programms in Bay View, der nahe Petoskey gelegenen Siedlung an der Little Traverse Bay, wo Marcelline im Juli bei der Familie White zu Gast weilte. Trumbull White war ein Journalist von ziemlichem Ansehen, der sich vor kurzen von der Leitung des *Everybody's Magazine* zurückgezogen hatte. Er empfing Ernest freundlich und sagte ihm, jeder Neuling müsse das Schreiben durch Schreiben erlernen. In der Themenwahl solle er am besten aus der persönlichen Erfahrung schöpfen. Für Ernest gab es kaum einen besseren Ratschlag.
Es machten sich jetzt einige Anzeichen einer normalen Auflehnung gegen

Der ungeheure Raum

die Anordnungen seines Vaters bemerkbar. Ursula und Sunny hatten sich mit ihren Ersparnissen ein Kanu gekauft. Ernest führte Sunny nach Walloon Village zum Frachtbüro, um es abzuholen, doch es war an diesem Tag geschlossen. Ernest hinterließ eine Nachricht für den Gepäckmeister, brach die Tür eines auf dem Nebengeleise stehenden Frachtwagens auf, zerrte das Kanu heraus und schleppte es nach Hause. Überraschenderweise sagten weder der Gepäckmeister noch Dr. Hemingway etwas. In so einem schwerwiegenden Fall war das Schweigen seines Vaters ungewöhnlich; denn die Vorstellungen Dr. Hemingways von Recht und Unrecht waren streng und starr. Die kleinste Überschreitung hatte früher genügt, um seinen Zorn zu wecken. Seine Kinder erinnerten sich an viele Gelegenheiten, da seine ›Wangengrübchen und sein bezauberndes Lächeln‹ plötzlich den glitzernden Augen und den hart aneinandergepreßten Lippen eines Menschen wichen, dessen Moralbegriffe einen tödlichen Schlag empfangen hatten. Grace wiederum gab sich gewöhnlich damenhaft gelassen, sparte sich ihre Rügen auf und ließ dann alles auf einmal in einem Ausbruch beleidigter, empörter Rechtschaffenheit niederprasseln. Manchmal konnte Ernest so wie seine Mutter Kränkungen speichern, bis es plötzlich aus ihm herausbrach. Er konnte Leuten, die ihn unabsichtlich beleidigt hatten, sein ganzes Leben lang grollen. Andere Male wieder, besonders wenn er das Gefühl hatte, ungerecht gestraft worden zu sein, verband sich der Zorn seines Vaters mit seiner eigenen wilden Wut. Ein Beispiel dafür, wie sein Verstand arbeitete, erlebte Bill Smith im Herbst jenes Jahres. Bill hatte sich auf dem Heimweg nach St. Louis in Oak Park aufgehalten. Ernest erwähnte den kleinen Holz- und Geräteschuppen im Hinterhof von Windemere. Von dort aus konnte man den Weg sehen, den Dr. Hemingway benutzen mußte, wenn er an seinen Tomatenstauden arbeitete. Wenn sein Vater ihn bestraft hatte und er (Ernest) wütend war, so erzählte Ernest, setzte er sich mit seiner Schrotflinte in die offene Tür des Schuppens und zielte auf den Kopf seines Vaters.

Solcher Zorn war Mitte Oktober, als Ernest den Zug nach Kansas City bestieg, längst verraucht. Im September war Marcelline zu ihrem Musikstudium nach Oberlin abgereist, und Ernest konnte tränenreichen Abschied nie vertragen. Dr. Hemingway begleitete ihn zum Bahnhof und blieb bei ihm stehen, bis der Zug abfuhr. Ernest erinnerte sich noch lange an diesen Abschied und verarbeitete ihn romanhaft in ›Wem die Stunde schlägt‹. ›Er hatte sich vor dem Wegfahren gefürchtet, aber er wollte es sich nicht anmerken lassen, und auf dem Bahnhof hatte sein Vater ihn zum Abschied geküßt und gesagt: ‚Möge der Herr uns beide schützen, während wir voneinander getrennt sind.' Sein Vater war ein Mann von religiösem Gefühl und seine Worte waren ganz schlicht und ehrlich. Aber sein Schnurrbart war feucht, und seine Augen schimmerten feucht vor Erregung.‹ Dies alles – der fromme Klang des Gebets und der feuchte Abschiedskuß des Vaters – brachte den Jungen so in Verlegenheit, daß er ›sich plötzlich viel älter vor-

Kindheit und frühe Jugend im Mittelwesten

kam als der Vater und ihn bedauerte, so heftig bedauerte, daß es fast unerträglich war.‹
Ernests Abfahrt fiel mit dem letzten Tag der Entscheidungsspiele um die Baseballmeisterschaft zusammen. Chicago führte mit drei zu zwei Siegen, und Ernest hoffte als White-Sox-Fan, sie würden das letzte Spiel in New York gewinnen. Am späten Nachmittag kam der Zug genau am Ostufer des Mississippi auf einem Nebengeleise zum Stehen; als er sich wieder in Bewegung setzte, schwankte ein Zeitungsjunge den Gang hinunter. Ernest fragte, wie das Spiel ausgegangen sei. ›White Sox‹, sagte der Mann, ›vier zu zwei.‹ Ernest war in gehobener Stimmung. Er kaufte sich eine *Saturday Evening Post* und lehnte sich zum Lesen zurück. Aber sie waren jetzt nahe dem Fluß, und er mußte dauernd aus dem Fenster sehen. Es war das erste Mal, daß er den Mississippi zu Gesicht bekam, und er hatte am Ostufer hohe Steilwände erwartet. Statt dessen sah er flache Felder und ›einen sumpfigen Flußarm, der kein Ende nehmen wollte‹. Schließlich kam die Lokomotive wieder in Sicht, als sie in einer leichten Kurve über eine lange Brücke fuhr. Der schlammige Fluß ›schien sich fest stromabwärts zu bewegen, nicht zu fließen, sondern sich wie ein massiv dahintreibender See zu bewegen, kleine Wirbel bildend, wo die Pfeiler der Brücke hervorragten‹. Sein Kopf war voll von Mark Twain, Huck Finn, Tom Sawyer, dem Forscher La Salle und Happy Felsch, dem Mittelläufer der White Sox. ›Immerhin‹, dachte er voller Glück, ›habe ich den Mississippi gesehen.‹
Onkel Tyler Hemingway holte ihn vom Union-Bahnhof ab und fuhr mit ihm nach Hause in das große viktorianische Haus am Warwick Boulevard. Es war eine vornehme Gegend mit gepflegtem grünem Rasen, gestutzten Hecken und schattigen Bäumen. Männer fegten entlang den Bürgersteigen die Blätter zusammen. Das Haus war aus rosa Backstein, mit eher kleinen Zimmern und hohen Decken. Ernests Tante Arabella war die Tochter J. B. Whites, eines Mannes, der im Holzgeschäft ein Vermögen gemacht hatte und seinen Schwiegersohn als Nachfolger ins Geschäft einführte. Arabella war klein, von kräftigem Körperbau wie ihr Vater, intelligent und hübsch. Ernest fand sie schön. Tyler war ein hagerer, nervöser Mann. Er ging schnell und ungeduldig und gab dabei Befehle. Von allen seinen Onkeln mochte Ernest Tyler am wenigsten. Er ließ den Jungen über Nacht von seiner Zugreise ausspannen und nahm ihn gleich am nächsten Morgen in die Stadt mit, wo er Henry J. Haskell vom *Star* treffen sollte.
Das Zeitungsgebäude stand in der Grand Avenue zwischen der 18. und 19. Straße. Es war ein dreistöckiger Ziegelbau, der den Großteil des Häuserblocks umfaßte. Aber das, was Ernest am meisten beeindruckte, sah er erst, als er im zweiten Stock aus dem Aufzug trat. Es war ein riesiger Raum, der vom Klappern unzähliger Schreibmaschinen widerhallte und gerappelt voll war mit Reportern, Umbruchredakteuren, Sportredakteuren, Kolumnisten und Kritikern. Verbeulte Schreibtische standen in Reih und Glied. Es

gab weder Abteilungen noch irgendwelche Scheidewände, und die Oktobersonne, die durch die staubigen Fenster schien, vergoldete alles gleichermaßen. Henry Haskell, der Chefredakteur, war Harvard-Absolvent, fleißig und distanziert. Er reichte den jungen Mann an George Longan, den Lokalredakteur, weiter, der ihm für fünfzehn Dollar wöchentlich einen Job als Reporter anbot. Am Pult daneben saß C. G. Wellington, genannt Pete, der stellvertretende Lokalredakteur. Pete war ein blasser, kleingewachsener Mann von Dreißig, mit Pokerface und ruhigem Benehmen. Er hatte seine Lehrzeit beim *Capitol* in Topeka, Kansas, absolviert. Vor kurzem war er wegen eines Herzfehlers für wehruntauglich erklärt worden. Er hatte ein ruhiges Lächeln und eine trockene Art. Er hatte jungen Reportern gegenüber einen gewissen sarkastischen Unterton.
Der Junge, der an diesem Morgen an Wellingtons Schreibtisch stand, sah groß und schlaksig aus, gesund und braungebrannt. Er hatte lebhafte, braune Augen und Grübchen in den Wangen. Die sommerliche Arbeit auf der Farm hatte seine Muskeln schwellen lassen, und er sah aus, als würde er jeden Augenblick aus seinen Kleidern platzen. Seine Art war fröhlich, sympathisch und entgegenkommend. Er war darauf bedacht, einen guten Eindruck zu machen, und verhielt sich ein wenig linkisch. Wellington erklärte, daß Musterungen und Einberufungen zur Armee das Redaktionspersonal gelichtet hätten. Er brachte Ernest zu einem der leeren Schreibtische in dem riesigen Raum. Der Junge setzte sich auf die Schreibtischplatte und grinste breit. Zum ersten Mal in seinem Leben war er Reporter bei einer Großstadtzeitung.
Den größten Teil des Oktobers blieb er bei seinem Onkel, er willigte sogar ein, mit einem hübschen, im Nebenhaus wohnenden Mädchen namens Sally Carrighar auszugehen. Sie gingen fünf Blöcke weiter in ein Filmtheater. In der Filmkomödie spielte Douglas Fairbanks die Hauptrolle. Der Star sah in seinen cremefarbenen Hosen und seinem Strohhut mit dem glänzenden Band phantastisch aus. Seine elegante und romantische Erscheinung war für Sally der einzige Lichtblick an dem sonst langweiligen Abend. Als Ernest an ihrer Tür läutete, um sie abzuholen, sah er so ungepflegt aus, daß sie, als die beiden das überfüllte Foyer des Kinos erreichten, einfach voranging in der Hoffnung, niemand möge diesen Kerl für ihren Begleiter halten. Nach der Vorstellung tranken sie in einem nahe gelegenen Drugstore Ice-Cream-Soda. Ernest schien schlechter Laune zu sein und sprach sehr wenig. Sie trennten sich in Freundschaft, und damit war die Sache erledigt.
Danach zog er zu Carl Edgar, einem Freund aus Horton Bay, der eine kleine Wohnung in der Agnes Street gemietet hatte. Sie lag vom *Star*-Gebäude weiter entfernt als Onkel Tylers Haus und konnte nur in einer langen Straßenbahnfahrt erreicht werden. Aber Ernest störte das nicht. Das Leben in der eher schäbigen Wohnung war für ihn ein neuer Zugang zur Freiheit. Nur auf den kleinen Wanderungen mit Lew Clarahan hatte er ähnliches

kennengelernt. Die Reisen nach Nantucket und Albion zählten kaum. Nie in seinem Leben war er bisher länger als ein paar Tage ohne die Aufsicht seiner Eltern und Verwandten gewesen. Er kam mit Carl Edgar, den er gewöhnlich mit Odgar ansprach, gut aus. Carl störte es nur, daß Ernest ununterbrochen über die ›Romantik der Zeitungsarbeit‹ sprechen wollte, wenn es für beide besser gewesen wäre zu schlafen.
Ernest hatte sich nach und nach eine weltmännische Art zugelegt, die nicht recht zu seinem Alter und seinem Wissen paßte, aber er lernte die Stadt allmählich von ihren Schattenseiten kennen. ›Mir oblag die kleine Chronik‹, sagte er rückblickend, ›die sich mit dem Polizeikommissariat der 15ten Straße, dem Bahnhof Union Station und dem Allgemeinen Krankenhaus in der 24sten Avenue und Cherrystraße befaßte. Beim Polizeikommissariat der 15ten Straße hatte man es meist mit kleinen Verstößen gegen die Ordnung zu tun, aber man wußte nie, ob man nicht auf etwas Ernsteres stoßen würde. Union Station war die in der Stadt ankommende und sie verlassende Menge ... einige zwielichtige Gestalten, die ich kennenlernte, und Interviews mit durchreisenden Berühmtheiten. Das Allgemeine Krankenhaus lag auf einem langgestreckten Hügel oberhalb des Bahnhofs, dort konnte man die Opfer von Unfällen und Gewaltverbrechen aufspüren.‹
Er ›unterhielt sich ununterbrochen mit älteren Journalisten in der Redaktion darüber, wie sie zu ihren Stories kamen und wie sie sie schrieben‹. Der *Star* unterhielt eine literarische Abteilung, wo man ›Zeitschriftenausschnitte sammelte, alten und neuen Büchern Zitate entnahm und amerikanische und ausländische Zeitungen nach Material durchwühlte, das die Abonnenten zugleich interessieren und erheben würde‹. Bei dieser Zeitung zu arbeiten hieß ›einfache Aussagesätze schreiben zu lernen‹, ›abgedroschene Adjektiva zu vermeiden‹, ›einen interessanten Bericht verfassen‹. Es existierte auch ein ›Stilbuch‹, das die jungen Reporter zu studieren hatten. Es war der Schlüssel zur guten Berichterstattung. ›Bilden Sie kurze Sätze. Machen Sie die Einleitungen kurz. Verwenden Sie ein kraftvolles Englisch, achten Sie dabei aber auf den Fluß der Sätze. Seien Sie bejahend, nicht negativ.‹ Das Stilbuch, die literarische Abteilung, das Beispiel der Älteren und die ständige Aufsicht von Pete Wellington waren Ernests Lehrmeister als Journalist.
Aber er hatte keineswegs etwas gegen das Recherchieren. Er versetzte seine Vorgesetzten in Wut, weil er keinen Kontakt mit der Redaktion hatte. ›Wenn wir ihn im Spital erreichen wollten‹, sagte Wellington, ›mußten wir erfahren, daß er in einem Rettungswagen unterwegs war. Anscheinend wollte er immer dort sein, wo etwas los war.‹ Eines Tages eilte er durch die Union Station, als ein Mann einen Pockenanfall bekam und bewußtlos zu Boden fiel. Ernest, der lange vorher geimpft worden war, trug den Mann in einen Mietwagen und brachte ihn ins Spital. Nachher gab er dem Fahrer den Rat, das Fahrzeug desinfizieren zu lassen. Der Amtsarzt, der den Fall behandelte, freundete sich schnell mit Ernest an und erzählte ihm schockie-

rende Anekdoten über die anrüchigen Bezirke der Stadt, über die Rauschgiftsucht und die Prostituierten. Obwohl Ernest seine Artikel noch nicht selbst zeichnen durfte, verfaßte er mit großem Eifer einen Bericht über die Pockenepidemie und über den ›sehr traurigen Fall einer Dirne, die weinend vor einem eleganten Tanzlokal stand, während sich drinnen der Soldat, den sie liebte, mit elegant gekleideten Partnerinnen herumtrieb‹.
Es gab viel zu sehen und zu hören. Kansas City war eine Metropole von 300 000 Einwohnern, aber noch vor zwei Jahrzehnten war sie eine jener brodelnden Grenzstädte des späten 18. Jahrhunderts gewesen. Ernest fand die Stadt zugleich ›wunderbar und widerwärtig‹, besonders die Gegend, die sich von der Union Station über die Schlachthöfe hinunter bis zum Missouri erstreckte. Die Stadt wuchs rasch. 1911, als der *Star* von seinem ehemaligen Hauptquartier in der 8ten und Main Street in die Außenbezirke übersiedelte, waren gescheite Leute der Ansicht gewesen, daß das neue Gebäude in der Grand Avenue viel zu weit vom Mittelpunkt des Geschehens entfernt sei. In sechs Jahren wurden sie eines Besseren belehrt. Das Verbrechen blühte, und die Justiz agierte in Hemdsärmeln. Dale Wilson, ein junger Redakteur des *Star*, erinnerte sich an einen Fall, als ein Dutzend Neger vor Gericht gestellt wurden, weil sie ein verbotenes Würfelspiel organisiert hatten. Der Richter grinste, ließ sie alle in einer Reihe aufstellen, gab den größeren unter ihnen fünf Tage Bau und ließ die kleineren laufen. In der zweiten Straße gab es Prostituierte wie Sand am Meer. Obwohl es ihnen verboten war, in den billigen Hotels auf Kundenfang zu gehen, konnten die Mädchen jedem, der mit einer spezifischen Anfrage an ihren Tisch kam, folgen, und die Hotels waren darauf eingerichtet, ihnen Zimmer zu vermieten.
Unter den Journalisten des *Star* war es Lionel Calhoun Moise, der die rauhere Seite der Stadt am eindringlichsten verkörperte. Moise war ein egoistischer, trinkfester und kämpferischer Reporter und Redakteur. Obwohl Ernest ihn ›nur flüchtig‹ kannte, war er von seiner Wortgewandtheit, seiner erstaunlichen Vitalität und seinem undisziplinierten Talent beeindruckt. Jedesmal, wenn er trank, ›verströmte sich seine angeborene Energie in Gewalttätigkeit‹. Sein Stil war kraftvoll und feurig. Ernest bewunderte ihn als pittoresken Außenseiter aus der älteren Schule des Sensationsjournalismus, obwohl er es bedauerte, daß hier ein erstaunliches Talent vor die Hunde ging. Er schrieb einmal in einer Skizze: ›Lionel Moise war ein großartiger Redakteur. Er konnte vier Stories im Kopf haben, zum Telefon gehen und eine fünfte aufnehmen und dann alle fünf in großer Geschwindigkeit schreiben, damit sie noch in die Ausgabe hineinkamen. Es war an jeder einzelnen etwas Lebendiges. Er war immer der höchstbezahlte Mann der Zeitung, für die er arbeitete. Wenn irgend jemand anderer mehr Geld bekam, kündigte er oder sorgte dafür, daß sein Gehalt erhöht wurde. Er sprach nie mit den anderen Reportern, außer wenn er betrunken war. Er war groß und dick und hatte lange Arme und große Hände. Er war der

schnellste Mann auf der Schreibmaschine, den ich jemals gekannt habe. Er fuhr ein Auto, das er, wie jeder im Büro wußte, von einer Frau geschenkt bekommen hatte. Eines Nachts auf dem Lincoln Highway auf halbem Weg nach Jefferson City versuchte sie, ihn zu erstechen. Er nahm ihr das Messer weg und warf es aus dem Wagen.‹

Moise war ein grober und abweisender Halbgott, der zwischen Schreibmaschine und Telefon in einer entfernten Ecke des riesigen Raumes thronte. Die Leute, mit denen Ernest regelmäßig zusammenkam, standen seinem Alter und Temperament näher. Einer davon war Dale Wilson, er kam aus Corda, Missouri, war 23 Jahre alt und wartete auf seinen Einberufungsbefehl zur Marine. Dann gab es George (Punk) Wallace, Harry Kohr, den Telegrafenredakteur, John Collins, Bill Noorehead, den Polizeiberichterstatter, Tod Armiston und Wilson Hicks. Ernest war noch nicht lange genug von der High School weg, um nicht auch weiter am Verteilen von Spitznamen Spaß zu haben. Er sprach von sich selbst als Hemingstein oder Ernest de la Mancha Hemingway und erfand für seine Genossen schnell schmückende Beiwörter. Ein junger Australier wurde zum ›tasmanischen Holzknecht‹. Ein kurzsichtiger Korrektor namens Harry Godfrey, der dicke Gläser trug und gerne Ratschläge gab, bekam den Spitznamen ›der nachdenkliche Hebräer‹. Leo Fitzpatrick, ein stämmiger kleiner Ire, der ein wenig geckenhaft gekleidet war und als Charmeur galt, war Ernest als ›lieblicher Leo‹ bekannt. Der einzige Unfall, der Ernest in diesem Winter passierte, ereignete sich eines Abends, als er Leo vor einem Streitsuchenden zu schützen suchte. Sie saßen Samstagabend in einem Restaurant an der Ecke Grand Avenue und 17te Straße beim Essen, als ein aggressiver Transportarbeiter anfing, Leo wegen seiner auffallenden Krawatte zu hänseln. Ernest wollte einen Schwinger anbringen, landete aber mit der Faust in einer Vitrine mit Zigarren. Die Vitrine ging in Scherben, und Ernests Hand war so zerschnitten, daß man ihn verbinden mußte. Danach ließ er sich einige Tage lang als Held bewundern.

Aus seinem kurzen Aufenthalt in Kansas City gewann Ernest Material für drei spätere Stories. Eine davon war eine brutale Kurzgeschichte, in der ein irischer Polizist zwei Ungarn abknallt, die gerade einen Tabakladen ausgeraubt haben. Die Stadt subventionierte zwei Variétés, in denen Mädchen in fleischfarbenen Trikots auf dem Laufsteg vor einem verständnisvollen Stammpublikum herumhopsten. Ernest verfaßte in späteren Jahren eine Erzählung über den Quartiermacher einer Variétégruppe, der dem Suff und dem Rauschgift verfallen ist und, das Laken über das Gesicht gezogen, den ganzen Tag im Bett liegt. Die beste Geschichte sollte aber ›Gott hab euch selig, ihr Herren‹ werden, ein zynisches Weihnachtsmärchen, in dem zwei Ärzte des Städtischen Krankenhauses den Fall eines neurotischen Jünglings erörtern, der sich aus falsch verstandener Frömmigkeit entmannt hatte. Neben seinem Entschluß, schreiben zu lernen, war Ernests Gesprächs-

Der ungeheure Raum

thema Nummer eins der Krieg und wie er an ihm teilnehmen könnte. Sein Vater war nach wie vor wegen des geschwächten linken Auges dagegen. ›Wir haben alle diese schlechten Augen von Mutter‹, schrieb er seiner Schwester Marcelline. ›Aber ich werde irgendwie nach Europa kommen, trotz dieser ‚Optik'. Ich kann solch eine Show nicht vorbeigehen lassen, ohne dabeizusein.‹ Wie man das machen konnte, lernte er bald danach, und zwar von Theodor Brumback, einem Jungen aus Kansas City, der einen Monat nach Ernests Ankunft beim *Star* zu arbeiten begonnen hatte. Ted war ein dunkelhaariger Junge von 22 Jahren, dessen besonderes Kennzeichen ein Glasauge war. Er hatte sich 1913 an der Universität Cornell einschreiben lassen. Im Frühling 1915 hatte ihn ein von einem Baum zurückprallender Golfball mitten ins Gesicht getroffen. Nach dem Verlust seines Auges hatte er keine Lust mehr, das College zu beenden. Im Sommer 1917 trat er dem American Field Service bei und war vier Monate lang in Frankreich Fahrer eines Sanitätswagens. Er erzählte romantische Geschichten über das Leben in Europa und gab Ernest den Rat, eher im Frühjahr hinüberzufahren als im Winter, wo es ununterbrochen regnete und alle Straßen zu Sümpfen wurden. Zu Weihnachten hatten Ted und Ernest mit Wilson Hicks einen Pakt geschlossen: so bald wie möglich nach Neujahr würden sie sich beim Roten Kreuz als Ambulanzfahrer bewerben. Dr. Hemingway zog widerstrebend seine Einwände zurück. Ernest war der jüngste des Trios; angesichts der bevorstehenden Atlantiküberquerung konnte er sich in seinem kindlichen Übermut kaum beherrschen.
Er war nun aus Carl Edgars Wohnung in ein ›winziges, ödes Zimmer, die Dachstube eines altmodischen Holzhauses‹ in der Nähe, umgezogen. Spätabends lud er einmal Ted Brumback ein, bei ihm zu übernachten. Es war bereits nach ein Uhr morgens, und Brumback war todmüde. Aber Ernest brachte einen Krug Rotwein und einen Band von Brownings Gedichten und begann mit ›klarer durchdringender Stimme‹ vorzulesen. Als Brumback um vier Uhr aufwachte, war Ernest noch immer dabei und sah frisch wie eine Rose aus. Am nächsten Tag ›verrichtete er seine Arbeit, als ob nichts geschehen sei‹. Seine Energie war grenzenlos, und sie schien Brumback das sicherste Zeichen für sein erwachendes Genie. ›Wenn wir anderen Sterblichen unsere Arbeit beendet haben‹, schrieb Ted, ›sind wir zu einem Spielchen oder fürs Bett bereit. Aber Dein Genie beginnt erst.‹ Er hatte recht. Der Sechsmonate-Job beim *Star* war für Ernest erst der Beginn eines Weges, der ihn zu einer noch nicht genau bestimmbaren Höhe führen sollte. Aber es war in jedem Falle der Beginn.

KAPITEL II

Der Kriegsveteran

Der Schio Country Club

›Ich war ein schrecklicher Tölpel, als ich in den letzten Krieg zog‹, schrieb Hemingway 1942. ›Ich kann mich erinnern, daß ich einfach dachte, wir seien die Heimmannschaft und die Österreicher die Gastmannschaft.‹ Es sah damals so aus, als handle es sich um das größte Spiel der Welt, als Ernest und Ted Brumback in den letzten Apriltagen des Jahres 1918 ihre letzten Gehaltsschecks vom *Star* bezogen und auf der Union Station den Zug nach Chicago bestiegen. Wilson Hicks hatte sich von ihrem Pakt zurückziehen müssen, und so gingen Charlie Hopkins und Carl Edgar, die auf ihren Einberufungsbefehl zur Armee und zur Marine warteten, gemeinsam mit Ernest und Ted auf einen letzten Angelausflug nach Horton Bay. Sie übernachteten bei den Hemingways in Oak Park und fuhren am nächsten Tag nach Michigan weiter. Dr. Hemingway wollte sie benachrichtigen, sobald vom Hauptquartier des Roten Kreuzes in St. Louis der Einsatzbefehl eintreffen würde. Die Dilworths begrüßten sie herzlich und gaben ihnen zu essen, und dann widmeten sie sich ein paar Tage intensiv der Anglerei. Kaum hatten sie aber ihre Füße richtig naß gemacht, traf das Telegramm ein. Hemingway und Brumback hatten sich bis spätestens 8. Mai in New York zur ärztlichen Untersuchung einzufinden.
Sie fuhren nach Chicago zurück, verabschiedeten sich und setzten sich in den Zug nach Osten. In New York quartierte sie das Rote Kreuz im Earl Hotel am Waverly Place ein, zusammen mit siebzig anderen Freiwilligen, die aus dem ganzen Land zusammengeströmt waren. Die meisten waren entweder zu jung für den Militärdienst oder aus anderen Gründen für untauglich erklärt worden. Ernest wurde bei einem Blutdruck von 128/75 mit B-Tauglichkeit eingestuft, obwohl seine Augen so schlecht waren, daß Dr. Dunn, der untersuchende Arzt, ihm riet, er möge einen Augenarzt aufsuchen und sich eine Brille verschreiben lassen.
Ernest ignorierte den Vorschlag und stürzte sich voller Enthusiasmus in den zweiwöchigen Lehrgang. Sein Vater hatte ihm zum Abschied 150 Dollar geschenkt, und er selbst hatte sich von seinem Verdienst in Kansas City noch 100 Dollar erspart. Er investierte 30 Dollar in ein schmuckes Paar

Stiefel aus Korduanleder, um seiner Uniform – Uniformbluse mit hohem, engem Kragen, bauschige Hosen und Überseemütze – ein vornehmes Flair zu geben. Kleine Kreuze aus rotem Email schmückten Kragen und Mütze. Ernest und Ted zogen ihre Uniformen mit der Distinktion von Reserveleutnants an und schlenderten in der Maidämmerung den Broadway hinunter. Alle ihre Glieder schmerzten von ihrer ersten Typhus-Impfung. Aber das ›Croix Rouge‹ gab ›sehr gut acht‹ auf sie, wie Ernest berichtete, und es ›fehlte ihnen an nichts‹.

Sein kindlicher Überschwang kannte keine Grenzen. Ernest war zum ersten Mal in New York. Nach etwa zehn Tagen schrieb er Dale Wilson nach Kansas City: ›Ha, Ha, Ha, Ha, Ha, Ha! Niemand anders als der Hemingstein ists, der diese Epistel losläßt, Woodrow, mein Junge, Komma, wie gehts Dir?‹ Er erzählte Wilson eine wilde Geschichte über seine momentane Affäre mit der Schauspielerin Mae Marsh, die er in dem Film ›The Birth of a Nation‹ gesehen hatte. Er habe die ›150 Grünen‹, die ihm ›Pop‹ geschenkt hatte, in einem Verlobungsring ›angelegt‹, und Mae habe versprochen, auf seine Rückkehr aus dem Krieg zu warten. Er habe auch einen ›guten Blick‹ auf Präsident Woodrow Wilson geworfen, der nach New York gekommen war, um der Kriegsspendenaktion der Stadt für das Rote Kreuz auf die Beine zu helfen. Ernest war einer der 75 000 Männer und Frauen, die aus diesem Anlaß die Fifth Avenue zwischen der 82. und 8. Straße hinunter paradierten. Er konnte den Präsidenten deshalb so gut sehen, sagte er, weil ›der große Hemingstein kraft seiner männlichen Gestalt und seines vollendeten Aussehens‹ als rechter Flügelmann des ersten Zuges ausgewählt worden war.

Am Morgen des 23. gingen sie an Bord des früheren französischen Linienschiffes ›Chicago‹. Am frühen Nachmittag glitt das Schiff ruhig aus dem Hafen und nahm Kurs auf Bordeaux. Die Jungen waren sich einig, daß sie ›den miesesten alten noch schwimmenden Kahn‹ erwischt hatten. Aber das Essen war gut, die Vorschriften waren lax, und zwei Tage lang kreuzten sie bei strahlendem Wetter durch so ruhige Gewässer, daß Ernest an den Walloon Lake erinnert wurde. Am dritten Tag gerieten sie in einen Sturm. Die ›Chicago‹ stampfte, schlingerte und schwankte in ›breiten traurigen Kreisen‹. Die Speiseräume leerten sich schnell, und die Reling war gesäumt von Männern, die sich übergaben. Ernest rühmte sich, er habe während der zwei Sturmtage ›nur viermal‹ erbrochen.

In den folgenden Tagen stand er nachts an Deck und betrachtete das phosphoreszierende Kielwasser des Schiffes. Wenn der Wind aufkam, erinnerten ihn die wehenden Kämme der Wogen an stiebende Funken eines Lagerfeuers. Untertags bekam er nur ein paar fliegende Fische und hin und wieder einen Schwarm Tümmler zu sehen. Die ›Chicago‹ nahm einen Kurs, der weit südlich der üblichen Schiffsroute lag, und sie begegneten keinem anderen Schiff – bis zum 27., als über Backbord ein nach Westen fahrender amerikanischer Kreuzer auftauchte und Licht- und Flaggensignale ausgetauscht wurden. Es hieß, daß deutsche U-Boote in diesen Gewässern lauerten, und die Bullaugen wurden nachts verdunkelt. Ernest hoffte auf irgendein Ereignis, aber es geschah nichts. Das einzige Ärgernis war seine zweite Typhusimpfung. Sie machte ihn ›krank wie einen Hund‹.

Sein engster Kumpan neben Brumback war ein ›kleiner aggressiver Bursche‹ namens Howell Jenkins, der sich einen schmalen rötlichen Schnurrbart hatte wachsen lassen und zynisch aus den Mundwinkeln sprach. Er war unter mehreren Spitznamen bekannt – Jenks, Howie, ›Der Stänkerer‹, ›Kleines Fieber‹ oder ›Fever‹ (in Anspielung auf seine Leidenschaft für das Würfelspiel). Ernest freundete sich auch mit zwei polnischen Leutnants aus Buffalo an. Sie fuhren nach Frankreich, um sich dort der *Troupe Polonaise* anzuschließen. Ihre Namen waren Leon Chocianowicz und Anton Galinski. Ernest nannte sie ›ganze Kerle‹; an ihnen könne man sehen, wie himmelhoch der Unterschied zwischen Polen und Pollaken sei, meinte er. Die einzige Frau an Bord war ein blondes französisches Mädchen namens Gaby, von dem gemunkelt wurde, es verbringe die meiste Zeit mit einer ganzen Schar von Verehrern in Rettungsbooten. Ernest und Leon sprachen über Gaby, den Wert des Trinkens und der Weiber, während die ›Chicago‹ langsam in Richtung Bordeaux die Wellen durchpflügte.

Dort angekommen, labten sie sich an Rotwein und den Spezialitäten der französischen Küche, bis der Nachtzug nach Paris abging. Am nächsten Morgen wurden sie am Bahnhof mit ungewöhnlicher Achtung empfangen: Amerikanische Marineinfanteristen hatten gerade den Wald von Belleau erobert. Hohe französische Offiziere salutierten vor ihren zerknitterten, schlecht sitzenden Uniformen. Sie wurden in einem kleinen Hotel nahe der Madeleine einquartiert. Die Deutschen versuchten mit ihrem riesigen Ferngeschütz, das bei Freund und Feind als ›Dicke Berta‹ bekannt war, den französischen Widerstandswillen zu brechen. Die Granaten explodierten in den Straßen von Paris. Ernest war so erregt, schrieb Brumback, ›als ob man ihn ausgeschickt hätte, um über die größte Story des Jahres zu berichten‹. Er und Brumback mieteten ein altersschwaches Taxi, in der Hoffnung, Augenzeugen frischer Einschläge zu werden. Es war eine aufreibende Jagd. ›Wenn wir eine Granate explodieren hörten‹, schrieb Ted, ›fuhren wir so schnell es unser Zweizylinder schaffen konnte, in Richtung der Detonation ... Aber kaum angekommen, hörten wir eine andere Explosion in irgendeinem weitentfernten Teil der Stadt.‹

Sie wollten es gerade aufgeben und befanden sich auf dem Weg zurück ins Hotel, als eine Granate ›die Fassade der Madeleine traf und ein Loch von ein oder zwei Fuß in den Stein riß‹. Dies war nun selbst für Ernest nahe genug. Für den Bruchteil einer Sekunde hatten sie das Gefühl, als ob das Projektil mitten zwischen ihnen explodieren würde.

Ernest langweilte sich bald; Stadtbesichtigungen waren ohnehin niemals

seine Stärke gewesen. ›Ich wünsche, daß sie sich beeilen‹, nörgelte er, ›und uns endlich an die Front schicken.‹
Sie mußten noch warten, bis ein zweites Kontingent Freiwilliger aus London herübertransportiert wurde, das die Gruppe auf 150 Mann anwachsen ließ. Zwei Tage später wurden sie in den Zug nach Italien verfrachtet. In Mondane, vor der Einfahrt in den Mont-Cenis-Tunnel, stiegen sie in geschlossene Güterwagen um. Als sie singend und lachend die Grenze überfuhren, ließen sie ihre Beine aus den offenen Waggontüren baumeln und genossen nach Bill Hornes Worten ›die hübscheste Bahnfahrt durch die schönste Gegend, die ich in meinem Leben gesehen habe‹.
Nicht einmal die Alpen konnten sich mit dem Empfang vergleichen, der ihnen in Mailand zuteil wurde. ›Herrliches Dasein!‹ lautete Ernests Ansichtskarte an den *Star*. ›Habe hier am ersten Tag schon die Feuertaufe empfangen, als eine Munitionsfabrik in die Luft flog. Wir haben die Opfer transportiert, als ob es sich um das General Hospital in Kansas City gehandelt hätte.‹ Aber es war weitaus blutiger als alles, was er im Mittelwesten oder irgendwo anders gesehen hatte. ›Man gewöhnt sich so sehr an den Anblick, daß alle Toten Männer sind‹, schrieb er später, ›daß der Anblick einer toten Frau entsetzenerregend ist. Zum ersten Mal sah ich die Umkehrung des üblichen Geschlechts der Toten nach der Explosion einer Munitionsfabrik, die auf dem Land in der Nähe von Mailand gelegen war. Wir fuhren zu dem Schauplatz der Katastrophe in Lastwagen auf mit Pappeln bepflanzten Landstraßen. Als wir zu der zerstörten Munitionsfabrik kamen, wurden ein paar von uns eingesetzt, um die nichtexplodierten Lagerbestände zu kontrollieren. Nachdem der Auftrag ausgeführt war, erhielten wir den Befehl, die nächste Nachbarschaft und die umliegenden Felder nach Leichen abzusuchen. Wir fanden einige und trugen sie in eine improvisierte Totenkammer, und ich muß offen gestehen, es war ein Schock zu bemerken, daß diese Toten Frauen und nicht Männer waren.‹ Schließlich mußten sie von einem Stacheldrahtzaun, der einst das Fabrikgebäude umgeben hatte, menschliche Körperteile abnehmen. Auch das war ein Schock für einen Menschen, dessen Kontakt mit Toten sich bis dahin auf abgeschossene Tiere beschränkt hatte.
In Mailand war reger Betrieb, und es wimmelte von uniformierten Männern. Die Scala war geöffnet, und täglich gab es Rennen auf der San-Siro-Bahn. Die Jungen flanierten durch die Galleria und besuchten den riesigen dunklen Dom. Aber für eine Stadtbesichtigung blieb wenig Zeit. Ein Rotkreuzhauptmann namens Meade Detweiler teilte sie in Gruppen von fünfundzwanzig. Gemeinsam mit Larry Barnett, Dick Baum, Walter Feder, Jerome Flaherty, Bill Horne, Howie Jenkins, Fred Spiegel, Zalmon Simmons und noch fünfzehn anderen wurden Hemingway und Brumback der Sektion IV des American Red Cross zugeteilt. Zwei Tage nach der Munitionsexplosion stiegen sie in den Zug nach Vicenza. Dort warteten Ambu-

lanzen, um sie nach Schio zu bringen, das 24 Kilometer weiter nordwestlich in den Vorbergen der Dolomiten lag.
Die Straße nach Schio führte durch kultiviertes Bauernland. Von weitem konnten die Jungen die mokkafarbene Stadt sehen, ihre Dächer und Campaniles, die sich in die narbigen Steilhänge einiger hoher Berge schmiegten. Der höchste war der Monte Pasubio. Hinter seiner rechten Flanke fanden die Kämpfe statt. Die Ambulanzen holperten über das Kopfsteinpflaster altertümlicher, schmaler Gassen. Auf einem der Plätze stand eine Büste Garibaldis, auf einem anderen eine kleine Kathedrale, die aussah wie ein griechischer Tempel. Der Chauffeur deutete mit seinem Daumen zu den gekreuzten Schwertern auf dem Wirtshausschild des Albergo Due Spadi empor, dem besten Restaurant am Platz. Ein Gebirgsfluß, die Leogra, floß mitten durch die Stadt, die in Friedenszeiten eine blühende Textilindustrie beherbergte. Das Hauptquartier der Sektion IV war ein aufgelassenes Fabrikgebäude. Es hatte einen gepflasterten Hof mit offenen Schuppen für die Ambulanzen, siebzehn große Fiats und ein halbes Dutzend kleinerer Fords. Der Schlafsaal im zweiten Stock war das ehemalige Wollager. Es war ein Raum, 15 Meter breit und 30 Meter lang, mit in Reihen aufgestellten Armeefeldbetten. Das Bett, das Ernest zugewiesen wurde, stand auf der rechten Seite ungefähr in der Mitte. Unten in der Offiziersmesse standen lange Kantinentische. Italienische Kellner servierten Spaghetti, Kaninchenragout und dunkles Brot, das angeblich Sackleinwand enthielt. Einmal in der Woche bekamen die Jungen Spiegeleier. Es gab große Töpfe mit Aprikosenmarmelade, einem Produkt der Gegend. Zum ersten Mal in seinem Leben bekam Ernest so viel Wein, wie er wollte. Er hielt sich, so gut er konnte, für die trockenen Jahre schadlos.
Sie nannten ihr Quartier den Schio Country Club. Die Sektion brachte eine Art Zeitung heraus, die *Ciao* hieß und in Vicenza gedruckt wurde, wenn sich genügend Text angesammelt hatte. Ernest lieh sich eine Schreibmaschine und tippte einen Beitrag herunter. Wie manche seiner Ring-Lardner-Imitationen aus der High-School-Zeit war er in Form eines Briefes gehalten: ›Na schön, Al, wir sind hier im alten Italien‹, schrieb er, ›und nun, da ich hier bin, werde ich es nicht so bald wieder verlassen. Und das ist kein guter Vorsatz zum Neuen Jahr, Al, sondern die Wahrheit. Ja, Al. Ich bin jetzt ein Offizier, und wenn Du mir begegnetest, müßtest Du salutieren. Ich bin nämlich Reserveleutnant, aber das Schlimme ist, alle anderen sind es auch. Es gibt keine gewöhnlichen Soldaten in unserer Armee, Al, und der Hauptmann wird Chef genannt. Aber es sieht mir nicht so aus, als ob er auch nur den geringsten Bissen kochen könnte.‹ (Chef = chef de cuisine, Anm. d. Ü.)
Während der drei Wochen als Fahrer für die Sektion IV saß Ernest abwechselnd mit einem anderen am Volant eines dahinrumpelnden Fiats. Es war ein schwerfälliges Fahrzeug, von schlachtschiffgrauer Farbe und mit

einem großen roten Kreuz auf dem Dach. Der Weg hinauf zum Pasubio führte durch ein Labyrinth von Haarnadelkurven; sie waren von Stacheldraht gesäumt, der mit einem Kreischen gegen die Seiten des Wagens kratzte. Zwei Drittel der Einsätze fanden bei Tageslicht statt, und die drei Ambulanzen machten je eine Fahrt täglich und brachten die Verwundeten zu den *smistamenti* oder Verteilungsstationen. Manchmal machten sie bei einer Feldküche am Monte Pasubio Rast, die ein Freiwilliger aus Philadelphia namens Gifford Corcoran führte. Immer tauchten an den unwahrscheinlichsten Orten einzeln oder paarweise Amerikaner auf. Eines Tages begegnete Ernest in Dolo einem großen, braunäugigen jungen Mann, der sich als John Dos Passos vorstellte – ein Landsmann aus Chicago. Er war drei Jahre älter als Ernest, hatte 1916 seine Studien in Harvard abgeschlossen und nachher in Frankreich beim Norton-Harjes-Ambulance-Corps gedient. Er war nun zum Dienst nach Italien abkommandiert worden, wo er den Winter im Gebiet um den Monte Grappa und im Tal um Bassano verbracht hatte. Er wollte gerade nach Paris zurückkehren, um dem Ambulance and Medical Corps der U. S. Army beizutreten. Die beiden jungen Männer unterhielten sich eine Weile miteinander und gingen dann ihrer Wege. Viele Jahre später erinnerte sich Dos Passos, daß er nicht einmal den Namen des kräftigen, dunkelhaarigen Jünglings behalten hatte, in dessen Gesellschaft er einige angenehme Stunden verbracht hatte.

Die Österreicher hatten ihr Augenmerk jetzt auf das Tal der Piave, nördlich von Venedig, gerichtet. Als die Offensive auf ihrem Höhepunkt war, rekrutierte der Chef der Sektion IV, Leutnant Charles B. Griffin, einen Trupp von sechs Wagen mit amerikanischen Fahrern und italienischen Mechanikern für den dortigen Verwundetentransport. Ernest war bitterböse, daß er nicht ausgewählt wurde. ›Ich habe es satt‹, sagte er zu Brumback Ende Juni. ›Hier gibt es nichts anderes als Landschaft, und viel zu viel davon. Ich werde mich von dieser Ambulanzabteilung absetzen; ich möchte doch sehen, ob es mir nicht gelingt herauszubekommen, wo der Krieg ist.‹ Eine Zeitlang war der Schio Country Club lustig gewesen; man aß und trank im Hotel ›Due Spadi‹ und traf sich gelegentlich unter einer ausladenden Glyzine zum Biertrinken in einer Trattoria, die in einem der versteckten Seitengäßchen Schios lag. Doch nichts davon tröstete ihn. Fred Spiegel bemerkte, daß er ›immer unruhiger‹ wurde. Schon Pete Wellington hatte in Kansas City herausgefunden, daß Ernest ›immer dorthin wollte, wo etwas los war‹.

Die Gelegenheit, die er suchte, kam bald. Das Rote Kreuz unterhielt eine Anzahl von Kantinen, die zum Großteil auf den von den Truppen stark frequentierten Nachschubstraßen gelegen waren. Einige waren wenige Kilometer hinter den Linien errichtet worden und standen unter der Leitung von Leutnants des ARC, die in einer Hütte neben dem Kantinengebäude lebten. Dort gab es Tische, Schreibmaterial, Schallplatten und Plattenspie-

ler und lange Theken, wo man Kaffee, Suppen, Bonbons, Marmelade und Zigaretten bekam. Nach Kantinenschluß brachte der ›tenente‹ (Leutnant) den Männern in den Schützengräben manchmal Zigaretten, Bonbons und Postkarten.
Da in den Bergen nun weniger los war, dafür aber um so mehr im Piavetal, konnten einige Männer von der Sektion IV erübrigt werden, um in den kleinen Orten entlang des Flusses eine Reihe von provisorischen Kantinen zu betreuen. Am westlichen Ufer hatten sich die Italiener in einem kilometerlangen Grabensystem von Schützengräben, Schanzen und vorgerückten Beobachtungsposten eingegraben. Als Leutnant Griffith zur Bemannung dieser Kantinen Freiwillige aufrief, war Ernest einer der ersten, der vortrat, zusammen mit Bill Horne, Fever Jenkins, Dick Baum und Warren Pease. Sie wurden mit Ambulanzen nach Mestre gebracht und dem Kommando von Hauptmann Jim Gamble unterstellt, einem reichen jungen Mann – seiner Familie gehörte die Seifenfirma Procter and Gamble. Gambles offizieller Titel lautete ›Inspekteur der fahrbaren Feldküche‹, aber seine wichtigste Sorge war momentan die Zigarettenverteilung an Tausende stromaufwärts liegender italienischer Truppen. Er gab den Freiwilligen in Mestre einen kurzen Urlaub. Venedig selbst war aber ›off limits‹. Einige von ihnen inspizierten das Bordell der italienischen Offiziere, das allgemein als Villa Rosa bekannt war. Laut Fever Jenkins war Ernest außerordentlich schüchtern und errötete zornig, als er von einer Prostituierten angesprochen wurde.
Von dem Bahnhof in Mestre aus wurden sie entlang der Piavefront verteilt. Ernest wurde in Fossalta abgesetzt, einem schwerbeschädigten Dorf, das in der Niederung hinter einer grasbewachsenen Uferböschung an einer Stelle lag, wo der Fluß eine l-förmige Biegung machte. Horne und Pease fuhren weiter bis nach San Pedro Norello, einem benachbarten Dorf, und stellten ihre Feldbetten im zweiten Stock eines wackeligen Gebäudes auf, das für die Zucht von Seidenraupen verwendet wurde. ›Eine Woche lang ereignete sich nichts‹, sagte Bill. ›Keine Kantine. Keine Vorräte für eine Kantine. Keine Anweisungen. Keine Tätigkeit. Nichts als fressende Seidenraupen und stechwütige Mücken.‹ Ernest kam auf seinem Fahrrad herüber und übernachtete bei Pease und Horne. ›In jener Nacht‹, schrieb er später, ›lagen wir im Zimmer auf dem Fußboden, und ich hörte dem Fressen der Seidenraupen zu. Die Seidenraupen fraßen Maulbeerblätter auf den Hürden, und die ganze Nacht über hörte man sie fressen und ein fallendes Geräusch in den Blättern... Nachts kann man ganz deutlich hören, wie die Seidenraupen fressen, und ich lag mit offenen Augen da und hörte ihnen zu.‹ Die Freiwilligen mußten die allen alten Militärs vertraute Parole ›Beeil dich und warte‹ am eigenen Leib spüren. Ernest war so unruhig wie eh und je. Aber immerhin war er jetzt wenigstens in Hörweite der Geschosse und in täglichem Kontakt mit den kämpfenden Soldaten.

Der Schio Country Club

Als Versorgungsleutnants durften die Amerikaner in der Messe zusammmen mit den italienischen Offizieren der Brigata Ancona sitzen, die das 69. und 70. Infanterieregiment umfaßte. Ein Feldkurat, ein junger Priester, hieß Don Giuseppe Bianchi und war gebürtiger Florentiner. Er trug auf der linken Tasche seines Talars ein Kreuz aus dunkelrotem Samt und freundete sich rasch mit Ernest an, der ihm mit Sympathie und Respekt begegnete. Wenn er mit der kämpfenden Truppe zusammenkam, gab sich Ernest zugleich bescheiden und kriegslustig. Seine Stellung als Leiter der noch immer nicht existierenden Behelfskantine machte ihn, wie er später sagte, ›zu einem recht unbedeutenden Marketender‹. Aber er war stolz, daß er sich in der Nähe des Schlachtfeldes befand.

Das Verurteiltsein zur Untätigkeit, die Stechmücken und fressenden Seidenraupen trieben Bill Horne alsbald nach Schio zurück. Dort konnte er als Chauffeur von Ambulanzen wenigstens zu etwas nützlich sein; und der Schlamm und die Trümmer im Basso Piave waren wirklich kein Ersatz für die durch die Fenster des Schio Country Clubs zu genießende schöne Aussicht auf die Dolomiten. Ernest aber war nun in seinem Element. Er beschloß, weiter in Fossalta zu bleiben, wo die Kantinenvorräte nur langsam einzusickern begannen. Bill war ungefähr seit einer Woche wieder bei der Sektion IV, als die Nachricht durchkam: Gegen Mitternacht des 8. Juli war Ernest auf einem Vorposten am Westufer des Flusses nahe bei Fossalta schwer verwundet worden.

Die Geschichte von Ernests bemerkenswerter Tat erreichte seine Freunde bruchstückweise. Die Nacht im Tal war heiß und mondlos gewesen. Während des Sonnenunterganges glänzte der träge Fluß wie Messing. Nach Einbruch der Dunkelheit konnte man ihn nicht mehr sehen, außer wenn Leuchtkugeln aufstiegen, platzten und weißlich herunterschwebten. Den ganzen Tag hindurch gab es auf beiden Seiten vereinzeltes leichtes Artillerie- und Mörserfeuer. Gegen Mitternacht verstärkte sich das Duell. Ernest hatte wegen der Hitze auf seine Unterwäsche verzichtet; sein Waffenrock war durchgeschwitzt, als er sein Fahrrad gegen die Rückwand eines vorgeschobenen Kommandopostens lehnte und gebückt in die Schützengräben hinuntertauchte. Er hatte einen Helm auf und Nachschub an Zigaretten, Schokolade und Postkarten für die Soldaten mitgebracht. Einige von ihnen kannte er bereits, und eine Zeitlang unterhielten sie sich in gebrochenem Italienisch. Seine Aussprache amüsierte sie. Er sagte, daß er von den Bergen herabgekommen sei, um bei ihnen hier in der Ebene zu sein. Sie sagten, daß sie lieber in den Bergen wären. Es wäre ruhiger in den Bergen. Das Zeug, das von der österreichischen Seite herübergeflogen käme, rücke ihnen langsam zu nahe.

Gleich nach Mitternacht schoß wieder eine österreichische Minenwerferbatterie eine ihrer Granaten vom Kaliber 420 über den Fluß, die mit Stahlsplittern und Metallabfällen gefüllt war. Sie alle hörten sie kommen – das entfernte Geräusch, als sie das Rohr verließ, und das seltsame ›Tschu-Tschu-Tschu‹, als sie einen Bogen beschrieb und herabkam. ›Dann flammte es auf, als ob die Tür eines Hochofens aufgerissen würde, und ein Brüllen, das weiß anfing und rot wurde‹, von solcher Wucht, daß es einem das Trommelfell sprengte und den Atem wegbleiben ließ. ›Ich versuchte zu atmen‹, schrieb Ernest später, ›aber mein Atem blieb weg ... Der Boden war aufgerissen, und vor meinem Kopf lag ein zersplitterter Holzbalken. Durch das Dröhnen in meinem Kopf hindurch hörte ich jemanden weinen ... Ich versuchte mich zu bewegen, aber ich konnte mich nicht bewegen. Ich hörte die Maschinengewehre und Gewehre über den Fluß und den ganzen Fluß entlang feuern.‹

Seine Beine fühlten sich an, als steckten sie in Gummistiefeln, die mit warmem Wasser gefüllt waren. Neben ihm lag ein Mann, der sich nicht mehr rührte. Genau hinter ihm lag ein anderer, der bös verletzt war und erbärmlich schrie. Ernest tastete nach seinem Hals und seinen Beinen, hob sich ihn auf den Rücken und begann zum Unterstand zurückzuwanken. Er hatte etwa fünfzig Meter zurückgelegt, als ihn eine Salve aus einem schweren Maschinengewehr im rechten Bein am Knie traf. Die Kugel fühlte sich wie ein gefrorener Schneeball an. Er stolperte und fiel mitsamt dem Mann auf seiner Schulter hin. Er erinnerte sich nachher nicht mehr, wie er die letzten hundert Meter zurückgelegt hatte. Aber er schaffte es, brachte den Mann zum Unterstand und verlor das Bewußtsein.

Sein Waffenrock und seine Hose waren mit dem Blut des Italieners völlig durchtränkt, so daß man zunächst dachte, er sei in die Brust getroffen worden. Man legte ihn auf eine Bahre, und die beiden Träger begannen den langen Marsch zum nächsten Verbandsplatz. Aber die Station war unter Artilleriefeuer genommen und evakuiert worden. Es war nichts als ein Stall mit weggeschossenem Dach in der Nähe. Man legte ihn auf den Boden und wartete auf eine Ambulanz. Viele Jahre später sagte er, er sei von so vielen Toten und Sterbenden umgeben gewesen, daß ihm Sterben viel natürlicher vorgekommen sei als Weiterleben: eine Zeitlang habe er sogar ernstlich daran gedacht, sich mit seiner Offizierspistole zu erschießen.

Zwei Stunden lag er dort, wartend und betend: ›Müde bin ich, geh zur Ruh' ...‹ Gegen Sonnenaufgang brachte ihn eine Ambulanz zu einem Smistamento, einem umgewandelten Schulhaus in der Nähe von Fornaci. Seine Beine schmerzten, als hätten ihn tausend Hornissen gestochen. Der diensthabende Arzt gab ihm eine Morphium- und eine Tetanus-Injektion. In der Station saß auch, mit dem Rücken zur Wand, ein weißhaariger Mann in schmutziger grüngrauer Uniform und starrte auf den blutgetränkten Notverband, der den zerschmetterten Stumpf seines Handgelenks bedeckte. Ernest sprach mit ihm. Er kam aus den Abruzzen und sagte, daß er im August 55 Jahre alt würde. ›Du bist zu alt für diesen Krieg, Dad‹, sagte Ernest. Der Soldat sah ihn an. ›Corpo di Bacco‹, sagte er. ›Ich kann

Mailand

ebensogut wie jeder andere sterben.‹ Der kleine Priester aus den Abruzzen kam die Reihe der Verwundeten entlang, murmelte die heiligen Worte und spendete jedem beim Vorbeigehen die Sakramente. Er erkannte Ernest und gab sie auch ihm. Als man Ernest endlich auf den blutigen Operationstisch legte, fand und entfernte man 28 Granatsplitter aus seinen Füßen und Beinen. Es steckten noch Hunderte mehr drin, doch sie saßen zu tief. Viel später nahmen Sanitätswagen die transportfähigen Verwundeten auf. Ernest wurde in ein Feldlazarett in der Nähe von Treviso gebracht. Er verbrachte, von den Fußsohlen bis zur Hüfte einbandagiert, fünf Tage auf einem Streckbett – ein schwerverwundeter Held der ›Heimmannschaft‹. Am Morgen des 15. fuhr ein langsamer Krankentransport nach Mailand ab.
Außerhalb von Mestre standen die Waggons in der glühenden Julihitze stundenlang auf einem Nebengeleise. Von ihrem Lager aus hatten sie keinen Ausblick auf das weit in die Adria hinausragende Venedig. Dem Jungen auf der Pritsche war das ziemlich gleichgültig. Fliegen kamen durch die offenen Fenster und ließen sich auf seinen Verbänden nieder und schwirrten ungestört umher, als der Zug wieder losfuhr. Es gab noch weitere lange Aufenthalte in Vicenza und Verona. Er konnte weder den Gardasee sehen, noch wußte er, wann sie Brescia erreichten. Sie waren zwei volle Tage unterwegs, bis sie endlich in den Güterbahnhof von Mailand einfuhren. Es war Mittwoch, der 17. Juli 1918 um sechs Uhr morgens. In vier Tagen sollte Ernest neunzehn Jahre alt werden.

Mailand

Die Worte hörten sich wie Musik in seinen Ohren an: Ospedale Croce Rossa Americana, 10 Via Alessandro Manzoni, Milano, Italia. Er war dorthin zurückgekehrt, wo er erst sechs Wochen zuvor seinen Dienst angetreten hatte, aber diesmal lag er auf einer Krankenbahre. Die italienischen Ordonnanzen schoben ihn in den Aufzug, und es ging hinauf in den obersten Stock. Es gab achtzehn Rotkreuzschwestern für nur vier Patienten. Eine von ihnen schwebte geschäftig um die Verwundeten herum. Sie war eine kleine und mütterliche Frau namens Elsie MacDonald und sprach mit einem leichten schottischen Akzent. Sie lächelte und tätschelte Ernest, während man ihn ins Bett legte, und sagte ihm lachend, er sei ihre ›zerbrochene Puppe, die den ganzen weiten Weg von der Piave hergebracht worden sei, um wieder zusammengeflickt zu werden‹.
Er hätte kaum eine vornehmere Adresse haben können. Das große, in Stein und Stuck erbaute Haus im alten klassischen Stil stand nur zwei schmale Häuserblöcke von der Piazza La Scala entfernt, die ihrerseits auf die Galleria, den Domplatz und die Cova führte. Ernests Zimmer war dunkel

und kühl, und vom Fenster konnte man die Spitzen der alten Bäume und die Fensterläden der gegenüberliegenden Häuser sehen. Selbst der behandelnde Chirurg war der beste, der zur Hand war – ein dunkler, magerer, schnurrbärtiger Hauptmann namens Sammarelli, der die Verbände aufschneiden ließ und die Wunden mit kritischem Auge untersuchte. Nichts wies auf eine Infektion hin, und alles verheilte schön. Als Ted Brumback aus Schio zu einem Krankenbesuch herüberkam, sagte man ihm (fälschlich), daß sich Ernest ›auf dem Weg rascher Besserung‹ befinde und in einigen Wochen ›wieder als ganzer Mann‹ entlassen werden könne. Ted schrieb den alten Hemingways einen fröhlichen Brief, in dem er ihnen das Unglück und Ernests heldenhaftes Benehmen beschrieb. Der Held selbst fügte ein Postskriptum bei: ›Ich bin ganz o. k. und sende Euch alles Liebe. Ich bin gar nicht so ein Mordskerl, wie Brummy glauben läßt. Mach Dir keine Sorgen, Pop! Viele liebe Grüße, Ernie.‹

Auch sein erster wirklicher Brief nach Hause, den er an seinem 19. Geburtstag schrieb, sollte die Eltern beruhigen. In Begleitung von Elsie MacDonald war er in einer Ambulanz zu Röntgenaufnahmen ins Misericordia-Spital gefahren worden. Die Aufnahmen brachten zutage, daß in seinem rechten Fuß eine Maschinengewehrkugel steckte und daß sich eine andere genau hinter seiner rechten Kniescheibe eingenistet hatte. Sie war schräg eingedrungen, ohne die Patella zu zerschmettern. Der Chirurg wollte beide Kugeln noch vor Ende Juli entfernen. Nach Ernests Meinung befand er sich in einem musterhaften Spital. Neben der ausgezeichneten Behandlung sollte ihm auch einer der höchsten italienischen Orden verliehen werden: er war für die silberne Tapferkeitsmedaille vorgeschlagen worden.

Miss MacDonald und alle anderen Schwestern wohnten ein Stockwerk tiefer. Bald war Ernest mit allen gut bekannt. Er und Elsie scherzten und stritten ununterbrochen miteinander. Sie nannte ihn Ernesto und ›Zerbrochene Puppe‹. Sein Spitzname für sie war ›Die spanische Makrele‹ oder ›Spanish Mac‹. Als Oberschwester machte Katharine C. de Long Dienst, die in New York leitende Oberin des Bellevue Hospital gewesen war und allgemein als ›Gumshoe-Casey‹ bekannt war. Es gab noch drei Schwestern aus dem Bellevue Hospital, sie waren alle viel jünger und hatten 1917 ihr Examen abgelegt. Ruth Brooks, Loretta Cavanaugh (›Sis Cavie‹) und Agnes Hannah von Kurowsky, die alle ›Von‹ nannten. Ruth war ein wenig kokett; Ernest kam mit ihr nicht recht aus. Er mochte Sis Cavie und betete Elsie MacDonald an. Agnes aber interessierte ihn.

Sie war ein großes, dunkelhaariges Mädchen, das in Washington aufgewachsen war. Nach dem Tode ihres Vaters im Jahre 1910 arbeitete sie als Assistentin in der Washington Public Library und war dann in die Schwesternschule im Bellevue eingetreten, weil sie hoffte, irgendwann einmal ins Ausland geschickt zu werden. Im Januar 1918 bewarb sie sich um Aufnahme bei den Rotkreuzschwestern und wurde im Juni nach Europa versetzt, ihr erster Dienst im Ausland. Sie war menschenfreundlich, großzügig, gescheit und voll sprudelnder Energie. Da sie ›Nachtschichten mochte‹ und oft freiwillig die Stelle anderer Pflegerinnen einnahm, hatte sie auch am Abend des 1. August Dienst, als man den jungen Henry Villard mit schwerer Gelbsucht und leichter Malaria einlieferte. Er war Sanitätschauffeur bei der Sektion I in Bassano gewesen. Nach der schmutzigen Bahnreise, während der er ununterbrochen von der für Gelbsucht typischen trockenen Übelkeit befallen wurde, kam ihm das Spital wie ›ein Stück vom Himmel‹ vor. Und es stand sogar ein Engel zum Empfang bereit, ›in der Gestalt einer schönen Nachtschwester namens Agnes‹. Sie bereitete ihm ein heißes Bad, gab ihm eine Dosis Rizinusöl, einen Cocktail und einen Eierlikör. In dem bequemen Bett mit richtigen Leintüchern und Kissenbezügen konnte er seit Monaten zum ersten Mal wieder richtig schlafen. Agnes war ›so weit weg von daheim doppelt anziehend – lustig, flink, sympathisch, mit einem überaus stark entwickelten Sinn für Humor, eine geradezu ideale Krankenschwester‹.

Alle anderen jungen Männer hatten die gleichen Empfindungen, auch Ernest. Alle waren bestrebt, so rasch wie möglich wieder gesund zu werden, um mit Agnes ausgehen zu können. Aber das war nicht so leicht. Die Vorschriften für die Rotkreuzschwestern entsprachen den italienischen Sitten, nach denen Verabredungen ohne Begleitperson, besonders am Abend, nicht gestattet waren. Und Agnes pflegte nicht gegen die Vorschriften zu handeln. Am 10. August machte sie eine Ausnahme, als sie einer Essenseinladung von Hauptmann Enrico Serena folgte, einem blonden Norditaliener mit rauhen Manieren und einem verbundenen Auge. Er hatte es sich zur Gewohnheit gemacht, ins Spital hereinzuschneien, und hatte sich bereits mit Ernest angefreundet, den er mit ›Kindchen‹ ansprach. Er hätte sich wohl nie gedacht, daß er eines Tages als Modell für Hauptmann Rinaldi dienen würde, den Chirurgen aus ›In einem anderen Land‹. Serena hatte ein Séparée bestellt, in dem ein Klavier und eine zur Verführung einladende Couch standen. Agnes plapperte nervös, blickte verstohlen auf die Couch und brachte es unter dem Vorwand, sie müsse sich zum Nachtdienst im Spital melden, irgendwie fertig, unversehrt wegzukommen.

Das geschah am Abend nach Ernests zweiter Operation. Hauptmann Sammarelli war es gelungen, die Maschinengewehrkugeln aus Ernests Knie und Fuß zu entfernen. Elsie MacDonald hatte ihn in den Operationssaal begleitet. Ernest hatte dort dem Arzt mitgeteilt, daß – sollte er aus irgendeinem Grunde nicht durchkommen – Spanish Mac sein ganzes noch ausstehendes Gehalt, seine Versicherungsansprüche und die ›Trophäe seines blutigen Fußes‹ erhalten solle. ›Herrjesus, Kind‹, schrieb Elsie nachher, ›die Tränen sind mir an diesem Morgen gekommen, und am nächsten konnte ich nicht schnell genug ins Rotkreuzbüro kommen, um Deinem Dad zu telegraphieren, daß alles in Ordnung ist.‹

Der Kriegsveteran

Außer Agnes und Elsie waren noch viele andere um sein Wohlergehen besorgt. Er war der erste Amerikaner, der in Italien verwundet worden war, und alle Zeitungen von Chicago und Umgebung brachten seine Geschichte in großer Aufmachung. Er freute sich über all den Beifall. ›Ich meine fast‹, schrieb er seinen Eltern, ›Ihr habt mich vielleicht gar nicht richtig zu schätzen gewußt, solange ich noch im Schoß der Familie weilte. Ist fast so schön, wie umgelegt zu werden und seinen eigenen Nachruf zu lesen.‹ Er schilderte eindrucksvoll, wie er den italienischen Soldaten gerettet hatte. ›Der Italiano, den ich bei mir hatte, blutete meinen ganzen Mantel voll, und meine Hose sah aus, als hätte jemand Johannisbeergelee darin gemacht und Löcher hineingebohrt, damit der Saft abläuft ... Ich habe auf italienisch gesagt, ich möchte meine Beine sehen, obwohl ich Angst davor gehabt habe. Sie haben mir also die Hosen ausgezogen, und die alten Stelzen waren zwar noch da, aber du meine Güte, die haben vielleicht ausgesehen! Keiner hat sich vorstellen können, wie ich mit dem ‚Gepäck' hundertvierzig Meter weit gekommen bin, mit zwei zerschossenen Knien und zwei großen Löchern im rechten Schuh, mit zusammen über zweihundert Fleischwunden.‹

Aber Dr. Sammarelli hatte bei der Operation ›ganze Arbeit‹ geleistet. Er schloß die Einschüsse im Knie und im Fuß mit 28 Stichen und legte das Bein in einem Gipsverband still. ›Wenn ich nicht ein bißchen Schmerzen hätte, würde ich mich jetzt gar nicht wohl fühlen‹, schrieb Ernest. Er wollte, daß alle seine Freunde zu Hause sämtliche Einzelheiten über seine Verwundung, sein Verhalten, seinen Rang erfahren sollten. Jemand hatte ihm einen Brief geschickt und an den Soldaten Ernest Hemingway adressiert. ›Was ich bin ...‹, schrieb er mit Nachdruck, ›ist ... Soto Tenente Ernest Hemingway. Das ist mein Rang, und es bedeutet Leutnant. Ich hoffe, bald ein Tenente oder Oberleutnant zu werden.‹

Er genoß die brüderliche Bewunderung seiner Gefährten und war stolz darauf, wie gut er sich während seiner Feuertaufe und der langen Rekonvaleszenz gehalten hatte. Während des ganzen heißen Monats August saß oder lag er in seinem Bett wie ein König auf seinem Thron, hielt Hof und begrüßte alle Besucher. Rotkreuz-Hauptleute setzten sich an sein Bett und hörten seinen Monologen zu: Meade Detweiler, der Rotkreuzvertreter in Mailand; Bob Bates, der Inspektor der Sanitätswagen, und Jim Gamble, der Inspekteur der fahrbaren Feldküche. Hauptmann Serena erschien mit Geschenken und behandelte ihn mit kameradschaftlicher Besorgnis. Drei Augustwochen lang konnte er die Gesellschaft Bill Hornes genießen, den man wegen einer besonders unter den Ausländern gefürchteten Gastroenteritis ins Spital eingeliefert hatte.

›Wir alle lösten einander ab, um ihm Gesellschaft zu leisten‹, sagte Henry Villard, ›und um ihm zu helfen, seine Wunden zu vergessen.‹ Eine Zeitlang ging das Gerücht um, man müsse möglicherweise das Bein amputie-

ren, aber Ernest bestand darauf, daß die Splitter Stück für Stück entfernt wurden, ›einerlei wie lang es dauert und wie es schmerzt‹. Er zog sogar einige der kleineren Splitter selbst heraus, als sie an die Oberfläche zu wandern begannen; er benützte die Spitze eines Taschenmessers und trank sich aus einer Kognakflasche, die er unter seinem Kissen versteckt hielt, Mut an. Alle bemerkten seine ›ewig gute Laune‹, wenngleich er sich zeitweise ›mit Hartnäckigkeit und nicht wenig Autorität‹ durchsetzen konnte, ›wenn ihm etwas gegen den Strich ging oder wenn die Disziplin nachließ‹. Wenn Miss de Long seinen Spind voll leerer Kognakflaschen fand, schien ihn ihr Zorn ziemlich kaltzulassen. Auf Fehler von Untergebenen oder selbst von guten Freunden reagierte er wie ein despotischer Monarch. Elsie MacDonald bekam seinen ganzen Ärger zu spüren, als sie aus Unachtsamkeit auf der Terrasse einige Victrola-Schallplatten liegengelassen hatte, die in kürzester Zeit wie Schokolade in der Sonne weggeschmolzen waren.
›Sie wissen, wie er war‹, schrieb Agnes viele Jahre später. ›Männer liebten ihn. Sie wissen, was ich meine.‹ Was sie damit meinte, war, daß gewisse Seiten in seiner Persönlichkeit eine Art Heldenverehrung herausforderten. Bill Smith und Carl Edgar hatten diese besonderen Eigenschaften während der Sommer am Walloon Lake und in Horton Bay schon entdecken können: die Jugend, der Stolz auf seine Kraft, der ursprüngliche Charme, der kindlich wirkende Übermut, der gesunde Humor und die Vorliebe, Abenteuergeschichten auszudenken. Jetzt, da er älter und erfahrener war, strahlte er eine neue Art physischer Stärke, Beharrlichkeit, Ausdauer und Unabhängigkeit aus: und vielleicht vor allem den unabdingbaren Willen, ein freier, nicht der Tradition verhafteter Mensch zu sein; jemand, der sein Leben auf pragmatischen Prinzipien aufbaut. Er erweckte den Eindruck, als sei er ohne sichtliche Anlehnung an Vorbilder so geworden. Seit seiner Kindheit war er gern mit Männern zusammen, die etwas leisteten; in der High School umgab er sich mit einer Gruppe Gleichgesinnter. Nun war er neunzehn, und um viele Jahre ältere Männer waren bereit, ihn als Gleichaltrigen zu betrachten, zu dem man aufsehen konnte. Keinem seiner guten Freunde wie Bill Horne, Ted Brumback oder Fever Jenkins fiel seine Gewohnheit auf, sich immer mit ihnen messen und sie übertreffen zu wollen – und wenn, hätten sie bestimmt nichts dagegen gehabt. Sie waren nicht nur zufrieden, sondern sogar begierig, sich in dem Glanz, den er ausstrahlte, zu sonnen. Ein Großteil seiner Macht über andere beruhte darauf, daß er seinen Einfluß auf sie kannte, aber es doch irgendwie fertigbrachte, sich das nicht anmerken zu lassen.
Zum ersten Mal in seinem Leben entdeckte er auch, daß er auf Frauen anziehend wirkte und daß ihn Frauen anzogen. Villard bemerkte, wie die Schwestern ›ihn gern als Musterbeispiel eines verwundeten Helden‹ vorführten. Das, was er erlebt hatte – die Explosion, die Rettung eines verwundeten Kameraden, das standhafte Ertragen der Schmerzen – all das

stärkte sein Selbstvertrauen. Ohne daß er seine liebenswert-kindlichen Eigenschaften aufgab, hatten sich plötzlich einige männliche Attribute eingestellt. Fast seine ganze pubertäre Unbeholfenheit war verschwunden: er war nun ausgesprochen männlich geworden, mit breiten Kinnladen, starken, weißen Zähnen, einem klaren rotbackigen Teint und einer vorteilhafteren Frisur. Ältere Frauen wie Elsie MacDonald nahmen sich seiner an, bemutterten ihn, beteten ihn an und zankten mit ihm, während er grinste und zurückschimpfte. Jüngere Frauen wie Agnes von Kurowsky bekamen von ihm bald eine neue aggressive Sexualität zu spüren, die bis dahin verdrängt war, nun aber durch die lange Liegezeit, die freundliche Pflege durch hübsche Schwestern und die romantische Atmosphäre eines Lazaretts im Mailand der Kriegszeit zum Vorschein kam.
Mitte August war Ernest ›stürmisch‹ in Agnes von Kurowsky verliebt. Sie erwiderte bald seine Gefühle, aber nicht so intensiv, wie er es gewünscht hätte. Es war seine erste ernsthafte Liebesgeschichte – es gibt keinen belegbaren Hinweis auf eine früheren Datums – und es hatte ihn mit einer ungewöhnlichen Leidenschaft gepackt. Im August und Anfang September versah sie während der meisten Zeit den Nachtdienst. Obwohl sie eine viel zu gewissenhafte Pflegerin war, um ihre anderen Aufgaben zu vernachlässigen, war sie doch sehr häufig in seinem Zimmer anzutreffen, und sie kehrte oftmals zu ihm zurück, sobald die anderen Jungen Ruhe gaben. Elsie MacDonald gehörte zu Agnes' engsten Freundinnen. Jedesmal, wenn sie unter Schlaflosigkeit litt, pflegte sie in Filzpantoffeln in den oberen Stock zu kommen und bis spätnachts mit Agnes zu tratschen. Das machte Ernest wütend. ›Sie muß Dir sehr am Herzen gelegen sein‹, erinnerte sich Elsie später. ›Erinnere Dich, wie ich nicht schlafen konnte und hinaufkam, um sie während ihres Nachtdienstes zu besuchen, und Du auf Deinen Krücken herauskamst und mich verjagtest und mir alle möglichen spanischen Namen nachriefst. He, He! Das war lustig!‹ Es war für Elsie weitaus lustiger als für Ernest.
Agnes ließ die Geschichte nicht über gelegentliche Küsse hinausgehen. Sie nahm ihre Aufgabe viel zu ernst, um an Heirat und Haushalt zu denken, wie es Ernest vorschwebte. Andererseits schien ihr eine gewisse Abwechslung notwendig, obwohl ihr schnelles Flirten gar nicht lag. Die Jungen des Oberstocks beteten sie alle an. Manchmal ließ sie sich zum Essen ausführen, wie sie es Hauptmann Serena und Henry Villard nach seiner Genesung von der Gelbsucht konzediert hatte. Sie nannte Ernest Kid und sich selbst Mrs. Kid, auch ließ sie sich von ihm mit Ag oder Aggie ansprechen, ein Vorzug, den sie nur wenigen anderen gewährte. Sie sehnte sich auch nach ihm, wenn sie getrennt waren, wenn auch ›vielleicht nicht ganz so leidenschaftlich‹, wie sie sich ausdrückte. Sie trug sein Bild in der Uniformtasche und schrieb ihm beinahe jede Nacht. Doch wahrscheinlich ahnte sie im Gegensatz zu ihm, daß die Kriegsromanze kaum von Dauer sein würde.

Mailand

Am 11. September konnte Ernest zum ersten Mal mit Stock oder Krücken auf der Straße spazierengehen. Er konnte aber am rechten Fuß noch immer keinen Schuh tragen. Täglich suchte er wegen therapeutischer Übungen das Ospedale Maggiore auf. Sein linkes Bein war nun völlig wiederhergestellt, aber wie er seinem Vater mitteilte, sah es aus wie das Fell eines alten Gaules, das hintereinander von mindestens fünfzig Besitzern gebrandmarkt worden ist. Eines sei sicher: er würde nie einen Kilt tragen können. Dr. Sammarellis Operation habe auf der Sohle seines rechten Fußes eine zwanzig Zentimeter lange Narbe hinterlassen, die wie ein Tausendfüßler aussehe, und eine saubere kleine Naht auf dem Spann, wo das Kupfermantelgeschoß eingedrungen war. Er schrieb voll Stolz, daß seine Beförderung zum Oberleutnant nun genehmigt sei. Deshalb dürfe er jetzt einen Sam-Browne-Gürtel und zwei Goldstreifen auf jedem Ärmel tragen. Seine silberne Tapferkeitsmedaille sei angeblich schon unterwegs und er sei auch für das ›Croce di Guerra‹ eingereicht worden. Der Arzt habe ihm gesagt, er könne sechs Monate lang keine Ambulanz fahren. Inzwischen, meinte Ernest sorglos, würde er wahrscheinlich das Kommando eines Frontpostens in den Bergen übernehmen, da ihn sein neues Offizierspatent dazu ermächtige, in der italienischen Armee zu dienen. Letzteres war eines seiner Phantasieprodukte, doch alles andere entsprach der Wirklichkeit.

Als man eines Tages, nachdem er wieder ziemlich auf dem Damm war, zum Pferderennen nach San Siro hinausfahren wollte, weigerte er sich mit Händen und Füßen, bis man ihm seine Verwundetenabzeichen an die Uniform genäht hatte. Er hatte irrsinnige Angst, für einen Bummler oder einen Drückeberger gehalten zu werden. Agnes und Elsie trugen die als offizielle Ausgehuniform dienenden Pelerinen und hohe Matrosenmützen. Zwei junge Luftwaffenleutnants, George Pay und George Lewis, kamen ebenfalls mit. Sie fuhren in einem offenen Wagen durch den Park und an den Vorortvillen vorbei. Es war ein klarer Herbstnachmittag, und die Berge sahen in der Ferne blau aus. Der Rasen am Sattelplatz war frisch und grün, und die Haupttribüne nach vier Kriegsjahren abgenützt und verwittert. Sie nahmen einen Drink an der Bar unter den Tribünen und setzten einige Lire auf die Pferde. Keiner von ihnen gewann, aber nach dem täglichen Einerlei kam ihnen die Abwechslung wie ein Urlaub vor. Ernest romantisierte den Nachmittag. Eines Tages wollte er ihn in einer Erzählung oder sogar in einem Roman verwerten.

Ende September machte er eine große Urlaubsreise ins Grand Hotel Stresa an den Lago Maggiore. Mit ihm fuhr Johnny Miller, ein junger Mann aus Minnesota, der den ganzen Sommer für die Sektion II und III Ambulanzen gefahren hatte. Ein großer, ältlicher Italiener, Conte Emanuele Greppi, ein ›uomo politico‹ mit schwarzem Hut und Gehstock, nahm sich ihrer an und begann sie in heiße Diskussionen über amerikanische Politik zu verwickeln. Ernest rühmte sich später, der Graf habe ›für seine politische

Bildung gesorgt‹. Sie spielten im Salon des Hotels Billard, und der Graf ließ eine Flasche gut gekühlten Champagner nach der anderen auffahren. Ernest schwelgte in der Vorstellung, vom italienischen Adel akzeptiert worden zu sein. Ansonsten schwätzte er den ganzen Tag munter über Literatur und alles mögliche andere. Er hatte sich ein Exemplar der *Saturday Evening Post* besorgt und hielt Johnny Miller einen Vortrag über die Vorzüge von Ring Lardner, der für ihn damals so hoch wie ›Jupiter auf Zehenspitzen‹ stand.

Agnes erinnerte sich später, in welchem Aufzug er nach seiner Rückkehr aus Stresa aus dem Lift in den vierten Stock getreten war und ihr seine Arme im Korridor entgegengestreckt hatte. Er trug einen neuen, britisch geschnittenen Waffenrock aus olivgrünem Whipcord, eine Maßanfertigung von Spagnolini, dem besten Uniformschneider Mailands – was ihm ein unerhört romantisches Aussehen verlieh. Aber sie hatte Neuigkeiten parat, die bei ihm die tiefste Schwermut verursachten, die er seit dem letzten Juli erlebt hatte. Sie hatte sich freiwillig zum Dienst im Territorial Hospital in Florenz gemeldet, um bei der Bekämpfung einer Grippeepidemie mitzuhelfen. Ihr Zug ging in der Nacht. Sie verbrachten einen letzten Abend in der Lazarettbibliothek, dann begleitete er sie zum Bahnhof. Es war Mitte Oktober und es herrschte klares, strahlendes Wetter. Ihr neues Krankenhaus lag in der Via di Camerata auf einem Hügel, mit einer prachtvollen Aussicht auf Florenz und den erbsengrünen Arno. ›Ich bin hier ganz allein mit zwei Grippepatienten‹, schrieb sie Ernest, ›so hoffe ich, daß Du mehr Briefe bekommen wirst, als Du überhaupt beantworten kannst. Ich werde sie in den Anglo-American Officers Club schicken, weil ich Dich nicht ins Gerede bringen will. Lieber alter Kerl, Du bist so weit weg ... Alles Liebe – und das doppelt. Wie immer, *Deine* Agnes.‹

Er schrieb ihr täglich, manchmal zweimal pro Tag. Sie antwortete, sooft es ihre Arbeit zuließ. Sie nannte ihn ›Licht meines Daseins, mein Liebster und Bester, Most Ernest of Ernies, wertvoller als Gold, und mein Held‹ und klagte, ihre Abende seien einsam. ›Ach Gott‹, schrieb sie, ›wenn Du nur hier wärst, würde ich mich sofort auf Dich stürzen, und Du würdest mir zulächeln und mir Deine muskulösen Arme entgegenhalten – aber was hat man von Wünschen?‹ Am 24. erhielt sie von Ernest fünf Briefe auf einmal und einen von Sis Cavie, in dem sie mitteilte, daß Ernest ›sehr traurig‹ sei. Er habe sich entschlossen, zurück zur Front zu gehen. Selbst wenn er keine Ambulanzwagen chauffieren könne, wäre er zumindest in der Nähe von Freunden wie Brummy und Bill und Howie Jenkins. ›Ich wußte, daß Du einmal gehen würdest‹, schrieb Agnes, aber sie sehnte sich nach dem Ende des Krieges.

Andere Briefe brachten Abwechslung in seine Tage. Einer war von dem polnischen Leutnant Leon Chocianowicz, der jetzt irgendwo in Frankreich bei der *Troupe Polonaise* diente. Ein anderer kam von Reverend William

Mailand

E. Barton aus Oak Park, der schrieb, daß jeden Tag zu Mittag für die Jungen, die im Krieg waren, die Glocke der Ersten Kirche der Kongregationalisten geläutet würde. Marcelline teilte ihm die erstaunliche Nachricht mit, daß sie ihn in einer Wochenschau gesehen hatte, in einem Rollstuhl am Lazaretteingang, begleitet von einer hübschen Krankenschwester und mit einer in Quadraten gestrickten Wolldecke zugedeckt. Die ganze Familie sei am nächsten Tag ins Kino gegangen, um mit Ernest zum ersten Mal seit Mai Wiedersehen zu feiern.
Er bekam auch einen vier Wochen alten Brief seines Vaters, in dem er sich erkundigte, wann Ernest wieder heimzukommen gedenke. Er schrieb zurück, daß er sich verpflichtet fühle zu bleiben, bis der Krieg vorüber sei. Keine Armee der Welt würde ihn mit seinem ›kaputten Fuß und Bein‹ nehmen, aber er sei entschlossen, in Italien zu dienen, solange es Krieg sei und er noch mithumpeln könne. ›Es ist ein Gefühl ungeheurer Genugtuung, verwundet zu sein‹, schrieb Ernest. ›Es gibt keine Helden in diesem Krieg ... Alle Helden sind tot ... Sterben ist eine sehr einfache Sache. Ich habe den Tod gesehen, und ich kenne ihn wirklich ... Wenn ich hätte sterben müssen, wäre es ... die einfachste Sache gewesen, die ich jemals getan hätte ... Und wieviel besser ist es, in glücklicher, noch nicht desillusionierter Jugend zu sterben, abzutreten im hellen Glanze des Lichtes und nicht alt, verbraucht und ohne Illusionen.‹ Wie viele seiner damaligen und späteren Briefe, enthielt auch dieser eine Mischung aus Dichtung und Wahrheit. Er wollte aus patriotischen Gründen im Ausland bleiben. Aber er konnte seinen Eltern nicht sagen, daß ihn sein Leben in Italien für immer von der ihm anerzogenen Daseinsform abgebracht hatte. Er erwähnte auch nicht, daß er seit neuestem Geschmack an Kognak und Zigaretten gefunden und sich in seine Nachtschwester verliebt hatte.
Dennoch meinte er es ehrlich, wenn er behauptete, er würde auch humpelnd in den Krieg ziehen. Er bewies es eine Woche später, als er dorthin zurückkehrte, wo er, wie er hoffte, wieder mit seinen Kameraden der Sektion IV zusammen sein würde. Aber im Schio Country Club fand er nur mehr traurige Überreste der ehemaligen Besetzung vor. Einige Sanitätswagen waren der Sektion I zugewiesen worden, die in der Gegend um Bassano in der Nachbarschaft des Monte Grappa in hartem Einsatz stand. Die große italienische Offensive von Vittorio Veneto war gerade in Vorbereitung, und Ernest wollte unbedingt dabeisein. Er chauffierte einen Krankenwagen in ein Dorf nahe Bassano, wo Bill Horne und Emmet Shaw mit der Ambulanz Nr. 8 bereitstanden. In der Nähe war ein Regiment der Arditi stationiert, wilder Kampftruppen, die in ihren typischen grauen Uniformen vorbeimarschierten und sofort in Ernests Heldengalerie Aufnahme fanden. Er kam gerade rechtzeitig, um Zeuge der gewaltigen italienischen Artillerievorbereitung des Angriffs zu werden. Sie dauerte die ganze Nacht an, und es zuckte über die umliegenden Berge wie ein ständiges Gewitter.

Der Kriegsveteran

Der Junge blieb die ganze Nacht wach, beobachtete alles und wartete auf Befehle, Verwundete wegzuschaffen.
Am nächsten Tag, dem 25. Oktober, mußten Shaw und Horne auf den Gipfel des Monte Grappa, was sich als eine Woche ununterbrochener Schinderei mit Verwundetentransporten herausstellte. Aber Ernest war nicht dabei. Unmittelbar nachdem er am 24. dem Angriffsfeuer zugesehen hatte, wurde er von einem schweren Gelbsuchtsanfall heimgesucht. Aus seinen Gesprächen mit Henry Villard im August waren ihm die Symptome bekannt. Die am ehesten vergleichbare Empfindung war, wie er sich später oftmals ausdrückte, die eines mit einem großen Armeestiefel vollführten Fußtrittes in die Hoden. Er fuhr eilig nach Mailand zurück und kroch elend ins Bett. Das Weiße in seinen Augen war senffarben, und seine Haut nahm eine ›mongolische Schattierung‹ an, wie er Agnes gegenüber klagte. Das schlimmste daran war, daß man ihm verboten hatte zu trinken. Agnes fühlte mit ihm. ›Wenn man bedenkt‹, schrieb sie, ›daß Du ausgerechnet dann krank werden mußtest, als ich nicht da war, um auf Dich achtzugeben.‹
Aber er war im Grunde genommen recht gut beisammen und überwand seine Krankheit rasch. Er hatte sich am 3. November genügend erholt, um ausgehen und in die Stadt spazieren zu können. Gegen Mittag des gleichen Tages hinkte er in die Halle des Offiziersklubs hinein und setzte sich hin, um die Zeitungen zu lesen. Ein junger britischer Infanterieoffizier saß in der Nähe und trank ein Glas deutschen Exportbiers. Keiner von beiden sprach bis zu dem Augenblick, als ein Mädchen namens Maria, das sich um den Club kümmerte, mit der Nachricht hereinplatzte, daß zwischen Italien und Österreich Waffenstillstand geschlossen worden sei. Das genügte, um die beiden Fremden zusammenzubringen. Der Major irischer Abstammung hieß Eric Dorman-Smith und hatte auf dem Asiago-Plateau hinter dem Monte Pasubio Truppen befehligt, bis er einer Gastroenteritis zum Opfer gefallen war. Er war nun als Verbindungsoffizier für die britischen Truppen in Mailand verantwortlich. Durch Ernests phantasievolle Erzählungen gewann er den Eindruck, daß ›der harmlos aussehende Rotkreuzjüngling schwer verwundet wurde, als er Arditi-Truppen auf dem Monte Grappa anführte‹. Aber Dorman-Smith hatte keinen Grund, diese Geschichte anzuzweifeln, und die Freundschaft wuchs schnell. Er war belustigt und gerührt, als Ernest begann, ihn pausenlos über seine Verwundetenabzeichen und über seine bisherige Laufbahn auszufragen.
Dorman-Smith war der zweitälteste Sohn eines irischen Majors mit dem Familiensitz auf Bellamont Forest, in Cootehill in der Grafschaft Cavan. Obwohl erst dreiundzwanzig, war er schon seit 1914 mit den Northumberland-Füsilieren im Einsatz. Er war dreimal verwundet und dreimal im Heeresbericht erwähnt worden und trug das Militärkreuz für außerordentliche Tapferkeit. Er war belesen, geistreich, ironisch und charmant und

sprach in der knappen englischen Art, die Ernest bewunderte und nachzuahmen versuchte. Sie verstanden sich blendend, aßen im Club zu Mittag, tranken im Cova, speisten abends bei Biffi in der Galleria und besuchten die Scala. Der Spitzname des Iren war Chink, und er nannte Ernest Hem oder manchmal Popplethwaite. Hem ernannte sich selbst zu Chinks Adjutanten und lenkte wiederholt das Gespräch auf Krieg und Tod, das Verhalten von Männern in feindlichem Feuer und auf das fesselnde Gesprächsthema des persönlichen Mutes.

Bei einer Diskussion über den Tod auf dem Schlachtfeld gebrauchte Chink einmal ein Zitat von Shakespeare, das Ernest noch nie gehört hatte. Es gefiel ihm so gut, daß er Chink bat, es auf ein Stückchen Papier zu schreiben, und es später auswendig lernte. Es stammte aus Heinrich dem Vierten, Zweiter Teil: ›Fürwahr, ich sorg mich nicht! Ein Mensch kann ja nur einmal sterben; wir schulden Gott einen Tod, und es mag gehen, wie es will: wer in diesem Jahre stirbt, ist im nächsten Jahre quitt.‹ Dies entsprach genau seiner eigenen Ansicht vom Tod, die er vor kurzem in einem Brief an seine Eltern vertreten hatte. ›Sterben ist eine ganz einfache Sache‹, hatte er geschrieben. In den Augenblicken, wo er nachts an dieser Bravour Zweifel hegte, konnte Chink Smith' Shakespeare-Stelle als literarischer Talisman dienen.

Agnes kehrte Mitte November aus Florenz zurück und brachte eine Rotkreuzschwester namens Elsie Jessup mit, der man einen Krankenurlaub bewilligt hatte. Miss Jessup war blond, leicht englisch angehaucht und trug ein britisches Offiziersstöckchen. Ernest hörte zu und beobachtete alles mit der üblichen Aufmerksamkeit. Wie der kleine Priester aus den Abruzzen, wie Elsie MacDonald, Hauptmann Serena und Graf Greppi wurde Miss Jessup seinem Gedächtnis einverleibt, um eines Tages als Figur in einer seiner Erzählungen wiederzuerstehen. Er begleitete die beiden Mädchen auf ihren Wegen durch die Stadt. Zu seinem großen Leidwesen verhinderte aber Elsies Anwesenheit ein Alleinsein mit Agnes. Hauptmann Jim Gamble hatte angeboten, Ernests Aufenthalt in Italien für ein ganzes Jahr zu bezahlen. Als Agnes merkte, daß er geneigt war, anzunehmen, nahm sie all ihren Mut zusammen und stellte sich dagegen; sie fürchtete ›The Kid‹ könnte so zu einem ›Schmarotzer, einem Bummler und einem Nichtsnutz‹ werden. Sie selbst hatte Ernest zwar voller Überzeugung gesagt, es sei herrlich, ›in diesen aufregenden Zeiten zu leben‹, aber nur, wenn man Gutes tun könne. Das verwüstete Europa mußte wiederaufgebaut werden, und sie wollte alles, was in ihrer Macht stand, dazu beitragen.

Sie war kaum eine Woche ›daheim‹, als man sie erneut wegschickte – diesmal nach Treviso, wo wieder eine Epidemie unter den amerikanischen Truppen wütete. Die achtundvierzig Betten in ihrer Abteilung waren beinahe ständig besetzt. Einige Jungens starben an Lungenentzündung. Sie arbeitete tagelang unter widrigsten Umständen und brachte es trotzdem noch mit beispielhafter Treue fertig, Ernest weiterhin jeden Tag zu schreiben. Er deutete an, er werde sie möglicherweise bald besuchen kommen. ›Ich schaue immer zum Fenster hinaus‹, schrieb Agnes, ›hin und wieder springe ich auf, weil ich glaube, eine vertraute, stramme Gestalt in einer gutgeschnittenen englischen Uniform mit Überseemütze und einem Stock zu erblicken, und ich bin oft bitter enttäuscht worden.‹ Als er plötzlich am Montag, den 9. Dezember auftauchte, war er seinerseits enttäuscht. Als er durch den Krankensaal humpelte, sah er genau so aus, wie sie es sich vorgestellt hatte. Die genesenden Soldaten rekelten sich in ihren Betten und rauchten, und ein tragbares Grammophon plärrte. Irgend etwas an seiner äußeren Erscheinung oder an seinem Auftreten brachte es mit sich, daß sie sich über Ernest lustig machten. Niemand kann sagen, ob er es bemerkte oder nicht. Wenn ja, mag es erklären, warum er so laut und großspurig auftrat, als ihn Agnes einigen von den anderen Schwestern vorstellte.

Nachher schalt sie ihn, daß er ›so unverblümt direkt‹ gewesen war. Dies war ein neuer Zug an ihm, der in Momenten nervöser Anspannung zum Vorschein kam. Andererseits, so überlegte sie, würde sie ihn, wenn er keine Fehler hätte, nicht so gern haben. ›Vollkommene Menschen sind nicht annähernd so liebenswert‹, schrieb sie, ›und natürlich hast Du auch einige sehr gute Eigenschaften.‹ Ein Ergebnis ihres Zusammenseins in Treviso war sein Versprechen, sogleich nach Hause zu fahren. ›Es ist seltsam‹, meinte Agnes, ›wie sich die Umstände auf jemanden auswirken können. Als ich mit Elsie Jessup beisammen steckte, wollte ich alles mögliche Verrückte tun – alles, nur nicht heimfahren –, und als Du mit Captain Gamble zusammen warst, ging es Dir genauso. Aber ich glaube, daß wir vielleicht beide unsere Meinung geändert haben – und die alten Etats-Unis werden, wenn wir sie durch unsere weltmüden Augen betrachten, très, très bien aussehen.‹

In dieser sanften und behutsamen Art drang sie immer wieder darauf, er solle sein Versprechen halten und heimfahren. Sie ließ nicht locker. Sie deutete sogar an, daß sie beide, wenn alles glatt ging, in vielleicht einem oder zwei Jahren heiraten würden. Doch war sie sich auch darüber im klaren, daß sie in knapp einem Monat siebenundzwanzig, Ernest im Juli aber erst zwanzig Jahre alt wurde. Ihre Zuneigung zu Ernest war echt, doch es lag ihr auch daran, ihre Arbeit als Krankenschwester fortzusetzen. Im Dezember eröffnete sie ihm ganz ruhig, daß sie zu Weihnachten nicht zu ihm nach Mailand kommen würde. Aber sie hoffe, er werde dennoch ›fröhlich und zufrieden‹ sein.

Er tat sein Bestes, ging mit Chink Smith zu mehreren vorweihnachtlichen Parties, unter anderen auch zu einer, die anläßlich seiner Entlassung aus dem Lazarett gegeben wurde. Vom Tod sprach keiner mehr, sondern nur darüber, wie man am besten lebte. Am Weihnachtstag ging er zu einem Ball ins Cova. Eine Anzahl von Offizieren des 332. Amerikanischen Expeditionskorps waren anwesend. Ernest freundete sich mit einigen von ihnen an. Unter ihnen war ein junger, aus Philadelphia stammender Oberleutnant namens Carl Hugo Trik, der sich in ein italienisches Mädchen namens Pia verliebt hatte. Nach dem Ball gingen sie zu einer Party. Ernest war in Gesellschaft eines hübschen dunkelhaarigen Mädchens, das auf einen Stuhl stieg und einen leidenschaftlichen Vortrag über O'Henrys ›Kohlköpfe und Könige‹ hielt. Sie unterhielten sich mit der Lösung italienischer Silbenrätsel, und Carl Trik beneidete Ernest um seine anscheinend vollendete Beherrschung der Sprache.

Die Zeit in Italien begann nun knapp zu werden. Ernest hatte die Überfahrt von Genua aus an Bord der ›Giuseppe Verdi‹ für Anfang Januar gebucht. Hauptmann Gamble aber ließ nicht locker. Er hatte ein Haus in Taormina gemietet und lud seinen jungen Freund ein, ihn zu besuchen. Zwischen Weihnachten und Neujahr stieg Ernest in Neapel in den Nachtzug, um zum ersten Mal nach Süditalien zu fahren. Aber wenn man der Geschichte Glauben schenken kann, mit der er bei seiner Rückkehr aufwartete – kam er nie bis Taormina. Er versicherte Dorman-Smith, daß er ›nichts von Sizilien gesehen habe, außer die Aussicht, die sich ihm von einem Schlafzimmerfenster aus bot; denn in dem ersten kleinen Hotel, in dem er abstieg, hatte die Wirtin seine Kleider versteckt und ihn eine Woche lang bei sich behalten. Das Essen, das sie ihm brachte, war ausgezeichnet und sie voller Liebe: Hem konnte sich über nichts beklagen, nur vom Land hatte er sehr wenig gesehen‹. Bei seiner Vorliebe für Abenteuergeschichten sollte man diesen Bericht mit Skepsis aufnehmen. Seit seinem vierten Lebensjahr hatte es ihm ungeheuren Spaß gemacht, phantastische Geschichten aufzutischen, deren Held er meistens selbst war. Nun, mit neunzehn, waren sie lediglich ein wenig frivoler geworden. Andererseits hatten ihn seine Verwundung, seine fünfmonatige Rekonvaleszenz und die unerfüllte Liebe zu Agnes reifen lassen. Genau wie die Splitter, die in seinem Bein verblieben, sollte ihn die Erinnerung an Norditalien im Jahre 1918 durch sein ganzes weiteres Leben begleiten.

Soldaten zu Haus

In dem Augenblick, als er am 21. Januar die Gangway der ›Giuseppe Verdi‹ hinunterhumpelte, wurde ihm bewußt, daß er eine Berühmtheit war: unter all den uniformierten Passagieren war er der einzige, der von einem Reporter der *New York Sun* aufs Korn genommen wurde. Das Interview strotzte nur so von Übertreibungen. Der Reporter glaubte, die 227 Narben auf Ernests Beinen seien genug Beweis dafür, daß ihm ärger mitgespielt worden sei ›als allen anderen Männern in Uniform oder Zivil, die den Schrapnellen der Mittelmächte getrotzt hatten‹. Er stand auch unter dem Eindruck, Ernest hätte fast den ganzen Oktober und frühen November hin-

Der Kriegsveteran

durch an den Kämpfen in der Gegend des Monte Grappa teilgenommen. Ernest ließ ihn bei seinem Glauben.
Bill Horne war in Begleitung eines hübschen Mädchens namens Ann Sage zu seiner Begrüßung erschienen. Bill hatte während der Oktoberoffensive eine Woche lang beim Abtransport von Verwundeten in hartem Einsatz gestanden, war dann wieder in Schio gewesen, als die Sektion IV sich auflöste, und war dann rechtzeitig wieder nach New York zurückgekehrt, um mit seinen Eltern Weihnachten zu feiern. In seinen neuen Zivilkleidern konnte er es mit dem großen, braunhaarigen jungen Offizier in seinen Stiefeln aus feinem Korduanleder und der langen, am Hals mit einer Silberspange zusammengehaltenen italienischen Offizierspelerine aus feinem Wollstoff kaum aufnehmen. Ann Sage konnte, als sie zum Tee ins Plaza gingen, ihre Augen kaum von dem heimgekehrten Helden wenden. Diese Nacht blieben die Jungen lange auf und tauschten in Bills Haus in Yonkers Erinnerungen aus. Sie plauderten noch, als Ernest am nächsten Morgen in der Central Station den Zug bestieg.
In Chicago angekommen, stieg er in der kalten unterirdischen Finsternis des Bahnhofs La-Salle-Street steif aus dem Zug. Sein Vater und Marcelline waren ihn abholen gekommen und vergossen über seine glückliche Heimkehr Tränen der Dankbarkeit. Er stützte sich auf seinen Stock, humpelte langsam und nahm eine Stufe nach der anderen. Sie ließen Marcelline bei der Schule der Kongregationalisten aussteigen und fuhren durch schneebedeckte Straßen nach Hause. Alle Lichter brannten im Haus an der Kenilworth Avenue. Ursula war auf dem College, aber Grace, Sunny, Carol und Leicester bildeten das Empfangskomitee. Sunny war vierzehn und noch auf der High School. Die sieben Jahre alte Carol und der vierjährige Leicester hatten aufbleiben dürfen, waren aber sehr schläfrig. Auf dem Tisch in der Halle lagen mehrere Briefe aus Italien. Sobald er konnte, schleppte sich Ernest in sein Schlafzimmer im dritten Stock hinauf, um ungestört seine Post lesen zu können.
Zwei der Briefe stammten von Agnes. In einem berichtete sie, daß sie an einem Empfang zu Ehren von Präsident Woodrow Wilson und seiner Gattin teilgenommen hatte, die sich während ihrer Italienreise in Mailand aufgehalten hatten. Den anderen hatte sie im Schein einer Petroleumlampe auf der Spitalsstation in Padua hingekritzelt. ›Also, gute Nacht, dear Kid‹, schloß sie, ›und wie sehr möchte ich wissen, wie es Dir in diesem Augenblick geht, aber ich weiß, Du bist O. K... A riverderla, carissimo tenente, suo cattivo ragazza, Agnes.‹
Ernest plagte bereits wieder das Heimweh nach Italien. Jeden Morgen blieb er lange in seinem grüngestrichenen Bett liegen, den gestrickten Überwurf, den er aus Mailand mitgebracht hatte, über sich als Bettdecke gebreitet. Nach dem Mittagessen mit seiner Familie ging er gewöhnlich spazieren, wobei er seine Uniform und die Korduan-Stiefel trug und sich

schwer auf seinen Stock stützte. Eine Reporterin namens Roselle Dean ›lockte ihn in das Büro des *Oak Parker*‹ zu einem Interview. Sie fand ihn wenig ›aufgelegt, über sich selbst zu sprechen‹; er war ausgesprochen dagegen, ein Held genannt zu werden. ›Ich ging, weil ich gehen wollte‹, sagte er. ›Ich war groß und stark, mein Land brauchte mich, und ich ging und tat, was man mich hieß – alles, was ich darüber hinaus tat, war einfach meine Pflicht.‹ Er gab bereitwillig zu, daß der Krieg eine ›großartige Sache‹ gewesen sei und daß er wieder mitmachen würde, wenn es je wieder dazu kommen sollte.

Zwei kleine elfjährige Mädchen namens Dorothy Reynolds und Katherine De Voe hatten begonnen, ihn aus angemessener Entfernung anzuhimmeln. Sie schenkten ihm ein riesiges St.-Valentins-Bukett und lieferten es an der Haustür ab. Sie läuteten an und liefen dann weg, wenn auch ›nicht sehr schnell oder sehr weit‹. Als Belohnung führte er sie in den Hof und schoß eine italienische Leuchtkugel ab. Später, in Graces Musikzimmer, erzählte er ihnen stundenlang von seinen Kriegssouvenirs, die er in einem Koffer heimgebracht und auf der kleinen teppichbelegten Estrade neben dem Steinway ausgebreitet hatte. Sie bestaunten seinen Ring, der aus einem Stück des Metalls gearbeitet war, das man aus seinem Bein entfernt hatte. Er erzählte den beiden kleinen Mädchen ›wunderbare Geschichten‹ über den Krieg. Sie revanchierten sich mit ›gesalzenen Witzen‹. Nachher hatte Dorothy den Eindruck, er fühle sich recht einsam.

Er war tatsächlich einsam. Wenn Marcelline an den Wochenenden heimkam, meinte sie, er sei genauso wie jemand, der ›in einer Kiste steckt, deren Deckel festgenagelt ist‹. Die meisten seiner ehemaligen Freunde waren weit weg oder standen im Berufsleben. Er schrieb Agnes von den abgefeuerten Leuchtkugeln und wie sehr er sich mit ihr verbunden fühle, weil sie ebenso einsam sein müsse wie er. Sie antwortete, sie sei viel zu beschäftigt, um unglücklich zu sein. Sie war von Treviso nach Torre di Mosta versetzt worden und schrieb, daß es ihr ›gar nicht besser gehen könne‹.

Aber das half Ernest nicht aus seiner Kiste heraus. Er hatte einige Schnäpse nach Hause gebracht, darunter auch eine birnenförmige Flasche Kümmel. Er gab Al Dungan und auch Marcelline davon ab. Sie nahm nur einen kleinen Schluck, fürchtete sich aber vor dem Hinunterschlucken. ›Hab keine Angst‹, sagte Ernest, ›es ist viel Trost in dieser kleinen Flasche ... Versuch nur alles, Schwesterchen ... Manchmal habe ich das Gefühl, wir leben hier nur halb. Die Italiener leben ganz.‹ Es munterte ihn ein wenig auf, daß einige Italoamerikaner aus Chicago und den Vororten ihm zu Ehren eine Party veranstalteten. An zwei Sonntagen kamen sie in hellen Scharen fröhlich schwatzend ins Haus, brachten Eßkörbe, Krüge mit Rotwein und Musikinstrumente mit. Sie ließen vom Balkon bis zum Musikzimmer eine große italienische Fahne herab und gaben ein improvisiertes Konzert. Einige von ihnen waren an der Oper von Chicago beschäftigt. Sie standen auf

Der Kriegsveteran

Graces kleiner Estrade und brüllten berühmte Arien. Ernest intonierte ein wenig falsch das Lied vom General Cadorna:

*Il generale Cadorna
scrive alla Regina
Se vuole vedere Trieste
Compra la cartolina!*

Die Gesellschaft hob die Gläser und stimmte in den Refrain ›Bum, Bum, Bum, Rumor di cannonado!‹ ein. Nachher aßen sie Spaghetti, Fischsalat und große Eistorten. Dr. Hemingway, der am Tag des Herrn keinen Alkohol trank, machte mit, so gut er konnte. Aber die zweite Party, bei der es ebenso zuging, war ihm zuviel. Das viele Singen und Geschrei belästige die Nachbarn, murmelte er und legte sich voller Ärger schlafen.

Roselle Deans Artikel im *Oak Parker* brachte Ernest eine Anzahl Einladungen ein, Vorträge über seine Kriegserlebnisse zu halten. Der Vortrag, den er am Freitag, den 14. März in der High School hielt, kam am besten an. Zu Illustrationszwecken brachte Ernest einige seiner Trophäen mit, einen österreichischen Helm, einen Revolver, die Leuchtpistole und sogar die Hose, in der er verwundet worden war. Seine Schulkameradin Caroline Bagley stellte ihn als den weithin bekannten Hemingstein vor. Er eröffnete seinen Vortrag mit den Worten, daß einem die Spucke eintrocknet, wenn man Angst hat. Dann erging er sich in einem Bericht über die Explosion, die ihm im Juli so bös mitgespielt hatte. Er schilderte, wie er den verwundeten Soldaten zum Unterstand zurückgetragen hatte, und zeigte den Anwesenden seine zerfetzte und blutbefleckte Uniformhose. Anschließend erzählte er von den Arditi, die er in Bassano gesehen hatte. Das waren wirklich harte Männer, sagte Ernest. Sie fuhren in Lastwagen in die Schlacht und sangen das Lied von General Cadornas Brief an die Königin. Ernest sang es dem Publikum vor und übersetzte es dann. Er erzählte, daß er einen Hauptmann der Arditi getroffen habe, der die Kugeleinschüsse in seiner Brust mit Zigarettenstummeln zugestopft und weitergekämpft habe. Der Vortrag war ein Riesenerfolg. Keines der Kinder hatte jemals etwas Ähnliches gehört. Nachher ging Ernest mit Al Dungan und einigen Freunden hinüber in die Schwimmhalle des Vereins Christlicher Junger Männer. Sie erschauerten alle vor Grauen und Bewunderung, als sie das schreckliche Narbengeflecht auf seinen Beinen sahen.

Im späten März erlebte er eine Krise. Er hatte Agnes auch weiterhin jeden Tag geschrieben, ›wunderbare lange Briefe, voll mit Neuigkeiten‹. In einem ihrer Briefe, den sie am 1. März von Torre di Mosta absandte, teilte sie ihm mit, es sei ein ganzer Scheffel Briefe von ihm angekommen – so viele, daß sie nicht einmal Zeit gefunden habe, sie alle zu lesen. Er dürfe ihr nicht so oft schreiben. Bei der vielen Arbeit im Lazarett könne sie mit solch einem Tempo nicht Schritt halten. ›Ich bin gar nicht das vollkommene

Wesen, das Du Dir vorstellst. Aber wie ich bin, so war ich immer schon, nur daß mein Wesen jetzt erst richtig hervortritt. Ich fühle mich sehr ‚cattivo' heute abend, deshalb gute Nacht, Kid, und tue nichts Unbesonnenes, sondern laß es Dir gutgehen. Herzlichst Aggie.‹ Jeder, der nicht so verliebt gewesen wäre wie Ernest, hätte aus diesem Brief zwischen den Zeilen herauslesen können, daß sich etwas Verhängnisvolles anbahnte. Sie hatte sich tatsächlich in Leutnant Domenico Caracciolo verliebt, einen gutaussehenden jungen Neapolitaner. Der Schlag ließ nicht lange auf sich warten. Irgendwann im März teilte sie ihm behutsam die Wahrheit mit. ›Es tue ihr leid‹, so vermerkte er später, ›und sie wisse, er werde es jetzt wahrscheinlich nicht verstehen, ihr aber sicher eines Tages verzeihen und dankbar sein ... Sie wünsche ihm eine große Zukunft und setze das größte Vertrauen in ihn.‹

Er verlor vor Entsetzen und Bestürzung fast die Nerven. Er bekam Fieber und mußte ins Bett. Als er wieder aufstehen konnte, kochte er vor Wut wegen ihres Treubruchs. Er sandte Elsie MacDonald einen wütenden Brief, in dem er ihr die Neuigkeit servierte und seinen Wunsch hinzufügte, Agnes möge auf ihrer Heimreise in New York auf dem Pier stolpern und sich dabei alle Vorderzähne einschlagen. Sogleich betonte er seinen Freunden gegenüber, er habe die Erinnerung an Agnes mit großen Mengen von ›Schnaps und anderen Weibern ausgelöscht‹. Er übertrieb, wie meist. Im milden April- und Maiwetter hatte er ein paar Rendezvous mit einem hübschen Mädchen namens Kathryn Longwell und unternahm wieder Bootsfahrten auf dem Des Plaines River ganz wie früher vor dem Krieg. ›Manchmal sind wir meilenweit gepaddelt‹, schrieb sie, ›gelegentlich gingen wir auch zu mir nach Hause und lasen Geschichten, die er geschrieben hatte. Dazu aßen wir kleine italienische Kuchen, die er aus der Stadt mitgebracht hatte.‹ Zu irgendeinem Anlaß schenkte er Kathryn seinen italienischen Offiziersmantel, was Grace Hemingway so erzürnte, daß sie ihn zurückverlangte.

Y. K. Smith, der ältere Bruder von Bill und Katy, lebte jetzt in einer Wohnung in der North Oak Park Avenue. Erst vor kurzem hatte er im berühmten Trudeau-Sanatorium in den Adirondacks seine Tuberkulose ausgeheilt. Er war groß, schlank, klug, gescheit und sehr an Literatur und schöngeistigen Dingen interessiert. Seine Frau Doodles spielte Klavier – sie war ein kleines, rundliches Geschöpf mit grauen Augen und langen braunen Haaren. Bill schaute auf seiner Reise nach Horton Bay bei ihnen vorbei und saß eine oder zwei Nächte mit Ernest zusammen. Es war ihr erstes Wiedersehen seit dem Sommer 1917, und sie blieben die halbe Nacht auf, währenddessen Ernest die unglaublichsten Abenteuergeschichten zum besten gab. Die Arditi spukten ihm immer noch im Kopf herum. Er erzählte, wie er mit einem von ihnen oben in den Dolomiten gesprochen habe. Der Soldat hatte Ernest gezeigt, wie man das Bajonett als Dolch benutzen und damit das Herz durch den Hohlraum unter dem linken Schulterblatt treffen kann. Um das zu de-

Der Kriegsveteran

monstrieren, sagte Ernest, habe der Soldat einen österreichischen Gefangenen herbeigerufen – und ihn mit einem einzigen Streich getötet.
Am folgenden Abend fuhren sie nach Chicago und gingen in ein italienisches Restaurant essen. Nick Neroni, ein Freund von Ernest, leistete ihnen Gesellschaft. Er war klein und hatte einen dunklen Teint. Sie tranken mehrere Karaffen Rotwein, Ernest unterhielt sich mit Neroni auf italienisch und stellte mit Genugtuung seine Sprachkenntnisse zur Schau. Als sie mit der Stadtbahn nach Oak Park zurückfuhren, trafen sie zufällig Kathryn Longwell. Man kam, wie üblich, auf den Krieg zu sprechen. Kathryn stellte Ernest viele Fragen über die Mädchen in Paris. Sie hatte keine Ahnung, daß er während seines zweitägigen Aufenthaltes in der Lichterstadt auf der Suche nach Geschossen und nicht nach Frauen gewesen war. Aber der Rotwein und das Essen hatten seine Phantasie angeregt, und er sprach noch immer über die französischen Mädchen, als sie in Oak Park ankamen und zu Bett gingen.
Er schrieb noch weitere Erzählungen. Eine davon hieß ›The Passing of Pickles McCarty, or the Woppian Way‹. Die flotte Einleitung lautete:

›*In den Tagen, da wir von den Früchten des wachsamen Wartens aßen; da die Leute noch darauf achteten, auf welchem Platz die Giganten endeten, bevor noch der Luftzug begonnen hatte, sich in der Höhle des Windes zu bilden ... lebte ein Boxer mit dem Namen Pickles McCarty.*‹

Sein Name war in Wirklichkeit Neroni, heißt es weiter, aber er hatte einen irischen Spitznamen gebraucht, um es im Ring zu etwas zu bringen. Mit seinem Pseudonym machte er schnell Karriere. Gerade als sein Stern am Boxhimmel aufging, verschwand er plötzlich. Als er wieder auftauchte, war er Mitglied eines Arditi-Bataillons in Bassano in den Dolomiten und trug stolz die graue Uniform mit den schwarzen Wickelgamaschen und den schwarzen Fez mit Quasten. Den ganzen Juli über hatte er gegen die Österreicher am Unterlauf der Piave gekämpft. Nun war er wieder in den Bergen, um ein Bergdorf, das sich noch in den Händen der Österreicher befand, anzugreifen. Ernests Geschichte erreichte ihren Höhepunkt an Spannung, als sich Pickles McCarty mit einem Messer in jeder Hand gegen grimmigen Widerstand bis zu der Stelle durchkämpfte, wo sein Kommandeur gefallen war. Nach solchen Siegen konnte man wirklich nicht zu so einer harmlosen Beschäftigung wie dem Boxsport zurückkehren.
›The Passing of Pickles McCarty‹ war ein Versuch, die Kluft zwischen der Schriftstellerei des Mittelschülers Ernest und seinen anspruchsvolleren Erzählungen zu überbrücken, den Werken, in denen er die Erfahrung der sieben Kriegsmonate in Italien verwerten konnte. Er bemühte sich noch immer, den Ratschlag zu befolgen, den ihm Trumbull White im Sommer 1917 gegeben hatte: nur über Themen schreiben, die er aus persönlicher Er-

fahrung kannte. Er hatte tatsächlich viele ›Juni-Dämmerungen in den Dolomiten erlebt‹, war ›unter einem blutroten Mond‹ durch Vicenza gegangen und hatte in der kleinen *trattoria* in Schio unter purpurnen Glyzinen Bier getrunken. Vielleicht hatte er selbst in Citadella zwischen Bassano und Padua den Strega gekostet. Er hatte eine Abteilung Arditi gesehen, wie sie in Lastwagen an die Front rollten, um die Österreicher oberhalb von Bassano anzugreifen. Aber er hatte noch nicht gelernt, in seiner Prosa mit dem Dialog sparsamer umzugehen und seine Phantasie zu zügeln; er sah noch nicht ein, daß die bloße Schilderung eines Massakers nicht als Höhepunkt einer Erzählung ausreicht.
Er versuchte dennoch zu schreiben und nahm seine Manuskripte Anfang Juni nach Horton Bay mit. Dort, der Obhut der Familie entronnen, nahm er das Rauchen und Trinken wieder auf. Sein Geschmack in puncto Zigaretten war ein wenig ausgefallen – er bevorzugte eine russische Marke mit dunkelbraunem Papier, die ›sehr mies aussah‹ und nur in einem Tabakladen neben der Wabash Avenue in Chicago zu haben war. Sie waren auch sehr teuer: eine Schachtel mit 10 Stück kostete 30 Cent – aber er versicherte seinen Freunden, daß sie bei weitem das ›beste Kraut‹ wären, das er je geraucht habe. Er prophezeite frohgelaunt, es werde in Chicago nie ein Alkoholverbot geben, und bat Fever Jenkins dringend, er möge ihm doch ›einige Flaschen‹ mitbringen, wenn er im August in den Norden heraufkäme.
Eines Tages im Juni erhielt er einen Brief mit einem italienischen Poststempel und einer vertrauten Handschrift. Er war von Agnes, die wieder einmal versetzt worden war, diesmal nach Rom, wo sie mit Sis Cavanaugh zusammenarbeitete. Ihre Liebesaffäre mit Oberleutnant Domenico Caracciolo war in die Brüche gegangen. Er hatte sie nach Neapel mitgenommen, um sie seiner Familie vorzustellen. Erst da kam heraus, daß Domenicos Vater ein Herzog war. Die stolze alte Familie verbot ihrem Sohn, Agnes zu heiraten, da sie (zu Unrecht) annahm, Agnes sei eine amerikanische Abenteurerin, die nur ein italienisches Adelsprädikat ergattern wolle. Es sei also alles aus, berichtete Agnes, und sie gedenke, im Juli heimzukommen. Ernest schrieb an Jenkins, sie habe das verdient, was nun eingetreten sei. Aber er war nicht rachsüchtig. Alles, was er empfinden konnte, war Mitleid. ›Ach, dieses arme Kind‹, sagte er. ›Bei Gott, sie tut mir leid.‹ Er hatte sie einst geliebt; sie hatte ihn ›sitzenlassen‹; da war nichts mehr zu machen. Alles, was in Mailand geschehen war, sagte er, schien ›lang vorbei und weit entfernt‹, und es gab keine ›Busse, die zwischen der Bank und Manderlay verkehrten‹. Mit diesen Anleihen bei W. H. Hudson und Rudyard Kipling hatte er das romantischste Kapitel der ersten zwanzig Jahre seines Lebens abgeschlossen und stellte sich fast mit einem Gefühl der Erleichterung auf den ersten Nachkriegssommer in den nördlichen Wäldern ein.
Die restliche Hemingway-Familie war jetzt wieder in Windemere. Das wichtigste Ereignis in diesem Sommer war der Plan Graces, auf dem Grund

der Longfield-Farm ein kleines Sommerhäuschen zu bauen. Als Bauplatz sollte der hohe Hügel in der Mitte des Grundstückes dienen, den Ed und sie einst Red Top Mountain getauft hatten. Hier wollte Grace ihr eigenes Arbeitszimmer haben, in das sie sich vor ihrer großen und lauten Familie flüchten konnte. Sie war jetzt siebenundvierzig und freute sich schon darauf. Eines Tages schüttete sie Marcelline ihr Herz aus. Obwohl sie ihren Mann innig liebte, ›gingen sie einander häufig auf die Nerven‹. Er konnte es nicht verstehen, daß sie auch manchmal allein sein wollte. Andererseits geriete Ernest mehr seiner Mutter nach als seinem Vater. Wenn er nur damit aufhören wollte, ›sich selbst und alle anderen zu bekämpfen‹, meinte Grace, würde er ›ein prächtiger Kerl‹ werden.

Ernest hatte nun ein paar Erzählungen im Stil von ›The Woppian Way‹ auf Lager und suchte nach passenden Absatzmöglichkeiten. Ein freundlicher fünfunddreißigjähriger Mann namens Edwin Balmer verbrachte die Sommerfrische am Walloon Lake. Aus Chicago gebürtig, hatte er dort und in Harvard studiert und war Reporter der *Chicago Tribune* gewesen. Er hatte in Gemeinschaftsarbeit mit seinem Schwager William McHarg bereits einige Romane geschrieben. Ernest besuchte ihn. Sie saßen im Schatten von Balmers Bootshaus und unterhielten sich über Literatur, während das Wasser unter dem Anlegesteg sanft plätscherte. Balmer sprach ihm Mut zu – oder nahm ihm wenigstens nicht den Mut. Er gab Ernest Namen einiger Zeitschriftenverleger, bei denen er es versuchen sollte: George Horace Lorimer von der *Saturday Evening Post*, Virginia Roderick vom *Everybody's Magazine*, Charles Agnew Mac Lean vom *Popular Magazine* und Karl Harriman vom *Red Book* und *Blue Book*. Das alles brachte Ernest zwar nicht viel mehr als freundschaftlichen Zuspruch ein, aber es gab ihm Hoffnung für seine ersten Versuche, ein ernstzunehmender Schriftsteller zu werden.

Der letzte Campingausflug des Sommers führte in eine Geisterstadt. Sie hieß Seney und lag auf der oberen Halbinsel von Michigan, nur 15 Kilometer von den unwirtlichen Gestaden des Oberen Sees entfernt. Die Erlebnisse dieser Reise dienten ihm als Hintergrund für die Erzählung ›Großer doppelherziger Strom‹, die Geschichte von Nick Adams, der eine einsame Wander- und Angelexpedition unternimmt, um sich von den Nachwirkungen seiner Kriegsverwundungen zu erholen. Ernest erinnerte sich später, daß sein Körper, sein Geist, sein Gemüt und seine Widerstandskraft damals noch sehr angegriffen waren. Als er in Seney aus dem Zug stieg, sagte der Bremser zum Lokomotivführer, er solle etwas länger anhalten. ›Warte noch etwas‹, sagte der Bremser. ›Da ist ein Krüppel, und der braucht Zeit, um rauszukommen.‹ Ernest war schockiert. Noch nie hatte er sich als Krüppel gefühlt. Daraufhin hörte er auf, sich zu bemitleiden. Diese Anekdote kann, muß aber nicht wahr sein.

Wenn es nicht wegen des Abenteuers, in der Wildnis zu kampieren, gewe-

Nördliches Land

sen wäre, hätten sie gar nicht von zu Hause wegfahren müssen. Sie [...] nämlich kaum einige Tage daheim, als in der Bucht von Horton Ba[...] derte von Regenbogenforellen auftauchten. ›Man kann sie von D[...] Veranda aus springen sehen‹, sagte Ernest. Damit meinte er die V[...] von Liz Dilworth' Pinehurst-Cottage. Er hatte es sich zur Gewohn[...] macht, nach dem Abendessen draußen zu sitzen, den Sonnenunterg[...] betrachten, russische Zigaretten zu rauchen und darauf zu warten, bi[...] jorie Bump mit ihrer Arbeit fertig war. Marjorie und ihre Freundin [...] Curties kamen aus Petoskey und arbeiteten bei Mrs. Dilworth als Se[...] rinnen. Marjorie war siebzehn, hatte rote Haare und Sommersp[...] Grübchen auf den Wangen und ein sonniges Gemüt. Wesleys Frau K[...] stellte fest, daß Marjorie ›sehr in Ernest verliebt‹ sei und pflegte sie [...] obachten, wenn sie in Liz Dilworth' Küche Sandwiches strich. Sie b[...] sie mit, wenn Ernest mit ihr zum Point hinaufging, wo sie bei einem L[...] feuer aus Treibholz manchen langen Abend verbrachten. Wie erns[...] Bindung war, darüber gehen die Meinungen auseinander. Aber Erne[...] wendete bald darauf ihren Vornamen und romantisierte – wie typis[...] ihn – ihre Freundschaft in zwei einander verwandten Erzählungen [...] Ende von Etwas‹ und ›Drei Tage Sturm‹.

Bald danach kam es zu einem weiteren Vorfall, der Ernest später als [...] wurf für eine Erzählung diente. Eine der Kellnerinnen des Pinehurs[...] tage, ein hübsches und nicht zimperliches Mädchen, das etwas älter war als Marjorie und Connie, blieb noch die ersten Septemberwochen, um Liz Dilworth zu helfen, das Haus nach dem starken Besucherstrom im Juli und August wieder in Ordnung zu bringen. Nach Feierabend ging sie gewöhnlich mit Ernest bummeln. Eines Nachts verführten sie einander auf den kalten Planken eines Bootsstegs. Ernest hatte im Juni damit geprahlt, er werde die von Agnes geschlagene Wunde mit Weibern und Alkohol abtöten. Das vorhandene Quellenmaterial beweist jedoch, daß sein Abenteuer mit der Kellnerin in Horton Bay das erste dieser Art war. Es sollte von nachhaltiger Wirkung sein. Zwei Jahre später verwertete er diese Episode in der Erzählung ›Oben in Michigan‹. Er beschrieb darin den Geschlechtsverkehr so anschaulich, daß es bei der Veröffentlichung Schwierigkeiten gab.

Nördliches Land

Die Liebesgeschichte ging ohne weitere Konsequenzen zu Ende, und Ernest fuhr in der ersten Oktoberwoche mit Bill Smith zurück nach Hause. Aber Oak Park sollte nur eine Durchgangsstation sein. Er sagte seiner Familie, er wolle sich ernsthaft mit der Schriftstellerei beschäftigen, und eilte in die legere Atmosphäre bei den Dilworths zurück. Ende des Monats beschloß er,

nach Petoskey zu ziehen, wo er ein großes, zur Straße gelegenes Zimmer im zweiten Stock eines Fachwerkhauses in der State Street Nr. 602 mietete. Hier führten eine Witwe namens Eva Potter und ihre Tochter Hazel eine Pension. Hazel arbeitete in Mancelona und kam am Wochenende nach Hause, um der Mutter zu helfen. Und jeden Morgen klapperte die Schreibmaschine des jungen Hemingway durch das ganze Haus.
Oft wartete er nachmittags nach Schulschluß vor der High School, um Marjorie Bump abzuholen und nach Hause zu begleiten. Er trug eine Schirmmütze und eine mit Schaffell gefütterte schwarze Lederjacke. Eine seiner Bewunderinnen war Grace Quinlan, ein hübsches, vierzehnjähriges Mädchen, ein indianischer Typ mit dunklen Augen und schwarzem Haar. Er gab ihr den Spitznamen Sister Luke und war häufig in der Quinlanschen Küche zu finden, wo er Popcorn aß und von seinen Abenteuern in Italien erzählte. Seine besten Freunde waren Dutch Pailthorp, dessen Vater Rechtsanwalt war, und Luman Ramsdell, der Sohn des Arztes. Dutch war ein magerer, rothaariger Junge, der kränkelte und vor kurzem sein Studium an der University of Michigan hatte abbrechen müssen. Ernest und er setzten ein Fäßchen mit Süßmost an, gaben geschroteten Mais und Rosinen dazu und stellten die Mixtur auf die Heizung in Ernests Zimmer.
Um die Zeit des Erntedankfestes war der Most stark genug geworden. Sie beschlossen, im Sommerhaus der Ramsdells in Bay View eine Party zu geben. Sie luden dazu Irene Goldstein, Bernice Babbitt und den jungen Homer Zipp ein. Irene war Ernests Freundin; sie war ein gutaussehendes Mädchen, so alt wie er, studierte Leibeserziehung an einem College in Chicago und verbrachte gerade ihre Ferien daheim. Mit dem Fäßchen und einigen Sandwiches brach man nach Bay View auf. Das Haus war zu dieser Jahreszeit unbewohnt und eiskalt. Sie machten Feuer im Kamin und verbrachten den Abend in recht ausgelassener Stimmung. Man trank und plauderte. Ernest schob sein Hosenbein hoch, um Irene seine Narben zu zeigen, und hielt einen langen Vortrag über die Weine Italiens und den herrlichen Roten, den er, wie er sagte, im Café Venice in der Wabash Avenue in Chicago getrunken hatte.
Eine der Geschichten, die er in Mrs. Potters Untermietzimmer zu Papier brachte, hieß ›Wolves and Doughnuts‹. Schauplatz der Handlung war ein italienisches Restaurant in Chicago.
›Wenn Sie (so schrieb er) sich über die Möglichkeit des Perlenfischens auf den Marquesas, über Arbeitsmöglichkeiten bei der geplanten Trans-Gobi-Eisenbahn oder über die Zukunft irgendeiner mittelamerikanischen Republik informieren wollen, dann gehen Sie ins Café ‚Cambrinus' in der Wabash Avenue in Chicago. Dort, hinter dem Gastzimmer, wo die Neo-Boheme jede Nacht mit ihren Spaghetti und Ravioli kämpft, gibt es ein kleines, verräuchertes Zimmer, das allen Glücksrittern als Informationszentrale dient. Wenn Sie eintreten, wird es plötzlich ganz still werden. Dann mu-

stern Sie verschiedene Augen mit einer solchen Intensität, wie sie die Nähe des Todes mit sich bringt.‹

Auf jede Erzählung, die er niederschrieb, kam ein Dutzend andere, die er nur seinen Freunden Luman Ramsdell und Dutch Pailthorp vortrug. Die schauerlichste handelte von den Methoden der Arditi, sich österreichischer Kriegsgefangener zu entledigen: sie ließen sie mit zusammengebundenen Handgelenken in Karrees aufstellen und warfen dann eine Handgranate mitten hinein; wie sie ihn – Ernest – in der Kunst des Messerwerfens unterwiesen und ihm sogar einen Österreicher anboten, an dem er üben sollte. Ferner ersann er eine tolle Geschichte über ein prachtvolles Weib, das er sich im Zug geangelt hatte. Sie verbrachten mehrere glückliche Tage in ihrer Villa an der Riviera. Dann erschien der Ehemann. Ernest erkannte ihn wieder – es war ein berühmter italienischer Kriegsheld. Es kam zu einem Duell: Pistolen auf kürzeste Distanz. Aber im letzten Augenblick verhinderte das Mädchen das Schlimmste, und Ernest verließ den Schauplatz mit einem Taxi. Das letzte, was er von der Dame sah, war ein langer und schmachtender Blick.

Man trat an ihn heran, im Dezember bei der Versammlung der Ladies' Aid Society in der öffentlichen Bibliothek von Petoskey in der Mitchell-Street über seine Kriegserlebnisse zu berichten. Er trug die wallende Pelerine mit der Silberspange und seine auf Hochglanz polierten Stiefel aus Korduanleder. Der Vortrag war im großen und ganzen eine Wiederholung desjenigen, den er in der Oak Park High School im März gehalten hatte. Aus Rücksicht auf die Damen ließ er die gepfefferten Anekdoten weg, die er Dutch und Luman erzählt hatte. Aber er sprach voller Bewunderung über die Arditi und führte seine von Splittern durchsiebte Khakihose vor. Das Publikum seufzte auf vor Mitgefühl, als er erzählte, wie er verwundet in dem dachlosen Stall lag. Es schien damals, so erzählte er ihnen, ›sinnvoller zu sterben als zu leben‹.

Eine seiner Zuhörerinnen war eine gutaussehende, weißhaarige Dame namens Harriet Gridley Connable, die aus Toronto gekommen war, um ihre Mutter zu besuchen. Ihr Gatte Ralph, ein hochgewachsener, dynamischer Mann, war Direktor des kanadischen Zweigunternehmens der Woolworth-Warenhäuser. Die Connables hatten vor, auf einige Monate nach Palm Beach zu fahren; ihre Tochter Dorothy, ein nettes Mädchen von sechsundzwanzig Jahren, sollte sie begleiten. Ihr Sohn Ralph war ein Jahr jünger als Ernest und seit seiner Geburt gelähmt. Mr. Connable fragte Ernest, ob er während ihrer Abwesenheit nicht Ralph jun. Gesellschaft leisten wolle. Die Jungen könnten zu Hockey- und Boxkämpfen, ins Theater und ins Konzert gehen, und es seien genug Bedienstete im Haus, die sich um sie kümmern würden. Dutch Pailthorp würde auch kommen, da er bei Woolworth arbeitete. Ernest ergriff die Gelegenheit beim Schopf. Er hatte noch keine einzige Erzählung verkauft, und sein Bankkonto war beinahe leer.

Der Kriegsveteran

Am 8. nahm er den Zug nach Toronto und zog in die Villa der Familie Connable in der Lyndhurst Avenue 153 ein. Es war ein großes und gemütliches Haus am Rand eines bewaldeten Hohlwegs genau südlich der St. Clair Avenue. Im Musikzimmer standen eine Orgel und genügend Instrumente für ein kleines Orchester. Das Billardzimmer erinnerte Ernest an Stresa, wo er mit Graf Greppi gespielt hatte. Der Tennisplatz hinter dem Haus war mit Wasser überflutet und wurde als Eislaufplatz verwendet. Daneben stand eine nicht überdachte Hütte mit einem Kamin und Bänken, wo sich die Eisläufer erholen und heiße Schokolade trinken konnten. In einer großen Truhe in der Loggia gab es extra Schlittschuhe für die Besucher. Alles in allem war es das stattlichste Haus, das Ernest je kennengelernt hatte.

Trotz seiner schmerzenden Beine war er bereit, bei den improvisierten Eishockeyspielen – den ersten seit seiner Rückkehr aus Italien – mitzumachen. Unter den Spielern befanden sich regelmäßig der Sohn des Chauffeurs, der gerade Schlittschuhlaufen lernte, eine Torhüterin und ein Schotte aus Neu-Schottland namens Ernest Smith, der in Übersee – bei der kanadischen Armee wie auch in der Britischen Marine – gedient hatte. Er hatte im Eishockeyteam der Universität Toronto gestanden. Um diese Vorgabe wettzumachen, spielte er in gewöhnlichen Straßenschuhen und mit einem Besen anstelle eines Schlägers. Dazu kamen noch Dorothy und Ernest sowie Dutch Pailthorp, der im YMCA lebte und oft an Sonntagen herüberkam. Die Schlittschuhe der Connables waren immer ungeschliffen, so daß es viele Stürze gab. Ernest zeigte mehr Ausdauer als Geschick. ›Der Schnee war am Spielfeldrand ungefähr in Hüfthöhe aufgetürmt‹, sagte Smith. ›Wenn Ernest auf jemanden Kurs nahm, brauchte man nur einen Seitenschritt zu machen, und schon landete er, da er nicht bremsen konnte, kopfüber in dem Schneehaufen. Dann stand er auf, peilte ein anderes Ziel an und fuhr von neuem los.‹

Die Connables fanden, daß er ›ein bescheidener, sensibler und ungemein rücksichtsvoller Gast‹ war. Dorothy hatte nach dem Waffenstillstand zwischen Frankreich und Deutschland bei der YMCA gearbeitet. Es freute sie, daß Ernest ihr sagte, sie beide seien ›sehr junge alte Soldaten‹. Aber er war viel zu sehr von Tatendrang erfüllt, als daß er es zu Hause ausgehalten hätte. Er war kaum eine Woche da, als er Mr. Connable fragte, ob er ihn nicht zum *Toronto Star* bringen könne, der führenden Zeitung Ontarios, die in einer täglich und einer wöchentlich erscheinenden Ausgabe auf den Markt kam. Connable stellte ihn Arthur Donaldson vor, der für die Gestaltung des Anzeigenteils beider Blätter verantwortlich zeichnete, und Donaldson führte ihn durch das schäbige, vierstöckige Gebäude in der King Street West 20. Das Innere roch angenehm nach Staub, Desinfektionsmitteln, Tabakrauch und Druckerschwärze. Am Ende der Besichtigung wurde Ernest zwei jungen Mitgliedern der Redaktion vorgestellt, die zusammen in

Nördliches Land

einem kleinen, raucherfüllten Raum am Hinterende des zweiten Stockes hausten.

Sie hießen Greg Clark und Jimmy Frise. Greg war ein aufgeblasener, sportlich gekleideter junger Mann, kaum 1,60 m groß, der Spezialartikel für das Wochenblatt schrieb. Jimmy Frise, der erste Karikaturist, war dunkel, schlank und zynisch. Sie blickten von ihrer Arbeit auf und sahen einen rotbackigen Jüngling mit einem roten Hemd und schwarzer Lederjacke vor sich stehen. Obwohl er sehr schüchtern war und seltsam unbeholfen in seiner Ausdrucksweise, waren sie beeindruckt, als er sich auf den Heizkörper setzte, seine Jacke aufknöpfte und erzählte, er habe beim *Kansas City Star* als Reporter gearbeitet. ›Also sah ich ihn an‹, sagte Gregory Clark, ›und ich dachte mir: Was, dieser Bursche hat also bei denen dort gearbeitet! Es hörte sich an, als ob er gesagt hätte, er sei beim *Manchester Guardian* gewesen: der *Kansas City Star* war nämlich das Traumideal aller amerikanischen Zeitungsleute.‹

Ernest gewöhnte es sich an, fast jeden Tag bei ihnen vorbeizuschauen. Bald waren er und Jimmy Frise sehr gute Freunde; sie gingen ein oder zwei Mal Skilaufen, und so wurde Hemingway mit einem Sport bekannt, der ihn später begeistern sollte. Gregory Clark war zunächst mißtrauisch. ›Schau, Jimmy‹, sagte er, ›ermutige dieses Bürschchen nicht dazu, hier herumzulungern. Er wird sich von dir zehn Dollar borgen, und dann wirst du nie wieder etwas von ihm sehen.‹ Aber Ernest war nicht abzuschütteln; die Zeitungsatmosphäre hatte es ihm angetan. Weit nach vorn gelehnt, auf seinen Fußballen wippend, stellte er unaufhörlich Fragen. Schließlich kapitulierte Clark. ›Zum Kuckuck, Hemingway!‹ schrie er eines Morgens, ›willst du einen Job?‹ Als Hemingway ja sagte, ging Clark mit ihm zum ›lieben alten Cranston‹, der ihn in der Wochenausgabe anstellte.

Cranston war ein freundlicher, ernster und frommer Mann, der sich die Förderung junger kanadischer Schriftsteller zur Aufgabe gestellt hatte und der als Redakteur bestrebt war, aus dem *Star Weekly* ein rechtes Volksblatt zu machen, mit menschlich ansprechenden Erzählungen und humorvollen Seitenhieben auf die Ereignisse in Toronto. Er entdeckte bald, ›daß Hemingway ein gutes, einfaches Englisch schreiben konnte und eine gewisse hoch einzuschätzende Gabe für Humor besaß‹. Ernests erster Artikel – er wurde in der Tagesausgabe vom St.-Valentins-Tag abgedruckt – war ein tausend Worte umfassender Bericht über eine geplante Aktion, in deren Rahmen Damen aus der Gesellschaft Torontos von Künstlern der Stadt Original-Ölgemälde mieteten. Zwischen Mitte Februar und Mitte Mai 1920 verfaßte er zehn weitere Artikel, die Cranston so gut gefielen, daß er sie zeichnen durfte und sein Honorar auf einen Penny pro Wort erhöht wurde.

Er versuchte noch immer vergebens, die Erzählungen, die er in Petoskey geschrieben hatte, irgendwo unterzubringen. Er sandte einige an Edwin Bal-

Der Kriegsveteran

mer in Evanston im Staate Illinois. Balmer schrieb am 1. Februar hilfsbereit zurück; er meinte, die eine oder andere ließe sich bestimmt unterbringen, wenn auch nicht unbedingt sofort. ›Das Eigenartige an der Schriftstellerei ist‹, sagte er, ›daß man einfach nicht weiß, was ankommt; ich habe schon Sachen im Druck gesehen, von denen ich einfach nicht annehmen konnte, daß irgend jemand sie kaufen würde; und ich habe es erlebt, wie man Dinge abgelehnt hat, wo ich nicht verstand, daß man sie sich entgehen ließ. Aber früher oder später nimmt man sie dann doch.‹ Damit waren die Schwierigkeiten, die Ernest hatte, um in den literarischen Markt einzubrechen, genau umrissen. Er konnte stets einen größeren Artikel an eine befreundete Zeitung verkaufen. Aber was er als gut verkäuflich ansah, war es nach der herrschenden Verlegermeinung durchaus nicht. Es liege hauptsächlich an ihm, den Geschmack zu kreieren, nach dem seine Erzählungen einmal beurteilt werden würden.

Seine Familie war stolz auf seine Zeitungsarbeit. Dr. Hemingway äußerte sich lobend über seine Kriegsauszeichnungen und seine Beiträge für den *Star*. Sein *Croce di Guerra* war eben eingetroffen und ihm nach Toronto nachgeschickt worden, ein klarer Beweis für die Wertschätzung, die Italien ihm zollte. Ernests Großmutter und Mutter waren beide nicht besonders gut beisammen; Adelaide war in den Siebzigern, und ihre Kräfte begannen nachzulassen, während Grace, die jetzt achtundvierzig war, unter seelischen Schwierigkeiten litt, die sie mit Hilfe eines Handarbeitskurses zu bewältigen suchte. Dr. Hemingway glaubte, sie werde bald wieder auf dem Damm sein, hielt aber die Heimkehr Ernests nach Oak Park für notwendig, bevor er über den Sommer nach Michigan fuhr. ›Die Liebe, die Du Deinen Großeltern, Eltern und Geschwistern gegenüber zeigen kannst, wird Dir nie leid tun‹, sagte sein Vater.

Während die Connables in Florida waren, begleiteten Ernest und Dutch den jungen Ralph zu Hockey- und Boxkämpfen in den Arena Gardens in der Mutual Street und in den pseudomittelalterlichen Bau der Massey Hall. Bei einem blutigen Kampf zwischen Rocky Kansas und Fern Bull, dem Ernest mit sichtlichem Vergnügen zusah, wurde Ralph vom Blut übel. Dutch ließ sich von Ernests zur Schau gestellten Härte nicht täuschen. ›Innerlich‹, dachte Dutch, ›war Hemmy weich wie eine Baisertorte.‹ Von seiner weichen Seite zeigte er sich, als er ein paarmal mit Bonnie Bonnel ausging. Sie war eine auffallende, über 1,80 m große, dunkelhaarige Erscheinung und mit der reichen Familie Massey verwandt, die Massey Hall gestiftet hatte. Sie ritten durch die westlichen Vororte und bezeichneten sich selbst als den ›Bathurst Street Jagdklub‹. Ernest lieh sich von Ernest Smith einen Frack aus und führte Bonnie ins Grange zum Tanzen aus, wobei er unpassenderweise indianische Mokassins anhatte.

Als die Connables im März zurückkehrten, nahm er seine endlosen Gespräche mit Dorothy und deren Mutter wieder auf. Er war Harriet Con-

Nördliches Land

nable herzlich zugetan; jeden Morgen kam er an ihrem Schreibtisch vorbei und gab ihr Ratschläge für den Bericht, den sie als Sekretärin der patriotischen Frauenliga für deren Frühjahrsversammlung vorbereitete. Er konnte nicht begreifen, sagte er, warum ihre Sätze so lang seien, während seine so kurz und bündig waren. Als er merkte, daß Dorothy nichts von O. Henry gelesen hatte, ging er in die Stadt, kaufte ihr ein Exemplar der ›Kohlköpfe und Könige‹ und schrieb ihr eine Widmung hinein: ›Dem Negativen von dem Bejahenden.‹ Ein anderes Buch, das er ihr schenkte, D'Annunzios ›Feuer‹, versah er mit der Widmung, sie solle den Inhalt des Buches nicht auf sich beziehen.

Den Ausgleich zum vornehmen Haus der Connables bildete für Ernest die Redaktion in der King Street West. Die meisten seiner Mitarbeiter waren seinem jungenhaften Charme erlegen. Mit unschuldiger Miene erzählte er eine Lügengeschichte nach der anderen. Er redete Cranston ein, er habe sich seit seinem Abgang von der High School als Landstreicher herumgetrieben. Er erzählte auch, er habe ›alle Arten von ... Wegschnecken, Regenwürmern und Eidechsen gegessen, all die Delikatessen, an denen die wilden Stämme der Welt Gefallen finden.‹ Sie machten sich untereinander über sein rotes Hemd und seine schwarze Lederjacke lustig, die um die Knopflöcher schon sehr abgenutzt war; über die Schwierigkeiten, die es ihm bereitete, das ›l‹ auszusprechen; über den Umstand, daß er an der Oberlippe und am Kinn immer stark schwitzte; über seine Gewohnheit, auf den Fußballen zu wippen und den Kopf leicht hin und her zu wiegen, wie ein Boxer bei einer Finte oder wie eine Königskobra, bevor sie zustößt. Er versetzte Greg Clark mit seiner Geschicklichkeit beim Angeln in Erstaunen, als sie zum Forellenfischen an den Credit River gingen. Er verstand es auch, literarische Streitgespräche zu provozieren. Seine Meinung war immer extrem: ein Buch war entweder ›großartig‹ oder es war ›saumäßig‹. Ein Mittelding kannte er nicht. Er hatte eine Ader für geistreiche ›Einfälle‹, um die er seine stets lebhafte, wenn auch manchmal noch collegehafte Prosa drapierte, und er schien die Fertigkeit zu haben, aus beinahe jedem Thema eine gutverkäufliche Story zu machen, die die Leute ansprach. John Bone, der rauhbeinige Chefredakteur der täglichen Ausgabe des *Star*, machte bereits Andeutungen, er könnte möglicherweise eine Zukunft bei dem Blatt haben.

Aber Ernest war noch nicht bereit, sich zu binden. Als seine Vereinbarung mit den Connables Ende Mai zu Ende ging, sagte er, er müsse abreisen, um wieder den Sommer in Michigan zu verbringen. Vor seiner Abreise verdiente er sich noch elf Dollar für einen Bericht über Georges Carpentier, den Europameister im Halbschwergewicht, der in den Arena Gardens einen matten Schaukampf gegen den Belgier Jules Lenaers lieferte. Er verdiente sich die Rückreise nach Oak Park mit einem Artikel über den Schmuggel von kanadischem Schnaps. Er hatte sich seine Informationen einfach dadurch beschafft, daß er auf der Reise über Detroit und Ann Arbor mit den

anderen Fahrgästen über schottischen Whisky plauderte und das, was sie sagten, in seinem Artikel zusammenfaßte.
Sein Aufenthalt in Oak Park war wieder so kurz, wie es der Anstand gerade noch zuließ. Bill Smith sollte aus St. Louis zu dem alljährlichen Ausflug nach Horton Bay kommen, und Ernest war während der letzten Maiwoche schon sehr ungeduldig. Am 31. kam Bill angerattert; in seinem Buick war ein Lager durchgeschmort, so daß sie erst am 3. Juni wegkamen. Auf der Reise nach Norden sprach Ernest unentwegt von seinen Plänen für den Herbst. Ted Brumback und er würden von San Francisco aus in Richtung Japan, China und Indien in See stechen, Brummy würde sich als Vollmatrose für siebzig ›Kerne‹ pro Woche anheuern lassen. Ernest mit seinen kräftigen Muskeln wollte als Heizer arbeiten. Dieser Job war besser bezahlt als der eines gewöhnlichen Matrosen. Es würde ihm nicht nur mehr Geld für seine Exkursionen nach Yokohama, Hongkong und Madras bleiben, sondern auch sein guter Ruf würde gewahrt bleiben: seit den Tagen als Reporter des *Kansas City Star* hatte er nämlich immer mehr verdient als Brumback, und er wollte nicht, daß sich das änderte.
Sein Bestreben, sich mit anderen zu messen, kam immer deutlicher zum Vorschein. Mit dem gemütlichen Bill Smith, der bereitwillig seinen Führungsansprüche akzeptierte, kam er gut aus. Bis auf einige sehr einseitige Boxkämpfe gerieten sie niemals körperlich aneinander. Aber einmal, als sie die Anhöhe zwischen dem westlichen Ufer des Walloon Lake und Horton Bay überquerten und über den rauhen und sandigen Boden stolperten, warf Ernest Bill heftig vor, daß er sich seine Kräfte für den Endspurt aufhebe. Eine einfache Wanderung durch die Wälder war in seiner Phantasie plötzlich zu einem ernsthaften athletischen Wettbewerb geworden. Er mußte auch unbedingt beweisen, wie gleichgültig er dem Schmerz gegenüber war. Eines Tages zeigte er, bevor er von Wesley Dilworth' Steg wegschwamm, auf Scherben einer Milchflasche. Er schritt über Glassplitter, um ihnen allen zu zeigen, wie unempfindlich seine Fußsohlen seien. ›Er zerschnitt sich seine Füße an mehreren Stellen‹, schrieb Bill, ›aber er schaffte es.‹ Genau dasselbe ereignete sich, als er in Petoskey mit Irene Goldstein Tennis spielte. Er wollte unbedingt gewinnen, und als ihr Onkel und ihre Tante, die Rosenthals, ihn zum Essen einluden, bestand er darauf, einen riesenhaften Fisch herbeizuschleppen, den er am Markt gekauft hatte, und er brachte es fertig, den Eindruck zu erwecken, daß er ihn selber gefangen hatte. Trotz seiner stattlichen Erscheinung, seinen Kriegsnarben, seiner Liebesgeschichte mit Agnes und seinem immerhin gewissen Erfolg bei der Zeitung war Ernest ein Junge geblieben.
Graces andauernde Depressionen machten sie besonders empfindlich gegenüber Ernests kindlichem Benehmen. Sie hatte den Eindruck, als weigere er sich, seine angeborenen Fähigkeiten voll zu nutzen, und es erregte sie, wenn er keine Anstalten traf, bei häuslichen Arbeiten wie etwa beim

Nördliches Land

Hühnerrupfen oder beim Auslegen des Bootsstegs mitzuhelfen. Er verwendete ätzende, giftige ›Vitriol-Wörter‹, wie sie sein Vater nannte, und war anscheinend immer in den Pine Barrens beim Fischen, wenn man ihn zu Hause brauchte. An seinem 21. Geburtstag tauchte er mit Ted Brumback und Bill Smith zum Abendessen auf und blieb danach einige Tage da, wusch das Geschirr, hob eine Abfallgrube aus und tünchte die Außenwände des Hauses. Aber er hielt mit seiner Ansicht nicht hinterm Berg, daß er die Arbeit eines Taglöhners verrichtete.

›Ich erwarte von Dir, daß Du Deinen Eltern und Geschwistern eine größere Hilfe bist‹ (schrieb sein Vater) . . . ›Versuche es und sei kein Schmarotzer . . . Es ist das Beste für Dich (und für Ted), das Lager zu wechseln und neue Gefilde zu erobern; denn es ist zu schwer für Deine Mutter, Dich und Deine Freunde gastlich aufzunehmen, wenn sie keine Hilfe hat und Du so schwer zufriedenzustellen und so beleidigend zu Deiner lieben Mutter bist. Deshalb packe bitte zusammen und versuch es woanders, bis Du wieder nach Windemere eingeladen wirst . . . Versuch, dieser Angelegenheit gerade ins Gesicht zu sehen wie ein ehrlicher Junge, und sei so freundlich und rücksichtsvoll zu Deiner Mutter und Deinen Schwestern, wie Du es zu Madam Charles und Bill Smith bist.‹

Kurz nachdem Ernest einundzwanzig geworden war, wurde er in einen trivialen Zwischenfall verwickelt, der die Gefühle seiner Mutter auf den Siedepunkt brachte. Die Hemingway-Mädchen und deren Nachbarn, die Loomises, planten im geheimen ein mitternächtliches Picknick am Ryan's Point, einer Sandbank mit Bäumen im Westarm des Sees. Ursula und Sunny, Bob Loomis und Beverly Hugle brachten das Boot an diesem Nachmittag ans Ufer des Sees und packten den Proviant ein. Elizabeth Loomis und Jean Reynolds luden Ernest und Ted ein mitzukommen; so waren sie zu acht. Beide Familien gingen zur gewohnten Zeit zu Bett. Um Mitternacht schlichen sich die Verschwörer hinaus, nahmen ein Ruderboot und ein Kanu und verbrachten einige Stunden um ein Lagerfeuer am Point. Sie sangen Lieder, die Brummy auf der Mandoline begleitete, aßen und schwatzten. Sie badeten in der Nähe des sandigen Strandes und küßten sicherlich auch die Mädchen ein paarmal im Dunkeln. Es war schon fast drei, als sie das Feuer auslöschten und heimpaddelten. Vom See aus konnten sie das flackernde Licht einer Laterne am Strand sehen. Grace Hemingway und Mrs. Loomis hatten die leeren Betten entdeckt, und Ruth Arnold, die Hausbesorgerin, hatte unter Tränen das Geheimnis verraten. Mrs. Loomis gab Ernest und Ted, die älter waren als die anderen, die Schuld. Sie empfing Ernest nicht, als er sich bei ihr entschuldigen wollte. Den Mädchen wurden für den Rest des Sommers alle Verabredungen untersagt. Ted und Ernest durften Windemere nicht mehr betreten.

Der Kriegsveteran

Das entscheidende Postskriptum nach dem Ryan's-Point-Picknick war ein Brief, den Grace Ernest am folgenden Tag schrieb:

›Seit Jahren‹ (schrieb sie), ›seitdem Du im Alter von achtzehn Jahren beschlossen hast, keine weiteren Ratschläge oder Anleitungen von Deinen Eltern anzunehmen, habe ich versucht zu schweigen und Dich auf Deine eigene Facon selig werden zu lassen. Damit meine ich Deine eigene Lebensphilosophie, Deinen sittlichen Kodex im Umgang mit Männern, Frauen und Kindern. Jetzt, da Du einundzwanzig bist und (dem Urteil einiger Deiner besten Freunde nach, die Dir nur das Beste wünschen) so dringend guter Ratschläge bedarfst, will ich noch einmal darüber sprechen, wenn Du auch zornig wirst.‹

An dieser Stelle verglich Grace die Mutterliebe mit einem Bankkonto. Wenn das Kind zur Welt kommt, investiert die Mutter einen großen Vorrat an Liebe und Geduld, von dem das Kind in der Folge zehrt. Ernest, meinte sie, habe sein Konto viele Male überzogen.

›Es sei denn, mein Sohn Ernest, daß Du zu Dir findest: Laß ab von dem faulen Herumlungern und von der Jagd nach dem Vergnügen; borg Dir nichts aus, wenn Du's nicht zurückzahlen kannst; höre auf, Dir den Lebensunterhalt bei jedermann zu ergaunern, Deine Ersparnisse verschwenderisch für Deinen eigenen Genuß auszugeben; hör auf, aus Deinem hübschen Gesicht Kapital zu schlagen, um kleine dumme Mädchen an der Nase herumzuführen, und Deine Pflichten gegenüber Gott und dem Erlöser Jesus Christus zu vernachlässigen; mit anderen Worten: wenn Du nicht zum Mann wirst, liegt nichts anderes vor Dir als der Bankrott – Du hast Dein Konto überzogen ... Wenn Du Deine Ansichten und Ziele im Leben geändert hast, dann kannst Du dessen sicher sein, daß Dich Deine Mutter erwartet und willkommen heißt, sei es in dieser Welt oder in der anderen – eine Mutter, die Dich liebt und sich nach Deiner Liebe sehnt. Der Liebe Gott möge uns beide beschützen, solange wir voneinander entfernt sind.‹

Und sie unterschrieb den Brief mit den Worten ›Deine Mutter, die immer noch hofft und für Dich betet, Grace Hall Hemingway‹.

Ernest traf das schwer. Eine Woche später beklagte er sich bei Grace Quinlan, daß er jetzt buchstäblich heimatlos sei – auf immer hinausgeworfen, ohne ersichtlichen Grund. Brummy war zur selben Zeit hinausgeworfen worden. Selbst wenn ein Mann keinen Gebrauch von seinem Heim macht, fühlt er sich doch irgendwie ›hundsmiserabel‹ bei dem Gedanken, keines zu haben. Aber Ernest tröstete sich, indem er mit Brummy, Jack Pentecost, Howel Jenkins und Dick Smale einen Angelausflug zum Black River unternahm. Sie waren sechs Tage in einem Mietwagen mit Anhänger unterwegs. Abends spielte Brummy Mandoline, und Ernest las aus den Erzählungen von Lord Dunsay vor. Anschließend versuchte er leichter einzuschlafen, indem er in Decken eingehüllt, in den Mond starrte und, wie er sagte, ›lange lange Gedanken‹ wälzte. Es gab einen Aberglauben, wonach man mondsüchtig würde, wenn man mit dem Mondlicht im Gesicht einschlafe. ›Vielleicht‹, meinte Ernest, ›ist es das, woran ich leide.‹ Er kam wieder auf seine Wunschträume, nach dem fernen Osten zu fahren, zurück. Denn, so erklärte er Grace Quinlan, seine Mutter sei froh gewesen, daß sie einen Vorwand gehabt habe, ihn hinauszuwerfen. Sie habe ihn ›mehr oder weniger gehaßt‹, seitdem er dagegen gewesen war, daß sie zwei- oder dreitausend ›Kerne‹ für den Bau ihres Studios, Grace Cottage auf Longfield Farm, hinauswerfen wollte. Der Zaster hätte dazu verwendet werden sollen, die jüngeren Kinder aufs College zu schicken, in jeder Familie, sagte er leichtfertig, gebe es gewisse wunde Punkte, aber die Hemingways hätten sie haufenweise. Er überlegte nicht, ob es angebracht sei, einem fünfzehnjährigen Mädchen gegenüber solche Bemerkungen zu machen.

›Ich werde nach wie vor für Ernest beten‹ (schrieb sein Vater), ›daß er ein größeres Verantwortungsgefühl entwickelt, denn wenn er es nicht tut, wird der Schöpfer ihn viel mehr als je bisher leiden lassen ... Ernests letzter Brief an mich ... ist im Zorn geschrieben und strotzt von Ausdrücken, die eines Gentleman unwürdig sind und eines Sohnes, für den alles getan wurde ... Er muß dazuschauen und seinen eigenen Weg finden, und nur Leiden wird sein selbstsüchtiges, hartes Herz erweichen können.‹

Aber das schrieb er, ohne etwas von Graces Brief an Ernest zu wissen. Sie wartete sechs Wochen, bevor sie ihrem Mann eine Kopie schickte. Er las den Brief am 2. September und sagte ihr, daß er ein Meisterstück sei. Er würde es stets als ›leuchtendes Beispiel für die Auffassung, die eine Mutter von ihrer Rolle in dem Stück ‚Familienleben' haben sollte‹, preisen. ›Behalte den Kopf oben, mein Liebes‹, schrieb der Doktor. ›Es ist eine lange Belastungsprobe für den Zusammenhalt unserer Familie, und wir müssen tapfer sein. Auf dem Ozean unseres Lebens sind Stürme selten, wenn man an viele andere denkt, die wir beide kennen, und an all das Gute, das uns zuteil wurde.‹
Am Tag vor ihrer Abfahrt aus Michigan richtete Grace ›ein nettes Essen‹ für Ernest her, aber er wohnte in einer Pension in Boyne City und ließ sich nicht blicken. Während einer Segelpartie mit Katy Smith und Carl Edgar war er mit dem Bauch an einer Bootsklampe hängengeblieben und klagte seiner Mutter gegenüber über schwere innere Blutungen. Die Verletzung war nicht sehr schwer, und das Ganze sah danach aus, als bäte er um Mitgefühl. ›Ich hoffe, daß Deine innere Verletzung Dir keine Schwierigkeiten mehr bereitet‹, schrieb seine Mutter. ›Ich konnte in der Nacht kaum schlafen, nachdem Du mir darüber berichtet hast. Tut mir so leid, daß Du solch

eine Tortur erleiden mußtest.‹ Aber die Tortur war kurz. Der Arzt schnitt seinen Nabel auf, und die Beschwerden legten sich. Er verdiente sich ein wenig Geld, indem er mithalf, neun Morgen Klee zu säen und im Obstgarten von Mrs. Charles Äpfel zu pflücken. Eines Tages entzündeten er und Katy in der katholischen Kirche in Charlevoix eine Votivkerze, und Ernest betete, wie er sagte, um all die Dinge, die er sich wünschte und die er wohl niemals bekommen würde.

Es blieb unklar, was er sich vom Leben erwartete. Er sprach nicht mehr von romantischen Reisen nach dem fernen Osten und erwog anscheinend, nach Kansas City zurückzukehren und beim *Star* zu arbeiten und daneben vielleicht weiter Spezialartikel für den anderen *Star* in Toronto zu schreiben. Er sagte Fever Jenkins, Kansas City schreie geradezu nach einem Hemingstein. Sie hätten ihn ersucht, seinen Preis selbst zu nennen. Das war natürlich eine glatte Lüge. Aber die bloße Tatsache, daß er es erzählte, gab ihm das Selbstvertrauen, das er als Arbeitsloser bitter nötig hatte. Als sein Vater heraufkam, um das Haus in Windemere zu schließen, machte er in Horton Bay Besuch.

Ernest pflückte Äpfel im Obstgarten von Mrs. Charles. Bill Smith war durch einen verstauchten Knöchel ans Bett gefesselt. Als er wiederhergestellt war, packte Ernest seine Siebensachen und seine zerfledderten Manuskripte ein und fuhr mit Bill, Katy und Mrs. Charles ab. Was ihm die Zukunft bringen würde, war ungewiß; aber er wußte, daß eine Zukunft vor ihm lag.

KAPITEL III

Not

Hadley

Diesen ganzen Sommer des Jahres 1920, den sich Ernest in Michigan um die Ohren geschlagen hatte, brachte ein Mädchen in St. Louis am Sterbebett ihrer Mutter zu. Elizabeth Hadley Richardson war achtundzwanzig, ein hochgewachsenes Mädchen mit kastanienbraunem Haar. 1903 hatte ihr Vater Selbstmord begangen. Sie lebte nun mit ihrer Mutter und ihrer verheirateten Schwester in der Cates Avenue Nr. 5739, im westlichen Teil der Stadt. Die Schwester, Mrs. Roland Usher, bewohnte mit ihrem Mann und zwei kleinen Kindern die untere Etage. Oben am Krankenlager ging den ganzen Sommer über kaum eine Nacht das Licht aus: Hadley wachte, um die langsam sterbende Patientin ›zu versorgen, trockenzulegen und zu beruhigen‹.
Als Florence Richardson starb, war Hadley erschöpft und am Ende ihrer Kräfte. Sie hatte nicht einmal mehr Lust, sich ans Klavier zu setzen. Keiner ihrer Verehrer interessierte sie sonderlich, und sie kam sich langsam schon wie eine alte Jungfer vor. Im Jahre 1910 hatte sie die Abschlußprüfung am Mary Institute, einer Mädchen-Privatschule in St. Louis, bestanden und danach ein einziges Jahr am Bryn Mawr verbracht. Seit damals lebte sie zu Hause. Ihr Leben betrachtete sie als behütet und ereignislos und sich selbst als naiv und unerfahren. Sie war zugleich gerührt und ermutigt, als sie wieder von Katy Smith, ihrer engen Freundin und Klassenkameradin aus den Tagen am Mary Institute, hörte. Katy wollte ab Herbst in Chicago wohnen und arbeiten. Dorthin lud sie Hadley auf einen ausgiebigen Besuch ein. Sie könnte bei Kenley und Doodles in deren neuer Bude logieren. Ende Oktober packte Hadley ihre Sachen und setzte sich in den Zug nach Chicago.
Sie war über die Menge junger Leute, die in Kenleys Wohnung aus und ein gingen, ziemlich erstaunt. Y. K. selbst war mit seinen einunddreißig Jahren ein hochgewachsener junger Mann mit ausgeprägten intellektuellen Interessen und trockenem sarkastischem Witz. Zu seinen Dauergästen mit Junggesellenstatus gehörten Don Wright, Bobby Rouse und ein schlanker, blauäugiger Brillenträger, der aus Yonkers im Staat New York stammte

und bei der Firma Standard Parts arbeitete. Es hieß Bill Horne und hatte während des Krieges in Italien Ambulanzen chauffiert. Das imposanteste Mitglied von Kenleys Ensemble war aber ein anderer Kriegsveteran aus Italien – ein ›klotziges, klobiges männliches Etwas‹ –, der eben mit Bill und Katy von Horton Bay heruntergekommen war. Sein Name war Ernest Hemingway, aber man nannte ihn Ernie, Oinbones, Nesto, Hemmy, Hemingstein, Stein oder Wemedge. Sie sprachen alle in einem seltsamen Jargon, in dem Nahrung ›Eßlichkeit‹, Tod ›Sterbbarkeit‹ und Lächerlichkeit ›Lachbarkeit‹ hießen. Ernests Name war zu Weminghay verballhornt worden, dann zu Wemage und schließlich durch eine Art Küchenlatein, mit dem sie herumwarfen wie verrückte Jesuiten, zu Wemedge. Bill und Ernie nannten einander Bird oder Boid und bezeichneten Katy als Stut oder Burstein. Es war alles sehr verwirrend. Bill Horne war Horney Bill, Edith Foley war Fedith, und ein komischer kleiner Mann, dessen wirklichen Namen Hadley niemals aufschnappen konnte, wurde wahllos mit Carper oder Little Fever angesprochen. Dollars waren ›Kerne‹ und Zigaretten ›Stäbchen‹. Hadley steuerte ihren eigenen Spitznamen bei – ihre Freunde in St. Louis nannten sie Hash.

Sie blieb drei aufregende Wochen. Nachher faßte sie ihren ersten Eindruck von Ernest zusammen – ›ein Paar sehr roter Wangen und sehr brauner Augen, die sich auf dem Klavierschemel breitmachten, während Bill Statistiken (alle falsch) niederschrieb, die Katy und ich der Bevölkerung Chinas zuordneten‹. Sie war in seiner Gegenwart ein wenig gehemmt, aber sie sagte sich, daß er sie aus drei Gründen mochte: ihr Haar war rot, ihr Rock hatte die richtige Länge, und sie spielte ganz nett auf Doodles' Klavier. Nach ihrer Rückkehr nach St. Louis entspann sich ein reger Briefwechsel. Sie forderte ihn zu einem Besuch auf, aber er konnte sich die Fahrkarte nicht leisten. Sein Vorrat an ›Kernen‹ sei so gering wie bei einer kernlosen Navel-Orange, schrieb er.

Er hatte Schwierigkeiten, einen Job zu bekommen. Momentan ließ ihn ein Oak Parker namens Tubby Williams Werbetexte für Firestone-Reifen schreiben und bezahlte ihn pro angenommene Zeile. Außerdem arbeitete er ohne große Ambition an einem Bühnenstück mit, mit dem sich sein High-School-Klassenkamerad Morris Musselman gerade abquälte. Retter in dieser Not war Bill Horne, der ihn im November einlud, das möblierte Zimmer im dritten Stock eines Hauses in der North State Street mit ihm zu teilen. Horne kam für die Miete auf, und sie aßen um die Ecke in einem griechischen Restaurant, dem Kitsos, das einen farbigen Koch beschäftigte und Steak mit Kartoffeln um sechzig Cent anbot. Am Sonntag pilgerten sie oft nach Oak Park hinaus, um sich mit Dr. Hemingways hausgemachten Hühnerpasteten den Bauch vollzuschlagen. Ernest prahlte vor seinen Freunden, daß er für den Torontoer *Star Weekly* jeden Tag ›etwas herausschinde‹, doch erschien bis zum Jahresende nur eine Handvoll seiner Artikel.

Im Dezember antwortete Ernest auf ein Stellenangebot in der *Chicago Tribune*. Ein Redakteur namens Richard Loper suchte jemanden, der für die Monatszeitschrift *The Cooperative Commonwealth* schreiben wollte, ein recht aufwendig gemachtes Blatt, das von der Cooperative Society of America herausgegeben wurde. Das Anfangsgehalt betrug vierzig Dollar in der Woche, und Ernest ließ sich die Chance nicht entgehen. Die Dezembernummer enthielt zwanzig Seiten Anzeigen und achtzig Seiten redaktionellen Teil, vieles davon von Ernest selbst ›hingerotzt‹. Er schrieb seiner Mutter, er müsse seinen ersten Gehaltsscheck für den Kauf von Unter- und Oberwäsche verwenden, er sei ›sehr beschäftigt, sehr brav und sehr müde‹ und bestrebt, ihren Ratschlägen zu folgen. Weihnachten war so unbemerkt an ihn herangekommen, daß ihm keine Zeit für Einkäufe blieb. Als Geschenke für die Schwestern müßten so ›Papierkerne mit kleinem Nennwert‹ herhalten. Er wünschte der ganzen Familie fröhliche Weihnachten, aber kein glückliches Neues Jahr. Jedes neue Jahr, merkte er mürrisch an, sei nur ein Schritt näher zum Grab.

Als Bill Horne nach Yonkers zurückging, zog Ernest wieder zu Y. K. Smith, der jetzt eine Siebenzimmer-Wohnung in einem eleganten Gebäude mit marmorner Eingangshalle und gewundenem Stiegenhaus bezogen hatte, das ›The Belleville‹ hieß. Y. K.s Frau Doodles war zum Musikstudium nach New York gegangen und würde nicht vor Mai zurückkommen. Y. K. hatte eine unbezahlbare Köchin namens Della angeheuert und Ernest wie einige andere eingeladen, sein Junggesellenquartier mit ihm zu teilen. Da Ernest den Großteil seiner Redakteursarbeit daheim zu machen hatte, paßte ihm das Angebot ausgezeichnet. Er ging jeden Morgen gegen 9.30 Uhr in sein Büro, blieb bis Mittag oder ein Uhr, hielt seine ›übliche Siesta‹ bis 16.30 Uhr und ging am späten Nachmittag für ein oder zwei Stunden wieder hin. Die schlimme Zeit kam Ende des Monats, als sie Tag und Nacht arbeiteten, um die Zeitschrift fertigzubekommen. Ernest bekam Halsschmerzen und lungerte mit Havelock Ellis' Buch ›The Dance of Life‹ als Lektüre in der Wohnung herum.

Die Briefe an Hadley sahen nach ihrer eigenen Aussage aus, ›als ob sie in der Hand zerdrückt und in die Tasche gesteckt worden wären‹, aber sie strotzten stets von Neuigkeiten. Er erzählte ihr von einem seltsamen jungen Mann, Krebs Friend, der an seiner Seite beim *Cooperative Commonwealth* arbeitete, oder über Boxkämpfe mit Y. K. Smith und Nick Neroni auf dem Dach der Wohnung. Auf einer Fotografie hatte er sich mit langen Unterhosen, einer scharlachfarbenen Schärpe und einem aufgeklebten Schnurrbart als John L. Sullivan verkleidet. Er führte Katy Smith zum Tanzen aus und sah sich Ann Pennington in ›George Whites Scandals‹ an. Er erwähnte Hadley gegenüber auch eine Einladung Jim Gambles, des Rotkreuzhauptmannes, den er 1918 in Italien kennengelernt hatte. Gamble war nach Italien zurückgegangen und wollte Ernest überreden, auch

Not

hinüberzukommen. Ernest reizte die Sache sehr. Der italienische Sonnenschein wär dem grauen Matsch Chicagos bei weitem vorzuziehen.
Hadley erklärte in ihren Briefen, daß Ernest ihr gehöre, ihr ganz allein. ›Ich kann mir nichts Unsympathisches an Dir vorstellen‹, schrieb sie, ›und ich liebe Dich wirklich sehr. Und ich möchte Dich noch mehr lieben. Ich meine damit, noch mehr Arten finden, solch eine süße und seltene Sache zu beweisen.‹ Sie titulierte ihn ›Liebster Nesto‹ und hatte das Eigenschaftswort ›ernestoisch‹ geprägt. Er antwortete ihr eher verdrießlich, er hoffe, sie ›zumindest noch ein Weilchen‹ weiterzulieben. War dies die Ungebärdigkeit eines überzeugten Junggesellen oder die philosophische Überlegung eines Menschen, der schon einmal geliebt und verloren hatte? Sie war sich dessen nicht sicher. Er hatte ihr bereits von Agnes von Kurowsky erzählt, dem Mädchen, das ›ihm so viel gegeben‹ hatte und dann ›weggegangen‹ war. Besaß er nicht die Fähigkeit, dem langanhaltenden Druck der Dinge und Umstände standzuhalten? Sie hoffte es. Wenn er es nicht konnte – jetzt war die Zeit, es auszusprechen. Sie wollte nicht, daß er zu Jim Gamble nach Rom ginge, es sei denn, es würde seiner Arbeit nützen. Vielleicht könnte er statt dessen nach St. Louis kommen, um sie zu sehen. Er war ›immer eingeladen – immer erwartet‹.
Am Wochenende des 11. März fuhr er in einem nagelneuen Brooks-Brother-Anzug zu ihr. Er hatte seine italienische Offizierspelerine und ein Sammelalbum mit den Artikeln, die er für den *Toronto Star* geschrieben hatte, eingepackt. Vor seiner Abreise nahm ihn noch Howie Jenkins in die Mangel und riet ihm energisch vom Heiraten ab. Aber Ernest machte ihr weiterhin den Hof. Zwei Wochen später erwiderte Hadley in Begleitung ihrer Freunde Ruth Bradfield, Helen und George Breaker den Besuch. Bei ihrer Ankunft hatte sie noch einige Zweifel, vor allem an der Ernsthaftigkeit seiner Absichten und wegen des Altersunterschieds von acht Jahren. Aber als sie ihn in der Eingangshalle von Kenley Smith' Domizil wiedererblickte und in die Arme schloß, war alles so ›freundlich normal‹ wie früher. Ruth Bradfield fand Ernest

einen schönen Jüngling. Er war schlank und bewegte sich gut. Sein Gesicht war auf Grund der feinen Knochenstruktur symmetrisch geschnitten, und er besaß einen schmalen, elastischen Mund, der sich von Ohr zu Ohr zog, wenn er lachte. Er lachte viel und laut aus einem lebhaften Humor heraus . . . Seine konzentrierte Aufmerksamkeit für die Person, mit der er sich gerade unterhielt, war ungeheuer schmeichelhaft. Er rief Aufregung hervor, weil er alles, ob Schreiben oder Boxen, gutes Essen oder Trinken, mit ungeheurer Intensität anging. Alles was wir taten, nahm eine neue Bedeutung an, wenn er mit uns war.

Die Gruppe im ›Domicile‹ war aufs Schreiben ganz versessen. ›Sie hatten Jobs und hämmerten nächtelang auf ihren Schreibmaschinen und boxten auf dem Dach. Sie dachten nicht daran, sich mit jemandem anzufreunden, der weiter als fünfzig Cent mit dem Taxi entfernt wohnte. Jeder war ein wenig verrückt vor Freude zu leben.‹ Die Mädchen von St. Louis blühten in dieser atemberaubenden Atmosphäre geradezu auf. Hadley und Ernest gingen gemeinsam mit Katy Smith und Bill Horne aus, aßen Spaghetti und tranken Rotwein im Victor House an der Grand Avenue. Ernest sprudelte wie immer vor Charme über, und Hadley blühte in ihrem schwarzen Satinkleid mit bulgarischer Stickerei wie eine Rose. ›Allah sei gepriesen‹, schrieb sie ihm danach, ›daß wir zur gleichen Zeit leben und einander kennen.‹

In der Nacht vor ihrer Heimreise hatten sie eine lange Aussprache über Hadleys ›schnöden Mammon‹. Sie besaß ein kleines, treuhänderisch verwaltetes Vermögen, das im Jahr etwa zwei- bis dreitausend abwerfen würde. Mit ›dessen Hilfe wären sie in der Lage, im November gen Welschland zu fahren‹. Während der nächsten beiden Monate schickte sie ihm zweimal ansehnliche Summen, die er in italienische Lire investieren sollte. Ernest vermerkte, er versuche von zwei Pennies pro Tag zu vegetieren, esse Reste, um Geld zu sparen, und verdinge sich beim Boxen als Sparringspartner, um etwas dazuzuverdienen. In diesem Ton gelinden Selbstmitleids, den er von Zeit zu Zeit anzuschlagen pflegte, schrieb er, daß er jetzt in Princeton schon untergraduiert hätte sein können, wenn seine Mutter das Geld nicht für den Bau von Grace Cottage zum Fenster hinausgepulvert hätte. ›Du hast keine Universität nötig‹, antwortete Hadley voller Bewunderung. Sie träumte schon von der Italienreise, von einem Besuch in San Miniato und vielleicht von einem Gebet an Ernests Seite im Mailänder Dom.

Aber Sherwood Anderson gab ihnen den Rat, sie sollten statt dessen nach Paris fahren. Er war ein Freund von Y. K. Smith und lebte mit seiner Frau Tennessee, einer Musiklehrerin, in der Nachbarschaft. Er war ein überzeugter Romantiker mit warmen braunen Augen, Kraushaar und einem Faible für interessante Gespräche. Mit fünfundvierzig war er als Autor von ›Winesburg, Ohio‹ und ›Der arme Weiße‹ bereits berühmt. Er schneite oft ins ›Domicile‹ herein und erzählte endlose Geschichten über seine Auflehnung gegen die zugeknöpfte kleinbürgerliche Gesellschaft von Ohio. Er nahm Ernest mit, um ihm sein kleines Vorstadthaus in Palos Park zu zeigen. Im Mai, sagte er, führen Tennessee und er mit ihrem Freund und Spendieronkel Paul Rosenfeld nach Paris. Sie würden sich am Linken Ufer inmitten der berühmten Emigranten einquartieren. Sherwood konnte es kaum erwarten, der Repression des amerikanischen Mittelwestens zu entfliehen.

Nach dessen Abreise startete Ernest an einem Samstagabend mit Katy, Y. K. und Krebs Friend zu einem Rundgang durch deutsche Lokale, in denen das Essen fünfzig Cent kostete und die Maß Bier vierzig. Y. K. betrachtete amüsiert, wie Krebs durch das Zusammenwirken von Bier und Wiener Schnitzel langsam aus seiner Reserve herauskam und auftaute. Auch

Not

Krebs wollte anscheinend nach Paris. Nur dort wüßte man wirklich zu leben. Als er einen hohen Hut aufsetzte und aufstand, um im ›Wurznsepp‹, einer renommierten Bierstube in der North Avenue, die deutsche Kapelle zu dirigieren, brachte er es sogar fertig, wie ein Franzose auszusehen.
Die Hochzeit war, wenn auch noch nicht terminmäßig, fixiert, als Ernest und Bill Horne am Memorial-Day-Wochenende nach St. Louis fuhren. Hadley hatte vor kurzem von Grace Hall Hemingway ›einen Schatz von einem Brief‹ erhalten, in dem sie den beiden für ihre Flitterwochen das Windemere-Haus anbot. Bill Horne verlegte sich sofort auf Ruth Bradfield, die er B. L. G. – für ›Beautiful Little Girl‹ – taufte, und die beiden Paare machten am Sonntag einen Paddelausflug am Merrimack, der mit einem Picknick am Ufer und langen Diskussionen abgeschlossen wurde. Hadley mochte die Art, wie Ernest den Zigarettenrauch aus seinen Nasenlöchern strömen ließ, sie bewunderte seine ›Geschicklichkeit im Boxen, Fischen, Schreiben ... und darin, die Leute vor Bewunderung über Dich aus dem Häuschen geraten zu lassen, Kenley vor Neugierde platzen zu lassen, Horney die Unvereinbarkeit von Schönheit und Tugend klarzumachen, Kriegsmedaillen einzuhamstern, Bridge zu spielen, in der schwarzen Pelerine herumzuscharwenzeln ... im Schwimmen, Paddeln, Tennis, Charme, gutem Aussehen, Geschmack im Anziehen, im Erfolg bei Frauen, Häuslichkeit‹. Es machte ihr eine mädchenhafte Freude, Ernest bei George und Helen Breakers Memorial-Day-Party vorzuführen. Für sie bedeutete er das Ende einer langen Periode der Eintönigkeit. ›Die Welt ist ein Gefängnis‹, schrieb sie, ›und wir werden es gemeinsam aufbrechen.‹
Ernest war sich im klaren, daß die Ehe seiner bisherigen Lebensweise den Garaus machen würde. Während des Frühlings war er ›verdammt nahe dran überzuschnappen‹, wenn er von Campingausflügen zum Sturgeon und zum Black träumte. Während seines ganzen Lebens, schrieb er Bill Smith, liebte ein Mann zwei oder drei Ströme mehr als alles andere auf der Welt. Dann verliebte er sich in ein Mädchen – und die ›verdammten Ströme (könnten) austrocknen‹, es wäre ihm gleichgültig. Außer natürlich, daß ihn die Sehnsucht nach der Wildnis in Michigan weiterhin in ihren Fängen hielte. Nachdem es wärmer geworden war, übersiedelte er zum Schlafen aufs Hausdach, wobei ihm einige Ladungen sauberer Kies, die er voll Eifer hinaufgeschleppt hatte, als Matratze für seine Leintücher dienten.
Als Y. K. in seine ehemalige Wohnung in der East Chicago Avenue Nr. 100 zurückkehrte, zogen Ernest und Bill Horne mit. In einem der Zimmer stand ein großes vierpfostiges Bett, und Ernest schrieb Hadley, daß es ihnen zugeteilt werden könnte, wenn sie von den Flitterwochen zurückkämen. ›Ich glaube, unser kleines Zimmer auf Nummer 100 wird schrecklich süß sein‹, antwortete Hadley. Aus einer Augenblicksstimmung heraus erzählte sie Ernest, sie frage sich manchmal, ob sie ihn nicht lieber als Vater hätte. Aber als ihre Freundin Georgia Riddle wissen wollte, ob sie

nicht die Verlobungszeit der nach der Hochzeit vorziehe, verneinte Hadley. ›Mir kommt vor, daß uns alles Schöne und Wunderbare noch bevorsteht‹, schrieb sie Ernest, ›so ähnlich wie der Unterschied zwischen dem Studium der Sterne mittels astronomischer Methoden und dem einfachen, fröhlichen Leben in einem Land, das von Sonnenlicht durchflutet ist.‹

Grace Hemingway mußte Hadley erst anstoßen, das Hochzeitsdatum festzulegen und ein Brautkleid zu kaufen. ›Was solls?‹ fragte sie Hadley, ›du wirst doch nicht so niedergeschlagen sein, um dich nach dem Tod zu sehnen, oder?‹ Die Stimmung war gewichen, als sie am 12. Juli für das Wochenende nach Chicago kam. Sie mochte die Art, wie er ging, ›so ausgreifend und federnd und rhythmisch‹, und schenkte ihm zu seinem zweiundzwanzigsten Geburtstag eine Corona-Schreibmaschine. Ernest tippte etwas herunter, das er für ein Gedicht hielt. ›Verlangen, und all die süßen, pulsierenden Schmerzen und sanften Stiche, die du mir warst ...‹ Er arbeitete auch an einigen anderen Versen, die er dem *Dial* oder Harriet Monroes *Poetry* vorzulegen gedachte. Er hatte außerdem eine satirische Erzählung verfaßt, ›A Divine Gesture‹ betitelt. Hadley las sie atemlos und begierig in einem Zug durch. Sie war Hadley weitaus wichtiger als die Tatsache, daß die Liste der Hochzeitsgäste schon auf 450 angeschwollen war.

Zeit und Ort der Hochzeit waren nun mit 3. September in der Landkirche von Horton Bay festgesetzt worden. Hadley sollte den August in einer Hütte in der Nähe von State Line in Wisconsin verbringen und drei Tage vor der Zeremonie in Horton Bay eintreffen. Auf dem Weg dorthin machte sie in Chicago Station, um eine Woche mit Ernest zu verbringen. Sie erzählte danach, daß sie seine Gesellschaft ›selbstsüchtig, köstlich verschlungen‹ habe. Den im Flug verstreichenden Freitag, an dem sie den Zug nach Wisconsin besteigen sollte, verbrachten sie großenteil in der dunklen, kühlen Hinterstube im ›Wurznsepp‹. ›Wir liebten einander so sehr‹, schrieb sie ihm am nächsten Tag. Aber sie war derart zerstreut und verwirrt gewesen, daß sie ihren Schirm bei Y. K. Smith vergaß, ihren Schmuck im Safe des Hotels Virginia und einen der Hüte für die Brautjungfern in Helen Breakers Zugabteil.

Es blieb noch einiges zu erledigen. Das Repertoire des Organisten von Horton Bay bestand aus einem einzigen Stück. Hadley ersuchte Ernest, in Petoskey einen etwas talentierteren Musiker und einen Priester aufzutreiben. Ernest schickte an Grace Quinlan einen verzweifelten Hilferuf ab. ›Finde mir einen Pfaffen‹, schrieb er. Er mußte nur zwei Bedingungen erfüllen, keinen Zelluloidkragen zu tragen und keinen Tabak zu kauen. Hadleys Schwester sollte Ehrendame sein. Die anderen Brautjungfern würden Helen Breaker, Ruth Bradfield und Katy Smith sein. Jenkins, Bill Smith, Carl Edgar, Jack Pentecost und Art Meyer wurden als Platzanweiser eingesetzt. Die Mädchen sollten bei Mrs. Charles, die Jungen bei den Dilworths wohnen. ›Heute in zwei Wochen‹, schrieb Hadley, ›werden

Not

wir am Walloon Lake zusammen spielen, einen Tag und eine Nacht hinter uns und viele Tage und Nächte vor uns, in denen wir einander lieben werden.‹

Ernest kam am Sonntag vor der Hochzeit in Horton Bay an, blaß, hohläugig und unausgeschlafen. Am nächsten Tag machte er sich mit Howie Jenkins und Charlie Hopkins zum Sturgeon River auf, um die letzten Tage der Angelsaison und seines Junggesellendaseins in einem ausgiebigen Finale ausklingen zu lassen. Am Tag seiner Rückkehr kam Hadley mit den Breakers und Ruth Bradfield aus Wisconsin an. Ruth und Katy schmückten den Altar der Kirche mit Bittersüß, Sumpflilien und Zweigen samenstrotzenden Goldregens. Auch Windemere, mit einem neuen Altan und frisch gebeizten Böden herausgeputzt, stand für die Flitterwöchner bereit.

Der Hochzeitstag war klar und warm. Dutch Pailthorp und Luman Ramsdell fuhren in Lumans Whippet von Petoskey herüber und leisteten Ernest beim Ankleiden Gesellschaft. Er war gerade geschwommen und wusch sich die Füße, die vom Hinaufgehen über den sandigen Hügel schmutzig geworden waren. Später beschrieb er die Szene auf einer Manuskriptseite – ›das Zimmer war heiß, Dutch und Luman standen beide herum und sahen nervös drein‹. Er nahm ›eine saubere Garnitur Unterwäsche, saubere Seidensocken, neue Sockenhalter (und), ein weißes Hemd und einen Kragen und zog sie an‹. Er band seine gestreifte Krawatte vor dem Spiegel. ›Dutch und Luman erinnerten ihn an Umkleidekabinen vor Boxkämpfen oder Football-Spielen. Er genoß ihre Nervosität. Er fragte sich, ob es so wäre, wenn er zum Henker geführt würde. Wahrscheinlich. Er konnte sich nie etwas vorstellen, bevor es tatsächlich geschah.‹

Hadley kam ein wenig verspätet zur Kirche, weil sie ebenfalls geschwommen war und ihr kräftiges Haar länger zum Trocknen brauchte. Harriet Connable und ihr Sohn Ralph kamen aus Walloon herüber und setzten sich in eine der hinteren Bänke. Dr. Hemingway schwitzte in seinem dreiteiligen Anzug und dem gestärkten Flügelkragen entsetzlich. Grace wirkte in ihrem langen, geblümten Kleid mit der quastengeschmückten Kordel um die Taille mütterlich und erhitzt. Carol drehte sich ununterbrochen um, um zu schauen, ob Hadley nicht endlich erschiene. Ursula mußte sie dauernd ermahnen, doch nach vorne zu blicken. Der siebenjährige Leicester war lästig und unglücklich. Endlich schritt Hadley an George Breakers Arm das Kirchenschiff hinunter. Sie trug um ihr noch etwas feuchtes kastanienbraunes Haar einen Kranz. Ihr Schleier reichte hinunter bis zu den Knien, und sie hatte ein großes Brautbukett in Händen. Der Organist aus Petoskey intonierte den üblichen Hochzeitsmarsch. Ernest hatte wegen seiner Verwundung beim Niederknien Schwierigkeiten. Der Priester führte die Trauung durch, und Hadley und Ernest schritten hinaus in den warmen Septemberabend. Eine Stunde lang posierten sie vor Pinehurst Cottage für Gruppenbilder, bis Liz Dilworth zu einem ihrer berühmten Hühneressen rief.

Hadley

Die Nacht war schon hereingebrochen, als Hadley und Ernest ihr Gepäck im Fond von John Koteskys Ford verstauten und sich aus dem Staub machten. John chauffierte sie über den Hügel zur Longfield-Farm, und von dort ruderten sie über den See nach Windemere. Ihre Flitterwochen dauerten vierzehn Tage. Beide kamen stark erkältet zurück und brauten sich Glühwein, um ihren Husten loszubekommen. Hadley war empört, als Ernest sie nach Petoskey mitnahm, um ihr einige seiner ehemaligen Freundinnen vorzustellen, darunter auch Marjorie Bump, die Tochter des Metallwarenhändlers. Seine Erklärung war nicht sehr überzeugend: er habe angenommen, sie würde ihn noch höher einschätzen, wenn sie die Mädchen kennenlernen würde, die er ihretwegen zurückgewiesen habe.
Während des Sommers hatte Y. K.s Frau Doodles einmal Ernest ihr Herz ausgeschüttet. Diese diskret zu behandelnden Dinge wurden von ihm boshafterweise brühwarm an Don Wright weitererzählt. Y. K. war über diese perfide Tratscherei derart böse, daß er sein Angebot zurückzog, Ernest und Hadley das Zimmer mit dem vierpfostigen Bett zu überlassen. Statt dessen mieteten die beiden im Block Nr. 1300 der North Clark Street eine kleine Wohnung im obersten Stock. Sie war verwahrlost und deprimierend. Grace stattete Hadley einen Besuch ab und erging sich dabei in langen Betrachtungen über den Wert von Gefühlen. Der Doktor und sie waren nun fünfundzwanzig Jahre verheiratet. Das sollte am 1. Oktober mit einem Empfang gefeiert werden, und sie lud das junge Paar als Ehrengäste ein. Als Ernest hörte, daß seine Mutter auch Kenley und Doodles gebeten hatte, schickte er Kenley einen kurzen Brief, in dem er die Einladung seiner Mutter einfach rückgängig machte. Er fügte hinzu, daß er in Kürze im ›Domicile‹ vorbeikommen würde, um seine Kleider und seine ›wahrscheinlich schön abgefummelte Post‹ abzuholen. Y. K. antwortete postwendend, zählte die Dinge auf, die Ernest ihm zur Aufbewahrung zurückgelassen hatte, und setzte damit unter ihre Freundschaft einen Schlußstrich. Es sollte in Ernests Leben nicht das letzte Mal sein, daß er sich mit einem seiner Wohltäter überwarf.
Sie lebten nun ausschließlich von den Einkünften aus Hadleys kleinem Vermögen. Er hatte seine Arbeit beim *Cooperative Commonwealth* wegen anhaltender Gerüchte eingestellt, denen zufolge die Stammorganisation korrupt sein und bald in den Konkurs stürzen sollte. Durch gelegentliche Artikel für Cranston hielt er sich den *Toronto Star* offen. Einer davon war eine Satire auf Hochzeitsgeschenke:

Drei Reisewecker
Tick
Auf dem Kamin
Komma
Aber der junge Mann verhungert

Die Anspielung auf das Verhungern war eine typische Übertreibung, obwohl sie so einfach wie möglich lebten, um für die langersehnte Europareise Geld zurücklegen zu können. Sie gingen gemeinsam mit Sherwood und Tennessee Anderson, die gerade aus Paris zurückgekehrt waren, abendessen. Sherwood meinte, es sei zwar sehr nett, über das Fischen und Tennisspielen in Italien zu plaudern, aber der Platz für einen ernstzunehmenden Schriftsteller sei Paris. Der Wechselkurs mache das Leben billig, und das Linke Ufer sei von bedeutenden Leuten geradezu überschwemmt. Bis sie eine Wohnung gefunden hätten, sollten sie dort absteigen, wo Anderson gewohnt hatte – in dem kleinen Hotel Jacob et d'Angleterre in der Rue Jacob Nr. 44, genau im Zentrum des Geschehnisses. Ernest könnte zweifellos genug zum Leben verdienen, wenn er John Bone vom *Toronto Star* mit einer Reihe europäischer Berichte versorgte.
Am Montag nach Thanksgiving war alles vorbereitet. Sie buchten auf der ›Leopoldina‹, einem schwerfälligen, alten französischen Linienschiff. Sherwood erklärte sich freiwillig bereit, an einige der berühmten Emigranten, denen er in Paris begegnet war, Empfehlungsbriefe zu schreiben. Etwa an Gertrude Stein, die mit ihrer Lebensgefährtin Alice B. Toklas in der Rue de Fleurus wohnte. Sie sammelte Picassos und andere moderne Maler, sah wie eine ›Erdmutter‹ aus und sprach wie ein Engel. Oder Sylvia Beach, ein durchdringend blickendes Persönchen aus Princeton in New Jersey. Sylvia führte die Buchhandlung Shakespeare and Company, die sich in der Rue de l'Odéon befand, und kannte jeden kennenswerten Menschen, den unvergleichlichen Iren James Joyce eingeschlossen. Ernest würde sicherlich Lewis Galantière mögen, der für die Internationale Handelskammer arbeitete und ein hübsches Appartement in der Rue Jean Goujon besaß. Er spreche französisch wie ein Einheimischer und helfe Madame Marguerite Gay bei der Übersetzung von Andersons Büchern. Schließlich sei noch Ezra Pound zu nennen, ein hochgewachsener Poet aus Idaho, der vor dem Krieg in England gewohnt hatte und nun in der literarischen Welt von London, Paris und New York schon als Klassiker anerkannt war.
In Andersons Brief an Galantière wurde Ernest als ›wirklich wunderbarer Zeitungsmann‹ bezeichnet, dessen ›ungewöhnliches Talent‹ ihn weit über den Journalismus hinausbringen könnte. Die anderen Briefe hatten alle den gleichen Text: Mr. Hemingway sei ein Schriftsteller, ›der instinktiv mit allem, was in den Vereinigten Staaten der Mühe wert ist, in Berührung gekommen‹ sei. Seine Frau und er seien ›entzückende Leute‹. Anderson war ein großzügiger Mensch, der gern mit Superlativen um sich warf. Er erwähnte nicht, daß der junge Protegé erst zweiundzwanzig, unveröffentlicht und unbekannt war. Kurz bevor sie den Zug nach New York bestiegen, versuchte Ernest sich dankbar zu erweisen, indem er ihm alle nichtverwendeten Konserven aus der Wohnung in der North Clark Street hinüberbrachte. ›Das war ein netter Gedanke‹, dachte Anderson,

›einem Zunftgenossen die Lebensmittel zu bringen, die er selbst nicht mitnehmen konnte.‹ Lange Zeit sollte er sich an das Bild erinnern, wie Ernest mit dem vollen Rucksack ankam – ›ein prachtvoller breitschultriger Mann‹, der die dunkle Treppe hinaufkletterte und seine Stimme laut erschallen ließ.

Ein wahrer Satz

Als Ernest zu seiner zweiten Europareise startete, war er in seinem Überschwang überhaupt nicht zu bremsen. Er tanzte und sang, übte sich im Schattenboxen und stieß unmotivierte Freudenschreie aus. Nicht einmal die Seekrankheit konnte ihn lange zurückhalten. Als Passagier auf dem Zwischendeck reiste auch ein französisches Mädchen mit einem kreischenden Säugling. Ihr amerikanischer Ehemann, ein Kriegsveteran der amerikanischen Expeditionstruppen, hatte sie verlassen, und ihre Barschaft war auf ganze zehn Francs zusammengeschrumpft. Ernest organisierte einen über drei Runden gehenden Schaukampf, dessen Reinertrag dem Mädchen zufloß. Sein Gegner war Henry Cuddy, ein italienischer Profi aus Salt Lake City. Sie schoben im Speisesaal die Tische an die Wand, und Hadley agierte als Betreuerin ihres Mannes. Ernest war seinem Gegner überlegen und brachte ihn in der letzten Runde an den Rand des K. O. Jedenfalls prahlte er später damit und fügte hinzu, daß ihn Cuddy gedrängt habe, in Paris als Professional ins Geschäft einzusteigen.
Die Hochstimmung hielt an, als die ›Leopoldina‹ in der dritten Dezemberwoche vier Stunden in Vigo vor Anker ging. Dies war sein zweiter flüchtiger Flirt mit Spanien. Die ›Giuseppe Verdi‹ hatte im Jahre 1919 während der Heimfahrt kurz Algeciras angelaufen. Der Hafen von Vigo erinnerte ihn an die Little Traverse Bay in Michigan, obwohl die Stadt bei weitem exotischer war als Petoskey. Kleine Boote kreuzten mit vollen Segeln vor dem Wind, das Wasser wimmelte von Makrelen, Seebarschen und zwei Meter langen Thunfischen, die in voller Größe aus dem Wasser sprangen und mit einem Geräusch wieder eintauchten, als ob Pferde von einem Steg ins Wasser sprängen. Die braunen Berge vor der Küste kamen ihm wie müde, alte Dinosaurier vor. Hadley und er spazierten die kopfsteingepflasterte Straße bis zum Fischmarkt hinauf. Einige Thunfische lagen ausgenommen auf den Marmorfliesen. Jemand, dachte Ernest, der stark genug sei, so einen Brocken an Bord zu hieven, könne ›der Galerie der Alten Götter ohne Schüchternheit unter die Augen treten‹.
Diese ›kiplingeske‹ Laune hielt auch nach der Ankunft in Paris an. Die Stadt präsentierte sich kalt, feucht, überfüllt, lustig und schön. Wie Anderson vorausgesagt hatte, war das Hotel Jacob sauber und billig, und sie aßen im Pré aux Clercs in der Rue Bonaparte. Ein Abendessen für zwei

kam auf nur zwölf Francs, und eine gute Flasche Pinard kostete sechzig Centimes. Sie fanden von Andersons Freund Galantière eine Nachricht vor, in der er sie zum Essen ins Restaurant Michaud einlud. Lewis war ein kleiner, dynamischer Mann von sechsundzwanzig Jahren, mit einem großen mimischen Talent. Hadley platzte beinahe vor Lachen, wenn er Gesichter schnitt. Anschließend schlug Ernest ein kleines freundschaftliches Sparringsmatch in seinem Zimmer in der Rue Jacob vor. Lewis willigte nur widerstrebend ein. Wohl hatte er früher schon einmal geboxt, aber Ernest war doppelt so groß wie er. Sie zogen die Handschuhe über und gingen in Stellung. Ernest traktierte ihn mit kurzen, trockenen Schlägen. Nach einer Runde hatte Lewis die Nase voll. Er zog seine Handschuhe aus und setzte wieder die Augengläser auf. Aber Ernest hüpfte und tänzelte noch immer herum. Seine linke Hand schnellte vor und erwischte Lewis' randlose Brille. Er murmelte eine Entschuldigung und half, die Splitter aufzusammeln. Aber trotz seines ungehobelten Benehmens war sein persönlicher Charme unwiderstehlich.

Nach den Ferien half ihnen Lewis, eine Dauerbleibe aufzutreiben. Sie befand sich im vierten Stock der Rue du Cardinal Lemoine Nr. 74, einer hauptsächlich von Arbeitern bewohnten Straße, die sich von der Seine nahe dem Pont Sully bis zur kopfsteingepflasterten Place de la Contrescarpe hinaufzog. Gleich neben dem Vordereingang stand ein Eckhaus, das ein Arbeitertanzlokal oder Bal Musette beherbergte. Um die Ecke befand sich das ›Café des Amateurs‹, ›die Kloake der Rue Mouffetard‹, wie es Ernest bezeichnete. Es war immer gesteckt voll von Betrunkenen, die die Luft verpesteten. Das Stiegenhaus zur Wohnung der Hemingways war dunkel und eng, ihr Wohn-Schlafzimmer wurde fast ganz von einem schwer vergoldeten Mahagonibett ausgefüllt. Hadley mochte den schwarzen Sims über dem Kamin, aber die Stühle und den Tisch im Speisezimmer fand sie abscheulich. Das ›Badezimmer‹ bestand aus einer in einem kleinen Schrank versteckten Waschschüssel mit Krug, während die Küche überhaupt aus dem Mittelalter zu stammen schien. Als sie am 9. Januar 1922 einzogen, schrieb Ernest seinen Freunden, daß sie ›im besten Teil des Quartier Latin‹ wohnten.

Das erste Mal seit jenem Winter in Petoskey konnte er wirklich wieder schreiben, was ihm paßte. Er war entschlossen, einen neuen Anfang zu machen, mit ganz neuen Maßstäben für einfaches, der Wahrheit verpflichtetes Schreiben. ›Alles, was du tun mußt, ist, einen wahren Satz schreiben‹, sagte er sich, ›schreib den wahrsten Satz, den du weißt.‹ Es sollte vor allem ›ein wahrer, einfacher Aussagesatz‹ sein, ohne Schnörkel oder Verzierungen irgendwelcher Art. Es sollte nur über Dinge geschrieben werden, über die er aus eigener Erfahrung Bescheid wußte. Erzählungen wie ›The Passing of Pickles McCarty‹ oder ›Wolves and Doughnuts‹ waren zum Großteil Fiktion gewesen. Er hatte zwar in ihnen seine eigenen Erfahrungen in Italien oder Illinois verwertet, ohne aber die Fakten im Brennpunkt zu behal-

Ein wahrer Satz

ten. Nun wollte er sich nur mehr auf die direkte Umsetzung dessen verlassen, was er sah. Das und nichts anderes. Irgendwie würden die Emotionen und Gefühle, die er mitzuteilen wünschte, durch die dargestellten Tatsachen schon transparent werden.

Sie hatten sich kaum auf der Montagne Sainte Geneviève eingenistet, als sie sich schon auf zwei Wochen nach Chamby in die Berge oberhalb von Montreux absetzten. Die Besitzer der Pension waren eine deutschschweizerische Familie namens Gangwisch. Der Ort und die Leute erinnerten Ernest an die Dilworths in Horton Bay. Zimmer mit Pension kostete weniger als fünf Dollar täglich. Sie mochten beide die Schweizer Sauberkeit und den Komfort, ihre Bücher, das wunderbare Essen und ihre Fenster, die nachts den leuchtenden, ganz nahen Sternen offenstanden. Für Ernest war die Schweiz eine ideale Mischung aus ursprünglicher Wildnis und Zivilisation. Am Rand düsterer Wälder konnte er plötzlich Rotwildfährten finden. Die Täler sahen genauso wild aus, wie er es von zu Haus gewohnt war. Dann aber stieß man gleich nach einer Straßenbiegung auf vier monströse Hotels voll rothaariger englischer Urlauber, blasser Tuberkulosekranker und feingekämmter junger Gigolos, die sich von reichen alten Witwen aushalten ließen.

Der einzige Wermutstropfen im Freudenbecher war die Abwesenheit seiner alten Kumpel. Er sehnte sich danach, Bill Smith, Howie Jenkins und Jack Pentecost das Skifahren oder Rodeln beizubringen. Er schrieb Chink Dorman-Smith, seinem Kameraden aus den Mailänder Tagen, er solle sie doch in den Alpen besuchen kommen. Aber Chink antwortete, daß er als Chef der Fifth Northumberland Fusiliers für einen lächerlichen Sold neun Stunden pro Tag in den Kasernen im irischen Carlow schuften müsse. Er habe seit dem Jahr 1920 nur fünf Tage Ausgang gehabt und könne auf keinen Fall fort. Ernest schluckte die Enttäuschung. ›Mit den Kumpels‹ wäre die Schweiz die tollste Schau der Welt, meinte er.

Als sie nach Paris zurückkehrten, hatte der Dezemberregen aufgehört, und das Wetter war klar und kalt. Nach den Dimensionen der Schweizer Landschaft kam einem die Wohnung recht eng und verrammelt vor. Ernest mietete in der Nähe, im obersten Stockwerk des großen, alten Hotels, in dem Paul Verlaine vor genau fünfundzwanzig Jahren gestorben war, ein Arbeitszimmer. Dort wurde er in Ruhe und allein gelassen, konnte kontemplative Kurven durch seine zugige Zitadelle ziehen, sich mit kleinen Bündeln Reisig warm halten, die er in den Straßen kaufte, und zwischen einzelnen Sätzen über alle Dächer und Schornsteine von Paris blicken. Manchmal promenierte er über die Kieswege des Luxembourg, machte kurz im Museum halt, um einen Blick auf die Cézannes und Monets zu werfen, und dachte bei sich, daß diese Maler mit Farbe und Leinwand das erreicht hatten, worum er den ganzen Morgen in Worten gerungen hatte.

Während er stundenlang über den kurzen, widerspenstigen Sätzen und den

langsam sich entwickelnden Absätzen brütete, ließ er Hadley viel allein. Hin und wieder sprach er voll Enthusiasmus über den Roman, den er vorigen Winter in Chicago angefangen hatte. Aber sein hauptsächliches Interesse galt den kurzen, vom momentanen Eindruck diktierten Stories, in denen jedes Wort für sich selbst zählt und sich zugleich auf alle anderen auswirkt. Es war ein hartes Stück Arbeit. Seine blauen Notizhefte waren mit schlechten Anfängen, Durchstreichungen, Nachträgen und Bemerkungen zwischen den Zeilen vollgekritzelt. Sein Ziel war straffe Klarheit. Wie in Chicago, aber diesmal viel rigoroser, verdammte er jedwede Prätention. ›Künstler, Kunst, künstlerisch!‹ hatte er seine Freunde bei Y. K. Smith angeplärrt. ›Wie lang müssen wir uns diesen Stuß noch anhören?‹ Er hatte für die herumlungernden Emigranten, die das ›Dôme‹ und ›Rotonde‹ bevölkerten und sich die Hände am Kohlenfeuer wärmten, nichts als Verachtung übrig. Die wirklichen Künstler von Paris kamen selten dorthin. Trotz all seiner Exzentrik hätte sich Baudelaire sicherlich dagegen verwahrt, daß in Cafés gute Gedichte geschrieben werden könnten, sagte Ernest. Als er sich ›Les fleurs du mal‹ abquälte, hätte er sicherlich in völliger Einsamkeit gearbeitet.
Ernest war scheu und brauchte lange, bis er endlich den berühmten Amerikanern, denen Anderson seinetwegen geschrieben hatte, seine Aufwartung machte. In seinem Inneren rebellierte er noch immer, als er sich eines Tages mit Hadley zum Tee in das düstere Atelier Ezra Pounds in der Rue Notre Dame des Champs aufmachte. Hadley meinte, daß in solch einer Umgebung ›selbst leise gesprochene Worte ein wenig vermessen wirkten‹. Dorothy Pound, eine hübsche Frau mit der einstudierten Distance einer britischen Matrone, servierte den Tee. Ezra trank Schale auf Schale, lümmelte in seinem Stuhl, sprach salbungsvoll und strich sich mit den Fingern durch sein sandfarbenes Haar. Ernest saß ihm zu Füßen, hörte ihm zu und sagte wenig. Seine Meinung zeigte sich einige Tage später, als er Lewis Galantière eine Satire übergab, die sich über Pounds anmaßendes Bohemientum, seine zerzauste Mähne, den ungeschorenen Ziegenbart und über seinen offenen Kragen à la Byron ausließ. Lewis fragte ihn, was er damit machen wolle. Ernest sagte, daß er gerade mit Margaret Anderson und Jane Heap, den Herausgeberinnen der *Little Review*, gesprochen habe. Sie hätten gemeint, daß sie gern etwas von ihm drucken würden. Lewis erklärte ihm geduldig, daß gerade dieses Produkt denkbar ungeeignet dafür sei. Sie müßten ja so eine Attacke gegen einen Mann, der seit vielen Jahren, noch dazu unentgeltlich, als ihr Außenlektor fungiert hatte, zwangsläufig abweisen. Ernest zerriß in weiser Voraussicht seine kleine Satire.
Er sollte es nicht bedauern. Pound teilte ihm bald darauf mit, daß ihm einiges von seiner Lyrik gefalle, und überraschte ihn damit, daß er gern boxen lernen würde. Er war von Natur aus für dieses Metier ungeeignet und geriet gewöhnlich schon außer Atem, bevor Ernest auch nur einen

Tropfen Schweiß vergoß. Dennoch, meinte Ernest, sei es fein von ihm, seine Würde aufs Spiel zu setzen und seine Backen mit großen Handschuhen streicheln zu lassen. Er machte Ernest weiterhin Freude, weil er sechs seiner Gedichte an Scofield Thayer vom *Dial* geschickt hatte und probeweise eine Story für die *Little Review* angenommen hatte. Obwohl Miss Anderson die Erzählung und Thayer die Gedichte abwiesen, war Ernest von Pounds Lektorenweisheit überzeugt. Er berichtete seine Entdeckung an Lewis Galantière. Ezra sei ein großartiger Kerl und ein wunderbarer Lektor. ›Er lehrt mich schreiben‹, stotterte Ernest voller Begeisterung, ›und ich lehre ihn boxen.‹
Es wurde März, bis er sich das Herz nahm, Gertrude Stein zu besuchen. Er ging mit Hadley durch die Gärten des Luxembourg, fand die Nummer 27 in der Rue de Fleurus und wurde in eine hübsche Wohnung eingelassen, die so mit Bildern austapeziert war, daß man sie für ein Museum hätte halten können. ›Es gab hier einen großen Kamin‹, schrieb er rückblickend, ›und es war warm und gemütlich; und sie gaben einem gute Dinge zu essen und zu trinken, Tee und Obstschnäpse, die aus Pflaumen, Mirabellen oder wilden Himbeeren destilliert waren.‹ Gertrude hätte mit ihren achtundvierzig Jahren seine Mutter sein können. Sie erinnerte ihn an eine Bäuerin aus der Gegend von Mailand – klein, schwer gebaut, mit wunderschönen dunklen Augen und dem dichten Haar einer Italienerin. Die winzige Alice Toklas, die Ernest dann monatelang Miss Tocraz nannte, war ebenfalls dunkel, hatte eine stark gebogene Nase, einen Pagenhaarschnitt und stets eine Stikkerei im Schoß, an der sie ununterbrochen nestelte, während die Unterhaltung sie umbrandete.
Gertrude fand Ernest sehr gut und ›eher wie einen Fremden‹ aussehend. Der Ausdruck in seinen Augen zeigte, daß er an dem, was sie sagte, ›leidenschaftlich interessiert‹ gewesen sei. Bald danach statteten Alice und Gertrude den Hemingways einen Gegenbesuch in der Rue du Cardinal Lemoine ab. Gertrude hievte sich die steilen und schmalen Treppen empor und ließ sich auf dem vergoldeten Mahagonibett nieder. Ernest holte einige Gedichte und das Fragment seines Romans hervor. Die Gedichte gefielen ihr, weil sie ›direkt und kiplingesk‹ waren, aber sie machte sich nichts aus dem Roman. ›Da ist eine Menge Beschreibung drin‹, sagte sie, ›und nicht besonders gute Beschreibung. Beginnen Sie von vorn und komprimieren Sie.‹ Ernest spitzte die Ohren, das war genau der Standpunkt, zu dem er unabhängig in seinem Arbeitszimmer im obersten Stock des alten Hotels während seiner wiederholten Versuche, einen wahren Satz zu schreiben, gelangt war. Er nahm allen Mut zusammen und zeigte ihr ›Oben in Michigan‹, eine der Erzählungen, die er seit seiner Ankunft in Paris zu Papier gebracht hatte. Gertrude las sie schnell durch. Die Verführung Liz Coates' durch Jim Gilmore auf den Stegplanken in Horton Bay regte sie gar nicht auf. ›Sie ist gut‹, sagte sie, ›das ist überhaupt keine Frage, aber sie ist ‚inaccrochable'. Das

heißt, sie ist wie ein Bild, das ein Maler malt, das er aber dann nicht aufhängen kann.‹

Ernest amüsierte sich über Gertrudes literarische Vorurteile. Sie schien die Werke Sherwood Andersons zu ignorieren, sprach sich aber lobend über seine ›großen, schönen, warmen italienischen Augen‹ aus. Sie konnte James Joyce den ›Ulysses‹ nicht verzeihen, weil er ebenso *inaccrochable* war wie ›Oben in Michigan‹. Wenn man Joyces Namen mehr als einmal in ihrer Gegenwart erwähnte, ›wurde man nicht wieder eingeladen‹, meinte Ernest. Er selbst fand den ›Ulysses‹ ein ›verdammt gutes Buch‹, obwohl er dem allgemeinen Gerücht, daß die Familie von Joyce fast verhungerte, keinen Glauben schenkte. ›Die ganze keltische Mischpoke‹ dinierte jeden Tag bei ›Michaud‹, was sich Ernest und Hadley höchstens einmal in der Woche leisten konnten.

Joyces Verlegerin, Sylvia Beach, gehörte die Leihbücherei und Buchhandlung ›Shakespeare and Company‹ in der Rue de l'Odéon Nr. 12. Dort war es wie in Gertrudes Wohnung warm und gemütlich. Die Regale waren mit Büchern vollgestopft, und die Wände waren mit Fotografien lebender und verstorbener Berühmtheiten behängt. Sylvia selbst hatte ein scharf geschnittenes Gesicht, braune Augen, die ›so vergnügt wie die eines jungen Mädchens waren‹, und braunes Haar, ›das aus ihrer Stirn zurückgebürstet war‹. Sie trug meist eine braune Samtjacke. ›Sie hatte hübsche Beine‹, fand Ernest, ›und sie war freundlich, vergnügt, interessiert, ulkte und klatschte gern.‹ Er sollte in späteren Jahren oft erwähnen, was er im Frühjahr 1922 zum ersten Mal empfunden hatte: ›Ich habe nie jemanden gekannt, der netter zu mir war.‹

Durch seine neuen literarischen Freunde wuchs auch Ernests Bekanntenkreis unter den Pariser Auslandskorrespondenten. Er ging zu den wöchentlichen Veranstaltungen des Angloamerikanischen Presseklubs und knüpfte alsbald eine köstliche Freundschaft mit Guy Hickok vom *Brooklyn Daily Eagle* an. Guy war ein genialer und schmissiger Reporter und ein begeisterter Gourmet. Er trug einen schwarzen ›moustache‹ und teilte Ernests Interesse am Boxen, an Pferderennen, an Stories mit Human-Interest-Charakter und an längeren Erzählungen. Selten hielt sich Ernest am Rechten Ufer auf, ohne beim Schild des *Eagle* am Boulevard de la Madeleine einen Sprung vorbeizumachen. Dann dröhnten Lachsalven durch die raucherfüllten Räume. Hadley fand zu Guys Frau Mary gleich die richtige Antenne, und Ernest fand Guys Mutter Clara einen Riesenschatz – sie war eine quirlige, kleine Frau, die regelmäßig die Pariser Gefängnisse besuchte und den Inhaftierten kleine Aufmerksamkeiten mitbrachte.

Ernest hatte seine Arbeit für den *Toronto Star* nur langsam aufgenommen. Sein erster Artikel flatterte am 2. Februar auf Bones Schreibtisch, beinahe zwei Monate nach Ernests Abreise aus New York. Ab diesem Zeitpunkt erschienen jedoch aus seiner Feder regelmäßig zwei Artikel pro Wo-

che. Die Themen liefen kunterbunt durcheinander: Die Hotels in der Schweiz, die Inflation und die Reichsmark, Thunfischfang in Vigo, die Papstwahl Pius' XI. oder die Position des ›Tigers‹ Clemenceau im politischen Leben Frankreichs. Sogar eine Buchbesprechung – die erste, an der er sich versuchte – war darunter, über einen Afrikaroman von René Maran, dem für die unerbittliche Anprangerung des französischen Imperialismus der Prix Goncourt verliehen worden war. Bone war mit Ernests Elaboraten fast immer zufrieden – es handelte sich um circa dreißig Artikel bis Ende März. ›Ich glaube‹, schrieb Bone, ›daß wir die meisten verwendet haben oder noch verwenden werden. Persönlich finde ich sie ausgesprochen interessant.‹ Im April ersuchte er Ernest, als Berichterstatter zur Conferenza Internazionale Economica nach Genua zu fahren. Im großen Saal des Palazzo San Giorgio sollten Staatsmänner aus 34 Nationen tagen.
Im gleichen Maß, wie Ernest neue Freunde gewann, wandte er sich von einigen alten ab. Der Streit mit Kenley Smith, der die letzten Tage in Chicago überschattet hatte, führte auch zu einer Entfremdung zwischen Kenleys Bruder Bill und Ernest, mit dem er seit 1916 ein Herz und eine Seele gewesen war. Ernest schrieb Bill einen von Beleidigungen strotzenden Brief über Y. K., aber Bill antwortete, er stelle sich auf die Seite seines Bruders, weil eben Blut dicker als Wasser sei. Er mache sich nichts aus der 1922er-Ausgabe von Ernest Miller Hemingway. Sie sei von der einstigen so verschieden wie Essig von Champagner, und er könne nur hoffen, die Zeit werde den Prozeß wieder umkehren. Ernest schloß daraus, daß Mrs. Charles Bills Meinung über Ernest vergiftet habe. Er verfaßte ein ziemlich bösartiges Gedicht, das alle Schuld wirklich in die falschen Schuhe schob, und schickte es Bill:

> ›Blut ist dicker als Wasser‹
> Sagte der junge Mann
> Als er wegen eines dreckigen alten Weibsbilds
> Und wegen eines Hauses voller Lügen
> Seinen Freund erstach.

Nachdem er es zur Post gebracht hatte, kamen ihm ziemliche Bedenken, denn er hatte auf italienische Währung ausgestellte Wechsel in Höhe von achthundert Dollar in Katys Safe zurückgelassen, die ihm auf Wunsch nachgeschickt werden sollten. Sie hatte ihm den ganzen Winter über nicht geschrieben. Und da er für den *Star* nach Genua fahren sollte, würde er das Geld für die Reisekosten brauchen. Er ersuchte Jenkins zu vermitteln.
Der Zug nach dem Süden war gesteckt voll mit Auslandskorrespondenten. Ernest freundete sich mit George Slocombe an, einem rotbärtigen Mann, der einen breitkrempigen schwarzen Hut trug und für den Londoner *Daily Herald* arbeitete, und mit Bill Bird, einem schlanken, asketisch wirkenden

Amerikaner, der von seinem Büro in der Rue d'Antin aus die Geschäfte der Consolidated Press für den europäischen Kontinent führte. Bird war ebenso wie Hickok ein College-Absolvent, der seinen Bachelor am Trinity College in Hartford im Staate Connecticut gemacht hatte. Er verfügte über trockenen Humor und beißenden Witz und hatte ein hohlwangiges Renaissancegesicht. Bird sollte bald wissen, wie Hemingways Blut aussah. Kurz nachdem sie in Genua angekommen und im Hotel abgestiegen waren, explodierte, während Ernest gerade badete, der Heißwasserkessel, und die umherfliegenden Metallstücke verletzten ihn an Brust und Armen. Die Schnitte waren zwar nur oberflächlich, aber das Blut floß in Strömen. Die Badetücher, erzählte Bill, hätten genauso ausgeschaut wie die in der Garderobe eines Boxers nach dem K. O. im Titelkampf.
Als die Konferenz am 9. April eröffnet wurde, glichen die Straßen Genuas einem Heerlager. Die Ankunft der achtzig Mann starken sowjetischen Delegation unter Georgij Tschitscherin hatte unter den norditalienischen Kommunisten Demonstrationen ausgelöst. Sie gerieten in den Hintergassen wiederholt mit fanatischen, jungen Faschisten aneinander, die angetreten waren, um ihr Land vor der Roten Gefahr zu retten. Keine der beiden Gruppen machte auf Ernest einen besonderen Eindruck, obwohl er sofort die immanente Gefahr erkannte, die von dieser ›Drachensaat‹ ausging, die im Jahre 1920 aufgegangen war, um den in Italien hochkommenden Bolschewismus im Keim zu ersticken. Die Beurteilungen, die er über die damaligen Staatsmänner abgab, entsprachen seinem jugendlichen Zynismus: Tschitscherin sah mit ›seinem strähnigen Bart‹ wie ein Landstreicher aus; Maxim Litwinow hatte ein großes Schinkengesicht; der deutsche Reichskanzler, Dr. Karl Josef Wirth, glich einem Tubabläser in einer deutschen Militärkapelle; der ungewöhnlichste Teilnehmer an der Konferenz war nach Ernests Ansicht Alexander Stambulski aus Bulgarien, ein derber Geselle, dessen wettergegerbtes Gesicht von den üblichen abstach ›wie eine reife Brombeere in einem Gänseblümchenstrauß‹. Aber Ernest hielt sich, wann immer es ging, vom Palazzo fern. Eines Tages inspizierte er mit Slocombe, Bird und George Seldes auch die unbeschreiblichen Elendsviertel von Genua, die, nach Slocombe, die Brutstätte der gesamten kommunistischen Bewegung Norditaliens waren.
Mit Max Eastman, der ›wie ein dicker, freundlicher Universitätsprofessor aus dem Mittleren Westen‹ aussah, in Wirklichkeit aber Chefredakteur einer kommunistischen Zeitschrift namens *The Masses* war, kam Ernest gut aus. Eastman stufte Ernest als ›bescheidenen Jungen mit guten Manieren‹ ein, dessen ehrliches Eingeständnis, ›daß er im Krieg tödliche Angst gehabt hatte‹, ihm gefiel. Er erklärte sich bereit, Ernests experimentelle Texte durchzusehen, und als sie ihm gefielen, schickte er sie Claude McKay und Mike Gold für eine eventuelle Veröffentlichung. Lincoln Steffens, der faltige, alte Skandalreporter, forderte Ernest auf, sich einer Gruppe anzu-

Ein wahrer Satz

schließen, die sich des öfteren in einer kleinen Trattoria um eine Achtliterflasche Chianti versammelte. Dazu gehörten unter anderen George Seldes, Sam Speckwack und der bärtige Bildhauer Jo Davidson, der hergekommen war, um von den führenden Staatsmännern einige Porträtbüsten zu modellieren. Ernest beschrieb seine Verwundung in Fossalta und die Wiederherstellung in Mailand bis ins kleinste Detail und lehrte sie alle das frivole Lied von General Cadornas Brief an die Königin. Während der letzten Konferenztage fuhr er mit Eastman und Slocombe nach Rapallo ab. Sie besuchten den englischen Karikaturisten Max Beerbohm, der in kleinen Gläsern Marsala servierte und sich über die Revolte produktiver Künstler gegen die Mißstände des kommerziellen Journalismus erging.
Das war ein Thema, das Ernest brennend interessierte. Er hatte dem *Star* nicht weniger als fünfzehn Artikel über die Genueser Konferenz geschickt, und fühlte sich infolgedessen berechtigt, zu seinen Vers- und Prosaexperimenten zurückzukehren. Ein weiterer Ansporn kam im Mai, als *The Double Dealer* in New Orleans seine Fabel ›A Divine Gesture‹ zusammen mit der Anmerkung veröffentlichte, er lebe gegenwärtig in Paris, erfreue sich der Gunst von Ezra Pound und werde in Kürze einen Gedichtband herausbringen. Es stimmte zwar, daß er einige Gedichte in petto hatte, aber für einen ganzen Band reichte es nicht. Er wählte ein halbes Dutzend aus und reichte sie Harriet Monroe in Chicago mit der Bitte ein, sie doch für *Poetry. A Magazine of Verse* in Erwägung zu ziehen. Ein Gedicht verglich seine Schreibmaschine mit einem Maschinengewehr:

> Gottes Mühlen mahlen langsam;
> Doch diese Mühle
> klappert in mechanischem Stakkato.
> Häßliche, kurzbeinige Infanterie des Geistes,
> Vorwärtsstürmend über schwieriges Gelände,
> Macht diese Corona
> Zu ihrem Maschinengewehr.

Ein anderes ging auf seine Kindheit in Michigan zurück:

> Eine Stachelschweinhaut,
> Steif vom schlechten Gerben,
> Irgendwo muß sie hingekommen sein.
> Ausgestopfte Schleiereule,
> Prunkvoll,
> Gelbäugig;
> Weidenkätzchen auf einem schrägen Zweig
> Vom Staub bedeckt.
> Stöße alter Magazine,

Not

Laden voller Kinderbriefe
Und ein Vers der Liebe
Irgendwo müssen sie hingekommen sein.
Die *Tribune* von Anno dazumal ist fort
Zusammen mit der Jugend
Und dem Kanu, das am Strand zerschellte
Im Jahr des großen Sturms
Als das Hotel niederbrannte
In Seney, Michigan.

Das waren wahre, in freie Versform gebrachte Sätze. Aber Ernests große Stärke entfaltete sich in einer Reihe sorgfältig zusammengestrichener Impressionen, die er in seinem blauen Notizbuch ausarbeitete und dann in Langschrift auf drei Telegrammformulare übertrug. Er überschrieb sie mit Paris, 1922, so als seien es Depeschen an den *Star*. Aber das war kein Journalismus mehr. Es handelte sich um die konzentriertesten Destillate dessen, was er während seines fünfmonatigen Pariser Aufenthalts im Quartier Latin gesehen hatte.
›Ich habe gesehen, wie der Favorit in die Hohe Hecke krachte, ausschlug und plötzlich niederbrach, während das übrige Feld über das Hindernis setzte ... und die Menge rannte über den Rasen, um zu sehen, wie sich die Pferde im Sprung streckten ... Ich habe Peggy Joyce um zwei Uhr früh in einem Dancing in der Rue Camartin gesehen, wie sie sich mit einem pomadisierten jungen Chilenen mit manikürten Fingernägeln stritt, der ihr eine Wolke Zigarettenrauch ins Gesicht blies, etwas in sein Notizbuch schrieb und sich um halb vier am selben Morgen erschoß ... Ich habe beobachtet, wie die Polizei mit Säbeln gegen die Menge losging, als sie am Ersten Mai durch die Porte Maillot nach Paris zurückströmte, und ich habe den ängstlichen, stolzen Ausdruck in dem weißen, zusammengeschlagenen Gesicht eines sechzehnjährigen Bürschchens gesehen, das wie der Quarter-Back einer Schülermannschaft aussah und gerade zwei Polizisten niedergeschossen hatte ... Ich bin auf der überfüllten hinteren Plattform des Sieben-Uhr-Busses nach Batignolles gestanden, als er längs der nassen, laternenbeleuchteten Straße dahinschleuderte, während die Passanten, die heim zum Abendessen fuhren, nicht von ihren Zeitungen aufblickten, als wir an der grauen und regentriefenden Notre Dame vorbeikamen ... Ich habe eine Straßendirne mit einem Bein gesehen, die auf dem Boulevard Madeleine zwischen der Rue Cambon und Bernheim Jeune auf den Strich geht, wie sie in einer regnerischen Nacht entlang des Bürgersteigs durch die Menge hinkte, während ein fleischiger rotgesichtiger Geistlicher der Episkopalkirche einen Regenschirm über sie hielt ... Ich habe im Jardin des Plantes im Dämmerlicht des Schlangenhauses zwei senegalesische Soldaten die Königskobra necken sehen, die sich vor Raserei kerzengerade aufrichtete, als

sich einer der kleinen braunen Männer duckte und sie mit seinem roten Fez reizte.‹
Im Januar hatte er sich in den Kopf gesetzt, einen wahren Satz zu schreiben. Ende Mai waren ihm sechs gelungen – sechs Sätze voller Aussage, ohne Umschweife und kraftvoll wie ein rechter Haken. Nach all den Fehlstarts in Petoskey und Chicago befand er sich endlich auf dem richtigen Weg.

Die Rückkehr

Obwohl Ernest damals, als er Hadley den Hof gemacht hatte, eine Menge über Italien erzählt hatte, war er mit ihr noch immer nicht an die Stätte seiner einstigen Triumphe zurückgekehrt. Während des Frühjahrs hatten sie ihre Reiselust vorläufig mit einigen kurzen Ausflügen befriedigt – so waren sie zu den Pferderennen nach Enghien gefahren; mit Gertrude und Alice in Gertrudes kleinem Ford nach Meaux, wo sie mit Mildred Aldrich, der ›feinen alten femme‹ und Autorin von ›A Hilltop on the Marne‹, beim Picknick zusammensaßen; und dann hatten sie mit Rucksäcken eine lange Wanderung in die Gegend von Compiègne unternommen, waren in den Gasthöfen entlang des Weges eingekehrt und hatten Wildschweinpasteten gegessen, die dort mit Zwiebeln, Pilzen und einem guten Schuß Landwein zubereitet wurden. Aber Ernest zog es nach Italien, und diesmal war dafür sogar genug Geld in der Kasse. Bone hatte seine Depeschen aus Genua gut honoriert, und Hadleys ›schnöder Mammon‹ hatte auch einiges abgeworfen. Mitte Mai war es soweit: die auf einen Monat geplante Reise konnte beginnen. Diesmal konnte sich Chink Dorman-Smith freimachen und war in der Pension Gangwisch in Chamby zu ihnen gestoßen.
Chink war der alte geblieben. Selbst mit englischem Sportrucksack und genagelten Bergschuhen sah man ihm den Berufssoldaten an. Sein sandfarbenes Haar war ordentlich geschnitten, und noch immer trug er seinen militärisch gestutzten Schnurrbart. Er grinste Hadley an, nannte sie Mrs. Popplethwaite und fand mit Ernest sofort wieder zu der alten polternden Kameradschaft zurück. Sie rodelten auf der nur mehr spärlichen Schneedecke und erstiegen den 2100 m hohen Cap au Moine. Gegenüber dem Bahnhof von Aigle war ein Café, auf dessen Dach ein galoppierendes, goldenes Pferd prangte. Daneben stand eine ›riesige Glycine, deren Stamm so stark wie ein kleiner Baum war‹ und in deren purpurnen Blüten die Bienen summten. Sie saßen an grünen Holztischen und labten sich aus Maßkrügen an starkem, dunklem Bier. Eines Abends machten Chink und Ernest in einem nahen Bergdorf an einem Bier-Trink-Wettbewerb mit und kamen betrunken und singend über Narzissenfelder, die im Mondschein silbern glänzten, nach Hause. Sie hatten eine große literarische Auseinandersetzung,

ob man Kastanienblüten ›wächserne Kandelaber‹ nennen könne. Hadley und Chink machten es sich im Gasthof in Aigle gemütlich, während sich Ernest mit Angelzeug zum noch immer angeschwollenen, graues Schmelzwasser führenden Stockalper und zum reißenden, kaum einen Meter breiten Rhône-Kanal aufmachte. Nachher setzte er sich unter eine Kiefer, las den *Daily Mail*, in dem er seine Forellen eingewickelt hatte, aß aus einer Papiertüte Kirschen und starrte auf einen fernen Wasserfall, der lautlos über eine braune Felsnase stürzte.

Am 31. Mai fuhren sie mit dem Zug bis nach Bourg St. Pierre, von wo aus sie ihre Wanderung nach Italien starten wollten. Den ganzen nächsten Tag kämpften sie sich in kniehohem Schnee zum St.-Bernhard-Paß hinauf. Chink und Ernest trugen grobe Stiefel, aber Hadley hatte nichts Geeigneteres als ›ein zierliches Paar brauner amerikanischer Oxford-Schuhe‹ mitgenommen, die sofort vollkommen durchnäßt waren und sich aufzulösen begannen, noch ehe sie zwei Kilometer zurückgelegt hatten. Sie hielt kaum bis zum finsteren Hospiz von St. Bernhard durch, das Chink wie eine Kaserne in einer Mondlandschaft vorkam. Er mußte sich einen knurrenden Bernhardiner vom Leib halten, bevor er an der Pförtnerglocke klingeln konnte. Die Mönche nahmen sie auf und gaben ihnen ein Nachtquartier. Während Hadley, mittlerweile trockengelegt und mit Pantoffeln ausstaffiert, aufs Abendessen wartete, begab sie sich voller Neugier und auf Zehenspitzen auf Entdeckungstour. In einem langen Steinkorridor öffneten sich, während sie vorüberging, leise alle Türen. Hinter jeder kam ein Mönch mit Tonsur und langer, schwarzer Kutte zum Vorschein. Ernest versicherte ihr, daß sie den größten Frevel seit tausend Jahren begangen hatte: keine andere Frau sei je zuvor in diese Enklaven der Askese eingedrungen. Sie büßte es aber am folgenden Tag auf dem Weg nach Aosta tausendfach. Als sie in der Stadt ankamen, war sie zu einer ›menschlichen Hautblase‹ geworden, die von Ernest und Chink auf beiden Seiten gestützt werden mußte. Sie schlief im Zug die ganze Strecke bis Mailand, wo Chink sich verabschiedete, um zu seiner Einheit am Rhein zurückzukehren.

Zumindest für Ernest bedeutete Mailand eine Art Wieder-nach-Haus-Kommen. Er zeigte seiner Frau das große alte Gebäude in der Via Manzoni, das als Rotkreuzspital gedient hatte. Sie besichtigten den Dom und machten dann bei Biffi in der Galleria halt, wo sie unter dem Tisch Händchen hielten und ›eine Art Bowle aus Capriwein, frischen Pfirsichen und Walderdbeeren aus einem hohen, gläsernen Krug mit Eis tranken‹. In den Zeitungen konnte man gerade fette Schlagzeilen über den faschistischen Angriff auf Bologna lesen – fünfzehntausend überhebliche, junge Nationalisten hatten die Stadt im Handstreich genommen und sie in einer ›Kampagne des Terrors‹ einen Tag lang gegen die kommunistische Arbeiterbevölkerung besetzt gehalten. Als Ernest hörte, daß sich Mussolini, der raketenhaft aufsteigende Führer der Schwarzhemden, gerade in Mailand

aufhielt, bemühte er sich mit Hilfe seines Presseausweises um ein Interview.
Mussolini empfing ihn im Herausgeberbüro des *Popolo d'Italia*. Er dozierte langsam, in einfachem Italienisch. Neben seinem Stuhl spielte ein junger Wolfshund, dessen Ohren er hin und wieder kraulte, mit zusammengeknülltem Zeitungspapier. Mussolini war jetzt neununddreißig und auf dem Sprung zur Macht. Ernest lernte in ihm keineswegs das Ungeheuer kennen, von dem sich der Volksmund erzählte, sondern einen ›großen, braungesichtigen Mann mit hoher Stirn, einem zaghaft lächelnden Mund und großen, ausdrucksvollen Händen‹. Seine Diktion war eher die eines rasch denkenden Intellektuellen als die eines Volksaufwieglers. Er beschrieb die Organisation seiner schon auf 250 000 Mann angeschwollenen Schwarzhemden, die der neugegründeten Faschistischen Partei als Schlägertruppe dienten. ›Garibaldi hatte rote Hemden‹, sagte er lächelnd und breitete die Hände aus. ›Wir sind nicht darauf aus, irgendeiner italienischen Regierung den Garaus zu machen. Wir sind nicht gegen das Gesetz. Aber wir sind stark genug, jede Regierung zu stürzen, die versuchen sollte, uns zu bekämpfen oder zu vernichten.‹ Ernest bedankte sich und kehrte ins Hotel zurück, um seine Notizen auszuarbeiten. Der italienische Faschismus war in seine dritte Phase eingetreten: als Vereinigung von Antikommunisten hatte er begonnen, danach hatte er sich zu einer politischen Partei gewandelt; und jetzt war er eine militärische und politische Bewegung, die Italien von Rom bis zu den Alpen beherrschen wollte. Mussolini saß an der Lunte eines Pulverfasses. Ernest beschäftigte die Frage, was er wohl mit seinen Zündhölzern anfangen würde.
Für Ernest war Schio noch immer ›einer der schönsten Plätze auf dieser Erde‹. Er wollte mit Hadley unbedingt eine Nacht im Hotel ›Due Spadi‹ verbringen. Sie könnten die Mühle besichtigen, die den Schio Country Club beherbergt hatte, den Fluß, in dem die Freunde in der Mittagshitze geschwommen waren, die kleine von der Glyzine überrankte Trattoria, wo sie unter einem rot glühenden Mond Bier getrunken hatten. Als sie aber am 13. Juni in Mailand den Autobus bestiegen, war der Himmel grau und regnerisch, so daß Ernests sehnsüchtige Erinnerung bald weggeschwemmt war. Schio hatte in den letzten Jahren an Bedeutung eingebüßt. Selbst die Berge wirkten ›regenzerfurcht und trüb‹. Das ›Due Spadi‹ war nur mehr ein ›kleiner, mittelmäßiger Gasthof‹, in dem die Betten krachten und eine von Fliegen verschmutzte Glühbirne in der Mitte des Plafonds das Zimmer kaum erhellte. In der Textilfabrik wurde wieder gearbeitet, der alte Eingang war vermauert worden, und eine vom Waschen der Wolle herrührende schmutzige Suppe schwarzer Abwässer hatte den Schwimmteich unbenützbar gemacht. Ernest warf, während er im Regen die lange, gewundene Hauptstraße hinunterbummelte, einen Blick auf die Hemden, Ansichtskarten und auf das billige Porzellangeschirr in den Schaufenstern.

Hinter dem Ausschank des größten Weinlokals saß ein Mädchen und strickte an einem Pullover.
›Der Ort hat sich verändert‹, sagte Ernest.
Das Mädchen nickte, ohne eine Masche auszulassen.
›Ich war während des Kriegs hier‹, sagte er.
›Wie viele andere auch‹, sagte das Mädchen.
Ernest trank aus und verließ das Lokal. Er wußte jetzt genug und versuchte gar nicht erst, den Garten mit der Platane und der Glyzine wiederzufinden. Vielleicht hatte er nie existiert. Im ›Due Spadi‹ gab es ein ärmliches Essen. Die Lampe war so schwach, daß er nicht einmal mehr etwas lesen konnte. Nach einer schlaflosen Nacht fuhren Hadley und Ernest schon beim Morgengrauen mit einem Mietwagen nach Rovereto weiter. Es regnete noch immer.
Nach einer Gardasee-Rundfahrt verbrachten sie einen geruhsamen Abend auf der Landzunge von Sirmione, fuhren mit dem Wagen zurück nach Verona und nahmen den Zug nach Mestre. Sie ›reisten erster Klasse, zusammen mit einem ausgewählten Sortiment übelriechender italienischer Wucherer, die nach Venedig in die Ferien fuhren‹. Mit dem letzten Rest an Zeit und Geld wollte Ernest seiner Frau das Flußufer zeigen, an dem er vor fast vier Jahren verwundet worden war. In Mestre mieteten sie sich wieder einen Wagen mit einem italienischen Chauffeur. Ernest saß auf dem Rücksitz, studierte eine Karte und starrte auf die ›giftgrüne adriatische Sumpflandschaft‹. Die lange Straße verlief kerzengerade wie ein Damm durch die flache Einöde. In der Nähe von Porto Grande brach der Wagen zusammen. Der Fahrer begann, unter der Motorhaube herumzuwerken, und stieß sich dabei einen Stahlsplitter in den Finger. Hadley operierte den Fremdkörper mit einer Nadel heraus. Der Nebel hob sich und die Sonne begann vom Himmel herabzustechen. Weit in der Ferne, jenseits der Nehrung und der blauen Lagune, tauchte die magische Silhouette von Venedig auf, ›das sich in grauen und gelben Farbtönen wie eine Märchenstadt erhob‹.
Endlich fuhr sich der Fahrer mit seinen schmutzigen Händen durch die Haare, und die Reise nach Fossalta konnte fortgesetzt werden. Als Ernest das letzte Mal dagewesen war, hatte er nicht mehr als einen Haufen Schutt zu Gesicht bekommen. Nun konnte er nicht ein einziges Bild, das ihm in Erinnerung geblieben war, wiederfinden. ›All die zertrümmerte, tragische Würde der Ruinen war dahin‹, schrieb er. ›An ihre Stelle war eine neue, selbstzufriedene, abscheuliche Ansammlung von Stuckhäusern getreten‹, die alle in grellen Farben angepinselt waren. Die von den Granaten gerissenen Narben an den Bäumen waren verwachsen und verheilt. Selbst unten am Flußufer gab es von den alten Schützengräben und Schanzen keine Spur mehr. Ernest erklomm den grasbewachsenen Hügel oberhalb der in der Niederung liegenden Straße. Die Piave war sauber und blau; er beobachtete

einen Zementkahn, der sich, an langen Trossen von Pferden getreidelt, langsam stromaufwärts bewegte. Die Schiffer arbeiteten gerade dort, wo sich einst der vorgeschobene Horchposten befunden hatte. Aber jetzt war da nur mehr ein sanft abfallender, grüner Hügel, der sich bis zum Fluß hinunter erstreckte. In einer Hecke fand er einen rostigen Granatsplitter – das einzige Zeugnis einer Front, an der er einst verwundet wurde und Tausende gefallen waren.
›Da gab es nichts mehr zu sagen‹, schrieb Ernest. ›Ein zertrümmertes Dorf hatte im Krieg immer eine gewisse Würde, als wäre es für etwas gestorben . . . Alles war ein Teil des großen Opfers.‹ Nun ging das Ganze wieder seinen normalen Weg – ›nur noch ein wenig schlechter‹. Er hatte versucht, die frühere Wirklichkeit für seine Frau und vielleicht auch für sich wiedereinzufangen, und er war gescheitert. Aber die Vergangenheit, so schloß er, gebe ebenso wenig von sich wie eine zerschlagene Victrola-Schallplatte. ›Nach dem Gestern zu jagen‹, sagte er, ›ist für nichts und wieder nichts, und willst du das beweisen, geh zurück an deine alte Front.‹ Ein halbes Dutzend Jahre später sollte er daraufkommen, wie man die Vergangenheit in Romanform einfängt und festhält. An diesem heißen Nachmittag Mitte Juni 1922 konnte er nur traurig zwischen den wiederaufgebauten Häusern von Fossalta-di-Piave stehen.

Schwarzwald und Schwarzes Meer

Nach der Italienreise hausten sie für zwei Monate wieder nahe der lärmerfüllten Place de la Contrescarpe. In diesem Sommer brachte Ernest keine wesentlichen, neuen Stories zu Papier. Das Beste, was Ernest dem *Star* bieten konnte, waren einige essayistische Artikel über die Durchtriebenheit armenischer Teppichhändler, die Wohnungsknappheit in Paris und über die unzulänglichen Reitkünste des Schriftstellers Sinclair Lewis, der bei einem Ausritt in London von seinem Cockney-Stallknecht einen schlimmen Rüffel bekommen hatte. Die Juni-Nummer des *Double Dealer* brachte ein Gedicht von Ernest, zusammen mit einem Prosatext eines obskuren jungen Mannes aus Mississippi namens William Faulkner. Das Gedicht war qualitativ nicht sehr hochstehend, aber es hatte insofern Bedeutung, als es, von den diversen Jugendveröffentlichungen abgesehen, das erste in den Vereinigten Staaten publizierte Gedicht Hemingways war.
Andauernd schneiten Leute aus der Heimat herein. Auch Pinard Baum, ein Veteran des Schio Country Clubs, war dabei; er führte bittere Klage, daß man ihm gerade das Weintrinken untersagt hatte, dem er doch seinen Spitznamen verdankte. Ein anderer war John Dos Passos, der Mann aus Harvard, den Ernest 1918 in Dolo kennengelernt hatte. Sein Aufenthalt reich-

te sogar für ein gemütliches Mittagessen in der Brasserie Lipp. Er war in den letzten Jahren so viel durch die Welt gebummelt, daß man damit ein halbes Menschenleben bestreiten konnte. Er kannte Spanien, Portugal und den größten Teil des Nahen Ostens wie seine Westentasche. Zwei Bücher waren von ihm schon erschienen – im Jahr 1917 ›Feuertaufe eines Mannes‹ und 1921 der Roman ›Drei Soldaten‹. Er liebäugelte noch immer damit, Maler zu werden oder doch seiner ›Neigung zum Theater‹ nachzugeben. Dos war ein Wirbelwind mit braunen Augen: Sooft er auch nach Paris kam, immer hatte er es schnell wieder verlassen.
Ernest hatte es sich jetzt angewöhnt, am frühen Morgen zu arbeiten. Den Rest des Tages herrschte zuviel Lärm unten auf der Straße, und jede Nacht wurde der Krach noch durch die heraufklingende Akkordeonmusik aus dem Bal Musette verstärkt. Manchmal gingen die Hemingways hinunter tanzen. Das Lokal war dunkel und schmal, mit Holztischen und -bänken entlang den Wänden und einer kleinen Tanzfläche. Hadley fand, daß hier noch die Atmosphäre ›des echten, alten Frankreich der kleinen Leute‹ herrschte. Unter den Gästen gab es viele Matrosen und *poules*. Man mußte sich als Mann für jeden Tanz Jetons kaufen, und jeder konnte mit jedem tanzen. Bates Wyman, Hadleys reicher Cousin, war über die miese Nachbarschaft und das rauhe ›Milieu‹ entsetzt, und gelegentlich hatte auch Hadley vor den Strolchen Angst, die sie zum Tanzen holten. Aber Ernest schien die veränderte Atmosphäre zu genießen. Wenn er in seinem gestreiften bretonischen Fischerhemd auf dem Parkett herumwirbelte, hätte man ihn für einen Einheimischen halten können. Am Nationalfeiertag übersiedelte der Akkordeonist auf die Straße, wo er sich zu zwei Trommlern, einem Dudelsackpfeifer und einem Hornisten gesellte, die bereits aufspielten. In einem ausrangierten Waggon sitzend, spielten sie vier Nächte lang vom Anbruch der Dunkelheit bis zum Morgengrauen. Zu ihrer Musik tanzten auf der Straße Dutzende Paare, und niemand in der Nachbarschaft machte auch nur den Versuch, ein Auge zuzutun.
Um der Hitze und dem Pariser Lärm zu entfliehen, unternahmen sie Mitte August einen Angelausflug nach Deutschland. Bill und Sally Bird, Lewis Galantière und seine Verlobte Dorothy Butler waren mit von der Partie. Man wollte durch den Schwarzwald wandern, tagsüber Forellen fangen und in Landgasthöfen übernachten. Bill Nash von den *Chicago Daily News* riet ihnen, nach Straßburg zu fliegen. Die gleiche Strecke, die mit dem Zug zehn Stunden dauerte, könnte man mit dem Flugzeug in zweieinhalb bewältigen. Ernest kaufte bei der schon unheilvoll klingenden ›Franco-Rumänischen Aero Companie‹ zwei Flugkarten zum Pressetarif. Die anderen beschlossen, doch lieber mit dem Zug nachzukommen.
Am nächsten Morgen standen die Hemingways um vier auf, rüttelten den Taxifahrer, der im Bal Musette als Aushilfsakkordeonist tätig war, aus dem Schlaf und ratterten durch die dunklen Straßen hinaus nach Le Bour-

get. Ein kleiner Doppeldecker stand schon bereit. Sie schoben ihre Rucksäcke unter die Sitze, stopften sich Watte in die Ohren und stiegen in den sommerlichen Morgenhimmel auf. Der Pilot, auf dessen breiter Nase eine riesige Schutzbrille saß, trug eine fleckige Lammfelljacke und eine Schirmmütze, die er verkehrt aufhatte. Die Maschine roch stark nach Rizinusöl. Ernest konnte auf die samtgrünen Wälder, die roten Dächer von Bar Le Duc und Nancy und auf das von Schützengräben zerpflügte Land rund um St. Mihiel hinunterblicken. Sie flogen einen unkrautüberwucherten Kanal entlang und überquerten dann bei Nieselregen die Vogesen. Der Pilot klopfte Ernest auf die Schulter und deutete nach rechts hinunter auf ein schlammfarbenes Band, den Rhein. Als sie auf dem dürren Gras des Straßburger Flugfelds aufsetzten, erwachte Hadley. Für den ersten Flug ihres Lebens war alles sehr undramatisch verlaufen.

Straßburg kam Ernest wie eine Illustration aus Grimms Märchen vor. Sie stiegen in einem Gasthaus am kopfsteingepflasterten Platz neben der evangelischen Kirche ab und aßen in der ›Kammerzell‹, einem Restaurant aus dem 15. Jahrhundert, Bachforellen, tranken aus hohen, dunklen Flaschen Rheinwein dazu und kosteten einen Pflaumenschnaps, den man ›Quetsch‹ nannte. Nach Ernest schmeckte er genauso wie Pflaumen aussehen und schmecken sollten. Alles war sehr billig. Das besetzte Deutschland befand sich in einer schlimmen Währungskrise. Vier Tage Vollpension in Freiburg kosteten einschließlich der Trinkgelder pro Kopf nur den Gegenwert von achtzig amerikanischen Cents.

Aber der Schwarzwald war keine Michigan vergleichbare Wildnis, nach der sich Ernest im Winkelwerk der Pariser Gassen gesehnt hatte. Die bewaldete Mittelgebirgslandschaft war von Schienensträngen, Kartoffelfeldern, eingezäunten Weiden und riesigen Hotels durchsetzt. Außerdem war das Gebiet dicht besiedelt. Sie nahmen den Zug nach Triberg, der mit großen, grobschlächtigen Deutschen in Lederhosen vollgestopft war. Ihre Haare waren kurzgeschoren, und sie trugen alle Rucksäcke. Dran baumelten Aluminium-Kochgeschirre, die wie Kuhglocken bimmelten. Selbst eine Angelerlaubnis zu bekommen war ein Problem. Durch das gesamte frühere Großherzogtum Baden klang Ernests Ruf: ›Wi wischen der Fischenkarten.‹ Schließlich pachteten sie ein Stück eines Forellenbaches, der durch eine Birkenwaldung floß. Sally und Dorothy machten sich nichts aus Angeln, doch Hadley fing gleich beim ersten Versuch ihres Lebens drei schöne Forellen. Ernest fischte mit seiner alten McGintys-Rute noch fünf weitere aus der Elz. Die Bevölkerung war oft feindselig eingestellt. In der Nähe von Oberprechtal wurden sie einmal von den Bauern mit Mistgabeln verjagt, und ein- oder zweimal mußten sie sich in Wirtsstuben die Beschimpfung ›Ausländische Schieber!‹ gefallen lassen. Eines Nachmittags stolperte Ernest im Wald über einen Baumstamm und landete auf dem Hinterteil. Anstatt es lachend hinzunehmen, legte er sich ins Bett, verweigerte jede

Nahrungsaufnahme und blieb für den Rest des Tages unzugänglich. Am nächsten Morgen, immer noch im Bett, sagte er ihnen, er werde wahrscheinlich krepieren, während sie sich inzwischen in den Wäldern amüsierten. Aber er spielte nur den Ajax: Am selben Abend gesellte er sich mit einem herzhaften Appetit wieder zu den anderen.

Während die anderen Anfang September wieder nach Paris zurückkehrten, machten sich Ernest und Hadley nach Köln auf, um Chink Dorman-Smith in der Garnison der britischen Besatzer zu besuchen. Chink zeigte ihnen eine kürzlich vom wütenden Mob demolierte Reiterstatue Wilhelms II. Man hatte ihr die Sporen abgehackt und die riesige Schwertklinge heruntergerissen. Die Aufrührer hatten auch einen deutschen Polizisten ermordet. Ernest sandte John Bone diese makabre Geschichte als Beispiel für die unruhigen Zustände im Nachkriegsdeutschland.

›Während des Angriffs auf die Statue (schrieb er) erschien ein Polizist und versuchte, den Mob zu beruhigen. Der Mob warf den Polizisten in den Strom. Im kalten, reißenden, Hochwasser führenden Rhein klammerte sich der Polizist an einen der Brückenpfeiler und schrie hinauf, er wisse schon, wer unter den Leuten sei, und er werde für ihre Bestrafung sorgen. Da lief der Mob hinunter und versuchte, den Polizisten in die Strömung zu stoßen. Loslassen hieß für den Polizisten ertrinken – also klammerte er sich fest. Nun hackte der Mob die Finger mit den Beilen vom Stein ab, mit denen zuvor die Statue bearbeitet worden war.‹

Ein anderer Krisenherd hatte sich im Nahen Osten gebildet. Ernest war noch kaum eine Woche in Paris, als er schon telegrafisch vom *Star* nach Konstantinopel beordert wurde, um über den Krieg zwischen Griechenland und der Türkei zu berichten. Ende August waren die Türken zur Offensive übergegangen, um die Griechen aus Anatolien zu vertreiben. Der Feldzug hatte soeben mit der Einäscherung des Hafens von Smyrna durch die Türken seinen Höhepunkt erreicht. Außerdem drohten die Türken, die neutrale Zone zu besetzen, die von den Alliierten zur Sicherung der freien Schiffahrt am Bosporus und an den Dardanellen errichtet worden war. Türkische Kavallerie war bis an den englischen Stacheldrahtverhau in Chanak an den Dardanellen vorgedrungen, und es galt als sicher, daß Kemal Pascha bald Konstantinopel besetzen würde.

Hadley wollte Ernest nicht fahren lassen. Sie stritten ›entsetzlich‹ und sie weigerte sich, in den letzten drei Tagen vor der Abreise mit ihm zu sprechen. ›Er litt‹, sagte sie, ›aber schließlich ging er, ohne von mir ein Wort gehört zu haben.‹ In der Nacht zum 25. September fuhr Ernest mit einem Taxi, das von einem betrunkenen Chauffeur gelenkt wurde, zur Gare de Lyon. Dieser bugsierte Ernests Koffer mit solchem Schwung aus dem Wagen, daß die darin befindliche Corona-Schreibmaschine für die ganze lange Reise nach dem Süden funktionsunfähig wurde. In Sofia gab er einen Stoß eng beschriebener Karten zur Post und einen handgeschriebenen Artikel

an den *Star*. Er war über sein weiteres Auskommen mit John Bone beunruhigt. Noch vor seiner Abreise aus Paris hatte er mit Frank Mason von Hearsts *International News Service* ein Geheimabkommen geschlossen, wonach er ab sofort aktuelle Depeschen an das INS telegrafieren sollte, obwohl man über seinen Exklusivvertrag mit dem *Star* Bescheid wußte.
Am Morgen des 29. rollte der lange, braune Zug durch flaches Land, bis er um Mittag zwischen den baufälligen Häusern der Vorstädte untertauchte. Ernest fuhr zum ›Hotel de Londres‹, ließ seine Schreibmaschine reparieren und hämmerte den Anfangssatz seiner ersten Depesche in die Tasten: ›Konstantinopel ist lärmend, heiß, hügelig, schmutzig und schön ... voll von Uniformen und Gerüchten.‹ Obwohl gegen die erwartete türkische Invasion britische Truppen in die Stadt geworfen worden waren, zeigten sich alle Ausländer verängstigt. Sie erinnerten sich der Erzählung über die türkischen Greueltaten bei der Plünderung von Smyrna. Jeder verfügbare Platz in den abfahrenden Zügen war auf Wochen hinaus ausgebucht. Der griechisch-orthodoxe Hotelbesitzer sagte Ernest, daß er lieber kämpfen würde, als seinen Besitz an die fanatischen Jungtürken zu verlieren. Denn Kemal Pascha hatte geschworen, in der Stadt mit dem Alkohol, den Glücksspielen, den Tanzlokalen, Nachtklubs und Bordellen aufzuräumen.
Ernest verschaffte sich einen flüchtigen Eindruck von Galata, der auf halbem Hügel über dem Hafen gelegenen Brutstätte aller nur denkbaren Geschlechtskrankheiten. Trotz späterer Prahlereien genügte der Anblick, um ihm den mitgenommenen Magen umzudrehen. Der ›Zauber des Orients‹, von dem man immer hörte, zeigte sich nur kurz am Morgen, wenn die schlanken Minarette gegen die aufgehende Sonne ragten und die Muezzins die Gläubigen mit Stimmen zum Gebet riefen, die hochschwingend und umkippend wie Arien aus russischen Opern klangen. Aber auch in dieser kurzen Zeit, ehe die Sonne aufging, konnte man nur vorsichtig auf den Gehsteigen spazierengehen, wo ein paar streunende Hunde im Unrat schnüffelten, Ratten in den Rinnsteinen verfaulten. Das allnächtliche exzessive Treiben der Metropole schien geradezu zu dem Großreinemachen einzuladen, das Kemal versprochen hatte.
Unter den Militärs lernte er einige Leute kennen, die er nach kompetenten Erklärungen über den voraussichtlichen Verlauf der Ereignisse ausquetschte. Am gesprächigsten erwies sich Oberst Charles Sweeny, ein barscher, rotgesichtiger Glücksritter, der mit weltmännischen Manieren auftrat und Ernest durch seine Kenntnis militärischer Disziplinen und Taktiken in Staunen setzte. Aber Ernest hatte alle Hände voll zu tun, um nicht selbst einem ärgeren Feind zu erliegen: der Malaria. Ein Blick in den Spiegel seines Zimmers im ›Hotel de Londres‹ zeigte ihm ein von Wanzenbissen übersätes Gesicht. Er übersiedelte ins Hotel ›Montréal‹, um einer weiteren Bettgenossenschaft mit den ›Tierchen‹ aus dem Weg zu gehen. Es nützte nicht viel.

Er war zu krank, um mit anderen Auslandskorrespondenten an Bord eines britischen Zerstörers eine Instruktionsreise nach Mytilene mitzumachen. Am 6. Oktober kabelte John Bone, daß seine aktuellen Depeschen Duplikate der Agenturmeldungen seien – was sie dank Ernests Geheimabsprache mit dem INS auch tatsächlich waren. Es gab auch andere Schwierigkeiten, etwa die Dummheit der Zensoren und die Weigerung der Militärs, Reporter zu der Konferenz von Mudania zuzulassen, bei der Ost-Thrazien den Türken zugesprochen und der griechischen Armee eine Frist von drei Tagen zur Räumung des Gebiets gewährt wurde. An dem Tag, als das Dokument unterzeichnet wurde, wurde Ernest von einem Malariaanfall geschüttelt und zahlte einem Arzt für Chinin-Tabletten ganze zehn Piaster.
Durch das Abkommen von Mudania verlagerte sich die Aufmerksamkeit von Konstantinopel nach Thrazien. Am 14. kaufte Ernest ein paar desinfizierte Decken und reiste nach Muradli, hundertdreißig Kilometer weiter westwärts. Den ganzen Tag über begegnete er Kolonnen von ›schmutzigen, müden, unrasierten, aufgedunsenen‹ griechischen Infanteristen in schlechtsitzenden amerikanischen Uniformen. Sie schleppten sich durch das dürre Land, von berittenen Patrouillen angeführt und von schwerfälligen Gepäckwagen gefolgt, die von Büffeln gezogen wurden. Die gekappten Telegrafendrähte hingen ›wie die Bänder eines Maibaums‹ von den Masten. Ernest nannte diese verbissenen Truppen ›die letzte Glorie, die vom einstigen Griechenland geblieben ist‹.
Ernest lieh sich eine Schrotflinte und erlegte einige Wachteln, die Malaria machte ihn jedoch so elend, daß er kaum viel mehr tun konnte. Am 17. packte er seine Schreibmaschine ein und nahm den Zug nach Adrianopel, der ihn immerhin zweihundert Kilometer weiter in Richtung Westen brachte. Um elf Uhr nachts stieg er, die neuen Decken geschultert, in strömendem Regen aus. Der Bahnhof von Adrianopel bot ein Bild des Jammers; es war ein unbeschreibliches Dreckloch, voll von Soldaten, Zivilisten, gebündelten Habseligkeiten, Bettzeug, Nähmaschinen, kreischenden Kleinkindern und zusammengebrochenen Karren. Kerosinfackeln erhellten die Szene spärlich. Ein Soldat führte ihn zum einzigen Hotel am Platz, das von ›Madame Marie‹, einer Kroatin, geführt wurde. An der Tür erklärte ihm ein barfüßiger Franzose, alle Zimmer seien besetzt. Wenn er wolle, könne er seine Decken auf dem Fußboden im Hotelbüro ausbreiten. In diesem Augenblick fuhr ein Wagen aus Rodosto vor, in dem zwei amerikanische Kameraleute saßen, die die Evakuierung gefilmt hatten. Der größere von beiden, mit Namen Shorty Wornall, bot Ernest ein Klappbett an. Hernach gingen sie alle schlafen. Zweimal in der Nacht wachte er mit schwerem Schüttelfrost auf, dem er mit einer großen Dosis Aspirin und Chinin beizukommen suchte. In der Früh sahen sie, daß das ganze Zimmer von Läusen wimmelte. Madame Marie, eine große, schlampige Frau, servierte ihnen im Hotelbüro Kaffee und Schwarzbrot. Als sich Ernest über die Läuse beschwerte, zuckte sie nur die

Achseln. ›Ist es nicht besser, als auf der Straße zu schlafen, Monsieur?‹ fragte sie. ›Ist es nicht doch etwas besser?‹
Die Kameraleute fuhren nach Rodosto zurück und nahmen Ernest ein Stück mit. Durch den grauen Regenvorhang des Oktobermorgens sah er etwas, was er niemals vergessen sollte. Fast die gesamte christliche Bevölkerung Thraziens flüchtete auf der langen Straße, die über Adrianopel weiter bis nach Karagatsch führte, Hals über Kopf nach Westen. In einem Flüchtlingstreck vom 35 km Länge reihten sich die von Ochsen, Kühen und Wasserbüffeln gezogenen Karren aneinander. Tausende von erschöpften Männern, Frauen und Kindern wankten, Wolldecken über den Kopf gezogen, blind durch den Regen. Dreckbespritzte griechische Kavalleristen trieben sie vorwärts. Es wurde nicht gesprochen oder gejammert; es war jetzt nur wichtig, voranzukommen. In einem Wagen lag eine Frau in den Wehen; man hörte weit und breit nichts als ihr Stöhnen. Ihr Mann hatte eine Decke über sie gebreitet, um sie vor dem strömenden Regen zu schützen. Ihre kleine Tochter schaute mit Entsetzen zu und begann zu weinen. So zog der Zug langsam weiter.
Ernest kehrte über die Brücke nach Adrianopel zurück. Die ziegelrot gefärbte Maritza führte Hochwasser und war auf eine Breite von vierhundert Metern angeschwollen. Bei Madame Marie machte er Station, um wieder trocken zu werden und eine Depesche aufzusetzen. Ein italienischer Oberst erklärte sich bereit, den Text am nächsten Tag telegraphisch aufzugeben, und zwar an Frank Mason vom *INS* mit der Anweisung, ihn an das Londoner Büro des *Toronto Star* weiterzuleiten. Ernests Fieber war wieder gestiegen, und Madame Marie stellte ihm eine Flasche süßen thrazischen Weins zur Verfügung, um seine Chinin- und Aspirintabletten hinunterzuspülen. Spät in der Nacht stieg er voller Dankbarkeit in den Orient-Expreß ein, der ihn in viertägiger Fahrt nach Paris zurückbrachte.
Als der Zug am 21. Oktober um halb sieben Uhr morgens in den Gare de Lyon einfuhr, war er mehr als drei Wochen unterwegs gewesen. Er war von Wanzenstichen übersät, und sein Haar war so verlaust, daß er sich sofort kahlscheren lassen mußte. Aber Ernest hatte Hadley auch andere Mitbringsel zu offerieren als seinen von Fieber und Läusen geplagten Korpus: ein Elfenbeinhalsband, eine Bernsteinkette und eine Flasche Rosenwasser. Die Bernsteinkette sei echt antik, erklärte er, er habe sie einem in Konstantinopel als Kellner arbeitenden russischen Aristokraten abgeluchst. Hadley nahm die Versöhnungsgaben an. Sie war froh, ihn heil wieder zurückzuhaben.

Lausanne

Die Woche nach seiner Rückkehr aus Konstantinopel schlief Ernest durch. Aber für seine Arbeit im Nahen Osten konnte er nun von John Bone das fürstliche Honorar von vierhundert Dollar erwarten. Als er sich wieder auf dem Damm fühlte, nützte er Geld und Freizeit, um zu dem, was er ›ernsthaftes Schreiben‹ nannte, zurückzukehren. Ezra Pound war für ihn die treibende Kraft, denn der hatte während des Sommers den Plan gefaßt, ›eine Untersuchung des Zustands der zeitgenössischen englischen Prosa‹ durchzuführen. Das Programm war bescheidener, als Ezras hochtrabender Titel erwarten ließ. Es sollte aus einem halben Dutzend kleiner, hübsch gedruckter und festgebundener Bücher bestehen, die unter seiner persönlichen Ägide herausgegeben werden sollten. Als Verleger war William Bird vorgesehen, der auf der Ile St. Louis am Quai d'Anjou Nr. 29 gerade eine Druckerei gekauft hatte und einen Verlag namens ›Three Mountains Press‹ ins Leben rufen wollte. Als Pound Ernest um einen Beitrag für die Reihe bat, fühlte er sich sehr geschmeichelt. Er schickte sofort einen Jubelbrief an Harriet Monroe los, in dem er erklärte, Bill Bird werde in Kürze unter Ezras Patenschaft einiges von seinem ›Zeugs‹ herausbringen, und bat um Erlaubnis, dafür die sechs Gedichte, die Miss Monroe für *Poetry* angenommen hatte, verwenden zu dürfen.
Damals war er auch zum ersten Mal porträtiert worden. Das Bild stammte von Henry ›Mike‹ Strater, einem Princeton-Absolventen. Ernest hatte ihn in Pounds Studio kennengelernt, wo sie aus Dorothys zerbrechlichen Teetassen Whisky getrunken und ihr gemeinsames Interesse am Boxen entdeckt hatten. Bald danach verabredeten sie sich zu einem Treffen. Strater lebte mit seiner Frau Maggie und einem kleinen Kind in Hameau Béranger, nicht weit von der Rennbahn in Auteuil. Er war 1,82 m groß und wog neunzig Kilo. Während Ernest mit der Tramway hinauszuckelte, bekam er doch Angst, Schläge einstecken zu müssen. Aber einige wenige harte Runden bewiesen, daß sie einander ebenbürtig waren. Nachher badete er in der großen Zinkwanne der Straters und blieb bis zum Mittagessen. Dann saß er auf Straters Bitte für ein Porträt. Es wurde ein En-face-Bild, Ernest hatte seinen Blick zu Boden gerichtet und trug ein graues Trikot. Strater nannte es sofort das ›Boxerporträt‹. Es war das erste Konterfei Ernests, das den neuen Schnurrbart zeigte, den er sich seit dem Sommer im Schwarzwald hatte wachsen lassen.
Anfang November war Ernest in Hochstimmung. Er begann sich als Pariser Emigrant der ältesten Kategorie zu fühlen. Sylvia Beach wollte sogar seinen Rat, ob sie Frank Harris' sehr sexbetonte Autobiographie verlegen solle. Ernest war voll und ganz dafür: es sei das Beste, was in dieser Art je geschrieben worden sei. Gertrude Stein, die sich gerade in der Provence sonnte, sandte den Hemingways eine kürbisgroße, kandierte Casaba-Me-

lone. Sie begannen, Cafés zu besuchen, Schach zu spielen und Grog zu trinken. Ernest war so zuversichtlich geworden, daß er sogar Agnes von Kurowsky einen freundlichen Brief schrieb, in dem er ihr von seinem neuen Pariser Domizil, seiner Heirat mit Hadley und dem baldigen Erscheinen seines ersten Buches berichtete.

Über das Inhaltsverzeichnis des Buches war er sich noch immer nicht schlüssig geworden. Es sollte sowohl Prosa als auch Lyrik enthalten. Er hatte die Verführungsgeschichte ›Oben in Michigan‹ bei der Hand und eine andere gerade aus der Maschine gezogen – ›Mein Alter‹, die wohl längste Erzählung seit ›Pickles McCarty‹. Es war eine frei erfundene Story über einen Jungen, der zu seiner großen Bestürzung erfahren muß, daß sein Vater, ein Jockey, ein Gauner war. Ernest griff auf seine Erinnerungen an San Siro in Mailand und seine jüngsten Beobachtungen in Enghien und Auteuil zurück, wo Hadley und er auf Pferde setzten, sooft sie ein bißchen Geld zusammengekratzt hatten. Stilistisch zeigte sich der Einfluß Sherwood Andersons, obwohl Ernest niemals bereit war, das zuzugeben. ›Nur die Sachen taugten was, die Du selbst ausgetüftelt hast, die Du Dir selbst ausgedacht hast‹, schrieb er zwei Jahre später. ›Als Du ‚Mein Alter' schriebst, hattest Du noch nie den Tod eines Jockeys gesehen, und die folgende Woche hatte es dann Georges Parfrement direkt bei einem Sprung erwischt, und es sah genauso aus.‹

Zwischen den Prosaarbeiten schrieb er immer wieder satirische Skizzen über Leute, die er nicht riechen konnte. Literarische Poseure reizten die latente Brutalität seiner Persönlichkeit. So war z. B. Ernest Walsh, den er in Pounds Studio kennengelernt hatte, ein rotes Tuch für ihn. Walsh war ein junger Mann mit Tuberkulose, blassem Gesicht und brennenden Augen, der gern den vom Tode Gezeichneten spielte und sich in Gesellschaft geheimnisvoll und aggressiv gab. Genauso schlimm war der englische Romancier Ford Madox Hueffer, der sich seit dem Krieg den Künstlernamen Ford Madox Ford zugelegt hatte. Als er im November nach Paris kam, war er Ernest in einem Café gezeigt worden. Wie konnte dieser arrogante, dicke Mensch mit dem schmuddeligen Walroßschnurrbart und den wasserblauen Augen der berühmte Freund und Mitarbeiter von Joseph Conrad sein? Ernest, der Conrads Arbeiten bewundert hatte, konnte nicht glauben, daß er sich je Fords angenommen haben sollte.

Ernest schrieb auch eine Skizze über einen amerikanischen Businessman, der sich zum Poeten gemausert hatte. Hadley kannte ihn noch aus St. Louis, und er war nun mit seinen zwei Söhnen und seiner Tochter auf längere Zeit nach Paris gekommen. Er hieß Dave O'Neil und hatte mit achtundvierzig Jahren den gutgehenden Handel mit Holz aufgegeben, um sich der Kunst zu widmen. Ernest mochte allerdings Daves Frau Barbara weitaus lieber.

›David bezieht seine politische Meinung aus dem *Daily Mail* (schrieb er)

und liest dann wieder den *Daily Mail*, um die dafür sprechenden Fakten zu finden. Er spricht von seiner Intuition. Er ist ein sentimentaler Ire. Wenn er einen anderen trifft, sagte er: ‚Sie sind Ire. Gott segne Sie.' Er wäre gern der irische poeta laureatus. Alle seine Gedichte sind einander ähnlich. Ein Gedicht ist für Dave, wenn er über etwas Wörter kombiniert, das er nicht versteht. Deswegen ist es poetisch. Er hat rasch einige hundert Gedichte heruntergeschrieben. Er nannte seinen Gedichtband auf Anregung von Zoe Akins ‚A Cabinet of Jade'. Nun, da ihm eine Menge Leute sagten, daß Zoe niemand Besonderer ist, würde er dem Band gern einen anderen Titel geben.‹
Ernest hatte auch über Georges Clemenceau geschrieben, ohne dem grimmigen alten Mann je begegnet zu sein. Clemenceau verbrachte den Herbst auf seinem Landsitz in St. Vincent du Jard, in der Nähe von Les Sables d'Olonne in der Vendée. Als Ernest hörte, daß Bill Bird zu einem Interview hinfuhr, schloß er sich ihm an. Clemenceau war einundachtzig, er trug graue Handschuhe, hatte einen fleckigen Schnurrbart und legte eine geschwätzige Bitterkeit an den Tag. Er erzählte ihnen von seiner bevorstehenden Vortragsreise durch die Vereinigten Staaten. Ernest schlug einen Abstecher nach Toronto vor. ›Jamais‹, schrie Clemenceau auf. ›Ich werde niemals meinen Fuß auf kanadischen Boden setzen.‹ Schroff erklärte er, Kanada habe im Krieg nicht genug geleistet. Anschließend wollte Ernest das Taxi in Les Sables anhalten lassen, um Bone eine Depesche zu schicken. Aber Bird gab ihm den Rat, es sich noch zu überlegen. Statt dessen schickte er dann per Post eine reißerisch aufgemachte Story über den Vorfall. Bone weigerte sich, sie zu drucken. ›Er kann diese Sachen sagen‹, meinte Bone, ›aber er kann sie nicht in unserem Blatt sagen.‹
Der *Star* wollte Ernest unbedingt als Berichterstatter nach Lausanne schicken, wo am 20. November die Friedenskonferenz begann, um die territorialen Streitigkeiten zwischen Griechenland und der Türkei zu schlichten. Der Schauplatz war diesmal das Château Ouchy, ein so scheußlicher Bau, daß Ernest fand, die Odd Fellows' Hall von Petoskey in Michigan nehme sich daneben wie der Parthenon aus. Er kam am 22. an, nachdem er den zusätzlichen Auftrag erhalten hatte, in Vierundzwanzig-Stunden-Schichten für die zwei Hearst-Agenturen *INS* und *Universal Service* zu arbeiten. Für die nächsten drei Wochen war er damit so ausgelastet, daß bis Ende Januar im *Star* keine einzige Zeile von ihm über Lausanne erschien.
Die Pläne Hadleys, ihm nachzufahren, waren vorerst durch eine schwere Erkältung durchkreuzt worden, die sie in Paris ans Bett fesselte. Ernest telegrafierte ihr zweimal und bediente sich dabei ihrer gemeinsamen, für den Hausgebrauch kreierten Babysprache, in der sie Wickey oder Federkatze und er Poo oder Wachstierchen gerufen wurde. Um in puncto Krankheit ja nicht hintanzustehen, gab er einen anschaulichen Bericht

über seine eigene: er huste ›grünes Zeug mit schwarzen Bröckchen‹, und seine verstopfte Nase verbrauche ›Millionen Taschentücher‹. Er mußte den Fernschreiber von neun Uhr vormittags bis Mitternacht mit Meldungen füttern, und er hatte die Nase voll, den ganzen Tag hügelab, hügelauf zu strampeln, um im Château Ouchy auf dem laufenden zu bleiben. Denn schließlich, sagte er, ›bin ich nur ein winziges Wachstierchen‹.
Viele Korrespondenten, die Ernest in Genua und Paris getroffen hatte, waren ebenfalls in Lausanne. Er ließ Lincoln Steffens die Pferdesportgeschichte ›Mein Alter‹ lesen; dieser fand sie so ausgezeichnet, daß er darauf bestand, sie mit seiner persönlichen Empfehlung an Ray Long vom *Cosmopolitan* zu schicken. Ernest kramte auch seinen Artikel über die thrazischen Flüchtlinge auf der Brücke von Adrianopel hervor. Steffens war von der Lebendigkeit und Kraft in Ernests Prosa außerordentlich beeindruckt. Er war mehr denn je davon überzeugt, daß Hemingway von allen Jungautoren auf der europäischen Literaturszene die größte Zukunft bevorstehe.
Eine neue Errungenschaft Ernests war William Bolitho Ryall, ein brillanter, ironischer junger Südafrikaner, der 1917 als Infanterieoffizier in Frankreich schwer verwundet worden war. Er arbeitete nun als Europa-Korrespondent für den *Manchester Guardian*. Ryall sah seltsam aus, er hatte ›ein blasses Gesicht mit hohlen Backenknochen‹ – ›eins von diesen Gesichtern, von denen Sie träumen, wenn es eines Tages im Londoner Nebel vor Ihnen aufgetaucht ist‹, so die Charakterisierung Ernests. Ryall brachte Ernest in Lausanne die Grundbegriffe für das Verständnis internationaler Politik bei. Sie gingen fast jeden Abend miteinander essen. Beim Kognak ereiferte sich Ryall Abend für Abend über die ›Krankheit der Mächtigen‹. Die Symptome dieser komplizierten Krankheit seien anfänglich Argwohn und Verdächtigung gegenüber der engsten Umgebung und schließlich die feste Überzeugung von der eigenen Unentbehrlichkeit.
Diese Brandreden begannen bald auf Ernests politische Ansichten abzufärben. Ryalls Stärke lag darin, alles Erhabene ins Lächerliche zu ziehen. Der kleine, dunkle Ismet Pascha kam ihm, und damit auch Ernest, eher wie ein armenischer Hausierer als ein türkischer General vor. Eines Nachts traf Ernest in der Palace-Bar das Los, einem Leibwächter Ismets eine Juxzigarre zu offerieren. ›Er nahm sie ganz entzückt an‹, schrieb Ernest, ›und revanchierte sich mit einer Zigarette.‹ Als die Zigarre explodierte, zog der Leibwächter alle vier Pistolen auf einmal. Unter Ryalls Anleitung revidierte Ernest rasch seine frühere Meinung über Benito Mussolini, den er jetzt als den ›größten Bluffer Europas‹ bezeichnete. Jeder Faschistenjüngling äffe seine wütenden Grimassen nach. In Lausanne erschien Mussolini mit seinem schwarzen Hemd und seinen weißen Gamaschen – was selbst bei einem Mann, der wie er ununterbrochen um dramatische Effekte bemüht war, einen jämmerlichen Eindruck machte. Ernest beobachtete mit Verach-

tung, wie Mussolini ›seine großen, runden afrikanischen Augen‹ auf die hübsche Reporterin Clare Sheridan richtete. Während einer Pressekonferenz saß er finster blickend hinter einem großen Schreibtisch und hielt ein aufgeschlagenes Buch in Händen. ›Ich ging auf Zehenspitzen um ihn herum, um zu sehen, welches Buch ihn so leidenschaftlich interessiere‹, schrieb Ernest. ›Es war ein französisch-englisches Wörterbuch, und er hielt es verkehrt herum.‹

Er hatte Hadley gedrängt, doch herunterzufliegen, sobald sie sich ›flügge‹ fühle. Die Aussicht, zwischen den schneebedeckten Bergen durchkurven zu müssen, war nicht sehr verführerisch. Sie entschied sich für den Zug. Aber diese Reise verlief für Hadley unter so quälenden Umständen und stand für Ernest unter einem solchen Unstern, daß sie keiner von beiden je in seinem Leben vergessen konnte. Sie wollte ihm in einer eigenen kleinen Reisetasche als Überraschung alle seine Manuskripte mitbringen, damit er um die Weihnachtszeit an ihnen arbeiten könne. Sie packte alles, was sie an Erzählungen oder Gedichten finden konnte, zusammen. Nur die Erzählungen ›Oben in Michigan‹, die in einer Lade verstaubte, und ›Mein Alter‹, die Steffens an den *Cosmopolitan* geschickt hatte, waren nicht darunter. Anschließend nahm sie ein Taxi zur Gare de Lyon und befahl einem Träger, ihr Gepäck in das Abteil zu bringen. Während dieser ganz kurzen Zeit wurde die Reisetasche mit sämtlichen Manuskripten gestohlen. Gelähmt vor Entsetzen setzte sie sich in den Zug.

›Ich hatte nie jemanden gesehen, der von irgend etwas – abgesehen von Tod oder unerträglichen Leiden – so schmerzlich betroffen war wie Hadley, als sie mir erzählte, es sei alles weg‹ (schrieb Ernest Jahre später). ›Sie weinte und weinte und konnte es mir nicht erzählen. Ich sagte ihr, ganz gleich, was auch immer Schreckliches passiert sei, es sei alles in Ordnung und sie solle sich nicht grämen. Schließlich erzählte sie es mir. Ich war davon überzeugt, daß sie nicht auch die Durchschläge hatte mitbringen wollen, und ich engagierte jemanden, der statt meiner Berichte an die Zeitung schicken sollte ... und nahm den Zug nach Paris. Es war tatsächlich so, wie Hadley gesagt hatte.‹

Am nächsten Tag besuchte er Gertrude und Alice. Sie versuchten ihn, so gut es ging, zu trösten und bereiteten ihm ›ein sehr feines Mittagessen‹. Er blieb bis zur Abfahrt des Zuges bei ihnen hocken, plauderte und las ›viel von Gertrudes neuem Zeugs‹. Im Zug setzte er sich in den Speisewagen, bestellte ein opulentes Essen und eine Flasche Beaune dazu, die er ganz allein austrank, während der Zug durch den Jura südwärts brauste. Es standen ihm ein tränenreiches Wiedersehen mit seiner Frau und die Wiederaufnahme der Hetzerei für die Agenturen bevor. In einer Art Trotzreaktion verfaßte er ein neues, sich an Ryallsche Lehrsätze anlehnendes Gedicht über die Lausanner Konferenz, in dem er kein Blatt vor den Mund nahm und alle Staatsmänner attackierte, von Lord Curzon ange-

fangen, dem man eine Vorliebe für Jünglinge nachsagte, über Mussolini mit seinen ›Nigger-Augen‹ bis zu dem rosawangigen amerikanischen Botschafter Richard Washburn Child, der zusammen mit seiner Frau als Repräsentant des amerikanischen Präsidenten Warren G. Harding gekommen war. ›Mrs. Child ist flachbrüstig‹, schrieb Ernest boshaft, ›und Mr. Child ist ein Idealist und schrieb Hardings Wahlreden.‹
Am Samstag, den 16. Dezember schloß er seine Arbeit für die Agentur ab, ließ sich sein Gehalt auszahlen, fuhr mit Hadley per Seilbahn zur Pension Gangwisch hinauf, trank dort heißen Grog mit Chink Dorman-Smith und tröstete sich über den Verlust seiner Manuskripte mit unzähligen Abfahrten im frisch gefallenen Pulverschnee hinweg. Eine seiner schönsten Weihnachtsüberraschungen war ein Brief von Agnes von Kurowsky:

›Nachdem ich mich von der Überraschung (über Deinen Brief) erholt hatte, habe ich mich so gefreut wie kaum zuvor in meinem Leben. Du weißt, es hatte stets einen bitteren Beigeschmack, wie unsere Freundschaft endete, besonders als mir nach meiner Heimkehr Elsie MacDonald den bösen Brief vorlas, den Du ihr über mich geschrieben hattest ... Dennoch habe ich immer gewußt, daß sich alles doch noch zum Guten wenden wird und Du einsehen wirst, daß es so das beste war, wie ich überzeugt bin, daß Du es jetzt glaubst, wo Du Hadley hast ... Wie stolz werde ich eines Tages sein ... sagen zu können: ‚O ja, Ernest Hemingway hab' ich während des Krieges gut gekannt.' Ich habe immer gewußt, daß Du eines Tages aus der Masse herausragen wirst, und es freut einen immer, wenn man sein Urteil bestätigt findet.‹

Rapallo und Cortina

Nachdem Isabelle Simmons, die Chinks Platz eingenommen hatte, nach Paris abgereist war, überlegten sich Ernest und Hadley, ob sie nach Rapallo weiterfahren sollten. Es war jene Stadt, in der Ezra Pound wegen der schlechten Pariser Luft jetzt lebte, während er an seinen ›Malatesta Cantos‹ arbeitete. Auch Mike Strater hatte sich mit Frau und Kind dort angesiedelt und malte Mittelmeerlandschaften. Ernest war der Ort schon aus der Zeit der Genueser Konferenz bekannt: das Glitzern des Lichts auf dem Wasser, die kleinen Boote in der Bucht und die Stuckvillen zwischen den grünen Bäumen auf den Abhängen oberhalb der Esplanade. Er könnte mit Mike boxen und mit den Pounds und den Straters gemischtes Doppel spielen. Das Hotel Splendide unten am Seeufer wäre billig und angenehm. Vielleicht würde er als Ersatz für die verlorenen sogar einige Erzählungen schreiben können.
Ezra drängte die Hemingways unablässig zu kommen. Er wollte Ernest

und Hadley auf einer Fußwanderung durch die Romagna mithaben. Grund des Ausflugs war der Besuch der Plätze, die mit der Entwicklung seiner Figur Sigismondo Malatesta in Verbindung standen. ›Da ich über Sigismondo nichts Genaues wußte‹, schrieb Ernest, ›und nicht den Wunsch hatte, schlecht zu essen und im Februar in ärmlichen italienischen Gasthäusern zu übernachten, um den Spuren einer historischen Gestalt zu folgen ... schob ich die Reise so lang wie möglich hinaus.‹
Er trödelte noch herum, bis der Schnee in Chamby zusammengeschmolzen war, das klare, kalte Wetter einer unangenehmen Feuchtigkeit Platz gemacht hatte und in der Schweiz nur mehr Regen und Ungemütlichkeit zu erwarten waren. Ein echter Abreisegrund war gegeben, als Hadley ihm gestand, sie erwarte ein Kind. Sie meinte, daß sie ihre erste Schwangerschaft in der warmen Mittelmeersonne weit besser überstehen würde. Schließlich ›lösten sie einen Scheck ein und begaben sich hinunter nach Montreux‹, stiegen in den Zug und fuhren durch den Simplon-Tunnel, entlang dem Ufer des Lago Maggiore über Stresa und Gallarate nach Mailand. Dort dinierten sie köstlich bei Campari, bevor sie nach Rapallo weiterreisten.
Anfangs war er von Ezras berühmtem Schlupfwinkel enttäuscht. Nach der würzigen Luft in den Bergen oberhalb von Montreux fiel ihm die Umstellung auf die feuchte Meeresluft schwer. Das Mittelmeer erschien ihm ›schwach und trüb‹, mit fingerbreiten Gezeiten und erbärmlichen Wellen, die auf dem Strand in ähnlicher Lautstärke aufklatschten wie ein Eimer Asche, der aus einem Leichterschiff gekippt wird. Drei Tage nach der Ankunft der Hemingways fuhr Ezra mit dem Versprechen weg, in ein oder zwei Wochen zurückzukommen. Mike Strater hatte sich einen Knöchel verstaucht und konnte weder boxen noch Tennis spielen. Ernest überprüfte die Fortschritte seiner Genesung zweimal täglich. Er war so begierig, Mike auf die Bretter zu schicken, daß er sogar behauptete, er gehe solange mit Hadley nicht ins Bett. Mike nützte die Gelegenheit, die beiden Hemingways zu porträtieren: Hadley im Dreiviertelprofil, mit dichtem, kastanienbraunem Haar, und Ernest im Profil, mit einem üppigen Schnurrbart und dunkelbraunem Haar, das ihm über die Ohren gewachsen war – was Hadley an Balzac erinnerte. ›Mike verpfuscht viele Bilder‹, sagte Ernest grob, ›aber er hat genug Geld, so daß es nichts ausmacht.‹
Was aber Ernest eine ganze Menge ausmachte, war seine äußerst magere schriftstellerische Ausbeute. Er beschäftigte sich lustlos mit einer Geschichte, die Fragment bleiben sollte und in der davon die Rede war, er und Hadley seien am glücklichsten im Bett, wo es keine Probleme gebe. ›Bettücher sind überflüssig, aber hübsch‹, schrieb er. ›Die großen Leintücher sind feucht. Schlafen ist gut. Oft lag ich die ganze Nacht wach. So war es vorher. Und so ist es nachher.‹ An Gertrude Stein richtete er einen Hilferuf. Er habe

ihre Ratschläge für das Schreiben zu befolgen versucht. Wenn sie noch etwas auf Lager hätte, wäre er glücklich, es zu erfahren. Er brauche etwas, um seine Kreativität anzukurbeln. ›Es war eine sehr schlechte Zeit‹, sollte er später über Rapallo schreiben, ›und ich glaubte nicht, jemals wieder schreiben zu können.‹

Gerade während dieses Tiefpunkts begegnete er Edward O'Brien, der in einem Bergkloster in den Hügeln über der Stadt als Pensionär lebte. O'Brien war neun Jahre älter als Ernest, ein schüchterner, sanfter Mann aus Boston, der einen Gedichtband mit dem Titel ›White Fountains‹ geschrieben hatte und seit dem Krieg als Herausgeber einer jährlich erscheinenden Anthologie der besten *short stories* des vergangenen Jahres fungierte. Er war ›blaß, hatte blaßblaue Augen und glattes, schlichtes Haar, das er sich selbst schnitt‹. Für ›The Best Short Stories of 1923‹ sammelte er bereits Material und fragte Ernest, ob er etwas bei der Hand habe. Ernest buddelte das zerknüllte Manuskript von ›Mein Alter‹ aus den Tiefen seines Koffers und zeigte ihm die Geschichte als Kuriosität – ›wie man törichterweise jemandem das Kompaßhäuschen seines Schiffes zeigen würde, das auf ganz unglaubliche Weise untergegangen war.‹ O'Brien nahm die Erzählung mit hinauf in das Kloster. Als er sie zurückgab, sagte er Ernest, er halte sie für eine prachtvolle Arbeit. Üblicherweise wählte er zwar nur Beiträge aus, die bereits in Magazinen erschienen waren, aber für ›Mein Alter‹ wollte er eine Ausnahme machen. Ernest traute kaum seinen Ohren. Endlich hatte er etwas geschrieben, das zwischen zwei harten Buchdeckeln erscheinen würde.

Ein anderer Rapallo-Besucher war Robert Menzies McAlmon, der schon einiges an Poesie und Erzählungen veröffentlicht hatte. Er war aus Kansas gebürtig und in Kalifornien aufgewachsen. Er war schlank, siebenundzwanzig Jahre und hatte kalte, blaue Augen und einen schmallippigen Mund. 1921 hatte er Annie Winifred Ellermann geheiratet, eine tolle Partie aus britischem Geldadel. Sie hatte unter dem Pseudonym Bryher auch schon einiges geschrieben. Seit seiner Heirat hatte er Geld wie Heu. Anscheinend hatte er damit vor kurzem den Verlag ›Contact Editions‹ gegründet. Er druckte bei Darantière in Dijon, und Sylvia Beachs Buchladen diente ihm als Vertriebsmöglichkeit. Er hatte verlauten lassen, die Manuskripte, die er verlegen wolle, müßten ›Individualität, Intelligenz, Talent, literarische Lebendigkeit ... den Geruch und das Timbre von Authentizität‹ besitzen. Als er die Hemingways und Straters in einem Restaurant in Rapallo kennenlernte, mußte er bei Ernest eine dieser Eigenschaften erst entdecken. Bisher hatte er von ihm nur beiläufig als von einem kanadischen Journalisten gehört und von Mike als einem Maler, der in Princeton studiert hatte.

Für Strater war er sofort Feuer und Flamme – ›ein einfacher und offener, sauberer junger Amerikaner, unprätentiös und wirklich bescheiden‹.

Not

Über Hemingway war er geteilter Meinung. ›Zeitweise gab er sich bewußt hartgesotten und unzugänglich‹, schrieb McAlmon später. ›Dann wieder spielte er den unschuldigen, sentimentalen, leicht verletzten, sanften, durch und durch empfindsamen Jungen, der versucht, erlittene Kränkungen nicht zu zeigen, und tapfer sein möchte, nicht verbittert oder zynisch – aber doch wieder beides zugleich ist – stets ein bißchen in der Defensive und voller Argwohn gegenüber dem Gesprächspartner in seinem forschenden, analysierenden Blick. Er betrat Cafés mit dem lässigen Gang eines halbstarken, harten Burschen, und wenn er Unbekannte traf, die er nicht einordnen konnte, schien ein verächtliches Knurren aus seinem breitlippigen, eher schwachen Mund zu kommen.‹ Wie sich auch ihre zukünftige Verbindung entwickeln sollte – es war klar, daß McAlmon Ernests legendärem Charme nicht vom ersten Augenblick an erlegen war.

McAlmon war schon wieder nach Paris zurückgefahren, als die Pounds wieder in Rapallo auftauchten. Ezra lieh Ernest ein Exemplar von T. S. Eliots gerade erschienenem ›Waste Land‹, das durch Ezras Ratschläge an seinen Freund Eliot sehr gewonnen hatte. Ernest fand zwar nichts an dem Buch, benutzte es aber als literarische Hilfe, als er die Spielereien zweier Katzen neben einem grünen Tisch im Hotelgarten beschrieb. ›Die große Katze steigt auf die kleine Katze‹, schrieb er, ›Sweeney steigt auf Mrs. Porter.‹ Er begann sich einige Notizen für eine Erzählung zu machen, die ›Katze im Regen‹ heißen sollte. Sie handelte von ihm selbst, von Hadley, dem Besitzer und dem Stubenmädchen des Hotel Splendide. ›Nur zwei Amerikaner wohnten im Hotel‹, so fing die Geschichte an. ›Von all den Leuten, die ihnen auf ihrem Weg in ihr Zimmer auf der Treppe begegneten, kannten sie niemanden. Ihr Zimmer war in der zweiten Etage mit dem Blick aufs Meer und auch auf die öffentlichen Anlagen und das Kriegerdenkmal... Die junge Amerikanerin stand am Fenster und sah hinaus. Grad unter ihrem Fenster hockte eine Katze unter einem der von Regen triefenden Tische.‹ Aber er war noch nicht imstande, die Story zu Ende zu schreiben, und er legte die Notizen für eine bessere Gelegenheit beiseite.

Ezra hatte auf seine geplante Wanderung nicht vergessen. Als Ernest schließlich die Waffen streckte, zogen sie an einem hellen Morgen mit ihren Frauen und Rucksäcken los. Hadley freute sich über die Abwechslung. Ezra war in Hochstimmung und hielt über alle Stationen ihrer Wanderung gelehrte Vorträge. Jeden Mittag packten sie im Schatten der Bäume, mit Blick auf die Weingärten und Olivenhaine, einheimischen Käse, Feigen und Wein aus und aßen unter freiem Himmel. Ihre Reiseroute führte sie nach Süden, nach Pisa und Siena. Da Malatesta neben seinem Mäzenatentum auch ein Feldherr gewesen war, wanderten sie bei Piombino und Ortobello über die Schlachtfelder des 15. Jahrhunderts. Ernest versuchte hier als lerneifriger Schüler militärischer Taktiken ›(Ezra) zu erklären, wie sich, mehr oder weniger, Malatestas Feldzüge abgespielt haben mußten«. Ezra untersuchte das Terrain am Meer, wobei seine Augen unter den zottigen Brauen hervorblitzten, dann nickte er weise und schritt mit seinem festen, weitausgreifenden Gang weiter. Nach Ortobello fuhren sie mit einem Zug bis Sirmione am Gardasee, wo sie sich trennten – die Pounds stiegen nach Rapallo um, und die Hemingways zweigten nach der Dolomiten-Stadt Cortina d'Ampezzo ab.

Weder Ernest noch Hadley waren je zuvor in Cortina gewesen. Es erinnerte sie beide an die Schweiz. Es herrschte kaltes, klares Wetter. Herrliche Schneehänge lagen, wo sich das Tal verbreiterte, vor ihnen, und die majestätischen Felsgipfel schienen in der Mittagszeit zurückzuweichen, um die Sonne hereinzulassen. In der winzigen Stadt schmiegte sich entlang der abfallenden Straßen ein Sammelsurium von schweizerisch anmutenden Häusern und Geschäften. Es gab zahlreiche Hotels, die in der Hochsaison zwischen Weihnachten und Februar von Wintersportlern überfüllt waren, jetzt aber mit Beginn des Frühlings ruhigen Zeiten entgegensahen. Sie wohnten im Hotel Bellevue im Zentrum der Stadt. Hadley lernte Renata Borgatti kennen, eine begabte Pianistin, mit der sie sich sowohl über Musik als auch über Kinder unterhalten konnte. Sie gingen mit ihren blauen Baskenmützen und derben Bergschuhen gemeinsam spazieren und einkaufen.

Die Bergluft verhalf Ernest bald wieder zu alter Schaffenskraft. Er verteilte seine Aktivität gleichmäßig auf Skihang und Schreibtisch. Jane Heap, die maskuline Mitherausgeberin der *Little Review*, hatte ihn aufgefordert, für die im April geplante ›Emigranten-Nummer‹ einen Beitrag zur Verfügung zu stellen. Er tüftelte schon an einer Reihe kurzer Prosaskizzen. Sie basierten nach Form und Idee auf dem halben Dutzend der ›Ich-habe-gesehen‹-Sätze, die er im vergangenen Jahr unter dem Titel ›Paris, 1922‹ verfaßt hatte. Nun versuchte er das Anwendungsgebiet zu erweitern, indem er kurze Sätze zu knappen Absätzen zusammenfügte. Jeder stellte das Endprodukt einer Streichorgie dar. Er überarbeitete jeden einzelnen mit großer Geduld, merzte überflüssiges Wortmaterial aus, feilte an jedem Satz, als handle es sich um eine Kamee, und entwarf so bewegungsreiche Miniaturen, die vermutlich im Kopf des Lesers wie kleine Granaten explodieren sollten.

Schließlich hatte er sechs Stück beieinander, die magische Zahl sechs, genausoviel wie die Gedichte, die Harriet Monroe herausgebracht hatte, und wie die Sätze, die er zu ›Paris, 1922‹ zusammengefaßt hatte. Außer für einen hatte er die Vorlagen für die Texte alle irgendwo aufgeschnappt. Zwei davon ahmten die knappe, Chink Dorman-Smith eigene englische Diktion nach, als er ihm über die Kämpfe um Mons erzählt hatte. Quelle für eine andere Geschichte war ein Zeitungsausschnitt über die Hinrichtung von sechs Kabinettsministern des griechischen Königs Konstantin, nachdem sie im vergangenen November des Verrats überführt worden waren. Ernest stellte einen Minister in den Mittelpunkt, der vom Typhus bereits tödlich gezeichnet war und in einer Wasserpfütze sitzend mit dem Kopf auf den Knien erschossen worden war. Er versuchte sich auch an einer Schilderung eines Stierkampfs, der auf das zurückging, was ihm Gertrude Stein und Mike Strater erzählt hatten. Der einzige Augenzeugenbericht war eine Version seiner Reportage über die griechischen Flüchtlinge in Adrianopel. Er hatte sie seit dem Entwurf, den Lincoln Steffens so überschwenglich gelobt hatte, gründlich überarbeitet.

Seine literarischen Arbeiten wurden Ende März durch eine Nachricht John Bones unterbrochen, er solle für den *Star* eine Artikelserie über die deutsch-französische Auseinandersetzung in dem von Unruhen geschüttelten Ruhrgebiet schreiben. Ernest packte seine Miniaturen zusammen, ließ Hadley bei Renata Borgatti zurück und setzte sich in den Zug nach Paris. Das Wetter war dort miserabel, und die Wohnung kam ihm sehr trist vor. Er legte die Skizzen Jane Heap vor und schrieb seinem Vater nach Oak Park, daß er wieder einmal auf dem Weg nach Deutschland sei. Im vergangenen Jahr war er ungefähr sechzehntausend Kilometer gereist – sechsmal Schweiz, dreimal Italien, einmal Konstantinopel, einmal Schwarzwald, einmal rheinabwärts. Sobald sein derzeitiger Auftrag erfüllt sei, wolle er wieder zu Hadley nach Cortina zurück, diesmal aber mit der Angelrute statt mit den Skiern.

Die zehn Artikel, die Ernest von Ende März bis Anfang April für den *Star* schrieb, umfaßten ungefähr zwanzigtausend Wörter. Zusammen repräsentierten sie Ernests stärkste Bemühungen um eine politische Analyse und Darstellung, seit er für John Bone zu arbeiten begonnen hatte. Die ersten drei Artikel wurden von Paris abgeschickt, wo er Politiker und Staatsmänner interviewt hatte. Er entdeckte dabei eine starke unterschwellige Opposition gegen die französische Besetzung des Ruhrgebiets. Er wußte, noch bevor er über die deutsche Grenze kam, daß die Zeiten sehr schlecht waren. Die deutschen Arbeiter lehnten sich noch immer erbittert auf – viele waren Kommunisten, und in den verrußten Straßen von Düsseldorf und Essen brodelte der Haß. Ernest schloß seine Deutschlandtournee in Köln bei Chink Smith ab. Die Verhältnisse waren dort noch immer so gefährlich, daß Chink darauf bestand, ihm ein Geleitschreiben mitzugeben, das ihm auf der Rückreise nach Paris dienlich sein sollte.

Als Ernest Mitte April nach Cortina zurückkehrte, war der Schnee fort, die Skiläufer waren verschwunden, und die Bobschlitten verrosteten in Gestellen auf der Veranda des Hotels ›Concordia‹. In der Nähe legten gerade Arbeiter in verstaubten Overalls die Fundamente für ein neues Hotel. Wieder einmal bekam Ernest durch die gesunde Höhenluft ungeheuren Appetit aufs Schreiben. Die erste längere Erzählung, an der er sich seit dem Diebstahl seiner Manuskripte versuchte, gelang ihm gut. Sie hatte fast autobiographische Züge und hieß ›Schonzeit‹. Die Figuren waren ein junges Ehepaar und ein heruntergekommener Dorfbewohner namens Peduzzi. Ernest sprach später von einer sehr einfachen Erzählung. Das war sie sicher nicht. Und sie war auch von niemandem beeinflußt wie ›Mein Alter‹. In ihrer Art war sie der Ausgangspunkt für die besten Arbeiten seiner weiteren Schriftstellerlaufbahn.

Mit dieser Geschichte entdeckte er tatsächlich zum ersten Mal die unbegrenzten Möglichkeiten einer neuen Erzähltechnik. Sie bestand darin, zwei verschiedene, aber innerlich miteinander verbundene Wahrheiten gleichzeitig zu entwickeln, genauso wie ein Dichter bei einer guten Metapher vorgeht. ›Schonzeit‹ beschäftigte sich in gleicher Intensität mit dem Verhältnis des jungen Mannes zu seiner Frau Tiny wie mit der übertriebenen Beharrlichkeit, mit der Peduzzi den jungen Mann auf die Beachtung der örtlichen Fischereigesetze hinwies. Peduzzi war in Wirklichkeit ein alter, stets besoffener Kerl, den der ganze Ort verachtete. Er erhängte sich in einem Stall, nachdem Ernest sich beim Hoteldirektor beschwert und seine Entlassung erreicht hatte. Ernest baute den Selbstmord nicht in die Erzählung ein. Er entwickelte eine ›neue Theorie, nach der man alles weglassen konnte, wenn man es bewußt tat, und das Weglassen die Geschichte verstärkte und man dadurch die Leser mehr fühlen ließ, als sie verstanden‹. Diese Theorie funktionierte im Fall von ›Schonzeit‹ gar nicht. Peduzzi erscheint als Tölpel und nicht als potentieller Selbstmörder. Ein Kunstgriff, den Ernest nicht erwähnte – das metaphorische Ineinanderfließen von emotionalen Stimmungen – verlieh der Erzählung ihren beachtlichen Rang. Die erste erfolgreiche Anwendung seiner Theorie war das wichtigste ästhetische Ereignis in Ernests frühen Schriftstellerjahren. Darin und nicht in den platten und phantasielosen Versen, auf die er so stolz zu sein schien, sollte seine wahre poetische Begabung noch öfter in Erscheinung treten.

Iberien

Spanien war das einzige romanische Land, das Ernest noch nicht in- und auswendig kannte. Seine flüchtigen Kurzaufenthalte in Algeciras 1919 und in Vigo 1921 konnte man wirklich nicht zählen. Eine seiner Miniaturen in der *Little Review* hatte einen Matador beschrieben, der von einem Stier auf die Hörner genommen wird, aber er hatte so etwas bisher nie gesehen. Nun wollte er wissen, wie es tatsächlich in den spanischen Stierkampfarenen zuging. Er begann, Bill Bird und Bob McAlmon seinen Plan schmackhaft zu machen. Bob hatte massenhaft Geld und war bereit, die Reise zu finanzieren. Mit Mike Strater gingen sie in ein schwedisches Restaurant essen, um eine Reiseroute auszuarbeiten. Mike brachte Ernest auf die Palme, weil

Not

er Sevilla wie ›Theviija‹ und Madrid wie ›Madriith‹ aussprach. Auf der Rückseite einer Speisekarte machte er eine Skizze mit Kreuzen, die Burgos und Madrid, Cordoba und Granada, Sevilla und Ronda markieren sollten.
›Wo zum Teufel ist Ronda?‹ fragte Ernest.
›Ja‹, sagte Mike, ›es liegt auf dem Weg nach Süden an einer Art großem Canyon und soll eine der tollsten Städte Spaniens sein.‹
›Und wo kommt man da unter?‹
›Ich weiß es nicht‹, sagte Mike, ›ich war noch nie dort.‹
Mike hatte Ernest seit ihrer ersten Begegnung bei Ezra Pound freundlich behandelt. Aber Ernest fing schon an, mit einem Anflug von Spott auf ihn herabzusehen. Genauso, wie es mit Bill und Y. K. Smith angefangen hatte. Jetzt beobachtete er Mike über den Restauranttisch hinweg. Sein Hals kam ihm zu lang vor, seine Kinnladen schienen irgendwie verzogen, und Nase und Mund hätten zu einem Reformator gepaßt. Das schlimmste war, daß er über etwas redete, das er nicht kannte, und sich obendrein eines falschen spanischen Akzents bediente.
Bob und Ernest fuhren mit der Eisenbahn nach Süden. Bill sollte erst später in Madrid zu ihnen stoßen. Irgendwo zwischen Paris und Bayonne blieb der Zug neben einem Güterwagen stehen, auf dem ein Hundekadaver lag. Er wimmelte von Maden, und McAlmon sah angeekelt weg. Ernest bemerkte es und begann ihm einen Vortrag zu halten, wie nötig es sei, der Wirklichkeit ins Auge zu sehen, einerlei wie häßlich sie ist. ›Verdammt, Mac‹, sagte er, ›du schreibst wie ein Realist. Willst du am Ende ein Romantiker werden?‹ McAlmon mochte Ernests spöttischen Ton und die Pose des allwissenden Veteranen gar nicht. Verfaulende Körper waren für ihn nichts Neues. Er hatte schon genug, sowohl menschliche wie tierische, gesehen, als er im New Yorker Hafen auf einem Holzkahn gearbeitet hatte. Er ließ Ernest allein im Abteil und ging in den Speisewagen, um seine Wut mit einem ordentlichen Drink hinunterzuspülen.
Als Bird in einer in der Calle San Jerónimo gelegenen Stierkämpferpension zu seinen Freunden stieß, benahm sich Ernest schon wie ein Novize eines Geheimordens und schmiedete Pläne, mit einer Gruppe von Matadoren eine Reise durch Andalusien zu machen. Als sie in einer der zweitrangigen Arenen Madrids eine Novillada besuchten, sprach er von nichts anderem als vom Mut der Stiere und Männer. Er wiederholte ununterbrochen, daß Ausländer zu Unrecht meinten, Stierkämpfe seien etwas Brutales. Jede Corrida sei ›eine große Tragödie‹. Zuzuschauen sei, als ob man in einem Krieg auf einem Logenplatz säße.
Sie sahen ihren ersten größeren Kampf am Fronleichnamsfest in Sevilla. Sie waren sich einig, das Aufschlitzen der Pferde durch die Hörner des Stiers könnte abstoßend auf sie wirken, und hatten sich deswegen mit Kognak gestärkt. Als der erste Stier einen Picador und sein Pferd umwarf,

sprang McAlmon mit einem Aufschrei von seinem Sitz auf. Ernest strafte ihn mit einem Blick der Verachtung.

›X. Y.‹, schrieb er später, ›27 Jahre alt, Amerikaner, Universitätsbildung, ist als Junge auf dem Land geritten. Nahm zu seinem ersten Stierkampf eine Feldflasche mit Kognak mit – kippte mehrere Kognaks in der Arena; als der Stier den Picador angriff und das Pferd traf, zog er plötzlich hörbar den Atem ein, nahm einen Schluck Kognak und wiederholte das bei jedem Zusammenstoß zwischen Stier und Pferd. Schien auf der Suche nach starken Eindrücken. Bezweifelte die Ehrlichkeit meiner Stierkampfbegeisterung. Erklärte, es sei Pose. Er verspürte keinerlei Enthusiasmus und erklärte, niemand könne von so etwas begeistert sein ... Macht sich aus keinem Sport etwas. Macht sich nichts aus Glücksspielen. Vergnügungen und Beschäftigung: Trinken, Nachtleben und Klatsch. Schreibt. Reist herum.‹

Das Nachtleben Sevillas langweilte Ernest. Sie sahen sich einige Flamencos an, bei denen breithüftige Frauen zu Gitarrenklängen mit den Fingern schnippten und die Tänzer begannen, mit den Beinen zu stampfen und in ein langgezogenes Zigeunergeheul auszubrechen. ›Um Himmels willen, noch mehr Flamingos!‹, pflegte er zu sagen. Er gab keine Ruhe, bis sich Bird und McAlmon einverstanden erklärten, nach Ronda weiterzufahren. Es war sogar noch schöner, als es Mike vorausgesagt hatte – ein toller Ort mit einer alten Stierkampfarena hoch oben in den Bergen über Malaga. Die Schlucht wirkte wie aus einem Gemälde Salvator Rosas herauskopiert. Zwischen den überhängenden Felsen nisteten Dohlen, die sich jedesmal in der Dämmerung in den rosafarbenen Abendhimmel erhoben und ihre Kreise zogen. Mit Ausnahme Madrids schien Ernest Ronda die schönste Stadt Spaniens zu sein.
Dann fuhren sie nach Granada zu einer Novillada, die buchstäblich ins Wasser fiel. Dabei wurde sich Bill der immer stärker werdenden Entfremdung zwischen Hemingway und McAlmon bewußt. Er konnte nicht umhin, hauptsächlich Ernest dafür verantwortlich zu machen. Bobs Haltung war nur gleichgültig oder schlimmstenfalls geringschätzig, aber Ernest benahm sich oft ›grob beleidigend‹. Als sie eines Abends von einem Besuch der Zigeunerhöhlen zurückkehrten, stellte Bill Ernest zur Rede. Bob habe die Zeche bezahlt und den Scotch gekauft. Ernest habe nicht das Recht, die Hand, die ihn freihielt, zu beißen. Aber Ernest lachte nur bitter. ›Du weißt‹, sagte er zu Bill, ›von dir würde ich alles annehmen.‹ Bill schien dies Erklärung jedoch nicht befriedigend.
McAlmons Haut war offensichtlich sehr viel dicker als die von Bird. Kurz nach ihrer Rückkehr nach Paris verlautbarte er seine Absicht, Ernests erster Verleger zu werden. Er gab einen zweiseitigen Prospekt heraus, in dem er

die ersten Bände der ›Contact Editions‹ ankündigte. Darunter waren Gedichtbände von William Carlos Williams, Mina Loy und Marsden Hartley, von McAlmon selbst ein Band mit dem Titel ›Post-Adolescence‹ und ein Erzählband von Ernest Hemingway. Ernest konnte nur mit drei Erzählungen dienen – ›Oben in Michigan‹, ›Mein Alter‹ und die neue aus Cortina, ›Schonzeit‹. Aber es gab ja noch die Gedichte. Ernest gefiel sich offensichtlich als Dichter, und McAlmon sah keinen Grund, warum die erste Buchveröffentlichung neben der Prosa nicht auch Gedichte enthalten sollte.
Da Ernests Gesamtproduktion nun bei McAlmon verlegt werden sollte, schaute Bill Bird durch die Finger, und es blieb nichts für den in Pounds Reihe ›Untersuchungen‹ vorgesehenen sechsten Band der ›Three Mountains Press‹. Bird brachte ein kleines, auf der Handpresse gedrucktes Flugblatt heraus, auf dem einfach ›Unbeschriebenes, von Ernest Hemingway‹ stand. Es war nun an Ernest, den leeren Raum zu füllen. Bill gefielen die sechs experimentellen Miniaturen, die Jane Heap in der *Little Review* abgedruckt hatte, und auch wegen der Länge gab es keine unüberwindlichen Probleme. Wenn Ernest noch zwölf solche Miniaturen zusammenbrächte, so würde das ganze zusammen mit den ersten sechs einen beachtlichen kleinen Band ergeben, der auf handgeschöpftem Papier und in einer begrenzten Auflage von dreihundert Exemplaren aufgelegt werden könnte.
Ernest sprach davon, wieder nach Spanien zu fahren, um noch mehr authentisches Material zu sammeln. Gertrude Stein empfahl Pamplona, eine auf einer goldgelb leuchtenden Hochebene im Baskenland Navarra gelegene Stadt. Anfang Juli jeden Jahres wurde dort die ›Fiesta von San Fermin‹ gefeiert. Sie dauerte eine Woche, und es gab dort die besten Matadore und die tapfersten Stiere ganz Spaniens zu sehen. Hadley wollte unbedingt hin. Denn sie war sich mit Ernest einig, daß die Stierkämpfe das Kind in ihrem Schoß besonders robust machen müßten. Außerdem würden sie der Enge der Wohnung und dem ständigen Musikgedröhn vom Bal Musette herauf für einige Zeit entfliehen können. Den ganzen Juni träumte Ernest bei seinen Spaziergängen über die regennassen Boulevards von der Sonne Spaniens. Er hatte sogar die Idee, einen jungen Stier mit zurückzubringen, ›um damit Veronicas üben zu können‹.
Weder Hadley noch Ernest beherrschten die Sprache oder wußten etwas über den Norden Spaniens. Sie hatten auch keine Ahnung, was sie am 6. Juli in Pamplona erwartete. Die Fiesta wurde mit einem Riesenfeuerwerk eingeleitet. Es folgt eine lärmerfüllte Woche, in der getrunken und getanzt wird, in der es religiöse Prozessionen und in den Kirchen Hochämter gibt und jeden Nachmittag die Stierkämpfe stattfinden. Jeden Morgen bei Sonnenaufgang weckte Ernest Hadley, um mit ihr zuzusehen, wie die aus ihrem Pferch losgelassenen Stiere auf den gepflasterten Straßen gute zwei Kilometer bis zu den Ställen auf der Plaza de Toros hinuntergaloppierten.

Iberien

Vor den Stieren rannten alle jungen Leute Pamplonas, um den Menschenmassen, die sich in tiefen Spalieren entlang des Weges drängten, zu imponieren. Gegen Abend kamen die Riau-Riau-Tänzer – Männer in blauen Hemden mit roten Halstüchern, die durch die Straßen und Plätze schwärmten, sich wiegten und sich hinter Querflöten, Trommeln und Pfeifen herschoben. Das Fest erreichte jeden Nachmittag bei den Stierkämpfen seinen Höhepunkt. Fünf der besten Matadore Spaniens wurden in den ersten fünf Tagen von den Stieren aufgespießt.
›Bei Gott‹, sagte Ernest, ›in dieser Stadt gibt's Stierkämpfe!‹ Die Villar-Stiere waren schnell und tapfer und hatten Hörner wie Schwertklingen. Unter den Matadoren schenkte er zweien sein besonderes Augenmerk. Der eine war Nicanor Villalta, aus Aragon stammend, groß wie ein Telefonmast, tapfer wie ein Löwe und mit einem so langen Hals, daß er einen besonderen Stil entwickeln mußte, um nicht komisch zu wirken. Der andere war Manuel García, genannt Maëra – ›dunkel, schmalhüftig, unheimlich blickend... arrogant, nachlässig und finster‹. Er war auch ›freigebig, humorvoll, stolz und bitter; er war ein großes Lästermaul und ein Trunkenbold... Er tötete leidenschaftlich gern Stiere und lebte mit viel Leidenschaft und Genuß.‹ Ernest und Hadley wollten ihr Kind, sollte es ein Sohn werden, Nicanor Villalta nennen. Aber es war Maëra, dem Ernest das höchste Attribut zuteilte, das er zu vergeben hatte: era muy hombre.
Ernests wichtigstes Mitbringsel aus Pamplona war seine Erinnerung an die Stierkämpfe, während Hadley eine böse Erkältung mit nach Hause schleppte. In Paris wurde sie so blaß, daß er sich um sie ernste Sorgen zu machen begann. Er hatte aber auch Sorgen mit sich selbst. Bisher hatte er sich nur einige Notizen über die Kurzgeschichten machen können, die er für das bei der ›Three Mountains Press‹ geplante Buch zu schreiben beabsichtigte. Jeder Tag zerrann ihm mit häuslichen Trivialitäten buchstäblich zwischen den Fingern. Morgens kaufte er Gebäck, kochte Kaffee, fütterte das neue Hündchen, leerte die Eimer mit dem Abwaschwasser aus, machte die Küche sauber und fand endlich, wenn er Glück hatte, noch vor dem Mittagessen eine Stunde zum Schreiben. In den Nächten lag er wach und machte sich über seine Arbeit Sorgen. Hadley indessen bekam wie alle schwangeren Frauen auf die ausgefallensten Dinge Appetit. Eines Nachts wälzte sich Ernest schlaflos bis zum Morgengrauen in seinem Bett. Endlich eingeschlafen, weckte ihn Hadley auf und teilte ihm mit, sie habe eine irrsinnige Lust auf Waffeln und Zuckermelonen. Ernest stieg wütend aus dem Bett, um den Morgenkaffee zu kochen. Die Sätze für eine neue Geschichte begannen bereits in seinem Kopf Gestalt anzunehmen. Aber sie entfielen ihm wieder, während er sich mit praktischen Verrichtungen im Haushalt abplagen mußte. Die Zeit, so schien es ihm, flutete über ihn hinweg. In einem Monat würden sie schon auf dem Schiff nach Kanada sein. Denn Hadley wollte das Baby auf amerikanischem Boden zur Welt bringen. Er ließ bei

seinen Freunden durchblicken, er sei weder auf seine Vaterschaft noch auf Kanada besonders neugierig. Eines Tages saß er im Büro von Guy Hickok nachdenklich am Fenster, während Guy mit einem Bekannten über Geburtenkontrolle diskutierte. ›Es gibt kein sicheres Verhütungsmittel‹, meinte er und blickte düster auf die anderen. Aber während der ganzen Zeit zwischen Ende Juli und Anfang August mühte er sich mit einer Reihe von neuen Miniaturen für Bill Birds kleinen Band ab. Das Material für zwei davon stammte aus dem amerikanischen Mittelwesten: in einer wird ein Desperado namens Sam Cardinella in Chicago gehängt, in der anderen ermordet ein irischer Polizist in Kansas City zwei Diebe, die in ein Zigarrengeschäft eingebrochen waren. Zwei weitere Geschichten bezogen sich auf den Krieg in Italien. Eine handelte von einem jungen Amerikaner, Nick, und einem Italiener, Rinaldi, die verwundet in Fossalta-di-Piave liegen. Die andere war eine Schilderung von Ernests Mailänder Liebesromanze mit Agnes und schloß mit einem Bericht über seine Heimkehr und ihren Abschiedsbrief. Damit schrieb er sich die letzten Reste seines Grolls von der Seele. Es gab noch eine andere Skizze über eine zufällige Begegnung mit einem jungen ungarischen Kommunisten 1919 in Italien. Der Kameramann Shorty Wornall hatte ihm nach ihrer Begegnung in Adrianopel von einem sehr zwanglos verlaufenden Interview mit dem griechischen König im Park des Athener Königspalastes erzählt. Das kam ihm gerade für eine andere lakonische Anekdote recht. Wie alle Griechen hatte auch der König davon gesprochen, gerne nach Amerika kommen zu wollen.

Aber die restlichen fünf Miniaturen entsprangen alle Ernests neuen Beobachtungen über den spanischen Stierkampf. Die erste handelte von einem Pferd, das von einem Stier aufgespießt worden war und nun mit einem blauen Klumpen heraushängender Eingeweide in einen kurzen, ruckartigen Galopp fiel. Dann verfaßte er ein sehr anschauliches Porträt eines unglücklichen Matadors, der beim Publikum in Ungnade gefallen war, ein anderes über einen verantwortungslosen mexikanischen Torero, der sich vor einem Stierkampf betrinkt und in den Straßen von Pamplona tanzt. Zwei der besten Skizzen machten Ernests erst jüngst erkorene Helden unsterblich: Villalta und Maëra. Die erste schilderte Villaltas Perfektion beim Töten des Stieres. Die zweite war ein imaginärer Bericht, wie Maëra von den Hörnern eines Stiers durchbohrt wird und den Tod findet. Es war ein seltsames Experiment, da Maëra noch quietschlebendig herumlief. Viele Monate, nachdem Ernests Schilderung schon erschienen war, kämpfte er noch mit seiner gewohnten Brillanz. Als er schließlich starb, geschah es nicht in der Arena, sondern in einem Krankenbett an galoppierender Schwindsucht.

Der Großteil dieser Skizzen war an dem heißen Sonntagnachmittag des 5. August entstanden, am selben Tag, als ein Bote zu Ernests Wohnung hinaufkeuchte. Das Paket, das er abgab, enthielt die Korrekturfahnen und den Einbandentwurf der ›Contact Edition‹ von Ernests ›Three Stories and Ten

Poems‹. Es war ein denkwürdiger Tag. Ernest riß das Paket auf und durchflog gleich den Text. Bestürzt war er nur über den dürftigen Umfang der Publikation. Es fiel ihm auf, daß man sie mit Leerseiten am Anfang und Schluß leicht aufblasen hätte können. Er nahm sich zum Vergleich einige Bücher aus seinem Regal. Dos Passos' ›Drei Soldaten‹ begannen gar mit acht Leerseiten. Max Beerbohms ›Seven Men‹ und Flauberts ›Madame Bovary‹ wiesen je vier auf. Ernest nahm das Buch mit zu Gertrude Stein und zeigte es ihr. Sie war wie er der Meinung, das ganze Inhaltsverzeichnis solle auf die Vorderseite des Einbands gedruckt werden, und zwar in einer gut lesbaren, schwarzen, fetten Schrift. Ernest hoffte noch vor seiner Abreise nach Kanada auf gebundene Exemplare. Er tippte einen zweiseitigen Brief an McAlmon, der mit Randnotizen und Postskripta versehen war. Dann schickte er das epochemachende Päckchen an den Drucker nach Dijon zurück.
Zehn Tage später war es Zeit zum Aufbruch. Sie packten ihre Koffer, gaben den jungen Hund in die Obhut eines Nachbarn und verabschiedeten sich von Gertrude und Alice, den Straters, den Hickoks und den Pounds. Alle redeten ihm zu, doch sobald das Baby die Reise überstehen würde wieder nach Paris zurückzukommen. Ezra nahm Hadley in einem ruhigen Moment auf die Seite, um mit ihr über die Zukunft zu sprechen. ›Versuche nie, Hem zu ändern‹, sagte er. ›Die meisten Frauen versuchen, ihre Ehemänner zu ändern. Bei ihm wäre es ein schrecklicher Fehler. Wenn du aus Kanada mit einem Baby zurückkommst, wirst du nicht mehr dieselbe sein. Die Ansichten der Frauen werden milder, sobald sie Mütter werden.‹ In ihrem hochschwangeren Zustand blickte Hadley mit ernsten Augen auf Ezra. Sie hatte ihn nie sehr gemocht. Sie fand ihn zu despotisch, zu schulmeisterlich. Aber sie sollte sich an seine zum Abschied gegebene Mahnung ihr ganzes Leben lang erinnern.

KAPITEL IV

Sonnenaufgang

Die Geburt des Sohnes

Obwohl sich die Hemingways nun für ein Jahr in ein Ghetto versetzt fühlten, wurden sie, als sie in Quebec von dem Cunard-Linienschiff ›Andania‹ an Land stiegen, von einer Welle herzlicher Gastfreundschaft empfangen. Es erwartete sie eine Nachricht von John Bone, der sich über Ernests Heimkehr hocherfreut zeigte, und eine andere von Greg Clark, der ›Dear Old Hemmy‹ im ›Land der Forellen, des Rotwilds und der Ebenen‹ willkommen hieß. Seine Frau und er seien sehr neugierig, Hadley kennenzulernen. ›Das Blatt braucht Dich dringend‹, schrieb Greg, ›und Du wirst eine Stellung haben, die Dir erlaubt, Dich richtig in die Arbeit zu stürzen und Deinen Namen in den Himmel zu schreiben.‹
Aber Greg irrte sich. Als Ernest am 10. September zur Arbeit erschien, mußte er feststellen, daß sein neuer Boss Harry Hindmarsh hieß, der Chef der Lokalredaktion des *Daily Star*. Hindmarsh war ein großer, breitschultriger Mann mit ganz kurz geschnittenem Haar, ein strenger, selbstbewußter Vorgesetzter. Er meinte, Hemingway sei bisher eine Stufe zu hoch gerutscht und könne einen kleinen Schuß vor den Bug vertragen. Darum entschied er, daß Ernest nicht nur keine eigene Spalte mehr bekommen, sondern auch außerhalb der Stadt eingesetzt werden sollte. Einer seiner ersten Jobs nach dieser Degradierung war die Geschichte eines entsprungenen Sträflings in Kingston, Ontario.
Hadley wartete ihre Zeit in der Pension Selby in der Sherbourne Avenue ab. Der Arzt stellte fest, das Baby sei nicht vor Ende Oktober oder Anfang November zu erwarten. Die Connables lebten noch immer in der Lyndhurst Avenue, wo Ernest 1920 zu Gast gewesen war. Die Clarks waren den Hemingways behilflich gewesen, in einem Cedarvale Mansions genannten Neubau eine Wohnung zu finden, die im Stadtteil der Connables in der Bathhurst Avenue Nr. 1599 gelegen war. Sie zogen Ende September ein. Dr. Hemingway ließ die Hochzeitsgeschenke hinschaffen, die in Oak Park aufbewahrt worden waren. Gemälde des Franzosen Masson und des Japaners Kumae lehnten an den Wänden und warteten darauf, gelegentlich von Ernest aufgehängt zu werden. Sie hatten ein südseitiges, sonniges

Die Geburt des Sohnes

Zimmer, mit Blick auf den Hohlweg hinter dem Grundstück der Connables, und ein einziges Schlafzimmer mit einem ausziehbaren Bett.
Ernest sah gesund und gut aus, aber Paris fehlte ihm. Bill Bird war noch immer damit beschäftigt, Ernests Miniaturen-Manuskript mit der Hand zu setzen. Kürzlich hatte er mit der Idee gespielt, jede Seite mit einer aus Zeitungspapier bestehenden Leiste einzurahmen. Es sollte, sorgfältig ausgewählt, zugleich als Dekoration und als Illustration dienen. Was könnte besser zu dem Buch eines jungen Journalisten passen? Selbst der vorgeschlagene Titel spiegelte Ernests nahes Verhältnis zur Zeitgeschichte: man würde es ›in our time‹ nennen. Pound schickte ihm Bill Birds Brief nach und setzte selbst ein Postkriptum dazu:

> Für Dne
> Bil- oder
> Nichtbil-ligung
> R. S. V. P. –
> romptest.

Hindmarsh schickte Ernest in das Sudbury Basin nördlich der Georgian Bay, um für eine Bergbau-Story zu recherchieren, da dort erst kürzlich Anthrazitadern gefunden worden waren. Ernest nahm die letzten drei Nummern der *Pictorial Review* mit auf die Reise, da darin gerade Joseph Conrads Roman ›Der Freibeuter‹ abgedruckt wurde. Er gab pflichtbewußt einige Berichte über die Lage im Bergbau zur Post und zog sich dann auf sein Zimmer im Nickel Range Hotel in Sudbury zurück, um sich Conrad zu Gemüte zu führen. ›Als der Morgen kam‹, schrieb er, ›hatte ich meinen ganzen Conrad wie ein Betrunkener ausgelesen. Ich hatte gehofft, daß er für die ganze Reise ausreichen würde, und fühlte mich wie ein Jüngling, der sein ganzes Erbteil vergeudet hat. Aber, so dachte ich dann, er wird noch mehr Stories schreiben. Er hat noch viel Zeit.‹
Der nächste Auftrag führte Ernest nach New York, wo er über die Ankunft des britischen Premierministers David Lloyd George und seiner Tochter Megan berichten sollte. Er überließ Hadley der Obhut der Connables und Clarks und setzte sich Anfang Oktober in den Zug. Er hatte New York seit beinahe zwei Jahren nicht mehr gesehen und war von der Schönheit der Wolkenkratzer am Broadway und in der Wallstreet sehr beeindruckt. Aber er hätte nicht um viel Geld dort leben wollen. Die City war voll von den ›verfluchtest aussehenden Leuten‹, die er niemals lächeln oder lachen sah. Einer der befremdendsten war ein religiöser Fanatiker, der vor der Börse mit Kreide gelbe und rote Zeichen auf den Gehsteig malte. Ernest blieb stehen und mischte sich unter die Laufburschen, die zuhörten.
›Er sandte seinen eingeborenen Sohn, um am Kreuz zu sterben‹, schrie der

Fanatiker. ›Er sandte seinen eingeborenen Sohn, um dort zu hängen und zu sterben.‹

›Machte es dem Jungen ganz schön schwer‹, meinte einer der Laufburschen.

Isabelle Simmons, seine Nachbarin aus Oak Park, der er im Januar in Chamby das Skifahren beigebracht hatte, arbeitete jetzt am Barnard College. Ernest erwischte sie eines Morgens, als sie gerade von einer Vorlesung kam. Er würde beim Eintreffen des britischen Staatsbesuchs ihre Hilfe brauchen. Seiner Vorstellung nach sollte sie den weiblichen Part übernehmen und Megan interviewen. Isabelle stimmte widerstrebend zu, zusammen mit den anderen weiblichen Journalisten ihre vorbereiteten Fragen zu stellen, und gab die Antworten dann an Ernest weiter. Der war überzeugt, daß man Megan nur mitgenommen hatte, um einen heiratsfähigen amerikanischen Millionär zu angeln. Er hatte Lloyd George schon bei der Lausanner Friedenskonferenz erlebt, und seine Meinung über den Premier war stark von Ryalls Ansichten gefärbt, der ihn als streitsüchtig, temperamentvoll und bösartig einstufte. Er verfaßte über den Aufenthalt des berühmten Mannes ein halbes Dutzend Artikel, aber verabsäumte es, etwas über die Begrüßungsrede des Abgeordneten und Bürgermeisters von New York, Hulbert, zu erwähnen, der dem Besucher recht grob die jüngsten Fehler Großbritanniens vorgehalten hatte. Die New Yorker Blätter brachten den Vorfall groß heraus und rückten damit die Berichterstattung des *Toronto Star* in ein recht schlechtes Licht. J. E. Atkinson, der Herausgeber des *Star*, rief wütend den Nachtredakteur an, er solle Hemingway augenblicklich von der Berichterstattung über den Staatsbesuch dispensieren. Aber Ernest befand sich in einem Sonderzug bereits auf dem Heimweg.

Er war noch unterwegs, als am späten Abend des 9. Oktober Hadleys Geburtswehen einsetzten. Mrs. Connable nahm sich ihrer an und verfrachtete sie ins Spital. Das Kind wurde am folgenden Tag um zwei Uhr morgens geboren. Es war ein Knabe, etwa 3,75 kg schwer, mit dunkelbraunem Haar wie Ernest und weit auseinanderstehenden blauen Augen: ein richtiger kleiner Torso mit einer Hemingway-Nase. Ernest eilte gleich am Morgen um neun Uhr hin, um das Baby zu begutachten. Er meinte zu Hadley, die Nase verleihe dem Kind eine starke Ähnlichkeit mit dem spanischen König. Selbst im Namen, den sie wählten, wurden spanische Reminiszenzen wach: John Hadley Nicanor Hemingway, zu Ehren seiner Mutter und des Matadors Villalta. Das einzige Ärgernis an der ganzen Angelegenheit stellte Hindmarsh dar, dem sie beide die Schuld in die Schuhe schoben, daß Ernest gerade zur schlechtest passenden Zeit nach New York hatte fahren müssen. Hadley schickte Isabelle Simmons ein Briefchen, in dem sie sich bitter beklagte, daß sie das Kind ohne ›die herzerwärmende Anwesenheit meines Tiny‹ zur Welt hatte bringen müssen. Im Spital angekommen, schrieb Hadley, sei Ernest ›für eine Weile vor Müdigkeit und Erschöpfung‹

zusammengebrochen, aber danach habe er sich sehr ›süß‹ benommen. Am 11. Oktober sei er ›von einem der Grobiane im Büro angebrüllt‹ worden, weil er sich vorher nicht beim *Star* zurückgemeldet hatte. ›Izz‹, schrieb Hadley, ›ich glaube, wir werden gleich abreisen, sobald ich wieder halbwegs auf den Beinen bin. Es ist zu schrecklich hier, um sich darüber auszulassen oder damit aufzuhalten, und es wird, sollten wir hier zu lang bleiben, meinen Tiny noch umbringen oder ihm schaden. Er ist schon fast ganz aus dem Häuschen, und unsere Stimmung ist trist, ausgesprochen trist, wo wir doch gerade glücklich sein sollten.‹

Mitte Oktober verfärbten sich alle Bäume entlang dem Hohlweg, und die Wohnung der Hemingways war von Fliegengesumm erfüllt. Der neuen Katze machte es Spaß, sie zu jagen, und sie vollbrachte bei ihren Fangversuchen die tollsten Luftsprünge. Der Katzendreck sammelte sich hinter der zerkratzten Badewanne, und Ernest kehrte ihn mit einem Exemplar des *Daily Star* hervor. Er war noch immer so wütend auf Hindmarsh, daß ihm diese Handlung eine ungeheure Befriedigung bereitete. Er stellte zu Hadleys Unterstützung eine versierte Nurse an, eine nette, 89jährige Frau, die die Wohnung sauberhielt und beim Waschen half. Das Kind nahm alle vier Stunden gefüttert, ständig zu. ›Sechs zehn zwei‹, schrieb Ernest, ›sechs zehn zwei sechs zehn zwei morgens und abends.‹ Jemand hatte ihnen ein Handbuch für kanadische Mütter geschenkt, das mit Sprüchen wie ›Daddy wird das schon tun. Nicht wahr, Daddy?‹ gespickt war. Ernest fügte einen hinzu, der für den Eigengebrauch am Morgen gedacht war: ›Daddy wird die kanadische Mutter aus dem Bett stoßen müssen, nicht wahr, Daddy?‹ Im Alter von einem Monat fing der gutgenährte Knabe an, seine Eltern ›anzulächeln‹. ›Ich beginne in ihn vernarrt zu sein‹, schrieb sein Vater an Gertrude Stein.

Ernest war nun ein richtig etablierter Autor. In einem Schrank hatte er immer ein halbes Dutzend seiner ›Three Stories and Ten Poems‹ liegen. Zu seiner großen Enttäuschung war bisher in keiner amerikanischen Kritik auch nur auf die Existenz des Buches hingewiesen worden. Eines Tages schickte ihm dann jemand einen Ausschnitt aus einer Kolumne Burton Rascoes in der Sonntagsausgabe der New Yorker *Tribune*. Rascoe schrieb von einem Besuch bei Edmond Wilson, dem ständigen Rezensenten für die wichtige Literaturzeitschrift *Dial*. Wilson hatte Rascoe ein Exemplar der ›Emigranten‹-Nummer der *Little Review* mitgegeben und ihn auf sechs Kurzprosatexte eines jungen Schriftstellers namens Hemingway aufmerksam gemacht. Rascoe fand, daß sie eine ›amüsante Arbeit‹ seien. Er habe auch von Lewis Galantière ›Three Stories and Ten Poems‹ geschickt bekommen, aber noch keine Zeit zur Lektüre gehabt.

Daß sich Rascoe mit dem Lesen des Buches Zeit ließ, hielt Ernest für unverzeihlich. Am Waffenstillstands-Gedenktag setzte er sich in das zur Sonnenseite liegende Zimmer und schrieb einen Brief an Edmund Wilson:

Sonnenaufgang

›Sehr geehrter Mr. Wilson! Aus den ›Social and Literary Notes‹ Burton Rascoes entnehme ich, daß Sie ihn auf einige meiner Arbeiten aufmerksam gemacht haben. Ich lege Ihnen den Band ›Three Stories and Ten Poems‹ bei. Soviel ich weiß, ist er in den Staaten noch nicht besprochen worden. Gertrude Stein schreibt mir, daß sie eine Kritik verfaßt hat, aber ich weiß nicht, ob sie schon veröffentlicht worden ist. In Kanada ist man ja ganz am Ende der Welt. Ich möchte gern einige Rezensionsexemplare versenden, weiß aber nicht, ob ich eine Widmung hineinschreiben soll, wie es in Frankreich gang und gäbe ist, oder etwas Ähnliches. Da mein Name unbekannt und das Bändchen nicht gerade imponierend ist, hat es wahrscheinlich Mr. Rascoe dementsprechend aufgenommen; er hat nach drei Monaten noch nicht einmal Zeit gefunden, in das Exemplar hineinzuschauen, das ihm Galantière übersandt hat. (Er könnte es leicht in eineinhalb Stunden durchhaben.) Hinter der Contact Publishing Co. steht McAlmon. Verlegt wurden bisher Wm. Carlos Williams, Mina Loy, Marsden Hartley und McAlmon. Ich hoffe, das Buch gefällt Ihnen. Wären Sie interessiert, mir die Namen von vier oder fünf Leuten anzugeben, an die ich es zur Besprechung schicken kann? Es wäre äußerst liebenswürdig von Ihnen. Die angegebene Adresse gilt noch bis Januar, bis zu meiner Rückkehr nach Paris. Ich danke Ihnen sehr, ob Sie nun dafür Zeit haben oder nicht. Ihr ergebener Ernest Hemingway.‹

Wilson las das Buch sofort und teilte ihm mit, einiges davon habe ihm sehr gut gefallen. ›Oben in Michigan‹ war nicht sein Fall, aber ›Mein Alter‹ erinnerte ihn stark an die Rennplatz-Geschichten von Sherwood Anderson. Doch fand er, Ernests Lyrik könne seiner Prosa nicht das Wasser reichen. Er lobte die Miniaturen aus der *Little Review* und fand das satirische Gedicht über die Lausanner Friedenskonferenz, das Jane Heap in derselben Nummer gedruckt hatte, lustig. Er schloß mit dem Angebot, in der Ankündigungsrubrik des *Dial* eine Notiz über die ›Three Stories and Ten Poems‹ zu bringen. Ernest antwortete mit entsprechender Bescheidenheit, es sei vielleicht besser, die Notiz zu verschieben, bis die ›Three Mountains Press‹ im Dezember ›in our time‹ herausgebracht hätte. Wilson könnte dann eine Sammelbesprechung machen. Ernest erwähnte das bevorstehende Erscheinen von ›Mein Alter‹ in ›The Best Short Stories of 1923‹. Er schrieb, O'Brien plane, den Band Hemingway zu widmen, und habe sogar vorgeschlagen, Ernest solle dem New Yorker Verlag Boni & Liveright eine Auswahl seiner Erzählungen einreichen.
Mit der Behauptung Wilsons, er lehne sich an Anderson an, war Ernest gar nicht einverstanden. ›Mein Alter‹ handle von einem Jungen, seinem Vater und einigen Rennpferden. Sherwood habe zwar ebenfalls über Jungen und Pferde geschrieben, aber ›ganz anders‹. Ernest fühle sich sicher, nicht von Anderson beeinflußt worden zu sein, den er zwar sehr gut kenne, aber schon

seit Jahren nicht mehr gesehen habe. Sherwoods jüngstes Buch sei anscheinend ›in die Binsen gegangen, vielleicht weil ihm die Leute in New York zu oft erzählt haben, wie gut er ist‹. Aber Ernest habe ihn sehr gern. Er habe gute Erzählungen geschrieben, ebenso wie E. E. Cummings, dessen ›Ungeheurer Raum‹ das beste Buch sei, das Ernest 1922 gelesen hätte. Weiteren neuen Kriegserzählungen stehe er äußerst kritisch gegenüber, wie etwa Willa Cathers' ›One of Ours‹, einem preisgekrönten, großen Verkaufsschlager. Die gesamten Kriegsszenen seien verfälscht und ein Plagiat aus D. W. Griffiths ›The Birth of a Nation‹. Das Buch sei nichts anderes als ein ›catherisierter‹ Griffith. ›Arme Frau‹, meinte Ernest, ›sie mußte ja ihre Kriegserfahrung irgendwo hernehmen.‹

Ernests Zeitungsarbeit beschränkte sich nun hauptsächlich auf heiße Titelstories für den *Star Weekly*. Er schrieb Gertrude Stein, er werde, ihrem Rat folgend, den Journalismus wahrscheinlich an den Nagel hängen, um sich ganz dem ernsthaften Schreiben zu widmen. Wenn das Baby drei Monate alt wäre, würden sie alle von New York aus mit der ›Antonia‹ nach Paris zurückkehren. Die Arbeit für den *Star* brauche seine ganze Zeit und Energie auf. ›Es ist mir unmöglich‹, schrieb er Sylvia Beach, ›etwas für mich selbst zu schreiben.‹ Er habe Heimweh nach Paris. Kanada sei ›ein gräßliches Land‹. Er würde ›gerne einen Haken gegen das Kinn Kanadas schlagen‹. Er verstehe nun, was Männer in den Selbstmord treibt: es geschehe einfach auf Grund eines so großen Haufens unerledigter Dinge, daß man aus dieser Bredouille keinen Ausweg mehr sieht.

Bezeichnend für ihn war, daß er die Anforderungen, Schwierigkeiten und die Vielfalt der Arbeit für den *Star* übermäßig aufbauschte. Er erzählte der *Star*-Reporterin Mary Lowrey, sein dreimonatiger Aufenthalt in Toronto habe zehn Jahre seines literarischen Lebens zerstört. Die einzige literarische Freundschaft in diesem Herbst schloß er mit Morley Callaghan, einem College-Studenten, der halbtags für den *Star* arbeitete. Eines Tages blickte Morley von seinem Bibliothekstisch auf, wo er gerade an einer Auftragsstory bastelte, und sah, daß ihn Hemingway beobachtete.

Er saß mir gegenüber (schrieb er), lehnte sich vor zu mir, und ich empfand sein Lächeln als echt liebenswürdig und hilfsbereit ... Er gab mir das Gefühl, daß er sich für alles mit Leib und Seele engagierte. Wir begannen zu sprechen ... Er war mit großen Erwartungen nach Toronto gekommen, und jetzt fühlte er sich anscheinend frustriert, obwohl er hier gute Freunde hatte ... Er charakterisierte kurz die Talente der bekannteren Reporter. Einer war ›ein guter Zeitungsmann‹. Über einen anderen: ›Für die Arbeit, die er macht, gibt es keinen Besseren.‹ Aber mit manchen sprang er brutal um. ›Der? Er kennt einfach keine Scham.‹ Jener wieder hatte einen Homosexuellenstil. Dann begannen wir über Literatur zu sprechen. Alle seine Urteile schienen einer intensiven und leidenschaftlichen Überzeugung zu entspringen, und er servierte sie, als würde er einen in etwas einweihen. ›James

Joyce ist der größte Schriftsteller der Welt‹, sagte er. ›Huckleberry Finn‹ war ein großartiges Buch. Ob ich Stendhal gelesen hätte? Ob ich Flaubert gelesen hätte? Es schien immer so, als teile er mit einem ein Geheimnis; dabei beobachtete er mich sehr intensiv.
Ernest fragte Callaghan, ob er schreibe. ›Ein wenig‹, war die Antwort, und er versprach, Ernest eine seiner Erzählungen zu zeigen. Als sie einander einige Tage später auf der Treppe begegneten, knurrte Ernest nur: ›Sie haben mir diese Story nicht gebracht.‹ Callaghan entschuldigte sich mit Überbeschäftigung. ›Natürlich‹, sagte Ernest. ›Ich wollte nur sehen, ob Sie auch einer von diesen gottverdammten Renommierern sind.‹
Die Büros des *Star*, die ihm 1920 so viel bedeutet hatten, kamen ihm jetzt nur mehr langweilig vor. Er hatte einige seiner Kollegen analysiert: ›Und sie redeten. Und redeten. Bis in alle Ewigkeit ... Hören Sie zu. (Bobby) Reade ist ein Rhodes-Schüler mit einer Cockney-Frau ... Greg (Clark) ist ein Infanteriemajor a. D. und ein sehr guter Soldat. Keiner von beiden hat auch nur eine gottverdammte Ahnung von dem, worüber er spricht ... Sie müssen nicht arbeiten ... Bill Wiggins schleicht sich herein, um sich an die Maschine zu setzen ... Reade und Clark sitzen herum und reden. Reden ist billig ... Sie spielen gern mit Floskeln. Alle diese Worte sind ein wenig abgedroschen. Keines kommt fehlerfrei und richtig und scharf heraus. Die Worte hören sich alle wie alter Schmus an ... Ich bin froh, daß ich den kleinen Fetisch aus Angola habe. Er ist sehr schön und macht mir Freude. Er ist viel besser als Légers Zeichnungen. Keiner von ihnen sieht ihn sich an. Sie finden neue Dinge nur schick, wenn sie aus *Vanity Fair* oder einer ähnlichen Quelle stammen. Sie mögen den kleinen Fetisch nicht. Jimmy (Frise) mag ihn. Er ist außer mir der einzige Künstler bei der Zeitung ... Jimmy versteht die Leute und ist der beste Kerl, den ich kenne. Er versteht alles ... Er verstand sich mit Hadley gleich bei der ersten Begegnung ... Bobby Reade ist in seinem Kopf so ausgedörrt wie die Vagina einer alten Hure. Trocken und nichts wert. Es ist wirklich nichts drin ... Ich habe Greg (Clark) Unrecht getan. Vielleicht habe ich ihn verletzt. Es ist grausam, ihn zu verletzen, aber auch nicht so leicht, weil er keine Angriffsflächen besitzt, sondern rundum abgeschliffen ist ... Er liebt seine Frau und sein Kind. Er liebt die Jagd, das Fischen und seine Angelruten. Er liebt Gewehre und Bücher über Gewehre ... Er liebt es auch zu denken. Er denkt sehr gut, aber er strengt sich niemals an. Das geht ihm auch bei Kanada so. Was ich nicht mag, mag er auch nicht, aber es berührt ihn nicht ... Greg ist sehr romantisch. Aber ich kann seinen ganzen Charakter nicht durchschauen, weil er romantisch ist. Ich bin auch romantisch, und das ist das Dumme. Man kann ihn weder ablehnen noch einordnen, weil er immer Theater spielt, und man weiß nie, wieviel davon wirklich echt ist. Er spielt sich selbst auch etwas vor. Er ist Offizier und Gentleman. Es ist besser so. Er tut viel für andere ... In seinem Inneren steckt zu

viel Gummi. Ich habe ihn noch nie böse gesehen ... Wenn er eine Schwäche hat, so ist es die, daß er zu vernünftig ist. Er schreibt von allen am besten. Ich kenne ihn lange, aber ich weiß nicht viel über ihn. Ich weiß von einem Mann nicht alles, bevor ich ihn nicht weinen gesehen habe. Früher oder später sieht man jeden Mann einmal weinen. Es ist wie in der Chemie. Er weint dann, wenn er in seine Bestandteile zerfällt. Greg ist mein Freund, und ich weiß weniger über ihn als über Hindmarsh. Hindmarsh ist ein Hundsfott und ein Lügner, und die sind leicht zu verstehen. Ein guter Mann ist schwer zu verstehen. Ein Hundsfott handelt immer nach den Vorschriften ... Das einzige, was ich Greg verübeln könnte, ist, daß er nichts von Pferderennen oder Boxen versteht. Das sind die Eignungsprüfungen für einen Mann. Aber ich nehme es ihm nicht übel. Außerdem habe ich ihn noch nie betrunken gesehen ... Ich schätze es, jeden Mann betrunken zu sehen. Ein Mann existiert nicht, solang er nicht einmal betrunken war ... Ich betrinke mich gern. Gleich von Anfang an ist es ein ganz tolles Gefühl.‹

Clarks Charakteristik Ernests war lang nicht so scharf. ›Er hat dunkle Augen‹, schrieb Clark, ›sehr rosigen Teint, romanisches Aussehen und Leidenschaft ... Er war ein Kerl, der sich nicht ausdrücken konnte. Versuchte auf drei, vier Arten das zu formulieren, was er sagen wollte.‹ Sowohl Clark als auch Mary Lowrey bemerkten seinen leichten Sprachfehler – daß er den Buchstaben l nicht aussprechen konnte. Wenn er sich an dem Namen des Matadors Villalta versuchte, ›wurde bei ihm ein ‚Viuauda' daraus‹, meinte Clark. Seine Schriftstellerei betrachtete er als ›todernste‹ Angelegenheit. Als ihm Bill Bird die Korrekturfahnen von ›in our time‹ schickte, brachte er sie mit ins Büro und sagte: ›Ich habe eine neue Form gefunden.‹ Morley Callaghan las es voll Bewunderung. ›Was sagen Ihre Freunde in Paris dazu?‹ fragte er. Ernest antwortete ruhig: ›Ezra Pound sagt, daß es die beste Prosa ist, die er seit vierzig Jahren gelesen hat.‹ Hinter der äußerlich ruhigen Fassade vermutete Callaghan den eisernen Willen, gegen sich selbst und alles andere unbarmherzig vorzugehen, wenn es sich um die Vollendung seines Werks handeln sollte.

›In our time‹ wurde nun fertig und konnte zu Weihnachten erscheinen. Es war ein hübsches kleines Buch, mit einer Montage aus Zeitungsschlagzeilen auf dem Einband. Als Titelbild hatte man einen nach Mike Straters Boxerporträt von 1922 hergestellten Holzschnitt verwendet. Aber die verkaufsfähigen Exemplare waren auf weniger als dreihundert zusammengeschrumpft, weil ein französischer Drucker bei der Vervielfältigung des Holzschnitts Papier mit Wasserzeichen verwendet hatte. Nur 170 Exemplare waren völlig einwandfrei. Bird versandte fünfzig andere als Frei-, Geschenk- und Rezensionsexemplare. Ernest verlor keine Sekunde und schickte eines an Edmond Wilson.

Auch Oak Park stattete er einen Kurzbesuch ab. Hadley begleitete ihn nicht, weil sie bei einer so langen Reise für das Baby fürchtete und unbedingt eine unvorhergesehene Verschiebung ihres Abfahrtstermins nach Paris verhindern wollte. Seine Mutter zeigte sich von Ernests Reife tief beeindruckt und fand, daß er seinem Großvater Ernest Hall immer ähnlicher wurde.

›*Als Du Sonntag abend dasaßest und sprachst*‹ (schrieb sie Ernest nachher), ›*vertratst Du genau die gleichen Lebensansichten, die auch er hatte ... Ich erinnere mich seiner Worte: ‚Der Patriotismus ist der letzte Ausweg von Strolchen und Schurken' — so tief vermochte er zu begreifen, daß nur ein weltumspannender Patriotismus das Richtige sein kann. Nichts hat mich glücklicher gemacht als die Wärme, die in Deinem großzügigen Geschenk an Onkel (Tyley) zu spüren war, mein Junge. Die Tränen flossen ihm über das Gesicht, wir weinten und umarmten uns in einer Ecke des Musikzimmers. Du wirst die Freude nie ermessen können, die eine Mutter dabei empfindet, ihren Sohn reif und erwachsen zu sehen.*‹

Ernests Ansicht über Harry Hindmarsh hatte sich nicht geändert; sie war eher noch bestärkt worden. Nach seiner Rückkehr aus Oak Park tippte er einen Kündigungsbrief, der bezeichnenderweise an John Bone adressiert war. Er hoffte, daß Bone den knappen Wortlaut nicht als Grobheit auffassen würde. Während seiner europäischen Korrespondententätigkeit hatte er immer mit Bone zu tun gehabt; erst danach war Hindmarsh sein Boss geworden. Erst gestern, schrieb Ernest, habe Hindmarsh bewiesen, daß er weder weise noch gerecht oder ehrlich ist. Unter diesen Umständen sei es zwecklos, die Arbeit mit dem *Star* unter Mr. Hindmarshs Leitung fortzusetzen. Ernests Kündigung trat am 1. Januar 1924 in Kraft.
Die restlichen Tage in Toronto vergingen mit der Vorbereitung der Rückreise nach Europa. Da ihr sechsmonatiger Mietvertrag in den Cedarvale Mansions bald auslief, besprachen sie mit ihren Freunden den Abtransport ihrer persönlichen Habe und ihre Lagerung bis zum Abreisetag. So verschwanden nach und nach die Hochzeitsgeschenke und die Bilder aus dem Haus. Als Ernests Reporterkollege Jimmy Cowan seine Hochzeit in der Hemingway-Wohnung feierte, war nichts mehr übriggeblieben als das Bett und der gemietete Flügel. Die Connables gaben ihnen zu Ehren am 12. ein Abschiedsfest. Mary Lowrey war die einzige Mitarbeiterin des *Star*, die die beiden zum Bahnhof begleitete. Die Lokomotive fauchte Dampfwolken in den Morgenfrost, und der Zug setzte sich zur langen Reise nach New York in Bewegung. Sie waren beide viel zu sehr mit dem Baby und dem Gepäck beschäftigt, um einen Blick auf das verschwindende Toronto zurückzuwerfen.

Über der Sägemühle

Während Ernest in New York seinem Abreisetag entgegenfieberte, wirkte er wie ein Häftling, der endlich seine Freiheit wiedererlangt hat. Er nahm Margaret Anderson und Jane Heap zu einem Boxmeeting in den Madison Square Garden mit. Sein Kommentar zum Geschehen nahm sich in Miss Andersons Ohren wie die Einführung in eine neue und verblüffende Wissenschaft aus. ›Die Leute, die neben uns saßen, beugten sich angestrengt nach vorn, um zu hören, was er sagte‹, schrieb sie. ›Nachher, als wir über die nächtlichen Straßen spazierten, beschrieb er den Kampf erneut, Runde um Runde, Schlag für Schlag. Ich habe nie jemanden aufregender über Sport sprechen hören.‹ Isabelle Simmons begleitete sie zum Cunard-Pier, auch Ernests Vetter Walter Johnson, dessen Aufzug – Golfhosen aus Tweed, Wollstrümpfe, Pullmannkappe und ein knorriger Spazierstock – sehr komisch wirkte, war da. Diese Begleitumstände seiner Abreise waren sicher nach Ernests Geschmack.

In Paris galt es, sofort auf Wohnungssuche zu gehen. Ezras Pavillon in der Rue Notre Dame des Champs war für das Baby zu kalt und zu feucht, aber sie fanden dann in derselben Straße weiter oben eine andere Wohnung. Es war eine angenehme Straße, die von der Kreuzung der Avenue de l'Observatoire und des Boulevard Montparnasse hinabführte – einige Gehminuten vom Luxembourg, wo Hadley das Baby an die frische Luft führen könnte, einen Steinwurf von dem alten Café La Closerie des Lilas und viel näher zu Gertrude Stein als die frühere, ungünstig gelegene Wohnung in der Rue du Cardinal Lemoine. Die ganze Nachbarschaft war viel hübscher und gepflegter als auf der Montagne Ste.-Geneviève, wenn auch nicht viel ruhiger. Aus dem Fenster im zweiten Stock der Nr. 113 hatte man einen Blick auf eine Sägemühle und auf ein Holzlager. Es gehörte Pierre Chautard, der mit seiner Frau und einem kleinen Hund das Parterre bewohnte. Das Kreischen der Kreissäge, das Schnaufen des Antriebsmotors, das hohle Dröhnen der frisch gesägten Bretter, wenn sie gestapelt wurden, und das Klappern der alten Lastwagen, die das Holz abtransportierten, verursachten einen derartigen Höllenlärm, daß Ernest zum Schreiben oft in den ruhigen Hafen der Closerie des Lilas hineinsteuerte.

In der Wohnung selbst führte eine dunkle, schlauchartige Diele zur Küche, die mit einem steinernen Spülbecken und einem zweiflammigen Gasherd ausgestattet war. Es gab ein Speisezimmer, das vorwiegend von einem riesigen Tisch ausgefüllt war, und ein kleines Schlafzimmer, in dem Ernest manchmal arbeitete. Im großen Schlafzimmer standen ein Ofen und ein Doppelbett, daneben lag ein kleines Ankleidezimmer, das für die Babywiege wie geschaffen war. Hadley stellte als *femme de ménage* rasch wieder Madame Marie Rohrbach ein, die bei ihr schon öfter ausgeholfen hatte. Marie war eine stramme Bäuerin aus Mur-de-Bretagne. Sie lebte mit ihrem Mann, der

allgemein Ton-Ton gerufen wurde, in der Avenue des Gobelins Nr. 10. Ihr Spitzname lautete Marie Cocotte und rührte von ihrer Gewohnheit her, die Hühner zu Hause in der Bretagne so zu rufen. Für das Kind empfand sie sofort Zuneigung und führte es oft in einem von den Straters ausgeliehenen Kinderwagen zu Ton-Ton, seines Zeichens pensionierter Soldat mit einer Unmenge Zeit. Madame Chautard, die Frau des Sägemühlenbesitzers, war ein dickliches kinderloses Weib mit messingfarbenem Haar und einer so schrillen Stimme, daß sie das Kind dauernd zum Weinen brachte. Sie schien Hadley um ihre Mutterschaft zu beneiden. Während sie dem Kind zusah, wie es seine tägliche Ration Orangensaft trank, pflegte sie voller Spott zu sagen: ›Il sera un poivrot comme sa mère.‹ Der Name, der dem Baby von allen seinen Kosenamen wie Gallito, Matt oder Joe haftenblieb, war Bumby. Er war eine Erfindung Hadleys, um seinen warmen, drallen, teddybärhaften, von beiden Eltern geliebten Körper zu umschreiben.
Ford Madox Ford war nun nach Paris gezogen, um eine neue Literaturzeitschrift, die *transatlantic review*, ins Leben zu rufen. Sein Verlagsbüro lag im rückwärtigen Teil von Bill Birds ›Three Mountains Press‹ am Quai d'Anjou. Während Ernest in Toronto war, hatte ihm Ezra geraten, ›heimzukommen‹, um die Verlagspolitik der *transatlantic* zu bestimmen. Obwohl Ernest damals angenommen hatte, Ezras Angebot sei ›aus der Luft gegriffen‹, mußte er jetzt feststellen, daß alles gestimmt hatte. Als sie einander zum ersten Mal in Ezras Studio trafen, lobte dieser Ernest gegenüber Ford über den grünen Klee. Ernest hüpfte schattenboxend auf den Zehenspitzen herum und ging laut Ford auf einen ›fetten und blinzelnden Bonzen‹ los, eine der Reliquien aus Ezras chinesischer Periode.
›Dieser junge Mann‹, meinte Ford, ›scheint an Sinophobie zu leiden.‹ ›Er will bloß seine überschüssige Energie loswerden‹, sagte Ezra. ›Du solltest ihn zu deinem stellvertretenden Redakteur machen. Er ist ein erfahrener Journalist, außerdem schreibt er sehr schöne Verse und ist der beste Prosastilist der Welt ... Und Disziplin hat er auch.‹
Ford zeigte Interesse. Ernest erinnerte ihn an einen ›aus Eton-Oxford kommenden, strammen jungen Hauptmann eines Midland-Regiments seiner Britischen Majestät‹. Die Verhandlungen waren bald abgeschlossen. ›Ford ersuchte mich, für ihn MSE zu lesen‹, schrieb Ernest, ›und ich pflegte hinzugehen und einen Stoß davon mitzunehmen, um sie am Quai zu lesen ... Einige Stories schrieb ich öfter zum Vergnügen um.‹ Er fand Fords Persönlichkeit nicht gerade attraktiv, die Augen waren von einem ›ausgewaschenen Blau‹, unter farblosen Lidern und Augenbrauen liegend, er hatte einen dichten, schmuddeligen Schnurrbart, durch den man es asthmatisch rasseln hörte. Sein Körper glich einem ›wandelnden, gut gekleideten, umgestülpten großen Faß‹. Er hatte vor kurzem den Bal Musette in der Rue du Cardinal Lemoine entdeckt und wollte Ernest überreden, mit Hadley zu einem ›kleinen Abend‹ mitzukommen. ›Ich habe zwei Jahre direkt dar-

über gewohnt‹, sagte Ernest. Aber Ford hörte nicht hin. ›Es ist ganz lustig‹, fuhr er fort, ›ich bin durch puren Zufall reingestolpert. Ich zeichne Ihnen einen Plan auf, damit Sie es finden können.‹
Wenn er dazu aufgelegt war, erschien Ernest mit ausgelatschten Tennisschuhen und geflicktem Rock bei Fords literarischen Donnerstag-Tees am Quai d'Anjou. Dort lernte er einen gut angezogenen, dunkelhaarigen jungen Mann mit breiten Schultern, markantem Kinn und dem Profil eines Ringers aus dem klassischen Griechenland kennen: Harold Loeb. Er war vor elf Jahren von Princeton abgegangen und hatte auf dem College auch wirklich gerungen. Mit der von ihm kürzlich gegründeten und herausgegebenen kleinen Zeitschrift *Broom* hatte er sich schon einen gewissen Namen gemacht. Loeb war acht Jahre älter als Ernest und entstammte zwei der prominentesten jüdischen Familien New Yorks: den Loebs und den Guggenheims. Er und Kitty Cannell, ein wunderschönes Mädchen mit goldblondem Haar, das sich eine Zeitlang als Berufstänzerin durchgeschlagen hatte, waren in der Rue Montessuy nahe beim Eiffelturm in benachbarte Wohnungen gezogen. Sie luden Ernest und Hadley sogleich zu einem Hummeressen in den Nègre de Toulouse ein. Als sie in die Wohnung über der Sägemühle zu Besuch kamen, fanden sie den kleinen Bumby sehr komisch – Ernest hatte ihm beigebracht, ›die Fäuste auszustrecken und eine furchteinflößende Grimasse zu schneiden‹.
Kitty schloß Hadley sofort ins Herz. Sie nahm es Ernest übel, daß er seine Frau ein unnötig ärmliches Leben in abgetragenen Kleidern und einer schmutzigen Wohnung führen ließ. Sie nahm Hadley bewußt auf ihre Einkaufsbummel mit und schenkte ihr sogar manchmal Modeschmuck. Als sie merkte, daß das Ernest gegen den Strich ging, machte sich Kitty ein diebisches Vergnügen daraus, ›einer unterwürfigen Gattin mit schlechtem Beispiel‹ voranzugehen. Aber die finanziellen Probleme der Hemingways waren leider bittere Wirklichkeit. Ford konnte Ernest für seine Arbeit als Redakteur nichts zahlen. Vom *Star* kamen auch keine Wechsel mehr. Und das Schlimmste von allem war, daß Hadleys Erbteil rasch dahinschmolz. Sie hatte ihr Geld von George Breaker, dem Mann ihrer guten Freundin Helen, anlegen lassen. Seine unglückliche Hand hatte aber ihr Vermögen im Umdrehen auf fast die Hälfte reduziert.
Auf der Suche nach geeigneten Manuskripten für die *transatlantic* kam Ernest auf die Idee, ›The Making of Americans‹, einen frühen Text Gertrude Steins, in Fortsetzungen herauszubringen. Er trug Gertrude seinen Plan vor, und sie war vor Begeisterung ›wirklich überwältigt‹. Gemeinsam gingen sie die ersten fünfzig Seiten des gebundenen Manuskripts durch, das seit 1911 auf einem ihrer Regale verstaubte, und schrieben es neu.
›Ford behauptet, daß er von der Arbeit begeistert ist‹, schrieb Ernest, ›und daß er Sie besuchen wird ... Er wird die erste Fortsetzung in der April-Nummer, die schon in der ersten Märzhälfte in Druck geht, veröffentli-

chen. Er fragt sich, ob Ihnen dreißig Francs pro Seite (eine Magazinseite) genug sind, und ich habe gesagt, daß ich Sie dazu bringen könnte. (Seien Sie stolz, aber nicht zu stolz.) Ich machte ihm klar, daß es eine bemerkenswerte Erstveröffentlichung ist... nur durch meine geniale Überredungskunst möglich geworden. Er hat den Eindruck, daß Sie hohe Honorare bekommen, wenn Sie sich zu einer Veröffentlichung bereit erklären. Ich habe zu diesem Eindruck nichts beigetragen, aber auch nichts dagegen getan. Denn schließlich ist es (John) Quinns Geld und die Arbeit ihre 35 000 Francs wert. Behandeln Sie ihn sehr großzügig und anständig... Wissen Sie, es ist für die wirklich eine Sensation. Und in derselben Nummer werden sie auch etwas von Joyce bringen.‹

Die April-Nummer der *transatlantic* machte mit etwas ganz anderem als der Veröffentlichung von Joyce und Getrude Stein Literaturgeschichte. Sie enthielt die ersten Rezensionen der beiden Bände ›Three Stories and Ten Poems‹ und ›in our time‹. Über die drei Erzählungen hieß es, daß sie ›ein sensibles Empfinden für die emotionelle Auslotung einer Situation‹ zeigten. Marjorie Reid, Fords Assistentin, schrieb recht treffend, die Miniaturen würden diejenigen ›Momente im Leben‹ aufgreifen ›in denen es sich verdichtet und offen daliegt und plötzlich Bedeutung annimmt‹. Diese Momente würden in einer ›Exaktheit, die jedes überflüssige Wort ausgemerzt hat‹, dargeboten. Die April-Nummer enthielt auch Ernests Erzählung ›Indianerlager‹. Sein eigener Titel mußte der Sammelüberschrift ›Works on Progress‹ weichen, weil zusammen mit seiner Story Texte von Tristan Tzara, dem Begründer des literarischen Dadaismus, und eine Passage aus Joyces noch immer titellosem ›Finnegans Wake‹ abgedruckt wurden. Ernest hatte ›Indianerlager‹ seit seiner Rückkehr aus Toronto geschrieben. Er schilderte darin eine ärztliche Nachtvisite in einem Indianerlager in Nord-Michigan. Außer den Indianern waren Nick Adams, sein Vater Dr. Henry Adams und sein Onkel George die Hauptpersonen. Dr. Adams führte bei einer jungen Indianerin einen Kaiserschnitt aus. Er verwendete sein Jagdmesser als Skalpell und nähte den Schnitt mit einem neun Fuß langen, gedrehten Darm zu. Erst später bemerkte er, daß der Ehemann, der das Gebrüll seiner Frau nicht ausgehalten hatte, oben in der Schlafkoje Selbstmord begangen hatte. Sein Hals war durchschnitten, vom einen Ohr zum anderen. Die Erzählung spielte in Walloon Lake und in einem Indianerlager, das der Siedlung in der Nähe der Bacon-Farm sehr ähnlich war. Für den Arzt, seinen Bruder und seinen Sohn hatten Dr. Hemingway, sein Bruder George und Ernest Pate gestanden. Aber die dramatischen Umstände waren Ernests Phantasie entsprungen. Was er keinem offenbarte, war, daß er die Story stark gekürzt und die ganze, acht Seiten lange einführende Episode ausgelassen hatte. Es handelte sich um die Geschichte von Nick Adams, einem kleinen Jungen, der sich vor der Dunkelheit fürchtet und mit der Schrotflinte einen Schuß abfeuert, um seinen Onkel und seinen Vater vom

Fischstechen am See zurückzuholen. Als sie zurückkommen, tischt er ihnen eine Lügengeschichte auf – er sei von einem Tier erschreckt worden, das ›um das Zelt herumstrich‹. Es habe sich, so sagt er, ›wie eine Kreuzung zwischen einem Fuchs und einem Wolf‹ angehört. Dr. Adams' nette und sympathische Charakterisierung war als Gegengewicht zu dem offensichtlichen Mangel guter Eigenschaften bei Onkel George gesetzt worden.
Die Gründe, die Ernest bewogen haben mögen, den ursprünglichen Beginn der Geschichte zu streichen, blieben unbekannt. Vielleicht hatte er sie kürzen müssen, um sie in den verfügbaren Raum in Fords Zeitschrift einzupassen, vielleicht wollte er seine neue Theorie ausprobieren, wonach etwas Ausgelassenes den Leser genauso berühren kann wie noch Vorhandenes. Vielleicht hatte er sich dazu entschlossen, weil der komische Aspekt der Geschichte des kleinen Jungen den Effekt der Hauptgeschichte mit ihrem zweifachen tragischen Höhepunkt von Geburt und Tod sonst zunichte gemacht hätte. Schließlich kann die Streichung auch deshalb erfolgt sein, weil in der Figur von Nick Adams deutlich Feigheit zutage trat. Doch den wollte er als einen aus rauherem Holz geschnitzten Helden noch weiterentwickeln.
Als Bumby fünf Monate alt war, wurde er im Rahmen einer kleinen Feier knapp vor der Vesper in der anglikanischen St.-Lukas-Kapelle in der Rue de la Grande Chaumière zur Taufe getragen. Chink Smith war der Taufpate und Gertrude Stein die Taufpatin. Da Hadley sich zu keiner Religionsgemeinschaft besonders hingezogen fühlte und Ernest seinen Sohn nicht katholisch zu erziehen gedachte, hatte Gertrude gemeint, der Anglikanismus sei genauso vernünftig wie irgendeine andere Kirchengemeinschaft. Bald begann Gertrude Bumby ›Goddy‹ zu nennen, die Abkürzung für ›godson‹ (Patenkind). Sie erschien am 10. April gemeinsam mit Alice Toklas auch zur Feier seines ersten halben Jahres auf Erden und brachte ihm einige Gummitiere und einen silbernen Taufbecher für Orangensaft mit. Hadley feierte das Ereignis mit einem kleinen Abendessen bei Austern und Weißwein.
Bei Fords literarischem Tee am selben Nachmittag hatte Ernest wieder einmal darüber geraunzt, wie lange es dauere, bis man sich wirklich einen Namen machen könne. ›Unsinn‹, sagte Ford darauf, ›Sie werden in kürzester Zeit einen berühmten Namen haben.‹ Ford hatte nämlich begonnen, seinen 24jährigen Redakteur echt zu bewundern. ›Ich hatte kaum sechs Worte von ihm gelesen‹, schrieb er rückblickend, ›als ich schon beschloß, alles herauszubringen, was er mir schickte.‹ Sogar in der Konversation verhielt sich Ernest wie ein echter Künstler. Er sprach zögernd. Er pflegte ›zwischen den Wörtern Pausen zu machen und dann liebenswürdig, aber mit großer Bestimmtheit zu sprechen‹. Sein Temperament, dachte Ford, schien die Beispiele auszuwählen, die er erzählen wollte, während sein Verstand die Worte fand, die er dafür verwendete. Er machte den Eindruck einer Person, die sich unter dem Gebot der Disziplin Zwang auferlegt.

Sonnenaufgang

Ernest arbeitete ziemlich hart. Er wachte an den Frühlingsmorgen früh auf, ›kochte die Gummisauger und die Flaschen aus, bereitete die Mischung, füllte alles in Flaschen, gab Herrn Bumby seine Flasche‹ und schrieb eine Zeitlang auf dem Eßtisch, bis Hadley aufstand. Chautard hatte zu dieser Stunde mit dem Sägen noch nicht begonnen, die Straße war ruhig, und Ernests einzige Gesellschaft waren Mr. Bumby und Mr. Feather Puss, eine große Katze, die ihnen Kitty Cannell geschenkt und die einen von Hadleys Kosenamen bekommen hatte. Ernest war aber nur frühmorgens wirklich häuslich. Er betrachtete seine Freiheit in Paris als ein persönliches Vorrecht, und dehnte sie nach Belieben aus. In der Rue Pontoise befand sich eine Turnhalle, die er oft aufsuchte, um mit professionellen Schwergewichtlern zu sparren und sich dabei zehn Francs pro Runde zu verdienen. Der Job erforderte eine gehörige Portion Können und Zurückhaltung, weil Sparringspartner höflich sein müssen und nur zurückschlagen dürfen, um die Emotionen des Gegners zu bremsen, aber nicht um sie allzu stark zu reizen. Ernest hatte sich mit einem Kellner aus der Closerie des Lilas angefreundet und half ihm manchmal beim Jäten seines kleinen Gemüsegartens in der Nähe der Porte d'Orleans. Der Kellner wußte, daß er Schriftsteller war, und warnte ihn, weil das Boxen seinem Gehirn schaden könnte. Aber Ernest war heilfroh, nebenbei etwas Geld zu verdienen. Er hatte bereits für einen neuerlichen Spanien-Besuch im Juli zu sparen begonnen.
Obwohl er oft behauptete, nichts sei mit dem Stierkampf zu vergleichen, ließ seine Leidenschaft für andere Sportarten keineswegs nach. Er boxte zum Vergnügen mit Harold Loeb, George O'Neil und dem jungen amerikanischen Architekten Paul Fisher, dessen schöngeschnittenes Profil Loeb immer an eine Reklame für Arrow-Hemden erinnerte. Wahrscheinlich aus diesem Grund verpaßte Ernest Fisher eines Tages eine gehörige Tracht Prügel und erklärte Loeb anschließend, daß der Drang, aus Fisher Hackfleisch zu machen, zu stark gewesen sei, um ihm widerstehen zu können. Aber das war nichts Neues: er hatte mit Bill Smith vor langer, langer Zeit das gleiche getan. Durch T. H. (Mike) Ward, einen unternehmungslustigen Bankbeamten, lernte er die verrückteste, dunkle Atmosphäre der Sechstagerennen im Vélodrome d'Hiver und die der Freilufttrennen im Stade Buffalo und im Parc du Prince kennen. Als die Tennisplätze wieder bespielbar wurden, spielten Ernest und Harold Loeb auf den Ziegelplätzen in der Nähe des Gefängnisses und der Guillotine am Boulevard Arago. Im Mai stieß eines Tages Dr. William Carlos Williams zu ihnen, und sie spielten so lange, bis Ernest wegen eines schmerzenden Knies aufgeben mußte. Er war auch bei den Boxkämpfen im Cirque de Paris häufiger Gast; seine Aufmerksamkeit konzentrierte sich dabei besonders auf einen farbigen Boxer namens Larry Gains.
Ständig lernte er neue Leute kennen, teils in den Cafés, teils in Sylvia Beachs Buchhandlung, in der er oft nachmittags auftauchte, um zu stöbern

Über der Sägemühle

oder sich Bücher auszuleihen. Er erneuerte die aus dem vorigen Frühjahr stammende, junge Freundschaft mit Donald Ogden Stewart. Stewart war dreißig, 1916 von Yale abgegangen, ein kluger, geistreicher und weitgereister Verfasser humoristischer Unterhaltungsliteratur. Dos Passos war oft in Paris und wurde ein- oder zweimal eingeladen, der abendlichen Zeremonie von Bumbys Bad beizuwohnen. Anschließend überließ man das Kind der Obhut von Madame Rohrbach, und alle gingen zum Essen aus. An einem dieser Abende unterhielten sich Ernest und Dos in einem chinesischen Restaurant mit der kleinen Ella Winter, die in Kürze Lincoln Steffens heiraten sollte. Sie versicherten ihr wiederholt, jeder, der es sich in den Kopf setze, könne schreiben. ›Sie können es‹, schrie Ernest und deutete auf Ellas Kinn. ›Es ist die Hölle. Es verlangt einem alles ab; es tötet einen beinahe; aber Sie können es.‹

Er wußte von der Ermüdung eines Schriftstellers aus eigener Erfahrung. Er hatte vor kurzem unter dem Titel ›Großer doppelherziger Strom‹ eine sehr lange Erzählung in Angriff genommen. Hauptfigur war wieder Nick Adams, der schon in ›Indianerlager‹ vorgekommen war. In dieser Geschichte war er schon erwachsen und befand sich auf einem langen Angelausflug zum Fox River in der Nähe von Seney, auf der nördlichen Halbinsel von Michigan. Er war aus dem Krieg verwundet heimgekehrt; die Erzählung enthielt jedoch keinerlei direkten Hinweis auf eine Verwundung oder auf den Krieg. Ernest versuchte es wieder einmal mit seiner Theorie des Weglassens. Ferner basierte die Geschichte auf eigener Erfahrung, da er 1919 mit Al Walker und Jack Pentecost im Fox River geangelt hatte. Die beiden waren jedoch auch weggelassen worden, so daß Nick Adams seinen rituellen Kampf um Heilung allein austragen konnte. Auch die Änderung des Flußnamens in ›Doppelherziger Strom‹ war Absicht. Später erklärte er, daß die Änderung ›weder aus Unkenntnis noch aus Nachlässigkeit‹ erfolgt war, sondern nur deshalb, ›weil ‚Großer doppelherziger Strom' Poesie bedeutet‹.

Nicht alle Stories, die er in seinem blauen Notizbuch festhielt, waren Rückblicke auf seine eigene Vergangenheit. Er verfaßte auch einige über seine Exil-Genossen, ließ dabei seiner satirischen Ader freien Lauf und machte sich gegenüber jenen Leuten Luft, die er nicht riechen konnte oder für Angeber hielt. Der in diesen Skizzen vorherrschende Geist war der gleiche, der in dem bissigen Porträt von Dave O'Neil, Georges Vater, oder in der Charakterisierung Greg Clarks und Bobby Reades gewaltet hatte, als beide im Büro des *Star* Stunde um Stunde verplapperten. Der wesentliche Unterschied lag nur darin, daß jetzt vollausgereifte Erzählungen entstanden waren. Als in Paris die Erdbeerzeit herannahte, bediente er sich des Namens seines ›guten Vetters‹ Frank Hines, um ihn für eine kleine Geschichte zu verwenden – in dieser führten Ford und seine Frau Stella Bowen im Nègre de Toulouse ein gereiztes Streitgespräch über einen Tischwein.

Fords Zeitschrift taumelte damals am Rande des Bankrotts entlang, so daß er sich entschließen mußte, nach New York zu reisen, um einerseits seinen amerikanischen Verleger Thomas Seltzer zu sehen, andererseits um aber vor allem – so hoffte er – einen weiteren Garantiezuschuß von John Quinn sicherzustellen, der bisher die *transatlantic* über Wasser gehalten hatte. Die Inhaltsangabe für die Juli-Nummer war im großen und ganzen noch vor der Abreise festgelegt, aber Ford ersuchte Ernest, die Nummer mit Marjorie Reid fertigzustellen und, wenn nötig, noch redaktionelle Verbesserungen zu machen. Ernest lehnte zunächst ab, weil das seine eigene Arbeit während Fords Abwesenheit ›versauen‹ würde. Ford gab aber, wie Ernest später berichtete, zur Antwort, daß die *transatlantic* – sollte Ernest nicht gewillt sein, die Arbeit zu übernehmen und zusätzlich auch noch die August-Nummer zusammenzustellen – ruhig in die Luft fliegen und eingehen könne. Daraufhin willigte Ernest widerstrebend ein. Am Abend vor seiner Einschiffung in Plymouth veröffentlichte Ford noch eine Erklärung: ›Wir reisen westwärts‹, schrieb er, ›und überlassen das Steuer der Zeitschrift ... den Händen von Mr. Ernest Hemingway, mit dessen ästhetischen Auffassungen wir mehr konform gehen als mit denen der meisten anderen.‹

Ernest ergriff die Gelegenheit, in der Abwesenheit Fords in die Juli-Nummer noch einen satirischen Leitartikel einzubauen. Er war nicht gezeichnet, trug den Titel ›And Out of America‹ und zog das Talent von Tristan Tzara, Jean Cocteau und Gilbert Seldes in Zweifel, dessen Buch ›The Seven Lively Arts‹ von Lewis Galantière in derselben Nummer ziemlich günstig rezensiert worden war. Ungeachtet Fords honigsüßer Feststellung, die Zeitschrift in so fähigen Händen zurückgelassen zu haben, schien Ernest ihr vor der Abreise darüber geführtes Gespräch in die falsche Kehle bekommen zu haben. Der Ton seiner satirischen Glosse scheint darauf hinzudeuten, daß er seine neu erworbene Macht als Herausgeber dazu benützte, um Ford seinerseits ›eins auszuwischen‹.

Da er Anfang Juli mit Hadley schon nach Pamplona aufbrechen wollte, stellte die Vorbereitung der August-Nummer wegen des vorhandenen Zeitdrucks noch ein viel größeres Problem dar. Er löste es teilweise dadurch, daß er sich von seinen Freunden rasch Material zusammenkratzte – eine lange Erzählung von Dos Passos, eine kurze von Nathan Asch, einen Sachartikel von Guy Hickok und wieder einen langen Fortsetzungsabdruck aus Gertrudes ‚The Making of Americans'. Seine Situation wurde dadurch noch komplizierter, daß plötzlich sein Vetter Frank Hines auftauchte, mit dem er während seiner Jungenzeit in Süd-Illinois viel zusammen gewesen war. Frank war jetzt zweiundzwanzig und gerade vom Oberlin College abgegangen. Ernest erheiterte es sehr, daß seine einzigen Besitztümer ein Gabardine-Mantel, ein Hemd zum Wechseln, ein Rasierapparat und 85 Dollar in bar waren. Ernest lieh sich den Apparat aus und rasierte sich,

um Hadley zu überraschen. Frank blieb zwei Wochen, sorgsam darauf bedacht, seinem Vetter in den Morgenstunden, wenn er in dem kleinen Kabinett der Wohnung mit Schreiben und Redigieren beschäftigt war, nicht im Weg zu stehen. Manchmal boxten sie nachmittags ein wenig oder spielten mit Ezra Pound Tennis. Auf dem Rückweg von den Plätzen führte sich Ernest so auf, als sei sein Schläger die Capa eines Stierkämpfers. Er tänzelte vor den Straßenbahnwagen herum, führte richtige und falsche Manöver aus und brachte mit Wonne die Lenker in Rage. Zweimal am Abend gingen sie in der Nähe zu Boxkämpfen; sie hatten die besten Ringplätze, und anscheinend kannte Ernest alle Boxer und Trainer namentlich. Nachher begaben sie sich ins ›Dôme‹, und er machte ihn voller Verachtung auf die amerikanischen Emigranten aufmerksam; sie waren ursprünglich nach Paris gekommen, um zu arbeiten, doch gaben sie sich jetzt damit zufrieden, am Linken Ufer an den Treffpunkten gesehen zu werden und über Schriftstellerei zu plappern, ohne eine Zeile zu schreiben.
Als Frank mit einigen seiner Klassenkameraden aus Oberlin nach Italien weiterreiste, traten die Hemingways ihre zweite gemeinsame Reise nach Spanien an. Bumby blieb in der Obhut von Madame Rohrbach zurück. Aus Madrid schrieb Ernest mit dem üblichen Gusto an Gertrude, sie würden durch die Matadore, die in der Pension in der Calle San Jeronimo wohnten, viel von dem Nervenkitzel der Stierkämpfe mitbekommen. Sie sahen Gitanillo de Triana in einer prachtvollen Corrida in Aranjuez und erlebten den langhalsigen Villalta gegen sechs Stiere in Aktion, die sämtlich aus der Zucht von Martinez stammten. Das Boxen verblasse neben diesem herrlichen Sport ganz und sie könnten kaum den Beginn der Fiesta von San Fermin im Pamplona erwarten.
Ernests begeisterte Berichte über die ›feria‹ von 1923 hatten noch viele andere angelockt. Chink Smith, der Soldat, litt ehrlich und tief bei dem, was den Pferden bei seinem ersten Stierkampf geschah, und er sagte, es sei das Abscheulichste, was er je in seinem Leben gesehen habe‹. Aber bald interessierte er sich eingehend für die technischen Aspekte des Sports. Nach einem halben Dutzend Corridas war er schon so selbstsicher, daß er das Verhalten des Matadors John Anllo, Nacional II, verteidigte, als ihn ein anderer Zuschauer beschimpfte. Auch Bill und Sally Bird waren gekommen. Sally war über die Geschehnisse in der Arena derart entsetzt, daß sie nicht wieder hinging. Dos Passos, Don Stewart, Bob McAlmon und der junge George O'Neil machten die Runde vollzählig. Ernest hatte, so berichtete McAlmon, ›viel über Mut gesprochen‹ und glaubte sich bei der jeden Morgen stattfindenden und jedermann zugänglichen Amateur-Corrida ›erproben zu müssen‹. In einem prahlerischen Brief an den *Toronto Star* schrieb er, wie Don Stewart und er sich am ersten Tag verhalten hatten. Mit weißen Hosen bekleidet und die rote Capa schwingend, hatte er den klassischen Kampfruf – Huh, Toro, Toro! – ausgestoßen – und

das Tier griff an. Ernest ergriff mannhaft die entschärften Hörner, und es gelang ihm, das Tier zu Boden zu zwingen. Die Matadore Maëra und Algabeno standen daneben, um notfalls einzugreifen. Sie ›betreuten‹ Ernest und Don Stewart, und Ernest berichtete nicht gerade bescheiden, daß Don und er jeden Tag vor 20 000 Fans auftreten würden. Es sei alles sehr schön, weil sich die ganze Stadt in zwei Parteien gespalten habe: in die Mitleidigen, die sie zum Aufgeben bringen wollten, solange sie noch am Leben seien, und die *aficionados*, die jeden Morgen um sechs geschlossen anrückten, um ganz sicherzugehen, daß die Americanos auch erscheinen würden.

›*Ernie war so gottverdammt tapfer*‹ (*schrieb Stewart*) ›*wir konnten ihn nicht dem Stier entgegentreten lassen, ohne auch ihm zu beweisen, daß wir ebenso tapfer waren ... Ich war der einzige, den der Stier, zum großen Vergnügen aller Beteiligten, niederstieß. Hem war natürlich immer die Furchtlosigkeit in Person ... Ich brach mir einige Rippen, als mich der Stier traf, aber der Wein von Pamplona hatte wunderbare heilende Kräfte, und die Fiesta war eines der großen und denkwürdigen Ereignisse.*‹

Stewart versuchte eines Nachts auf dem Platz vor dem Hotel de la Perla den Riau-Riau-Tanz – und er machte seine Sache so gut, daß ihn einige der anderen Tänzer im Triumph auf ihre Schultern hoben, um ihm, einem Fremdling, damit für seine Leistung Tribut zu zollen. Hadley war Maëra und Algabeno vorgestellt worden, aber die schönste Neuigkeit dieser Woche stammte von Madame Rohrbach: Bumby hatte seinen ersten Zahn bekommen.
Kurz bevor die ›feria‹ zu Ende ging, nahmen die Birds und Bob McAlmon den alten Autobus nach Burguete, einem baskischen Dorf in den Bergen, in der Nähe des alten Ortes Roncevaux. Die Hemingways folgten ihnen am 14. nach, nachdem sie die Fiesta die ganze Woche hindurch bis zu Ende mitgemacht hatten. Sogleich schlug Ernest einen Angelausflug zum wenige Kilometer entfernten Fluß Irati vor. Der Gastwirt richtete ihnen ein Picknickpaket her, das auch einen großen Laib Manchegokäse enthielt, und sie veranstalteten am Ufer des Flusses eine richtige *fête champêtre*. Bill aß gerade eine Schnitte Käse, als er bemerkte, daß Ernest ihn mit Abscheu beobachtete. ›Ist der ganze Käse so?‹ wollte er wissen. Das Stück in Bills Hand wimmelte nämlich von Maden. Bill schleuderte es in den Fluß und zog sich zurück, um das loszuwerden, was er schon gegessen hatte. Hadley fing in einem Tümpel unterhalb eines Wasserfalls ein halbes Dutzend großer Forellen. Ernest rekelte sich am Stamm einer Buche und beobachtete die Erfolge seiner Frau. Bald darauf erschien Chink Smith mit Dos Passos und O'Neil. Zusammen mit McAlmon wollten sie die spanische Seite der Pyrenäen entlang nach Andorra wandern. Ernest begleitete sie einige

Kilometer. Er wollte eigentlich mitwandern, entschloß sich dann aber doch pflichtbewußt, zu Hadley zurückzukehren.

Obwohl er gerne dabeigewesen wäre, fiel es ihm nicht so schwer hierzubleiben. Denn nichts konnte seine überschwengliche Begeisterung für die Umgebung von Burguete dämpfen. Er liebte die eiskalten Bergbäche, die riesigen Buchenwälder, die noch nie eine Axt gesehen hatten, und die sich weiter oben auf den Gebirgsrücken ausbreitenden Kiefernwälder. Er bezeichnete es als das verdammt wildeste Land in den Pyrenäen. Nur dort könne man noch ein Forellenfischen erleben, das noch nicht von Eisenbahn- und Autoverkehr zerstört worden sei. Spanien, sagte er, sei das einzige Land in Europa, das noch nicht in Stücke geschossen worden sei. Mussolinis Schwarzhemden hätten Italien ruiniert, das jetzt nur noch miserables Essen und Massenhysterie zu bieten habe. Aber die Spanier seien die besten Leute der Welt – alles ›gute Kerle‹ à la Jim Dilworth aus Horton Bay. Spanien sei wirklich noch vom echten alten Schrot und Korn.

Transatlantic

Als sie wieder zurückkehrten, war es in Paris ruhig – mit Ausnahme von Bumby, der zahnte und das ganze Haus schon um drei Uhr morgens weckte. Ernest nützte die Nachtwachen dazu, den Siphonverschluß des Spülsteins zu reinigen. Er kam sich danach so mustergültig vor, daß er trotz Bumbys Weinkonzert einschlief. Die bergsteigenden Junggesellen waren mit Edelweiß beladen und von Bettwanzenbissen übersät aus den Pyrenäen zurückgekehrt. Dos Passos, Dorman-Smith und George O'Neil hatten die ganzen 460 Kilometer von Burguete nach Andorra in zwei Wochen Fußmarsch zurückgelegt. McAlmon, der anfänglich begeistert mitgehalten hatte, hatte bald wegen Blasen an den Fersen aufgeben müssen. Ungefähr zur selben Zeit fand Madame Chautard ihren kleinen Hund tot im Hof auf. Sie beschuldigte lautstark die Nachbarn, ihn vergiftet zu haben, bis sich bei der Autopsie herausstellte, daß er überfahren worden war. Sie beauftragte einen Präparator, ihn zur Erinnerung auszustopfen. Sie hätte sich wohl nie träumen lassen, daß der Hund eines Tages in der amerikanischen Literatur verewigt werden würde.

Im August kam eine Zeit, da Ernest überglücklich gewesen wäre, Ford Madox Ford ausgestopft und präpariert zu sehen. Es war, als er die August-Nummer der *transatlantic* in die Hand bekam. Er hatte den Inhalt während Fords Abwesenheit in New York gewissenhaft zusammengestellt und redigiert. Ford war zurückgekehrt, während Ernest noch in Spanien weilte, und hatte ohne Ernests Wissen in letzter Minute noch eine redaktionelle Notiz eingeschoben. Er beschuldigte Ernest darin fälschlich,

die Nummer mit einer ›ungewöhnlich großen Auswahl‹ von Arbeiten seiner jungen amerikanischen Freunde vollgepfropft zu haben. Ford schloß mit dem Versprechen, daß künftige Nummern wieder den normalen internationalen Aspekt aufweisen würden. Ernest war deshalb so wütend, weil er es als ganz persönliche Beleidigung auffaßte. Erstens hatte er auch Arbeiten vieler Nichtamerikaner aufgenommen, und obendrein hatte er auch erhebliche persönliche Opfer bringen müssen, um Ford damit aus der Patsche zu helfen.
Ford konnte ihn einigermaßen besänftigen, als er ihn aufsuchte, eine Art Entschuldigung murmelte und dann gestand, daß die Kassa der Zeitschrift nun so erschöpft sei, daß man entweder eine Vierteljahresschrift daraus machen oder den ganzen Laden überhaupt zusperren müßte. Der bisherige hilfreiche Engel John Quinn war an Krebs gestorben, und es hatte sich bis dato kein Nachfolge-Mäzen gefunden. Ernest schluckte seinen Zorn hinunter und sagte, daß er jemanden kenne, der die Zeitschrift eventuell übernehmen würde. Er meinte Krebs Friend, den seltsamen, vereinsamten Kriegsveteranen, mit dem er schon vor Jahren in Chicago Freundschaft geschlossen hatte. Krebs war jetzt in Paris, sah, nach einer Formulierung von Nathan Asch, wie der aufgewärmte Tod aus, hatte aber eine angeblich schwerreiche Partie gemacht. Krebs hatte Ernest in Erstaunen versetzt, als er eine Schuld von fünfzehn Dollar, die aus dem Jahr 1920 datierte, zurückzahlte, und es war für Ernest eine noch größere Überraschung, als er sich bereit erklärte, Ford für die Dauer eines halben Jahres 200 Dollar pro Monat vorzustrecken. Das kam wie ein Rettungsring für einen ertrinkenden Schwimmer. Bei einer Redaktionssitzung am 15. August war Friend mit dem Präsidentenposten der *transatlantic review* belohnt worden.
Während sich das alles ereignete, hatte Ernest die Erzählung ›Großer doppelherziger Strom‹ in einem plötzlichen Energieanfall zu Ende geschrieben. Es war seine bisher längste Erzählung, aber er fügte auch noch eine dreitausend Wörter umfassende Koda hinzu. Sie bestand hauptsächlich aus einem inneren Monolog von Nick Adams, in dem er sich Gedanken über seine alten Freunde in Michigan und seine neuen in Europa machte. Ebenso wurden aber auch einige Beobachtungen über ästhetische Prinzipien mitgeteilt.
›Das einzige, was du je Gutes geschrieben hast, war das, was du selbst erfunden hast, was du dir ausgedacht hast ... Darin lag die Schwäche von Joyce. Daedalus in ‚Ulysses' war Joyce selbst, deshalb war er schrecklich. Joyce war bei sich selbst so verdammt romantisch und intellektuell. Bloom hat er erfunden. Bloom war wunderbar. Und auch Mrs. Bloom hat er erfunden. Sie war die Größte auf der Welt. Genauso war es mit Mac (McAlmon). Mac schrieb auch zu lebensnah. Du mußtest das Leben verdauen und dann erst deine eigenen Personen erschaffen ... Der Nick (Adams) der Erzählungen war niemals er selber. Er hatte ihn erfunden. Natürlich hatte

er noch nie eine Indianerin bei der Geburt gesehen. Das war es, was es gut werden ließ ... Er hatte auf der Straße nach Karagatsch eine Frau bei der Geburt gesehen und versucht ihr zu helfen. Genauso war es gewesen.
(Nick) wollte ein großer Schriftsteller sein. Er war ganz sicher, daß er einer werden würde ... Es war schwer, ein großer Schriftsteller zu sein, wenn du die Welt liebtest, und das Leben in ihr und einige Leute dazu. Es war schwer, wenn du so viele Orte liebtest ... Es gab Zeiten, wo du schreiben mußtest. Nicht die Wirklichkeit. Nur geballte Handlung. Es machte wirklich mehr Spaß als alles andere ... Er, Nick, wollte das Land schreibend so darstellen, wie es Cézanne mit seinen Bildern auf dem Sektor Malerei getan hatte. Du mußtest es von innen heraus tun ... Es war todernst. Du konntest es tun, wenn du nur richtig mit den Augen lebtest. Es war eine Sache, über die du nicht sprechen konntest ... Er wußte nur, wie Cézanne diesen Flußabschnitt gemalt haben würde. Gott, wenn er nur da wäre, um es zu tun. Sie starben, und das war die Hölle daran. Sie arbeiteten ihr ganzes Leben, wurden dann alt und starben.‹
Aber Ernest war noch nicht alt: er war gerade fünfundzwanzig geworden. Nichts, was er in späteren Jahren über das Thema Schreiben sagte, hatte die besondere Eindringlichkeit dieser tastenden Versuche, seine Absichten kundzutun, seine Beweggründe, seine sich entwickelnden ästhetischen Auffassungen, seine gleichermaßen intensive Liebe zum Schreiben wie zur Welt. Viele von den Satzwendungen waren fesselnd. Nicht zu lebensnah schreiben; das Leben vielmehr verdauen und dann aus der eigenen Phantasie neu erschaffen. Nicht Wirklichkeit, sagte er, nur geballte Handlung. Eigentlich nur mit den Augen leben. Schöner als alles andere, aber auch teuflisch schwer, es zu tun. Etwas Todernstes, beinahe Heiliges. Eine Arbeit für ein ganzes Leben. Ernest wollte ein berühmter Schriftsteller werden. Und er war ziemlich sicher, einer zu werden. Aber er schlug noch immer den Ton jungenhafter Bescheidenheit an, als er Gertrude davon Mitteilung machte, daß er ›Großer doppelherziger Strom‹ beendet hatte. Er versuche das Land wie Cézanne zu schildern und habe eine teuflisch schwere Zeit, und manchmal gelinge es ihm auch ein wenig. ›Es ist ungefähr hundert Seiten lang‹, schrieb er, ›und es geschieht nichts und das Land ist prima, ich habe alles erfunden, deshalb sehe ich es als Ganzes und teilweise kommt es heraus, wie es herauskommen sollte ... Aber ist nicht Schreiben ein harter Job? Es war leicht, bevor ich Sie kennenlernte. Ich war damals schlecht genug, gosh, ich bin auch jetzt noch schrecklich schlecht, aber es ist eine andere Art von Schlechtsein.‹
In diesen Sätzen an Gertrude manifestierte sich jedoch nur die scheinbare Bescheidenheit eines Herausforderers, der drauf und dran ist, einen ehemaligen Meister zu übertrumpfen. ›Großer doppelherziger Strom‹ war die letzte einer Reihe von neuen bemerkenswerten Erzählungen, die er in den sieben Monaten seit seiner Rückkehr aus Toronto geschrieben hatte. Seine

Sonnenaufgang

literarische Leistung könnte mit einer Bevölkerungsexplosion verglichen werden. Außer ›Indianerlager‹ hatte er ›Der Doktor und seine Frau‹ vollendet, das auf jener Episode im Sommer 1911 beruhte, als Nick Boulton und Billy Tabeshaw gekommen waren, um das am Strand von Windemere Cottage angeschwemmte Buchenholz aufzuarbeiten. Er hatte ›Soldaten zu Haus‹ niedergeschrieben, eine Geschichte, die die Stadt Oak Park zeigte, wie sie ihm nach seiner Rückkehr aus dem Krieg im Januar 1919 erschienen war. Die beiden Stories ›Das Ende von Etwas‹ und ›Drei Tage Sturm‹ basierten auf seiner kurzen Romanze mit Marjorie Bump im Sommer 1919 in Horton Bay. Er hatte ›Schnee überm Land‹ in Erinnerung an seine Skitouren mit George O'Neil im Januar 1923 geschrieben. ›Katze im Regen‹ war das Ergebnis eines regnerischen Tages, den er im Februar dieses Jahres im Hotel Splendide in Rapallo mit Hadley verbracht hatte. Er hatte außerdem unter dem Titel ›Mr. and Mrs. Smith‹ eine boshafte Klatschgeschichte verfaßt, die sich über die angeblichen sexuellen Schwierigkeiten von Mr. und Mrs. Chard Powers Smith lustig machte.

Diese neuen Erzählungen ergaben zusammen mit der Prosa aus ›Three Stories and Ten Poems‹ und den Miniaturen von Bill Birds Ausgabe von ›in our time‹ einen sehr ansehnlichen Band, dem Umfang wie der Qualität nach. Stewart und Dos Passos ermutigten ihn, einen amerikanischen Verleger zu suchen, und boten ihre persönliche Unterstützung an. Ende September sandte er Don Stewart das Manuskript in den New Yorker Yale Klub. Auch Harold Loeb wollte ihm unbedingt helfen. Horace Liveright hatte sich vor kurzem bereit erklärt, ›Doodab‹, Loebs ersten Roman, zu verlegen, und Harold bildete sich daraufhin ein, Ernest und er würden zusammen als aufgehende Sterne des Hauses Boni & Liveright ihren Platz am Verlagshimmel einnehmen.

Aber Loebs Freundin Kitty Cannell kamen wegen Harolds Freundschaft mit Ernest seltsame Vorahnungen. Obwohl Hem eine attraktive Persönlichkeit war, hatte er etwas an sich, das ihr unheilvoll schien. Nach außenhin zumindest kamen sie sehr gut miteinander aus. In seiner unbeschwerten Laune erinnerte er sie an einen kleinen Jungen, der eben das Haarschneiden hinter sich gebracht hat. Sie teilten auch die Vorliebe für Katzen. Als sie ihm Mr. F. Puss zum Geschenk gemacht hatte, hatte er ihr mit den Worten gedankt: ›Die einzige Sache, die mich momentan mit dem Leben versöhnt, ist mein Kätzchen.‹ Es kam ihr sonderbar vor, daß er nicht auch seine Frau und seinen Sohn miteingeschlossen hatte. Sie hielt ihn für einen guten Kameraden, mit viel Sinn für Humor, zumindest, wenn es um andere ging. Die Porträts seiner Mit-Exilierten waren zwar sehr amüsant, aber zugleich auch sehr destruktiv. Unter diesem anziehenden Äußeren, dachte sie, mußte eine Ader von bösartiger Brutalität versteckt liegen. Sie warnte Harold davor, daß es in Ernests Charakter liegen könn-

te, gerade jene, die sich ihm hilfreich erwiesen hatten, unbarmherzig anzugreifen.
Leon Fleischman, Liverights literarischer Agent, kam nun mit einem Vertrag für Loebs ›Doodab‹ nach Paris. Harold ruhte nicht, bis Ernest Leon kennengelernt hatte. Kitty war wieder sehr skeptisch, da sie an Ernest gelegentlich antisemitische Ausbrüche bemerkt hatte. Aber Harolds Wille gewann die Oberhand, und ein Treffen wurde arrangiert. Leon und dessen Frau Helen hatten ganz in der Nähe der Champs Elysées eine Wohnung genommen. Wie üblich war Ernest schlampig gekleidet. Als Fleischman sie in einer samtenen Smokingjacke empfing, fror Ernest sichtlich ein. Er redete sehr wenig, saß und beschäftigte sich in einer Art indianischer Stumpfheit mit seinem Scotch mit Soda. Leon meinte freundlich, daß er sich freuen würde, Ernests Erzählungen zu lesen. Sollten sie ihm gefallen, würde er sie mit einer Empfehlung an Liveright senden. Hemingway empfand den Ton, den dieser anschlug, als gönnerhaft und sprach bis zum Ende des Abends nichts mehr. Erst auf der Treppe explodierte er dann, nannte Fleischman einen miesen ›Itzig‹ und versah ihn noch mit einer Reihe anderer Attribute. Loeb war völlig konsterniert. Dennoch fuhr er fort, seinem Freund die Stange zu halten, und wies Kittys Prophezeiungen von sich, auch er würde eines Tages an die Reihe kommen.
Ernest hatte mittlerweile für seine Arbeit in der deutschen Zeitschrift *Der Querschnitt* ein Sprachrohr gefunden. Sie war vor vier Jahren in Frankfurt am Main von Alfred Flechtheim gegründet worden, einem Kunsthändler, der in Berlin und Düsseldorf Galerien besaß. ›Er war ein sehr fähiger Kunsthändler‹, schrieb Ernest. ›Er war der einzige Jude, der es im ... Krieg in einem Ulanenregiment zum Offizier gebracht hatte.‹ Flechtheims Vertreter in Paris war ein gewisser Graf Albert von Wedderkorp, der wegen der beiden einzigen englischen Worte, die er gewöhnlich von sich gab, manchmal auch ›Mr. Awfull Nice‹ genannt wurde. Aus mysteriösen Gründen gefielen ihm mehrere unanständige Gedichte Ernests, und er kaufte vier davon an, um sie im *Querschnitt* zu veröffentlichen. Eines war so lang, daß es in zwei Nummern erschien: ›The Soul of Spain with McAlmon and Bird The Publishers‹. Ein anderes, Ernests schlimmster sarkastischer Laune entsprungen, hieß ›The Lady Poets With Foot-Notes‹, eine linkische Satire, die möglicherweise auf Eliots Verwendung von Fußnoten in ›The Waste Land‹ gemünzt war. Ein anderes, etwas ernster, hieß ›The Age Demanded‹ und bezog sich im Titel auf Pounds ›Hugh Selwyn Mauberley‹. Keines der recht infantilen Gedichte, die im *Querschnitt* erschienen, war dazu angetan, ihm einen guten Ruf zu verschaffen. Es gehörte zu den Ironien einer anspruchslosen Epoche, daß Ernest den Lesern dieser Zeitschrift bald als ›Hemingway der Dichter‹ bekannt war.
Edmund Wilson bezog sich auf die Gedichte aus ›Three Stories and Ten

Poems‹, als er in der Oktobernummer des *Dial* richtig bemerkte, daß ›Mr. Hemingways Gedichte nicht besonders wichtig‹ sind. Aber seine Prosa fand Wilson äußerst bemerkenswert. Wie Gertrude Stein und Sherwood Anderson habe er es zu einer großen Meisterschaft darin gebracht, sich einer naiven Sprache zu bedienen, um ›tiefe Gemütsregungen und komplizierte Gefühle‹ auszudrücken. Wilson überschrieb seine Rezension über die beiden Bücher Ernests mit ›Mr. Hemingways Dry-Points‹ und verglich die Stierkampfszenen von ›in our time‹ mit manchen Radierungen Goyas. Er zitierte die ›trockene, kleine Gravur‹ über die Hinrichtung der griechischen Kabinettsminister vollständig und behauptete schlicht, ›in our time‹ enthalte ›mehr künstlerische Würde, als alles, was bis jetzt von einem Amerikaner über die Kriegszeit veröffentlicht wurde‹. ›Oben in Michigan‹, ›was ein Meisterwerk hätte werden können‹, gefiel ihm noch immer nicht. Leider, so meinte er, sei es den ›rüden und primitiven Leuten‹ von Horton Bay nicht gelungen, aus dem Schatten in das grelle Licht der Verwirklichung herauszutreten. Ernest schrieb Wilson, er sei ›schrecklich froh‹, weil seine ersten Bücher einem so guten Kritiker zugesagt hätten. Er machte Wilson außerdem auf die Tatsache aufmerksam, daß er vor kurzem das Manuskript für einen Band Erzählungen in normalem Format beendet und auch schon einem Verleger angeboten hatte. Die Miniaturen aus ›in our time‹ würden als kleine Kapitel zwischen die längeren Erzählungen gestellt werden. ›Als das waren sie gedacht‹, sagte er. ›Um ein Gesamtbild zu vermitteln, bevor man es dann im Einzelnen betrachtet.‹ Er verglich die beabsichtigte Wirkung mit dem Beobachten der Küste von einem Schiff aus, zunächst mit bloßem Auge und dann mit dem Fernglas. Er schloß den Brief damit, daß er die Rezension Wilsons als kühl, offen, anständig, objektiv und einfühlend pries. Eine derartige Intelligenz, wie sie Wilson bewiesen habe, sei ›eine verdammt seltene‹ Sache.

Ernest suchte bei seinen Pariser Mit-Exilierten vergebens nach einer Spur von Anstand und Intelligenz. Ganz wenige von ihnen entkamen seiner unbarmherzigen Kritik. Den mittellosen jungen amerikanischen Dichter und Pferdenarren Evan Shipman, in dessen Gesellschaft er sich wohl zu fühlen schien, lud er öfter zu einem Drink ein. Außerdem beschäftigte er sich, scheinbar geduldig, mit den Kurzgeschichten des 22jährigen Nathan Asch, der sich als Schriftsteller in Paris zu etablieren suchte. Aber es bereitete ihm boshafte Schadenfreude, hinter dem Rücken der beiden über sie zu klatschen. Er berichtete McAlmon von einem Boxkampf zwischen Asch und Shipman, aus welchem sie beide nach einem halbstündigen Schlagabtausch völlig ungezeichnet hervorgegangen seien. Shipman habe Asch anscheinend so viel Geld geliehen, daß sich dieser falsche Zähne habe kaufen können. Asch habe Shipman dann aus ›jüdischer Dankbarkeit‹ verprügelt. Mit T. S. Eliot, den er beharrlich ›The Major‹ nannte, verfuhr Ernest beinahe ebenso hart. Abfällig äußerte er sich über die ›schweren, nicht aufgeschnittenen Seiten von Eliots Vierteljahresschrift‹ *Criterion*. Als Ford beim Tod Joseph Conrads eine Sonderbeilage zusammenstellte, schrieb Ernest in seinem etwas ungewöhnlichen Beitrag, er würde – sollte er Conrad wieder zum Leben erwecken können, indem er ›Mr. Eliot zu einem feinen, trockenen Pulver vermahle und dieses Pulver über Conrads Grab in Canterbury streue‹ – ›sich schon morgen zeitig in der Früh mit einem Fleischwolf nach London begeben‹. Er war weiterhin ein großer Bewunderer Pounds und pflegte sich nur ab und zu über seine Exzentrik den Mund zu zerreißen. Als aber die Pounds ihr Atelier im unteren Teil der Straße aufgaben, stellte Ernest fröhlich fest, Ezra habe einen kleinen Nervenzusammenbruch simuliert, um dem Pack endlich zu entgehen.

Seine ausgesprochene Verachtung für jede Form von Kitsch oder Unexaktheit sollte bald zu einem seiner wichtigsten Schaffensimpulse werden – ebenso wie seine konträren Eigenschaften, etwa seine kindliche Bewunderung für Chink Smiths Kampf in Mons oder für Maëra, wenn er in der Plaza de Toros in Madrid Stiere tötete. Neben seinem Aufsatz über Reade und Clark, wie die beiden die Nachmittage in Toronto durchgeschwatzt hatten, und dem Bericht über Mr. und Mrs. Smiths vergeblichen Versuch, ein Kind zu bekommen, fanden auch andere Skizzen aus der Sparte der Klatschliteratur den Weg in seine blauen Notizbücher. Da gab es eine über ein dickes Mädchen, das nach Paris gekommen war, um Klavier zu studieren und um ein Liebesabenteuer zu erleben. Nach einem Jahr im Ausland war es noch immer Jungfrau, und Ernest erzählte, wie es an der Wand seiner Wohnung horchte, um von anderen Liebespaaren wenigstens Geräusche zu erhaschen. Es war ihm dabei ganz egal, daß es sich bei dem dicken Mädchen um eine von Hadleys besten Freundinnen handelte. Er schrieb auch über den amerikanischen Maler Bertram Hartman einen Sketch. Bertram hatte ein deutsches Mädchen namens Gusta kennengelernt, die als Assistentin eines eleganten Fotografen in München arbeitete. Nach Ernest war Gusta klein, dunkel und sah jüdisch aus; sie war ihrer in der Nähe des Bodensees wohnenden Familie durchgebrannt. Nach ihrer Hochzeit knüpfte Gusta nach Entwürfen von Bertram Teppiche. Sie blieben unverkauft, weil Gustas Preise zu hoch waren. Wie Edmund Wilson in seiner Rezension von Ernests ersten zwei Büchern scharfsinnig angemerkt hatte, war ›Mr. Hemingway so gar kein Wegbereiter für die Menschlichkeit‹.

Dieser Charakterzug äußerte sich deutlich in seiner Behandlung Fords, dem er die Schuld für den bevorstehenden Untergang der *transatlantic* gab. Den ganzen Herbst hatte er sich über Fords ›größenwahnsinnige Stümperarbeit‹ bei der Leitung des Magazins schon bis zur Weißglut geärgert. Gegenüber Gertrude Stein bemerkte er, Ford sei obendrein auch noch ein Lügner und ein Gauner, der seine Unzulänglichkeiten hinter der Maske gekünstelt vornehmer englischer Art verberge. Das war natürlich

übertrieben, ebenso wie Fords eigene wehleidige Klage, seine Stellung als Herausgeber habe aus ihm ›eine Art Schwingtür‹ gemacht, die jeder mit Füßen trete, wenn er das Büro am Quai d'Anjou ›betrat oder verließ‹.
Schließlich kam es zwischen beiden im November zum Eklat, als sich Ford entschloß, für Ernests ›Fleischwolf‹-Affront gegen Eliot eine Entschuldigung zu drucken. ›Vor zwei Monaten‹, schrieb Ford, ›griff einer dieser Gentlemen Mr. T. S. Eliot an ... Wir waren uns lange über die moralische Seite dieser Angelegenheit nicht ganz im klaren und kamen nun zu der Entscheidung, daß unser Niveau die Oberhand haben muß. Wir hatten diesen Schriftsteller zum Schreiben eingeladen, wir hatten seiner Blutrünstigkeit keine Schranken auferlegt ... Wir nehmen nun die Gelegenheit wahr, zehnmal unsere Bewunderung für Mr. Eliots Dichtkunst auszudrükken.‹
Das Ganze war sicherlich versöhnlich genug gehalten, daß jeder andere außer Ernest Fords ehrenhaften Versuch, den Frieden zu erhalten, gebilligt hätte. Aber Ernest faßte es sogleich als ausgesprochen beleidigendes Infragestellen seiner Redlichkeit und seiner Urteilskraft als Kritiker auf. Außerdem war es erst drei Monate her, daß Ford ihn öffentlich angeklagt hatte, die Augustnummer mit rein amerikanischer Literatur vollgepfropft zu haben. Das bedeutete das Ende. Er ließ auch jeden äußeren Anschein von Freundschaft zu Ford fallen und begann sich so beleidigend wie nur möglich zu benehmen. Als Burton Rascoe mit seiner Frau nach Paris kam, nahm Ford sie zum Bal Musette in der Rue du Cardinal Lemoine mit. Er stellte sie Nancy Cunard, E. E. Cummings, Bob McAlmon und Hadley Hemingway vor. Ernest war anwesend, aber Rascoe bemerkte, daß ›er und Ford nicht miteinander sprachen‹. Ernest stellte sich vor und schüttelte Rascoe voller Dankbarkeit die Hand: denn er war der Journalist gewesen, der als erster Edmund Wilson auf Ernests Arbeiten aufmerksam gemacht hatte. Aber als Ford sie alle an seinen Tisch neben der Zinktheke einlud, weigerte sich Ernest rundweg, sich der Runde anzuschließen. ›Zahl deine Drinks selber, hörst du?‹ schrie er Hadley durch den Lärm zu. ›Laß dir von Ford nichts bezahlen!‹ Obwohl die letzten beiden Nummern der im Sterben liegenden *transatlantic* wieder zwei seiner Erzählungen abdruckten, ließ er sich in seinem Zorn gegenüber Ford nicht erweichen. Das Ganze weitete sich sogar noch auf den unglücklichen Krebs Friend aus. Krebs, so meinte er, sei darauf aus, seine Geschäftstüchtigkeit dadurch zu beweisen, daß er die Zeitschrift weiterlaufen ließ. Aber in Wirklichkeit würde sie zum Teufel gehen – und zwar am oder um den 1. Januar 1925. Und das war dann leider auch der Fall.

Im östlichen Königreich

Als das feuchte Novemberwetter über Paris hereinbrach und die ganze Familie an Erkältungen laborierte, begann Ernest, von den Schweizer Alpen zu träumen. Er hatte sich seit langem gelobt, die zauberhafte Kulisse von Schnee und Bergen nicht länger als unbedingt nötig zu entbehren. Er war wieder einmal in der Stimmung, auf und davon zu gehen. ›Wir leben nur einmal‹, schrieb er Howell Jenkins, ›also wollen wir es uns alle miteinander verdammt gut gehen lassen.‹ Als einziges Hindernis stellte sich der Geldmangel in den Weg. Obwohl die Gangwischs sogar noch weniger verlangten als die Dilworths vor Jahren in Horton Bay, war das Hemingwaysche Bankkonto auf 1280 Dollar zusammengeschmolzen – ohne unmittelbare Aussicht auf neue Einkünfte. Gerade zu diesem Zeitpunkt hörten sie von Bertram Hartman zum erstenmal von einem Dorf im österreichischen Vorarlberg. Es hieß Schruns und lag auf halbem Weg zwischen Zürich und Innsbruck, nicht weit von der Eisenbahn-Hauptstrecke entfernt. Das beste Haus am Platz sollte das Familienhotel ›Taube‹ sein. Man erzählte sich, das Leben sei einfach, das Essen gut und die Skipisten großartig. Die Kosten für die drei Hemingways würden sich pro Woche auf ungefähr zwei Millionen Kronen belaufen. Aber die Höhe der Summe war irreführend. Österreich litt unter einer galoppierenden Inflation: für einen amerikanischen Dollar erhielt man 70 000 Kronen. Ernest rechnete es sich rasch in seinem Notizbuch durch. Zu seiner Überraschung würden sie zu dritt mit 28,50 Dollar pro Woche auskommen. Sie konnten die Pariser Wohnung untervermieten und den ganzen Winter in den verschneiten Bergen verbringen. Der Besitzer der ›Taube‹ hieß Paul Nels. Ernest schrieb ihm einen Brief, mit dem er ab 20. Dezember zwei Zimmer reservieren ließ.
In der Zwischenzeit lernte er, wie schon üblich, eine Menge neuer Leute kennen; darunter waren auch Archibald und Ada McLeish. Sie lebten in der Nähe des Luxembourg in einer Wohnung am Boul Mich. Archie war sieben Jahre älter als Ernest, aus Illinois, schottischer Abstammung, mit scharfgeschnittenem Gesicht, einem A.B. aus Yale und einem juristischen Diplom aus Harvard. Er hatte während und nach dem Krieg zwei Jahre in Frankreich gedient und war nun zurückgekehrt, um sich in Paris als Dichter zu etablieren. Er hätte Ernest noch eine Menge über Dichtkunst beibringen können. Aber Archie traf ihn zum erstenmal, als er gar nicht aufgelegt war, über Probleme der Ästhetik zu diskutieren. Ihre Unterhaltung in der Closerie des Lilas beschränkte sich hauptsächlich auf die Themen Boxen und Baseball. Ernest machte auch die Bekanntschaft des aus Michigan gebürtigen John Herrmann, der in München Kunstgeschichte studiert hatte. Er stand gerade vor seiner Hochzeit mit einem hübschen Mädchen namens Josephine Herbst. Josie hatte blaue Augen und weizenblondes Haar. John war dunkel und sah Ernest so ähnlich, daß man ihn

für Ernests jüngeren Bruder hätte halten können. Beide hatten sich vorgenommen, ernstgenommene Schriftsteller zu werden.
Dies galt auch für den jungen, an Tuberkulose leidenden Ernest Walsh. Er hatte in Ethel Moorehead eine gute Freundin und Gönnerin gefunden, und sie planten gemeinsam eine neue, kleine Zeitschrift zu gründen, die *This Quarter* heißen sollte. Ernest hatte Walsh vor Jahren als Renommierer und Poseur abgetan. Nun begann er ihn einen ›recht netten Kerl‹ zu finden. Häufig erschien er in Walshs Zimmer im Hotel Vénétia und erzählte fortwährend neuen Klatsch über Schriftsteller und bildende Künstler. Die Absicht, die hinter diesen Besuchen steckte, muß selbst für Walsh deutlich genug gewesen sein. Mit der *transatlantic review* in den letzten Zügen, benötigte Ernest ein neues Sprachrohr für seine Arbeit, und er glaubte, das könnte ihm eventuell Walshs Magazin bieten. Solche Überlegungen steckten dagegen nicht hinter seiner neuen Freundschaft mit Janet Flanner; sie war eine gutaussehende und talentierte Journalistin, die gerade damals begonnen hatte, für die Zeitschrift *The New Yorker* zu arbeiten. Ernest kam oft zu ihr nach Hause in die Rue Bonaparte und pflegte in einer starren Pose in einem niederen Fauteuil zu sitzen, der ursprünglich für stillende Mütter gedacht war. Janet hatte ihn am Flohmarkt erstanden und ihn mit einem neuen bedruckten Stoff überzogen, auf dem ›Galionen und große Segelschiffe‹ über Karten der sieben Meere fuhren. Sie meinte, das würde gut zu Ernests Reiselust passen. Sie nannte ihn ›Ernests Sessel‹ – hauptsächlich weil es ihr einziger Stuhl war, der Ernest überhaupt fassen und aushalten konnte. Er saß da und redete – er redete immer –, die Beine überkreuzt und ausgestreckt, und seine Zähne blitzten beim Sprechen auf. Janet gefielen seine ›freundlichen, beobachtenden, glänzenden achatbraunen Augen‹, die nichts mit dem falschen Schmelz des romanischen Blicks gemeinsam hatten. Einmal nahm er sie zu einem Boxmatch in einen kleinen altmodischen Ring in der Nähe der Place de la République mit. Sie hörte bewundernd zu, wie Ernest und die französischen Fans im Pariser Argot Tips und Beschimpfungen durcheinander brüllten. Er war, ihrer Meinung nach, ›ein natürliches Sprachtalent, und er lernte eine Sprache mit den Ohren, vor allem weil er das ständige Bedürfnis verspürte, die Leute zu verstehen und mit ihnen zu reden‹.
Er war mit einer neuen Erzählung mit dem Titel ›Der Unbesiegte‹, die er im September begonnen und am 20. November fertiggestellt hatte, recht zufrieden. Sie stellte ein Destillat dessen dar, was er während seiner drei Spanienbesuche über den Stierkampf gelernt hatte. Sie war ihm auch deshalb ans Herz gewachsen, weil sie ein Thema anschnitt, an dem er sich bisher noch nicht versucht hatte – der vergebliche Versuch eines alt gewordenen Matadors, während des heißen Sommers 1918 in der Plaza de Toros in Madrid ein Comeback zu erreichen. Es war eine tragische Geschichte, voller Farbe und Leben. Manuel Garcia – so hieß der Matador – verzeich-

nete bei einer Chance, die fast Null war, schließlich einen Pyrrhussieg; er wurde zwar vernichtet, aber nicht besiegt. Ernest hielt ›Der Unbesiegte‹ für die beste Erzählung, die er je geschrieben hatte. Ähnlich dachte er aber auch über die Story ›Soldaten zu Haus‹, die er am 10. Dezember an McAlmons geplante Anthologie ›The Contact Collection of Contemporary Writers‹ verkaufte. Auch ›Großer doppelherziger Strom‹ erfüllte ihn mit Ausnahme von Nicks langem innerem Monolog am Ende mit der gleichen Befriedigung. Beim Durchlesen fiel ihm auf, daß diese ›ganze geistige Auseinandersetzung‹ die Wirkung verdarb, die er erzielen wollte. Don Stewart hatte seinem eigenen Verleger George Doran bereits das Manuskript der gesammelten Erzählungen vorgelegt, als ihn Ernest schriftlich bat, die letzten neun Seiten von ›Großer doppelherziger Strom‹ zu streichen.

Dann war es Zeit für Österreich. Sechs Tage vor Weihnachten bestiegen sie in der Gare de l'Est den Zug. Am nächsten Morgen kamen sie in Buchs, einem Städtchen mit Holzindustrie, an die Grenze. Ernest überquerte die Geleise, wechselte etwas Geld und kaufte Fahrkarten nach Bludenz. Dort angekommen, stiegen sie in einen Zug um, der sie auf einer elektrifizierten Strecke durch das Montafoner Tal nach Schruns brachte. Es war so warm wie im September. Braune Kühe weideten noch auf den Wiesen, und nur die höheren Gipfel waren mit Schnee bedeckt. Ein Gepäckmann des Hotels holte sie vom Bahnhof ab. Die ›Taube‹ war ein solides, dreistöckiges Gebäude mit stuckverzierter, weißgestrichener Fassade. Der Haupteingang ging auf den Platz mit der dunklen alten Kirche und ihrem grünen Zwiebelturm hinaus. Ihre Zimmer befanden sich im zweiten Stock, Ernest wohnte an der vorderen Ecke, während Hadley und das Baby gleich dahinter ein Zimmer zum Garten hinaus hatten. Von Ernests Zimmer aus konnte man das in südöstlicher Richtung verlaufende Tal überblicken; es war mit Nadelwäldern bestanden und durch Weiden und kleine Bauernhöfe aufgelockert. Wenn sich Ernest richtig hinausbeugte, konnte er an die zehn Berggipfel sehen.

Das Dorf war klein und anheimelnd. Es erstreckte sich diesseits und jenseits eines schnellen Wildbachs, der Litz. Holzbrücken verbanden die beiden Teile des Orts, der aus Geschäften und Sägemühlen, ein paar verstreuten Gasthöfen und einem vernachläßigten Museum bestand. Die Dorfbewohner sprachen in dem aus einer Mischung weicher Kehllaute bestehenden Montafoner Dialekt, waren recht fremdenfreundlich und begrüßten jeden mit ›Grüß Gott‹. Ernest begann sich zu wundern, warum er die Österreicher jemals als Feinde hatte betrachten können. Sie besaßen ein liebenswertes Land – mit gutem Essen und sechsunddreißig Biersorten. Es gab bequeme Zimmer, ein Klavier, auf dem Hadley spielen konnte, und eine hübsche ›bonne‹ namens Mathilde Braun, die im Haus neben dem Hotel wohnte und sich sofort in Bumby verliebte.

Sonnenaufgang

In ganz Europa war der Winter warm, und der Schnee kam erst sehr spät. Nach der fieberhaften Produktivität im Herbst kam Ernests schriftstellerische Arbeit ins Stocken. Gegenüber Harold Loeb klagte er in einem Brief, er brauche das Stimulans einer Großstadt wie Paris, um zu schreiben. Er fand darin Zerstreuung, mit Bertram Hartman auf der hauseigenen Kegelbahn zu kegeln. Don Stewart schickte aus New York einen Weihnachtsbrief, der einen großen Scheck enthielt. Ernests Herz hüpfte vor Freude. Es konnte seiner Meinung nach nur ein Vorschuß des Verlegers Doran sein. Aber er war von Stewart persönlich, dazu bestimmt, Ernests Stimmung etwas zu heben. Doran hatte sich entschieden, die Erzählungen abzulehnen, er fügte aber hinzu, er würde sich freuen, einen Roman von Hemingway zu sehen. Stewart hatte das Manuskript daraufhin dem großen H. L. Mencken zur eventuellen Weiterempfehlung an den Verleger Alfred Knopf vorgelegt. Sollten Mencken die Geschichten nicht gefallen, so gab es noch immer Horace Liveright. Loeb schrieb, er könne nicht nach Österreich kommen. Er sei im Begriff, nach New York zu fahren, um dort die Fortschritte an seinem Roman ›Doodab‹ zu kontrollieren. Er versprach, bei Horace ein gutes Wort für den Erzählband einzulegen.
Schließlich fiel Schnee, zunächst im Hochgebirge, dann im Tal, und bedeckte Schruns und das zweieinhalb Kilometer weiter südlich gelegene kleine Dorf Tschagguns. Hadley lief auf einem Übungshang hinter dem Hotel und auf einem nicht allzu steilen Hügel bei Tschagguns Ski, wo manchmal Gamsrudel zur Fütterung herunterkamen. Herr Nels schaffte den Hotelflügel auf Hadleys Zimmer, und sie spielte am Morgen, wenn Bumby an der Luft war und mit Mathilde herumtollte, Bach und Haydn. Sie strickte auch ein wenig mit einer ungefärbten, grauen oder schwarzen Schafwolle, die von den Bäuerinnen weiter oben im Tal direkt zu Garn versponnen wurde. Sie strickte Ernest einen Pullover und eine Skimütze, die er trug, als er Bertram Hartman für eine Aquarellskizze saß.
Er genoß das Bergleben in vollen Zügen. Sein Appetit war enorm. ›Jede Mahlzeit war ein großes Ereignis‹, schrieb er Jahre später. Frau Nels führte die Küche und beaufsichtigte die Zubereitung der Speisen; zu den Spezialitäten gehörten Rinderbraten mit pikanter Sauce und mit Bratkartoffeln, Hasenpfeffer in Weinsauce, Wildkoteletts, Salzburger Nockerl und hausgemachter Pflaumenpudding. Es gab Rotwein im Überfluß und eine riesige Auswahl an Bier. Ernest schmeckte der im Tal hergestellte Kirsch und ein Schnaps, der aus Gebirgsenzian gebrannt wurde. Er ließ sich einen üppigen, schwarzen Bart wachsen und hörte mit Vergnügen, daß ihn die Montafoner den ›Schwarzen Christus‹ oder manchmal auch den ›schwarzen, Kirsch-trinkenden Christus‹ nannten. Damals waren Glücksspiele in Österreich verboten, aber man pokerte jeden Abend in dem verrauchten Speisesaal des Hotels. Besonders spaßig war, daß zu den Spielern auch der Kommandant des örtlichen Gendarmeriepostens gehörte.

Die anderen waren ein Bankier und ein Jurist, Herr Nels, der Hotelbesitzer, und ein großer, dürrer und sarkastischer fünfzigjähriger Mann, der aus München gekommen war, um in Schruns eine Skischule auf die Beine zu stellen. Er hieß Walther Lent und machte sich über das Fahren auf den Übungshängen lustig. Sein neues Rezept lautete, seine Schüler zu den Hütten der Alpenvereine jenseits der Silvretta-Hochalpenstraße, in Höhen über zweitausend Meter, hinaufzuführen.

An einem Januartag brachte die Post einen Prospekt von Walshs neuer Zeitschrift *This Quarter*. Ernest schickte ihn mit der Bemerkung an Gertrude Stein weiter, Walsh komme ihm in der Rolle eines Geburtshelfers für Künstler lächerlich vor. Vor Walsh selbst stellte er seine Bedenken zurück und schrieb ihm einen begeisterten Brief. Er legte eine Manuskriptkopie von ›Großer doppelherziger Strom‹ bei und bezeichnete es als sein bis dahin bestes Werk. Er machte sich erbötig, weitere Mitarbeiter ausfindig zu machen, begrüßte Miss Mooreheads Entschluß, Beiträge für das Magazin großzügig zu honorieren, und begann, ihnen über die Einzelheiten des Aufbaus einer Zeitschrift väterliche Ratschläge zu erteilen. Sie honorierten seinen Eifer mit der Annahme seiner Erzählung und besiegelten das Geschäft mit einem Scheck über tausend Francs. Mit einem Mal war er zu ihrer Sache bekehrt. Er wies darauf hin, daß im Kalenderjahr 1924 sein gesamtes Einkommen aus ernster Literatur 1100 Francs betragen habe, daß ihm weder ›Three Stories and Ten Poems‹ noch ›in our time‹ auch nur einen Sou eingebracht hätten und daß Hadley und er versucht hätten, von nur hundert Dollar monatlich zu leben.

Mitte Januar führte Walther Lent seinen Skikurs zu einer ersten Tour ins Hochgebirge. Sie fuhren mit dem Schlitten die Talstraße nach Partenen hinauf und verbrachten die Nacht in einem alten Gasthof. Am nächsten Morgen standen sie schon vor Sonnenaufgang auf und begannen mit Rucksäcken und mit Fellen an den Skiern den Aufstieg. Gemietete Träger schleppten die schwersten Lasten – ›untersetzte, mürrische Bauern‹, die ›wie Packpferde stetig emporstiegen‹, ihre Lasten oben am Gipfel gegen die Steinmauern einer Berghütte lehnten und dann ›wie Gnome auf ihren kurzen Skiern wieder bergab schossen‹. Auf dem Weg, das lange Tal bis zum zugefrorenen Vermunt-Stausee hinauf, sah Ernest Gemsen und Rotwild, viele Schneehühner, zwei Marder und einmal sogar einen Fuchs. Das Madlenerhaus lag in einer Höhe von 1986 Metern in den Felsen des Kresperspitz hineingebaut. Ringsum dehnten sich meilenweit unberührte Schneefelder. Sie liefen den ganzen Tag Ski und legten sich jeden Abend früh zu Bett, während der Sturm um die Ecken des Hauses heulte und im Mondschein große Schneewolken über die ringsum liegenden Gipfel dahinzogen.

Just während der zweiten Tour zum Madlenerhaus im Februar sollte sich für Ernest das Blatt zum Guten wenden. Mit einem denkwürdigen Po-

kerabend begann es, an dem er ein Pik-As zog, damit einen Royal Flush in die Hand bekam und dann um 43 000 Kronen reicher zu Bett gehen konnte. Am nächsten Tag fuhr er mit Lent den Vermunt-Gletscher hinunter; sie waren aus einer Höhe von 3200 Metern abgefahren und schafften die acht Kilometer über den Gletscher in glatten zwölf Minuten. Als er bei Einbruch der Dunkelheit erschöpft zurückkehrte, fand er zwei Telegramme vor, die man ihm aus Schruns hinaufgebracht hatte. Sie stammten von Don Stewart und Harold Loeb. Beide enthielten dieselbe, ungeheuer aufregende Nachricht: Horace Liveright hatte sich bereit erklärt, ›In unserer Zeit‹ zu veröffentlichen.
Anfangs konnte er es gar nicht glauben. Aber in der ›Taube‹ nahmen ihm ein Telegramm und ein Brief von Liveright persönlich jeden weiteren Zweifel. Die Erzählungen, schrieb Horace, seien prächtig und im großen und ganzen annehmbar. Es gebe nur ganz wenige Schwierigkeiten. Eine davon sei ›Mr. und Mrs. Eliot‹; denn diese Erzählung enthielt einige Stellen, die Liveright als obszön empfand und die ausgemerzt werden müßten. Das größte Problem war aber ›Oben in Michigan‹, eine weitere Story mit zu sexbetontem Thema. Sie war so offenherzig, daß Horace fand, sie müßte überhaupt herausgenommen werden. Ernest sollte dafür eine andere liefern. Sofort setzte er sich an eine geliehene Schreibmaschine und begann unter dem Arbeitstitel ›A Great Little Fighting Machine‹, eine Erzählung die später in ›Der Kämpfer‹ umbenannt wurde. Der Schauplatz war ein Landstreicherlager in der Nähe von Mancelona im Staat Michigan, und die Einzelheiten waren völlig frei erfunden. Der Kämpfer, dessen Figur Ernest nach den zwei bekannten Boxern Ad Wolgast und Bat Nelson gestaltet hatte, war ein betrunkener Preisboxer namens Ad Francis. Als Vorlage für Ad Francis' Gefährten in der Geschichte – ein höflicher und geduldiger Neger namens Bugs – hatte er einen wirklich existierenden schwarzen Trainer genommen, der sich in der Zeit seines Niedergangs um Ad Wolgast gekümmert hatte. Ernest hatte die Erzählungen wahrscheinlich schon kurz nach seiner Ankunft in Schruns im Dezember begonnen. Jetzt überarbeitete und schrieb er sie nieder, arbeitete die ganze Nacht zum 13. Februar daran und beendete sie am Morgen dieses Tages.
Aus persönlichen Gründen hatte er sein ›Nehme erfreut an‹-Telegramm an Liveright immer wieder aufgeschoben, bis er es endlich am 5. März abschickte. Zwei Dingen, die sich in seinem Denken allmählich verquickten, widmete er während seines restlichen Aufenthalts in Schruns seine ganze Energie. Zunächst hatte ihm Bill Smith plötzlich und ganz unvermutet geschrieben, um sich für ihren nun schon drei Jahre zurückliegenden Streit zu entschuldigen, und er wollte für ihn in Paris eine Stellung finden. Der alte Bill habe, so schrieb Ernest an Jenkins, inzwischen eine denkbar schlimme Zeit mitgemacht, sowohl in persönlicher als auch in finanzieller Hinsicht. Er habe sogar mehrere Monate in einem Sanatorium verbracht.

This Quarter

Aber: Was vorbei sei, sei vorbei. Ihm müsse wieder auf die Beine geholfen werden. Das andere Projekt betraf Ernest Walshs Plan, aus der ersten Nummer von *This Quarter* eine Festschrift für Ezra Pound zu machen, mit einem Porträt des Meisters und einer Sammlung von Beiträgen. Walsh erbat auch von Ernest einen Beitrag, worauf dieser am 7. März von Sonnenaufgang bis -untergang unentwegt auf seiner verstaubten Corona tippte. Das Ergebnis waren tausend Worte, mit denen Ernest Ezra eine große Freude machen wollte. Unter anderem sagte er, Pounds Energie kenne keine Grenzen, er sei wie ein guter Miura-Stier, und niemand könne vor ihm eine Capa schwingen, ohne nicht sofort mit einem Angriff rechnen zu müssen. Er habe alle seine Kämpfe mit einem ›sehr lebensfrohen Grimm‹ ausgefochten, und seine Wunden seien immer rasch verheilt. Jetzt sei er nach Rapallo übersiedelt, wo ihn seine Freunde mit ihren Bitten nicht mehr belästigen könnten und seine Energien für weitere produktive Arbeiten wieder verfügbar wären.

Mit diesem großzügigen Beitrag nahmen die Ferien in Österreich ein Ende. Ernest hatte, von Briefen und unbedingt notwendigen Texten abgesehen, wenig geschrieben. Vielleicht brauchte er zum Schreiben, wie er betont hatte, wirklich eine Großstadt – das Stimulans des täglichen Klatsches, die einsamen Vormittage in der Closerie des Lilas, die Ausflüge ans Rechte Ufer, um Guy Hickok und Mike Ward zu sehen. Erst einige Monate später lernte er die Bedeutung des Namens jenes Landes kennen, in dem er die ersten Wochen des Jahres 1925 so glücklich verlebt hatte. ›Wissen Sie, was Österreich heißt?‹ sollte er seinen Freund Fitzgerald Weihnachten nächsten Jahres fragen. ›Das östliche Königreich. Ist das nicht prima? Erzählen Sie es Zelda.‹

This Quarter

Sobald Harold Loeb erfuhr, daß die Hemingways aus Österreich zurück waren, eilte er sofort zu einem Besuch in ihre Wohnung. Er war stolz, weil Ernest und er nun gemeinsam bei Boni & Liveright verlegt werden würden. Er lud Hadley und Ernest ein, das bei ihm zu Hause mit Kitty Cannell bei einem Drink zu feiern. Als sie hinkamen, war Kitty mit zwei Frauen im Gespräch. Sie hießen Pauline und Virginia Pfeiffer und waren die Töchter eines Großgrundbesitzers aus Piggot im Bundesstaat Arkansas. Beide waren von kleinem Wuchs, hatten ›schlanke Glieder wie zarte, kleine Vögel‹ und kurzgeschnittenes Haar mit Ponyfransen. Pauline, die ältere von beiden, arbeitete für die Pariser Redaktion der Zeitschrift *Vogue*; doch Kitty hatte den Eindruck, daß der eigentliche Zweck ihres Frankreich-Aufenthalts die Suche nach einem passenden Ehemann war. Chic, gut ange-

zogen und in der letzten Mode bestens bewandert, blickten sie mitleidig auf Hadleys abgetragene und armselige Kleidung. Die Schwestern, fromme Katholikinnen, waren beide, nicht weit von Hadleys ehemaligem Zuhause, im Kloster ›Zur Göttlichen Heimsuchung‹ in St. Louis zur Schule gegangen. Pauline war eine frischgebackene Absolventin der Universität von Missouri. Sie kam mit Harold Loeb ins Plaudern, während Ernest Jinny über das Skilaufen in Österreich erzählte. Als sie aufstanden, schlüpfte Pauline in einen prachtvollen Chipmunk-Pelzmantel. Ernest erzählte Kitty, daß er von den beiden auf Anhieb Jinny weit besser habe leiden können. ›Ich würde sie gern im Mantel ihrer Schwester ausführen‹, meinte er.
Bald darauf kamen die Schwestern in der Wohnung über der Sägemühle vorbei, um Hadley und Bumby einen Besuch abzustatten. Daß die beiden einen gehobeneren Lebensstandard als den, der sie hier erwartete, gewohnt waren, lag auf der Hand. Pauline bemerkte nachher zu Kitty, sie sei über die Verhältnisse empört gewesen, die Ernest seiner Frau und seinem Kind im Namen der Kunst zumute. Sie hatte durch die Schlafzimmertür einen Blick auf den Hausherrn werfen können. Er lag unfrisiert und unrasiert im Bett und las. Sie fand sein ungeschliffenes Benehmen und seine unordentliche Erscheinung eher sonderbar. Sie konnte nicht verstehen, wie Hadley es in einem solchen Loch und noch dazu mit einem solchen Mannsbild aushielt.
Im ersten Monat nach seiner Rückkehr aus Schruns besuchte Ernest fast täglich die Druckerei von Herbert Clarke in der Rue St. Honoré und half bei der Geburt der anspruchsvollen ersten Nummer von *This Quarter*. Das Heft war schon auf die stattliche Zahl von 250 Seiten angewachsen. Clarke war der Drucker der *transatlantic* gewesen, und Ernest kannte die Probleme bei der Gestaltung einer Zeitschrift schon zur Genüge. Diese Probleme ergaben sich aus der verspäteten Ablieferung von Beiträgen, Terminüberschreitungen, haarsträubendsten Satzfehlern, und obendrein waren jetzt sogar Ratten, die an den Walzen von Clarkes Druckerpresse Geschmack gefunden hatten, am Werk. Ernest beschaffte als Titelbild ein von Man Ray gemachtes Photo von Pound und stellte das Illustrationsmaterial zusammen. Es bestand hauptsächlich aus Fotografien von Skulpturen Brancusis und von Bildern Miss Mooreheads und Bertram Hartmans. Er gewann auch Hadleys ›supergenaue‹ Dienste als Korrektor und verwendete mehrere Vormittage einer ganzen Woche dazu, den saumseligen Clarke auf Vordermann zu bringen.
Eines Morgens, am 27. März, kam mitten in der Arbeit Ernests Erzählung ›Der Unbesiegte‹ vom *Dial* zurück. Der beiliegende Brief bezeichnete das Werk als großartige Erzählung, aber für amerikanische Leser zu schwer. Ernests frühere Begeisterung für den *Dial* kühlte schnell ab und schlug bald in Ablehnung um, die er sein ganzes Leben lang beibehalten sollte.

Wenn amerikanische Verleger seine Erzählung nicht kaufen wollten, wußte er sehr wohl, wo er sie an den Mann bringen konnte. Meist schob er das zerfledderte Manuskript nur in ein anderes Kuvert und adressierte es an Ernest Walsh. Er erzählte Walsh, die Story sei nun praktisch von jedem bekannteren und unbekannteren Magazin in den Vereinigten Staaten abgelehnt worden. Das war freilich nicht ganz richtig, aber es tat seine Wirkung. Walsh antwortete mit einer Lobeshymne, der ein Scheck von Miss Moorehead nachfolgte. Ernest schrieb glücklich, daß er das Geld dazu verwenden würde, um die Mietschulden bei den Chautards zu begleichen, einige neue Kleidungsstücke anzuzahlen, sich mit Fressalien einzudecken und sich Karten für das Sechstagerennen zu kaufen.

Nach Ankauf und Honorierung seiner beiden längsten Erzählungen durch *This Quarter* und nach weitgehender Fertigstellung der ersten Nummer der Zeitschrift glaubte Ernest, seinen Beitrag geleistet zu haben. Anfang April schrieb er Walsh an einem Samstagmorgen, er müsse mit der Arbeit für das Magazin aufhören, um mit seiner eigenen weiterzukommen. Er schrieb, ohne schöpferische Arbeit fühle er sich elend und minderwertig. Um seinem Drang entsprechend zu schreiben, habe sein Geist frei und klar zu sein. Sollte Walsh einen Assistenten brauchen, so könne er ihm Bill Smith nur wärmstens empfehlen. Er würde im Laufe des April nach Paris kommen und für ein monatliches Salär von tausend Francs alle Details der Aufmachung, des Drucks, der Werbung und des Vertriebs erledigen. Walsh nahm diesen Vorschlag sehr reserviert auf. Er ließ durchblicken, Ernest mische sich in Sachen ein, die ihn nichts angingen. Er betrachte es sogar als Versuch, auf Kosten von Miss Moorehead seinem Freund eine gesicherte Anstellung zu verschaffen. Ernest antwortete mit verletztem Stolz: Falls er so einen Eindruck erwecken würde, dann ›tant pis pour moi‹. Walsh hatte offensichtlich große Furcht, ausgenommen zu werden. Wie er es schon gegenüber Ford und den Herausgebern des *Dial* getan hatte, empfand er nun gegen Walsh und Miss Moorehead tiefe Ressentiments und vergaß völlig, daß sie großzügig zwei lange Erzählungen angekauft hatten, für die es damals in den Vereinigten Staaten keinen einzigen Interessenten gab.

Doch jetzt hatte er einen ganzen Band Erzählungen an Boni & Liveright verkauft. Am 31. März unterschrieb er den Vertrag und sandte Liveright als Ersatz für das nun langsam vom Pech verfolgte ›Oben in Michigan‹ seine neue Erzählung ›Der Kämpfer‹. Er schärfte sowohl Liveright wie auch dessen Cheflektor T. R. Smith ein, daß bei keiner einzigen Erzählung ohne seine Zustimmung Änderungen vorgenommen werden dürften. Über den Absatz des Buches meinte er, die Chancen seien recht gut und lägen etwa bei 3 : 1. Das klassische Beispiel für ein ›wirklich gutes Buch‹, das beim Verkauf durchgefallen war, sei Cummings' ›Der ungeheure Raum‹ gewesen, das Horace 1922 herausgebracht hatte. Aber Cummings

habe einen schwierigen Stil. Der Vorteil von ›In unserer Zeit‹ liege darin, daß es von *highbrows* gelobt werden würde und von normalen *lowbrows* gelesen werden könnte. Kein Mensch mit High-School-Bildung werde bei der Lektüre die geringsten Schwierigkeiten haben.
Kürzlich hatte sich auch ein anderer New Yorker Lektor mit einem Erkundigungsschreiben an Ernest herangepirscht, Max Perkins vom Verlag Scribner. Er war von einem seiner führenden jungen Autoren, Scott F. Fitzgerald, zu diesem Schritt angeregt worden. Fitzgerald war davon überzeugt, daß Hemingway eine glanzvolle Zukunft bevorstand. Die kurzen Texte, die Bill Bird veröffentlicht hatte, schienen ihm bemerkenswert. Ihm war sonnenklar: ›Eine ganz tolle Sache.‹ Perkins' erster Brief an Ernest war verlorengegangen. Der zweite, der während Ernests Österreich-Aufenthalt ankam, war von Sylvia Beach zusammen mit einem Stoß anderer Post aufbewahrt worden. Sie übergab sie ihm erst fünf Tage, nachdem er Horace Liverights Angebot angenommen hatte. Ernest informierte Perkins über den vor kurzem unterzeichneten Vertrag, der Boni & Liveright auch eine Option auf die nächsten drei Bücher einräumte. Sollten sie aber von der Option innerhalb von sechzig Tagen nach Erhalt des Manuskripts keinen Gebrauch machen, so wäre die Vereinbarung nichtig. Ernest schrieb, er hätte gern dem Verlag Scribners ›In unserer Zeit‹ angeboten. Wenn er einmal in der Lage wäre, Perkins ein anderes Buch anbieten zu können, würde er es tun. Eine Möglichkeit sei eine Studie über den Stierkampf. Sie sollte für die Matadore und die Tiere etwa das werden, was der berühmte Reiseschriftsteller Doughty für die Nomaden der arabischen Wüsten war. Er stelle sich ein umfangreiches Buch mit wunderbaren Bildern vor. Aber solche Träume, meinte Ernest, könnten für einen amerikanischen Verleger selbstverständlich nicht als Empfehlung dienen. Neben dem Stierkampf interessiere ihn ausschließlich die Erzählung. Er war der Ansicht, daß der Roman eine schrecklich artifizielle und verbrauchte Literaturform sei. Trotzdem hätten einige seiner Stories schon Längen bis zu 12 000 Wörtern erreicht. Vielleicht würde mit der Zeit auch einmal ein Roman herauskommen.
Als Bill Smith nach Paris kam, hieß ihn Ernest wie einen verlorenen Bruder willkommen und wies ihm das kleine Arbeitsschlafzimmer zu. Bill lernte die Chautards kennen und war von Madame Chautards ausgestopftem Hund zugleich belustigt und angeekelt. Ernest führte ihn auch bei Pauline Pfeiffer ein. Sie erweckte bei Bill sofort den Eindruck, sie wolle Ernests Aufmerksamkeit unbedingt auf sich ziehen, etwa mit dem backfischhaften Annäherungsversuch: ›Ich habe mit jemandem über Sie gesprochen‹. Ernest pflegte darauf zu antworten: ›Oh, und was hat er gesagt?‹ Er verbrachte fast jeden Vormittag an einem Tisch in der Closerie des Lilas und arbeitete. Nachmittags spielten er und Bill mit Harold Loeb und Paul Fisher Tennis, wenn die Plätze bespielbar waren.

Während dieser Spiele schien Loeb oft mit seinen Gedanken ganz woanders zu weilen. Er hatte von Kitty Cannell verlangt, sie müsse ihm mehr Freiheit lassen, und sie hatte sich mit einem Versuch einverstanden erklärt. Darauf hatte er seine Leidenschaft für eine große, hübsche Engländerin namens Lady Duff Twysden entdeckt. Er liebte ihre statuenhafte Figur, die grauen Augen und das kurzgeschnittene, blonde Haar. Sie waren einander zufällig bei einer Cocktailparty begegnet. Erst einige Wochen später, als er einmal ins ›Select‹ hineinschaute, hatte er wieder ihr leises, tiefes Lachen gehört. Für Harold hatte es ›die dahinfließende Qualität des Schlags einer Nachtigall, die den Mond besingt‹. Er konnte nicht umhin, an Rima, die mysteriöse Heldin eines romantischen Lieblingsromans, W. H. Hudsons ›Green Mansions‹, zu denken. Trotz ihrer betont männlichen Tweedkostüme und des Herrenhuts aus Filz, der lässig auf ihrem Hinterkopf thronte, besaß Duff ungeheuren natürlichen Charme. Sie trug kein Make-up, und es gab Leute – weniger glühende Verehrer als Loeb –, die ihr nachsagten, daß sie sich selten wusch. Doch ihr ›gutgeschnittenes‹ Gesicht war schmal und zart wie eine Kamee und hätte sehr wohl ein Porträt des achtzehnten Jahrhunderts von den Wänden der National Gallery sein können.

Duff war damals zweiunddreißig, also in einem gefährlichen Alter, wie man behauptet. Ihr bisheriges Leben war recht verworren verlaufen. Sie war als älteste Tochter von B. W. Smurthwaite aus Prior House, Richmond, Yorkshire, auf den Namen Mary Duff Stirling Byron getauft worden. Im Januar 1917 (als Ernest noch die Bank der High School drückte) hatte sie in London Sir Roger Thomas, den zehnten Baronet Twysden geheiratet, der kurz zuvor vom Royal Naval College in Dartmouth abgegangen war. Ihr 1918 geborener Sohn, Anthony, wurde von der Familie ihres Mannes aufgezogen, von dem sie getrennt lebte. Ihre Scheidung stand angeblich unmittelbar bevor. Im Frühjahr 1925 hieß ihr ständiger Begleiter Pat Guthrie, ein großer, zerstreuter Schotte mit schmalen Schultern und riesigem Durst. Loeb hielt ihn für einen professionellen Schmarotzer, aber er teilte sein Taschengeld wie seinen geschniegelten Kreis femininer Freunde mit Duff. Pat wurde, wenn er zu tief ins Glas schaute, entweder dumm oder mürrisch, je nach Laune. Duff dagegen vertrug den Alkohol so gut, daß sie sogar nach stundenlangem, ununterbrochenem Zechen noch fähig war, ordentlich Bridge zu spielen.

Ernests Meinung über Duff war zwiespältig. Wie Loeb, wenn auch viel weniger romantisch, war er von ihrem Aussehen, ihrem Lebensstil, ihrer Unbekümmertheit, ihrem britischen Akzent und ihrer Trinkfestigkeit beeindruckt. Sooft er sich mit Duff unterhielt, verlor seine gewohnte Verachtung für die Bummler vom Montparnasse etwas an Schärfe. Obwohl er dem engeren Kreis ihrer Amouren nicht angehörte, war er doch so eifersüchtig, daß ihn Loebs immer offenkundiger werdende Verliebtheit ärgerte.

Sonnenaufgang

An einem Tag im Mai saß er auf einem Barhocker im ›Dingo‹ in der Rue Delambre und unterhielt sich gerade mit Duff und Pat, als er an seiner Seite eine Stimme hörte. Er blickte auf und sah den Mann, der ihn an Maxwell Perkins empfohlen hatte: Fitzgerald, ebenso wie Ernest ein Midwesterner, hatte eine penetrant direkte Art, einen auszufragen, war aber ansonsten jung, fröhlich, großzügig und begeisterungsfähig. Er war besser gekleidet und bei weitem wohlhabender als Ernest, neben dessen männlicher Figur er zugleich jungenhaft und zart wirkte. Fitzgerald stellte sich und den großen jungen Mann vor, der gemeinsam mit ihm das ›Dingo‹ betreten hatte, einen früheren Spitzensportler aus Princeton. Ernest mochte den Sportler auf Anhieb, bei Fitzgerald konnte er sich noch keinen rechten Reim machen. ›Er hatte sehr blondes, welliges Haar‹, schrieb er viele Jahre später, ›eine hohe Stirn, lebhaft und freundlich blickende Augen und einen sensitiven irischen Mund mit feingeschwungenen Lippen, der bei einem Mädchen der einer Schönheit gewesen wäre. Er hatte ein wohlgestaltetes Kinn, gut geformte Ohren und eine beinahe makellose Nase ... Der Mund beunruhigte einen, ehe man ihn kannte, und danach beunruhigte er einen noch mehr ...‹
Nachdem sich Duff zurückgezogen hatte, erging sich Fitzgerald in einer Lobeshymne über die Nick-Adams-Storys. Ernest war das reichlich unangenehm. Ein alter Reim aus seiner Schulzeit ging ihm durch den Kopf: ›Lob ins Gesicht ist eine offene Beleidigung.‹ Er konzentrierte sich auf den Champagner, den Fitzgerald bestellt hatte, und antwortete einsilbig auf die äußerst persönlichen Fragen, die Fitzgerald wie aus einem Maschinengewehr auf ihn abfeuerte. Plötzlich ereignete sich etwas Merkwürdiges. Überall auf Fitzgeralds Oberlippe bildeten sich, etwa in der Größe von Perlen auf einem Damenring, kleine Schweißtropfen. Sein Gesicht wurde wachsbleich, seine Augen verloren den Glanz, seine Haut straffte sich über den Backenknochen, bis das Ganze wie ein Totenkopf aussah. Man konnte ihn nur noch heimschaffen. Der Sportler aus Princeton sagte Ernest, er solle sich keine Sorgen machen. So etwas geschehe öfter.
Als sie einander, einige Tage später, zum zweiten Mal in der Closerie des Lilas begegneten, sprach Scott seinen Wunsch aus, daß Ernest seinen Roman ›Der große Gatsby‹ lesen solle. Er sprach über das Buch sehr klug und bescheiden. Obwohl er dabei auch einige Whiskys trank, wiederholte sich das Phänomen aus der Dingo Bar nicht mehr. Ernest fand ihn so angenehm, daß er seine Einladung annahm, mit ihm nach Lyon zu fahren und dort seinen Wagen abzuholen. Sie verabredeten sich für den nächsten Tag auf dem Bahnhof. Aber da Scott nicht erschien, fuhr Ernest allein los. Fitzgerald kam am nächsten Tag ins Hotel mit einer Handvoll Entschuldigungen, warum er den Zug versäumt hätte. Als sie den Wagen fanden, bemerkte Ernest erstaunt, daß er kein Verdeck hatte. Scotts Frau Zelda hatte angeordnet, es zu entfernen. Eine Stunde nördlich von Lyon

mußten sie wegen strömenden Regens haltmachen. In Chalon-sur-Saône waren sie beide so durchnäßt, daß sie in einem Hotel Zuflucht suchen mußten. Fitzgerald legte sich sofort zu Bett und bildete sich ein, eine Lungenstauung bekommen zu haben. An diesem Abend erhob er sich nach Tisch ungefähr in der gleichen Verfassung wie damals im Dingo. Am nächsten Morgen, bei der Fahrt durch die Côte d'Or, schien er so gesund und lustig wie immer. Er verkürzte die Zeit damit, daß er Ernest die Handlung sämtlicher Romane von Michael Arens im Detail erzählte.

In der Woche darauf gingen die Hemingways zum Lunch in die Wohnung der Fitzgeralds, die Ernest recht düster vorkam. Zelda mit ihren Habichtsaugen war ihm sofort unsympathisch. Ernest vermutete, daß sie Scott die Zeit zum Schreiben nicht gönnte. Wenn er trank, lächelte sie geheimnisvoll, und Ernest glaubte, sie freue sich, weil Scott nachher nicht mehr zur Arbeit fähig sein werde. Das war nicht gerade das Verhalten, das er von der Frau eines Schriftstellers erwartete. Aber er las den ›Großen Gatsby‹ mit Bewunderung und schrieb Max Perkins, er halte es für ein ausgesprochen erstrangiges Buch.

Sie besprachen dieses und Fitzgeralds frühere Romane auch mit Christian Gauss, einem Französisch-Professor aus Princeton. Er war mit seiner Frau Alice für einen Sommer zu Studienzwecke nach Paris gekommen. Gauss selbst war ein schmächtiger, drahtiger Mann, mit einem guten Schuß Sarkasmus, dem Kinn eines Boxers und einem gefälligen, asymmetrischen Gesicht. Er hatte sowohl Fitzgerald als auch Edmund Wilson während ihrer College-Zeit in Princeton kennengelernt und interessierte sich für die sonderbaren Experimente der französischen und amerikanischen Avantgarde-Literatur. Er fragte seine Begleiter, was sie von Stevensons Ratschlag an junge Schriftsteller hielten – daß nämlich jeder so lange den emsigen Affen spielen sollte, bis er einen eigenen Stil entwickelt hätte. Scott gab zu, er sei dieser Anleitung in seinem Princetoner Erstlingsroman ›This Side of Paradise‹ gefolgt; er habe sowohl Compton Mackenzie als auch einigen Stellen aus Joyces ›Portrait of the Artist as a Young Man‹ vieles zu verdanken. Ernest gestand eine eher geringfügige Abhängigkeit gegenüber Sherwood Anderson ein. Er habe ihm sogar vor kurzem in einem herzlichen Brief seine Dankbarkeit für die Mithilfe ausgedrückt, Liveright zur Annahme von ›In unserer Zeit‹ zu bewegen. ›Aber beide behaupteten‹, so schilderte es wenigstens Professor Gauss, ›daß man später‹ für solche Hilfe ›zu bezahlen habe‹. Jeder Schriftsteller müsse sich einmal von allen äußeren Einflüssen befreien. Ernest diskutierte dieses Thema mit einer ungewöhnlichen Heftigkeit. Gauss' ehemaliger Student Edmund Wilson hatte nämlich behauptet, er gehöre derselben Schule wie Anderson und Gertrude Stein an. Dies war eine Verbindung, die er so schnell wie möglich abbrechen wollte.

An einem Morgen Mitte Juni überraschte sich Ernest selbst dabei, daß er anfing, einen Roman zu schreiben. Nicht einmal zwei Monate zuvor hatte er die Gattung noch als überlebt und artifiziell verdammt. Jetzt borgte er sich den Titel eines seiner Gedichte und schrieb ihn in Blockbuchstaben in eines seiner blauen Notizbücher: *Along with Youth: a Novel*. Der Held war Nick Adams, der Schauplatz der altgediente Truppentransporter ›Chicago‹, der in einer warmen Juninacht des Jahres 1918 durch den Golf von Biskaya stampfte. Die Fabel wurde größtenteils durch Dialoge zwischen Nick, zwei polnischen Offizieren, Leon Chocianowitz und Anton Galinski, und einem betrunkenen Jüngling, der nur ›The Carper‹ hieß, auf dem Oberdeck vorangetrieben. Es geschah nicht viel. Die jungen Männer tranken und sprachen an Deck, in einer der Kabinen und in einem Rettungsboot, das an einem Kran über der ruhigen und schillernden See baumelte.

Aber Ernests Absicht kam deutlich zum Vorschein. Er versuchte, aus dem ersten großen Erlebnis seiner Jugend Nutzen zu ziehen. Er verwendete die richtigen Namen der polnischen Leutnants und den Spitznamen von Howell Jenkins, mit dem er vor kurzem in Briefwechsel getreten war. Sein Plan war es offensichtlich, Nick auf seinen Abenteuern von Bordeaux über Paris, Mailand, Schio bis zum Basso Piave und wieder zurück nach Mailand zu begleiten, wo er ein Liebeserlebnis mit einer Krankenschwester namens Agnes hatte. In ›Eine sehr kurze Geschichte‹ waren diese Liebesromanze und ihre Folgen schon einmal zusammengefaßt worden. Vielleicht konnte er das Ganze jetzt, beinahe sieben Jahre nach den Ereignissen, endlich zu einem Roman gestalten. Es klappte nicht. ›Along with Youth‹ wurde an einem Tag Ende Juni 1925 auf der 27. Manuskriptseite für immer abgebrochen. Aber es war wenigstens ein Anfang.

Fiesta

Ernest hatte schon während des ganzen Winters in Schruns und während des Frühjahrs in Paris von seinem dritten Besuch der Fiesta von San Fermin in Pamplona geträumt. ›Mensch, was für eine tolle Schau!‹ hatte er zu Bill Smith gesagt: Stiere seien gefährlich wie Klapperschlangen. Seit sechshundert Jahren zu Schnelligkeit und Bösartigkeit herangezüchtet, würden sie den Höhepunkt ihres Lebens erreichen, wenn sie mit fünfzig Kilometer pro Stunde in die Arena gerast kämen, um zu sterben. Wie in urgeschichtlichen Zeiten würden sie einen Picador so lange verfolgen, bis sie ihn aus dem Sattel geschleudert und zu Tode gespießt hätten. Spanien sei das wundervollste Land der Welt.

Ende der dritten Juniwoche gingen alle Wünsche in Erfüllung. Ernest konnte bei seinen Freunden die Fahrtspesen, die Mittel für Stierkampf-

karten und Hotels locker machen. Dieses Jahr hatten sie vor, in Juanito Quintanas Hotel ›Quintana‹ zu wohnen. Juanito war ein alter *aficionado*, und oft wohnten Matadore bei ihm. Bumby fuhr mit den Rohrbachs in die Bretagne. Ernest und Hadley wollten vor der Fiesta eine Woche in Burguete Forellen fischen. Bill Smith, Don Stewart und Harold Loeb sollten ihnen nachkommen. Alfred Flechtheim, der Herausgeber des *Querschnitt*, hatte Ernest für ein Buch über den Stierkampf einen Vorschuß gegeben. Es sollte in einer Reihe erscheinen, in der schon je ein Band über Pferde und über Boxen herausgekommen war, von Picasso, Juan Gris und anderen Malern illustriert werden und viele Photographien enthalten.
Harold Loeb erzählte Ernest, er wolle sich in St. Jean de Luz am Meer erst etwas erholen, bevor er die anderen in Burguete treffen werde. Er verschwieg aber, daß er Duff Twysden überredet hatte, ihn zu begleiten, um ihre Romanze eine Woche lang richtig auszukosten. Duff nannte es nachher ›unseren glorreichen, kleinen Traum‹. Sie kehrte nach Paris zurück und schrieb Ernest auf der Rückseite einer Barrechnung ein Briefchen. ›Bitte komm doch einmal in Jimmie's Bar – habe echte Sorgen –, habe gerade Parnasse angerufen und keine Zeile von Dir gefunden. SOS. Duff.‹ Anschließend schrieb sie Harold nach St. Jean de Luz einen Liebesbrief. ›Ich fühle mich elend ohne Dich. Es scheint auch durch die Zeit nicht besser zu werden... Nun zu einer Nachricht, von der ich nicht weiß, ob sie dich glücklich machen wird. Ich komme mit Hem und deiner Bande mit nach Pamplona. Kannst Du's ertragen? Pat (Guthrie) ist natürlich auch dabei. Wenn das unmöglich für Dich ist, laß es mich wissen, und ich werde versuchen, mich da herauszuhalten. Aber ich habe solche Lust zu fahren und spüre, allein Dich zu sehen und mit Dir sprechen zu können, ist besser als gar nichts.‹
Harold war einverstanden, obwohl der Plan seinen Rivalen mit einschloß. Aber ein Brief von Duff zerstreute seine Sorgen ganz. ›Hem hat versprochen, brav zu sein‹, schrieb sie, ›und wir sollten es eigentlich herrlich haben.‹ Harold und sie (und natürlich auch Guthrie) könnten alle nach St. Jean de Luz fahren und dort bis zum Beginn der Fiesta warten. Harold richtete sich wieder nach ihr. Da er in Anbetracht der Chance, Duff bei sich zu haben, nicht mehr in die Berge fahren wollte, benachrichtigte er Ernest, daß er nicht zum Angeln nach Burguete zu kommen gedenke. Sie könnten sich alle am 5. Juli in Pamplona treffen.
Am Donnerstag, den 25. Juni standen Ernest und Hadley schon im Morgengrauen auf, um fertigzupacken. Am Abend vorher war Sylvia Beach mit einem Auftrag von James Joyce erschienen. Ein neuer Abschnitt von ›Finnegans Wake‹ sollte in der zweiten Nummer von *This Quarter* erscheinen, und es erhob sich die Frage, wohin das Manuskript geschickt werden sollte. Ernest hörte mitten im Packen auf und schrieb Walsh ein paar Zeilen. Joyces Text solle direkt in Herbert Clarkes Druckerei in die Rue

St. Honoré gebracht werden. Ernest fügte noch hinzu, daß Mr. F. Puss, die Katze, durch das Tohuwabohu in der Wohnung völlig verschreckt sei und daß gerade das erste Morgenlicht in den Hof der Sägemühle falle. Er konnte seinen Gefühlsüberschwang nicht verbergen. Das war seine letzte Tat als Redakteur von *This Quarter*. In ein oder zwei Stunden würde er bereits auf dem Weg nach Spanien sein.

In dem Augenblick, als sie Burguete erreichten, setzte eine Pechsträhne ein, die sich über die ganze Reise erstrecken sollte. Die Frau im Gasthof schüttelte dauernd den Kopf und blickte dabei düster vor sich hin. Während des Winters und Frühjahrs hatten Holzfäller in den Buchen- und Kiefernwäldern gewütet, und im Ort kursierte das Gerücht, dadurch sei der gesamte Fischbestand zerstört worden. Ernest konnte es nicht glauben. Bill Smith hatte eine Schachtel voll todsicherer Köder mitgebracht, die altbewährten Fliegen aus der Zeit ihrer gemeinsamen Sommer in Horton Bay: McGintys, Royal Coachmans, Yellow Sallys. Aber sie mußten bald erfahren, daß die Wirtin recht gehabt hatte. Das dunkle Flußbett des Irati war voll von Holzabfällen. ›Wer den Schaden hat, hat auch den Spott‹, meinte Don Stewart. Sie packten die Fliegen ein, verwendeten Würmer und Heuschrecken und arbeiteten sich den Rio Fabrica und einige der kleinen Gewässer hinauf. Nach vier Tagen unentwegter Versuche hatten sie nicht einen einzigen Fisch gefangen. ›Tote Fische, zerstörte Teiche, niedergerissene Dämme‹ schrieb Ernest, ›es war zum Kotzen.‹

In Pamplona sah es um keinen Deut besser aus. Ernest versuchte vergeblich, seine herrlichen Erinnerungen von früher wieder einzufangen. Nichts war mehr ganz so wie letztes Mal. Hadley und Don Stewart, die beide 1924 hier gewesen waren, merkten die Veränderungen mehr als deutlich. Beide wußten, daß dies zum Teil auch der Anwesenheit der Neuen, Duff und Pat, Harold Loeb und Bill Smith, zuzuschreiben war. Sie gingen alle zum Bahnhof und schauten zu, wie die Stiere ausgeladen wurden. Ernest hielt ihnen einen kleinen Vortrag über die Vorzüge der Stiere und zeigte auf die ›kleine Stelle zwischen ihren Schulterblättern‹, in die der Degen ›im Augenblick der Wahrheit‹ eindringen muß. Am nächsten Morgen standen sie alle in der Dämmerung auf, um dem Schauspiel zuzusehen, wie die Stiere durch die Straßen galoppierten. Bei den anschließenden Amateur-Corridas versuchte Ernest, mit Baskenmütze, Sweater und seinen ausgebeulten weißen Hosen, seine alte Schaunummer mit den Stieren wieder abzuziehen. Während Bill und Harold Ernest in die überfüllte Arena folgten, schaute ihnen Don Stewart von der Seite aus zu. Bill beschwor das Gelächter der Menge herauf, als einer der Stiere ihn am Hinterteil erwischte. Aber Harold brillierte in einem Fair-Isle-Sweater, ergriff einen der Stiere an den Hörnern, streckte seine weißen Turnschuhe wie ein Akrobat waagrecht in die Höhe und ließ sich, die Hornbrille fest auf der Nase, in großem Tempo über den Kampfplatz tragen. Er stach Hemingway mit

dieser Nummer bei weitem aus. Ernests Begeisterung für den Amateurstierkampf verflüchtigte sich daraufhin rapid.
Während der Nachmittags-Corridas stand ein großartiger neuer Mann im Mittelpunkt des Interesses: Cayetano Ordoñez aus Ronda, mit seinen neunzehn Lenzen schlank und rank wie eine Rebe. Es war seine erste Saison als Vollmatador. Er war es erst in diesem Frühjahr nach einigen epochalen Darbietungen als *novillero* in Malaga geworden und wurde überall wie der ›Messias begrüßt, der gekommen war, um den Stierkampf zu retten‹. Hadley wurde sogleich seine glühendste Bewunderin. Ernest teilte ihre Ansicht. Ordoñez war ›mit der Capa die Stilreinheit selbst ... und er war wunderbar mit der Muleta‹. Er tötete mehrere Male *recibiendo*, indem er den Stier mit dem Degen ›auf die traditionelle Art‹ der Matadore des achtzehnten Jahrhunderts à la Pedro Romero annahm.
Wie in den vergangenen Jahren beobachtete Ernest die Reaktionen seiner Begleiter ganz genau. Don Stewart schien wirklich von allen Phasen des Stierkampfs restlos begeistert zu sein. Bill Smith war gerade das Gegenteil, er war ›so entsetzt und angeekelt‹ über das Aufschlitzen der Pferde, daß er unfähig war, den Kampf über etwas anderes wahrzunehmen. Obwohl Duff das Aufschlitzen der Pferde nicht mochte, war sie ›so aufgeregt wegen der Stierkämpfer und der allgemeinen starken Emotion, daß sie eine blinde Anhängerin des Stierkampfs wurde‹. Aber nur, um kurz danach die Erinnerung daran mit Alkohol hinunterzuspülen. Harold Loeb fand keinerlei Geschmack an der ganzen Sache. Er verabscheute es, den Todeskampf der Stiere zu verfolgen. Er fand es auf irgendeine undefinierbare Art beschämend.
Mit Ausnahme der Stierkämpfe schien dem enttäuschten Don Stewart alles anders geworden. Er erinnerte sich wehmütig der ›männlichen Ausgelassenheit‹ von 1924 – der ›langen und ungeduldigen‹ Schlangen vor den Bordellen, der männlichen Riau-Riau-Tänze in den Straßen. Die Atmosphäre hatte damals große Ähnlichkeit mit der bei einem ›Abiturtreffen‹ gehabt, sie war von einer eigenartigen kindlichen Unschuld und einem Gefühl von Freiheit überstrahlt gewesen. Jetzt war alles verändert. ›Der Garten Eden war nicht mehr derselbe.‹ Sie konnten nicht mehr für sich in Anspruch nehmen, die einzigen Amerikaner in Pamplona zu sein. Die High Society war in Limousinen aus Biarritz herangerollt. Botschafter Alex Moore und seine weiblichen Gäste parkten auf der Plaza in der Nähe des Hotels de la Perla. Livrierte Chauffeure warteten neben den Autos. Es war wie eine Invasion. Der ›Teufel Sex‹ hatte sich ebenfalls eingeschlichen. Don Stewart hatte das Gefühl, daß etwas zwischen Ernest und Duff im Gange war. Ernest schien empört darüber zu sein, daß sie eine Woche mit Loeb in St. Jean de Luz verbracht hatte. Hatte Duff sich in Ernest verliebt? Don ›wußte es nicht genau – und er wollte es auch gar nicht genau wissen‹. Dann gab es auch finanzielle Probleme. Pat Guthrie hatte nicht ge-

Sonnenaufgang

nug mit, um die Rechnungen für sich und Duff zu bezahlen. Don steuerte Geld bei, er wurde für einen Augenblick wieder der ›gute, alte Don‹. Aber er konnte die Empfindung nicht loswerden, daß ›etwas aus Pamplona entschwunden war‹.
Auch Bill Smith spürte die allgemeine Mißstimmung. Harold Loeb, den er zugleich mochte und bemitleidete, schien die ganze Fiesta hindurch in sehr depressiver Stimmung zu sein – er diente Hemingway und Guthrie als Zielscheibe ihres Spotts. Es war Bill klar, daß Duff ›wild auf Ernest‹ war, er glaubte aber nicht, daß sich daraus schon ein sexuelles Verhältnis entwickelt hatte. Ernest benahm sich wie ein Hund an seinem Futternapf. Er konnte oder wollte Duff noch nicht haben, doch machte er kein Hehl aus seinem Ärger über Loebs vorübergehenden Erfolg während der Romanze im Juni.
Die Spannung entlud sich Samstag nach dem Abendessen. Am Abend zuvor hatten sich Harold und Duff von den anderen abgesondert, um in einem Café einen Drink zu nehmen. Sie waren schließlich ziemlich betrunken in einem spanischen Klub am Platz gelandet, wo Duff als einzige Frau wie eine Bienenkönigin Hof gehalten hatte. Sie weigerte sich zu gehen, und Harold war gezwungen, allein ins Hotel zurückzukehren. Sie erschien zum Lunch mit einem blauen Auge und einer Beule auf der Stirn. Als Harold Näheres wissen wollte, fiel ihm Ernest ins Wort und sagte, sie sei gegen ein Geländer gefallen. ›Pat war sauer, bösartig. Hadley hatte ihr Lächeln verloren. Don versuchte einen lahmen Witz zu machen. Bill blickte grimmig vor sich hin.‹
Später abends, beim Brandy, sagte Guthrie plötzlich zu Harold, er solle abhauen: er sei unerwünscht. Harold wandte sich zu Duff, die sogleich erklärte, er solle dableiben. Ernest explodierte nun förmlich in der Luft. ›Du lausiger Bastard, einer Frau so hörig zu sein‹, schrie er Loeb an. Er wollte ihn durch Duff von der Flegelhaftigkeit Guthries ablenken, den er eigentlich hätte attackieren müssen.
Loeb stand unentschlossen auf und forderte Hemingway auf, mit ihm hinauszugehen. Ernest folgte ihm schweigend. Sie bogen ganz in der Nähe des Platzes in eine dunkle Gasse ein, in der sich Arkaden mit schmutzigen Geschäften befanden. Loeb hatte Angst: er hatte mit Ernest geboxt und kannte sein ungezügeltes Naturell. Vor allem war er aber von Traurigkeit erfüllt. Er spürte, daß das die Tragik seines Lebens sein sollte: einen Freund zu gewinnen, der dann plötzlich zu ›einem erbittert zuschlagenden Feind‹ wird. Er hielt endlich an, zog seinen Rock aus und verstaute seine Hornbrille in einer Seitentasche, während er kurzsichtig nach einem Platz spähte, wo er ihn hinlegen konnte. Sollten seine Gläser brechen, so gebe es in Pamplona niemanden, der sie reparieren könne, sagte er. Während des Sprechens sah er, daß Ernest lächelte – das breite, jungenhafte, ansteckende Lächeln, ›das es einem so schwer machte, ihn nicht ins Herz

zu schließen‹. ›Ich will mich mit dir nicht schlagen‹, sagte Harold. ›Ich auch nicht‹, sagte Ernest, und sie gingen den Weg zurück, den sie gekommen waren.
Am Morgen des 13. Juli, als Loeb aus seinem Zimmer herunterkam, wurde ihm eine Nachricht von Ernest übergeben, der mitteilte, er habe sich am Abend des 12. schrecklich roh und gemein zu Harold benommen und wünsche ihm nicht einen so schlechten Eindruck als letzte Erinnerung an die Fiesta und Pamplona.
Nachdem diese Sache erledigt war, zerstreuten sie sich in verschiedene Richtungen. Harold und Bill mieteten einen Wagen, um nach Bayonne zu fahren, und nahmen Duff und Pat mit. Don Stewart verschwand in Richtung französische Riviera. Hadley und Ernest fuhren dritter Klasse nach Madrid und merkten bald, daß sie vom Regen in die Traufe gekommen waren. Sie teilten ihr Abteil mit dem Sohn eines Weinbauern aus Tofalla. Er hatte von seinem Vater mehrere große Krüge vom besten Wein mitbekommen, um sie in der ›Hauptstadt der Welt‹ zu verkaufen. Da er die Qualität seiner Ware in den Himmel hob, mußte er notgedrungen seinen Mitreisenden Kostproben anbieten. Die ganze Reisegesellschaft, einschließlich einer Gruppe Priester und vier Mitgliedern der Guardia Civil, war bald völlig betrunken. Hadley und die Geistlichen unterhielten sich glücklich auf Latein, während es Ernest schließlich irgendwie gelang, einige Stationen nördlich von Madrid die Fahrkarten anzubauen. Das ernüchterte ihn schleunig, aber die mitfühlenden Polizisten überzeugten den Schaffner, daß man den jungen Amerikanern die Weiterreise erlauben sollte. Es sei sehr schön gewesen, schrieb Ernest an Gertrude Stein, so ungefähr die tollste Party, an der er je teilgenommen habe.
Sie quartierten sich in ihrer alten Bleibe in der Calle San Jeronimo ein. Die Pension Aguilar bot Zimmer mit Vollpension zu zehn Peseten pro Tag, und ihre Mittel waren ohnehin zu schmal, um sich ein eleganteres Quartier erlauben zu können. Sie verbrachten die Woche teils im renovierten Prado und teils bei den Stierkämpfen. Gertrude Steins alter Freund Belmonte wurde vor ihren Augen von einem Horn durchbohrt. Aber kurz davor hatte der neue Held, Cayetano Ordoñez, von seinen Triumphen in Pamplona zurückgekehrt, ein *mano a mano* gekämpft, neben dem nach Ernests Meinung sogar der hervorragende Belmonte schlecht aussah. Was Belmonte auch immer bot, Ordoñez machte es besser. Er widmete einen seiner Kämpfe der blonden Hadley – es wurde ihm ein Ohr zugesprochen, und er schenkte es ihr. Sie wickelte es in ein Taschentuch Don Stewarts und bewahrte es in einer Schreibtischlade in der Pension auf. Als es nach und nach in der Julihitze verweste, meinte Ernest, sie müsse es entweder wegwerfen oder zerschneiden, um es ihren Freundinnen in St. Louis schicken zu können. Sie tat nichts von beidem, weil ihr noch nie zuvor ein Ohr geschenkt oder von einem Torero ein Kampf gewidmet worden war. Am 15. gin-

gen sie zu der großen Corrida de la Prensa. Wiederum widmete Ordoñez Hadley eine besondere Auszeichnung. Als er ihr seine Capa überreichte, hatte sie ihre Sorge, ob sich Bumby in der Bretagne auch wohl fühle, beinahe vergessen. Beide betrachteten ihn als ein Wunder. Kein anderer konnte seine Eleganz, die Geschmeidigkeit seiner Arbeit mit der Capa und die Noblesse, mit der er zum tödlichen Stoß ansetzte, auch nur annähernd erreichen.

Ernest hatte beschlossen, ihn zum Helden eines Romans zu machen, der ›Fiesta‹ heißen sollte. Er hatte schon einen Teil des ersten Kapitels auf der Maschine geschrieben. Es begann in einem düsteren Zimmer im Hotel Montoya in Pamplona um halb vier Uhr nachmittags. Der neunzehnjährige Stierkämpfer Romero wurde gerade angekleidet. Zwei Amerikaner, William Gorton und Jacob Barnes, wohnten im selben Hotel. Montoya, der Hotelbesitzer, fragte sie, ob sie Romero kennenlernen wollten. Er führte sie in das Zimmer, und sie gaben einander die Hand. Montoya hielt eine kleine Rede über die Begeisterung der Amerikaner für den Stierkampf und vermittelte ihre Glückwünsche.

Es war eine gute Szene. Ernest legte genau Ort und Zeit fest, wie es ihn seine Mentoren in Kansas City und Toronto gelehrt hatten. Romero bildete den Angelpunkt der Erzählung. Ernest traf das Zimmer in seiner Kargheit und die Einsamkeit des Stierkämpfers zwischen seinem Gefolge ausgezeichnet. Er war, ganz natürliche Würde, mit seinen Gedanken sehr weit weg und dachte bereits an den ersten Stier, dem er noch in dieser Stunde gegenüberstehen würde. Dann aber verdarb Ernest den guten Anfang. Bill Gorton und Jake Barnes gingen über den heißen Platz zum Café Iruna. Dort parkte ein silbergrauer Rolls-Royce und wurde von einer Menschenmenge umlagert. Darin saßen der amerikanische Botschafter, Ferdinand J. Watson aus Ohio, seine Nichte und die nymphomanische Mrs. Carelton. Ihr Haar war wie das von Zelda Fitzgerald von der Sonne ausgebleicht; sie trug wie Duff Twysden einen Herrenhut aus Filz. Jake und Bill gingen an dem glänzenden Wagen vorbei und gesellten sich zu ihren Freunden im Café. Dazu gehörte auch Lady Brett Ashley. Brett meinte, man könne einen Botschafter nicht so schäbig behandeln. Sie forderte Jake auf, zurückzugehen und mit Watson und den Damen zu sprechen. Hernach war er mit sich selbst bitterböse, weil er sich mit Mrs. Carelton so lang eingelassen hatte, und hatte eine Stinkwut auf Brett, die ihn so lange ›schikaniert‹ hatte, bis er hinging. Brett bekam ihn dadurch in die Hand.

Nach acht Tagen wurde es in Madrid so kalt, daß Ernest und Hadley fast froren. Ordoñez' nächster Auftritt fand bei der großen, jedes Jahr am 24. Juli beginnenden ›feria‹ in Valencia statt. Die Hemingways fuhren schon früher hin; erstens wollten sie in eine wärmere Gegend und zweitens sicher Karten für den Stierkampf bekommen. An Ernests 26. Geburtstag

befanden sie sich schon wohlbehalten in Valencia. Er wollte unbedingt an seinem Roman weiterschreiben. Der Anfang hatte sich gut angelassen, dann aber war Ernest irgendwie steckengeblieben. Er entschloß sich, den Roman in Paris beginnen zu lassen mit biographischen Informationen über Brett Ashley, Mike Campbell und Robert Cohn. Als Modell sollten die Lebensläufe von Duff Twysden, Pat Guthrie und Harold Loeb dienen. Er arbeitete in Valencia jeden Morgen im Bett daran. Jeden Nachmittag gingen Hadley und er hinunter zum Strand, schwammen und fuhren mit der kanariengelben Straßenbahn zurück zur Plaza de Toros, um wieder bei einer heroischen Vorstellung Ordoñez' Augenzeuge zu sein.
Der Romanbeginn deutete darauf hin, daß diesmal eine Frau als Hauptfigur aufgebaut werden würde. Ihr Name war Lady Ashley, und sie lebte in Paris. Ihre Geschichte war zugleich romantisch und hochmoralisch. Mit ihrem Mädchennamen hatte sie Elizabeth Brett Murray geheißen. Ihr Adelstitel stammte von ihrem zweiten Mann, einem Offizier der Royal Navy, der ein chronischer Säufer geworden war. In trunkenem Zustand hatte er sogar schon ihr Leben bedroht, aber er weigerte sich, in eine Scheidung einzuwilligen. Schließlich war sie auf den Kontinent durchgebrannt, mit Mike Campbell, einem ehemaligen Soldaten, der sein ererbtes Vermögen in einer geschäftlichen Unternehmung in Spanien verloren und später viel in homosexuellen Kreisen verkehrt hatte. Brett rettete ihn aus diesem Milieu. Seit damals führte er in ihrer lebenslustigen Gesellschaft ein ausschweifendes Leben, das die beiden von einer Party zur anderen führte.
Jake Barnes lernte Brett und Mike in Paris kennen. Er war ein amerikanischer Zeitungsmann, der 1916 aus einem britischen Armeehospital entlassen worden war, einige Zeit für den *New York Mail* gearbeitet hatte, dann die ›Continental Press Association‹ gegründet hatte und nun als deren europäischer Leiter in Paris saß. Bald fand er heraus, daß er seine tägliche Arbeit leicht in vier bis fünf Stunden erledigen konnte, und beschloß, einen Roman zu schreiben. Er wurde in seinen Plänen von einem anderen Amerikaner, Robert Cohn, ermutigt, dessen erster Roman eben von einem amerikanischen Verleger angenommen worden war. Cohn war ein guter Tennisspieler und einst Mittelgewichtschampion von Princeton gewesen. ›Glauben Sie nicht etwa, daß mir so ein Boxtitel imponiert, aber für Cohn bedeutete er eine Menge‹, schrieb Jake Barnes.
Der neue Anfang ging ihm in Paris schnell von der Hand. Als Hadley und er Anfang August für einige Tage nach Madrid zurückkehrten, arbeitete er ›in großem Luxus‹ in ihrem Pensionszimmer und an einem Tisch in einer Bierkneipe um die Ecke, in der Pasaje Alvarez. Die Augusthitze vertrieb sie aus Madrid, und sie fuhren nach San Sebastian in das Hotel Suizo weiter, verbrachten dort zwei Tage und schwammen in der blauen Bucht hinter der schützenden Insel. Von dort zogen sie in das

Sonnenaufgang

Grand Hotel in Hendaye jenseits der Grenze, wo der Preis dreißig Francs *tout compris* betrug, eingeschlossen purpurne Berge und einen breiten, weißen, von der Brandung des Atlantik gesäumten Strand. Als Hadley am 12. August nach Paris vorfuhr, um die Wohnung zu putzen und sich für Bumbys Rückkehr vorzubereiten, hatte Ernest zwei *cahiers* mit seiner kindlichen Langschrift ausgeschrieben.
Er blieb eine weitere Woche allein in Hendaye und vertraute Howell Jenkins in einem Brief an, er fürchte sich vor Paris schon, weil Bill Smith dort sei. Bill war so deprimiert, daß Ernest fürchtete, er könnte davon angesteckt werden. In der Zwischenzeit arbeitete er schwerer als jemals zuvor, bis drei oder vier Uhr früh. Dann pflegte er mit einem Kopf einzuschlafen, der sich wie ein gefrorener Kohl anfühlte, um schon einige Stunden später wieder aufzuschrecken, da sich die Worte schon wieder ganz von selbst zu Sätzen aneinanderzureihen begannen und niedergeschrieben sein wollten. Als er am 19. August nach Paris aufbrach, bedeckte die Niederschrift mehr als 250 kleine Seiten seiner Notizbücher, und er dachte daß das Ende fast schon abzusehen sei
Madame Chautard hatte den Hemingways geschrieben, zu Hause erwarte sie eine hübsche Überraschung. Als er heimkam, sah er, was geschehen war. Eines der zerbrochenen Fenster war repariert und das Speisezimmer mit einer ›abscheulichen‹ neuen Tapete bespannt worden. Als er sich bedankte, lächelte sie wie eine Hexe und erklärte, sie müsse die Miete jetzt natürlich erhöhen. Ernest drohte auszuziehen, tat aber nichts dergleichen. Eine solche Umstellung würde ihn in dem Moment, da er Ruhe brauchte, völlig aus dem Rhythmus werfen. Er spielte kurz mit dem Gedanken, nach Marokko zu gehen. Colonel Charlie Sweeny, der Glücksritter, den er vor drei Jahren in Konstantinopel kennengelernt hatte, war nach Paris gekommen. Sweeny hatte sich gemeinsam mit einer Gruppe anderer Offiziere von den Franzosen anwerben lassen, um den Aufstand der Rif-Kabylen unter Abd-el-Krim niederzuschlagen. Aber Ernest unterdrückte rasch seine Wanderlust, denn sie hätte seine Arbeit am Roman unterbrochen.
Ende August steckte er tief in seiner Schilderung der Ereignisse bei der Fiesta in Pamplona. Ordoñez, in der Figur von Pedro Romero leicht zu erkennen, begann das Buch zu bestimmen. Trotz der von Ernest vor kurzem geäußerten Befürchtung konnte ihn die Anwesenheit von Harold Loeb und Bill Smith in Paris nicht in seiner Arbeit bremsen. Bill und Harold waren in der Zwischenzeit Busenfreunde geworden. Nach Pamplona hatten sie eine Radtour durch den Schwarzwald gemacht. Eine Zeitlang planten sie, Worms, die Stadt von Harolds Vorfahren, zu besuchen, aber Regen und Schlamm zwangen sie, im Zug nach Paris zurückzukehren. Beide hatten die Überfahrt nach New York für den 5. September gebucht.
Am Abend vor ihrer Abreise gab Kitty Cannell ihnen zu Ehren ein Abschiedsessen im ›Nègre de Toulouse‹. Sie lud Hadley und Ernest ein und

sie gingen alle zu Fuß in das Restaurant. Hadley schlenderte mit Bill und Harold voran, während Ernest mit Kitty folgte. Sie hatte ihm früher einmal den Rat gegeben, Erzählungen mit wirklichen Handlungen und Höhepunkten anstatt von gefühlsbetonten Geschichten zu schreiben. ›Du, Kitty‹, sagte Ernest, ›ich befolge deinen Rat. Ich schreibe einen Roman voller Handlung und Dramatik.‹ Er machte eine Bewegung in Richtung Harold und Bill. ›Ich reiße diese Bastarde in Stücke‹, sagte er. ›Jeder kommt vor, und dieser Itzig von Loeb ist der Bösewicht. Aber du bist ein wunderbares Mädchen, und ich würde nie etwas tun, das dich ärgen könnte.‹ Kitty sagte nichts, aber sie entsann sich sehr wohl ihrer Warnungen an Harold, daß er auch einmal auf die Abschußliste kommen würde.
Im Restaurant wurde gebratene Ente bestellt. Bill war fröhlich und jovial. Hadley und Kitty plauderten heiter miteinander. Ernest trank ziemlich viel Wein. Harold versuchte, seine Beklemmung zu verbergen. Er hatte Ernests wilden Ausbruch in Pamplona noch immer nicht vergessen. Hoffentlich würde jetzt nicht wieder etwas schiefgehen. Als der Kellner die Ente tranchierte, bekam jeder vom Brustfleisch – außer Ernest. Sein Anteil war, wie Harold bemerkte, ›eine Portion von der unteren Anatomie‹. Ernest kochte innerlich, aber dabei blieb es.
Fünf Tage später beendete er das sechste seiner kleinen *cahiers* und nahm das siebente in Angriff. Über die Fiesta war nun alles erzählt, und Ernest schickte seinen Helden Jake Barnes nach San Sebastian zur Erholung. Es gab nicht mehr viel zu sagen. Ein Telegramm von Brett beorderte Jake nach Madrid. Sie fuhren zusammen im Taxi über die Gran Via. ›Ach, Jake‹, sagte Brett. ›Wir hätten so glücklich zusammen sein können.‹ Jake beobachtete einen Verkehrspolizisten in einer Khakiuniform. ›Ja, verdammt schön, sich das auszumalen‹, sagte er.
Ernest starrte eine Weile auf den Schlußsatz seines ersten Romans. Dann strich er ihn durch und änderte ihn in eine Frage um: ›Ist es nicht schön, sich das auszumalen?‹ Es war noch immer nicht ganz richtig getroffen, aber er war zu müde, es zu ändern. ›The End‹, schrieb er. ›Paris – Sept. 21 – 1925.‹

Lug und Trug

Der Drang, seinen Roman fertigzuschreiben, hatte Ernest an den Rand physischen und psychischen Zusammenbruchs gebracht. Er versuchte, seine Kräfte durch tägliches Schwimmen in der eiskalten Seine wiederzufinden, aber als er sich im rechten Fuß eine Sehnenzerrung holte, gab er es wieder auf. Gerne hätte er mit Hadley eine Wanderung durch Norditalien gemacht, über den St.-Bernhard-Paß, mit Zwischenaufenthalten in Mailand, Vicenza, Schio und Bassano, und dann nach Venedig, um ein kleines romantisches Liebesfest zu feiern. Aber Bumby, der größer, blonder, brauner und lebhafter denn je aus der Bretagne zurückgekehrt war, durchkreuzte den Plan. Es sei sinnlos, unbeweibt nach Italien zu fahren, fand er, und er wollte auch keine seiner Freundinnen mitnehmen, weil er vor unehelichen Kindern und Alimenten Angst hatte. Außerdem ließ Mussolinis Regierung nun langsam den Schafspelz fallen. Ein Zeichen, wie sich die Zustände verschlimmerten, war die erst kürzlich erfolgte Freilassung der Mörder Matteottis. ›Ich habe Italien begraben‹, sagte Ernest, ›und warum sollte ich es wieder ausgraben, wenn es möglicherweise noch stinken könnte?‹

Ende September raffte er sich endlich, das Romanmanuskript im Koffer, zu einem kleinen Abstecher nach Chartres auf. Eigentlich hatte er vorgehabt, es bis Weihnachten liegenzulassen, um es dann ›ganz durchgehen‹, streichen, in Ordnung bringen und schließlich in die Maschine tippen zu können. Es ließ sich aber verdammt schwer weglegen. Vor allem der Titel machte ihm Kopfzerbrechen. Bisher hatte er es ›Fiesta‹ genannt, aber er ›wollte kein ausländisches Wort verwenden‹. In Chartres spielte er mit dem Gedanken, es ›The Lost Generation‹ zu nennen. Er verfaßte ein Vorwort, das die Herkunft des Ausdrucks erklärte: Diesen Sommer hatte Gertrude Stein in einer Dorfgarage im Departement Ain haltmachen müssen, weil ein Ventil ihres Ford verklemmt war. Ein ganz junger Mechaniker brachte die Sache rasch und wirkungsvoll wieder in Ordnung. Gertrude fragte darauf den Garagenbesitzer, woher er so gute Arbeitskräfte nehme. Er antwortete, er bilde sie selber aus: diese jungen Leute lernten schnell. Nur der Altersgruppe zwischen 22 und 32 könnte man absolut nichts beibringen. ›C'est une génération perdue‹, meinte der Besitzer. Ernest vermerkte auf der Innenseite des rückwärtigen Einbanddeckels eines seiner *cahiers* mehrere Alternativtitel: ›River to the Sea‹, ›Two Lie Together‹, ›The Old Leaven‹, ›The Sun Also Rises.‹ Er verwarf sie alle außer dem letzten, einem Zitat aus dem Buch der Prediger. Das wichtigste Ergebnis seiner Reise nach Chartres war der Entschluß, den Titel seines ersten Romans zu finden.

Um dieselbe Zeit erreichte ihn eine Nachricht von Duff Twysden. Sie war auf Briefpapier des Studio-Apartment-Hotels in der Rue Delambre Nr. 9 gekritzelt und bei Fred, dem Barkeeper des nahen Dingo, hinterlegt worden. Duff bedauerte darin Ernest wegen seiner Sehnenzerrung, aber es war noch etwas anderes, das sie beschäftigte:

Ernest, mein Lieber (schrieb sie), verzeih, daß ich Dich bemühe, aber könntest Du mir etwas Geld leihen? Ich bin ganz schön blank, aber diesmal nur vorübergehend, und kann es Dir ganz sicher zurückzahlen. Ich brauche 3000 Francs – aber um Himmels willen, leih mir soviel Du kannst. Es

Lug und Trug

ist mir peinlich, Dich darum zu bitten – aber alle meine Freunde sitzen anscheinend in der gleichen Klemme – eine ziemliche Pleite. Ich lebe auf dem Land von nichts – schulde dem Wirtshaus aber einen Haufen Geld und trau' mich nicht, ohne zurückzukommen. In der Zwischenzeit – hier festgenagelt – habe ich Angst, noch mehr herunterzukommen. Wenn Du kannst – und ein Engel bist, hinterlaß für mich Antwort bei Fred in der Bar, sobald Du diesen Brief bekommst. Ich bin in so einem Schlamassel und hoffe deshalb, Du wirst mir verzeihen. Ich höre, Du hast Dir weh getan und hoffe, daß es nichts Ernstes ist. Viel Glück. Wie immer, Duff Twysden.

Ob er Duffs Bitte nachkam oder nicht – zweifellos spukte sie ihm oft im Kopf herum. Er schrieb in eines seiner kleinen *cahiers* sieben Monologbruchstücke, die er offensichtlich von an ihn gerichteten Bemerkungen Duffs behalten hatte.
1 Du mußt phantastische Dinge verzapfen, um etwas zu verheimlichen.
2 Es ist, wie wenn man mit vierzehn Männern lebt, und keiner wird erfahren, daß es einen gibt, den man liebt.
3 Wir können es nicht tun. Du kannst Menschen nicht weh tun. Es ist das, woran wir an Stelle von Gott glauben.
4 Ich muß es haben und ich kann mit Dir nicht das haben, was ich möchte, also werde ich etwas anderes nehmen.
5 Ich war nie fähig, je das zu bekommen, was ich wollte.
6 Und ich blickte Dich an und dachte, ich könnte es nicht aushalten. Wie schade, daß er das Dach gerade herunterklappte, als wir einstiegen.
7 Weshalb bist Du so vergnügt? Weshalb warst Du vor ein paar Tagen so vergnügt?

Ernest probierte diese Sätze zweifellos aus, um sie unter Umständen bei neuerlicher Durchsicht des Romans Brett Ashley in den Mund zu legen. Nur einer fand schließlich Verwendung: ›Es ist das, woran wir an Stelle von Gott glauben.‹ Alle diese Sätze könnten Äußerungen einer Frau sein, die in eine heimliche Liebesbeziehung verwickelt ist. Sie gibt dem Mann den Rat zu lügen: ›Du mußt phantastische Dinge verzapfen, um etwas zu verheimlichen.‹ Sie versucht, ihm ihre Liebe zu verheimlichen, indem sie mit anderen Männern ausgeht. ›Es ist, wie wenn man mit vierzehn Männern lebt, und keiner wird erfahren, daß es einen gibt, den man liebt.‹ Andere würden verletzt werden, wenn das Geheimnis an den Tag käme: ›Wir können es nicht tun. Du kannst Menschen nicht weh tun. Es ist das, woran wir an Stelle von Gott glauben.‹ Da die Erfüllung versagt ist, gibt sich die Frau mit minderem Ersatz zufrieden: ›Ich muß es haben und ich kann mit Dir nicht das haben, was ich möchte, also werde ich etwas anderes nehmen.‹ Sie jammert über ihr Unglück: ›Ich war nie fähig, je das zu bekommen, was ich wollte.‹ Sie ruft sich die Zeit zurück, als sie vor

Begierde fast verging und hoffte, mit dem Mann in der Verborgenheit eines Fiakers unterzuschlüpfen, und das Fahrzeug in dem Augenblick erreichte, als der Fahrer das Dach herunterklappte: ›Und ich blickte Dich an und dachte, daß ich es nicht aushalten könnte. Wie schade, daß er das Dach gerade herunterklappte, als wir einstiegen.‹ Und schließlich nimmt sie dem Mann seine gute Laune übel, die sie einfach nicht mit ihm teilen kann: ›Weshalb bist Du so vergnügt? Weshalb warst Du vor ein paar Tagen so vergnügt?‹

Die Stelle im Notizbuch warf die Frage nach Ernests Beziehungen zu Duff auf. Sie trafen sich oft in den Cafés: so hatte er sich am Tag, als er Fitzgerald kennengelernt hatte, mit ihr im Dingo amüsiert. Als sie sich in Geldschwierigkeiten befand, wandte sie sich zumindest zweimal um ein Darlehen an ihn und ließ ihm ihre SOS-Rufe insgeheim zukommen. Ihr Benehmen in Pamplona überzeugte sowohl Don Stewart als auch Bill Smith davon, daß etwas zwischen Duff und Ernest sein müßte. Sein Ausbruch gegenüber Harold Loeb ließ auf Eifersucht schließen. Doch es gibt Beweise, daß Ernest, als zwischen ihnen das Thema der geschlechtlichen Beziehungen zur Sprache kam – was ziemlich sicher der Fall war –, der Versuchung widerstehen konnte. Etwas davon floß auch in die Handlung von ›Fiesta‹ ein. Jake Barnes' Kriegsverletzung hatte ihm zwar das sexuelle Verlangen gelassen, aber die Möglichkeit praktischer Ausübung geraubt. Die Situation zwischen Barnes und Brett Ashley, wie Ernest sie sich ausgedacht hatte, konnte sehr wohl eine Projektion seiner eigenen Hemmungen sein, mit Duff ins Bett zu gehen.

Wie es auch immer war, Duff und ihre Wünsche gaben mit den Anstoß, daß sich Ernests Bewußtsein und Unterbewußtsein in diesem Herbst außerordentlich mit dem Thema Betrug auseinandersetzte. Die einzigen zwei Erzählungen, die er in diesen Monaten verfaßte, drehten sich beide um besondere Fälle von Betrug. Die eine hieß ›Zehn Indianer‹, ein rascher Entwurf, den er sich für eine spätere Überarbeitung aufhob. Sie handelte von Nick Adams, der glaubt, von seinem indianischen Mädchen Prudence Mitchell hintergangen worden zu sein. Während Nick am Nationalfeiertag in Petoskey einem Baseballspiel zusieht, beobachtet Dr. Adams, wie sich Prudy mit Frank Washburn irgendwo im Wald rund um den Lake Walloon ›rumwälzte‹. Die andere Erzählung, ›Um eine Viertelmillion‹, basierte auf dem am 26. Juni 1922 im New Yorker Hippodrome ausgetragenen Weltmeisterschaftskampf im Weltergewicht. In der 13. Runde des über 15 Runden gehenden Fights hatte Benny Leonard, der amtierende Weltmeister im Leichtgewicht, seinem Gegner Jack Britton, dem Weltergewichtschampion, einen regelwidrigen Schlag versetzt, worauf Jack den Sieg zugesprochen bekam. In Ernests Erzählung kommt noch ein zweiter Betrug dazu: Jack Brennan wettet insgeheim 50 000 Dollar auf seinen Gegner Jimmy Walcott. Als ihn Jimmy gegen Ende des Kampfes

regelwidrig boxt, sieht Jack sein Geld davonschwimmen, falls sein Gegner wegen des Tiefschlags disqualifiziert werden sollte. Mit heldenhafter Anstrengung steht er so lange, bis er Walcott seinerseits regelwidrig boxen kann. Walcott gewinnt den Kampf, und Jack kassiert seine Viertelmillion.
Fitzgerald gefiel Ernests Boxstory außergewöhnlich gut. Sein einziger Einwand betraf das einleitende Gespräch zwischen Jack Brennan und einem seiner Anhänger. Sie sprachen über die ersten Runden eines früheren Kampfes.
›Wie konntest du so leicht mit Benny fertig werden?‹
›Benny ist ein wirklich patenter Boxer‹, sagte Jack. ›Immer wenn er im Ring ist, denkt er. Immer wenn er gedacht hat, hab ich geschlagen.‹
Jahrelang hatte Ernest diese Bemerkung als ›hübsche Enthüllung der Metaphysik des Boxens‹ gehütet. Er war schwer getroffen, als Scott Fitzgerald erklärte, die Geschichte sei ein ziemlich alter Hut und müsse gestrichen werden. Obwohl er damals bescheiden Scotts Ratschlag befolgte, sollte er es doch einige Monate später bereuen. Es stellte sich nämlich heraus, daß es sich keineswegs um einen alten Hut handelte und Fitzgerald die Anekdote einmal – nur einmal! – von einem Freund gehört hatte.
Fitzgerald und Dos Passos erwähnten in ihren Gesprächen ununterbrochen ein reiches amerikanisches Ehepaar, Gerald und Sara Murphy. Gerald war Yale-Absolvent, ein großer, schlanker Mann mit hoher Stirn und ordentlich frisiertem rotem Haar, der von seinen drei Kindern Dow-Dow gerufen wurde. Er hatte Sara 1916 geheiratet, und seit 1921 lebten beide im Ausland. Sie bewohnten am Quai des Grands-Augustins ein Appartement, verbrachten aber die meiste Zeit in der eleganten Villa América in Cap d'Antibes an der französischen Riviera. Gerald hatte Architektur studiert und sich dann der Malerei zugewandt. Der erklärte Liebling aller war aber Sara, die alles, was sie sich dachte, auch genauso direkt aussprach und auf den Snobismus der High Society pfiff, der sie entstammte. Zur Villa América gehörte ein kleines Gästehaus, die Bastide, wo Dos Passos oft zwischen seinen unsteten Wanderungen Ruhepausen einlegte. Obwohl er Sara sehr gern hatte und Geralds Gespräche ihm gefielen, schienen Dos vier Tage hintereinander das Maximum, das er von der Großzügigkeit der Murphys annehmen konnte. Er war jedes Mal nach seiner Rückkehr erleichtert, besuchte die Hemingways in ihrer Sägemühle und wohnte sogar der zeremoniellen abendlichen Waschung Bumbys bei.
Er war auch an dem Tag zu Gast, als Ernest ein großes Ölbild kaufte: Es hieß ›Der Bauernhof‹ und stammte von dem kleinen, dunklen Spanier Joan Miró. Evan Shipman war nach dem Bild ganz wild gewesen und hatte Miró dazu gebracht, es ihm durch einen Kunsthändler zu verkaufen. Als er erfuhr, daß Ernest es Hadley zu ihrem 34. Geburtstag schenken wollte, machte Evan den großzügigen Vorschlag, um das Ankaufsrecht zu würfeln. Obgleich Ernest das Glück gepachtet hatte, lag der Preis von

5000 Francs weit über seinen Verhältnissen. Sie rannten alle herum, um das Geld zusammenzukratzen, und brachten das Bild triumphierend im Taxi nach Hause. Miró kam vorbei, um den Platz über dem Bett, wo es hing, zu inspizieren, und war zufrieden, daß es in so gute Hände gefallen war. Ernest war in Ekstase. Miró sei der einzige Maler, der es je zustande gebracht hätte, in einem Bild all das zu kombinieren, was einem Spanien gebe, wenn man dort sei, und zugleich auch all das, was man sich auswärts darunter vorstelle.

Das große Herbstereignis bildete – abgesehen vom Erwerb des Bildes – im Oktober das Erscheinen von ›In unserer Zeit‹. Liveright gab sich große Mühe, das Buch richtig zu lancieren. Auf der Klappe des Schutzumschlags prangte ein Text von Sherwood Anderson und noch andere lobende Kommentare von Dos Passos, Waldo Frank und Gilbert Seldes. Die Auflage war klein – ungefähr 1300 Exemplare. Niemand außer Ernest erwartete, daß sich das Buch verkaufen würde. Romane könnten im Normalfall ihr Geld wieder einbringen, wie sich George Doran gegenüber Don Stewart geäußert hatte; aber Erzählungen seien die sichersten Ladenhüter auf dem Markt. Einige Rezensionen waren dennoch zufriedenstellend. Die *New York Times* sprach von der formlosen Frische der Sprache. Herbert Gorman merkte an, daß Hemingway ›mit unerbittlicher Kargheit zum harten Kern der Sache‹ vorstoße. Die einzige schlechte Kritik wurde ihm von Herschel Brickell beschert: Die Erzählungen entsprächen eigentlich nicht den gewöhnlichen Anforderungen. Die einzige Ausnahme sei ›Mein Alter‹ – eine gut ausgeführte Rennbahnstory, die selbst Sherwood Anderson nicht besser hätte schreiben können. Ernest machten die ewigen Vergleiche mit Anderson langsam krank. Er hatte es Edmund Wilson schon 1923 gesagt: ›Anderson hat gut begonnen, aber seine Arbeiten sind in letzter Zeit samt und sonders in die Hose gegangen, wahrscheinlich weil man ihn in New York zu sehr hochgejubelt hat.‹ In den dunklen Novembertagen sann sich Ernest eine satirische Parodie aus, die zukünftige Vergleiche zwischen Andersons Werk und seinem eigenen ein für allemal abbiegen sollte.

Hadley und Bumby waren beide sehr stark erkältet, als er sich an die Arbeit machte. Er erdachte eine kleine Fabel über die Auswirkungen des Frühlingsbeginns auf das Leben zweier Männer in Petoskey. Von Turgenjew entlehnte er als Titel ›Die Sturmfluten des Frühlings‹, und aus Fieldings Roman ›Tom Jones‹ stammte das programmatische Motto: ›Das Leben liefert einem gewissenhaften Beobachter auf Schritt und Tritt Lächerliches.‹ Ernest beschäftigte sich vor allem mit einer Parodie auf die Affektiertheit in Andersons letztem Roman ›Dunkles Lachen‹, einem ziemlich albernen Buch, das die Schmähschrift verdiente. Ernests Schrift war eine einzige freche Provokation. Er erhob gar keinen Anspruch darauf, ernst genommen zu werden. So stand in einer der Anmerkungen an den Leser, er habe das 12. Kapitel in wenigen Stunden direkt in die Schreibmaschine geschrieben und sei dann mit Dos Passos zum Lunch ausgegangen. Eine andere erwähnte einen Besuch Fitzgeralds, der sich bei einem Besuch am 28. November so nahe an den Kamin gesetzt hatte, daß sein Mantel angesengt wurde. Er war so betrunken gewesen, daß ihn Ernest in seine Wohnung in die Rue de Tilsitt zurückbringen mußte. Am 30. sandte er den Hemingways ein Entschuldigungsbriefchen. ›Es scheint mir einfach bemerkenswert, daß der beklagenswerte Mann, der am Samstagmorgen bei Euch einkehrte, nicht ich, sondern ein Mann namens Johnston war, den man oft mit mir verwechselt.‹

Fitzgerald verließ Paris, bevor das Buch beendet war, aber Ernest las es Dos Passos vor. Dos gefielen die Michigan-Indianer – ›Hem verstand es, mit Indianern umzugehen‹, schrieb er –, und er lachte über einen Gutteil dieser besseren Blödelei. Er stimmte auch mit ihm überein, daß ›Dunkles Lachen‹ zugleich albern und sentimental war. Wenn aber jemand Sherwood Anderson schon einen Denkzettel verpassen sollte, warum gerade Hemingway? Warum einen alternden Champion gerade auf diese unfaire Tour ausknocken? Dos versuchte, ihn davon abzubringen, das Manuskript, zumindest einstweilen, fortzugeben. Es sei ›nicht gut genug, um als Parodie auf eigenen Füßen zu stehen‹, während ›In unserer Zeit‹ so verflucht gut gewesen sei, daß man als nächstes Buch unbedingt einen umwerfenden Knüller veröffentlichen müßte. Aber Ernest summte vor sich hin, während Dos argumentierte. Er hatte sich anscheinend schon entschieden. Hadley bezog den gleichen Standpunkt wie Dos. Sie mochte Sherwood persönlich und ›fand die ganze Idee abscheulich‹, obwohl ihr bald klar wurde, daß ›nichts Ernest von seinem Plan abschrecken konnte‹, das Buch an Liveright zu schicken. Auch Gertrude Stein war ›sehr böse‹. Nicht nur, daß Ernest den vierten Abschnitt in Anspielung auf ihr eigenes Werk ›The Making and Marring of Americans‹ genannt hatte, er hatte sich auch unterstanden, jemanden zu verraten, den sie als ›zu ihrem Hofstaat‹ gehörend betrachtete. Der einzige tatkräftige Verteidiger der ›Sturmfluten‹ war die kleine Pauline Pfeiffer, die *Vogue*-Redakteurin aus Arkansas, die ihre Meinung über Ernest als einem groben, unrasierten Bummler schon längst revidiert hatte und jetzt eine von Hadleys besten Freundinnen geworden war. Während die anderen über Ernests Satire unglücklich waren, lachte Pauline herzlich darüber, erklärte ihm, daß sie großartig sei, und drängte ihn, sie Liveright sogleich anzubieten.

Er tat es, wenngleich einige seiner Freunde dahinter zum Teil andere Motive vermuteten. Liveright könnte als Andersons Verleger und Freund ein solches Buch unmöglich herausbringen. Wenn er es aber ablehnte, würde Ernest automatisch von den Verpflichtungen seines Verlagsvertrages freikommen. Dos war sich nicht im klaren, ob Hem vorsätzlich Ränke schmiedete oder bloß ›einen herzlosen Bubenstreich‹ spielte. Mike Strater hegte keinerlei Zweifel, daß das Buch ein ›kaltblütiger Kontraktbruch‹ war.

Sonnenaufgang

Wenn es so war, dann spielte Ernest mit einem Pokerface. Das dem Manuskript beigelegte Begleitschreiben vom 7. Dezember war das eines kecken, jungen Mannes, der sich im Besitz aller Trümpfe dünkt, weil er ein so ansehnliches Manuskript wie ›Fiesta‹ in der Hinterhand hatte. Lange schon, schrieb er Horace, hätten verschiedene Kritiker geklagt, daß gute amerikanische Satiriker Mangelware seien. Wenn Horace die ›Sturmfluten‹ zu Ende gelesen hätte, könnte er die Kritiker auffordern, das Jammern einzustellen. Denn schließlich hätte auch im Goldenen Zeitalter des englischen Romans Fieldings ›Joseph Andrews‹ Richardsons ›Pamela‹ parodiert, und beide Bücher seien heute klassische Werke. Hier sei nun ein weiteres Beispiel, das von Scott Fitzgerald, Louis Bromfield und John Dos Passos gelesen und gelobt worden sei – also von Schriftstellern, die in New York bereits wohlbekannt seien. Es hätte auch ungefähr die richtige Länge für eine Satire, nur fünftausend Wörter länger als Don Stewarts ›Parody Outline of History‹. Der einzige denkbare Grund für eine Ablehnung des Buches könnte seiner Meinung nach nur Horaces Befürchtung sein, Sherwood damit zu kränken. Aber niemand mit ein bißchen Grips könnte von einer Satire gekränkt sein. Mit Illustrationen aus der Feder des Karikaturisten Ralph Barton wäre leicht ein Verkauf von 20 000 Exemplaren zu erreichen. Ernest bat um einen Vorschuß von 500 Dollar und eine baldige telegrafische Entscheidung an das Hotel Taube in Schruns. Es sei ein verdammt gutes Buch und könne beiden einen Haufen Geld einbringen.
Von zu Haus erfuhr Ernest, daß sein Vater ›In unserer Zeit‹ gekauft und die Erzählungen ›mit Interesse‹ gelesen hatte. Grace hatte einige Kritiken gesammelt, um sie ihrem Sohn nachzusenden. Überall in Oak Park hatte Dr. Hemingway ›viele Komplimente‹ für Ernests letzte Leistung erhalten. Aber der gute Doktor konnte mit seiner Überzeugung nicht ganz hinterm Berg halten, dem Buch fehle eine gewisse geistige Erhabenheit. ›Hoffentlich wirst Du in den nächsten Büchern eine andersgeartete menschliche Natur mehr beachten und beschreiben‹, rügte er. ›Die brutale Seite hast Du der Welt nun zweifellos vor Augen geführt. Suche nach dem Fröhlichen, dem Erhebenden, Optimistischen und Geistigen im menschlichen Charakter. Es ist da, wenn man es zu finden weiß. Vergiß nicht, daß wir Gott gegenüber die Verantwortung tragen, unser Bestes zu tun. Meine Gedanken und Gebete sind jeden Tag bei Dir, lieber Junge.‹

Das Jahr der Lawinen

Bei ihrer Rückkehr nach Schruns am 12. Dezember erwartete sie über ein halber Meter Schnee und schönes, klares Bergwetter. Ernest brauchte die Berge. Er hatte sich eine schwere Laryngitis zugezogen, als er seinen neuen Freunden Gerald und Sara Murphy trotz einer starken Erkältung die ganzen ›Sturmfluten‹ vorgelesen hatte. Für ihn waren beide ›großartige Leute‹. Ihr Lob klang ihm noch in den Ohren, als er mit Hadley, Kind und Kegel in der Gare de l'Est den Nachtzug bestieg. Bumby plapperte während der ganzen Nacht im Schlafwagen, und Hadley hatte von Schlafmangel ganz gerötete Augen, als sie in Bludenz zum letzten Mal umsteigen mußten.

Walther Lent hatte für seine Ski-Schule eine neue Skilehrerin angestellt. Sie stammte aus Leipzig, war eine großartige Läuferin, ›klein und gut gewachsen‹, mit einem schmalen, braunen Gesicht und streng zu einem festen Knoten nach hinten gekämmtem Haar. Sie hieß Margarete Elisabeth Maria Glaser. Lent meinte, sie werde für die Skitouren in die Silvretta außerordentlich brauchbar sein. Aber es war noch nicht soweit, da selbst die jetzt, im Dezember, herrschenden Schneeverhältnisse die Lawinenbildung begünstigten. Das erste Unglück traf eine Gruppe von Deutschen in Lech am Arlberg. Lent hatte ihnen telegrafisch abgeraten und sich, als sie doch kamen, geweigert, sie auf die Piste zu führen. ›Sie sagten, sie würden allein Ski laufen‹, und er führte sie schließlich zum denkbar sichersten Hang. ›Er überquerte ihn selbst zuerst, doch als sie ihm dann folgten, stürzte die ganze Hügelwand herunter und türmte sich über ihnen zusammen wie eine Flutwelle. Dreizehn wurden ausgegraben, neun von ihnen waren tot.‹ Herr Lent verbot daraufhin jede weitere Skitour, bis der gefallene Schnee sich ausreichend gefestigt haben würde.

Ernest hütete fast die ganze erste Woche das Bett, pflegte Hals und Brust, aß mit Appetit, schrieb Briefe und las Thomas Mann und Turgenjew. Bücher wie die ›Buddenbrocks‹ oder ›Väter und Söhne‹ seien viel lesbarer als etwa Sinclair Lewis, sagte er, der sich seinen Ruf nur durch das Ausschlachten der vielgeschmähten amerikanischen Szenerie erworben hätte. Dieses Urteil überraschte Hadley; sie mußte daran denken, wie sorgfältig sich Ernest noch vor einigen Jahren mit dem Roman ›Die Hauptstraße‹ beschäftigt hatte. Neben Turgenjew und Mann lag in Ernests Buchkoffer Maughams ›Der Menschen Hörigkeit‹, Conrads ›Zwischen Ebbe und Flut‹ und Tolstois ›Krieg und Frieden‹, das er vergangenen Sommer durch ganz Spanien geschleppt hatte.

Von der Geborgenheit seines Bettes aus diskutierte Ernest stundenlang mit Fitzgerald über die Bedeutung des Themas in der Belletristik. Krieg sei das beste Thema überhaupt, sagte er. Er biete ein Maximum an Stoff, kombiniert mit einem Maximum an Handlung. Alles liefe beschleunigt ab, und der Schriftsteller, der einen Krieg mitgemacht habe, sammle so viel Erfahrungen, wie sie normalerweise erst ein ganzes Leben brächten. Dos Passos, um nur einen zu nennen, sei vom Weltkrieg geprägt worden, weil er zweimal eingerückt und dazwischen herangewachsen sei. Deshalb habe er ein so tolles Buch wie ›Drei Soldaten‹ schreiben können. Weitere gute Themen

seien nach seiner Meinung Liebe, Geld, Geiz, Mord und Impotenz. ›Fiesta‹, das er jetzt den ganzen Winter überarbeiten müßte, befasse sich nur mit Geld und Impotenz, aber er setze große Hoffnungen in das Buch. Sobald er sich von seiner Halsentzündung erholt habe, würde er sofort mit der Arbeit beginnen.
Er kehrte allmählich zu seinen früheren Angewohnheiten zurück; das Billardspiel kam als neues Steckenpferd noch dazu. Am 13. und 14. Dezember deckte ein Schneesturm den Ort mit einem weiteren Meter zu. Er versuchte sich zweimal an den Abfahrten hinter der Taube und mußte einsehen, daß die Krankheit seine Kondition doch untergraben und seinen Mut geschwächt hatte. Nachdem der Schnee durch einige Regentage zusammengeschmolzen war, bezog er als Daueraufenthalt wieder das Bett, mit Captain Marryats ›Peter Simple‹ als Entspannungslektüre. Einmal spielte er eine Nacht lang Poker, trank dabei sieben Flaschen Bier und streifte 158 000 Kronen ein. Obwohl die Summe wegen des niedrigen Wechselkurses nur 2,35 Dollar ausmachte, mußte er nur die Hälfte seines Gewinns anlegen, um Bumby für Weihnachten in einem kleinen Laden des Orts ein Schaukelpferd zu kaufen.
Kitty Cannell war wieder nach Paris zurückgekehrt. Eines Tages im Dezember traf sie Pauline Pfeiffer auf der Straße, die fast unter der Last eines Paars Skier zusammenbrach und lachend erklärte, sie werde Weihnachten und Neujahr mit Hadley und Ernest in Österreich verbringen. Sie war noch nie Ski gefahren, aber Ernest hatte versprochen, es ihr beizubringen. Diese Mitteilung überraschte Kitty Cannell; denn sie hatte von Paulines frisch entbrannter Freundschaft zu den Hemingways keine Ahnung und konnte sich nur erinnern, daß Pauline Ernest früher als faulen Tunichtgut bezeichnet hatte. Aber Paulines Ansichten hatten sich geändert. Ihr war es ganz egal, daß das Tauwetter während der Ferien anhielt und den Skiunterricht unmöglich machte. Nur in der Nähe Ernests zu sein, genügte ihr. Sie war jetzt – und wußte es – unsterblich in ihn verliebt und versuchte krampfhaft, Hadley davon nichts merken zu lassen. Sie war ungefähr zehn Tage in Schruns, als Ernest von Horace Liveright Nachricht über das Buch erhielt, das sie so bewundert hatte. ›Ablehne ‚Sturmfluten des Frühlings'‹, besagte das Telegramm, ›erwarte geduldig Manuskript ‚Fiesta'. Näheres schriftlich.‹ Für Ernest, der sofort einen langen Brief an Fitzgerald abschickte, bedeutete das kaum eine Überraschung. Ihm war eigentlich die ganze Zeit klargewesen, daß Liveright etwas, das den Hit- und Bestsellerlieferanten des Verlags als ›Flasche‹ hinstellte, weder publizieren konnte noch wollte. Danach war laut Vertrag mit Liveright die Option des Verlages auf das dritte Buch verfallen, da er Buch Nr. Zwei abgelehnt hatte. ›So‹, sagte Ernest, ›jetzt bin ich frei.‹
Er war auch einigermaßen gefragt. Max Perkins von Scribners hatte im vorigen Winter angeklopft. Bill Bradley von Knopf war vor kurzem

schriftlich an ihn herangetreten. Und Louis Bromfield hatte eben die Meinung seines Verlegers Alfred Harcourt über Hemingway sondiert. Harcourt war der Meinung, Ernests erster Roman könnte einen ganz schönen Wirbel machen. Er erklärte sich bereit, Ernest jede angemessene Summe vorzuschießen, wenn er sich zu einem Verlegerwechsel entschlösse. Ernest neigte momentan dazu, sein Versprechen an Max Perkins zu halten. Die nächsten Schritte waren klar. Zunächst würde er Liveright telegrafieren, er solle das Manuskript an Don Stewart im Yale Club übergeben. Don könne es dann Perkins vorlegen. Er hatte das Gefühl, mit ›Fiesta‹ in der Hinterhand müsse der Abschluß schnell unter Dach und Fach zu bringen sein.

Nach einer unruhigen und schlaflosen Nacht fügte Ernest seinem Brief an Fitzgerald ein Neujahrs-Postskriptum bei. Er ziehe ernsthaft eine schnelle Reise nach New York in Erwägung. So könne er die ganze Angelegenheit an Ort und Stelle erledigen, etwa erwünschte Änderungen an den ›Sturmfluten‹ vornehmen und sogar den Umbruch von ›In unserer Zeit‹ überwachen. Er werde bis Mitte Januar auf einen neuen Paß warten müssen, da sein alter vor Weihnachten abgelaufen war.

Pauline war noch in Schruns, als Liverights Brief ankam. Horace sagte offen, alle Leute im Verlag hätten das Buch gelesen und einstimmig abgelehnt. Andererseits freuten sie sich alle auf ›Fiesta‹. Wenn sie es früh genug bekämen, würden sie es noch im Herbst herausbringen. Pauline Pfeiffer ballte ihre kleinen Fäustchen und fuhr nach Paris zurück.

Ernest war sich sehr wohl der Entwicklung bewußt, die er später beschrieb und in deren Verlauf

eine unverheiratete junge Frau die zeitweilig beste Freundin einer verheirateten jungen Frau wird und mit dem Mann und der Frau zusammen lebt und sich dann nichtswissend, unschuldig und erbarmungslos anschickt, den Mann zu heiraten. Ist der Ehemann ein Schriftsteller und mit einer schwierigen Arbeit beschäftigt, so daß er die meiste Zeit in Anspruch genommen ist und einen großen Teil des Tages seiner Frau kein guter Kamerad oder Partner sein kann, hat das Arrangement seine Vorteile, bis man merkt, wie es sich auswirkt. Der Ehemann hat zwei anziehende weibliche Wesen um sich, wenn er mit seiner Arbeit fertig ist. Eine ist neu und fremd, und wenn er Pech hat, liebt er plötzlich beide.

Nun sind es statt der zwei und ihrem Kind drei. Zuerst ist es anregend und macht Spaß, und es geht eine Weile gut. Alles wirklich Böse beginnt in Unschuld. So lebt man Tag für Tag und genießt, was man hat, und macht sich keine Gedanken. Man lügt und haßt es, und es zerstört einen, und von Tag zu Tag wird es gefährlicher, aber man lebt von einem Tag zum anderen wie im Krieg.

Sonnenaufgang

Pauline versuchte von Paris aus den Anschein mädchenhafter Freundschaft mit der ganzen Familie zu erwecken. Sie wandte sich mit der Bitte direkt an Hadley, ihr Kimono und Haarbürste, die sie vergessen hatte, nachzuschicken, und legte Geld bei, mit dem man Bumby im Spielzeugladen ein Geschenk kaufen sollte. Sie lobte Hadleys Fingerfertigkeit am Klavier und Ernests Fortschritte mit seinem Roman. Als sie erfuhr, daß Ernests Geschäftsreise nach New York beschlossene Sache war, wurde Pauline eine Spur kühner und schrieb, sie wünsche sich nichts sehnlicher, als ihn zu begleiten. Horace Liverights Brief sei geschmacklos gewesen; offensichtlich brauche er einen Vortrag über die Kunst der Satire. Jetzt, da sie Bumby so gut kenne, verstehe sie vollkommen, warum Hadley ihn nicht in der Obhut Tiddys lassen wolle, um Ernest auf dem Weg zum Schiff nach Paris zu begleiten. Aber wenn Ernest käme, würde sie sich wie ein Mühlstein an ihn hängen.

So geschah es auch, als er Ende Januar in Paris ankam. Pauline hatte eine Wohnung in der Rue Picot, und Ernest logierte im Hotel Vénétia am Boulevard du Montparnasse. Längst befand er sich in jenem schizophrenen Zustand, in den man gerät, wenn man in zwei Frauen auf einmal verliebt ist. Er konnte sich kaum noch von ihr trennen. Nicht ohne Gewissensbisse schiffte er sich zur Überfahrt über den Atlantik ein. Gleich nachdem die Mauretania am 9. Februar angelegt hatte, stieg er im Hotel Brevoort ab und begab sich dann schnurstracks zu Boni und Liveright in die Stadt. Der Verlag war in einem alten Brownstone-Haus in der 48ten Straße Nr. 61 untergebracht. Sogleich wurde er in Horaces unordentliches Büro im zweiten Stock komplimentiert. Sie nannten sich bei ihren Vornamen, und das Treffen verlief herzlich. Ernest sprach von seinem Kummer, wohl den Verleger wechseln zu müssen. Dann nahmen sie noch einige freundschaftliche Drinks in einer nahen Kneipe. In dieser Nacht war Ernest ›leicht beschwipst‹ und schlief sehr wenig, weil er nicht wußte, ob er sich an Scribners wenden, wie ihm Fitzgerald geraten hatte, oder ob er es bei Bromfields Verleger Alfred Harcourt versuchen sollte. Am Morgen hatte er sich zu dem Entschluß durchgerungen, seinem ehemaligen Versprechen an Perkins treu zu bleiben. Zum ersten Mal in seinem Leben besuchte er die Büros von Scribners in der Fifth Avenue. Perkins, ein ungeheuer taktvoller Mann, der zugleich Distanziertheit und Herzlichkeit ausstrahlte, saß zwischen unzähligen Papieren in seinem Büro im fünften Stock, während der Morgenverkehr unten vorbeiflutete. Er fand die ›Sturmfluten‹ ein ›großartiges‹ Buch und bot für die Satire und den noch unfertigen Roman einen fürstlichen Vorschuß von 1500 Dollar. Außerdem stellte er ihm einen ungewöhnlich großzügigen Einheitstantiemen-Satz von 15 Prozent in Aussicht.

Ernest schaute nachher auch bei Alfred Harcourt vorbei. Er kam auf die Vereinbarung mit Scribners zu sprechen und erklärte, er habe Perkins die

Erstoption versprochen. Harcourt war wohlwollend und höflich. Ernest wäre bei Harcourt, Brace immer, wenn sich je wieder Gelegenheit fände, willkommen. Sie hätten aus dem Mittelwesten bereits so fähige Autoren wie Glenway Wescott im Programm.
Während des New York-Besuches, der anfänglich auf sieben Tage anberaumt war, schließlich aber neunzehn dauerte, traf er ›massenhaft Leute‹. Großartig fand er Ernest Boyd, auch Madeleine Boyd und natürlich Bob Benchley und Dotty Parker hatten es ihm angetan. Dem literarischen Klatsch nach hießen die Autoren, die momentan bei der Intelligentsia ›in‹ waren, Bromfield und Ford. Dos Passos' ›Manhattan Transfer‹ erlebte eben seine vierte Auflage, Andersons ›Winesburg, Ohio‹ die zehnte. Er sah sich Fitzgeralds ›Großen Gatsby‹ an, den Owen Davis gerade für die Bühne bearbeitet hatte. Die Dramatisierung eines Romans schien ihm ein prächtiger Weg, leicht Geld zu verdienen. Er erzählte später, er habe bezahlt, um 'reinzukommen, hätte dann aber gerne das Doppelte hingelegt, um wieder 'rauszukommen. Im großen und ganzen stellte ihn aber das Ergebnis, das ›dem Buch verdammt nahekam‹, zufrieden.
Die Zeit bis zur Abreise verlief für Ernest noch sehr hektisch. Er besuchte Isabelle Simmons, die jetzt mit einem Altphilologen namens Godolphin verheiratet war, den alles Frisco rief. Am letzten Tag ging er zu Ernest Boyd; die beiden leerten vor dem Lunch mit Cowles und Rouse drei Shaker voll Cocktails. Nachdem sie anschließend einige Flaschen Ale getrunken hatten, ging Ernest ganz benebelt zu einer Matinee. Als er am Abend zum Abschiedsdinner ins Hotel Merley kam, war die ganze Tafelrunde genau so ›blau‹ wie er. Er verliebte sich in Elinor Wylie, die so tat, als stoße er auf Gegenliebe. Marc Conelly lud die ganze Gesellschaft zu einer Vorstellung seines Stückes ›Der Weisheitszahn‹ ein, aber Ernest mußte mit dem Einpacken fertig werden. Auf dem Weg zum Brevoort erholte er sich im Taxi von seiner Liebe zu Elinor. Er entbrannte gleich wieder von neuem, als sie ihn zum Hoboken Pier begleitete, von wo die ›Roosevelt‹ um Mitternacht ablegte. Dotty Parker und Bob Benchley befanden sich unter den Passagieren.
Als er nach Paris kam, sah Ernest Sott und Zelda gerade noch zu einem Lunch und Dinner, bevor sie nach Nizza abreisten. Die Murphys hatten sie für April in die Villa América eingeladen. Aber Ernest muß seinen Freunden damals mehr als üblich gedankenverloren vorgekommen sein. Der Roman war nicht fertig; Hadley und Bumby erwarteten ihn in Schruns; und in der Rue Picot saß das ›neue und seltsame‹ Mädchen, klein und fest entschlossen, Ernest zu heiraten.
›Ich hätte an der Gare de L'Est den ersten Zug nehmen sollen‹, schrieb er viel später. ›Aber das Mädchen, in das ich mich verliebt hatte, war damals in Paris ... und wohin wir gingen und was wir taten, die unglaubliche, schmerzende, tötende Glückseligkeit, der Egoismus und die Treulo-

sigkeit all dessen, was wir taten, verursachten mir so gräßliche Gewissensbisse, daß ich weder den ersten Zug noch den zweiten noch den dritten nahm.‹ Er nahm den vierten. ›Als ich meine Frau wiedersah, die neben den Geleisen stand, als der Zug an den aufgestapelten Baumstämmen vorbei in die Station einlief, wünschte ich, gestorben zu sein, ehe ich mich in eine andere als sie verliebte. Sie lächelte, ihr wundervoll geschnittenes Gesicht war von Sonne und Schnee gebräunt, und auf ihr rotgoldenes Haar, das den ganzen Winter hindurch schön und ungebändigt wuchs, schien die Sonne, und neben ihr stand Mr. Bumby, blond und stämmig und mit Winterbacken wie ein echter Vorarlbergerbub.‹
Im März tauchten Dos Passos und die Murphys zu Besuch auf. Dos war von seinem Marokko-Aufenthalt gut erholt und gebräunt; er konnte nur eine Woche bleiben, bevor er nach New York abreiste. Gerald und Sara sahen in ihren neuen Skianzügen richtig zünftig aus. Sie lechzten danach, Ernest aus seinem neuen Roman vorlesen zu hören. Alle waren von dem österreichischen Refugium entzückt: von den Kachelöfen, den Forellen zu Mittag, vom heißen Kirschwasser in der Weinstube. Dos fühlte sich durch die Atmosphäre ›an die Bilder auf altmodischen Weihnachtskarten erinnert‹. Den Hemingways fiel die Großzügigkeit und Einfühlungsgabe der Murphys wohltuend auf. Sie hatten irgendwie die Gabe, ›jeden Tag zum Festtag zu machen‹. Ernest genoß es manchmal sehr, im Luxus zu schwelgen: so hatte er Hadley einmal erzählt, er wäre gern ein König gewesen. Viele Jahre später sollte er sich gegenüber den Murphys als zutraulicher und dummer Hühnerhund beschreiben. Gerald und Sara überredeten ihn, einige Kapitel aus ›Fiesta‹ vorzulesen. Beide spendeten so überschwengliches Lob, daß er – wie er es beschreibt – vor Vergnügen mit dem Schwanz wedelte und nichts auf der Welt für so toll hielt wie sein ›Konzept, das Leben wie eine Fiesta zu leben‹.
Nachdem die bezaubernde Besucherinvasion wieder vorbei war, machte er sich endlich ans Schreiben. In der ersten Eintragung legte er sich darauf fest, jetzt ›Fiesta‹ zu beenden und dann vier oder fünf Monate lang Erzählungen zu schreiben. Er spielte in Gedanken mit einem Titel, der ihm gefiel: ›A New Slain Knight‹; er stammte aus der mittelalterlichen Ballade ›The Twa Corbies‹. Sollte er ihn für einen neuen Band Erzählungen benützen, oder wäre er für einen Roman geeignet? ›Es wird über Red Ryan sein‹, schrieb er in sein schwarzes Buch, ›und über seinen Ausbruch aus dem Kingston-Gefängnis. Die Flucht – das Verbergen in den Wäldern – der Bankraub in Toronto – das Auffliegen durch sein Mädchen in Minneapolis – die Verhaftung – die hinterfotzigen Zeitungsleute in Minneapolis – die Fahrt zurück nach Toronto und Kingston – oder es wird eine Geschichte über all die harten Jungen. Die Jockeys – die Barmänner – die italienischen Gauner – die Schläger – Kid Howards – die ganze Szenerie. Es wird keine Geschichte eines schwachen, enttäuschten Jungen sein,

der vom Schicksal nur geschlagen und ausgehöhlt ist. Es wird die Geschichte eines rauhen Burschen, der das Glück lange Zeit gepachtet hat und am Ende vom Schicksal zerschmettert wird.‹
Glück, Schicksal und der Begriff des Hintergehens spukten damals dauernd in ihm herum. Seine momentane Müdigkeit und Verwirrung kamen ihm gar nicht richtig zu Bewußtsein. In seinem schwarzen Buch begann er einige Grübeleien über Selbstmord niederzuschreiben. ›Wenn ich deprimiert bin‹, schrieb er, ›denke ich gerne über den Tod und die verschiedenen Arten zu sterben nach. Und ich glaube, der wahrscheinlich beste Weg – außer man erledigt es irgendwie im Schlaf – ist nachts von einem Dampfer zu springen. Auf diese Weise gäbe es keinen Zweifel, obs gelingt, und es wäre, glaube ich, kein übler Tod. Schwierig wäre nur der Augenblick, wo man wirklich abspringt, aber es ist für mich sehr einfach, von überall überallhin zu springen. Außerdem würde man nie genau erfahren, was geschehen ist, und es gäbe keine Leichenschau und niemand hätte Ausgaben und es bestünde immer die Möglichkeit, die Sache als Unfall auszugeben.‹
Eines Nachts diskutierte er im Löwen solche Probleme mit Fräulein Glaser, die seine Vorliebe für das Makabre teilte. Er wünschte, ›es möge während des Skilaufens noch andere Todesarten geben, als von einer Lawine erwischt zu werden‹. Sie saß da und dachte darüber nach, ihr braunes Haar straff aus dem schmalen, ernsten Gesicht gekämmt. Nach einer Weile erklärte sie ihre Vorstellung von einem schönen Tod: Ihr Herz sollte stehenbleiben, wenn sie auf den Skiern stünde ›und durch den Pulverschnee gerade hinuntersausen würde‹. Das fand Ernest eine ›sehr romantische‹ Art zu sterben. ›Du könntest noch eine Weile weiterlaufen, nachdem dein Herz bereits stehengeblieben ist‹, oder ›es schmeißt dich gleich um‹. Der Lawinentod könne auch mehr oder weniger unangenehm und qualvoll sein, meinte Fräulein Glaser: ›Man hat einen Mann, der von einer Staublawine verschüttet worden war, aufrecht stehend gefunden; er schaute nach hinten und hatte eine Hand erhoben, um seinem Partner, der ebenfalls tot war und in dessen Gesicht noch ein Lächeln stand, zuzuwinken.‹ Ernest bezweifelte das, es sei denn, der Partner hätte noch gelächelt, ›nachdem der Schnee ihn schon erfaßt und überrollt hatte‹. Aber er erinnerte sich jahrelang an eine andere ihrer Geschichten und redete sich im Laufe der Zeit sogar ein, daß er dabei war, als sie sich ereignete: Ein Mann, der von einer ›schweren Naßschneelawine‹ verschüttet worden war, wurde erst nach zwei Tagen gefunden. ›Sie gruben ununterbrochen‹, erzählte Fräulein Glaser, ›und zuerst fanden sie etwas Blut im Schnee. Dann noch mehr Blut, und sie gruben, den Blutspuren folgend, weiter ... und sie fanden ihn aufrecht stehend, und er hatte sein ganzes Blut aus einer Wunde am Hals verloren, den er so heftig hin und her gedreht hatte, daß er bis auf den Knochen durchgescheuert war.‹ Natürlich könnte er, als er es tat, schon bewußtlos gewesen sein, sagte sie. ›Wir wurden zu großen Lawinenforschern‹,

schrieb Ernest rückblickend, ›lernten, welche verschiedenen Typen von Lawinen es gibt, wie man sie vermeidet und wie man sich verhält, wenn man in eine hineingerät. Ich schrieb das meiste, was ich in diesem Jahr schrieb, in der Lawinenzeit.‹ Noch Ende März, als er die letzten fünf Kapitel von ›Fiesta‹ umarbeitete und auf der laut klappernden, alten Corona heruntertippte, herrschte überall Lawinengefahr. Nachdem er sich entschlossen hatte, die erste Person als Erzähler beizubehalten, verlief die Arbeit reibungslos. Er legte sein gesamtes erzählerisches Können in die Schilderung der Stierkampfhöhepunkte von Pedro Romero, der Rückreise der Clique und von Jakes Abschied von Brett im Hotel Montoya in Madrid. Als er Ende des Monats in Paris ankam, brachte er ein komplettes Manuskript von 90 000 Worten mit. Weniger angenehm war aber, daß die ›Sache‹ wieder von vorn anfing – genau dort, wo sie einige Wochen zuvor aufgehört hatte, als Ernest seine neue Liebe zum Abschied geküßt und den Zug nach Schruns bestiegen hatte, um zu seiner alten zurückzukehren. Eine von den Sturmfluten des Frühlings gelockerte Gebirgslawine, die knapp vor dem Abgehen steht, hätte nicht katastrophaler sein können als Ernests Lage zu Ostern 1926 in Paris.

Das Ende von Etwas

Im Loire-Tal setzten die Bäume schon das erste Grün an, als Jinny und Pauline Pfeiffer für einen Ausflug zu den Schlössern auch Hadley in Beschlag nahmen. Sie fuhren in Jinnys Wagen über Versailles und Rambouillet nach Chartres, bummelten herum, stiegen in guten Hotels ab und aßen immer gut zu Abend. Die Loire hatte einen beträchtlichen Wasserstand und strömte schnell zwischen den hohen Ufern dahin. Hadley, die die alten Schlösser mit ihren schiefergedeckten Türmchen und kunstvoll angelegten Gärten noch nie gesehen hatte, war ganz begeistert.
Sie waren erst wenige Stunden unterwegs, als Hadley auffiel, daß Pauline sich sehr seltsam benahm, im Gespräch kurz angebunden war und dann wieder in langes Schweigen verfiel. Auf Fragen gab sie nur widerwillig und beinahe bösartig Antwort. Hadleys Gefühle waren verletzt. Jinny, die in das Geheimnis ihrer Schwester eingeweiht war, versuchte Hadley zu erklären, daß Pauline schon von Kind an ähnlichen Launen ausgesetzt sei. Aber Hadley war skeptisch. Eines Tages fragte sie Jinny geradeheraus, ob Ernest damit irgendwie zu tun habe. ›Ich glaube‹, sagte Jinny, ›daß sie einander sehr mögen.‹ Hadley bohrte nicht weiter, aber die Lust an den Loireschlössern war ihr vergangen. Während der Rückfahrt nach Paris war sie die Schweigsame.
Die Konfrontation war auf die Dauer nicht zu vermeiden. April und Mai waren trüb und naß. Hadley litt seit Schruns unter chronischem Husten.

Das Ende von Etwas

Auch Bumby hatte endlose Hustenanfälle, die, da er sich auch häufig erbrach, auf Keuchhusten hindeuteten. Ernest hatte mit Schlaflosigkeit zu kämpfen. Als Hadley eines Tages nebenbei bemerkte, sie habe Grund anzunehmen, er sei in Pauline verliebt, lief sein Gesicht rot an, und er holte tief Luft. Er sagte, Hadley hätte die Sache nie erwähnen dürfen. Dadurch sei das Band zwischen ihnen gelöst. Hadley folgerte daraus, die Schuld liege in Wirklichkeit bei ihr, weil sie geredet hatte. Er schlich die Treppe hinab, um in den verregneten Straßen Luft zu holen, und Hadley weinte.
Wie so oft gab der Ehekrach Ernests schöpferischem Drang einen mächtigen Anstoß. Anfang Mai beendete er eine Erzählung, die er ›Ein Gebirgsidyll‹ nannte; sie handelt von dem Bauern Olz und spielte im weit östlich von Schruns in Richtung Innsbruck gelegenen Paznauntal. Wahrscheinlich verdankte er den Kern der Geschichte, die Art und Weise, wie die Frau des Bauern beerdigt wurde, den Gesprächen mit Fräulein Glaser, deren Vorliebe für das Makabre sich ja oft während ihrer Diskussionen über Tod und Selbstmord gezeigt hatte. Ernests Erzählung handelte von der Unfähigkeit des Bauern, um seine Frau zu trauern. Am fünften Mai schickte er sie Perkins, um sie *Scribners Magazine* anzubieten. Die Herausgeber hatten ›Um eine Viertelmillion‹ als zu lang abgelehnt. ›Ein Gebirgsidyll‹ war kurz und unmittelbar.
Durch den Ehezwist und Bumbys Keuchhusten wurden die Spanienpläne der Hemingways für den Sommer über den Haufen geworfen. Ernest war immer noch entschlossen, schon am 12. oder 13. Mai die Zelte abzubrechen. Wenn Bumby bis dahin nicht gesund wäre, würde er allein nach Madrid fahren, und Hadley könnte später nachkommen. Er wollte unbedingt die *novilladas* sehen und einige Erzählungen zu Papier bringen. Außerdem fühlte er sich irgendwie verlassen und pflegte sein Selbstmitleid. Alle seine Freunde waren ausgeflogen – Fitzgerald nach Juan-les-Pins, Archie MacLeish nach Persien, Chink Dorman-Smith zurück nach England und Dos Passos nach New York. Ernest schloß einen Brief an Fitzgerald mit der Ankündigung, er werde jetzt ausgehen und ›sich vollaufen lassen‹.
Pauline war mit Verwandten auf Urlaub in Italien. Viele Jahre später beklagte sich Ernest über ihre Gewohnheit ›auf spitzfindigste Manier zu verschwinden, aber immer nur so lange wegzubleiben, daß man sich nach ihr sehnte‹. Sie war diesmal weniger als eine Woche fort, als Ernest die Koffer packte und den Nachtzug nach Madrid nahm, wo er in der Pension Aguilar abstieg. Die Stadt war sehr trocken, staubig und für Mai ungewöhnlich kühl. Zu den großen Stierkämpfen am 13. kam er schon zu spät, und die nächste Corrida, für Samstag den 15. angesetzt, wurde von den Tierärzten wegen des schlechten Zustandes der Stiere abgesagt. Am Sonntag früh mußte er feststellen, daß es während der Nacht stark geschneit hatte. Der San-Isidro-Stierkampf mußte abgeblasen werden. Er arbeitete den Tag über im Bett, um sich warm zu halten.

Sonnenaufgang

Er verbrachte den bemerkenswert produktiven Sonntag damit, drei *short stories*, deren Rohentwürfe er sich mit auf die Reise genommen hatte, fertigzuschreiben. Zwei davon stellten Weiterentwicklungen der Figur seines jungen Helden Nick Adams dar. Die erste Version von ›Zehn Indianer‹ hatte mit einem sentimentalen Mitternachtsrendezvous zwischen Nick und seinem Indianermädchen Prudy Boulton geendet. Er strich die Stelle und verwendete als Schluß die Schilderung von Nicks Enttäuschung über Prudys Untreue und ihr Verhältnis zu Frank Washburn. Eine andere Geschichte, die er zuerst ›The Matadors‹ und später ›Die Killer‹ nannte, spielte in einem Gastzimmer in Petoskey. Die gedungenen Killer waren zwei Chicagoer Pistolenhelden namens Al und Max, das ausersehene Opfer sollte der schon in Ernests früher Erzählung ›The Passing of Pickles McCarty‹ aufgetretene italienische Boxer Neroni sein. An diesem Madrider Morgen taufte er den Boxer in Ole Anderson um und versetzte das Lokal von Petoskey nach Summit, einer kleinen Stadt in der Nähe von Chicago. Außerdem plante er sein erstes Theaterstück, einen Einakter über drei römische Soldaten, die am Abend nach der Kreuzigung in einer Taverne in Jerusalem einen heben. Es konnte sich mit den übrigen Tagesergebnissen in keiner Weise messen. Der Dialog klang wie das Garderobengewäsch von kindsköpfigen High-School-Footballspielern.
Während sich Ernest in Madrid aufhielt, war Hadley mit Bumby nach Cap d'Antibes gefahren; sie bewohnte das Gästehaus der Murphys auf dem Grundstück der Villa América. Einige Tage lang war alles eitel Wonne. Die Fitzgeralds und die MacLeishs wohnten um die Ecke. Jeden Morgen traf man sich zum Schwimmen, während der noch immer hustende Bumby mit den Murphy-Kindern am Strand spielte. Aber das kranke Kind machte die Murphys ängstlich. Der herbeigeholte Hausarzt stellte Keuchhusten fest und ordnete Quarantäne an. Die Fitzgeralds waren erst kurz zuvor von der Villa Paquita in Juan-les-Pins in die viel größere Villa St.-Louis gezogen, die einen eigenen Strand hatte. Da der Mietvertrag für das kleinere Haus noch nicht abgelaufen war, boten sie es Hadley an; die rief Madame Rohrbach aus Paris herbei und zog dort ein, um die Quarantänebestimmungen einzuhalten.
Ernest schrieb Sherwood Anderson aus Madrid einen Brief, der sich auf die gerade erscheinenden ›Sturmfluten des Frühlings‹ bezog. Er räumte ein, Sherwood könne es als ›lausigen, gemeinen Brief‹ über ein ›lausiges, gemeines Buch‹ auslegen. Er fühle sich aber verpflichtet, den anscheinend unwiderstehlichen Drang zu erklären, warum er Anderson trotz all seiner Hilfeleistung bei der Veröffentlichung von ›In unserer Zeit‹ auf die Zehen treten mußte. Das Ganze hätte vergangenen November begonnen, als er mit Dos Passos beim Lunch über ›Dunkles Lachen‹ diskutierte. Nachher schrieb Ernest, sei er in seine Wohnung zurückgekehrt, ›habe die Sache mit den ‚Sturmfluten des Frühlings' begonnen‹ und in einer Woche abge-

schlossen. Es sei ein Spaß gewesen, nicht schlecht gemeint, aber vollkommen ehrlich. Schriftsteller sollten sich nicht untereinander in den Haaren liegen. Wenn ein Mann wie Sherwood, der großartiger Dinge fähig sei, einmal etwas ›Vermurkstes‹ schriebe, wäre es Ernests Pflicht, ihn darauf aufmerksam zu machen. Er solle jetzt nicht glauben, Ernest stelle sich auf die Seite von ›feschen Juden‹ wie Ben Hecht und anderen Eintagsfliegen. Das Buch sei nicht als persönlicher Angriff gedacht, und es gelte die Devise: Je gröber, desto besser.
Nach drei Wochen Spanien kam Ernest Hadley in die Villa Paquita nach. Als Willkomm veranstalteten die Murphys auf der Terrasse des Kasinos eine kleine Champagner- und Kaviarparty. Die frühe Junidämmerung senkte sich über den Horizont, und man hörte den Rhythmus der sanft ans Ufer rollenden Wellen. Archie und Ada McLeish plauderten ruhig, die Murphys waren in bester Laune, und sowohl Ernest wie Hadley schienen aufgeräumt. Aber Scott Fitzgerald, der schon in angeheitertem Zustand mit seiner Frau auftauchte, hatte sich anscheinend vorgenommen, die Gesellschaft zu sprengen. ›Anfangs‹, sagte Gerald, ›machte er alle möglichen ätzenden Bemerkungen über den Begriff Kaviar-und-Champagner ... offensichtlich, weil es ihm als Gipfel des Snobismus vorkam.‹ Dann glotzte er so anzüglich und lange auf ein hübsches Mädchen am Nebentisch, bis es sich beim Oberkellner beschwerte. Dann begann er Aschenbecher auf einen anderen Tisch zu werfen und freute sich darüber wie ein Primaner, bis man wieder den Oberkellner herbeirufen mußte. Gerald war so angeekelt, daß er aufstand und nach Hause ging.
Hemingway fand es auch widerwärtig. Die Riviera, mit den Freunden immer auf Tuchfühlung, eignete sich für ihn zum Arbeiten lang nicht so gut wie das Aguilar in Madrid – und zwar aus einem ganz einfachen Grund: er konnte fast nie allein sein. Aber er ließ Scott Fitzgerald den Durchschlag von ›Fiesta‹ lesen, der jetzt, plötzlich nüchtern, feststellte, es sei ein hervorragendes Buch. Er empfahl nur eine Anzahl von Strichen in den Anfangskapiteln. Seine Argumente klangen so überzeugend, daß sich Ernest entschloß, die ersten fünfzehn Seiten des Manuskripts wegzulassen – die ganze Biographie von Brett Ashley und Mike Campbell und die Autobiographie des Erzählers Jake Barnes. Das meiste davon tauchte im späteren Verlauf des Romans auf oder wurde irgendwie erklärt, und das entsprach sowieso der ästhetischen Theorie, die sich Ernest in den letzten Jahren angeeignet hatte und die er auch bei einem Roman anwenden wollte. Er benachrichtigte Max Perkins über diesen wichtigen Entschluß und wartete das Ergebnis ab.
Max Perkins erklärte sich mit der Änderung einverstanden und fand den ganzen Roman ›eine wirklich außergewöhnliche Arbeit. Niemand könne sich ein Buch mit mehr Leben drin denken. Alle Szenen, und besonders die, wie sie die Pyrenäen überqueren und nach Spanien gelangen, wie sie in dem

Sonnenaufgang

kalten Bach fischen, wie die Stiere mit den jungen Ochsen hineingelassen werden und wie dann in der Arena mit ihnen gekämpft wird – man glaubt wirklich, daß eigene Erfahrung dahintersteht.‹ Der Wermutstropfen war, daß *Scribner'S Magazine* ›ein Gebirgsidyll‹ abgelehnt hatte. Es sei ›zu harte Kost für die Zeitschrift‹ – jedenfalls war Robert Bridges davon überzeugt. Es sei ›zu schrecklich, wie gewisse Geschichten von Tschechow und Gorkij‹, und beschäftige sich mit einer schonungslosen Wirklichkeit, die von den meisten Leuten am liebsten gar nicht angerührt würde.

Max legte außerdem einige Rezensionen der ›Sturmfluten‹ bei, die am 28. Mai erschienen waren. Henry Hansen von der *New York World* war nicht sehr beeindruckt. ›Parodie‹, schrieb er, ›ist ein Geschenk der Götter. Wenige sind damit gesegnet. Hemingway ist nicht darunter. Er ist besser in den *short stories*.‹ Aber Hansen stand ziemlich allein da. Die meisten Kritiker fanden das Buch ›sehr lustig‹, und einer nannte es ›die beste Karikatur Andersons‹, die bisher geschrieben wurde. Ernest Boyd, mit dem Ernest erst im Februar in New York ausgiebig gezecht hatte, schrieb, daß die alten Lorbeeren der Chicagoer Schule nun verdorrt seien. Die ›Sturmfluten‹ ahmten einige von Andersons besonders schlechten Manierismen auf eine unbestechlich scharfsichtige Art nach. Aber Sherwood persönlich war sehr aus der Fassung gebracht. Ernests Madrider Brief sei ›wahrscheinlich der eingebildeteste und gönnerhaft herablassendste‹ gewesen, der jemals von einem Literaten an den anderen geschrieben worden war, während das Buch selbst von neidischem Groll zeugte. Es hätte lustig sein können, wenn Max Beerbohm es auf zwölf Seiten zusammengestrichen hätte, sagte Anderson.

Auch Hadley fühlte sich in diesem Sommer verletzt, wenn auch aus ganz anderen Gründen. Pauline Pfeiffer hatte behauptet, daß sie sich vor Keuchhusten nicht fürchten brauche, da sie ihn als Kind hatte, und sie konnte so die Quarantäne der Hemingways bis zur Abreise nach Pamplona teilen. Da der Mietvertrag der Fitzgeralds für die Villa Paquita in der Zwischenzeit abgelaufen war, mieteten die Hemingways mit Pauline zwei Zimmer im Hotel de la Pinède in Juan-les-Pins. Es lag in Strandnähe und hatte einen kleinen Garten, in dem die *ménage à trois* die meisten Mahlzeiten einnahm. Den Vormittag verbrachten sie mit Schwimmen und Sonnenbaden am Strand. Nach dem Lunch im Garten und einer langen Siesta machten sie entlang des Golfes de Juan lange Radtouren und kehrten gegen Abend heim; nachher war Cocktail-Zeit, die sie mit den Murphys, den MacLeishs und den Fitzgeralds verbrachten. Madame Rohrbach wohnte mit Bumby in einem kleinen Bungalow in der Nähe; sie ging mit ihm in den Kiefernwaldungen spazieren oder spielte auf den Felsen. Aber im Hotel waren alle guten Dinge drei: drei Frühstückstabletts, drei Fahrräder, drei Badeanzüge zum Trocknen auf der Leine und das Schlimmste von allem: zwei Frauen, die denselben Mann liebten. Hadley mußte sich zusammennehmen, um so zu tun, als sei alles in Ordnung.

Das Ende von Etwas

Diese Konstellation setzte sich fort, bis die Hemingways Anfang Juli mit Pauline und den Murphys zur Fiesta nach Pamplona aufbrachen. Sie wohnten während der wie üblich bewegten Woche im Hotel Quintana. Jeden Nachmittag besetzten sie von Gerald bezahlte ›barrera-Sitze‹ in der Arena. Bei einer der morgendlichen Amateur-Corridas stachelte Ernest Gerald an, sich dem einjährigen Stier zu stellen – ›um seine Nerven zu testen‹, wie sich Ernest unbewegten Blickes ausdrückte. Gerald benützte einen Regenmantel als Capa. Als ihn ein Stier mit Höchstgeschwindigkeit angriff, wußte er nicht mehr, was tun. Aber er entging im letzten Moment einer Verletzung, weil er mit seinem Regenmantel zur Seite zuckte und so den Bullen ablenkte. Ernest gratulierte ihm zu dieser vollendeten Veronica. Aber Gerald entschuldigte sich. ›Nächstes Jahr‹, versprach er, ›werde ich es richtig machen, Papa.‹ Pauline hinwiederum mußte nach Paris zurückkehren und sah, wie Hadley feststellte, unglücklich und verloren aus.
Nach der Fiesta genoß Hadley im Hotel Suizo in San Sebastian so gut sie konnte die Abwesenheit Paulines. Sie nahm mit den Murphys den Zug nach Bayonne, von wo sie aus dem Bahnhofsbuffet eine Ansichtskarte abschickte. ›Well, well, es ist alles vorbei – drei deprimierte Reisende denken freundlich an Euch. A bientôt!‹ Sie unterschrieben die Karte in drei Kolonnen: ›Sadie... Pauline... dow-dow.‹ Doch es war in Wirklichkeit nichts vorbei, selbst als die Murphys in die ruhige Villa América zurückkehrten und Pauline wieder zu ihrer Schwester nach Paris zurückfuhr. Denn, als die Hemingways nach Madrid reisten, wurden sie dort um so mehr von Paulines Briefen verfolgt. ›Ich werde ein Fahrrad anschaffen und im Bois radeln‹, schrieb sie. ›Ich werde auch einen Sattel kaufen. Ich werde alles bekommen, was ich will. Bitte schreib mir. Das betrifft auch Dich, Hadley.‹ Aber Hadley war gar nicht dazu aufgelegt.
Gerald schrieb in seinem Dankbrief voller Bewunderung, wie sehr die Hemingways dieser Erde zur Zierde gereichten. ›Ihr liegt so vollkommen richtig‹, meinte er, ›weil Ihr so dicht am Wesentlichen dran seid. Eure Werte sind im Universum verankert. Wir sind stolz, Euch zu kennen. Die Dinge, die wirklich zählen, sind Euer.‹ Aber die Welt der Hemingways drohte auseinanderzubrechen. Ernest deutete Ende Juni, knapp vor Eröffnung der *feria* in Valencia, die bevorstehende Katastrophe in einem Brief an Mike Strater an. Er und Hadley hätten beschlossen, ihre für Herbst geplante Reise in die Vereinigten Staaten abzublasen. Alles sei in jeder Richtung völlig verfahren, schrieb Ernest. Straters Mutter war diesen Sommer gestorben, und Ernest kondolierte. Er hoffte, Mike habe einen Weg finden können, seinem vereinsamten Vater darüber hinwegzuhelfen: es sei eine so trostlose Angelegenheit, jemanden zu verlieren, den man geliebt und mit dem man gelebt habe, obwohl dieser Fall, wie jeder wisse, zu jenen ›prima Dingen‹ gehöre, die ›uns allen‹ einmal auf den Kopf fielen. Ernests Ironie war natürlich beabsichtigt. Auch er war im Begriff, eine Frau zu verlieren,

Sonnenaufgang

die er geliebt hatte – und noch immer liebte – und mit der er fünf Jahre glücklich gelebt hatte. Aber er wollte Strater vorderhand seine mißliche Lage nur durch solche Anspielungen andeuten.

Als die Hemingways Anfang August in der Villa América Zwischenstation machten, verbrachten Don Stewart und seine junge Frau gerade ihre Flitterwochen in Cap d'Antibes. Don konnte den Zusammenbruch einer Ehe nicht fassen, die er immer für unzerstörbar gehalten hatte. Die Murphys dachten ebenso. Als Gerald erfuhr, daß Hadley und Ernest getrennt leben wollten, bot er ihm ein Studio in der Rue Froidevaux Nr. 69 an. Ernest, der eigentlich nicht wußte, wie ihm geschah, akzeptierte. Er konnte noch immer nicht ganz glauben, daß die Trennung knapp bevorstand.

Die Einzelheiten ihrer letzten gemeinsamen Reise brannten sich in sein Gedächtnis ein: die drückende Hitze des Südens, die staubigen Bäume und grauen Felshügel, der Hexenkessel von Marseille, die Fahrt durch Avignon bei Einbruch der Nacht, die verfallene Brücke. Auf einem Feld neben den Gleisen brannte ein Bauernhaus; das gerettete Mobiliar stand verloren in der Wiese. Am Morgen fuhren sie in den Vororten von Paris an drei entgleisten Gepäckwagen vorbei. Solche Bilder der Zerstörung paßten gut zu Ernests Gemütsverfassung. Sie nahmen von der Gare de Lyon ein Taxi zur Rue Notre Dame des Champs. Die Wohnung war still und leer: das Kind befand sich mit Marie und Ton-ton noch in der Bretagne. Hadley nahm im Hotel Beauvoir gegenüber der Closerie des Lilas Quartier. Ernest übersiedelte in Geralds Studio und begann die Korrekturfahnen von ›Fiesta‹ zu lesen. Er ließ sie am 27. August mit der ›Mauretania‹ an Max Perkins zurückgehen. In seinem Begleitbrief stand die Widmung, die er für seinen ersten Roman wünschte: ›Hadley und John Hadley Nicanor zugeeignet‹.

KAPITEL V

Literaten

Die hundert Tage

Hadley schrieb die Abmachung auf einen kleinen Zettel und setzte ihren Namen darunter. Sollten Pauline und Ernest hundert Tage voneinander getrennt bleiben und sich nach dieser Frist noch immer lieben, würde sie in die Scheidung einwilligen. Die einzige Möglichkeit, wie sich die Verliebten das Einhalten dieser Verpflichtung vorstellen konnten, war, sich durch den Ozean voneinander zu trennen. Pauline buchte auf dem Red-Star-Linienschiff ›Pennland‹, das am 24. September von Boulogne nach Southampton und New York auslief. Am folgenden Tag telegrafierte sie aus England: Au revoir all my love. Das Schiff war kaum aus dem Kanal, als sie ihm schrieb, die Trennung sei nicht so tragisch. Sie hätten nur drei Monate zu überstehen, bis ›Ernest und Pfeiffer‹ für immer beieinander seien.

Im ›Waldorf Astoria‹, wo sie abstieg, mußte sie eine Erkältung auskurieren. Dos Passos und die Murphys waren ebenfalls in New York. Kurz bevor Gerald Paris verließ, hatte er im stillen vierhundert Dollar – über 13 000 Francs – auf Ernests überzogenes Konto bei der ›Guaranty Trust‹ eingezahlt. Nachdem er erst im Juli die Ehe der Hemingways in den Himmel gelobt hatte, war er jetzt ebenso sicher, Ernest und Hadley lägen mit ihrer Trennung richtig. Er befürchtete nur, daß sich Gewissensbisse und Selbstvorwürfe schlecht auf Ernests Arbeit auswirken könnten. Seiner Meinung nach beginge Ernest einen Riesenfehler, wenn er dieses ›hochwertige Ding‹ in sich selbst – sprich Genie – vor die Hunde gehen lassen würde. Ernest teilte zwar diese Ansicht, schloß aber die Augen davor. Er verzieh es Gerald nie, daß er ihm diesen Brief geschrieben hatte.

Paulines Onkel Gus Pfeiffer, ein Mann mit großem Vermögen, besorgte ihr die Fahrkarte nach Arkansas. Während der Zug nach dem Westen rollte, zerbrach sich Pauline den Kopf, wie sie es ihren Eltern am schonendsten beibringen könnte. Ihr Vater Paul war Präsident und Vorsitzender des Aufsichtsrates eines großen baumwollverarbeitenden Unternehmens. Außerdem gehörte er zu den großen Landaufkäufern und hatte Tausende Morgen Land westlich und östlich der Stadt erworben. Die Familie lebte

in einem großen weißen Holzhaus auf dem Cherry Street Hill. Paulines Mutter Mary war gläubige Katholikin, eine sanftmütige, einfache und weltfremde Frau, der Bridge, Nachmittagsnickerchen, regelmäßiger Kirchgang und gute Werke alles bedeuteten. Pauline wartete vier Tage, bevor sie mit der Neuigkeit herausrückte.
Mrs. Pfeiffer war tief empört. Ihr Mitgefühl gehörte der ungerecht behandelten Ehefrau. ›Und was empfindet sie?‹ sagte sie immer wieder mit tränenumflorten Augen. Pauline erklärte das Übereinkommen mit dem freiwilligen Exil, und sie kamen sich nach und nach ein Stückchen näher. Zu gegebener Zeit würden beide Eltern schon akzeptieren, was sie nicht vermeiden könnten.
›Oh, Du bist entzückend‹, schrieb Pauline an Ernest, ›und eine große klassische Schönheit. Und elegant. Und vollkommen.‹ Er aber fühlte sich gar nicht als Mustermann. Seine Pose war die eines zynischen jungen Dulders, als er Fitzgerald von seiner Trennung von Hadley erzählte. Ihrer beider Leben sei zum Teufel gegangen, meinte er, und das sei das einzige, was man vom guten Leben immer erwarten könne. Natürlich sei Hadley großartig gewesen. Die Schuld liege in jeder Hinsicht bei ihm. Seit jenem zweiten Weihnachten in Österreich, als Pauline auf Besuch gekommen sei, fühle er sich in einer Spezialhölle schmoren; die permanente Schlaflosigkeit habe ihm die Höllenpfade erhellt und bei der Sondierung des Terrains geholfen. Er hätte sich so sehr daran gewöhnt, daß er sogar schon daran gedacht habe, Rundfahrten durch diese Unterwelt zu veranstalten. Dennoch arbeitete er fleißig in Geralds Studio in der Rue Froidevaux. Jonathan Cape brachte gerade eine britische Ausgabe von ›In unserer Zeit‹ heraus und hatte Scribners bereits um Einblick in die Fahnen von ›Fiesta‹ ersucht. Edward O'Brien wollte in seinen ›Best Short Stories of 1926‹ Ernests Erzählung ›Der Unbesiegte‹ aufnehmen, die bereits ins Deutsche und Französische übersetzt worden war. *Scribner's Magazine* zahlte für ›Die Killer‹ zweihundert Doller, es war somit die erste Erzählung des erwachsenen Hemingway, die von einer amerikanischen Zeitschrift angenommen wurde.
Pauline fand das rustikale Piggott nach Paris und New York sehr erholsam. In diesem Dorf gab's überhaupt keine Zerstreuungsmöglichkeiten. Um sich zu amüsieren ging sie mit ihren Eltern in einige ›Lichtspiele‹, zu einem Volkstanzabend und sogar in einen Zirkus. Die täglichen Briefe an Ernest konnten kaum als sehr verführerisch bezeichnet werden. Sie hatte sich einen kleinen Scherz ausgedacht, den sie mit Freude jedesmal wiederholte: ›Für zwei Cent würde ich in einem flachen Umschlag zu Dir kommen.‹ Sie schrieb Ernest sogar den Wortlaut ihres Nachtgebets: ›Lieber heiliger Josef, schick mir einen guten, netten, attraktiven katholischen Ehemann.‹ Sie zählte buchstäblich die Tage, bis sie ihn endlich in Paris wiedersehen könnte.
Einmal, im Oktober, überkam sie eine ›irrenhausartige‹ Depression. ›Ich

weiß nicht, wodurch es verursacht wurde‹, schrieb sie, ›außer es steckt vielleicht Gott dahinter.‹ Ihr war plötzlich zu Bewußtsein gekommen, daß man Hadley keine Chance gegeben und sie wirklich grausam aus ihrer beider Leben ausgeschlossen hatte. In einem Anfall von Zerknirschung schrieb sie ihr ein paar Zeilen; sie bot ihr eine Verlängerung der Trennungszeit und das Versprechen an, mit Ernest nicht einmal brieflich in Verbindung zu treten, wenn das zur Einhaltung des Übereinkommens beitragen könnte.

Ernest war bei den MacLeishs in ihrer Wohnung in der Rue du Bac oft zu Gast. Im Oktober reisten Archie und Ernest ohne weiblichen Anhang zu einem Stierkampf-Kehraus nach Saragossa. Außerdem suchte er Archie seine eigene Begeisterung für Radfahren einzuimpfen; so vertiefte er sich immer, wenn sein Freund diskutieren wollte, ostentativ in das Radsportmagazin *La Pédal*e. Sie radelten hinaus nach Chartres; Ernest trat verbissen in die Pedale, um ja vorn zu bleiben, und zeigte auf die Bauern, die am Horizont die Felder pflügten, während Archie trotz schmerzender Gelenke um jeden Zentimeter kämpfte. Ernest spielte sich jedesmal, wenn er Ada zu Boxkämpfen oder Radrennen begleitete, als furioser Beschützer auf. Wenn jemand sie auch nur im Vorbeigehen anrempelte, wurde er schon aufgefordert, aufzustehen und sich ein blaues Auge verpassen zu lassen. Ada bemerkte belustigt, daß es sich bei den Gegnern immer um kleine Männer handelte, die selten mehr als 1,50 m groß waren. Ernest schaute böse funkelnden Auges wie ein Rübezahl auf sie herab. Freunde hatten den MacLeishs vor kurzem ein Appartement auf der Avenue du Bois de Boulogne vermietet. Archie entwickelte gegen die neue Bleibe eine heftige Aversion. Nur die häufige Anwesenheit von ›Pappy‹ könnte ›den verdammten Ort von seinem Fluch‹ befreien. Eines Abends ließ sich Ernest nicht abhalten, dort in größerer Runde ein pornographisches Gedicht über Dorothy Parker zum besten zu geben, obwohl er eigentlich keinen Grund dazu hatte. Don, der an diesem Abend auch anwesend war, fand das Gedicht gemein und vertrat seine Meinung auch. Das bedeutete den Anfang vom Ende der Freundschaft mit Ernest.

Seine Aggressivität war wahrscheinlich der Ausdruck ständiger innerer Spannungen und Gewissensbisse. Paulines Brief über ihre schwere Depression wurde ausführlich beantwortet; er gestand offen, er schreibe, um die Furien in seinem Inneren loszuwerden. Er erklärte, es sein ein schrecklich billiger Brief voller Selbstmitleid und Gemeinplätze und nur der Verachtung wert. Aber Paulines Bericht über ihren Anfall von Melancholie habe ihn vollkommen aus den Fugen geraten lassen. Die Zeit vergehe so langsam und gräßlich, daß es ihm vorkomme, als müsse er es in alle Welt hinausschreien. In seinen Alpträumen glaube er Pauline sagen zu hören, sie könne es nicht durchhalten, sei mit ihren Nerven am Ende und sie hätten beide Bankrott gemacht.

Er sagte ihr, er habe sogar Selbstmord ernsthaft erwogen. In vollkommener Ruhe und ohne Bluff habe er im Herbst 1925 beschlossen, sich umzubringen, falls das Verhältnis bis Weihnachten nicht geklärt sei. Er würde Hadley die Scheidung ersparen und die Last von Paulines Leben nehmen. Später habe er sich gelobt, den Selbstmord bis nach Paulines Rückkehr aufzuschieben. Aber jetzt entziehe sich wieder alles seiner Kontrolle. Er sei kein Heiliger. Er würde viel lieber jetzt, solange noch etwas von seiner Welt übrig sei, sterben, anstatt weiterzuwursteln, bis alles hohl und schal wäre. Nach dem Tod sei er vollkommen damit einverstanden, zur Hölle zu fahren. Sollte Pauline früh genug zurückkommen, könnte er ohne Zweifel überleben. Sie stünden zu zweit gegen die Welt. Er bete jede Nacht und jeden Morgen nach dem Aufwachen stundenlang für sie. Er liebe sie und hoffe, sie werde ihm diesen miserablen Brief verzeihen.

Sie antwortete fröhlich, daß sie ihn nie mit Sünde identifiziert hätte. Sie sei nun wieder ganz im Lot. Sogar ihre Mutter beginne halb unterbewußt die Phrase ›Wenn du verheiratet bist‹ zu gebrauchen. Es würde schon alles gut werden. Für ›Pauline Cézanne Hemingway Pilar Pfeiffer‹ sei es ›fini mit tragedy‹. Sie sei über ihre Sorgen hinweggesetzt ›wie alle königlichen Pferde‹. Durch diese Versicherung wieder beruhigt, schrieb Ernest, er werde jetzt sein Gleichgewicht wahrscheinlich auch wiederfinden. Er sei von Natur aus keine ›deprimierte Ratte‹ und wisse wohl, daß seine Selbstmordgedanken verrückt seien. Eigentlich sehne er sich nur danach, bis zu Paulines Wiederkehr einfach sein Gedächtnis zu begraben. Die Hundert-Tage-Abmachung habe ihn innerlich fertiggemacht. Es sei fast so schlimm wie eine Fehlgeburt. Er beabsichtige, ein Theaterstück mit einem tollen Thema in Angriff zu nehmen. Der einzige Haken sei die regelmäßig über ihn kommende Verzweiflung. Jeden Abend gegen fünf tauche sie auf wie Nebel vom Grund eines Flusses.

Obwohl aus dem Stück nichts wurde, brachte Ernest es fertig, sich seine Sorgen mit Erzählungen von der Seele zu schreiben. *Scribner's Magazine* zahlte ihm hundertfünfzig Dollar für die Erzählung ›Für eine einen Kanarienvogel‹, einen fiktiven Bericht, der seine und Hadleys Rückreise aus Antibes im August dieses Jahres schilderte. Am 22. November sandte er dem Magazin die short story ›In einem anderen Land‹ und fügte hinzu, die alten Tage in Mailand seien jetzt zu neuem Leben erwacht. Die Geschichte brachte seine physiotherapeuthischen Übungen im Ospedale Maggiore in Erinnerung. Die Hauptfigur war ein italienischer Major, dessen verwundete rechte Hand völlig verkrüppelt und dessen junge Frau eben an Lungenentzündung gestorben war. Während er und der junge Amerikaner Seite an Seite an den Übungsapparaten arbeiteten, sprach der Major verbittert über seinen zweifachen Verlust. Ernest wurde die Endgültigkeit seines eigenen Verlustes erst deutlich, als Hadley ihm die Liste der Dinge sandte, die er ihr in ihre neue Wohnung in die Rue de Fleurus Nr. 35 transpor-

Die hundert Tage

tieren sollte. Er mietete einen Handkarren und erledigte den Umzug. Es erforderte mehrere Fuhren, eine war allein für Joan Mirós ›Bauernhof‹ notwendig. Als er den ersten Schub ablieferte, brach er in Tränen aus.
Hadley ließ Bumby in der Obhut seines Vaters und fuhr nach Chartres, um ihr Problem durchzudenken. Sie schrieb ihm, sie habe ihr Hochzeitsgelübde wörtlich gemeint: ihm in guten wie in schlechten Zeiten treu zu bleiben. Aber da er die Scheidung anscheinend wünsche, müsse er jetzt die gesetzlichen Schritte unternehmen. Für das Wohl Bumbys sollten alle Vereinbarungen schriftlich niedergelegt werden, es sei denn, es ergebe sich etwas, das mit wenigen Worten ohne Streit erledigt werden könne. Ernest könne das Kind sehen, sooft er wünsche. Während Hadleys Abwesenheit wohnte Ernest mit Bumby in der Wohnung im sechsten Stock. Das Kind sprach Französisch und hatte Sinn für Humor, wenn es etwa seinen Vater ›Madame Papa‹ nannte. Eines Tages kaufte ihm Ernest eine Harmonika. Sie setzten sich in ein Straßencafé und bestellten Eis. Einen Vanilleeisring um den Mund, die Harmonika fest in der linken Hand, die Augen groß auf die flanierenden Menschen gerichtet, seufzte Bumby plötzlich tief auf vor Vergnügen. ›Ah‹, kam es aus ihm heraus, ›la vie est beau avec papa.‹
Ernest wartete Hadleys Rückkehr ab, bevor er ihren Brief beantwortete. Sie sei wie immer tapfer, nicht egoistisch und großzügig gewesen, schrieb er ihr; und er habe Scribners und Jonathan Cape brieflich angewiesen, alle Tantiemen aus ›Fiesta‹ ihr auszuzahlen. Nach der Kränkung, die er ihr zugefügt habe, sei er ihr zumindest diese Hilfe schuldig. Denn schließlich, schrieb er, habe sie ihn mit ihrem Erbteil über Wasser gehalten, als er seine ersten Bücher schrieb, und er würde es nie ohne ihre treue, aufopfernde, stimulierende, liebende und ›konkrete finanzielle Unterstützung‹ geschafft haben. Schließlich erklärte er Hadley in einer umfassenden und großzügigen Geste, er habe ein neues Testament aufgesetzt. Die Einkünfte aus all seinen früheren und zukünftigen Büchern sollten auf ein für Bumby angelegtes Konto gehen. Das größte Glück des Jungen sei, Hadley zur Mutter zu haben – mit ihrem geraden Denken, ihrem guten Kopf und Herz und ihren schönen Händen. Sie sei die beste, treueste und hübscheste Person, die Ernest je kennengelernt hätte.
Am folgenden Abend antwortete Hadley ohne Umschweife: Der Scheidung stehe nichts mehr im Wege, und das dreimonatige Übereinkommen sei aufgehoben. Sie nehme die Überweisung der Tantiemen mit gebührendem Dank an. Wenn sie sich entschließen sollte, während des Scheidungsverfahrens nach Amerika zurückzukehren, würde sie den Jungen nach Oak Park zu seinen Großeltern bringen. Ernest solle bitte gefälligst seine Koffer abholen, die er in ihrem Speisezimmer zurückgelassen hätte. Und er solle ja auch gut essen, gut schlafen, gesund bleiben und gut arbeiten! Sie schloß den Brief mit ›with Mummy's love‹.
Bei seinen Freunden versuchte Ernest nichts zu beschönigen oder abzu-

wälzen. Bei einem Drink mit Bill Bird in den Caves Mura platzte er mit der Nachricht heraus, Hadley und er ließen sich scheiden. Als Bill ihn nach dem Grund fragte, antwortete Ernest rundweg: ›Weil ich ein Hundsfott bin.‹ Zu Fitzgerald sagte er, er habe jetzt seine Selbstmordphase überwunden. Er würde so etwas nun nur unter besonderen Umständen, die hoffentlich nicht eintreten würden, in Betracht ziehen. Auf jeden Fall sei er nicht Feigling genug gewesen, den Gashahn nur halb aufzudrehen oder sich die Pulsader mit gut sterilisierten Rasierklingen nur anzuritzen. Er wolle nun die Rolle des ›Hundsfotts ohne Furcht und Selbstvorwürfe‹ weiterspielen. Obwohl er von einer Mahlzeit am Tage in Geralds ungeheiztem Studio lebe, sei er gesund, sein Kopf in guter Verfassung, und es gehe ihm gut.

›Fiesta‹ ging auch gut, zumindest für einen Erstlingsroman. Mitte Dezember, zwei Monate nach Erscheinen waren fast 7000 Exemplare verkauft. Max Perkins hatte eine Erstauflage von 6000 und eine zweite und dritte von je 2000 Exemplaren drucken lassen. Er wartete während des Frühjahrs eine ansteigende Nachfrage. Wenn auch die Aufnahme bei den Kritikern nicht so einhellig und hymnisch war, wie Ernest es gerne gesehen hätte, wurde von den Rezensenten die Qualität des Buches doch richtig erkannt und gelobt: die kraftvolle Prosa, der lebendige Dialog, die spannende Handlung und die Tatsache, daß Hemingway einem Thema auch in Romanlänge gerecht werden könne. Seine Figuren mochte allerdings niemand. Ein Kritiker stellte sogar fest, ihre ›extreme moralische Schäbigkeit‹ mache Ernests künstlerische Absicht zunichte. Es war auch die Tendenz verbreitet, das Buch als erstes Beispiel einer ›verlorenen Generation‹ anzusehen. Ernest selbst war dafür mitverantwortlich, da er Gertrude Steins Bemerkung ›Ihr gehört alle einer hoffnungslosen Generation an‹ dem Bibelzitat aus dem Buch der Prediger über das Weltgeschehen vorangestellt hatte.

In Pariser Kreisen lag das größte Vergnügen an der Lektüre darin, diejenigen zu identifizieren, die als Modell gedient hatten. Fast jeder vom Linken Ufer erkannte Brett Ashley, Mike Campbell und Robert Cohn. Einige sahen in Ford Madox Ford und Stella Brown das Vorbild für Braddocks und seine Frau.

Die Opfer nahmen ihm das Buch übel. Kitty Cannell wurde so böse, daß sie sich drei Tage ins Bett legte. Sie war nicht ihrer selbst wegen empört, sondern wegen der Darstellung Harold Loebs. Aber auch das Porträt von Frances Cline, der eifersüchtigen Mätresse Cohns im Roman, brachte sie auf. Sie erkannte sofort, daß Ernest ihren höchst individuellen und unverkennbaren Konversationsstil perfekt kopiert und dann im Roman einer jüdischen Sekretärin in den Mund gelegt hatte. Loeb selbst fühlte sich, als hätte er Magengeschwüre bekommen. Womit hatte er eine solche Niedertracht verdient? Hatte er nicht Ernest gegen die Anschuldigung, er sei Antisemit, verteidigt? Hatte er nicht mit ihm geboxt, ihn ununterbrochen zu

Austern und Batterien von Pouilly Fuisse eingeladen, ihm Leon Fleischman vorgestellt, ihm in den Staaten zu einem Verleger verholfen? Und dafür tuschelte man jetzt überall, er sei das Vorbild für Robert Cohn. Duff Twysden, der der Roman erst nach einiger Zeit in die Hände kam, war zuerst wütend, ließ sich aber später erweichen. Als Ernest sie eines Nachts zufällig im Dingo traf, sagte sie, es habe ihr gar nichts ausgemacht. Sie witzelte nur darüber, daß sie in Wahrheit nie mit dem verfluchten Stierkämpfer geschlafen hatte.

Wie zu erwarten, konnten sich Ernests Eltern mit der ausschweifenden Gesellschaft von Pamplona nicht anfreunden. Dr. Hemingway schickte Ernest eine Nummer des *Literary Digest Book Review Magazine* zu; er hatte einen Leitartikel, der eine stark einsetzende Publikumsreaktion gegen den Sexroman und den ›hochgestochenen realistischen Roman‹ prophezeite, rot und blau unterstrichen. Aber er stand trotz seiner eigenen Vorliebe für eine ›gesündere‹ Art von Literatur fest zu seinem Sohn und beschränkte sich darauf, Ernests zukünftigen Büchern andere Themenkreise mit höherem Niveau zu empfehlen.

Grace war eine gute Portion ehrlicher, als es sonst ihre Art war. Sie freute sich über den Verkaufserfolg, wenn es ihr auch ›eine zweifelhafte Ehre‹ schien, ›eines der schmutzigsten Bücher des Jahres‹ mit verantworten zu müssen. Habe ihr Sohn aufgehört, sich für Treue, Adel und Ehre zu interessieren? Er kenne doch sicher auch noch andere Worte als ›damned‹ und ›bitch‹. Es falle ihr schwer, ihrem Sohn das alles sagen zu müssen. ›Aber ich kann nicht länger schweigen‹, schrieb sie, ›wenn Dir ein Wort von mir vielleicht hilft, wieder zu Dir selbst zu finden.‹ Für sie sei das Leben ein wunderbarer Segen Gottes; als sie lernte, schöne Dinge zu schaffen, habe sie den Himmel auf Erden entdeckt. Wenn Ernest häusliche Schwierigkeiten habe oder dem Alkohol ›verfallen‹ sei, müsse er seine Fesseln von sich werfen und aufstehen, um der Mann und Schriftsteller zu werden, zu dem ihn Gott bestimmt habe. Noch vor seiner Empfängnis sei er Gott geweiht worden, in der Hoffnung, er werde die Welt zum Besseren verändern. ›Ich liebe Dich‹, schrieb Grace, ›und ich glaube noch immer, daß Du etwas Wertvolles vollbringen wirst. Versuche Ihn und Deine wahre Arbeit zu finden. Gott segne Dich.‹ Ernest schrieb wütend zurück, daß seiner Mutter ein kleiner Schuß Familienloyalität ganz gut täte! Das könne ihr vielleicht als Mittel gegen seine so ›offensichtliche‹ Verruchtheit helfen.

Aber es gab auch eine Menge Leute, die Ernest applaudierten. Fitzgerald schrieb aus Washington, er freue sich über die Aufnahme des Romans in Amerika. ›Ich kann Dir gar nicht sagen‹, fuhr er fort, ›wieviel mir deine Freundschaft in diesen eineinhalb Jahren bedeutet hat – sie gehört zu meinen schönsten Europa-Erfahrungen.‹

John Peale Bishop, mit dem sich Ernest kurz vor Weihnachten auf einen Drink zusammensetzte, zeigte ihm einen Brief, den er eben von Edmund

Wilson erhalten hatte. Wilson hatte Bishop gegenüber erwähnt, er halte ›Fiesta‹ für den besten Roman aus der ganzen Hemingway-Generation. Malcolm Cowley stellte im Winter fest, Hemingways ›Einfluß gehe weit über die Kreise, die ihn in Paris gekannt hatten‹, hinaus. Mädchen aus dem Smith College, die nach New York kämen, ›machten sich à la Lady Brett zurecht. Hunderte von aufgeweckten Jugendlichen aus dem Mittelwesten versuchten, Hemingwaysche Helden zu spielen und mit rauhem Understatement aus den Mundwinkeln zu sprechen.‹ Der damals in New Haven lebende Thornton Wilder schrieb, die Yale-Studenten seien von ›Fiesta‹ sehr beeindruckt, und sein eigener neuer Roman enthalte eine Stelle, die, wie er sehr hoffe, hemingwayesk ausgefallen sei.

Als Paulines Schiff in Cherbourg anlegte, waren aus den mit Hadley vereinbarten hundert Tage schon hundertundsieben geworden. Ernest, der sich in einer Skiwoche mit Archie und Ada MacLeish gut erholt hatte, stand am Pier zur Begrüßung bereit. Sie machten in Paris nur Zwischenstation und fuhren dann in Winterferien nach Gstaad, wo sie erfuhren, daß am 27. Januar 1927 Hadleys Scheidung von Ernest rechtskräftig geworden war.

Männer ohne Frauen

In den ersten Monaten des Jahres 1927 versuchte Ernest seine Gewissensbisse wegen des Verlustes von Frau und Kind hinter lautem, herausforderndem Betragen zu verbergen. So behauptete er zum Beispiel, es sei das Gerücht im Umlauf, er habe sich in die Schweiz abgesetzt, um sich vor den Mordanschlägen verschiedener Wahnsinniger zu schützen, die sich in ›Fiesta‹ wiederzuerkennen glaubten. Auch Harold Loeb suchte ihn angeblich mit einem Revolver. Ernest hielt seine Widersacher für Feiglinge, weil keine Kugeln pfiffen.

Ernests Name wurde beim Publikum immer bekannter. Wie Perkins vorausgesagt hatte, ließ der Erfolg des Buches auch nach den Weihnachtsfeiertagen nicht nach. Die Verkaufszahlen kletterten von achttausend Mitte Januar auf zwölftausend Anfang Februar.

Ernest residierte noch immer im Hotel Rößli in Gstaad und lief abwechselnd Ski oder schrieb, als Perkins ihm ein neues Projekt anbot, und zwar eine Sammlung von Erzählungen, die im Herbst erscheinen sollte. Ernest war Feuer und Flamme. Es würde sein viertes in den Staaten erscheinendes Buch sein; damit könnte er sich endgültig auf dem Markt etablieren. In einer Blitzantwort schlug er einen Arbeitstitel und eine Liste von Erzählungen vor, die er darin haben wollte. Dazu gehörte: ›Oben in Michigan‹, die Liveright aus ›In unserer Zeit‹ eliminiert hatte; des weiteren zwei brandneue Erzählungen, die erst im Februar fertiggestellt worden waren.

Bei ›Eine Verfolgungsjagd‹ handelte es sich um einen kurzen Sketch über den neurotischen Quartiermacher einer Varietétruppe in Kansas City. ›Eine einfache Frage‹ beschäftigt sich mit einem homosexuellen italienischen Offizier und seinem jungen Burschen. Der Arbeitstitel ›Männer ohne Frauen‹ sollte laut Ernest darauf hinweisen, daß in allen Erzählungen ›der mildernde weibliche Einfluß‹ fehle, sei es als Ergebnis von ›Übung, Disziplin, Tod oder anderen Ursachen‹. Perkins antwortete im üblichen taktvollen Eifer, und die Vorbereitungen für das Buch begannen zu laufen.

Der Heiratstermin wurde, ein wenig gegen Paulines Willen, auf Mai verschoben. Ernest entwickelte für ein zweites Eheversprechen keine besondere Eile. Er erklärte Isabelle Godolphin, Hadley und er seien wegen seiner Liebe zu einer anderen ›in eine Klemme geraten‹. Natürlich hätte er keinerlei Veränderungen herbeiführen wollen, aber Hadley habe die Scheidung gewünscht, und er sei ihrem Wunsch nachgekommen. Er erzählte seinem Vater später, er würde selbst nach der Scheidung zu Hadley zurückgekehrt sein, wenn sie es gewollt hätte. Selbst als Mike Strater ihm schrieb, daß ›alle genialen Männer unmoralisch sind‹, gewährte ihm das wenig Trost. Ob er es ein zweites Mal ausprobiere oder Hadley wieder heirate oder einfach ›sein gutes altes, unmoralisches Leben‹ führe, sei einzig seine Sache, konstatierte Mike. Aber ein Leben jenseits von Gut und Böse besaß keinen Anreiz für Ernest. Er interessierte sich weiterhin für Hadleys Wohlergehen, brachte Bumby im Januar für zwei Wochen nach Gstaad und prahlte vor allen seinen Freunden, daß Hadley und er sich ›prima verstehen‹. Anfang Februar benachrichtigte er seine Eltern, daß er sich im Herbst von Hadley getrennt hatte. Aber er strich dabei besonders heraus, daß sie noch immer ›die besten Freunde‹ seien, erwähnte weder Pauline noch die Scheidung und versicherte, er lebe wie ein ›Mönch‹.

Guy und Mary Hickok kümmerten sich in Paris rührend um Hadley. Guy wollte ohne weiblichen Anhang eine Rundreise durchs faschistische Italien machen und lud Ernest zweimal ein, mitzuhalten. Pauline war gegen den Vorschlag; sie hatte Ernest während ihres Exils in Piggott zu lange entbehren müssen. Aber Ernest sagte trotz seines alten Gelöbnisses, Italien nicht zu betreten, solange Mussolini an der Macht sei, zu. Anfang März brachte er Bumby erneut für zehn Tage nach Gstaad. Pauline und Jinny versorgten das Kind abwechselnd, während Ernest jeden Tag alle Abfahrten rund um Wengen unsicher machte. Nach dieser Woche gab er Bumby wieder bei seiner Mutter ab und fuhr an einem grauen Morgen Mitte März mit Guy los.

Guys Ford war ein altgedientes Vehikel mit verbeulten Trittbrettern und einer gesprungenen Windschutzscheibe. Aber es schaukelte sie einigermaßen bequem durch die Äcker Mittelfrankreichs der blassen Riviera-Sonne entgegen. Am Sonntag, dem 20., passierten sie Genua und dann Rapollo; dort traf sich Ernest mit Don Giuseppe Bianchi, der ihm 1918 nach seiner Ver-

wundung im Piavetal die letzte Ölung gespendet hatte. Danach wandten sie sich dem Landesinneren zu, fuhren durch eine bewaldete Gegend, in der ab und zu auf einer Lichtung eine Köhlerhütte auftauchte. Überall lag der anheimelnde Geruch schwelenden Holzes in der Luft. In Carradano näherte sich ein junger Faschist mit einem abgewetzten Koffer und dem obligaten, in Packpapier gewickelten Paket dem Wagen. Er wollte nach La Spezia gebracht werden; er mußte die zwanzig Kilometer auf dem Trittbrett stehen und sich durch das offene Wagenfenster an einer Dachstütze festhalten. Vor La Spezia klaubte er sein Gepäck zusammen und blickte ihnen mißtrauisch nach, als sie in die Stadt weiterfuhren. Mussolini hatte die Bordelle abgeschafft und deren Belegschaft ehrbaren Berufen zugeführt. Guy und Ernest fanden heraus, daß in dem Ristorante, wo sie lunchten, doppelte Dienste angeboten wurden. Hemingway war außer sich vor Entzücken, als sich eine Kellnerin, die nichts unter ihrem Hauskleid anhatte, mit einem Raubtierglitzern in den Augen an Hickok heranmachte. Aber hinter diesem zur Schau getragenen Amüsement versteckte er nur seine tieferen Gefühle. Die kurze Begegnung mit dem Priester hatte seine Religiosität neu geweckt, und die gescheiterte Ehe mit Hadley lastete noch immer sehr auf seinem Gewissen. Außerhalb La Spezias bat er Guy, an einer Straßenkapelle anzuhalten, und er kniete nieder, betete eine Zeitlang davor und kehrte mit Tränen in den Augen zum Wagen zurück.
Sie übernachteten in Pisa und bummelten dann die ganze nächste Woche über Florenz und den Kamm der Apenninen nach Rimini an der Adria. Dort holten sie die Post ab, darunter mehrere Briefe von Pauline. Sie fand sich mit Ernests Abwesenheit nicht ab und betrachtete diese ›Italienreise zur Förderung der männlichen Gesellschaft‹, wie sie es nannte, mit leichter Ironie. Hoffentlich habe er nach dieser Fahrt seine Reiselust für eine Weile gestillt. Wenn sie erst seine Frau wäre, würde sie sich jeder solchen Trennung widersetzen. Jinny und sie seien auf Wohnungssuche gegangen. Die MacLeishs hätten ihr von einer in der Rue Ferour, einer schmalen Gasse nahe der Kirche St.-Sulpice erzählt. Sie sei groß, sauber und vor kurzem renoviert worden. Wenn Onkel Gus damit einverstanden sei, würde er das Geld für die Miete vorstrecken. Sie berichtete ihm auch darüber, sie habe sich mit einem Priester über ihre Heiratsmöglichkeiten ausgesprochen. Beide würden sie Taufscheine brauchen. Da Ernest 1918 katholisch getauft worden sei, müßte sich doch irgendwo in Italien ein Dokument dafür finden lassen. Die einzige weitere unentbehrliche Unterlage sei seine Trauungsurkunde mit Hadley; da er sich nicht katholisch habe trauen lassen, würde die Ehe als ungültig betrachtet werden. Pauline brannte darauf, zu heiraten. Wenn Ernest doch endlich zu ihr zurückkäme, würde er völlig unabhängig sein und sie würde ihm niemals dreinreden.
Die Reisenden kehrten in einem nach Norden führenden großen Bogen über Forli, Imola, Bologna, Piacenza zurück nach Genua. Ernests tränen-

Männer ohne Frauen

reicher Gebetsfimmel fand in der hügeligen Toskana und der flachen Emilia von Zeit zu Zeit seine Fortsetzung. In Genua regnete es in Strömen, in den Rinnsteinen stand das schlammige Wasser knöchelhoch. Das bleigraue Mittelmeer war mit schmutzigen Schaumkämmen übersät. In einem ungeheizten Gasthaus in Sestri schmeckte der Wein stark nach Alaun. An der französischen Grenze ließen sie die Zollformalitäten unwillig über sich ergehen und übernachteten dann in Mentone. Nach zehn Tagen in Mussolinis Italien kam ihnen die Stadt ›vergnüglich und sauber und normal und schön‹ vor. Die Reise noch frisch im Gedächtnis, brachte Ernest eine Reihe von ironischen Skizzen unter dem Titel ›Italy 1927‹ zu Papier und sandte sie Edmund Wilsons Zeitschrift *New Republic* zur Veröffentlichung.

Hadley trat nun endlich ihre lang aufgeschobene Reise in die Staaten an. Am 16. April begleitete Ernest sie und Bumby zum Zug und kehrte dann zu seiner literarischen Arbeit zurück. Das Inhaltsverzeichnis für ›Männer ohne Frauen‹ nahm langsam Gestalt an. Der Band sollte die langen Erzählungen ›Um eine Viertelmillion‹ und ›Der Unbesiegte‹ sowie acht andere enthalten, die er im Laufe des letzten Jahres geschrieben hatte: ›Heute ist Freitag‹, ›In einem anderen Land‹, ›Die Killer‹, ›Für eine einen Kanarienvogel‹, ›Eine Verfolgungsjagd‹, ›Ein Gebirgsidyll‹, ›Eine einfache Frage‹ und ›Eine banale Geschichte‹. Mit der letzten im Sommer 1926 in der *Little Review* erschienenen Erzählung erwies Ernest dem Matador Maëra die letzte Ehre. Am 4. Mai kamen noch die erst kürzlich an *New Republic* verkauften Skizzen über das faschistische Italien unter dem Titel ›Che ti dice la patria?‹ dazu und die im Mai 1926 in Madrid vollendete Nick-Adams-Story ›Zehn Indianer‹ unter dem neuen Arbeitstitel ›After the Fourth‹. Aber selbst ein rundes Dutzend schien ihm nicht genug. Innerhalb der nächsten Woche erhöhte er die Zahl mit den Erzählungen ›Müde bin ich, geh zur Ruh'‹ und ›Hügel wie weiße Elefanten‹ auf insgesamt vierzehn. ›Müde bin ich, geh zur Ruh'‹ war wieder eine Story über Nick Adams, die eigene Erfahrungen Hemingways in Italien und ausschnittweise Kindheitserinnerungen in Oak Park reflektierte. Die zweite Geschichte, beinahe ausschließlich in Dialogform, schnitt das heikle Thema an, daß ein Mann sein Mädchen zu einer Abtreibung überreden will, während sie draußen vor einem spanischen Bahnhofsgebäude im Ebrotal sitzen und Bier trinken.

Ernests wachsender Ruf als Literat ließ im Frühjahr zwei neue Freundschaften heranreifen. Die eine Errungenschaft war Donald Friede, Horace Liverights Juniorpartner, der über den Ozean geeilt war, um ihn von neuem zu einer Rückkehr in den Schoß des Verlages zu überreden. Friede bot ihm einen neuen Vertrag, der pro Roman einen Vorschuß von dreitausend Dollar, tausend für jeden Erzählband und 15 Prozent Tantiemen vom ersten Exemplar an garantierte. Aber Ernest fiel nicht in Versuchung. Er sagte

Friede, er sei bei Scribners ›vollkommen zufrieden‹, und lehnte kurzerhand einen Vorschlag ab, wonach Liveright die Rechte für die ›Sturmfluten‹ und ›Fiesta‹ kaufen und sie mit ›In unserer Zeit‹ zusammen in einem Band herausbringen wollte.
Die zweite Freundschaft war von weit größerer Bedeutung und Dauer. Waldo Peirce, ein großer, abgerissener, bärtiger Maler aus Bangor im Staat Maine, hatte ›Fiesta‹ mit steigender Begeisterung gelesen und wollte den Mann kennenlernen, der es geschrieben hatte. Waldo war damals 42 und beinahe zwanzig Jahre lang stolzer Student Harvards gewesen. Kurz nach Abschluß hatte es ihn ins Ausland gezogen, um sein Leben als Maler zu fristen. Im Krieg hatte er um Verdun Ambulanzen gefahren. Französisch und Spanisch beherrschte er bereits fließend. In seiner Größe und Sanftmut, in seinem ununterbrochenen Redeschwall war der unermüdliche Rezitator unzüchtiger Gedichte, die er in drei Sprachen verfaßte, ein Mann so recht nach Hemingways Herz. Als er von Ernests Sohn hörte, zeichnete Waldo für Bumby eine ganze Reihe von bunten, lustigen, cartoonartigen Blättern. Wie viele andere fand Ernest Waldos übersprudelnde Natur unwiderstehlich und nannte ihn bald nur mehr ›Muy Caballero Mio‹.
Der Hochzeitstermin mit Pauline stand nun endlich fest. Sie gab ihn ihrer zahlreichen Verwandtschaft mit Ende April bekannt. Diese reagierte begeistert mit Geldgeschenken, darunter einigen Tausend-Dollar-Schecks. Paulines Mutter sandte ihren Segen ebenso wie einen ›finanziellen Zuschuß‹ zu ihrem Glück und Wohlbefinden. Die katholische Trauung fand am 10. Mai in der Kirche von Passy statt, wobei Jinny Brautjungfer spielte. Die MacLeishs gaben, obwohl sie der Zeremonie nicht beigewohnt hatten, anschließend einen kleinen Lunch. Ada schluckte, so gut es ging, ihren Widerwillen wegen Ernests Bemühungen, die katholischen Stellen zu überzeugen, daß er angeblich vor neun Jahren in einem italienischen Lazarett ›von einem die Reihen der Verwundeten durchschreitenden Priester im rechten Glauben getauft‹ worden war. Noch mehr ärgerte sie die Schlußfolgerung, Hadley sei als Nichtkatholikin niemals seine Frau gewesen und ihre Hochzeit in der protestantischen Kirche in Horton Bay ungültig.
Was Ernest auch immer beabsichtigt haben mag, um seinen religiösen Status mit den kirchlichen Bestimmungen in Einklang zu bringen, so betrachtete er sich nun zumindest dem Namen nach als Katholik. Einige Monate später versuchte er einem Dominikaner auf dessen Anfrage seine Ansichten wenig überzeugend auseinanderzusetzen. Schon lange, schrieb Ernest, sei er Katholik, obwohl er seine Pflichten zwischen 1919 und 1927 sehr lau ausgeübt und nicht kommuniziert habe. Aber ab 1926 sei er regelmäßig zur Messe gegangen, und 1927 habe er sein Haus, wie er sich ausdrückte, in Ordnung gebracht. Er fühle sich zu dem Geständnis verpflichtet, daß er immer mehr Glauben als Verständnis und Wissen besessen habe, kurz, er sei ein ›stiller Katholik‹. Er habe ›so viel Glauben‹, daß er ›sich davor

scheue, ihn zu untersuchen‹, aber er wolle ein gutes Leben im Schoß der Kirche führen und sei sehr glücklich. Er habe seinen Glauben nie an die große Glocke gehängt, weil er nicht als katholischer Schriftsteller bekannt werden wolle. Er kenne die Wichtigkeit eines guten Beispiels – doch habe er nie ein gutes Beispiel gegeben. Sein grundlegendes Programm sei die Einfachheit: versuchen, ein gutes Leben zu führen, und versuchen, gut und wahrhaft zu schreiben. Es sei leichter, das erstere als das zweite zu tun.
Sie verbrachten die dreiwöchigen Flitterwochen in einer kleinen Pension in Grau du Roi, einem winzigen Fischerdorf südlich von Aigues Mortes im unteren Rhone-Delta. Es war eine warme und wasserreiche Gegend, noch ein Stück unberührter Natur, mit einem breiten, reinen Strand gesegnet, den sie jeden Morgen aufsuchten. Aigues Mortes, fand Ernest, sei die schönste befestigte Stadt Frankreichs. Es gefiel ihm auch, daß Grau du Roi neben dem Kanal lag, den Ludwig IX., der Heilige, im 13. Jahrhundert als Sammelpunkt für die Kreuzfahrer erbauen ließ. Pauline hielt ihr Versprechen, Ernest tun zu lassen, was er wollte, und er blühte durch das gesunde Leben in Sonne und Meer auf, angelte und schwamm, schrieb gut und ohne Anstrengung und beendete ›Zehn Indianer‹ und ›Hügel wie weiße Elefanten‹, die er beide am 27. Mai von Grau du Roi aus an Perkins absandte. Das einzige Pech war ein verletzter Fuß, der sich mit Milzbrand entzündete. Als sie im Juni nach Paris zurückkehrten, mußte er mit einer Geschwulst und Fieber zehn Tage das Bett hüten.
Die Sommerreise nach Spanien unterschied sich nicht sehr von den vorhergegangenen, außer daß Ernest eine neue Frau hatte. Nach Pamplona, das ihm genau so wunderbar wie immer vorkam, fuhren sie für eine Woche nach San Sebastian, um sich zu erholen und zu schwimmen, und danach zur großen *feria* nach Valencia. Ernest klagte wie üblich, wenn er die Korrekturfahnen für ein fertiggestelltes Buch las, daß er nicht schreiben konnte. In Valencia wohnten sie bis zum 31. im Hotel Ingles, machten kurz im Hotel Aguilar in Madrid Zwischenstation und begaben sich Mitte August nach Santiago de Compostela, laut Ernest die ›hübscheste Stadt Spaniens‹. Er beobachtete die kleinen Falken, die in den tiefen Schatten oben im Schiff der Kathedrale jagten, und amüsierte sich über eine Bäuerin, die auf ihn zueilte und fragte, wo sie den Leib Christi zu essen bekomme. ›Dort drüben, Lady‹, sagte Ernest vergnügt. Am ersten September bestiegen sie den Zug nach Valencia und nach Hendaye, eine so endlose und furchterregende Fahrt, daß Ernest länger als beabsichtigt in Galicien blieb.
Hendaye Plage gestaltete sich während ihres zweiwöchigen Aufenthalts genauso angenehm wie immer. Er nahm sich Zeit, seinem Vater einen langen Brief zu schreiben, der seine Sorge spiegelte, er habe die Eltern durch den Bruch mit Hadley enttäuscht. Der Brief war eine Mischung aus Wahrheit und Lüge. Über ein Jahr lang habe er zwei Frauen zugleich geliebt, schrieb er, und sei Hadley trotzdem vollkommen treu geblieben. Als

sie sich zur Scheidung entschlossen hätten, sei die andere in Amerika gewesen und Ernest habe fast zwei Monate nichts von ihr gehört – eine ausgesprochene Lüge, da ihm Pauline in Wahrheit beinahe jeden Tag geschrieben hatte. Aber er würde nie aufhören, Hadley und Bumby wie Pauline zu lieben, mit der er jetzt verheiratet sei. Am Schluß schrieb er, er sei auf seine Mutter noch immer böse, weil sie ihm den Appell an den niedrigsten Publikumsgeschmack unterstellt habe.

Man konnte dem erwähnten Publikum schwerlich vorwerfen, daß es Ernests Roman zu kurz kommen ließ. Als am 14. Oktober ›Männer ohne Frauen‹ erschien, war die Verkaufsziffer von ›Fiesta‹ auf 23 000 geklettert, und es gab noch immer sehr viele positive wie negative Leserbriefe. Ernest las alle Rezensionen und Briefe mit Sorgfalt und schlug vor, Perkins solle einige Bilder von weißbärtigen Würdenträgern aus New England besorgen, die mit Autogrammen versehen als Porträt Hemingways versandt werden sollten. Er war über eine Rezension von ›Männer ohne Frauen‹, die auf der Titelseite der sonntäglichen Buchbeilage der *New York Herald Tribune* erschienen war, außerordentlich verärgert. Die Kritikerin Virginia Woolf nannte ihn zwar mutig, aufrichtig und hochbegabt, fand ihn aber zu sehr von seiner Männlichkeit eingenommen und schrieb, sein Talent sei, statt sich zu erweitern, zurückgegangen. Die ganze Bloomsbury-Gruppe, meinte Ernest, betrachte sich als Retter der literarischen Republik und unterschiebe jungen aufstrebenden Herausforderern a priori unehrliche Motive. Miss Woolfs Meinung verstimmte ihn derart, daß er Perkins bat, die anderen Kritiken bis Weihnachten aufzuheben, wo er wieder in Gstaad sei. Er arbeitete jetzt verbissen und war der Ansicht, das Lesen der Rezensionen könne ihn nur bei seiner Arbeit hemmen.

Sein Entschluß erwies sich als richtig. Andere Kritiker sprachen von ›der abgebrühten kleinen Welt Mr. Hemingways‹ und seiner Vorliebe für ›Stierkämpfer, Schläger, Schlepper, Revolvermänner, Berufssoldaten, Prostituierte, Säufer und Rauschgiftsüchtige‹. Seine ›vulgären Personen‹ seien in ›schmutzige kleine Katastrophen‹ verwickelt. Es bleibe einem trotz glänzender Bewältigung der Geschmack von billigem Absinth auf der Zunge. Das Störende an Hemingway sei, daß ein philosophisches Leitbild fehle. Er sei nur an den Oberflächen aufrichtig und eigentlich nur ein Reporter, der seine Fakten ›mit der Klarheit und Schärfe (und auch der Kälte) von Eisgipfeln‹ hinstelle.

Noch bevor er diese Urteile über den Erzählband lesen konnte, hatte Ernest die Arbeit an einem zweiten Roman aufgenommen. Zu dieser bemerkenswerten Neuigkeit kam in diesem Herbst noch eine zweite, nämlich Paulines Schwangerschaft, die sich in Paris kurz nach der Rückkehr von Hendaye Plage herausgestellt hatte. Von den bescheidenen Anfängen in Hendaye war das Manuskript bis Mitte Oktober auf 30 000 Worte angewachsen. Ernest wollte den ersten Entwurf irgendwann im Winter fertig haben. In der ersten Dezemberwoche hatte er zwanzig Kapitel beieinander. Er teilte Perkins mit, daß es ungefähr ein Drittel sei, und beschrieb das Buch als eine Art modernen ›Tom Jones‹. Er experimentierte jetzt mit einer erzählenden dritten Person, nachdem er die ihm von der ersten Person auferlegten Grenzen in ›Fiesta‹ und einigen Erzählungen sattsam ausgekostet hatte. Es beginne sich schon jetzt herauszukristallisieren, daß er im Frühwinter nicht fertig werden könne, vor allem, weil er sich schon auf einige Monate Skilaufens in der Umgebung Gstaads freue.

Danach würde er in die Staaten zurückfahren und dort bis Herbst 1928 bleiben. Ein Grund für die Reise war, daß Pauline, wie Hadley vor ihr, ihr Kind lieber auf amerikanischem Boden zur Welt bringen wollte. Außerdem sehnte sich Ernest seit mehr als einem Jahr nach Hause. Der Bruch mit Hadley hatte seine Amerika-Pläne im Herbst 1926 zunichte gemacht; seit damals träumte er von einem zwölf bis fünfzehn Bahnstunden von New York entfernten Unterschlupf: dort wollte er sich vergraben und schreiben und nur zu einem guten Boxkampf in die Metropole pilgern und mit den Kumpels in einer besseren Innenstadtkneipe einige Drinks nehmen. Die Sehnsucht nach seiner Heimat packte ihn noch ärger, als Hadley und Bumby Ende Oktober nach Paris zurückkehrten. Obwohl Hadley von der Reise mitgenommen war, fand Ernest sie wunderschön. Sie hatte ihrem Trauerweidendasein Adieu gesagt und nahm ihre neue Rolle mit scheinbarer Gleichmut hin. Sie deutete an, sie habe sich in jemanden anderen verliebt. Ihre Erscheinung war nicht mit der Paulines zu vergleichen, der die erste Schwangerschaft im Alter von zweiunddreißig nicht gut bekam.

Auf einer Blitztour zu den Sechstagerennen im Berliner Sportpalast trafen sie Sinclair Lewis, den Ernest noch zu Hadleys Zeiten flüchtig in Paris kennengelernt hatte. Lewis, der über die Scheidung und neuerliche Heirat nicht informiert war, zeigte sich, als er die Hemingways zum Essen einlud, schockiert, daß diese kleine, schüchterne, graugesichtige und sehr schweigsame Frau die neue Mrs. Hemingway sein sollte. Das Dinner fand in einem kleinen Ratskeller mit Nischen statt. Am Tisch saßen noch eine chauvinistische Deutsche namens Agatha und ein neuer Freund Lewis', der Ramon Guthrie hieß, am Dartmouth College Französisch unterrichtete und vor kurzem einen Roman fertiggestellt hatte. Agatha riß das Gespräch an sich und hielt einen langen Monolog über die Leere aller nichtdeutschen Malerei bis hin zu Cézanne. Guthrie fiel ihr endlich mit der Bemerkung ins Wort, daß sie El Greco eigentlich als einzigen nicht angegriffen hätte. Sie öffnete schon den Mund zu einer weiteren Suada, als Ernest mit der Faust auf den Tisch schlug. ›El Greco‹ schrie er, ›ist ein verdammt guter Maler.‹ Dies beendete Agathas Monolog und das Abendessen. Guthrie bedauerte sehr, daß ihm die rücksichtslose Selbstgefälligkeit der Dame die Chance verpatzt hatte, einem Gespräch der zwei wichtigsten Romanciers Amerikas zuzuhören.

Das Jahr endete mit wenig erfreulichen Ereignissen. Jinny berichtete aus Gstaad, der erste Schnee sei wieder ganz weggeschmolzen. Ernest bekam Halsschmerzen und legte sich wie immer mit der Überzeugung ins Bett, es werde sich daraus eine Lungenentzündung oder noch Schlimmeres entwickeln. Zur Zeit der Abreise am 12. Dezember hatte er sich die Brustinfektion geholt, und in Montreux, wo sie übernachteten, kam ein weiteres Unglück hinzu. Mitten in der Nacht hob Ernest seinen Sohn hoch, um ihn auf den Topf zu setzen. Bumby fuhr Ernest schlaftrunken ins Gesicht und verletzte mit einem Fingernagel die rechte Pupille seines Vaters. Der Schnitt hatte nicht einmal die Größe einer kleinen Fischschuppe, aber es hatte Ernests intaktes Auge erwischt, mit dem er jetzt nur noch verschwommen sehen konnte. Sechs Tage darauf lag er mit einer fürchterlichen Kombination von Grippe, Blindheit, Hämorrhoiden und einem schmerzenden Zahn noch immer im Bett. Als einzigen Trost ließ er sich einen Bart wachsen, den er als ›fast rabbinisch‹ bezeichnete.

Außerdem war er über einen in den Oak Park News erschienenen Artikel über seine Mutter beunruhigt. Er war mit ›Nach Kindern und Erziehung Start zu neuer Karriere‹ überschrieben und berichtete vom erfolgreichen Debüt der nun 52jährigen Grace Hemingway als Landschaftsmalerin. ›Man könnte‹, schrieb die Reporterin Bertha Fernberg, ›bei der Mutter Ernest Hemingways, des Autors von ‚Fiesta‘, vermuten, sie sei eine radikale Realistin, aber diese sehr vergnügte Frau lacht über den Pessimismus ‚dieser jungen Schriftsteller‘ und gibt dem gesunden Glauben Ausdruck, daß das Pendel bald wieder zum Normalen zurückschwingt. ‚Gott im Himmel, es ist alles in Ordnung auf Erden‘, so umreißt sie ihr eigenes glückliches Leben.‹ Zweifellos, meinte Ernest griesgrämig, wünsche Grace, daß sich ihr Sohn Ernie in Glenway Wescott oder irgendeinen anderen hochrespektablen Märchenprinzen mit englischem Akzent und einer Vorliebe für Großmütter verwandle.

Pauline pflegte an Ernests Bett aus Henry James' ›The Awkward Age‹ vorzulesen. Ernest hörte unter Qualen zu. Ihm war unklar, warum sich James jedesmal, wenn er sich vor der Überlegung scheute, was seine Personen die restliche Zeit über tun sollten, mit einer Salonszene aus der Affäre zog. Seine Männer redeten mit Ausnahme der Karikaturen weniger brutaler Außenseiter wie Märchenfiguren. Fälschte er die Wirklichkeit wirklich so, wie es schien? Die Salons kenne er wie seine Westentasche und auch sein Stil sei gut und flüssig, aber mehr sei nicht dahinter.

Die einzige erfreuliche Nachricht in diesem zu Ende gehenden Jahr war, daß von ›Männer ohne Frauen‹, von einem ›brutalen Außenseiter‹ geschrieben, in nur drei Monaten nach Erscheinen 15 000 Exemplare verkauft wurden.

Westwärts

Ernests Pechsträhne riß auch im neuen Jahr nicht ab und reichte noch gut bis ins Frühjahr 1928 hinein. Bisher hatte es sich ja meist um kleine Fische gehandelt. Doch selbst nach Wiedererlangen der vollen Sehkraft wurde er weiter von der Angst zu erblinden gepeinigt. Was wäre dann? Wie könnte er seine Arbeiten durchsehen? In einem respektvollen Brief an den halbblinden James Joyce schrieb er, daß er zehn Tage lang eine kleine Kostprobe erlebt hätte, wie Joyce zumute sein müsse. Nicht einmal die vom Arzt verschriebenen Kokainspülungen hatten seinen Kummer weggewaschen.
Im Januar kam MacLeish nach. Eines Tages versuchten sie gemeinsam die berühmte Saanersloch-Fluh-Abfahrt. Aber Ernests Skispitzen gerieten ununterbrochen unter die Schneedecke. Während der Abfahrt erlebte er zehn böse Stürze; bei einem sauste er mit dem Kopf voran tief in den Schnee und zerbrach dabei die Gläser seiner Schneebrille. Nach der Rückkehr Paulines und Bumbys unternahm Ernest einen abschließenden Ausflug nach Lenk und Adelboden; aber schlechtes Wetter machte ihm einen Strich durch die Rechnung. Anfang Februar mußte er bei seiner Ankunft in Paris entdecken, daß durch eine Kältewelle in der Wohnung alle Leitungen eingefroren und geborsten waren, so daß das Haus eine Woche ungeheizt blieb. Er legte sich mit einem Grippeanfall ins Bett.
Kaum hatte er sich von seinem Leiden erholt, als er Anfang März einem der seltsamsten Unglücksfälle seiner Lebensgeschichte zum Opfer fiel. Obwohl er später seine ungewöhnliche Anfälligkeit für Unfälle bestritt, steht fest, daß ihm seine schlechten Augen und die körperliche Unbeholfenheit eine Reihe von Unglücksfällen bescherten. Damals war er mit Ada und Archie MacLeish zum Essen ausgegangen und gegen elf heimgekommen. Um zwei Uhr ging er ins Badezimmer. Es war sehr kalt. Jemand, der die Kette der Wasserspülung ziehen wollte, hatte irrtümlich an dem zum Öffnen der Oberlichte dienenden Seil gezerrt, so daß deren Verglasung an mehreren Stellen sprang. Als Ernest schlaftrunken an der Schnur herumfummelte, fiel ihm eines der altersschwachen Oberlichte auf sein unglückseliges Haupt; die Platzwunde, zwei Zoll über seinem rechten Auge, streckte ihn wie einen mit der Streitaxt gefällten Ochsen nieder. Pauline versuchte den Blutstrom mit mehreren Lagen Toilettenpapier zu stillen und rief MacLeish zu Hilfe, der ein Taxi kommen ließ. Zu diesem Zeitpunkt litt Ernest unter Schwindelanfällen und lag halb im Delirium. Sie langten kurz vor drei im American Hospital in Neuilly ein. Der diensthabende Assistenzarzt schloß die klaffende, dreieckige Wunde mit neun Nähten.
Ernest war jetzt schon so bekannt, daß die Agenturen die Meldung nicht übergehen konnten. Ezra Pound kabelte aus Rapallo: ›Wie zum höllenschwefeligen Kater hast Du Dich so angesoffen, um aufwärts durch das

verfluchte Oberlicht zu fallen!!!!!!‹ Perkins bat Guy Hickok telegraphisch um einen Sofortbericht. Hadley schrieb, als sie davon hörte, einen Beileidsbrief: ›Du armes, liebes, altes Haus! Was für ein blödes, blödes Pech, das einem so wirklich schönen Stück wie Dir passieren muß! Ich nehme an, Ihr seid beide ein wenig darüber enttäuscht, wie das Leben eine verdammte Sache nach der anderen bringt.‹ Ernests Beurteilung der Lage hätte nicht genauer getroffen werden können.
Am schlimmsten war aber die Auswirkung auf seine Arbeit. Im Februar hatte er sich an einer Erzählung versucht, aus der ›gar nichts Gutes‹ wurde. Er klagte bei Perkins, daß die ununterbrochene Pechserie – drei schwere Grippeanfälle, die Infektion in Grau du Roi, die Augapfelverletzung im Dezember und nun der Unfall mit dem Oberlicht – seinem Leben und seinem Kopf im vergangenen Jahr die Hölle heiß gemacht hätte. Man kommt langsam wieder zu sich, schrieb er, doch darf man das Pack niemals wissen lassen, daß man abgetreten oder angeschlagen gewesen ist. Seine Begeisterung für den entstehenden Roman hatte sich dementsprechend abgekühlt. Zunächst war ihm eine Art ›moderner Tom Jones‹ als gute Idee vorgekommen. Zweiundzwanzig Kapitel mit annähernd 45 000 Wörtern waren bis jetzt zu Papier gebracht. Aber er war sich noch nicht so weit schlüssig, um zu Ende schreiben zu können. Er ließ durchblicken, daß seine Phantasie unter den Infektionen und der Kopfverletzung gelitten haben könnte. Wenn er für das Thema nicht wieder Feuer fangen sollte, schlug er vor, es fallenzulassen und auf etwas anderes überzugehen.
Die Alternative war auch zufällig schon in statu nascendi vorhanden. Er hatte damit Anfang März, bevor das mit dem Oberlicht passierte, begonnen. Anfänglich war es nur als short story à la ›In einem anderen Land‹ geplant gewesen. Jahrelang hatte er versucht, seine Kriegserlebnisse von 1918 dichterisch zu verwerten. Er wollte eine Geschichte von Liebe und Krieg erzählen; als Motto sollten die zynischen Zeilen Marlowes dienen: ›... aber das war in einem anderen Land, und außerdem ist die Hure tot.‹ Das andere Land könnte nur Italien sein und das Mädchen Agnes von Kurowsky, obwohl sie weder eine ›Hure‹ noch tot war. Aber die Geschichte schrie danach, erzählt zu werden. Die ganze Affäre lag jetzt zehn Jahre zurück und war mit einer Aura umgeben, der keiner seiner dazwischenliegenden Italienbesuche etwas anhaben konnte. Plötzlich wie aus heiterem Himmel begann er ›einen mächtigen Spaß‹ am Krieg ›und an all diesen Dingen und Schauplätzen‹ zu finden. Was immer auf ›Fiesta‹ folgte, müßte unter allen Umständen ein erstrangiger Roman werden. Vielleicht würde es damit hinhauen. Fitzgerald hatte den ersten Satz von der Erzählung ›In einem anderen Land‹ fast überschwenglich gelobt. ›Es war immer noch Krieg im Herbst, wir machten aber nicht mehr mit.‹ Jetzt lag in Ernests Schreibtisch im Arbeitszimmer in der Rue Ferou eine handgeschriebene Seite, die von einem anderen Herbst in diesem anderen Land er-

zählte. ›Im Spätsommer jenes Jahres lebten wir in einem Hause in einem Dorfe, das über den Fluß und die Ebene zu den Bergen hinübersah. Im Flußbett lagen Kieselsteine und Geröll, trocken und weiß in der Sonne, und in den Stromrinnen war das Wasser klar und reißend und blau...‹
Ernests Sehnsucht nach Amerika hatte sich schließlich auf den Ort Key West eingependelt. Dos Passos, der einmal durch die Gegend getrampt war, schwelgte von einer im Zug unternommenen ›traumhaften Fahrt von Key zu Key‹ über den Old-Flagler-Viadukt in den höchsten Tönen. Key West ›war wirklich einmal eine Insel‹, sagte Dos.
›Es war eine Bunkerstation. Im Hafen lagen Schiffe. Die Luft roch nach dem Golfstrom... Cayo Hueso, wie jeder zweite Einwohner es nannte, war durch Autofähren mit Havanna verbunden. Zigarrenfabriken hatten eine halb kubanische, halb spanische Bevölkerung angelockt... Die englischsprechende Bevölkerung bestand aus Eisenbahnern, alten Florida-Pionieren, ein paar Nachkommen von Neu-Engländern aus der Zeit, als Key West noch ein Walfanghafen war, und Fischern aus nur von Weißen bewohnten Siedlungen wie Spanish Wells auf den Bahamas.‹
Durch eine Kombination von Straßen und Fähren konnte man es jetzt auch mit dem Wagen vom amerikanischen Festland erreichen, und Paulines Onkel Gus hatte ihnen bei ihrer Ankunft einen neuen gelben Ford-Kleinwagen in Aussicht gestellt. Die dunkelviolette Narbe auf Ernests Stirn reagierte auf Druck noch immer sehr empfindlich, als er sich mit Pauline von La Rochelle aus auf dem Royal-Mail-Postschiff ›Orita‹ zur achtzehntägigen Überfahrt nach Havanna einschiffte. Die ›Orita‹ verfügte zu Ernests Mißvergnügen weder über Gymnastikraum noch Pflegestation; und seine Schlafkoje hätte besser in ein Kloster gepaßt. Halb im Spaß schickte er an ›Dear Miss Pfeiffer, oder darf ich Sie Mrs. Hemingway nennen‹ eine Botschaft, in der er sich über sein Mönchsdasein lustig machte. Er habe sich oft gefragt, was er mit dem Rest seines Lebens anfangen solle, jetzt sei er überzeugt, er werde beim Versuch, an Bord der ›Orita‹ Kuba zu erreichen, draufgehen.
In Havanna wechselten sie für die letzten hundert Meilen bis Key West das Schiff und kamen Anfang April dort an. Des Morgens war die Luft auf der Insel unerträglich heiß und voll salziger Feuchtigkeit. Nachmittags und abends verschafften die Passatwinde vom Meer her Abkühlung. Sie entdeckten ein in der Niederung gelegenes Dorf an der Küste; es war tropisch und freundlich, lag inmitten blühender Sträucher und Kokospalmen, deren ausgetrocknete Blätter im Wind rasselten, und neben den halbgepflasterten Straßen standen alte weiße Häuser, denen häufig behagliche Verandas und Balkone vorgebaut waren. Dos Passos hatte sie als ›ein wenig an Neu-England erinnernd‹ beschrieben. Aber es war ein arg heruntergekommenes Neu-England, mit einer Bevölkerung, die seit dem Krieg von 26 000 auf 10 000 zusammengeschrumpft war.

Da sie nach höchstens sechs Wochen zu Paulines Familie nach Piggott weiterreisen wollten, quartierten sie sich in einem Apartmenthaus ein. Ernest war sofort unterwegs, um die Insel zu erforschen, den angeschwemmten gelben Seetang und die gestrandeten portugiesischen Kriegsschiffe am South Beach, die unbenützte Marinebasis und die kleinen spanischen Restaurants. Die Bars entlang der Duval Street dröhnten jede Nacht von den Rumbaklängen und Schlägereien der Matrosen. Tagsüber fischte er von den Kaianlagen und Brücken aus. Es machte ihm Spaß, dem ständigen Kommen und Gehen auf dem Wasser zuzuschauen: die Handelsschiffe, Kajütenkreuzer, die die Küste entlangtuckerten, und die großen wolfsgrauen Kutter der Küstenwache, die den friedlichen Hafen bevölkerten, der einst Piraten wie Henry Morgan als Unterschlupf gedient hatte. Ernest hatte sich rasch einen seinem Temperament angepaßten Arbeits- und Angelrhythmus zugelegt. Mit Ausnahme gelegentlicher nächtlicher Stadtbummel, denen die von ihm so genannte ›Magenreue‹ auf dem Fuß zu folgen pflegte, stand er früh auf und ging auch zeitig zu Bett. Er schrieb gerne am frühen Morgen, solange er und der Tag noch frisch waren, und verbrachte den Großteil des Tages im Freien, unterhielt sich mit jedem, dessen Gesicht oder Beschäftigung ihn interessierte, und quetschte sie über Milieu, Familie und Beruf aus. Er war pedantisch auf jede Detailinformation aus, beobachtete die Leute aus seinen halb zugekniffenen, braunen Augen, lauschte ihrem Klatsch und ihren Geschichten und stand mit seiner rauhen Lästerzunge und den Allüren eines Weltmannes freundlich Rede und Antwort. Mit der Narbe auf der Stirn halte ihn jeder für einen großen Alkoholschmuggler aus dem Norden oder einen Rauschgifthändler, und niemand, meinte er, nehme ihm den Schriftsteller ab.
Er lernte bald Bra Saunders kennen, einen Berufsfischer, der jede Untiefe, jede Rinne und jeden Mangrovensumpf von Homestead bis zu den Dry Tortugas im Schlaf kannte. Er freundete sich auch mit Josie Russell an, einem kleinen, drahtigen Burschen mit eingedrückter Visage, dem in einer kleinen Seitengasse der Duval Street die Bar Sloopy Joe's gehörte. Sie war im Erdgeschoß eines weißen Holzhauses untergebracht und hatte eine lange geschwungene Theke; man konnte drinnen kaum die Hand vor den Augen sehen. Der Barkeeper war ein würdiger Neger namens Skinner, der Ernest mächtig imponierte. Er sah so gut aus, meinte Ernest, daß er es, wäre er in Afrika geboren, sicher zum Stammeshäuptling gebracht hätte. Zu seinem engeren Kreis zählte auch ein irischer Maschinenbauer namens J. B. Sullivan, der sich vor zwei Jahren eine Mechanikerwerkstatt aufgebaut hatte. Sully, damals in den Vierzigern, war ein kahlköpfiger, stramm gebauter Brooklyner, der 1906 am Bau der Flagler Eisenbahnlinie über die Keys mitgearbeitet hatte. Sully mochte Ernest sofort und hielt ihn für einen ›schweigsamen Mann, einen Mann mit Tiefgang, der sehr langsam und überzeugend sprach, immer danach bestrebt, exakte Informationen

zu erhalten‹. Ohne seinen Kopf hätte er, meinte Sully, eine Figur aus Skid Row sein können. Aber das wurde durch seine rasche Auffassungsgabe, seine unstillbare Neugier und durch eine innere Wärme wettgemacht, die sich Nichtliteraten wie Sully sofort mitteilte.
Die dickste Freundschaft schloß er mit Charles Thompson, einem breitschultrigen, dunkelblonden Mann ungefähr in seinem Alter. Charles jagte und fischte ähnlich passioniert wie Ernest. Pauline wurde mit seiner hübschen Frau Lorine auch sofort warm. Der Familie Thompson gehörte ein Fischrestaurant, eine Zigarrenschachtelfabrik, ein Laden mit Schiffszubehör, ein Eiskeller, eine Metallwarenhandlung und ein Geschäft für Segeltuch. Nach Ladenschluß gingen Charles und Ernest fast jeden Abend zum Fischen. Das Thompson-Imperium zahlte für ihren Fang genug, um Köder und Benzin zu finanzieren. Solche Wirtschaftlichkeit war genau nach Ernests Geschmack. Obwohl ›Männer ohne Frauen‹ Mitte April bei 19 000 Exemplaren stand, flossen seine Einkünfte aus der Schriftstellerei immer noch spärlich, und er wollte sich nicht mehr als unbedingt nötig von Onkel Gus Pfeiffer aushalten lassen. Ernests Eltern waren nach Florida gekommen, ohne daß er davon erfahren hatte. Erst am 10. April entnahm er der aus Paris nachgeschickten Post, daß sie sich in St. Petersbourg aufhielten, und lud sie telegraphisch ein. Sie kamen an, als er gerade im Hafen von einem der Piers angelte. Der Vater erspähte ihn mit seinem Adlerblick und ließ den kurzen Familienpfiff vom Stapel. Ernest lief zum C.-and-O.-Dock hinüber, hieß sie willkommen und nahm sie mit, um sie mit Pauline bekannt zu machen. Grace sah in ihrem bodenlangen Kleid und dem weißen Filzhut imposant und sanft zugleich aus. Aber der Doktor war augenscheinlich krank. Er hatte graues Haar bekommen und war durch seine Diabetes-Diät abgemagert und nervös. Er hegte jetzt starke Zweifel, ob seine umfangreichen Grundstücksspekulationen in Florida vernünftig waren, und vertraute Ernest an, auch sein Herz sei vermutlich wegen der Zuckerkrankheit nicht mehr in Ordnung. Selbst sein Hals steckte nur mehr dürr in dem unvermeidlichen Flügelkragen. Grace ragte majestätisch neben ihm auf, ein Bild strahlender Gesundheit. Ernests Herz aber flog seinem Vater zu.
Während das Romanmanuskript langsam auf hundert Seiten zuging, schrieb Ernest begeistert an seine Busenfreunde, sie möchten kommen und mit ihm die Wonnen des neuentdeckten Paradieses teilen. ›Jesus, ist das ein herrliches Land‹, schrieb er Mike Strater. ›Vive l'America!‹ Dos Passos, der ruhelose Nomade, war auch bald zur Stelle. Obwohl Waldo Peirces Mutter eben gestorben war, kam der bärtige Riese, der Dos immer an einen ›Neptun auf einem römischen Barockbrunnen‹ erinnerte, nachher auch zu Besuch. Bill Smith, schlank, gebräunt und kettenrauchend, kam mit dem Fährboot aus Boca Chica und sprach Ernest mit Wemedge, seinem Spitznamen aus der Knabenzeit an. Alles stieg im Overseas-Hotel ab und

suhlte sich in Ernests unnachahmlicher Gesellschaft: sie stakten in Ruderbooten herum und legten bei den näher gelegenen Keys Grundangeln aus; sie tummelten sich im tiefgrünen Wasser des inneren Beckens der Marinebasis, stürzten sich von den moosbedeckten Steinstufen in die Fluten und beobachteten die mit messerscharfen Zahnreihen bewehrten Barrakudas aus angemessenem Abstand.

Ernest war wie immer ausgesprochen ehrgeizig, wollte in allem der Beste sein und konnte sehr selten seinen Neid verbergen, wenn ihn ein anderer übertrumpfte. Sie verpflichteten Captain Bra Saunders mit seinem Kajütenboot für einen Ausflug zu den Dry Tortugas. Ernest ruderte in einem Dinghy allein los und legte die Angelschnur aus; prompt biß ein ansehnlicher Segelfisch an, worauf die Spitze seiner Rute abbrach. Er kämpfte heroisch, bis sich die Beute doch noch vom Haken losriß, als er sie gerade ins Boot ziehen wollte.

Captain Bra erzählte ihnen die Geschichte der ›Val Banera‹, eines spanischen Linienschiffes, das am 9. September 1919 in einen Hurrikan geraten war. Es war in den Sandbänken südsüdwestlich von Key West auf Grund gelaufen und mit Mann und Maus einschließlich fünfhundert Passagieren gesunken. Bra entdeckte es als erster und wäre bei den vergeblichen Versuchen, die Bullaugen aufzubrechen, um an die im Schiff verstreute Beute heranzukommen, fast ersoffen. Er erzählte von einer ertrunkenen Frau, die mit einem kleinen Schatz aus Ringen an ihren Fingern hinter dem Glas auf und ab trieb. Ernest lauschte begierig: dies war eine direkt aus dem Leben gegriffene Abenteuergeschichte, mit Seeräuber-Appeal und einer spezifischen formalen Note ausgestattet; die Art Erzählung, die er gerne hörte und wiedergab – ein tüchtiger und selbstsicherer Mann allein im Kampf gegen die Elemente, ein Mann, der mit Mut und Ausdauer gegen das übermächtige Schicksal ankämpft. Wie Bra im Jahre 1919 mußten sich viele von Hemingways Helden in Situationen bewähren, die sie nicht mehr beherrschten. Und wie Bra trugen sie auch oftmals eine Art Pyrrhussieg davon. Der Siegespreis konnte nicht in Ringen oder Goldbarren gemessen werden, er war einfach das Bewußtsein, mit Findigkeit und Beharrlichkeit weitergemacht zu haben.

Nach solchen Genüssen erschien das Leben in Pigott, Arkansas, doppelt langweilig. Sie kamen Ende Mai an. Ernest schloß Paulines Mutter auf Anhieb ins Herz, aber er fühlte sich, wenn er auf Häuslichkeit Rücksicht nehmen mußte, nie besonders glücklich. Er klagte bei Perkins, daß Piggott ›das letzte Kaff‹ sei, vertraute seinem Vater das Heimweh nach Nord-Michigan und den Stätten seiner Kindheit an. Dr. Hemingways Antwort war enttäuschend: obwohl Pauline und er jederzeit willkommen seien, tue Pauline wegen der ungewöhnlichen Kälte in Michigan besser daran, ihr Kind eher in Kansas City oder in St. Louis auf die Welt zu bringen als in Petoskey, wo die Spitalseinrichtungen ziemlich rückständig seien.

Ernest kapitulierte und brachte Pauline in der siedenden Hochsommerhitze nach Kansas City. Sie wohnten bei Malcolm und Ruth Lowry in einem großen Haus am Idian Lane. Während Pauline wartete, bis es soweit war, schrieb Ernest jeden Morgen und führte ansonsten ein sportives Leben. Er war bei der Wahl Herbert Hoovers in den Republikanischen Nationalkonvent als Zaungast dabei und ging, von den Manipulationen der Politiker angewidert, wieder heim. Aber er mochte die reichen Bewohner von Kansas, weil sie das gleiche wie die Briten taten, nur ohne deren ›verfluchten Snobismus‹ und englischen Akzent. Er begann sich für Polo zu interessieren und für die Männerrunden beim Anziehen nach dem Match, wo man in den Garderoben ein wenig Schweiß riechen und sich mit ›schwarzgebranntem‹ Scotch abkühlen konnte. Im Garten des Lowry-Anwesens standen ein Schwimmbecken und schöne, schattige Bäume. Am Abend pflegte Ernest ein wenig zu schwimmen, sein Abendbrot zu essen und in Zane Greys letztem Buch über Hochsee-Fischerei zu schmökern, das er als Geschenk für Charles Thompson gekauft hatte. Mitte Juni war der Roman auf 311 Manuskriptseiten angewachsen, und er ventilierte eine Fahrt in die Berge, um den ersten Entwurf abzuschließen und Forellen zu angeln. Ein Sportkamerad aus Kansas City hatte ihm ein Fischparadies in Idaho empfohlen. Es liege gänzlich unzugänglich oben an der Middle Fork des Salmon River und sei absolut das beste Revier auf der ganzen Welt. Nach der Ankunft des Babys würde er vielleicht dorthin fahren oder an irgendeinen anderen Ort in Wyoming, den man von Kansas City aus in drei Tagen per Auto erreichen könnte.

Paulines Wehen setzten endlich am 27. Juni ein. Nach achtzehn Stunden mußte das Kind mit einem Kaiserschnitt zur Welt gebracht werden. Es war ein Knabe von fast fünf Kilo, dem sie den Namen Patrick gaben. Pauline litt einige Tage sehr unter den Nachwirkungen der Operation. Sie konnte nichts essen, und die Milch kam nur langsam. Der behandelnde Arzt sagte Ernest, die Wunde werde innerhalb von zehn Tagen heilen. Pauline müsse danach noch etwa zehn Tage im Spital bleiben und dürfe zumindest die nächsten drei Jahre kein Kind mehr bekommen.

Über all dem hing eine Hitzewelle mit konstanten Temperaturen von 51 Grad und einer Luftfeuchtigkeit von 96. Als Pauline und dem Baby die Reise zugemutet werden konnte, hatte Ernest die 478ste Seite seines Romans beendet. Die Vaterschaft ging ihm bereits auf die Nerven. Die Zugfahrt von Kansas City nach Piggott dauerte 21 glühendheiße Stunden, und das Baby schrie den Großteil der Strecke. Sein Sohn sei wie ein Stier gebaut und brülle auch genau so, sagte Ernest. Es reiche, um einen Mann ›ins Irrenhaus‹ zu bringen. Er könne nicht verstehen, warum Waldo Peirce sich so nach Kindern sehne.

Er machte sich, sobald er konnte, aus dem Staub. In der Nacht zum 25. Juli nahm er den Zug zurück nach Kansas City, wo er seinen Ford

aus der Garage holte und auf seinen alten Freund Bill Horne wartete. Am 28. rauschten sie in Richtung Wyoming ab. Ernest hatte das Projekt Salmon River auf später verschoben. Was er jetzt brauche, schrieb er Waldo Peirce, sei Erholung von der Hitze der Präriestaaten, ein bißchen Ruhe im Kopf und tägliches Forellenfischen in den Bighorn Mountains. Sie bewältigten die etwa tausendsechshundert Kilometer in drei Tagen und trugen sich am Abend des 30. in das Gästebuch der Folly Ranch ein, die in einer Höhe von über 2000 Metern am östlichen Abhang der Bighorns lag. Das Haus wurde als Vergnügungsfarm geführt, und Ernest war über die Anwesenheit von fünfzehn weiblichen Feriengästen verschnupft. Er lungerte einige Tage verdrossen umher, arbeitete vormittags und angelte am Nachmittag. Am 3. August warf er schon in aller Herrgottsfrühe Gepäck und Manuskript in den Wagen und fuhr, ohne sich zu verabschieden, nach Sheridan. Im Sheridan Inn blieb er vier Tage und schrieb durchschnittlich neun Seiten pro Tag; am 8. ging es zu Eleanor Donnelleys Lower Ranch weiter, auf der, ohne Sommerfrischler, eine Grabesruhe herrschte. Hier erhöhte sich sein Tagespensum sogar auf siebzehn Seiten. Bei Einbruch der Nacht fühlte er sich aber so einsam, daß er zuviel schwarzgebrannten Whisky erwischte und am nächsten Tag außer Gefecht gesetzt war. Er sehnte sich schon nach Spanien. Zum ersten Mal seit 1923 hatte er die Fiesta in Pamplona versäumt, von der großen *feria* in Valencia ganz zu schweigen. Die weißgestrichenen Strandrestaurants kamen ihm in den Kopf und die schwarzen Eisenpfannen voll Paella und die Fahrten zurück in die Stadt, wo die Krüge mit eiskaltem Bier und die herrlichen Zuckermelonen schon warteten.
Als Pauline am 18. August in Sheridan ankam, hoffte Ernest, den Roman in zwei Tagen zu beenden. Sie berichtete, Patrick sehe mit seinen fünfeinhalb Kilo wie ein pummeliges Heinzelmännchen aus. Die Narbe vom Kaiserschnitt war noch immer sichtbar, aber Pauline fühlte sich wieder wie früher. Ernest hütete sich, ihr zu erzählen, daß Catherine Barkley, die Heldin im Roman, gerade in einem Spital in Montreux im Kindbett sterben mußte. Er stellte ihr ein französisches Ehepaar vor, das in einem netten Holzhaus in der Val Vista Street guten selbstgekelterten Wein ausschenkte. Sie hießen Charles und Alice Moncini und hatten zwei Söhne namens Auguste und Lucien. Charles war im Bergwerk beschäftigt, Alice kochte und servierte zu Hause für Gäste. Ernest und Pauline saßen, mit dem Blick auf gelbe Getreidefelder, auf der rückwärtigen Terrasse und tranken unter Weinlaub kaltes, hausgebrautes Bier. Sie sprachen alle französisch miteinander. Ernest lauschte intensiv, beobachtete die Gesichter und versuchte sich jeden Gesprächsfetzen einzuprägen. Einmal würde er die Moncinis in eine Geschichte einbauen, eine Charakterskizze voller Sauberkeit und Ordnung, einen ruhigen Bericht über einfache Menschen, die den Wein von Wyoming bauten und tranken und sich fragten, ob ein Katholik na-

mens ›Al Schmidt‹ mit dem Versprechen, die Prohibition aufzuheben, zum Präsidenten gewählt werden könne.

Gegen Ende August war der erste Romanentwurf unter Dach und Fach. Ernest fühlte sich wegen totaler Übermüdung außerstande, die Qualität seiner Arbeit sicher zu beurteilen. Er legte sie zur Seite, bis er sich zum Umarbeiten aufgelegt fühlte. Wieder zurück in Sheridan, brachten sie im Indianerreservat neun Präriehunde zur Strecke und starteten dann zur schier endlosen Fahrt nach Kansas City. In Nebraska empfing sie ein unangenehmer Wind, der die niederen Hecken entlang der schwarz geteerten Higway wild hin und her schüttelte. Ernest trank Whisky, um sich warm zu halten, und verschlang dabei fast einen ganzen Sack frischer Herbstäpfel. Am Sonntag, den 23. September kamen sie endlich in Kansas City an und besuchten gleich die Sonntagsmesse. Ernests Manuskript war auf 600 Seiten gediehen, auf genau die gleiche Anzahl wie die Forellen, die er und Pauline in einem Monat im Westen gefangen hatten.

Nach einem Monat Piggott verlangte Ernest ungeduldig nach Luftveränderung. Er wollte das Überarbeiten seines Romans in Angriff nehmen, aber er wußte, daß es noch zu früh war. In Trainingshemd und langen Hosen trottete und spurtete er durch die Hintergassen und hielt unter Bäumen zum Schattenboxen. Sein Gewicht fiel auf 83, dann auf 80 Kilo. Durch das Training wurde er überheblich und begann die Einheimischen als tölpelhaft, gemein und bigott zu beschimpfen. ›Es gibt verdammt wenig gute Kerle im Mittleren Westen‹, schrieb er Waldo Peirce.

Das Laufen machte seine Beine ›steif wie ein Brett‹ und er setzte sich oft auf die vordere Veranda von Paul Pfeiffers Haus, tippte Briefe an Freunde und klagte über sein Heimweh nach Wyoming, Saragossa, Key West und Paris. Paris, dachte er, müßte jetzt wunderbar sein, der Stade Buffalo und der Parc du Prince und der mit abgefallenen Blättern gepflasterte Luxembourg und die Möglichkeit, jetzt mit dem Rad vom Etoile über die Champs Elysées hinunter zur Place de la Concorde zu fahren. Doch man würde erst ankommen, wenn sich das schöne Herbstwetter schon in Regen aufgelöst hätte und nichts übrigbliebe, als draußen vor den Deux Magots zu sitzen, die flanierenden Mädchen und Lesbierinnen zu beobachten und sich nach Key West zurück zu wünschen.

Die bis dahin noch vagen Pläne für den Winter nahmen nun rasch Gestalt an. Sie würden wieder nach Key West übersiedeln, damit Ernest seinen Roman überarbeiten könne. Lorine Thompson sollte ein Haus für sie finden. Sie würde für Patrick eine farbige Kinderschwester bekommen. Bumby sollte über den Atlantik kommen und so lange bei ihnen bleiben, bis sie im April nach Paris zurückkehren würden. Ernests Schwester Sunny sollte Ende November zu ihnen stoßen, um Pauline mit den Kindern und Ernest beim Abtippen der endgültigen Romanfassung zu helfen. Ein beträchtlicher Geldbetrag stand bereits in Aussicht, da Perkins ihm für die Vorabdrucksrechte am Roman blind zehntausend Dollar garantierte. Bis zur Abreise wollten Ernest und Pauline Patrick in der Obhut seiner Großmutter und Tante Jinnys lassen, nach Chicago, Conway, Massachussetts und New York fahren und Mitte November nach Piggott zurückzukehren, um mit Patrick im Auto die Fahrt nach Key West anzutreten.

In einem anderen Land

Diese Autofahrt dauerte drei anstrengende Novembertage. Lorine Thompson hatte für sie ein großes, altes weißes Holzhaus im Villenviertel nahe den Badesandstränden zum Atlantik zu ausgesucht. Sie waren kaum eingezogen und Sunny war eben erst angekommen, als Ernest noch einmal abreiste, diesmal um Bumby abzuholen und in New York einige Weihnachtseinkäufe zu machen. Er sorgte sich um seinen Vater, der ihm im Oktober in Oak Park sehr deprimiert und schlecht aussehend vorgekommen war. Im Zug schrieb ihm Ernest einen aufmunternden Brief, den er in Jacksonville aufgab. In New York sah er Lincoln Steffens, lernte Ring Lardner kennen und kaufte sich bei Abercrombie and Fitch eine Harpune. Bumby kam ohne Verspätung an und trippelte an der Hand einer Stewardess die Gangway hinunter. Noch am selben Tag bestiegen sie in der Pennsylvania Station den Havanna-Special. Der Zug donnerte durch den Hudson-Tunnel und die Winteröde des Flachlandes von New Jersey. In dem schmutzigen Bahnhof von Trenton erhielt er telegraphisch die Nachricht, sein Vater sei heute morgen gestorben.
Er telegrafierte an Perkins, ihm hundert Dollar an die North Philadelphia Station anzuweisen. Der Wagenschaffner erklärte sich bereit, während der Weiterreise nach Süden auf Bumby aufzupassen. Ernest machte dem Kind die Situation, so gut es ging, klar, und Bumby nickte. Er hatte keine Angst, da er ja gerade erst mit anderen fremden Menschen über den Atlantik gekommen war. Als Ernest in Philadelphia-Nord aus dem Zug stieg, war von Perkins noch nichts da. So kabelte er an Strater und Fitzgerald um Moneten. Kurz vor acht Uhr traf Geld von Scott ein. Zum zweiten Mal innerhalb von drei Wochen fuhr Ernest im Nachtzug nach Chicago.
In Oak Park erfuhr er die Umstände von seines Vaters Tod. Am vorhergehenden Morgen hatte er einige persönliche Papiere im Heizraum verbrannt, war vom Keller in sein Schlafzimmer im zweiten Stock hinaufgegangen und hatte ruhig hinter sich die Tür geschlossen. Einige Minuten später hörte sein dreizehnjähriger Sohn Leicester, der erkältet im Bett lag, den scharfen Knall eines Revolvers. Dr. Hemingway hatte Anson Hemingways alte 32er Smith & Wesson hinter das rechte Ohr gehalten und

abgedrückt. Außer Leicester waren im Haus nur Grace Hall Hemingway und die Köchin Luise anwesend gewesen.
Ernest verwünschte innerlich seinen Onkel George und warf ihm vor, er habe sich zu wenig um die finanzielle Notlage seines Vaters gekümmert. Zu erben gab es verhältnismäßig wenig: Eine Lebensversicherung über 25 000 Dollar, die zwei Sommerhäuser am Walloon Lake und das Haus in Oak Park, auf dem noch immer eine Hypothek von 15 000 Dollar lastete. Der Rest war in Grundbesitz auf Florida angelegt, den Ernest für völlig wertlos hielt. Aber Dr. Hemingways wirkliche Probleme waren physischer Natur gewesen. Schmerzen, durch Diabetes verursachte, anhaltende Schlaflosigkeit und Angina Pectoris hätten seinen Vater den Kopf verlieren lassen, meinte Ernest. Die Sache schmerze ihn besonders deshalb, schrieb er Max Perkins, weil er an seinem Vater als einzigem wirklich gehangen sei. Er wurde damit das nominelle Oberhaupt einer großen Familie mit vielen Problemen und Schulden. Man konnte von Glück reden, daß er einen praktisch schon verkauften Roman fertig hatte. Er teilte seinen Anverwandten mit, daß er den Titel dafür vor kurzem in einem Gedicht von George Peele im ›Oxford Book of English Verse‹ gefunden hatte: das Buch würde ›A Farewell to Arms‹ (in deutscher Übersetzung ›In einem anderen Land‹) heißen.
Wieder in Key West, machte er sich zuerst mit Bleistift, dann mit Schreibmaschine noch einmal über den Text, arbeitete sechs Stunden täglich und ließ seine Schwester Sunny täglich einen Schub ins Reine tippen. Die ganze Arbeit dauerte fünf Wochen und wurde am 22. Januar abgeschlossen. Als das Ende in Sicht kam, drängte er Max Perkins, das Manuskript in Key West persönlich in Empfang zu nehmen. Max stimmte verwundert zu. Als er am 1. Februar auftauchte, gab ihm Ernest zu verstehen, er wolle den entgangenen Monat Fischen in einer einzigen Woche nachholen. Jeden Morgen waren sie schon um sechs am Wasser und blieben bis zum Spätnachmittag draußen. Max las das Manuskript und fand es großartig. Er mokierte sich nur über einige dem Soldatenjargon entlehnte Kraftausdrücke. Bridges, prophezeite er düster, würde deshalb vielleicht doch keinen Vorabdruck machen. ›Nach der herrlichsten Zeit, die er‹ – nach eigener Aussage – ›jemals erlebt hatte‹, schrieb er Ernest von New York, daß seine Befürchtungen nicht gerechtfertigt gewesen seien. Bridges teilte vollkommen seine Bewunderung, und Max machte Ernest per Telegramm ein Angebot von 16 000 Dollar, die höchste Summe, die *Scribners Magazine* je für einen Vorabdruck auf den Tisch gelegt hatte.
Ernest bezeichnete neuerdings den Roman als ›lange Erzählung über transalpine Hurerei und über den gesamten Krieg in Italien‹. Trotz Perkins' Zustimmung und dem Vorabdruckabschluß mit *Scribners Magazine* war er sich über die Qualität noch immer nicht ganz sicher und suchte bei seinen engsten Freunden ständig nach Bestätigung. Als sie einer nach dem anderen

hereinschneiten, um den Winter fischend und bechernd mit ihm zu verleben, legte er jedem schüchtern einen Durchschlag vor die Nase und wartete nervös auf ihre begeisterte Reaktion. Strater genehmigte ihn; Waldo Peirce gab sein Imprimatur; und Dos Passos, den Ernest seit der ungünstigen Rezension von ›Fiesta‹ als rigorosen und harten Kritiker kennengelernt hatte, riß ihn zu einem Freudentaumel hin, als er mit den anderen übereinstimmte, es sei ein prächtiges Buch.

Ernest hatte nun begonnen, seiner Mutter monatlich einige hundert Dollar zu schicken; überdies hatte er für ihren Grundbesitz eine beträchtliche Summe an Grundsteuer abgezahlt. Er gratulierte ihr zu dem Entschluß, im Haus in Oak Park Zimmer zu vermieten, riet ihr, die Parzellen in Florida abzustoßen, und drohte, Onkel George das Fell abzuziehen, wenn er die Hypothek nicht persönlich abtrage. Er schlug auch vor, Marce und Sterling Sanford um finanzielle Unterstützung zu bitten, da sie ›reich‹ und stets große Freunde der Familie gewesen seien, während er von seiner Feder lebe und die letzten Jahre mehr oder weniger ein ›Ausgestoßener‹ gewesen sei. Er habe Sunnys Überfahrt nach Europa bezahlt und würde auch weiter daheim aushelfen, solange was da sei. Am Schluß stellte er fest, er habe bisher keinen Roman über die Familie Hemingway geschrieben, weil er niemandes Gefühle verletzen wollte. Mit dem Tod derer, die er liebte, sei jedoch seinem selbstauferlegten Tabu ein Ende gesetzt worden, und es würde möglicherweise notwendig werden, solch ein Buch zu schreiben. Anscheinend wollte er auf diese Art Einfluß auf seine Mutter ausüben.

Grace schickte ihm statt einer Antwort eine große Kiste. Da das Haus mit Schrank- und Handkoffern vollgestopft war, die gerade für die im April geplante Überfahrt nach Frankreich gepackt wurden, blieb die Kiste ein oder zwei Wochen ungeöffnet. Katy Smith war zu Besuch da und wurde von Dos Passos, der ›an nichts anderes mehr denken konnte als an ihre grünen Augen‹, hofiert. Katy ihrerseits konnte an nichts anderes als den Inhalt der Kiste denken. ›Um Gottes Willen, Ernest‹, sagte sie eines Tages, ›hast du die Kiste deiner Mutter noch immer nicht aufgemacht?‹ Ernest verneinte. Er wußte, daß sie einige von Graces Gemälden enthielt, die er in Paris an den Mann bringen sollte. Schließlich nahm Pauline einen Hammer und brach sie auf. Darin befanden sich mehrere Landschaftsbilder von Grace. Auch eine riesige, verschimmelte Schokoladentorte, die durch die Leinwände durchgesickert war, kam zum Vorschein, und der Revolver, den Dr. Hemingway am Morgen des 6. Dezember benutzt hatte. Während der Beerdigung hatte Ernest um dieses Erinnerungsstück gebeten. Grace entsprach lediglich seinen Wünschen.

Anfang April verfrachtete Ernest seine große Familie einschließlich Bumby und Sunny über die Meerenge nach Havanna, wo sie sich auf der ›Yorck‹, einem Linienschiff des Norddeutschen Lloyd, am 5. einschifften. Das Schiff legte am 21. in Boulogne an. Pauline mußte nach der Ankunft in Paris wegen einer Halsentzündung, die sie sich noch in Key West zugezogen hatte, das Bett hüten. Patrick steckte sich an, und der Haushalt war so durcheinander, daß Ernest nicht ans Schreiben denken konnte, obwohl er mit dem Ausbessern der Vorabdruckfahnen viel Zeit verbrachte. Er war mit den letzten drei Abschnitten unzufrieden, in denen er die Nachwirkungen von Catherines Tod locker zusammengefaßt und sich ein oder zwei pseudo-moralphilosophische Stellen erlaubt hatte. Zwischen dem 8. und 18. Mai schrieb er den Schluß, um ihn endlich richtig hinzukriegen, mehrere Male um. Das häusliche Durcheinander und der Ärger mit den Korrekturen machte ihn ungewöhnlich bissig. Er explodierte bei der Nachricht, daß Perkins Owen Wister wunschgemäß ein Fahnenexemplar geschickt, und dieser, von seinem Büro in Philadelphia aus, mehrere Änderungsvorschläge gemacht hatte. Außerdem war er zutiefst darüber verärgert, daß Robert Bridges am Text der Vorabdrucksversion, deren erste Folge in der Mainummer von *Scribner's Magazine* erschienen war, herumgepfuscht hatte.

Ernests alter Freund aus Toronto, Morley Callaghan, war vor kurzem mit seiner Frau Loretta nach Paris gekommen. Er hatte mehrmals ohne Erfolg versucht, die Adresse Ernests herauszufinden. Sein Problem löste sich von selbst, als die Callaghans eines Mittags an der Tür ihres Hotelzimmers klopfen hörten und Ernest mit Bumby vor der Tür stand. Sie machten sich schnell zum Ausgehen fertig, während Hemingway seinen Sohn in Hadleys Wohnung absetzte. Danach gingen sie in ein Café nahe der Ile de la Cité auf ein Bier. Ernest sah in seinem dunkelgrauen Anzug ordentlich aus und schien an der Rolle eines konvertierten Katholiken Gefallen gefunden zu haben. Als ihn die Callaghans das erste Mal in der Rue Ferou besuchten, holte Ernest die Boxhandschuhe hervor und bestand auf einem kurzen Sparringsmatch. Von Morleys Qualitäten angetan, vereinbarte er für den nächsten Tag ein neues Treffen in der Sporthalle des American Club. Ernest war 1,83 m groß und wog 90 Kilo, während Morley runde zehn Zentimeter kleiner war und keine gute Kondition hatte. Aber Callaghan entdeckte, daß er Hemingway auf Grund seiner Schnelligkeit leicht beikommen konnte. Ernest berichtete Perkins am 24. Juni, er habe mit Morley schon fünfmal geboxt. Was er aber nicht erwähnte, war ein merkwürdiger Zwischenfalls während ihres dritten Aufeinandertreffens. Morley hielt sich Ernest mit schnell zum Kopf geschlagenen Haken vom Leib. ›Er wußte, was ich tat‹, schrieb Morley. ›Die braunen Augen stets auf mir, wartete er auf seine Chance, mich einmal voll zu erwischen ... Es muß ihn erbittert haben, daß meine Linke ihm immer zuvorkam. Er begann aus dem Mund zu bluten ... er leckte sich mit der Zunge das Blut von den Lippen ... Plötzlich spuckte er mich an; er spie einen Mundvoll Blut; er spuckte mir ins Gesicht.‹

Morley war so empört, daß er zurücktrat und die Handschuhe fallen ließ. ›Das tun die Stierkämpfer, wenn sie verwundet sind‹, sagte Ernest feier-

lich. ›So zeigen sie ihre Verachtung.‹ Sie hörten auf zu boxen, und Morley reinigte sein Gesicht von Blut und Speichel. Er fragte sich, ›aus welchen sonderbaren Nachtseiten‹ von Ernests Charakter diese ›barbarische Geste‹ gekommen sein mochte. Aber Ernest war fidel, fröhlich und gesprächig. ›Solang Morley mir eine über den Mund geben kann‹, sagte er zu Jimmy, dem Barkeeper des Falstaff, ›wird er immer mein guter Freund bleiben.‹
Ende des Monats hatte sich Ernest mit Pauline in einem neuen Ford Roadster bereits nach Pamplona abgesetzt. So als wollte er sich für das versäumte Jahr schadlos halten, warf er sich mit noch größerem Genuß als sonst in die Festivitäten. Ben Ray Redman, der die Fiesta das erste Mal besuchte, sah Ernest eines Tages, tief im Gespräch versunken, in einem Café sitzen. Redman schaute sich diesen berühmten jungen Mann, ›den Autor, der Pamplona entdeckt hatte‹, eine Weile aufmerksam an. Ernest trug ein Tweedsakko und eine locker gebundene Krawatte, ein Fuß steckte in einem plumpen Wollstoff-Pantoffel, weil er sich tags zuvor irgendwie verletzt hatte. Redman fand, daß er ihm mit seinem dunklen Haar und Schnurrbart unter all den Spaniern nicht aufgefallen wäre, wenn ihn nicht seine offensichtliche ›ausgeglichene Haltung und Stärke‹ frappiert hätte – eine ›durchdringende und unentrinnbare‹ Kraft der Persönlichkeit, die ihn irgendwie aus der Menge hervorhob.
Gleich nach der Fiesta brachen Pauline und Ernest auf, um Joan Miró im stillen, ländlichen Montroig zu besuchen. Es war eine willkommene Pause, bevor der Zirkus mit den Stierkampftagen in Huesca, Lerida und Tarragona und auch bei der großen *feria* Ende Juli in Valencia wieder losging. Ernest konnte sich nur zu ein paar Briefen aufraffen. Ein Großteil der Korrespondenz drehte sich um die bei ›In einem anderen Land‹ aufgetauchten sprachlichen Probleme. Er gab nur sehr widerwillig seine Zustimmung, anstelle der ›dirty words‹ Gedankenstriche zu setzen, weil er sie allein aus Gründen der Wirklichkeitsnähe benützt habe und ihre Schockwirkung im Kontext gar nicht auffalle. Er beschloß, das Buch Onkel Gus zu widmen, der mit vollem Vornamen Gustavus Adolphus hieß, und schrieb Perkins, daß es keinen reizloseren Namen, aber auch keinen besseren Mann gebe. Onkel Gus war es, der 1926 bei Paulines Eltern zu Ernests Gunsten interveniert hatte. Ernest zufolge hatten sich die Eltern dagegengestemmt, ihre Tochter einem Mann zu geben, der schon einmal verheiratet und allgemein als Trunkenbold mit schlechtem Umgang bekannt war. Pauline war es gelungen, zwischen ihrem Onkel und Ernest ein Treffen zu arrangieren. Er hatte darauf bestanden, nicht länger als zehn Minuten zu bleiben, um Ernest in seiner Arbeit nicht zu stören. Aber die zehn Minuten hatten genügt: Onkel Gus war schnurstracks zu einem Telegraphenbüro geeilt und hatte den Pfeiffers gekabelt, daß Pauline kaum einen besseren oder netteren Menschen als Hemingway finden würde.
Ernest hatte gerade seinen dreißigsten Geburtstag gefeiert, als er von der

In einem anderen Land

Hochzeit zwischen Dos Passos und Katy Smith erfuhr. Er gratulierte und wünschte Dos außerdem für seinen neuen Roman ›Der 42. Breitengrad‹ viel Erfolg. Er riet ihm, Katy nicht mit Geld in Berührung zu bringen und sich selbst auch nicht. Geld hätte zu viele seiner Freunde ins Verderben gestürzt. Don Stewart habe sich mit Jack Whitney eingelassen, ganz davon zu schweigen, daß er seine Seele für einen Fünfundzwanzigtausend-Dollar-Vertrag an Hollywood verkauft hätte. John Bishops Laufbahn sei durch das finanzielle Polster seiner Frau verpatzt worden. Die Suche nach ewiger Jugend habe den Fitzgeralds deutlich geschadet. Amerikanisches Kapital ruiniere nun sogar Spanien; es spreche sehr deutlich für die allgemeine Amerikanisierung, wie das ganze Land von Kaugummi und Coca-Cola überschwemmt sei. Seine Laune würde sicherlich auch nicht durch die steigenden Preise und den sinkenden Wasserspiegel der Forellenbäche gehoben.

Der September war für Ernest gerettet, weil eine neue Figur namens Sidney Franklin auf die Bühne trat. Sidney war als Kind russisch-jüdischer Eltern in Brooklyn aufgewachsen. Der hochgewachsene, athletisch gebaute, gesprächige Mann mit dem sandfarbenen Haar, der eigentlich Frumpkin hieß, hatte sich nach Ben Franklin genannt, war in Mexiko ausgebildet worden und hatte dann als *novillero* in Sevilla debütiert. Er hatte während des Sommers eindrucksvolle Leistungen erbracht. Guy Hickok wollte für den *Brooklyn Daily Eagle* über ihn einen großen Artikel schreiben und hatte Ernest ersucht, ihn sich anzusehen. Die Hemingways machten sich am 30. August hauptsächlich seinetwegen von Santiago nach Madrid auf. ›Möchte Sidney Franklin sehen‹, schrieb er Perkins, ›man sagt, er sei gut‹.

Franklin beeindruckte Ernest vor allem durch seine ›kaltblütige, heitere und intelligente Tapferkeit‹, aber auch durch seine Meisterschaft mit der Capa. Er tötete mit einer solchen Ruhe, daß Ernest ihn drängte, etwas mehr Dramatik hineinzubringen. ›Er ging nur hinein und zak!‹ sagte er. ›Ich riet ihm, es nicht so einfach aussehen zu lassen.‹ Er nahm sich rasch Franklins an und richtete es so ein, daß er ihn im September zu einigen größeren Corridas begleiten konnte. ›Ich sah keinen Grund, ihm von meiner Schriftstellerei zu erzählen‹, sagte Ernest, ›und wir verbrachten viele Wochen in verschiedenen Gegenden Spaniens zusammen. Jemand erzählte ihm schließlich, ich schreibe Romane, und er konnte es kaum glauben. Ich faßte das als Kompliment auf.‹

Franklin zu begleiten, hatte etwas von einer Testfahrt an sich. Der neue Ford quietsche aus allen Federn, weil er Hunderte Kilometer erbarmungslos über spanische Schlaglöcher gejagt wurde. Aber Ernest kam zu der Anschauung, daß Franklins Leistungen in diesem Herbst an ›Zeichen und Wunder‹ grenzten und seine Lebensgeschichte ›besser als irgendein Abenteuerroman‹ war. Die Bekanntschaft mit ihm entschädige für einen ansonsten unproduktiven Sommer.

Trotz seiner eigenen Schreibschwierigkeiten spielte Ernest für Fitzgerald den väterlichen Freund und drängte ihn wiederholt, mit seinem Roman ›Zärtlich ist die Nacht‹ weiterzukommen. Das einzige, was man mit einem Roman tun könne, sei ihn in einem Zug hinzuschreiben. Scotts Depression sei nichts anderes als der Preis, den jeder Künstler zahlen müsse. Den Sommer könne man so oder so für die Arbeit abschreiben: nur im Herbst, wenn das Gefühl des Todes aufkomme, könne man ›die Jungen‹ sehen, wie sie zur Feder greifen. Die guten Stellen eines Romans seien entweder das, was ein Schriftsteller mit viel Glück erlauscht habe oder die Trümmer eines ganzen verdammten Lebens. Der Künstler sollte sich keine Sorgen über das Ende seiner ersten Blüte machen. Menschen seien keine Pfirsiche. Wie Gewehre und Sättel würden sie durch leichte Abnützung nur besser. Könnte ein ausgereifter Schriftsteller die alten Quellen wieder einmal anzapfen, habe er genug Erfahrung, daraus auch etwas zu machen. Wie immer benahm sich Ernest Fitzgerald gegenüber eher wie ein nörgelnder, altgedienter Fünfziger als ein gleichaltriger Jungautor von dreißig, dessen zweiter Roman noch nicht einmal herausgekommen war.
Nachdem die Spanientour ihren Ausklang wie immer mit ›Ferien‹ in Hendaye Plage gefunden hatte, kehrte Hemingway am 20. September, eine Woche vor Erscheinen von ›In einem anderen Land‹, nach Paris zurück. ›Erste Rezensionen hervorragend, glänzende Aussichten‹, telegraphierte Perkins am 28. Percy Hutchinson, der Hemingway-Experte der *New York Times*, schrieb, daß ›diese Geschichte über die Liebe zwischen der englischen Krankenschwester und dem amerikanischen Sanitätsoffizier – ebenso unglücklich wie die Romeo und Julias – eine Höchstleistung in einer Richtung, die man neue Romantik nennen könnte, darstellt‹. Clifton Fadiman nannte es ›die Apotheose einer Art Modernismus‹. Malcolm Cowley sah im Titel ein Symbol für Hemingways ›Abschied von einer Periode, einer Haltung und vielleicht auch von einer Methode‹. Seine früheren Bücher hätten im Grunde genommen nur Emotionen und keine Ideen zum Tragen kommen lassen. Jetzt gebe es Zeichen einer neuen gedanklichen Komplexität, die ›in einer subtileren und reicheren Prosa Ausdruck‹ findet. Das Problem der ›schmutzigen‹ Sprache, das die Bostoner Zensoren so bewegt hatte, störte Henry Seidel Canby nicht. ›Etwas dagegen einzuwenden, wäre pedantisch‹, sagte er. ›Es ist darin keine Dekadenz, keine Überbetonung des Sexuellen als Philosophie zu sehen.‹ Alles in allem waren die Reaktionen der Kritiker die positivsten in Ernests bisheriger Karriere.
Er hatte in Spanien so viel gefressen und gesoffen, daß seine Fingerspitzen ballonartig angeschwollen waren. Er verordnete sich striktes Fleisch- und Alkoholverbot und begann Vichywasser zu trinken. Aber er ging natürlich weiter in seine Lieblingscafés. Am 25. traf er im Falstaff zufällig Morley und Loretta Callaghan. Sie wollten nach London fahren, ohne

Chartres einen Besuch abgestattet zu haben. Ernest bestand darauf, mit ihnen am nächsten Tag hinzufahren. In der Kathedrale wies er Morley zurecht, weil er sich auf die Glasfenster konzentrierte und darüber die Kniebeuge vor dem Hochaltar vergessen hatte. Er schien Morley sonderbar unberührt von der Pracht der Kathedrale. Aber Ernest schrieb Perkins am nächsten Tag, Chartres sei für jemanden, der fast den ganzen August im Angesicht der Kathedrale von Santiago de Compostela verbracht habe, ›eine recht kalte Angelegenheit‹.
Einige Tage später kramte er gerade in Sylvia Beachs Buchhandlung, als ihm ein kleiner, schlanker junger Mann mit hochgewölbter Stirn und einem braunen ›moustache‹ vorgestellt wurde. Es war der Kritiker Allen Tate, der Ernests Bücher bisher durchweg lobend besprochen hatte. Tate wohnte mit seiner Frau im nahen Hotel de l'Odeon. Kaum hatte sie Sylvia Beach bekannt gemacht, als Ernest schon anfing, Tate die Aussage vorzuhalten, Defoe und Captain Marryat hätten sein Werk beeinflußt. Als er erfuhr, daß die Tates sich seit der Trennung Ford Madox Fords von Stella Bowen um ihn kümmerten, fragte Ernest, ob er schon von der Impotenz Fords gehört habe. Tate mußte versteckt grinsen und meinte im weichen, gedehnten Tonfall der Südstaatler, das berühre ihn nicht im geringsten, weil er keine Frau sei. Ernest begann nun, seine Ansichten über männliches Sexualverhalten darzulegen. Ein junger Mann sollte es sehr selten tun, sagte er, sonst bliebe ihm nichts für die mittleren Jahre. Die Zahl möglicher Orgasmen sei von Geburt an festgelegt und könne zu schnell verbraucht sein. Er brannte darauf, Tates Urteil über ›In einem anderen Land‹ zu hören, und brachte ihm ein Exemplar ins Hotel. Tate lag mit Grippe im Bett, und Ernest weigerte sich, aus Angst vor Ansteckung, hineinzugehen. Am nächsten Morgen war er wieder da, um sich nach Tates Meinung zu erkundigen. Als dieser ihm sagte, es sei ein Meisterwerk, hüpfte er die Treppe hinunter und freute sich wie ein Kind.
Mitte Oktober waren 28 000 Exemplare des Romans verkauft. Ernest erwog, mit den ersten Einnahmen einen Treuhandfonds für seine Mutter und seine zwei jüngeren Geschwister zu errichten. Als der Börsenmarkt zusammenbrach, verging er fast vor Angst über die mögliche nachteilige Wirkung auf den Absatz des Buches. Er hatte sich ein Nierenleiden zugezogen, das er dem Angeln ohne Wasserstiefel in den eiskalten spanischen Gebirgsbächen zuschrieb, und er klagte über eine Muskelzerrung in der Leistengegend, die Folge eines kleinen Unfalls in Valencia. Die Nachricht aber, daß ›In einem anderen Land‹ an der Spitze der meisten Bestsellerlisten stand, gab ihm neuen Auftrieb. Seine unmittelbare Konkurrenz war ein anderes Kriegsbuch, Remarques ›Im Westen nichts Neues‹.
Tate gefiel Ernest recht gut. Er erzählte John Bishop, Allen besitze wirklichen Mumm, moralischen Mumm. ›So wurde ich dem Hemingway-Mythos eingefügt‹, sagte Tate. Mitte November folgte Ernest mit Guy Hickok

den Radfahrern nach Berlin. Nach seiner Rückkehr nahm er einen Stierkampfartikel für *Fortune* in Angriff, jenes teure und elegante neue Wirtschaftsmagazin Henry Luces, das ihm tausend Dollar für 2500 Wörter zahlen wollte. Archie MacLeish hatte bei *Fortune* einen Redakteursposten übernommen, um seine Familie erhalten zu können. Ernest spottete über ›die geschäftliche Romanze‹, bekannte, daß er nie verstehen werde, wie sich Archie mit solch einem Verein einlassen könne, und war auf seine Position als Schriftsteller stolz, der sich geweigert hatte, gegenüber seiner künstlerischen Integrität Kompromisse zu schließen.
All diese Aggressivität war die direkte Folge von Ernests wachsender Überzeugung, daß es bei ihm gelaufen war. Er lancierte eine kleine Kampagne gegen Leute, die seiner Meinung nach seinen Ruf in den Vereinigten Staaten zu stören versuchten. Einer davon war Robert Herrick, der in seinem Artikel ›Was ist Schmutz?‹ in der Novembernummer des *Bookman* Ernest unter die Lieferanten von Schmutz und Schund um des Schmutzes willen eingereiht hatte. Ernest verfaßte einen offenen Brief, in dem er dem Herausgeber des *Bookman* für den Abdruck eines solchen Unsinns eine Tracht Prügel in Aussicht stellte. Noch schlimmer war der Fall mit Bob McAlmon, seinem ersten Verleger, den er Max Perkins als potentiellen Scribner-Autor empfohlen hatte. Bei einem Dinner mit Scott Fitzgerald und Pauline erzählte er gegen Ende des Abends, nachdem er zu tief ins Glas geschaut hatte, über die Geschichten, die McAlmon während eines New Yorker Besuchs im Oktober Perkins und anderen aufgetischt hatte. Eine davon war, daß Ernest Hadley regelmäßig geschlagen hatte und Bumby deswegen vorzeitig zur Welt gekommen war. Eine andere stellte Pauline als Lesbierin und Ernest als Homosexuellen hin. Pauline meinte, es sei Ernests eigene Schuld, sich mit einem solchen Schwein eingelassen zu haben. Ernest sagte, McAlmon sei viel zu jämmerlich, um zusammengeschlagen zu werden, aber er müsse es doch tun, weil Menschen wie seinesgleichen nur auf physische Bestrafung reagieren würden.
In diese unheilschwangere Atmosphäre platzte die Nachricht wie eine Bombe, daß Morley Callaghan sich damit rühmte, Hemingway bei einem ihrer Boxmatches im Juni k. o. geschlagen zu haben. Die unmittelbare Quelle war Caroline Bancroft, eine Kolumnistin der *Denver Post*, deren Geschichtchen von Isabel Paterson in der *New York Herald Tribune* weiter ausgewalzt worden war. Callaghan erklärte das Gerücht von Toronto aus sogleich für nichtig, und Miss Paterson druckte seinen Widerruf am 8. Dezember. Aber der erzürnte Ernest zwang Fitzgerald dazu, ein Telegramm an Callaghan zu senden: ›Haben Geschichte in *Herald Tribune* gelesen. Ernest und ich erwarten ihre Berichtigung.‹ Callaghan antwortete Fitzgerald mit verständlicher Erregung, Hemingway schrieb Callaghan, er habe sich das Kabel selbst zuzuschreiben, und Fitzgerald teilte Callaghan in einer Art Neujahrsbotschaft mit, daß das ›dumme und übereilte‹ Kabel

eine schwere Ungerechtigkeit gewesen sei. So verflüchtigte sich der Schlachtenrauch in einem Windstoß von Entschuldigungen.
Das vorgetäuschte Image, seine Jugend sei hart und dreckig gewesen, die bedrohliche Haltung des ›rauhen Kerls‹ gegenüber Leuten, die ihm in die Quere gekommen waren, und die angemaßte Rolle des reifenden Künstlers, der seine erste Blüte schon hinter sich hat und nun so verbraucht wie altes Sattelleder ist – das waren alles Facetten der Figur, die Ernest der Öffentlichkeit von sich suggerieren wollte. Es war eine Art Tribut an sein Talent zur Selbstdramatisierung, daß fast jeder, Pauline nicht ausgenommen, ihm Glauben schenkte. Wahrscheinlich glaubte er oft selbst daran.

Die Insel und das Tal

Ernests Liebe zu Paris hatte sich vorübergehend abgekühlt, und seine Sehnsucht nach Key West war dementsprechend gestiegen. Er buchte die Überfahrt für den 10. Januar und richtete sich darauf ein, die Weihnachtsfeiertage noch so gut wie möglich zu genießen. Als Dos Passos Mitte Dezember mit seiner Frau Katy in Paris auftauchte, beschloß man, wieder in die Schweiz zu pilgern. Patrick, der Sohn der Murphys, war an Tuberkulose erkrankt, und man hatte ihn in ein Hotel in Montana-Vermala gebracht, weil man hoffte, daß Ruhe und gute Luft seine Genesung beschleunigen würden. ›Wir waren alle bemüht, die Murphys ein wenig aufzuheitern‹, sagte der gutherzige Dos Passos. Eine weitere Stütze war Dorothy Parker, der Ernests ordinäres Gedicht noch nicht zu Ohren gekommen war und die gerade eine alberne und unrichtige, aber von Bewunderung getragene Kurzbiographie Ernests im *New Yorker* veröffentlicht hatte. Ernest war ruhiger als die anderen und pflegte wieder einmal seinen entzündeten Hals, den er anschaulich als ›voller Eiter‹ beschrieb. Er war zu sehr damit beschäftigt, um sich wie sonst für das Leben in den Alpen begeistern zu können.
Zu Neujahr war er wieder in Paris. Er hatte sogar genügend Energie, um das erste Vorwort seiner Laufbahn zu schreiben. Es war ein lockeres Stück Prosa, wenn auch mit Gusto und Glanzlichtern scharfsinniger Beobachtung geschrieben. Kiki von Montparnasse, berühmtes Modell und Gelegenheitskurtisane, hatte ihre Memoiren niedergeschrieben. In Ernests Vorwort stand, daß sie die zwanziger Jahre noch stärker dominiert habe als Königin Viktoria das nach ihr benannte Zeitalter. Er habe es nach getaner Arbeit immer erfreulich gefunden, Kikis ›schönes Gesicht‹ und ihren ›wundervoll schönen Körper‹ mit einem Blick zu erhaschen. Ihr Buch sei unter den besten, die er seit ›Der ungeheure Raum‹ von Cummings gelesen habe; es erinnere ihn sogar an Defoes ›Moll Flanders‹. Aber Kikis Ära sei vorbei.

Der Montparnasse sei ›reich, blühend, hellerleuchtet, voller Tanzdielen, und zu einer amerikanischen Touristen-Domäne‹ geworden, seit er Kiki 1921 zum ersten Mal gesehen habe. Kiki selbst beginne mit ihren achtundzwanzig Jahren bereits ›wie ihr eigenes Denkmal‹ auszusehen.
Die ›La Bourdonnais‹ blieb auf ihrer Havanna-Route zwei Tage in New York vor Anker. Ada MacLeish erholte sich damals in einem New Yorker Krankenhaus gerade von einer Operation. Ernest wirbelte in ihr Zimmer, offensichtlich entschlossen, sie in seine Arme zu drücken. Ada schrie vor Freude auf, aber auch aus Angst, daß seine Bärenumarmung sie entzweibrechen könnte. Ernest war sehr besorgt um ihr Wohlergehen. Er pflegte mit einem verschmitzten Grinsen zu sagen, es gebe zwei A. MacLeishs und keinen Zweifel, wen von beiden er lieber habe. Danach besuchte er Perkins und Strater, und beide versprachen, bald im Frühjahr nach Key West zum Fischen zu kommen und die Fahrt zu den Dry Tortugas wieder mitzumachen. Das Schiff brauchte von New York weitere sechs Tage bis Havanna. Es war Anfang Februar, als sie in Key West ankamen. Lorine Thompson hatte für die Hemingways ein schönes, großes Haus in der Pearl Street in der Nähe des Kasinos gefunden.
Ernest bedrängte Archie MacLeish sofort in einem Brief, Ada doch während ihrer Genesungszeit herunterzuführen. Er hatte ihre Hilfsbereitschaft während seines Bruchs mit Hadley noch gut im Gedächtnis, und wie sie ihm zur Zeit der Scheidung Fahrkarten nach Gstaad spendiert hatte. Nun schlug er vor, sie auf einen Urlaub auf seiner Sonneninsel festzunageln. Aber Ada war noch zu schwach für die Reise und Archie war zu sehr bei *Fortune* angehängt. Mike Strater kam an und hatte eine neue Harpune mit, die laut Ernest groß genug war, damit das Woolworth Building an Bord zu ziehen. Mike porträtierte Ernest in einem blauen Hemd, es wurde ein klar umrissenes Brustbild, mit dem Kopf fast ›en face‹. Ernest sprach von nichts anderem als der Reise zu den Marquesas und Tortugas. Er hatte ein kleines Boot gemietet, auf dem vier Mann bequem schlafen konnten. Max Perkins schrieb, er werde gegen Mitte März zu ihnen stoßen. John Herrmann, der mit seiner Frau Josie den Winter in Key West verbrachte, erklärte sich bereit, sich als fünfter anzuschließen. Ein mit Bra Saunders befreundeter Mann namens Burge wurde als Guide und Steuermann angeheuert.
Auf dem Weg nach Key West fiel Max von neuem die unglaublich reiche Tierwelt auf, die sich auf und unter dem in allen Farbschattierungen spielenden Wasser tummelte. ›Warum schreibst du nicht über das alles?‹ fragte er Ernest. ›Vielleicht irgendwann einmal‹, sagte Ernest nachdenklich, ›ich weiß noch nicht genug darüber.‹ Ein alter Pelikan, der sich vom Sturmwind mit ausgespannten Flügeln treiben ließ, tauchte über ihnen auf. ›Da, schau ihn dir an‹, sagte Ernest, ›ich weiß nicht einmal, welche Rolle ihm im Plan der Dinge hier unten zufällt.‹ Er weiß es wohl, dachte Perkins,

aber es wird nicht eher aus ihm herauskommen, bis es nicht einige Zeit in den Tiefen seines Unterbewußtseins geruht hat.
Riesenschwärme Moskitos vertrieben sie aus Cap Sable, und sie fischten auf dem ganzen Weg zu den Marquesas mit der Schleppangel. Der Weltrekord mit Rute und Spule lag für Königsmakrelen knapp unter 26 Kilo. Max Perkins, den Ernest nur ›Deadpan‹ nannte, versetzte sie alle in Entzücken, als er eine Königsmakrele an Bord zog, die über 26 Kilo wog. Ein schwaches Lächeln umspielte seine Züge. Sie beschlossen, in einem alten Schuppen am Ende des Piers in Tortugas eine Zeit zu kampieren. Sie wollten zumindest so lange bleiben, bis sie die Küstenwache vertreiben würde. Im Südosten braute sich ein Unwetter zusammen, und der Golf lag glatt und mit Ölflecken bedeckt da. Als sie in den Hafen tuckerten, war der Himmel bereits bewölkt. Sie lagen nur siebzig Seemeilen von Key West entfernt, aber es war wie ein anderer Erdteil. Die blinden Fenster des alten Fort Jefferson, in dem während des Bürgerkrieges Kriegsgefangene verschmachtet waren, starrten auf sie herab, als sie an Land sprangen.
Dann begann der große Sturm. Von überallher kamen turmhohe Wellen. Im Schutz des sturmgewohnten Schuppens, in dessen Wänden Generationen Namen und Initialen geritzt hatten, legten sie ihre Luftmatratzen aus. Das einzige, was sie tun konnten, war, vom Pier Schwimmer auszuwerfen oder, wenn sich der Sturm für kurze Zeit legte, im Beiboot hinauszurudern und am Grund zu fischen. Burge wollte dem alten Kahn die Rückfahrt nach Key West nicht zumuten. Alles in allem wurden sie siebzehn Tage vom Sturm festgehalten.
Sie ließen sich Piratenbärte wachsen und labten sich an allen möglichen Fischarten. Max sprach unablässig davon, er müsse wieder an seinen Schreibtisch zurück, aber es war sonnenklar, daß er sich herrlich fühlte. Zuerst ging ihnen das Eis aus, dann Bier, dann Konserven, Kaffee, Alkohol, Bermudazwiebeln und zuletzt alles bis auf Fisch. Ernest machte sich nichts daraus. Er war überzeugt, daß Fischkost gut fürs Gehirn sei, und hätte sich mit Vergnügen auf immer damit abgefunden. Er behauptete später, er habe niemals in seinem Leben besser gegessen und getrunken als damals. Gegen Ende ihres Aufenthalts kam die Zivilisation in der luxuriösen Gestalt einer riesigen, weißen Yacht, die im Hafen vor Anker ging, wieder zu ihnen. Sie gehörte Eldridge Johnson, einem Geschäftsführer der Victrola-Gesellschaft. Strater, den man am meisten repräsentabel fand, wurde als Bote ausgesandt, um Proviant einzukaufen. Er kehrte mit der Nachricht zurück, sie seien alle zum Dinner an Bord eingeladen. Einige rasierten sich seit zwei Wochen zum ersten Mal. Man polierte die Schuhe mit Talgkerzen, zog sich an, so gut es ging, und folgte der Einladung.
Bei ihrer Rückkehr nach Key West waren alle Frauen, mit Ausnahme Paulines, ›krank vor Besorgnis‹. Ernest meinte stolz, sie habe sich bis jetzt noch nie gesorgt; es sei ein verdammt guter Zug an einer Frau, einen zu

lieben und sich nicht zu beunruhigen. Max telegraphierte seiner Frau Louise, daß er wieder sicher an Land sei, und reiste bekümmert nach New York, zurück zu seinem Schreibtisch.
Obwohl Ernest nach wie vor nichts für Herbert Hoover übrig hatte – er nannte ihn spöttisch ›den Ingenieur im Weißen Haus‹ – war er doch glücklich, als er erfuhr, daß ›In einem anderen Land‹ der Romanbibliothek des Präsidenten einverleibt worden war. Das nächste Werk, dem er sich jetzt zuwandte, war keinesfalls als Roman zu bezeichnen, sondern eher als Erfüllung eines fünf Jahre alten Traumes. In einem seiner ersten Briefe an Max hatte er ein Buch über den spanischen Stierkampf erwähnt – ein ›großes Buch mit wunderbaren Bildern‹. Er hatte das Thema mit dem Artikel ›Bullfighting, Sport and Industry‹, den er im Januar kurz vor seiner Abreise in Paris beendet hatte und der eben in der Märznummer von *Fortune* erschienen war, bereits etwas angeschnitten. Der Artikel hatte seine Gedanken wieder zu dem großen Projekt zurückgeführt und geholfen, seinem langen Zaudern ein Ende zu setzen.
Sein anderes Großprojekt in diesem Frühjahr war eine Afrika-Fahrt. Onkel Gus Pfeiffer hatte angeboten, eine Safari in Kenia und Tanganjika zu finanzieren, was sogar mitten in der Depression eine ungeheuer kostspielige Sache werden würde. Ernest wandte sich wegen der Gewehre an seinen alten Freund Milford Baker um Rat. Sie hatten einander 1918 in Paris kennengelernt und waren gemeinsam nach Mailand gegangen, um Ambulanzen zu fahren. Als Ernest kurz vor dem Tode seines Vaters in New York war, hatten sie einander zufällig im Aufzug des Warenhauses Abercrombie and Fitch getroffen. Er fand bald heraus, daß Baker viel besser über Büchsen Bescheid wußte als er. Baker sammelte Hemingways Erstausgaben und ersuchte Ernest, sie zu signieren. Jetzt, vierzehn Monate später, brachte Ernest die Frage der Bücher und Gewehre wieder aufs Tapet. Das Ergebnis war eine neue schwere Springfield-Büchse, die unter Bakers Aufsicht von Griffin and Howe nach Maß angefertigt wurde. Das ganze Frühjahr hindurch wanderten Briefe hin und her, und jeder einzelne brachte Ernest – wenigstens in seiner Phantasie – näher an die Hügel und Ebenen Ostafrikas.
Als John und Katy Dos Passos Mitte April in Key West ankamen, herrschten bereits hochsommerliche Temperaturen. Beide waren in Madrid gewesen, als Sid Franklin Anfang März im zweiten Kampf seiner zweiten Saison ernstlich verletzt worden war. Die Nachricht versetzte Ernest in ›furchtbar schlechte‹ Stimmung, aber er brachte es fertig, seinen Kummer mit einer neuen Reise zu den Tortugas zu lindern – diesmal mit Pauline und Dos Passos. Er tröstete sich auch mit einem neuen, von ihm erfundenen Drink – eine angebohrte frische Kokosnuß, in die er sechs bis acht Unzen Gin goß und aus der er die Mixtur mit einem Strohhalm saugte. Eines Nachts betrank er sich mit Absinth und warf mit Messern auf Pau-

lines Klavier. Als er im Mai einmal an Charles Thompsons Sandsack arbeitete, riß er sich aus Ungeschicklichkeit den rechten Zeigefinger von der Wurzel bis zum ersten Gelenk so auf, daß der blanke weiße Knochen bloßlag. Die Wunde mußte mit sechs Nähten geschlossen werden. Der aufgerissene Finger, die Hitze und Feuchtigkeit und ein Blitzbesuch Archie MacLeishs brachten die Arbeit am Stierkampfbuch fast zum Stillstand.
Er hatte aber genügend Energie für verschiedene kleinere literarische Betätigungen. Dazu gehörte die Einladung von Cyril Clemens, der Mark-Twain-Gesellschaft als Ehren-Vizepräsident beizutreten. Ernest nahm mit ›größtem Vergnügen‹ an. Dann wollte ihn der New Yorker Buchhändler Captain Louis Henry Cohn, der eine Bibliographie von Hemingways Werken zusammenstellte, unbedingt überreden, ihm dafür gegen dreihundertfünfzig Dollar ein Vor- oder Nachwort zu schreiben. Ernest sagte vorsichtshalber, daß er das Ganze vorher erst sehen müsse. Perkins fragte wegen einer neuen Erzählung für die Augustnummer von Scribners Magazine an. Ernest hatte bereits eine über die Familie Moncini aus Sheridan unter dem Titel ›Wein aus Wyoming‹ fertig. Pauline tippte sie ab, und er sandte sie mit der festen Versicherung an Max, sie sei ausgezeichnet, obwohl sie fast 6000 Wörter und viel französischen Dialog enthalte. Max antwortete postwendend, sie befinde sich bereits in Satz und Bridges werde ihm dafür sechshundert Dollar überweisen.
Ernest schmiedete Pläne, der Feuchtigkeit von Key West zu entfliehen und wieder einmal das hügelige Wyoming aufzusuchen, wo er fischen und an seinem Stierkampfbuch weiterarbeiten wollte. Anfang Juni fuhr Pauline mit Patrick und dessen französischem Kindermädchen nach Piggott. Ernest reiste nach New York, um Bumby vom Schiff abzuholen. Als erste Tat bei seiner Ankunft weckte er den in einem *Midtown*-Hotel residierenden Lewis Galantière telefonisch aus dem Schlummer. Er ersuchte Lewis um Durchsicht von ›Wein aus Wyoming‹, die richtigen Akzente auf die französischen Worte zu setzen und die Idiomatik zu kontrollieren. Lewis kam der Bitte einigermaßen schlaftrunken nach und war in wenigen Minuten damit fertig. Dann fischte Ernest ein kleines spanisches Messer mit einer Toledoklinge aus seiner Tasche und schenkte es Lewis zum Dank. Mit dem Gehaben eines Mannes, der ein schwieriges Problem gelöst hat, brachte er anschließend den fertigen Umbruch zu Scribners. Am 23. lunchte er mit Milford Baker im Harvard Club und gab eine 6,5 mm Mannlicher in Auftrag, die er in Wyoming und Afrika verwenden wollte. Am nächsten Tag verständigte er Captain Cohn von seinem Entschluß, das Vorwort für die Bibliographie nicht zu schreiben. Ein Schriftsteller mit dreißig sollte nichts mit so ausgefallenen Projekten zu tun haben. Er wünsche, daß man seine Arbeiten nach ihren Meriten beurteile und nicht danach, was er persönlich sage oder tue. Viele Leute, die beispielsweise Gertrude Stein kennengelernt hätten, seien derart von ihrer Intelligenz beeindruckt, daß

sie die gleichen Eigenschaften aus ihren Werken herauslässen. Andrerseits seien einige der Leute, die ihn persönlich kennengelernt hatten, danach überzeugt gewesen, daß seine Bücher, ›sagen wir es ruhig, Scheiße sein müßten‹. Er sei stolz auf seine ästhetische und finanzielle Integrität und er finde, es sei ihm in jeder anderen Hinsicht gelungen, sich lächerlich zu machen. Nachdem er diese Entscheidung hinter sich gebracht hatte, holte er Bumby vom Pier der French Line ab und machte sich auf die lange Fahrt nach Piggott.
Sie hielten sich in Arkansas nur auf, um Pauline ins Auto zu setzen. Patrick blieb bei seiner Großmutter und dem Kindermädchen in Piggott. Ernest quälte sich mit Pauline und Bumby unter dem Druck einer entsetzlichen Hitzewelle nach Westen. In ganz Nebraska waren 42 Grad im Schatten. Sogar in Sheridan war es strahlend schön und sehr heiß. Sie erkundigten sich nach Vergnügungsranches und wurden an Simon Snyder in Sunlight Creek, in der Nähe von Painter verwiesen. Die Leute hatten dort noch nie etwas vom Schriftsteller Hemingway gehört. Als ihn endlich jemand erkannte, ›rissen sie sich förmlich die Beine aus, damit er sich wie zu Hause fühle‹. Angeekelt verfrachtete Ernest seine Frau und seinen Sohn in den Wagen und fuhr zu einer anderen Ranch weiter, die einem Mann namens Nordquist gehörte. Die aus mehreren Hütten bestehende Ranch, zu der eine Menge Land gehörte, lag in einem weiten Tal, etwa 19 Kilometer von der alten Bergbaugemeinde Cooke City in Montana entfernt, aber noch im Bundesstaat Wyoming. Nordquist, ein großer, dunkelhaariger Schwede, Anfang der Vierzig, meinte, daß er genau das Richtige für sie parat habe. Es war eine neue Doppelhütte inmitten einiger Drehkiefern mit Ausblick auf die hohen Berge im Westen. Die Hemingways bezogen sie am Sonntag, dem 13. Juli.
Was Ernest sofort ins Auge stach, war das Fischwasser. Die Clark, ein Nebenfluß des Yellowstone, war ein reißendes, dunkles Gewässer, das von Forellen wimmelte und ostwärts durch das gleichnamige Tal floß. Fast einen Kilometer hinter der schweren Bohlenbrücke, die unter den Wagenrädern wie ein Gewitter polterte, lag das Haupthaus. Es wurde von einem Dutzend Blockhütten flankiert. Die Türen hatten altmodische Schnappriegel aus ungegerbtem Leder und Klinken aus Elchgeweihenden. Es gab eine große Baracke für die Pferdeburschen und einen Pferch mit fünfunddreißig Reitpferden. Jenseits des Tals und des Flusses stieg das Land blaßgrün und terrassenförmig nach Osten an; es war mit Salbeigebüsch und Fichten bewachsen und von den Adern herabsprudelnder Bäche durchzogen. Die prachtvollste Aussicht genoß man von der Veranda der Hemingway-Hütte: auf die mächtigen, dunklen Gipfel des Pilot und Index, die mit ihren 3600 Metern die Talsohle um über 1500 Meter überragten. Lawrence Nordquist hatte die Ranch nach dem ersten und dem letzten Buchstaben seiner Namen auf ›L Bar T‹ getauft.

Die Insel und das Tal

Das Leben auf der Ranch war ungezwungen und einfach. Die klare Höhenluft wirkte wie ein Stimulans, und Ernests Appetit wurde unersättlich. Er erschien immer recht früh zum Frühstück im Haupthaus, übergoß seine Ham-and-Eggs mit riesigen Ketchupmengen, deckte sie mit dicken Scheiben Bermudazwiebeln zu und spülte sie mit Kaffee und einer halben Flasche Rotwein hinunter. Er versuchte an den Vormittagen meist zu arbeiten, saß draußen auf der Hüttenveranda und blätterte einen gewaltigen Stapel Stierkampfzeitschriften durch. Manchmal spazierte er nach dem Frühstück zum Pferch, lehnte sich an den Zaun und beobachtete Ivan Wallace, der die Pferde für den Morgenritt sattelte. ›Wie wärs mit ein wenig angeln heute morgen?‹ pflegte Ivan zu sagen. ›Geht nicht‹, sagte Ernest, ›muß arbeiten‹. Dann ging er langsam zur Hütte zurück, eingehüllt in seine Frühstücksaura von Wein und Zwiebeln. Eine halbe Stunde später tauchte er wieder auf. ›Ivan‹, sagte er, ›du hast mir den Arbeitstag versaut, gehen wir fischen.‹ Einem anderen Pferdeburschen, Floyd Allington, erzählte er später, er halte die Clark für das beste Fischwasser der Welt.

Die Burschen fanden, Pauline sei ein ›wirklich patenter Kerl – eine kleine, dunkelhäutige Frau‹ in Blue jeans und mit Jungenhaarschnitt. Es schien ihre einzige Aufgabe zu sein, Bumby zu umsorgen und Ernest alle Belästigungen fernzuhalten. Nachmittags und am frühen Abend ritt oder fischte er oft allein. Nach dem Abendessen in der Haupthütte trödelte er eine Weile herum, sprach mit den anderen Gästen und ging schließlich zur Baracke, um mit den Angestellten zu plaudern. ›Ich lerne immer etwas von euch Männern‹, sagte er zu Ivan Wallace. ›Die Sommerfrischler können mir nichts beibringen.‹ Ivan war rothaarig, trug einen großen Stetson-Hut und maß etwas über 1,60 Meter. Smokey Royce, ein großer, dürrer Kuhtreiber, behauptete, aus Texas zu stammen, und bewegte sich wiegend wie ein Angeber. Huck Mees trank viel, war leicht bucklig, ein Abenteurer und tollkühner Draufgänger. Mun Wogoman war ein blauäugiger Norweger mit einer Haut wie Sattelleder, und Floyd Allington ein phantastischer Angler. Nach Ivan mochte Ernest Leland Stanford Weaver, der von allen kurz Chub gerufen wurde, am besten leiden. Er war in Red Lodge aufgewachsen, aber sein angeborener Wandertrieb hatte ihn in alle Bundesstaaten und in viele Häfen des Fernen Ostens verschlagen. Nach ein oder zwei Wochen nannten sie ihn alle ›Pop‹ Hemingway, machten sich über seine Verschrobenheit lustig und bewunderten seine Verwegenheit. Er flunkerte das Blaue vom Himmel, fluchte, dozierte oder hielt einfach Augen und Ohren offen, um diesem noch waschechten Stück Amerika etwas abzulauschen. So bestätigte er sich rasch unter diesen harten Männern, zum Teil, weil er ein Gast Nordquists war, vor allem aber, weil sie ihn als Mann anerkannten.

Anfang August war es ausgesprochen regnerisch. Laut Ernests Angelauf-

zeichnungen gab es zwischen dem ersten und fünfzehnten nur zwei klare Tage. Wolkenbrüche und sogar Hagelschlag trübten oft den Fluß. Nahe von Ed Simpsons Ranch oben am Crandall Creek sollte ein Bär sein Unwesen treiben und viele Rinder reißen. Ernest und Ivan fuhren hinauf und schossen ein Pferd als Köder. ›Das beste Pferd für einen Bärenköder ist ein großes Pferd‹, erklärte Ivan, ›weil es eine Menge ausgibt ... Wenn du es tötest, wenn die Sonne draufbrennt, verwest es schneller. Wenn du es im Schatten oder im Regen tötest, kann es passieren, daß es einfach ranzig wird, ohne überhaupt einen Stich zu kriegen. Damit es schneller einen Stich kriegt, kannst du es ein bißchen ansengen. Der Wind trägt den Geruch von verbranntem Haar und verkohltem Fleisch sehr weit und der Bär nimmt ihn auf. Du mußt nur aufpassen, daß du es nicht regelrecht anbrennst, weil es sonst keinen Stich kriegt und außerdem die Raben, Elstern und Adler drüberkommen. Du mußt es so schnell wie möglich anfaulen lassen, damit es anfängt zu riechen. Du näherst dich ihm immer gegen Wind, damit du keins der Tiere aufschreckst, die davon fressen, und so kannst du beim Näherkommen auch feststellen, wie stark es riecht.‹
Sie legten den Pferdekadaver aus und kehrten wieder zurück. Kurz danach hatte Ernest wieder einen seiner merkwürdigen Unfälle. Am Morgen des 22. brach er zusammen mit Chub Weaver, Ivan Wallace und Smokey Royce zum Crandall Creek auf, um nach ihrem Bärenköder zu sehen. Er ritt einen großen, scheuen Braunen namens Goofy, der mit seiner ganzen Ausrüstung vollbepackt war: die neue Springfield, der Zeiss-Feldstecher, sein zusammengeschnürter Regenmantel, Fischzeug, Kescher und ein Proviantpaket. Sie hatten gerade in einem Waldflecken haltgemacht, um die Pferde verschnaufen zu lassen, als Goofy durchging. Ernest blieb zu lange im Sattel und wurde durch dichtes Gehölz geschleift, schnitt sich Arme und Beine auf und zog sich links am Kinn eine lange offene Rißwunde zu. Smokey galoppierte zur Ranch zurück, um den Erste-Hilfe-Kasten zu holen. Aber die Gesichtswunde war für eine oberflächliche Behandlung zu tief. Ernest und Ivan ritten zum Crandall-Forsthaus hinüber und borgten sich vom Förster ein altes Auto aus, das seine Tochter chauffierte. Um Mitternacht kamen sie in Cody an und holten Dr. Trueblood aus dem Bett. Er war ein ehemaliger Tierarzt, der umgesattelt und seinen Dr. med. gemacht hatte. Als einziges schmerzstillendes Mittel ließ er Whisky gelten. Als sich Ernest über die miserable Qualität beschwerte, stellte ihm Trueblood sofort ein Rezept für einen Liter Old Oscar Pepper Bourbon aus. Darauf ging das Vernähen gleich viel besser.
Sie nahmen die Flasche in ein vis-à-vis gelegenes Restaurant, das die ganze Nacht geöffnet hatte, mit und kippten einige hinter die Binde, während die Förstertochter frühstückte. Auf dem Weg zurück zur Forststation nahmen Ernest und Ivan jedesmal, wenn sie ausstiegen, um die Viehgatter zu öffnen oder zu schließen, je einen kräftigen Schluck. Es

Die Insel und das Tal

dämmerte bereits, als sie heimkehrten. Sie schliefen den ganzen Tag durch und schauten bei Einbruch der Dunkelheit nach dem Bärenköder. Der Kadaver war schon gut verwest; man konnte ihn aus einem Kilometer Entfernung riechen. Und was tat sich am Köder gütlich? Ein großer Braunbär. Ernest erlegte ihn mit einem Schuß aus seiner Springfield. ›Dieser Bär hat die größten Tatzen, die ich je an einem Bären gesehen habe‹, sagte Ivan. Das Abhäuten des Bärenhaupts gestaltete sich schwierig, weil es in den von Maden wimmelnden Köder hineingefallen war. Aber mit einem großen Schluck Whisky brachten sie die Arbeit zuwege. Am nächsten Tag – wieder auf der Ranch – sagte Ernest Nordquist, daß er das Pferd Goofy kaufen wolle. Lawrence meinte, es gebe eine Menge besserer Tiere, wenn er ein Reitpferd wolle. ›Ich will es nicht reiten, ich will es erschießen und als Bärenköder verwenden‹, kam es aus Ernests bandagiertem Gesicht.
Am 30. nahm er Bumby zum Bärenköder mit. Es war pulvriger Schnee gefallen und sie fröstelten, während sie warteten. Eine große Wapitikuh brach krachend aus dem Unterholz. Bumby hatte noch nie einen Wapiti aus solcher Nähe gesehen. ›Ist das ein Kamel, Papa?‹ fragte er. Sie verkürzten sich das Warten mit einem Imbiß und hatten sich schon fast zum Heimgehen entschlossen, als sie plötzlich einen riesigen Schwarzbären bemerkten, der sich an den Köder herangepirscht hatte. Wieder erlegte Ernest den Meister Petz mit einem einzigen Schuß aus der schweren Springfield. Es war der zweite, der sich in genau einer Woche an denselben Köder herangemacht hatte.
Mit dem Stierkampfbuch ging es nur sehr langsam weiter – bis Ernest eine Figur ersann, die er die ›Alte Dame‹ nannte und im siebenten Kapitel auftreten ließ: ›Als der junge Mann fragte, wie ihr die Stierkämpfe gefielen, sagte sie, sie würden ihr sehr gut gefallen. Das Schönste sei, den Stieren zuzusehen, wie sie die Pferde aufschlitzten. ‚Wieso gefiel Ihnen das?' fragte der Autor. ‚Es war irgendwie so anheimelnd', sagte die ‚Alte Dame'‹. Mit einem solchen Gesprächspartner kannte Ernests Eifer kein Halten mehr. Am 28. September hatte das Manuskript, obwohl er sich dazwischen einen zweiwöchigen Jagdausflug auf Wapitis, Bergschafe und Bären konzediert hatte, fast zweihundert Seiten erreicht.
Der Ausflug hatte am 14. September, einen Tag nach der Abreise Paulines und Bumbys begonnen. Diesmal hatte Ernest ein Pferd, das er liebte, eine pechschwarze Stute namens Old Bess, über deren Kopf sich ein weißer Streifen zog. Sie ritten hinunter zum Squaw Creek und dann in einem Tagesritt auf dem steilen Pfad hinauf zum Timber Creek. Am nächsten Tag mühten sie sich an der Flanke des Pilot Mountain hinauf, überquerten Geröllhalden und tasteten sich auf schmalen Felsvorsprüngen weiter, auf denen ein falscher Tritt den Absturz für Pferd und Reiter bedeutet hätte. Hier war das Land der Bergschafe. Am Vormittag stiegen sie von den Pferden ab und begannen die Fußwanderung. Ernest lag unter einem

großen Felsen und suchte das Gelände Meter für Meter mit dem Glas ab. In einer Entfernung von fünf Kilometern glaubte er in einem Gesträuch grünen Wacholders das weiße Hinterteil eines alten Widders zu erkennen. Er pirschte sich hinunter ins Tal, kletterte auf der anderen Seite hoch und erkämpfte sich seinen Weg schwitzend entlang einem Granitgrat bis zu einer Stelle, von der er einen ›grasbewachsenen Kessel‹ einsehen konnte, ›der sich in die zerklüfteten Gipfelfelsen hineinschmiegte‹. Ein alter und drei jüngere Widder ästen im Wacholder. ›Der alte Widder war purpurgrau, sein Hinterteil weiß, und wenn er aufwarf, sah man die mächtige schwere Windung seines Gehörns.‹ Es war ein Schuß auf dreihundert Schritt. Ernest stellte das Zielfernrohr ein, visierte einen Punkt scharf hinter dem linken Träger an und drückte ab. Der große Widder machte noch einen Satz und brach im Feuer zusammen. Die jungen Widder verhofften, äugten auf den alten Bock und warteten darauf, daß er sich wieder erhöbe. ›Sie konnten einen auf diesem hohen Felsvorsprung nicht sehen und auch nicht wittern, und der Schuß beeindruckte sie nicht mehr als ein herabfallender Felsblock‹, sagte Ernest.
An einem anderen Tag erlegte er weiter unten seinen ersten Wapitibullen. Er sollte nie den tiefen, hoch aufsteigenden Laut des röhrenden Bullen vergessen und die entfernte herausfordernde Antwort, die – wie ein verspätetes Echo – einige Augenblicke später aus einem anderen Tal erklang. Der Bulle stand in einer Schonung neben einer Bergwiese. Die beiden Jäger hatten sich so nahe herangepirscht, daß Ernest, der ungeheuer erregt durch sein Fernglas spähte, ›seine Brustmuskeln anschwellen sah, als er aufwarf, aber in dem dichten Gehölz sein Haupt nicht ausmachen konnte‹. Als der Wapiti zum Äsen hervorkam und das stolze Haupt mit den sechsendigen Schaufeln in das lohfarbene Septembergras tauchte, nickte Ivan und formte lautlos die Worte: ›Das ist eine erstklassige Trophäe.‹ Ernest zielte mit der Springfield und erlegte ihn mit einem einzigen Schuß.
Dos Passos telegrafierte aus New York, daß er im Oktober, wenn Katy zu Verwandten müsse, auf Besuch kommen würde. Eine Woche vor seiner Ankunft ritten Ernest und Ivan zum Crandall Creek hinauf, wo Ernest zum ersten Mal einen Grizzlybären zu Gesicht bekam. Wieder war es ein Ereignis, an das er sich lange erinnern sollte. ›Man hörte Holz splittern‹, schrieb er, ›und dachte, es sei eine flüchtige Elchkuh, und dann waren sie da, im Halbschatten, und liefen mit leichter taumelnder Weichheit, und die Nachmittagssonne verwandelte ihre Felle in weiches, borstiges Silber.‹ Dann waren alle drei genauso plötzlich, wie sie aufgetaucht waren, unterhalb des Felsrands im gegenüberliegenden Tal verschwunden, und alles lag wieder so still, als wären sie niemals dagewesen.
Auf diesem Ausflug lernte Ernest auch John Staib kennen. Er ging mit Ivan gerade einen Pfad entlang, als sie von weitem einen großen, schwerfälligen Mann entgegenkommen sahen. ›Das ist John‹, sagte Ivan, ›John

Die Insel und das Tal

Staib. Wie schaut Ihr Gewehr aus? Ist es sauber? Warten Sie nur. Er wird sich Ihre Büchse ansehen wollen.‹ Sie warteten, bis Staib heran war, stramm wie ein Ladestock, grobschlächtig mit sehr großen Füßen und den schläfrigen Gesichtszügen eines tauben Menschen. Er hatte vor dem Ersten Weltkrieg drei Jahre in der deutschen Armee gedient und sprach immer noch mit stark deutschem Akzent. Sie hatten kaum einen Händedruck getauscht, als Old John Ernest bat, sein Gewehr ansehen zu dürfen. Er öffnete es und richtete den Lauf gegen den Himmel. Es war ihm sauber genug, und er gab es Ernest wie einen Schatz zurück. Er sagte ihm, es sei ein schönes Gewehr. Aber er müsse es unbedingt jeden Abend entladen. Es sei wichtig, die Feder zu entspannen. Als Staib sich auf dem abschüssigen Weg entfernte, wußten sie, daß er ihren Abschiedsgruß nicht gehört hatte.

Ernest holte Dos Passos am 21. Oktober in Billings ab. Er sah nach der Saison in New York blaß aus, aber sprudelte über vor Erwartung auf das neue Land und seine Tierwelt. Auf der Ranch war er von der Art beeindruckt, wie Ernest ›die Ranchknechte bereits unter der Fuchtel hatte. Sie hielten ihn für den großartigsten Menschen, dem sie je begegnet waren.‹ Dos kam der Gedanke, daß Ernest einen erstklassigen Guerillaboss abgegeben hätte. Es lag etwas in seiner Art, das ihn zum gegebenen Anführer prädestinierte. Dos hatte eine Abschußlizenz auf Wapitis erworben, und sie wollten vor der langen Rückfahrt nach New York noch eine Woche auf der Jagd verbringen. Sie blieben die Nacht auf der Ranch und machten sich am Morgen auf den Weg zu den Jagdgründen. Aber Dos war zu kurzsichtig für die Jagd. Das einzige Mal, als er nahe genug an einen Wapitibullen herankam, war er mit Ernests neuer Mannlicher ausgerüstet. Er verstand das Prinzip des Stechers nicht und spielte sich so lange verzweifelt herum, bis der Wapiti auf und davon war. Danach gab er sich mit den Schönheiten der Landschaft zufrieden. Damit war er mehr als genug beschäftigt.

Zehn Tage lang lebten sie genußreich von Hirschsteaks und anderem Wildbret, jagten an den Crandall und Timber Creeks und in der Wildnis um die Crazy-Seen. Die Straßen waren bereits vereist, als sie den Ford für die Fahrt nach Billings vollpackten. Floyd Allington zog seine dicksten Kleider an und kletterte auf den Notsitz. Er wollte mit nach Key West und dort ein wenig fischen, da ihm Ernest viel darüber erzählt hatte. Ernest chauffierte, und Dos saß neben ihm, eingekeilt zwischen Schlafsäcken und einem Liter Bourbon zum Aufwärmen. Am Morgen des 31. rumpelten sie über die Bohlenbrücke und fuhren das Tal der Clark hinauf, die erste Teilstrecke ihrer langen Heimreise.

Tod am Nachmittag

Alle ihre Pläne wurden am Abend des 1. November über den Haufen geworfen. Sie hatten die letzte Nacht in Schlafsäcken im Yellowstone Park verbracht, in Hörweite des würgenden Gurgelns eines Geysirs. Am Morgen fuhren sie über Mammoth, Big Timber und Columbus nach Billings. Bei Einbruch der Dunkelheit waren sie an eine Stelle, fünfunddreißig Kilometer westlich von Billings, zwischen Park City und Laurel gelangt. Die Schotterstraße war zwar zweispurig befahrbar und hatte links und rechts tiefe Gräben. Ein entgegenkommender Wagen, der vorbeifahren wollte, blendete Ernest mit seinen Scheinwerfern. ›Ich mußte vorbeifahren, aber die Straße war nicht breit genug‹, sagte er danach. Der Ford überschlug sich, und Ernest wurde mit dem Kopf nach unten hinter dem Steuer festgeklemmt. Als Floyd und Dos ihn befreiten, dachten sie, er habe sich beide Beine gebrochen. Aber als er aufstand, sahen sie, daß sein rechter Arm schlaff herabhing. Ein Ehepaar, das sich auf dem Weg nach Shelby befand, kehrte um und brachte die Verletzten nach Billings ins Spital. Sie brauchten für die Strecke lange vierzig Minuten. Ernest saß, den Arm zwischen den Knien, auf dem Rücksitz.

Das St. Vincent Hospital wurde von den Barmherzigen Schwestern von Leavensworth, einem katholischen Orden, geführt, die auch den Großteil des Personals stellten. Ernest wurde ein Einzel-Eckzimmer mit einer schönen Aussicht auf die Sonnenuntergänge Montanas zugewiesen. Dos verständigte Pauline in Piggott mit einem Telegramm. Die Wagentüren waren aus den Angeln gerissen, aber der Motor lief noch, und Dos fuhr den Wagen zur Reparatur nach Columbus. Ernests Zustand war weitaus ernster, als man ursprünglich angenommen hatte: ein komplizierter, schräger Spiralbruch siebeneinhalb Zentimeter oberhalb des Ellbogens. Die beiden Knochenenden lagen so gespreizt, daß man sie mit den üblichen Methoden nicht einrichten konnte. Earl Snook, ein Freund des Cowboykünstlers Will James, kam gerade zu Besuch, als Hemingway unter den größten Schmerzen litt, und berichtete, daß er wie ein ruheloser Löwe sein Zimmer durchmaß, aus dem Fenster starrte und dann dem großartigen Schauspiel draußen entschlossen den Rücken kehrte. Dos holte Pauline am Dienstag von der Bahn ab und wartete den ganzen Donnerstagvormittag, während der Chirurg operierte, die Bruchstellen mit Känguruhsehnen zusammenband und den langen Einschnitt vernähte. ›Ich habe noch nie jemanden gesehen, der sich so wunderbar gehalten hat‹, schrieb Pauline über die stoische Haltung ihres Mannes.

Nach der ersten Woche wurde Ernest bockig. Er schlug ironisch vor, Scribners könnte einen Haufen Geld machen, wenn sie ihn gegen Unfall und Krankheit versicherten. Seit seinem Vertragsabschluß mit Perkins habe er Milzbrand gehabt, sich den rechten Augapfel verletzt, sich mit einem Oberlicht eine klaffende Stirnwunde geholt, unter Nierenstauungen, einem aufgeschlitzten Zeigefinger, aufgerissenem Kinn, einem von einem Ast durchbohrten Bein gelitten und sich jetzt sein Handwerkszeug, den rechten Arm, gebrochen. Trotzig entschloß er sich, allen jenen, denen die Nachricht von seinem Unfall gelegen gekommen sein könnte, mit der linken Hand zu schreiben. Aber das war reine Bravour. Er war über die Lahmlegung seiner beiden Großprojekte sichtlich deprimiert, denn er wollte mit dem ersten Entwurf des Stierkampfbuches zu Weihnachten fertig sein. Als der Unfall geschah, war das Manuskript schon auf 235 bis 250 Seiten gediehen. Pauline wollte sich den Rest von ihm diktieren lassen, aber Ernest wußte, daß das nicht gehen würde. Alles, was fürs Auge bestimmt sei, müsse mit der Hand geschrieben und während des Arbeitsprozesses von Ohr und Auge kontrolliert werden, meinte er. Sein ›kaputter Arm‹ machte dies unmöglich. Das andere Projekt war Afrika. Im September hatte er das Thema Archie MacLeish gegenüber zur Sprache gebracht. Sie würden mit Charles Thompson und Mike Strater zusammen ein Kleeblatt bilden und sich dort alle im Angesicht der Gefahr selbst läutern, sagte Ernest, und erst dann abdrücken, wenn sie den Atem des Löwen schon im Gesicht spüren könnten. Auch dies war für einen Mann mit einem gebrochenen Arm eine unwahrscheinliche Heldentat.

Er durfte nicht einmal mehr in seinem Zimmer auf und ab gehen. Auf Anweisung des Arztes mußte er fast einen Monat lang, zur Bewegungslosigkeit verurteilt, im Bett liegen. Am 1. Dezember wurde die nervliche Belastung allmählich sichtbar. ›Ernest ist nach einem Monat andauernder Schmerzen und schlafloser Nächte wirklich in böser Verfassung‹, schrieb Pauline. ›Er konnte nichts anderes tun als grübeln, da er immer in der selben Lage liegen mußte, und er ist von den Schmerzen und Sorgen ganz schön nervös und deprimiert... Die Post ist ungefähr das einzige, was die Eintönigkeit unterbricht.‹

Jede Nacht hing er an einem Kofferradio. Wenn ein Sender das Schlußzeichen gab, ›konnte man weiter westlich gehen und einen anderen Sender kriegen‹, schrieb er später. ›Der letzte, den man bekommen konnte, war Seattle, Washington, und ... wenn der um vier Uhr früh aufhörte, war es fünf Uhr im Krankenhaus, und um sechs Uhr gab es schon wieder die Frühmusik aus Minneapolis.‹ Beinahe jede Station brachte früher oder später die Stimme des Jazzsängers Rudy Vallee, zu dessen Standardnummern Songs wie ›Betty Co-ed has lips of red for Harvard‹ oder ›Little White Lies‹ gehörten. Diese Melodien gingen Ernest tagsüber nicht aus dem Kopf, besonders die von ›Betty Co-ed‹, für die er sich eine Parodie ausdachte, die zunehmend obszöner wurde.

Ansonsten schlug er die Zeit durch viele Gespräche mit zwei Zuckerrübenarbeitern tot, einem Russen und einem Mexikaner, deren Stöhnen man von der anderen Seite des Flurs herüberhören konnte. Sie waren beim

Kaffeetrinken in einem Nachtlokal von einem Unbekannten niedergeschossen worden. Eine verirrte Kugel, die eigentlich dem Mexikaner gegolten hatte, war dem Russen in den Schenkel gedrungen. Der Mexikaner, ein kleiner Spieler, hatte zwei Bauchschüsse abgekriegt. Er weigerte sich, den Namen des Revolverhelden anzugeben, und behauptete steif und fest, er habe auf dieser Welt keine Feinde. Die Freunde, die ihn besuchten, kamen auch bei Ernest vorbei, der mit ihnen Spanisch radebrechte und ihr Mitgefühl mit Whisky belohnte.
Sein liebster Besuch war aber ohne Zweifel Schwester Florence, eine sanfte Nonne, die Baseball liebte und davon überzeugt war, der Herr würde auf festes Zureden in menschliche Angelegenheiten eingreifen. Ihre Gebete waren während der Baseballmeisterschaften im Oktober erhört worden. Ernest liebte ihre Anwesenheit und ihr atemloses Geplapper. Der mexikanische Spieler, die nächtlichen Radioprogramme und Schwester Florence wurden in diesen endlosen Stunden sein größter Trost.
Er war lange sieben Wochen ans Bett gefesselt, weil der gebrochene Arm anschwoll, aufplatzte und eiterte, bevor er schließlich zu heilen begann. Er ließ sich Haare und Bart wachsen und posierte für den Fotografen in einem Spitalshemd mit Gürtel, in dem er wie ein verwundeter Kosak aussah. Im Dezember nahm Archie MacLeish einen langen, beschwerlichen Flug auf sich, um ihn zu besuchen. Der Lohn für seine Mühe war ein übelgelaunter und mißtrauischer Ernest, der ihn beschuldigte, die Reise nur deshalb gemacht zu haben, um bei seinem Tod dabeizusein. Am Tag von MacLeishs Abreise kam Earl Snook vorbei, um sich über den Fortgang der Genesung zu erkundigen. Ernest unterhielt sich gerade mit dem mexikanischen Spieler. Er war blaß, aber vergnügt, und sie teilten sich zwei Flaschen kanadischen Biers. ›Diese Zeit auf dem Trockendock wird sich bei der nächsten Arbeit bemerkbar machen‹, meldete Snook an Perkins. Er wußte nicht, daß Ernest bereits eine Erzählung über den Spieler, die Nonne und das Radio ausheckte.
Er wurde kurz vor Weihnachten entlassen und verbrachte die Feiertage mit Pauline in Piggott. Nach dem Klimbim mit Lichterbaum und Bescherung legte er sich gleich wieder ins Bett, weil er sich nach den ganzen Torturen immer noch ›miserabel‹ fühlte. Er hatte gerade mit den ersten Gehversuchen begonnen und spazierte oft in Wildwestkleidung, Vollbart und Schlinge um den geschienten Arm durch die Stadt, als sich ein Zwischenfall ereignete, der seine schon vorhandenen Vorurteile gegen Piggott verstärkte. Eines Tages – die Schule hatte wieder begonnen – hinkte er durch den Schulhof über die Cherry Street. Die Kinder hielten ihn für einen Landstreicher. Als sie ihn dem Pfeifferschen Haus zustreben sahen, waren sie fest entschlossen, die einflußreichsten Bürger der Stadt vor diesem struppigen Fremden zu schützen. An die zwei Dutzend Jungen und Mädchen verfolgten ihn, schrien ›Landstreicher, Landstreicher!‹ und bewarfen

ihn mit Schneebällen. Als er die Haustür erreichte, war er blaß und mitgenommen. Er erwähnte den Zwischenfall später oftmals als Alptraum.
Der Unfall und seine Nachwirkungen verbitterten die Erinnerung an das Jahr 1930. Die Bühnenbearbeitung von ›In einem anderen Land‹ durch Laurence Stallings, die im September in New York uraufgeführt und bereits drei Wochen später abgesetzt worden war, konnte auch nicht als Lichtblick bezeichnet werden. Der Mißerfolg des Stückes wurde jedoch durch eine Erfolgsmeldung aus Hollywood halbwegs kompensiert. Der Verkauf der Filmrechte brachte eine ansehnliche Summe ein, aus der Ernest 24 000 Dollar einstreifte. Ein anderes Ereignis der Herbstsaison war wenigstens teilweise erfreulich: Als Sinclair Lewis den Nobelpreis für Literatur erhielt, nahm er die Gelegenheit wahr, um Scribners zur Veröffentlichung der zwei ›prachtvollsten Romane‹ der letzten Jahre zu beglückwünschen: ›In einem anderen Land‹ und Thomas Wolfes ›Schau heimwärts, Engel!‹ Da durch die zunehmende Depression der Absatz beider Bücher ins Stocken geraten war, kam Lewis' Reklame nicht unwillkommen. Aber Ernest machte, jedenfalls im engsten Kreis, kein Hehl daraus, daß er es vorgezogen hätte, von einem anderen und in einer anderen Gesellschaft angepriesen zu werden. Ebenso war er über Edmund Wilsons Einleitung zu Scribners' Neuauflage von ›In unserer Zeit‹ verärgert. Im Hinblick auf die Gegenwart hatte Wilson ›In einem anderen Land‹ als ›eher romantische Idylle‹ bezeichnet. Ernest faßte das als Versuch Wilsons auf, ihn als ›romantischen Schwindler‹ hinzustellen. In einer polemischen Stellungnahme an Perkins protzte er, nicht nur mehr Leute zu kennen als Wilson, sondern auch viel besser über die Freuden des Geschlechtsverkehrs Bescheid zu wissen.
Niemand würde nach diesen Ausfälligkeiten Ernests glauben, daß Wilsons Essay die beste Kurzdarstellung der ersten sechs Schriftstellerjahre Hemingways war. Wilson nannte ›Aufrichtigkeit und Kaltblütigkeit‹ die Maximen von Ernests Weltanschauung. Selbst in einer so idyllischen Erzählung wie ›Großer doppelherziger Strom‹ sei ein unausgesprochener Schmerz zu spüren. ›Alles, was an der Oberfläche ruhig oder geglättet war, vibrierte noch in seinen Ängsten‹, meinte Wilson. ›In unserer Zeit‹ sei eigentlich der ›Schlüssel zu den späteren und anspruchsvolleren Büchern. Leiden und leiden lassen und die Beziehung zum sinnlichen Lebensgenuß‹ sei der Vorwurf des gesamten Werkes. ›Das ungetrübte Bewußtsein, daß etwas faul ist‹, liege über den ›grünen Sommerlandschaften‹ von ›Fiesta‹ mit einer seltsam unheilvollen Bedeutung. Letztlich habe Hemingway erkannt, daß das ›Leben, das wir auf der Suche nach den Dingen, die uns zerstören, so gierig verschlingen, auf die Dauer immer ein verlorenes Spiel‹ ist, schrieb Wilson. Selbst auf der Verliererseite ›müssen wir die Spielregeln einhalten und auf sportliche Art verlieren‹ – und schließlich, wie Manuel Garcia in ›Der Unbesiegte‹, furchtlos in den Tod gehen.

Das ganze Frühjahr 1931 hatte Ernest in Key West mit den Behinderungen durch den Arm zu kämpfen. Wie stets umgab er sich mit einem großen Freundeskreis. Sie hatten jetzt Fanny Currys Haus an der Ecke der United und der Whitehead Street gemietet, wo John und Josie Herrmann im vergangenen Jahr gewohnt hatten. Der pausbäckige Patrick hatte mit seinen zweieinhalb Jahren immer noch seine Kinderfrau Henrietta und sprach meist französisch, aber er konnte auch in Englisch schon ›What chasay, Papa?‹ (Was sagst du, Papa?) fragen. Ernests Schwester Carol, ein hübsches zwanzigjähriges Mädchen mit den braunen Augen und dem Teint ihres Bruders, studierte am Rollins College in Winter Park und kam oft zu Besuch. Ernests Mutter tauchte auch für zwei Tage auf und wurde vorwiegend von Pauline betreut. Jinny Pfeiffer war da, dann Chub Weaver, der den Ford von Billings über Piggott nach Miami gebracht hatte und jetzt in einer Pension in Key West wohnte, aber die meiste Zeit in Ernests Gesellschaft verbrachte. Lawrence und Olive Nordquist gingen mit Ernest und Chub am St.-Valentins-Tag fischen. John und Josie Herrmann ließen sich – gerade von einer Rußlandreise zurück – während des Frühlings in Key West nieder. Selbst mit heilem Arm wäre Ernest durch die vielen Menschen kaum zum Arbeiten gekommen.

Mit Ausnahme weniger Briefe, die er mühselig mit der linken Hand kritzelte oder im Schneckentempo auf der Schreibmaschine hämmerte, schrieb er überhaupt nichts. Als Chub Weaver eines seiner Bücher lesen wollte, nahm er es ihm mit der Bemerkung aus der Hand, daß es zum Verkaufen und nicht zur Lektüre für seine Freunde da sei. Chub hatte in Montana den Gewerbeschein eines Tierpräparators erworben, und Ernest meinte, daß sie zusammen nach Spanien fahren und den Spaniern die Kunst des Präparierens beibringen sollten. ›Ich muß im Frühjahr hin, um mein Stierkampfbuch fertigzuschreiben‹, sagte er. ›Du kommst mit und zeigst ihnen, wie man es macht. Es ist nach der Stierkämpferei der bestbezahlte Beruf in Spanien.‹ Chub grinste und sagte, man werde es ihm als Nicht-Katholiken nicht erlauben. ›Zum Teufel, jeder kann für eine Million Scheine Katholik werden‹, sagte Ernest. Mit seinem Arm ging es zusehends besser, und er bestrahlte tagtäglich seinen Ellbogen. Vor MacLeish brüstete er sich, schon wieder kraftstrotzend und gesund wie ein Schwein zu sein. Aber seine Schultergegend war von schwarzblauen Flecken übersät, weil er seine Schrotflinte, obwohl er rechts anlegte, mit der linken Hand abgedrückt hatte. Er war sichtlich über sein Regenerationsvermögen stolz. ›Dans la vie‹, schrieb er, ›il faut (d'abord) durer.‹

Ende April bestätigte es sich, daß Pauline im November wieder ein Kind bekommen würde. Ernest benachrichtigte Dr. Guffey in Kansas City und begann für die Monate dazwischen Pläne zu schmieden. Wenn er im Mai nach Frankreich führe und dann nach den Stierkämpfen von Juni bis September in Spanien bliebe, würde er an seinem Buch arbeiten können

und noch immer massenhaft Zeit haben, Pauline zur Entbindung zurückzubringen. Nächsten Winter wollten sie dann wieder nach Key West zurückkehren, diesmal in ihr eigenes Heim. In der Whitehead Street Nr. 907 stand gegenüber dem Leuchtturm ein altes Steinhaus mit Balkons und Eisenstaketen. Als Onkel Gus zum Frühjahrsurlaub herunterkam, ging er mit Pauline und Ernest auf Besichtigung. Das Dach war undicht und einige Fenster zerbrochen, aber sonst war es eines der schmucksten Häuser auf der Insel, und die notwendigen Reparaturen konnten kaum Unsummen verschlingen. Der Kaufpreis betrug 8000 Dollar, und Onkel Gus war bereit, es auf der Stelle zu kaufen und Pauline zu schenken. Noch knapp vor der Abfahrt in den spanischen Sommer wechselte das Haus den Besitzer.
Es war ihr erstes festes Heim in den Vereinigten Staaten. Sie fuhren getrennt hinüber. Pauline reiste mit Patrick und der Kinderfrau von New York aus nach Frankreich. Ernest ging am 4. Mai in Havanna an Bord der ›Volendam‹. Reisebegleiter waren sieben aus Mexiko ausgewiesene spanische Priester, die sich über die republikanische Revolution in Spanien sehr besorgt zeigten, da der Mob angeblich einige Kirchen niedergebrannt hatte. Die Reise verlief ruhig und eintönig, laut Ernest wie ein Ritt auf dem gewaltigen Busen der holländischen Königin Wilhelmine. Er ging in Vigo von Bord und beeilte sich, womöglich noch nach Madrid zu kommen, bevor die Guillotinen auf der Plaza Mayor errichtet waren. Aber die Stadt war durch und durch republikanisch. Es lag auch auf der Hand, daß die Revolution während der Stierkampfsaison pausieren mußte. Ernest nahm mit Sidney Franklin, der im April drüben gewesen war, wieder Verbindung auf. Franklin war genauso unerhört von sich selbst eingenommen wie immer, aber nach einer Reihe von Operationen, die ihn über ein Jahr lang immer wieder in klinische Behandlung gezwungen hatten, in schlechter gesundheitlicher Verfassung.
In Paris bereitete Pauline die Verschiffung ihrer Möbel für die Einrichtung des neuen Hauses in Key West vor. Ernest fand den Schriftsteller-Klan am Linken Ufer sehr deprimiert wegen der Wirtschaftskrise, die der amerikanische Bankenkrach heraufbeschworen hatte.
Für ihn selbst gab es aber keine Geldprobleme. Pauline und Ernest ließen Patrick während des Sommers in der Obhut seines Kindermädchens in Hendaye Plage, fuhren weiter nach Madrid und stiegen im Hotel Biarritz in der Calle Victoria ab, einem heruntergekommenen Haus, das gern von Matadoren frequentiert wurde. Ernest lernte den spanischen Maler Luis Quintanilla kennen und schätzen und hörte sich aufmerksam Luis' gelassene Monologe von der ›Notwendigkeit der Revolution‹ in Spanien an. Er diskutierte darüber auch mit Jay Allen, einem Reporter der *Chicago Tribune*, und mit Hamilton Fish Armstrong und Elliott Paul. Als er eines Nachts mit seinen Freunden in der Stadt zechte, versicherte Ernest Allen im Rausch, daß er in Princeton gewesen sei. Allen hatte sich im

Hotel gerade zu Bett gelegt, als ein Sonderbote mit einer Nachricht von Ernest erschien, in der er sich für seine Lüge entschuldigte. Er schrieb, er habe gelogen, weil er Fitzgerald immer schon um seine Collegeerziehung beneidet habe. Ernest beobachtete – als Freund Spaniens und Katholik – die Bemühungen des Thronfolgers Don Jaime, in Navarra neuerlich einen Karlistenaufstand anzuzetteln und Pamplona als Zentrum zu benutzen, mit einigem Zynismus. Am Sonntag, den 14. Juni füllten an die 23 000 fanatische Karlisten die Plaza de Toros in Pamplona und sangen ihr ›Viva Rey Cristo‹ ab.
Bis zur Fiesta von San Fermin – der siebenten, die Ernest in den letzten neun Jahren besucht hatte – hatten sich die Demonstrationen aufgelöst. Als die Fiesta vorüber war, stellte er für sein Buch ein Spezialverzeichnis mit Stierkampfausdrücken zusammen. Es war seine erste lexikographische Arbeit, und sie gelang ihm gut. Viele Stichworte entpuppten sich als ausgezeichnete Kurzessays, gründlich belegt, prägnant und oft humorvoll. Er hatte nun achtzehn Buchkapitel fertiggestellt und Ereignisse der laufenden Stierkampfsaison hineingearbeitet, um den ersten Entwurf, den er von drüben mitgenommen hatte, auf den aktuellsten Stand zu bringen. Jetzt blieben ihm nur mehr zwei Kapitel: eines über die Kunst des Tötens mit dem Degen, das auch persönliche Erinnerungen an ein Dutzend der berühmtesten lebenden Matadore enthielt, und das letzte, eine Art Zusammenfassung aller Eindrücke, die Hemingway in siebenjährigem Kontakt mit Land und Leuten gesammelt hatte. Als er Mitte September nach Paris zurückkehrte, war das Buch noch immer nicht fertig, aber Ernest war trotzdem glücklich – er hatte ein Bild von Juan Gris erworben, einen Gitarrenspieler, den er eventuell als Titelblatt verwenden würde.
Bei der Heimreise auf der ›Ile de France‹ machten die Hemingways durch Don Stewart und seine Frau die Bekanntschaft von Jane Mason. Mrs. Mason war die schöne und lebhafte Frau George Grant Masons, eines leitenden Angestellten der Pan American Airways, der in Havanna lebte und arbeitete. Pauline und Mrs. Stewart sah man die Schwangerschaft an, was ihnen sichtlich in der Öffentlichkeit unangenehm war – so durften Don und Ernest – während einer laut Ernest lustigen und feuchtfröhlichen Überfahrt – Mrs. Mason ungestört Kavaliersdienste leisten. Ernest stattete nach der Landung den MacLeishs auf der Uphill-Farm in Conway, Massachusetts, einen Besuch ab. Er lehnte am Kamin, als Mimi, die Tochter des Hauses zur Begrüßung hereinkam. Etwas in seinem Benehmen erschreckte sie, und sie lief in ihr Zimmer zurück. Sie schluchzte, als Ada zu ihr kam und wiederholte ununterbrochen, daß das nicht der Hemingway sei, den sie kenne. Ernest ging nach oben und sprach beinahe eine Stunde auf das Mädchen ein. Er verglich es nachher mit dem Kind in Thomas Manns Novelle ›Unordnung und frühes Leid‹, seinem Lieblingsbuch nach den ›Buddenbrocks‹.

Tod am Nachmittag

Am nächsten Tag fuhren Ernest und Archie nach Cambridge, um dort Waldo Peirce beim Football-Match im Harvard-Stadion zu treffen. Sie drückten der Heimmannschaft heftig die Daumen und tranken eine gehörige Menge Whisky. Nachher bummelten sie durch den Universitätsbezirk, den Ernest seit der Rundreise mit seiner Mutter im Jahre 1910 nicht mehr gesehen hatte. MacLeish schlug impulsiv vor, den berühmten Harvard-Professor Charles Townsend Copeland zu besuchen, und sie klopften an die schäbige Tür von Hollis Hall Nr. 15. Copey machte ihnen auf. Er war ein alternder Querulant, der Ernest augenblicklich mißfiel. Die Zusammenkunft erinnerte Archie an ein plötzliches Aufeinandertreffen einer überzüchteten Hauskatze mit dem größten und bissigsten Hund des Häuserblocks. Ernest fühlte sich bedeutend heimischer, als er am nächsten Tag mit Archie auf der Suche nach Rebhühnern entlang den Waldstreifen der Uphill-Farm pirschte.
Nachher fuhr er nach New York und übergab Perkins Stierkampfaufnahmen, die er im Sommer mühevoll in Spanien zusammengetragen hatte. Dann verbrachte er prahlend und trinkend einen Abend mit dem Schriftsteller Eric Knight, der aus Philadelphia gekommen war und über Ernest einen biographischen Artikel schreiben wollte. Er lud Captain Louis Cohn, den gebildeten Buchhändler, und dessen Verlobte Marguerite zum Dinner in seine Suite ins Brevoort. Es war ihre erste Begegnung, nachdem sie durch Monate ab und zu schriftlich miteinander verkehrt hatten. Hemingways immer vorhandenes Mißtrauen schwand im Verlauf des Gesprächs mit Cohn, einem strammen 1,80-Meter-Mann mit sauber gestutztem Schnurrbart, der sich während seiner Dienstzeit in der französischen Armee wiederholt ausgezeichnet hatte. Cohn erzählte, daß er das handkorrigierte Manuskript von ›Fiesta‹, das noch die später gestrichenen ersten Seiten über Brett Ashley, Mike Campell und Robert Cohn enthielt, um eine beträchtliche Summe erworben hatte. Ein Vertreter von Scribners hatte es aus dem Papierkorb gerettet. Dann wurde es Zeit, wegen der bevorstehenden Ankunft des Babys nach Westen zu reisen. Die Hemingways bestiegen am Pennsylvania-Bahnhof den Spirit of St. Louis.
Während Patrick mit seinem neuen Kindermädchen Gabrielle nach Piggott weiterfuhr, richteten sich Ernest und Pauline in Kansas City ein. Sie wohnten zuerst bei Malcolm Lowry in dessen Haus am Indian Lane und dann, als die Lowrys nach Kalifornien reisten, in den Riviera Appartements in Ward Parkway. Ernest hatte irgendwo einen neuen Slang-Ausdruck aufgeschnappt – ›ballroom bananas‹ – und verwendete ihn ziemlich wahllos für Leute und Ideen, die ihm verdächtig vorkamen. Er war bestrebt, jede Spur von möglichen ›ballroom bananas‹ aus dem Manuskript seines Stierkampfbuches zu tilgen und strich es ausgiebig zusammen, bevor er das neunzehnte und zwanzigste Kapitel in Angriff nahm.
Er steckte bis zum Hals in dieser unangenehmen Arbeit, als Paulines

Wehen begannen. Dr. Guffey führte am Morgen des 12. November einen Kaiserschnitt durch. Ernest hatte sich eine Tochter gewünscht, aber das Kind war ein vier Kilo schwerer Knabe mit blauschwarzem Haar. Sie gaben ihm den Namen Gregory Hancock – nach einigen historischen Päpsten, wie Ernest erklärte, und nach Ernests Großmutter mütterlicherseits, Caroline Hancock Hall.
Als Pauline außer Gefahr war, fuhr Ernest am 1. Dezember nach Piggott, um in der Umgebung Wachteln zu schießen. Bei seiner Rückkehr nach Kansas City hatte er das ›letzte Kapitel‹ des Stierkampfbuches fertig in der Tasche, eine Art Koda, dreitausend Wörter stark.
Nach Beendigung des Buches gab es natürlich einige Probleme praktischer Art. Als sie am 19. Dezember in ihr Haus in Key West einzogen, wimmelten die Räume von Klempnern und Tischlern, von den riesigen Möbelkisten, die aus Frankreich gekommen waren, ganz zu schweigen. Pauline legte sich vor Erschöpfung ins Bett, Patricks neue Kinderfrau wurde krank, und Ernest bekam Halsschmerzen. Klein Patrick füllte eines Tages, während alle schliefen, das Moskitospraygerät mit einer Mischung aus Zahn-, Talkum- und Moskitopulver und besprühte damit das Baby in der Wiege reichlich. Als man ihn fragte, ob er beabsichtigt habe, seinem neuen kleinen Bruder weh zu tun, schaute er sehr verschreckt und sagte ja. Zehn Tage darauf aß er ein Ameisenmittel, das ein halbes Gran Arsen enthielt, und erbrach sich daraufhin sechsundzwanzig Stunden lang.
Die lange Entstehungsgeschichte von ›Tod am Nachmittag‹ kam schließlich Mitte Januar zum Abschluß: ›Überarbeitung des Buches gestern Nacht beendet. Ankommt bestimmt Anfang der Woche Patrick O. K. Grüße – Ernest‹
›Manuskript eingetroffen über Erhalt entzückt – Max‹

Ein Ort, an den man zurückkehrt

Das Haus in der Whitehead Street Nr. 907 war das erste eigene, das Ernest nach zehn Jahren Ehe besaß. Es lag in der Mitte eines großen Eckgrundstücks, das mit Sago, Dattelpalmen, kleinen Palmen und indischen Feigenbäumen bepflanzt war. Architektonisch konnte man es als spanischen Kolonialstil bezeichnen, mit Schmiedeeisenarbeit an der oberen Veranda, abgerundeten Verandatüren mit grünen Läden und dicken Steinmauern, die es kühl hielten. Ernest meinte, daß es – von der anderen Straßenseite betrachtet – wie Joan Mirós ›Bauernhof‹, aber von Utrillo gemalt, wirkte. Ein Trupp einheimischer Handwerker installierte neue Wasser- und elektrische Anlagen, besserte das undichte Dach aus und reparierte auch alle anderen Schäden, die in achtzig Jahren entstanden waren. Bevor sie nach Piggott abreiste, beaufsichtigte Jinny Pfeiffer das Auspacken und Aufstellen der Pariser Möbel und vollbrachte Wunder, um das Haus bewohnbar zu machen. Aber Wohnen war bei Ernest nie ein Synonym für Eingewöhnung. Über den Kamin im Eßzimmer hängte er ein Gemälde von Waldo Peirce, das ein paar Rebhühner und eine Schrotflinte zeigte, als wolle er damit die weite Welt verkörpern, die draußen wartete. ›Für Kerle wie wir‹, schrieb er Waldo, ›ist das Zuhause ein Ort, den ein Mann hinter sich läßt, um später wieder dahin zurückzukehren.‹ Sie würden schnell alt, und Erfahrung liege immer außerhalb aller bekannten vier Wände.

Nun, da sein Arm völlig geheilt war, brachte er seine Ostafrikapläne mit Thompson, Strater und MacLeish wieder aufs Tapet. Strater erfuhr von einer Möglichkeit, von Kairo nach Nairobi zu fliegen, aber Ernest wollte davon nichts wissen. Denn sie könnten abstürzen, und dann fiele die Jagdexpedition doch noch ins Wasser. Er wählte die Gewehre, die er mitnehmen wollte: eine 30,06 Mauser, die 6,5 Mannlicher, die halbautomatische Repetier-Schrotflinte, Kaliber 12 für das afrikanische Flugwild und den abgenützten, über alles geliebten Colt-Woodsman-Revolver. Straters Gewährsmänner meldeten, daß ein Engländer namens Philip Percival der beste weiße Jäger Kenias sei. Drei weitere fähige Führer seien Pat Aires, O. M. Rees und A. J. Klein. Sie verlangten alle dasselbe: tausend Dollar pro Monat. Kleins Name machte Ernest etwas mißtrauisch. Deutsche seien prima, aber ›Itzigs‹ seien weniger gut. Die Reise zu viert werde teuer sein. Von der Hin- und Rückfahrt über den Atlantik abgesehen, kostete das Luxusarrangement für die neunzehntägige Reise von Marseille nach Mombasa 400 Dollar pro Kopf und Nase. Ein Führer aus Tanganjika namens Konrad Schauer berechnete für eine zweimonatige Safari für vier Personen mit zwei weißen Jägern 9500 Dollar. Jagdlizenzen würden noch zusätzlich 550 Dollar pro Stück kosten. Ein anderer Mann namens George Carey schätzte die Gesamtkosten der Reise auf etwa 22 000 Dollar. Ernest war es egal. Onkel Gus war bereit, 25 000 Dollar in das Abenteuer hineinzustecken. Ernest war begeistert wie ein Pfadfinder, der eine Samstagwanderung in die Wälder plant.

Während des ganzen Frühjahrs stand er wegen des Formats und der Illustration des Stierkampfbuches in lebhaftem Briefwechsel mit Perkins. Ernest schlug nun vor, es ›Tod am Nachmittag‹ zu nennen. Als Dos auf dem Weg nach Mexiko mit Katy in Key West Zwischenstation machte, bezeichnete er das Buch als ›höllisch gut‹ und als ›vollkommenes Modell‹ seiner Gattung. Er kritisierte lediglich die Stelle, wo ›Old Hem‹ seinen langen grauen Bart strich und ›den Burschen die Hintergründe‹ seiner persönlichen Philosophie ›servierte‹. Ernest antwortete mit einer Kritik an ›1919‹, Dos' letztem Roman. Er schrieb, Dos solle sein Verlangen nach symbolhafter Vollkommenheit zügeln und seinen Figuren menschlichere Züge und ihre

Fehler belassen. Symbolische Figuren würden sich selbst vernichten. Joyces Daedalus beispielsweise sei unglaubwürdig idealisiert, während Leopold und Molly Bloom ›Ulysses‹ durch ihre gewöhnliche Menschlichkeit retteten. Dos müsse es auch vermeiden, die Haltung des ›Gutes-Tuers‹ anzunehmen. Der Romanschriftsteller könne nur auf eine einzige Art Gutes tun – wenn er die Dinge zeige, wie sie wirklich sind. Wenn sich Dos zum Kommunismus hingezogen fühle, so sei das seine Sache, aber er dürfe nicht an die Versprechungen glauben. Die menschliche Rasse sei viel älter als jedes ökonomische System, und alle einstmals edlen Bewegungen seien mit der Zeit entartet, einfach deshalb, weil sie von menschlichen Wesen gelenkt würden. Sogar der Begründer des Christentums sei ›am Kreuz verblichen‹, sagte Ernest. Er sei ›nur deshalb erfolgreich gewesen, weil man ihn getötet hatte‹. Dos möge daran denken, daß die gute Leitung einer Sache gleichbedeutend mit Tyrannei ist. Was ihn selbst anlange, so seien ihm alle Regierungsformen ein Greuel.
Einem Buchhändler aus dem Mittelwesten, Paul Romaine, der in der zeitgenössischen amerikanischen Literatur einen Linksdrall zu verspüren meinte, schrieb er eine ähnliche Epistel. Er weigerte sich, politischen Trends zu folgen. Wenn einige der Burschen nach links ausschlügen, würden es andere nach rechts tun, und einige ›feige Bastarde‹ würden beide Wege einschlagen. In der Literatur gebe es weder links noch rechts, nur gut oder schlecht. Dreisers Linkstendenzen seien nur der klägliche Versuch eines alten Mannes, seine Seele zu retten. All die kleinen Nichtsnutze hätten vor, den Leuten den Kommunismus zu oktroyieren. Ernest schrieb voller Rage, er sei kein gottverdammter Patriot; er würde am liebsten jeden politischen Bastard mit Kugeln durchsieben, der sich sein Brot nicht ehrlich verdient. Wenn Romaine ihm nahelege, endlich nicht mehr über Verlorene Generationen und Stiere zu schreiben, so sei seine Antwort, daß er einmal sechs Wochen lang an einem Buch über Trunkenbolde geschrieben habe, daß er sich aber seither nie mehr mit der sogenannten (aber nicht von ihm so genannten) ›Verlorenen Generation‹ beschäftigt habe. Was die Stiere betreffe, so habe er viele Jahre in den Stierkampfarenen Spaniens Entspannung und Vergnügen gefunden. Er habe das Stierkampfbuch geschrieben, um seine Erfahrungen zu ordnen und in Erinnerung zu behalten. Er sei weder unausgeglichen, noch müsse er sich rechtfertigen, vielmehr betrachte er sich als einen Bestandteil der Welt, in der er lebe; und er wisse genau, wie ›lausig‹ die Politiker ihre Aufgaben in dieser Welt wahrnähmen.
Romaine stellte einige Frühwerke Faulkners zu einem kleinen Band zusammen, der ›Salagundi‹ betitelt war. Sämtliche Gedichte und Prosastücke stammten bis auf eines aus dem nun nicht mehr erscheinenden *Double Dealer* aus New Orleans. Romaine war überzeugt, daß die Wiedergabe von Hemingways kleinem Gedicht ›Ultimately‹ auf der Rückseite des Schutzumschlages den Wert seiner kleinen limitierten Ausgabe heben wür-

de. Ernest stimmte zwar dem Vorschlag zu, vertraute aber seinem Bibliographen Captain Cohn an, daß sein Gedicht so schlecht sei, daß es gut zu dieser Sammlung von Faulkners ›früher Scheiße‹ passe. Seine Meinung über Faulkners reifere Werke war gemischt. Zu Owen Wister sagte er, der Roman ›Als ich im Sterben lag‹ gefalle ihm. ›Die Freistatt‹ schien ihm ›völlig schief zu liegen‹. Trotzdem sandte er Faulkner über Romaine Glückwünsche und fügte hinzu, die Schriftstellerei gehe ihm allem Anschein nach gut von der Hand und klinge bei ihm wie ein guter ›Schlittschuh‹.
Damals erwachte in Ernest wieder der große Glaube an die Erzählung. Er hatte außer ›Nach dem Sturm‹, Bra Saunders' Geschichte von dem gesunkenen spanischen Passagierschiff, noch sechs andere Erzählungen für eine neue Auswahl zusammengestellt. Zwei davon waren bereits erschienen: ›Wein aus Wyoming‹ in *Scribners Magazine* und ›Wetterumschwung‹ in Edward Titus' Zeitschrift *This Quarter*. Diese eigenartige Erzählung, ein nicht so gut gelungenes Gegenstück zu ›Hügel wie weiße Elefanten‹, bestand fast ganz aus einem Gespräch zwischen einem Mann und einem Mädchen in einem Café. Nach einer Liebesaffäre mit dem Mann war das Mädchen plötzlich eine lesbische Bindung eingegangen. Ernest erzählte später, daß ihm ein Paar als Vorbild gedient hatte, das er einmal in der Bar Basque in St. Jean-de-Luz belauscht hatte; aber er war bekanntlich fähig, den wirklichen Ursprung einiger seiner Geschichten mit Flunkereien zu verschleiern.
Zwei andere Erzählungen erwuchsen aus Ernests Freundschaft mit Dr. Logan Clendening, einem Arzt aus Kansas City, den er zur Zeit von Gregorys Geburt kennenlernte. Clendening redigierte eine medizinische Spalte, die in mehreren Zeitungen erschien, und in seiner Post hatte er jeden Tag eine Menge Briefe von Lesern, die in ihrer Not um Rat fragten. Er sandte Ernest sechs Beispiele, darunter einen Brief von einer Frau aus Harrisburg, Pennsylvania, deren Mann sich in Shanghai während seines Militärdienstes bei der Marine Syphilis zugezogen hatte. Sie hatte den Arzt um Rat gebeten, ob es jemals wieder ungefährlich für sie sein würde, mit ihrem Mann zusammen zu leben. Ernest bearbeitete den Brief geringfügig, veränderte Ort und Datum und fügte vor und nach dem Brief einige Sätze hinzu. Das Ergebnis war ›Eine Leserin schreibt‹, wahrscheinlich die einfachste Erzählung, die er je geschrieben hatte. Für den Hintergrund einer weiteren Erzählung, einer ironischen Weihnachtsgeschichte, deren Titel ›Gott hab Euch selig, Ihr Herren‹ lautete, schöpfte er aus seinen Erinnerungen an Kansas City aus dem Jahre 1927. Sie bestand aus einem Gespräch zwischen zwei jungen Ambulanzärzten über einen Jungen, der einen der Ärzte zu überreden versucht hatte, ihn zu kastrieren. Er hatte sich dann mit einem Rasiermesser selbst verstümmelt, um die ›schreckliche Wollust‹ loszuwerden, die er für ›eine Sünde gegen die Reinheit‹ hielt. Noch einmal hatte Ernest auf einen Brief Dr. Clendenings zurückgegriffen, wenn auch etwas weniger di-

rekt als das erste Mal. Diesmal hatte ein junger Mann aus West Englewood in New Jersey um Rat gebeten, der lange Jahre mit dem Problem des sexuellen Verlangens nicht zu Rande gekommen war.

Im April brach er mit Joe Russell, dem Besitzer von Sloppy Joe's Bar, zu einer Seefahrt nach Havanna auf. Zwei Wochen waren ursprünglich vorgesehen, aber es wurden zwei Monate daraus. Russell, der von allen Josie Grunts gerufen wurde, besaß ein schnelles, zehn Meter langes Kajütenboot, die ›Anita‹, mit dem er schon über hundertfünfzig Mal Alkohol von Kuba zum amerikanischen Festland geschmuggelt hatte.

Die höchste Offenbarung dieser Reise war für Ernest die Entdeckung des Marlinfischens. Ende Mai hatte er neunzehn Stück mit Rute und Rolle gefangen. Seine Bewunderung für die großen Fische kannte keine Grenzen. Sie waren ›schnell wie das Licht‹, ›stark wie Böcke‹ und ihre Mäuler waren wie aus Eisen. Sie sprangen häufiger und höher als Tarpons und wogen zwischen 300 und 550 Kilo. Das Marlinfischen sei zugleich Sport, Lebensunterhalt, Schauspiel und körperliche Betätigung, frohlockte Ernest.

Während seines kubanischen Ausflugs beendete Ernest ›So wie Du niemals sein wirst‹, die dritte seiner Nick-Adams-Geschichten, die im Italien des Jahres 1918 spielte und ein alptraumähnliches Nachspiel zu ›Müde bin ich, geh zur Ruh'‹ war. Den rätselhaften Titel erklärte er später: die Hitze Havannas habe ihn an den Sommer 1918 an der unteren Piave erinnert. Und er habe gleichzeitig zusehen müssen, wie ein verdammt nettes Mädel von Tag zu Tag verrückter wurde. Er habe seiner Erzählung diesen Titel gegeben, um das Mädchen aufzuheitern, denn der ›Zivilist‹ in der Geschichte, eben Nick Adams, sei ›viel übergeschnappter‹ als sie es jemals sein würde. Die Anspielung bezog sich allem Anschein nach auf Jane Mason, die am 13. Mai ins Doctors Hospital in New York zu einer Operation eingeliefert werden mußte. Der Hinweis auf ihr ›Verrücktwerden‹ war eine typische Übertreibung, selbst wenn man Ernests Andeutung in Erwägung zieht, daß ihr Zustand von enttäuschter Liebe zu ihm herrührte.

Als er sich Anfang Juni entschloß, die vieldiskutierte Afrikareise auf ein Jahr zu verschieben, war er immer noch in Kuba. Onkel Gus hatte angedeutet, der Aufschub sei wünschenswert, Archie MacLeish war schon im April ausgestiegen, Charles Thompson wollte abwarten, und Mike Strater mußte trotz großer Enttäuschung nachgeben. Ernest redete sich auf seine Augen hinaus, die ihm den ganzen Frühling zu schaffen machten, und auf den Wunsch, in den Staaten zu bleiben, solange ›so eine Menge los war‹. Aber der wahre Grund lag wohl in seiner festen Absicht, den Sommer und Herbst wieder auf der Nordquist-Ranch in Wyoming bei Jagd und Fischfang zu verbringen. Er floß außerdem förmlich vor ›verdammt guten Geschichten‹ über, die er zu Papier bringen wollte – und dies war ein weiteres Hauptmotiv seiner Entscheidung.

Jedenfalls hätte ihn eine Erkrankung wahrscheinlich sowieso zur Verschie-

bung der Afrikasafari gezwungen. Am Abend vor seiner Abreise nach Key West, nach fünfundsechzig Tagen auf See, biß ein großer Marlin an, und Ernest drillte ihn über zwei Stunden lang, wobei er heftig schwitzte. Im letzten Augenblick, als er ihn schon fast an Bord hatte, ging der Fisch vom Haken und entwischte. Er war so enttäuscht, daß er eine halbe Stunde lang keuchend und fluchend dasaß, während ein plötzlicher kalter Regenschauer seinen überhitzten Körper unterkühlte. Seine Atemorgane reagierten wie üblich auf einen solchen Temperaturwechsel. Ein oder zwei Tage später steuerte er mit 38 Grad Fieber durch die Meerenge heimwärts und mußte sich, laut Diagnose des Arztes, mit Bronchitis und Lungenentzündung zu Bett legen.
Rekonvaleszent und noch immer über die Krankheit verärgert, nahm er seine Arbeit an den Fahnen von ›Tod am Nachmittag‹ wieder auf.
Er bemerkte jetzt zum ersten Mal etwas, das ihn noch mehr aufbrachte. Am oberen Rand jeder langen Fahne war eine Zeile gesetzt, die lautete: 4 Gal 80 ... 3404 Hemingway's Death 11 1/2 – 14 Scotch.
Er wußte sehr genau, daß Hemingways Tod nur die Abkürzung des Setzers für den vollen Titel war. Aber seine Reizbarkeit war so groß, daß er beschloß, daraus eine Streitfrage zu machen. ›War es sehr lustig, auf jede Fahne Hemingways Tod zu knallen‹, telegrafierte er Perkins, ›oder ist es, was Du Dir wünschst?‹ Am nächsten Tag schrieb er, daß er der Flasche, die dafür verantwortlich sei, mit Vergnügen das Genick brechen würde. Es sei für jemanden, der besonders abergläubisch ist, eine verflucht hundsgemeine Sache, beim Fahnenlesen tausendmal auf diese zwei Worte zu stieren. Im letzten ›dreckigen Stoß‹ habe irgendein namenloser Trottel die beleidigenden Worte sogar noch in roter und violetter Tinte geschrieben! Sollte er beim Korrekturenlesen sterben, sei Perkins' gottverdammter Setzer daran schuld.
Kaum vom Krankenbett erstanden, brach er am 2. Juli nach Piggott auf. Seine Schwester Carol begleitete ihn. Sie kehrte nach Michigan zurück, um ihrem Bruder Leicester den Haushalt zu führen, bevor sie zu weiteren Studien an die Wiener Universität ging. Die Geschwindigkeit und Leistung des neuen Wagens – ein Ford V-8 Roadster – begeisterten Ernest derart, daß er an einem einzigen Tag über tausend Kilometer zurücklegte und sich bei der Ankunft in Piggott sofort vor Erschöpfung ins Bett begeben mußte. Die Weiterfahrt mit Pauline nach Westen verlief viel gemächlicher. Die Straßen wimmelten von Wanderarbeitern, die sich zu Fuß oder in altertümlichen tuckernden Vehikeln fortbewegten. Ernest entsann sich der ›wilden Burschen‹ in Rußland, von denen man erzählte, daß 200 000 entlassene Arbeiter das ganze Land nach nichtvorhandener Arbeit abklapperten. Es war sehr lehrreich für ihn, durch vertraute Gebiete zu fahren, in denen alle pleite waren, die einst ›dick auf dem Geld saßen‹. Er verspürte keine Gewissensbisse, mit vollen Taschen und einem neuen

Wagen in den Westen zu brausen. Denn schließlich habe er nichts von dem wirtschaftlichen Aufschwung der zwanziger Jahre gehabt, sagte er Guy Hancock. Das stimmte zwar nicht ganz, aber Ernest hatte bereits begonnen, einen kleinen Mythos über die nackte Armut seiner ersten Pariser Jahre in die Welt zu setzen.
In Wyoming war alles eitel Wonne. Am 12. Juli nachmittags quartierten sich Ernest und Pauline in Lawrence Olive Nordquists Hütte Nr. 1 glücklich ein. Der Pilot und der Index hoben sich schwarz gegen die untergehende Sonne ab, und am Morgen des 13. war Ernest schon in alle Frühe auf, um die Sonne über dem Gebirgspanorama jenseits des Flusses aufgehen zu sehen. Er lechzte danach, die frühmorgendlichen Geräusche und Gerüche wieder in sich aufzunehmen: das Klappern des Geschirrs in der Küche, die daherwehenden Wohlgerüche nach Speck, Kaffee und Forellen, die sonnendurchglühten Nadeln unter den Drehkiefern, Schafgarbe, Klee, Glockenblumen, Braunwurz und Lupinen, die auf den taufeuchten Wiesen glitzern, das ruhige Murmeln des Wassers in den schmalen Bewässerungskanälen, die sich durch den Besitz schlängelten, das entfernte Tosen des Gebirgsbaches, das Klingeln der Pferdeglocken im Pferch, das Stampfen und Wiehern der Tiere. Er lehnte an den verwitterten Pfählen des Pferchs, während Ivan Old Bess für den Morgenritt sattelte, er beobachtete das Festschnallen des Sattelgurtes, das Anpassen der Steigbügel, all die ungestümen kleinen Dramen der Arbeit mit den Pferden.
Alles was Ernest in diesem Sommer tat, war von einer besonderen Dringlichkeit überschattet. In genau einem Jahr würde er nach Afrika aufbrechen, und man konnte nicht wissen, ob er Wyoming je wiedersehen würde. Man hatte vor kurzem mit dem Bau einer Straße von Red Lodge über den Beartooth-Paß hinunter nach Cooke City begonnen. Wenn sie fertig war, würde sie, wie Ernest traurig feststellte, die Jagd für immer zerstören und das ganze Wild in den Yellowstone-Park vertreiben. Er angelte den ganzen Juli über mit besonderem Eifer, fing rund 150 Forellen und mußte zu seinem Mißvergnügen feststellen, daß durch eine Trasse, die die Straßenbauarbeiter zur Sandgewinnung errichtet hatten, ein ganzer Nebenarm seines Lieblingsbaches oberhalb des One-Mile-Creek versiegt war. Er unterbrach das Angeln am 26. Juli nur äußerst widerwillig, um die Überarbeitung des letzten Schubs Fahnen in Angriff zu nehmen.
Die politische Welt jenseits seiner glücklichen Jagd- und Fischereigründe schien ihm feindseliger denn je. Das Geheul der Kojoten in den Hügeln gefalle ihm weit besser, als das zunehmende Geschrei der Hoover-Rooseveltschen Wahlreden, das aus seinem Kofferradio dröhnte. Fast der ganze Westen, so fand Ernest, sei ›Hooverisch‹, während Roosevelt, im Nordosten bekannt schwach, in Alabama, Georgia und Florida ein wahrhaftiger ›Jesus‹ sei. Da sein bevorzugter Kandidat noch immer Eugene Debs hieß, war er nicht gerade davon angetan, zwischen dem ›gelähmten Demagogen‹

und dem ›syphilitischen Baby‹ wählen zu müssen. Dagegen nahm er seine religiösen Pflichten ungleich ernster und führte Pauline zu Christi Verklärung nach Powell, damit sie die Messe besuchen könne. Das waren hin und zurück immerhin fast 650 Kilometer. Sollte sie jemals heiliggesprochen werden, so müßte diese Heldentat in den belegenden Dokumenten vermerkt sein, sagte er scherzend zu ihrer Mutter, schon allein deshalb, weil der Kurbelkasten des Ford knappe 22 Kilometer von zu Hause von einem Felsvorsprung zerschmettert worden sei. Aber es gab andere, nicht religiöse Entschädigungen für diesen Zwischenfall. Er konnte auf dieser einsamen Straße vier Bären und vier Wapitihirsche mit der Kamera einfangen; dann schoß er für Olive Nordquists Kochtopf zwei Dutzend Steppenhühner, von denen einige die Größe von Truthähnen hatten.
Er befand sich gerade mit Lawrence Nordquist auf einem längeren Ausflug zu den Crazy Lakes, als Gerald und Sara Murphy mit zwei ihrer Kinder, Baoth und Hornoria, auf der Ranch eintrafen. Sie fuhren alle ins Hochland, um ein wenig zu fischen; am 9. September nahm Ernest Gerald mit zum Pilot Creek, um ihn in der Kunst zu unterweisen, wie man einen als Bärenköder gedachten Maulesel schießen muß. Zwei Tage später fuhr er nach Cody, um den aus Florida gekommenen Charles Thompson abzuholen. Die Jagd war auf, und er konnte es kaum erwarten, loszugehen. Er gab Charles nur einen Tag, um sich an die Höhe zu gewöhnen, bevor er ihn für den einwöchigen Ritt zu den Quellgebieten des Pilot Creek aufs Pferd hetzte. Sie jagten an vier aufeinanderfolgenden Tagen eisern vom Morgengrauen bis Sonnenuntergang, oft bei so lebhaftem Wind, daß Pauline einmal ein neuer Stetson-Hut in einen tiefen Abgrund getrieben wurde. Sie mußten sich über das zerklüftetste Gelände, das Charles jemals gesehen hatte, an neunzehn Widder heranpirschen. Aber das Wild war so scheu, daß sie nie näher als 700 Schritte herankommen konnten und am 18. mit leeren Händen heimkehrten.
Abends, wenn sie in der Hütte ums Feuer saßen, gab er alle möglichen Erzählungen und Anekdoten zum besten. Nachdem er sich eines Abends mit Hirschsteaks vollgestopft und mit Red Lodge Whisky gestärkt hatte, hielt er Chub Weaver einen Vortrag über Selbstmord und wiederholte, was er sechs Jahre zuvor Fräulein Glaser in Vorarlberg eröffnet hatte: wenn die Umstände schlecht genug wären, würde er keinen Augenblick zögern, sich umzubringen.
›Tod am Nachmittag‹ war mittlerweile erschienen, und Ernest ritt am 4. Oktober hinunter zur Ranch, um nachzusehen, ob Rezensionen eingetroffen waren. Er fand lediglich zwei vor, und beide waren enttäuschend. Er legte sie beiseite und erkundigte sich bei Huck Mees über den Bärenköder am Pilot Creek. Huck berichtete, daß das Maultier vollkommen aufgefressen worden sei. Sämtliche größeren Knochen waren sauber aufgeschichtet, und der Schädel thronte obenauf. Drei Bären hatten sich daran delek-

tiert – darunter ein Grizzly, dessen Fährte 28 Zentimeter maß. Er hatte ein Fuchsloch neben dem Köder vergrößert, um ungestört schmausen zu können. Huck erzählte, er habe an derselben Stelle gerade ein Pferd namens Buster erschossen. Als Ernest und Ivan durch einen Frühoktober-Schneesturm zum Timber Creek zurückgekehrt waren, präsentierten ihnen Thompson und Staib einen Schwarzbären, den sie im Closed-Creek-Valley erlegt hatten. Am nächsten Tag jagten sie vergebens in den verschneiten Bergen, und am zehnten verabschiedete sich Ernest von den anderen und ritt hinunter zur Ranch. Auf dem Weg sah er in etwa vierzig Schritt Entfernung auf einer Lichtung einen großen Elchbullen, aber er kümmerte sich nicht um ihn, weil er keine Elchlizenz hatte. Statt dessen erlegte er mit dem Woodsman-Colt ein Dutzend Moorhühner, während Old Bess daneben zitternd anhielt und durch die Nüstern schnaubte. In der Ranch überreichte er Olive Nordquist die Vögel, machte sich einen Whisky sour zurecht und setzte sich zum Feuer, um einen ganzen Stapel Post zu lesen. Es war eine Notiz von Perkins darunter, die besagte, das Buch habe ›wirklich Anklang gefunden‹, der Tatsache zum Trotz, daß die Geschäfte fürchterlich schlecht gingen. ›Die Kritiken sind vom Standpunkt des Verlegers gut‹, schrieb Max, ›und vom Standpunkt des Autors ist auch viel Gutes dabei, aber ich weiß, daß Dinge darin stehen, die Dir absolut nicht gefallen werden.‹
Selbst die ungünstigen Kritiken bedeuteten nicht so viel wie die Tatsache, daß Charles Thompson einen Bären geschossen hatte, während Ernest noch mit leeren Händen dastand. Am Nachmittag des 11. Oktober ritt er mit Lawrence Nordquist zum Pilot Creek hinauf, zu der Stelle, wo Huck Mees Buster ausgelegt hatte. Obwohl der Schnee um den Köder bereits stark zertrampelt war, dauerte es bis Sonnenuntergang, bis aus dem Unterholz ein großer Schwarzbär auftauchte und anfing, große Stücke aus dem gefrorenen Pferdefleisch zu reißen. Ernest kroch bis auf hundert Schritt heran, und seine Kugel durchbohrte die Schulter des Tiers. Aber der Schuß war zu hoch, der Bär ›brüllte auf wie ein Stier‹ und rannte davon. Es war selbst im Halbdunkel leicht, seiner frischen Fährte im Schnee zu folgen. Sie standen sich nur sechs Meter gegenüber, als Ernests zweiter Schuß den Bären niederstreckte. Das Fell war so schwarz wie Ernests Bart und so dick wie eine Wolldecke; er wog 230 Kilo und maß von einer gespreizten Tatze zur anderen zweieinhalb Meter. Damit war er ein schönes Stück größer als der Bär, den Charles Thompson eine Woche zuvor erlegt hatte. Ernests Konkurrenzdurst war damit endlich gestillt.
Am selben und am folgenden Tag konnte Charles Thompson noch zwei Rehböcke und einen kleinen Elchbullen zur Gesamtstrecke legen. Sie verbrachten die letzten drei Tage auf der Ranch, ruhten sich aus, packten ein und tafelten mit Elch und verschiedenem Wildbret wie skandinavische Krieger in einer irdischen Walhalla. Am 16. reisten sie nach Key West ab.

KAPITEL VI

Formen des Kampfes

Der Sieger geht leer aus

Bumby war da, als Ernest in Key West ankam. Er war jetzt neun Jahre, für sein Alter groß und kräftig und sprach französisch wie ein geborener Franzose. Nach Weihnachten sollte er von Evan Shipman Privatunterricht erhalten; in der Zwischenzeit konnte er in diesem tropischen Paradies noch frei herumspielen. Zum lebenden Inventar des Gartens gehörten vier kleine Waschbären, ein Opossum, achtzehn Goldfische und drei Pfauen. Zwanzig Minuten vom Haus konnte man nach Herzenslust schwimmen und fischen. Als Mrs. Pfeiffer entdeckte, daß Gregory und Patrick Keuchhusten hatten, fuhr Pauline nach Piggott, um bei der Krankenpflege zu helfen. So war Bumby erstmals seit der verhängnisvollen Bahnfahrt, die durch Dr. Hemingways Selbstmord abrupt unterbrochen worden war, mit seinem Vater allein.

Die geteilte Aufnahme von ›Tod am Nachmittag‹ trübte Ernests Freude am Zusammensein mit seinem Sohn ein bißchen. Ein Rezensent fand das Buch ›mit dem schlüpfrigen Vokabular eines kleinen Jungen‹ kindisch und ›in der unaufhörlichen Beschäftigung mit dem Verhängnisvollen‹ morbid. Andere stellten fest, die gefeierte Klarheit seines Stils sei diesmal gelegentlich durch dunkle Stellen beeinträchtigt worden und seine ›betont männliche‹ Prosa allmählich langweilig. H. L. Mencken lobte das Enttabuisierende an seiner Arbeit, meinte aber, daß Hemingways Drang, sich als ungezogener Lümmel vom Dienst zu beweisen, ihn oft banal werden ließ. Robert M. Coates Kritik im *New Yorker* war die einzige, der Ernest öffentlich entgegnete. Coates hielt es für das Buch eines verbitterten Romantikers, der sich weigert, die Idee des Todes als ›Ende und Ergänzung des Lebens‹ hinzunehmen. Manchmal entarte die Verbitterung zu bloßer Empfindlichkeit, meinte der Kritiker, wie bei den Seitenhieben auf Faulkner, Cocteau, Aldous Huxley und T. S. Eliot. Ernest gab bezüglich Huxley und Eliot der Kritik recht. Cocteau stehe aber im ›öffentlichen Leben‹ und müsse sich deshalb ›dreiste Bemerkungen‹ gefallen lassen. Vor Faulkner habe er jedoch großen Respekt und wünsche ihm alles Glück. Das bedeute aber nicht, daß er sich deswegen nicht über ihn lustig

machen könne. ›Es gibt nichts, worüber ich nicht Witze reiße, Hauptsache, sie sind lustig‹, sagte Ernest, ›genauso würde ich, da ich gerne Flugwild schieße, meine eigene Mutter abknallen, wenn sie in einem Schwarm mitflöge und einen guten kräftigen Flügelschlag hätte.‹
Im November fuhr er zusammen mit Bumby im Ford Roadster nach Piggott, um Thanksgiving und Weihnachten mit Pauline und den jüngeren Buben zu verbringen. Er fand es wie immer schön, durch das ländliche Amerika ›zu fahren und zu betrachten‹. Während Bumby neben ihm döste, versuchte er in Phantasiespielchen spaßeshalber zu erraten, in welchen Feldern, an denen er vorbeifuhr, wohl Wachteln stecken könnten, wo sie hochkommen und wie sie wegstreichen würden. In seinem Geist assoziierte er den Herbst als Jahreszeit der Jagd und des Todes. Er hatte gerade den Tod seines Onkels Willoughby, des Arzt-Missionars in der Provinz Shansi in China, erfahren. In einem knappen Monat jährte sich auch der Todestag seines Vaters zum vierten Mal. Damals wie heute war er mit Bumby allein auf Reisen. Der Keim seiner Erzählung über das Thema Väter und Söhne nahm in seinem Geist bereits Gestalt an.
Der erste Film nach einem seiner Bücher sollte in Kürze uraufgeführt werden. Es war eine Paramount-Produktion von ›In einem anderen Land‹, und Helen Hayes, Gary Cooper und Adolphe Menjou spielten die Hauptrollen. Für Ernest war der Film ein Greuel. Er war unglücklich über das Happy-End, das die Drehbuchautoren fabriziert hatten, und unglücklich über die Versuche der Promotionleute, seine Kriegsheldentaten und Boxtriumphe lautstark unter die Leute zu bringen. Kurz nach seinem Eintreffen in Piggott schrieb er Max Perkins eine öffentliche Erklärung, in der er die phantasievollen Pressemeldungen zu dementieren suchte, die damals das Land überschwemmten.
Mr. Hemingway, ein Romanschriftsteller, stellt hiermit fest, daß er nur deshalb während eines kleinen Teils des letzten Krieges in Italien war, weil dort die Gefahr, getötet zu werden, bekanntlich geringer war als in Frankreich. Er fuhr oder versuchte einen Ambulanzwagen zu fahren, verrichtete kleinere Tätigkeiten beim Nachschub und war nie an einer heroischen Aktion irgendeiner Art beteiligt. Jeder vernünftige Mensch weiß, daß Schriftsteller keine Mittelgewichtschampions niederschlagen, es sei denn, der Schriftsteller hieße zufällig Gene Tunney. Mr. Hemingway weiß zwar den Versuch der Publicityabteilung zu schätzen, ihn zu einer glanzvollen Persönlichkeit wie Floyd Gibbons oder Tom Mix' Pferd Tony aufzubauen, er mißbilligt ihn aber und ersucht die Filmleute, sein Privatleben in Ruhe zu lassen.
Um dieser Publicitywelle und der Langeweile, die ihn jedesmal in Piggott überkam, zu entrinnen, lud Ernest Max Perkins kurz vor Weihnachten zur Entenjagd ein. In den Reisfeldern von Arkansas pflegten riesige Entenzüge niederzugehen, und Ernest stand mit 2300 Schrotpatronen bereit,

um sie willkommen zu heißen. Er hatte außerdem ein Hausboot gemietet, das im White River lag. Die Jagdbeute fiel wegen eines plötzlichen Kälteeinbruchs mager aus, und Max fand weitaus mehr Gefallen an der Landschaft. ›Ich verbrachte dort einige der kältesten Tage meines Lebens‹, schrieb er später. ›Die steilen Ufer, wo wir auf die Enten warteten, waren nur leicht verschneit. Es sah aus wie die Flüsse auf den Bürgerkriegsbildern im *Harpers Weekly*.‹ Das denkwürdigste Ereignis der Reise war für Max, als er ›hinter einer Flußkrümmung einen fürchterlichen Lärm‹ vernahm und als kurz darauf ›ein richtig altmodischer Mississippidampfer mit zwei Schornsteinen, aus denen Holzrauch stieg, auftauchte. Für Hemingway war das ein normaler Anblick, aber ein Yankee aus Vermont fühlte sich achtzig oder neunzig Jahre zurückversetzt, so als betrete er plötzlich die Welt Mark Twains.‹

In Piggott hatten sich die Hemingways nun in einer als ›Studio‹ umgebauten Scheune hinter dem Pfeifferschen Haus eingerichtet. Dort lebten sie zurückgezogen, und Ernest hatte einen Platz zum Arbeiten. Eines Wintermorgens saßen sie gerade im Haupthaus beim Frühstück, als das Scheunendach wegen eines ungenügend isolierten Rauchfangs in Brand geriet. Die freiwillige Bezirksfeuerwehr erstickte das Feuer schnell, aber einige Bücher und Manuskripte wurden vom Wasser beschädigt. Ein junger Tischler namens Otto Bruce und ein junger Drucker, der Laud Payne hieß, halfen den Schaden beheben und das aufgeweichte Papier trocknen. Als Ezra Pound von dem Vorfall hörte, schrieb er aus Rapallo: ›Waal, damn it awl, Yew ole son, why live in a barn, and wy not be there, when it barns soz to tote out yr stuff?‹

Ernest war vor kurzem wieder auf Pound gestoßen, als man ihn ersucht hatte, einen Beitrag für eine von Ford Madox Ford herausgegebene Festschrift zu verfassen. Es handelte sich um ein Pamphlet, das gemeinsam mit Pounds ›A Draft of XXX Cantos‹ im Januar erscheinen sollte. ›Wenn man die Rezensenten autoritär einschüchtern könnte, würden die ›Cantos‹ anständig aufgenommen werden‹, schrieb Ford. Die Idee, den Kritikern eins auszuwischen, gefiel Ernest, und er stellte in seinem Beitrag fest: ›Jeder Dichter, der in diesem Jahrhundert oder in den letzten zehn Jahren des vergangenen geboren wurde und der ehrlich von sich behaupten kann, daß er weder von Ezra Pounds Werken beeinflußt worden ist noch viel von ihm gelernt hat, verdient eher Mitleid als Tadel. Es ist so, wie wenn ein Prosaschriftsteller unserer Zeit den Einfluß von James Joyce leugnen wollte. Das Beste in Pounds Werk – und es steckt in den ›Cantos‹ – wird fortdauern, solange es eine Literatur gibt.‹

Kurz vor der geplanten Abreise der Hemingways aus Piggott erkrankte Bumby an Grippe. Als er erfuhr, daß er nach Fahrenheit 102 Grad Fieber hatte, erblaßte er und konnte sich nicht einmal mehr konzentrieren, obwohl ihm Ernest aus einem Piratenroman vorlas. Ernest ging mit einem

jungen irischen Setter, der den Pfeiffers gehörte, auf Wachteljagd. Als er zurückkam, benahm sich Bumby immer noch sonderbar. Von seinen Schulkameraden in Frankreich hatte er nämlich gehört, daß niemand 44 Grad Fieber überleben könne. Da seine Temperatur mehr als doppelt so hoch war, war er davon überzeugt, sterben zu müssen. Er beruhigte sich sichtlich, als Ernest ihm den Unterschied zwischen Fahrenheit und Celsius erklärte. Wieder hatte Bumby seinem Vater Stoff für eine Erzählung geliefert – aber Ernest sollte sich erst nach Jahren daran erinnern.
Alle drei Kinder fühlten sich so weit wohl, daß sie zu Neujahr mit Pauline in den Zug nach Key West verfrachtet werden konnten. Ernest fuhr allein nach Roanoke in Virginia, wo er den Wagen einstellte, und setzte die Reise nach New York mit der Bahn fort. Thomas Wolfe weilte in der Stadt. Die zwei größten Romanschriftsteller des Hauses Scribners kannten einander noch nicht, und Perkins wollte unbedingt beide gemeinsam zum Lunch ausführen. Zum ersten Mal blickte Ernest im wahrsten Sinne des Wortes zu einem Schriftstellerkollegen auf. Am meisten beeindruckte ihn aber Wolfes naive Art. Genies dieser Art seien immer wie Kinder, schrieb er Perkins später, und sie gleichen ihnen auch darin, daß sie einem verdammt viel Verantwortung aufladen. Seiner Ansicht nach besaß Tom Wolfe großes Talent, eine subtile feine Wesensart und sichtlich beschränkte Intelligenz. Er vermutete insgeheim, Max werde bei den meisten zukünftigen Romanen Wolfes als Gehirn fungieren müssen.
Eine andere Begegnung seines New Yorker Zwei-Wochen-Aufenthalts – die mit einem jungen Mann namens John Gardner – fiel bedeutend unerfreulicher aus. Gardner hatte sich während der gemeinsamen Studienzeit am Rollins College in Winter Park, Florida, in Carol Hemingway verliebt. Ernest trug als nominelles Familienoberhaupt die Verantwortung für Carol und wollte sie energisch vor jeder Gefahr beschützen, solange sie noch an der Wiener Universität studierte. Als Gardner bei ihm aufkreuzte und um die Heiratserlaubnis bat, schlug es ihm Ernest nicht nur ab, sondern drohte außerdem, ihm die Zähne einzuschlagen, wenn er weiterhin darauf bestünde. Dieser Auftritt bekräftigte aber nur den Entschluß des jungen Mannes. Er fuhr nach Europa und eilte schnurstracks nach Wien.
Zwischen den geschäftlichen Besprechungen mit Perkins und mit seinem Agenten und Rechtsanwalt Maurice Speiser traf Ernest Sidney Franklin, der jetzt noch eingenommener von sich war denn je, weil ihn Ernest in einem besonderen Anhang von ›Tod am Nachmittag‹ verewigt hatte. Ernests Antisemitismus begann sich im Umgang mit Männern wie Sidney, Moe Speiser und dem Bibliographen Captain Cohn ein wenig zu mildern. Am letzten Tag in New York besuchte er Cohn, der ihn um Erlaubnis bat, ›Gott hab Euch selig, Ihr Herren‹ in einer begrenzten Auflage herauszugeben. Die ungünstigen Kritiken von ›Tod am Nachmittag‹ hatten Cohn verärgert, und er wollte zu Hemingways Verteidigung in die Bresche sprin-

gen. Aber Ernest antwortete ihm entschieden, er wünsche seine Kämpfe selbst auszutragen. Er erklärte später einem außenstehenden Dritten, daß er weit interessierter gewesen sei, seine Arbeit zu tun und sein Leben bis zur Neige auszukosten, als von jemandem gewaltsam unter die Fittiche genommen zu werden, der den Marktwert seiner Erstausgaben erhalten wolle.

In Cohns Geschäft, dem House of Books, lernte Ernest am selben Tag einen jungen Holländer, Arnold Gingrich, aus Pennsylvania kennen, der Ernest im Dezember um ein signiertes Exemplar von ›Tod am Nachmittag‹ gebeten hatte. In einer überheblichen Antwort hatte Ernest ihm geraten, sich von der Ablehnung des Buches durch die Kritik nicht ›verblüffen‹ zu lassen. Old ›Papa‹ fühle sich noch recht wohl und habe jetzt noch nicht einmal seine Höchstform erreicht und hoffe, die Kritiker auch in Zukunft mit noch vielen Büchern und Erzählungen zu verwirren. Gingrich fand Ernest einen ›prima Kerl‹ und war enttäuscht, als er das Gespräch abbrach und wegeilte, um seinen Zug nach Virginia zu erreichen.

Von Roanoke fuhr Ernest nach Jacksonville, wo er Pauline traf und mit ihr den Rest der Reise nach Key West zurücklegte. Der Dichter Evan Shipman gab Bumby schon Privatunterricht. Evan hatte sich seit den alten Pariser Tagen überhaupt nicht verändert: er war sorglos und unterernährt wie stets, steckte voller Gedichte und sprach mit seinem monotonen New-England-Akzent ohne Unterlaß von Trabrennen. Obwohl er selbst Schwierigkeiten hatte, sein eigenes Leben in Ordnung zu halten, versuchte er, Ernests zum Bersten volle Briefablage zu entwirren, die von alter Verehrerpost über uralte Wäscherechnungen bis zu einem Elchzahn aus Wyoming ungefähr alles enthielt. Es durfte aber nichts weggeworfen werden. Ernest nahm offensichtlich an, er werde irgendeinmal Zeit finden, die vielen Briefe von völlig fremden Menschen zu beantworten, die seit Jahren in Stößen verstaubten.

Durch die Rückkehr nach Key West wurde Ernests literarischer Schaffensdrang wieder angeregt. *Scribner's Magazine* hatte drei weitere Erzählungen angenommen, die im Frühjahr veröffentlicht werden sollten, nämlich ›Ein sauberes, gutbeleuchtetes Café‹, ›Huldigung an die Schweiz‹ und ›Give us a prescription, Doctor‹. Letztere, die später in ›Der Spieler, die Nonne und das Radio‹ umbenannt wurde, rührte gänzlich von Ernests Erlebnissen im Billings-Hospital her, als er auf die Heilung seines gebrochenen Armes wartete. ›Huldigung an die Schweiz‹ ging auf Ernests Schweizer Reise im Jahre 1927, kurz vor seiner Scheidung von Hadley, zurück. Es war eine dreiteilige Erzählung, die auf humorvolle und ironische Art von einem Mr. Wheeler, Mr. Johnson und Mr. Harris in Montreux, Vevey und Territet handelte. Jeder, der mit Ernests Ehedrama vertraut war, erkannte mit Leichtigkeit, daß die drei Männer Selbstdarstellungen waren und ein Versuch, sich vom Trauma der Trennung von Hadley zu befreien.

›Ein sauberes, gutbeleuchtetes Café‹ war nur insofern autobiographisch, als es einen kurzen Einblick in die Tiefenschichten von Ernests Psyche gewährte – in die Angst vor dem Nichts, von der er noch gelegentlich heimgesucht wurde. Alle drei waren das, was Ernest ›ungefährliche‹ Erzählungen nannte, also ungefährlich für eine Familienzeitschrift wie *Scribner's Magazine*. Alfred Dashiell, der neue Herausgeber, den Ernest unermüdlich kritisierte, hatte sich gezwungen gesehen, eine Erzählung mit dem Titel ›Das Licht der Welt‹ abzulehnen. Es war eine äußerst brutale Geschichte über eine Gruppe von Huren am Bahnhof einer Kleinstadt in Nord-Michigan. Dashiell fand nicht ohne Grund, daß sie für den Leserkreis seiner Zeitschrift viel zu radikal sei. Ernest meinte, Dashiell sei sich nicht darüber klar, wieviel verborgenes Dynamit in den Erzählungen steckte, die er bereits angenommen hatte.

Mit drei guten Erzählungen im Talon erwachten Ernests aggressive Instinkte von neuem, und nichtproduktiven Leuten wie Scott Fitzgerald gegenüber war er kritischer denn je eingestellt. Scotts Frau Zelda hatte unter dem Titel ›Save Me the Waltz‹ einen kleinen Roman geschrieben, den Ernest unlesbar fand. Nur zwei Ereignisse könnten Scott wirklich erlösen: Zeldas Tod oder ein schweres Magenleiden, das ihn endgültig vom Trinken abbringen würde. Warum sträubte er sich dagegen, erwachsen zu werden? Warum war er betrunken, sooft ihn Ernest traf? Allmählich würde man seiner ›verfluchten Romantik‹ und seiner ›billigen irischen Liebe zum Untergang‹ müde. Andrerseits hätte er es die ganze Zeit über herrlich, meinte Ernest. Wenn er fähig sei zu arbeiten, kenne er keine Niedergeschlagenheit. Er genieße es, von 365 Tagen 340 voll auszuleben. Er sei sich stets dessen bewußt, nicht eines, sondern zwei Leben zu leben. Das eine sei das des Schriftstellers, der seine Anerkennung nach dem Tod bekomme – und zum Teufel mit allem, was er jetzt besitzt. Das andere sei das Leben eines Mannes, der jetzt alles habe – und zum Teufel mit allem, was ihm nach dem Tode passiert. Der Ruhm sei ohnehin ein seltsames Phänomen. Man könne durch zehn Zeilen Lyrik oder hundert Seiten Prosa berühmt werden. Und wenn man nicht das Zeug dazu hätte, wäre es gleichgültig, wieviel man schriebe – man würde es nie schaffen. Ein Schriftsteller werde zu Lebzeiten nach dem Gesamtumfang und der Durchschnittsqualität seines Werks beurteilt. Nach seinem Tod sei nur das Beste entscheidend. Er sei der festen Überzeugung, daß der Mensch zum Leiden ›bestimmt‹ ist. Aber er habe die Erfahrung gemacht, daß man sich an alles gewöhnen könne, solange man es ablehnt, sich über ein Unglück schon vorher Sorgen zu machen.

Für April hatte er eine neuerliche Angelexpedition nach Kuba vor. Es lag ihm nicht nur der Sport am Herzen, sondern auch die Gelegenheit, Material für ein Sachbuch über die uralten Geheimnisse des Golfstroms zusammenzutragen. In der Zwischenzeit hatte er eine lange Erzählung in

Der Sieger geht leer aus

Angriff genommen, deren Schauplätze Key West, Havanna und das Meer dazwischen waren. Für den Helden, den er nach dem berüchtigten Piraten Henry Morgan nannte, hatte teilweise Joe Russell Pate gestanden – der Fischer und Alkoholschmuggler, dessen Boot er für seine Kubaausflüge gemietet hatte. Am 22. Februar konnte er Perkins mitteilen, er sei mit drei Kapiteln fertig und das Ende schon abzusehen.

In den folgenden Wochen wurde sein Stolz zweimal empfindlich verletzt. Am St.-Patricks-Tag telegrafierte John Gardner aus Wien, daß er noch vor Ablauf der nächsten Woche in Kitzbühel Ernests Schwester Carol heiraten werde. Ernest nahm diese Nachricht mit Verbitterung zur Kenntnis. Er schrieb an Paulines Mutter, daß die Sache für ihn erledigt sei. Nie wieder würde er Braut, Bräutigam oder Hochzeit erwähnen. Den zweiten Schlag fügte ihm Gertrude Stein mit ihren Memoiren zu, die unter dem keineswegs ihre Autorschaft verdeckenden Titel ›The Autobiography of Alice B. Toklas‹ in Fortsetzungen im *Atlantic* erscheinen sollten. Das Kapitel, das sich mit Hemingway beschäftigte, sollte zwar nicht vor dem Sommer drankommen, aber Ernest wußte, daß ihr Verhältnis sich seit den Pariser Tagen, als Alice und sie die Patinnen Bumbys gewesen waren, radikal geändert hatte. Einige besonders harte Passagen hatte er aber trotzdem nicht erwartet. So hieß es einmal, sie habe zusammen mit Sherwood Anderson Hemingway praktisch erfunden und ›sie seien beide auf ihr Werk ein wenig stolz, gleichzeitig aber auch etwas beschämt‹. Dann wieder schrieb sie, er habe bei der Korrektur von ›The Making of Americans‹ viel Lehrreiches über die Kunst des Schreibens aufgeschnappt. Die schlimmste Behauptung war aber für Ernest sicherlich die, er habe ›Schiß‹ wie einige Bootsleute in Mark Twains Erzählungen über die alten Tage am Mississippi.

Ernest kochte insgeheim vor Zorn. Er erzählte seinen engsten Freunden, Gertrude habe ihn längst zugunsten von Leuten fallengelassen, die er voller Verachtung ihre ›gefiederten Freunde‹ nannte. Seit den Wechseljahren sei sie gegenüber sexuellen Dingen plötzlich verdammt voreingenommen geworden. Das Phänomen habe sich in drei Phasen abgespielt. Zuerst habe sie bestimmt, niemand tauge etwas, der nicht schwul sei, dann habe sie darauf bestanden, alle Schwulen müßten Talent haben. Schließlich habe sie es fertiggebracht, sich selbst einzureden, jeder, der etwas tauge, müsse schwul sein. Wenn er nichts anderes mehr schreiben könne, würde er mit eigenen Memoiren herausrücken, bemerkte er bissig. Sie würden nichts zu beweisen suchen, aber treffend und lustig zugleich sein.

Arnold Gingrich hatte Ernest vor kurzem über ein neues Herrenmagazin geschrieben, das noch keinen Namen hatte, aber bereits im Herbst erscheinen sollte. Er wünschte sich Ernest als Mitarbeiter und war bereit, ihm für jeden kurzen Sachartikel über Jagd oder Fischen 250 Dollar zu bezahlen. Die Zeitschrift wollte versuchen, dem Amerikaner das gleiche

zu bieten wie *Vogue* der Amerikanerin. Ernest brauche sich wegen der Qualität keine Sorgen zu machen. Es würde keine Zeitschrift für Weichlinge werden und ›reichlich Haare auf der Brust‹ haben. Als Ernest versprach, einige Artikel zu schreiben, schickte ihm Gingrich ein modisches blaues Hemd und ein Lederwams, die er aus von Inserenten gestifteten Kleidungsstücken ausgewählt hatte. Ernest gab ihm seine Maße bekannt: Halsweite 44, Schuhgröße 43, Rockgröße 44–46, Bundweite und Schrittlänge 86 cm. Er revanchierte sich bei Gingrich mit einigen inside-stories aus seiner persönlichen Entwicklung. Beispielsweise, daß er Joyce als Freund und Schriftsteller mochte und daß er beim Lesen seiner Werke ziemlich viele technisch-formale Kenntnisse erworben hatte. Daneben sei er von Gertrude Stein, Ezra Pound und Sherwood Anderson beeinflußt worden. Er gab zu, aus den Werken von D. H. Lawrence einige Kunstgriffe für Landschaftsbeschreibungen bezogen zu haben.
Im Juni hatte er endlich den Titel für seinen neuen Erzählband gefunden. In ›Der Sieger geht leer aus‹ sei eine winzige Spur jenes zynischen Sichabfindens mit der menschlichen Situation enthalten, die die Erzählungen seiner Meinung nach verkörperten und illustrierten. Der Titel stammte angeblich aus einem alten Buch über Glücksspiel, tatsächlich hatte ihn aber Ernest selbst in einem Stil verfaßt, den er für ›typisch siebzehntes Jahrhundert‹ hielt. ›Anders als bei anderen Formen des Kampfes oder Wettstreits sind die Verhältnisse so, daß der Sieger leer ausgeht; er gewinnt weder Behagen noch Vergnügen, noch irgendeine Vorstellung von Ruhm, noch wird er, sollte er auch sehr viel gewinnen, in sich selbst Befriedigung finden‹, schrieb Ernest. Er war über den neuen Titel begeistert, denn der beste, der ihm bisher eingefallen war, hatte ›Nach dem Sturm und andere Erzählungen‹ gelautet. Der neue beweise, daß man nach wie vor mit ›Old Papa‹ rechnen könne, sagte er Perkins. Es sei wie beim Fischen. Nach der ersten Stunde könne der Fisch Hemingway töten, nach zwei Stunden töte Hemingway den Fisch.
Es waren jetzt vierzehn Erzählungen beisammen. Ernest wollte ›Das Licht der Welt‹ an die Spitze stellen, jene harte Geschichte über eine Hure, die einen Boxer liebt. Perkins brachte ihn davon ab, mit dieser Geschichte zu beginnen. Denn das hieße, seinen Kritikern einen Trumpf in die Hände spielen, die ihm wieder vorwerfen würden, ›das schlüpfrige Vokabular eines kleinen Jungen‹ nur der Schockwirkung wegen anzuwenden. Perkins gefiel persönlich ›Ein sauberes, gutbeleuchtetes Café‹, aber er war der Meinung, daß sich ›Nach dem Sturm‹ – die Erzählung Bra Saunders' über das gesunkene Passagierschiff – als beliebteste Geschichte der Auswahl erweisen könne. Ernest kapitulierte, obwohl er nach wie vor in die dicke Hure Alice vernarrt und davon überzeugt war, daß sein Produkt Maupassants ›Das Haus Tellier‹ bei weitem übertraf. Die letzte Erzählung müßte aber unbedingt ›Väter und Söhne‹ sein, jene Geschichte über seine

Der Sieger geht leer aus

Reise mit Bumby nach Piggott im vergangenen November, die zum ersten Mal in Ernests Laufbahn den Selbstmord seines Vaters dichterisch verwertete. Er war bereit zuzugeben, daß ›Der Sieger geht leer aus‹ Dinge über Personen enthalte, die dem Publikum vielleicht nichts sagen würden. Aber er war vom bleibenden Wert der Sammlung überzeugt. Sie stellte weitere vierzehn Punkte für sein Programm dar, ein Bild der gesamten Welt zu entwerfen oder zumindest dessen, was er von ihr selbst gesehen hatte.

Anfang Juni erschien in der Zeitschrift The New Republic eine verspätete Kritik von ›Tod am Nachmittag‹. Verfasser war Ernests alter Freund Max Eastman, und der Titel des Artikels lautete ›Stier am Nachmittag‹. Eastman klagte darin teils scherzhaft über die ›unzumutbare Menge von Stieren‹, mit denen Hemingway seine Darstellung der spanischen Stierkämpfe ›ausstaffiert‹ habe. Warum, so fragte er, hülle sich solch ein grimmiger Realist jedesmal, wenn er Spanien betrete, in Wolken ›jugendlicher Romantik‹. Die Gründe seien naheliegend. Jeder wisse natürlich, daß Hemingway das ›heitere Vertrauen‹ zu sich als ›vollwertigem Mann‹ fehle. Solche Zweifel seien bei diesen ›zartbesaiteten Babys‹ – Künstler genannt – nichts Ungewöhnliches. Es sei für Hemingway bezeichnend, daß er seine Zweifel mit unentwegter Geltendmachung seiner ›vollblütigen Männlichkeit‹ überwunden habe, und mit der Entwicklung eines ›literarischen Stils ... der wie falsche Haare auf der Brust wirke‹. Eastmans Feststellungen hätten unbemerkt bleiben können, wenn Archie MacLeish nicht gewesen wäre. Er nahm augenblicklich an dieser Verleumdung, die sich seiner Meinung nach gegen Ernests sexuelle Potenz richtete, Anstoß, schrieb dem Herausgeber der New Republic, Bruce Bliven, einen Protestbrief und schickte Ernest eine Kopie des Artikels und einen Durchschlag seines Briefes. Bliven war baff – und Eastman augenscheinlich auch. Beide versicherten Hemingway und MacLeish, daß sie keine derartige Anspielung beabsichtigt hätten. Aber dies konnte Ernest weder überzeugen noch erweichen. Gegen MacLeishs Rat verfaßte er in seiner besten (oder schlimmsten) finster-humorvollen Manier einen offenen Brief:

Sehr geehrte Herren,
wäre es Ihnen möglich, Mr. Max Eastman zu veranlassen, seine Spekulationen über meine sexuelle Unzulänglichkeit näher auszuarbeiten? Hier (in Havanna) würde man sie mit größtem Vergnügen (vor-)lesen, denn wir haben nicht viel Zerstreuung hier. Wenn Sie es für ratsam halten, würde ich mit Freuden Illustrationen beisteuern, um Mr. Eastmans Prosa etwas aufzuputzen. Da Mr. Alexander Woodcott und der mittelalterliche Mr. Eastman beide maliziöse Zweifel bezüglich meiner Potenz veröffentlicht haben, wäre es zuviel verlangt, von Mr. Stark Young bald eine Antwort zu erwarten?

Der offene Brief konnte Hemingways Zorn auch wenig beschwichtigen. Sollte Eastman diese Schmähschrift jemals in Buchform veröffentlichen, würde dies seinen Verleger eine Menge Geld kosten und Eastman ins Zuchthaus bringen, schrieb Ernest an Perkins. Schweine wie Eastman seien nicht wert, daß man für sie schreibe. Jede Figur dieser Kritikerbande sei so ekelhaft wie Kotze. Er beschuldigte Eastman der Sexfummelei und des politischen Verrats. Was weder er noch seine Freunde verwinden könnten, sei die Tatsache, daß Ernest ein unzweifelhafter Mann sei, daß er ihnen allen ›die Scheiße aus dem Arsch prügeln‹ und schließlich, daß er schreiben könne. Letzteres sei für sie am schwierigsten zu schlucken. Aber ›Old‹ Papa würde sie schon dazu bringen – und so weiter, über einige Seiten. Perkins versuchte den Lavaguß mit frischer Luft abzukühlen. Eastmans Artikel habe wirklich keinerlei Bedeutung und würde Ernest sicherlich nicht schaden. ›Entscheidend ist nur die Qualität Deiner Arbeit‹, schrieb Max. Ernests vesuvianisches Gepolter hörte nicht auf. Einen Monat später berichtete er, Eastman hätte ihm einen ›arschkriecherischen‹ Entschuldigungs- und Ablenkungsbrief geschrieben. Aber das werde ihm nicht ›aus der Klemme‹ helfen. Irgendwann in der Zukunft werde die Stunde der Rache kommen.

Es war eine harte Saison gewesen. Gertrude Stein, Max Eastman und verschiedene Rezensenten von ›Tod am Nachmittag‹ hatten ihm kindische Ungezogenheit, zügellose Ausdrucksweise, stilistische Entgleisungen, Banalität, die Pose eines ›Supermanns‹, Antiintellektualismus, bösartige Seitenhiebe auf seine Schriftstellerkollegen, Sterilität, Feigheit und, wie er glaubte, sexuelle Impotenz vorgeworfen. In seiner damaligen Stimmung hätte ›Der Sieger geht leer aus‹ sehr gut als Motto, ja sogar vielleicht als Epitaph für das ganze vergangene Jahr dienen können, wenn nicht gar für die ersten zehn Jahre seiner schriftstellerischen Laufbahn.

Revolutionen

Hemingways Elixier gegen die Kritik der Rezensenten war das Hochseefischen. Auf See wußte ein Mann wenigstens, woran er war. In der dritten Juliwoche waren es hundert Tage, daß er im Golfstrom herumkreuzte. In dieser Zeit hatte er mehr als fünfzig Marlins gefangen, und Joe Russells Boot ›Anita‹ war so oft von kampflustigen Schwertfischen gerammt worden, daß es zu lecken begann. Ernest war von morgens bis abends in alles, was sich ereignete, vernarrt. In diesem Sommer wurde er meist von einer Sonne geweckt, die über der Halbinsel Casablanca aufging und durch die Fenster seines Zimmers im Ambos Mundos schien. Er pflegte sich aus dem Bett zu wälzen, rasch zu duschen, Khakihosen und ein Hemd

anzuziehen, in ein paar trockene Mokassins zu schlüpfen, sich die Morgenzeitung an der Rezeption zu holen und ins Eckcafé frühstücken zu gehen. An Tagen, an denen er fischen ging, war diese Mahlzeit immer frugal – eine Scheibe kubanischen Brotes, ein Glas Vichy und ein Glas kalte Milch. Er hatte schon zu oft erlebt, wie er mit vollem Magen unter der sengenden Sonne gelitten hatte – und wollte es nicht mehr riskieren.
Meistens hielt er sich beim Lunch für diese Askese schadlos. Joe Russell und Carlos achteten darauf, daß die Kühltruhe der ›Anita‹ immer mit Fressalien, Hatuey-Bier und frischen Cerro-Makrelen und kleinen Königsmakrelen, die er als Köder benützte, gefüllt war. Der Lunch bestand meist aus Sandwiches und Avocados, die sie mit Salz und Pfeffer und frisch gepreßtem Zitronensaft anmachten. An Tagen, wenn sich kein Fisch zeigte, ankerten sie in irgendeiner menschenleeren Bucht, gingen ans Ufer zum Schwimmen und machten sichs bei einer warmen Mahlzeit gemütlich.
Es war immer zauberhaft, am frühen Morgen von der San-Francisco-Werft auszufahren. Über den Bootsrand sah Ernest den silbernen Tarponen bei ihrer Jagd nach Nahrung zu. Jeden Tag waren Dutzende kleiner Boote draußen, um mit der Grundangel Rotbarsche oder mit dem Blinker Makrelen zu fangen. Weiter draußen trieben die Boote der professionellen Marlinfischer, die die Tiefseefische von Hand mit schweren Leinen, auf die sie in vierzig bis siebzig Faden Tiefe Köder befestigten, fischten. Wenn der Nordost-Passat einsetzte, kam der Marlin an die Oberfläche, und seine Schwanzflosse durchschnitt die Wellen wie eine Sichel, während er mit dem Wind kreuzte. Ohne die steil aufgerichtete Schwanzflosse würden sie wie runde Baumstämme aussehen, die rasch im Wasser dahintreiben. Aber wie auf ein geheimes übernatürliches Zeichen veränderte sich urplötzlich ihre ganze Erscheinung. Die Rückenflossen tauchten empor, die breiten blauen Brustflossen spreizten sich, und der Marlin verwandelte sich plötzlich in einen großen Unterwasservogel, der zum Angriff ansetzt.
Vor Morro Castle fing Ernest am 6. Juli einen Brocken von 350 Kilo. Der Kampf dauerte eineinhalb Stunden und spielte sich auf einer Strecke von acht Seemeilen ab. Er kniete am Heck, während ihm Carlos abwechselnd einige Eimer Meerwasser über den Rücken schüttete oder ihn um die Mitte nahm, damit er nicht über Bord gerissen wurde; Ernest brachte den Marlin durch eine langsame, kreisende Bewegung auf etwa zwanzig Faden herauf und gewann bei jeder neuen Bahn einen bis zwei Meter. Er hatte gerade seine zweite Schnur auf der Spule, als die Rute mit einem splitternden Krachen entzweibrach und der Fisch verschwand. Ernest fluchte zwar, aber er gewann bald wieder seine Selbstsicherheit zurück. Er hatte mit dem Fisch noch gekämpft, nachdem ein schlechter Sportsmann schon lange die Schnur gekappt und aufgegeben hätte. ›Der arme alte, zerbrechliche Hem‹,

frohlockte er und machte Gertrude Stein, Max Eastman und allen anderen, die seine Männlichkeit in Frage gestellt hatten, eine lange Nase. Zwei Wochen später, als er bereits in Key West war, verfaßte er, solange er seine Fischabenteuer noch frisch im Gedächtnis hatte, einen ›Brief aus Kuba‹. Es war sein erster Artikel für Gingrichs neues Herrenmagazin, das *Esquire* heißen sollte. Ernest fand den Namen viel zu versnobt für eine Publikation, die am Tiefpunkt der Wirtschaftskrise gestartet werden sollte. Aber er schluckte seine Einwände hinunter, schickte den Artikel mit einigen Fotos ab und kassierte seinen 250-Dollar-Scheck. Damit war er seit zehn Jahren zum ersten Mal wieder journalistisch tätig geworden. Gingrich hatte ihm freie Hand gelassen, und er durfte schreiben, was ihm einfiel. Es war eine willkommene Möglichkeit, sich dem Teil der Bevölkerung verständlich zu machen, der seine Liebe für ein Leben in Aktion teilen könnte. Er machte Gingrich darauf aufmerksam, daß seine Sportschriftstellerei viel brauchbarer sei als die Zane Greys. Grey wolle die Leute nur mit seiner Geschicklichkeit und seinem Können verblüffen. Ernest habe für die Leser tausend Kniffe auf Lager, die diesen beibringen würden, richtig zu angeln, zu schießen oder einen Stierkampf und eine Revolution richtig zu sehen.

In zwei Wochen sollte er nun schon zur ersten Etappe seiner Afrikareise, der Überfahrt nach Europa, starten. Charles Thompson war der einzige, der von der ursprünglichen Jagdgesellschaft übriggeblieben war. Er wollte den ganzen Sommer in Key West arbeiten und im Herbst in Paris zu Ernest stoßen. MacLeish und Strater hatten abgesagt, wohl weil keiner der beiden von der Aussicht auf eine zwei Monate dauernde Safari mit einem derart wettbewerbsbesessenen Freund besonders angetan war, der aus der täglichen Jagd einen tödlichen Konkurrenzkampf machen würde. Ernest hatte die Überfahrt an Bord der am 7. August von Havanna auslaufenden ›Reina de la Pacifica‹ schon lange zuvor gebucht. Er wollte in Santander an Land gehen und zwei Monate in den Stierkampfarenen verbringen, während Pauline und Jinny weiterfahren und Bumby bei seiner Mutter in Paris abliefern würden.

Nach sechs Jahren wurde Ernest nun seiner Verantwortung für Hadley entbunden. Anfang Juni hatte sie in London Paul Scott Mowrer geheiratet, den Europa-Korrespondenten der *Chicago Daily News*. Er hatte sich vor kurzem von seiner ersten Frau scheiden lassen und war gerade im Begriff, nach Chicago zurückzukehren, um die Herausgabe des Blattes zu übernehmen.

Jane Mason war für Ernest, zumindest für einige Zeit, ebenfalls aus dem Verkehr gezogen. Sie hatte sich im Sommer bei zwei Unfällen derart schwer verletzt, daß sie im Doctors Hospital in New York im Streckverband lag. Jane sei eine verdammt schöne Frau, sagte Ernest zu Perkins, und es sei kein Spaß, sich mit vierundzwanzig das Kreuz zu brechen.

Revolutionen

Als die Hemingways am 4. August in Havanna ankamen, steuerte die linksgerichtete Revolution gegen den kubanischen Diktator Gerardo Machado ihrem Höhepunkt zu. Die Fischzüge hatten Ernest im Frühjahr und Sommer von den Straßenschlachten ferngehalten, aber jetzt war in ganz Kuba der Generalstreik ausgerufen worden, der die größeren Städte beinahe vollständig lahmlegte. Die Hemingways waren im ›Ambos Mundos‹ einigermaßen sicher, aber Pauline und Jinny wurden angeblich einmal beschossen, als sie sich auf die Straße wagten. Ernests Sympathien galten dem kubanischen Volk. Er hoffe zu Gott, daß sie den ›lausigen Tyrannen‹ Machado loswürden, sagte er zu Freunden. Als die Massen am 7. August Nachrichten, die von Machados Rücktritt sprachen, voreilig bejubelten und dann von diktatortreuen Trupps der brutalen Porristas auf den Straßen niedergemäht wurden, befand sich Ernests Schiff bereits auf hoher See. Am Nachmittag des 12. August brachte das Radio die Neuigkeit, daß Machado abgesetzt worden und geflohen sei. Dr. Carlos Manuel de Céspedes, ein Patriot und Idealist, war der neue Interimspräsident Kubas.

Die Entwicklung der spanischen Revolution seit seinem letzten Besuch machte Ernest nicht gerade glücklich. Die Bauern litten wie zuvor unter drückender Armut, aber ein neuer, gigantischer bürokratischer Apparat verschleuderte das Volksvermögen.

Ernest sah die Sache so, daß die ach so idealistischen jetzigen Machthaber den Kuchen nach immer kleineren Rosinen absuchten. Wenn dann Rosinen und Kuchen futsch wären, stünde eine neue Revolution bevor. Die ersten drei Jahre Spanische Republik waren vorüber. Trotz Blutvergießen und einiger Arbeiteraufstände machte sich nun bereits eine starke konservative Reaktion bemerkbar.

Aber seine Hauptinteressen lagen wie immer außerhalb der Politik. Er ging mit seinem Freund, dem revolutionären Künstler Luis Quintanilla in Estremadura auf Eberjagd. In Madrid stellte er mit Bedauern fest, daß das schmutzige, alte ›Café Tornos‹ niedergerissen worden war, um für ein neues Bürohaus Platz zu schaffen, und daß ein neues Lokal, das ›Aquarium‹, der ›letzten Phase von Montparnasse‹ enttäuschend ähnlich sah. Am Ufer des Manzanares, wo Ernest mit Sidney Franklin und Bumby früher schwimmen gegangen war und über dem offenen Feuer Paellas gemacht hatte, war jetzt entlang des Pardo ein modernes Schwimmbad entstanden. Jetzt gab es ›echten Sand, eine große Lagune und sehr kaltes und bemerkenswert klares Wasser‹. Nichtschwimmer, die dort badeten, sahen Ernest mit offenbarer Ehrfurcht zu, wie er schnaubend über den Fluß und wieder zurück kraulte.

Der ›diesjährige Messias‹ unter den Matadoren war Felix Colomo; er hatte aufsehenerregend gekämpft und war zweimal gespießt worden. Ernest war aber nicht sonderlich beeindruckt.

Formen des Kampfes

Zwischen den Arenabesuchen las Ernest die letzte Fortsetzung von Gertrude Steins Memoiren, die er als ›verdammt jämmerliches Buch‹ einstufte, sowie James Thurbers ›My Life and Hard Times‹, das er wunderbar fand. Er schrieb Thurber einen witzigen Brief, in dem er ihn als weit besseren Autobiographen als Henry Adams bezeichnete. ›Selbst in den Tagen, als Thurber unter dem Namen Alice B. Toklas schrieb, wußten wir, daß er das Zeug hatte, wenn er es versuchte‹, scherzte Ernest. Thurber freute sich derartig über diese Bemerkung, daß sie auf dem Umschlag seines Buches abgedruckt wurde. Ernest kehrte zu seiner rasch fortschreitenden, spannungsgeladenen Geschichte von Harry Morgan zurück. Sie begann mit der Schilderung einer morgendlichen Straßenschlacht zwischen kubanischen Revolutionären und den Handlangern Machados. Es war zum ersten Mal, daß Ernest kubanisches Material literarisch verarbeitete – den *Esquire*-Artikel ausgenommen. Auf Jinny Pfeiffer wirkte die Geschichte so echt und unmittelbar, daß sie kaum glauben konnte, sie habe sich nicht tatsächlich ereignet. Da Ernest genau diese Wirkung beabsichtigte, fühlte er sich vom Urteil seiner Schwägerin ungeheuer geschmeichelt.
Als er im Spätsommer in Paris ankam, war die Stadt so schön wie immer. Aber er sprach von Paris nur mehr in der Vergangenheit. ›Ein hübscher Ort, wenn man noch jung ist‹, schrieb er. ›Ein notwendiger Teil der Erziehung eines Mannes.‹ Montparnasse wirkte deswegen schwermütiger als sonst, weil jeder mit ›vollkommener Ruhe‹ einen neuen Krieg hinnahm und für sicher hielt. Wenn es soweit kommen sollte, müßten sich die Vereinigten Staaten aus allem heraushalten, meinte Ernest. Paris war die Stadt seiner Jugend gewesen. ›Aber jetzt liebe ich etwas anderes‹, schrieb er. ›Und wenn ich kämpfen muß, so kämpfe ich für etwas anderes.‹ Er meinte damit sein eigenes Land, vom entlegensten Zipfel Floridas bis zu den höchsten Gipfeln Wyomings. Er sei sogar eventuell bereit, für sein Wahlland Spanien zu kämpfen. Aber nicht für Frankreich, zumindest nicht jetzt. Ezra Pound hatte im Frühjahr in Mailand Wirtschaftsvorlesungen gehalten und dabei die Tüchtigkeit Mussolinis gepriesen. Ernest lehnte das faschistische Italien wie eh und je ab, obwohl er vor kurzem zu der Überzeugung gelangt war, Hitler sei das viel größere Übel. Clausewitz hatte in seinen Aufzeichnungen geschrieben, der Krieg sei für die Gesundheit des Staates notwendig. Ein Mann mit Hitlers Staatsidee müsse sich des Kriegs bedienen, um sein Konzept aufrechtzuerhalten, schrieb Ernest prophetisch.
Eine neue Welle von Angriffen seitens der New Yorker Rezensenten vertiefte seine herbstliche Schwermut. Sie knüpften bei ›Der Sieger geht leer aus‹ da an, wo sie bei ›Tod am Nachmittag‹ aufgehört hatten. Man bewunderte einstimmig ›Wein aus Wyoming‹ und ›Nach dem Sturm‹. Aber man fand, die neue Auswahl sei von allen bisher veröffentlichten Erzählungen die armseligste und uninteressanteste. Max Perkins schickte ein

Bündel Rezensionen, vorsichtigerweise mit der Bemerkung, ein Großteil sei unzulänglich und viele ›wirklich zum Ärgern‹. Der flotte Verkauf – Mitte November waren 11 000 Exemplare verkauft – brachte für die Wunden des stark angeschlagenen Ernest etwas Linderung.

Er faßte den Entschluß, Clifton Fadimans Kritik, die im *New Yorker* unter dem Titel ›Brief an Mr. Hemingway‹ erschienen war, persönlich zu beantworten. Die Erzählungen seien ehrlich und kompromißlos wie immer, so schrieb Fadiman, aber dies genüge nicht mehr. Ernest habe nun in den Erzählungen Themen wie Sport und plötzlicher Tod völlig ausgepreßt. Warum befasse er sich jetzt nicht mit etwas anderem? Ernests lange Antwort war eine Mischung aus Spott und Stolz. Er rühmte sich, gute Kinder gezeugt, jede Frau, die er begehrte, genossen zu haben, ›oftmals‹ verwundet und dekoriert worden zu sein. Er habe gesehen, wie seine aufrichtigen Überzeugungen aufs allerprächtigste in den Dreck gezogen worden seien. Er habe in den vergangenen Jahren drei Erzählbände, zwei Romane, das ›lustige‹ Buch über Sherwood Anderson und die Abhandlung über den Stierkampf auf sein Habenkonto buchen können. Und deshalb könne er die Leute nicht ernst nehmen, die fänden, der ›zerbrechliche alte Papa‹ lasse nach. Er werde ›durchhalten‹, bis seine Zeit reif sei, und so gut und regelmäßig schreiben, bis er schließlich jeden einzelnen Rezensenten ruiniert habe. Er werde alle zwei Jahre, mit Eastman beginnend, einem ›lausigen Kritiker die Kinnlade brechen‹ und seine Opfer mit dem Los bestimmen. Ferner sei es seine Vorstellung, nur einmal über ein bestimmtes Thema zu schreiben, und dann drei weitere Bände mit Erzählungen zu veröffentlichen, deren Stoff bisher noch von niemandem behandelt worden sei. Außerdem plane er eine sehr lange Studie über den Golfstrom und seine Fischwelt, und dafür werde er das Material verwenden, das er in den vergangenen zwei Jahren während 185 Tagen auf See zusammengetragen habe. Sein Grundsatz sei immer einfach gewesen: sich mit dem zu beschäftigen, was ihn interessierte, und sich dabei verdammt gut zu amüsieren.

Die erste öffentliche Entgegnung auf die Angriffe Gertrude Steins kleidete er in die Form eines Vorworts zu einer Autobiographie von Jimmy Charters, einem gewinnenden jungen Londoner, der während der zwanziger Jahre in Paris als Barmann gearbeitet hatte. Ernest ging vom Kontrast zwischen ›saloons‹ wie dem Dingo und Salons, die von legendären Frauen wie Miß Stein gehalten werden, aus. Jimmy Charters habe ›mehr und bessere Drinks serviert als je eine legendäre Frau in ihrem Salon‹. Obgleich der Montparnasse heute eine trostlose Gegend geworden sei, habe ihn Jimmy jedesmal, wenn er hinter einer der vielen Theken stand, gleich viel fröhlicher ausschauen lassen.

Die Abreise nach Afrika rückte jetzt näher. Charles Thompson war in Paris eingetroffen, und Ernest führte ihn durch seine alten Lieblingslokale.

Solita Solano erklärte sich bereit, die Harry-Morgan-Erzählung abzutippen und sie an den *Cosmopolitan* zu schicken. Ernest fuhr mit Thompson und Ben Gallagher zur Jagd in die Sologne und kehrte mit zwei Fasanen und einem Wildschlegel zurück. Am folgenden Abend, dem letzten in Paris, luden die Hemingways das Ehepaar Joyce zum Dinner ein. Joyce sprach von seiner Befürchtung, daß seine Arbeit ›zu provinziell sei und daß er vielleicht ein wenig herumkommen und sich die Welt ansehen sollte‹. Seine Frau Nora pflichtete ihm bei. ›Jim könnte ein bißchen Löwenjagd brauchen‹, sagte sie. Aber Joyce interessierte sich wenig für Löwen. Den ganzen Abend zitierte er immer wieder eine schöne Textstelle über das Weiterbestehen gewisser Blumen durch die Jahrhunderte. Sie stammte von einem Historiker aus dem 19. Jahrhundert, Edgar Quinet. Joyce hatte sie sich schon seit langem eingeprägt und sogar in seinem eben entstehenden Werk ›Finnegans Wake‹ verwendet. Der Schlußsatz hatte es Ernest angetan: ›fraîches et riantes comme aux jours des batailles‹. Der Satz gab ziemlich genau den Seelenzustand wieder, in dem Ernest nach Afrika aufbrach.

Die Hochebenen Afrikas

Am 22. November um Punkt 12 Uhr lichtete die ›General Metzinger‹ im Marseiller Hafen den Anker und nahm Kurs auf Port Said. Während der ganzen Mittelmeerreise blieb das Wetter kalt und regnerisch. Als sie sich der flachen ägyptischen Küste näherten, wurden die Tage heiß und trocken. In Port Said gingen sie zum Dinner an Land und machten anschließend unter Führung eines Dolmetschers einen Rundgang durch die Eingeborenenviertel und Basare. Während sie durch den Suezkanal fuhren, lehnte Ernest stundenlang an der Reling, starrte auf die Sanddünen und beobachtete das Treiben am Ufer. Einmal tauchte ein Soldat auf einem Kamel auf, der sein Tier auf dem Kanalpfad mit dem Schiff um die Wette reiten ließ. Am 2. Dezember hatten sie den südlichen Zipfel des Roten Meeres erreicht und steuerten in den Golf von Aden und den Indischen Ozean. Ernest und Charles saßen an Deck und spielten Dame. Sie machten sich über die französischen Matrosen lustig, die als Schutz gegen die tödlichen Strahlen der Tropensonne Sturmgardinen aus Segeltuch hißten.
Als sie am 8. Dezember in Mombasa an Land gingen, umfing sie die drückende Feuchtigkeit der Küstenebene wie ein türkisches Dampfbad. Arabische Segler lagen unterhalb von Fort Jesus, das die Portugiesen Ende des 16. Jahrhunderts errichtet hatten. Die engen Gassen der alten Inselstadt schienen die Patina der letzten vierhundert Jahre zu tragen. Am Festland, wo sie das erste Wochenende bei einem englischen Ehepaar ein-

geladen waren, herrschte die saubere Atmosphäre moderner, von Alleebäumen gesäumter Straßen. Ernests Lebensgeister erwachten, als der Zug auf der 600-Kilometer-Strecke nach Nairobi durch das trockene Buschland des Njika fuhr und sich langsam in ein Gebiet hinaufwand, in dem sich sanfte Hügel aus der Hochebene erhoben. Nairobi lag, zwischen Hügeln eingebettet, in einer tassenförmigen Senke. ›Ein bunter Ort mit einigen schönen, neuen Steinbauten und ganzen Vierteln von Läden, Büros und Bungalows aus Wellblech, und dazwischen lange Reihen von Eukalyptusbäumen‹ – so hatte Karen Blixen die Stadt beschrieben. Im New Stanley Hotel wurde ihnen ausgerichtet, daß Philip Percival in wenigen Tagen frei sein würde und ihnen dann als White Hunter zur Verfügung stünde. Inzwischen seien sie auf seiner Farm in Potha Hill in Machakos, 30 Kilometer südöstlich in den Mua-Hügeln gelegen, willkommen. Percival würde sich nur geringfügig verspäten. Sie würden bald mit der Jagd in den Kapiti-Steppen beginnen können.

Ernest wurde sofort mit beiden Percivals warm, besonders natürlich mit dem berühmten Jäger, einem mittelgroßen, robusten Mann mit angegrautem Haar und rötlichem Gesicht. Er benahm sich liebenswürdig, sprach wenig, aber sein Vorrat an Jagdgeschichten war genauso üppig wie der John Staibs oder Ivan Wallaces. Ernest assoziierte ihn augenblicklich mit dem irischen Kriegsmann Dorman-Smith. Der wesentliche Unterschied zwischen beiden lag darin, daß Ernest von Percival jeden Tag etwas Neues lernte, während er mit Chink lange Jahre die Welt gemeinsam entdeckt hatte, bis ihre Wege schließlich auseinandergegangen waren. Etwas in Ernests breitem Lächeln und in seinen ausladenden Schultern erinnerte Percival an den späteren Präsidenten der USA, Roosevelt, wie er bei seiner Safari vor über zwanzig Jahren ausgesehen hatte. Er bemerkte zwar sogleich, daß Ernest schlechte Augen hatte und beim Schießen Brillen aufsetzen mußte, doch er hielt ihn für einen scharfen Beobachter, der schnell lernte und über ein ausgezeichnetes Gedächtnis verfügte.

Nach über zwei Wochen auf See hatte Ernest Schwierigkeiten, sich an die Höhenlage zu gewöhnen. Da er jeden Morgen um fünf aufstand und den ganzen Tag in den Kapitis jagte, war er am Abend ›vollkommen ausgepumpt‹. Sie erlegten Gazellen wegen des Wildbrets, Kongoni- und Impala-Antilopen wegen der Trophäe und so viele Perlhühner, daß sie ein ganzes Regiment damit hätten ernähren können. Ernests Appetit und seine Bewunderung für das Land waren gewaltig. Er wiederholte öfter, daß keines der Bücher, die er gelesen hatte, ›auch nur eine Vorstellung von der Schönheit des Landes und dem noch vorhandenen Wildbestand‹ vermittelte. Selbst Montana und Wyoming verblaßten daneben. In all den vierunddreißig Jahren seines Lebens habe er noch kein Land wie Afrika erlebt.

Die Kolonne für die Tanganjika-Expedition war verschwenderisch ausstaffiert: zwei Lastwagen für Zelte und andere Campingausrüstung und für die Teilnehmer ein eigens angefertigter Wagen mit großer Bodenfreiheit, für sechs Personen einschließlich der beiden Gewehrträgersitze im Fond, und ohne Türen. Der einzige Weiße der Gruppe war – außer Philip, Charles, Pauline und Ernest – ein schweigsamer junger Mann namens Ben Fourie, der, wie sich Philip ausdrückte, als ›Mechaniker und Hilfsjäger‹ diente. Der Kikuju-Chauffeur, Kamau, war ein ›ruhiger Mann von ungefähr fünfunddreißig‹, der seine abgetragenen und geflickten Lumpen mit großer Eleganz und Würde zu tragen verstand. Der Gewehrträger der Hemingways wurde M'Cola gerufen, was er selbst wie M'Cora aussprach. Er war ein schlanker Mann über fünfzig mit ›kahlem, schwarzem Schädel‹ und ›dünnen Chinesenhaaren in seinen Mundwinkeln‹. Sein Aufzug bestand immer aus kurzen Hosen, einer struppigen Wollmütze, einem alten Waffenrock der US-Armee und Sandalen, deren Sohlen aus alten Autoreifen angefertigt waren. Er arbeitete seit Jahren bei Philip und betrachtete sich selbst nur als Leihgabe an die Neuankömmlinge. ›Ich bedeutete ihm nichts‹, sagte Ernest, ›er hatte mich weder gern noch ungern.‹ Charles Thompson gegenüber zeigte er ›höfliche Verachtung‹. Pauline war die einzige, die er wirklich mochte, da ihre Gestalt der seinen ähnelte. Er nahm sie regelmäßig in Schutz, als seien die anderen ›einfach Leute, die sich einmischten und Mama am Schießen hinderten‹.

Am Morgen des 20. Dezember machten sie sich von Nairobi aus auf der dreihundert Kilometer langen Kap-Kairo-Straße nach Süden auf. Im Westen erhoben sich die Ngong-Hügel gegen den Morgenhimmel. Dort hatte Karen Blixen gelebt, bis sie ihre Kaffeeplantage verkauft hatte, nach Dänemark zurückgekehrt war und die Schriftstellerlaufbahn eingeschlagen hatte. Sie verbrachten die Nacht im Hotel ›Athenaeum‹ in der hübschen Stadt Arusha, über der der Kibo-Peak des Kilimandscharo auf dem nordöstlichen Horizont wie eine unbewegliche Wolke schwebte. Am folgenden Tag errichteten sie neben einem klaren Fluß in M'Utu Umbu, in der eindrucksvollen Nachbarschaft des Ngorongoro-Kraters, ihr erstes Safarilager. Aber sie hielten sich nicht lange auf. Vor ihnen lag das große Serengeti-Wildreservat, wo die grasenden Tiere nach Millionen zählten und die ›Könige der Tiere‹ auf jeder Felserhöhung und beinahe in jedem schattigen Flecken ihre stolzen, mähnenumrahmten Köpfe zeigten.

In den ersten zehn Tagen klappte es mit der Jagd ausgezeichnet. Sie erbeuteten prächtige Trophäen von Elen- und Rot-Antilopen, Grant- und Robertsi-Gazellen, Buschböcken, Wasserböcken und zwei stattlichen Leoparden. Aber das neue Jahr hatte kaum begonnen, als Ernest die ersten Anzeichen einer Amöbenruhr verspürte. War das Abendessen in Port Said oder das scheußliche Essen an Bord der ›General Metzinger‹ daran schuld? Er wußte es nicht. Er wollte nicht aufgeben und auf jeden Fall durchhalten und war so jeden Tag bis auf zwei im Wagen oder Lastwagen draußen auf Jagd. Aber diese widerliche Krankheit nahm ihn psychisch und

Die Hochebenen Afrikas

physisch derart her, daß sich sein Verhältnis zur Jagd in den ersten beiden Januarwochen vollkommen änderte: jeder Sieg verwandelte sich in eine Enttäuschung und jeder kleinste Mißerfolg in eine Katastrophe. Nichts paßte besser zu seiner Stimmung, als Hyänen niederzumetzeln. M'Cola und er waren sich zumindest darin einig, daß Hyänen, wie auch die Ruhr, ›ein dreckiger Witz‹ waren. Nach all seinen Träumen von der Jagd in Afrika konnte er angesichts der sonnverbrannten Steppe, in der die ekelhaften Hyänen außer Schußweite herumstreunten und sich grinsend nach ihnen umblickten, seine Enttäuschung kaum verwinden.

Mißhelligkeiten gab es schon beim ersten Löwen, den sie schossen. Er war für Pauline bestimmt. Eines Tages im Januar stießen sie kurz vor Sonnenuntergang auf ihn – er nahm sich gegen den Hintergrund eines verkümmerten Baumes ›gelb, großhäuptig und riesenhaft‹ aus. Pauline stieg vom Wagen, Philip bezog hinter ihr Position. Ernest und Charles stellten sich links und rechts davon auf. Auf Percivals Zeichen kniete Pauline nieder und zielte mit der kleinen Mannlicher. Es gab einen Knall, und der Löwe sprang nach Raubkatzenart schwingend in Ernests Richtung. Die Springfield krachte, und der Löwe überschlug sich im blassen Gras einer Lichtung. M'Cola wollte nicht glauben, daß Pauline gefehlt hatte. ›Mama treffen‹, behauptete er felsenfest, ›Mama piga simba.‹ Er schrie den Boys im Lager die Nachricht hinüber. Sie hoben Pauline auf die Schultern, sangen das Löwenlied und ließen sie schließlich vor ihrem Zelt sanft zu Boden. Da Ernest sich mit Sicherheit als Schütze von Paulines Löwen wußte, kam ihm der ganze Vorfall ein wenig fragwürdig vor, etwa wie eine schlechte Notlüge.

Er freute sich sehr über ›seinen‹ Löwen, obwohl auch dieses Abenteuer etwas überschattet war. Er war mit Philip unterwegs, als sie unter einem Dornbusch am Rande der Steppe einen schönen Löwen mit dunkler Mähne erblickten, der von seiner Löwin begleitet wurde. Auf ein Zeichen Percivals erhob sich Ernest und machte sich schußbereit. Der Löwe war stehengeblieben und blickte mit weitaufgerissenem Maul und vom Wind aufgeplusterter Mähne zurück. Ernests Büchse donnerte, und das große Raubtier brach zusammen. Die Löwin machte gemächlich kehrt und verschwand in der ›donga‹. Sie gingen auf ihre Beute zu. Das Blut glänzte in der dichten Mähne des Männchens. ›Sie haben ihn im Hals getroffen‹, sagte Philip. ›Verdammt guter Schuß.‹ Aber Ernest wußte nicht, ob er stolz sein oder sich schämen sollte. Er sah schon die Kamelfliegen, die sich an den Wundrändern zu schaffen machten. Mit aufwallendem Stolz kam es ihm zu Bewußtsein, daß dies ein ›verdammt schönes Tier‹ war, mit einem langgestreckten und geschmeidigen Körper und Muskeln, die unter der lohfarbenen Haut noch wie kleine elektrische Impulse zuckten. Der Jammer war, daß sich dieses königliche Tier sogar im Leben, wie auch jetzt im Tod, mit diesen Fliegenschwärmen herumplagen mußte.

Als Ernest und Charles eines Tages drei Büffel auftrieben, die am westlichen Rand der Steppe grasten, machten ihm ähnliche Gefühle zu schaffen. Sie schossen auf die Bullen, die schwerfällig davongaloppierten. Zwei blieben liegen, während der dritte, aus vier Wunden blutend, durch das trockene Gestrüpp weiterrannte. Philip feuerte mit seiner geliebten 450er, und der Büffel rutschte mit dem Maul voran noch volle fünf Meter über die rote Erde, bis er tot auf der Strecke blieb. Wie bei den Löwen hatte Ernest einen Angriff und die Gelegenheit für eine kleine Heldentat erwartet. Er bewunderte und respektierte die Ausdauer und die bulldozerartigen Kräfte des Bullen. ›Aber er war langsam‹, sagte Ernest nachher. ›Und die ganze Zeit über, während wir schossen, fühlte ich, daß es unabänderlich war und wir ihn hatten.‹

Mitte Januar war Ernests Kampf mit der Ruhr auf dem Höhepunkt. Sie waren bei einem Wasserloch in einem ausgetrockneten Flußbett westlich der Serengeti-Steppe angelangt. Plötzlich mußte er sich, von Schmerzen gekrümmt, gegen einen Baum lehnen. Was sich wie Geburtswehen ausgenommen hatte, war in Wirklichkeit ein Vorfall des Dickdarms. Als er mit einer Tasche voller Flughühner in das Lager wankte, bestand Philip auf seiner Rückkehr nach Nairobi, um sich endlich behandeln zu lassen.

Sie beorderten per Funk ein Rettungsflugzeug aus Victoria Nyanza. Endlich erschien ein zweisitziger Puss-Moth-Doppeldecker, der sich gegen den unendlichen Himmel und die riesige Steppe winzig ausnahm. Sie hatten in der Nähe des Lagers eine Landefläche angelegt. Als das Flugzeug auftauchte, entzündeten die Boys an beiden Enden des Landeplatzes qualmende Feuer. Der Mann, der herauskletterte und in seiner Tweedjacke, den Kordhosen und einem zünftigen braunen Filzhut auf sie zukam, war Fatty Pearson, ein blendender Buschpilot und Freund Philips. Fatty, der trotz seines Namens nicht die Spur fett war, sagte, sie sollten lieber gleich aufbrechen. Es sei bereits spät am Morgen, bis nach Nairobi wären es über zweihundert Luftmeilen, und sie würden in Arusha zum Auftanken zwischenlanden müssen.

Ernest zwängte sich unter Schmerzen auf den schmalen Sitz hinter den Piloten. Das Flugzeug brauste holpernd fort und näherte sich dem entfernteren Lichtsignal, dann hob es endlich ab und beschrieb noch einen Kreis über dem Lager. Unten am Boden winkten ihnen alle. Es schien, als würden die niedrigen Hügel flacher und breiteten sich aus, die Wildwechsel wirkten jetzt wie Linien auf einer Landkarte, und die Zebras und die Gnus schienen aufwärtszusteigen, als sie sich ›wie in langen Fingern‹ über die gelbgraue Steppe bewegten und dann vor Schrecken auseinanderstoben, wenn sie der Schatten des Flugzeugs einholte. Pearsons Flugroute führte über den Rift-Graben und den Ngorongoro-Krater. Nachdem die Maschine entschlossen wie ein Schmetterling auf das primitive Flugfeld von Arusha eingeschwenkt war, stieg Ernest aus, um seine Beine zu vertreten und eine Latrine aufzusuchen. Das zweite Abheben war sanfter. Die Motte steuerte beständig brummend gegen Norden, Nairobi zu. Weit im Osten erhob sich in Wolken gehüllt und schneebedeckt das Massiv des Kilimandscharo, und der Gipfel ragte unvorstellbar weiß in die Nachmittagssonne.

Nach der zweiwöchigen Tortur war Nairobi für Ernest eine Wohltat. Dr. Anderson steckte ihn im ›Hotel Stanley‹ ins Bett und startete eine Emetine-Injektionskur. Sechs Stunden nach der ersten Behandlung hatte sich sein Zustand bereits gebessert. Er arbeitete auf einem Tablett an einem Artikel für den *Esquire*, der von seiner Krankheit und seinem ersten Jagdmonat handelte. Er überschrieb ihn mit ›Nairobi, den 18. Januar‹ und schickte gleichzeitig einige Fotos ab, die als Illustrationsmaterial dienen sollten. Eines zeigte ihn, wie er stolz neben seinem schwarzmähnigen Löwen kniete. Der Postsack enthielt einige willkommene Neuigkeiten von daheim. Etwa den einen Monat alten Brief von Perkins, der schrieb, von ›Der Sieger geht leer aus‹ seien bis zur Vorweihnachtswoche 12 500 Exemplare verkauft worden. Es war auch ein Telegramm von Harry Payne Burton vom *Cosmopolitan* dabei. Burne lobte die Harry-Morgan-Erzählung ›One Trip Across‹ und bot ihm 5500 Dollar dafür, die größte Summe, die Ernest bisher für eine Erzählung erhalten hatte.

Als er um den 23. Januar im Hügelland südlich des Ngorongoro wieder zur Safari stieß, war die Zeit in der Steppe vorbei, und sie hielten jetzt nach Nashörnern und Kudus Ausschau. Philip hatte in der Zwischenzeit einen eingeborenen Fährtensucher angestellt, dem Ernest den Spitznamen Droopy gab. Droopy war ›ein richtiger Wilder‹ mit dicken Lidern, ›einer großen Schmucknarbe‹ und ungefähr so alt wie Kamau. Er trug immer einen Speer und war mit einem roten Fes und einem Stück weißen Stoffs bekleidet, den er über eine Schulter geknotet trug. Ernest hielt ihn für einen ›ausgezeichneten Jäger‹ und hatte sein Vergnügen daran, Droopy beim Gehen zuzusehen. Am schönsten waren die Abende. Gebadet, entspannt und bequem saßen sie in Pyjamas, Schlafrock und Moskitostiefeln um das Lagerfeuer, tranken Whisky-Soda, rekapitulierten die Abenteuer des Nachmittags und hörten zu, wie Philip in seinen Erinnerungen kramte. Ernest selbst sprach oft über seine bevorzugten Themen Mut und Feigheit. Er war überzeugt, Mut sei eine Sache der Würde und des Stolzes. ›Ein Feigling würde sagen, daß ein solcher Stolz bedeutungslos ist. Vielleicht ist er es wirklich. Aber für jeden, der ihn hat, bedeutet er viel.‹ Ein Mann ohne innere Würde sei peinlich, Ernest wußte aus eigener Erfahrung, ›was es bedeutet, ein Feigling zu sein, und was es bedeutet, aufzuhören ein Feigling zu sein‹. Angesichts echter Gefahr schere er sich jetzt nicht mehr darum, was passiere. ›Ich wußte, daß es besser ist, es so durchzustehen, daß man, wenn man starb, alles getan hatte, was man für seine Arbeit und seinen Lebensgenuß bis zur letzten Minute tun konnte.‹

Philip war ebenfalls der Meinung, es sei umwerfend, den Moment zu beobachten, wo jemand von der Feigheit zum Mut findet. Ernest überschüttete ihn zu diesem äußerst wichtigen Thema mit Fragen.
Aber die Gespräche am Lagerfeuer gingen immer früh zu Ende, so daß Ernest jeden Tag zeitig aufstand und schon kurz nach Sonnenaufgang mit Droopy und M'Cola draußen war. Er schwelgte in der Morgenfrische und im angenehmen Nachmittagswind dieses grünen Hügellandes mit dem Blick auf den entfernten Manyara-See und das braune Rift Valley. Eines Nachmittags pirschten sie einen Hügel hinunter und suchten wie bei der Elchjagd in Wyoming das Gelände mit dem Fernglas ab, als Ernest zum ersten Mal ein Nashorn in den Sucher bekam. Es wirkte ›rotfarben in der Sonne‹ und bewegte sich schnell einen Grashügel neben einer Waldzunge hinunter. Kurz darauf tauchten drei weitere Tiere auf, und zwei davon begannen, im Zeiss-Glas winzig wie Käfer, miteinander zu kämpfen. Am nächsten Tag schoß er auf große Distanz einen Riedbock und hoffte, damit seinen Freund Droopy zu beeindrucken. ›Piga‹, sagte Droopy lächelnd. ›Kufa‹, sagte Ernest, ›tot.‹ Als sie aber herankamen, war der Bock noch nicht verendet, und Ernest schnitt ihm mit einem Klappmesser die Halsschlagader auf und ließ ihn verbluten. Anschließend brach er ihn auf, ›immer noch, um Droopy zu imponieren‹, und zog Leber und Nieren heraus. Droopy bat um das Messer. Er wolle jetzt Ernest einiges zeigen. Er arbeitete geschickt, entfernte den Magen, stülpte die Kuttelseite nach außen und machte eine Tasche daraus, in der man die Leckerbissen mitnehmen konnte. ›Es war ein großartiger Trick‹, schrieb Ernest, ›und es ging mir durch den Kopf, daß ich das irgendwann mal John Staib aus Wyoming zeigen müßte.‹
Ernests Konkurrenzgeist, der Strater und MacLeish von der Afrikareise abgehalten hatte, war während der ganzen Jagd kaum in Erscheinung getreten. Aber er konnte sich angesichts der Tatsache, daß seine Trophäen gegenüber denen von Charles immer etwas kümmerlich wirkten, kaum seinen kindlichen Kummer verkneifen. Er beschwichtigte seinen verletzten Sportgeist jedoch bald mit einem phantastischen Schuß auf einen Büffel, diesmal auf vierhundert Schritt.
Seine frühere Aversion gegen das Steppenland erwachte abermals, als sie aus dem zerklüfteten Hügelland in die ›ausgedörrte Staubigkeit des Rift Valley‹ hinabstiegen. Im Hochland war er glücklich gewesen. Säbelantilopen wegen ihrer hübschen schwarzen Hörner oder Zebras wegen ihrer Felle als Mitbringsel für zu Hause zu schießen, war für ihn das Stumpfsinnigste, das er sich vorstellen konnte. Seine schlechte Stimmung hielt bis Anfang Februar an, als sie sich in der Nähe von Babati niederließen. ›Mir hatten weder das Lager, noch die (eingeborenen) Führer, noch die Gegend je gefallen‹, schrieb er. Sie hatten die Zelte in einer Ebene unter Bäumen aufgeschlagen, und die angrenzenden Hügel waren ›steil, unter-

holzreich und sehr zerklüftet‹. Das schlimmste war die Tsetseplage. Die Fliegen schwärmten in der Hitze des Tages im Lager umher. Ernest fürchtete sich vor Schlangen und haßte sie, besonders im Dunkeln. Aber diese Tsetsefliegen waren noch schlimmer als Schlangen. Den ganzen Tag lang scheuchte er sie mit einem belaubten Zweig von Nacken und Armen. Er war mehr als erleichtert, als Philip sagte, daß sie es lieber woanders, dreihundert Kilometer entfernt, versuchen sollten. Sie fuhren von Babati die Kap-Kairo-Straße in Richtung Süden und kamen durch die gelbbraunen Massaisteppen. In der gepflegt wirkenden Stadt Kandoa-Irangi bogen sie an der Straßenkreuzung nach links und schlugen die Bezirksautostraße nach Handeni ein. Ben Fourie erzählte, daß er in dem Bauerndorf Kibaya einmal auf einem Heuhaufen gesessen und auf ein Kudu gewartet habe. Währenddessen habe sich ein Löwe an den Jäger herangepirscht und hätte ihn um ein Haar gekriegt. Diese Geschichte schien das zu bestätigen, was sie gehört hatten: daß es nämlich im Hügelland zwischen Kibaya und dem hundert Kilometer entfernten Kijungu von Kudus wimmelte. Dem Hörensagen nach würde man sie an jeder Salzlecke finden. Sie kämen mit ihren prachtvollen, langen, spiralenförmig schräg nach hinten gebogenen Hörnern hervor und kehrten den Jägern bereitwillig ihre Breitseite zu, um sich niederknallen zu lassen.

Sie lagerten in Kijungu auf einem niedrigen Plateau zwischen zwei stark bewaldeten Bergen. Während man die Zelte aufschlug, trommelte Ben Fourie die örtlichen Führer zusammen. Zwei davon waren nackte Dorfbewohner. Die beiden anderen trugen Khakihosen und besaßen maschinengeschriebene Beglaubigungsschreiben. Abdullah war ein untersetzter Mann mit dicker Nase. Sein großer Gefährte gefiel sich in heldischen Posen und dramatischen Gebärden. Ernest mißfiel er sofort, und er nannte ihn wegen seiner Schauspielerei David Garrick. Garrick überraschte ihn aber noch am selben Abend, als er ihn stracks zu einer acht Kilometer entfernten Salzlecke führte. Der Boden der Lecke wies frische Kudufährten auf, und Ernest kehrte in höchster Erregung zum Lager zurück. Es war, wie sie gesagt hatten: man brauchte bloß dort zu stehen und auf die schönsten Exemplare zu schießen. ›Morgen töte ich Ihnen zwei an der Lecke da‹, prahlte er. ›Verehrte Mitbürger, mir ist sauwohl.‹

Aber es war Charles Thompson, der den ersten Kudubock erwischte. Ernest verbrachte den Vormittag mit Garrick und Abdullah auf einem Bergabhang über dem schalenartigen Tal, wo zwei Kudukühe und ein Kalb friedlich ästen. Einmal hörten sie das ferne Dröhnen eines schweren Jagdgewehrs. Den Rest des Tages sahen sie nichts anderes als einen einsamen Massaikrieger, der mitten durch das Tal ging und alles dort vorhandene Wild aufschreckte. Im Lager begab sich Ernest zum Zelt des Abhäuters, um den Kudu zu sehen, den Charles am Morgen erlegt hatte. Diesmal schien es möglich, seine Trophäe zu übertreffen: es war ein monströser

Formen des Kampfes

Kopf mit groben Hörnern, die schräg wegstanden. Aber immerhin, es war ein Kudu, und Ernest hatte keinen. Die Zeit wurde knapp. In spätestens einer Woche würde der Regen von Rhodesien heraufkommen, der Februarmonsun würde die Straßen in Morast verwandeln, und mit der Jagd wäre es dann vorbei.
Während Thompson und Fourie weiter ostwärts Jagd auf Rappenantilopen machten, setzte Ernest seine Suche nach Kudus fort. Am Nachmittag des St.-Valentins-Tages hockte er in einer staubigen Mulde im Schutz eines Schirms, etwa sechzig Kilometer westlich vom Lager. Seine Gefährten waren M'Cola, Abdullah und Garrick. Vier große Kuduböcke hatten ihre herzförmigen Spuren wie afrikanische Valentinsgrüße in der ausgehöhlten Sandfläche der Salzlecke hinterlassen. Sie würden, wenn überhaupt, in der Dämmerung zurückkommen. Die Sonne ging eben unter, da wurde die Gegend plötzlich vom Lärm eines herannahenden Lastwagens erfüllt, der das Wild im Umkreis von mehreren Kilometern mit Gerassel und Fehlzündungen aufschreckte. ›Es ist aus‹, sagte Garrick und spreizte dramatisch die Arme. Der Lärm verebbte in der Entfernung. Sie waren auf halbem Weg zurück zum Lager, als sie den Lastwagen im Licht eines Feuers am Straßenrand stehen sahen. Ein stämmiger, krummbeiniger Mann mit einem Tirolerhut und schmutzigen Lederhosen stand inmitten von Eingeborenen daneben. Er sagte, sein Name sei Hans Koritschoner, und er sprach Englisch mit österreichischem Akzent. Er hatte erstaunlicherweise bereits von Hemingway gehört, weil er vor Jahren seine unanständigen Gedichte im *Querschnitt* gelesen hatte. Er überschüttete Ernest mit einem Schwall von Fragen und literarischen Meinungen. Ernest lud ihn für den nächsten Tag nach Kijungu ein: vielleicht konnte einer von Percivals Mechanikern den Lastwagen wieder flottkriegen.
Die literarischen Diskussionen wurden am folgenden Tag beim Lunch fortgesetzt. Koritschoner hatte frische Butter beigesteuert. Sie hatten den Tisch unter dem grünen Netz des Eßzeltes im luftigen Schatten aufgestellt. Sie aßen junge Maiskolben, Kartoffelbrei und Grant-Gazellenkoteletts. Der Österreicher war Verwalter und Anwerber von Arbeitskräften für einen reichen Inder, dem eine Sisalplantage gehörte. Sein wahres Interesse aber galt der Völkerkunde. Seit Jahren machte er sich Aufzeichnungen von den Stammessitten und -sprachen. Er zeigte ihnen einen Eingeborenentanz, aber Ernest war nicht sonderlich beeindruckt. Dieser plötzliche Besuch stand ›seinem‹ Kudu im Wege.
Als er von seiner Siesta erwachte, war es heiß, und man spürte den herannahenden Regen. Der Jagdwagen war bereits mit Nahrungsmitteln und Bier vollbepackt. Diesmal war eine Salzlecke, 45 Kilometer in Richtung Kibaya dran. Sie fuhren auf der ganzen Strecke an Eingeborenengruppen vorbei, die aus dem Hungergebiet von Handeni westwärts flüchteten. Sie sahen sich ohne Erfolg auf zwei Salzlecken um und kampierten neben dem

Wagen, während es die ganze Nacht über dauernd regnete. Die Unglückssträhne hielt auch während des 16. an. Gegen Mittag des folgenden Tages kamen zwei Eingeborene zum Messezelt, die Percival sprechen wollten. Der eine war ein alter Mann aus dem Dorf, der andere ein schmutziger, hagerer Wandorobbo, der wie ein Kranich auf einem Bein stand. Die beiden waren gerade drei Tage im Hügelland gewesen, einer Gegend, wo es vor Rappenantilopen und Kudus wimmeln sollte.

Ernest machte sich mit seinen fünf Begleitern sogleich auf den Weg. Kamau lenkte den Wagen durch eine gelbe Ebene in eine wildparkartige Landschaft, in der Ernest gern angehalten hätte. Sie fuhren an einem Massaidorf vorbei, aus dem ein Haufen junger Krieger heraneilte und mit ihrem Wagen um die Wette lief. Einige Kilometer weiter schlugen sie innerhalb einer kralartigen Einfriedung ihr Lager auf, wo drei weitere Eingeborene zu ihnen stießen. Als sie zur Kudujagd aufbrachen, war es fünf Uhr abends. Innerhalb einer Stunde hatte Ernest zwei riesige, herrliche Kuduböcke erlegt. Ihre Hörner entsprossen den edlen Köpfen in großen, dunklen Spiralen und waren braun wie Walnußkerne. Ernest war vor stolzem Übermut ganz außer sich. Endlich hatte er Charles Thompson geschlagen.

Die Jagd nach Rappenantilopen am nächsten Tag mußte zwangsläufig dagegen abfallen. Er erlegte irrtümlich eine Kuh und schoß einen großen Bock mit krummsäbelartig geschwungenen Hörnern an. Den ganzen Tag über verfolgten sie die Fährte des Rappenbocks, aber ohne Erfolg. Ernest fühlte sich bei dem Gedanken, daß die Hyänen ihn kriegen und fressen könnten, hundeelend. Aber seine Lebensgeister erwachten, als sie sich am Abend dem Kral näherten. Den ganzen Tag über hatte er nicht ein einziges Mal an die Kudus gedacht. Jetzt würde er sie mit sorgsam gereinigtem Schädel und den großen Hörnern wiedersehen, wie sie so hoch wie Gewehre gegen die Hütte lehnten. Sie brachen rasch das Lager ab und fuhren zurück. Im Massaidorf verteilte Ernest als Geschenk für die Krieger Dosen mit Hackfleisch und Plumpudding, und sie schluckten alles mit größtem Wohlbehagen hinunter. Während der 90-Kilometer-Rückfahrt auf der Bezirksstraße trank Ernest Bier und träumte von der Zukunft. Nach Afrika zurückkommen war jetzt sein einziger Wunsch. Zweiundsiebzig Tage genügten nicht. Er ›hungerte bereits nach mehr, dem Wechsel der Jahreszeiten, der Regenperiode, ohne weiterziehen zu müssen‹, ja selbst nach ›den Unbequemlichkeiten, die man in Kauf nahm, damit alles Wirklichkeit erhielt‹. Er wollte sich dort niederlassen, die Sprache erlernen, Zeit haben, gemächlich umherreisen. Nicht diese unangebrachte Hast vor Einbruch der Regenzeit. Er blieb wach, während Kamau den Wagen durch eine lange Ebene mit tief durchfurchtem, schwarzem Baumwollboden steuerte, die bald unpassierbar werden würde, und döste dann vor sich hin, bis man von der Straße zwischen den Bäumen die Lager-

feuer aufleuchten sah. Er hupte und feuerte einen Salutschuß ab. Sie waren alle zu seiner Begrüßung da, auch Charles Thompson. M'Cola und Kamau luden die Kuduhörner ab und trugen sie in den Feuerschein. Dann sah er wie in einem Alptraum Charles Thompsons neueste Trophäe: ›Die größten, ausladendsten, dunkelsten, weitgewundensten, schwersten, allerunglaublichsten Kuduhörner‹ auf der ganzen Welt. ›Das ist fabelhaft‹, krächzte Ernest, während ihn der aufwallende Neid wie eine schwarze Welle überflutete. Er wußte, daß er niemandem etwas vormachen konnte, am allerwenigsten Charles. Die ganze Nacht über war er verbittert, aber am Morgen war der Neid weg. Kurz vor dem Frühstück stand er neben Philip Percival und verglich die Köpfe. Nebeneinander sahen sie alle gut aus.
›Na, ich freu' mich, daß Ihnen besser zumute ist‹, sagte Philip. ›Wir haben sehr primitive Gefühle. Man kann nicht anders als rivalisieren. Verdirbt einem aber alles.‹
›Ich hab's völlig hinter mir‹, sagte Ernest. ›Ich bin wieder in Ordnung. Wissen Sie, das war allerhand von 'ner Tour.‹ ›Ach nein, wirklich?‹ sagte Philip.

Die lange Heimreise

Die Safari war vorbei, als sie in Tanga die Küste erreichten. Es blieben ihnen noch zwei Wochen, bis sie aus Mombasa die lange Heimreise antreten sollten. Ernest wollte Philip Percival am Indischen Ozean in die Geheimnisse des Hochseefischens einweihen. Der junge Alfred Vanderbilt wollte die Hälfte der Kosten übernehmen. Ende der dritten Februarwoche quartierten sie sich in Malindi im luxuriösen Hotel Palm Beach ein; sie hatten einen herrlichen Blick auf einen langen weißen Strand mit Palmen, in denen nachts der kühle und frische Nordostmonsun spielte.
Das gecharterte Boot nannten sie ›Xanadu‹. Am ersten Tag auf See bemerkten sie, daß einer der Motoren dauernd streikte. Die Kolbenringe des anderen Motors waren derart abgenützt und die Ventile so verstopft, daß das Boot bestenfalls vier Meilen pro Stunde machte. Jedesmal, wenn der Motor abstarb, baute der Hindu-Bordmechaniker den Vergaser aus und blies kräftig hinein. Maximal zwanzig Minuten lagen zwischen jeder neuen Panne. Eines Tages trieben sie träge in einer Flaute, als sie einen merkwürdigen roten Fleck auf dem Wasser treiben sahen. Das Meer ›wimmelte von Billionen roter und grauer Würmer‹, die sich rasend schnell in einer Art Hochzeitstanz hin und her schlängelten. Für Ernest waren sie mit ihren scharfen Spitzen an den Enden und der Länge von großen Regenwürmern wirklich grauenhaft. Blitzschnell stellte sich seine Schlangenfurcht wieder ein. Die ideale Rache am Bootsvermieter wäre, ihn über Bord

zu den Würmern zu werfen und ihn ein bißchen schwimmen zu lassen, bemerkte jemand.
Trotz aller Probleme ließ sich das Fischen gut an. Sie befestigten am Heck auf dem Kajütendach ein Brett, sägten die Beine zweier Stühle ab, versahen sie mit Halterungen für die Ruten und nagelten die Stühle an das Brett. Vanderbilt und Percival richteten sich darauf ein, während sich Charles und Ernest, so gut es ging, auf dem schmalen Raum darunter bewegten. Sie fingen Makrelen, Tümmler, zwei Arten Delphine und fliegende Fische. Ernest malte sich schon aus, ein Lager auf Mafia-Island zu errichten. Zwischen der Insel und der Küste gab es einen schmalen und schnell fließenden Kanal, durch den angeblich alle Fischschwärme zogen. Irgendwann im April, nahm er sich vor, würde er im Roten Meer von Port Sudan abwärts im Golf von Aden fischen und dann einen ganzen Winter an der Küste von Sansibar verbringen.
Die ›Gripsholm‹ war im Vergleich zur ›General Metzinger‹ ein gewaltiger Fortschritt – ›ein großes, weißes schwedisches Schiff, bequem, kühl und angenehm‹ und mit einem Salzwasserschwimmbecken an Bord. Vanderbilt und Baron von Blixen waren Ernests Zechkumpane, und sie verbrachten die meiste Zeit am Swimming-pool. Nach neun Tagen waren sie in Haifa, wo sie an Land gingen, um Charles' Frau Lorine an Bord zu nehmen. Sie unternahmen eine kurze Pilgerfahrt zum See Genezareth und picknickten dort im Schutz einer alten Steinmauer. Der See lag ruhig und träge da. Viele Tauchenten tummelten sich auf dem Wasser. Ernest saß, das Weinglas in der Hand, müßig da, zählte die Vögel und fragte sich, warum die Bibel sie nie erwähnte. Er kam schließlich zu dem Schluß, daß die alten Juden bestimmt keine Naturforscher gewesen waren.
Am 18. März gingen sie in Villefranche an Land, nahmen den Zug Nizza-Paris und stiegen im Hotel Paris-Dinard in der Rue Cassette ab. Die Thompsons schifften sich sofort nach Übersee ein, während die Hemingways noch neun Tage herumtrödelten. Ernest war glücklich, entspannt, großzügig und versprühte seinen Charme. Im November hatte er einen mageren, ernsten jungen Mann namens Ned Calmer kennengelernt, der beim *Paris Herald* arbeitete und daneben viel Belletristik geschrieben hatte. Er gefiel Ernest. Calmers Frau Priscilla war chronisch krank, und sie hatten eine kleine Tochter, die Alden hieß. Als Ernest erfuhr, daß sie nicht getauft war, stellte er sich freiwillig als Pate zur Verfügung. Nach der Feier lud er sie ins Weber in der Rue Royale zum Lunch ein. Neds erster Roman sollte in Kürze in New York erscheinen, aber er konnte es sich nicht leisten, zu diesem Anlaß hinüberzufahren. Ernest steckte ihm schüchtern und ohne Aufheben einen Scheck über 350 Dollar zu, der für die Überfahrt der ganzen Familie reichte.
Anderntags führten die Hemingways Solita Solano und Janet Flanner ins Michaud aus. Der dritte Gast war James Joyce. Joyce war recht

einsilbig, und Ernest beobachtete ihn ›in stiller Anbetung erstarrt‹, wie es Solita vorkam. Gegen Mitternacht langweilten sich Pauline und Janet tödlich. Als Ernest mit der Bemerkung, ihm sei schlecht, in den Waschraum ging, verdrückten sich beide rasch aus dem Lokal. Joyce gab ihnen über den Tisch hinweg einen schlaffen Händedruck. ›Geh nicht‹, sagte er kläglich zu Solita. Ernest, der zurückgekehrt war, zog ein altes Grammophon an der Bar auf. Joyce taumelte in die Mitte des Raumes, ergriff die ›patronne‹, eine winzige Frau mit gefärbtem Haar, und tanzte hopsend einen Walzer.
›Gottogott, er bringt sich um‹, sagte Ernest. Der Walzer wurde wilder. Schließlich wankte er und fiel gegen einen Tisch. Ernest fing ihn auf, setzte ihn auf einen Stuhl und schickte Solita um ein Taxi. Er zahlte und trug Joyce wie einen leeren Sack auf dem Rücken ins Freie. Bei Joyces Wohnung in der Rue Galilée angelangt, beförderte Ernest den schweren Mann die Treppe hinauf. Als er wieder unten war, runzelte er die Brauen und sagte beinahe nüchtern: ›Kein Schlüssel, mußte die Tür aufbrechen‹. Und dann später: ›Armer Teufel. Wenigstens hat er einmal seine Augen vergessen.‹
Am 24. besuchte er Sylvias Buchladen. Sie zeigte ihm einen neuen Essay von Wyndham Lewis, der ›The Dumb Ox‹ betitelt war und eine vernichtende Kritik über Ernests Anti-Intellektualismus darstellte. Er war so wütend, daß er auf Sylvias Tisch eine Tulpenvase umwarf. Er bestand voller Zerknirschung darauf, ihr 1500 Francs Schadenersatz zu bezahlen. Er traf an einem regnerischen Abend bei Sylvia auch Katherine Anne Porter. Die beiden Frauen unterhielten sich, als er in einem alten Regenmantel und einem schäbigen Hut, den er über ein Auge gezogen hatte, hereinplatzte. Sylvia machte sie miteinander bekannt. ›Ich möchte die beiden besten amerikanischen Schriftsteller miteinander bekannt machen‹, sagte sie. Plötzlich läutete das Telefon, und Katherine Anne und Ernest standen allein da und starrten einander ganze zehn Sekunden an. Dann drehte sich Ernest um und verschwand genauso schnell, wie er gekommen war. Keiner von beiden hatte auch nur ein Wort gesprochen.
Sein Benehmen war ganz anders, als eines Abends an Bord der ›Ile de France‹ Marlene Dietrich in den Speisesaal trat und an einem ihr zu Ehren gegebenen Festessen teilnahm. Alle Herren sprangen auf, um ihr einen Stuhl anzubieten. Als sie aber merkte, daß sie am Tisch die dreizehnte Person sein würde, machte sie abergläubisch kehrt. Ernest, der an einem anderen Tisch saß, sprach sie beim Vorbeigehen galant an und sagte, daß er sich gern als Vierzehnter zur Verfügung stelle. Nach dem Essen spazierten sie auf Deck, und sie erzählte ihm von ihrer achtjährigen Tochter Maria, die schon Gedichte verfaßte. In New York erzählte er den wartenden Reportern, daß er nach Key West zurückkehre und ›eine Saison lang intensiv arbeiten wolle‹, um genügend Geld für eine abermalige Afri-

kareise zu verdienen. Kaum war der Artikel erschienen, als ihn eine Dame der besten Gesellschaft zum Tee einlud. Beim Tee meinte sie, daß er nicht darauf zu warten brauche, bis er das nötige Geld für die Safari beisammen hätte. Sie würde das Geld beisteuern und ihn und Pauline auf der Reise begleiten. Er habe das Angebot der Dame erwogen und dann höflich abgelehnt, erzählte er später.
Scott Fitzgerald war ebenfalls in New York. Er war von Baltimore gekommen, um die Veröffentlichung von ›Zärtlich ist die Nacht‹, seinem ersten Roman seit dem ›Großen Gatsby‹, zu feiern. Max Perkins war überzeugt, daß der Roman Scotts verblaßten Ruhm wieder aufpolieren würde, und sagte Ernest, das Buch habe für Scotts Gemütszustand Wunder gewirkt. Aber als Ernest ihn traf, war Scott für eine vernünftige Unterhaltung schon wieder viel zu betrunken. Ernest war ebenso von dem Roman enttäuscht. Scott habe Gerald und Sara Murphy als Vorbilder für Dick und Nicole Diver verwendet, ihre Art zu sprechen wunderbar getroffen und ihr Rivieraleben vollendet beschrieben. Aber er sei daran gescheitert, daß er ihren oberflächlichen Charme wiedergegeben habe, ohne ihre komplexe Psyche zu begreifen. In Ernests Augen war Sara eine echte Pioniermutter, lieblich und matronenhaft zugleich. Scott habe sie hergenommen, dann mit Zelda vermischt und daraus einen psychopathologischen Fall und eine charakterliche Null gemacht. Gerald wiederum habe Scotts eigene Züge angenommen. Scott habe das dichterische Selbstvertrauen gefehlt, seine Erfahrungen in Fiktion umzusetzen, fand Ernest, und darüber hinaus habe er sein Versagen noch schlimmer gemacht, indem er alles verkehrt herum gebracht habe.
Damals beschäftigten Ernest viel wichtigere Dinge als fremde Literaturprobleme. Vor seiner Afrika-Reise hatte er von der Insel Bimini gehört. Sie lag 70 Kilometer östlich von Miami und sollte ein wahres Fischerparadies sein. Aber dafür würde er ein Boot brauchen. Er hatte auch schon ganz genaue Vorstellungen: ein dieselgetriebenes, 13 Meter langes Boot mit zwei Schiffsschrauben, doppeltem Steuerruder, geräumigen Schlafkojen und erprobter Seetüchtigkeit. Er hatte schon seit langem genau das richtige Schiff im Katalog von Wheeler Shipyard in Brooklyn abgebildet gesehen. Es kostete 7500 Dollar, und Ernest hatte 3300 Dollar, die er gerade von Arnold Gingrich als Vorschuß für seine künftige Mitarbeit beim *Esquire* erhalten hatte, parat, um sie als Anzahlung hinblättern zu können. Am Abend vor ihrer Rückreise fuhren Ernest und Pauline zur Werft und bestellten das Boot. Die Lieferung sollte in dreißig Tagen fob Miami erfolgen, und Ernest fuhr völlig verzückt zurück ins Hotel. Er hatte auch schon einen Namen für die Jacht. Zu Ehren der Marienreliquie und der *feria* in Saragossa, aber auch zu Ehren Paulines, die sich zur Zeit, als sie sich in Ernest verliebt hatte, diesen heimlichen Kosenamen zugelegt hatte, sollte sie ›Pilar‹ heißen.

Formen des Kampfes

Nach siebenmonatiger Abwesenheit wirkte Key West schöner denn je. Viele ihrer engsten Freunde waren da – Dos und Katy, die Murphys, Ada MacLeish und die Thompsons. Dawn Powell und ihr Mann kamen aus Havanna herüber und wohnten bei Esther und Canby Chambers. Ernest mietete Bra Saunders' neues Boot für gelegentliche Angelexpeditionen. Aber er brannte vor Ungeduld, wieder richtig mit dem Schreiben zu beginnen. Seit der Harry-Morgan-Erzählung, die er in Spanien beendet hatte, war ihm, mit Ausnahme der *Esquire*-Artikel und des Vorworts für Jimmy Charters kein einziges Mal Papier und Bleistift in die Hand gekommen. Ende April hatte er 50 Seiten geschrieben, stellte aber fest, daß dreißig davon schlecht waren, und warf sie kurzerhand weg. Aber er machte unbeirrt weiter. Es war eine Geschichte, die erzählt werden mußte. Der Arbeitstitel lautete ›The Highlands of Africa‹, und das Thema wurde durch den Untertitel ›Jäger sind Brüder‹ klar angedeutet. Er verstand unter Brüdern wohl Männer, die die Erfahrungen freundschaftlicher Rivalität, der Gefahr und Ausdauer miteinander teilten, alles Dinge, die ihm sehr am Herzen lagen.
Er hatte beschlossen, die ›wahre Geschichte‹ der Safari zu schreiben, und zwar nicht als Reisebericht, sondern eher in erzählender Form, unter Anwendung aller üblichen Techniken des Romans: Beschreibung, Charakterstudie, Dialog, Handlungsfolgen und innerer Monolog. Er wollte mit dem Zwischenfall einsteigen, als der scheppernde Lastwagen am Valentinstag 1934 alles Wild im Umkreis der Salzlecke aufgeschreckt hatte. Dann würde er mit Kunstkniffen, wie Rückblenden, Zeitraffer oder Zeitlupe, auf den Höhepunkt der Kudujagd hinsteuern. Es war ein schwieriges organisatorisches Problem. Der Teil, der von den fünfzig Seiten übriggeblieben war, erzählte von seiner Begegnung mit Hans Koritschoner und der ersten Unterhaltung beim Lagerfeuer und dann dem Gespräch im Safarilager bei Kijungu am nächsten Tag zu Mittag. Um das Fiktive der Erzählung hervorzuheben, veränderte er die meisten Namen. Koritschoner hieß Kandisky, Pauline war A. O. M. (Armes Olles Mamachen), Charles Thompson Karl, Philip Percival Jackson Philipps oder Pop, und Ben Fourie hieß Dan. Wie die Michigan-Indianer in einigen früheren Erzählungen trugen die Eingeborenen ihre echten Namen: M'Cola, Kamau, Charo, Molo, Abdullah oder so humorvolle Spitznamen wie Groopy und Garrick.
Er hatte zwar die Absicht, so lange täglich an seiner Erzählung zu arbeiten, bis sie fertig war, liebäugelte aber schon mit einer neuen Angelsaison vor der kubanischen Küste, sobald die ›Pilar‹ erst da wäre. Er überredete den bereitwilligen Dos Passos, mit ihm eine kurze Vorbereitungsreise nach Havanna zu machen. Sie wollten sich die erste Maifeier seit Machados Sturz ansehen und feststellen, wie es den alten Freunden wie Carlos Gutiérrez und Manuel Asper unter dem neuen Regime erging. Die Reisenden kehrten in leicht alkoholgetränkter, melancholischer Stimmung

Die lange Heimreise

heim. Sie hatten ihr Glück zweimal versucht, aber die Marlins waren noch nicht von den Gewässern um Bimini zurück. Gutiérrez und Asper waren sich darin einig, daß es um die politische Lage in Kuba, entgegen den großen Hoffnungen des vergangenen Sommers, noch immer ›nicht so gut‹ bestellt war.

Ernest erfuhr am 9. Mai, daß seine Jacht in Miami eingetroffen war. Sogleich eilte er mit Bra Saunders hin, um sie in Empfang zu nehmen. Die ›Pilar‹ fuhr strahlend wie eine Königin in den Hafen von Key West ein und glänzte ›in ihrem neuen Lack und schwarzen Anstrich‹, wie Ernests Bruder Leicester, der gerade auf Besuch weilte, berichtete. Sie stiegen alle zu einer Besichtigungsrundfahrt an Bord. Einer der Motoren war ein Chrysler mit 75 PS, der andere ein Lycoming mit 40 PS. Der Benzintank faßte rund 1300 Liter, und sie konnte auf ruhiger See und mit voller Kraft voraus 16 Knoten machen. Die Kajüte enthielt sechs Betten, und im Kabinenvorraum gab es noch zwei weitere. Die Kombüse glänzte vor Chromarmaturen. Ernest hatte auf der Heimfahrt erkannt, daß sie eine großartige, kleine ›Angelmaschine‹ abgeben würde. Er konnte es kaum erwarten, sie bei einer Erkundungsfahrt nach Boca Grande auszuprobieren.

Im Mai fuhr er abwechselnd zum Fischen aufs Meer hinaus oder arbeitete an seinem Afrikabuch weiter, das bis zum Ende des Monats auf siebzig Seiten anwuchs. Eine später gestrichene Passage enthielt eine wuchernde Liste aller Dinge, die er mochte und die er gerne tat:

Sehen, hören, essen, trinken, schlafen und lesen; Bilder, Städte, Meere, Fische und Kämpfe anschauen; denken und beobachten; in Booten und Bataillen dabei sein oder im Sattel sein, ›die Pistolen zwischen den Beinen‹.

Die Liste setzte sich in einer Reihe von Infinitiven fort:

Den Schnee beobachten, Regen, Gras, Zelte, Winde, den Wechsel der Jahreszeiten ... sprechen, zurückkommen und deine Kinder sehen, eine Frau, eine andere Frau, verschiedene Frauen, aber im Grunde nur eine Frau, einige Freunde, Geschwindigkeit, Tiere, Feigheit, Mut, Stolz, Gleichordnung, den Zug der Fische, viele Flüsse, fischen, Wälder, Felder, alle Vögel, die fliegen, Hunde, Straßen, jeder gute Text, jedes gute Bild, die revolutionären Prinzipien, die Praxis der Revolution, die christliche Theorie der Anarchie, die jahreszeitlichen Veränderungen des Golfstroms, seine monatlichen Veränderungen, die Passatwinde, die Gegenströmungen, die spanischen Stierkampfarenen, Cafés, Weine, den Prado, Pamplona, Navarra, Santiago de Compostela, Sheridan, Casper, Wyoming, Michigan, Florida, Arkansas, Montana.

Die Liste war zu lang und zu vielfältig. Er strich sie und begann noch einmal von vorn:

Formen des Kampfes

An Orten bleiben und fortgehen, trauen, mißtrauen, nicht mehr glauben und wieder glauben, etwas für Fische übrig haben, für die verschiedenen Winde, den Wechsel der Jahreszeiten, schauen was geschieht, in Schiffen auf See sein, in einem Sattel sitzen, dem Schnee zuschauen, wie er fällt, wie er wieder geht, Regen auf ein Zelt fallen hören, wissen, wo ich das finde, was ich wirklich will.

Was er wirklich wollte, war, ganz in die sinnliche Erfahrung des Lebens hineintauchen. Die Listen waren nichts anderes als in Worte gekleidete Talismane, die ihm zur Verwirklichung dieses Ziels verhelfen sollten. Ada, Sara und Katy waren nun fort – ›verdammt nette Frauen‹, wie Ernest liebevoll sagte. Die winzige Dawn Powell, ein weiteres Herzblatt, reiste auch ab. Ein wahrer Abschiedskonduktor hatte sich am Bahnhof eingefunden. Sie war innerlich gekränkt, daß Ernest nicht darunter war. Als der Zug anfuhr, kam er gerade den Bahnsteig entlanggerannt, sandte riesige Kußhände und schrie unverständliche Abschiedsworte. Sie war kaum außer Sichtweite, als Archie MacLeish zu einem Angelurlaub anreiste. Ernest hatte ihm ein wenig gegrollt, weil er sich vor der Afrikareise gedrückt hatte. Archie fand seinerseits, daß Ernest der Ruhm zu Kopf gestiegen sei und daß sein Ego einem aufgeblasenen Luftballon gliche. Sie fuhren mit der ›Pilar‹ aus, um Königsmakrelen zu fangen, mußten aber bald feststellen, daß es keine gab. Es entbrannte ein erbitterter Streit. ›Ernest begann, Seeschwalben abzuknallen. Das Männchen mit dem einen Lauf und das traurige Weibchen mit dem anderen‹, schrieb Archie. ›Er hatte die Welt satt, und ich hatte ihn satt ... Es war ein einfacher Konflikt, einer übermäßigen Selbstoffenbarung entsprungen ... Er war ein wunderbarer, unersetzlicher, aber unmöglicher Freund; ein Mann, mit dem man nicht auskommen konnte.‹ Sie waren zehn Jahre lang gute Freunde gewesen. Nun eröffnete Ernest Waldo Peirce verdrießlich, daß er nur die Leute mochte, die *er* mochte, und nicht Bastarde, die ihn mochten.
Am 20. Juni waren schon 150 Seiten beisammen. Er hatte ein gutes Gefühl, weil es ihm gelang, ›der Landschaft wieder die alte vierte Dimension zu verleihen‹, worunter er die kontrastierenden Gefühlsstimmungen (Enttäuschung und Krankheit auf der Serengeti, Verfolgung als Glück in den Hügeln über Kijungu) verstand, die er durchlebt hatte. Seine eigene Arbeit ging so glatt, daß er sein früheres Urteil über ›Zärtlich ist die Nacht‹ revidierte und jetzt die Ansicht vertrat, es sei dennoch ein brauchbares Buch. Er faßte seine Anschauungen in einem langen, offenen und onkelhaften Brief an Scott Fitzgerald zusammen. Anfangs habe er die guten Seiten des Buches unter- und die schlechten überbewertet. Scott habe offenbar Talent wie Heu, aber er habe ›in diesem Buch verdammt viel gemogelt‹. Sein Problem sei, daß er, außer den Antworten auf seine eigenen Fragen, schon seit langem nicht mehr zuhöre. Dies mache einen Schriftsteller un-

fruchtbar. In dem Augenblick, wo er wieder zuhören könnte, würde es wieder sprießen wie dürres Gras nach einem wilden Regenguß. Er müsse auch lernen, seine persönliche Tragödie zu vergessen. Es sei ohnehin jeder von Anfang an verpfuscht und es liege klar auf der Hand, daß man Scott erst höllisch weh tun müßte, bevor er richtig schreiben würde. Es sei seine Pflicht, eben diese verdammte Kränkung in seiner Arbeit zu verwerten und nicht, damit zu schwindeln. Weder er noch Ernest seien tragische Charaktere: sie seien nur Schriftsteller, die schreiben müßten. Die meisten guten Schriftsteller wie auch James Joyce wären seltsame Käuze. Aber gute Schriftsteller könnten immer wieder ein Comeback haben. Scott sei in diesem Augenblick doppelt so gut wie zur Zeit des ›Großen Gatsby‹. ›Hör nicht auf zu schreiben‹, resümierte Ernest.
Scotts Antwort, dreimal so lang wie Ernests Brief und genauso ernst gemeint, kam postwendend. Scott meinte darin, durch die ›alte bezaubernde Offenheit‹ seines Freundes sei die ›neblige Atmosphäre‹ zerstreut worden, die sich in den letzten Jahren zwischen ihnen entwickelt habe. ›Ich glaube, daß meine schrankenlose Hochachtung für Dein künstlerisches Leben offenkundig ist und daß Du mit Ausnahme einiger toter und sterbender alter Männer der einzige Romanschriftsteller Amerikas bist, zu dem ich aufblicke. Es gibt in Deinen Werken Stellen und Absätze, die ich immer wieder lese. Ich habe mich sogar gezwungen, es eineinhalb Jahre lang nicht zu tun, weil ich befürchtete, daß Dein besonderer Rhythmus den meinen beeinflussen könnte.‹
Zwischen den Mißgeschicken Dick und Nicole Divers an der Riviera und Ernests Abenteuern in Tanganjika war ein meilenweiter Unterschied. Es machte ihm eine verzeihliche Freude, sich sein Verhalten unter Einwirkung von Hitze und Kälte, Sonne und Regen, von Schwierigkeiten und Lebensgefahren bei der Safari wieder in Erinnerung zu rufen. Er hatte kürzlich einen Dialog zwischen Pauline und sich selbst geschrieben, in dem es um sein Verhalten und das anderer angesichts der Gefahr ging. Pauline sagte darin, Charles Thompson sei ein mutiger Mann. Ernest pflichtete ihr bei. ›Warum bist du immer so zufrieden, wenn du tapfer bist?‹ fragte Pauline. ›Ich weiß nicht‹, sagte Ernest. ›Ich bin nun mal immer zufrieden.‹ ›Das ist ja nett‹, sagte Pauline, ›aber irgendwie dumm.‹ ›Sieh mal‹ sagte Ernest, ›die Dinge, die mir Freude machen, sind sehr einfache Dinge. Das meiste hat mit natürlichen Reflexen und mit Koordinierung zu tun. Wie die Dinge, die beim Forellenfischen so schnell geschehen, etwa einen Auswurf in einer hundertstel Sekunde in der Luft korrigieren. Als Kind war ich jedesmal, wenn ich das tat, zufrieden. Und jetzt freut es mich, zu schießen und Dinge zu tun, die man tun muß und die sich aus zentraler Notwendigkeit ergeben.‹
Die Stelle war eine ziemlich genaue Analyse von Ernests Bestreben, schwierige Dinge gut zu tun. Als kleiner Junge hatte er sich vor vielen Dingen,

auch vor dem Dunkel, gefürchtet. Als zu schnell in die Höhe geschossener Jüngling war seine Muskelkoordination ernstlich unzureichend gewesen. Die Siege seiner Reifezeit, besonders die, die physischen Mut, Ausdauer und schnelle Reflexe erfordert hatten, waren dieshalb um so erfreulichere Erinnerungen.

Notizen über das Leben und die Literatur

Als Carlos Gutiérrez Mitte Juli schrieb, die Marlins seien endlich da, lief Ernest in die Bar Joe Russells in der Green Street, um ihn zu fragen, ob er als Steuermann an Bord der ›Pilar‹ mit nach Kuba kommen wolle. Aber Joe konnte nicht. Ernest war wegen der Absage besonders mürrisch, weil sein einziger Helfer an Bord der ›Pilar‹ eine Landratte war, ein junger Mann aus Minnesota. Er hieß Arnold Samuelson und hatte den ganzen Weg nach Key West per Autostopp zurückgelegt, nur um Ernest über Schriftstellerei zu interviewen. Er war auf einer Farm aufgewachsen und hatte sein Leben als Zeitungsreporter, Zimmermann, Erntearbeiter und Tagelöhner gefristet. Ernest gab ihm den Spitznamen Maestro, weil er Geige spielte. Maestro wurde bald zu Mice, und Ernest sagte einmal zu ihm: ›Mice, ich glaube, Sie werden einmal ein ganz verdammt guter Schriftsteller. Zu irgend etwas anderem sind Sie jedenfalls nicht zu brauchen.‹ Laut Ernest konnte sich Mice auf See ›nicht bewegen, wenn er zugreifen sollte... er war nervös, wenn es hoch herging, und mißtrauisch, wenn er etwas tun wollte, und sein Hang, seekrank zu werden, war unheilbar.‹ Dies war also das Exemplar, das die Reise nach Havanna als Mädchen für alles mitmachen sollte.

Ernest setzte die Abfahrt für Mittwoch, den 18. Juli fest. Da der Angelurlaub seine Arbeit unterbrach, hatte er einige Schwierigkeiten, ihn zu rechtfertigen. Das Sklavendasein in dem ›Arbeitshaus‹ habe ihn überanstrengt, sagte er. Mit Ausnahme der Reise nach Miami, wo er sein Boot abgeholt habe, sei er ständig mit seinem Buch beschäftigt gewesen. Am Jahrestag des Sturms auf die Bastille zählte das Manuskript 201 Seiten. Er unterbrach kurz seine Arbeit, um einen Artikel für den *Esquire* dazwischenzuschieben, den er ›Defense of Dirty Words‹ nannte. Damit würde er seine 3000 Dollar Schulden bei Gingrich zumindest etwas abdienen. Er klagte, daß er sich während seines ganzen Lebens gescheut habe, von Zeitschriften Geld für Arbeiten anzunehmen, die erst später geschrieben wurden. Ihm mißfiel der Gedanke, auf Bestellung zu schreiben.

Als die ›Pilar‹ am Spätnachmittag des 18. an den San-Francisco-Kais anlegte, ließ Ernest Carlos Gutiérrez holen und stellte einen Koch namens Juan ein, der auch als Rudergänger einspringen konnte. Während der ersten beiden Wochen auf See sprach er, von literarischen Gesprächen mit Ar-

nold Samuelson abgesehen, nur spanisch. Dies änderte sich, als Ende des Monats zwei Wissenschaftler auf Ernests Einladung an Bord kamen. Es waren Charles Cadwalader, ein gutmütiger und herzlicher Mann, Direktor der Akademie der Wissenschaften in Philadelphia, und Henry W. Fowler, sein wichtigster Ichthyologe. Sie wohnten im ›Ambos Mundos‹ und fuhren mit Ernest jeden Tag hinaus. Fowler war ein fleißiger, ruhiger und gewissenhafter Mann. In einem Monat sammelte er mit Hilfe von Ernests ›hervorragendem Wissen über die Marlins und deren Gewohnheiten‹ so viele neue Informationen, daß er ihre Klassifizierung für den ganzen Nordatlantik revidieren konnte. Cadwalader sprach davon nachher als von einem der schönsten Urlaube, die er je erlebt habe.
Nachdem die Wissenschaftler abgereist waren, freundete sich Ernest mit einem kubanischen Maler namens Antonio Gattorno an, der im Vorort Marianao lebte. Obwohl sich Gattorno nicht übermäßig fürs Fischen interessierte, machte er mehrere Reisen an Bord der ›Pilar‹ mit. Ernest war für ihn ein Mann der extremsten Widersprüche: er konnte stundenlang schweigen, und dann plötzlich vor köstlichen Anekdoten übersprudeln; er war abwechselnd grob und zärtlich; er brach leicht in Tränen aus, klagte jedoch Gattorno an, ein Weichling zu sein, als dieser das Gemetzel in der Stierkampfarena mißbilligte. Einmal, als Gattorno den Tod erwähnte, meinte Ernest, der sei nicht schlimmer als ein K.O.-Schlag beim Boxen. Ernest linderte Gattornos Anfälligkeit für die Seekrankheit, indem er beträchtliche Mengen Alkohol in ihn hineingoß. Begonnen wurde mit der Kur frühmorgens um sieben mit Vermouth on the Rocks, und weiter ging's mit einer endlosen Reihe von Scotch mit Soda bis spätabends.
Mit dem afrikanischen Manuskript ging es langsam weiter. Am 20. August, einen Monat nach seinem fünfunddreißigsten Geburtstag, hatte Ernest 23 000 Wörter zu Papier gebracht. Zur Zeit beschäftigte er sich mit dem Abschuß seines dritten Büffels in Droopys grünem und hügeligem Land. Es war eine erfreuliche Erinnerung, aber sie war sehr schwer mit Genauigkeit zu beschreiben, so daß Ernest nur im Schneckentempo weiterkam. In einem Brief an Paulines Mutter klagte er über die merkwürdigen ökonomischen Gesetze der Schriftstellerei. Wenn er sich mit einem so dicken Wälzer wie diesem einlasse, verdiene er wenig oder gar nichts, und in der Kartei des Familien-Nachrichtendiensts gelte er dann als Faulenzer. Lege er sich nach dem Erscheinen des Buches dann wirklich auf die faule Haut, sehe man zu ihm respektvoll als zum ›Supreme Money-Maker‹ auf. Es sei eine verfluchte Ironie, schrieb Ernest.
In der Septembernummer des *Esquire* erschien seine ›Defense of Dirty Words‹. Der Artikel hatte sich von einer Kolumne von Westbrook Pegler anregen lassen, der behauptete, ›Ring Lardner habe nie eine schmutzige Szene, Zeile, nicht einmal ein schmutziges Wort geschrieben‹, obwohl manche seiner Erzählungen sehr unerfreuliche Zeitgenossen enthielten. Für die-

se Argumente hatte Ernest eine Standardantwort zur Hand: er benütze die Worte, die die Leute, über die er schreibe, gewöhnlich in den Mund nehmen. Was Leute wie Heywood Broun und Alexander Woollcott auch immer über ›kleine Jungen, Hinterzäune und Abortwände‹ zu sagen hätten, seine Motive seien rein, behauptete Ernest. Er beabsichtigte die größte Wirklichkeitsnähe und nicht einen überflüssigen Schock für die Leser. In Lardners Werken sei vieles zu bewundern. Aber Ernest könne für das Wohl der amerikanischen Literatur nur die Tatsache bedauern, daß Lardner sich für eine ›lediglich komische Ausdrucksweise‹ entschieden habe anstatt für die echte Sprache der Menschen.

Anfang September kehrte Ernest nach Key West zurück und ließ die ›Pilar‹ zur Generalüberholung in Havanna zurück. Das Manuskript wuchs jetzt durchschnittlich um fünf bis sechs Seiten täglich. Mit einer besonderen Energieleistung brachte er am 10. zweiundzwanzig Seiten, am 11. dreißig und am 12. zwanzig zu Papier. Am folgenden Abend kehrte er mit der Autofähre nach Havanna zurück. Der Mond nahm zu, und die Marlins waren hungrig. Die Berufsfischer fingen vor Casablanca im Durchschnitt täglich fünfzig große Exemplare. Wenn ein Mann so ein Monstrum fangen wollte, mußte er, Buch hin oder her, dorthin gehen, wo die Monstren waren.

In Kuba mußte er einsehen, daß seine Pechsträhne beim Angeln, die ihn den ganzen Sommer verfolgt hatte, auch weiterhin anhielt. Juan kam mit Blinddarmdurchbruch ins Spital, und es war notwendig, als Ersatz für den Koch einen Mann namens Bollo anzuheuern. Nach einem Tag auf hoher See drehte der Wind nach Süden, die Wellen schwollen turmhoch an, und die Fahrt wurde zum Fiasko. Bis zum 18. Oktober hatte er, obwohl er beinahe jeden Tag von Sonnenaufgang bis Sonnenuntergang fischte, nur ein Dutzend kleiner Marlins gefangen. Die Misere wurde natürlich durch einiges kompensiert, so durch seine kubanischen Freunde oder die gelegentliche Anwesenheit Jane Masons oder einfach durch das Vergnügen, Kapitän auf seinem eigenen Schiff zu sein. Zu den erfreulichen Ereignissen in diesem Herbst gehörte das Auftauchen eines riesigen Schwarms kleiner Singvögel. Sie waren weit vom Festland herübergeflogen und so erschöpft, daß sie auf der schwimmenden Insel ›Pilar‹ Zuflucht suchten. Sie blieben einige Stunden und sammelten Kräfte für den Weiterflug. Sie waren erstaunlich zahm, wenn man sie anfangs nicht erschreckte, fand Ernest heraus. Dem befreundeten Naturforscher Cadwalader schilderte er das Ganze als ›großen Spaß‹.

Eines Tages wurde Carlos kurz nach dem Mittagessen von einem plötzlichen Brodeln des Wassers vor der Bucht aufgescheucht. Zuerst glaubte er, daß ein kubanisches oder amerikanisches Kanonenboot mit Granaten in der Gegend herumschoß. Dann sah er die schwarzen Rücken einer Walfischherde durch die Wellen schimmern. Ernest griff nach einem Fernglas und versuchte sie zu zählen. Es waren alles in allem zwanzig, und zwei oder drei schienen wahre Kolosse von mehr als zwanzig Meter Länge zu sein. Er lief zum Bug, um die Harpune bereitzumachen. Carlos steuerte die ›Pilar‹ vorsichtig zwischen einem Walpärchen durch, das Seite an Seite schwamm. Einer von ihnen blies eine Fontäne Wasser und überspülte damit das Deck. Ernest wischte sich das Salzwasser aus den Augen und zielte auf den sich wälzenden Rücken. Die Harpune ging mit einem Knall und einer Rauchwolke los und blieb knapp hinter dem Maul stecken. Ernest stand mit der Mannlicher bereit, um den Wal, wenn er ausbrechen wollte, mit einigen wohlgezielten Salven in die Schädeldecke zu töten. Aber es war, als fuchtelte man einem Dinosaurier mit einem Spielzeug vor der Nase herum. Die Harpune war abgeprallt, und die Wale setzten ihre majestätische Reise ins offene Meer fort. Es war der erste und der letzte Walfang, an dem sich Ernest versuchte. Frühmorgens am 26. Oktober, als die ›Pilar‹ den Anker lichtete und Kurs zurück nach Key West nahm, sprach er immer noch davon.

Dos und Katy kamen Anfang November. Sie wollten den Winter wieder in der wohltuenden, salzigen Luft verbringen. Dos hatte den ganzen Sommer in Hollywood als Drehbuchautor für den Film ›The Devil Is a Woman‹ verbracht, worin Marlene Dietrich die Hauptrolle spielen sollte. ›Der arme Dos ist dort drüben reich geworden‹, sagte Ernest grob. Er versuchte gar nicht, sein Mißvergnügen an Dos' geopferter moralischer Integrität zu verbergen. Als alte und verträgliche Freunde taten Dos und Katy ihr Bestes, um ihn mit ›gutmütigen Hänseleien zurechtzustauchen‹. In ihren Augen war er, um eine Nuance zu dick aufgetragen, ›der berühmte Autor, der große Sportfischer, der gewaltige Großwildjäger‹ geworden. Aber sie spielten bei seinen Launen trotzdem mit. Er pflegte sich, wenn er Halsschmerzen hatte, ostentativ vom Abendessen zurückzuziehen, und die anderen brachten ihm Drinks und aßen in seinem herrschaftlichen Schlafzimmer ihr Abendbrot von Tabletts. ›Wir nannten es das lit royal‹, schrieb Dos ohne Groll. ›Ich habe nie einen athletischen, kräftigen Mann erlebt, der soviel Zeit im Bett verbrachte wie Ernest.‹

Als er an einem dieser Novemberabende am Radio saß, staunte Ernest nicht schlecht, plötzlich die vertraute Stimme Gertrude Steins zu hören. Es kam ihm wie das ferne Echo einer toten Freundschaft vor. Gertrude weilte seit kurzem mit Alice Toklas in New York, um Vorträge zu halten. Nach Schluß der Sendung meinte Ernest, sie sei ›gräßlich‹ gewesen, und erwog kurz, sein Urteil zu veröffentlichen. Aber er habe den Gedanken verworfen, weil es ihm gegen den Strich gehe, Schüsse auf ehemalige Freunde abzufeuern, sagte er zu Gingrich. Sie jetzt anzugreifen sei, als verdresche man eine Schaufensterpuppe oder einen Geist. Er hatte offenbar die Stelle vergessen, die er im Sommer als Passage für das Afrikabuch verfaßt hatte. Sie gab ein Gespräch wieder, das er auf der Safari mit

Pauline geführt hatte. Er hatte sich bei ihr beschwert, daß Gertrude ihn ›neidisch‹ gefunden hatte. Ihr ganzes ursprüngliches Talent sei jetzt zu ›Boshaftigkeit, Selbstlob und Unsinn‹ degeneriert. ›Homme de lettres. Woman of letters. Salon Woman. Was für ein lausiges, stinkendes Leben‹, war sein Schlußsatz gewesen.
Aber er versuchte immer wieder anderen zu helfen, deren Werke er respektierte, wie Prudencio de Pereda, der einen Verleger suchte, oder Ned Calmer, der sich um ein Guggenheim-Stipendium bewarb. Er griff Gattorno durch Bilderankauf unter die Arme und drängte Arnold Gingrich, Waldo Peirces Bilder anzukaufen und abzudrucken. Er setzte sich für eine Einzelausstellung der Radierungen Luis Quintanillas in der Pierre Matisse Gallery in New York ein. Quintanilla wurde im Madrider Modelo Cárcel wegen Verschwörung gegen die Staatsgewalt ohne Anklageschrift festgehalten.
Die New Yorker Ausstellung wurde am 21. November eröffnet und erregte großes Aufsehen. Am nächsten Tag bat Pierre Matisse Ernest, eine Petition auf Freilassung Quintanillas zu unterzeichnen und zu verbreiten. Ernest war Feuer und Flamme. Luis sei nicht nur ein verdammt guter Künstler, sondern auch einer der ›besten Kerle‹, die er kannte.
Irving Stones Romanbiographie ›Vincent van Gogh, Ein Leben in Leidenschaft‹ war eben erschienen. Stone besuchte Ernest und schenkte ihm ein signiertes Exemplar. Sie tranken irischen Whisky, saßen auf einem umgekippten Ruderboot und besprachen ihre Arbeit. Stone sagte bescheiden, sein Job sei der unangenehmere. ›Ich muß monate- und jahrelang in den historischen Akten graben und bin ziemlich an die Ergebnisse gebunden‹, sagte er. Ernest bemerkte, daß es reine Fiktion nicht gebe. Er sprach über seine ›autobiographischen Erzählungen‹ und über die ›Kombinationen von Charakteren‹, mit denen er in einem Buch eine Figur gestaltete. Er stellte mit großem Nachdruck fest, daß es beim Schreiben so etwas wie reine Phantasie nicht gebe, daß wir Gedanken, Charaktere und Konzeptionen nicht einfach aus der Luft schöpfen. Er gab zu verstehen, daß man seine Romane eher als biographisch denn als reine Fiktion bezeichnen könne, denn sie entsprangen ›durchlebter Erfahrung‹. Auf die Frage Stones, warum er denn nie einen Roman über Amerika geschrieben habe, antwortete Ernest, was sich in Amerika tue, sei zu langweilig. Es ereigne sich nie etwas Wichtiges. Stone wies ihn auf Roosevelts soziale und wirtschaftliche Revolution hin. Aber Ernest tat den Vorschlag mit einem Schulterzucken ab. Dies sei nicht seine Art Stoff, sagte er lustlos.
Das Afrikabuch verkörperte seine Art Stoff. Am Freitag, den 16. November schrieb er am Vormittag die Manuskriptseite 492 zu Ende und fand, damit sei die Geschichte erzählt. Er war zufrieden mit dem Buch. In der Qualität reiche es mehr als alles, was er bisher geschrieben hatte, an den ›Großen doppelherzigen Strom‹ heran. Zum ersten Mal seit 1924 hatte er

sich jetzt wieder mit ›Landschaftsmalerei‹ beschäftigt. Darunter verstand er, Landschaft lebendig zu machen. Aber das Afrikabuch enthielt viel mehr Handlung und Dialog, und er freute sich, daß es auch eine Form besaß. Er hatte ursprünglich nur vorgehabt, die Eigenart Afrikas und seine Eindrücke, die er dort empfunden hatte, einzufangen und niederzuschreiben. Als er mittendrin steckte, hatte er jedoch eine in der Geschichte eingebettete natürliche Struktur entdeckt, die auf den Höhepunkt der ›wunderbaren, gottverdammten Kudujagd‹ zutrieb. Die Erzählung hatte auch Schwung. Er hatte im vergangenen Jahr bei der Harry-Morgan-Geschichte und nun bei dieser gelernt, wie eine erzählerische Dynamik zustande kommt, so daß das Ganze kurz schien, obwohl es in Wirklichkeit sehr lang war. Er war auch über seine Leistung stolz, ›wirklich wahrheitsgetreu‹ geschrieben zu haben, ›ohne die geringste Fälschung oder Mogelei‹.
Falls Max damit einverstanden wäre, daß man die Safarigeschichte einem neugeplanten Band der ›First Fifty-four Stories‹ voranstellte, hätte das Publikum eine ›Bombensache‹ für sein Geld. Schließlich sei dies aller Wahrscheinlichkeit nach das Beste, was er jemals geschrieben hätte. Eine Erzählung, die einen wahrheitsgetreuen Bericht, erregende Handlung und die Qualität echter Literatur in sich vereinigt, sei schon eine recht seltene Sache, dachte Ernest. Zunächst einmal müsse sich das alles ereignen, und dann müßte der Mann, der das erlebt, in der Lage sein, ›es wieder zum Leben zu erwecken‹. Dies sei genau so schwierig wie ›einen Cézanne zu malen‹, und Ernest hatte das Gefühl, er sei ›im Augenblick der einzige Bastard‹, der für eine solche Leistung in Frage käme. Nur ein unglaublicher Einsatz von Energie habe das ermöglicht, derart viel ›Saft‹, daß es beinahe ›so schlimm wie eine Krankheit‹ war. Wahrscheinlich bestünde ein innerer Zusammenhang mit der Sonnenwende: Wenn für einen Mann das alte Jahr abstürbe, stiege in ihm der Drang, sein Werk zu vollenden. An dem Freitag, als er seine Arbeit beendete, spürte er, daß die Arbeitsenergie noch nicht vorbei war. Am folgenden Tag begann er eine neue Erzählung, und am Sonntag verfaßte er einen neuen Artikel für *Esquire*.
Der Artikel, dessen Titel ›Notes on Life and Letters‹ lautete, bestand fast ausschließlich aus Angriffen gegen William Saroyan, dessen erster Erzählband ›Der waghalsige junge Mann auf dem fliegenden Trapez‹ vor kurzem erschienen war. Einige Erzählungen spielten überheblich auf Hemingway, Dos Passos, Faulkner und Joyce an. Ernest überschüttete ihn mit einem Schwall in die Schranken weisender Attribute, auf die Art, wie sich ein harter ›Kerl‹ zu einem ignoranten Tölpel herabläßt. Dies entsprach genau seinen Gepflogenheiten, nach Vollendung eines neuen langen Buchs seinen Dampf abzulassen. Aber dieser Aufsatz vereinte Brutalität mit Banalität. Er las sich wie eine verbale Inkarnation des Bösen in Ernest.
Der gute Ernest dagegen lud Arnold Gingrich, der kurz vor einer Mandeloperation stand, voller Mitgefühl zu einem Angelausflug an Bord des ›ver-

fluchten Wunderdings Pilar‹ ein. Dies würde ihn lediglich die Flugreise kosten, und er würde sich sicherlich gut amüsieren. Mit dem Vorschlag Gingrichs, Scott Fitzgerald mitzubringen, war Ernest einverstanden. Aber Scott weigerte sich, da er, wie Gingrich sagte, ›Ernest nicht gegenübertreten könne‹, besonders seit Ernest so erfolgreich sei und er solch ein Versager. Gegenüber Ernest erfanden sie die Ausrede, Scotts Mutter sei ernstlich erkrankt und Scott könne eine solche Reise nicht riskieren. Nach Gingrichs Ankunft fuhren sie auf See, um Thunfische und Barrakudas zu fangen. Dos Passos mochte den Herausgeber von *Esquire* nicht sonderlich. Er schrieb:

›Er war wie verzaubert. Von einer solchen Welt hatte er sich nie etwas träumen lassen. Er war von Moskitos zerstochen, halb seekrank, hatte einen schweren Sonnenbrand und kam aus dem Staunen nicht heraus, halb ängstlich, halb entzückt. Ernest zuzuschauen, wie er einen Chefredakteur an der Angel zappeln ließ, war ebenso lustig wie seine Spielchen mit dem Marlin. Gingrich war von Old Hem so fasziniert, daß er die Augen nicht von ihm abwenden konnte. Hem holte ihn langsam heran und ließ seiner Beute recht viel Leine. Der arme Herausgeber hing fest am Haken.‹

Dos hatte etwas über die Radierungen Luis Quintanillas geschrieben, das in der *New Republic* erscheinen sollte. Ernest und Arnold versuchten ihn zu überreden, es statt dessen dem *Esquire* zu verkaufen. Erst nach Gingrichs Rückkehr nach Chicago telegraphierte ihm Dos auf Ernests Drängen, er könne den Quintanilla-Aufsatz haben. Old Hem, der seinen Herausgeber immer noch wie einen Marlin an der Angel zappeln ließ, versicherte Gingrich, Dos und er selbst hielten ihn für einen ›sehr netten Kerl‹ und für den einzigen vertrauenswürdigen Herausgeber, der ihnen je untergekommen sei.

Die Tierpräparatoren Jonas Brothers in Yonkers, New York, hatten Ernest vor kurzem seine afrikanischen Trophäen gesandt. Die Verschiffung von Mombasa nach New York hatte 750 Dollar und das Präparieren 368,50 Dollar gekostet. Der Löwe und der Leopard waren komplett, mit offenen Mäulern und gefletschten Zähnen, zu Vorlegern verarbeitet worden. Dann waren noch die ausgestopften Köpfe seiner Rappenantilope, einer rötlichbraunen Antilope, eines Impala und eines Oryx dabei. Einen zweiten Impala hatte Ernest Gerald Murphy zum Schmuck seiner New Yorker Wohnung geschickt. Die Firma Jonas Brothers hatte den Kudu und das Nashorn noch nicht geschickt. Aber beides befand sich in Yonkers schon in Arbeit, und er würde es zwar nicht zu Weihnachten, aber kurz danach bekommen.

Eine Woche vor Weihnachten setzten sich Ernest, Pauline und Patrick in den offenen Ford und starteten zur 2500-Kilometer-Reise nach Piggott. Er ärgerte sich darüber und bedauerte diese Unterbrechung in seinem Lebens- und Literaturrhythmus, aber die Pfeiffers wurden allmählich alt, und

Pauline war davon überzeugt, es würde viel für sie bedeuten, die Hemingways über die Feiertage bei sich in Arkansas zu haben. Sie übernachteten am 22. im Hotel Peabody in Memphis und kamen am folgenden Tag in Piggott an. Die Entensaison war vorbei, aber Ernest hoffte, einige Wachteln schießen zu können. Dies war sein üblicher Trost für die Tage bei Paulines Eltern. Aber die Pechsträhne, die ihn am Golfstrom während des ganzen Sommers und Herbstes verfolgt hatte, setzte sich im Mittelwesten fort. Eine lange Periode der Trockenheit hatte das ganze Gebiet in ein fürchterliches Staubloch verwandelt. Die Wachteln waren eingegangen, und die Jagd war, wenn überhaupt möglich, noch erfolgloser als das Fischen in Kuba. Das Jahr, das in den grünen Hügeln Afrikas so großartig begonnen hatte, endete mit närrischem Wetter in den ausgedörrten Feldern von Arkansas.

Die Entdeckung von Bimini

Das Wetter in Piggott fand Ernest gräßlich. Von den zehn Tagen seines Aufenthalts regnete es ungefähr sieben ununterbrochen. Sobald es die Schicklichkeit erlaubte, machte er sich aus dem Staub und fuhr stromabwärts nach New Orleans, wo er derart fraß und soff, daß er bei seiner Rückkehr nach Key West 95 Kilo auf die Waage brachte. Aber die immer noch nicht völlig auskurierte afrikanische Ruhr verringerte sein Gewicht sogleich wieder. In Briefen an seine Freunde sprach er von Rizinusöl, das er alle zwei Stunden schlucken mußte, und von den Nachwirkungen des Brechmittels, das seinen Kopf wie das Innere eines Glockenturmes widerhallen ließ und es ihm unmöglich machte, normal zu denken.
Als Max Perkins mit seiner Frau Louise Anfang Januar zu Besuch kam, zeigte ihm Ernest das brandneue Manuskript von ›Die grünen Hügel Afrikas‹. Max war wie immer begeistert, wollte aber für den Fortsetzungsabdruck in *Scribner's Magazine* den Preis nicht allzusehr hinaufjagen. Vom *Cosmopolitan* lag schon ein Angebot vor, das aber eine Kürzung auf 45 000 Wörter voraussetzte. Ernest lehnte verärgert ab. Er träumte von 10 000 Dollar, ja sogar von fünfzehn- oder zwanzigtausend. Auf ein Angebot von Perkins über bloße 4500 Dollar antwortete er mit einem wütenden Brief, in dem er alles aufzählte, was er seit 1926 für Scribner's getan hatte. Schließlich begnügte er sich brummend mit fünftausend.
Er war jetzt zweifellos der berühmteste Bürger von Key West. Sein Haus in der Whitehead Street galt sogar als Touristenattraktion. Wenn er mit seinem merkwürdigen, schlingernden Gang und schlampig bekleidet die Simonton Street hinuntereilte und Thompsons Metallwarenladen oder Sloppy Joe's Bar ansteuerte, zeigten die Besucher mit Fingern auf ihn.
An einem Sonntag im März, als er gerade mit Dos Passos draußen beim

Formen des Kampfes

Fischen war, erreichte ihn die Nachricht, daß der kleine Baoth Murphy an Tuberkulose gestorben war. Er brachte es bis zum kommenden Dienstag nicht übers Herz, einen Beileidsbrief zu schreiben. Er kannte das Kind seit den Tagen an der Riviera, als Bumby Keuchhusten gehabt hatte. Er schrieb Gerald und Sara, daß es für den Jungen weniger schlimm sei als für die Überlebenden. Es sei, wenn man absolut kühl und aufrichtig nachdenke, gewiß, daß ein Kind, das nach einer glücklichen Kindheit sterbe, einen großen Sieg errungen hätte. Denn es bleibe ihm für immer erspart, zu erfahren, wie die Welt wirklich ist. Andere müßten sich auf einen ›Tod durch Niederlage‹ einstellen. Ihre Körper wären zum Teufel, ihre Welt zerstört. Baoth ›hatte es hinter sich gebracht‹, solange seine Welt noch intakt war. Nur sehr wenige Leute lebten außerdem wirklich. ›Die nie sind, sterben nie‹, schrieb er. ›Ein Mensch, den man liebt, stirbt niemals.‹ Die Pflicht für diejenigen, die Baoth gekannt hatten, war, ›ihr Leben Tag für Tag zu leben und dabei einander nicht weh zu tun‹. Er wählte eine einfache Metapher: es sei genauso, als wären sie alle an Bord eines Schiffes, das, wie sie wüßten, niemals den Hafen erreichen würde. Vor ihnen drohten alle möglichen Stürme. Sie müßten das Boot blitzblank halten und fortfahren, ›sehr gut zueinander zu sein‹.

Am Sonntag, den 7. April versammelte Ernest frühmorgens Mike Strater, Dos und Katy, Bread Pinder und Saker Adams. Sie lichteten den Anker und nahmen Kurs auf Bimini, eine 230 Seemeilen im Nordosten an den purpurnen Gewässern des Golfstroms gelegene Bahama-Insel. Eine frische Südbrise wehte, und das Fischen mit der Schleppangel ließ sich gut an. Sie hatten gerade eine große grüne Schildkröte gesichtet und packten die Harpune aus, als alle Schleppangeln gleichzeitig mit kräftigen Rucken angenommen wurden. Dos' Fisch war ein Delphin, Ernest und Mike hatten beide große Haie am Haken. Wie üblich war Ernest der erste, der seinen Fisch längsseits manövrierte. Die Harpune in der Linken und den Colt in der Rechten, hielt er den Hai in der richtigen Stellung fest und jagte ihm einige Kugeln in den Kopf. Plötzlich brach der Landungshaken mit einem lauten Krachen, und Ernest sah, wie seine Beine sich plötzlich mit Blut bedeckten. Irgendwie hatte er sich dabei in beide Beine geschossen.

Dos und Mike ließen ihre Beute fahren, und Bread steuerte die ›Pilar‹ zurück nach Key West. Sie reinigten die Wunde mit kochendem Wasser und antiseptischer Seife und gossen eine Menge Jod darüber. Ernest erbrach sich in einen Eimer. Die Schmerzen hatten noch nicht eingesetzt, aber der Unfall war demütigend. In Key West gab ihm Dr. Warren eine Tetanusinjektion, entfernte die kleinen Splitter und beließ das größte Stück in der linken Wade, um es verkapseln zu lassen. Anstatt nach Bimini ging Ernest ins Bett. Katy war ›so wütend, daß sie zuerst gar nicht mit ihm reden wollte‹.

Eine Woche später starteten sie zum zweiten Versuch. Diesmal kam

Die Entdeckung von Bimini

Charles Thompson statt Mike Strater mit, der schon abgefahren war. Ernest hinkte noch, aber er war überzeugt, daß er sich auf See viel besser erholen würde. Sie bewältigten die Reise ohne Zwischenfall. Dos und Katy waren von der winzigen Insel entzückt. ›Unter den Kokospalmen am Kai‹, schrieb Dos, ›gab es ein paar Eingeborenenhütten und einen Laden mit angebauter Bar, an der wir abends Rum tranken. Gegen den Golfstrom zu erstreckte sich ein herrlicher, breiter Strand.‹ Ernest war ebenso begeistert. Abgesehen von dem Pan-American-Wasserflugzeug und den schnittigen Privatjachten, die von Miami herüberkamen, war Bimini so gut ›wie von aller Welt abgeschnitten‹. Als Pauline Ende April herüberflog, warf sie einen Blick auf den herrlichen Strand und entschied sofort, daß dies ein idealer Sommerplatz für die Kinder sein müßte. Katy und Dos schwammen in der Brandung und sammelten Muscheln – ein Steckenpferd, über das Ernest damals die Nase rümpfte. Er wickelte sich wegen der stechenden Sonne ein Handtuch um den Kopf und begann, gemeinsam mit Mike Strater mit der Schleppangel auf Thunfische Jagd zu machen.
Die Thunfische ließen lange auf sich warten. Das erste große Exemplar hatte ein Aufseher von Cat Cay eines frühen Morgens an den Haken bekommen. Es war bereits Nachmittag, als Ernest mit der ›Pilar‹ andampfte und sich erbötig machte, den Fisch zu landen. Dos und Katy erschienen sogleich, um sich den Spaß anzusehen. Bei Sonnenuntergang gewann Ernest allmählich die Oberhand, obwohl sich ringsumher Zuschauer mit ihren Booten versammelt hatten, was seine Arbeit erschwerte. Es war bereits dunkel, als er den Thunfisch längsseits gebracht hatte. Der Mann mit der Harpune verfehlte bei seinem ersten Stoß das Ziel, und der Fisch tauchte wieder weg. Drohende, schwarze Gewitterwolken vertrieben die kleinen Boote wieder in den Hafen. Doch Ernest ließ sich nicht stören und ›spulte verbissen auf‹. Dann kamen im dunklen Wasser plötzlich wie Torpedos die Haie. Man hörte das fürchterliche Geräusch zuschnappender Zähne und zerreißenden Fleisches, und das Meer färbte sich gleich dunkel von Blut. Als der Thunfisch mit dem Roller endlich übers Heck gehievt wurde, war von ihm nichts übriggeblieben als Rückgrat, Kopf und Schwanz.
Eine große weiße Jacht blieb bis zum Ende des Kampfes da. Die ›Moana‹ gehörte einem international bekannten Lebemann namens William B. Leeds. Leeds' zweiter kostbarer Besitz war eine Thompson-Maschinenpistole, die er zum Töten der Haie verwendete. Dos und Katy war sofort klar, daß Ernest alles daransetzen würde, sie zu ergattern. Aber sie waren dann doch nicht dabei, als die Maschinenpistole tatsächlich den Besitzer wechselte. Von dem tropischen Regenguß bis auf die Haut durchnäßt, übernachteten sie auf der ›Moana‹. Am nächsten Morgen, als sie aufwachten, rekelte sich Ernest in der Sonne, die Maschinenpistole ›liebevoll im Arm‹.
Die Maschinenpistole sollte bald der Anlaß zu einem Bruch zwischen Er-

nest und Strater werden. Mike hatte vor der Küste von Maine sechzehn riesige Thunfische gefangen und war deshalb zum Präsidenten des ›Maine Tuna Club‹ gewählt worden. An einem Tag im Mai, als er mit Ernest fischte, hatte er einen 3,5 Meter langen Marlin am Haken. Nach einstündigem Kampf hatte er ihn gerade so weit, daß er sich der ›Pilar‹ zuwandte, als die Haie ihn zu umkreisen begannen. Ernest begrüßte sie mit einigen Stößen aus seiner Maschinenpistole, mit denen er angeblich Mikes Marlin vor der Verstümmelung retten wollte. Die Wirkung war genau die entgegengesetzte. Das Wasser färbte sich rosa, und ein ganzes reißendes Rudel Haie stürzte sich auf Mikes Beute. Es dauerte eine weitere Stunde, bis sie den Marlin an Bord bekamen. Die Überreste wogen noch immer 230 Kilo. Ernest verschlimmerte alles noch, indem er darüber unter dem Titel ›Der Präsident siegt‹ schrieb. Er erwähnte sein ungelegenes Eingreifen mit der Maschinenpistole mit keinem Wort. Strater behauptete zwar, der Artikel gefalle ihm, aber er war in Wirklichkeit außer sich. Ernest hatte dazu beigetragen, den größten Marlin zu zerstören, den Mike je an den Haken bekommen hatte.

Während des ganzen Monats benahm sich Ernest oft wie ein Tyrann. Als Baron von Blixen mit seiner zweiten Frau Eva, einer hübschen blonden Fliegerin, von Miami herübergeflogen kam, lud Ernest sie ein, an Bord der ›Pilar‹ zu kommen. Er nahm von Blixen völlig in Beschlag und verwickelte ihn unter bewußtem Ausschluß Straters in Gespräche über Afrika. Er war wahrscheinlich auch ein wenig verärgert, daß die Baronin Strater mehr ihre Gunst schenkte als ihm. Über einen schnellen Boxsieg, den er über einen reichen Verleger namens Joseph Knapp errungen hatte, schwoll seine Brust in ungeheurem Stolz. Knapp, der auf seiner Jacht ›Storm King‹ nach Bimini gekommen war, hatte den Augenzeugen zufolge selbst mit ihm angebandelt. Ernest ging sofort in Stellung und verpaßte Knapp zwei schnelle linke Haken. Als Knapp in den Clinch ging, schlug ihn Ernest zweimal hinters linke Ohr und trat dann zurück, um zu einem ausgesprochenen Sonntagsschlag auszuholen. Knapps Kopf schlug hart auf die Deckplanken. Als ihn einige Männer seiner Crew auf die ›Storm King‹ zurücktrugen, war er noch immer bewußtlos. Eine Neger-Kalypsoband feierte Ernests Sieg mit einem improvisierten Song über den ›großen Ochsen‹ aus Key West.

Am letzten Maitag flog er mit dem stolzen Bewußtsein seiner Triumphe zu Wasser und zu Lande von Cat Cay zurück, um Pauline und die Kinder zu treffen und die Post durchzusehen, die sich in sechs Wochen angesammelt hatte.

Zwei Briefe von Gingrich und Perkins enthielten merkwürdige Mitteilungen. Gingrich schrieb, daß vor kurzem in Chicago ein Hochstapler unter dem Namen Ernest Hemingway aufgetaucht war. Es handelte sich um einen großen, schnurrbärtigen Mann, der sich im ganzen Land für Ernest ausgab, Vorträge hielt, Autogrammstunden gab und einige Wochen im Explorer's Club in New York verbracht hatte, wo er es sich laut Ernest zur Gewohnheit gemacht hatte, junge Männer ›zum Frühstück einzuladen‹. Er soll der Sohn eines amerikanischen Admirals gewesen sein und war offensichtlich ein psychopathologischer Fall. Die anscheinend unausrottbare Fama, Hemingway sei ›ein Schwindler und Schwuler‹, gehe, so meinte Ernest, zweifellos auf die über das ganze Land verbreiteten Machenschaften dieses Schurken zurück.

Die zweite Sache war ebenso seltsam. Scott hatte einen historischen Roman mit dem Arbeitstitel ›Philippe, Count of Darkness‹ in Angriff genommen, der das Leben eines mittelalterlichen französischen Edelmanns in der Zeit zwischen 880 und 950 schilderte. In Edwin Balmers *Red Book* waren bereits zwei Fortsetzungen erschienen, und eine dritte war für August vorgesehen. Das Erstaunliche daran – abgesehen von der Tatsache, daß sich der Kulturhistoriker des Jazz-Zeitalters dem Frankreich des 10. Jahrhunderts zugewandt hatte – war, daß die Figur von Philippe de Villefranche nach Hemingways Vorbild gestaltet war. Es handelte sich gleichsam um einen Ernest in mittelalterlichem Gewand. ›Es soll die Geschichte Ernests sein‹, schrieb Scott in einem seiner Notizbücher. ›Ebenso wie Stendhal die Figur eines byronesken Mannes in ‚Le Rouge et le Noir' entstehen ließ, warum kann mein Porträt Ernests als Philippe nicht den wirklichen modernen Mann zeichnen.‹ Max Perkins berichtete weiter, daß Scott das Trinken aufgegeben hatte: er war in Tom Wolfes Heimatstadt Asheville, Nord-Carolina, gezogen und hatte sich in eine hoffnungslose Liebschaft mit einer jungen verheirateten Frau eingelassen. Aber er schlug Ernests Einladung, nach Bimini zu kommen, standhaft aus, diesmal weil er sich körperlich nicht fit fühle. Scott würde aber in Zukunft, so wußte Perkins zu berichten, sehr gerne eine lange Reise mit Ernest unternehmen, ›aber nur in guter Form‹. In der Zwischenzeit sah es aus, als versuche Scott, den ewig dominierenden Tyrannengeist Hemingways zu bannen, indem er ihn in eine mittelalterliche Rüstung steckte und ihn zum Führer einer rauhen und gesetzlosen Bande machte, die einem räuberischen Haufen normannischer Barone die ererbten Besitztümer von Villefranche wieder zu entreißen trachtet.

Ernest flog am 5. Juni nach Bimini zurück. Er war kaum zwei Wochen dort, als er nach fünfunddreißigminütigem Kampf einen riesigen Makohai an Bord zog. Der Hai sprang spektakulärer als alle Tarpone und Marline, die er bisher gesehen hatte, und wog über 355 Kilo, nur fünfeinhalb Kilo unter dem Weltrekord. Er begann zu prahlen, er habe persönlich das ›gesamte System‹ des Hochseefischens um Bimini verändert, und erzählte Perkins, niemandem sei es in den letzten vier Jahren mit Rute und Rolle gelungen, auch nur einen einzigen Thunfisch zu fangen. Er zitierte den Fall von Tom Shevlin, einem reichen jungen Lebemann, der aus Miami her-

übergekommen war. Tommy hatte sechs gute Fische verloren, bevor er Ernest an Bord eingeladen und um einige Tips gebeten hatte. Nach dem Nachhilfeunterricht fing Tommy, so Ernest, einen 287 Kilo schweren Marlin, womit er einen neuen Atlantikrekord aufstellte.
Der Ansturm der Großfische verebbte Ende Juni, und Ernest ließ die ›Pilar‹ an Land ziehen, um den Motor überholen und den Schiffsboden mit Kupferfarbe streichen zu lassen. Er nützte die Pause und machte eine Herausforderung bekannt. Er sei bereit, jedem Neger, der drei mit sechszölligen Handschuhen ausgetragene Runden über je drei Minuten mit ihm im Ring bleibe, 250 Dollar zu zahlen. Er hatte keinerlei Angst, etwa selbst einzugehen. Das wochenlange Fischen hatte seine Schulter- und Rückenmuskulatur derart gestärkt, daß sein Schlag ungefähr die Kraft eines Maultiertritts hatte.
Sein stärkster Herausforderer war ein großer Neger, Willard Saunders, der den Ruf genoß, ein Klavier auf dem Kopf tragen zu können. Ernests zweifellos etwas übertriebenem Bericht zufolge nahm er gerade bei Mike Lerner, einem New Yorker Verwaltungsdirektor und Lebemann in mittleren Jahren, vor dem Abendessen einen Drink. Ein Bote kam an Bord von Lerners Jacht und meldete, daß ein Mann am Kai mit Ernest sprechen wolle. Willard Saunders stand respektvoll da.
›Mr. Ernest, ich möcht's mit Ihnen für die zwei-fünfzig probieren‹, sagte Willard.
›In Ordnung, Willard‹, sagte Ernest. ›Ich werd' dich am Morgen prüfen, bevor wir zum Fischen hinausfahren.‹
›No Sir, Mr. Ernest, ich möchts hier und jetzt mit Ihnen probieren‹, sagte Saunders.
›In Ordnung‹, sagte Ernest, ›ich hol' bloß mal die Handschuhe.‹
›Nein‹, sagte der Herausforderer unerschütterlich. ›Ich möchte mit Ihnen hier und jetzt auf dem Kai und ohne Handschuhe probieren.‹
Der Kampf dauerte nicht lange. Ernest kühlte Willards Mütchen in eineinhalb Minuten. Einem anderen Bewerber wurde dasselbe Schicksal in zwei Runden zuteil, aber es gelang ihm wenigstens noch, einen rechten Haken zu landen, der Ernests Gesicht für eine halbe Stunde bewegungsunfähig machte. Alles in allem kämpfte er in diesem Monat viermal, zweimal mit Handschuhen und zweimal mit bloßen Fäusten. Der Höhepunkt der Boxkämpfe dieses Sommers war ein Schau-Sparring mit Tom Heeney, einem Schwergewichtler, der einst gegen Gene Tunney gekämpft hatte. Heeney war zwar ›außer Kondition‹, wie selbst Ernest zugab, aber er war sehr stolz auf das Ereignis, das später, sooft er davon sprach, in seiner Phantasie an Bedeutung zunahm.
Das Leben in Bimini ließ ihm wenig Zeit für die Literatur. Das einzige, was er im Juli schrieb, war ein Artikel für *Esquire*, ›Notes on the Next War: A Serious Letter‹ betitelt. Er schickte ihn am 17. an Gingrich ab.

Die Entdeckung von Bimini

Ernest hatte sich ein Gelübde in Erinnerung gerufen, das er 1918 nach seiner Verwundung in Italien geleistet hatte: Wenn es ihm gelänge, die Nacht lebend zu überstehen, würde er alles in seiner Macht Stehende tun, um einen künftigen Krieg zu verhindern. Er sagte in seinem Artikel, er versuche jetzt einmal jährlich, sein Gelübde zu halten, und eben dieser Artikel manifestiere es aufs neue. Er prophezeite, man müsse mit dem nächsten Weltkrieg 1937 oder 1938 rechnen. Die Vereinigten Staaten würden zweifelsohne durch eine Kombination von Propaganda, Gier und dem Wunsch, ›die gefährdete Gesundheit des Staates‹ wiederherzustellen, in den Krieg hineingezogen werden. ›Geplant und geführt wird der moderne Krieg‹, so schrieb Ernest, ›immer *von Demagogen und Diktatoren, die mit dem Patriotismus ihres Volkes Schindluder treiben. Wenn all ihre großmäuligen Reformen mißlungen sind, wollen sie das Volk, das sie schlecht regieren, mit dem großen Betrug des Krieges zufriedenstellen. Und wir in Amerika sollten danach trachten, daß keinem Mann, gleichgültig wie edel und hervorragend er auch ist, die Macht, auch nicht allmählich, verliehen wird, dieses Land in einen Krieg zu ziehen, der geradeso gründlich wie ein in allen Einzelheiten geplanter Mord vorbereitet wird und jeden Tag näher rückt. Denn in dem Augenblick, da Sie einem Präsidenten die Macht verleihen, wissen Sie nicht, wer diese Position innehat, wenn die Zeit der Krise kommt*‹.

Während Ernest die Fahnen von ›Die grünen Hügel Afrikas‹ durchlas, stieg sein Optimismus. Er rechnete mit einer Verkaufsziffer von fünfzehn- bis zwanzigtausend. Warum auch nicht? Das Buch war, wie er Perkins schrieb, eine ›durch und durch wahrheitsgetreue Autobiographie‹, die er mit vollendeter und bewundernswerter Offenheit darbot. Es beinhalte auch die besten Dinge, die er bisher geschrieben habe, und besitze diese ›überdimensionale Qualität‹, nach der er immer gestrebt habe. Und schließlich würde er die Leser ›körperlich‹ in ein Gebiet versetzen, das sie nicht kannten und mit großer Wahrscheinlichkeit auch niemals kennenlernen würden. Auf den Vorschlag von Max, ihm beim Korrekturenlesen einen Sachverständigen für Afrika beizustellen, der die sprachlichen Einzelheiten überprüfen sollte, beeilte sich Ernest zu erwidern, er wolle sein Buch nicht mit einer Menge Gelehrsamkeit ›pudern‹ lassen. Er habe das Suaheli so wiedergegeben, wie es von den Wakamba, Kikuyu, Massai und M'Bulu-Stämmen, für die es alle nicht die Muttersprache sei, gesprochen werde. Er würde alles genau so, wie er es geschrieben habe, auf seine Kappe nehmen, das Pidgin-Suaheli und alles andere.

Seinen Freunden erzählte er jetzt, die Entdeckung Biminis sei ein großes Ereignis in seinem Leben: es gefalle ihm wie alle Orte, an denen er sich längere Zeit aufgehalten hatte, und er brenne, bevor er überhaupt noch abgereist sei, bereits wieder darauf, zurückzukehren. Es sei genauso wie damals in Afrika. Aber in der ersten Augustwoche begann der Reiz zu verblassen. Drückend heiße Tage waren hereingebrochen, und er klagte, sein Kopf funktioniere kein verdammtes bißchen. Ebenso ging es der ›Pilar‹, die zuviel Öl verbrauchte und für beide Motoren neue Kolbenringe benötigte. Auf der Rückreise, die am 14. um Mitternacht begann und sechsundzwanzig Stunden später in Key West zu Ende ging, war sie recht brav. Er hatte ihr ursprünglich eine Woche zum Überholen gönnen wollen, bevor es mit der einmonatigen Angelexpedition nach Kuba losgehen sollte. Dort wollte er sie dann während der Zeit der Hurrikane in der Obhut von Carlos Gutiérrez lassen. Aber es stellte sich heraus, daß die Motoren in schlechterem Zustand waren, als er angenommen hatte. Er teilte Carlos widerwillig die Misere mit, ließ sich für eine Zeitlang in Key West nieder und ließ die Hurrikane Hurrikane sein.

Die Versucher

Die linksgerichteten Schriftsteller und Kritiker in der Mitte der Dreißigerjahre reagierten entweder erstaunt, böse oder verächtlich, als sich Hemingway weigerte, sich eindeutig als linksstehend zu deklarieren. Es kam ihnen verwerflich vor, daß sich ein berühmter Schriftsteller wie er in diesen Jahren der großen Depression nur mit Stierkampf, Löwenjagd, Marlinfang und Weltenbummelei abgab, statt sich zusammen mit ihnen für die Rettung der Welt einzusetzen.
Keiner konnte aber behaupten, daß Ernest seine Haltung nicht offen dargelegt hätte. ›Die schwerste Sache in der Welt‹, so schrieb Ernest, ›ist, gute Prosa über Menschen schreiben. Man muß seine Sache kennen und man muß wissen, wie geschrieben wird. Es dauert ein Leben, das zu lernen, und wer die Politik als einen Ausweg ansieht, drückt sich. Alle Auswege sind zu einfach. Dafür ist die Sache selbst zu schwierig.‹ Wenn ein Buch ›wahrheitsgetreu‹ geschrieben ist, würde es ›all die ökonomischen Implikationen‹ enthalten. Und wenn das Buch gut geschrieben ist und man beim Lesen merkt, daß es wirklich so ist, dürfe man ›die Kerle ruhig bellen lassen‹. Der Lärm ›hört sich dann an wie Steppenwölfe in sehr kalten Nächten mit viel Schnee, und Sie hören es in Ihrer Hütte, die Sie gebaut haben oder für die Sie Miete zahlen – mit Ihrer Arbeit‹.
Kurz nach seiner Rückkehr aus Bimini bekam er einen Essay zugeschickt, den er nicht unberücksichtigt lassen konnte. Er betitelte sich ›Ernest Hemingway: Die Tragödie des Handwerks‹. Der russische Autor Iwan Kaschkin hatte 1934 zwei Hemingway-Erzählungen ins Russische übersetzt und war mit allen bisherigen Werken Hemingways, einschließlich ›Der Sieger geht leer aus‹, vertraut. Kaschkin schrieb: ›Man liest die freudlose Geschichte von Hemingways Lieblingshelden, der unter den wechselnden

Namen immer der gleiche bleibt, und man wird sich allmählich bewußt, daß das, was man für das Gesicht des Schriftstellers hielt, nichts als eine Maske ist ... Man stellt sich den Mann vor: krankhaft verschwiegen, immer beherrscht und diskret, sehr eifrig, sehr müde, zur völligen Verzweiflung getrieben, und unter Schmerzen die zu schwere Last des komplizierten Lebens tragend.‹ Und gerade die Freudlosigkeit seines krampfhaften Lächelns verrate die tragische Disharmonie in Hemingways Innerem, meinte Kaschkin, den psychischen Mißklang, der ihn an den Rand der Auflösung gebracht habe. Kaschkin faßte seinen Eindruck in einem interessanten Satz zusammen: ›Mens morbida in corpore sano.‹

Ernest hatte gerade in den im *Scribner's Magazine* in Fortsetzungen erscheinenden ›Grünen Hügeln Afrikas‹ klarzustellen versucht, daß er schon seit langem seine ehemaligen Dämonen wie auch seine Todesangst überwunden habe. ›Ich bin verwundet und verkrüppelt worden‹, schrieb er, ›und davongekommen. Ich rechnete immer damit, von der einen oder anderen Sache getötet zu werden, und wahrhaftig, es macht mir nichts mehr aus.‹ Seine Pflichten gegenüber Gesellschaft und Demokratie habe er schon vor langer Zeit, in seiner Jugend, abgedient. Da er jede weitere Rekrutierung ablehne, habe er seit damals beschlossen, nur mehr sich selbst gegenüber verantwortlich zu sein. Er habe den ›angenehm tröstlichen Mief der Kameraden‹ gegen das einsame, aber angenehme Gefühl eingetauscht, das man hat, ›wenn man gut und wahrheitsgemäß über etwas schreibt und objektiv weiß, man hat so geschrieben‹.

Sogar in einer selbstauferlegten Einsamkeit wollte er von dem Ausländer, der seine Werke gelesen und über sie geschrieben hatte, verstanden und geschätzt werden. ›Jeder‹, schrieb er an Kaschkin, ›versucht einem jetzt damit Angst einzujagen ... daß man allein sein und keine Freunde mehr haben wird, wenn man nicht Kommunist wird oder einen marxistischen Standpunkt einnimmt. Man scheint zu glauben, daß Alleinsein etwas Gräßliches ist; oder daß man sich davor fürchten muß, keine Freunde zu haben ... Ich kann deswegen kein Kommunist sein, weil ich nur an eine Sache glaube: Freiheit. Zuerst würde ich mich um mich selbst kümmern und meine Arbeit tun. Dann würde ich für meine Familie sorgen. Dann würde ich meinem Nachbarn helfen. Aber der Staat ist mir gleichgültig. Der Staat war für mich immer nur mit ungerechter Besteuerung identisch ... Ich glaube, daß ein absolutes Minimum an Regierung erforderlich ist.‹

›Ein Schriftsteller‹, fuhr Ernest fort, ›ist genauso ein Außenseiter wie ein Zigeuner ... Wenn er ein guter Schriftsteller ist, wird er die Regierung, unter der er lebt, niemals mögen. Seine Arbeit sollte dagegen sein ... Er kann nur dann klassenbewußt sein, wenn sein Talent beschränkt ist. Wenn er genügend Talent hat, fühlt er sich in allen Klassen zu Hause. Er nimmt von allen etwas, und was er gibt, ist jedermanns Eigentum ... Ein echtes

Kunstwerk wird ewig bestehen; seine politische Anschauung ist Nebensache.‹

Er frohlockte und brüstete sich mit der Tatsache, daß seine Arbeiten in der Sowjetunion weit verbreitet waren. Er schrieb Perkins, daß er sich bei den russischen Lesern jetzt besser verkaufe als Dreiser, Dos Passos und Sinclair Lewis und ›einige andere Jungen‹, und daß man in Rußland ›Tod am Nachmittag‹ für eine ›Bombensache‹ hielt. Dies beweise, daß den Leuten die Werke eines Schriftstellers unabhängig von seiner politischen Anschauung gefallen könnten. Weder seine politische Anschauung noch er selbst hätten sich geändert, aber ebensowenig die allgemeine ökonomische Situation. ›Sie‹ (der namenlose Feind) hätten die Religion in ihrer Rolle als ›Opium fürs Volk‹ durch die Nationalökonomie ersetzt. Das gebe den Kritikern neue Gründe, Hemingways Arbeiten abzulehnen. Aber wenn ein Mann schreiben könne und wolle, würde keine Kritikerkaste seinem ›Zeug‹, sofern es gut sei, etwas anhaben. Und keine könnte ihm nützen, wenn es schlecht wäre. Seine Popularität in Rußland beweise ohnehin, daß ›sie‹ ihn noch eine ganze Weile am Leben lassen müßten. ›Papa‹ sei nicht nur beständig, sondern steigere sogar noch seine Fähigkeiten und lerne immer wieder Neues.

Zwei Wochen darauf, an einem heißen, schwülen Samstagabend Ende August, ging Ernest mit einem kühlen Drink auf die hintere Veranda und setzte sich, um das Abendblatt zu lesen. Als er es aufschlug und zu lesen begann, wurde ihm die Ursache für die Schwüle klar: eine Schlagzeile berichtete über eine tropische Störung auf den Bahamas. Die Zeit der Hurrikane, die er wegen der ›Pilar‹ so fürchtete, war nun gekommen. Er ging ins Haus, um sein Sturmdiagramm für September zu suchen. Es zeigte Datum und Richtung der vierzig größten Hurrikane seit 1900 an. Er ersah daraus, daß der Sturm, wenn er dem üblichen Schema folgte, frühestens Montag Mittag Key West erreichen würde. Dies ließ ihm rund neununddreißig Stunden Zeit, um sich vorzubereiten.

Seine erste Sorge galt der ›Pilar‹. Fast den ganzen Sonntag verbrachte er damit, sein Boot so sicher wie möglich zu versorgen. Die Hafenbehörden weigerten sich, es über die Molen an Land zu hieven, weil schon zu viele vor ihm da waren. Ernest kaufte in Thompsons Metallwarenhandlung für 52 Dollar schwere neue Trossen und vertäute sein Schiff an der ihm am sichersten scheinenden Ecke des Unterseeboothafens. Am Montag, den 2. September, brachte er die Gartenmöbel und das Spielzeug der Kinder ins Haus und nagelte die runden, grünen Läden an allen Fenstern fest. Die Leute taten in der ganzen Stadt das gleiche. Große rote Warnflaggen mit schwarzen Quadraten knatterten wie Pistolenschüsse im aufkommenden Wind. Das Barometer fiel immer tiefer. Er fuhr zum Unterseeboothafen hinaus, um die neuen Trossen mit Segeltuch zu umwickeln und das Boot damit vor dem unvermeidlichen Scheuern zu schützen. Wenn der Wind nicht

aus dem Nordwesten direkt durch die Einfahrt in den Hafen käme, bestünde seiner Meinung nach eine gute Aussicht für die ›Pilar‹, den Sturm zu überstehen. Er wartete in einer großen Menschenmenge vor dem Wetterbüro auf den Zehn-Uhr-Bericht. Er ließ nichts Gutes erwarten, und Ernest ging nach Hause, um sich einige Stunden auszuschlafen. Den Wagen parkte er auf der Straße, weil er der wackeligen Garage nicht traute.
Gegen Mitternacht heulte der Wind los, der Regen prasselte auf das Dach, und das Barometer neben dem Bett zeigte 29,55 bei weiterhin fallender Tendenz. Er schlüpfte in seine Kleider und schlug sich, da der Wagen nicht ansprang, durch einen Dschungel herabhängender Drähte, abgebrochener Äste und Palmwedel zum U-Boot-Stützpunkt durch. Seine Taschenlampe funktionierte in der Nässe nicht, er war krank vor Sorge. Er sagte sich, daß er, wenn sein Boot draufgehen würde, nie mehr genug Geld für ein neues zusammenkratzen könnte. Aber die ›Pilar‹ war noch da und tanzte auf den schaumgekrönten Wellen. Gegen halb drei drehte der Wind nach Westen ab, um vier beruhigte sich das Barometer und blieb eine Stunde auf derselben Marke. Um fünf schien ihm das Schlimmste vorüber zu sein, und er stapfte in dem trüben, grauen Morgenlicht durch die Pfützen nach Hause. Ein Baum war quer über den Bürgersteig gefallen, und er erkannte an dem ›eigenartig leeren Anblick des Vorgartens‹, daß der große alte Sapodilla auch gefällt worden war. Im Haus zog er die nassen Kleider aus, rieb sich trocken, stürzte einen halben Becher Whisky hinunter und fiel augenblicklich in einen traumlosen Schlaf.
Der Alptraum kam erst später. Der Hurrikan hatte Key West nur gestreift. Ausbrechende Winde hatten Key Largo und die großen Mangrovensümpfe an der Spitze der Florida-Halbinsel erwischt. Der Sturm selbst war mit voller Wucht über Islamorada und die Oberen und Unteren Matecumbe Keys gerast. Neben einheimischen Fischern und Touristen waren fast tausend Kriegsveteranen aus den CCC-Lagern überrascht worden und ertrunken.
Ernest wollte sofort an den Schauplatz der Verwüstung. Die Überlebenden, sofern es überhaupt welche gab, würden Nahrung und Wasser brauchen. Er heuerte Bra Saunders mit seinem Boot an, bat den Mechaniker J. B. Sullivan auch mitzukommen. Als sie aus dem Hafen von Key West ausliefen, war die See noch stürmisch, und im Wasser trieben in einiger Entfernung vom Strand unzählige Trümmer. Die Ufersilhouette der diversen Keys war nicht einmal für den erfahrenen Seemann Saunders zu erkennen. Ein größeres Schiff war in der Nähe des Alligator-Pool-Leuchtturms gestrandet, und ein 25 Meter hoher Turm auf dem Unteren Matecumbe Key lag, wie von Riesenfäusten erfaßt und zur Seite geworfen, zerschmettert am Boden. Als sie an Land gingen, fand Saunders, halb von Sandmassen verschüttet, ein ganzes Lager Spielautomaten. Er scharrte den Sand weg und kam grinsend mit einer Handvoll Vierteldollarmünzen zurück.

Es war eine Gegend, wo es keinen Herbst, ›sondern nur einen noch gefährlicheren Sommer gab‹, wie Ernest sagte. Die ganze Insel hatte das Aussehen eines ausgedörrten Flußbettes. Und dann sahen sie die Toten. Unter den Leichenhaufen, die in der Fährhelling trieben, befand sich auch Joe Lowe, ›das Vorbild des ulkigen Kerls‹ Eddy Marshall in Ernests Harry-Morgan-Erzählung. Der Bahndamm war weggefegt worden, und die Kriegsveteranen, die dahinter Schutz gesucht hatten, lagen inmitten der Mangroven und wurden allmählich alle ›zu groß für ihre Blue jeans und Jacken‹. Insgesamt habe er an diesem Tag mehr Tote als je seit dem Sommer 1918 gesehen, schrieb er Perkins. Er dachte, wie es gewesen sein mußte, als sich die Männer in der brüllenden Finsternis verzweifelt an den Schienen festgekrallt hatten, bis sie die Riesenwelle in die Mangroven schleuderte. Tote Soldaten hatten sie erwartet. Aber das größte Grauen ging von dem Anblick zweier Frauen aus, ›nackt, vom Wasser in die Bäume hinaufgeworfen, aufgequollen und stinkend, die Brüste groß wie Ballons, Fliegen zwischen den Beinen‹. Jemand identifizierte sie. Es waren die beiden ›sehr netten Mädchen, die drei Meilen von der Fähre eine Imbißstube und eine Tankstelle geführt hatten‹.

Die Dinge dort übten auf Ernest eine gewisse Faszination aus und zugleich weckten sie seinen Zorn. Als Joe North ihn telegraphisch um einen Artikel für die linke Zeitschrift *New Masses* bat, stellte er sich mit einem Artikel von 2800 Wörtern ein, in dem er den Bürokraten in Washington die Schuld am Tod der Veteranen in die Schuhe schob. Er betonte kurz darauf im engsten Kreis, seine Bereitwilligkeit, für die *New Masses* zu schreiben, bedeute keine Änderung seiner Meinung über die Leute, die das Blatt machten. Das ganze Jahr über hämmerten sie ihren Lesern ein, wie wertlos seine Arbeit sei, und dann telegraphierten sie ihm, wenn sie die Wahrheit über das Unglück erfahren wollten. Er empfinde ihnen gegenüber in Wirklichkeit weniger Respekt denn je. Und was einen gewissen Herrn Robert Forsythe betreffe, der sich in einem Artikel über Hemingways Überempfindlichkeit gegenüber Kritik ausgelassen hatte, so drohte Ernest, ihm bei nächster Gelegenheit das Genick zu brechen.

Aber viele, die seinen Artikel lasen, waren jetzt der festen Überzeugung, Ernest habe sich auf die Seite der Linken geschlagen. Ein Vorausexemplar der Zeitschrift fiel einem langjährigen Bewunderer Hemingways, dem dreiundzwanzigjährigen Charles B. Strauss in die Hände. Strauss schrieb ihm eine Lobeshymne, in der er der Hoffnung Ausdruck gab, sein künftiges Werk möge von einer ›tiefen Brüderlichkeit‹ durchdrungen werden und die Leiden von Menschen darstellen, ›die in gemeinsamem Glauben miteinander verbunden sind‹, und nicht wieder Einzelgänger wie Jake Barnes oder den ›entfremdeten und einsamen‹ Frederic Henry. Ernest antwortete freundlich, er werde sehr gerne das Thema der menschlichen Verbrüderung in seinen Werken aufgreifen. Aber wenn ein Mann die Fähigkeit besäße, ›wahrheitsgemäß‹ zu schreiben, müsse er nicht offen Partei ergreifen. Ob er recht oder unrecht habe, würde sich deutlich in seinen Werken herausstellen.

›Die grünen Hügel Afrikas‹ sollten nun in einem Monat veröffentlicht werden. Ernest widmete das Buch Philip Percival, Charles Thompson und J. B. Sullivan. Die Illustrationen, die er bewunderte und auf deren möglichst exakter Reproduktion er bestanden hatte, stammten von einem Künstler aus Philadelphia namens Edward Shenton. Ernest fragte sich voller Selbstzweifel, ob wohl ein einziger New Yorker Rezensent sein Buch gebührend loben würde. Aber er war dennoch zuversichtlich genug, Mitte September eine Reise nach New York zu riskieren. Hauptattraktion des Besuchs war der Schwergewichtskampf zwischen Joe Louis und Max Baer am 24. abends. Ernest verdiente sich die Reise mit einem Kampfbericht für *Esquire*. Die Kasseneinnahmen hatten den phantastischen Stand von einer Million Dollar erreicht. Die Tatsache, daß Jack Dempsey, den er schon seit Jahren nicht leiden konnte, Baers Betreuer am Ring war, erhöhte noch Ernests persönliches Interesse am Kampf.

Er bezeichnete ihn nachher als ›das ekelhafteste Schauspiel‹, das er je gesehen hatte. Schon in der vierten Runde wurde Baer ausgezählt. Während der ersten drei Runden hatte er so deutliche Angst vor Louis gezeigt, daß sich seine Furcht wie Nebel durch die Ringschnüre zu schieben schien. Ernest schrieb in seinem Artikel für *Esquire*, daß er selbst auch oft Angst gehabt habe. Es schaudere ihn immer noch bei der Erinnerung an die schlüpfrigen Felsvorsprünge in Wyoming, wo er Bergböcken nachgekrochen sei. Seine plötzliche ›panische Angst vor der Ewigkeit‹ in der Nacht, als es ihm in Italien fast an den Kragen gegangen sei, habe die Sprungfedern seines Muts für die Dauer eines Monats einrosten lassen. Aber er glaube noch immer fest daran, daß die Angst die bestmögliche Katharsis sei, vor allem, wenn ein Mann die Dosierung zu regeln verstehe. Andrerseits sei Baers Verhalten unter Angsteinwirkung nur verachtungswürdig gewesen – sogar bei einem Gegner wie Louis, den Ernest als die ›schönste fighting machine‹ bezeichnete, die ihm je untergekommen sei.

Im Oktober fuhr er wider besseres Wissen noch einmal nach New York und wohnte diesmal im Westbury Hotel in der East 69th Street. Er war verständlicherweise nervös, wenn er an die Aufnahme von ›Die grünen Hügel Afrikas‹ dachte. In dem Buch gab es einige Stellen, die unweigerlich Angriffe herausfordern würden. Immerhin hatte er den Durchschnitt der Schriftsteller in New York mit ›lauter Angelwürmern in einer Flasche‹ verglichen, die ihre Nahrung aus dem täglichen Kontakt miteinander zu ziehen suchen. Er hatte die Kritiker als die Läuse definiert, die auf der Literatur kriechen, und hatte die Fälle zweier bekannter Schriftsteller zitiert, die durch schlechte Rezensionen tatsächlich ihr Selbstvertrauen verloren hatten.

Und wieder, wie schon so oft seit 1929, waren die Kritiken gemischt. Edward Weeks fand das Buch trotz seiner persönlichen Abneigung gegen blutigen Sport fesselnd. Charles Poore bezeichnete es als die beste Geschichte über die Großwildjagd, die er bis dato gelesen hatte. Carl van Doren gefielen die ›ungezwungene, verzwickte und magische‹ Prosa und die Schilderung der Personen. Mit Ausnahme einiger ›Metzgerladen-Details‹ gefiel das Buch Isabel Paterson sehr gut, nicht zuletzt, weil es ›eine komplette Zusammenfassung Hemingways, seines Talents und seiner Grenzen‹ bot. Auf andere machte das Buch jedoch keinen Eindruck. Lewis Gannet nannte es ›bloß wieder eine Safari‹, und Edmund Wilson hielt es für ›das einzige wirklich schwache Buch‹, das Ernest geschrieben hatte. T. S. Matthews war ebenfalls enttäuscht. ›Ich erinnere mich an die Zeit, als er ein großer Bruder war, und wir dachten, daß seine tollkühnen Kraftakte prima seien ...‹, schrieb er. ›Wir fanden es großartig, einen so betont männlichen Schriftsteller auf unserer Seite zu haben... Was ist jetzt los? Er glaubt, er kann über alles schreiben, und es gelingt ihm. Wahrscheinlich gelingt es ihm auch wirklich. Aber es ist nicht die heiße Sache, für die er es hält.‹
Nachdem er über diese und jene Meinung gegrübelt hatte, zog Ernest den Schluß, daß drei Fehler dieses Buch ›ruiniert‹ hätten: zwei gingen auf das Konto Scribner's, einer auf seines. Scribner's hatte den Verkaufspreis zu hoch angesetzt und es außerdem versäumt, genügend Werbung zu machen. Er selbst hatte den Fehler begangen, die Kritiker herauszufordern, und diese hatten die Herausforderung angenommen, sich gegen sein Buch zusammengerottet und waren nicht bereit gewesen, es nach seinen Vorzügen zu beurteilen. Aber die Zeit würde schon die positiven Seiten von ›Die grünen Hügel Afrikas‹ hervorkehren. Er freute sich, daß man von ›Tod am Nachmittag‹, ›einst als lausig begrüßt‹, jetzt mit Hochachtung sprach.
Die Versuchung von links trat im Dezember neuerlich an Ernest heran. Abner Green war mit seinen knapp zwanzig Jahren schon ein Hemingway-Bewunderer. Er war in Brooklyn als Immigrantenkind zur Welt gekommen und arbeitete jetzt als Verfasser von Bildungsmaterial für das ›American Commitee for the Protection of the Foreign Born‹. Er richtete in einer neuen Literaturzeitschrift, die *The American Criterion* hieß, einen offenen Brief an Hemingway. Er lobte darin seine Romane, verdammte seine Artikel in *Esquire* als Lohnarbeit und ließ stark durchblicken, daß ein führender amerikanischer Schriftsteller wichtigere Themen behandeln sollte als die Verfolgung und Verstümmelung von Tieren und Fischen, gleichgültig welcher Größe. Ernest las Greens Brief und antwortete ihm, wobei er viele der Argumente verwendete, die er bereits gegenüber Iwan Kaschkin angeführt hatte. Das Ergebnis war ein reger Briefwechsel, in dem Green versuchte, Hemingway für die soziale Solidarität zu gewin-

nen. Obwohl er von Greens hochsinniger Ausdauer ehrlich bewegt war, blieb er weiterhin der festen Überzeugung, daß es die grundsätzliche Aufgabe eines Schriftstellers sei, eher gut als Gutes zu schreiben.
Die Argumente von Kaschkin, Strauss und Green begannen trotz seiner leidenschaftlichen Einsamer-Wolf-Attitüde allmählich ihre Wirkung zu hinterlassen. ›The Tradesman's Return‹, seine zweite Morgan-Geschichte, die er am 10. Dezember beendete und an Gingrich abschickte, brachte dies deutlich zum Ausdruck. In der ersten Harry-Morgan-Geschichte wurde der Held dargestellt, wie er von der wirtschaftlichen Zwangslage zu so verzweifelten Maßnahmen wie Schmuggel und Mord getrieben wird. Die zweite Erzählung handelte von Morgans Rumschmuggelgeschäften zwischen Key West und Mariel an der kubanischen Küste. Anfangs hob Ernest Harry Morgans einsame Unabhängigkeit, seine stoische Ausdauer und seinen Mangel an Mitgefühl gegenüber sich selbst und anderen hervor. Am Ende der Geschichte waren Harry und sein schwarzer Gefährte Wesley beide so schwer verwundet, daß sie kaum zu dem versteckten Kanal am Woman Key zurückfanden. Sie waren gerade dabei, die Säcke mit Alkohol zu versenken, als ein Charterboot aus Key West den Kanal entlangtuckerte. Der Mann am Steuerrad war Captain Willie, ein Fischer aus Key West, seine Passagiere zwei übereifrige Bürokraten aus Washington. Sie erkannten Harry als einen Rumschmuggler und befahlen Captain Willie anzuhalten. Aber Willie war nicht im geringsten dazu bereit.
›He‹, rief er zu Harry hinüber, ›versenk die Ladung und mach in die Stadt. Ich hab hier einen Kerl an Bord, irgend so'n Bonzen aus Washington. Viel einflußreicher als der Präsident, sagt er. Er will dich hopsnehmen. Er hält dich für'n Spritschmuggler. Er hat die Nummer vom Boot. Ich hab dich noch niemals gesehen, deswegen weiß ich nicht, wer du bist.‹
›Okay‹, kam die Antwort aus dem Spritboot. ›Danke, Bruder.‹
›Ist der Kerl da Ihr Bruder?‹ fragte einer der Männer aus Washington.
›Nein, mein Herr‹, sagte Captain Willie. ›Fast alle Bootsleute nennen sich untereinander so.‹
Er schnitt hier das Thema der Solidarität der Arbeiterklasse zögernd an. Auf Männer von Abner Greens Milieu und Überzeugung dürfte es kaum Eindruck gemacht haben. ›The Tradesman's Return‹ hatte nichts mit der allgemeinen Tendenz proletarischer Literatur während der Wirtschaftskrise gemein. Doch konnten sich Ernests linksgerichtete Anhänger zumindest mit einer ganz dünnen roten Linie trösten, die sich durch Ernests Widerstand gegen alle Versuchungen von links jetzt hindurchzog.

Die Hänge des Kilimandscharo

Ernest hatte die zweite Morgan-Geschichte kaum aus den Händen gelegt, als er eine Fortsetzung begann, die seinen Helden auf der Leiter des wirtschaftlichen Niedergangs noch um eine Stufe tiefer absteigen ließ. Die Arbeit klappte so gut, daß er Fitzgerald innerhalb einer einzigen Woche zwei Briefe voll vorweihnachtlicher Hochstimmung schrieb. Aber er mischte auch bittere Arznei bei, wie um Arnold Gingrichs geheime Überzeugung zu bestätigen, Scotts Schwermut bringe immer den ›brutalen Kerl‹ in Hemingway zum Vorschein. Ernest sagte Scott, er sei wie ein brillanter Mathematiker, der immer mit den falschen Antworten aufkreuze. Vielleicht sei er sich dessen bewußt und ›saufe‹ sich deshalb immer an, sobald er seine alten Freunde treffe. Warum verwechsle er hartnäckig Erwachsenwerden mit Altwerden?
Ernests Humor war makaber. Wenn Scott wirklich so deprimiert sei, wie es aus seinem Brief aus Asheville herausgeklungen habe, täte er besser daran, sich hoch versichern zu lassen und in den Süden zu fliegen. Ernest würde ihn nach Kuba mitnehmen und ihn von einem ›Nigger‹-Revolutionär umlegen lassen. Man könnte dann sein Herz ans Hotel Plaza, seine Leber ans Museum der Princeton Universität und je eine Lunge an Perkins und George Horace Lorimer schicken. Ernest stellte sich zur Verfügung, die anderen sterblichen Überreste nach Cap d' Antibes zu bringen, wo sie feierlich ins Mittelmeer geworfen werden könnten. Archie MacLeish sei zweifellos einverstanden, für den Anlaß ein mystisches Gedicht zu verfassen. Ernest schrieb ebenfalls eines, nämlich ›Zeilen, die beim Ausstreuen der Eier Scott Fitzgeralds von Eden Roc ins Meer vorgelesen werden sollen‹, eine unanständige Parodie auf ein Gedicht von Hart Crane.
Diese Hänseleien machten wenig Eindruck auf Fitzgerald. Die Erklärung dafür erhielt Ernest kurz vor Weihnachten, als er ein Vorausexemplar des Februar-*Esquire* aufschlug. Es enthielt einen langen Bekenntnisartikel von Scott, mit dem Titel ›The Crack-Up‹. Ernest war empört. Er hatte den Eindruck, daß Scott beinahe stolz auf sein schamloses Versagen war. Warum konnte er in Gottes Namen nicht kapieren, daß Schriftsteller immer wieder diese Art von Leere durchmachten? Die Arbeit allein könnte ihn retten. Wenn er bloß ›an den Nägeln kauen‹, sich hinsetzen und Absatz für Absatz ehrliche Arbeit mit ehrlicher Prosa leisten würde! Eine von Scotts Schwierigkeiten sei, daß er nie fähig gewesen war, klar zu denken. Mit so einem ›wunderbaren Talent‹ wie dem seinen gab es nur eines: es gebrauchen! Statt dessen habe er den Fehler begangen, so sehr an der Jugend zu hängen, daß er, ohne das Mannesalter zu durchlaufen, geradewegs in Senilität verfallen sei.
Aber diese harte Beurteilung diente nur als Tarnung. Im Januar litt

Ernest selbst unter Schlaflosigkeit und Depressionen, und der Anfall dauerte drei Wochen. Er überwand ihn erst, als er sich einredete, daß ungenügende körperliche Betätigung und Sorgen über seine Produktivität das Ganze hervorgerufen hätten. Er schloß daraus, es sei besser, nur die Hälfte zu produzieren und mehr zu unternehmen, statt sich mit der Beschleunigung der Arbeit verrückt zu machen. Denn im Grunde ›fiel ihm das Handeln leichter als das Schreiben‹, wie er schon im August Kaschkin gegenüber erwähnt hatte. Wenn er etwas unternahm, ›regte er sich nicht mehr auf‹, aber schreiben konnte er nie so gut, wie er es sich vorstellte.

Was ihn immer wieder vom Schreiben abhielt, waren die Besucher. Ernest beschwerte sich laut und bitter, selbst über den Filmstar Nancy Carroll. Als sie eines Tages im Februar zur Mittagszeit zu den Hemingways kam, wurde sie von so vielen Verehrern verfolgt, daß Pauline das Gartentor verriegeln mußte, um die Verwüstung des Gartens zu verhindern. Als Ernest nach dem Lunch aus dem Haus eilte, versetzte er dem verriegelten Tor einen Fußtritt und brach sich dabei den großen Zeh. Er explodierte vor Zorn und Selbstmitleid wie ein Vulkan. Noch dazu hatte er während der Fastenzeit dem Alkohol entsagt, der ihn eventuell beruhigt hätte.

Der ›gute alte Waldo‹ Peirce kam, von seiner jungen Frau Alzira und seinen überaus lebhaften Zwillingssöhnen begleitet, im Februar herunter, und Ernest war nicht wenig über Waldos Zähmung erstaunt. Er erinnerte sich an eine Episode, die sich einmal in einer Bar zugetragen hatte, als sich zwei betrunkene Matrosen über Waldos Bart lustig gemacht hatten. Waldo hatte sich mit jeder Hand einen vorgeknöpft und ihre Köpfe zusammengeschlagen. Aber als Kindererzieher sei Waldo ›die gottverdammt größte Niete‹ der Welt. Während einer der Zwillinge ihm die Bierflasche über den Kopf schlug und der andere seinen Bart in Brand steckte, lächelte Waldo nur und sagte: ›Na ja, sie kommen jetzt bald in die Schule.‹ Ernests Ansichten über Vaterschaft waren da schon strenger. Es machte ihm Spaß, die Fragen seiner Söhne zu beantworten und sie, wenn auch einzeln, zu Angelausflügen an Bord der ›Pilar‹ mitzunehmen. Er fand, daß sie beide gute, lustige und gescheite Kameraden waren. Aber er genoß sie weiterhin in kleinen Dosen.

Sein Schreibeifer hielt den ganzen Frühling hindurch an. Ende März, als Harry Payne Burton vom *Cosmopolitan* ankam, um vertrauliche Gespräche über große Geschäfte zu führen, hatte Ernest eine neue spanische Erzählung beendet. Sie handelte von einem Landjungen namens Paco, der als Kellnerlehrling in einer Stierkämpfer-Pension in Madrid arbeitete. Paco brannte wie jeder seinesgleichen darauf, Matador zu werden. Aber nach einem Scheinstierkampf mit zwei an einen Stuhl aus dem Speisesaal gebundenen Tranchiermessern mußte er verbluten. Burton sagte Ernest, daß er ihm für die Vorabdrucksrechte seines neuen Romans 40 000 Dol-

lar, für längere Erzählungen 7500 Dollar und für Kurzgeschichten 3000 Dollar zahlen wolle. Aber für die tragische Geschichte von Paco zeigte er wenig Interesse. Ernest schickte sie Gingrich an Stelle eines seiner ›Nonfiction-Artikel‹.
Das Material, das er während seiner Safari in Tanganjika gesammelt hatte, war noch nicht völlig verwertet. Am 19. April beendete Ernest unter dem Arbeitstitel ›The Happy Ending‹ eine Erzählung, die Harry Burton rasch um 5000 Dollar erstand. Er vermischte darin genial persönliche Beobachtung, Dinge, die er nur vom Hörensagen wußte, und Erfundenes. Seine eigenen Jagderfahrungen mit Büffeln und Löwen standen ausgiebig Pate. Er bekannte auch viele Jahre später, daß das Vorbild für Francis Macomber ein reicher, international bekannter Lebemann, ein ›netter Knülch‹ war, den er in Wirklichkeit sehr gut gekannt hatte. ›Er ist genau so, wie er wirklich war‹, sagte Ernest zweideutig, ›nur ist er erfunden.‹ Macombers Frau Margot entsprach ebenfalls einem lebenden Vorbild. Hübsch, gepflegt, eine Societyschönheit mit beinahe vollkommenem, ovalem Gesicht und üppigem, dunklem Haar, vereinte sie alle inneren Qualitäten, die Ernest bei den Frauen seiner reichen Freunde verabscheute. ›Ich erfand sie fix und fertig nach der ärgsten Hündin, die ich (damals) kannte, und als ich sie kennenlernte, war sie reizend. Nicht mein Fall, nicht meine Kragenweite, nicht mein Geschmack, aber reizend, wie sie eben war, und ich war für sie alles, was sie für mich nicht war, das heißt, ich überlasse es Ihnen, sich einen Reim darauf zu machen.‹ Mit einem Anflug von Galanterie fügte er hinzu, daß dies die treffendste Beschreibung seiner früheren Verbindung mit dieser Dame sei.
Robert Wilson, der weiße Jäger der Macombers, entsprach mit seinem rötlichen Gesicht, den kühlen blauen Augen, der lakonischen Art zu sprechen und der beneidenswerten Kombination von Mut und Urteilskraft Philip Percival. Alles, was er zur Figur von Wilson beigesteuert habe, sei nur aus familiären und geschäftlichen Gründen und wegen eventueller Schwierigkeiten mit dem ›Tanganjika Game Department‹ etwas verschleiert worden, sagte Ernest später. Was er nicht enthüllte, war die Tatsache, daß die Macomber-Erzählung eine sehr verbrämte und vollkommen neu konstruierte Version einer Geschichte war, die ihm Philip eines Nachts am Lagerfeuer erzählt hatte. Percival selbst fand Ernests Abenteuergeschichte ›verteufelt clever‹. Er fürchtete nur, daß sich die Leute, von denen er Ernest erzählt hatte, trotz der romanhaften Verschlüsselung wiedererkennen könnten. Glücklicherweise hatte ihn seine Auffassung von Berufsehre sogar Ernest gegenüber davon abgehalten, privat Namen zu nennen. Es war tröstlich, daß Ernest den ›Weißen Jäger‹ mit einer 505er Gibbs ausgerüstet hatte, einer Waffe, die er selbst niemals benützte.
Ein anderes Thema, das beim Lagerfeuer immer wieder aufgetaucht war, drehte sich darum, daß einige weiße Jäger mit ihren Kundinnen schliefen.

Die Hänge des Kilimandscharo

Im Gegensatz zu Wilson, der auf Safari ein doppelt breites Feldbett mitzunehmen pflegte, um für alles, ›was der Zufall für ihn abwarf‹, gewappnet zu sein, machte Percival bei solchen Aktionen nicht mit. Aber er hatte einige Fälle erwähnt, bei denen dieser oder jener seiner Kunden vor Angst kopflos geworden war. Ernest griff die Geschichte auf und verwertete sie, indem er Francis Macomber vor einem verwundeten und angreifenden Löwen fliehen ließ. Das Ende der Erzählung entstammte Ernests Phantasie: Margot Macomber tötete ihren Mann, während sie ihm angeblich gegen einen angeschossenen Büffel beistehen will, der auf ihn losging. ›Soweit ich informiert bin‹, sagte Philip Percival, ›ist es keiner Kundin bisher gelungen, ihren Mann auf die Art abzuknallen, wie es EH beschrieben hat‹.

Während Ernest an der Macomber-Erzählung arbeitete, war Jane Mason häufig in Key West gewesen und zwischen Miami und da hin und her gependelt. Als er davon sprach, Joe Russell Ende April bis Anfang Mai als Steuermann der ›Pilar‹ mit nach Kuba zu nehmen, bot sich Jane freiwillig an, die Reise mitzumachen. Pauline fuhr nach Piggott, um die Großeltern Pfeiffer mit ihrem Enkel Gregory zu beglücken. Sie schlug vor, Ernest nach ihrer Rückkehr aus Arkansas in Havanna zu treffen. Joe war vor dem 23. April unabkömmlich. Laut Ernest war Joe der einzige unter den Freunden, der anscheinend überallhin ohne seine Frau zu gehen pflegte, genauso wie Jane überallhin ohne ihren Mann ging.

Kurz vor Ostern ereignete sich in Ernests Leben ein bedauerlicher Zwischenfall. Wallace Stevens, ein großer, grauhaariger, stattlicher Mann, leitender Angestellter bei einer Versicherungsgesellschaft in Hartford und damals einer der besten Dichter in den Vereinigten Staaten, war für einen kurzen Urlaub nach Key West gekommen. Stevens war ein vollkommenes boxerisches Greenhorn und außerdem zwanzig Jahre älter als Hemingway. Der Dichter hatte aus nie geklärten Gründen den Romanschriftsteller zu einem Kampf aufgestachelt. Stevens kam mit einem blauen Auge und einem schlimm zerquetschten Gesicht aus diesem Kampf heraus. Waldo Peirce sah ihn am nächsten Tag mit einer dunklen Brille, die seine Verletzungen verbergen sollte. Stevens ersuchte Ernest begreiflicherweise, nichts über die Angelegenheit verlauten zu lassen. Obwohl Ernest es ihm versprach, da er ihn als Dichter bewunderte und respektierte, konnte er sich in einem Brief an Don Passos eine versteckte und gequälte Anspielung nicht verbeißen.

Gingrich fand Ernest während ihrer Lektoratsgespräche in diesem Monat erstaunlich gefügig, ja sogar dankbar für von ihm geäußerte Ansichten. Ernest hatte die ersten Kapitel seiner dritten Harry-Morgan-Erzählung nach Bimini herübergeschleppt, rund 3000 Wörter, die er seit Jahresbeginn nicht angerührt hatte, und fragte Arnold um Rat. Wenn er das Manuskript auf Romanlänge brächte und die ersten beiden Morgan-Aben-

333

teuer in einem separaten, für den Herbst geplanten Erzählband veröffentlichen würde, könnte ihm dadurch seiner Meinung nach ein Comeback auf dem Romansektor gelingen. Die ganze New Yorker Bande sollte sich vor Staunen auf den Arsch setzen.
Gingrich hielt das für eine völlig verrückte Idee. Die Morgan-Stories gehörten zusammen. Ernest müsse Morgan Nummer drei weitermachen, wie er es schon so toll begonnen habe, und dann das Ganze zu einer Art Miniatur-Trilogie zusammenschweißen. Sie würde mit Ernests Einsichten in die revolutionäre Politik auf Kuba beginnen und enden. Irgendwo dazwischen könnte er sich mit den Kriegsveteranen und der Hurrikankatastrophe in Matecumbe beschäftigen. Josie Russells Lokal, als Freddy's Bar getarnt, könnte als Hauptquartier für Harrys geschäftliche Transaktionen auf amerikanischem Boden dienen. Und schließlich einigten sie sich darüber, daß das Buch sich dann über Harry Morgans Niedergang und Ende auslassen sollte, als ›Niedergang des Individuums‹. Ernest, der mit Max Perkins wegen der ›49 Stories‹ korrespondierte, berichtete ihm nun glücklich über die Änderung seines Plans. Gingrich sagte er mit beinahe kindlicher Dankbarkeit, er sei ›der einzige Kerl‹ auf der ganzen Welt, dessen ehrlichen Ansichten über die Schriftstellerei er ›voll und ganz‹ vertraue. Sonst könne man sich bei allem auf Männer wie Charles Thompson, J. B. Sullivan und Josie Russell verlassen, aber Arnold sei derjenige, an den man sich in literarischen Angelegenheiten wenden müsse.
Auf Kuba lernte Ernest die 40jährige Romanschriftstellerin Marjorie Kinnan Rawlings kennen, die sich bei Scribner's einen Namen gemacht hatte. Am Tage vor ihrer Rückkehr nach Florida bekam Ernest vor der Gun-Cay-Küste einen über 230 kg schweren Thunfisch an den Haken. Der Kampf dauerte beinahe sieben Stunden, und Ernest schwitzte ein halbes Kilo pro Stunde ab. Nach drei Stunden war er nahe daran, vor Müdigkeit zusammenzubrechen; dann spulte er zum zweiten Mal auf, und die Zeit verging im Fluge. Bei der Heimfahrt ließ er sich nach eigener Schilderung mit Bier und Whisky-Soda vollaufen, streckte sich zur Erfrischung aus und konnte dann nicht mehr aufstehen. Als die ›Pilar‹ aber gegen halb zehn am Abend in den Hafen von Bimini einlief, rannte die ganze Bevölkerung einschließlich Marjorie Rawlings zusammen, um den Fisch zu bestaunen, der 3,5 Meter lang war. Ein alberner, alter Mann mit einer neuen Jacht und einer jungen Braut, der erst kürzlich angekommen war, hatte erklärt, daß Thunfischfang das Einfachste der Welt sei. Während die ›Pilar‹ vertäut wurde, sah Mrs. Rawlings fasziniert, wie Ernest ›herrlich betrunken‹ aus dem Unterdeck auftauchte und ›Wo ist der Hundesohn, der gesagt hat, daß es leicht ist?‹ brüllte. ›Man sah ihn in dieser Nacht allein am Kai stehen, wo sein Riesenfisch vom Haken herabhing ... und er benützte ihn als Sandsack.‹
Mrs. Rawlings fand Ernest einen faszinierend paradoxen Charakter. Sie

erinnerte sich an die ›große, sanfte Pfote‹, die ihre kleine Hand bei der ersten Begegnung so zärtlich gehalten hatte. Aber sie mußte auch daran denken, daß er mit genau derselben Pfote die Leute hin und wieder mitleidslos niederschlug. Für sie war er ›ein so großer Künstler‹, daß er nicht dauernd in der Defensive hätte sein müssen, und ›ein so durchaus gewaltiger, männlicher Mann‹, daß er dies nicht mit seinen Fäusten hätte beweisen müssen. Der Schlüssel zu seinem Charakter müsse ihrer Ansicht nach in einem ›inneren Konflikt zwischen dem sportlichen und dem literarischen Leben, zwischen dem Sportsmann und dem Künstler liegen‹.

Aus ihrer Bimini-Erfahrung mit Mrs. Grinnell wußte sie, daß auf See in der Erregung beim Fischen nichts mehr Gültigkeit hatte. Die Sportsleute waren an und für sich angenehme Gefährten. Doch außerhalb ihrer Gesellschaft wurde ihr immer klar, daß sie als Literatin ›Welten von ihnen trennten‹. Sie kannte Dinge, die sie nie kennenlernen würden. Andrerseits hatten sie eine Rüstung, die sie nie tragen könnte. Es war nicht so sehr ihr Geld als ihre ›Reaktion dem Leben gegenüber‹. Sie genossen das Leben ausgiebig, doch fehlte ihnen eine gewisse Sensibilität. ›Hemingway‹, sagte Mrs. Rawlings, ›ist recht oft mit diesen Leuten zusammen, und sie mögen und bewundern ihn, seine Persönlichkeit, seine sportlichen Leistungen und sein literarisches Prestige ... Unbewußt legt er bestimmt Wert auf ihre Meinung. Er hat sicher Angst, die Agonie vor ihnen bloßzulegen, die dem Künstler zusetzt ... so schreibt er wunderbar, wie in ‚Tod am Nachmittag', und plötzlich löscht er alles mit einem leichtfertigen Kommentar oder einer bewußten Obszönität aus. Seine Sportsfreunde würden die Schönheit nicht verstehen. Sie brüllen vor Entzücken über die Frivolität. Sie sind die einzigen, denen die Sachen in seinem Werk gefallen, die uns alle in Verzweiflung stürzen.‹

Als Mrs. Rawlings Ernest selbst diese Hypothese auftischte, erklärte er, schließlich fische und jage er seit Kindesbeinen, und er wolle es auch weiterhin tun, ›weil es ihm unerhörten Spaß und Kitzel bereite‹. Die Schriftstellerei sei ein abstumpfender Prozeß, innerhalb seiner vier Wände wie hinter Gittern ausgeführt. Wenn es klappe, sei Schreiben eine unvergleichlich lohnende und erfreuliche Beschäftigung. Wenn es aber nicht klappe, gebe es für ihn keinen anderen Ausweg – es sei denn, verrückt zu werden –, als die Werkzeuge seines zweiten Gewerbes zu ergreifen, die Gewehre und die Angelruten, und sich seine Genugtuung auf See und in den Wäldern zu holen. Nichts außer der Schriftstellerei bereite ihm soviel echte Freude, als einen Bären, einen Büffel, ein Kudu, einen schwarzmähnigen Löwen zu töten, mit einem Riesenthunfisch bis zum Tode zu kämpfen oder einem Pottwal die Harpune tief ins Fleisch zu stoßen. Seiner Meinung nach war das kein Konflikt.

Kurz nach seiner Rückkehr nach Key West am 16. Juli lernte Ernest

Harry Burns, einen Professor der University of Washington in Seattle, kennen. Er verwickelte seinen neuen Freund sofort in Marathongespräche, die oft bis lang nach Mitternacht dauerten. Burns war noch da, als die Post ein Vorausexemplar des August-*Esquire* brachte. Es enthielt die endgültige Fassung von Ernests Geschichte über den Schriftsteller, der in Afrika an einem Gangrän stirbt. Während der Monate, die sie unangetastet in der Schublade lag, wollte er ihr den Titel ›A Budding Friendship‹ geben. Der jetzige Titel war ungleich besser: ›Schnee auf dem Kilimandscharo‹.
Ernest erklärte später, wie ihm die Idee zu dieser Erzählung gekommen war. Es hätte alles mit der reichen Dame begonnen, die ihn im April 1934 in New York zum Tee eingeladen und vorgeschlagen hatte, die nächste Safari zu finanzieren. Als er wieder in Key West war, hätte er einige Tage lang davon geträumt, wie es gewesen wäre, wenn er ihr Angebot angenommen hätte. Der sterbende Schriftsteller in der Geschichte sei ein Porträt seiner selbst, wie er geworden wäre, wenn die Versuchung, das ziellose Leben der Superreichen zu führen, seine moralische Integrität als Künstler untergraben hätte.
Er hielt sich später viel darauf zugute, daß er in dieser Erzählung das Material für vier Romane verarbeitet hatte. ›Ich hab das ganze wahre Zeugs hineingepackt‹ sagte er, ›und in solchen Mengen, den größten Mengen, die je eine Short Story enthalten hat.‹ Das meiste des ›wahren Zeugs‹ reichte weit zurück in Ernests Leben. Er rief Großpapa Bacons Blockhaus am Walloon Lake in Erinnerung, den Hügel in Paris, wo er 1922 und 1923 mit Hadley gelebt hatte, in jenem ersten Pariser Sommer die Angelreise in den Schwarzwald. Er romantisierte und schmückte seine Reise nach Konstantinopel aus. Es gab Erinnerungen an Schruns, an den Skilehrer Walther Lent und an das Pokerspiel im Madlenerhaus hoch oben in der Silvretta. An die Nordquist-Ranch in Wyoming ›mit dem silbrigen Grau des Salbeigebüschs‹ auf den Hügeln jenseits des Flusses. Für den Schluß, in dem sich Harry die Ankunft eines kleinen Flugzeuges vorstellt, das ihn nach Nairobi ins Spital transportieren soll, griff Ernest auf den wegen seiner Ruhr unternommenen Flug aus dem Steppenland nach Nairobi zurück, und die Erinnerung an den Blick auf den fernen, schneebedeckten westlichen Gipfel des Kilimandscharo. In dem Motto zu Beginn der Erzählung war das ausgedörrte und gefrorene Gerippe des Leoparden erwähnt, von dem ihm Philip Percival erzählt hatte. Er bezeichnete es später als ›Teil der Metaphysik‹ seiner Geschichte. Er wisse genau, was er damit meine, sagte er, aber er fühle sich in keiner Weise verpflichtet, es zu erklären.
Die Erzählung gab nicht nur vielen seiner persönlichen Erinnerungen konkrete Form, sondern ihr Thema lag auch seinem künstlerischen Gewissen sehr nahe. Er hatte Kaschkin geschrieben, der Schriftsteller müsse

Die Hänge des Kilimandscharo

›ein Außenseiter wie ein Zigeuner‹ sein. Hatte er tatsächlich einen Teil seiner Zigeuner-Unabhängigkeit gegen die Welt eines Lebemannes eingetauscht, in der er sich jetzt tummelte? Wie schon die Geschichte der Macombers steckte auch ›Schnee auf dem Kilimandscharo‹ voller Beweise für seine wachsende Feindseligkeit gegenüber einigen Mitgliedern des internationalen Sporting-Set. Ein Beispiel dafür war die Clique in Bimini, in der Marjorie eine potentielle Gefahr für Ernests Entwicklung als Schriftsteller gesehen hatte.
Die Erzählung befaßte sich auch mit Scott Fitzgerald. Der sterbende Schriftsteller erinnerte sich an ›den armen Scott Fitzgerald‹ und seine ›romantische Ehrfurcht‹ vor dieser ›besonders glorreichen Menschenart‹, die Geld hat. Nachdem Scott aufgegangen war, daß diese Leute gar nicht so glorreich waren, wie er angenommen hatte, mußte ihn diese Erkenntnis umwerfen, ›genau wie ihn jede andere Sache umwerfe‹. Ernest war fest entschlossen, sich nicht wie Fitzgerald zum völligen Zusammenbruch treiben zu lassen. Wie er ihm schon vor langem einmal geschrieben hatte, sei der Zusammenbruch dazu da, von Schriftstellern literarisch verarbeitet zu werden, selbst dann, wenn es sich um den Zusammenbruch des eigenen verdammten Lebens handelte. Sollten die Reichen tatsächlich der Feind sein, würde sie Ernest in seinen Romanen entsprechend darstellen.
Fitzgerald weilte krank und deprimiert in den grünen Bergen Nord-Carolinas. Er war sehr erzürnt, seinen Namen in Ernests Geschichte zu finden. Er schrieb ihm auf dem Briefpapier des Grove Park Inn in Asheville ein paar schroffe Zeilen:

Lieber Ernest! Bitte laß mich zumindest auf dem Papier in Ruhe. Wenn ich mich manchmal entschließe, de profundis zu schreiben, heißt das nicht, daß ich mir Freunde wünsche, die laut vor meinem Leichnam beten. Du hast es zweifellos gut gemeint, aber es hat mich eine schlaflose Nacht gekostet. Und wenn Du es in einem Buch unterbringen willst, dann laß meinen Namen gefälligst raus. Es ist eine feine Geschichte, eine Deiner besten, aber ›Poor Scott Fitzgerald, etc.‹ hat sie mir ziemlich verdorben. Stets Dein Freund, Scott.
P. S.: Reichtum hat mich nie fasziniert, wenn er nicht mit einer Riesenportion Charme oder Individualität kombiniert war.

Ernest schrieb Perkins sogleich, Scotts Reaktionen seien für einen Mann, der den ganzen Winter im *Esquire* ›diese gräßlichen Dinge über sich selbst‹ zum besten gegeben habe, verflucht merkwürdig. In seiner Antwort an Scott verkündete Ernest unheilvoll, er habe in den vergangenen fünf Jahren keine einzige Zeile über Bekannte geschrieben, weil sie ihm alle leid getan hätten. Aber dies sei jetzt vorbei. Er werde aufhören, ein Gentle-

man zu sein, und wieder ein Romanschriftsteller sein, der jeden gewählten Stoff, verdammt noch mal, auch verarbeite.
Die Grobheit der Antwort erstaunte Fitzgerald einigermaßen. Er fand sie übergeschnappt und anmaßend zugleich. Ernest habe typisch begonnen, sagte Scott, sich als der ›Große Schriftsteller‹ aufzuführen. Welch seltsamer Einfall habe ihn zu dem Schluß kommen lassen, daß die Veröffentlichung der Zusammenbruch-Artikel jeden zum ›großen Halali‹ auf Fitzgerald eingeladen habe, so als sei er eine Ente oder ein Fasan? Ernest habe jetzt anscheinend ›vollkommen den Kopf verloren‹. Er sei wie ›ein blöd geschlagener Boxer, der seinem eigenen Spiegelbild eine reinhauen will‹.
Es gebe nur eines: jede weitere Verbindung mit ihm zu vermeiden. Denn Ernest sei ›mit den Nerven genauso herunter‹ wie er selbst, sagte Scott. Nur nähmen die Symptome andere Formen an. ›Er neigt zum Größenwahn‹, schrieb Scott, ›und ich zur Melancholie.‹
Was Ernest vor Scott und fast allen seinen Freunden verheimlichte, war, daß sein Nervensystem von Zeit zu Zeit die ganze Zustandsskala zwischen Größenwahn und Melancholie durchlief. Iwan Kaschkin hatte sein Leiden als ›mens morbida in corpore sano‹ definiert. Zu den krankhaften Aspekten in Ernests Geist gehörte die wiederkehrende Überzeugung, er könne sterben, ohne sein Werk beendet und das Versprechen seines Talents erfüllt zu haben. Damals, als er die Erzählung über den sterbenden Schriftsteller in den Ebenen Afrikas schrieb, wußte er sehr gut, daß er bisher kaum mehr als die niedrigsten Hänge seines persönlichen Kilimandscharo erklommen hatte.

KAPITEL VII

Der Loyalist

Der Einzug

In der letzten Juliwoche beschäftigte sich Ernest mit den Vorbereitungen zu einem neuerlichen Aufenthalt auf der Nordquist-Ranch in Wyoming. In der gleichen Woche brach auch der Bürgerkrieg in Spanien aus. Die Loyalisten hatten gerade die Montana-Kaserne in Madrid erstürmt, als Ernest seinem jungen Freund Prudencio de Pereda schrieb: ›Wir hätten diese ganze Woche in Spanien sein sollen.‹ Aber er schien es weder besonders eilig zu haben, hinzukommen, noch schien er äußerlich besonders enttäuscht, daß ihn der vollbepackte Ford genau in die entgegengesetzte Richtung bringen würde.
Bis nach New Orleans fuhren außer Ernest noch Pauline, die beiden Jungen Bumby und Patrick, Paulines Schwester Jinny und Professor Harry Burns mit. Es herrschte Hurrikanwetter, und das Wetter auf der Fahrt nach Louisiana war feucht und schwül. In Texas und Colorado prasselte ein Wolkenbruch nach dem anderen auf das Blech des Wagens. Am Spätnachmittag des 10. August passierten sie die polternde Bohlenbrücke zur L-Bar-T-Ranch. Die beiden Jungen sprangen heraus wie Füllen, die man auf die Weide läßt. Ernest schrieb Mrs. Pfeiffer am nächsten Tag, Patrick sei in den ersten zwölf Stunden nur zu den Mahlzeiten vom Pferd gestiegen.
Die meisten Angestellten Nordquists hatten jetzt andere Jobs, aber Chub Weaver erklärte sich dennoch bereit, für die Dauer der Jagdsaison von Red Lodge herüberzukommen und als Koch und Faktotum zu dienen. Die Hemingways zogen in die Sidley-Hütte auf dem kleinen Hügel neben dem Fluß. Sie war größer als alle anderen, hatte ein Wohnzimmer mit einem Steinkamin und ein Extraschlafzimmer, das Ernest als Arbeitsraum benützte. Aus dem Postsack quollen tagtäglich Briefe von Leuten, die ›Schnee auf dem Kilimandscharo‹ gelesen hatten und das Buch bewunderten. Katy Dos Passos war der Ansicht, daß ›nichts seit dem Waffenstillstand die Leute so zum Weinen gebracht habe‹. Das gleiche könne man vom spanischen Bürgerkrieg sagen. ›Ich erwarte die Nachrichten aus Spanien nie ohne dieses üble, fröstelnde Gefühl, das ich bisher nur bei mei-

Der Loyalist

nen persönlichen Angelegenheiten und Nöten verspürt habe.‹ Dos schrieb, Luis Quintanilla sei Offizier der spanischen republikanischen Armee geworden. Er hatte an dem Angriff gegen die Rebellengarnison in der Montana-Kaserne am 20. Juli teilgenommen. Einige verwundete Rebellen seien jetzt in dasselbe Gefängnis geworfen worden, in dem Quintanilla so lange gesessen hatte, bis dann Dos und Ernest seine Entlassung erwirken konnten.

Seiner Worte zu de Pereda zum Trotz war sich Ernest mit sich selbst noch nicht im klaren, ob er nach Spanien gehen sollte. Er sprach voller Sehnsucht von einer Reise nach Bimini und von einer zweiten Afrikasafari. Aber der Krieg lastete dennoch auf seinem Gewissen. Ende September schrieb er Max Perkins, er bedaure mehr als alles auf der Welt, ›diese spanische Sache‹ versäumt zu haben. Sollten die Kämpfe bis zur Fertigstellung des Romans noch nicht beendet sein, hoffe er noch hinüberzufahren. Todesahnungen befielen ihn damals genauso regelmäßig wie die stechenden Schmerzen einen Rheumatiker. Er vertraute Marjorie Kinnan Rawlings an, er werde bald sterben, ziehe es aber natürlich bei weitem vor, ein weiser, alter, tabakkauender Mann mit einem weißen Bart zu werden. Kurz nachdem er diese Empfindungen zu Papier gebracht hatte, schlug er in einem Brief an MacLeish einen noch unheilvolleren Ton an. Er liebe das Leben so sehr, sagte er, daß er sich nur mit ›großem Widerwillen‹ erschießen würde, wenn die Zeit für ihn gekommen sei.

Im September warf sich Ernest mit neuem Eifer auf seinen Roman, um die erste Fassung noch im Oktober zu Ende zu bringen. Das Buch werde verteufelt gut, mit armen und reichen Leuten, Reaktionären und Revolutionären, schrieb er Max Perkins. Bis jetzt spiele sich die ganze Geschichte mit Ausnahme des Anfangs in Havanna, in und um Key West ab. Die Arbeit sei schwierig, aber auch ein großer Spaß gewesen. Er sei mit dem Buch an dem Punkt angelangt, wo er den weiteren Handlungsablauf schon ganz genau im Kopf habe.

Die Haupthandlung war zwar Fiktion, aber unzählige wichtige Einzelheiten entstammten seiner eigenen Erfahrung. Die Thompson-Maschinenpistole, mit der Harry die Kubaner tötete, war ein Zwilling der Waffe, die Ernest in Bimini von Leeds zum Fernhalten der Haie geschenkt bekommen hatte. Er schilderte das Key-West-Gebiet in allen Einzelheiten, denn es war ihm nach acht Jahren vertraut wie seine Westentasche. Der ehemalige Unterseeboothafen in der Marinebasis, aus dem Harry sein beschlagnahmtes Boot wieder entwendete, war genau der Platz, wo die ›Pilar‹ im September 1935 den Hurrikan überstanden hatte, Josie Russell stand für Freddy Wallace, den Besitzer von Freddy's Bar, Pate. Er klagte sogar, genau so wie Josie in diesem Frühjahr, daß ihm seine Beine von dem vielen Stehen den ganzen Tag über hinter der Theke weh täten. Honigmaul, der Advokat, mit dem Harry Geschäfte machte, war

genau nach Georgie Brooks gezeichnet, einem bekannten Rechtsanwalt und Politiker aus Key West.
In diesen Wochen der Niederschrift hatte sich Ernest wie ein Romanschriftsteller benommen und nicht den geringsten Versuch unternommen, die Gefühle seiner Freunde zu schonen. Kurz vor Ostern hatte er Dos Passos mit einem Bericht über ihren gemeinsamen Freund Jack Coles amüsiert. Jack hatte seine ›neue Squaw‹ nach Key West mitgenommen. Ernest beschrieb sie in seiner boshaften Art als eine Frau mit kurzgeschnittenem Haar, einem schlechten Teint und der Figur einer Ringkämpferin. Im Buch ließ er jetzt seiner satirischen Ader freien Lauf. In einer Szene in Freddy's Bar kam es zu einem kleinen Zusammenstoß zwischen Harry Morgan und einem Mr. und einer Mrs. James Laughton. Die Laughtons waren kaum verschleierte Konterfeis von Jack Coles und seiner Frau. Ein dritter Tourist mit rostfarbenem Schnurrbart und einem weißen Leinenhut mit einem grünen Zelluloidschirm stand auch an der Theke; er war Nationalökonom und hieß John MacWalsey. Der Professor hatte ›eine Eigenheit beim Sprechen, nämlich seinen Mund auf ziemlich ungewöhnliche Art zu bewegen, so als ob er etwas viel zu Heißes äße‹. Dieser exzentrische Erzieher, der sich in einer Nebenhandlung des Romans nach und nach zu einem kleinen Helden entwickelte, war aus einer groben Verschmelzung von Professor Harry Burns und Arnold Gingrich entstanden.
Während Hemingway im gebirgigen Westen aufblühte, hatte Scott Fitzgerald gerade eine recht schlechte Publicity erdulden müssen. Ein Journalist namens Michael Mok war zu einem Interview nach Asheville gekommen. Das Ergebnis erschien am 25. September unter dem Titel ›The Other Side of Paradise‹ in der *New York Post*. Zehn Tage darauf griff *Time* die Story auf. Scott telegrafierte Ernest folgendes: ›Wenn Du mir jemals helfen wolltest die Gelegenheit ist da stop Ein Mann namens Michael Mok (sic) hat ein Interview ausgenützt um mich in der Ny Post überall lächerlich zu machen stop Es schadet mir direkt und indirekt. Scott.‹
Ernest antwortete, daß er das Interview nicht kenne, aber bereit sei, alles im Bereich seiner Möglichkeiten Liegende zu tun.
›In der Annahme telegrafiert du bist in New York‹, lautete Scotts Antwort. ›Aus der Entfernung ist nichts zu machen, und bei kühlerer Betrachtung kann ohnehin überhaupt nichts getan werden. Besten Dank. Scott.‹
Dieses Verbundensein via Western Union brachte das Zerbröckeln ihrer Freundschaft vorübergehend zum Stillstand. Scott hatte in sein Tagebuch eingetragen, er habe sich immer danach gesehnt, sich einige der Eigenschaften anzueignen, die Ernest so anziehend machten, und sich in den Zeiten psychischer Spannung auf ihn wie auf eine stabile Krücke zu lehnen. Er hatte sich diese Auffassung in den vergangenen elf Jahren derart

zur Gewohnheit gemacht, daß er überhaupt nicht überlegte, als er sich in der Mok-Affäre an Ernest um Hilfe gewandt hatte.
All dies ging einem Gespräch unmittelbar voraus, das Marjorie Rawlings an einem Freitag Ende Oktober mit Fitzgerald anläßlich eines Besuches in Asheville führte. Das unvermeidliche Thema kam bald zur Sprache. Sie fand Scott gegenüber Ernests ›Dreistigkeit‹ in ›Schnee auf dem Kilimandscharo‹ weitaus versöhnlicher, als sie es selbst gewesen wäre. Ihrer Meinung nach müsse ein ›sadistischer Tick‹ Ernest dazu bringen, ›umherzugehen und Leute k. o. zu schlagen‹. Scott erzählte ihr von Ernests ungestümer Reaktion auf die ›Zusammenbruch‹-Artikel. Er fügte hinzu, es sei genauso legitim, sich ›seine Unzufriedenheit mit dem Leben von der Seele zu schreiben‹, wie ›einem harmlosen Schwächling einen Aufwärtshaken zu verpassen‹. Am meisten habe ihn natürlich in ›Schnee auf dem Kilimandscharo‹ die Feststellung verdrossen, er sei ›erledigt‹. Er gab sich bei der Unterhaltung an diesem Nachmittag die größte Mühe, um Mrs. Rawlings von seiner Unverwüstlichkeit und seinem Mut zu überzeugen.
Während dieses Gespräch in Asheville stattfand, trank Ernest in der Sidley-Hütte auf der Nordquist-Ranch eben seinen abendlichen Whisky. Am selben Tag, an dem die Schriftsteller-Kollegen seinen Charakter und seine Persönlichkeit analysierten, stellte er eine stählerne Falle auf, um eine Ratte zu erwischen, die mit ihrem nächtlichen Nagen die ganze Familie wach hielt. Am nächsten Morgen fing Pauline an, die Koffer für die Heimreise nach Key West zu packen. Ernests Beitrag zu den Vorbereitungen war gering: Er borgte sich von Nordquist eine Haarschneidemaschine aus, tauchte sie in Alkohol und rasierte sich damit seinen halben Bart ab. Während er die Seiten seines Manuskripts für die Reise bündelte, zählte er 352 handgeschriebene Seiten, also rund 50 000 Wörter, die er seit Mitte August, ›wie ein Bastard arbeitend‹, geschrieben hatte.
Während der ohne Zwischenfall verlaufenden Fahrt nach Osten hielten sie sich kurz in Piggott auf. In Key West angelangt, gelangte er mühsam zum Höhepunkt des Romans, einer Szene, in der Harry Morgan in der Kapitänskajüte eines Küstenschutzbootes im Sterben liegt. Trotz seiner Angeberei gegenüber Perkins und Gingrich im Herbst bereitete ihm der Versuch, die drei Morgan-Erzählungen durch Angliedern einer Nebenhandlung zu einem Roman zu gestalten, größere Schwierigkeiten, als er es sich eingestehen wollte oder wagte. Nach all den Jahren der standhaften Unabhängigkeit, der Weigerung, literarischen und politischen Moden zu folgen, der wiederholten Betonung seines Selbstbehauptungswillens, der grimmigen Entschlossenheit, sich nicht unterkriegen zu lassen, kam in seinem Innern allmählich eine Gegenkraft zum Tragen. Sie manifestierte sich in den Worten des sterbenden Harry Morgan, der genau wie Ernest versucht hatte, sich allein zu behaupten, aber nun zu der Überzeugung gelangen mußte, daß ›ein Mann allein‹ in dieser Welt nicht überleben konn-

Der Einzug

te. Vielleicht war die Kraft nur in einer Art Gemeinschaftsaktion wiederzugewinnen, in einer Einheitsfront, wie sie die spanische Republik gegen die Rebellen unter Franco zu bilden versuchte.

Um Thanksgiving herum rückte Spanien näher. In einer Klatschspalte von Walter Winchell hieß es, daß Ernest sich bald hinüberbegeben werde, um den Krieg zu beobachten. Kurz darauf flatterte ein Brief John N. Wheelers, des Generalmanagers der *North American Newspaper Alliance*, ins Haus. Wheeler schrieb, er habe Winchells Bericht gelesen, seine Organisation beliefere sechzig führende Zeitungen des Landes mit Material, und Ernest solle es sich durch den Kopf gehen lassen, ob er für die *NANA* über den Krieg berichten wolle. Ernests Antwort war herzlich. Das war die Abwechslung, auf die er gewartet hatte. Sidney Franklin, der sich in Kuba aufhielt, war bereit, mitzukommen. Pauline und Max Perkins waren beide dagegen, obwohl Pauline von der Tatsache besänftigt wurde, daß Franklin an Ernests Seite sein würde. Vorläufig half er der republikanischen Sache, indem er die Überfahrt zweier Freiwilliger bezahlte, die sich den Loyalisten anschließen wollten. Er lieh sich außerdem 1500 Dollar aus, die in zwei Raten an das medizinische Büro der amerikanischen Freunde der spanischen Demokratie fließen sollten. Auf Anforderung war noch einmal der gleiche Betrag auszubezahlen. Das Geld sollte für den Ankauf von Sanitätswagen verwendet werden. Ernests Interesse konzentrierte sich auf die praktischen Einzelheiten der Verschiffung. Nur die Fahrgestelle sollten nach Le Havre verschifft werden und die Karosserie erst nach Auslieferung in Spanien aufmontiert werden. Er gab den dringenden Rat, die Wagen hinunter zu chauffieren, um die Motoren schon einzufahren. Dann wären sie bei der Ankunft sofort einsatzbereit.

Während Ernest in Key West an seinem Roman weiterarbeitete, machte er unter den Wintertouristen zwei neue Bekanntschaften: James T. Farrell, Autor der vor kurzem beendeten Studs-Lonigan-Trilogie, und Rexford Guy Tugwell, ein Mitglied des Rooseveltschen Brain-Trusts. Farrell war ein kleiner, lebhafter junger Mann mit unordentlichem Haar, der sich von Ernests Freundlichkeit und Großzügigkeit ungemein beeindruckt zeigte. Farrell glaubte, daß ihn Ernest stante pede zu seinem intimsten Vertrauten gemacht habe, weil er ihm eines Abends in weinseliger Laune versicherte, daß Faulkner ein viel besserer Schriftsteller sei als sie beide. In Key West war ein Mann namens Jonathan Latimer aufgekreuzt, der sich fürchterlich als Literat aufspielte, worüber sich Farrell öffentlich lustig machte. Ernest, der dabei war, nahm Farrell zur Seite. ›Mein Gott, Jim‹, sagte er, ›tun Sie das nicht. Diese Kerle haben nichts außer ihrer Schriftstellerei. Wenn Sie sie ihnen wegnehmen, begehen sie Selbstmord.‹ Tugwell teilte Farrells Bewunderung für Hemingway nicht. ›Er war vom New Deal fasziniert‹, schrieb Tugwell rückblickend, ›aber nicht bereit, sich mit den Problemen näher auseinanderzusetzen. Er wurde von mir,

einem Nichtpolitiker, aber einem der Politik Nahestehenden, ziemlich durcheinandergebracht.‹ Als Tugwell versuchte, ihn für einen politischen Romanstoff zu interessieren, zuckte Ernest mit den Achseln. ›Es war ihm nicht der Mühe wert‹, sagte Tugwell. ›Er lebte gerne in so heruntergekommenen Plätzen wie Key West... um das Leben eines Sportsmannes zu führen... und beließ mit Vorliebe seinen Themenkreis primitiv.‹
An einem Dezembertag saß Ernest in Sloppy Joe's Lokal, schlürfte bedächtig seinen Drink und schwatzte mit Joe Russell, als ein Touristen-Trio hereinspazierte. Es bestand aus einer hübschen, blauäugigen Frau Mitte Fünfzig, die von einem gutaussehenden Jungen im Collegealter und einem hochgewachsenen Mädchen begleitet war, dessen hellblondes Haar ihm bis auf die Schulter fiel. Die ältere Frau hatte gerade vom Büro der Western Union nebenan ein Telegramm abgeschickt und war mit ihrem Sohn und ihrer Tochter hereingekommen, um das Etablissement mit dem merkwürdigen Namen Sloppy Joe's zu begutachten. Es stellte sich heraus, daß sie aus St. Louis waren, an ihrem Ferienort Miami keinen Gefallen gefunden und, einer plötzlichen Eingebung folgend, den Bus nach Key West bestiegen hatten. Jetzt machten sie hier Ferien. Der Name des Jungen lautete Alfred, das Mädchen hieß Martha, und sie nannten ihre Mutter Omi.
Martha warf einen mißtrauischen Blick auf den großen, schmutzigen Mann in Shorts und schmierigem T-Shirt. Aber Ernest ließ seinen Charme spielen, stellte sich unter schüchternem Gemurmel vor und sagte, daß er St. Louis aus seinen Jugendjahren kenne. Seine beiden Frauen seien dort zur Schule gegangen, wie auch Bill und Katy Smith. Die blauäugige Dame sagte, sie sei erst als Erwachsene dorthin gekommen. Sie hieß Edna Fishel Gellhorn und war seit kurzem Witwe des Gynäkologen und Geburtshelfers Dr. George Gellhorn, einem gebürtigen Österreicher. Ihre Tochter Martha war in der John Burroughs School erzogen worden und anschließend ins Bryn Mawr College in Pennsylvania gegangen. Mutter und Tochter sprachen beide mit deutlichem Bryn Mawr Akzent.
Martha war von Ehrgeiz besessen und entschlossen, es mit ihrem beträchtlichen Talent weit zu bringen. Sie hatte sich bereits als Schriftstellerin einen Namen gemacht. Ihr erster Roman ›What Mad Pursuit‹ hatte seinen Titel von Keats und das Motto von Hemingway bezogen. ›The Trouble I've Seen‹, eine Sammlung ihrer Erzählungen, war gerade im September mit einem anerkennenden Vorwort von H. G. Wells erschienen. Sie hatte vor kurzem in Deutschland an einem dritten Buch zu arbeiten begonnen und war über den Aufstieg der Nazis sehr verbittert. Nach diesem Besuch bei Mutter und Bruder plante sie eine neuerliche Europareise.
Die Freundschaft mit den Gellhorns reifte rasch. Ernest zeigte ihnen die ganze Insel und machte sie mit Pauline bekannt. Nach ihres Bruders Rück-

kehr in die Schule und der Abreise der Mutter nach St. Louis blieb Marty noch eine Weile in Key West. Ernest war oft mit ihr beisammen, führte sie manchmal in ein Lokal, das Penna's Garden of Roses hieß, oder wieder zu Sloppy Joe's. Sie war soviel bei den Hemingways zu Hause, daß sie dort bald festgenagelt sein würde ›wie ein Kudukopf‹, so drückte sie sich Pauline gegenüber aus. Neutrale Beobachter wie Lorine Thompson gewannen allmählich die Überzeugung, daß Ernest in seinen blonden Besuch ziemlich vernarrt war. Pauline war viel zu sensibel, um es nicht zu bemerken, aber sie behielt – zumindest in der Öffentlichkeit – ihre Meinung darüber für sich und hoffte augenscheinlich, daß sich nichts daraus entwickeln werde.

In der Zwischenzeit versuchte Ernest seinen Roman zu beenden. Er flocht eine Reihe satirischer Szenen über das Intimleben der reichen Jachtbesitzer ein, die ihre Boote an den schmalen Pieren des Jachthafens vertäut hatten. Außerdem fügte er einen seltsamen Kommentar über die einstmals reichen Selbstmörder ein, die entweder in geschlossenen Garagen an Kohlenmonoxydvergiftung gestorben waren oder sich aus den Fenstern eines Wolkenkratzers gestürzt oder ›die einheimische Tradition der Colt oder Smith & Wesson‹ befolgt hatten. Seine einzige Sorge galt jetzt der Freimütigkeit, mit der er einige seiner Freunde, nur geringfügig verändert, dargestellt hatte. Max Perkins traf sich am 8. Dezember in einer Anwaltskanzlei mit Thomas Wolfe, gegen den ein Beleidigungsprozeß über 125 000 Dollar angestrengt worden war. Ernest schrieb Max, daß Scribner's sein Buch, noch bevor es in Druck ginge, mit einem ›totsicheren‹ Dementi versehen müßte, etwa so, daß keine der dargestellten Figuren mit lebenden Personen Ähnlichkeit hätte. Seine vorläufige Sicherheitsmaßnahme bestand darin, daß er Gingrich aus Chicago und Maurice Speiser aus New York kommen ließ, um das Manuskript im Hinblick auf mögliche Beleidigungsklagen zu prüfen.

Diese Prozedur dauerte, von nachmittäglichen Angelausflügen unterbrochen, beinahe eine Woche. Gingrich wies warnend darauf hin, das Buch gebe Dos Passos in der Gestalt des Romanschriftstellers Richard Gordon Gründe genug für einen Prozeß. Das gleiche gelte für Grant und Jane Mason, die man ebenso leicht in den Figuren Tommy und Helene Bradley erkennen könne. Gingrich war überzeugt, jede Anspielung ›wie einen offenen Schirm durchschauen‹ zu können. Die inkriminierenden Stellen müßten entfernt oder verändert werden. Aber Ernest brachte ihn davon ab, indem er ihn daran erinnerte, daß Jane Mason ›sich geschmeichelt gefühlt habe‹, als sie von den Leuten als Vorbild für Margot Macomber bezeichnet worden war. Außerdem würde höchstwahrscheinlich niemand eine Verbindung zwischen den Masons und den Bradleys erkennen. Richard Gordon gleiche Dos Passos nicht wirklich, und sollte Dos doch Einspruch erheben, hielt Ernest eine ›nette Kriegslist‹ bereit. Da er wußte, daß Dos

Der Loyalist

Gingrich nicht leiden konnte, würde er Dos lediglich sagen, daß Gingrich irgend etwas gegen eine solche Stelle einzuwenden gehabt hätte. Dos würde sie dann sicherlich gutheißen.
Es ging bereits auf Mitte Januar zu, als Martha per Auto nach Miami abreiste, der ersten Zwischenstation auf dem Rückweg nach St. Louis. Sie war kaum fort, als Ernest ziemlich überstürzt eine Geschäftsreise nach New York antrat. Als sie einander in Miami trafen, führte er sie zu einem Steakessen aus, und der Boxer Tom Heeney machte den Anstandswauwau. Danach bestiegen sie denselben Zug in Richtung Norden, trennten sich unterwegs und setzten die Reise zu ihrem jeweiligen Bestimmungsort getrennt fort. Kurz vor Abfahrt ihres Zuges kam ein Telegramm von Gingrich, er habe das Gerücht vernommen, Ernest sei ernsthaft erkrankt. In Paulines Antwort konnte man zwischen den Zeilen eine leise Bitterkeit mitschwingen hören: ›Bericht aus zweiter Hand entbehrt jeglicher Grundlage. Ernest in Miami auf dem Weg nach New York in sagen wir bester Gesundheit vielen Dank für Sorge.‹
Marthas Brief aus St. Louis, den Pauline einige Tage später erhielt, konnte ihre Gefühle sicherlich kaum beruhigen. Sie schrieb, daß es in St. Louis winterlich und feucht sei. Sie sehne sich nach exotischeren Gegenden. Sie habe das Steakessen in Miami genossen und Mr. Heeney bewundert. Was Ernest anbelange, den sie jetzt Ernestino nannte, so habe sie seine gesammelten Werke mit großer Bewunderung gelesen und finde, er sei ein reizender Kerl. Wie auch immer Pauline diesen Brief aufnahm – er muß sie auf merkwürdige Weise an ihre eigenen erinnert haben, die sie im Frühjahr 1926 Hadley aus Bologna geschrieben hatte.

Hauptstadt der Welt

Jeder Schritt, den Ernest in diesem Januar in New York unternahm, brachte ihn näher an das belagerte Madrid. Einen Teil der Reisespesen würde seine erste Arbeit als Journalist seit 1923 decken. Der Vertrag, den er mit John Wheeler aufsetzte, sicherte ihm für jedes Telegramm 500 Dollar, für jeden brieflichen Bericht von etwa 1000 Wörtern tausend Dollar zu. Er fragte Jane Allen über die Lebensumstände in Madrid aus, von wo Allen vor kurzem zurückgekehrt war, nachdem er seinen dortigen Korrespondentenposten für die *Chicago Tribune* an den Nagel gehängt hatte. Aber die meiste Zeit steckte er mit dem jungen Romanschriftsteller Prudencio de Pereda beisammen, mit dem er an einem Dokumentarfilm unter dem Titel ›Spanien in Flammen‹ arbeitete. Der Propagandafilm enthielt Szenen über die Belagerung des Alcazar in Toledo, den Triumph der Loyalisten in der Sierra de Guadarrama, die Vernich-

tung wehrloser Städte durch faschistische Flugzeuge und über die Evakuierung der Kinder aus Madrid, um sie vor dem pausenlosen Artilleriefeuer Francos auf das Stadtzentrum zu retten. Ein wenig gelungener Kommentar leitete den Film ein. Ernest ersetzte ihn durch einen neuen Vorspann. Obwohl er vor der am 28. Januar im New Yorker Cameo Theater stattfindenden Welturaufführung wieder nach Key West fuhr, kabelte er einen für die Veröffentlichung bestimmten positiven Bericht, der zu Reklamezwecken verwendet werden sollte.
Seine Haltung gegenüber dem Krieg konnte immer noch als rein humanitär bezeichnet werden. Selbst wenn die ›Roten‹ wirklich so schlimm wären, wie es hieß, so würden sie doch die Bevölkerung des Landes repräsentieren, im Gegensatz zu den außerhalb des Landes lebenden Grundbesitzern, den Mauren, den Italienern und den Deutschen, schrieb er Paulines Mutter. Er wisse sehr wohl, daß die meisten ›Weißen‹ durch und durch korrupt wären. Ein wichtiges Motiv seiner Spanienreise sei, zu sehen, wie die sozialen Demarkationslinien ›auf der Grundlage der Menschlichkeit‹ verliefen. Der Kampf müsse allen Menschen nahegehen, weil er eine so eindeutige ›Kostümprobe für den unvermeidlichen europäischen Krieg‹ darstelle. Er beabsichtige, bei der NANA als ›Anti-Kriegsberichterstatter‹ zu arbeiten und zu versuchen, die Vereinigten Staaten aus dem kommenden Konflikt herauszuhalten.
Obwohl Ernest Max Perkins Anfang Januar telegrafisch von der Fertigstellung seines Romans verständigt hatte, war die Nachricht verfrüht gewesen. Arnold schrieb Ernest einen langen Brief voller Korrekturvorschläge: Die Figur, die seiner Meinung nach auf Jane Mason basierte, beunruhigte ihn noch immer. Ernest versprach zwar, sich über die Angelegenheit noch einmal in Paris den Kopf zu zerbrechen, doch fand er Gingrichs Urteil in dem fraglichen Punkt ›etwas unreflektiert‹. Er schickte ihm ein ziemlich arrogantes Telegramm, worin er ihn daran erinnerte, daß er länger Schriftsteller sei als Gingrich Herausgeber. Arnold solle sich hinter die Ohren schreiben, daß bei Profi-Footballspielen zwischen den beiden Spielhälften ermunternde Worte weder erteilt noch erwartet würden. Die Vorbereitungen für seine Reise nach Frankreich und Spanien ließen ihm wenig Zeit, die Probleme, die der Roman noch aufwarf, zu lösen. Dieser Umstand bereitete ihm Sorgen. Er versprach Perkins nun das fertige Manuskript für Juni, aber auch dieses Datum war fraglich.
Als Ernest im Februar nach New York zurückkehrte, war Dos Passos gerade damit beschäftigt, Geldmittel für einen zweiten Dokumentarfilm aufzubringen, der wie der erste dazu beitragen sollte, den amerikanischen Sympathisanten die Notlage des spanischen Volkes vor Augen zu führen. Ein talentierter holländischer Kommunist namens Joris Ivens sollte Regie führen, John Ferno würde die Kamera übernehmen. Archie MacLeish, Lillian Hellman, Dos und Ernest schlossen sich zu einer Gesellschaft mit

Der Loyalist

Namen ›Zeitgenössische Historiker‹ zusammen, die sich um die Aufbringung der Geldmittel und schließlich um den Vertrieb des fertigen Films kümmern sollte. Damals schon wie auch später gingen Ernests und Dos Passos' Meinungen über die Schwerpunkte des Films auseinander. Dos wollte die Notlage der kleinen Leute im Bürgerkrieg hervorheben, während sich Ernest eher für die militärischen Aspekte interessierte.

Als er endlich das Linienschiff ›Paris‹ bestieg, kamen Sidney Franklin und der Dichter Evan Shipman mit ihm. Jeder von ihnen verabschiedete sich am Kai in seiner typischen Manier. Shipman verschwand anonym in der Schiffsbar. Franklin gewährte den Reportern in einer lärmerfüllten Einzelkabine, wo seine vier hübschen Schwestern für ihn eine Abschiedsparty gaben, höchstpersönlich Audienz. Ernest ließ ein Interview über sich ergehen. Er gab darin seine Absicht kund, die Amerikaner mit der neuen Art Krieg zu konfrontieren, die Franco und seine ausländischen Verbündeten jetzt führten. Es sei ein totaler Krieg, sagte er, in dem es keine Nichtkombattanten mehr gebe. Ira Wolfert, eine junge Reporterin, schrieb dies alles sorgfältig in ihr Notizheft, aber ihr Hauptinteresse galt Hemingways Erscheinung und Persönlichkeit. ›Seine Brust wölbte sich unter seinem Mantel wie ein Fenstervorsprung‹, schrieb Wolfert. Er sah sogar mit siebenunddreißig noch außerordentlich jung aus. Sein rundes und rosiges Gesicht schaute hinter dem schwarzen Schnurrbart vor Gesundheit strotzend hervor. Er beäugte seine Gesprächspartner durch seine stahlumrandete Brille, sprach aus den Mundwinkeln, beantwortete Fragen mit einem ›Yop‹ oder ›Nope‹ und hielt seine großen Hände in Hüfthöhe, als sei er im Begriff, einen Freund auf den Rücken zu klopfen oder einen Fausthieb auf jemandes Kinnlade zu landen, den er nicht leiden konnte. Sein Bestimmungsort sei Madrid, erklärte er, aber er beabsichtige, alle umliegenden Städte zu besuchen. Er wolle herausfinden, was der Krieg für die ›kleinen Leute‹ – die Kellner, Taxifahrer, Schuster, Schuhputzer – bedeute. Anschließend wolle er die Front bereisen und schauen, ›was die Burschen mit den neuen Spielsachen tun, die man ihnen seit dem letzten Krieg geschenkt hat‹.

Er blieb zehn Tage in Paris und wartete vergeblich darauf, daß die Bemühungen beim amerikanischen Außenministerium wegen Beschaffung eines spanischen Visums für Franklin von Erfolg gekrönt würden. Er hielt sich oft in der Wohnung des linksgerichteten Dichters Robert Desnos in der Rue de Seine auf, wo er auch Ramon Guthrie traf, jenen Französisch-Professor aus Dartmouth, den er zuletzt vor zehn Jahren in Gesellschaft von Sinclair Lewis in Berlin gesehen hatte. Fast täglich ging er mit Janet Flanner und Solita Solano mittag- oder abendessen. Franklin war für gewöhnlich dabei und saß unglücklich auf einer Stuhlkante, weil er vor kurzem von einem Stier gespießt worden war. Manchmal gingen sie in Franklins schäbiges Zimmer im Hotel Montana in der Rue St. Benoît. Wenn er

seine Sammlung von Matadorkostümen und Degen auspackte und sie Bewunderung heischend vor allen ausbreitete, vergaß er seine Beschwerden. Der ganze Putz machte Solita schwindlig. Sie konnte nicht herausfinden, was Ernest über dieses ›beinahe tägliche Sich-Weiden‹ an dem glänzenden Zeug und der Gold- und Silberstickerei wirklich dachte. Aber sein Verhalten war fast immer gleich. Eine halbe Stunde lang pflegte er Sidneys Besitztümer geduldig zu bestaunen. Dann ergriff er einen Degen, hob ihn in die Höhe, ließ seine Finger über den Griffknauf gleiten und balancierte ihn aus. In der Zwischenzeit breitete Sidney die anderen Schätze über das große Doppelbett, die beiden Stühle und den Tisch aus.
Wenn Sidneys Enthusiasmus den Siedepunkt erreicht hatte, ergriff er plötzlich eine Capa, stieß ein ›Toro-hu-Toro‹ aus und vollführte eine Reihe von Veronicas. Ernest grinste glücklich, sprang auf den freien Platz auf der anderen Seite des Bettes, legte die Hände an die Ohren, um Hörner anzudeuten, und stürzte sich auf Sidney, der mit seiner Capa arbeitete, während Solita und Janet von einer Zimmerecke aus zusahen. Die beiden Männer pflegten sich im kurzatmigen Slang der spanischen Arenen zu unterhalten, und Solita hatte den Eindruck, als würde Sidney das Spiel in alle Ewigkeit fortsetzen wollen. Aber früher oder später sagte der schweißüberströmte Hemingway unweigerlich: ›Los Burschen, gehen wir was trinken‹, und schleppte die Frauen fort, während Sidney zurückblieb und seine Kollektion sorgfältig bürstete, zusammenfaltete und bis zum letzten weißen Strumpf alles wieder einpackte.
Der Ernst der Lage in Madrid wurde Ernest richtig klar, als er Anfang März den Maler Luis Quintanilla traf. Seit seiner Freilassung aus dem Gefängnis war aus dem Mann der Kunst ein Mann der Tat geworden. Er hatte zuerst in der Montana-Kaserne im Juli gekämpft und dann in der Sierra de Guadarrama, in Toledo und in den Madrider Vororten. Er erzählte ihm auch, daß eine Bombe sein Atelier in Brand gesetzt hätte.
›Und die großen Fresken‹, fragte Ernest, ›Universitätsviertel und Casa de Pueblo?‹
›Aus‹, sagte Luis, ›alles vernichtet.‹
›Und was ist mit den Fresken für das Denkmal für Pablo Iglesias?‹
›Zerstört‹, sagte Luis. ›Nein, Ernesto, sprechen wir nicht darüber. Wenn ein Mann die Arbeit seines ganzen Lebens verliert... ist es viel besser, nicht darüber zu sprechen.‹ Ernests Mitgefühl kannte keine Grenzen. Er hatte niemals den Verlust seiner eigenen frühen Manuskripte am Pariser Gare de Lyon vergessen. Man mußte nun das Schicksal von Quintanillas Werk unter ›los desastros de la guerra‹ einstufen.
Was Franklins Visum anlangte, blieb das amerikanische Außenamt unerbittlich. Schließlich legte Ernest alles in die Hände von Luis Araquistain, dem Pariser Botschafter des republikanischen Spanien, und fuhr allein nach Toulouse, dem Startplatz für die Flüge in den Süden. Er kam am 14. an,

Der Loyalist

mietete einen Wagen und fuhr los, um die französischen Grenzpatrouillen auf die Probe zu stellen. Der Wagen wurde zweimal von motorisierten Gardisten mit aufgepflanzten Bajonetten aufgehalten. Ein Polizeichef an der Grenze sagte ihm, er könne nur mit einem Sondervisum der französischen Regierung einreisen. Es gehörte Ernests Meinung nach zur Ironie dieser Zeit, daß vor kurzem 12 000 Italiener aus Mussolinis Hilfskontingent für Franco an der Südküste gelandet waren, während die Franzosen weiterhin um die Pässe neutraler Beobachter feilschten. Am 16. stieg er in ein Air-France-Flugzeug, das kurz in Barcelona zwischenlandete und dann Richtung Süden weiterflog.

Die Landschaft entlang der Küste, die man von der tief fliegenden Maschine aus erblickte, hätte nie auf eine Nation schließen lassen, die sich mitten im Krieg befand. Entlang der weißen Sandstrände kräuselten sich friedlich kleine Wellen; Züge schnauften über unversehrte Bahnkörper; Männer pflügten die Felder; aus Fabrikschornsteinen stiegen Rauchwolken auf. Bis Tarragona, wo an der Küste ein Frachtdampfer der Loyalisten mit Schlagseite auf Grund lag und in Ernests Augen wie ein gestrandeter Wal mit Schornsteinen aussah, gab es keinerlei sichtbare Zeichen des Konflikts. Jenseits von Valencia stieg das Flugzeug rasch über eine Gebirgskette und senkte sich wieder über der ›afrikanisch aussehenden‹ Küstensilhouette von Alicante. Hier feierten die Leute den Sieg der Loyalisten über die Italiener in Guadalajara. Männer und Frauen sangen und schrien, die Straßen hallten von Gitarren- und Akkordeonklängen wider, und Vergnügungsdampfer mit so poetischen Namen wie ›Rosa de Primavera‹ kreuzten in der Bucht und waren dicht besetzt mit Händchen haltenden Liebespaaren. Vor den Rekrutierungsbüros standen die Leute Schlange. Auf dem ganzen Weg nach Valencia herrschte diese Fiesta-Atmosphäre. Hemingway saß schläfrig auf dem Vordersitz des Wagens, und es kam ihm vor, als ob selbst die Orangenplantagen feierten, die ihren schweren betäubenden Duft bis auf die staubige Straße verbreiteten. Er döste dahin und dachte an Hochzeiten.

Im Presseamt in Valencia sicherte er sich bei Constancia de la Mora, einer hochgewachsenen Aristokratin Anfang Dreißig, mit den dunklen Augen, dem langen Hals und dem ovalen Gesicht eines Modigliani-Modells, eine offizielle Fahrgelegenheit. Der ihm zugewiesene Chauffeur hieß Tomás. Er sah aus wie ein Zwerg aus einem Velázquez, den man mit Hilfe eines proletarischen Overalls aus blauem Drillich modernisiert hatte. Am 20. starteten sie zur langen Fahrt durch die grüne Ebene von Valencia. Dann ging es mit vielen Zwischenstopps, um sich mit Wärme und Wein aufzutanken, durch öde, graue Berge. Endlich erblickte Ernest das gelbe Hochplateau Kastiliens mit den schneegekrönten Gipfeln der Sierras im Norden wieder und die Stadt, die wie eine weiße Festung aus der umliegenden Ebene aufragte. ›Es lebe Madrid, die Hauptstadt meiner Seele‹, schrie

Tomás. Er raste die Gran Via hinunter bis zur Plaza de Callao und setzte seinen Fahrgast vor dem schmutzigen Portal des Hotels Florida ab.
Ernest hatte große Eile, die Stätten der Siege von Guadalajara und Brihuega aufzusuchen, die das ganze republikanische Spanien am Tage, als er eingeflogen war, so stolz gefeiert hatte. Er sprach darüber bereits als von der ›größten italienischen Niederlage seit Caporetto‹. Nun wollte er das Terrain inspizieren, bevor die Bestattungstrupps ihre Arbeit beendet hätten. Er blieb in Madrid nur so lange, bis er sich im großen weißen Gebäude der ITT bei der Zensur angemeldet hatte. Sie war in der Stadt allgemein als ›Teléfonica‹ bekannt. Er lernte dort einen steifen, preußisch aussehenden deutschen Kommunisten namens Hans Kahle kennen, der im Ersten Weltkrieg an der Westfront gedient hatte, vor den Nazis geflüchtet und zur rechten Zeit in Spanien eingetroffen war, um während der Verteidigung Madrids in diesem Winter ein Kommando unter Miaja zu übernehmen.
Ernest fuhr am frühen Morgen des 22. März gemeinsam mit ›General Hans‹ und von Tomás chauffiert durch grauen Regen und gelegentliches Schneegestöber in Richtung Norden. Das Wetter war ein Vorbote des Desasters, das sie auf den Schlachtfeldern vorfanden. Hier lagen die schweigenden Trümmer des Boden- und Luftkampfes: verlassene Maschinengewehre, leichte Mörser, Stapel von Munitionsschachteln und eine makabre Kollektion von Zugmaschinen, Lastwagen und kleinen Panzern, die am Straßenrand steckengeblieben, in den Gräben umgekippt waren oder bis zur Nabe in den Feldern steckten. Tomás' Verhältnis zum Krieg war ohne Begeisterung. Auf einer aufgeweichten Straße, auf einem Hügel genau unterhalb von Brihuega, stießen sie auf einen republikanischen Panzer, der in einer Haarnadelkurve steckengeblieben war und sechs weitere Panzer blockierte. Sie wurden sofort von den Flugzeugen der Rebellen bombardiert. Von da an versagten Tomás' Chauffeurkünste vollständig.
Auf den Höhen oberhalb Brihuegas fanden sie zwischen den Felsblöcken, hinter die sie sich schutzsuchend gekauert hatten, die toten Italiener, klein und jämmerlich wie liegengelassene Puppen, die Gesichter grau und wächsern in dem trostlosen Regen. Wieder fiel Ernest die außerordentliche Menge von Briefen und Papieren um sie auf, wie auch die Geräte, mit denen sie vergebens versucht hatten, Schützenlöcher in den felsigen Boden zu buddeln. Kahle sagte, die Niederlage der Italiener habe Francos Hoffnung auf eine Einkreisung Madrids zunichte gemacht. Das Klima der Stadt mochte grauenhaft sein, aber ihre wunderbare, natürliche Verteidigungslage sei eine gebührende Entschädigung für mögliche andere Nachteile. Auf dem Rückweg betonte er, daß die Befestigungsarbeiten so weit fortgeschritten seien, daß man die Stadt mit einem direkten Angriff nicht mehr einnehmen könne. Franco müsse, um zu siegen, über Teruel zur Küste vorstoßen und Barcelona und Valencia abschneiden. Inzwischen würden die

Der Loyalist

republikanischen Truppen in Kastilien mit jedem Tag stärker. In wenigen Monaten würden die Loyalisten die Offensive eröffnen können, schrieb Ernest in einer Depesche, in der er Kahles Angaben verwertete.
Ernest saß in dem Kellerrestaurant des Hotels Gran Via gegenüber der Teléfonica gerade beim Dinner, als Martha Gellhorn und Sidney Franklin hereinschneiten. Sie waren auf ganz verschiedenen Wegen nach Valencia gekommen und dann gemeinsam nach Madrid weitergefahren. Ernests Begrüßung versetzte Martha in Zorn. Trotz ihrer unerschrockenen Haltung war sie von der Reise müde und durstig und durchfroren. ›Ich hab gewußt, daß du herkommst, Tochter‹, sagte Ernest überschwenglich, ›weil ich es so arrangiert habe.‹ Außer einem oder zwei Telefonaten hatte er überhaupt keinen Finger gerührt, und Martha nahm ihm die Anspielung, sie hätte Hilfe gebraucht, krumm. Das Essen im Restaurant war schlecht und die Kellner über die späten Gäste sichtlich unglücklich. Marthas Wiedersehen mit Ernest hätte kaum unter weniger romantischen Umständen über die Bühne gehen können. Sein Interesse an ihr war hauptsächlich noch immer das eines erfolgreichen Autors für einen jüngeren Kollegen, obwohl beide eine idealistische Anteilnahme an den Nöten des einfachen Volkes verband. Martha fand sich selbst, zu Recht oder zu Unrecht, politisch bewußter und leidenschaftlicher antifaschistisch als er. Außerdem war sie, strenggenommen, keine Kriegsberichterstatterin, obwohl sie einen ›gefälschten Brief‹ bei sich trug, den ihr Kyle Crichton vom *Collier's Magazine* verschafft und mit dem sie sich alle notwendigen Papiere besorgt hatte.
Am nächsten Tag nahm Ernest sie in die Teléfonica mit und machte sie mit Arturo Barea und Ilsa Kulcsar bekannt, die das Zensurbüro gemeinsam leiteten und Neuankömmlingen Hotelzimmer, Benzingutscheine und Geleitschreiben zur Verfügung stellten. Dieses vollkommen überarbeitete Paar starrte ungläubig auf die ›schlanke Frau mit der Aura blonden Haares, die wie ein amerikanischer Filmstar mit wiegendem Gang durch das finstere, muffige Büro schritt‹. Hätte sie von diesem Urteil gewußt, wäre sie noch wütender geworden. Sie fuhr am 27., dem ersten warmen Frühlingstag, mit Ernest nach Norden, wo sie sich in den roten Hügeln der Guadalajara-Front einnisteten und den vielen Rebellensoldaten zuschauten, die sich jenseits des engen Tals wie Ameisen über einen steilen Felsen hinaufbewegten, um die von ihnen besetzte Hochebene gegen einen erwarteten Angriff der Loyalisten zu befestigen. Die Soldaten um Ernest und Marty lachten und rauchten, ›sonnten sich‹ in der warmen Luft ›und zupften an ihren Narben‹. Es war jetzt schwierig, sich an die sieben bitteren Tage zurückzuerinnern, die mit der Niederlage dreier italienischer Divisionen geendet hatten.
Die Situation an den Fronten war wenigstens jetzt angenehmer als in der Stadt. Francos Artillerie beschoß Madrid täglich von den Garabitas-Hügeln aus. Überall hingen Granitstaub und der beißende Rauch von

Sprengstoff in der Luft. Am Morgen nach seiner Rückkehr aus dem Norden erwachte Ernest von dem schrillen Pfeifen und dem Explodieren einer Granate auf dem Platz vor dem Hotel. Er eilte in Bademantel und Pantoffeln hinunter und sah, wie man eine ältere Frau, die aus dem Unterleib blutete, in die Halle brachte. Zwanzig Schritte vom Hoteleingang entfernt war ein großer Trichter in den Bürgersteig gerissen worden, und der staubbedeckte Körper eines Mannes lag auf einem Haufen Schutt. Der Lärm des Frontabschnitts rund um das Universitätsviertel, etwa siebzehn Häuserblocks entfernt, hielt oft die ganze Nacht an. Ernest versuchte, sich lautmalerische Wörter auszudenken, um die Schußlaute kleinerer Waffen zu beschreiben: ›Takrong, karong, kraang‹ für Gewehre und ›rong, kararong, rong, rong‹ für Maschinengewehre.
Viele Leute aus seinem großen Bekanntenkreis strömten in Madrid zusammen. Er begrüßte Josie Herbst, die geschiedene Frau John Herrmanns, als sie in die Halle des Florida trat. Sie schleppte einen schweren Rucksack und eine Schreibmaschine, während der Granitstaub unter ihren Schuhen knirschte. Man wies ihr ein Zimmer neben der Halle zu, ziemlich weit von der Zwei-Zimmer-Suite entfernt, die Ernest mit Franklin bewohnte. Sidneys Hornwunde war noch nicht verheilt, und er hatte sich erkältet, als er an der Nordgrenze einen eisigen Fluß durchwatet hatte. Aber er half Ernest äußerst hingebungsvoll. Er mochte Pauline sehr und ärgerte sich deswegen dementsprechend über Martha. Er beklagte sich bei Ilsa Kulcsar und anderen über Marthas schlechten Einfluß auf Ernests Charakter und Benehmen. Franklin lud jeden Tag zu einem Gratisfrühstück ein, das er selbst zubereitete. Die Haupttreppe wand sich an einem runden Stiegenhaus empor. Wenn Josie Herbst und Dos Passos sich in der Halle unterhielten und dabei ihren Morgentee schlürften und das ausgetrocknete Brot kauten, das sie sich vom vergangenen Abend aufgespart hatten, drangen oft die köstlichen Düfte von Filterkaffee und gebratenem Schinken herunter. Kurz danach pflegten Ernest oder Sidney vom vierten Stock herunterzubrüllen und sie zum Frühstück einzuladen. Da jedermann die meiste Zeit Hunger hatte, war die Versuchung groß. Josie lehnte oft ab, haßte sich aber dann für ihre eingebildete Tugendhaftigkeit selbst. Andere amerikanische Gäste nahmen Ernest seinen privilegierten Status übel, denn es fehlte ihm nie an einem fahrbaren Untersatz oder den begrenzten Bezinscheinen. Weit davon entfernt, diese Ansicht zu teilen, bewunderte Josie seine Ausgelassenheit. Er genoß sichtlich seine Rolle als führender amerikanischer Kriegsberichterstatter, entdeckte gleichzeitig neue Erfahrungsbereiche und speicherte seine Eindrücke. Einige seiner Einfälle kamen Dos Passos und Josie Herbst naiv vor. Andrerseits konnte er sich wirklich profunden Wissens rühmen, da er so verantwortliche Männer wie Hans Kahle kannte, die wirklich das Kampfgeschehen bestimmten.
Dos und Ernest setzten ihre Debatten über den Film ›Die spanische Erde‹

Der Loyalist

fort. Dos wollte sich auf die Entbehrungen des täglichen Lebens in einem typischen Dorf Altkastiliens konzentrieren, wo die Lebensbedingungen für ausländische Begriffe beinahe unglaublich waren. Ernest hingegen, der zwar nach wie vor den humanitären Aspekt berücksichtigte, wollte vor allem Bilder von Angriffen, Geschützstellungen, Bombardements und Vernichtung. Dos' Entschlossenheit, das Schicksal seines spanischen Übersetzers und jahrzehntelangen Freundes Robles Pazos herauszufinden, gab Anlaß zu weiteren Reibereien. Robles hatte bis zum Kriegsausbruch an der John-Hopkins-Universität spanische Literatur unterrichtet und sich dann den Loyalisten als Oberst angeschlossen. Im Herbst hatte man ihm nahegelegt, Spanien zu verlassen, da er mächtige Feinde hatte, aber er war geblieben. Im Dezember war er in Valencia plötzlich verhaftet worden. Regierungsfunktionäre hatten Dos im März versichert, Robles sei nicht gefährdet und die Anklage gegen ihn nicht zu halten. Ernest sagte Dos, er habe das persönliche Wort des aalglatten Chefs der Spionageabwehr, Pepe Quintanilla, daß Robles ein faires Verfahren erhalten würde. Das Peinliche daran war jedoch, daß Robles bereits standrechtlich erschossen worden war. Josie Herbst, die gerade die näheren Umstände erfahren hatte, sagte Ernest, daß Quintanilla entweder der Gefoppte oder ein Lügner sei – aber letzteres sei wahrscheinlicher. Ernest war sprachlos vor Staunen, nahm aber sofort an, daß Robles schuldig gewesen sein müsse. Er würde die Nachricht Dos übermitteln, sagte er.

Er entschloß sich dazu während eines Besuchs auf dem Schloß des Herzogs von Tovar, bei dem die Auslandskorrespondenten einschließlich einiger Russen zum Lunch geladen worden waren. Die Nachricht war für Dos ein riesiger Schock. Während des ganzen Essens saß er da und starrte auf seinen Teller, ohne ein Wort zu sprechen. Als sie wieder im Hotel Florida waren, winkte ihm Ernest zu und machte sich schnell aus dem Staub. Für ihn war der Fall erledigt. Fünfzehn Monate später schrieb er Dos' festen Glauben an Robles Unschuld der gutherzigen Naivität einer ›typisch amerikanischen liberalen Haltung‹ zu. Die Arroganz dieses Urteils spiegelte Ernests Stolz, ein Vertrauter der Madrider Führungsschicht zu sein.

Er pflegte häufig in das Gaylord genannte Hotel zu gehen, das gesellschaftliche Operationszentrum des russischen Kontingents. Als er dort gebührend bekannt war, genoß er das Vergnügen, den Posten vertraulich zuzuwinken, die den Hintereingang mit aufgepflanztem Bajonett bewachten, feierlich durch die Marmorhalle zu schreiten und unbelästigt in den langsamen Fahrstuhl zu steigen. Anfangs gefiel ihm der Platz nicht. Essen und Getränke waren zu üppig, die Einrichtung zu luxuriös für eine belagerte Stadt. Und die Gespräche waren viel zu zynisch. Dennoch ging er oft wieder hin, weil er überzeugt war, Genaueres über die Art der Kriegsführung zu erfahren, wenn er nur die Ohren offenhielt. Ihm war sofort aufgefallen, daß viele spanische Kommandanten von den Sowjets gründlich ideologisch geschult worden waren. Der Divisionskommandeur Enrique Lister aus Galicien sprach fließend russisch. Auch Juan Modesto aus Andalusien, Befehlshaber eines Armeekorps, hatte ›sein Russisch bestimmt nicht in Puerto de Santa Maria‹ erlernt. El Campesino, ein ehemaliger Feldwebel in der spanischen Fremdenlegion, war ›mit seinem schwarzen Bart, den dicken negroiden Lippen und den fiebrig starrenden Augen‹ ein guter Brigadekommandeur, der aber für einen Mann seines Rangs viel zu viel sprach. Aber Ernest war ganz Ohr.

Die wichtigsten Informationen erhielt er im Gaylord von Michail Kolzow, dem Korrespondenten der *Prawda* und *Iswestija*, einem ziemlich jungen Intellektuellen mit rosigem Teint, beweglichen Zügen, Hornbrille und wildem Kraushaar. Kolzow wußte, daß sein amerikanischer Freund keinerlei Hang zum Kommunismus hatte, aber da er an ihn als Schriftsteller glaubte, versuchte er ihm zu zeigen, wie alles tatsächlich geschah, um ihm das Material für einen wahren Bericht darüber zu liefern. Eines Abends traf Ilja Ehrenburg Ernest in Kolzows Suite, wo er verdrießlich einen Whisky trank. Nach einigen Höflichkeitsfloskeln fragte Ehrenburg Hemingway auf französisch, ob er nur Features nach Hause kable oder auch Depeschen mit den neuesten Nachrichten sende. Er war konsterniert, als Ernest in wildem Zorn aufsprang und sich ihm drohend mit einer Whiskyflasche näherte. Er hatte das Wort nouvelles (Nachrichten) mit novels (Romane) verwechselt. Die Umstehenden griffen ein, und der Zwischenfall endete unter Gelächter. Selbst solches Benehmen täuschte Ehrenburg nicht über die Tatsache hinweg, daß Hemingway im Grunde genommen ein fröhlicher, dem Leben verbundener Mann war, der voller Eifer stundenlang über die Jagd oder das Fischen plaudern konnte. Er unterhielt sich ernsthaft über den Film, den er machen wollte, und über den Zweck, dem er, wie er hoffte, dienen würde. Ehrenburg stellte bei ihm eine sehr enge Bindung zum Krieg fest: ›von der Gefahr, vom Tod, von großen Taten angezogen‹. Wenn er täglich mit Männern zusammenkam, die nicht aufgaben, ›war er wie neugeboren, hatte sich verjüngt‹.

Dies war genau der richtige Ausdruck für das, was Ernest in diesem Frühling wiederfuhr. Er war auf Schauplätze zurückgekehrt, die denen ähnelten, die er vor langer Zeit in Italien kennengelernt hatte. Er hatte vor kurzem in den grünen Hügeln Afrikas vom ›angenehm tröstlichen Mief der Kameraden‹, von der glücklichen gegenseitigen Abhängigkeit einer Brüderlichkeit in Waffen gesprochen. In der Zwischenkriegszeit war er fast gänzlich davon abgekommen, weil er seine eigene einsame Berufung verfolgt hatte. Jetzt war er wieder voll im Einsatz. Schwierigkeiten und Gefahren waren sein Element, in dem er aufblühte. Gänzlich und fast selbstlos für das spanische Volk und seine Sache eintretend, wußte er aber gleichzeitig, daß er in dieser Erfahrung wachsen und seiner Größe als Schriftsteller neue Dimensionen verleihen könnte.

Die spanische Erde

Außer Martha Gellhorn gehörten zu Ernests Umgang unter den ausländischen Journalisten in Madrid Herbert Matthews und Sefton Delmer. Beide waren schon länger da, Delmer seit Kriegsausbruch im Juli und Matthews seit November. Matthews war groß und schlank, von ernster und gewissenhafter Art, mit einem schmalen, asketischen Gesicht, das Ernest an Savonarola erinnerte. Delmer, kurz Tom genannt, war Oxford-Absolvent, Anfang Dreißig, 1,82 m groß und hundert Kilo schwer. Man hätte ihn für einen ›gesunden englischen Bischof‹ halten können. Delmer fand weitaus weniger als seine Gefährten Gefallen an der Art, wie die Kommunisten die Geschicke der spanischen Republik lenkten. Ebensowenig teilte er Matthews' Überzeugung, diese Monate im belagerten Madrid seien die ›großen Tage‹ seines Journalistenlebens und es mache mehr Freude, als an einem Schreibtisch in Paris zu sitzen und die offiziellen Bulletins der Botschaften umzuschreiben. Ernests Euphorie überstieg noch die von Matthews. Nach den ersten beiden Wochen im ›Florida‹ überkam ihn ein unpersönliches Freiheitsgefühl, so als besäße er weder Frau noch Kinder, weder Haus, Boot noch andere Besitztümer oder sonstige Verpflichtungen.
Im April widmete er sich mit ganzem Herzen den Vorbereitungen für den Dokumentarfilm, der ›Die spanische Erde‹ heißen sollte. Er war viel in der Gesellschaft Joris Ivens', des Regisseurs, und John Fernos, des schweigsamen und nüchternen Kameramanns. Ivens war ein kräftiger, mittelgroßer Mann mit dichtem braunem Haar und dem Aussehen eines Intellektuellen von der *Rive Gauche*, ein Künstler und Kommunist bis unter die Haarwurzeln. Er übernahm bald die Funktion eines politischen Kommissars für Ernest und war davon überzeugt, daß sein Freund zumindest bereit war, an einer echten Kollektivbewegung teilzunehmen.
Die Herstellung des Films war nicht leicht. Wenn sie den Panzern und der Infanterie der Loyalisten über die zerklüfteten grauen Hügel der Morata-de-Tajuna-Front folgten, trug ihnen der Wind von den Bergen Staubwolken entgegen, verkrustete ihnen Augen und Nasenlöcher und trübte die Kameralinsen. Am 9., nach einer Zecherei, die bis nach Mitternacht gedauert hatte, lag Ernest Stunden wach im Bett und lauschte der Rebellenartillerie, die auf die Stellungen der Loyalisten um Carabanchel trommelte. Kurz nach sechs klopfte Ivens, der ein Arbeitstier und Frühaufsteher war, an die Tür. Die Loyalisten starteten einen Angriff unterhalb der Casa de Campo, einem weiten, offenen Tal im Norden und Westen der Stadt.
Sie verließen, gemeinsam mit Hank Gorrell von der United Press und dem Kameramann Ferno, ohne Frühstück im Magen das Hotel und machten sich auf den Weg zum Brigadehauptquartier. Die Artillerie der Faschisten zerschmetterte den uralten Lindenhain in dem bewaldeten Land-

strich nahe des alten königlichen Jagdhauses. Die Gruppe um Ernest kam bald dahinter, daß sie viel zu weit hinuntergestiegen war, und kletterte keuchend und schwitzend wieder zu einer Anhöhe oberhalb des östlichen Waldrandes hinauf.
Von diesem Punkt konnten sie die ganze Schlacht überblicken. Eine schmale Infanterielinie schob sich in einem Schützengraben vor, der sich in einem rechten Winkel zum gegenüberliegenden Hügel erstreckte. Drei Loyalistenbomber warfen ihre Last über den Gräben der Rebellen ab, und aufspritzende Staubfontänen verhüllten vom Hügelgrat aus die Sicht. Die exponierte Lage Ernests und seiner Freunde zog aber bald feindliche Heckenschützen an. Ferno kroch weiter, um einen Platz zu finden, wo er die größte, mit einem Teleobjektiv ausgestattete Kamera sicher aufstellen könnte. Der Platz, den er wählte, war eine Art Tribünensitz in der Reihe der dem Paseo Rosales zugekehrten Wohnhäuser, und er ermöglichte einen weiteren Ausblick nach Westen ins Tal hinein. Die Gebäude waren nach fünfmonatigem Beschuß vollkommen zerstört, aber sie fanden eine Wohnung im fünften Stock, die noch so halbwegs intakt war, daß sie als Aussichtspunkt gute Dienste leisten konnte. Ernest gab ihr den Spitznamen ›The Old Homestead‹, wohl nach dem Haus seines Großvaters Anson an der North Oak Park Avenue. Sie tarnten die Kamera mit Lumpen und beobachteten und filmten den ganzen Nachmittag lang die Schlacht. Leider wurden die Aufnahmen nicht besonders gut, weil sie sich zu weit entfernt postiert hatten. Auf tausend Schritt Entfernung sahen ›die Panzer wie kleine, lehmfarbene Käfer aus, die zwischen den Bäumen hin und her krochen und winzige Blitze spien, und die Männer dahinter waren Spielzeugmännchen, die flach dalagen, sich dann duckten und rannten ... und den Hügel sprenkelten, während sich die Panzer weiterbewegten‹.
Sie schleppten die große Kamera in der Dämmerung die Treppe hinunter, entfernten das Stativ und liefen dann einer nach dem anderen über die gefährliche Ecke des Paseo Rosales zu einer Steinmauer, hinter der sie Deckung fanden. Auf der leeren, kopfsteingepflasterten Plaza de Espana angelangt, duckten sie sich tief hinter die sich bietende Deckung, als ein großer deutscher Eindecker die Batterien der Loyalisten bombardierte und dann in ihre Richtung schwenkte. Aber die feindliche Maschine hatte ihren Auftrag erfüllt und entfernte sich dröhnend über die Stadt.
Am nächsten Tag versammelte sich eine große Gruppe im ›Old Homestead‹, darunter Dos Passos, Matthews, Sid Franklin, Tom Delmer, Martha Gellhorn und Virginia Cowles. Delmer reizte Hemingway mit abfälligen Bemerkungen über das langsame Weiterkommen der Loyalistenpanzer. Ernest gab außerordentlich acht, ›daß uns keine Spiegelung seines oder unserer Feldstecher verraten würde und ein bis zwei Granaten im Gefolge haben könnte‹. Er kritisierte die schlechte Planung, denn die schwersten Loyalistenangriffe erfolgten am Nachmittag. Die Sonne im Westen, die auf

den Kameralinsen blinkte, machte sie für die maurischen Schützen zu einem lohnenden Ziel. ›Wenn man todsicher erwischt werden wollte‹, sagte Ernest, ›hätte man nichts anderes zu tun, als einen Feldstecher zu benützen, ohne ihn richtig abzuschirmen. Schießen konnten sie so auch, und deshalb war mein Mund den ganzen Tag völlig ausgetrocknet.‹
Seine Liaison mit Martha Gellhorn schien jetzt eine ernsthafte Sache zu werden. Tom Delmer bewunderte die ›humorvolle Nachsicht‹, mit der sie Ernest behandelte. Darin war keine Spur der ›sklavischen Unterwürfigkeit‹, mit der andere für gewöhnlich seine Ansprüche befriedigten. Aber bis zu dem Zeitpunkt, als im Heißwassertank des Hotel Florida eine Granate explodierte, hatte Delmer nicht gewußt, daß sie auch schon miteinander schliefen. Der entweichende Dampf verwandelte das Haus in einen Korridor der Hölle. ›Die unglaublichsten Verhältnisse wurden aufgedeckt‹, sagte Delmer, ›als die Leute aus ihren Schlafzimmern in die Keller stürzten, um dort Schutz zu suchen. Ernest und Martha waren darunter.‹ Der französische Schriftsteller Saint-Exupéry fiel ihm besonders auf. Er hatte in seinem Zimmer einen Schubkarren voller Grapefruits gehortet. ›Er stand mit einem Korb im Treppenhaus‹, sagte Delmer. Jeder Frau, die vorbeiging, ›steckte er mit der ganzen Anmut eines französischen Aristokraten der alten Welt eine gelbe Grapefruit entgegen und sagte: ‚Voulez-vous une pamplemousse, Madame?'‹
Aber Ernest verbrachte wenig Zeit im Hotel Florida. Eine große Anzahl von aufeinanderfolgenden Chauffeuren fuhr ihn an die verschiedenen Fronten in den Vororten der Stadt. Nach Tomás kam einer, der mit dem Dienstwagen und vierzig Litern Benzin durchbrannte. Der dritte war ein junger Anarchist namens David aus einer Kleinstadt bei Toledo. Seine Ausdrucksweise war von einer so extremen und unbegreiflichen Scheußlichkeit, daß Ernests Ausbildung im Vulgärbereich völlig neue Horizonte erschlossen wurden. David liebte den Krieg leidenschaftlich, bis er eines Tages die Explosion einer Granate in der Schlange vor einem Lebensmittelgeschäft erlebte. Er kehrte bald in das Dorf Fuentiduena de Tajo zurück, wo Ivens und Ferno gerade Innenszenen für ›Die spanische Erde‹ drehten, und ward nicht mehr gesehen. Sein Nachfolger war Hipolito, grob, lakonisch, vollkommen unromantisch und derart tüchtig, daß Ernest ihn sich leicht als Krieger der Konquistadoren in der Blüte des spanischen Kolonialreichs vorstellen konnte.
Ernests Bekanntenkreis unter den Militärs vergrößerte sich rasch. Zu seinem bevorzugten Umgang gehörten die freiwilligen amerikanischen Piloten Whitey Dahl, der angeblich von der Polizei von Los Angeles wegen Scheckfälschung gesucht wurde, und Frank Tinker, der aus De Witt in Arkansas, nicht weit von Piggott, stammte. Ein anderer befreundeter Flieger war Ramon Lavalle, den er schon während dessen Kinderjahren in Paris kennengelernt hatte. Oberstleutnant Gustavo Duran, ehemaliger Komponist

Die spanische Erde

und Musikstudent, war ebenfalls ein Pariser Bekannter. Er war bei Kriegsausbruch als Leutnant der Reserve eingerückt, war aber in der Loyalistenhierarchie schnell aufgestiegen und befehligte jetzt die 69. Division in Torrejón de Ardoz und Loeches, im Osten Madrids. Aus der lauen Freundschaft der Pariser Tage wurde jetzt eine große Liebe. Duran war wie Luis Quintanilla Künstler, der Soldat geworden war, und Ernest machte ihn allmählich zu einem seiner Helden. Er war häufig bei der elften Internationalen Brigade zu Gast, die größtenteils aus deutschen Kommunisten bestand und von jenem Hans Kahle befehligt wurde, mit dem er im März die Reise nach Brihuega unternommen hatte. Viele von Kahles Männern waren Veteranen des Ersten Weltkriegs, und sie waren alle militärisch ausgebildet. Eine Zeitlang trug sich Ernest mit dem Gedanken, über Kahle ein Buch zu schreiben, bis er zu dem Schluß kam, daß ›wir zuviel Gemeinsames haben, als daß ich riskieren könnte, etwas davon zu verlieren, indem ich darüber schreibe‹. Am liebsten mochte er aber die zwölfte Brigade, vor allem wegen der Leute und des Korpsgeists, aber auch weil sie ihn mit der einem schaffenden Künstler zustehenden Hochachtung aufnahmen und ihn gleichzeitig eher wie einen Soldaten als einen Nichtkombattanten behandelten. Der Kommandeur, dessen ›nom de guerre‹ General Lucasz lautete, war ein Ungar von einundvierzig Jahren, der auch schon einige Erzählungen und einen Roman geschrieben hatte. Er war ›klein, untersetzt, von jovialem Aussehen, hatte blaßblaue Augen, sich lichtendes blondes Haar, einen fröhlichen Mund unter einem struppigen gelben Schnurrbart‹ und entzückte Ernest mit einer völlig zwanglos wirkenden guten Laune. Genauso fühlte er sich zu Werner Heilbrun hingezogen, dem ranghöchsten Stabsarzt der Brigade, einem sanften tüchtigen Mann – ein Muster stoischer Seelenruhe und Menschenfreundlichkeit. ›Mit seiner Mütze, die schief auf seinem schwarzen Schopf thronte‹, bewegte sich Heilbrun zwischen den Verwundeten ›wie ein müder Bettelmönch‹, arbeitete Tag und Nacht, und ›seine tiefliegenden Augen glühten wegen der Bedeutung seiner Mission‹. Lucasz' politischer Kommissar, Gustav Regler, gehörte zu dem Trio von Ernests Freunden bei der Zwölften. Er war ein deutscher Kommunist mit gelbbraunem Teint, tiefzerfurchter Stirn und der Kinnlade eines Boxers und war noch fast als Kind 1918 in den Krieg gezogen. Seit damals hatte er sich als beharrlicher Antifaschist erwiesen und war vor kurzem aus Nazi-Deutschland geflüchtet.
Am meisten haßte Ernest André Marty, den Kommandeur der Internationalen Brigaden in dem dichtbevölkerten Stützpunkt in und um die Stadt Albacete. Er war groß, und Ernests Beschreibung nach ›alt und schwer, in einem übergroßen Khakibarett‹, mit ›buschigen Augenbrauen ... wäßrigen grauen Augen ... und einem Doppelkinn‹. Für Ernest sah Martys ›graues Gesicht nach Zerfall aus‹, als sei es aus dem ›überflüssigen Fleisch‹ geformt, ›das man unter den Klauen eines sehr alten Löwen fin-

det‹. Ernest war mit seinem Vorurteil nicht allein. Ehrenburg fand Marty ›anmaßend, sehr reizbar und immer jemanden des Verrats verdächtigend‹. Regler behauptete rundweg, Marty verdecke seine soldatische Unzulänglichkeit ›mit einer unerbittlichen Jagdleidenschaft auf Spione‹. Er stritt sich oft öffentlich mit seinen Untergebenen herum, die mit seinen neurotischen, ja pathologischen Entscheidungen nicht einverstanden waren. Einer seiner Widersacher war der heroisch schuftende Amerikaner Louis Fischer, der eine Zeitlang als sein Generalquartiermeister diente.
Ernest sah Marty sehr selten und schloß eine für die Arbeit nützliche Bekanntschaft mit einem polnischen Offizier, dessen echter Name Karol Swierczewski war. Wie viele Offiziere der internationalen Brigaden kämpfte er unter einem Pseudonym, in seinem Fall General Walter. Er war in Warschau geboren, größtenteils in Rußland aufgewachsen, hatte während der Revolution bei der Roten Armee gedient und an der Frunze-Militärakademie Militärwissenschaften und Taktik unterrichtet, als der spanische Bürgerkrieg ausbrach. Während der Schlacht von Coruna im Dezember und Januar hatte er die Vierzehnte Brigade befehligt und war dann für die Verteidigung Madrids bereitgestellt worden. Ernest war von seinem militärischen Wissen wie auch von seiner eigenartigen Erscheinung, ›dem sonderbaren weißen Gesicht, das nie bräunen wollte, mit den Falkenaugen, der großen Nase, den dünnen Lippen und dem kreuz und quer von Runzeln und Narben zerfurchten, glatten Schädel‹ außerordentlich beeindruckt.
Madrid wurde während des ganzen April ununterbrochen bombardiert. Die Gran Via war so oft von Glassplittern übersät, daß Ernest an einen täglich wiederkehrenden Hagelsturm denken mußte. Ilsa Kulcsars Schuhe wurden von einem in ihrem Hotelzimmer gelandeten rotglühenden Schrapnell augenblicklich zu Asche verwandelt. Einem der Portiers des Florida wurde der Schenkel von einer verirrten Maschinengewehrkugel durchbohrt. Eine andere Kugel stanzte während Marthas Abwesenheit ein sauberes kreisrundes Loch in den Spiegel ihres Zimmers. Die Versorgung war in der Hauptstadt knapper denn je, obwohl der Proviantnachschub von Valencia nach Madrid ununterbrochen rollte. Er wurde aber hier völlig nutzlos in verschlossenen Lagerhäusern gelagert, bis er verdarb. Da Ernest nach Wildbret gelüstete, lieh er sich eine Schrotflinte und machte sich am Morgen des 21. entlang des Pardo auf Ausschau nach etwas Schießbarem. Er kehrte mit einer Wildente, einem Rebhuhn, vier Hasen und einer Eule zurück, deren lautlosen Flug er mit dem einer Waldschnepfe verwechselt hatte.
Am selben Abend schrieb er eine Depesche, die erste seit zehn Tagen. Martha ließ sie mit einem Briefchen Franklin zum Einreichen da:

Lieber Sidney, ich gehe über Nacht an die Jaramafront zurück. Ich habe E's Artikel gelesen und korrigiert (d. h. lektoriert). Würdest Du bitte

Die spanische Erde

alle drei Kopien zu Ilsa, Zimmer 402, in der Telefónica bringen, damit sie sie befördert. Sie behält eine Kopie, die beiden anderen sollen an die beiliegenden Adressen gesandt werden. Ich habe keine Umschläge, aber Du wirst sicherlich dort oben im Presseraum – 401 – welche finden, oder frag einfach Ilsa. Wenns geht, sollen sie heute nacht noch abgehen. Ernest möchte, daß sie mit der Diplomatenpost mitgeschickt werden, weil es schneller geht: bitte sag Ilsa das und sag ihr auch, daß es wichtig ist, weil Ernest schon seit Tagen keine Depesche abgeschickt hat und dieses da sehr gut für den Anlaß ist ... Danke. Regler hat wieder hohes Fieber, und Bethune glaubt immer noch, daß es Typhus ist ... Sämtliche Nahrungsmittel sind in meinem Zimmer, für (Reglers) Abendessen. Gracias, Martha.

Am nächsten Tag reiste Ernest in Begleitung Marthas und mit Hipolito als Chauffeur ab, um ›in zehn harten Tagen die vier Zentralfronten zu besuchen‹. Auf der Reiseroute lag auch die 2400 Meter hohe Sierra de Guadarrama; sie klommen in stundenlangem Ritt hinauf, um die Stellungen der Loyalisten zu inspizieren. Ernest war von der Gewandtheit und der Disziplin der fronterfahrenen Bergtruppen beeindruckt. Einmal fuhren sie in einem Panzerwagen eine Straße hinauf, die dem Maschinengewehrfeuer der Rebellen ausgesetzt war. Im dunklen Innern zusammengekauert, lauschten sie dem scharfen Gehämmer, mit dem vier separate Feuerstöße gegen die schützenden Metallplatten schlugen. Sogar so eine Erfahrung erschien Ernest ungefährlicher als das tägliche Leben in Madrid. Bei ihrer Rückkehr war die Luft wieder von Granitstaub geschwängert, sie sahen neu aufgerissene Trichter im Pflaster der Gran Via und fanden, daß die Bergfront neben diesem sinnlosen Bombardement der Zivilbevölkerung geradezu idyllisch anmutete.

Ivens schrieb Ende April aus Valencia. Sidney Franklin und John Ferno hätten die letzten Szenen der ›Spanischen Erde‹ am 28. und 29. im Dorf Fuentiduena abgedreht, und Ivens bat Ernest, sie dort zu treffen. Er selbst sei im Begriff, nach New York abzureisen, und Ernest hatte man für ungefähr 6. Mai eine Möglichkeit für den Heimflug versprochen. Dos Passos protestierte noch immer lebhaft gegen die Ermordung seines Freundes Robles und hatte vor kurzem den amerikanischen Botschafter in Valencia aufgesucht. Ivans hoffte, Dos würde mit der Zeit daraufkommen, ›was ein Mann und Genosse in diesen schwierigen und ernsten Kriegszeiten zu tun hat‹.

Da sämtliche für ›Die spanische Erde‹ zur Verfügung stehenden Filmrollen abgedreht und für die Verschiffung verpackt waren, stand der Heimreise Ernests nichts mehr im Wege. Er reichte seine letzte Depesche im Gebäude des Außenministeriums auf der Plaza de la Cruz ein. Die weißglänzend in der Morgensonne daliegende Telefónica war ein so gutes

Der Loyalist

Ziel für die Artillerie Francos geworden, daß Ilsa Kulcsar ersucht hatte, die Zensurbüros an den neuen Standort zu verlegen. Arturo Barea war aus Überarbeitung und wegen der täglichen Bombardements dem völligen Zusammenbruch nahe. Aber Ernest wollte davon nichts wissen, als er sich im Hof des Ministeriums in froher Laune von Barea verabschiedete und in fließendem Kastilisch lachend seine Scherze machte.

Beim Abschiedsfest, das die Zwölfte Brigade ihm zu Ehren gab, war er ebenso ausgelassener Stimmung. Es fand am Abend des ersten Mai in der alten Burg von Moraleja statt, die der Brigade ansonsten als Lazarettstation diente. Der Kommandeur Lucasz wie auch Dr. Heilbrun und Gustav Regler waren da. Ernest erinnerte sich später an ›die Melodie, die Lucasz nachts einfach so spielte, mit einem Bleistift, den er gegen die Zähne hielt; die Musik klar und zart wie eine Flöte‹. Es sollte seine letzte Begegnung mit Heilbrun und Lukacz sein. Es hätte auch, wäre nicht ein glücklicher Zufall zu Hilfe gekommen, seine letzte mit Gustav Regler sein können.

Amerikanisches Zwischenspiel

Nach fünfundvierzig Tagen Spanien kam Ernest am Sonntag, den 9. Mai, in Paris an. Gebräunt und gesund, erzählte er den Reportern, er habe nicht damit gerechnet, daß der Krieg so lange dauern würde. Er kehre in die Vereinigten Staaten zurück, um die erste Fassung seines Romans durchzusehen. Wenn diese Arbeit vorbei und das Buch in Druck wäre, würde er nach Spanien zurückkehren, um beim ›großen Bewegungskrieg‹ dabeizusein, dessen Beginn er für Sommer erwartete.

Nach dem Interview verbrachte er vier geschäftige Tage in Paris, konferierte mit Luis Araquistain über den Medikamenten-Bedarf der Loyalistenarmee, hielt vor dem anglo-amerikanischen Presseklub eine Rede und eine zweite vor dem Klub ›Shakespeare and Company‹ in Sylvia Beachs Buchhandlung. Während beider Vorträge stotterte und stammelte er so, daß seine Zuhörer den Eindruck gewannen, er wäre viel lieber woanders gewesen. Joyce war in Sylvias Buchladen mit dabei, er saß zusammengekauert in einer Ecke und zeigte sich an Spanien und der Politik bewußt uninteressiert. Ernest versicherte dem Auditorium, Schreiben sei eine sehr harte Arbeit. Er sei bisher, eventuell mit Ausnahme von ›Fiesta‹, mit keinem seiner Bücher vollauf zufrieden gewesen. Er sprach überall ziemlich unvorbereitet aus dem Stegreif und wandte sich dann mit sichtlicher Erleichterung der Lesung einiger Stellen aus seiner Erzählung ›Väter und Söhne‹ zu.

Als er am 18. Mai mit der ›Normandie‹ in New York ankam, hatte er vor, sofort nach Key West zu fahren, Frau und Kinder zusammenzupacken und

einen Großteil des Sommers in Bimini zu verbringen, wo er seinen Roman druckreif machen und fischen wollte. Es lagen nur zwei größere Unterbrechungen vor ihm. Eine davon war ein Vortrag, den er Anfang Juni vor dem Zweiten Amerikanischen Schriftstellerkongreß halten sollte. Die zweite betraf ›Die spanische Erde‹, die jetzt geschnitten, mit Vorspann, Einleitung und Ton versehen und dann für den einzig wichtigen Zweck eingesetzt werden mußte, Geld für die Ambulanzen der Loyalisten lockerzumachen. Während er mit Herzenslust der Ruhe pflegte, erreichte ihn am 2. Juni ein Telegramm von Joris Ivens aus New York. Präsident Roosevelt und seine Frau hatten den Wunsch geäußert, sich den Film Anfang Juli im Weißen Haus anzusehen. Dieser wichtige Termin war von Martha Gellhorn, die mit Eleanor Roosevelt gut befreundet war, arrangiert worden. In der Zwischenzeit sandte Joris Ernest die Einleitung zur Durchsicht und Verbesserung. ›Unser Volk erlangte seine derzeitige Position durch demokratische Wahlen‹, hieß es. ›Jetzt verteidigen wir unsere Rechte. Wir sind gezwungen, gegen eine militärische Clique und gegen ausländische Intervention zu kämpfen. Das ganze Land schließt sich in diesem Kampf zusammen. Die Bauern ziehen besseren Nutzen aus ihrem eigenen Land, besseren als ihre ehemaligen Gutsherren. Sie bringen die ganze innere Kraft der spanischen Erde zum Tragen.‹ Hemingways Fassung reduzierte die sechs Sätze von Joris auf drei: ›Wir erlangten durch demokratische Wahlen das Recht, unser Land zu bebauen. Jetzt fallen die militärischen Cliquen und die im Ausland lebenden Grundbesitzer über uns her, um uns unser Land wieder wegzunehmen. Aber wir kämpfen für das Recht, diese spanische Erde zu bewässern und zu bebauen, die die Adeligen zu ihrem eigenen Vergnügen brachliegen ließen.‹ Als Zusammenfassung der Gründe, die zum Krieg führten, waren beide Versionen etwas simpel. Aber sie legten lapidar das Grundthema des Films dar.
Ernest flog am 4. Juni von Bimini ab, um seine Verpflichtung beim Schriftstellerkongreß zu erfüllen. Scott Fitzgerald war in der Stadt, und sie trafen einander kurz. Scott hatte im Januar ›wieder zum Leben zurückgefunden‹ und arbeitete jetzt nach Abschluß eines sehr günstigen Vertrages für Metro-Goldwyn-Mayer. ›Ich wünschte, wir könnten uns öfter treffen‹, sagte er zu Ernest. ›Ich habe das Gefühl, dich überhaupt nicht zu kennen.‹ Wieder einmal, wie schon so oft in der Vergangenheit, beeindruckte ihn Ernests vollblütige Vitalität. Die Veranstaltung in der Carnegie Hall hatte schon längst angefangen, als Ernest eintrudelte. Er stand in den Kulissen und murmelte, er sei kein großer Rhetor. Der riesige Zuschauerraum war überhitzt und von Tabaksqualm erfüllt. Das Orchester und alle Balkons und Logen waren gesteckt voll mit Zuhörern. Bei einem Fassungsraum von 3500 mußten weitere tausend Personen an den Eingängen abgewiesen werden. Gedruckte Programme wiesen die Liga der Amerikanischen Schriftsteller als Veranstalter aus, der Präsident war Do-

nald Ogden Stewart. Neben Stewart waren als Redner Earl Browder, der Sekretär der kommunistischen Partei der USA, Joris Ivens mit seinem immer noch unvollendeten Film und schließlich Hemingway vorgesehen. Archibald MacLeish fungierte als Vorsitzender und Conferencier.
Browders Rede war maßvoll und offen. Die europäischen Diktatoren hätten mit ihren Bomben den Elfenbeinturm zerschmettert; alle Schriftsteller müßten jetzt ihre Aufmerksamkeit dem Leben des einfachen Volkes zuwenden, ›der Quelle aller Kraft in der Kunst‹. Ivens stellte ›Die spanische Erde‹ vor, der noch immer der Ton fehlte. ›Vielleicht ist es ein wenig seltsam‹, sagte er, ›bei einem Schriftstellerkongreß einen Film zu zeigen, aber ich glaube, er gehört hierher ... Der Film ist eben an der Front entstanden, wo meiner Meinung nach jeder anständige Schriftsteller sein sollte ...‹ Ernest saß während dieser Rede mit Archie MacLeish und Martha Gellhorn zusammen. Er war für die Hitze zu warm gekleidet und zerrte an seiner Krawatte, als ob sie ihn erdrosseln würde. Als MacLeish ihn ankündigte, wurde er mit donnerndem Applaus begrüßt. Ernests Brille lief an, seine gebräunten Wangen glänzten vor Feuchtigkeit, er sprang nervös auf und warf sich, noch bevor die Ovationen verklungen waren, in seinen siebenminütigen Vortrag.

›*Das Problem eines Schriftstellers ändert sich nicht*‹ (*sagte er*). ›*Er selbst ändert sich, aber sein Problem bleibt dasselbe. Es geht ihm stets darum, wie man wahrheitsgetreu schreibt, wie man die Wahrheit, nachdem man herausgefunden hat, wo sie liegt, so darstellt, daß sie für den Leser zu einem Bestandteil seiner Erfahrung wird. Wirklich gute Schriftsteller werden unter nahezu jedem existierenden Regierungssystem, das für sie erträglich ist, respektiert. Es gibt nur eine Regierungsform, die keine guten Schriftsteller hervorbringen kann, und das ist der Faschismus. Denn der Faschismus ist eine von Raufbolden proklamierte Lüge. Ein Schriftsteller, der nicht lügen will, kann unter dem Faschismus nicht leben und arbeiten.*‹
Der Rest seiner Rede zeichnete sich nicht gerade durch innere Logik aus. Aber die Fehler waren weitaus weniger wichtig als die Tatsache, daß Hemingway bereit gewesen war, überhaupt zu sprechen. Der Buchhändler Paul Romaine aus Milwaukee befand sich unter den Hunderten von Zuschauern, die ihm mit unverhohlener Begeisterung zuhörten und zusahen. ›Es war großartig‹, sagte er, ›so, als hätte ihn jeder umarmt, ein echter Gefährte ... im Kampf gegen den Faschismus. Wie könnten wir diesen Kampf jetzt verlieren, mit Hemingway auf unserer Seite?‹ Wogen von Applaus brandeten durch den großen Saal, als Ernest ›durchgeschwitzt‹ und erregt hinter die Kulissen stürzte und nicht wieder erschien‹. Seine offensichtliche Ehrlichkeit und die ›eigenartige Kraft seiner Präsenz‹ hatten das Haus im Sturm erobert.
Auf dem Rückweg nach Bimini kam Ernest eine plötzliche Idee, die nur wieder seine fortdauernde Unsicherheit wegen des unvollendeten Romans

widerspiegelte. Anstatt ihn allein zu veröffentlichen, könnte er ihn als Teil eines Sammelbandes herausbringen, der eine Auswahl von Prosastücken enthalten sollte. Er dachte an ›Schnee auf dem Kilimandscharo‹, ›Das kurze glückliche Leben des Francis Macomber‹, an die tragische Erzählung von Paco, dem Hilfskellner in Madrid, an Auszüge aus den letzten *NANA*-Depeschen, den Aufsatz über die ertrunkenen Veteranen von Metacumbe Key, und die Rede, die er gerade in der Carnegie Hall gehalten hatte. Es schwirrten ihm alle möglichen Titel im Kopf herum: ›To Have and Have Not‹, ›The Various Arms‹ und ›Return to the Wars‹. Man konnte deutlich seine Absicht erkennen, das Buch irgendwie zu einem Dokument seines erwachten sozialen Bewußtseins zu machen. Max Perkins erklärte sich, mit Ausnahme kleiner Details, mit dem Vorschlag einverstanden und fing an, die verschiedenen Aufsätze zusammenzusuchen, um sie Ernest nach Cat Cay zu senden.

Der schlimmste Schlag in diesem Sommer war eine Nachricht vom 16. Juni, die besagte, daß Lucasz auf einer Landstraße nahe Huesca in Aragon durch Artilleriebeschuß getötet und Gustav Regler schwer verwundet worden war. Regler überlebte durch ein zweifaches Wunder an Willenskraft und Glück. ›Eineinhalb Pfund Stahl durchdrangen seinen Körper von einer Seite zur anderen und rissen ihm im Kreuz ein Loch, das die Nieren freilegte und die Wirbelsäule zum Vorschein kommen ließ‹, schrieb Ernest. Am nächsten Tag wurde unter Ernests Freunden aus der Zwölften Brigade auf tragische Weise weiter aufgeräumt. Schmerzerfüllt über den Verlust von Lucasz und über Reglers Verwundung war Dr. Werner Heilbrun in einem Dienstwagen allein in Richtung Pyrenäen davongefahren. Ein Rebellenflugzeug erwischte ihn auf freiem Gelände und tötete ihn mit einer Maschinengewehrsalve.

Am 19. telegraphierte Joris Ivens, er hätte die Arbeit an der ›Spanischen Erde‹ nun endlich beendet. Nur der Begleittext fehle noch. Der Schauspieler Orson Welles habe versuchsweise eine Version gemacht, aber Prudencio de Pereda, der junge Schriftsteller, der gemeinsam mit Ernest an ›Spanien in Flammen‹ gearbeitet hatte, sei der Auffassung, man solle Ernest dafür in Anspruch nehmen. Als Ernest pflichtbewußt aufkreuzte, um sich an die Arbeit zu machen, war Pereda außer sich vor Freude. Trotz drückender Hitze, langer Arbeitsstunden und häufiger Korrekturen ging alles gut über die Runden.

Ernests endgültiger Entschluß, den Morgan-Roman unter dem Titel ›Haben und Nichthaben‹ zu veröffentlichen, und die Aufgabe seiner ursprünglichen Pläne, ihn als Teil einer Prosasammlung herauszugeben, waren ein beinahe zufälliges Ergebnis seines New Yorker Aufenthaltes. Scribner's setzte das Buch sogleich auf die Herbstliste, und Max gab das Manuskript in Satz. Mitte Juli sollten dann die fertigen Fahnen vorliegen. Ernest war erst wenige Tage wieder in Cat Cay, als ihm Joris Ivens den Termin-

plan kabelte, den sie beide einhalten müßten. Am 8. Juli sollten sie im Weißen Haus dinieren und anschließend dem Präsidenten und seiner Frau den Film vorführen. Am 10. würden sie mit dem Film nach Kalifornien fliegen, um ihn dort den Filmstars zu zeigen und Geld für die Sanitätswagen zu sammeln.
Wieder flog Ernest in den Norden, um andere zu unterstützen. Ivens und Martha Gellhorn warteten bei seiner Ankunft in New York bereits auf ihn. Sie fuhren dann am 8. Juli gemeinsam nach Newark, wo sie das Nachmittagsflugzeug nahmen. Marthas Reisegefährten waren nicht wenig erstaunt, als sie an der Snackbar des Flughafens einige Sandwiches in sich hineinstopfte und dabei erklärte, das Essen im Weißen Haus sei bekanntlich völlig ungenießbar. Washington stöhnte unter einer Hitzewelle, und im Präsidentenhaus war es wie in einem Brutofen. Harry Hopkins nahm auch am Dinner teil, das übrigens noch schlechter war, als Martha prophezeit hatte. Ernest gefielen sowohl Hopkins als auch Eleanor Roosevelt, die er später als riesengroß, durch und durch bezaubernd und stocktaub beschrieb. Anders der Präsident, der Ernest mit seiner ›Harvard-Art‹ sofort auf die Nerven ging. Er fand Roosevelt ›geschlechtslos‹ und in seiner Erscheinung sogar irgendwie weibisch – wie eine große Frau Arbeitsminister. Ohne Mitgefühl schilderte er später die unglaublich vorsichtigen Manöver, die ausgeführt wurden, um den gelähmten Präsidenten von einem Raum zum anderen, ja selbst in einen Stuhl zu befördern. Beide Roosevelts waren von dem Film tief bewegt, meinten aber, daß man die Werbetrommel ganz anders rühren müßte, um ihm die richtige Wirkung zu verschaffen.
Zwei Tage später flogen Ernest und Joris nach Kalifornien, um die Unterstützung der Hollywooder Filmkolonie zu gewinnen. Die Kampagne ließ sich mit einer Sammlung unter dem Patronat von Frederic und Florence March gut an. Ivens zeigte den Film, und Ernest hielt eine Rede, die er auf fünfzehn Blättern Hotelbriefpapier aufgesetzt hatte. Er hob hervor, daß das Bildmaterial des Films exakt sei, obwohl die Beschränkungen des Mediums es unmöglich machten, die gesamte Erfahrung des Lebens in dem vom Krieg heimgesuchten Spanien wiederzugeben.
Er sprach vom Tod seiner Freunde Lucasz und Heilbrun, von der rücksichtslosen Bombardierung der Zivilbevölkerung, von der Tötung und Verstümmelung von Kindern und von den Leiden der Truppe. Er betonte am Schluß, daß man schon für tausend Dollar einen Sanitätswagen nach Spanien entsenden könne. Vier Wochen nach dem Zeitpunkt der Spende würde er schon ›im rollenden Einsatz‹ stehen. Ernests Berühmtheit, seine offensichtliche Ehrlichkeit und die Wirkung des Films brachten sogleich genügend Geld ein, um zwanzig Ambulanzen samt Zubehör zu kaufen. Fitzgerald, der dabei war, bewunderte ihn aufrichtig. Am nächsten Tag drahtete er Ernest: ›Der Film wie auch Deine Haltung über alles Lob er-

haben.‹ Die Haltung habe ›beinahe etwas Religiöses‹ an sich gehabt, schrieb Scott bald darauf an Max Perkins. Ernest habe sich in einer ›nervösen Hochspannung‹ befunden und sei ›wie ein Wirbelwind‹ nach Hollywood und wieder hinaus gefegt. In seinem Windschatten habe er Tausende Dollars an Spenden zurückgelassen.

Bei seiner Rückkehr warteten in New York die Korrekturfahnen von ›Haben und Nichthaben‹ auf ihn. Er stieg mit der üblichen, etwas gespielten Heimlichtuerei im Hotel Barclay ab und begann schleunigst zu lesen, da er zu seinem achtunddreißigsten Geburtstag unbedingt wieder in Bimini sein wollte. Seine durchlöcherten Ferien gingen zu Ende, als er die ›Pilar‹ am 3. August mit Pauline und Bumby als Besatzung nach Miami brachte. Zur Abwechslung lud Sidney Franklin Pauline und die beiden älteren Jungen auf eine Rinder-Ranch nach Mexiko ein, während Gregory mit seinem Kindermädchen Ada nach Syracuse fuhr. Franklin wollte nicht mehr nach Spanien zurückgehen. Er habe seine Arbeit getan und sei nun schon mehr als pensionsreif, so jedenfalls drückte sich Ernest aus.

Niemand aus Paulines Familie wollte Ernest gehen lassen. Ihre Mutter schrieb ihm einen langen Brief, in dem sie ihn beschwor, es sich doch zu überlegen. Ernest antwortete mit verständlicher Doppelzüngigkeit, daß er trotz Paulines Schönheit und ihrer beider Eheglück den Spaniern versprochen habe, zurückzukehren. Da die Welt so im argen liege, sei es einfach egoistisch, nur an seine eigene Zukunft zu denken. Seine erste Konfrontierung mit dem vom Krieg heimgesuchten Spanien habe seinen Glauben an ein Leben nach dem Tod zerstört, aber auch seine Angst vor dem Tod und vor allem anderen beseitigt. Als er auf dem Weg nach Paris in New York auftauchte, strahlte er Selbstvertrauen und Wohlergehen aus. Er war selten eleganter gekleidet gewesen als während eines publizistisch gut vorbereiteten Dinners, das David Smart, der Verleger des *Esquire*, anläßlich der Vorstellung einer neuen, kostspieligen linksgerichteten Zeitschrift mit dem Titel *Ken* arrangiert hatte. Ernest saß leutselig auf dem Ehrenplatz zu Smarts Linker, sein Haar war frisch geschnitten und gekämmt, er trug eine sauber gebundene Seidenkrawatte und einen doppelreihigen Sommeranzug, der zu seiner Floridabräune phantastisch kontrastierte.

Als er am Nachmittag des 11. August in Max Perkins' Büro schneite und dort Max Eastman sitzen sah, verflüchtigte sich seine Leutseligkeit schlagartig. Vier Jahre lang hatte nun der Groll wegen Max Eastmans Artikel ›Bull in the Afternoon‹ schon an ihm genagt. Obwohl Perkins Tätlichkeiten befürchtete, befleißigte sich Ernest eines sachlichen Tons und sagte zu Eastman: ›Da ist ja einer Ihrer Freunde, Max.‹ Die beiden Männer schüttelten einander die Hände und wechselten einige Höflichkeitsfloskeln. Perkins hatte sich gerade erleichtert in seinen Stuhl zurückgelehnt, als Ernest breit grinsend sein Hemd aufriß und seine dicht behaarte Brust bloßlegte.

Eastman lachte, und Ernest öffnete, immer noch grinsend, Eastmans Hemd und deckte seine Brust auf, ›die nackt war wie der Schädel eines Kahlköpfigen‹. Der Kontrast beschwor weiteres Gelächter herauf, und Perkins bereitete sich bereits auf eine Leibesvisitation vor, als Ernest plötzlich vor Zorn rot anlief. ›Was fällt Ihnen eigentlich ein‹, brüllte er Eastman an, ›mir Impotenz vorzuwerfen?‹

Eastman bestritt es. Während er nach weiteren Erklärungen suchte, erblickte er sein Buch ›Art and the Life of Action‹, das zufällig auf Perkins' Schreibtisch lag. Darin war ›Bull in the Afternoon‹ abgedruckt. Er warf es Ernest mit den Worten, ›hier, lesen Sie, was ich wirklich geschrieben habe‹, zu. Ernest ergriff das Buch und begann murmelnd und fluchend darin zu blättern. ›Lassen Sie es Max lesen‹, sagte Eastman.

Ernest schlug aber Eastman mit wutverzerrtem Gesicht das offene Buch ins Gesicht. Eastman warf sich sogleich auf ihn, und Perkins lief in seiner Angst, Eastman könnte ernstlich verletzt werden, dazu und packte Ernest am Arm. Er bog eben um die Schreibtischkante, da umklammerten sich die Gegner und gingen zu Boden. Perkins faßte nach den Schultern des obenauf Liegenden, in der sicheren Annahme, es müsse sich um Hemingway handeln. Statt dessen starrte er in Ernests emporgewandtes Gesicht. Er lag flach auf dem Boden und grinste breit, denn er hatte seine Fassung fast augenblicklich wiedergewonnen.

Die Zeitungen brachten die Geschichte drei Tage später, als Ernest mit der ›Champlain‹ nach Frankreich abreiste. Eastman war der Meinung, daß er Ernest in einem Ringkampf fair besiegt habe, was er auch öffentlich erklärte. Ernest versicherte dem Mann von der *Times*, das sei alles dummes Zeug. ›Er hat niemanden irgendwohin geworfen‹, sagte Ernest. ›Er sprang mich an wie eine Frau und kratzte ... mit allen Fingern. Ich habe ihn mir nur vom Leib gehalten. Ich wollte ihm nicht weh tun. Er ist zehn Jahre älter als ich.‹ Der Reporter deutete auf die Beule auf Ernests Stirn, die von seinem Unfall mit dem Oberlicht im Jahre 1928 stammte, und fragte, ob dies irgend etwas mit dem Eastman-Kampf zu tun habe. Ernest verneinte. Er zog den Rock aus und krempelte die Hemdsärmel auf, um die Narbe auf seinem rechten Bizeps, das Ergebnis des gebrochenen Armes im Jahre 1930, zu zeigen. ›Auch das ist nicht von Eastman‹, sagte er. ›Wenn Mr. Eastman seinen Löwenmut ernst nimmt, soll er auf alle ... gesetzlichen Schadenersatzansprüche verzichten, und ich werde tausend Dollar für jeden wohltätigen Zweck, den er sich ausdenkt, oder für ihn selbst aussetzen. Dann gehen wir in ein Zimmer, und er kann mir sein Buch vorlesen ... Der Beste sperrt die Tür wieder auf.‹ Nach dieser mannhaften Herausforderung schritt Ernest den Landungssteg des Passagierschiffs so braungebrannt und so gesund wie immer hinauf, mit der Überzeugung, daß sein Angebot niemals angenommen würde.

Die fünfte Kolonne

Der Bewegungskrieg, den Ernest für den Sommer 1937 vorausgesagt hatte, war leider in die falsche Richtung gegangen. Keiner einzigen Loyalistenoffensive war es während seiner Abwesenheit gelungen, Madrid zu entsetzen oder die Rebellen an der Eroberung der nördlichen Provinzen zu hindern. General Walters Angriff an der Segovia-Front hatte Ende Mai gut begonnen und war dann steckengeblieben. Am 18. Juni war Bilbao Franco in die Hände gefallen. Die blutige Schlacht von Brunete in der glühenden Julihitze hatte den Loyalisten schwere Verluste gebracht. Die Baskischen Provinzen waren erobert, und der Großangriff der Rebellen auf Santander hatte am 14. August begonnen, also am Tag von Ernests Abreise aus New York.
Als Martha und Ernest an einem Nachmittag Anfang September Herbert Matthews im Café de la Paix trafen, waren die Nachrichten nach wie vor düster. Franco beherrschte zwei Drittel Spaniens, und man erwartete täglich einen neuen Angriff auf Madrid. Als sie aber an die Aragon-Front kamen, war die Schwermut verflogen. Bei einer Offensive der Loyalisten südlich Saragossas war Belchite eingenommen worden, und sie fuhren hin, um die in Schutt und Asche liegende Stadt zu besichtigen. Ernest sprach mit einigen Freiwilligen der 15. Brigade und wurde mit den Taktiken vertraut gemacht, die sie in Belchite angewandt hatten. Ihr Anführer, Major Merriman, hatte sich ›seinen Weg freigekämpft‹, obwohl er dabei durch Granatsplitter erheblich verwundet worden war, und sich geweigert, haltzumachen, bevor seine Männer die Kathedrale erreicht und besetzt hatten. Merriman erhielt daraufhin sogleich einen Platz in Ernests Heldengalerie.
Ernest, Martha und Herbert Matthews waren die ersten amerikanischen Korrespondenten, die den Sektor um Belchite in seiner Gesamtheit inspizierten. Sie erklommen zu Fuß und auf Pferderücken steile, felsige Pfade oder fuhren auf holprigen, frisch angelegten Militärstraßen in Lastautos oder geborgten Dienstwagen durch die Gegend. Verpflegung und Unterkunft bereiteten ihnen die größten Schwierigkeiten. Die Bauern versorgten sie mit Brot und Wein, und sie kochten an Lagerfeuern. Sie schliefen in einem offenen Lastwagen, der mit Matratzen und Bettdecken aus Valencia ausstaffiert war. Sie stellten den Wagen in überdachten Höfen inmitten von Hühnern, Kühen, Schafen und Eseln unter und wurden jeden Morgen von dem vielstimmigen Chor der Tiere aufgeweckt. In den Bergen war bereits Schnee gefallen, und eisige Winde bliesen über die Ladeklappe des Lastwagens. Martha ertrug diese Beschwernisse mit dem für sie charakteristischen Mut. Noch Jahre danach erinnerte sich Ernest voll des Lobs an ihr Verhalten in diesen Septemberwochen.
Madrid war Ende September viel ruhiger als im April oder Mai. Der

Der Loyalist

Stellungskrieg ging in Usera, Carabanchel und im Universitätsviertel weiter, aber es vergingen manchmal ganze Tage, ohne daß die Geschütze der Rebellen über die Casa de Campo hinweg gefeuert hätten. Ernest und Martha zogen ins Hotel Florida, diesmal ohne die besorgte Miene Sidney Franklins ertragen zu müssen. Es gab noch andere Veränderungen. Rubio Hidalgo hatte Ilsa Kulcsar und Arturo Barea abberufen und an deren Stellen im Zensurbüro Constancia de la Mora aus Valencia eingesetzt. Als Ernest von der Enthebung der beiden erfuhr, schüttelte er den Kopf und runzelte die Stirn. ›Ich verstehe das Ganze nicht‹, sagte er, ›aber es tut mir leid. Es scheint mir ein lausiges Durcheinander.‹
Anfang Oktober fuhren Martha und Ernest, Matthews und Delmer zur Inspektion an die Brunete-Front. Sie konnten von den Höhen über der Stadt die Rebellensoldaten in den Straßen umhergehen sehen und waren überrascht, den Großteil der Stadt nicht nur unversehrt, sondern auch ruhig vorzufinden. Delmer hatte britische und amerikanische Flaggen auf die vorderen Kotflügel seines Fords montiert, um sich als neutral zu deklarieren. Als sie gegen Norden in Richtung Villanueva de la Canada brausten, hätte sie das beinahe das Leben gekostet. Rebellenartilleristen verwechselten den Ford ›mit einer Art Superstabsfahrzeug‹, und Granaten prasselten auf die Straße vor ihnen. ›Granaten sind alle gleich‹, schrieb Ernest. ›Wenn sie Dich nicht treffen, gibt's keine Geschichte, und wenn sie Dich treffen, brauchst Du sie nicht mehr schreiben.‹ Nichtsdestoweniger fuhr Delmer vorsichtig durch die verdunkelten Vororte von Madrid heimwärts. Die Sternbilder zeichneten sich klar am Nachthimmel ab. Ernest und Herbert Matthews betrachteten sie vom Rücksitz aus, und Ernest begann gelehrt über Navigation nach dem Sternenhimmel in tropischen Breitengraden zu dozieren.
Er befand sich noch immer in einem Zustand der Euphorie, wenn auch gemäßigter als im Frühjahr. Sein Zimmer im Hotel Florida war für die Männer der Internationalen Brigaden, die Urlaub hatten, ein ständiger Treffpunkt. Einer von ihnen war Captain Phil Detro, ein Texaner, gut über 1,80 m, der mit Lobeshymnen über Ernests Gastfreundschaft in das Hauptquartier der 15. Brigade in der Nähe von Albares zurückkehrte. Heiße Bäder, Schinken und Käse, starke alkoholische Getränke, eine Bettdecke zum Würfeln, Plattenspieler und sogar hin und wieder ein Mädchen gehörten zum üblichen Service. Ernest traf sich mit den jungen Amerikanern auch manchmal in Chicotes Bar, einem seiner Stammlokale auf der Gran Via. Hier lernte er auch Milton Wolff kennen, einen Zugkommandeur in der Lincoln-Maschinengewehrkompanie. Wolff war zweiundzwanzig, so groß wie Detro, hatte eine große Nase wie Abraham Lincoln und war auch so gebaut. Er traf Ernest in Gesellschaft eines schönen Mädchens. ›Hemingway bezahlte die Drinks‹, schrieb Wolff, ›und danach war ich mit dem Mädchen allein ... Das verdanke ich ihm.‹ Ein anderer

Besucher war Freddy Keller, ein stämmiger Junge mit glänzenden blauen Augen, Kommissar der Lincoln-Maschinengewehrkompanie; er hatte sich erst vor kurzem in der Schlacht von Fuente del Ebro besonders ausgezeichnet. Fred erschien mit einem Griechen namens Johnny Tsanakis, einem leidenschaftlichen Antifaschisten aus der griechischen Untergrundbewegung. Tsanakis hatte die komische Angewohnheit, sich in Ernests Zimmer in einen Monolog zu stürzen und dann mitten drin einzuhalten, mißtrauisch in die Runde zu blicken und zu fragen: ›Die anderen Kerls sind doch auf unserer Seite?‹ Ernest schnappte den Ausspruch als neue Parole auf. Während des Madrider Aufenthalts fuhren sie auch an die Usera-Front hinaus, die Ernests Meinung nach ebenso wichtig war wie die Sektoren um die Casa de Campo und das Universitätsviertel. Martha holte sich an der Stirn eine häßliche Beule, als sie aus einem Unterstand kletterte. Am selben Tag ersuchte man Hemingway und Keller nach dem Mittagessen, in ihren Funktionen als Berichterstatter und Kommissar den Vorbeimarsch von 800 Mann der 36. Brigade abzunehmen.

Ernest tummelte sich noch in Madrid, als ›Haben und Nichthaben‹ in New York erschien. Wie immer verfolgte er die Verkaufsziffern mit besorgter Konzentration. Zwischen dem 30. Oktober und 9. Dezember bat er Perkins dreimal telegrafisch um Verkaufsberichte. Anfang November konnte ihm Perkins mitteilen, daß das Buch mit 25 000 verkauften Exemplaren an die vierte Stelle der amerikanischen Bestsellerlisten geklettert war. Die meisten Rezensenten hatten das Buch mit gemischten Gefühlen aufgenommen. Louis Kronenberger hielt es für das verworrene Ergebnis eines Übergangsstadiums. Obwohl dem Autor die Figur Morgans und einige Szenen prachtvoll gelungen seien, fiele das Buch in der Mitte auseinander und lege ›unerhörte Mängel professionellen Könnens‹ an den Tag. J. Donald Adams war der Ansicht, daß Hemingways Bilanz ohne dieses Buch, das ihm entschieden schwächer vorkam als ›In einem anderen Land‹, besser dastehen würde. Das *Time*-Magazin veröffentlichte eine Titelgeschichte mit Waldo Peirces Porträt, das Ernest in blaugestreiftem Fischerjerseyzeug mit Zipfelmütze zeigte. In der Story wurde behauptet, daß Hemingways Stil jetzt überholt wirke, obwohl er (unter dem Druck der politischen Linken und der politischen Rechten) zu einer reifen, neuen Weltanschauung gelangt sei. Man deutete an, daß der spanische Bürgerkrieg für das Erwachen seines ›bis dahin wohlverborgenen sozialen Bewußtseins‹ in erster Linie verantwortlich sei. Die Reaktion in England war etwas enthusiastischer. Der Kritiker des *Manchester Guardian* fand das Verhältnis Harry Morgans zu seiner Frau bewegend, aber er warf Ernest vor, ›gegenüber den reichen Nichtstuern den kürzeren gezogen‹ zu haben. Das *Times Literary Supplement* bewunderte das Understatement des Dialogs und die erregende Schilderung; die Mängel des Buches rührten von der Begrenztheit der Hemingwayschen Wertskala her.

Der Loyalist

Wie stets angesichts ungünstiger Kritiken brodelte, kochte und explodierte Ernest – bis er sich schließlich wieder beruhigte. Aber die Namen derer, denen sein Buch nicht gefallen hatte, waren in seinem Gedächtnis festgehalten. Sie waren zahlreich genug, um jenen Ausdruck zu rechtfertigen, den er schon so oft gebraucht hatte und immer wieder gebrauchen würde, wenn eines seiner Bücher nicht unisono Bombenkritiken einheimste: Es habe wieder einmal eine ›Kritikaster-Verschwörung‹ gegeben, um ihn ›aus dem Geschäft‹ zu bringen. Aber das Buch lag jetzt hinter ihm, und er steckte bereits mitten in einem neuen Projekt. Den ganzen Sommer hatte er sich ein Stück mit drei Akten durch den Kopf gehen lassen. Er wollte versuchen, das Material, das er aus Gesprächen mit verschiedenen republikanischen Funktionären im vergangenen Frühjahr gehortet hatte, dramatisch zu verwerten. Bis Ende Juli hatte er es als längere Erzählung über die Spionageabwehr konzipiert gehabt. Im August und September nahm der Stoff in dramatischer Form Gestalt an. Als sich durch die Ruhe auf den Schlachtfeldern, wie es Wheeler formulierte, ›die Notwendigkeit‹ weiterer *NANA*-Depeschen ›erübrigte‹, nahm Ernest sofort das neue Projekt in Angriff.

Er hatte schon seit langem erwogen, ein Stück zu schreiben, war aber nie über ›Heute ist Freitag‹ hinausgekommen, jenes geschmacklose Dramolett, das in der Nacht nach der Kreuzigung Christi spielt. Schon 1927 hatte er mit Perkins über das Schreiben von Stücken gesprochen und gesagt, daß er nichts von der Arbeit für die Bühne verstehe. Aber ein Versuch würde sicher Spaß machen. Jetzt, zehn Jahre später, war er dazu bereit. Ende Oktober schrieb er Pauline, das Stück sei beendet. Am 8. November gab sie Perkins die Nachricht weiter. Die *New York Times* brachte es sofort, woraufhin interessierte Theaterleute Scribners mit Telefonanrufen bestürmten und weitere Einzelheiten wissen wollten. Über Titel und Inhalt tappte aber Max Perkins selbst noch im dunkeln. Alles, was er darüber wußte, war, daß sich das Stück als unfertiges Manuskript unter Ernests Gepäck im Hotel Florida befand.

Die Leute, denen Ernest das Stück zeigte, müssen von dessen autobiographischen Aspekten betroffen gewesen sein. Es hatte ihm Vergnügen gemacht, seinen Protagonisten Philip Rawlings mit gewissen eigenen Gewohnheiten und Eigenschaften auszustatten. Rawlings hatte ›breite Schultern und einen Gang wie ein Gorilla‹, überging gewöhnlich das Frühstück, las alle Morgenzeitungen, aß gerne Sandwiches mit Corned beef und rohen Zwiebeln, trank regelmäßig in Chicotes Bar und sagte, daß er ›verdammt‹ nicht einsehe, ›warum ich den Mönch spielen soll‹. Zu seinem normalen Verhalten gehörten ausgiebige Saufereien und Raufereien, viele unvernünftige Streitigkeiten, die häufige Bestätigung seiner Männlichkeit und seine Entschlossenheit, sich von keiner Frau beherrschen zu lassen. Kurz: Die Gestalt Philip Rawlings, eines Korrespondenten, der als ge-

heimer Doppelagent im belagerten Madrid arbeitete, war eine Widerspiegelung seiner selbst. Der Antonio des Stückes hatte den schmallippigen Henker von Madrid, Pepe Quintanilla, zum Vorbild. Mit seiner Leidenschaft für das genaue Detail kopierte er sogar in manchen Szenen regelrecht das Zimmer, das er damals im Hotel Florida bewohnte: Die Sessel mit den Chintzbezügen, den hohen Schrank, wo er die Reservenahrungsmittel aufbewahrte, das Koffergrammophon mit den Chopinplatten und selbst das Zimmermädchen Petra.
Die Berichterstatterin im Stück, Dorothy Bridges, trug eindeutig die Züge Marthas. Sie war eine große, hübsche Blondine mit langen glatten Beinen, einer eigenartig gepflegten Aussprache und College-Abschluß. Sie verabscheute wie Martha den Schmutz, richtete mit Vorliebe Zimmer gemütlich ein und besaß ein Silberfuchscape. Sie wies keine wie immer geartete körperliche Ähnlichkeit mit Pauline auf und manifestierte einen weiteren Schritt in der allmählichen Entfremdung zwischen Ernest und seiner Frau, die sich literarisch erstmals in ›Schnee auf dem Kilimandscharo‹ gezeigt hatte. Die marokkanische Hure Anita sagt Philip, daß er einen großen Fehler mache, sich mit Dorothy Bridges, ›dieser großen Blonden‹, einzulassen. Philip gibt zu, daß sie wirklich ›die ganze Zeit Theater spielt‹. Aber sie sei auch schön, zärtlich, liebevoll, ziemlich unschuldig und habe Mut. ›Es kann sein, daß das der ganze Fehler ist‹, sagt Philip zu Anita. ›Ich will einen absolut kolossalen Fehler machen.‹ Diese charakteristische Darstellung seiner Beziehung zu Martha Gellhorn befand sich in der Mitte des Stückes.
Mitte November tauchte Evan Shipman auf, von der Casa Roja in Albacete kommend, wo er seit seiner Entlassung aus dem Lazarett gelebt und gearbeitet hatte. Er war im Juli in Brunete von einem tieffliegenden Rebellenflugzeug aus von einer Maschinengewehrkugel am rechten Schenkel verwundet worden. Blaß und zerlumpt wie immer, und heiter wie immer, beklagte er sich kein einziges Mal über das Pech, das ihm seit April das Leben zur Hölle gemacht hatte. Das Freiwilligenkontingent, mit dem er sich über die französische Grenze nach Spanien schmuggeln wollte, war in Toulouse von der Polizei aufgegriffen und verhaftet worden. Nach seiner Freilassung kam er per Schiff von Marseille nach Barcelona und arbeitete bis zu seiner Verwundung als Dolmetscher und Melder für ein französisch-belgisches Bataillon. Er weilte erst seit wenigen Tagen in Madrid, als er krank wurde. Kaum hatte er sich erholt, als sich Ernest mit einer schweren Erkältung hinlegte. Evan pflegte ihn in Marthas Abwesenheit. Er kauerte neben dem Bett, rauchte eine Zigarette nach der anderen, die er aus den Tabakresten von Kippen fabrizierte, und quasselte die ganze Nacht durch. Mitte Dezember fuhr er wieder nach Albacete zurück, wo er an Grippe erkrankte und mit vierzig Grad Fieber wieder ins Spital mußte.
Ernest schrieb später, er sei auf der Heimreise, als er kurz vor Weihnach-

Der Loyalist

ten in Barcelona haltmachte, immer noch ›krank wie ein Bastard‹ gewesen. Aber er war im Nu wieder auf den Beinen, als er von einer Überraschungsoffensive der Loyalisten gegen das von Faschisten besetzte Teruel, das als Kältepol Spaniens berüchtigt war, erfuhr. Am Freitag, den 17. fuhr er mit Delmer und Matthews nach Valencia. Früh am nächsten Tag erreichten sie das Hauptquartier des Obersten Fernandez Sarabia, einen in einem Tunnel bei Teruel abgestellten Eisenbahnwaggon. Sie aßen zum Frühstück Orangen, die man neben den Gleisen auf Lagerfeuern wärmte, und suchten dann Sarabia auf, der auf einer Anhöhe Posten bezogen hatte. Es herrschte, wie vorausgesagt, eine arktische Kälte, und der Wind pfiff ›wild wie ein Schneesturm in Wyoming‹. Hinter Felsblöcken kauernd beobachteten sie die Loyalisten, wie sie über die Muela oder den ›Zahn‹ vorstießen; er war eine von mehreren ›merkwürdigen fingerhutförmigen Bergformationen, die wie erloschene Krater‹ aussahen und bunkerartig ausbetoniert und von Panzersperren umgeben waren. Die Regierungstruppen hatten, obwohl die Straßen durch Schneewehen unpassierbar geworden waren, das große gelbe Massiv des Mansueto, das wie ein Kriegsschiff aussah, umgangen. Ernest sprach mit einem Soldaten, dessen Lippen von dem wütenden Wind blaugefroren waren. Er unterhielt ein kleines Feuer und sang dabei ein Lied:

Ich hab ein Erbteil von meinem Vater:
Es ist der Mond und die Sonne.
Ich kann jetzt über die ganze Welt wandern,
ohne es jemals aufzubrauchen.

Ernest gefiel das sehr: um Schlachten zu gewinnen, brauche die Republik nur Infanteristen vom Schlag dieses unerschrockenen Soldaten.
Sie eilten nach Valencia zurück, schickten ihre Berichte per Kurier nach Madrid und waren beim Morgengrauen des 21. wieder in Sarabias Eisenbahnwaggon. Am selben Vormittag erreichten sie den unmittelbaren Kampfschauplatz und bezogen auf einem angrenzenden Grat Stellung, der zwar eine ausgezeichnete Sicht ermöglichte, aber praktisch keinen Schutz vor den faschistischen Maschinengewehren bot. ›Ich selber wünschte mir nur eine Schaufel‹, schrieb Ernest, ›um mir ein Loch für den Kopf zu machen.‹ Er lag neben einem jungen Rekruten, dessen Gewehr Ladehemmung hatte, und zeigte ihm, wie man das Schloß mit einem Stein aufkriegt. Nach fünf schneereichen, kalten Tagen wurde der Himmel blau, und die Sonne begann warm zu scheinen. Den ganzen Tag rückten die Loyalisten vor. Über die Eisenbahnlinie, über die Hänge des Mansueto, wo zwei Hunde oberhalb einer angreifenden Kolonne unschuldig herumtollten, und dann bis zum Rand der Stadt, die sich in der Abendsonne scharf gegen den ›phantastisch zerklüfteten Hintergrund aus rotem Sandstein‹ abhob. Genau bei Sonnenuntergang schwärmten die mit zwei Last-

Die fünfte Kolonne

wagen herangebrachten ›dinamiteros‹ aus und krochen ruhig den letzten Abhang zur Stadt hinauf.
Ernest und seine Gefährten folgten ihnen nach Teruel hinein. ›Wir hatten noch keine Einnahme einer Stadt mitgemacht‹, schrieb er. ›Als die Zivilisten aus ihren Häusern kamen, fragten sie mich, was sie tun sollten, und ich sagte ihnen, daß sie in ihren Häusern bleiben und in dieser Nacht unter keinen Umständen auf die Straße gehen sollten, und ich erklärte ihnen, was für gute Menschen wir Roten wären ... Sie glaubten alle, ich sei ein Russe, und als ich ihnen sagte, ich sei Nordamerikaner, glaubten sie mir kein Wort!‹ Sie wurden leidenschaftlich aufgenommen. ›Sie umarmten uns‹, schrieb Matthews, ›schüttelten uns die Hände, bis sie schmerzten, klopften und stießen und schlugen uns ... Eine Frau holte einen Krug neugekelterten Weines hervor, dunkelrot, herb und mit einem Beigeschmack nach Weinschlauch. Und so endete der Tag.‹ Während der Säuberung der Stadt, die Ernest als den gottverdammt wunderbarsten Haus-zu-Haus-Kampf schilderte, den er je erlebt hätte, pendelten er und die anderen täglich zwischen Valencia und Teruel. Am Heiligen Abend kehrten sie nach Barcelona zurück. Ernests zweite Reise nach Spanien näherte sich ihrem Ende. Sie hatte dreiundzwanzig Wochen gedauert.
Während Martha und er ruhige katalanische Weihnachten feierten, kam Pauline allein und unangemeldet nach Paris, in einem letzten verzweifelten Versuch, ihre Ehe zu retten. Sie hatte sich sogar das Haar wachsen lassen wie Martha, doch behauptete sie gegenüber Jay Allen, der Zweck ihrer Frankreichreise sei nur, die Ursachen für den Krieg verstehen zu lernen und herauszubekommen, warum er Männern wie ihrem Mann soviel bedeute. Sie bat Allen, sich für sie beim amerikanischen Generalkonsul um ein Spanienvisum zu bemühen. Aber Ernest war bereits wieder in Paris, bevor das Visum ausgestellt war. Er konsultierte den Arzt Robert Wallich wegen ernster Leberbeschwerden. Wallich verordnete ihm Chophytol und Drainochol und untersagte ihm das Trinken. Während sie auf ihr Schiff nach New York warteten, wohnten Ernest und Pauline im letzten Stock des Hotels Elysée Parc am Rond Point. Bill Bird besuchte sie; er sollte Pauline damals zum letzten Mal begegnen. Die Stimmung war hoffnungslos. Bill hörte später, daß sie sich wegen Martha erbittert gestritten hätten und daß Pauline gedroht habe, vom Balkon des Hotelzimmers zu springen.
Sie fuhren am 12. Januar an Bord der ›Gripsholm‹ nach New York. Welten lagen zwischen jetzt und der angenehmen Überfahrt vor vier Jahren an Bord desselben Schiffes, als sie aus Afrika zurückkamen. Während der ganzen Reise war das Meer sehr bewegt, auch noch, als Ernest nach Miami fuhr, um die ›Pilar‹ nach Key West hinunterzubringen. Er ärgerte sich über verschiedenes, klagte über Beschwerden und konnte sich vor Selbstmitleid kaum halten. Außerdem regten ihn einige Berichte im

Der Loyalist

Time-Magazin auf, die die Einnahme von Teruel so schilderten, als sei Herbert Matthews als einziger Zeitungsmann dabeigewesen. Seiner ersten Frau Hadley schrieb er, er hätte es eigens arrangiert, daß ihn Matthews und Delmer nach Teruel begleiteten, und er hätte Constancia de la Mora selbst um den Preis ihrer Zensorenstelle überredet, Berichte der beiden anzunehmen. Ferner brüstete er sich damit, daß seine Depeschen zehn Stunden vor denen Delmers eingetroffen wären. Aber die an den Nachtschreibtischen der *New York Times* hockenden Katholiken hätten natürlich nichts durchgelassen, sein ganzes Zeug weggeworfen und selbst seinen Namen aus Matthews' Depeschen getilgt. Eine derartige Mißachtung der Wahrheit war bei Ernest in Zeiten psychischer Anspannung nichts Ungewöhnliches. Seine kranke Leber trug viel zu der galligen Stimmung bei. Außerdem hatte er wegen Martha Gewissensbisse, wie zu der Zeit, als er Hadley wegen Pauline aus seinem Leben verdrängt hatte. So blieb er während der ersten Monate des Jahres 1938 weiterhin gereizt, streitsüchtig und beinahe pathologisch mißtrauisch.

In dieser körperlichen und seelischen Verfassung regte ihn einfach alles auf. In der Vorankündigung für die neue Zeitschrift *Ken* hatte man ihn als Redakteur genannt. Er sandte Gingrich eine Entgegnung, die in der ersten Nummer abgedruckt werden sollte: ›Ernest Hemingway hat sich seit der Zeit in Spanien befunden, als die Idee für *Ken* das erste Mal aufkam. Obwohl man ihn als Redakteur ankündigt, hat er keinerlei Anteil an der Herausgabe des Magazins oder an der Bildung seiner politischen Ausrichtung gehabt. Wenn er mit uns und *Ken* einer Meinung ist, hätten wir ihn gerne als Redakteur mit dabei, wenn nicht, bleibt er ein freier Mitarbeiter, bis er gefeuert wird oder von selber geht.‹ Smart und Gingrich nahmen den Widerruf an, und Ernest verfaßte einen Artikel mit dem Titel ›The Time Now, The Place Spain‹, den er am 2. März per Flugpost an Gingrich sandte. Es sei eine sehr starke Aussage, erklärte er Gingrich aggressiv, und über Spanien gebe es überhaupt noch eine Menge zu sagen. Es gehe für die Vereinigten Staaten darum, unter Verzicht auf ihre Neutralität den Loyalisten das benötigte Kriegsmaterial zu verkaufen und damit den Faschismus auf spanischem Boden zu schlagen. Sonst würden die Vereinigten Staaten sehr bald viel unangenehmeren Zeitgenossen als den Legionen Mussolinis oder der Armee General Francos gegenübertreten müssen.

Ernest focht mit sich selbst einen Kampf aus. Einerseits zog es ihn nach Spanien zurück, andrerseits war der Wunsch, weiterhin in Key West zu bleiben und einige Erzählungen über seine neuesten Erfahrungen in und um Madrid zu schreiben, ebenso stark. Es wirkte sich auf seine Gemütsverfassung auch nicht gerade günstig aus, daß ihm die nötige Inspiration fehlte. Als Patrick und Gigi sich noch die Masern holten, geriet der Haushalt überhaupt ganz aus den Fugen, und seine Verdrießlichkeit stieg noch mehr an. Er schalt Perkins, die Werbung für ›Haben und Nichthaben‹

gänzlich vernachlässigt zu haben. Als er irgendwo von einer Scribner-Teeveranstaltung für Max Eastman las, kritzelte er wütend eine Seite mit all dem voll, was er Eastman antun würde, wenn er ihn einmal allein zwischen die Finger kriegen sollte. Als Perkins vorsichtig bemerkte, daß sich Thomas Wolfe in letzter Zeit wie ein Manisch-Depressiver aufgeführt habe, antwortete Ernest, Wolfe sei ein Riesenbaby, und außerdem bringe es große Schwierigkeiten mit sich, ein Genie zu sein. Nicht einmal ein Lob aus dem Mund Scott Fitzgeralds konnte seinen Groll beschwichtigen. Scott habe ihn als die dynamischste Persönlichkeit auf der Welt bezeichnet, schrieb Perkins. Oder bloß der Vereinigten Staaten? Er könne sich der geographischen Reichweite des Kompliments nicht genau entsinnen. Ernest explodierte erneut vor Ärger. Er habe nie dynamisch sein wollen. Er habe immer nur vorgehabt, Schriftsteller zu sein, und sei es, beim Allmächtigen, auch geworden.
Der Grund für diese Reizbarkeit Ernests war sicherlich das Bewußtsein seiner Treulosigkeit gegenüber Pauline. Ohne auf Einzelheiten einzugehen, schrieb er Max Perkins Anfang Februar, er stecke in einer so unchristlichen und verfluchten Klemme, daß es praktisch schon wieder komisch werde. Er habe in Wirklichkeit überhaupt nicht nach Hause zurückkommen wollen. Seine Zukunft liege, wie die Philip Rawlings' aus der ›Fünften Kolonne‹, in einer anderen Himmelsrichtung. Er war viel zu sehr an Spanien und Martha gebunden, um auch nur mit dem Gedanken zu spielen, sein früheres Leben dort wiederaufzunehmen, wo er es vor einem Jahr abgebrochen hatte.

Die Ufer des Ebro

Bis Mitte März ertrug er das Leben in Key West so gut es ging. Am Abend des 13. leitete er einen Amateurboxkampf, der mit einem K. O. in der letzten Runde endete. Ernest bugsierte den grinsenden Sieger in eine neutrale Ecke und begann mit dem Auszählen. Der Manager des Ausgeknockten warf das Handtuch. Ernest schubste es mit dem Fuß weg und zählte weiter. Von der Aufregung übermannt, kletterte der junge Betreuer durch die Seile und versetzte Ernest einen Schlag. Darauf verpaßte ihm Ernest einen rechten Haken und hielt ihn am Ohr fest, bis ihn ein Polizist abführte. ›Der Junge hat den Kopf verloren‹, war Ernests Kommentar.
Diese Nacht im Ring sollte die letzte der Saison sein. Am 15. schrieb er Perkins, daß er durch das Bewußtsein, nach Spanien zu gehören, nicht schlafen könne. Seine Abreise war überstürzt. Am 17. flog er mit Pauline von Miami nach Newark, und am Samstag, dem 19., befand er sich an Bord der ›Ile de France‹ schon auf dem Weg nach Europa. Er schrieb Perkins vom Schiff, daß ihm die letzten Niederlagen der Loyalisten keine

Der Loyalist

andere Wahl gelassen hätten, als nach Spanien zurückzukehren. Er trage eine Aktentasche unterm Arm, die mit den Erzählungen vollgestopft sei, die Scribners in diesem Herbst in einer ersten Sammelausgabe herausbringen solle. Er würde sie während seines Pariser Zwischenstopps durchsehen und ordnen. Perkins würde die Vorlage für das Buch früh genug erhalten, um sie rechtzeitig in Satz zu geben.
Am 31. März bestieg er im Pariser Gare d'Orsay den Zug nach Perpignan. Vincent Sheean und Ring Lardners Sohn Jimmy, ein langbeiniger junger Mann mit braunem Haar und Hornbrille, begleiteten ihn. Ernest hatte einen neuen sechswöchigen Vertrag mit der *NANA* in der Tasche. Sheean und Lardner vertraten beide die *New York Herald Tribune*. In Perpignan organisierte Ernest rasch einen Wagen nach Barcelona. Sie kamen am Abend des 1. April im Nebel an. Die Stadt war vor kurzem von Italienern bombardiert worden, und überall herrschte ein heilloses Durcheinander. Ernest legte sich in einem verwahrlosten Zimmer des Majestic sofort aufs Ohr, ohne Genaueres über die militärische Lage am Ebro in Erfahrung gebracht zu haben. Er wußte nur, daß Francos Frühjahrsoffensive am 22. März begonnen hatte. Ihr Ziel war, zwischen Barcelona und Valencia einen Keil zum Mittelmeer zu treiben, um das schrumpfende, noch von der Republik kontrollierte Gebiet zu zerteilen und dann einzeln zu erobern.
Ernest war wie immer begierig, auf den Kampfplatz zu kommen. Am Morgen des 3. April setzte er sich mit Herbert Matthews in den Wagen und fuhr südwärts in Richtung Tarragona los. Dort gabelte sich die Straße landeinwärts nach Reus, Falset und dem Unglücksdorf Gandesa. Das Land sah mit den rosa Mandelbäumen und den staubgrünen Olivenhainen heiter und frühlingshaft aus. Aber der Krieg war ganz in der Nähe. Knapp vor Reus mußten sie in den Straßengraben springen, weil ein Eindecker der Rebellen im Tiefflug herunterkam, dann aber vorbeidonnerte, um die Stadt vor ihnen anzugreifen. Dreißig Kilometer weiter im Landesinneren stießen sie auf regierungstreue Flüchtlinge, die mit Karren, auf denen sich allerlei Hausrat hochtürmte, zur Küste flohen. Dahinter folgten Truppen, Panzer und Artillerie auf dem Rückzug. Gandesa sei den vorrückenden Rebellen in die Hände gefallen, sagten sie.
In den Hügeln am Ostufer des Ebro oberhalb von Rasquera trafen Ernest und Matthews am Mittag des folgenden Tages einige Überlebende des Washington-Lincoln-Bataillons, das auf einer Hügelkuppe außerhalb Gandesas eingekreist worden war. Die Schilderung ihrer Abenteuer war haarsträubend: sie hatten sich durch die Linien der Rebellen geschlichen und waren in der kalten Morgendämmerung durch den Ebro geschwommen. ›Wer nicht zumindest einmal den Ebro durchschwommen hat‹, sagte Ernest, ›hatte hier überhaupt nichts zu melden.‹ Captain Milton Wolff war da. Er sah viel älter aus als im Herbst während seines Madrider Urlaubs.

Er war zwei Tage einsam durch feindliches Gebiet geirrt und dann über den Ebro geschwommen. Er trug einen langen Schnurrbart und eine Wollmütze, und seine schwarze Pelerine strotzte von roten Staubflecken. Freddy Keller tauchte auch auf. Seine blauen Augen blickten munter und unerschrocken, trotz einer schweren Hüftwunde, die er bei Gandesa davongetragen hatte. John Gates, Joe Hecht und George Watt waren mit dabei. Sie trugen bunt zusammengewürfelte Kleider, nachdem sie sich in der Nähe von Miravet nackt in den Fluß gestürzt hatten. Alvah Bessie war da. Er sagte Ernest, daß er im Juli seine Rede in der Carnegie Hall gehört habe. ›Ach‹, sagte Ernest darauf, ›ich freue mich furchtbar, Sie zu sehen. Ich habe Ihr Zeug gelesen.‹ Als er dann Bessie eine ganze Packung Lucky Strike schenkte, war er fast noch glücklicher als über Ernests Lob.

Am 5. passierte Ernest die Stahlbrücke bei Tortosa und drang entlang des Westufers des Flusses bis hinauf nach Chreta vor. Die Kampfmoral der Regierungstruppen war überall besser, als es die Lage rechtfertigte, vor allem deshalb, weil man die total erschöpften Truppen wenigstens regelmäßig mit dringend benötigtem Nachschub an schweren Waffen versorgte. Er fuhr noch weiter nach Norden, bis zu den Ausläufern der Pyrenäen, und kehrte mit der Nachricht zurück, die Rebellen hätten starke Stellungen der Loyalisten überrannt. Ein Zeichen der nachlassenden Disziplin war das Kaninchenschießen, das sich bei der Truppe als Zeitvertreib eingebürgert hatte. Ernest speicherte diese Erinnerung, um sie später einmal zu verwenden. Die Tatsache, daß die Verteidiger Tortosas aushielten, obwohl der Himmel von deutschen und italienischen Flugzeugen wimmelte und zwei italienische Divisionen einen Angriff nach dem anderen gestartet hatten, gab Ernest neue Hoffnung. Anfang der Osterwoche besuchte er eine am Westufer postierte Panzerabwehrstellung. Auf dem anderen Ufer stand ein altes Schloß; in den beiden Türmen waren zwei Maschinengewehrnester der Rebellen versteckt, und in einem der Fenster blinkte eine Konservenbüchse. Er freute sich wie ein kleines Kind, als die Artilleristen der Loyalisten zwei Granaten genau im gähnend schwarzen Tor des Schlosses plazieren konnten. Er wollte, daß sie auf die Konservenbüchse im Fenster zielten, aber man sagte ihm, die Granaten seien für solche Scherze zu kostbar.

In dieser Woche sollten die Faschisten zum ersten Mal zum Mittelmeer durchstoßen. Karfreitag war für die Loyalisten ein schwarzer Tag. Eine Rebellendivision aus Navarra unter General Alonso Vega hatte die Republik in zwei Teile geschnitten: Die Truppen hatten das Fischerdorf Vinaroz eingenommen und waren voller Übermut ins Meer gewatet. Ernest und Martha, Matthews und Delmer verließen Barcelona im Morgengrauen. Um neun waren sie an den Trümmern von Tortosa vorbei und hatten bereits die Stahlbrücke überquert. Sie eilten südlich nach Ulldecona, das nur 16 Kilometer von Vinaroz entfernt lag. Aber die Rebelleneinheiten rückten im-

Der Loyalist

mer näher, und sie wichen nach Santa Barbara aus, aßen in einem Olivenhain zu Mittag, wo sich ihnen Vincent Sheean und Joe North zugesellten. Als sie nach Tortosa zurückkehrten, war die Stahlbrücke fort, ein Drittel des Mittelbogens trieb im braunen Fluß – der Bombenteppich eines Rebellengeschwaders hatte der Brücke den Garaus gemacht. Einige Meter stromabwärts nagelten ein paar Jugendliche Planken auf einer schmalen Fußgängerbrücke fest. Delmer lenkte den Wagen im Schritt über diese behelfsmäßige Konstruktion, vor ihnen hätte ein Maultierkarren fast die Brücke blockiert. Durch Tortosa durchzufahren, war für Ernest wie ›eine Bergpartie zwischen Mondkratern‹. Die holprige Straße nach Barcelona nahm sich im Vergleich dazu wie eine Autobahn aus.

Die Einnahme von Vinaroz zog einen weiteren Flüchtlingsstrom nach sich, der sich aus Städten wie Alcanar und San Carlos de la Rápita nach Norden in die verhältnismäßig sicheren Gebiete um Tarragona und Barcelona ergoß. Am Ostersonntag lernte Ernest einen Flüchtling kennen, einen müden alten Mann von sechsundsiebzig Jahren, der von San Carlos zu einer Pontonbrücke gekommen war, die man in der Nähe von Amposta über den unteren Ebro geschlagen hatte. Der alte Mann war bekümmert, weil er seine Haustiere hatte zurücklassen müssen. Aus ihrer kurzen Unterhaltung und aus der Beobachtung des umliegenden Geländes machte Ernest die zweite Erzählung, die von diesem Krieg handelte, und schickte sie noch in derselben Nacht als reguläre Depesche ab. Sie war von dem gleichen Mitgefühl getragen wie viele Jahre zuvor die Schilderung der griechischen Flüchtlinge in Adrianopel. Diesmal wußte er jedoch über die Kunst der Synekdoche genug Bescheid, um aus dem alten Mann an der Brücke ein ergreifendes Symbol für all die zu machen, die der Krieg entwurzelt hatte. Am folgenden Nachmittag war die Brücke zerstört, die Rebellenarmee in Amposta und Ernest sah zu, wie die Artillerie der Loyalisten die Stadt zerstörte, die sie eben verlassen hatte. Am selben Tag fiel auch Tortosa. Damit kontrollierten die Faschisten faktisch das ganze untere Ebrotal.

Es war jetzt kalt und unfreundlich, der langerwartete Frühjahrsregen setzte ein und brachte den vom zurückeroberten Teruel ausgehenden Vorstoß von drei Rebellendivisionen in Richtung Meer vorübergehend zum Stehen. Ernest bosselte an einem neuen Artikel für *Ken*, in dem er Kardinal Haynes scharf angriff, weil er bei einer Pressekonferenz in New York erklärt hatte, er wolle für Francos Sieg über die ›Radikalen und Kommunisten‹ beten. Außerdem versuchte er zusammen mit Vincent Sheean den jungen Jim Lardner davon abzubringen, sich als Freiwilliger bei der Internationalen Brigade zu melden. Alle Argumente waren fruchtlos, und Lardner musterte am 24. April als letzter amerikanischer Freiwilliger dieses Krieges an.

Freddy Keller erholte sich in einem Spital im nördlich von Barcelona gelegenen Mataro von seinen Verletzungen. Ernest fuhr mit Herbert Mat-

thews und Tom Delmer hin; letzterer versorgte Keller und die anderen verwundeten Veteranen der Abraham-Lincoln-Brigade mit Schinken und Käse. Ernest hatte sich eine Stabskarte besorgt und quetschte Keller ohne Unterlaß über seine Taten und Erlebnisse während der Ebrokampagne aus, über seine Gefangennahme durch die Faschisten, seine Flucht aus der Gefangenschaft und wie er den gefährlich schnellen Fluß überquert hatte. Aber das wichtigste Ereignis von Ernests Besuch in Mataro war wohl seine Begegnung mit einer der Pflegerinnen, einem ruhigen und hingebungsvollen spanischen Mädchen namens Maria, ›eine Seele von einem heiter ruhigen Menschen‹. Sie war Anfang des Krieges von faschistischen Soldaten vergewaltigt worden. Der Fall Marias behielt, wie so vieles, was er in den vergangenen 18 Monaten gesehen und gehört hatte, einen ständigen Platz in Ernests Erinnerung an den spanischen Bürgerkrieg.
Nach seinem 1.-Mai-Ausflug zum Ebro-Delta fuhr Ernest mit Joe North in Herbert Matthews' Wagen zurück in Richtung Barcelona, als sie vor sich einen Lastwagen voller singender Spanier sahen. Die Spanier winkten den Berichterstattern zu und ballten fröhlich die Fäuste zum Loyalistengruß. Aber ihre Fröhlichkeit war von kurzer Dauer. In einer Haarnadelkurve verlor der Lenker die Herrschaft über den Wagen, der Lastwagen stürzte über die Böschung, und die Insassen wurden zwischen die Geröllblöcke geschleudert. Die Amerikaner sprangen aus ihrem Auto, um Erste Hilfe zu leisten. Ernest war der erste, der im frischen Frühlingsgras kniete, Verbände anlegte, blutverschmierte Gesichter abwischte und den Verwundeten und Sterbenden Trost zu spenden versuchte. North arbeitete während dieser grauenvollen Szene an seiner Seite. Trotz unterschiedlicher politischer Ansichten sollte North die Hochachtung vor Hemingways humanitärer Haltung von diesem Tag an nie mehr verlieren.
Drei Tage später flog Ernest nach Marseille, um dort seine Post abzuholen. Darunter war ein Brief von Perkins. Er habe die ›Fünfte Kolonne‹ gelesen und finde sie ›außerordentlich gut‹. Ernest antwortete, der plötzliche Tod Austin Parkers im März habe seine Hoffnungen zunichte gemacht, das Stück auf der Bühne zu sehen. Parker hatte es im Herbst auf dem Broadway bringen wollen. Aber er mache sich deshalb keine großen Sorgen. Er berichtete Perkins, daß er seit seiner Rückkehr nach Europa den ersten ganz ruhigen Tag erlebe und genieße. Er würde gerne noch eine Woche ausruhen, aber schon am 6. vor Sonnenaufgang müsse er wieder 'raus und in den Süden fliegen, um die Castellón-Front unterhalb Valencias zu inspizieren.
Sein Vertrag mit der *North American Newspaper Alliance* sollte in Kürze auslaufen. Seine Depeschen hatten John Wheeler nicht sonderlich beeindruckt. Gegen fast alles, was Ernest ihm sandte, hatte er eine Menge einzuwenden. Die *New York Times* zum Beispiel, die von Wheelers Agentur beliefert wurde, hatte sich im April beschwert, daß Ernests Depeschen oftmals aufs Haar dem Material glichen, das ihr eigener Korrespondent Her-

bert Matthews schickte. Wheeler versuchte diesem Vorwurf vorerst dadurch zu begegnen, daß er Hemingway ersuchte, sich eher auf *human-interest*-Artikel zu beschränken. Etwas später ersuchte er ihn, sich doch nur mit wirklich wichtigen Berichten zu befassen. Ohne es jemals auszusprechen, spiegelten diese Instruktionen doch die Unzufriedenheit mit Ernests Reportertätigkeit. Seine Arbeit für die *NANA* war auch tatsächlich nicht viel besser als die, die er Anfang der zwanziger Jahre für den *Toronto Star* geleistet hatte. Strategische Probleme faßte er noch immer mit größter Sparsamkeit und Meisterschaft zusammen. Landschaftsschilderungen interessierten ihn immer noch brennend. Er schmückte seine Arbeiten mit fesselnden Gleichnissen und grellem Lokalkolorit aus und pflegte mit Vorliebe Bruchstücke von Gesprächen mit Soldaten und Zivilisten einzufügen; aber das meiste war derart von seinen typischen Eigenheiten geprägt, daß es kaum als authentisch angesehen werden konnte. Neben diesen positiven Seiten gab es aber Fehler, die Männer wie Wheeler sofort ins Auge sprangen. In seinen Kampf- und Bombardierungsstories machte sich eine merkwürdige Eintönigkeit bemerkbar. Er schockierte seine Leser gerne mit Orgien von spritzendem Blut oder einem abgetrennten, durch die Luft sausenden Arm oder Bein. Er gab oft zu verstehen, er sei allein gewesen, obwohl in Wirklichkeit Martha Gellhorn, Matthews und Delmer in seiner Begleitung waren. Er schlug mit Vorliebe einen prahlerisch triumphierenden Ton an, so als wollte er seine Leser und Auftraggeber unbedingt davon überzeugen, daß er ganz auf Tuchfühlung mit der von ihm beschriebenen Front sei. Weder war sein Blick für Einzelheiten und individuelle Charaktere annähernd so scharf wie der von Dos Passos, noch glückte ihm die umfassende Exaktheit, die die besten Arbeiten Matthews' und Delmers auszeichnete.
Auf dem Flug nach Alicante starrte er auf Vinaroz und Benicarlo hinunter, die sich jetzt in Feindeshand befanden. ›Diese braune Hügelkette, die wie ein Dinosaurier, der zur Tränke kommt, ins Meer gleitet, war das Bollwerk, das Francos Vormarsch nach Castellón aufhielt‹, schrieb er. Alicante und Valencia waren von den Auswirkungen des Krieges geprägt. Alle Männer im wehrfähigen Alter trugen jetzt Uniform, und der ehemalige Luxus war aus den Restaurants und Läden gänzlich verschwunden. Die Einwohner hatten an der Küste bei Castellón ein kunstvolles System von unterirdischen Bunkern gebaut, in die sie wie Präriehunde untertauchten, sooft die Warnsirenen aufheulten. Der Kommandant der Loyalisten in Oropesa teilte Hemingway mit einem Grinsen mit, die Zeit der Panik sei nun vorüber. Sie würden sich Schritt für Schritt zur Küste zurückziehen, nachgeben, wo sie müßten, aber auf dem ganzen Rückzug gegen die Rebellen kämpfen.
Als Ernest von Valencia erstmals nach fünf Monaten wieder nach Madrid kam, war Joe North bereits da. Sie trafen sich im Zensurbüro und setzten eine plötzlich entbrannte, heiße politische Diskussion im Hotel Florida

fort. ›Ich mag die Kommunisten, wenn sie Soldaten sind‹, schrie Ernest und beäugte North wie ein Hühnerhund, ›aber wenn sie Pfaffen sind, hasse ich sie.‹ North entgegnete kühl, daß Ernest eine falsche Trennlinie ziehe. Gerade wegen ihrer ideologischen Eigenschaften, ihrer inneren Überzeugung und ihrer Entschlußkraft gäben die Kommunisten gute Soldaten ab. Ernest stand im Hotelzimmer, balancierte auf den Fußballen wie ein Boxer, ließ seine langen Arme an den Seiten herabhängen und warf sein stoppeliges Kinn aggressiv nach vorn. Dann lachte er plötzlich auf – das übliche Zeichen, daß er die Auseinandersetzung satt hatte. ›Zum Teufel‹, sagte er, ›ich glaube, du bist einer ... dieser gottverdammten Pfaffen. Hier, mi padre, ein Trankopfer.‹
Ernest war ein viel zu überzeugter Anhänger der Republik, ganz gleich welcher politischen Ausrichtung sie sich auch verschrieb, um nicht weiter an die Regierungstruppen zu glauben. Er schickte John Wheeler folgende Depesche:
›*Die Reise ist für Ihren Berichterstatter, der von der katalonischen Front herflog, eine Offenbarung gewesen. Jeden Tag und jede Nacht hat man die Schützen- und Laufgräben weiter vorwärts getrieben, um den Feind zu umgehen und die belagerte Stadt schließlich zu entsetzen. Es wird bei der Befreiung Castellóns sicherlich bittere Kämpfe geben, und Franco wird vom Teruel-Sektor aus versuchen, Castellón von Valencia abzuschneiden. Aber es zeichnet sich ganz klar ab, daß uns noch ein Kriegsjahr bevorsteht, auch wenn die europäischen Diplomaten behaupten, daß in einem Monat alles vorbei sein wird.*‹

Der Rückzug

Als Ernest und Martha Mitte Mai wieder in Paris waren, trafen sie Evan Shipman, Freddy Keller und Marty Hourihan, die sich im Hotel Argonne, gegenüber der Brasserie Lipp, einquartiert hatten. Keller und Hourihan hatten große Schwierigkeiten gehabt, aus Spanien hinauszukommen. Jetzt warteten sie darauf, daß sich William Bullitt, der amerikanische Botschafter, auf die dreifache Empfehlung Marthas, Sheeans und Matthews' für sie verbürgen würde. Shipman war in Perpignan verhaftet und eingesperrt worden, bis Freunde seine Entlassung durchsetzten. Ernest nahm die drei sogleich unter seine Fittiche, führte sie zum Rennen nach Longchamps, stellte sie Sylvia Beach in ihrem Buchladen vor und hielt sie öfter in der Brasserie Lipp frei. Er nahm Keller sogar in ein Konzert eines österreichischen Streichquartetts mit, worauf nachher eifrigst über die Kunst des Kontrapunkts diskutiert wurde, und bewog seinen jungen Freund zur Lektüre der Memoiren von Ulysses Grant und einiger Romane Romain Rollands.

Der Loyalist

Als die ›Normandie‹ am Memorial Day in New York anlegte, befanden sich auch vier blinde Passagiere der Internationalen Brigaden an Bord. Ernest gab keine öffentliche Erklärung über diese Leute ab, sondern sagte den Reportern lediglich, er beabsichtige sofort nach Key West zurückzukehren, um an einigen Erzählungen und einem Roman zu arbeiten. Auf Fragen, wie es mit dem Krieg stehe, antwortete er, er sei von der aktiven Berichterstattung an den diversen Fronten erschöpft, werde aber nach Spanien zurückkehren, wenn immer dort eine ›brenzlige‹ Situation entstünde. Er behauptete, Franco habe zu wenig Truppen und das große Handikap der Reibereien zwischen den ausländischen Hilfstruppen in seiner Armee. Die Loyalisten seien ausgezeichnet organisiert und hätten gute Siegeschancen.

Während seines Aufenthaltes in New York besuchte er Jay Allen und dessen Frau in ihrem Haus am Washington Square. Er fragte nach Pauline und schien wegen der Fortsetzung der Ehe im Ungewissen zu sein. Mit einer Verbohrtheit, die den Allens einigermaßen seltsam dünkte, schob er Paulines Schwester Jinny die Schuld an den gespannten ehelichen Beziehungen in die Schuhe und benützte sie als Sündenbock, anstatt zuzugeben, daß sein Verhältnis mit Martha immer das primäre Problem gewesen war. Obwohl ihn die Allens nicht beruhigen konnten, fuhr Ernest nach Key West, als sei nichts geschehen.

Pauline nahm ihn kühl, aber dennoch gastfreundlich auf. Ernest widmete seine Zeit abwechselnd dem Fischen, weiteren Artikeln für *Ken* und einigen Erzählungen, die auf seine Erinnerungen an die Chicote Bar in Madrid zurückgingen. Man hatte David Smart wegen angeblicher Hetze gegen die Roten angeprangert, weil in der ersten Ausgabe, was er Ernest im März offen zugegeben hatte, ›zwei recht tendenziöse Karikaturen über Rot als Schutzfarbe‹ erschienen waren. Auch wenn *Ken* versuche, den Antifaschismus gesellschaftsfähig zu machen, sei das noch lange kein Grund, sich als prokommunistisch etikettieren zu lassen, meinte Smart. Ernest entgegnete, daß, sollte *Ken* wirklich gegen die Roten gehetzt haben, sein Herausgeber entweder ein Narr oder ein Schuft sein müsse. Trotzdem verlängerte er seinen Vertrag mit der Zeitschrift über den Sommer, teils weil ihm Smart für jeden Artikel wöchentlich hundert Dollar zahlte, teils weil er das Magazin weiter als Waffe gegen den Faschismus benützen wollte. Sein sechster Artikel verurteilte die angeblichen ›Faschisten‹ im amerikanischen Außenministerium, weil sie ›der spanischen Regierung das Recht verweigerten, Waffen zur Verteidigung gegen die deutsche und italienische Aggression zu kaufen‹. Ein anderer Artikel warf Dos Passos im Falle von José Robles politische Naivität vor. In einem anderen wieder prangerte er Neville Chamberlain und die französischen Minister an, England, Frankreich und die Loyalisten verraten und betrogen zu haben. Ernest appellierte an Roosevelt, sich Chamberlain entgegenzustellen und, solange dazu

noch Zeit sei, die Republik zu unterstützen und dadurch ein großer Präsident zu werden.
Am 22. Juni fuhr Ernest nach New York, um sich den Weltmeisterschaftskampf zwischen Joe Louis und Max Schmeling anzusehen. John Wheeler hatte ihm für zwei Box-Stories lumpige 250 Dollar angeboten: die eine sollte über die beiden Gegner, die andere ›eine farbige, haarige Beschreibung des Kampfes‹ sein. Er schlug außerdem einen Lunch mit Grantland Rice, Julian Street und Gene Tunney im University Club vor. Ernest lehnte beides ab. Statt dessen ließ er sich von derselben Gesellschaft ins St. Regis einladen und schrieb einen farbigen Artikel für *Ken*, der ›My Pal the Gorilla Gargantua‹ hieß. Gargantua war ein Gorilla, der damals gerade im Zirkus der Ringling Brothers zur Schau gestellt wurde. Gene Tunney hatte wiederholt versichert, daß Gargantua oder einer seiner Artgenossen von einem in bester körperlicher Verfassung befindlichen Schwergewichtler geschlagen werden könne. ›Wenn es jemand könnte, wäre es Gene‹, schrieb Ernest, ›weil er sich nicht fürchtet, weil er ordentlich auf den Körper schlägt und weil er intelligent ist.‹ Eine solche Begegnung wäre sicherlich erfreulicher anzusehen als der Louis-Schmeling-Kampf, der beinahe so schnell vorüber gewesen sei, wie er begonnen habe. Schmeling sei mit glasigen Augen in den Seilen gehangen, während Louis nach wie vor der ›Schwergewichtler mit dem schnellsten und härtesten Schlag‹ sei, Tunney und Gargantua mit eingeschlossen.
Mit drei weiteren Artikeln für *Ken* war er wieder beim seriösen Journalismus. In einem sagte er den Ausbruch eines allgemeinen Krieges in Europa treffend für spätestens Sommer 1939 voraus; in einem anderen lobte er einen verrückten Loyalistengeneral namens Mangada, der seinen Frontabschnitt in der Sierra de Guadarrama erfolgreich gegen wiederholte Rebellenangriffe verteidigt hatte, indem er vor den eigenen Linien Befehlsstände errichtet hatte. Ein dritter Artikel hatte es auf die Reporter abgesehen, die sich ihre Depeschen aus den Fingern saugten, ohne sich nur die Mühe zu nehmen, zwischen Wahrheit und Gerücht zu unterscheiden, ein Thema, das Ernest mit seinem Freund Matthews oft erörtert hatte. Mit Ausnahme eines letzten Artikels, der nicht vor Januar erscheinen sollte, war Ernests sechs Monate dauernde Verbindung mit *Ken* jetzt zu Ende. Anders als bei den ›Briefen‹ über Jagd und Fischerei, die Ernest für *Esquire* verfaßt hatte, war seine Zeitungsarbeit in dieser Zeit wie aus einem Guß. Seine Artikel und Depeschen waren, wenn auch aus verschiedenen Blickrichtungen, alle auf ein einziges Thema konzentriert, für das er leidenschaftlich eintrat und das er wieder und wieder zur Sprache brachte: die Notwendigkeit, dem Aufstieg des Faschismus in Europa entgegenzutreten, bevor Hitlers Braunhemden und Mussolinis Schwarzhemden den Kontinent überrennen und einen zweiten Weltkrieg heraufbeschwören würden. Der spanische Konflikt sei deutlich das Vorspiel zu einem größeren

Der Loyalist

Kräftemessen. Er hätte sich gewünscht, daß die Vereinigten Staaten den Loyalisten Waffen verkaufen würden, um damit der antifaschistischen Sache zu helfen. Weder war dies geschehen, noch war (seiner Ansicht nach) eine Gegenkraft in Erscheinung getreten, die die Außenminister Englands und Frankreichs daran gehindert hätte, sich für politische Zweckmäßigkeit und für das leere Versprechen des ›Friedens in unserer Zeit‹ zu verkaufen.

Am 1. Juli hatte der Sammelband mit den Erzählungen endgültige Gestalt angenommen. Von den achtundvierzig enthaltenen Erzählungen störte Perkins nur eine. Es war ›Oben in Michigan‹, die vor vielen Jahren auch schon Horace Liveright gestört hatte. Ernest entgegnete, sie sei eher traurig als obszön. Er fügte den Geschichten noch die über den alten Mann bei, den er am Ostersonntag auf der Brücke bei Amposta getroffen hatte. Seine Entscheidung fiel auf den langen und ziemlich ungeschickten Titel ›The Fifth Column and The First Forty-nine Stories‹. Er rechnete damit, daß die Kritiker von dieser Fülle überwältigt wären, und glaubte, das sei eine ausgezeichnete Strategie, um sie nach der ›Verschwörung‹ gegen ›Haben und Nichthaben‹ mundtot zu machen. Niemand könne ihn, so schrieb er Perkins, des Egoismus und des Verfolgungswahns bezichtigen, weil er von vielen Kritikern behauptete, daß sie ihn haßten und ihn gerne aus dem Geschäft werfen wollten. Er gab zu, daß dies teilweise auch seine Schuld sei: Er sei in der Vergangenheit gelegentlich ›rotzfrech‹ gewesen, und seine Opfer verübelten ihm das noch immer.

Es verblieben nur noch zwei Probleme. Das geplante Vorwort und die Frage, ob man die ›Fünfte Kolonne‹, so wie sie war, veröffentlichen sollte. Am 3. August schrieb er, er habe von seinem Stück langsam die Nase voll. Es hatte ihm sieben oder acht Monate lang nichts als Schwierigkeiten bereitet und er wollte es zugunsten anderer Projekte endlich hinter sich bringen. Wenn er sich bereit erklären würde, jemand anderen mit der Bearbeitung für die Bühne zu betrauen, könnte er immer noch Geld damit verdienen. Aber das Stück habe sich als ein so ›verflucht unzuverlässiges‹ Unterfangen erwiesen, daß es zweifellos am besten wäre, es in Buchform herauszugeben und das Aufführungsproblem sich von selbst lösen zu lassen.

Key West war jetzt zu heiß zum Arbeiten, und er beschloß, mit seinen Söhnen und Pauline nach Wyoming zu fahren, um ein wenig kühle Bergluft zu schnappen. Die Reise begann am 4. August, aber sie waren nicht weiter als bis Palm Beach gekommen, als Ernest sich an der Pupille seines schlechten linken Auges verletzte. Das rechte Auge wurde dadurch in Mitleidenschaft gezogen, wie es schon einmal in der Schweiz geschehen war, und er mußte in einem Hotelzimmer bei herabgelassenen Jalousien zwei frustrierende Tage verbringen. Als er mit einer Binde über dem schmerzenden Auge endlich wieder aufkreuzte, fuhr er trotz eines tränenden rechten Auges wie der Teufel drauflos, um aus der Hitze und Feuchtigkeit her-

Der Rückzug

auszukommen. In Denver ging ihm das Geld aus, und er telegrafierte Perkins um Nachschub. Aber auf der L-Bar-T-Ranch nahm er am 17. August, während der Regen eintönig auf das Hüttendach unter den Drehkiefern trommelte, an seinen Erzählungen die letzten Korrekturen vor und machte sich dann an das Vorwort.

Er unterbrach einmal seine Arbeit, um Paulines Mutter in der üblichen halb schüchternen, halb auftrumpfenden Manier einen Brief zu schreiben. Den Text des Stückes, mit dem man gehofft hatte, am Broadway ein Vermögen zu machen, jetzt in Buchform zu veröffentlichen, sei seiner Ansicht nach genauso, wie wenn man ein Pferd, von dem man den Sieg im Kentucky-Derby erwartet, in einer Konservenfabrik zu Hundefutter verarbeiten läßt. Er habe zwar in den vergangenen achtzehn Monaten einen Roman umgeschrieben und publiziert, bei der Herstellung eines Films geholfen, ein Stück beendet, fünfzehn Artikel für Magazine verfaßt und für umgerechnet fünfzehntausend Dollar Depeschen abgeschickt. Doch andrerseits, hätte er jemanden engagiert, um sein Leben schlecht zu führen, hätte dieser kaum schlechtere Arbeit leisten können als er selbst. Während dreier Spanienreisen sei er weder verstört noch verwundet worden. Vielleicht sei er aus diesem Grund intolerant, selbstgerecht und grausam gewesen. Die einzige Möglichkeit, ein anständiges Leben zu führen, sei, die Disziplin der Kirche anzuerkennen. Aber in Spanien habe sich die Kirche auf die Seite des Feindes geschlagen, und das habe große Probleme gebracht. Es quäle ihn so sehr, daß er aufgehört hätte zu beten: es sei irgendwie ›unehrlich‹, etwas mit einer religiösen Institution zu tun zu haben, die so eng mit dem Faschismus zusammenarbeite.

Am 20. August hatte er das Vorwort beendet und abgesandt. Es war ein tausend Wörter langer zwangloser Kommentar, in dem sich, wie in dem Brief an Mrs. Pfeiffer, Stolz und Bescheidenheit mischten. Die Zueignung des in Kürze erscheinenden Buches war auch ein recht interessantes Detail. Ernest schrieb sie mit der Hand: ›Marty und Herbert in Liebe‹. In Paris, Barcelona, Valencia, Madrid, ja selbst in New York war sein Verhältnis mit Martha längst bekannt, aber er war bis dahin sorgsam darauf bedacht gewesen, das Märchen, daß daheim alles in Ordnung sei, aufrechtzuerhalten. Obwohl dieser öffentliche Salut für Martha dann doch nicht im Druck erschien, war Ernest immerhin bereit gewesen, seine neue Bindung auf diese Art publik zu machen.

Nicht einmal Wyoming konnte ihn länger halten. Er traf Perkins am 30. in New York im Hotel Barclay beim Frühstück und fuhr am nächsten Tag an Bord der ›Normandie‹ nach Frankreich. Wieder mit Martha vereint, setzte er sich in Paris erneut an die Erzählungen, die er in Key West skizziert hatte, bevor ihn die Hitze in den Westen getrieben hatte. Er erholte sich von diesen Strapazen zusammen mit Ben Gallagher bei einer Fasanenjagd in der Sologne – es waren wilde, schnelle Vögel, die wie Raketen aus dem Herbstlaub emporstiegen. Am 22. Oktober konnte er endlich berichten, daß er zwei Erzählungen und zwei Kapitel eines Romans fertiggestellt hatte. Eine der Erzählungen, ›Night Before Battle‹, begann mit einer Beschreibung der von ihm Old Homestead getauften verwüsteten Wohnung am Paseo Rosales, von wo er im April 1937 den Angriff der Loyalisten beobachtet hatte, und ging dann zu Szenen im Hotel Florida und im Kellerrestaurant des Hotel Gran Via über. Er schickte sie stolz Gingrich fürs *Esquire*.

In der Zwischenzeit war das Buch erschienen, ein dicker, roter Band, mit beinahe sechshundert Seiten die längste seiner bisherigen Publikationen. Wieder einmal waren die Rezensionen gemischt. Pauline, die den Herbst in New York verbrachte, hatte die ersten Kritiken gesammelt und an ihn geschickt. Ernest kochte wieder vor Wut, die auch dann nicht verflog, als ihm Perkins meldete, daß in den ersten zwei Wochen 6000 Exemplare abgesetzt worden waren. Edmund Wilson fand die Erzählungen ›sehr hübsch‹, konnte aber dem Stück nichts abgewinnen. Clifton Fadiman war mit Perkins einer Meinung, daß sich das Stück ›spannend lese‹, und bezeichnete Ernest als ›den zur Zeit besten englisch schreibenden Erzähler‹. Malcolm Cowles meinte, die Figur von Dorothy Bridges mache es unmöglich, das Stück als ›eine Tragödie oder einen gültigen Konflikt zwischen Pflicht und Neigung‹ zu bezeichnen. Dorothy sei lediglich ›eine vom Nachwuchs, die um ein Zipfelchen der radikalen Bewegung buhlt.‹ In der Zwischenkriegszeit hätte Ernests ständige Beschäftigung mit der Gewalt übertrieben erscheinen können. Nun, da sich das blutige Jahrzehnt der dreißiger Jahre seinem Ende näherte, hätte sich die Gewalt als die normale Regel der modernen Welt erwiesen.

Während er sich Pauline endgültig entfremdete, änderte sich auch seine Einstellung gegenüber Spanien. Ende Oktober schrieb er Perkins und Gingrich, daß er Pauline versprochen habe, sich von den Kämpfen fernzuhalten und daß er deswegen ein Angebot abgelehnt habe, als Stabshauptmann einer französischen Einheit zu dienen, die man damals als Hilfe für die Loyalisten aufgestellt hatte. Aber es gab auch noch andere Gründe, nicht hinzugehen. Mit einer Mischung von Traurigkeit und Verachtung sprach er von einem ›Karneval von Verrat und Verderbtheit auf beiden Seiten‹ und fügte hinzu, daß er Anfang November ein letztes Mal nach Katalonien reisen wolle. Danach würde er sich zurückziehen und heimkehren, um an seinem Roman zu arbeiten.

Am 4. November informierten ihn Matthews und Delmer in Barcelona über den neuesten Stand der Dinge. Ende September hatte man die Internationalen Brigaden von den Fronten abgezogen, genau einen Tag, nachdem der junge Lardner als vermißt und gefallen gemeldet worden war. Die 15. Brigade unter Enrique Lister hielt nach wie vor einen Brückenkopf am anderen Ufer des Ebro. Am 5. fuhr Ernest mit General Hans

Der Rückzug

Kahle, Henry Buckley, Matthews, Sheean und dem *Life*-Fotografen Bob Capa nach Tarragona und weiter nach Falset ins Landesinnere. Der Ebro führte Hochwasser, aber General Hans machte ein Boot und vier Ruderer ausfindig, die mit Zigaretten bezahlt wurden. Sie kletterten ans Ufer und marschierten zu Fuß nach Mora de Ebro, das vollständig zerstört und bis auf Panzer und Lastwagen gähnend leer war. Das Hauptquartier der Fünften Armee befand sich in einem erhöht gelegenen, weißgetünchten Bauernhaus. General Lister war herzlich, aber doch etwas beunruhigt. Er war im Begriff, den Brückenkopf aufzugeben und sich über den Fluß zurückzuziehen, und bat Kahle, die Korrespondenten außer Reichweite zu bringen. Sie drängten sich eng in ein anderes kleines Boot und stießen vom Ufer ab. In der Mitte des Flusses erfaßte sie die Strömung und trieb sie den gefährlich herausragenden Resten der Maro-Brücke entgegen. Ernest ergriff ein Ruder und arbeitete verbissen. Es war nur seiner Geschicklichkeit zu verdanken, daß sie alle heil ans Ufer gelangten.

Am nächsten Tag tauchte er mit Matthews in der Stadt Ripoll auf, fünfzig Kilometer südlich von Bourg Madame an der französischen Grenze. Die amerikanischen Freiwilligen der Internationalen Brigaden waren dort seit zehn Tagen stationiert und erwarteten die endgültige Evakuierung für den 2. Dezember. Auf der Straße begegneten sie Alvah Bessie, den Ernest zuletzt Ende April am Ebro gesehen hatte.

›Ich freu' mich, daß Sie aus dem Ganzen hier lebend herausgekommen sind‹, sagte Ernest.

›Ich auch‹, sagte Bessie.

›Weil ich mich immer für Ihr Hiersein verantwortlich gefühlt habe‹, fuhr Hemingway fort.

Bessie sah ihn verdutzt an.

›Haben Sie nicht die Rede gehört, die ich vor dem Schriftstellerkongreß gehalten habe?‹, fragte Hemingway.

Bessie erwiderte, er erinnere sich noch gut daran.

›Ich weiß, der Vortrag hat dazu beigetragen, daß eine Menge Burschen 'rübergekommen sind‹, sagte Ernest.

Die Feststellung blieb in Bessies Gedächtnis haften. War darin nicht ein winziges Zeichen jenes merkwürdigen Größenwahns zu finden, der anderen bei Ernests Spanienaufenthalten während der Kriegszeit aufgefallen war? In dieser Nacht versammelte sich in Barcelona in der Suite der Prawda-Korrespondentin Boleslawskaja im Majestic eine große Gesellschaft. Ernest nahm daran teil, wie auch André Malraux. Ernest blickte Malraux finster an und trank seinen Whisky. Er fand, sein Rivale habe damals einen Fehler gemacht, als er sich im Februar 1937 vom Krieg zurückzog, noch bevor die Loyalisten bedeutende Siege erkämpft hatten, um statt dessen gewaltige ›Masterpisses‹ wie ›L'Espoir‹ zu schreiben, das noch vor Jahresende 1937 in Paris erschienen war. Die Gesellschaft sang und tanzte bis etwa Mitternacht. Danach schlug Boleslawskajas Chauffeur, ein großer, mürrischer Mann, eine Schweigeminute in Erinnerung an diejenigen vor, die bei der Verteidigung von Madrid gestorben waren. Ernest stand ruhig mit gesenktem Kopf da und hielt sein Glas. Er hatte, wie viele andere in diesem Raum, im spanischen Bürgerkrieg viele Freunde verloren, darunter auch einige, die wie Dos Passos nicht gefallen waren.

Was er aber umgekehrt gewonnen hatte, waren gänzlich neue Erfahrungsbereiche als Schriftsteller. Da er sein bestes Material nicht für Zeitungsdepeschen oder für seine Propagandaartikel in *Ken* verschwendet hatte, blieb ihm ein unschätzbarer Vorrat an Erfahrungen und Informationen. Geschickte und mutige Kommandanten wie Lister und Modesto konnten den Untergang der spanischen Republik noch um einige Monate aufhalten. Aber Ernest glaubte zu bemerken, wie die Politiker hinter den Kulissen verräterisch am Werk waren und daß man den Odem der Korruption immer kräftiger spürte. Jetzt war es Zeit für den Rückzug. Die Aufgabe eines Schriftstellers war, zu schreiben.

KAPITEL VIII

Ost und West

Die Ausbeute Spaniens

›Was ich jetzt zu tun habe, ist schreiben‹, erklärte Ernest. ›Solange Krieg ist, glaubt man immer, daß man möglicherweise getötet wird, also gibt es nichts, worüber man sich Sorgen zu machen braucht. Aber ich bin nicht getötet worden, also muß ich jetzt arbeiten... Leben ist viel schwieriger und komplizierter als sterben, und schreiben ist nach wie vor eine harte Arbeit... Ich versuche in Kriegserzählungen alle seine verschiedenen Seiten zu zeigen, indem ich ihn langsam und ehrlich betrachte und ihn von vielen Gesichtswinkeln aus untersuche. Also glauben Sie niemals, daß eine Erzählung meine Meinung verkörpert – dazu ist sie viel zu kompliziert. Doch manchmal ist es notwendig zu kämpfen. Dennoch ist der Krieg schlecht, und wer das Gegenteil behauptet, ist ein Lügner. Aber es ist sehr kompliziert und schwierig, wahrheitsgetreu darüber zu schreiben... Während des Krieges in Italien, als ich ein Junge war, hatte ich große Angst. In Spanien hatte ich nach einigen Wochen keine Angst mehr und war sehr glücklich. Dennoch, die Angst anderer nicht zu verstehen oder ihre Existenz zu leugnen, hieße für mich schlecht schreiben. Jetzt erst verstehe ich das Ganze besser. Das einzige, worauf es bei einem Krieg, wenn er einmal begonnen hat, ankommt, ist, ihn zu gewinnen – und das haben wir nicht getan. Für eine Zeitlang zur Hölle mit dem Krieg! Ich will schreiben.‹
Außer seinen ursprünglich als Depeschen verfaßten Stories über die Chauffeure von Madrid und den alten Mann auf der Amposta-Brücke brachten Ernests Kriegserfahrungen als erstes Resultat einige Erzählungen. Mitte November, als ›The Denunciation‹ im *Esquire* erschien, war er noch in Paris. Die Geschichte handelte von einem Kellner in der Chicote Bar, der einen Gast als Spion der Faschisten entlarvt und per Telephon die Geheimpolizei verständigt. Gingrich war von einer zweiten Erzählung genauso begeistert – ›The Butterfly and the Tank‹ – die, wie die erste, auf einem wirklichen Vorfall im Herbst 1937 beruhte. Ernest hatte ihn bereits in der ›Fünften Kolonne‹ kurz zusammengefaßt. Ein betrunkener Madrider namens Pedro beginnt die Kellnerin in der Chicote Bar mit einer Eau-de-Cologne-Spritzpistole naß zu machen. Aufgebrachte Soldaten schla-

gen ihn zuerst zusammen und schießen ihn dann über den Haufen. Als Steinbeck die Erzählung in der Dezembernummer des *Esquire* las, fand er, daß sie ›eine der besten Geschichten aller Zeiten‹ sei. Sie als Stoff für eine Story entdeckt zu haben, sei an sich schon großartig. Sie aber so prachtvoll geschrieben zu haben, sei ›beinahe schon zu viel‹.
Ende November kehrte Ernest nach New York zurück und verbrachte einige Tage mit seinen Söhnen und Pauline in ihrer Wohnung in der East 50sten Straße. Es lag ihm besonders am Herzen, das Problem mit der ›Fünften Kolonne‹ aus der Welt zu schaffen. Die Theatre Guild, die das Stück Anfang des Jahres noch lau aufgenommen hatte, hatte jetzt eine Option darauf erworben und schlug vor, Benjamin Glaser, einen Drehbuchautor aus Hollywood, mit der Bühnenbearbeitung zu beauftragen. Glaser hatte sich mit seiner erfolgreichen Übersetzung von Franz Molnárs ›Liliom‹ bei der Guild großes Vertrauen erworben, und Ernests Anwalt, Maurice Speiser, hatte bereits einen Vertrag vorbereitet. Dieser hielt fest, daß Glaser das Stück umschreiben, die Figuren und den Dialog pointieren und das Ergebnis dieser Arbeit Ernest zur genauen Prüfung vorlegen sollte. Ernest bestand darauf, daß in der neuen Version weder eine Kritik der Regierung der spanischen Republik noch der kommunistischen Partei vorkommen dürfe. Etwaige Tantiemen sollten beiden Autoren zu gleichen Teilen zugute kommen.
Als Paulines Mietvertrag Ende November auslief, reisten Ernest und sie getrennt nach Key West und hielten immer noch die Illusion aufrecht, es sei zwischen ihnen alles in Ordnung. Ernest ging mit Paul Willerts auf Wahoo-Fang und zehrte weiterhin an seinen spanischen Kriegserfahrungen, diesmal für eine Erzählung, die ›Nobody Ever Dies‹ hieß, und die er prompt an den *Cosmopolitan* verkaufte. Im Gegensatz zu den vorhergegangenen, war diese Erzählung einer rein sentimentalen Stimmung entsprungen. Es ging um zwei junge Liebende, die von der kubanischen Geheimpolizei gesucht werden. Der Held Enrique ist auf die gleiche Weise in Spanien verwundet worden wie Gustav Regler in Huesca. Die spanische Polizei ermordet ihn und nimmt sein Mädchen, Maria, gefangen. Ernest tat sein Bestes, um aus ihr eine Johanna von Orleans der Gegenwart zu machen. Er schloß seine Erzählung einigermaßen albern mit einem letzten flüchtigen Blick auf das Mädchen, das stark und aufrecht im Wagen ihrer Häscher sitzt und dessen ›Gesicht im Licht einer Bogenlampe aufleuchtete‹.
Anfang Januar beendete Glaser eine erste provisorische Bearbeitung der ›Fünften Kolonne‹. Ernest eilte nach New York, nur um festzustellen, daß sie ›entsetzlich stupid, kindisch, sentimental und dumm‹ war. Er erklärte voller Verachtung, daß ›die Juden‹ beschlossen hätten, das Stück mit den Glanzlichtern des dritten Aktes anfangen zu lassen und dann von diesem Punkt aus nicht mehr weiterwüßten. Er verfaßte zwei vollständig neue

Akte, in einem ›alttestamentarischen Alptraum von zweiwöchiger Dauer‹, wie er sich ausdrückte.
Glaser schien bereit, Hemingways neue Arbeit anzunehmen. Am 24. Januar, als Ernest nach Key West zurückflog, war eine Rolle besetzt: Leonore Ulrich sollte die Anita, die marokkanische Hure, spielen. Nach einem vorläufigen Übereinkommen sollte Lee Strasberg die Regie übernehmen, Billy Rose einen Teil des Geldes aufbringen und Roses Freund Franchot Tone den Philip Rawlings spielen. Während einer Dinnerparty am Vorabend seiner Abreise trank Ernest in Gesellschaft von Scribner, Perkins, Glaser und Speiser zuviel und begann Glaser und Speiser auf unpassende Weise zu hänseln. Als Evan Shipman Perkins bat, Anfang Februar der Probevorstellung in New Haven beizuwohnen, lehnte Max aus dem Grund ab, Ernest sei gegenwärtig von Stücken, Dramatikern, Produzenten, ja selbst vom Leben vollkommen angewidert. Es stimmte. Er sagte jedem, der es hören wollte, daß er ›Die Fünfte Kolonne‹ als Roman hätte schreiben sollen.
Tatsächlich war sein Kopf mit einer Fülle nicht-dramatischer Projekte angefüllt. Die Oktobernummer des *Esquire* enthielt seine Erzählung ›Night Before Battle‹, die er Gingrich im Oktober aus Paris gesandt hatte. Er verfaßte unter dem Titel ›On American Dead in Spain‹ ein Gedicht in freien Versen, das für *New Masses* bestimmt war, und stiftete das Manuskript des Gedichts und das von ›Spanische Erde‹ für eine Versteigerung zugunsten des Rehabilitierungsfonds der Abraham-Lincoln-Brigade. Für Herbst 1939 plante er einen neuen Band mit Kurzprosa. Er sammelte seine letzten Kriegsgeschichten aus *Esquire* und *Cosmopolitan* und hatte vor, noch drei weitere zu schreiben. In zweien wollte er sich mit Spanien und in der dritten mit einem alten kubanischen Fischer beschäftigen. In der ersten, mit dem Arbeitstitel ›Fatigue‹, wollte er versuchen, die Schlacht von Teruel wiederzugeben, in der zweiten wollte er die Erstürmung eines Passes in der Sierra de Guadarrama durch eine Abteilung polnischer Ulanen beschreiben. Die dritte und anspruchsvollste war bereits in ›On the Blue Water‹ kurz umrissen und in *Esquire* im April 1936 publiziert worden. Sie sollte von einem bejahrten Berufsfischer an der Küste von Casablanca handeln. Vier Tage und Nächte kämpft er ganz allein in seinem Boot mit einem riesigen Marlin und muß ihn dann einer Haifischmeute überlassen, weil er ihn nicht in das zu kleine Boot hieven kann. Die Geschichte sollte all das wiedergeben, was der alte Mann während seines langen und einsamen Kampfes tut und denkt. Richtig erzählt, könnte die Geschichte ›großartig‹ werden, fand Ernest, und sie würde das ganze Buch ›machen‹. Er hoffte außerdem, bei seiner nächsten Kubareise mit dem alten Carlos Gutiérrez in einem Boot hinauszufahren, um sicherzugehen, daß alle Details exakt geschildert waren.
Er schob seine Reise nach Kuba nicht lange hinaus. Vom 14. Februar an blieb er einen Monat dort. Er arbeitete jeden Tag von acht bis zwei, spielte

anschließend Tennis, schwamm oder fischte. Er arbeitete an keiner der Erzählungen, über die er Perkins berichtet hatte. Statt dessen beendete er ›Under the Ridge‹. Der Schauplatz dieser Geschichte war eine windige Hügelkuppe im Jarama-Sektor, wo die Internationale Brigade gerade einen fehlgeschlagenen Angriff unternommen hatte. Die Erzählung schilderte kraftvoll den Zornausbruch eines Mannes aus Badajoz, der sich über die mörderischen Disziplinarmaßnahmen der Politruks, zweier Russen mit eiskalten Gesichtern und schwarzen Lederjacken, nicht beruhigen konnte.
Als wichtigstes Ergebnis seines Aufenthaltes in Kuba kann aber die Aufnahme der Arbeit an seinem Roman über den spanischen Bürgerkrieg angesehen werden. Es sei eine so anspruchsvolle Arbeit, daß er lange gezögert habe, sie in Angriff zu nehmen, erzählte er Perkins. Ende Oktober hatte er aus Paris schon von zwei vollendeten Kapiteln berichtet. Als tatsächliches Startdatum ließ er aber erst den 1. März 1939 gelten. Nach drei Wochen war der Roman auf 15 000 Wörter angewachsen. Er fand ihn zwanzigmal besser als ›Night Before Battle‹, und seine Erregung wuchs um so mehr, je tiefer er sich hineinarbeitete. Er verspürte bereits wieder jenes alte, vertraute Gefühl, jeden Tag vollständig ausgepumpt zu Bett zu gehen, aber dennoch jeden Morgen mit frischer Energie an seine Arbeit zurückzukehren.
Mitte März kehrte er nach Key West zurück, vor allem um Bumby zu sehen, der auf Osterferien nach Hause gekommen war. Die einzige Unannehmlichkeit war, daß gerade zu dieser Zeit der gesellschaftliche Rummel in Key West seinen Höhepunkt zu erreichen pflegte. Pauline hatte während Ernests Abwesenheit in Spanien und Frankreich viele neue Bekanntschaften geschlossen und zeigte sich wenig geneigt, sie wegzuschicken, damit er mit seiner Arbeit weiterkam. Die Ben Gallaghers erschienen aus Paris, Jinny Pfeiffer kam und trank und stritt mit Pauline und Ernest. Das Wrack Kelly tauchte auf und sprach wie wild von einem Film, der auf ›Das kurze, glückliche Leben des Francis Macomber‹ basieren sollte. Die neue Straße über die Keys sei, so klagte Ernest, wie eine stille Einladung an ›jeden Hundesohn, der je eine Zeile Hemingway gelesen hatte‹, zu kommen und sich unterhalten zu lassen. Das kleine Haus, in dem Ernest am Swimming-pool arbeitete, hallte ständig vom Klang fremder Stimmen wider. Tom Shevlin und Hugo Rutherford luden ihn zu einem Thunfischturnier ein, er lehnte aber ab. Er lechzte danach, nach Kuba und zu seinem Roman zurückzukehren. Er wußte, daß jetzt der Augenblick in seiner Schriftstellerlaufbahn gekommen war, in dem er ›das Werk‹ schreiben mußte.
Am 10. April fuhr er nach Havanna. Er nahm sein altes Leben, also schreiben, trinken, fischen, schwimmen und Tennis spielen, wieder auf, mit dem einzigen Unterschied, daß sich Martha Gellhorn bald zu ihm gesellte. Es war ihre erste Kubareise, und sie richtete sich zum Bleiben ein. Ernest hatte sich bereit erklärt, ein Haus zu suchen. Als er sie aber in der Bar des

Ambos Mundos begrüßte, hatte er nichts dergleichen getan, obwohl er sich aufrichtig über ihr Kommen zu freuen schien. Bald darauf machte Martha im Dorf San Francisco de Paula, etwa 25 Kilometer vom Geschäftsviertel von Havanna entfernt, einen alten Besitz namens Finca Vigia ausfindig. Er gehörte einer Familie, die D'Orn hieß, und lag auf einem Hügel mit Blick auf das ferne Meer und die Stadt. Es war verfallen, roch nach Abwässern, und man konnte es für hundert Dollar monatlich mieten. Als Ernest mit Martha hinausfuhr, um es sich anzusehen, fing er sogleich an zu spötteln. Es war ihm zu weit entfernt, zu weit von Havanna und zu teuer. Er machte sofort wieder kehrt und ging fischen. Aber Martha war überzeugt, daß in dem Haus Möglichkeiten steckten.

Während seiner Abwesenheit bestellte sie auf eigene Kosten Handwerker und engagierte Personal, um das Haus fröhlich und gemütlich zu machen. Als er zurückkam, zeigte sie ihm das Ergebnis. Es gefiel ihm so gut, daß er prompt einzog.

Um den Schein zu wahren, verwendete er weiterhin das Ambos Mundos als Postanschrift. Aber Anfang Mai hatte er Perkins gegenüber bereits eine ›Bude oben auf dem Hügel‹ erwähnt, wo immer ein frischer Wind wehte. Sein Roman nahm pro Tag um 700 bis 1000 Wörter zu. Er sagte, er sei so glücklich mit seiner Arbeit, daß er sich manchmal erst um halb acht abends an die üblichen drei Whiskys vor dem Abendessen erinnern würde. Er prophezeite, das Buch werde Ende Juli oder Anfang August beendet sein. Neben dieser Möglichkeit war alles andere weit entrückt und vollkommen unwichtig.

Aber der Roman dehnte sich. Als das Manuskript 76 000 Wörter zählte und Mitte August im Roman eine logische Zäsur eintrat, entschloß sich Ernest, auf jeden Fall in den Westen zu fahren. Pauline weilte mit Paul und Brenda Willerts im Ausland. Ernest schrieb Hadley, Pauline solle sich noch ein letztes Mal austoben, bevor in ganz Europa wieder einmal die Lichter erlöschen würden.

Er hatte in letzter Zeit oft an Hadley gedacht. Er hatte ihr im Juli an seinem vierzigsten Geburtstag zweimal geschrieben und unter seine Briefe die alten Kosenamen Tatie und Edward Everett Waxen gesetzt. Je mehr er die Frauen kennenlerne, desto mehr bewundere er sie, schrieb er. Sollte der Himmel etwas sein, das man mehr auf Erden als nach dem Tode genießen könne, so hätten sie in den Jahren 1922 und 1923 im Schwarzwald, in Cortina und in Pamplona eine ziemliche Portion Himmel erlebt. Hadley machte mit ihrem Mann Paul Mowrer auf einer Ranch in der Nähe von Cody Ferien. Als sie von einem Fischausflug zurückkehrten, sahen sie einen Wagen, der neben dem ihren parkte. Darin saß Ernest, der Radio hörend auf ihre Rückkehr gewartet hatte. Sie hatten sich seit zehn Jahren nicht gesehen. Die Begegnung verlief ruhig und herzlich. Das Gespräch drehte sich hauptsächlich um Bumby, der zur Nordquist-Ranch vorausgefahren

war, um auf seinen Vater zu warten. Ernest war von neuem davon überzeugt, daß Hadleys Zukunft in den besten Händen lag.
Seine Ankunft in der L-Bar-T-Ranch fiel genau mit dem Ausbruch des Krieges in Europa zusammen. Er blieb fast die ganze Nacht auf und lauschte den Nachrichten aus seinem Kofferradio. Dieser Krieg war für ihn kaum eine Überraschung. In den vergangenen sechs Jahren hatte er ihn in der Öffentlichkeit und im Freundeskreis unentwegt vorausgesagt. Aber er regte ihn genauso auf wie der Ausbruch des spanischen Bürgerkrieges im Sommer 1936. Obwohl er in seinen Briefen von Anfang September das Engagement andeutete, das der Krieg mit der Zeit erfordern würde, war er durchaus bereit, seine Söhne um sich zu sammeln und den rechten Augenblick abzuwarten. Europa standen lange Kriegsjahre bevor.
Er hatte sich gerade erst auf der Ranch eingelebt, als Pauline aus New York anrief. Sie war am letzten Augusttag aus Europa zurückgekehrt und wollte ihn jetzt besuchen. Aber sie kam mit einer furchtbaren Erkältung an und war gezwungen, sich sofort ins Bett zu legen. Ernest erzählte später, er habe für sie die Mahlzeiten bereitet und sich bemüht, sie nach besten Kräften zu pflegen. Aber die Kälte und die primitiven Lebensbedingungen erschwerten die Pflege so, daß es ihr immer schlechter statt besser zu gehen schien. Außerdem, so klagte er, fühle er sich sehr einsam auf der Ranch, und es bleibe ihm nach Erledigung seines Tagespensums nichts zu tun. Jedenfalls hatte er sich jetzt endlich dazu durchgerungen, endgültig mit seiner zweiten Frau zu brechen. Nach einer gewissen Anstandsfrist packte er seine Sachen in den Wagen, forderte Martha auf, ihm entgegenzukommen, und fuhr weiter in den Westen, nach einer neuen Ortschaft namens Sun Valley, die inmitten der Sawtooth Berge von Mittel-Idaho gelegen war.

Sun Valley

Sun Valley war der Name eines kleinen Dorfs in der Nähe der alten Bergbaustadt Ketchum, das am Tiefpunkt der Wirtschaftskrise von Averell Harriman und der Union-Pacific-Eisenbahngesellschaft komplett neu erbaut worden war und in Amerika die Freude am Skisport wecken sollte. Man baute es in einer großangelegten Werbekampagne als vorzüglichen Erholungsort mit durchgehender Saison auf, da man im Winter Ski und Schlittschuh laufen und im Sommer und Herbst fischen und jagen konnte. Rund um das sich dahinschlängelnde Flüßchen und die lohfarbenen Hügel gab es reichlich Enten und Fasane. Berühmte Besucher wie Hemingway waren sehr begehrt. Damals, Ende 1939, waren die Hotels und die Pseudoschweizer Chalets noch spärlich frequentiert, und die Straße über Hailey und Picabo hinauf ins Tal war noch ungepflastert und von einer dicken

Sun Valley

Staubschicht überzogen. Ernest spülte sich seinen Hals in der supermodernen Bar des ›Sun Valley Lodge‹ vom Staub frei und zog mit Martha in die Suite 206 ein, eine der luxuriösesten der zwölf Dutzend Zimmer des Hotels.

Am nächsten Morgen frühstückte er mit zwei jungen Männern aus dem Mittelwesten, die mit der Fremdenverkehrswerbung für Sun Valley beauftragt waren. Van Guilder war ein gutaussehender und talentierter Mann Mitte Dreißig, ein begeisterter Reiter und Jäger, der seine Westerntracht mit Schmiß und Stil trug und voller Begeisterung von Malerei und Schriftstellerei sprach. Sein Gefährte, Lloyd Arnold, war der Cheffotograf. Sie fanden Ernest recht freundlich, aber auch argwöhnisch und mißtrauisch, so, als fürchte er, zu Reklamezwecken mißbraucht zu werden. In der Gesellschaft von Taylor Williams, dem bekanntesten Fremdenführer von Sun Valley, einem mageren sarkastischen Mann aus Kentucky, fühlte er sich weitaus wohler.

Als er die Umgebung unter der Leitung seiner neuen Freunde erforschte, verschwanden seine ersten Bedenken. Seine Vorliebe für die Jagd auf Flugwild und sein Appetit auf Wildgeflügel kannten buchstäblich keine Grenzen, und er hielt sich glücklich an seinen Stundenplan, der Arbeit am Vormittag und Vergnügen am Nachmittag vorsah. Ende Oktober war er mit seinem Roman bis zur Mitte des 18. Kapitels gelangt. Er schrieb Perkins, daß in seinem Roman Dinge stünden, die ein Mitglied oder Sympathisant der Kommunistischen Partei unmöglich zu Papier bringen konnte, Dinge, die die meisten von ihnen unmöglich wissen konnten oder, wenn sie sie kannten, nicht glauben durften. Bis jetzt gebe es in dem Buch zwei wunderbare Frauengestalten. Der Schauplatz sei ein loyalistisches Guerillalager in der Sierra de Guadarrama, nordwestlich von Madrid. Er beginne gerade an einer Rückblende zu arbeiten, es seien Szenen im russischen Hauptquartier im Gaylord in der Nähe des Prado, wo er so oft mit Koltsow, dem Korrespondenten der *Iswestija*, gesprochen hatte. Koltsow tauchte in dem Buch in der Figur des Karkow bereits auf. Ebenso Valentin Gonzales, genannt El Campesino, Exsergeant der spanischen Fremdenlegion, Enrique Lister, der galicische Steinmetz, Juan Modesto aus Andalusien und Kleber, Lucasz, Hans Kahle und Gustavo Durán, all die Offiziere, die Ernest im Frühjahr 1937 kennengelernt hatte.

Ein tragisches Ereignis unterbrach seine Arbeit. Eines Sonntagmorgens, als Gene Van Guilder von einem Kanu aus Enten jagte, wurde er durch den Schuß einer Schrotflinte, die einem unvorsichtigen Jagdfreund losgegangen war, auf der Stelle getötet. Genes Witwe Nin bat Ernest, eine Grabrede zu verfassen und zu halten. Anfang November stand er mit den anderen Trauergästen in dem kleinen kahlen Friedhof in Ketchum und las mit fester Stimme seine Rede. ›Gene liebte dieses Land. Er sah es mit den Augen eines Malers, dem Verstand eines Schriftstellers und dem Herzen eines Jun-

gen, der im Westen aufgewachsen ist. Er liebte die Hügel im Frühling, wenn der Schnee schmilzt und die ersten Blumen kommen. Er liebte die warme Sommersonne und die Hochgebirgswiesen, die Waldpfade und das plötzliche klare Blau eines Sees ... Am meisten liebte er den Herbst ... mit seinem Gelbbraun und Grau, den gelben Blättern an den Pappeln ... und dem hohen, blauen, ruhigen Himmel über den Hügeln ... Jetzt hat Gene all das hinter sich, was uns noch bevorsteht. Sein früher Tod war eine große Ungerechtigkeit ... Aber er ist zu den Hügeln zurückgekehrt, die er liebte, und wird nun in Ewigkeit ein Teil von ihnen sein.‹
Seine Empfindungen am Grab ließen ihn die tragischen Begleitumstände nicht aus den Augen verlieren. Gene hatte weder ein Testament noch eine Versicherung hinterlassen, und sein Bankkonto belief sich auf 17 Cents. Aber seine Witwe hatte darauf bestanden, daß ihm seine gesamte Jagdausrüstung, einschließlich eines teuren, silberbeschlagenen Sattels, mit ins Grab gegeben werde. Als Ernest den Friedhof gemeinsam mit Pappy Arnold verließ, murmelte er, er sei froh, daß sie wenigstens Genes Angelrute und Bratpfanne nicht zusammen mit dem restlichen Zeug hineingeworfen hätten.
Kurz nach dem Begräbnis unternahm Martha eine Reise nach Finnland, um für *Collier's Magazine* über den dortigen Krieg zu berichten. Ernest versuchte nicht ernstlich, sich ihren Plänen in den Weg zu stellen, aber er erklärte bald, er fühle ohne sie eine tiefe, finstere Einsamkeit aufsteigen. Nachdem sie fort war, machte er die Suite 206 zu ›Hemingsteins gemischtem Laster- und Würfellokal‹, in dem allabendlich gespielt wurde. Eines Tages versuchte er mit einer Schrotflinte von einer tieffliegenden Piper Cub aus Kojoten zu schießen. An schönen Nachmittagen ging er mit dem Romanschriftsteller Christopher La Farge und dem Rechtsanwalt Sturgis Ingersoll auf Fasanen-, Enten- und Zwergschnepfenjagd.
Er bewunderte Lloyd Arnolds Frau Tillie, eine zierliche, temperamentvolle Dame, die Wildgeflügel vollendet zubereiten konnte. Die Arnolds sprachen eines Tages ausführlich von ihrer glücklichen Kindheit. Ernest sah finster drein und sagte, seine Kindheit sei tragisch unglücklich gewesen. Einmal schlug er mit seiner großen Hand auf Tillies Knie und erklärte, daß seine Mutter eine Hündin sei. Tillie schalt ihn gehörig aus, und ihre braunen Augen blitzten vor Wut. Er ließ sie ohne das geringste Zeichen von Groll oder Zerknirschung ausreden. ›Tochter‹, sagte er schließlich, ›es stimmt, was ich über meine Mutter gesagt habe, und ich wiederhole es auf die Gefahr hin, deinen Respekt zu verlieren.‹
Totz aller Freundschaften betonte er oft, daß er in Marthas Abwesenheit ›tödlich, stinkig einsam‹ sei. Es sei, als lebe man in der Vorhölle, sagte er, nur daß man zusätzlich auch noch gute Prosa schreiben müsse. Hadley und Clara luden ihn beide über die Weihnachtsfeiertage nach Chicago ein, er lehnte aber ab, weil er gerade mitten in einer der aufregendsten Passagen

seines Romans steckte. Er lud sich selbst in Key West ein, um Weihnachten mit seinen Söhnen zu verbringen, aber Pauline warnte ihn, er solle besser gleich daheimbleiben, wenn er sofort nach Weihnachten abzureisen gedenke, um Martha in Kuba zu treffen. Ernest beschwerte sich sogleich bei Hadley über Paulines grausames und unerträgliches Verhalten. Aber er meinte, daß man von Leuten, die immer nur an sich selbst dächten, nichts anderes erwarten könne. Pauline ließ ihm ausrichten, sie wolle mit den Kindern nach New York fahren, um die Feiertage bei ihrer Schwester Jinny zu verbringen.

Am 12. Dezember, kurz bevor er Sun Valley verließ, schrieb Ernest Paulines Mutter einen langen Brief. Virginias Version von seinem Leben und Treiben sei phantastisch und übertrieben. Aber sie habe sie jedermann so überzeugend vorgetragen, daß sie damit seine Ehe zerstört habe. Die Wahrheit liege natürlich ganz woanders, und die Eltern Pfeiffer sollten sie erfahren. Er wolle weiterhin für Paulines materielle Bedürfnisse aufkommen und die Kinder, mit denen er sich sehr gut verstehe, gut versorgen. Bei der Arbeit an seinem Buch sei er sehr einsam gewesen. Er hoffe, es werde alles gut. Erstaunlicherweise war in dem Brief kein einziges wirklich böses Wort enthalten. Er wünsche abschließend allen schöne Weihnachten. Sollten es dieses Jahr auch keine fröhlichen werden, so würde die Zeit dafür sicherlich wieder einmal kommen.

Mrs. Pfeiffer tippte eine kunstvolle Antwort. All diese Schwierigkeiten und Mißverständnisse zwischen Ernest und Pauline seien ihr unverständlich. Ihr Mann und sie seien beide tief bekümmert. Ernest habe so viele Jahre zur Familie gehört, daß sie ihn als einen der Ihren angesehen habe. Dies sei ihr traurigstes Weihnachtsfest. Eine zerstörte Familie, besonders eine mit Kindern, sei eine Tragödie. Sie wolle in ihren Gebeten stets seiner gedenken und hoffe, ihn in einem schöneren Land wiederzutreffen.

Eine Woche darauf kam Ernest in Key West an. Pauline war, wie angekündigt, mit den Kindern fort, und das Haus stand leer. Am Tag nach Weihnachten schickte ein Mann aus Phoenix in Arizona Ernests Verlegern ein Telegramm, in dem er um dessen gegenwärtige Adresse bat. Scribner's antwortete am nächsten Tag per Telegramm: ›Hemingway Adresse Key West Florida.‹ Aber das stimmte nicht mehr. Von diesem Zeitpunkt an lautete seine neue Adresse: Finca Vigia, San Francisco de Paula, Kuba.

Wem die Stunde schlägt

Als Martha Mitte Januar aus Finnland zurückkehrte, fand sie ›The Pig‹, wie sie Ernest zärtlich nannte, eifrig bei der Arbeit. Sie war erst wenige Tage daheim, da hatte er bereits das 23. Kapitel beendet. Er schickte Per-

kins zwei Manuskriptstellen als Qualitätsbeweis: den Anfang des ersten Kapitels und Pilars Schilderung des Massakers der Faschisten in Pablos Geburtsort, der dem Dorf Ronda nachempfunden war. Ein Kälteeinbruch bewirkte, daß er zu seiner alten Gewohnheit Zuflucht nahm und im Bett schrieb, um sich warm zu halten. So beendete er das 24. Kapitel. Es sei für den Text allerdings nicht eben zuträglich, über einen heißen Morgen im Juli 1937 zu schreiben, während man vor Kälte zittere, sagte er. Er wies Perkins an, das Massaker-Kapitel ja keinem der Ideologiefanatiker à la Alvah Bessie zu zeigen. Er würde eher in Anwesenheit einer Nonne Witze über die Religion machen, als einen Linken in seiner Ideologie anzutasten. Das Unglück bei Bessies Brigade sei eben das Zuviel an Ideologie und das Zuwenig an militärischer Ausbildung und Disziplin gewesen. Zuviel Ideologie sei ein Ring im Gehirn, wie der Ring durch die Nasenknorpel eines Stiers. Wenn die Linken weiterhin ihren Glauben bewahren wollten, daß die Loyalisten nie jemand getötet hatten, sollten sie sich ruhig ihren Illusionen hingeben. Was ihn selbst betraf, so habe er die kommunistische Disziplin in Spanien anerkannt, weil sie ›die vernünftigste und gesündeste für die Zwecke des Krieges‹ war. Jetzt, da der Krieg vorbei war, sei er wieder primär Schriftsteller, kein katholischer Schriftsteller, kein Parteischriftsteller, auch kein amerikanischer Schriftsteller, sondern lediglich ein Schriftsteller, der versucht, die Wahrheit zu sagen, wie er sie persönlich kennengelernt hat.
Als das Wetter im Februar schön wurde, teilte er sich die Tage nach einem Stundenplan ein, der alle seine Bedürfnisse zufriedenstellte: er arbeitete jeden Vormittag, nahm vor dem Lunch um zwei Uhr einen Drink und las zur Siestazeit ein wenig. Am Nachmittag spielte er oft Tennis mit Martha und einer Gruppe emigrierter Basken, die für die Loyalisten gekämpft hatten und sich jetzt in Havanna als professionelle Pelotaspieler verdingten. Nach einigen hartumkämpften Sätzen wurde immer gesungen und getrunken. Ernest versuchte, wenigstens einige Brocken ihrer Sprache aufzuschnappen, indem er dem Wortlaut der baskischen Lieder aufmerksam lauschte. Er kaufte seinem Freund Mayito Menocal einige Kampfhähne ab und trat einem Hahnenkampfklub bei. Ansonsten schoß er zur Entspannung auf lebende Tauben im Club de Cazadores oder jagte im Hinterland Flugwild. Daneben verbrachte er wenigstens eine tolle Nacht pro Woche in Havanna, wo er im Floridita ausgiebig trank, im Fronton bei den Jaialai-Spielen setzte, anschließend an seinen Barhocker zurückkehrte und noch vier bis fünf Stunden becherte und plauderte. Er erklärte, die Zechtouren seien als Gegengewicht zu den täglichen Schreib-Kraftakten unbedingt notwendig, aus denen er geschlagen, ausgewrungen und leer wie ein verbrauchter Waschfetzen hervorgehe. Aber diese Ausflüge waren das einzige an Ernests kubanischem Lebensstil, das Martha wirklich in Rage brachte. An einem Sonntag Mitte Februar fühlte er sich verpflichtet, sie ins Kino

auszuführen. Er war die ganze Nacht bis drei Uhr früh mit seinen Freunden zusammengewesen und wollte das wiedergutmachen. Er hatte mit Absinth angefangen, war dann beim Abendessen zu einer Flasche guten Rotweins übergegangen, hatte dann dem Wodka zugesprochen, bevor die Jaialai-Spiele begannen, und hatte sich dann für den Rest des Abends auf Whisky beschränkt. Er fühlte sich zwar am nächsten Tag recht wohl, aber nicht genug, um zu arbeiten. Er hielt es weiter mit seiner pseudobiologischen Überzeugung, daß einige Sätze ›prachtvolles Tennis‹ mit Emma Aretio und den Brüdern Ibarlucia den Alkohol aus seinem Organismus austreiben würden. An Sonntagabenden ging er früh zu Bett, nahm einige Schlaftabletten, stand am nächsten Morgen sehr früh auf und konnte so in voller Frische an die Arbeit gehen.

Das Buch schien nun viel länger zu werden, als er es ursprünglich geplant hatte. Am Ende des 28. Kapitels beklagte er sich, daß er sich nach so vielen Monaten unentwegter Arbeit ruhelos fühle. Aber er wußte, daß er jetzt weder nervös werden noch sich unter Zeitdruck fühlen durfte. Er sagte zu Perkins, er könnte, wenn er so schlampig wie Sinclair Lewis schriebe, auch jahraus jahrein 5000 Wörter pro Tag zu Papier bringen. Er bediene sich einer völlig gegenteiligen Methode: regelmäßige tägliche Kontrolle, um nach der Fertigstellung der Arbeit ein vollständiges Umschreiben zu vermeiden. Seine Arbeit sei, erklärte er Scribner, Krankheit, Laster und Besessensein gleichermaßen. Um glücklich zu sein, müsse er schreiben. Es befalle ihn wie eine Krankheit. Das Schreiben mache ihm auch Spaß, was aus der Krankheit ein Laster werden lasse. Da es sein Wunsch sei, besser als alle anderen zu schreiben, werde das Laster rasch zu einem Besessensein.

Um sich die Qualität des Geschriebenen nochmals auch von fremder Seite bestätigen zu lassen, ließ er noch öfter verschiedene enge Freunde einen Blick in Teile des Romans werfen: Joris Ivens, Esther Chambers, Christopher La Farge, Otto Bruce und natürlich Max Perkins. Die einhellige Reaktion war so ekstatisch, daß er sich entschloß, ihn auch Ben Finney, den er als Veteran des Marinecorps und als furchtlosen Bobfahrer verehrte, zur Lektüre zu geben. Finney verschlang das Manuskript Ernests in einer Marathonlesung von vier Uhr nachmittags bis vier Uhr morgens. Er wollte Ernest zu dem Eingeständnis bringen, die Handlung des Romans beruhe auf persönlicher Erfahrung. ›Verdammt, nein‹, sagte Ernest hocherfreut. ›Ich hab' sie erfunden.‹ Solchen positiven Reaktionen zum Trotz hatte er immer noch Momente des Zweifels. Er erklärte, Pauline hasse ihn jetzt so sehr, daß sie sich geweigert habe, das Buch anzusehen. Dies sei verdammt schade, weil sie von allen das beste literarische Urteil besitze.

Aber der Roman war noch lange nicht zu Ende. Ende der ersten Aprilwoche war das 32. Kapitel fertig, das zwölfte, das er seit seiner Rückkehr aus Sun Valley geschrieben hatte. Ein Kapitel schilderte El Sordos letzten

Gefechtsstand auf einem Hügel. Ein anderes behandelte die Geschichte von Marias Vergewaltigung durch faschistische Soldaten. Kapitel 32 stellte ein zynisches Zwischenspiel im Hotel Gaylord dar. Ernest verteilte darin seinen Zorn gleichmäßig auf beide Kampfparteien. Trotz all seiner Sympathien für die Republik war er nie fähig gewesen, die Propaganda zu schlucken, die aus Dolores Ibarruri, einer kommunistischen Bäuerin aus den baskischen Provinzen, La Pasionaria (Die Passionsblume), eine Art linke Volksheilige gemacht hatte. ›Dolores hat mich immer zum Kotzen gebracht‹, hat er seine Freunde nachdrücklich wissen lassen. Er machte seinem Ekel in Robert Jordans galligen Bemerkungen über die ›Blüte der spanischen Ritterschaft‹ von Cortez bis zum heutigen Tag Luft. ›Es gibt kein besseres und kein schlechteres Volk auf der Welt‹, sagte Jordan.

Viele seiner Freunde kamen in dem Buch vor, manche unter ihren wirklichen Namen, andere waren unter erfundenen Namen leicht zu erkennen. Er stand in letzter Zeit mit Gustavo Durán in Briefwechsel, jenem Loyalistenkommandeur, der 1939 nach London geflohen war. Durán war namentlich genannt, ebenso wie Petra, Ernests Zimmermädchen im Hotel Florida. General Lucasz von der Zwölften Internationalen Brigade war mit zärtlicher Genauigkeit beschrieben. Ebenso der polnische General Swierczewski, bei seinen Truppen als General Walter bekannt und im Roman als General Golz erscheinend. Koltsow, der Journalist, streifte unter dem erfundenen Namen Karkow durchs Gaylord. Seine Heldin Maria trug den Namen der Pflegerin, die Ernest im Frühjahr 1939 in Mataro kennengelernt hatte, aber ihre äußere Erscheinung, unter anderem das blonde, ›wie ein Weizenfeld im Wind‹ aussehende Haar, war offensichtlich als geheimer Tribut an Martha gedacht. Die Figur Robert Jordans, des Professors aus Montana, verdankte ihre Gestaltung dem mutigen Robert Merriman von der 15. Internationalen Brigade, früher Professor für Wirtschaftswissenschaft an einer kalifornischen Universität. Jordan teilte, wie die meisten von Ernests Helden, viele persönliche Züge und Ansichten seines Schöpfers. Jordans Eltern waren deutlich nach Dr. und Mrs. Hemingway gestaltet. Der alte Jordan hatte sich mit einer aus dem Bürgerkrieg stammenden Smith & Wesson-Pistole erschossen. Sein Sohn dachte über die Feigheit seines Vaters (›Das größte Pech, das einem Menschen widerfahren kann‹) und die Aggressivität seiner Mutter nach (›Wenn er kein Feigling gewesen wäre, hätte er es mit dem Weibsbild aufgenommen und sich nicht von ihr tyrannisieren lassen!‹). Ernest verlieh Jordan sogar eines seiner hervortretendsten Merkmale – eine ›heiße, schwarze, blindmachende, tödliche Wut‹, die sich in ihrer Maßlosigkeit so schnell verbreitete wie ein Waldbrand und dann erlosch und seinen Verstand so leer und ruhig zurückließ, wie es einem Mann sonst nur passiert, ›wenn man mit einer Frau geschlafen hat, die man nicht liebt‹.

Anfang April unterbrach er kurz seine Arbeit, um für ›The Great Crusade‹,

Wem die Stunde schlägt

Gustav Reglers autobiographischen Roman über die 12. Internationale Brigade, ein Vorwort zu verfassen. Um den Besuchern zu entkommen und seine Arbeit rasch hinter sich zu bringen, zog sich Ernest auf Mayito Menocals etwa 480 km von Havanna entfernte Zuckerrohr- und Reisplantage in Camaguly in der Provinz Oriente zurück. Das Vorwort war nicht der erste Gefallen, den er Regler getan hatte. Er hatte ihm bereits eine ansehnliche Geldsumme zugesteckt und sich außerdem dafür eingesetzt, daß er aus einem französischen Internierungslager entlassen und der persönlichen Verantwortung des alternden Glücksritters Oberst Charles Sweeny übergeben wurde. Obwohl Ernests Roman zum Großteil Erfundenes wiedergab, während sich Regler bei seinen Schilderungen strikt an die tatsächlichen Ereignisse gehalten hatte, sagte Ernest in dem Vorwort, daß ›es so überwältigende Ereignisse gibt, daß ein Schriftsteller, der sie erlebt hat, in erster Linie zur wahren Darstellung verpflichtet ist, ohne sie anmaßend durch seine Phantasie zu verändern.‹ Es bereitete ihm großes Vergnügen, die Gestalten von General Lucasz, Werner Heilbrun und von Regler selbst wiederzufinden, der als einziger das ursprüngliche Triumvirat überlebt hatte. Trotz arger Verletzungen, Gefangenschaft, Armut und Exil habe Regler weiterhin ›die gleiche Tapferkeit und Immunität gegenüber persönlichen Leiden‹ an den Tag gelegt ›wie ein Kampfhahn, der trotz neuer Wunden bis zu seinem Tode weiterkämpft‹.

Nachdem er das Vorwort beendet hatte, erkrankte Ernest für fünf Tage. Am 20. April war er wieder auf den Beinen, beendete das 35. Kapitel und begann, sich über den Titel Gedanken zu machen. Aus einer Vorauswahl von etwa 26 möglichen Alternativen gefiel ihm der Titel ›The Undiscovered Country‹ am besten, er war damit aber noch nicht ganz zufrieden. Nach seinen eigenen Aufzeichnungen suchte er zwei Tage in der Bibel und bei Shakespeare weiter, bevor er sich dem ›Oxford Book of English Prose‹ zuwandte. Beim Durchblättern der kurzen Zitate aus Werken von John Donne sprang ihm eine Stelle sofort ins Auge. Donne hatte in eindrucksvollen Bildern, die Londoner Bestattungsbräuchen im 17. Jahrhundert entstammten, eine kleine Parabel über die gegenseitige Abhängigkeit der Menschen untereinander verfaßt. Ernest war entzückt, als er bemerkte, daß die Stelle genau auf das Thema der menschlichen Solidarität paßte, das er in der Geschichte Robert Jordans herauszuarbeiten versucht hatte. Der Text schloß mit der Feststellung, daß ›der Tod jedes Menschen mich schwächt, weil ich mit der Menschheit verknüpft bin; und deshalb versuche nie zu erfahren, für wen das Sterbeglöckchen läutet; es läutet für dich‹.

In den letzten Apriltagen und im Mai, beklagte sich Ernest bei Perkins, habe Pauline dauernd versucht, ihn ›aus dem Rhythmus zu werfen‹. Sie sehe der Tatsache nicht gern ins Gesicht, daß er an einem verdammt guten Buch schreibe, während er mit einer anderen zusammen lebe. Sie habe ihn ›sehr, sehr bombardiert‹, und er habe erfolglos versucht, sich Panzerplatten anzulegen. Es sei ihm ein besonderes Anliegen, jetzt so gut zu schreiben, daß die Bücher aus Paulines Zeit im Vergleich dazu völlig abfielen. Bei ihrer Trennung hatte er sich bereit erklärt, 500 Dollar monatlich für den Unterhalt Patricks und Gregorys zu zahlen, aber jetzt erklärte er Perkins, daß die Zahlungen im Falle seines Todes sogleich eingestellt werden sollten. Seine Mutter schrieb, sie habe gehört, daß er gerade an einem Roman arbeite, und sie hoffe, es werde diesmal endlich ›etwas Konstruktives‹ daraus. Ernests Antwort war kühl. Vielleicht werde das Buch wirklich nach ihrem Wunsch geraten. Am Memorial Day war nach Ernests Ansicht das Ende des Romans langsam abzusehen. Martha dagegen beschäftigte sich mehr mit den Gerüchten, die vom amerikanischen Festland herüberdrangen, von der überhandnehmenden Demagogie der Politiker, von den Steuererhöhungen und der planmäßigen Vergeudung von Bundesmitteln. Zweimal täglich tobte sie vor Wut über den Zustand der Nation und der Welt. Sie wäre gerne nach Europa gegangen, um zu helfen, und ihr Verlangen, zumindest der Isolierung der Finca zu entkommen, wurde allmählich unerträglich. Als Ernest, völlig von seiner Arbeit in Anspruch genommen, ihre sozialen Interessen kritisierte und lächerlich zu machen suchte, raffte sich Martha auf und fuhr für einen Monat nach New York. Als sie Ende Juni zurückkehrte und ihre Mutter als Gast mitbrachte, versicherte ihr Ernest, das Buch sei beinahe fertig.

Er hatte geschworen, sich die Haare so lange nicht schneiden zu lassen, bis er seinen Roman beendet hatte, und er sah dementsprechend verwahrlost aus. Das Kapitel über die Sprengung der Brücke hatte ihn in eine fast schon unerträgliche Erregung und Anspannung versetzt. Nachdem er das hinter sich hatte, fühlte er sich schlapp und tot, so als sei er selbst dabeigewesen. Er erklärte offen, es falle ihm nun schwer, seinen Helden zu töten, nachdem er 17 Monate lang ununterbrochen in seiner Gesellschaft gelebt hatte. Am 1. Juli schließlich telegrafierte er Perkins: ›Brücke vollständig gesprengt beende letztes Kapitel.‹ Jetzt schien ihm endlich die Zeit reif, seinen Friseur in Havanna aufzusuchen.

Er trottete in der Altstadt den Gehsteig hinunter, als er Joe North und einen Mann namens Douglas Jacobs erblickte, den er bei Jay Allen kennengelernt hatte. Er stieß einen Begrüßungsschrei aus und drückte North wie ein Bär an sich. Er brenne darauf, North alles über den neuen Roman zu erzählen, bevor er ihn lese und sich vielleicht darüber ärgere. Sie vereinbarten, sich im Floridita zum Lunch zu treffen. Trotz der grundsätzlich verschiedenen politischen Ansichten North' und Hemingways verlief das Mittagessen so angeregt, daß sie um vier Uhr noch ins Gespräch vertieft waren. Plötzlich wurde die Bartür aufgestoßen, und Martha erschien. ›Sie war sichtlich wütend‹, sagte Jacobs, ›und versuchte auch gar nicht, daraus ein Hehl zu machen.‹ Ernest hatte versprochen, sie und ihre Mutter um zwei Uhr zum Lunch zu treffen. Er murmelte eine Entschuldigung, die

Martha mit einem Achselzucken abtat. ›Mich kannst du versetzen‹, schrie sie, ›aber meiner Mutter kannst du das nicht antun.‹ Ernest bezahlte die Rechnung, entschuldigte sich und folgte ihr wie ein Schaf hinaus.
Trotz des feierlichen Haarschnitts machte ihm das 34. und letzte Kapitel weiterhin Schwierigkeiten. Am 13. Juli lag Robert Jordan bäuchlings unter einem Baum und beobachtete, wie der faschistische Leutnant Berrendo näher kam. Das Buch konnte hier logisch enden, doch war Ernest noch irgendwie unbefriedigt. Eine Woche vor seinem 41. Geburtstag verfaßte er eine Art Epilog, zwei kurze Kapitel, die den Faden der Handlung so ordentlich wie möglich zu Ende führen sollten. Eines schilderte eine Zusammenkunft zwischen Karkow und General Golz nach dem Fehlschlag der Segovia-Offensive und ihre gemeinsame Rückfahrt nach Madrid, während der sie Jordans Brückensprengung und sein anschließendes Verschwinden erörterten. In dem kurzen letzten Kapitel stattete Andrés dem verlassenen Lager Pablos und Pilars einen Besuch ab; er stand einen Augenblick da und starrte auf die zerstörte Brücke in der Schlucht. Die Niederschrift dieser beiden Kapitel scheint für Ernest eine Notwendigkeit gewesen zu sein, um seine Erregung langsam abzubauen und danach festzustellen, daß der ganze Epilog weder wichtig noch wünschenswert war.
Er wartete voller Unruhe die Reinschrift des Manuskripts ab und brachte es dann nach New York. Über der ganzen Ostküste lastete sommerliche Hitze, und im Zug war es wie in einem Backofen. Im spärlichen Licht des Salonwagens arbeitete er an dem Manuskript, bis seine Augen versagten, und taumelte dann auf der Pennsylvania Station wie ›eine blinde Sardine in einer Konservenfabrik‹ aus dem Zug. Sein Zimmer im Hotel Barclay lag nur einige Häuserblocks von Scribner's entfernt, und er ließ das Manuskript durch einen Laufburschen stückweise, etwa zweihundert Seiten pro Tag, hinbringen. Als Bob Van Gelder von der *New York Times Book Review* ihn einige Tage darauf in seinem Hotel besuchte, traf er ihn in einer aufgeknöpften Pyjamajacke inmitten einer lebhaften Gesellschaft an. Unter seinen Kumpanen befand sich auch der exilierte Loyalistenkommandeur Gustavo Durán, der vor kurzem eine Amerikanerin namens Bonte Crompton geheiratet hatte und in die Vereinigten Staaten gezogen war. Durán lauschte höflich der Unterhaltung zwischen Hemingway und Van Gelder, und Ernest hielt gelegentlich ein, um für ihn zu übersetzen. Als Durán aus dem Zimmer ging, um zu telefonieren, erklärte Ernest Van Gelder im Flüsterton, daß er während der Arbeit an seinem Roman oft danach gelechzt habe, von ihm Informationen zu erhalten. Aber Durán habe ihm jetzt versichert, daß die Geschichte, wie sie war, voll und ganz hinhaue. Bevor Durán nach New Hampshire, der Sommerfrische seiner jungen Frau, abreiste, bat ihn Ernest, zur Überprüfung der spanischen Ausdrücke die Fahnen durchzulesen. Er bemerkte ihm gegenüber voller Bescheidenheit, er fühle sich eigentlich ziemlich unqualifiziert, ein

Buch über Spanien, die Spanier, die Bewegung oder den Krieg zu schreiben, und es bringe ihn deswegen in besondere Verlegenheit, Durán, einen Spanier, der noch dazu zu seinen ›gottverdammten Helden‹ gehöre, um die Durchsicht des ganzen Geschreibsels zu bitten. Durán verursachte die Qualität von Ernests Spanisch einiges Kopfzerbrechen, andererseits fand er das Buch im allgemeinen sehr eindrucksvoll.

Am 26. August sandte Ernest die ersten 123 Fahnen per Luftpost aus Havanna. Er war bei der Korrektur ungewöhnlich nachgiebig gewesen und hatte fast alle Einwände von Perkins und Scribner berücksichtigt. So hatte er eine Masturbationsszene sorgfältig umgeschrieben, um wenigstens eine der Liebesszenen etwas zu entschärfen. Aber er widersetzte sich mit aller Macht der Überzeugung der beiden Verlagsleute, daß Pilars Monolog über ›den Geruch des nahenden Todes‹ geschmacklos sei. Die Stelle sei zwar grauenhaft, sie aber zu streichen, hieße etwa, die Baßgeige oder Oboe aus einem Symphonieorchester zu entfernen, nur weil sie allein gespielt häßlich klängen. Die Passage sei nicht grundlos obszön, sondern solle die robuste Vulgarität der Zigeuner, die er in Madrid kennengelernt hatte, verdeutlichen. Sie seien sehr seltsame Menschen. Er habe sie genausowenig ›verniedlichen wollen‹ wie die Michigan-Indianer in den Nick-Adams-Erzählungen.

Er hatte letzten Endes beschlossen, den Epilog doch wegzulassen. Sein ursprüngliches Motiv sei dem Wahlspruch eines guten Matrosen vergleichbar, alle Segel abzutakeln und in tadelloser Ordnung zu verstauen. Jetzt aber sehe er ein, daß der Roman wirklich an der Stelle enden müsse, wo Jordan auf dem von Fichtennadeln übersäten Waldboden lag, genau dort, wo er auch in den ersten Sätzen zu Anfang des ersten Kapitels, 68 Stunden zuvor, gelegen hatte. Dies sei für den Roman das richtige Ende.

Lohn der Arbeit

Ernest hatte das Jahr 1940 mit der Bitte an Perkins eingeleitet, ihm für seinen halbfertigen Roman einen weiteren Vorschuß von tausend Dollar zu geben. Perkins hatte in der Hoffnung eingewilligt, das Jahr werde ergiebig für den Verlag sein. Ernests Honoraransprüche aus dem neuen Roman und dem Broadwaystück, das gerade mit Erfolg angelaufen war, würden sicherlich die 6000 Dollar überschreiten, die er 1939 verdient hatte. Perkins' Hoffnungen erfüllten sich. Ende August wählte der ›Book of the Month Club‹ den Roman als Oktobervorschlagsband aus und schlug eine Erstauflage von 100 000 Exemplaren vor. Scribner's wollte mit der normalen Buchhandelsausgabe eine ähnliche Zahl erreichen. Ernest schrieb Arnold Gingrich einen Brief, in dem er aufzählte, was ihn ›Wem die Stunde schlägt‹

gekostet hatte: eine Frau und eineinhalb Jahre seines Lebens. Aber er machte kein Hehl aus seinem Stolz auf den Roman. Es gebe keine zusammenhanglosen Passagen, alles sei wie aus einem Guß, und die ganzen 43 Kapitel hindurch ›hängt jedes Wort vom anderen ab‹.
Er wollte jetzt in Sun Valley mit Martha und seinen Söhnen einmal ausspannen, die sich Anfang September, aus allen Windrichtungen kommend, einfinden sollten. Martha setzte Clara angesichts dieser komplizierten Anreisetermine in Alarmbereitschaft und bat sie, bis zur Ankunft Ernests auf die Knaben ein wachsames Auge zu werfen. Martha und Ernest hatten jetzt, nach drei Jahren zufriedenen ›Lebens in Sünde‹, wie sich Martha ausdrückte, den Entschluß gefaßt zu heiraten, sobald die Scheidung von Pauline rechtskräftig würde. Martha hegte insgeheim Zweifel, ob ein solcher Entschluß auch wirklich klug sei, ließ aber Clara gegenüber kein Wort darüber fallen. ›Vielleicht wirst Du bald bei unserer Hochzeit Blumen streuen, Liebstes‹, schrieb sie ihr.
Sie flog von Jacksonville nach St. Louis, um ihre Mutter zu besuchen. In der Zwischenzeit war Ernest mit Otto Bruce, mit dem er sich am Steuer abwechselte, wieder zu einer der langen Überlandfahrten aufgebrochen, die er so liebte. Als er in Sun Valley ankam, setzte er sich gleich wieder an die Arbeit, las die Fahnen durch und sandte die letzten Korrekturen in einer Reihe langer Telegramme an Perkins. Auf einem undatierten Blatt Papier, das er mit ›Um Himmels willen nicht verlieren‹ überschrieben hatte, gab er dem Drucker eine Kontrolliste spanischer Rechtschreibung und Betonungsakzente wie auch den Widmungssatz bekannt: ›Dieses Buch ist für Martha Gellhorn‹. Lloyd und Tillie Arnold halfen ihm bei den letzten Korrekturen. Sie ersahen aus dem Inhalt, daß sich Ernests Vater erschossen hatte. Ernest bestätigte die Vermutung und erklärte beredt ›die vernünftige Theorie über Selbstmord‹, wie er es nannte. Wenn alles schiefginge, wäre der Selbstmord zulässig. Er erklärte Martha sorgsam die Technik, wie man eine Schrotflinte gebraucht: man betätigt den Abzug mit einer nackten Zehe.
Nachdem er die letzten Fahnen losgeworden war, wurde er so übermütig, daß er Charles Scribner gegenüber in einem Brief behauptete, seither keinen einzigen nüchternen Atemzug getan zu haben. Nachdem Bumby wieder zur Schule zurückgekehrt war, nahm er Martha und die jüngeren Knaben mit zu einer Kaninchenjagd. Patrick und Gregory erlegten je 80 Stück, Ernest und Martha vergrößerten die Strecke auf annähernd 400. Das plötzliche regnerische Wetter machte Ernest reizbar. Er explodierte fast vor Wut, als er erfuhr, daß man das Erscheinungsdatum seines Romans auf den 21. Oktober verschoben hatte. Das sei ja großartig, murrte er, er habe sich in 24-Stunden-Schichten blind gearbeitet, um den Termin einzuhalten, und sich mit den Telegrammen für die letzten Korrekturen finanziell ruiniert. Er habe es satt, der einzige in dem Verein zu sein, der einen Termin

respektiere und die Wochenenden durcharbeite, während die Verleger ihren Büros von Freitag bis Montag fernblieben. Er wünsche sich inständig, statt eines Berufsschriftstellers, der seine Versprechen einhalte, ein solcher Gentleman zu sein – und in dieser Art ging es noch eineinhalb Seiten weiter.

Obwohl Martha ihn jetzt zwar nicht mehr ›The Pig‹ nannte, konnte sie es sich nicht verbeißen, Ernests Erscheinung mit der Gary Coopers zu vergleichen, der mit seiner Frau Rocky in Sun Valley Jagdferien machte. Laut Ernest pflegte ihn Martha wie wild zu bearbeiten, feschere Anzüge zu tragen und eleganter auszusehen, kurz, sich Cooper als Vorbild zu nehmen. Er gab sich zwar nicht die geringste Mühe, Marthas Wunsch nachzukommen, fand Cooper aber nett. Er sei genauso ehrlich, gerade, freundlich und unverdorben, wie er auf der Leinwand wirke. Sollte Hollywood seinen Roman verfilmen wollen, würde sich Cooper ausgezeichnet als Robert Jordan machen. Er war auch ein besserer Schütze als Ernest, der seine Unzulänglichkeit auf den fortgesetzten Suff in den letzten Jahren schob. Um diese Scharte auszuwetzen, wollte er unbedingt mit Cooper boxen, in der Hoffnung, daß sich sein Gewicht und seine Erfahrung zu seinen Gunsten auswirken würden. Den größten Spaß fand er dabei, den Schauspieler wegen seiner Kleiderpracht und seiner Ungeschicklichkeit mit der Schrotflinte zu hänseln.

Wenn das Wetter schlecht war, las Ernest viel und bestellte in Scribner's Buchhandlung Dutzende von Büchern. In einer Liste erschien Wolfes nachgelassener Roman ›Es führt kein Weg zurück‹. Ernest nahm schmunzelnd zur Kenntnis, daß Harper das Buch als ›Werk voll reifer Kraft‹ angekündigt hatte. Wolfes Porträt Maxwell Perkins' als Foxhall Edwards beeindruckte ihn nicht sonderlich, und er brüstete sich damit, daß er Perkins mit 1000 Wörtern treffender beschreiben könnte als Wolfe mit 10 000. Überall, wo es um seine Heimatstadt Asheville in Nord-Carolina gehe, sei Tom wunderbar und unübertrefflich. Alles andere sei aber übermäßig aufgeblähter Zeitungsstil.

Seine Hoffnung, die Filmrechte von ›Wem die Stunde schlägt‹ zu verkaufen, rückte mit einem Ferngespräch mit Donald Friede in den Bereich des Möglichen. Sie hatten einander in den zwanziger Jahren kennengelernt, als er Horace Liverights Geschäftspartner gewesen war. Jetzt prüfte Friede für Myron Selznick Bücher auf ihre Eignung als Filmstoff. Friede erkundigte sich, ob Hemingway einen Hollywoodagenten habe. Ernest sagte nein und lud ihn prompt nach Sun Valley ein. Friede flog nach Lake City, nahm dort den Zug, stieg um drei Uhr morgens in Shoshone aus und kam um sechs in Sun Valley Lodge an. Ernest war bereits wach und erwartete ihn. Hatte er das Buch schon gelesen? Nein. Ernest versorgte ihn mit einem Frühstück und drückte ihm das Manuskript in die Hand. Friede las den ganzen Tag daran. Er konnte sich vor Begeisterung kaum halten. Auf dem

Heimweg telegrafierte er Scribner's am 7. Oktober, sie sollten auf schnellstem Wege 25 Exemplare des Buches per Luftpost an Myron Selznicks Adresse in Beverly Hills schicken. So bahnte sich Ernests erster wirklicher Erfolg seit ›In einem anderen Land‹ an.
Um dem gesellschaftlichen Trubel, zu dem er auch Dorothy Parker mit Mann und die Gary Coopers zählte, zu entgehen, nahm Ernest Martha auf einen einwöchigen Ausflug in die wilde Gegend der Middle Fork des Salmon River mit. Martha, die ein fast genauso starker Ehrgeiz wie Ernest beflügelte, hielt schneidig durch. Nach ihrer Rückkehr zwang sie eine schmerzhafte Grippe ins Bett. Sie stecke in einer richtigen Kloake des Trübsinns, sagte sie. Aber sie bemerkte mit Freude, daß sich die Bewegung an der frischen Luft wenigstens für Ernest wie ein Lebenselixier ausgewirkt hatte. Er schränkte sich sogar beim Trinken beträchtlich ein, was immer ein ›Zeichen war, daß sich die Wogen glätteten und alles prima wurde‹. Er war so gefügig, daß sie es sich sogar leisten konnte, seinen Vorschlag, ihre Arbeiten unter dem Namen Martha Hemingway zu veröffentlichen, glattweg zu ignorieren. Nach weniger als einem Monat Sun Valley fing sie an, *Collier's* zu drängen, sie als Kriegsberichterstatterin nach China zu entsenden.
Als der Erscheinungstermin herannahte, begann Perkins Ernest mit beruhigenden Statements über die wahrscheinliche Aufnahme des Buches zu bombardieren. Aber Ernest war zu nervös, um die erste Sendung mit Rezensionen erwarten zu können, und bat Jay Allen in New York, ihm am Telefon einige vorzulesen. Jay entgegnete, das Telefon sei zu teuer, aber Ernest war das gleichgültig. Er benahm sich beim Vorlesen wie ein kleines Kind: ›Hat er das wirklich gesagt?‹ fragte er. Oder: ›Dieser Kerl schaufelt sich gerade sein Kritikergrab.‹ Er freute sich über John Chamberlains Ansicht, daß der Roman ›die gleiche stärkende Wirkung wie Kognak‹ besitze, sowie über J. Donald Adams' Urteil, dies sei der ›kraftvollste, tiefste und wahrste‹ Roman Hemingways. Adams hielt die Liebesszene zwischen Jordan und Maria für das beste, was die amerikanische Literatur auf diesem Sektor hervorgebracht hatte. Bob Sherwood nannte das Buch ›ungewöhnlich und schön‹, da es ›Stärke und Brutalität‹, aber auch einen ›Grad an Zartheit‹ ausstrahle, der beweise, daß ›dieser vorzügliche Schriftsteller, anders als einige andere vorzügliche amerikanische Schriftsteller, der Selbstkritik und der Entwicklung‹ fähig sei. Clifton Fadiman hob im *New Yorker* in ähnlicher Weise den Reifungsprozeß hervor: das Buch habe nun endgültig den erwachsenen Hemingway zutage gebracht, ›dessen Stimme man erstmals in dem tastenden ‚Haben und Nichthaben' vernommen hat‹. Margaret Marshall erklärte in *The Nation*, der schlechte Geschmack habe sich verflüchtigt, den ›Die fünfte Kolonne‹ beim Leser hinterlassen hatte. Man könne jetzt bei Hemingway von neuen Maßstäben sprechen, was Charakterisierung, Dialog, Spannung und Mitgefühl für

den Menschen betreffe, der mit dem Tode konfrontiert sei. Der Roman verkörpere zwar nicht ›die tiefere soziale Bedeutung des spanischen Bürgerkrieges‹, biete aber ›die bewegende und lebendige Geschichte einiger Menschen, die in solch einen Krieg verwickelt sind, der uns höchstwahrscheinlich bevorsteht‹.
Wie jeder Autor, für den viel auf dem Spiel steht, nahm Ernest das Lob als angemessen entgegen und empörte sich über die schlechten Kritiken. Aber als Donald Friede aus Hollywood verlauten ließ, er hoffe auf einen Vertragsabschluß über 150 000 Dollar, schärfte ihm Ernest vorsichtig ein, sich doch mit 100 000 Dollar ›plus zehn Cents für jedes verkaufte Exemplar einschließlich Book of the Month‹ zufriedenzugeben. Da der Book of the Month Club nun einen Vertrag über 200 000 Exemplare abgeschlossen und Scribner's weitere 160 000 Bücher in Druck gegeben hatte, konnte Ernest allein durch den Verkauf der Filmrechte mit einem Verdienst von 136 000 Dollar rechnen, ohne dabei die Tantiemen aus der Book-of-the-Month-Ausgabe und der normalen Verlagsausgabe bei Scribner's überhaupt zu berücksichtigen. Er hielt es für klug, die Angelegenheit mit den Paramount Pictures noch im ersten Siegesrausch unter Dach und Fach zu bringen. Man konnte nie wissen, wann die Glücksträhne abriß. Ende Oktober wurde der Verkauf unter den von Ernest gestellten Bedingungen perfekt. Er fand es ›verdammt wunderbar‹, und das war es auch, denn Friede hatte den höchsten Preis erzielt, der je für Filmrechte auf den Tisch gelegt worden war.
Die Nachricht, daß seine Scheidung von Pauline rechtskräftig geworden war, erreichte ihn am 4. November über den Telegrafen der Associated Press aus Miami. Im Urteil war als Scheidungsgrund böswilliges Verlassen festgestellt worden, und Pauline bekam die beiden Söhne zugesprochen. Ernest zeigte nach außen keinerlei Zeichen von Reue über das Ende einer Ehe, die 13 Jahre gedauert hatte. In dieser Zeit hatte er sieben Bücher verfaßt, die ›Pilar‹ und das Haus in Key West erworben, eine Afrikasafari, zahlreiche Europareisen, viele Jagdwochen in Montana und Wyoming und schließlich zwei Kriegsjahre in Spanien verbracht. Viele Jahre später behauptete Ernest, seine zweite Ehe sei aus sexuellen Gründen gescheitert, wobei Paulines fanatischer Katholizismus und die Tatsache eine Rolle spielten, daß sie keine Kinder mehr bekommen durfte. Ein wichtiges Motiv, Pauline zu verlassen, war Ernests Wunsch nach einer Tochter.
Pappy Arnold schoß vor der Hochzeit einige Bilder von Martha und Ernest, wie sie beide, braungebrannt und vor Gesundheit strahlend, gegen Westen in die untergehende Sonne blickten. Am 20. November reisten sie von Sun Valley nach Cheyenne, um sich dort trauen zu lassen. Ihre Flitterwochen wollten sie im Hotel Barclay in New York und die Weihnachtsfeiertage auf der Finca verbringen.
Ein Friedensrichter nahm am folgenden Tag im Speisesaal der Union Pa-

cific Railroad in Cheyenne die standesamtliche Trauung vor. Ernest fand es ›wunderbar‹, nach vier Jahren des Zusammenlebens ›wieder legal zu sein‹, und fuhr Martha stolz nach New York. Bumby erkundigte sich bei Perkins telegrafisch nach dem Verbleib seines Vaters, und Ernest lud ihn ein, ihn an zwei Wochenenden zu besuchen, ließ ihn einen Boxlehrgang in George Browns Sporthalle mitmachen und kaufte ihm einige Kleider und eine praktische Freizeittasche. Harold Peat, der Vortragsagent von H. G. Wells, wandte sich an den langmütigen Perkins mit dem Anliegen, Wells, der im Columbia University Club wohnte, unbedingt mit Hemingway zusammenzubringen. Martha kannte Wells seit einigen Jahren und lud ihn gemeinsam mit Gustavo Durán in ihre Suite im Barclay zum Tee ein. Wells, ein kleiner, von Diabetes geplagter Mann, saß glücklich in einem Hotelstuhl, berührte mit seinen Füßen kaum den Boden und war entzückt von all dem Trubel, dem ununterbrochenen Geklingel des Telefons und dem unentwegten Kommen und Gehen von Leuten wie Bob Capa, George Brown und anderen Besuchern. Dem Ton und der Atmosphäre nach habe das Meeting, so Martha, wie aus ›The Boys' Book of Adventure by Sea and Land‹ gewirkt.

Die Herausgeber von *Collier's* hatten sich nun bereit erklärt, Martha als Berichterstatterin nach China zu entsenden. Sie stelle es sich besonders lustig vor, den Rest ihrer Flitterwochen an der Burmastraße zu verbringen, lautete Ernests Kommentar. Wider besseres Wissen hatte er sich eines Nachmittags mit Ralph Ingersoll zusammengesetzt und war mit dem Auftrag, eine Reihe von Depeschen für Ingersolls neue liberale Boulevardzeitung *PM* zu liefern, aus der Unterredung zurückgekehrt. Martha und Ernest erledigten alle Vorbereitungen für ihre Reise nach Hongkong und fuhren dann nach Hause. Während des Zwischenaufenthalts in Key West lernte Ernest durch Zufall Sinclair Lewis kennen, der gerade auf dem Weg nach Havanna Station machte. Sie verstanden sich recht gut und trennten sich in bester Freundschaft.

Ernests Weihnachtsgeschenk für Martha und sich selbst war der Erwerb der Finca Vigia. Da er fürchtete, die Nachricht seiner jüngsten Erfolge mit ›Wem die Stunde schlägt‹ werde den Kaufpreis in die Höhe treiben, stattete er Otto Bruce mit der Vollmacht aus, die Kaufverhandlungen ohne Nennung des Käufers zu führen. Bruce konnte das Haus am 28. Dezember um einen Kaufpreis von 12 500 Dollar erwerben. Zur Feier des Ereignisses ging Ernest in der Provinz Pinar del Rio auf Wachteljagd und kehrte unter romantischem Sternenglanz in das Haus zurück, das jetzt ihm gehörte und das er für den Rest seines Lebens bewohnen wollte.

Der erwartete Frontalangriff der Linken auf sein Buch dämpfte seine Freude an dem neuen Haus jedoch bald; denn trotz seiner Prophezeiungen hatte er nicht so heftige Attacken erwartet. Mike Gold verwendete eine seiner ›Verändert-die-Welt‹-Spalten im *Daily Worker*, um Hemingway als

›beschränkt, engstirnig ... von seinem Klassenegoismus (und) ... der Armseligkeit seines Geistes verstümmelt‹ zu verdammen. Der Roman beweise lediglich, behauptete Gold, daß ein Mann ohne Prinzipien, der weder die Demokratie noch den Kommunismus verstehe, dennoch fähig sei, sich aus verschiedenen persönlichen Gründen dem spanischen Bürgerkrieg anzuschließen und einige Jahre hindurch den Schein der Loyalität zu wahren. Wenn die Sache dann verloren und die Demokratie besiegt scheine, würde er fahnenflüchtig und hinterlasse ›einen Schweif von Alibis, Gewinsel und Verleumdungen‹.

Alvah Bessies Rezension in *New Masses* zeigte sich gleichzeitig fairer und wohlinformierter. Als Veteran der Lincoln-Brigade hatte er Ernest zweimal in Spanien getroffen und begann seine lange und gründliche Analyse damit, daß er Ernest eine intensive Teil- und Anteilnahme an den Kämpfen bescheinigte. Dennoch war er der Ansicht, dem Roman fehle tieferes Verständnis wie auch ein großzügiges Konzept. ›Er muß seine Persönlichkeit als Schriftsteller noch ausweiten‹, meinte Bessie, ›um die Wirklichkeit der Menschen in anderen Ländern in sich aufnehmen und gestalten zu können.‹ Bessie zeichnete auch für einen langen offenen Brief an Ernest verantwortlich, der das Datum vom 20. November trug und mit den Unterschriften Milt Wolffs, des National Commander der Veteranen der Abraham-Lincoln-Brigade, Freddy Kellers, des New-York-Post-Kommandeurs, und Irv Goggs, des geschäftsführenden Kassenwarts, im *Daily Worker* veröffentlicht wurde. Hemingway habe die Sache ›verstümmelt‹, für die so viele tapfere Männer gekämpft hätten und gestorben seien. Er habe La Pasionaria beschimpft und André Marty verleumdet. Er habe die Haltung der Sowjetunion gegenüber der spanischen Republik verfälscht. Und was am schwersten wog: er habe es versäumt, der Welt von 1940, in der der Faschismus immer üppiger gedeihe, die wahre Bedeutung des spanischen Bürgerkrieges zu offenbaren. Kurz: Ernests Freunde verwarfen ›Wem die Stunde schlägt‹ als unwahr, verzerrt, verleumderisch und undemokratisch.

Am Tag vor Weihnachten verteidigte er immer noch seine Position. Hans Kahle, der ehemalige Kommandant der 15. Brigade und der 45. Division, hatte ihm mitgeteilt, daß er ›Wem die Stunde schlägt‹ für ein großes und wahres Buch halte. Gustavo Durán, der auch im Roman zusammen mit General Walter den Angriff der Loyalisten auf Segovia geleitet hatte, war vom Buch ebenfalls angetan gewesen wie auch Mirko Markowitsch, der Kommandant des Washington-Bataillons, und Steve Nelson, der politische Kommissar des Bataillons und das vielleicht beliebteste Mitglied der Internationalen Brigaden. Solch ein Aufgebot nahm sich auch gegenüber Leuten wie Alvah Bessie, Mike Gold und David McKelvey White gewaltig aus, fand Ernest. Er erzählte, daß ihn André Malraux einmal gefragt habe, wann er beabsichtige, über den spanischen Bürgerkrieg zu schreiben.

Lohn der Arbeit

Er habe geantwortet, er wolle so lange warten, bis er über diesen Hundesohn Marty die volle Wahrheit schreiben könne, ohne den Loyalisten zu schaden.
Milt Wolff beging den Fehler, ihm in einem persönlichen Brief vorzuwerfen, er habe sich für die Loyalisten lediglich als ›Marktschreier‹ und als Halbtagstourist in Spanien betätigt. Ernest war so verletzt, daß er mit einem wütenden Brief antwortete:

Lieber Milt! Ich möchte gar nicht versuchen, Dir klarzumachen, wie eingebildet, verworren und blödsinnig Dein Brief war. Werde nur einen Punkt aufgreifen. Ich war also bloß ein Marktschreier in Spanien. O. K. Ist Dir jemals aufgefallen, daß es in Spanien außer der 15. Brigade noch an die 595 000 Mann spanische Truppen gab und daß sich die ganze Handlung meines Buches abspielte und schon wieder vorüber war, bevor Du selbst überhaupt an die Front gekommen bist und bevor Alvah Bessie überhaupt aus Amerika abgereist war? Was Mike Gold, noch einer meiner heldenhaften Ankläger, angeht, so ist er bis jetzt noch nicht in Spanien eingetroffen. Ich nehme an, daß er sich für die nächste Bewegung aufspart. Zu der Zeit, mit der sich das Buch beschäftigt, hast weder Du eine Drecksahnung von Marx gehabt noch Freddy (Keller). Ich weiß es, weil ich mich genau an den Tag erinnere, an dem ich ihm den Rat gab, doch etwas von ihm zu lesen ... O. K., Obergelehrter, zieht man meine Erfahrung und mein mögliches Talent ins Kalkül, was hätte ich für die Sache der spanischen Republik tun sollen, was ich Deiner Meinung nicht getan habe? Also ich war ein Marktschreier, weil ich kein Bataillon der 15. Internationalen Brigade befehligte! O. K., Obergelehrter. Glaube, was Du willst. Aber nach diesem Brief, der zweifellos für Dich eine Erleichterung ist, da Du jetzt alle Lügen fressen kannst, die Du über mich hörst, und sogar Dir selbst noch einige besondere Verleumdungen einfallen lassen kannst, sind wir keine Freunde mehr ... Ich habe Dich seit Deiner Verwundung nicht wiedergesehen. Es nimmt die Leute verschieden her. Also sprich nicht zu schnoddrig über Dinge, die Du bisher noch nicht getan hast. Und, alter Genosse Obergelehrter, ich war im Krieg, habe Truppen befehligt, bin verwundet worden usw., bevor Du noch trocken hinter den Ohren warst. Also komm mir nicht mit den Ansprachen des alten Soldaten an den Nichtkämpfer ... Du hast Deinen Marty und ich habe meine Marty, und wir werden sehen, wer letztlich das meiste für die Welt tun wird. Und ich werde weiterhin versuchen, Dich aus dem Gefängnis zu holen und dies und jenes für Dich zu tun, und Du wirst mich weiterhin verleumden, sooft man es Dir befiehlt. Es ist alles in bester Ordnung. Nach Deinem Brief muß ich Dir sagen, daß Du ein Arsch bist, und vielleicht wird es Dir jetzt leichter fallen, Deinen Freunden das Messer in den Rücken zu stoßen ... Fühlst Du Dich danach besser? Hemingstein.‹

Ernests großes Jahr wurde ziemlich ernst mit einem Brief von Max Perkins beschlossen, der gerade von Scott Fitzgeralds Begräbnis zurückgekehrt war. ›Ich habe daran gedacht, Ihnen zu telegrafieren‹, schrieb Max, ›aber es schien mir irgendwie nutzlos, und ich scheute mich davor. Jedenfalls hat er überhaupt nicht gelitten, das ist einmal sicher. Es war ein Herzanfall, und er war augenblicklich tot.‹ In seinem letzten Brief an Ernest hatte ihm Scott im November für ein Widmungsexemplar von ›Wem die Stunde schlägt‹ gedankt und den Roman als unübertrefflich bezeichnet. ›Ich beneide Dich höllisch, und da ist kein bißchen Ironie dabei‹, hatte ihm Scott geschrieben. ›Ich beneide Dich um die Zeit, die Dir das Buch geben wird, um das zu tun, was Dir Spaß macht.‹ Der Neid war begründet. Als Scott starb, waren von ›Wem die Stunde schlägt‹ 189 000 Exemplare verkauft.

In den Fernen Osten

Während eines New-York-Aufenthaltes im Januar beendeten Ernest und Martha ihre Vorbereitungen für die Reise in den Fernen Osten. Sie stiegen im Lombardy, einem von Marthas Lieblingshotels, ab und wurden wieder in den üblichen Strudel gesellschaftlicher Verpflichtungen hineingezogen. Ein Vertreter der Union Pacific aus Sun Valley überredete Ernest, zu einer Party zu gehen, zu der ein gewisser Colin Miller eingeladen hatte, der ebenfalls in Oak Park aufgewachsen war. Miller war sogar im Jahre 1919 bei der High-School-Versammlung dabeigewesen, als Ernest seinen Vortrag über den Krieg in Italien gehalten und die von Schrapnells zerfetzte Uniform zur Schau gestellt hatte. Aber die Begegnung war kein Erfolg, und Ernest entfernte sich wütend, als ihn Miller spaßeshalber bat, Mark Twains gesammelte Werke zu signieren.
Andere Rendezvous verliefen besser. Gustavo Durán und seine Frau Bonte kamen aus Rye, und Bonte war entzückt, Ernest kennenzulernen. Während er im Stork Club mit ihr tanzte, vertraute er ihr an, daß er Gustavo für einen großen Mann und Helden halte. Sie war von Glück und Stolz überwältigt und malte sich schon eine lebenslange Freundschaft aus. Ernest wiederholte oft, daß er Gustavo bei den Dreharbeiten an ›Wem die Stunde schlägt‹ eine Stelle als technischer Berater bei Paramount verschaffen wolle, und die beiden Duráns waren von seiner anscheinend unerschöpflichen Freigebigkeit außerordentlich beeindruckt. Genauso Solita Solano, die 1940 nach der Okkupation Frankreichs durch die Nazis aus Paris geflüchtet war und jetzt am Washington Square wohnte. Solita lud Ernest zu einem Drink ein und erzählte ihm bewegt von Margaret Anderson, der ehemaligen Herausgeberin der *Little Review*, die jetzt auf dem trockenen saß und verhungerte. Ernest stellte sofort eine Summe von 400 Dollar für Margarets

In den Fernen Osten

Überfahrt in die Vereinigten Staaten zu Verfügung und sagte Solita, daß sie sich niemals Sorgen zu machen brauche: solange einer von ihnen Geld hätte, würde er es mit allen teilen.

Er war unbeschwert und fröhlich. Donald Friede näherte sich ihm eines Abends, als er mit Durán im Winter Garden eine Vorstellung von Olsen und Johnsons ›Hellzapoppin‹ besuchte, und übergab ihm einen Scheck über 100 000 Dollar. Es war die größte Summe, die Ernest je auf einmal gesehen hatte. Zur Feier des Tages gingen sie in Lindy's Bar. Als er dem Barmann mit dem Scheck vor der Nase herumfuchtelte, verbreitete sich die Nachricht wie ein Lauffeuer, und das ganze Lokal brach in Begeisterung aus. Gratulierende Hände klopften ihm auf seine breiten Schultern, und in der ganzen Bar herrschte feuchtfröhliche Stimmung.

Die für die Reise erforderlichen Typhusinjektionen verursachten ihm Schmerzen in allen Gliedern und warfen ihn ins Bett. Der Kolumnist der *New York Post*, Wilson, fand ihn bei seinem Besuch im ›Lombardy‹ in seine zerwühlten Kissen gelehnt, mit einem getupften Pyjama und einem grünen Augenschirm. Sie sprachen über die Kunst des Interviewens. Ernest behauptete, sich dabei niemals Notizen zu machen, und diskutierte über seine verschiedenen Gewohnheiten beim Beobachten. Bei Boxkämpfen erinnere er sich an das Geräusch der Schuhe auf dem geharzten Ringboden, beim Baseball an die Art, wie ein Spieler nach dem Wurf seinen Handschuh auf die Seite wirft und nie nachsieht, wo der Ball hingeht. Das Gespräch wandte sich Kuba zu. Er sei von den seltsamen Horden, die Key West überfielen, dorthin vertrieben worden. Er sprach von Mayito Menocal und dem Hahnenkampfklub und erzählte ungenau, aber spannend die Entstehungsgeschichte von ›Wem die Stunde schlägt‹.

In diesem Augenblick kam Martha wie ein Wirbelwind herein und ließ einen Stapel Zeitschriften am Fußende von Ernests Bett fallen. ›Soll ich Earl erzählen, wie ich pleite war und du nach Finnland gefahren bist, um Geld zu verdienen, damit ich weitermachen konnte?‹ fragte Ernest. ›Nein‹, sagte Martha schroff. Sie kannte das alles schon und verschwand in einen angrenzenden Raum.

Als Ernest wieder gesund war, kam Bumby über ein Wochenende auf Besuch. Sie gingen zu einer Samstagabend-Show und boxten zweimal ziemlich ausgiebig in George Browns Sporthalle. Ernest berichtete Hadley über den Besuch. Sein Ton war wieder voller Überschwang. Bumby sei in großartiger Verfassung und ›Wem die Stunde schlägt‹ verkaufe sich immer noch wie eisgekühlte Daiquiris in der Hölle. Der New Yorker Urlaub ging seinem Ende zu, und Martha und Ernest bestiegen am 27. Januar eine Maschine der American Airlines in Richtung Los Angeles. Die Coopers holten sie vom Flughafen ab und nahmen sie zwei Tage nach Hollywood mit. Ernest hoffte nach wie vor, daß Cooper die Rolle Jordans übernehmen würde. Die Rolle der Maria war immer noch nicht besetzt. Ingrid Berg-

man machte gerade in dem 1000 Kilometer entfernten June Lake an der Grenze von Nevada Skiferien. Donald Friede bat David Selznick, sie zu einem Treffen mit den Hemingways herbeizubeordern. Sie fuhr am 30. Januar fast die ganze Nacht durch, bestieg in Reno ein Flugzeug nach San Francisco und aß mit Ernest und Martha in einem Restaurant in der Sacramento Street zu Mittag. Ernest machte sie darauf aufmerksam, daß sie sich die Haare ganz kurz schneiden müsse, um die Rolle spielen zu können, und bat sie, ihre Ohren, die natürlich unbedeckt sein würden, sehen zu lassen. Er fand sie, wie alles an ihr, bemerkenswert fotogen.
Sie legten den zweiten Abschnitt ihrer Reise in den Fernen Osten an Bord der ›SS Matsonia‹ ohne Schwierigkeiten zurück. Sie quartierten sich in den Halekulani Hotel Cottages in Waikiki ein. Ernest erklärte sich nur widerstrebend bereit, als Ehrengast eines eilig zusammengetrommelten Mittagessens mit einem halben Dutzend Professoren der Universität von Hawai am Fisherman's Wharf zu fungieren. Die jungen Männer mußten mitsamt ihrem Hunger über eine Stunde warten, bis Ernest endlich an der Seite des Gastgebers, Professor Gregg Sinclair, erschien. Da Sinclair nicht trank, wurden keine Drinks gereicht, und Ernest fühlte sich recht unbehaglich, bis er einige Flaschen Chianti erspähte. ›Da‹, sagte er, ›das ist das Zeug, das wir brauchen.‹ Wenige Gläser genügten zwar, um seine Zunge zu lösen, nicht aber, um sein Unbehagen gänzlich zu beseitigen. Einmal stolperte er über das Wort ›Peripherie‹ und kam in quälende Verlegenheit. Von da an behauptete er steif und fest, quasi ein Analphabet zu sein, und sprach in so selbsterniedrigenden Tönen, daß ihn einige seiner Zuhörer entweder für ›krankhaft bescheiden‹ oder für ›krampfhaft unsicher‹ hielten. Er sprach voller Bitterkeit über die Angriffe von links auf ›Wem die Stunde schlägt‹ und verteidigte seine Metapher über die sich bewegende Erde in den Liebesszenen Jordan–Maria. Als einer der Professoren davon sprach, daß er seinen Studenten ›In einem anderen Land‹ als Lektüre gebe, riet ihm Ernest davon ab. ›Das ist ein unmoralisches Buch‹, sagte er. ›Lassen Sie sie ‚Fiesta' lesen. ‚Fiesta' ist sehr moralisch.‹ Nach zwei Stunden sah er vor die Tür und merkte, daß einige seiner Verwandten im Wagen auf ihn warteten. ›Man kann seine Familie nicht loswerden‹, sagte er. Bei seinem Abgang war deutlich zu merken, daß er glücklich war, die Collegeprofessoren losgeworden zu sein.
Den ersten Monat ihrer Chinarundreise verbrachten die Hemingways in der britischen Kronkolonie Hongkong, wo sie eine luxuriöse Suite im Repulse Bay Hotel bewohnten. Obwohl der Krieg jetzt bereits vier Jahre andauerte und die Japaner zu der internationalen Stadt freien Zugang hatten, fand Ernest kaum Anzeichen einer Spannung. Im allgemeinen ›sei die Moral noch immer sehr hoch, es werde jedoch wenig Gebrauch von ihr gemacht‹, sagte er. Rund 500 chinesische Millionäre hätten Tausende hübsche Mädchen aus allen Teilen Chinas mitgebracht, und die Truppen an

der Küste hätten eine gewaltige Armada von Prostituierten hergelockt. Die Atmosphäre war fröhlich und glich einem ›Dauerzirkus‹, wie sich Martha ausdrückte. Nahrungsmittel waren immer noch im Überfluß vorhanden und ausgezeichnet. Die Happy Valley Rennbahn war in Betrieb und verzeichnete großen Zuschauerandrang. Beinahe jeden Tag fanden Rugby- und Cricket-Matches statt, und an den Wochenenden gab es Fußballspiele.

Kurz nach seiner Ankunft lernte Ernest wieder einen Glücksritter kennen, den er seiner Galerie exzentrischer Helden einverleiben konnte. Es handelte sich um General Morris Abraham Cohen, einen britischen Emigranten, der 1920 als Leibwächter Sun Yatsens nach China gekommen war. Anschließend war er in Kanton Polizeichef gewesen, bis es 1938 den Japanern in die Hände gefallen war. Er war kleingewachsen, von schwerem Körperbau, offen, und immer mit einer Pistole bewaffnet, die er in einem Schulterhalfter trug. Er beherrschte Kantonesisch und einige andere chinesische Dialekte fließend, aber seinem Englisch merkte man immer noch das Cockney seiner Kindheit an. Er ergötzte Ernest mit Geschichten über Tschiangkaischek, den er nicht leiden konnte, und über den Oberbefehlshaber von Kanton, dem er sich damals gerade als Agent des Nachrichtendienstes in Hongkong verdingt hatte. Cohen stellte Ernest der Witwe Sun Yatsens vor, und es ist vielleicht seinem Einfluß zuzuschreiben, daß Ernest sie im engsten Kreise als die einzige ›anständige‹ Soong-Schwester beschrieb. Cohens Weltoffenheit und sein intimes Wissen beeindruckten Ernest derart, daß er eine Zeitlang ernstlich daran dachte, ein Buch über ihn zu schreiben.

Als der Reiz Hongkongs schließlich zu verblassen begann, plante er, auf den Kriegsschauplatz zu fahren. Cohen riet ihm, eine Kriegszone wie die 7. zu wählen, wo die Armee der Kuomintang, der Nationalpartei Tschiangkaischeks, an einer Frontausbuchtung mit starken japanischen Kräften in Kämpfe verwickelt war. Anfang März flogen die Hemingways nach Namyung. Von dort brachte man sie in einem alten Kübelwagen, auf Straßen, die in gelbem Schlamm versanken, zum Hauptquartier der 7. Kriegszone nach Schaikwan. Am nächsten Tag aßen sie mit dem kommandierenden General zu Mittag, und Ernest begann sein Studium der militärischen Lage. Martha beklagte sich zwar anfangs sehr wenig, aber die Bedingungen waren primitiv, und Kälte, Schmutz und eine hartnäckige Pilzinfektion an Händen und Füßen zermürbten sie bald völlig. Es wurde ihr übel, als man ihr Schlangenwein kredenzte, einen Reiswein mit kleinen, toten Schlangen, die sich am Boden der Flasche kringelten, und eine Variante, Vogelwein, in dem einige tote Kuckucks schwammen. Ernest pries den Schlangenwein als Mittel gegen Haarausfall – eine Plage, mit der er langsam zu rechnen hatte –, aber der Scotch blieb nach wie vor das unfehlbare Elixier gegen alle anderen Beschwerden. Viele Jahre später erzählte er einem Freund, welchen Ekel Martha gegenüber der chinesischen Ver-

wahrlosung, dem Schmutz und den Schildern im Hotelzimmer empfunden habe, die die Hotelgäste ersuchten, Wanzen zur Schonung der Tapeten nicht an den Wänden zu zerdrücken. ›Papa‹, sagte sie, ›wenn du mich liebst, bring mich aus China raus.‹
Aber Ernest fand das Land mit wenigen Einschränkungen ›wunderbar und kompliziert‹ zugleich und wunderte sich, daß er es nicht schon früher entdeckt hatte. Die 7. Kriegszone umfaßte ein Gebiet, das ungefähr die Größe Belgiens hatte. Sie inspizierten die Bewegungen der Truppen zu Fuß und fuhren in einem altersschwachen Motorboot und mit mehreren Sampans den Fluß hinab. Am Ufer ritten sie auf zähen, kleinen mongolischen Pferden, die kaum größer waren als Hunde. Das Wetter war im allgemeinen schlecht: zwei Wochen lang gelang es ihnen kein einziges Mal, vollkommen trocken zu werden. Aber Ernest trank Reiswein, studierte die Militärkarten und fand die Offiziere ›außerordentlich freimütig im Gespräch, genau, intelligent und direkt‹. Die Atmosphäre an der Front unterschied sich wesentlich von der des britischen Stabs in Hongkong. Der chinesische General fragte ihn, was die Briten von der chinesischen Infanterie hielten. Unter dem Stimulans ›unzähliger Schalen Reisweins‹ äffte Ernest den britischen Offiziersjargon nach:
›Johnny ist all right, alles in allem, 'n ganz braver Bursche. Aber wenn's losgehen soll, ist er absolut hoffnungslos ... Man kann nicht auf Johnny zählen.‹
›Johnny?‹ fragte der General.
›Das ist auch so ein Ausdruck‹, sagte Ernest. ›John Chinaman.‹
›Sehr interessant‹, sagte der General. ›Ich will Ihnen lieber einen chinesischen Witz erzählen. Wissen Sie, warum die britischen Stabsoffiziere Monokel tragen?‹
›Nein‹, sagte Ernest.
›Sie tragen Monokel, damit sie nicht mehr zu sehen bekommen, als sie begreifen können.‹
›Das werde ich ihnen sagen, wenn ich wieder hinkomme.‹
›Ausgezeichnet‹, sagte der General. ›Sagen Sie es ihnen, und sagen Sie einen schönen Gruß von Johnny dazu.‹
Entlang der Ufer des Jangtsekiang zeigte sich schon das erste Aprilgrün, als Ernest und Martha die ›terrassenförmige, graue, von Bomben zerfetzte, feuerversengte Steininsel‹ Tschungking anflogen. Mit ihren steilen Straßen, den kaum je aufgehenden Flußnebeln, den Einhalt gebietenden Mauern und nassen Steintreppen, war sie zur Kriegshauptstadt Chinas geworden. Die Hemingways fanden die Hotels im Vergleich zu dem Leben im Feld ausgezeichnet, da sie reichliche Verpflegung und genügend heißes Wasser hatten. Martha schwelgte in dem fast vergessenen Vergnügen, sich wieder einmal richtig waschen zu können. Sie begannen, die Führer der chinesischen Regierung zu interviewen.

In den Fernen Osten

Eines Nachmittags hatten sie ein dreistündiges Interview mit Tschiangkaischek und Madame Tschiang, die als Dolmetscherin fungierte. Ernest kam zu dem Schluß, der Generalissimus sei primär zum militärischen Führer geboren und bilde sich nur ein, Staatsmann zu sein. Seine Ziele seien stets nur die eines Soldaten gewesen. Ernest suchte bei ihm vergeblich Anzeichen demokratischen Denkens. ›Ein Land im Kriegszustand bleibt nie lange eine Demokratie. Der Krieg bringt immer eine vorübergehende Diktatur mit sich.‹ Die Tatsache, daß wenigstens noch Spuren demokratischen Denkens übriggeblieben waren, bewiesen nach Ernests Meinung, daß China ein bewundernswertes Land war.

Chinesischer Reiswein mit oder ohne Schlangen und Vögel war kaum dazu angetan, Hemingways Durst auf die Dauer zu stillen. Eines Tages vernahm er in Tschungking, daß ein junger Marineleutnant namens Lederer zwei Kisten Whisky horte, den er bei einer chinesischen Versteigerung ›blind‹ erworben habe. Eine Rolle Banknoten schwingend, eilte Ernest zum Dock am Jangtse hinunter, wo das Kanonenboot ›Tutuila‹ vertäut war. Lederer hatte seine Schätze noch nicht einmal geöffnet: er sollte bald versetzt werden und sparte den Whisky für eine Abschiedssauferei auf. Ernest fand das sehr kurzsichtig. ›Zögern Sie nie, ein hübsches Mädchen zu küssen oder eine Flasche Whisky zu öffnen ... Für ein halbes Dutzend gebe ich Ihnen, was Sie wollen.‹ Lederer überlegte schnell. ›Okay‹, sagte er. ›Ich tausche sechs Flaschen für sechs Stunden, in denen Sie mir beibringen, wie man Schriftsteller wird.‹

Nach jeder Stunde beglückwünschte sich Lederer, mit ein paar Flaschen Fusel die ›schwer erarbeiteten literarischen Geheimnisse des besten Schriftstellers Amerikas‹ eingetauscht zu haben. Die dritte Stunde war der Höhepunkt. ›Bill‹, sagte Ernest zu ihm, ›bevor Sie über Leute schreiben können, müssen Sie ein zivilisierter Mensch werden. Um zivilisiert zu sein, brauchen Sie zwei Dinge: Mitgefühl und die Fähigkeit, Schläge zu nehmen. Machen Sie sich niemals über einen Kerl lustig, der Pech gehabt hat. Und wenn Sie Pech haben, kämpfen Sie nicht dagegen an. Nehmen Sie es und stoßen Sie es dann ab.‹ Schließlich, als sei ihm nachträglich etwas eingefallen, schlug Hemingway vor, nach Hause zu gehen und den Whisky zu probieren.

Lederer machte sich zu seinem Geheimdepot auf und öffnete eine Flasche. Sie enthielt, wie auch alle übrigen, lauwarmen Tee. Der Auktionator hatte ihn betrogen. Hemingway hatte seit beinahe einer Woche die Wahrheit gewußt. Doch er hatte sich weder über das Opfer lustig gemacht, noch hatte er sich von seiner ausgehandelten Gegenleistung gedrückt. Lederer hob sich die Geschichte zwanzig Jahre auf. Hemingway war für ihn seit jenem Tag in Tschungking ein zivilisierter Mensch.

Ernest und Martha erörterten bei einem Lunch mit Madame Tschiang die sowjetische Intervention auf dem chinesisch-japanischen Kriegsschauplatz.

Der damalige amerikanische Botschafter und langjährige China-Experte Nelson Johnson irritierte Ernest mit seiner optimistischen Behauptung, daß ›China alles schafft, was es will‹. Als Ernest aber nach Tscheng-tu flog und eine Militärakademie Tschiangkaischeks besuchte, fing er allmählich an zu glauben, daß Johnson recht hatte. Der Offiziersklub mit seiner ausgeprägt preußischen Atmosphäre wirkte modern und funktionierte gut.
Draußen, auf den staubigen Straßen der alten, von hohen Mauern umgebenen Stadt strömten die Kamelkarawanen immer noch aus Tibet zusammen, langsam und unerschütterlich wie seit Jahrhunderten, und zwangen den Beobachter, in tausendjährigen Begriffen zu denken. Der Eindruck, daß China absolut in der Lage sei, das Unmögliche zu erreichen, verstärkte sich noch, als Hemingway einer Armee von achtzigtausend Arbeitern zusah, die fast ohne maschinelle Unterstützung ein Flugfeld erbauten, auf dem die riesigen viermotorigen Flying Fortresses mit Leichtigkeit landen konnten. Er hatte ein Gefühl, wie man es im Ägypten der Pharaonen hätte haben können, wenn man ›frühmorgens aus der Wüste geritten kam, von Süden her, und man sah plötzlich vor sich das riesige Lager und den Bauplatz und sah die Männer bei der Arbeit, die die Pyramiden gebaut haben‹. Aber die chinesischen Arbeiter, die die riesigen, zehn Tonnen schweren Walzen über die Landebahn zogen, benahmen sich keineswegs so stumpf wie ägyptische Sklaven. Ernest hörte sie ständig halblaut singen, ›wie die Dünung, die sich auf einem entfernten Riff bricht‹.
Mitte April begaben sich die Hemingways auf den Weg nach Mandalay. Sie flogen nach Kunming, dem chinesischen Endpunkt der Burma-Straße, und von dort weiter südlich über den Mekong nach Lashio. Kunming wurde täglich von den Japanern bombardiert, und Ernest bemerkte, daß die Luftangriffe einige Brücken entlang der Burma-Straße unpassierbar gemacht hatten. Aber die unermüdlichen Chinesen flickten die Brücken rasch wieder zusammen und entwickelten für die Zeit dazwischen ein raffiniertes Fährensystem. Sie legten die restliche Reise nach Mandalay im Wagen zurück. In Rangun besichtigte Ernest ohne große Begeisterung die Schwe-Dagon-Pagode mit ihren goldenen Türmen und war auch sonst von dieser weiteren britischen Kolonialstadt, die kleiner als Hongkong war, aber mit 40 Grad doppelt so hohe Temperaturen aufwies, nicht im geringsten beeindruckt. Hier trennten sich die Flitterwöchner: Martha fuhr nach Djakarta weiter, und Ernest kehrte zu den Fleischtöpfen Hongkongs zurück.
In der Zwischenzeit hatte in der Columbia-Universität im fernen New York eine Versammlung des Beratungsausschusses für die Vergabe der Pulitzerpreise stattgefunden. Die Jurymitglieder erkoren einstimmig ›Wem die Stunde schlägt‹ zum besten von einem Amerikaner verfaßten und 1940 veröffentlichten Roman. Aber der Vorsitzende des Ausschusses hatte andere Vorstellungen. ›Ich hoffe‹, sagte Dr. Nicholas Murray Butler, der Präsident von Columbia, ›daß Sie es sich nochmals gründlich überlegen, bevor Sie

die Universität auffordern, den Preis für ein Werk dieser Art zu verleihen.‹ Der Ausschuß, dem auch Arthur Krock von der New York Times angehörte, vernahm dieses Veto mit Bestürzung. Aber das ›spärliche, schwache Gemurmel‹ am Tisch verlosch alsbald, und Hemingway, der noch nie einen größeren Literaturpreis gewonnen hatte, wurde der Pulitzerpreis durch einen Akt olympischen Eingreifens versagt. Einige Tage darauf erfuhr er in Manila, im Jahre 1940 werde kein Pulitzerpreis für Literatur vergeben.

Nachdem Ernest schon 29 000 Kilometer hinter sich hatte, freute er sich nicht übermäßig auf weitere 19 000 Kilometer, die ihn von seinem Zuhause trennten. Während der letzten Woche, die er in Kaulun auf der anderen Seite des Hafens verbrachte, war Ernest erschöpft und reizbar und ließ seine üble Laune an Perkins aus, weil er ihm nicht öfter geschrieben, ihm vor allem nichts über den Verkauf seines Buches berichtet hatte. Ernest schrieb Martha zwar häufig, nahm ihr aber dennoch den langen Aufenthalt in Java übel. Er erzählte später eine wahrscheinlich erfundene Geschichte über eine Nacht mit drei schönen Chinesinnen, die ihm angeblich Cohens oberster Kriegsherr aus Kanton in die Suite geschickt hatte. Da er nicht wußte, was er mit allen dreien anfangen sollte, schickte er sie vorerst einmal alle zusammen unter die Dusche. Danach, immer noch unsicher, löschte er das Licht und versuchte, sich mit den Liebeslektionen, so gut er konnte, anzufreunden.

Durch einen jener Zufälle, die einem auf weiten Reisen oft widerfahren, traf Ernest Ramon Lavalle, den er zuletzt in Madrid während des Bürgerkrieges gesehen hatte. Lavalle hatte eine Spanierin geheiratet und lebte jetzt in einem Haus auf einem Hügel in Kaulun. Sie hatten einen ganz kleinen Sohn und eine vierjährige Tochter, die Gwendoline Pasionaria hieß, aber Wendy gerufen wurde. Als er Wendy zum ersten Mal sah, war Ernest ganz hingerissen. Er hielt das Kind zärtlich in den Armen und bekannte Ramon, er habe sich immer eine Tochter gewünscht. Obwohl er Ralph Ingersoll später über den erstklassigen Verteidigungszustand Hongkongs berichtete, vermittelte er dabei nur eine Propagandaversion. Insgeheim wußte er genau, daß die britische Garnison keine Chance hatte. ›Sie werden wie Ratten in der Falle sterben‹, sagte er zu Lavalle. Als die Stadt am Weihnachtstag des nächsten Jahres den Japanern in die Hände fiel, kamen dabei Hunderte Menschen um. Ernest erfuhr erst viel später, daß auch das Kind Wendy zu den Opfern gehört hatte. Lavalle hatte in den letzten drei Jahren einen schwunghaften Schmuggel betrieben, indem er seine Waren durch die japanischen Linien, deren Posten er mit schottischem Whisky bestach, ins Hinterland von Kanton transportierte. In seiner letzten Woche am Festland begleitete ihn Ernest bei einer dieser Missionen. Sie kamen durch die feindlichen Linien und verbrachten mehrere Stunden in Gesellschaft einer chinesischen Guerillatruppe. Da Lavalle fließend kan-

Ost und West

tonesisch sprach, konnte er eine massive Konzentration frischer japanischer Truppen in der Nähe Kantons in Erfahrung bringen. Mit Ausnahme dieses Abenteuers waren aber Ernests letzte Tage in Hongkong hauptsächlich gesellschaftlichen Verpflichtungen gewidmet. Er aß mit Madame Kung, der Frau des Premierministers, allein zu Abend und gab James Roosevelt, dem Sohn des Präsidenten, über die Verhältnisse in Tschungking genaue Instruktionen. Keine dieser Zerstreuungen konnte aber seine Schwermut bannen, die durch Perkins' Nachrichten vom Tod Sherwood Andersons und Virginia Woolfs zusätzliche Nahrung erhielt. Er mußte feststellen, daß die Mitglieder seines Schriftstellerklans wie die Fliegen hingerafft wurden. Ford Madox Ford und Thomas Wolfe im Jahre 1939, Fitzgerald 1940 und nun die beiden im Jahre 1941. Virginia Woolf werde er nicht vermissen, aber es sei verdammt schade um den alten Sherwood, der das Leben immer so sehr geliebt habe. Sehr bald werde niemand mehr am Leben sein, außer Edith, Osbert und Sacheverell Sittwell.

Er war nach wie vor sehr deprimiert, als die Lavalles ihn am 6. Mai zu seiner Maschine nach Manila begleiteten. Das Flugzeug war überfüllt, und die Aussicht auf das Gehopse von Insel zu Insel, von Manila nach Guam, von dort nach Wake, weiter nach Midway und schließlich nach Hawai, war nicht eben einladend. Am 11. nahm er an einem ›schauderhaften‹ Dinner teil, das der Schriftstellerverband der Philippinen ihm zu Ehren veranstaltete. Der krampfhafte Versuch der Tischgesellschaft, ungezwungen fröhlich zu sein, langweilte ihn dermaßen, daß er sich bis obenhin volllaufen ließ.

Von den sechs vorgesehenen Artikeln für Ingersolls *PM* hatte er drei in Hongkong verfaßt, sie auf dünnes Papier getippt und in seinen Schuhen versteckt, um sie vor der Zensur zu retten. In Manila machte er sich noch einige Aufzeichnungen, erforschte die spanischen Bars von Intramuros und ließ sich einen sommerlichen Haarschnitt verpassen.

Die übrige Reise verlief nicht viel eindrucksvoller. In Guam, das er als ›Müllhaufen‹ bezeichnete, lernte er wenigstens Bernt Balchen kennen, einen Piloten, der in China Bomber geflogen hatte und sich auf dem Rückweg nach den Vereinigten Staaten befand. Ernest bewunderte ihn, weil er in Norwegen und Finnland gekämpft, die beiden Pole überflogen und gemeinsam mit Admiral Byrd den Atlantik bezwungen hatte. Da sie wegen der Wirbelstürme länger als vorgesehen in Guam festgehalten wurden, gingen sie am 15. gemeinsam fischen, aber es brachte ihnen nichts ein als eine Überdosis Tropensonne. In Wake holte er sich einen noch stärkeren Sonnenbrand, sein Nase schälte sich, und die Fußgelenke schwollen an. Der Flug nach Midway war lang und ekelhaft. In Honolulu entstieg Ernest dem Flugzeug mit der festen Überzeugung, daß die Überquerung des Pazifiks in einem Verkehrsflugzeug die langweiligste Sache der Welt sei. Der Tag, an dem er in San Francisco ankam, war außerordentlich schön und klar. Es war Ende Mai, und die Gegend um die Bay erstrahlte noch im Frühlingsgrün und unerhörter Blütenpracht. Er wäre selbst dann glücklich gewesen, wenn er das Golden Gate nur im Nebel verhüllt zu Gesicht bekommen hätte. Seine ›verfluchte‹ Weltreise war fast vorbei, und er war wieder in dem Land, das er mehr als nur im Spaß als Land der Hoffnung und Land des Ruhmes bezeichnete.

The Wound and the Bow

Während er in New York auf Martha wartete, gewährte er Ralph Ingersoll ein Interview, das sich über einen ganzen Nachmittag erstreckte. Es fand in seiner Suite im Hotel Barclay statt. Ernest dozierte über die Lage in China und Burma, und eine Sekretärin stenografierte das lange Gespräch mit. Der Boden war mit den Karten bedeckt, die er aus Hongkong, Tschungking und Rangun mitgebracht hatte. Anschließend diktierte Ingersoll einen langatmigen Bericht über die Zusammenkunft, der Ernests Artikel als Einführung vorangestellt werden sollte.
Auf dem Weg nach Süden machten Ernest und Martha in Washington Station, um den Militärs ihre Eindrücke von der Lage mitzuteilen. Colonel Charlie Sweeny führte sie in das Büro des Marine-Nachrichtendienstes in der Constitution Avenue, wo sie mit Colonel John W. Thomason Jr. zusammentrafen. Thomason war ein achtundfünfzigjähriger Texaner mit hartem Mund, ein Veteran des Marine Corps, der schon zwanzig Jahre im Dienst stand. Außerdem war er ein begabter Künstler, hatte eine Biographie über Jeb Stuart, unzählige Erzählungen und längere Werke verfaßt, die er oft selbst illustriert hatte. Die Tatsache, daß er 1918 in Frankreich den ›Silver Star‹ und das ›Navy Cross‹ erhalten hatte, nahm Ernest sogleich für ihn ein. Thomason wiederum fand Ernest ›sehr vernünftig und anständig‹. Marthas Kritik am mangelhaften britischen Verteidigungssystem Singapurs gefiel ihm ebenfalls. Sweeny und Thomason diskutierten über Japans künftiges Verhalten im Pazifik und kamen sich dabei besonders informiert vor. Ernest war zwar anderer Meinung, machte aber keine Einwände geltend. Thomason könnte ihm, wie Sweeny in der Vergangenheit, in der Zukunft recht nützlich werden.
In Key West traf Ernest mit seinen jüngeren Söhnen zusammen, bevor sie mit Pauline nach Kalifornien in die Sommerferien fuhren. Als Pauline aus San Francisco telegrafierte, die Jungen seien heil angekommen, antwortete ihr Ernest, sie fehle ihm trotz aller Streitigkeiten. Sein Brief schloß mit ›In Liebe‹, obwohl Paulines Telegramm nur mit ›Grüßen‹ geendet hatte. Seine Sehnsucht nach den alten Lieblingsplätzen in Key West wurde noch wacher, als er vom Tod Joe Russells, dem Besitzer von Sloppy Joe's,

der ihm teilweise als Vorbild für Harry Morgan gedient hatte, vernahm. Joe war nach einer schweren Operation ganz plötzlich in Havanna gestorben. Für Ernest, der sein Leben lang ungewöhnlich-gewöhnliche Menschen allen anderen vorzog, war es typisch, daß ihm Josie mehr fehlte als alle Literaten, die in den vergangenen zwei Jahren gestorben waren. Als er im Sommer 1939 vom Tode Fords gehört hatte, hatte er nur mit den Achseln gezuckt und Joe Russell zitiert: ›Es sterben heuer Leute, die noch nie zuvor gestorben sind.‹
Ernest sah sich wie der verstorbene Thomas Wolfe plötzlich einem Plagiatsprozeß gegenüber. An seinem letzten Tag in New York hatte ein Bühnenautor namens John Igual de Montijo in Los Angeles die Klage eingereicht, in der er behauptete, daß Hemingway Teile von ›Wem die Stunde schlägt‹ seinem Drehbuch mit dem Titel ›Viva Madero‹ entnommen hätte. Am Morgen des 27. Juni erschien Ernest brummig vor Raoul R. Washington, dem amerikanischen Vizekonsul in Havanna, um seine Aussage zu machen. Er bestritt, im Februar 1939 in der North Argyle Street in Hollywood an einem Treffen teilgenommen zu haben, bei dem Montijo sein Stück Eddie Kay, Virginia Kay, Lou Fisher und Alex Flashberg vorgelesen haben wollte. ›Ich bin nur dreimal in meinem Leben in Kalifornien gewesen‹, gab Ernest zu Protokoll. ›Einmal im Juni 1937. Seit damals bin ich erst dieses Jahr im Januar auf einer Reise in den Fernen Osten wieder nach Kalifornien gekommen. Im Mai 1941 habe ich dann auf meiner Rückreise aus dem Fernen Osten wieder in Kalifornien Station gemacht. Im Februar 1939 befand ich mich im Sevilla Biltmore Hotel in Havanna.‹ Obwohl die Klage acht Monate später abgewiesen wurde, lastete man die Gerichtskosten in Höhe von 1000 Dollar zu Ernests tiefster Empörung vorerst seinem Tantiemenkonto an. Er beklagte sich bitterlich über Charlie Scribner, der seiner Meinung nach nicht hätte zulassen dürfen, daß man Steaks aus seinen Reitpferden schnitt. Er fügte noch hinzu, daß er lieber Harakiri begehen werde, als sich weiterhin ausrauben zu lassen. Am nächsten Tag entschuldigte er sich telegrafisch, was wiederum bezeichnend für ihn war. Er hoffte, Charlie würde seinen wütenden Brief nicht zur Kenntnis nehmen.
Max Perkins machte ihn wiederholt darauf aufmerksam, daß die ›höllischen Steuerbeamten‹ seine letzten Einkünfte gierig beobachteten. Ernests abgedroschene Maxime, man verliere in St. Louis, was man in Chicago gewonnen habe, sollte sich wieder einmal bestätigen. Er veranschlagte seine Einkommensteuer auf rund einhunderttausend Dollar, genau den Betrag der gesamten ersten Zahlung von Paramount. Mit dem, was Martha und er auf ihrer Reise nach China verdient hatten, würde der Prozentsatz seines Einkommens, den ihm der Staat durch Steuer wegnehme, auf 75 Prozent anschwellen. Es sei seiner Meinung nach wirklich lächerlich, daß er es sich deswegen nicht einmal mehr leisten konnte, sechzig Dollar herzugeben, um

einem alten Fischer aus Havanna, der wegen seiner mangelhaften Ausrüstung sonst vor Hunger sterben müsse, ein neues Boot zu kaufen.
Als Pauline Mitte Juli aus San Francisco schrieb, Ernest könne sich wirklich etwas mehr um Patrick und Gigi kümmern, war seine Antwort begreiflicherweise eher sarkastisch. ›Es ist ein Jammer, daß Du nicht bei ihnen sein kannst‹, schrieb sie. ›Kannst Du es denn nicht irgendwie einrichten?‹ Ernest setzte ihr geduldig auseinander, er versuche, durch sein Fernbleiben von den USA einen Teil der Einkommensteuer zu sparen. Die Reise in den Fernen Osten habe ihm schon drei Monate eingebracht; er müsse nun noch vom 15. Juli bis 15. September in Kuba bleiben. Otto Bruce würde die Jungen nach Sun Valley bringen, wo sie die Ankunft ihres Vaters abwarten sollten. Er konnte es sich nicht verkneifen, Pauline daran zu erinnern, daß ihn die jährlichen Unterhaltsbeiträge von 6000 Dollar unter Berücksichtigung der Steuer praktisch 21 000 Dollar kosteten. Trotz der verflixten Geldmisere wünschte er ihr aber zu ihrem sechsundvierzigsten Geburtstag am 22. Juli alles Gute.
Ende September, nach Ablauf der selbstauferlegten dreimonatigen Aufenthaltssperre in den Staaten, fuhren die Hemingways nach Sun Valley, wo sie Ernests ganze Idaho-Runde wie Taylor Williams, die Arnolds und die Atkinsons wieder antrafen. Vor der üblichen Enten- und Fasanenjagd wollte Ernest noch eine Expedition auf Antilopen unternehmen. Williams schlug das Tal des Pahsimeroi, jenseits der Lost River Range im Norden von Arco, vor. Der Mount Borah erhebt sich 3600 Meter über das 65 Kilometer breite Tal, in dem kleine Bergbauorte die einzigen Anzeichen von Zivilisation bildeten. Der indianische Name des Tals bedeutete ›Wasser und ein Ort mit Bäumen‹. Er gefiel Ernest so gut, daß er ihn während der langen Fahrt mit Colonel Williams, Pappy Arnold und den drei Hemingway-Jungen ununterbrochen wiederholte.
Die Jungen schliefen im Wagen, die anderen in einer von Wanzen heimgesuchten Hütte, die einem völlig verdreckten Schürfer gehörte, den sie nur als Old Timer kannten. Er unterstrich sein hohes Alter, indem er Williams ›junger Mann‹ nannte und Ernest nur mit ›Kind‹ ansprach. Er sagte, daß er sich noch genau an den Tag im Jahre 1876 erinnere, an dem die Siouxindianer den Ort Custer auf dem Grat oberhalb des Little Bighorn eingenommen hatten, und behauptete sogar, bei der berühmten Wagon-Box-Schlacht von 1867 dabeigewesen zu sein, als 28 Soldaten vom Fort Phil Kearny dreitausend Siouxkriegern unter dem Häuptling Rote Wolke getrotzt hatten.
Sie stiegen am Samstagvormittag auf die Pferde und ritten zum Gipfel der Bergkette, von wo sie nach Norden zu eine herrliche Fernsicht über die ›hübschesten‹ Berge zum Middle Fork des Salmon River hatten. Es wimmelte von Antilopen, die in einem Kilometer Entfernung in Herden grasten, sich aber, sobald ihre Kundschafter das Signal bliesen, mit der Ge-

schwindigkeit eines Schnellzugs aus dem Staub machten. Der Sonntag verlief wie der Samstag, die Herden grasten nur noch weiter weg und ließen, wenn sie etwas näher kamen und dann wieder davonstürmten, ununterbrochen die weißen Flecken auf ihrem Rumpf aufleuchten. Während Pappy Arnold Schnappschüsse machte, kletterten die Jäger abermals zum Gipfel, durchpirschten und durchstöberten jeden Winkel, krochen auf Händen und Knien über Dutzende Grate und suchten das Gebiet mit Feldstechern ab. Als sie abends wundgeritten und mit leeren Händen in die Hütte zurückkehrten, tranken sie Whisky sour und lauschten Old Timer, der die Geschichte eines gehängten Grenzdesperados erzählte.
Am Montag kletterten sie wieder ins hohe Gebirgsland und pirschten sich an alle Kessel und alle Grate heran. In Ernests Gewehrtasche, knapp hinter dem Widerrist seiner Stute, lag die narbige alte Springfield 30-06 griffbereit. Sie hielten sich fast den ganzen Tag oben auf, bis sie, überdrüssig geworden, den Abstieg antraten und plötzlich aus reinem Zufall eine ansehnliche Herde aufschreckten, die in einem Talkessel mit nur einem breiten Ausgang äste. Ernest sprang von seinem Pferd, zog mit einem Ruck die Springfield hervor und lief schnell zu der Stelle, an der sie vorbeikommen mußten. ›Als sie über den Hügel strömten, suchte ich mir den größten Bock aus, lief ihm noch ein Stück entgegen und drückte sanft ab. Die Kugel brach ihm das Genick. Es war ein sehr gelungener Schuß.‹
Taylor Williams konnte sich deswegen ein Jahr später noch immer nicht beruhigen. ›Ich sah Ernest von seinem Pferd springen, einen Anlauf von hundert Meter nehmen und eine laufende Antilope aus einer Entfernung von 275 Schritt mit einem einzigen Schuß erledigen. Wenn Sie mich fragen: das war ein Schuß!‹ Dieses und andere Jagdabenteuer mit Ernest hatten den Colonel schon seit langem von seinem überragenden Können überzeugt. Er war überhaupt der angenehmste Reisegefährte, den sich Williams vorstellen konnte; er beklagte sich nie, plante jede Bewegung im voraus, beachtete jede Einzelheit wie ein sehr wachsamer Artillerieoffizier, liebte die Jägersprache, Ordnung und Verantwortung. Je rauher und schwieriger es war, desto besser gefiel es ihm.
Nach Old Timers Hütte am Pahsimeroi schien Sun Valley mit seinen sauberen Betten, dem geheizten Swimming-pool, den Spätnachmittagen beim Roulette in Ketchum und den Nächten in der Chi-chi-Bar des Ram-Restaurants wieder ein Höchstmaß an Luxus zu bieten. Gary und Rocky Cooper waren auch in dieser Saison wieder gekommen. Coop sah blaß und völlig erschöpft aus, weil er sich mit zu vielen Filmen übernommen hatte. Er gab sich diesmal besonders Mühe, mit der Schrotflinte bessere Ergebnisse zu erzielen. Robert Taylor, der mit seiner Frau Barbara Stanwyck auch auf Ferien gekommen war, gefiel Ernest nicht besonders gut. Hingegen bearbeitete er den Regisseur Howard Hawks einige Stunden lang, Evan Shipman als technischen Berater für einen Trabrennfilm zu engagieren.

The Wound and the Bow

Seine ebenso redlichen Bemühungen, in Hollywood für Gustavo Durán eine Anstellung zu finden, scheiterten schließlich an der Kommunistenfurcht der Filmfirma Paramount. Obwohl weder Hemingway noch Durán je die geringste Neigung gezeigt hatten, Mitglieder der Partei zu werden, war der Direktor Sam Woods gegenüber der ›Roten Gefahr‹ überempfindlich. Ernest schickte Gustavo einen Scheck über 1000 Dollar (der prompt zurückkam) und gab ihm den Rat, sich doch bei Nelson Rockefeller zu bewerben, der damals unter Roosevelt gerade am Aufbau kultureller Beziehungen zu Lateinamerika arbeitete. Eine Zeitlang versuchte Donald Friede, Woods' Vorurteile zu umgehen, indem er David Selznick vorschlug, Paramount ›Wem die Stunde schlägt‹ abzukaufen und Howard Hawks mit der Regie zu beauftragen. Auch dieses Projekt schlug fehl. Aber Cooper brannte mehr denn je darauf, den Robert Jordan zu spielen. Er sagte Ernest, daß der Film im weiteren Kampf gegen den Faschismus ein mächtiges Instrument werden könne.

Ernest hatte Edmund Wilsons ›The Wound and the Bow‹ gelesen, das auch den langen Aufsatz ›Hemingway – Gauge of Morale‹ enthielt. Wilsons Ansicht nach hatte Hemingway vielversprechend begonnen, war dann allmählich abgerutscht, bis seine Kunst an ›Haben und Nichthaben‹ gescheitert sei und aus der ›Fünften Kolonne‹ ›die Phantasie eines kleinen Jungen‹ gemacht habe. Er sei jetzt in eine Phase getreten, in der er ›damit beschäftigt ist, seine Persönlichkeit in der Öffentlichkeit aufzubauen‹, er posiere mit offenem Hemd und zurechtgemachtem Grinsen für nette Aufnahmen und trage eine ›ominöse Ähnlichkeit mit Clark Gable‹ zur Schau. Dies sei der Hemingway der ›losen Reden, arrogant, streitsüchtig und prahlerisch‹. Wilson stellte außerdem in einigen der letzten Erzählungen ›eine wachsende Abneigung gegen Frauen‹ fest, die seiner Meinung nach auf Hemingways unausgesprochene Angst zurückzuführen sei, daß ›die Frau den Mann fertigmachen wird‹. Wilson deutete an, daß es diese Angst sei, die ihn dazu bewogen haben mochte, eine so ›amöbenartige‹ kleine Heldin Maria in ›Wem die Stunde schlägt‹ zu erfinden. Der Liebe im Schlafsack fehle vollständig ›das Geben und Nehmen, das echte Männer und Frauen miteinander verbindet‹. Sie zeigte statt dessen vielleicht ›die allzu perfekte Glückseligkeit eines jugendlichen erotischen Traumes‹. Diese Ansicht war nicht gerade dazu angetan, Ernests Bewunderung für Wilsons kritische Fähigkeiten zu wecken. Er schrieb Max Perkins, er könne einfach nicht dahinterkommen, was Wilson eigentlich unter seiner ›Wunde‹ verstehe: Homosexualität, Impotenz oder lediglich einfache Niedertracht. Was den ›Bogen‹ betreffe, so habe er noch immer einen verteufelt guten im Köcher, und das könnte ihm Wilson wahrscheinlich nicht verzeihen. Eines Tages, wenn er seine Memoiren zu Papier brächte, würde er einen Pfeil einlegen und Bunny damit abschießen.

Fitzgeralds nachgelassener Roman ›Der letzte Taikun‹, der in diesem Herbst

erscheinen sollte, lag ihm einigermaßen am Herzen, und er war neugierig, was Wilson, der als Herausgeber zeichnete, damit anstellen würde. Nachdem er das Buch, das außerdem noch eine Auswahl von Scotts Erzählungen enthielt, gelesen hatte, konnte er Wilson nur noch schlechten literarischen Geschmack bescheinigen. Die Erzählung ›The Rich Boy‹ sei dumm und ›A Diamond as Big as the Ritz‹ sei Kitsch. Aber beide seien noch immer besser als der Roman ›Der letzte Taikun‹, der einem überhaupt nicht nahegehe. Die Frauen waren Ernests Ansicht nach einfach grotesk gestaltet, und das Buch war einfach tot wie eine Speckschwarte, in die der Schimmel so weit eingedrungen ist, daß man ihn nicht mehr entfernen kann. Das Ironische an Scotts Laufbahn sei die Tatsache, daß er seinen ›Saft‹ verloren hatte, als er eben zu erkennen begann, um was es im Leben geht. Der ganze Staub sei schon längst von den Flügeln des Schmetterlings verschwunden, obwohl sie sich zuckend weiterbewegt hätten, bis der Schmetterling starb. ›Zärtlich ist die Nacht‹ sei trotz seiner Fehler Scotts bestes Werk, es sei tragisch und zauberhaft zugleich, besitze Atmosphäre und glänzende Schilderungen.
Von seinem eigenen Roman waren bis jetzt über eine halbe Million Exemplare verkauft worden, was ihn aufheiterte. Der Limited Edition Club hatte beschlossen, dem Roman seine alle drei Jahre verliehene Gold Medal zuzuerkennen. Sinclair Lewis, der Präsident des Herausgeberkomitees, schrieb Ernest einen ›verdammt netten Brief‹ und wollte die Verleihung anläßlich einer Feier am 26. November vornehmen. Ernest lehnte die Teilnahme ab. Er hatte für dieses Jahr von New York die Nase voll und erfand die Ausrede, daß er Martha bereits eine Reise anderswohin versprochen habe. Da er aber sehr neugierig war, was Lewis in seiner Ansprache sagen würde, bat er Scribner's, einen Stenografen hinzuschicken, der alles aufschreiben sollte. Die Reise in den Süden, die Ernest Martha ›versprochen‹ hatte, führte sie auch durch das Arizona-Indianer-Reservat. Sie reisten am 3. Dezember nachmittags von Sun Valley ab und erreichten am folgenden Nachmittag den Grand Canyon. In einer Handelsstation des Navaho-Reservates amüsierte sich Ernest bei einem Beispiel indianischen Humors königlich. Der kleine Ort wimmelte von staubig und anrüchig aussehenden Stammesbrüdern. Martha stand blond und schick am Ladentisch und fragte ziemlich herrisch in ihrer besten Bryn-Mawr-Art: ›Haben Sie Glasperlen? Ich möchte einige Perlen sehen.‹ An einer nahen Vitrine lehnte ein alter Indianer mit langem Haar und runzeligem Gesicht. Er fummelte in seiner Tasche herum und zog eine einzelne Perle von der Größe eines Stecknadelkopfes hervor. ›Hier Perle‹, sagte er und überreichte sie Martha feierlich. ›Jetzt du siehst Perle.‹
Sie befanden sich auf dem Weg nach San Antonio und überschritten gerade die texanische Grenze, als sie aus dem Radio von der Katastrophe in Pearl Harbor erfuhren. Ernest reagierte voller Jähzorn. Sowohl Charlie

Improvisationen

Sweeny als auch John Thomason hatten sich im Juni in Washington über die Aussichten eines Krieges mit Japan in einem verhängnisvollen Irrtum befunden. Der Mythos der Unbesiegbarkeit der amerikanischen Marine war zerstört. Marineminister Frank Knox hätte nach dieser Katastrophe innerhalb von vierundzwanzig Stunden aus dem Amt gejagt gehört, und die amerikanischen Generäle und Admiräle hätten nach Ernests Meinung auf der Stelle in Oahu erschossen werden sollen.
Seine blutrünstige Stimmung weitete sich auf Max Perkins und Charles Scribner aus. Obwohl er sie telegraphisch darum gebeten hatte, hatten sie es verabsäumt, bei der Gold-Medal-Zeremonie einen Stenografen mit der Mitschrift von Lewis' Vortrag zu beauftragen. Lewis hatte nur nach Notizen gesprochen, und sein Lob hätte sich nun wie Rauch verflüchtigt. Dies sei die größte Nachlässigkeit und Unverschämtheit, die ihm je im Leben widerfahren sei. Er habe vor, Scribner's die Gold Medal für ihre unentschuldbare Dummheit zu verehren. Er wolle die Medaille nie, nie zu Gesicht bekommen! Während er sein wütendes Kommuniqué in einer Suite im Saint-Anthony-Hotel in San Antonio aufs Papier kritzelte, spielte der Verlust dieser Verleihungsrede in seinem Geiste eine ebenso große Rolle wie der Verlust der Großkampfschiffe in Pearl Harbor und der Flugzeuge in Hickam Field. Wie immer nach solchen Ausbrüchen gewann sein gesunder Menschenverstand bald wieder die Oberhand. Der Weltkrieg hatte nun auch die Vereinigten Staaten erfaßt, und er konnte sich die möglichen Auswirkungen schon ziemlich genau vorstellen.

Improvisationen

Der Januar kam Hemingway wie der Beginn eines ›neuen, fremdartigen, schlechten Jahres‹ vor, in dem er selbst wie auch die ganze Nation mit Improvisation einen langen, mühevollen Aufstieg aus der Krise beginnen müßte. – Für ihn selbst begann er von ganz unten mit der Einkommensteuer, die er am Hals hatte. Seine Einnahmen im Jahre 1941 betrugen 139 357,01 Dollar. Obwohl er bereits 85 000 auf ein gesondertes Steuerkonto zur Seite gelegt hatte, mußte er bald erkennen, daß nicht einmal das reichen würde, und ersuchte Scribner um einen persönlichen Kredit von 15 000 Dollar. Er war unfähig, die ganze Angelegenheit auf die leichte Schulter zu nehmen. Ein Mann arbeite sein ganzes Leben lang und besitze endlich ein Vermögen, das ihm der Staat aber sofort wegnehme, um für alle Idiotie, Eitelkeit und Trägheit zu bezahlen, die die Nation in einen Krieg gestürzt habe.
Er gab zwar gelegentlich vor, an neuen Erzählungen zu arbeiten, doch blieb seine literarische Ausbeute im Jahre 1942 eher mager. Anfang März wand-

te sich Nat Wartels von Crown Publishers in New York an ihn. Crown plante eine umfangreiche Anthologie mit Kriegsliteratur, und Wartels wollte die Caporetto- und El-Sordo-Passagen aus ›In einem anderen Land‹ und ›Wem die Stunde schlägt‹ abdrucken. Er wollte außerdem Hemingway dazu überreden, den Band herauszugeben und mit einem persönlichen Vorwort zu versehen. Max Perkins war begeistert, und Ernest willigte sofort ein. Aber er wollte sich bei der Auswahl der Texte kräftig auf die militärische Erfahrung John Thomasons und Charlie Sweenys wie auf Perkins' Erfahrung als Herausgeber stützen.
Ferner beschäftigte sich Ernest in diesem Frühjahr mit dem Drehbuch, das Dudley Nichols für die Filmfassung von ›Wem die Stunde schlägt‹ vorbereitet hatte. Donald Friede war stolz, Nichols als Drehbuchautor gewonnen zu haben, aber Ernest war nach Durchsicht des Treatments mehr als kritisch. Er wies darauf hin, daß sein Roman nur deshalb eine halbe Million Käufer angezogen habe, weil er eine einheitliche Handlung, eine glaubhafte Liebesgeschichte und eine überzeugende Darstellung dessen geboten habe, wofür Männer und Frauen zu sterben bereit sind. Nichols sei mit einigen wenigen Einschränkungen sehr gut mit der Handlung fertiggeworden. Aber es sei seinem Drehbuch völlig mißlungen, Pilars Kraft der Überzeugung zu vermitteln, die ja die ganze Guerillatruppe zusammengehalten hätte. Im Drehbuch werde auch nicht andeutungsweise erklärt, warum Jordan bereit war, für die republikanische Sache zu sterben. Nichols' Liebesszenen seien erstaunlich albern, und seine malerische Vorstellung von den Spaniern könnte höchstens von einer viertklassigen Aufführung von Bizets Carmen oder von den banalen filmischem Ergüssen Robert Mamoulians herrühren, dessen bloßer Name Ernest in Zorn versetzte. Die Schauspieler müßten an Stelle der roten Halstücher, die Nichols vorschrieb, graue und schwarze tragen, und das ganze Schwergewicht habe auf der angeborenen Würde der Loyalisten zu liegen. Ernest bot zwar nicht seine Hilfe an, drohte aber seine Einsprüche zu veröffentlichen, wenn man keine Änderungen vornähme. Als er aber erfuhr, daß Ingrid Bergman die Rolle der Maria übernehmen werde, stieg seine Laune beträchtlich.
Es gelang ihm zwar, sich selbst einzureden, daß sowohl der Film wie die Anthologie der amerikanischen Kriegsführung zugute kommen würden, doch sehnte er sich bereits danach, eine aktivere Rolle zu spielen. Andere Schriftsteller mochten ihre Talente der Propaganda zur Verfügung stellen, wie es John Steinbeck mit dem Roman ›Bombs Away‹ für die Luftwaffe getan hatte. Er selbst wolle sich aber lieber drei Finger abschneiden, als so ein Buch zu schreiben, betonte er nachdrücklich. Er sei bereit, selbst mitzumachen oder seine Söhne, wenn sie das Alter erreichten, in den Krieg zu schicken oder aber sämtliches Geld beizusteuern, über das er verfüge. Aber er sei keinesfalls bereit, etwas Offizielles zu schreiben, es sei denn, es handle sich um die ›absolute Wahrheit‹, was in Kriegszeiten bekanntlich unmög-

lich sei. Er hatte sich John Wheeler als Kriegsberichterstatter für die North American Newspaper Alliance angetragen, sich aber eine taktvolle Absage geholt. Wheeler hatte erklärt, daß die Streitkräfte während des momentanen Tiefpunkts noch keine Reporter an den Kampffronten wünschten. Deshalb sah sich Ernest nach einem Tätigkeitsfeld an der Heimatfront um. Kurz nach der Rückkehr aus Mexico-City, wo die beiden Hemingways zwei Wochen Gäste eines reichen jungen Amerikaners namens Nathan Davis gewesen waren, fand Ernest eine passende Gelegenheit. Man plante, in Havanna eine Spionageabwehr-Organisation zu errichten, um der Infiltration von nazistischen fünften Kolonnen in Kuba entgegenzuwirken. Die Nazis verschafften sich, durch die etwa 3000 kubanischen Falange-Sympathisanten unterstützt, mittels gefälschter Pässe den Zutritt zur Insel. Viele große spanische Klubs waren offen antiamerikanisch und bekannten sich zur Achse. Kubas einflußreichste Zeitung, der *Diario de la Marina*, gehörte einem reichen Spanier, der auch als Herausgeber fungierte und gegenüber den Vereinigten Staaten eine sehr kritische Haltung einnahm. Der Zustrom ausländischer Spione war um so gefährlicher, als damals in der Karibischen See deutsche Unterseeboote in Rudeln Jagd auf alliierte Tanker und Frachter machten.
Ernests wichtigste Verbindungsmänner waren Ellis Briggs und Bob Joyce von der amerikanischen Botschaft. Ernest, der es mit der Wahrheit wieder einmal nicht allzu genau nahm, behauptete Joyce gegenüber, daß er 1937 mitgeholfen habe, in Madrid ein privates Spionagenetz aufzuziehen, und Kuba eine ähnliche Organisation sehr benötige. Seine Motive waren klar: Patriotismus, Freude an geheimen Machenschaften und sein Hang, ›Inside‹-Operationen anzuführen, besonders dann, wenn es zu Schießereien kommen könnte und Lebensgefahr bestünde. Joyce legte sich bei Briggs ins Zeug, und beide wandten sich an den neuen Botschafter, Spruilla Braden, der erst vor kurzem von Kolumbien nach Kuba versetzt worden war. Anfang Mai wurde Ernest eingeladen, seinen Fall vorzubringen. Er betonte die Notwendigkeit dieser Operation und setzte seine Führungsqualitäten ins rechte Licht. Er spreche genügend gut spanisch und habe einen breiten Bekanntenkreis. Alles, was er von der amerikanischen Regierung brauche, seien kleine Zuschüsse und Waffen. Er werde für den Rest aufkommen und alles bezahlen und das kleine Gästehaus auf dem Grundstück der Finca als Hauptquartier benützen. Braden besprach die Angelegenheit mit dem kubanischen Premierminister, und Ernest wurden alle Vollmachten erteilt.
Es gelang ihm, die Organisation Mitte Mai einsatzfähig zu machen, wobei ihm seine Mitgliedschaft im Baskischen Klub von größtem Vorteil war. Seine Rekruten entstammten den verschiedensten sozialen Schichten: von seinen Bekannten unter den Jaialai-Spielern bis zu einem katholischen Priester namens Don Andrés Untzain, der im Bürgerkrieg bei den Loya-

listen als Maschinengewehrschütze gedient hatte. Es waren auch Kellner vom Floridita und anderen Restaurants in Havanna darunter, einige kubanische Fischer, antifaschistische Aristokraten, die im freiwilligen Exil lebten, und ein paar Kairatten und Schnorrer. Auf Wunsch des Botschafters lautete der Codename der Gruppe Crime Shop (Verbrecherladen), aber Ernest taufte sie bald in Crook Factory (Gaunerfabrik) um. Wie zu erwarten, war die Gruppe ziemlich locker organisiert. Ernest hielt sie durch die Ausstrahlung seiner Persönlichkeit und großzügige Rationen von Wein, Alkohol und Pesos zusammen. Die Berichte kamen mündlich oder brieflich herein. In der Finca wurden sie gesammelt, wo Ernest sie auch übersetzte und für Joyce in der Botschaft bearbeitete. Ernest fungierte auch als Überbringer. Ungefähr einmal wöchentlich fuhr er nach Havanna, betrat das Gebäude durch ein Geschäftslokal im Erdgeschoß und kletterte vier Stockwerke hoch zu Joyces Büro.

Während Martha in St. Louis bei ihrer Mutter weilte, leitete Ernest die Crook Factory und debattierte mit Wartels von Crown über den Inhalt der Anthologie ›Men at War‹. Das Werk befand sich schon fast ganz im Satz, aber Ernests Vorstellungen von Wahrheit und Unwahrheit in Kriegserzählungen machten ihn zu einem schrecklichen Widersacher. Eine lange Liste mit Vorschlägen für Zusätze und Streichungen ließ die Satzkosten in schwindelerregende Höhen klettern. Zu den gestrichenen Passagen zählten eine ›Lügengeschichte‹ von Ralph Bates über weibliche Maschinengewehrschützen in Brunete, einige Stellen aus Arthur Guy Empeys' ›Over the Top‹ und ein Porträt von Richard Harding Davis über den jungen Churchill. Andererseits wollte Ernest unbedingt Stendhals Schilderung der Schlacht von Waterloo aus der ›Kartause von Parma‹ miteinbeziehen, ferner die Schlacht von Shiloh aus Lloyd Lewis' ›Leben des General Sherman‹, die Somme-Schlacht aus Frank Richards' ›Old Soldiers Never Die‹ und schließlich Frank Tinkers Erzählung des italienischen Debakels in Guadalajara und Brihuega.

Je mehr er sich mit der Kriegsliteratur beschäftigte, desto größer wurde seine Sehnsucht, selbst irgendwo in den Kampf zu ziehen. Einer der ausgewählten Texte handelte von der Versenkung eines deutschen Transporters durch das kleine britische Unterseeboot ›Sturgeon‹ vor der norwegischen Küste. Ernest hatte außerdem, obwohl er sie nicht abdruckte, eine Geschichte über die Großtaten des Grafen Felix von Luckner gelesen. Luckner hatte sein Schiff als norwegisches Fischerboot getarnt und damit Jagd auf alliierte Schiffe gemacht. Von den deutschen Unterseebooten hörte man gerüchteweise, daß sie in der Karibischen See jede Woche rund 35 Schiffe der Alliierten versenkten. Einheimische Fischer, die am Rande des Golfstroms arbeiteten, erzählten von feindlichen Unterseebooten, deren Besatzung die Beiboote bestieg und Nachschub an frischem Wasser, Fisch und Gemüse verlangte.

Improvisationen

Noch im Mai erschien Ernest mit einem neuen Vorschlag in der Botschaft. Er gedachte, die ›Pilar‹ als U-Boot-Falle mit einer gut ausgebildeten Crew, einem Vorrat an Bazookas, Granaten, schnellzündenden Bomben und zwei bis drei Maschinengewehren Kaliber .50 auszurüsten. Sie würden unter Ernests Kommando entlang der Nordküste bis hinaus nach Cayo Confites an der Ostspitze des Old-Bahama-Kanals kreuzen und sich dabei als Wissenschaftler auf der Suche nach seltenen Meerestieren für ein amerikanisches naturhistorisches Museum ausgeben. Sollte sie ein Nazi-Unterseeboot anhalten, würden sie so lange warten, bis die feindliche Entermannschaft am Deck auftauchte und das Beiboot sich der ›Pilar‹ auf 45 Meter genähert hätte. Dann würde Ernest auf ein Zeichen die Motoren auf Hochtouren laufen lassen, den Abstand auf etwa 20 Meter verringern und mit dem Beschuß beginnen. Die schweren Maschinengewehre würden die auf Deck befindliche Mannschaft niedermähen, während Ernests Crew, die für diesen Zweck ausgebildet sein müßte, in den Kommandoturm Handgranaten werfen und, wenn möglich, eine Schnellzünderbombe in die Vorderluke des U-Bootes schleudern würde. Die richtigen Männer dafür könne er finden, sagte Ernest zu Braden. Was er zur Verwirklichung seines romantischen Traumes brauchte, waren eine gute Funkausrüstung, Waffen, Munition und die offizielle Erlaubnis.

Er erörterte seinen Plan mit Colonel Thomason, der ihm schon bei der Kriegsanthologie geholfen hatte und jetzt Chef des Marine-Nachrichtendienstes für Mittelamerika war. ›Sie werden sicherlich improvisieren müssen, Ernest‹, sagte John. Er hegte starke Zweifel, ob ein solches Unternehmen auch wirklich vernünftig sei, so daß Ernest ihn ›der ungläubige Thomason‹ nannte. Kein einziger U-Boot-Kommandant könne seiner Meinung nach so verrückt sein und abwarten, bis Ernests Männer ›Bohnensäcke in seine Luke‹ geworfen hätten. Aber der Botschafter, ein phantasiereicher Mann, war der Überzeugung, daß der Einfall, trotz einiger Ideen von übertriebener Tollkühnheit, auch in der Praxis funktionieren könnte, und setzte sich über alle Vorschriften hinweg, um die notwendige Ausrüstung zu beschaffen.

Ernest trommelte sogleich eine Mannschaft zusammen, die aus acht seiner vertrauenswürdigsten Kumpane bestand. Die Codebezeichnung für den Plan lautete nach einer seiner Lieblingskatzen auf der Finca ›Friendless‹ (Ohne Freund). Zu seinem Deckoffizier ernannte er Winston Guest, einen hochgewachsenen, athletisch gebauten Millionär, der vor kurzem auf der Finca zu Gast gewesen war. Colonel Thomason rekrutierte einen Marine-Stabsfeldwebel von der amerikanischen Botschaft als Bordschützen. Er hieß Don Saxon und konnte im Dunkeln innerhalb weniger Sekunden ein Maschinengewehr in seine Bestandteile zerlegen und wieder zusammensetzen. Die anderen waren alle Nicht-Amerikaner: Juan Dunabeitia, ein großer, dünner Baske mit listigen Augen, kannte das Meer so gut, daß man ihn

Sindbad den Seefahrer nannte, was später zu Sinsky abgekürzt wurde; Paxtschi war einer der Jaialai spielenden Ibarlucia-Brüder, der seit Jahren auf der Finca gerngesehener Gast war und Hemingway oft im Tennis geschlagen hatte; Gregorio Fuentes stammte von den Kanarischen Inseln und war Ernests alter Gehilfe und Koch an Bord der ›Pilar‹; Fernando Mesa war ein Exil-Katalane, der einst in Barcelona als Kellner gearbeitet hatte; Roberto Herrera, ein vierschrötiger spanischer Kubaner mit blassem Gesicht, dessen älterer Bruder bei den Loyalisten Arzt gewesen war; und schließlich ein nur unter dem Namen Lucas bekannter, schweigsamer Mann, dessen Herkunft ungeklärt ist.

Es kam eine Ladung Granaten an, die in Eierkisten an Bord transportiert wurde. Man nahm die Maschinengewehre auseinander und schmuggelte sie heimlich in den Taschen der Leute an Bord. Man installierte ein empfindliches Funkgerät, und für Notfälle gab es ein zusammenklappbares Gummiboot mit Aluminiumrudern, von grelloranger Farbe, damit man es aus der Luft leicht orten konnte. Sie begannen die Patrouillen im Juni. Ernest war enttäuscht, als er bemerkte, daß das U-Boot-Versenken alles andere als flott vonstatten ging. Das Logbuch der ›Pilar‹ spiegelte das alltägliche Bordleben dieser Zeit wider:

12. Juni 1942: nach Puerto Purgatorio patrouilliert ... Rückkehr 17.30.
13. Juni: Beobachtung von 2 Uhr früh bis 19 Uhr. Vor Tagesanbruch draußen, bis zur Dunkelheit 12 Meilen patrouilliert. 20 Uhr wieder zurück. Win Guest als Hilfe nach Bahia Honda gegangen.
14. Juni: von 4 Uhr früh an auf Posten. Bei Tagesanbruch draußen, 7.20 Uhr. Bis 13 Uhr patrouilliert, um 16 Uhr wieder zurück, geankert, Nachschub.

Das alles waren natürlich Übungsfahrten, die jeden Augenblick, bei Tag oder bei Nacht, den Feind in Schußweite hätten anlocken können. Ernest drillte gelegentlich die Crew, verlangte, daß die Gewehre regelmäßig auseinandergenommen und gereinigt wurden, und gab manchmal die Erlaubnis, Gegenstände am Strand mit Granatwerfern zu beschießen. Er war bereit, sein geliebtes Boot zu opfern, wenn er dafür ein feindliches kapern oder versenken könnte, und bezweifelte keinen Augenblick (während der ganzen ›Bootszeit‹), daß sich seine Arbeit und Mühe ausgesprochen ›lohnte‹. Dieser Überzeugung schlossen sich sowohl seine Mannschaft als auch seine Vorgesetzten an Land an. Obwohl er seit kurzem immer einen Ausguckposten aufstellte und man gelegentlich im Funkgerät das Kurzwellenknistern von Gesprächen zwischen U-Boot-Offizieren einwandfrei in deutsch hören konnte, konnte die ›Pilar‹ in diesen ersten Monaten kein einziges Unterseeboot anlocken.

Als Patrick und Gregory Mitte Juli auftauchten, um mit ihrem Vater Ferien zu machen, behauptete Martha gequält, daß sie ›das einzige unpassende Mitglied der Gruppe‹ sei. Sie litt an einer Art Klaustrophobie und sehnte sich wieder nach dem Journalismus. Sie wollte unbedingt im Auftrag von *Collier's* eine sechswöchige Informationstour durch die Karibische See unternehmen. Sie mochte die Jungen sehr und verstand sich sehr gut mit ihnen, aber in ihrem Verhältnis zu Ernest traten jetzt Spannungen auf. Auf sein ewiges Kommen und Gehen bei der U-Boot-Jagd folgten oft und zu allen möglichen Uhrzeiten lärmende Saufgelage. Mysteriöse, der Crook Factory zugehörige Individuen erschienen so plötzlich, wie sie wieder im Gebüsch verschwanden, und Ernest übertrug manchmal seinen gewohnten Hochsee-Kommandoton auch auf Haushaltsangelegenheiten. Martha verübelte ihm das alles, und ihre Sehnsucht nach dem Journalismus war, obwohl zweifellos echt, ein Weg, ihm das alles heimzuzahlen.

Sie überließ Ernest dem Junggesellenleben mit seinen Söhnen und bestieg schließlich mit drei Negern als Gefolgsmännern eine neun Meter lange Schaluppe. Es war das erste Mal seit dem Ausbruch des spanischen Bürgerkrieges, daß Ernest seine Söhne gänzlich für sich hatte, und er wollte die Gelegenheit voll ausnützen, bevor sie alle der Krieg erwischen würde. Er nahm alle drei als Schiffsjungen auf die Anti-U-Boot-Patrouillen der ›Pilar‹ mit und war überzeugt, daß ihnen diese Erfahrung ebenso zugute käme wie den von britischen Kriegsmarineangehörigen ausgebildeten Kabinenstewards zur Zeit Captain Marryats. Für die Jungen war es ein großer Spaß. Aber in den langen Nachtwachen dachte Ernest halb verdrossen, halb belustigt über Marthas immer häufiger werdende Abwesenheit von Tisch und Bett nach. Wie damals, als er Pauline verlassen hatte, schwelgte er oft in sentimentalen Erinnerungen an seine erste Ehe. Am Abend nach seinem 43. Geburtstag lag er lange Zeit wach und erinnerte sich an mancherlei: an die schäbige ›Leopoldina‹, auf der er mit Hadley die Überfahrt nach Vigo gemacht hatte, an die Pferderennen in Enghien, die erste Fiesta in Pamplona, an den Sommer im Schwarzwald und an Cortina d'Ampezzo, wo sie in der Schonzeit gefischt hatten.

Männer im Krieg

Ernest leitete während des ganzen glühheißen Tropensommers weiterhin die Crook Factory und die U-Boot-Patrouillen. Da sein Gesicht ständig dem grellen Sonnenlicht ausgesetzt war, wurde es so empfindlich, daß er das Rasieren ganz aufgab. Die Leute begannen die Üppigkeit seines Barts zu bewundern. ›Die Wirkung war kolossal‹, stellte Ellis Briggs fest – wenn auch seine Abneigung gegen ordentliche Kleidung seine gesellschaftlichen Kontakte mit der Botschaft erschwerte. ›Er trug in Havanna gewöhnlich eine verblichene blaue Badehose‹ und ›ein verschwitztes Guayabera-Hemd‹, und ging selbst im Geschäftsviertel von Havanna und in Lokalen

wie dem Floridita oder dem El Patio oft barfuß. In Gesellschaft von Mrs. Braden, einer chilenischen Aristokratin, die ihn wohlwollend behandelte, sich aber angesichts seiner verwahrlosten Erscheinung eine Spur von Kühle nicht verkneifen konnte, benahm er sich wie ein schüchterner Knabe. Seine Vorstellung von Vergnügen unterschied sich grundlegend von der ihren. Er boxte mit Winston Guest, schlug das Wrack Kelly k. o. und gab sogar zu verstehen, daß der Botschafter, ein kräftig gebauter, breitschultriger Mann, daran Gefallen finden würde, mit ihm im Ring zu stehen. Sein Benehmen in Bradens Anwesenheit war höflich, bescheiden und respektvoll. Als der Botschafter einmal mit seiner Frau zum Dinner auf die Finca kam, waren sie von der Fülle und Vielfalt der Drinks überwältigt. Ernest begann normalerweise mit einem Gläschen Absinth. Es gab außer rotem und weißem Tischwein immer sehr viel Champagner zum Essen, und nachher eine endlose Serie Whisky-Sodas. Wenn der Abend lang wurde, schloß ihn Ernest manchmal wieder mit Absinth ab. Er schien selten betrunken zu sein, aber er hatte am nächsten Tag oft einen ›monumentalen Katzenjammer‹ und konnte wenig arbeiten.
Die Sonntagnachmittage auf der Finca waren immer fröhlich und von vielen Leuten frequentiert. ›Ernest war als Gastgeber außerordentlich tolerant und zog alle möglichen Leute an‹, sagte Briggs. ›Seine Persönlichkeit war so stark, daß sich ihr wenige entziehen konnten.‹ An einem typischen Sonntag konnte man neben den immer anwesenden Jaialai-Spielern und anderen baskischen Emigranten oft einen Lebemann oder Schriftstellerfreund aus dem Norden auf Besuch antreffen, eine Schar spanischer Priester, vermögende Leute, wie Winston Guest und Tom Shevlin, Ellis Briggs mit seiner Frau und seinen zwei Kindern, Bob und Jane Joyce, die beiden Braden-Töchter und manchmal Nancy Oakes mit ihrem Mann, ›Graf‹ Freddy Marigny. Ernests Fähigkeit, zugleich väterlich und jungenhaft zu wirken, machte ihn zu einem Liebling der jungen Leute, denen er mit großem Einfühlungsvermögen ohne eine Spur von Überheblichkeit zuhören konnte. ›Wenn er von etwas sprach, das ihn interessierte, wählte er sorgfältig und oft seiner selbst nicht sicher die Worte.‹ Im Umgang mit Leuten, deren Anwesenheit ihn störte, konnte er dann wieder grausam und spöttisch sein, wobei er auch vor primitiven Reaktionen nicht zurückschreckte.
Ende August hatte Ernest sein Vorwort für die Anthologie ›Men at War‹ beendet und abgesandt. Es war ein sehr persönlich gehaltener Essay, der, wie Ernest sagte, seinen drei Söhnen Rechenschaft geben sollte, warum ›er sie in diese unbeschreiblich verworrene Welt gesetzt hat‹. Das Buch diene patriotischen Zwecken, weil es die amerikanische Jugend mit dem Krieg von Anbeginn der Geschichte bis zur Jetztzeit vertraut mache. Obwohl der Band erfundene und tatsächlich erlebte Geschichten enthalte, sei Ernests wichtigstes Kriterium stets die Echtheit der Schilderung ge-

wesen. Mit dieser Auswahl habe er den Krieg zeigen wollen, wie er wirklich ist und nicht, wie man ihn sich vorstellt. Jeden Juli, am ungefähren Jahrestag seiner Verwundung in Fossalta di Piave, lese er Frederick Mannings ›The Middle Parts of Fortune‹ oder ›Her Privates We‹ von neuem, ›das schönste und edelste Buch über Männer im Krieg‹. Er verfolge damit immer dasselbe Ziel: sich daran zu erinnern, wie es wirklich war, damit er sich oder andere niemals anlügen könne, wenn er Männer im Kampf beschreibe.

Er erzählte von der Zerstörung seiner ›Illusion von Unsterblichkeit‹ an der italienischen Front. Diese Erfahrung habe ihn sehr gequält, bis er zu dem Schluß gekommen sei, ›daß mir nichts geschehen kann, was nicht schon allen Menschen vor mir geschehen ist‹. Auch seinem Sohn Bumby habe er geraten, sich keine Sorgen zu machen, und ihn mit der Stelle über das Sterben in Shakespeares ›Heinrich IV.‹ vertraut gemacht.

Ernests Familie schrumpfte weiter, als Patrick Anfang September in die katholische Knabenschule Canterbury in New Milford, Connecticut, eintrat. Martha war immer noch verreist. Sie hatte ihre karibische Kreuzfahrt beendet und erforschte jetzt den Dschungel hinter Paramaribo in Holländisch-Guayana. Danach hatte sie die Absicht, Eleanor Roosevelt im Weißen Haus zu besuchen. Ernest tröstete sich so gut er konnte mit Baseballspielen im Club des Cazadores, mit Cucu Kohly, Rodrigo Diaz und Mungo Pérez oder mit Offizieren, die von der ›Hooligan Navy‹ Landurlaub hatten, wie Tom Shevlin oder Bill Ching, den er gern damit aufzog, daß er einen Schwarm Fische mit einem Nazi-Unterseeboot verwechselt und mit Wasserbomben angegriffen hatte.

Die Anthologie ›Men at War‹ und die Neuauflage von ›Wem die Stunde schlägt‹ des Limited Editions Club erschienen im Oktober. Sinclair Lewis' Vorwort war eine gestraffte Version seiner Rede bei der Verleihung der ›Gold Medal‹ in New York. Ernests Enttäuschung, daß man ihm den Vortrag vorenthalten hatte, verflog, weil das Vorwort genau die drei Aspekte des Romans lobte, die er betont hatte: die Liebesgeschichte, die Abenteuergeschichte und Jordans Bereitschaft, für eine Sache zu sterben. Die Anthologie wurde mit Respekt, aber ohne Begeisterung aufgenommen. Hermann Gorman schrieb in einem Leitartikel in der *New York Times Book Review*, daß sie ›immer beeindruckt, manchmal erschreckt und einen gelegentlich fast unerträglich schwer mitnimmt‹. Die Erzählungen, die sich auf den derzeitigen Krieg bezogen, seien erstaunlicherweise weitaus ehrlicher und wahrer als die Berichte aus dem Ersten Weltkrieg. Vincent McHugh kritisierte im *New Yorker*, Hemingway habe die Werke von Berufsschriftstellern den ›einfachen Worten gewöhnlicher Soldaten‹ vorgezogen, die man aus unveröffentlichten Briefen und Tagebüchern hätte sammeln können. Das Vorwort störte mehrere Rezensenten. Howard Mumford Jones fand seinen selbstgerechten Ton unerträglich und schrieb, es sei

nicht sehr klug gewesen, mit den ausgewählten Texten Hemingways ewige Besessenheit vom Tod und vom Sterben zu unterstützen. Der Militärexperte Walter Millis bezeichnete das Vorwort als ›chaotisch, sachfremd und sinnlos‹.
Ernest war jetzt entschlossen, die Crook Factory nicht mehr weiter zu leiten. Er sagte Bob Joyce, daß man einen ›wirklichen Profi‹ brauche, um die Berichte der geheimen Mitarbeiter aufzunehmen und auszuwerten und zu koordinieren. Da es ihm nicht gelungen war, für Gustavo Durán eine Hollywood-Anstellung zu finden, hatte er in letzter Zeit die Möglichkeit erwogen, ihm in Kuba eine Arbeit zu verschaffen. Joyce besprach die Angelegenheit mit Braden und Briggs und schrieb dann einen Geheimbrief an das State Department. Durán machte gerade Ferien in New Hampshire, als man ihm das Projekt unterbreitete. Obwohl es eine vorübergehende Trennung bedeuten würde, drängte ihn seine Frau, den Vorschlag anzunehmen. Das Staatsbürgerschaftsverfahren wurde in die Wege geleitet. Er wurde am 3. November amerikanischer Staatsbürger, erhielt am 9. einen Paß und flog am 12. nach Havanna.
Er war zwar hocherfreut, Hemingway wiederzusehen, der ihn am Flughafen mit einer wilden Umarmung begrüßte, fand aber wenig Gefallen daran, die Spionage-Abwehr-Organisation zu leiten. Der melodramatische, säbelrasselnde Aspekt der Sache berührte ihn wenig, und er fand Ernests Ratschlag kindisch, unter dem Stapel reiner Hemden in der Kommode neben seinem Bett im Gästehaus immer einen geladenen Revolver bereit zu halten. Als er Ernests erste Berichte über die Operationen durchlas, fand er nichts darin, was einem ausländischen Spion ernsthaftes Unbehagen verursacht haben könnte, und fühlte sich in der Rolle, in die ihn Ernest gedrängt hatte, ausgesprochen unwohl.
Martha war jetzt nach ihren Reisen durch die Dschungel von Surinam und Manhattan auf die Finca zurückgekehrt. Es war ihr sehr an völliger Ruhe gelegen, um mit ihrer Schreibarbeit voranzukommen, weshalb sie Gustavos Entschluß, seine Frau nach Kuba nachkommen zu lassen, nicht billigte. Ernest war ausnahmsweise einmal ihrer Meinung. Am Morgen von Bontes Ankunft fuhr er mit Gustavo zum Flughafen, hatte sich aber weder gewaschen noch rasiert. Bonte war über die lieblose Aufnahme bestürzt und gekränkt. Ernests ganze Zuneigung war wie weggeblasen und hatte einer Härte Platz gemacht, die ihr unerklärlich schien, nachdem er doch im Stork Club mit ihr getanzt und den Heldenmut ihres Mannes in Spanien gepriesen hatte.
Zwei weitere Zwischenfälle verschlechterten die Beziehungen noch mehr. Ernests Lieblingskatze war plötzlich verschwunden, und er fürchtete, daß die Hunde im Dorf sie erwischt hätten. Er beschimpfte das verwirrte Dienstpersonal wegen seiner Unachtsamkeit und erzählte Bonte, er habe einen Köter, der eine seiner Katzen in Stücke gerissen hatte, mit voller Ab-

sicht niedergeschossen. Der verletzte Hund sei aber erst nach drei Tagen eingegangen. Ernest schien darauf zu warten, daß Bonte seine Handlungsweise billige. Statt dessen brach sie in Tränen aus und bezeichnete es als ungeheuerliche Grausamkeit. Ihr Verhältnis zu Ernest war nicht mehr wie früher. Der zweite Zwischenfall hätte ohne die Konsequenzen, die sich daraus ergaben, komisch sein können. Die Duráns kehrten eines Nachts nach einer langen Tanzerei mit Freunden von der Botschaft in die Finca zurück. Der Lenker des Wagens betätigte aus Versehen vor Marthas Fenster die Hupe und weckte sie auf. Sie mußte Schlaftabletten nehmen und konnte am folgenden Tag nur mit Mühe arbeiten. Ernest war wieder verärgert. ›Ich weiß zwar nicht, wer Deine Freunde waren‹, sagte er zu Gustavo, ›aber wenn ich ein Gewehr bei mir gehabt hätte, hätte ich auf sie geschossen.‹ Das war das Ende. Noch am selben Morgen zogen die Duráns ins Hotel Ambos Mundos. Sie bekamen nach einigen Tagen einen Versöhnungs-Rosenstrauß, der von Martha an Bonte adressiert war.
In der Botschaft hatte Gustavo jedoch augenblicklich Erfolg. ›Er war stattlich, konnte sich in drei Sprachen ausdrücken, hatte eine attraktive Frau‹ und das Benehmen eines Hidalgo der Alten Welt. Die Duráns blühten in der Gesellschaft von Havanna auf. Gustavo besaß außerdem eine teils angeborene, teils erworbene Geschicklichkeit im Aufsetzen von Reden und im Umgang mit Menschen, weshalb er Botschafter Braden und Ellis Briggs außerordentlich nützlich war. Da ihn diese neuen Verantwortungen stark in Anspruch nahmen, machte ihn seine Aufgabe bei der Crook Factory noch weniger glücklich als zuvor, und es kam bald der Augenblick, in dem er die ganze, nach Ernests Meinung so notwendige Sache zurücklegte. Ernest attackierte darauf Gustavo während eines Mittagessens in der Botschaft in Gesellschaft Briggs' und Joyces ›mit aller Bosheit, deren er fähig war. Als Gustavo die bitteren, ätzenden Bemerkungen vernahm, wurde er zuerst rot, dann weiß.‹ Es war einer jener Angriffe, wie sie Donald Odgen Stewart, John Dos Passos und Archibald MacLeish in der Vergangenheit hatten erdulden müssen, so extrem und so peinlich, daß jede Möglichkeit vernichtet wurde, die Freundschaft wieder aufzunehmen. Nachdem Durán den Raum verlassen hatte, fragte Ernest Briggs, ob er zu hart gewesen sei. Als Briggs bejahte, zuckte Ernest nur mit den Schultern. Bald verbreitete er das Gerücht, sein ehemaliger Held sei weich geworden. Diese Beschuldigung stand im krassen Gegensatz zu den Tatsachen, paßte aber genau zu Ernests Verhalten, wenn die blinde Wut seine Vernunft besiegte.
In Ernests häuslichen Angelegenheiten gab es zunehmend Spannungen. Er sprach in jenen Tagen oft von dem großen, ewigen Kampf zwischen Mann und Frau, und es war Hemingways Freunden klar, daß sich solch ein Kampf gerade hinter den Wänden der Finca abspielte. Sie wußten, daß es sicherlich nicht leicht war, Ernest den Haushalt zu führen, und daß,

wie sich einer von ihnen ausdrückte, ›Marthas Talent sich mit Ernests Genie oft in den Haaren lag‹. Sein Stundenplan war nicht vorauszusehen, seine Gefährten waren zahllos, laut und oft ungewaschen; zu seiner Unordentlichkeit gesellte sich eine ›grausige Menge von Katzen‹, die frei in der Finca umherstreunten und ihren Dreck in allen Zimmerecken zurückließen. ›Es war lustig, dort Gast zu sein‹, sagte Ellis Briggs, ›und Ernest konnte der freundlichste und aufmerksamste Gastgeber sein. Aber es muß die wahre Hölle gewesen sein, mit ihm ein geordnetes Leben führen zu wollen.‹
Nach fünfjährigem Zusammenleben war Martha überzeugt, daß sein Genie bei weitem nicht seinen gewaltigen Egoismus rechtfertigte. Sie war im Sommer und Herbst zum Teil auch deshalb fortgeblieben, um nicht völlig von ihm in Anspruch genommen zu werden. Er dramatisierte alles, was ihn betraf, pflegte sie oft bei seinen Abenteuern anzulügen und war beinahe schon krankhaft davon überzeugt, daß das Leben ohne künstliches Blendwerk schal und langweilig sei. Eines Nachts beschimpfte er sie in Havanna vor allen Leuten, daß sie die Bediensteten der Finca zu Weihnachten nicht genügend großzügig beschenkt habe, fuhr im Lincoln nach Hause und überließ sie ihrem Schicksal. Als sie an einem anderen Abend darauf bestanden hatte, den Wagen zu fahren, weil er zuviel getrunken hatte, schlug er sie mit dem Handrücken. Sie verminderte darauf die Geschwindigkeit des geliebten Lincoln auf fünfzehn Kilometer und fuhr ihn mit voller Absicht in einen Graben und an einen Baum, ließ ihn dort stehen und ging zu Fuß nach Hause.
Die Patrouillen der ›Pilar‹ wurden jetzt immer mehr zu einem dilettantischen Unternehmen, mit ausreichender Bewaffnung und Mannschaft, aber ohne jede Chance auf Erfolg. An einem stürmischen Tag gegen Ende des Jahres gewährte man Jane Joyce und Martha den Zutritt an Bord und machte mit ihnen eine ›Übungsfahrt‹. Bei der rauhen See wurde den Frauen übel, und auch sonst vermittelte diese kleine Tour einen jämmerlichen Eindruck. Das Ziel war eine Boje im Golfstrom, wo die Mannschaft Handgranaten werfen sollte und die Maschinengewehre vorgeführt wurden. Die ›Pilar‹ umkreiste die Boje mehrere Male, aber die Explosionen der von Ibarlucia geworfenen Granaten waren inmitten der schaumgekrönten Wellen kaum sichtbar. Winston Guest beklagte sich bei Mrs. Joyce, daß es ihm mehrmals mißlungen sei, der Armee als Freiwilliger beizutreten, und zitierte einige selbstverfaßte Gedichte. Das Erscheinen eines altersschwachen, britischen Frachters machte der Übungsstunde ein Ende, und die ›Pilar‹ stampfte und schlingerte im scharfen Nordwind wieder ihrem Heimathafen Cojimar zu.
Man warf auch der manchmal noch operierenden Crook Factory übelsten Dilettantismus vor. Die Rivalitäten zwischen den verschiedensten Nachrichtendiensten erschwerten für den vom Botschafter beauftragten

Unentschlossen

Joyce die Bemühungen um Koordination. Um diesem und ähnlichen Problemen in Lateinamerika zu begegnen, ordnete Präsident Roosevelt an, die ganze Organisation der Spionageabwehr sei von jetzt ab dem Federal Bureau of Investigation unterstellt. Die 16 FBI-Spezialagenten, die nach Havanna versetzt wurden, hatten für die schlampigen Methoden der Crook Factory nur Spott übrig. Ernest nannte sie wütend ›Francos eiserne Kavallerie‹, nach seiner eigenen Theorie, wonach sie, da einige von ihnen irisch-katholischer Abstammung waren, für den Faschismus besonders empfänglich sein müßten. Wie sich herausstellte, war einer von ihnen tatsächlich als ein den Faschisten zugeteilter Berichterstatter in Spanien gewesen. Ernest beschwerte sich deshalb bei Joyce, der wiederum beim Botschafter intervenierte. Der fragliche Mann wurde von seinen Vorgesetzten nach Washington zurückbeordert, und Ernest weidete sich an seinem Sieg. Aber mit der Crook Factory war es zu Ende. Die Getreuen zerstreuten sich in alle Winde, und der Vorhang fiel über Hemingways erstem Beitrag zur amerikanischen Kriegsführung.

Unentschlossen

Martha war aus tiefstem Herzen der Überzeugung, daß Ernest aktiv am Krieg teilnehmen sollte. Sie hatte sich geweigert, die Crook Factory ernst zu nehmen, und brachte ihn mit ihren Andeutungen auf die Palme, daß die U-Boot-Patrouillen der ›Pilar‹ nur ein Vorwand seien, um rationiertes Benzin zu bekommen und mit Winston Guest fischen gehen zu können, während die übrige zivilisierte Welt kämpfte, litt und starb. Der junge Mayito Menocal war bei einigen dieser Streitereien anwesend. Er war der Enkel des Generals, der während und nach dem Ersten Weltkrieg Präsident des Landes gewesen war, und der Sohn von Ernests engstem Freund. Im Januar 1942 war er von der Universität Cornell ausgeschlossen worden und glaubte jetzt, daß ihn sein Vater für einen ›wertlosen Charakter‹ hielt. Ernest nahm ihn als Mitglied der Finca-Familie auf – er war genau in Bumbys Alter – und tröstete ihn damit, daß er einst von seinen Eltern ebenfalls als ›wertlos‹ verworfen worden war. Während einiger seiner Besuche auf der Finca war der Junge wider seinen Willen Zeuge der ›schrecklichen Auseinandersetzungen‹ zwischen Ernest und Martha geworden. Dies brachte ihn dermaßen in Verlegenheit, daß er beim Swimming-pool zu warten pflegte, bis das Feuerwerk vorbei war.
Als Folge seiner häufigen Streitigkeiten mit Martha begann Ernest wieder zu trinken. Man traf ihn oft im Floridita an, wo die doppelten Daiquiris in schier unerschöpflicher Folge kamen und gingen. Er bezahlte jedermanns Zeche, der frische Nachrichten vom Krieg in Europa mitbrachte. Einerseits

fühlte er sich verpflichtet, hinzugehen, andererseits war er sich über Zeitpunkt, Bestimmungsort und Zweck seiner Tour noch nicht im klaren. In seinem Verhalten manifestierten sich kräftige Anwandlungen von Selbstverherrlichung, die mit den absurdesten Lügengeschichten gepaart waren. Er behandelte seine Freunde wie Reporter oder Leser, die nur dazu da waren, die Hemingway-Legende als kommerzielle Werbeträger in aller Welt zu verbreiten. Zuerst waren sie überrascht, ja sogar entsetzt, da sie ja nicht ahnen konnten, daß das Flunkern schon seit Kindesbeinen zu seinen größten Steckenpferden gehört hatte. Sie bemerkten, daß er in nüchternem Zustand selten log, und waren überzeugt, daß er in wirklich ernsten Dingen niemals lügen würde. Der junge Mayito fand für ihn schließlich die Entschuldigung, daß er ein professioneller Romanschriftsteller sei, also schon dem Gewerbe nach ein Lügner. Warum sollte man von ihm erwarten, daß er ›seine Erfindungsgabe wie einen Hahn auf- und abdreht‹, bloß weil er mit guten Freunden beisammen war?
Unter den anderen Veränderungen, die seine Freunde an ihm zu bemerken glaubten, fiel ihnen vor allem seine wachsende Freude auf, die Rolle von Papa zu spielen. Auch das hatte schon vor Jahren begonnen. Seine Kinder nannten ihn Papa, und selbst Martha, die nicht gerade schmeichlerisch veranlagt war, nannte ihn manchmal halb scherzend ›Poppa‹. Was aber Mayito daran störte, war, daß es sich langsam in seiner ganzen Umgebung einbürgerte. Ernest sonnte sich in Winston Guests Bewunderung und bezeichnete ihn hinter vorgehaltener Hand als ›den idealen Untergebenen‹. Er sei so diszipliniert, meinte Ernest, daß er auf seine Aufforderung: ›Wolfie, spring aus dem Flugzeug; ich weiß, du hast keinen Fallschirm, aber es wird auf dem Weg hinunter einer da sein‹, nur ›Ja, Papa‹ sagen und aus der Tür springen würde. ›Ja, Papa‹ war ein Satz, den sich die Mitglieder des Club de Cazadores angewöhnt hatten und der von dort bald seinen Weg in Ernests Lieblingsbars in Havanna machte. Mayito und andere Kubaner nannten ihn weiterhin Ernesto. ›Yes, Papa‹, darin steckte eine Unterwürfigkeit, die ihrer Ansicht nach Ernest nicht gut tat. Sie brachte die eher negativen Seiten seines Charakters zum Vorschein, nicht zuletzt seine merkwürdige Vorliebe für Speichellecker und andere kriecherische Naturen in seiner Umgebung.
Daß Martha die Unterwerfung verweigerte, verblüffte und verletzte ihn. So sagte sie eines Tages an Bord der ›Pilar‹ zu ihm: ›Ernest, du bist schmutzig, warum badest du nicht öfter?‹ Ferner brachte sie ihn in Wut, wenn sie ihn die tollsten Pläne für lange Angelausflüge schmieden ließ ›und dann im ersten Hafen, den sie anliefen, einen Wagen mietete und auf die Finca zurückkehrte‹. Er konnte nicht verstehen, warum sie sich weigerte, ihm ›hinterherzulaufen und es zu mögen‹, wie es Hadley und Pauline getan hatten. Aber selbst Pauline hatte sich verändert. Er beklagte sich, daß sie sich ›wirklich gemein‹ benommen habe, sooft er Patrick und Gigi sehen

wollte. Bei dem Reichtum ihrer Familie ärgerten ihn die Unterhaltszahlungen um so mehr. Er sprach voller Bewunderung von Colonel Sweenys Art, mit den Frauen fertigzuwerden. Wenn sie ihm auf die Nerven gingen, würde er einfach auf ›den alten Kommandoton‹ umschalten. Jeder Mann, der sich von einer Frau quälen lasse, leide an einer ähnlich unheilbaren Krankheit wie Krebs. Er führte Fitzgerald und Evan Shipman als Beispiele für Männer an, die ›kranke Weiber‹ geheiratet hätten. Eben dieses Kranksein mache sie niederträchtig, und weil sie krank seien, könnte man sie nicht so behandeln, wie sie es verdienten. Nach seinen Theorien war das größte Geschenk eines Mannes die Gesundheit. Das zweite, fast ebenso wichtige, war aber, sich in gesunde Frauen zu verknallen. Ein Mann könnte eine gesunde Frau immer gegen eine andere eintauschen. Der Kardinalfehler bestehe darin, mit einer kranken anzufangen. Pauline sei so lange ein ›verteufelt nettes Mädchen‹ gewesen, bis sie sauertöpfisch geworden sei. Vielleicht sollte ein Mann die Frau, die er verlassen will, erschießen, auch wenn ihn dies an den Galgen bringt. Eine weniger drastische Lösung sei, ›so zu werden‹, daß einem niemand mehr etwas antun könnte. Aber wenn man einmal so weit wäre, wäre man in der Regel schon längst tot.

Martha bearbeitete Ernest ohne Unterlaß, doch seinen Pflichten in Europa endlich nachzukommen. Er war wie 1936 der Ansicht, daß der Krieg noch lange dauern würde und keine besondere Eile angebracht sei. Aber sie ließ nicht locker. Was war mit seinem patriotischen Stolz geschehen? Jeder machte mit. Max Perkins' Briefe strotzten vor Nachrichten über die militärischen Engagements seiner Freunde wie John Herrmann, Evan Shipman und Colonel Thomason. Bumby war vom Dartmouth College zur Officer's Candidate School übergewechselt und sollte bald nach Übersee geschickt werden. Doch Ernest trödle nach wie vor auf der Finca herum und könne sich vom ›guten Mob‹ an Bord der ›Pilar‹, von den heimischen Fleischtöpfen, dem Capehart-Plattenspieler, den geliebten Katzen, dem Tennisplatz und Swimming-pool, den Wachteln und wilden Perlhühnern, den Barschen im nahen Bach, dem Taubenschießen im Club de Cazadores und last not least den aufgereihten Batterien der doppelten Daiquiris im Floridita nicht trennen.

Von Archie MacLeish kam unerwartet ein Brief, in dem er Ernests Meinung über Ezra Pounds neueste Betätigung wissen wollte. Er hatte nämlich begonnen, seine exzentrischen Wirtschaftstheorien über Mussolinis Radiosender in Italien zu verbreiten. Ernest meinte in seiner Antwort, daß Ezra offensichtlich verrückt geworden sei, daß man ihn aber schließlich als Verräter vor Gericht bringen werde. Es wäre wahrscheinlich das Beste gewesen, wenn er sich nach Veröffentlichung des ›Canto XII‹ erschossen hätte. Was ihn selbst betreffe, so habe er beschlossen, sich künftighin nicht mehr den Kopf über solche Angelegenheiten zu zerbrechen. Er wolle statt dessen weiterhin seine Pflichten an Bord der ›Pilar‹ erfüllen. Er gab Archie seine

Freude darüber zu verstehen, ihn wieder als Freund zurückgewonnen zu haben. Die ›mistige Überheblichkeit‹ seiner Bürgerkriegsperiode täte ihm immer noch leid. Es sei ihm damals gelungen, sich mit all den alten Kumpanen zu entzweien, die er nicht schon in seiner ›Hundsfott‹-Periode des Jahres 1934 vor den Kopf gestoßen hatte. Er habe seither alle ›höllisch vermißt‹, den alten Dos Passos, so wie er gewesen war, bevor die Loyalisten seinen begabten, aber wertlosen Übersetzer Robles erschossen hatten.
Er würde gerne noch so lange leben wollen, um noch einen Roman schreiben zu können, sagte er MacLeish. In den vergangenen siebzehn Jahren habe er in vier Büchern je eine harterarbeitete Idee zu Papier gebracht. Das Thema von ›Fiesta‹ sei die Erkenntnis gewesen, daß Promiskuität keine Lösung darstellt. Eine Stelle aus Marlowes ›Der Jude von Malta‹ sei die Idee von ›In einem anderen Land‹ gewesen. Morgans letzte Worte über einen ›Mann allein‹ hätten seine Vorstellungen bei ›Haben und Nichthaben‹ auf einen Nenner gebracht, und in ›Wem die Stunde schlägt‹ sei ›Kein Mensch ist eine Insel‹ sein Motto gewesen. Seit 1940 habe er zwei bis drei neue Ideen mit sich herumgetragen, aber er ließ sich gegenüber Archie nicht näher darüber aus. Eine davon würde vielleicht eines Tages in einem neuen Roman auftauchen. Aber er tat keinen Strich in dieser Richtung und behauptete, man könne in Kriegszeiten nichts Gutes schreiben, es sei denn, man wäre ein Supermann.
Die Welturaufführung des Paramount-Films ›Wem die Stunde schlägt‹ fand am 10. Juli in New York statt. Zweieinhalb Jahre waren vergangen, seit Ernest den Vertrag unterzeichnet hatte. Er hatte erst kürzlich die lange Verzögerung der Furcht Hollywoods vor General Franco zugeschrieben. Perkins sah sich den Film an und war außerordentlich beeindruckt. Er fand allerdings Katina Paxinou als Pilar und Akim Tamiroff als Pablo viel besser als die Hauptrollenträger Ingrid Bergman und Gary Cooper. Als Ernest nach achtundfünfzig Tagen auf See nach Kuba zurückkehrte, las er Perkins' Bericht und fand ihn deprimierend. Hollywood habe, wie schon bei ›In einem anderen Land‹, einmal mehr Mist gemacht. Er hoffe, daß man ihn nie zwingen werde, sich den verdammten Film anzusehen.
Als er erfuhr, daß sein alter Freund Harold Stearns an Kehlkopfkrebs litt, war seine Reaktion eher unpassend. Harold habe so viele lebensgefährliche Krankheiten gehabt, daß es schwerfalle, an diese zu glauben. Kein menschlicher Magen könne das durchstehen, was Harold seinem in den alten Pariser Tagen zugemutet habe. Gelegentlichen Warnungen zum Trotz war Ernest immer noch fest davon überzeugt, seine eigenen Innereien seien gegen jegliche Zerstörung gefeit. Er konnte, wie der junge Mayito beobachtet hatte, nach einer üppigen Zecherei an Bord der ›Pilar‹ gehen, dem Alkohol auf einige Tage entsagen und wieder ganz der Alte werden. Andererseits

pflegte er auch oft auf hoher See zu trinken. Manchmal steuerte er das Boot, auf der Brücke stehend, durch die heftigsten Gewitter und schwankte dabei nicht wegen des Seegangs, sondern unter der Einwirkung des Tequila, den er ›Steuerungssprit‹ nannte und in einem Ständer neben dem Ruder aufbewahrte. Ganz gleich ob in betrunkenem oder nüchternem Zustand verschaffte es ihm eine ungeheure Befriedigung, stundenlang am Steuer auszuhalten. Dies war wieder ein Beispiel für seinen sorgfältig gehegten und gepflegten Stoizismus.

Zu seinem vierundvierzigsten Geburtstag gewann er den ersten Preis bei einem Schützenwettbewerb im Club de Cazadores. Gegen Abend wechselte die ganze Gesellschaft in die Finca über, wo schon ein ganzes Schwein, ein Geschenk der Fischer von Cojimar, am Spieß briet. Sie tranken ›Definitivos‹, saßen gemütlich unter dem großen Kapokbaum um einen Tisch und sangen Volkslieder. Als das Schwein herangeschleppt wurde, flehte Don Andrés Untzain den Segen Gottes für Ernest herab, und die Jaialai-Spieler begannen einander mit harten Brötchen zu bewerfen. Eine Zeitlang sah Ernest väterlich zu. Dann gebot er dem Treiben mit den Worten Einhalt, daß es an seinem Geburtstag niemandem gestattet sei, vor dem Dessert mit Brötchen zu schießen.

Martha hatte gerade einen Roman beendet. Sie entschloß sich, ihn in New York einer letzten Revision zu unterziehen und dann für *Collier's* als Berichterstatterin nach England zu gehen. Da Patrick und Gigi wieder zur Schule mußten und Ernest eine auf drei Monate geplante Kreuzfahrt mit der ›Pilar‹ unternehmen wollte, gab es für sie keinen triftigen Grund, allein mit den Dienstboten auf der Finca zu bleiben, wo sie bloß ihre Sehnsucht nach den Kriegsschauplätzen quälen würde. Sie machte sich endlich am 25. Oktober auf den Weg, fuhr nach Lissabon und kam Anfang November in London an.

Nachdem Martha und seine Söhne jetzt fort waren, klagte Ernest, die große und leere Finca sei einsamer als jede Vorhölle. Bob Joyce war von der Botschaft weggegangen und hatte sich dem OSS angeschlossen, und auch in der Mannschaft der ›Pilar‹ hatten sich einige Veränderungen ergeben. Als allzeit Getreue verblieben nur Wolfie Guest, Paxtchi, Sindbad und Gregorio. Fast den ganzen November erschwerten wilde Nordstürme Ernests Kreuzfahrten. Am 9. gelang es der ›Pilar‹, Thorwald Sanchez' Schoner, der sich aus seiner Vertäuung gerissen hatte und unbemannt auf einen Felsen zutrieb, vor dem Kentern zu retten. Der Diener Juan brachte die Post von der Finca nach Bahia Honda nach, und Ernest setzte sich im Raumdeck nieder und beantwortete einen Brief Patricks, während der Wind seinen Bart zauste und er sich, in zwei Pullover und einen Mantel gehüllt, in die Finger blies, um sie warm zu halten. Es herrsche ein richtiges Grog-Wetter, schrieb er. Den Katzen auf der Finca sei wahrscheinlich auch kalt, und wenn die Kälte anhielte, würde er nach Hause fahren, um sie

zu besuchen. Er sehne sich nach den Katzen und nach seinen jüngeren Kindern, denn es sei ja sinnlos, sich nach Martha und Bumby zu sehnen, weil sie viel zu weit weg seien.
Weihnachten gestaltete sich trotz kurzer Besuche Patricks und Gregorys weniger amüsant als sonst. Bumby war als Kapo einer Militärpolizei-Abteilung nach Europa versetzt worden. Obwohl Ernest auf die militärische Karriere seines Sohnes außerordentlich stolz war, beklagte er sich voller Bitterkeit bei Ellis Briggs, daß Bumby als Polizeioffizier eingezogen worden war. Er sei seit Abe Lincolns Zeiten der erste Soldat in der Familie, aber auch der einzige Hemingway seit drei Generationen, der auf der Seite des Gesetzes stehe. Marthas Abwesenheit empfand er weiterhin als große Ungerechtigkeit ihm gegenüber. Er jammerte, daß er sich ohne sie ›krank vor Einsamkeit‹ fühle, und schrieb Hadley, daß er bei seiner Rückkehr von einer schwierigen Kreuzfahrt seine Katzen und Hunde als einzige Gesellschaft vorgefunden habe. Er hatte mehrere Sekretärinnen engagiert, aber keine hatte es lange ausgehalten, und seine unbeantwortete Korrespondenz stapelte sich schon in zwei großen Holzkisten. Der Haushalt auf der Finca befand sich in einem verheerenden Zustand. Als er nach Wochen auf hoher See todmüde nach Hause kam, genehmigte er sich noch einige Drinks, hörte sich auf dem Capehart-Plattenspieler einige Schallplatten an und schlief dann auf dem Boden ein, während die Katzen in seinem üppigen Bart Jagd auf Mäuse machten. So jedenfalls beschrieb er Hadley, um ihr Mitgefühl zu erwecken, seine Situation, als das Jahr 1943 ausklang.
Mochte er auch noch so sehr jammern, weder sein Ruf noch sein Einkommen hatten im Jahre 1943 sonderlich gelitten. In den Vereinigten Staaten waren von ›Wem die Stunde schlägt‹ jetzt schon 784 000 Exemplare verkauft, und in England rund 100 000, mehr als von irgendeinem amerikanischen Roman der letzten Jahre, ausgenommen ›Vom Winde verweht‹. Andererseits hatte er seit dem Vorwort für ›Men at War‹ im August 1942 nichts geschrieben. Er beruhigte Perkins und schrieb, man solle ihn weder als Sonderling noch als problematischen Schreiber betrachten, der auf dem Trockenen sitze. Manchmal verspüre er einen so starken Schreibdrang, daß es ihm schlimmer vorkomme, als im Gefängnis zu sitzen. Er tröstete sich damit, daß alle diese wesentlichen neuen Erfahrungen Schreibstoff für die Zeit nach dem Krieg abgeben würden.

KAPITEL IX

Ein neuer Krieg

Verfolgung nach London

In den ersten Monaten des Jahres 1944 verkündete Ernest immer wieder in den Bars von Havanna, er werde bald sein Pferd satteln und sich auf Marthas Spuren begeben. Da er sie als Frau und nicht als fernes Ideal geheiratet habe, sei er entschlossen, ihr über den Atlantik zu folgen, ›sie fest in den Hintern zu treten‹ und ihr zu eröffnen, daß sie entweder zu Hause bleiben oder in eine Militärschule eintreten müsse. Er jammerte, daß er seit 1941 schwer gearbeitet und doch nichts geschrieben habe, seit September 1943 keine Frau mehr besitze und sich ständig über die Machenschaften der Politiker ärgere. Zwischen diesen Tiraden sprach er jetzt manchmal davon, nach New York zu fahren, um die Überfahrt über den Atlantik zu arrangieren. Doch schien er es nicht besonders eilig zu haben. Am letzten Januartag schrieb er seiner Frau, er habe nach wie vor wenig Interesse an Europa. Er fühle sich wie ein alter Klepper, den ein skrupelloser Besitzer zum Springturnier sattle.
Martha flog im März nach Hause, um die Sache in die Hand zu nehmen. Sie fand, Ernest habe seinen Aufbruch lange genug hinausgeschoben und es sei nun an der Zeit, ihn von Kuba loszueisen. Sie hatte mit Roald Dahl, dem zweiten Luftwaffenattaché der Britischen Botschaft in Washington gesprochen. Dahl hatte ihr erklärt, daß es ausgeschlossen sei, für Personen, die nicht als besonders kriegswichtig eingestuft waren, einen Platz in einem Flugzeug zu bekommen. Aber das Luftfahrtministerium in London würde Ernest einen Flug zur Verfügung stellen, wenn er sich verpflichtete, in irgendeinem amerikanischen Magazin über die Heldentaten der Royal Air Force zu berichten. Ernest erklärte sich mit diesem Vorschlag einverstanden, der Vertrag mit *Collier's* war schnell geschlossen, und die Hemingways brachen nach New York auf, wo sie auf die Überfahrt warteten.
Ernest unterhielt sich wie immer in New York. Dahl war einen Abend mit den Hemingways und dem Box-Trainer George Brown im Hotel Gladstone beisammen. Sie löffelten Kaviar aus einer Zwei-Kilo-Dose und tranken Champagner dazu. Ellis Briggs traf ihn kurz, stellte fest, daß sein Gepäck aus Zahnbürste und Kamm bestand, daß er keine Kleidung

Ein neuer Krieg

zum Wechseln mit hatte, aber einen schier unerschöpflichen Vorrat an Angostura Bitter, weil er irgendwo gehört hatte, daß seine englischen Freunde wegen des U-Boot-Kriegs in der Karibischen See keinen Bitter mehr bekommen konnten. Vincent Sheean, der im Jahre 1938 seine Abenteuer am Ebro mitgemacht hatte, war auf einen einwöchigen Urlaub von der Army Air Force nach New York gekommen und befand sich oft in seiner Gesellschaft. Ernest sprach über John Steinbeck, der 1939 seine Erzählung ›The Butterfly and the Tank‹ gelobt hatte. Sheean und seine Frau brachten die beiden aus Gefälligkeit zusammen. Sie trafen sich in Tim Costellos Bar-Restaurant in der Third Avenue. John Hersey stieß später zu der Gesellschaft, an der auch Mrs. Steinbeck teilnahm. An der Bar, im vorderen Zimmer, stand John O'Hara. Er trug einen Spazierstock bei sich, den ihm Steinbeck geschenkt hatte, ein prachtvolles Stück Schlehdorn, aber sehr alt und zerbrechlich. Als Ernest den Stock erblickte, wettete er mit O'Hara um fünfzig Dollar, daß er ihn über seinem Kopf zerbrechen könnte. O'Hara war einverstanden, und Ernest nahm den Stock an beiden Enden und schlug ihn sich auf den Schädel, bis er zerbrach. Er warf die Stücke mit einer spöttischen Bemerkung beiseite. Es war bestimmt keine Großtat, aber er benahm sich so, als hätte er eine vollbracht. O'Hara hatte fünfzig Dollar und seinen Stock verloren. Steinbeck war nur angewidert.

Martha schiffte sich am 13. Mai als einziger Passagier an Bord eines Schiffes ein, das als Fracht Dynamit geladen hatte. Ernest blieb noch in New York, da er auf einen Platz im Flugzeug wartete. Am Sonntag, den 14. Mai rief er die Schriftstellerin Dawn Powell an und lud sich zum Frühstück in ihre Wohnung in der East Ninth Street ein. Er erschien mit Geschenken, einer Flasche Whisky und einem Topf Bahama-Senf. Esther Chambers, eine andere alte Freundin aus Key West, war ebenfalls mit von der Partie. Als Esther gegen Mittag ging, lag Ernest ausgestreckt auf dem Sofa und war anscheinend nicht wegzukriegen. Sie knabberten bis sechs Uhr Schinkensandwiches und Käse (›und an allen unseren Freunden‹, wie Dawn sagte) und tranken hin und wieder Whisky-Soda. Dawns Katze versteckte sich hinter einem Vorhang und blinzelte auf den groben Eindringling mit dem buschigen Bart. Dawn meinte lachend, daß das Biest sich wie ein Hausdetektiv aufführe und auch so aussehe. Ernest schalt sie aus. ›Mach dich niemals über eine Katze lustig‹, sagte er voll Überzeugung und wackelte zur Unterstützung mit dem Kopf. ›Den Hunden gefällt es, weil sie deine Kumpel sein möchten, Katzen wollen keine Kumpel sein, sondern Königinnen und Könige.‹ Er erklärte auch, daß er immer noch auf Martha wütend sei, weil sie die Finca verlassen hatte, ohne sich von den Katzen zu verabschieden. Am Spätnachmittag erinnerte sich Dawn plötzlich, daß Muttertag war, und gab telefonisch ein Telegramm an ihre Schwiegermutter durch. ›Jesus, ist heute wirklich Muttertag?‹ sagte Ernest und setzte

Verfolgung nach London

sich auf. ›Dann muß ich der alten Hündin wohl auch ein Telegramm schicken.‹

Die Flugorder lautete auf 17. Mai. Ernest reiste mit leichtem Gepäck, er hatte nur einen Handkoffer, eine Umhängtasche und zwei große Flaschen mit. Als Reisegefährten flogen die Schauspielerin Gertrude Lawrence – sie hatte für ihre englischen Freunde ein Dutzend frische Eier im Handgepäck dabei – und eine Gruppe Marineangehörige mit ihm: Konteradmiral Leland Lovette, der mit der Propaganda für die Marine beauftragt war, sein Assistent William Van Dusen, Leutnant Henry W. North, ein Neffe der Ringling Brothers und Yale-Absolvent, und Leutnant Michael Burke, ein ehemaliger Footballstar der Universität Pennsylvania. North und Burke arbeiteten für den OSS und sollten mit dem Fallschirm über Frankreich abspringen. Die Marineangehörigen trugen alle Zivil, um die Neutralität der Irischen Republik, auf deren Hoheitsgebiet sie in ein anderes Flugzeug umsteigen sollten, nicht zu verletzen. Vor dem Abflug hatten sie im Club 21 zu Abend gegessen. Während des Flugs in der Pan-American-Maschine mußten Gertys sämtliche Eier daran glauben und hinterließen auf ihrem Rock einige Flecken, die zu einer Reihe unanständiger Bemerkungen Anlaß gaben. Als das Flugzeug endlich in Shannon landete, begaben sich die meisten Passagiere zu Foynes, um sich mit einem kompletten irischen Frühstück zu stärken. Ernest jedoch, der oft das Frühstück ausließ, bewirtete North und Burke vor dem Anschlußflug nach London lieber mit einer ›flüssigen Mahlzeit‹.

Es war für Ernest der erste Aufenthalt in London, das er nun nur noch ›Dear Old London Town‹ nannte. Da die Ahnen beider Elternteile aus England stammten, faßte er seine Ankunft irgendwie als Heimkehr auf. Nach rund fünf Kriegsjahren konnte das Hotel Dorchester – allgemein ›The Dorch‹ genannt – noch immer mit dem gleichen Luxus und Komfort aufwarten wie in Friedenszeiten. Die Bäume im Hyde Park gegenüber von Park Lane waren frisch belaubt, und es lag der angenehme Geruch von englischem Rasen in der Luft. Ernest gab dem Luftfahrtministerium bekannt, daß er die Piloten auf einigen Missionen über dem europäischen Festland zu begleiten wünsche. Man ersuchte George Houghton, dem die dreihundert von der RAF beglaubigten Berichterstatter anvertraut waren, Hemingway einen persönlichen Besuch abzustatten und mit ihm ein passendes Programm auszuarbeiten. Er erschien im Dorchester an einem späten Vormittag mit einem jungen Fliegerleutnant, John Macadam, der Ernest als Begleitoffizier dienen sollte. Sie mußten einige Minuten lang an der Tür des berühmten Mannes klopfen, bis sie eine schroffe Stimme zum Eintreten aufforderte. Ernest lag noch im Bett, ›wollte aber, obwohl er splitternackt war, unbedingt aufstehen, weil es ihm, wie er sagte, ein Bedürfnis sei, vor einem Offizier Haltung anzunehmen‹. Er telefonierte um Drinks, und sie begannen mit der Planung seines RAF-Programms.

449

Ein neuer Krieg

Die Invasion auf dem Festland durch die Alliierten wurde jeden Tag erwartet. In der Zwischenzeit wurde Ernests Zimmer im Dorchester ein Mekka für alte Freunde und neue Bekannte. Martha trieb sich noch irgendwo im Atlantik herum, aber London wimmelte von Mädchen mit oder ohne Uniform. Ernest klagte lediglich, sein riesenhafter Bart schrecke alle ab. Fred Spiegel, der mit ihm vor sechsundzwanzig Jahren Sanitätswagen in Italien gefahren hatte, tauchte auf, Gregory Clark vom *Toronto Star* besuchte ihn ebenfalls. Ira Wolfert, der Korrespondent der North American Newspaper Alliance, war oft in Ernests Gesellschaft zu finden. Lewis Galantière, sein erster Freund in Paris im Dezember 1921, platzte eines Morgens in eine Champagnerparty hinein, die Ernest gerade gab. Unter den Gästen befand sich Lael Tucker Wertenbaker, deren Mann, Charles Wertenbaker, der Chef des Londoner Büros von *Time, Life* und *Fortune* war. Der Fotograf Bob Capa war auch häufig zu Gast, von einem attraktiven Mädchen begleitet, mit dem er in einer Dachwohnung am Belgrave Square lebte. Aber auch Ernests jüngerer Bruder Leicester war oft da. Er gehörte zu einer Einheit von Filmberichterstattern. Ein anderer Soldat dieser Einheit war der Schriftsteller William Saroyan, mit dem sich Ernest 1935 verfeindet hatte. Obwohl sie bei einer Party, die der Literaturkritiker Cyril Conolly gab, aufeinander trafen und kurz zusammen plauderten, gehörte Saroyan nicht zu den Höflingen, die in Hemingways Zimmer ein und ausgingen.

Kurz nach seiner Ankunft in London hatte Ernest eine winzige Blondine aus Nord-Minnesota kennengelernt. Sie hieß Mary Welsh und war gerade sechsunddreißig geworden. Nach fünf Jahren bei den *Chicago Daily News* war sie während des spanischen Bürgerkriegs nach England gekommen und begann damals für Lord Beaverbrooks *Daily Express* zu arbeiten. Sie hatte Noel Monks, einen australischen Reporter der *Daily Mail* geheiratet. 1940, während des Blitzkriegs, war sie ins Londoner Büro von *Time, Life* und *Fortune* übersiedelt. Außer einem kurzen New-York-Aufenthalt im Jahre 1942 war sie während des ganzen Krieges in London gewesen. Sie bewohnte ein Dachappartement in der Grosvenor Street Nr. 31, in der Nähe der amerikanischen Botschaft und des Dorchester. In Noels häufiger Abwesenheit befaßte sie sich mit politischen und wirtschaftlichen Studien, die allen drei Luce-Zeitschriften als Background-Material dienten. Ihr schien die Beschäftigung mit Wirtschaft und Politik in Anbetracht der Realitäten viel angebrachter als mit Romanen oder Gedichten.

Einige Eintragungen aus ihrem Tagebuch lassen darauf schließen, wie sie in den ersten Monaten des Jahres 1944 lebte. 1. Januar: ›Früh und allein nach Hause. Sehnsucht nach Noel. War heute der einzige Mensch im Büro. Jeder hat Katzenjammer. Hatte die Absicht, mit Bill tanzen zu gehen, sind aber statt dessen zu Hause geblieben und haben über Massillon, Ohio und darüber gesprochen, wie Leute immer anders sind, als sie selbst glauben . . .

Verfolgung nach London

Angenehm und ruhig.‹ 3. Januar: ›Prachtvolle goldene Ohrringe gekauft, mich meiner Extravaganz geschämt. Daheim gearbeitet.‹ 31. Januar: ›Zum ersten Mal Zitronentorte gebacken, sie war göttlich.‹ 14. Februar: ›Die Luftangriffe machen mich fertig.‹ 29. Februar: ›Noel ist so weit entfernt. (Irwin) Shaw ist amüsant, sagt, daß ich's schon schaffe, wenn ich in Europa bleibe.‹ 21. Mai: ›Mit Noel bei Lucy und Alan (Moorehead) zum Lunch ... Burschen (die alliierte Kriegsflotte) hoffen, diese Woche von London fortzukommen.‹ 22. Mai: ›Noel erwartet eine Nazi-Invasion in der irischen Republik – auf dem Luftwege ... In meinem neuen Jaegmar-Kostüm allein durch den (Green) Park gegangen; das Gefühl, daß meine besten Jahre vorbei sind und daß ich wenig daraus gemacht habe – keine Kinder ... und daß ich Noel gegenüber eine Fremde bin.‹

Sie hatte wie tausend andere über Hemingways Ankunft gelesen. Bis zu der Woche nach ihrem Sonntagslunch mit den Mooreheads bedeutete ihr das herzlich wenig. Eines Mittags zog sie ein Kostüm und einen Pullover an und ging mit Irwin Shaw zum Essen ins White Tower nach Soho, einem Restaurant, das häufig von Militärs und ausländischen Presseleuten besucht wurde. Shaw war in derselben Dokumentarfilm-Einheit wie Ernests Bruder Leicester. Als Mary in dem überhitzten und überfüllten Restaurant aus ihrer Kostümjacke schlüpfte, stieß Shaw einen leisen Pfiff aus und bemerkte, ihr Anblick in dem Pullover werde die Männer an den Tisch locken wie Bienen zu einer Königin. Einer von denen, die stehenblieben und voller Bewunderung hinunterblickten, war der vollbärtige Hemingway. Shaw machte sie miteinander bekannt, und Ernest benahm sich alsbald wie ein Pirat auf Brautschau. Sein immer schütterer werdendes Haar machte ihm große Sorgen. Eines Tages kam Roald Dahl bei ihm im Dorchester vorbei. Ernest hantierte gerade mit einer Pipette und einer Flasche mit Haarwuchsmittel.

›Wozu die Pipette, Ernest?‹
›Damit das Zeug durchs Haar auf die Kopfhaut gelangt.‹
›Aber Sie haben ja gar nicht mehr so viele Haare!‹
›Ich habe genug‹, sagte Ernest bestimmt.

Jedermann wollte für ihn eine Party geben. Eines Tages rief ihn Jimmy Charters an, der kleine Cockney-Barmann, den er aus Paris kannte. Die Malerin Nina Hamnett, anerkannte Königin des Fitzroy, eines Pubs in Soho, hatte gelesen, daß Ernest sich in der Stadt aufhielt, und drängte Jimmy, ein Treffen der alten Montparnasse-Clique zu organisieren, bei dem Ernest der Ehrengast sein sollte. Man setzte Ort und Zeit auf Freitag, den 26., im Bricklayer's Arms fest. Er hatte für den 24. abends bereits eine andere Einladung angenommen. Capa und sein Mädchen veranstalteten in ihrer Wohnung am Belgrave Square ein Fest. Sie hatte zehn Flaschen Scotch und acht Flaschen Gin organisiert, Capa eine Kiste Champagner und passende Fressalien.

Ein neuer Krieg

Ernest unterhielt sich fast den ganzen Abend in einer Ecke mit Peter Gorer, einem hochgewachsenen Arzt vom Guys Hospital und dessen blonder Frau, einer Emigrantin aus Deutschland, die nur einige Worte Englisch sprach. Er zeigte ihnen voller Stolz die Fotokopie eines Anerkennungsschreibens von Botschafter Spruille Braden, in dem er Hemingway und seiner Mannschaft für die wertvollen Dienste während der zwei Jahre auf See dankte. Dies erkläre auch seinen Bart, sagte Ernest. Er habe sich durch Sonne und Wasser einen gutartigen Hautkrebs zugezogen. Dr. Gorer, der Krebsspezialist war, fand die Geschichte äußerst unglaubwürdig. Gegen zehn Uhr wandte sich Ernest einem stämmigen Mann mit flachsblondem Haar zu, der allein am Fenster stand und auf das langsame Hin- und Hertreiben der Sperrballons starrte, die wie träge Riesen über den alten Gebäuden schwebten. Ernest schlängelte sich zu ihm hin und stellte sich vor. Der Mann sagte, er heiße Bill Walton und sei Journalist. Er arbeitete im Londoner Büro der Luce-Zeitschriften und hatte einst in den Hauptbüros in New York mit Mary Welsh eine Arbeitskabine geteilt. Er trug die Abzeichen eines Fallschirmjägers. Soeben hatte er ein strenges Ausbildungsprogramm bei den 82. Luftlandetruppen hinter sich gebracht. Bei der Invasion sollte er über Frankreich abspringen. Ernest hielt Waltons gedankenversunkenes Verhalten fälschlich für Schwermut, die er seit kurzem ›schwarzer Arsch‹ zu nennen pflegte. Walton war der Ausdruck neu. Als er bestritt, Trübsal zu blasen, war Ernest sichtlich erfreut.
Etwas nach Mitternacht führte Ernest seinen Bruder Leicester und Peter Gorer in Capas Küche. ›Los, Kleiner, boxen wir!‹ sagte er. ›Wir brauchen ein bißchen Bewegung!‹ Sie stellten ihre Drinks ab und trieben eine Weile Sparringboxen, bis sie in dem engen Raum schweißgebadet waren. Danach ließen sie sich von dem zarten Dr. Gorer zwecks Bauchmuskeltraining auf den angespannten Bauch schlagen, ein kindisches Spiel, das Ernest schon seit Jahren Spaß machte. Als Gorer schließlich aufhörte, um seine Fäuste nicht über Gebühr zu strapazieren, sprangen andere ein und verteilten die Magenhaken. Die ganze Gesellschaft löste sich gegen drei Uhr auf, als der Morgen schon trüb heraufdämmerte. Dr. Gorer und seine Frau boten sich an, Lael Wertenbaker und Ernest ins Dorchester zurückzufahren. Lael lehnte ab, ein Entschluß, den sie nicht bereuen sollte. Gorer hatte seit zehn Uhr unentwegt getrunken. Er ließ den Wagen an und suchte sich den Weg durch die verdunkelten Straßen, so gut er konnte. Sie waren kaum einen Kilometer unterwegs, als der Wagen auf einen stählernen Wassertank krachte. Ernests Kopf schlug gegen die Windchutzscheibe, die in tausend Scherben ging. Gesicht und Bart verwandelten sich durch eine tiefe Kopfwunde in eine einzige blutige Masse, und man mußte ihn aus dem Wrack ziehen. Die Gorers waren durch die Glassplitter böse verletzt worden, konnten aber dennoch ohne fremde Hilfe gehen. Man brachte sie alle ins St. George Hospital am Hyde Park Corner, zwei Häuserblocks vom

Dorchester entfernt. Ernest hatte eine schwere Gehirnerschütterung davongetragen und durch den Anprall gegen das Armaturenbrett stark angeschwollene Knie. Als Leicester einige Stunden später an seine Seite eilte, war er bei Bewußtsein, aber sehr reizbar. Leicester stellte fest, daß seine braunen Augen unter dem Verband nach wie vor lebhaft hervorzwinkerten und daß er begierig war, in den Morgenblättern über seine neueste Heldentat zu lesen. Bald darauf ›flickte man ihn‹ im Operationssaal ›zusammen‹, und er berichtete später, daß die Ärzte für die siebenundfünfzig Stiche zweieinhalb Stunden gebraucht hatten. Zurück blieben ein riesiger Verband und Kopfschmerzen, die ihn noch monatelang plagen sollten.
Inzwischen war Marthas Schiff in Liverpool eingelaufen. Die Reise war qualvoll gewesen, mit strengen Verdunkelungsvorschriften und Rauchverbot. Zwei Wochen lang hatte sich das Schiff ununterbrochen im Zick-Zack-Kurs durch gefährdete Zonen manövriert. Als sie an Land ging, seufzte sie erleichtert auf. Reporter erkundigten sich, was sie vom Unfall ihres Mannes halte. Das war völlig neu für sie. Sie erklärten ihr, der Unfall habe sich nach einer durchzechten Nacht ereignet. Martha war wütend. Für das Bramarbasieren in Kriegszeiten, das zur Zeit gang und gäbe war, hatte sie nichts als Verachtung übrig. Sie trug sich im Dorchester ein und ging Ernest besuchen. Er lag in seiner ganzen Körperfülle im Bett und hatte die Hände hinter seinem angeschlagenen Kopf verschränkt. Der Bart bedeckte seine Brust zur Hälfte, und der Verband umhüllte seine Stirn wie ein Turban. Wenn er Mitleid erwartet hatte, wurde er enttäuscht: Martha brach in schallendes Gelächter aus. Er war sehr verletzt. Noch Monate später beschwerte er sich über die ›dumme Unmenschlichkeit‹ seiner Frau. Als sie die Zecherei, die ihn in diese Lage gebracht hatte, mißbilligte und sich über seinen Ruf als großer Kämpfer verächtlich äußerte, wußte er darauf nur ziemlich kläglich seinen schon etwas abgestandenen Witz zu wiederholen, er habe noch keine einzige Armeehelferin unbefriedigt von der Bettkante geschickt. Er erzählte später seinen Freunden, daß ihr Sinn für Humor erschreckend gelitten haben müsse, da sie nach dem Armeehelferinnen-Scherz wütend das Zimmer verlassen habe.
In den nächsten Tagen wurde Ernests Zimmer in der Klinik zu einem Tummelplatz für Freunde, die ihm alle baldige Besserung wünschen wollten, unter anderen auch Jimmy Charters, dessen Pläne für das Montparnasse-Treffen durch den Unfall vereitelt worden waren. ›Er streckte mir die Hand entgegen‹, sagte Charters, ›und brüllte seine übliche Begrüßung, als habe er nur einen Kratzer davongetragen. Er wollte mich nicht über den Unfall reden lassen. Statt dessen zwang er mich, über die alten Zeiten am Montparnasse zu plaudern... Ruhm und Geld hatten ihn überhaupt nicht verändert... Ich hätte mich bald totgelacht. Und wäre nicht der Verband gewesen, hätte ich ganz vergessen, daß er krank war.‹ Als sie daraufkamen, daß sie beide 1899 auf die Welt gekommen waren, schrie Ernest:

Ein neuer Krieg

›Jimmy, du und ich werden langsam ein Paar alter Knacker‹ und überreichte seinem Freund als Abschiedsgeschenk ein Bündel Pfundnoten.
Auch North und Burke, die beiden jungen Marineoffiziere, mit denen er über den Atlantik geflogen war, fanden, daß er sich nichts aus seinen Verletzungen machte. Seine einzige Sorge war, daß er in seinem Zustand möglicherweise nicht an der angeblich vor der Tür stehenden Invasion teilnehmen könnte. Wie schon bei Charters lenkte er die Unterhaltung rasch von seinem Unfall ab und sprach von seinem Geschick, in London Taxis zu ergattern. Er sehe mit seinem Bart und seinem Körperbau dermaßen dem unsterblichen Crickethelden W. C. Grace ähnlich, daß die Taxichauffeure wie durch Zauberkraft angezogen würden und ihm zu jeder Tages- und Nachtzeit zur Verfügung stünden. Burke hatte ihm zur Stärkung eine halbe Flasche Whisky mitgebracht, mußte aber feststellen, daß Ernest bereits reichlich versorgt war. ›Also nahm er meine halbe Flasche und tauschte sie mir gegen eine volle um. Ein großzügiger Freund‹, sagte Burke. Er verteilte auch an alle jungen Krieger großzügig väterliche Ratschläge. Es wurde ihm ein junger britischer Fallschirmjäger vorgestellt, der sich seinen Rat für das Abspringen über dem besetzten Frankreich holen wollte. ›Sehen Sie bloß zu, daß Sie nicht in die Hosen machen‹, sagte Ernest herzlich, ›und denken Sie dabei stets daran, daß nun ein Fleckchen fremder Erde für immer englisch ist.‹
Am 29. Mai wurde er aus der Klinik entlassen. Obwohl man ihm wegen seiner Gehirnerschütterung Alkoholgenuß untersagt hatte, begann er bald wieder dem Whisky zuzusprechen. Als Leicester am 1. Juni am Morgen ins Hotel kam, war Ernest bereits aufgestanden und vollständig angezogen. In seinem Kopf hämmerte es so laut, daß er den Eindruck hatte, man könnte es im ganzen Zimmer hören. Aber er bestand darauf, auszugehen. Er wollte mit Houghton und Macadam unbedingt wegen seiner verschobenen RAF-Flugeinsätze sprechen. Was er sich einmal in den Kopf gesetzt hatte, war ihm nur schwer wieder auszureden. Da er ein Konto in der Barclay's Bank eröffnen wollte, bat er Burke und North, in Marineuniform und bewaffnet mitzukommen. Er erklärte ihnen, so stramme Leibwächter würden auf den aufgeblasenen Bankdirektor sicherlich Eindruck machen. Anschließend lud er seine Freunde ins Frisco ein, das von einem amerikanischen Neger betrieben wurde und wo es neben einer Sammlung zerkratzter amerikanischer Jazzplatten auch ausgezeichneten Whisky gab. Ernest stellte seinen ersten Scheck auf das neue Konto aus, um die Rechnung zu bezahlen.
Seine eigenartige Kombination aus Gutmütigkeit, Ausgelassenheit und Flegelhaftigkeit machte Ernest in diesen Londoner Wochen nicht allgemein beliebt. Einige seiner Bekannten waren überzeugt, daß er wieder einmal nur Theater spiele. Er besaß zwar ungeheuren Charme, wenn er wollte, und sogar oft dann, wenn es ihm gar nicht darum zu tun war, aber es gab ge-

nügend Gelegenheiten, bei denen er sich ausgesprochen kindisch benahm. Gegenüber Charles Wertenbaker, der seit über 20 Jahren ein Stierkampfaficionado war, sprach er über Stiere und Stierkämpfe, als habe er dieses Thema allein gepachtet. Der Dichter John Pudney, ein Propagandaoffizier der Royal Air Force, fand sein Benehmen komisch aggressiv. ›Für mich war er ein Kerl, der besessen war, die Rolle des Ernest Hemingway zu spielen, aber sie recht schlecht spielte: ein sentimentaler Schauspieler des 19. Jahrhunderts, den man aufgefordert hat, die Rolle eines rauhen Burschen des 20. Jahrhunderts zu spielen. Neben den jungen Leuten, die so bescheiden und elegant in den Tod gingen, kam er einem wie eine bizarre Pappfigur vor.‹

Sein flegelhaftes Benehmen fiel am meisten in seinem Verhalten gegenüber Martha auf, der er weiterhin den Vorwurf machte, sie habe ihn seit seinem Unfall ›grausam vernachlässigt‹. Der NANA-Berichterstatter Ira Wolfert wurde zum unfreiwilligen Zeugen einer seiner Racheakte. Ernest rief Martha in ihrem Zimmer an, das ein Stockwerk über dem seinen lag, und lud sie zum Dinner ein. Kurz bevor sie kam, ging er ins Badezimmer und kleidete sich aus. Als sie an der Tür erschien, tat er so, als wollte er sich über sie stürzen. Sie zog sich mit Tränen des Zorns in den Augen zurück. Wolfert beschimpfte Ernest, worauf er sich telefonisch entschuldigte. Nach längeren Überredungsversuchen willigte Martha ein, zum Abendessen mitzukommen, wollte aber von den beiden von ihrem Zimmer abgeholt werden. Unterwegs trafen sie Mary Welsh. Ernest belegte sie sofort mit Beschlag und überließ es Wolfert, Martha zum Essen auszuführen.

Über den Ärmelkanal

Durch Ernests Kopfverletzung verschob sich die geplante Mission als Beobachter der Royal Air Force um einige Zeit. Dennoch stattete man ihn bereits vor dem D-Day mit der blauen Uniform, die ihn als Berichterstatter kennzeichnete, und mit einem vorschriftsmäßigen Rettungsgepäck aus. Es enthielt eine Landkarte auf einem Seidentaschentuch, Geld, Tabletten, einen Kompaß und Schokolade und reichte aus, um drei Tage durchzuhalten, wenn man abgeschossen wurde. Er lernte durch John Pudney Peter Wykeham Barnes kennen, einen stämmigen, 1,90 m großen Gruppenkapitän. Wykeham war ein alter Fuchs und stand schon seit fast fünf Jahren zuerst in Nordafrika, dann im Mittleren Osten und jetzt in England im Einsatz. Er hatte das Kommando über eine Angriffsstaffel von Mosquito-Jagdbombern übernommen, deren Stützpunkt in Gravesend lag. Als sie einander kurz nach dem Unfall wieder begegneten, rechtfertigte Ernest seine Kopfbandage mit einer Schauergeschichte. Er sei nach einer zügello-

Ein neuer Krieg

sen, die ganze Nacht dauernden Party im RAF-Club am Piccadilly in der Morgendämmerung in den Betonspringbrunnen des Dorchester gestolpert.
Der D-Day stand nahe bevor. Am Wochenende des 2. Juni wurde Ernest zusammen mit Hunderten anderen Kriegsberichterstattern mit Instruktionen versehen und an die Südküste transportiert, wo sich die Invasionsflotte endlich zum Angriff zu formieren begann. In der Nacht zum 5. Juni kletterte Ernest im Nieselregen an Bord des Truppentransporters ›Dorothea M. Dix‹. Der Kommandant war ein verwegen aussehender Ire namens W. I. Leahy. Ernest trieb ihn sogleich mit Fragen nach den Plänen für den Dienstagmorgen in die Enge. Handelte es sich dabei nur um ein gewaltiges Ablenkungsmanöver, das die deutschen Verteidiger in die Irre führen sollte, während die Hauptlandung der Alliierten in Wirklichkeit woanders stattfand? Oder würden sie tatsächlich an Land gehen? An Land, sagte Leahy. Während der ersten halben Stunde würde man die Minenfelder mit Scheinwerfern absuchen und dann die Landefahrzeuge durch die gesäuberten Zonen vorwerfen. Ernest inspizierte die riesigen Netze, die mittschiffs befestigt waren und an den Seiten der ›Dix‹ hinabhingen. Seine Knie waren von dem erst zwölf Tage zurückliegenden Unfall noch immer geschwollen, so daß ihm das bevorstehende Hinunterklettern Kopfzerbrechen machte. Um zwei Uhr morgens pflügte die riesige Flotte gemächlich die bewegte See im Kanal. Als der Befehl durchkam, die Schiffe zu wechseln, ließ sich Leahy mit Hemingway auf kein Risiko ein. Man hievte ihn auf einem Bootsmannsessel empor und zog ihn übers Heck eines schlingernden LCVP-Boots, von dem er auf einen anderen Transporter, die ›Empire Anvil‹, gebracht werden sollte, die etwas weiter hinten operierte. Diesmal bestand er darauf, mit den anderen das Netz emporzuklettern. Als um fünf Uhr der Zeitpunkt gekommen war, die Landefahrzeuge zu besteigen, die sie an den Strand bringen sollten, turnte er mühsam die Seile wieder hinunter.
Es dämmerte bereits. Ein steifer Nordwest fegte über die Wellenkämme und schleuderte den Gischt über Deck. Das Boot bewegte sich wie ein seeuntüchtiger Sarg durch die Wellen. Grüne Wassermassen durchnäßten die Landungstruppen, die sich ›wie mittelalterliche Landsknechte‹ Schulter an Schulter in dem offenen Frachtraum drängten. Von seinem Platz am Achterdeck neben dem Kommandanten Bob Anderson sah Ernest auf die Silhouetten der Kreuzer zurück, die ganz klein am Horizont lagen, und auf die unglaublich gewagten Manöver der riesigen Schlachtschiffe ›Texas‹ und ›Arkansas‹, die ihre Breitseiten der französischen Küste zugedreht hatten und aus ihren 36-cm-Bordgeschützen Salve auf Salve abfeuerten, ›als schmissen sie ganze Güterwaggons in den Himmel‹. In seiner Jacke befand sich ein alter Zeiß-Feldstecher, der in einen Wollsocken verpackt war. Gischt trübte die Linsen, aber er fixierte die Landlinie so gut es ging.

Über den Ärmelkanal

Je näher sie herankamen, desto feindlicher sah die Küste aus. Der lange Sandstrand mit den dahinterliegenden Steilufern war mit den Trümmern des stattgefundenen Kampfes übersät. Am Ufer brannten zwei Panzer lichterloh. Soweit das Auge reichte, lagen die Toten der ersten sechs Angriffswellen wie Strandgut herum. Die siebente war jetzt dran oder ging gerade an Land. Aus zwei deutschen Maschinengewehrnestern in einem Betonbunker und einer Häuserruine knatterte tödliches Kreuzfeuer. Es war noch ein Feld von eingerammten Eisenpflöcken mit Kontaktminen zu überwinden, bevor man die Landerampe hinablassen und die Männer an den Strand bringen konnte. Leahys Vorhersage war zu optimistisch gewesen. Es war überhaupt ein wahres Wunder zu nennen, daß die sechs Angriffswellen der Landungsboote durch die mörderischen Verteidigungsanlagen im Wasser gelandet waren. Auf Hemingways LCVP-Landeboot versuchte man, sich an markanten Punkten im Gelände zu orientieren, dem Kirchturm von Colleville, der steilen Felsküste am anderen Ende. Aber Ernest blickte ständig, die Linsen mit den Wollsocken trocken reibend, durch das Glas und war überzeugt, daß es der für ihre Landung vorgesehene Ort war: Der Sektor Fox Green der Omaha Beach, am 6. Juni 1944 um 7 Uhr.

Die Zerstörer waren jetzt ›fast bis an den Strand herangekommen und jagten mit ihren 12,5-cm-Geschützen einen der runden Maschinengewehrbunker nach dem anderen in die Luft‹. Hemingway beobachtete, wie ein drei Fuß langes Stück eines deutschen Verteidigers mitsamt dem Arm dran ›mit der Fontäne einer krepierenden Granate durch die Luft‹ flog. So jedenfalls lautete der Wortlaut seines Textes. Er fügte noch in der Grand-Guignol-Manier seiner Madrider Depeschen hinzu, daß es wie eine Szene aus ›Petruschka‹ ausgesehen habe. Leutnant Anderson half bei der Bergung von Überlebenden eines anderen Landfahrzeugs, das zwischen den Minenpflöcken steckengeblieben und überflutet worden war. Ein Zerstörer nahm die Verwundeten auf. ›Jetzt gab es keinen Grund mehr zu warten‹, schrieb Ernest. ›Wir fuhren auf den Strand, an einer Stelle, die wir uns gut ausgesucht hatten, und unsere Soldaten gingen an Land mit ihren TNT-Kisten und ihren Bazookas und ihrem Leutnant. Und das war's.‹ Dabei blieb es auch für Hemingway. Anderson klappte die Rampe wieder hoch, räumte den Strand und entfernte sich dröhnend. Er steuerte den Transporter ›Dix‹ an, wohin er Ernest zurückzubringen hatte.

Martha überquerte den Kanal auf einem Lazarettschiff, das während der ganzen Nacht zum 6. Juni vor der Küste wartete und Verwundete aufnahm. Im Gegensatz zu Ernest gelang es ihr, ans Ufer zu kommen, eine Leistung, die er ihr niemals verzieh. Nachdem sie nach England zurückgekehrt war, traf sie Bill van Dusen, den Marine-Flügeladjutanten, der im Mai mit Ernest über den Atlantik geflogen war. Bill erzählte ihr, daß Ernest bereits wieder in London sei. Martha schrieb ihm ein Briefchen, das

Ein neuer Krieg

van Dusen bereitwillig abgab. Sie sei entzückt über seine glückliche Rückkehr. Sie habe vor, in allernächster Zeit wieder ›eine hoffnungslose Cook's Rundreise‹ durch Italien zu machen. Aber sie würde dabei zumindest mitten im Kampfgeschehen stecken können. ›Ich bin hergekommen, um den Krieg zu sehen‹, schrieb sie anzüglich, ›und nicht um im Dorchester zu logieren.‹ Das Briefchen erreichte Ernest erst nach längerer Zeit. Er amüsierte sich damit, es mit ätzenden Randbemerkungen zu versehen. Aber wie es sich ergab, sah sie ihn noch, bevor er ihren Brief zu Gesicht bekommen hatte. Sie kam ins Dorchester, um alles für ihre Italienreise vorzubereiten, und traf Ernest in ihrem Zimmer mit einem Mädchen an. Er blieb weiterhin im Dorchester, empfing Besuche, machte Mary Welsh unermüdlich den Hof und schrieb seinen ersten Artikel für *Collier's*. Eines Tages, kurz nach Marthas Abreise, saß er allein an seiner Schreibmaschine, als Roald Dahl hereinkam. Er beendete gerade einen Artikel über die Invasion. Dahl bat, ihn sehen zu dürfen, und fand ihn ausgesprochen schlecht. ›Aber Ernest‹, sagte er, um seine wahre Meinung nicht preisgeben zu müssen, ›Sie haben diese wunderbare Geschichte ausgelassen, die Sie mir erzählt haben, über den Ausdruck im Gesicht des Mannes, der aus dem brennenden Panzer herauszukommen versucht.‹

›Mein Gott‹, sagte Ernest, ›Sie glauben doch nicht im Ernst, daß ich *Collier's* das geben werde!‹

Es war Mitte Juni, als die Deutschen ihre Raketenangriffe auf London begannen. Diese V-1-Raketen wurden von in Frankreich gelegenen Startrampen abgefeuert. Sie sollten, wahllos und in großer Zahl losgeschickt, alle südöstlichen Küstengebiete und London in Angst und Schrecken versetzen. Ernest beschrieb sie als große Metallpfeile mit abnehmbaren Flügeln und weißglühenden Spundlöchern. Sie konnten einen Sprengkopf von einer Tonne Gewicht mit einer Geschwindigkeit von über 650 km/h über 300 Kilometer tragen. Das Geräusch, das sie verursachten, war höchst unangenehm, wie ›ein Lastwagen im ersten Gang, mit einem Motorrad mit Nachzündungen dahinter‹. Ernest war bereits wieder zehn Tage in England, als er die ersten Schritte unternahm, um Material über die Royal Air Force zu sammeln. Ihre Hauptwaffe gegen die V 1 war ein Geschwader Typhoons, das von einem Behelfslandeplatz in der Nähe von Stonehenge aus operierte. Die Piloten flogen von vier Uhr früh bis Mitternacht zahllose Einsätze, bei denen sie versuchten, die Raketen abzufangen und sie abzuschießen. Ernest fuhr eines Tages hin, um sich das Ganze anzusehen.

Er war sofort von den Typhoons, die er irrtümlich Tempests nannte, begeistert. Es waren große schlanke Maschinen, die zäh wie Maultiere aussahen, oder vielleicht durch die schweigsamen jungen Offiziere, die sie flogen, erst so zäh wirkten. Der Geschwaderkommandeur war klein und frech, hatte eine ›böse spitze Zunge‹ und sehr viel Format. Einer der Staffelführer, ein Belgier, hatte das harte, düstere Gesicht eines Radrennfahrers beim Sechstagerennen. Der andere war ein großer scheuer Engländer, mit einer purpurroten Gesichtshaut, die ihm nach schweren Verbrennungen durch eine Hautverpflanzung wieder zusammengeflickt worden war. Nach einigem Drängen beschrieb er in einigen Details ›wie es gewesen war‹, als es ihm zum ersten Mal gelang, eine V-1-Rakete abzuschießen. ›Man kann nicht mit Genauigkeit sagen, wo man sie abschießen wird‹, sagte der Staffelführer ruhig. ›Sie fliegen sehr schnell, wissen Sie.‹ Ernest verspürte den brennenden Wunsch, von diesen jungen Helden als einer ihresgleichen angesehen zu werden. Er erzählte später, wie er in ihrer Gesellschaft frühmorgens die lokalen Pubs aufgesucht hatte und dann in der Kathedrale von Salisbury verweilte, um für die Seelen seiner englischen Vorfahren zu beten.

Er besuchte auch das Hauptquartier des 98. Geschwaders, das dem Geschwaderkommandeur G. J. C. Paul unterstand. Diese Einheit bestand aus etwa 25 B-25-Bombern, die in Dunsford, acht Meilen südlich von Guildford in Surrey und rund 40 Meilen von der Küste entfernt stationiert waren. Er hielt sich am 15. Juni nachmittags gerade in der Offiziersmesse auf, als eine V 1 in der Nähe des Flugfeldes vorbeiflog und in der nächsten Umgebung explodierte. Als die Berichterstatter davon Wind bekamen, eilten sie ›wie der Blitz davon‹, um sich von den Schäden zu überzeugen. Ernest war darunter. Sie erreichten den Schauplatz noch rechtzeitig, um ›einen gründlichen Blick darauf werfen und einige Raketenbestandteile aufsammeln zu können‹. Das war natürlich streng verboten, und die örtliche Polizei erschien bald darauf im Büro C. R. Dunlaps, des Geschwaderkommandeurs, um über den Diebstahl Bericht zu erstatten. ›Hemingway war gerade in der Bar der Offiziersmesse und hatte es sich gemütlich gemacht, als die Polizei eintrat. Da ihn die Zeugen erkannt und genau beschrieben hatten, beschäftigte man sich zuerst mit ihm. Die Polizei nahm den ganzen Vorfall nicht zu tragisch und machte keinerlei Aufhebens davon. Hemingway hatte rasch die Lage eingeschätzt und ging mit der Miene eines kleinen Jungen, den man mit der Hand im Bonbonglas ertappt hatte, in Begleitung der Polizei auf sein Zimmer, um die Fragmente zurückzuerstatten; die anderen Missetäter folgten seinem Beispiel.‹

Eine weitere V-1-Rakete stand im Mittelpunkt eines Festfrühstücks, das, lange hinausgeschoben, endlich am Sonntagmorgen des 18. Juni in Ernests Zimmer im Dorchester stattfand. Bill van Dusen brachte für die Pfannkuchen das Buchweizenmehl mit, und Konteradmiral Lovette steuerte den Bourbon bei. Ansonsten waren North und Burke da, Hemingsteins ›Bärtiges Juniorkommando‹. North fand die Pfannkuchen zäh, Burke köstlich. Aber im Mittelpunkt des Interesses stand etwas anderes: eine Armada von V-1-Raketen ›segelte an diesem Morgen in regelmäßigen Abständen flußaufwärts in Richtung London‹. Ernest predigte ruhig wieder einmal seine

Ein neuer Krieg

Lieblingstheorie, nach der man solange nicht in Gefahr war, solange nicht direkt auf einen geschossen wurde. Buddy North, der aus dem offenen Fenster spähte, fuchtelte aufgeregt herum, als eine Rakete genau auf das Zimmer zuzusteuern schien, in dem sie sich befanden. Aber die V 1 ging weit vom Dorchester entfernt nieder. Sie hatte eben die Themse überquert, als sie plötzlich zum Stillstand zu kommen schien, unsicher schwankte und dann wie ein Senkblei auf die Horse-Guard-Kapelle in der Nähe der Westminster Abbey herabstürzte. Die Kapelle wurde zerstört. Unter den Gläubigen waren an diesem Sonntagmorgen schwere Opfer zu beklagen. Die Pfannkuchen kühlten in ihrem Sirup aus, während North und Burke durch den Green Park liefen, um bei der Bergung der Überlebenden zu helfen. Die anderen wandten sich wieder Admiral Lovettes Whisky zu. Der britische Nachrichtendienst wußte schon seit langem über die Lage der V-1-Abschußrampen Bescheid. In den vergangenen sechs Monaten war die RAF 4710 Einsätze gegen diese Ziele geflogen. Der Kodename der Operation lautete ›No-Ball‹, eine Bezeichnung, die sowohl für die Missionen gegen die Rampen als auch ›gegen deren Lager- und Herstellungszentren‹ verwendet wurde. Unter den Piloten waren sie als ›Skipisten‹ bekannt. Da sie von Flugzeugabwehrkanonen wirkungsvoll verteidigt wurden, waren bereits 41 Maschinen abgeschossen und über 400 mehr oder weniger beschädigt worden. Die RAF verwendete für die Einsätze zweimotorige Mittelstreckenbomber vom Typ Mitchell. Im Gegensatz zu den Typhoon-Abfangjägern konnten sie Beobachter mitführen. Ende Juni erschien Ernest erneut im Hauptquartier des 98. Geschwaders in Dunsford und bat um die Erlaubnis, einen der Einsätze mitmachen zu dürfen.
Am vorgesehenen Tag herrschte klares Wetter, die Sichtverhältnisse waren gut. Ernest trug seine stahlumrandete Brille und schnallte das Kinnband seines Helms unter seinem Bart fest. In seiner RAF-Uniform, der Lederjacke und der Fallschirmausrüstung sah er riesenhaft aus, als er freudestrahlend auf den Geschwaderkommandeur Alan Lynn vom 139. herabsah. Nach den Reklamefotos kletterte er in den Kopilotensitz neben Lynn. Der Funknavigator des Bombers, C. Waardenburg Kees, ein Holländer, ließ in einem fort und mit geisterhafter Stimme einen Schwall von Anweisungen über die Bordverständigung los. Gegen Mittag stiegen sie in zwei Formationen von je sechs Maschinen auf. In weniger als fünf Minuten hatten sie das Land hinter sich gelassen. Der Kanal lag weit unten, eine graublaue Wasserwüste, runzlig wie Elefantenhaut. Dann waren sie plötzlich in der Nähe des Zielgebietes, einem Waldflecken zwischen einem Mosaik bebauter Felder in der Nähe von Drancourt. Der Boden um die ›Skipiste‹ sah von den Hunderten von Bombentrichtern wie von Pockennarben übersät aus. Als sie zum Zielanflug hinabgingen, explodierten rund um das Flugzeug schwarz die Geschosse der Flak. Als im Rumpf einer anderen Mitchell der Bombenschacht aufklappte und die Bomben hinabfielen, mußte

Ernest an eine große Katze denken, ›die rasch hintereinander sechs lange Metallkätzchen wirft‹. Die Stimme von Kees psalmodierte ständig: ›Bombardieren, bombardieren, bombardieren...‹ Dann machten alle sechs Flugzeuge in einem weiten Bogen kehrt und steuerten schnell, wie sie gekommen waren, wieder nach Dunsford zurück. Ernest war enttäuscht: alles war zu schnell vor sich gegangen. Er bat Lynn, in das Zielgebiet zurückzukehren, um die Auswirkungen der Bombardierung sehen zu können. Lynn weigerte sich. Der Flakbeschuß war zu schwer und das Risiko zu groß. Er hatte bereits über Kopfhörer vernommen, daß sie das Führungsflugzeug der zweiten Staffel verloren hatten.
Die nächsten zehn Tage nach seinem Abenteuer in der Mitchell unternahm Ernest keine weiteren Flüge. Er erzählte später, daß ihm ein RAF-Flugsanitätsoffizier wegen seines kaputten Kopfes Startverbot erteilte. ›Bürschchen, Sie können noch eine Woche haben‹, sagte der Arzt. ›Aber ich verdiene erschossen zu werden, wenn ich sie Ihnen gebe.‹ Inzwischen vertrieb er sich die Zeit damit, ein Gedicht für Mary Welsh zu schreiben. Ihre Beziehungen entwickelten sich zu seiner vollsten Zufriedenheit, und er sagte, er wolle ihr beweisen, daß sein Kopf, wenn schon nicht zum Fliegen, so doch zum Schreiben tauge.
Das Gedicht hieß ›To Mary in London‹. Wie die anderen Verse dieser Periode bestand es aus einer in freien Rhythmen verfaßten Mischung von Klage und Sehnsucht, Sentimentalität und harter Entschlossenheit. Das hing unmittelbar mit den gegensätzlichen Lebensweisen in Kuba und London zusammen. Er war nach zweijähriger U-Boot-Jagd in diese fremde Stadt gekommen und dachte an die ›Pilar‹, die in weiter Ferne vor Anker lag, deren Mannschaft sich verlaufen hatte und deren Ausrüstung ordnungsgemäß an die Behörden rückerstattet worden war. Er entsann sich der langen Nächte auf der Schiffsbrücke, als er die tropische See durchkreuzte und dabei das Krachen in seinen Kopfhörern vernommen hatte. Er erwähnte den Tag, an dem sie das feindliche Unterseeboot gesichtet und darauf Kurs genommen hatten. In diesem Augenblick hatten sie damals ›alle einen trockenen Mund, aber sie waren glücklich‹, und Wolfie Guest, ›dessen Wangenmuskeln zuckten‹, hatte dagestanden und gesagt: ›Papa, ich bin schon in Ordnung. Mach dir jetzt bloß keine Sorgen, Papa. Ich bin schon in Ordnung.‹ In London dagegen hatte er ›Heimweh und Sehnsucht‹ nach der See und nach seinen Leuten. Eine Wasserschildkröte habe sein Herz zerfressen, und seine Hoffnung sei auf ewige Zeiten in ›einer Sandbank, wo einen Monat zuvor Zackenbarsche gelaicht hatten‹, versunken. Statt seiner guten Kameraden auf der ›Pilar‹ habe er jetzt bloß diesen finsteren Bruder, seinen gräßlichen Kopfschmerz. Sein finsterer Bruder verließ ihn nie, außer in jenen kurzen Pausen im Flugzeug, wenn er den pulsierenden Schmerz für Momente durch die Kopfhörer ›egoistisch‹ zum Schweigen brachte, oder wenn Mary Welsh an seine Zimmertür im Dorchester kam.

Ein neuer Krieg

> Und sanft mit dem steckenden Schlüssel öffnete,
> und sagte: ›Darf ich hereinkommen?‹
> Und mit leiser Stimme und liebenswerter Art
> zur Hand und zum Auge kam,
> und dir das Herz, das fort war, wiederbrachte,
> um alle Einsamkeit zu heilen.

Diese Anwandlung von Selbstmitleid war zweifellos durch die ständigen Kopfschmerzen und durch Marthas mangelndes Mitgefühl nach seinem Autounfall zu erklären. Eines Tages kam sein Bruder Leicester ins Hotel und fand ihn, wie er niedergeschlagen aus dem Fenster starrte und murmelte, Martha habe ihn nur zweimal besucht, während er ›leidend und krank im Bett lag‹. Diese Stimmung hielt einige Monate an. In einem Brief bemerkte er im September, das Leben sei ihm, als er mit dem Mittelstreckenbomber auf Einsatz geflogen sei, gleichgültig gewesen. Aber je öfter er in 12 000 Fuß Höhe durch die dunklen Blitze des Flakfeuers flog, um so mehr wünschte er, zu überleben. Ende Juni, als er Einsätze in Mosquito-Jägern mitmachte, war die Erinnerung an Martha wie ein böser Traum verblaßt.

Es war beinahe Ende Juni, als Hemingway die schon oft ausgesprochene Einladung von Gruppenkapitän Wykeham Barnes annahm, das Mosquito-Jagdgeschwader 140 zu besuchen. Während der V-1-Kampagne der Nazis war die Einheit aus Gravesend in die RAF-Basis Thorney Island in der Nähe von Portsmouth verlegt worden. Von dort griffen sie in Tag- und Nachteinsätzen pausenlos die deutschen Nachschublinien vor dem Brückenkopf in der Normandie an. Am 28. Juni eskortierte John Pudney Hemingway in das Camp auf Thorney Island. Ernest trug einen ›äußerst schäbigen Kampfanzug der RAF, sehr abgerissen und schlecht sitzend, in dem er wie ein graublauer Bär aussah‹. Die neueste Spezialität des Geschwaders 140 interessierte ihn ausnehmend: es waren Angriffe auf die Hauptquartiere der Gestapo in verschiedenen Teilen des besetzten Europa. Diese Aufträge waren glänzend ausgeführt worden, oft in Baumhöhe, mit so präzisen Bombenwürfen, daß Wykeham Barnes' Name für den Fall seiner Gefangennahme ganz oben auf der ›Sonderliste‹ der Gestapo stand. Hemingway stellte lange Fragen über die Technik des Bombenzielwurfes aus niedriger Höhe bei Tag und Nacht und ließ durchblicken, er wolle noch einmal mitfliegen.

Wykeham Barnes nahm ihn am Nachmittag des 29. aus Gefälligkeit in seiner eigenen Mosquito EGX auf einen Übungsflug mit. Die leichte und schnelle Mosquito VI wurde ausschließlich als Zweisitzer gebaut, in dem der Pilot und der Funknavigator Schulter an Schulter saßen. Da Wykeham Barnes noch größer war als Hemingway, saßen sie einigermaßen gedrängt. Es sei ungefähr wie der Versuch eines Grizzlybären gewesen, in einen Austin zu steigen, meinte Ernest. ›Wir hatten den Flug angesetzt‹, sagte sein

Über den Ärmelkanal

Gastgeber, ›um ihm ein wenig die Erfahrung zu vermitteln, wie es in einem Funknavigatorsitz aussieht, und er drängte mich, die Rolle zu machen und mit der Mosquito ganz schön herumzufuhrwerken.‹ Der Pilot kam seiner Bitte nach, und vielleicht war es dieser Nachmittag überm Meer, der Ernest veranlaßte, für die Staffel das Motto ›Ad astra ad nauseam‹ zu ersinnen.

Kurz vor Mitternacht stiegen sie wieder auf. ›Es war eine mondlose, stockfinstere Nacht‹, sagte Wykeham Barnes.

Man hatte mir gesagt, ich dürfe Ernest nicht über Feindesland mitnehmen, und ich konnte in der Nacht und im Tiefflug ohne richtigen Navigator auch tatsächlich nicht weit kommen. Also hatten wir beschlossen, auf der englischen Seite des Ärmelkanals zu fliegen und uns umzusehen, ob es etwas Interessantes gebe. Und wirklich: wir fanden uns in einem Strom von V-1-Raketen wieder, die von den Deutschen auf Portsmouth abgefeuert worden waren.

Gegen Ende des Fluges von ihrer französischen Abschußbase machte die V 1 über 640 Kilometer pro Stunde, gute 50 Kilometer pro Stunde mehr als die Spitzengeschwindigkeit meiner Mosquito. Es war wirklich sehr schwierig, sie in der Nacht abzufangen. Bei der ersten versuchten wir, uns von oben heranzumachen und sie frontal im Sturzflug anzugreifen, wenn sie unter uns vorbeikam. Wir kamen aber den Geschützstellungen von Portsmouth zu nahe und gerieten, bevor wir noch einen Schuß anbringen konnten, in das massive Sperrfeuer der Verteidigungsstellungen. Ich feuerte eine kurze Salve in Richtung der V 1 und drehte ab, bevor wir die Sperrballone erreichten. Ernest schien an dem Feuerwerk von Explosionen um uns großen Gefallen zu finden und drängte mich, weiterzufliegen und uns die V 1 zu sichern.

Wir flogen im Kreis und sichteten zehn Minuten später abermals eine V 1. Ich war bereits in dem Zustand, der allen Leuten vertraut ist, die es mit Ernest zu tun haben: ich handelte gegen mein besseres Wissen. Meine Staffel war nicht mit der Zerstörung der V 1 beauftragt. Ich wußte, daß ich nur mit riesigem Dusel eine V 1 erwischen konnte. Ich wußte, daß Nachtjäger hinter mir her waren und daß ich Ernest aus allen Unannehmlichkeiten herauszuhalten hatte. Wenn man, besonders in der Nacht, eine V 1 hochgehen ließ, war es auch für einen selbst eine riskante Sache.

Auf die zweite V 1 stießen wir noch steiler hinab und kamen näher an sie heran. Ich mußte das alte Flugzeug wirklich bis zur äußersten Grenze beanspruchen, um wenigstens eine Zeitlang auf gleicher Höhe bleiben zu können. Ich rechnete mir aus, daß sie in Reichweite sein müßte, und verpaßte ihr lange Feuerstöße. Ich glaubte, an ihrem Tank eine Explosion gesehen zu haben, doch da waren wir schon wieder im Sperrfeuer von Portsmouth. Ich drehte in einem Wirrwarr von Suchscheinwerfern und intensivem Flakbeschuß ab. Als wir weiterflogen, gab es hinter uns einen riesigen Blitz,

Ein neuer Krieg

und das Flugzeug tanzte wie ein Blatt im Wirbelwind. Jemand hatte die V 1 erwischt, aber nicht uns. Wir flogen noch eine Runde und landeten dann. Ernest schien jeden Augenblick genossen zu haben.
Ich ging selten zu Bett, bevor mein letztes Flugzeug im Morgengrauen gelandet war. Wie üblich blieb ich in dieser Nacht im Kommandozelt. Unüblich daran war, daß Ernest mit anwesend war und sich mit mir unterhielt. Er gab eine Menge über psychische Spannungen und Belastungen von sich, über Mut und Furcht, die traditionellen Hemingway-Themen. Und obwohl er so intelligent war, wie man es erwartete (ich hatte alle seine Bücher gelesen und sagte ihm offen, wie sehr ich ihn bewunderte), neigte er dazu, einen härteren und abgebrühteren Standpunkt einzunehmen als wir Veteranen, die schon viereinhalb Jahre im Einsatz waren. Ich erinnere mich, daß ich das strenge Vorgehen der Amerikaner gegen Fälle von Nervenversagen und Müdigkeit im Kampf kritisierte. Ich zitierte den Fall eines Kapitäns einer Fortress, der zu einem gemeinen Soldaten degradiert worden war und am nächsten Tag als erste Arbeitstätigkeit genau die Fortress reinigen mußte, die er noch am Vortag befehligt hatte. Ernest pflegte weiterhin die rauhe Tour, und wir sagten ihm, er müsse das Ganze einmal mitmachen, um zu sehen, daß Männer mit der kürzesten Dienstzeit am tapfersten waren und so weiter. Das alles aber in guter Stimmung.
Bei Morgengrauen trennten wir uns und kehrten in unsere Zelte zurück. In zehn Minuten schlief ich fest. Ich traf Ernest zu Mittag im Messezelt. Er sah fürchterlich aus. Ich fragte ihn, ob er geschlafen habe, und er verneinte. Er war, seit wir uns verabschiedet hatten, die ganze Zeit an der Schreibmaschine gesessen. Er sagte, er schreibe gerne alles nieder, solange es frisch sei. Aber er sagte mir nie, was er in dieser Nacht geschrieben hatte.
Obwohl Ernest schon sechs Wochen in England war, stand ihm der erste Schritt auf normannischem Boden noch bevor. Einer seiner neuen Londoner Freunde, Wertenbakers Vetter George, war im Alter von 27 Jahren gerade Oberst geworden. Der Stützpunkt seiner R-47-Jagdstaffel lag jetzt in Isigny und verfügte auch über ein kleines, leichtes zweimotoriges Flugzeug, in dem sie Kriegsberichterstatter von und nach England transportieren durften. Anfang Juni flog Ernest in einer solchen Maschine über den Ärmelkanal und erschien bartlos und strahlend in der Villa Walton-Collingwood in Cherbourg. Den Verlust seines Bartes erklärte er damit, daß ihm sein Londoner Arzt endlich die Rasur bewilligt habe. Seinem Freund Walton, der wie geplant am D-Day über der Normandie abgesprungen war, brachte er die Post von einem ganzen Monat mit. ›Wir waren zu Ehren seiner Ankunft eine denkwürdige Korona beieinander‹, schrieb Collingwood. ›Zum Hinunterspülen gab es Kompaßflüssigkeit (reiner Alkohol) von der Marine, plus einigen Sprit, den wir in deutschen U-Boot-Vorratslagern, die tief in einem den Hafen beherrschenden Felsen verstaut waren,

erbeutet hatten ... Die Festlichkeiten wurden von einigen irischen Tiefseetauchern belebt, die den Hafen von teuflischen Minen ... und anderen Zerstörungseinrichtungen säubern mußten, die die Deutschen gelegt hatten. Sie blieben fast die ganze Nacht auf, tranken und sangen, schliefen sich einige Stunden am Boden aus und verschwanden dann unter der Oberfläche des gefährlichsten Gewässers der Welt. Sehr rauhe Burschen.‹

Eine Woche lang blieb Ernest bei seinen Landsleuten in Cherbourg. Er erzählte von seinen neuesten Erfahrungen in Wykeham Barnes' Mosquitos und prahlte wie üblich mit den rauhen Zeiten, die er bei den anderen Einheiten der Royal Air Force erlebt hatte. Er nahm an den Gelagen und dem Gegröle teil, als hätte er augenblicklich überhaupt keine Verpflichtungen auf der Welt, und das war im Augenblick auch wirklich der Fall. Jeden Morgen verließen die Berichterstatter ihre gemütliche Villa, gingen hinaus, um über den Krieg auf der Straße zu berichten, und kehrten bei Einbruch der Dunkelheit zu ihren Gelagen mit der Kompaßflüssigkeit zurück. Obwohl sich Ernest pflichtbewußt Notizen über die Panzertruppen und die Infanterieeinheiten machte, traf er nicht die geringsten Anstalten, sie auszuarbeiten. Nach einer Woche reiste er ebenso ruhig ab, wie er gekommen war, und war wieder im Dorchester anzutreffen, wo er seine Liebesaffäre mit Mary Welsh weiter vorantrieb. Am 17. Juli führte er sie zu einem Abschiedsessen ins White Tower, dem Schauplatz ihrer ersten Begegnung. ›Wundervoller Lunch mit Hemingway‹, schrieb sie in ihr Tagebuch, ›obwohl ich fürchterlich schläfrig war.‹ Dann überquerte er neuerlich den Kanal und beendete damit das Londoner Kapitel seines Lebens.

Rückkehr in die Normandie

Am 18. war Ernest wieder in der Normandie und meldete sich zunächst bei einer von General Pattons Panzerdivisionen. Der Staub, den die Panzer aufwirbelten, reizte seine Augen und seinen immer etwas empfindlichen Hals. Er machte eine kurze Eintragung in sein kleines Taschentagebuch: ›Dies war der Sommer des Staubs und des Schlamms. Auf den Landebahnen der Jäger stand man knöcheltief im Staub, und riesige Staubwolken schwollen an und machten dich blind und erstickten dich, wenn die P-47s ...‹ Hier brach die Eintragung ab. Aber es gab noch andere Ärgernisse als Pattons Panzer und Jagdflugzeuge. Dazu gehörte ein Korrespondenten-Kollege namens Nemo Canaberro Lucas, den Ernest schon von der ersten Begegnung an nicht leiden konnte. An seinem 45. Geburtstag am 21. Juli litt Ernest mehr denn je unter Hitze, Staub und Lärm. Während der Nachmittag dahinkroch, tröstete er sich mit dem Gedanken an ein kühles Bad und einen Long-Drink. Im Presse-Camp machte er die Entdeckung, daß sein Whiskyvorrat gerade noch für einen Drink reichte. Er goß den Whisky liebevoll in ein Glas, gab, um mehr davon zu haben, Wasser hinzu, stellte das Glas auf die Armlehne seines Camp-Stuhles, zog die Kampfstiefel aus und lehnte sich entspannt zurück. Er war nicht auf den schweißgebadeten und staubbedeckten Nemo Canaberro Lucas vorbereitet, der eben von der Tagesarbeit zurückkehrte. Als er an Ernests Stuhl vorbeikam, erblickte er das Glas, hob es an seine Lippen und leerte es in einem Zug. Dann fixierte er Hemingway mit einem durchdringenden Blick und bemerkte, als ob er tief erschüttert gewesen sei: ›Da war ja Wasser drin!‹ Ernest hätte ihn am liebsten umgelegt, und es gab Zeiten, da wünschte er, er hätte es getan. Noch bevor die erste Woche um war, hatte er von Pattons staubigen Panzern genug. Also beschrieb er das Erlebnis als ›Mißerfolg‹ und machte sich auf die Suche nach einer Einheit, die mehr seinem Geschmack entsprach.

Als nächstes Betätigungsfeld wählte er sich die 4. Infanteriedivision. Am 24. Juli erschien er im Presse-Camp der Division und bat, dem kommandierenden General vorgestellt zu werden. Man führte ihn zu dem Wohnwagen, in dem General Raymond O. Barton Quartier bezogen hatte. Barton, seit seinen Jahren in West-Point als Tubby bekannt, war ein untersetzter, kräftig gebauter Mann mit einem militärisch gestutzten Schnurrbart und lästigen Magengeschwüren. Das einzige, woran ihn der Name Hemingway erinnerte, war, daß sein Träger einmal Sportreporter gewesen war und daß er mit irgendwelchen Prominenten Faustkämpfe ausgetragen hatte. Barton hatte auf jeden Fall wenig Zeit. Seine Division stand am Vorabend einer großangelegten Offensive, bei der die Invasionsarmee bei St. Lô einen Durchbruch aus dem Brückenkopf unternehmen sollte. Ernest machte sich zu der Anlage auf, die Barton für die Korrespondenten eingerichtet hatte, und wurde von Hauptmann Marcus Stevenson, einem Propagandaoffizier der Division, unter die Fittiche genommen. Stevenson war ein Texaner, er hatte dem verstorbenen General Theodore Roosevelt jr. als Adjutant gedient und wurde von Barton als ›geeigneter Mann, um Ernie im Zaum zu halten‹ angesehen, um so mehr, als er Hemingways Vorliebe für die Tat und für die vordersten Linien teilte. Er hatte sich stolz mit einem Schnurrbart geschmückt, der Ernest an einen texanischen Sheriff erinnerte.

Unter Stevensons Führung wollte Ernest einmal die Offiziere, die unter Bartons Kommando standen, kennenlernen. Am 28. morgens, drei Tage nach Beginn des Durchbruchs, stattete er gemeinsam mit Ira Wolfert dem 22. Regiment einen Besuch ab. Es war in einem Bauernhaus, in der Nähe des Straßenweilers Le Mesnil-Herman untergebracht. Die verworrenen militärischen Operationen waren in ein entscheidendes Stadium getreten. Amerikanische und deutsche Truppen waren oft nur durch eine Hecke oder ein Wäldchen getrennt. Bei dem Vorstoß des vorhergegangenen Tages waren 16 Kilometer Boden gewonnen und 300 Soldaten gefangengenommen worden, und Infanteriepatrouillen drangen unentwegt weiter nach Süden vor. Der Julistaub dämpfte das Grün der umliegenden Hügel, und die Rastlosigkeit des Angriffsfiebers lag in der Luft. Oberstleutnant E. W. ›Lum‹ Edwards, der die Operationen leitete, war ›furchtbar beschäftigt‹, als der große grauhaarige Mann und sein kleinerer Gefährte aufkreuzten und baten, Oberst Charles Trueman Lanham sprechen zu dürfen. Der befand sich in ähnlicher fieberhafter Tätigkeit im Vorderzimmer des Bauernhauses, wo seine Generalstabskarten an der Wand hingen. Der große Mann murmelte seinen Namen und Beruf. Oberst Edwards nahm das Ersuchen zur Kenntnis.

Buck Lanham kommandierte das 22. seit fast drei Wochen. Er war klein, drahtig, braunäugig, ehemaliger Westpointer aus Washington, D. C., temperamentvoll, dynamisch, aufbrausend und vulgär. Lum Edwards erstattete ihm von den Besuchern Meldung. Einer davon sei Kriegsberichterstatter, der andere anscheinend ein Oberst Colliers aus Washington. ›Unser Respekt für die Besucher‹, sagte Lanham später, ›nahm in direktem Verhältnis zu der Höhe ihres Ranges ab. Aus diesem Grunde war ein Besucher aus Washington am unteren Ende der Skala. Ich ordnete Oberst Edwards an, die Herren hereinzubitten und wandte mich wieder meiner Karte zu.‹

Lanham war auf die riesenhafte Männergestalt vollkommen unvorbereitet, die sich sogleich durch die schmale Tür des Bauernhauses zwängte. ›Oberst Colliers?‹ fragte er, hob den Kopf und streckte ihm die Hand entgegen.

›Ich bin kein Oberst‹, sagte der Besucher. ›Ich bin Korrespondent für *Collier's*. Mein Name ist Hemingway.‹

›Sicherlich Ernest‹, sagte Lanham.

›Ja, ich heiße Ernest.‹

Lanham instruierte seine Besucher über die Operationen des Tages. Er war von der Schnelligkeit und dem Scharfsinn erstaunt, mit denen Hemingway militärische Informationen verarbeitete. Er schien einen angeborenen Sinn für das Kampfgeschehen und einen beinahe berufsmäßigen Instinkt für das Gelände zu haben. Seine Fragen waren klug und sein Benehmen ruhig und ehrerbietig. Das Gespräch verlief so angenehm, daß Lanham seine Besucher schließlich zum Lunch einlud. Er war selbst erfahrener Schriftsteller und hatte sich sogar manchmal schon als Dichter versucht. Während der Mahlzeit versuchte er mehrmals, das Gespräch auf die Literatur zu lenken. Hemingway benahm sich ›einfach, offen, liebenswürdig und ungekünstelt‹. Aber er lenkte von literarischen Fragen wieder auf andere Themen über. Es war deutlich zu merken, daß er nur über den Krieg sprechen wollte.

Während der nächsten neun Tage blieb Ernest bei seiner erwählten Einheit, die sich über La Denisière, Villebaudon, Hambye, Villedieu-les-Poêles und St.-Pois unentwegt in südlicher Richtung vorschob. Er fühlte

Ein neuer Krieg

sich offensichtlich in seinem Element. Alle Schüchternheit war von ihm abgefallen. Er nannte es ›eine rauhe, herrliche Zeit bei der Infanterie‹. Mary Welsh schrieb er nach London, daß das Leben, das er führe, erstaunlich vergnügt sei. Es würde geschossen und gekämpft, um kleine Hügel, entlang staubiger Straßen, in Hecken und vor Hecken, in Weizenfeldern und vor Weizenfeldern. Es gebe ausgebrannte feindliche Panzer, zertrümmerte Kraftwagen, erbeutete 8,8er und ›Tote‹ auf beiden Seiten. In einer von Oberst Lanhams Kompanien traf er auch einen Spanisch sprechenden Sergeanten, und sie wurden bald gute Freunde. Sie aßen viel zusammen, legten sich, egal wo sie gerade waren, zum Schlafen nieder, im Regen, am Boden, in Scheunen, in Bauernkarren. Ernest stand vor Morgengrauen auf, pflegte sich mit Seife und Waschlappen ›überall gründlich zu schrubben‹. Bei Tagesanbruch, wenn er im Taschenspiegel einen flüchtigen Blick auf sein Gesicht warf, lag der Staub bereits so dick auf seinen Wimpern, daß er seiner Meinung nach wie eine Debütantin aussah, die in ihre Augenschminke geweint hat.

Am 31. erwarb er in Villebaudon ein erbeutetes deutsches Motorrad mit Beiwagen sowie ein Mercedes-Benz-Cabriolet mit einer ziemlich ramponierten elektrischen Anlage und einem Geschoß in der Lenksäule. General Barton wies ihm aus den Reihen seiner Einheit einen Chauffeur zu. Der Soldat hieß Archie Pelkey, war 29 und schon in der Grundschule durchgefallen, stammte aus Potsdam in New York und hatte bis zu seiner Einberufung bei der Alcoa Aluminium in Massena gearbeitet. Er hatte rotes Haar und porzellanblaue Augen. Er hatte sich bei einem Unfall einen Vorderzahn ausgebrochen. Er reparierte den Mercedes und fuhr Ernest zum Motor Pool zurück, wo er das Auto frisch spritzen ließ. Als sie an Bartons Wohnwagen vorbeifuhren, erschien der General in der Tür, winkte ihnen zu und lächelte über die Neuerwerbung. Der erste August war klar, und es wehte eine kühle Brise – Ernests bevorzugtes Wetter. Nach dem Abendessen setzte er sich barfuß an einen Tisch und schrieb an Mary, während ein kleiner schlappohriger Hund selig an seinen Zehen kaute. Dann gesellte er sich ganz kurz zur abendlichen Pokerrunde. Als er sich wieder an seinen Brief setzte, war die Dunkelheit bereits hereingebrochen. Er versuchte, Mary das Geräusch entfernter Maschinenpistolen zu vermitteln: ›Trrat, trrat, wie ein Kätzchen, das schnurrt, aber hart und metallisch.‹

Nach diesem friedlichen Intermezzo kehrte er beinahe ausgehungert zum Kriegsgeschehen zurück. Am Morgen des 3. August erschien er mit Pelkey am Nordrand von Villedieu-les-Poêles, einem ansehnlichen Marktort, der in der Umgebung als die Stadt der Öfen bekannt war. Sie fuhren im Motorrad und transportierten Nachschub an Handgranaten. Die Artillerie beider Kampfparteien pflasterte die Hauptstraße mit ihren Geschoßen. Die Heckenschützen waren in Aktion. Viele Gebäude standen in Flammen, Wände krachten zusammen, Helfer waren mit den Verwundeten beschäf-

tigt, und die Kampfhandlungen bewegten sich langsam von Haus zu Haus weiter. Als die Amerikaner die Stadt nach und nach in ihre Gewalt bekamen, kam Ernest mit einigen Einwohnern ins Gespräch. Einer von ihnen sagte ihm, die vorrückende Infanterie hätte einen ganzen Keller voller SS-Leute übergangen, und bot sich an, ihn hinzuführen. Ernest bewaffnete sich und Pelkey mit Handgranaten und folgte dem Führer zum angegebenen Haus. Er schrie in Französisch und Deutsch die Kellertreppe hinunter, die versteckten Männer sollten sich ergeben und mit erhobenen Händen heraufkommen. Es kam keinerlei Antwort. Er schrie wieder hinunter, wieder mit dem gleichen Ergebnis. Er nahm drei Handgranaten und warf sie hinunter. ›O. K.‹, sagte er, ›teilt Euch das untereinander auf!‹ Es gibt keinen sicheren Hinweis dafür, daß sich in dem Keller tatsächlich deutsche Soldaten befanden. Sollten welche dort gewesen sein, konnte sich Ernest mit Recht damit brüsten, was er später auch tat, daß er eine Menge Nazis getötet hatte. Aber die Front rückte weiter, und Ernest sah nicht hinunter, um die Ergebnisse seiner Arbeit zu begutachten.
Die Franzosen waren überzeugt, er sei Offizier. Sie führten ihn zum Bürgermeister der Stadt, der ihm feierlich zwei Doppelliterflaschen Champagner überreichte. Er war eben zu seinem Motorrad zurückgekehrt, als Oberst Lanham in einem Jeep mit aufmontiertem Maschinengewehr die Hauptstraße hinuntergerast kam. Er hatte seine Aufgabe in der Stadt erledigt und befand sich auf dem Rückweg zu seinem Kommandoposten, der etwa einen Kilometer hinter den Linien lag. Etwas an der grauhaarigen Gestalt am Bürgersteig schien ihm vertraut. Es war der Korrespondent, mit dem er in der vergangenen Woche zu Mittag gegessen hatte. Er befahl seinem Chauffeur anzuhalten, und fragte Ernest, was er denn zum Teufel hier tue. Hemingway grinste und winkte. Er zog aus einer seiner Satteltaschen eine Flasche Champagner und überreichte sie Lanham. Dann erzählte er die Geschichte von den SS-Leuten im Keller. Deutsche in die Luft gehen zu lassen, war nicht eigentlich die Angelegenheit eines Kriegsberichterstatters, aber Lanham war zu beschäftigt, um das richtig wahrzunehmen. Als er, den Champagner in der Armbeuge wiegend, in seinem Jeep davonfuhr, stand Ernest immer noch an der Straßenecke, wippte wie ein Boxer auf den Fußballen und beobachtete die Befreiung der Stadt der Öfen.
Gegenüber Mary Welsh rühmte er sich, General Barton rechne bei den Aufklärungsoperationen in den Frontgebieten fest mit seiner Mitarbeit, bezeichne Ernests Motorrad schmeichelhaft als ›irreguläre Kavallerie‹ und versorge ihn mit Waffen und Munition. Mindestens einmal pro Tag, und zwar am Abend, wenn Barton hundemüde heimkomme und von seinem Magengeschwür gequält werde, liege der General ausgestreckt auf seinem Bett, um von Ernest Tips über die deutschen Truppenbewegungen in Empfang zu nehmen. ›Meistens spreche ich französisch‹, sagte Ernest, ›und frage, wo sie sind, und ob sie schon fort sind, und wie es vorne ist. Manchmal

Ein neuer Krieg

flüstere ich ganz leise.‹ Zwei Tage nach der Einnahme von Villedieu-les-Poêles brachte diese Erkundungstätigkeit Bartons ›irreguläre Kavallerie‹ beinahe in ernste Schwierigkeiten.
Die Division war jetzt nach Südosten, in das hügelige Ackerland rund um St.-Pois eingeschwenkt. Die drei Regimenter hatten sich auf einer breiten Front verteilt und waren zeitweise mehr oder weniger ohne Feindberührung, obwohl die deutsche Nachhut gelegentlich Patrouillen entsandte, um Bartons vordere Linien auszumachen. Bob Capa, der *Life*-Fotograf, war General Pattons Vierter Panzerdivision in der Nähe von Granville zugeteilt, das etwa zwanzig Kilometer entfernt lag. Ernest ließ ihn mit Bartons Erlaubnis in dem Mercedes für das Wochenende herüberkommen. Capa mußte dann auf den Soziussitz des Motorrads hinter Pelkey umsteigen, während Ernest im Beiwagen saß. Sie machten sich auf die Suche nach Oberst Lanhams Hauptquartier.
Das Dorf St.-Pois bestand aus einem Gewirr von grauen normannischen Häusern mit schwarzen Dächern. Es gab einen Herrensitz, der Château de Saint-Pois hieß, und eine einzige Kirche mit einer beschädigten Turmspitze. Die Hauptstraße war eine ungepflasterte Dorfstraße, die zwischen Hügeln eingebettet nach Süden führte. Lanhams Hauptquartier lag irgendwo an einer rechten Seitenstraße dieser Dorfstraße. Irgendwie verpaßten sie die Abzweigung und standen plötzlich hinter einer Kurve am Fuße des Hügels vor einer deutschen Panzerabwehrkanone. Pelkey stoppte das Motorrad mit kreischenden Bremsen, und sie warfen sich alle in die Gräben. Ernest landete so unsanft am Boden, daß er mit dem Kopf und dem Rücken gegen einen Felsblock schlug. Die Deutschen eröffneten das Maschinengewehrfeuer auf das verlassene Motorrad, und die Amerikaner duckten sich tief in die Gräben. Fast zwei Stunden lang konnten sie die deutschen Patrouillen hören, die vor den Hecken auf und ab gingen und sich miteinander unterhielten. Sie hatten die Maschinenpistolen im Anschlag, um bei der geringsten Bewegung loszuballern. Als sich die Panzerkanonen zurückzogen, war die Dämmerung bereits hereingebrochen. Ernest und seine Gefährten krochen zurück um die Kurve und machten sich wieder auf die Suche nach Lanhams Regiment. Capa und Hemingway stritten erbittert miteinander. Ernest beschuldigte Capa, er sei in einem Graben an der anderen Straßenseite außerhalb der Schußlinie der Deutschen auf der Lauer gelegen und habe es nur darauf abgesehen, das erste Foto vom Leichnam eines berühmten Schriftstellers zu schießen.
In der Schilderung, die Ernest am nächsten Tag Mary Welsh gab, hieß es, daß die fröhliche Zukunft, die sie beide geplant hatten, ›vorübergehend‹ auf die lange Bank geschoben werden müsse. Er sei ›von einer Panzergranate niedergeworfen‹ und dann von dem Maschinengewehr eines Panzers und von zwei Soldaten mit Maschinenpistolen beschossen worden. Die Deutschen hätten sich in drei Meter Entfernung, auf der anderen Seite

einer Hecke, miteinander unterhalten und dabei auch ziemlich respektlos von Marys großem Freund gesprochen, den sie für tot hielten. Ernest hatte das Motorrad gerettet, aber es war derart zerschossen, daß sie es abschleppen mußten. Er schrieb, daß er sich eine Rückenverletzung zugezogen habe und Blut uriniere. Aber das Schlimmste von allem war die neue Beule am Kopf. Er war erst vor kurzem die Kopfschmerzen von seiner Gehirnerschütterung im Mai losgeworden. Jetzt seien sie wieder rachsüchtig zurückgekehrt. Außerdem sehe er doppelt. Später behauptete er sogar, er sei nach dem Unfall in St.-Pois einige Monate impotent gewesen. Was auch immer davon der Wahrheit entsprach, eines ist sicher: er versuchte, seine neue Liebe, Mary Welsh, mit der Großartigkeit seiner Taten zu beeindrucken, und er züchtete den Keim der Wahrheit so lange in seinem Privatlaboratorium, bis er zu Überlebensgröße heranwuchs.

An dem ruhigen Sonntagmorgen, der auf den Unfall folgte, fuhr Ernest mit Willie Walton nach Mont St.-Michel zu einem kurzen Urlaub. General Barton schmeichelte ihm beim Abschied, als er ihm eine Flasche Bourbon überreichte, und versicherte, man werde ihn persönlich und offiziell sehr vermissen. Ernest wollte sich, wie er Mary Welsh sagte, verkriechen und einige Tage ›in der alten Behausung von Henry Adams‹ schreiben. Den liebgewordenen Geruch des Meeres in der Nase, überquerte er den schmalen Damm. Es war Ebbe, und die riesige Sandwüste lag graugolden im August-Sonnenlicht, das die Türme und Türmchen des alten Klosters am Gipfel des kleinen Berges vergoldete. Die Insel war erst vor kurzem von Pattons westlich ziehenden Streitkräften befreit worden, und der Zutritt war nur Generälen und Kriegsberichterstattern gestattet worden. Aber die Offiziere waren mit der Einnahme der Bretagne beschäftigt, so daß die Korrespondenten die Insel fast ganz allein für sich hatten. Die Souvenirläden und Hotels an der kopfsteingepflasterten steilen Dorfstraße waren geschlossen und verwüstet. Hemingway und Walton quartierten sich in einem der wenigen offenen Hotels ein, dem Hotel de la Mère Poularde, das den Krieg am besten überstanden hatte. In ihrer Gesellschaft befanden sich außerdem Wertenbaker, Wolfert, Helen Kirkpatrick, A. J. Liebling, Charles Collingwood und Bob Capa.

Für den jungen Collingwood war es ein außergewöhnliches Intermezzo. Liebling hatte, als eingefleischter Gourmet, ›mehr oder weniger die Verantwortung für die Küche‹. Hemingway suchte die Weine aus und kümmerte sich ›auf galante Weise um die Patronne, Madame Chevalier, die ganz wunderbare Flaschen hervorholte, die vor den Deutschen versteckt gehalten worden waren‹.

Wie schon in Cherbourg gingen die Korrespondenten tagtäglich hinaus, um über den Krieg auf der Straße zu berichten. Buck Lanhams 22. Infanterieregiment lag jetzt in der Nähe von Juvigny und Mortain – südlich von St.-Pois und etwa fünfzig Kilometer östlich von Mont St.-Michel. Als

Ein neuer Krieg

Ernest Anfang der Woche hinüberfuhr, bemerkte er mit Staunen, daß Lanhams Hauptquartier sich jetzt in einem Gebäude eingerichtet hatte, das weitaus hübscher war als die Bauernhäuser vorher: es war ein schmuckes normannisches Schloß, Château Lingeard, das auf einem Hügel über einem breiten Tal lag. Das Küchenpersonal plante zur Feier von Lanhams 20. Hochzeitstag ein Festessen, bei dem gebratene Gans und ein großer Kuchen aufgetischt werden sollten. Aber Ernest lehnte die Teilnahme ab. Er schien nervös und ruhelos. Etwas an Lanhams Hauptquartier kam ihm faul vor. Am Abend fuhr er nach Mont St.-Michel zurück.
Am nächsten Tag brach die Hölle los. Deutsche Panzer drangen in einer mächtigen Gegenoffensive durch die Mortain-Lücke bis zurück nach Avranches vor. Die Kriegsberichterstatter blieben, wo sie waren und beobachteten vom Klosterdach am Gipfel des kleinen Berges die Schlacht durchs Fernrohr. Weiter im Osten gelangte das Château Lingeard unter schweren Beschuß deutscher Artillerie. Die Granaten krachten durchs Dach und explodierten auf dem kopfsteingepflasterten Hof. Mehrere Offiziere wurden getötet und viele verwundet, darunter auch Oberst Lanham. Das Jubiläumsessen wurde daraufhin abgeblasen. Am 10. wurde das Regiment in eine neue Stellung, 45 Kilometer weiter südlich, abkommandiert. Die Gegenoffensive war rasch abgeriegelt, und die Deutschen zogen sich nach Osten zurück. Als Ernest nach einigen Tagen Suche wieder zum 22. Regiment stieß, erinnerte ihn Lanham an seine Unruhe im Château Lingeard. Warum hatte er die Einladung abgeschlagen und war in solcher Eile davongefahren? ›Der Platz stank nach Tod‹, sagte Ernest. Irgendwo in seinem Unterbewußtsein hatte sich eine Vorahnung bemerkbar gemacht.
Alles, was er in diesem Sommer für *Collier's* schrieb, war eine Mischung aus persönlicher Beobachtung und dem Material, das er aus verschiedensten Quellen auswählte. Keine seiner Depeschen war wirklich exakt. Er schien mehr mit dem Eindruck, den die Dinge auf ihn machten, beschäftigt als mit den Tatsachen. Er ersann Dialoge wie ein Romanschriftsteller. Wie in seinen NANA-Depeschen aus Spanien ließ er oft die Namen seiner Gefährten aus, wodurch man immer den Eindruck gewann, er sei bei verwegenen Heldentaten allein gewesen. Er arbeitete manchmal sein vorbildliches Verhalten gegenüber dem schändlichen und feigen Benehmen anderer scharf heraus. Er komprimierte immer, verkürzte, dramatisierte über Gebühr. Während seines Aufenthaltes in Mont St.-Michel schrieb er einen Artikel, ›Der General‹, der auf seiner Freundschaft mit General Barton basierte, aber mit erfundenen Dialogen abgefaßt war. So wie er seinen Artikel über den D-Day Roald Dahl gezeigt hatte, bat er jetzt Charles Colingwood ziemlich schüchtern um ein Urteil über den ›General‹. ›Damals war ich ein sehr junger und sehr kecker Korrespondent‹, sagte Collingwood, ›und beging den Fehler, mir einzubilden, daß er meine Meinung wirklich wissen wollte ... Also sagte ich ihm, es sei mir wie eine Parodie auf Ernest

Hemingway vorgekommen. Ich glaube nicht, daß er noch einmal das Wort an mich gerichtet hat, bis wir in Paris ankamen.‹

Aber nichts konnte Ernest sein echtes Vergnügen am Krieg in Frankreich nehmen oder einschränken. Seine Ansichten waren nicht sonderlich von denen entfernt, die Evelyn Waugh in ›The End of the Battle‹ ausgesprochen hatte: ›Selbst gute Menschen glaubten, ihre Ehrsucht im Krieg befriedigen zu können. Sie hatten die Möglichkeit, ihre Männlichkeit zu bestätigen, wenn sie töteten oder getötet wurden. Sie nahmen als Ausgleich für frühere Faulheit und Egoismus bereitwillig jede Mühsal auf sich. Gefahr rechtfertigte einen privilegierten Status.‹ Die immer gegenwärtige Gefahr an der vordersten Front rechtfertigte für Hemingway tatsächlich die Privilegien, die er für sich in Anspruch nahm. Sie waren im Beisein von Berufssoldaten, deren Erfahrung und Mut er bewunderte und verehrte, ziemlich bescheiden und wurden immer weniger bescheiden, je weiter seine Abenteuer zurücklagen und aus der Distanz heroischere Dimensionen annahmen. ›Ich liebe den Kampf‹, sagte er oft im Kreise seiner Busenfreunde, aber er fühlte sich gewöhnlich verpflichtet hinzuzufügen, daß dies ein ›niederträchtiges Eingeständnis‹ sei. Dennoch reizte irgend etwas beim Töten eines Feindes seine Männlichkeit, besonders dann, wenn er selbst in Gefahr war. Als leidenschaftlicher Verfechter der mit Töten verbundenen Jagd hatte er in Tanganjika oder Wyoming sein ganzes Leben als Erwachsener hindurch das ›ästhetische Vergnügen und ein Gefühl von Stolz‹ gekannt, die dem ›sauberen Töten‹ entspringen. Er hatte in den zehn Jahren vor dem Erscheinen von ›Tod am Nachmittag‹ nicht umsonst dem Töten von 1500 Stieren zugesehen. In diesem Buch hatte er sogar behauptet: ›Wenn ein Mensch sich noch in Rebellion gegen den Tod befindet, macht es ihm Vergnügen, den Tod zu verursachen.‹ Für jene Menschen, die Genuß am Töten fänden, wäre dieser Genuß der ›allerstärkste‹. In Ernests Denkschema war er mit Stolz verbunden, ›eine Sünde für den Christen, aber auch eine heidnische Tugend‹. Während des Krieges war Tod auch mit dem Haß verbunden, der ebenfalls zu den sieben Todsünden gehörte. Einige Jahre später bemerkte Ernest Bernard Berenson gegenüber, es sei zweifellos eine Sünde, das Töten zu lieben, selbst wenn es sich bei den Opfern um Deutsche handle. Er sei trotz seines Spitznamens Hemingstein ›kein Jude‹; er habe auch nicht direkt unter dem Zugriff Hitlers oder Mussolinis zu leiden gehabt. Dennoch habe er die Nazis und die Faschisten aber so sehr gehaßt, daß es ihm tatsächlich Spaß bereitet habe, sie zu töten. Seiner Ansicht nach sei seine Hauptaufgabe in Frankreich, Belgien und Deutschland gewesen, über die Position der feindlichen Streitkräfte rechtzeitig möglichst viele Informationen zu gewinnen, um damit das Leben eigener Landsleute retten zu helfen. Er habe das ganz gut zuwege gebracht, und sein Gewissen bereite ihm wegen des Tötens niemals Schwierigkeiten.

Die Straße nach Paris

Als nächster Programmpunkt stand die Befreiung von Paris auf der Tagesordnung. In der dritten Augustwoche trennte sich Hemingway von der 4. Infanteriedivision und wurde von Red Pelkey in dem Jeep, den ihm General Barton zur Verfügung gestellt hatte, in Richtung Süden gefahren. Am Sonntag, den 20. August nachmittags traf ihn Oberst David Bruce vom OSS im Hauptquartier der 5. amerikanischen Infanteriedivision außerhalb Chartres an. Sie vereinbarten für den selben Abend ein Treffen in Rambouillet, einem freundlichen Städtchen im Hügelland, an der schicksalhaften Straße nach Paris.
Ernest hatte nach einem aufregenden Wochenende, das er mit Aufklärungsoperationen verbracht hatte, bereits eine Nacht in Rambouillet geschlafen. Am 18. war er aus Ecouche auf halbem Weg nach Chartres und Rambouillet in die Stadt Maintenon gekommen. Man hörte, daß die 5. Infanteriedivision weiter vorstoßen und die 7. Panzerdivision einziehen würde. Ernest wollte unbedingt herausfinden, welche von beiden zur Befreiung von Paris vorrücken würde, weil er sich einer von ihnen Kolonnen anschließen wollte. Es gelang ihm aber nicht, es in Erfahrung zu bringen. Am nächsten Morgen orteten Pelkey und er das 2. Infanterieregiment in einer waldigen Gegend außerhalb Maintenons. Man verwies sie an einen Regimentsaußenposten bei Epernon, das einige Kilometer näher bei Paris lag. Hier kam Ernest zum ersten Mal mit zwei Lastautos voll Maquisards in Berührung, die von einem müde aussehenden ›Kommandanten‹ namens Tahon Marceau befehligt wurden. Seine Männer hatten sich wegen der Augusthitze bis zum Gürtel nackt ausgezogen und waren mit zwei automatischen Gewehren und Luger-Pistolen bewaffnet. Sie versicherten Hemingway, die deutsche Infanterie habe vor der Morgendämmerung Rambouillet, die nächste Stadt in Richtung Paris, verlassen. Sie machten ihn jedoch darauf aufmerksam, daß der Feind am südlichen Stadtrand eine Straßensperre aus gefällten Bäumen errichtet hatte. Er begleitete die Maquisards auf der glatten Asphaltchaussee nach Rambouillet. Wie sie gesagt hatten, war neben einer hohen Parkmauer eine Straßensperre errichtet. Große Platanen lagen gefällt quer über die Straße. Zwei zertrümmerte Jeeps und ein zerstörter Lastwagen markierten die Stelle, wo eine amerikanische Patrouille überfallen und niedergemacht worden war. Die sieben Opfer waren in einem nahegelegenen Feld begraben worden. Uniformteile hingen im Gestell des Lastwagens. In den Gräben lauerten zwei ferngelenkte deutsche Panzer, ›sie wurden über Drahtleitungen gesteuert, die zu der Straßensperre führten. Wenn jetzt eine Kolonne Panzer die Straße heruntergekommen wäre, so hätten sie von vorne und von der Flanke angegriffen.‹ Unter den gefällten Baumstämmen hatten die Deutschen vierzig Minen gelegt, die sie aus dem überfallenen Lastwagen erbeutet hatten.

Die Straße nach Paris

Tahon Marceau war überzeugt, daß sich der Feind in Richtung Chevreuse und Trappes zurückgezogen hatte, und daß das 2. Infanterieregiment nach Rambouillet vorstoßen sollte. Ein bulliger, lustiger Leutnant namens Irving Krieger von der Panzerabwehrkompanie des Infanterieregiments begann jetzt mit der systematischen Entschärfung des Minenfeldes. Die halbnackten Partisanen zogen die amerikanischen Arbeitsuniformen an, die sie im Lastwagen gefunden hatten, und Hemingway ›befehligte‹ eine Patrouille, die in die Stadt vorstieß. Sie durchstreiften die Gassen und kundschafteten die Straßen im Umkreis aus, ohne eine Spur von den Deutschen zu finden. Aber die Landbevölkerung berichtete von einer ansehnlichen Massierung des Feindes in nächster Nähe: 800 Mann, 4 Geschütze, 8 Panzerabwehrkanonen und 15 Tiger-Panzer. Ernest gab Krieger den Rat, die Minen wieder auszulegen, falls die Deutschen wieder zurückkehren sollten.

Die Aussicht, die Nacht in Rambouillet mit nur acht leichtbewaffneten Maquisards gegen eine solche deutsche Übermacht zu verbringen, war nicht sehr verlockend. Ernest fuhr ins Divisionshauptquartier zurück, um zu versuchen, von General Red Irvin einige Maschinengewehre für die Verteidigung der Stadt zu bekommen. Er kehrte wütend mit leeren Händen zurück und war mehr denn je entschlossen, Rambouillet zu halten. Glücklicherweise zog im Laufe des Abends der 5. Aufklärungstrupp unter Leutnant M. S. Peterson in das Stadtzentrum ein. Patrouillen schwärmten in den Straßen in Richtung Osten aus, mit dem Befehl, feindliche Infanterie anzugreifen, sich aber vor deutschen Panzern zurückzuziehen. Aber sie kamen mit den Deutschen gar nicht in Berührung. Am Morgen des 20. kehrte Ernest zum Gefechtsstand der 2. Infanteriedivision zurück, um für Peterson frischen Nachschub zu besorgen. ›Diesmal bekam er Hilfe und genügend Waffen, um damit seine Maquisards auszurüsten.‹

Er legte sich auch einen Gefechtsstand zu. Dort, wo die Straße von Epernon in einer sanften Linkskurve in die Stadt Rambouillet hineinführte, stand ein quadratisches, dreistöckiges graues Stuckgebäude mit einem Schieferdach und einem ländlichen Wetterhahn darauf. Es war das Hotel du Grand Veneur. Dahinter lag ein Garten mit Apfelbäumen, und man konnte das Summen der Bienen bei offenem Fenster hören. Der Patron hatte seinen exzellenten Weinkeller irgendwie über die schlechten Zeiten gerettet und schenkte der Qualität des Essens, das er servierte, die typisch französische Aufmerksamkeit. Hier richtete sich Ernest am Morgen des 20. in zwei Zimmern wohnlich ein und setzte seine Bemühungen fort, als Verbindungsmann zwischen den lose operierenden Patrouillen der Maquisards und den Divisionshauptquartieren weiter südlich zu fungieren.

Als am gleichen Tag Oberst Bruce auftauchte, standen nominell zehn Partisanen unter Ernests Kommando. ›Wir waren hocherfreut, ihn zu sehen‹, schrieb Bruce. ›Agenten und Patrouillen pflegten mit Berichten – einige davon widersprachen einander – hereinzustürzen. Aber alle ließen darauf schließen, daß die Deutschen etwa 12 Kilometer vor uns entlang der Straße Minen legten. Es waren schätzungsweise 150 Mann. Da sich in Rambouillet keine amerikanischen Truppen befanden, waren Hemingway und die Franzosen mehr oder weniger zu der Überzeugung gelangt, daß die Deutschen die Stadt noch in dieser Nacht wieder zurückerobern wollten. Wir unterzogen den einzigen deutschen Kriegsgefangenen, den wir finden konnten, einem strengen Verhör. Entweder wußte der Mann nichts oder er war ein guter Schauspieler, so daß wir ihn wieder den Franzosen überließen, die ihn, wie er ganz fest überzeugt war, hinrichten würden.‹

Als rangältester Offizier in der Stadt arbeitete Oberst Bruce einen Verteidigungsplan aus, verschaffte sich Nachschub an deutschen Handgranaten vom amerikanischen Regiment in Maintenon und sicherte sich die Zusagen des Führers der Resistance, daß er zur Unterstützung dreißig bis vierzig Mann auf die Beine stellen würde. Er hielt mit Major James W. Thornton eine Lagebesprechung ab. Die insgesamt verfügbare Mannschaftsstärke belief sich auf etwa dreißig Amerikaner, darunter zwei betrunkene Angehörige der Fallschirmtruppen ohne Urlaubserlaubnis, zehn Männer der Resistance und vierzehn Gendarmen. Es gab auch einige Maschinengewehre. Thornton sorgte dafür, daß die Straßen, die nach Paris führten, bewacht und alle Bewegungen der Deutschen sofort gemeldet wurden. Ernest sicherte seine Hilfe zu. Da die Genfer Konvention Kriegsberichterstattern das Tragen von Waffen untersagte, bat er Oberst Bruce um einen handgeschriebenen Befehl, der sein Kommando über die Maquisards bestätigen sollte. Thornton und Hemingway postierten die verfügbaren Kräfte an zwei Punkten knapp außerhalb der Stadt. In der folgenden Nacht, in der es schwer regnete, gab es mehrmals Alarm. Eine deutsche Patrouille hatte Thorntons Stellung ausgemacht, kam aber nicht näher heran. Bruce hatte die Parole ›France Orleans‹ vereinbart. Sie wurde flüsternd von einem zum andern weitergegeben.

Es hatte sich mittlerweile das Gerücht verbreitet, die Generäle Eisenhower und Bradley würden aus diplomatischen Gründen der 2. Französischen Panzerdivision unter General Jacques Leclerc den Vortritt bei der Befreiung von Paris lassen. Die Berichterstatter strömten in Scharen in Rambouillet zusammen, wo sie Hemingway vorfanden, der sich im Grand Veneur einquartiert hatte und anscheinend eine Truppe von Maquisards befehligte. Da er keine Depeschen zu verfassen schien und da er oft in Hemdsärmeln arbeitete und dabei seinen Waffenrock mit den Korrespondenten-Aufschlägen im Hotel ließ, glaubten viele seiner Kollegen, er habe die Genfer Konvention schamlos verletzt. Die wenigen, denen es gelang, einen Blick in seine Zimmer zu erhaschen, berichteten, er habe sich ein kleines Arsenal an Handgranaten, Minen, Maschinenpistolen und Pistolen angelegt. Ernest fühlte sich auch überlegen genug, um einigen seiner Kollegen anzudeuten, daß alle außer ihm besser zu Hause geblieben wären. Als sich der 1,80-m-Mann Bruce Grant aus Chicago im überfüllten Speisesaal des Hotels lautstark über die Rücksichtslosigkeit Ernests beschwerte, der zuviel Raum für sich in Anspruch nehme, hagelte es Fausthiebe, bis jemand die beiden Streithähne trennte. Aber Ernest scherte sich einen Dreck um solche Anschuldigungen. Er besaß handgeschriebene Befehle, trug ein schwarzes Notizbuch in seiner zugeknöpften Hemdtasche und konzentrierte sich jetzt uneingeschränkt darauf, sämtliche Informationen zusammenzutragen, die General Leclerc seiner Meinung nach bei dem bevorstehenden Vorstoß nach Paris nützlich sein könnten.

Obwohl das Hotel du Grand Veneur nach wie vor überfüllt war, besagte Oberst Bruces Eintragung von Montag, dem 21. August, daß ›unsere in der Stadt liegende Streitmacht sich heute rasch zerstreut hat. Da die Entscheidung gefallen ist, daß die amerikanischen Truppen nicht auf diesem Weg nach Paris vorstoßen werden, stoben die Berichterstatter und anderen Fachleute in alle Richtungen auseinander. Hemingway hält mit uns die Stellung, und wir schicken entlang aller Straßen kleine Patrouillen aus. Es ist zum Verrücktwerden, nur dreißig Meilen von Paris entfernt zu liegen, jede Stunde irgendeinen Franzosen, der gerade von dort gekommen ist, auszufragen, und hören zu müssen, daß selbst ein sehr kleiner Kampfverband mit Leichtigkeit einziehen könnte, und zu wissen, daß man unsere Armee zum Stillhalten gezwungen hat – und aus welchem Grund? Gestern sollen die Resistance-Leute, als sie hörten, daß wir in Versailles stehen und gegen Paris vorrückten, vorzeitig losgeschlagen und angeblich beträchtliche Verluste erlitten haben.‹

Ernest brüstete sich später, daß seine Kundschaftertätigkeit ›direkt aus dem Lehrbuch von Mosby‹ gestammt haben könnte. Er stellte einmal sogar die unglaubwürdige Behauptung auf, daß er am 23. August die ›gesamte militärische Disposition der Krauts‹ einschließlich der Stellung aller Straßensperren, Minenfelder, Radars, Fliegerabwehr, Panzerabwehr und Artillerie zwischen Rambouillet und den südlichen Randbezirken von Paris erkundet habe. Er kannte auch die Anzahl und den Standort aller Panzer und ergänzte seine Notizen jede halbe Stunde. Trotz aller Übertreibungen dürfte er in Rambouillet recht gute Arbeit geleistet haben. ›Ernest dramatisierte seine Taten gerne‹, schrieb Bruce, ›und er hatte tatsächlich allen Grund dazu. Er war in militärischen Angelegenheiten wirklich sachkundig, insbesondere in Sachen Partisanenoperationen und Nachrichtenwesen. Obwohl durch und durch tapfer, war er genügend vorsichtig, um gegen unerwartete und unorthodoxe Verhaltensweisen des Feindes Präventivmaßnahmen zu ersinnen und zu ergreifen. Er besaß echten Kundschafterinstinkt ... Nach einigen Tagen wurde Ernests Freischärlertruppe mit Neuzugängen aufgefüllt, denen wir Handgranaten und einige automatische Gewehre überließen. Sie waren rege, furchtlos und lieferten manchmal

wertvolle Nachrichten, aber das Material bekamen wir von den Dorf- und Landbewohnern zwischen Rambouillet und Paris.‹
Am 21. nachmittags zog Oberst Bruce in eines der Hotelzimmer und begann eine Reihe von Vernehmungen. Vom nachrichtendienstlichen Standpunkt konnte Michel Pasteau als wichtigste Person von allen, mit denen er sich damals beschäftigte, angesehen werden. Sein Deckname lautete Mouthard. Er war ein großer Mann mit blauen Augen, Hühnerbrust und sich lichtendem rotem Haar, der einige Jahre in Abessinien und Französisch-Somaliland verbracht hatte und jetzt ›ein vertrauenswürdiger Agent von Oberst Passys Geheimorganisation‹ geworden war. Bruce und Pasteau hatten einander zufällig nach der Einnahme von Chartres kennengelernt, und Pasteau war sogleich bereit gewesen, sich Oberst Bruce anzuschließen. Er war gelernter Ingenieur, hochgebildet und sachlich, hatte einige Bücher Hemingways gelesen, mochte ihn und kam gut mit ihm aus, obwohl er als berufsmäßiger Nachrichtenoffizier nicht gerade ›begeistert von den schlampigen Methoden der Informationsauswertung durch die Maquisards‹ war.
Bruce und Pasteau fanden beide, daß Hemingway sowohl in der Befragung als auch in der Auswertung dessen, was er erfahren hatte, außerordentlich geschickt war. An jenem Nachmittag hörten sie alle einem Mann zu, der die Deutschen in der vergangenen Nacht beim Legen eines Minenfeldes beobachtet hatte und dessen Lage natürlich genau kannte. Ein anderer hatte am gestrigen Aufstand in Paris teilgenommen. Ein dritter hatte die vergangene Nacht in Trappes verbracht. Zwei Elsässerinnen wurden hereingeführt, denen vorgeworfen wurde, mit Deutschen geschlafen zu haben. Irgend jemand denunzierte eine Frau, die im Hotelgarten spazierenging, als die ehemalige Geliebte eines hohen Pariser Gestapooffiziers. Ein Franzose fuhr mit seiner Frau und drei deutschen Gefangenen vor, die, von einem jungen Mann mit einem leichten Maschinengewehr bewacht, stocksteif auf den Rücksitzen saßen. ›Ein sehr junger Pole desertierte von einer deutschen Panzereinheit. Er vergrub seine Uniform und seine Maschinenpistole und kam in Unterzeug und Hose, die er in einem bombardierten Haus gefunden hatte, in die Stadt. Er brachte eine Menge Nachrichten, und wir ließen ihn in der Hotelküche arbeiten.‹ Ein alter Mann, den Ernests Jeep zehn Kilometer nördlich der Stadt aufgelesen hatte, brachte vollständige Informationen über ein Minenfeld und eine Panzerabwehrstellung auf der Straße kurz hinter Trappes. Da er zu alt war, um sich wieder hinauszuwagen, ›schickten sie ihn in die Küche. Dort bewachte er den kleinen Polen.‹
Während der Patrouillenfahrten trug Red Pelkey ununterbrochen zu Hemingways Belustigung bei. Er hatte bis zum D-Day kein Wort Französisch gesprochen. Jetzt, zehn Wochen später, behauptete er, er habe sein Englisch vollständig vergessen. Außerdem zog er seinem Taufnamen Archie, der ihm mißfiel, den Spitznamen Jim vor, den ihm die Maquisards

verliehen hatten. In der Sergeantenuniform, die er sich widerrechtlich angeeignet hatte, begann er mit einem Lächeln, das die Zahnlücken bloßlegte, nördlich von Rambouillet das Marschlied des Haufens anzustimmen:
>   Dix bis Avenue des Gobelins,
>   Dix bis Avenue des Gobelins,
>   Dix bis Avenue des Gobelins,
>   Da wohnt mein kleiner Bumby.

Das Lied stammte aus dem Jahre 1925. Ernest und Hadley hatten es ihrem kleinen Sohn beigebracht, damit man ihn wieder in die Wohnung von Madame Rohrbach, seinem Kindermädchen, zurückführen könne, falls er einmal verlorengehen sollte. Die Maquisards brannten vor Ungeduld, nach ›Paname‹ hineinzukommen. Der Name versetzte Pelkey in Ratlosigkeit, da er nicht wußte, daß Paris im Ganovenjargon der Teufelsinsel so hieß. Pelkey selbst war nur darauf versessen, in die Avenue des Gobelins zu kommen, einem imaginären Punkt jenseits des nördlichen Horizonts.

Die wichtigste Frage war nach wie vor, wann der große Einmarsch beginnen würde. Oberst Bruce trug am 22. einige Ereignisse und Spekulationen des Tages in sein Tagebuch ein. General Pattons Armee war seit mehreren Tagen zur Besetzung von Paris bereit. Zwei seiner Divisionen standen jenseits der Seine und rückten nach Norden vor. Man munkelte bei der Truppe, daß man mit der Befreiung bis zur Ankunft Franklin Roosevelts warten würde. Der Präsident hatte vor, höchstpersönlich an der Spitze der Truppen in die Stadt einzumarschieren. Anderen Gerüchten zufolge hieß es, daß General Bernard Law Montgomery, dem es nicht gelungen war, das Gebiet, das seinen Streitkräften zugeteilt worden war, einzunehmen, in amerikanische Sektoren einschwenken und dann im Triumph zur Place de la Concorde marschieren würde. Der Standort von General Leclercs 2. Panzerdivision war ungewiß. ›Er soll, wie Scarlet Pimpernel, einmal hier, einmal dort und überall gesehen worden sein‹, schrieb Bruce. Gegen Mittag des 22. stieß man jedoch in einem Weizenfeld bei Nogent-le-Roay auf eine Vorhut der Division; Bruce und Mouthard gaben ihr genaue Informationen über die Position der deutschen Panzer zwischen Rambouillet und Paris. Die Kriegsberichterstatter waren auf Leclerc wütend, weil er seine Pläne nicht auf den Tisch legte. Leclerc wiederum grollte ihnen, weil sie nur auf eine Story aus waren, während er die Verantwortung für ›die Einnahme der Hauptstadt‹ trug.

Am Mittwoch, den 23., machten sich die ersten Anzeichen einer veränderten Lage bemerkbar, als eine kleine zu Leclercs Division gehörende Patrouille Rambouillet in Richtung Versailles passierte. Trotz genauer Informationen von Bruces Organisation war die Patrouille eine Stunde später schon wieder zurück, da sie in einen feindlichen Hinterhalt geraten war. Zwei Tote, zwei Verwundete und ein zerstörtes Fahrzeug waren die Bi-

lanz. Der diensthabende Leutnant hatte Schußwunden am Rücken, an einem Arm und einem Bein davongetragen, aber er half fröhlich mit, eine Flasche Champagner zu leeren. ›Während wir uns mit ihm unterhielten‹, sagte Bruce, ›kam General Leclerc in einem Drei-Sterne-Jeep angefahren. Er ist groß, wortkarg, stattlich, hat ein strenges Gesicht und eine eindrucksvolle Gestalt. Alle seine Leute saßen in leichten Fahrzeugen und fuhren in den Park von Rambouillet. Dort wurde ich dem General vorgestellt, der mich bat, alle Nachrichten, über die ich verfügte, seinem Stellvertreter, Kommandeur Repiton, zu übermitteln. Was ich, mit der Unterstützung Hemingways, Mouthards und (John) Mowinckels, auch tat.‹
Ernest schilderte die Begegnung mit der für ihn üblichen Übertreibung. Er sagte, Leclercs Begrüßung werde ihm für ewige Zeiten in den Ohren klingen: ›Schert Euch weg, ihr unaussprechlichen . . .‹, sagte der ritterliche General tatsächlich, etwas lauter als geflüstert, und der König der Résistance, Colonel B(ruce) und ihr gepanzerter Berichterstatter zogen sich zurück.‹ Ernest ritt in seiner nächsten Depesche für *Collier's* eine revanchesüchtige Konterattacke: ›Ein rüder General ist ein nervöser General.‹ Bis zu dem Zeitpunkt, als dieser steife Berufssoldat einige Jahre später bei einem Flugzeugunglück ums Leben kam, bezeichnete ihn Ernest in Gesellschaft und in seinen Briefen unweigerlich als ›dieser Knülch Leclerc‹.
Am Morgen des 24. begann der Vormarsch auf Paris. In der Nacht hatte es geregnet, und der heftige Regen hielt auch den ganzen Tag über an. Nach einer Stunde waren alle in den offenen Fahrzeugen bis auf die Haut durchnäßt. Da sie die Absicht hatten, Leclercs langsam vorwärtsrollender Panzerkolonne zuvorzukommen, brausten Hemingway und Pelkey über eine Nebenstraße von St.-Rémy nach Courcelles, mußten dann aber einsehen, daß es klüger war, sich den französischen Panzern in Toussus-le-Noble wieder anzuschließen. Oberst Bruces Leute verließen Rambouillet um acht, fuhren über Dampierre nach St.-Rémy, wo sie hinter einer Mauer wegen Feindbeschuß in Deckung gingen, dann aber feststellen mußten, daß sie die eigenen Leute irrtümlich aufs Korn genommen hatten. Der Regen beeinträchtigte die Sicht so stark, daß sich die Kolonne nur äußerst vorsichtig die kurvige Landstraße entlangbewegte. Neun Kilometer vor Versailles hielten sie an einer Straßenkreuzung an, begaben sich zu einem nahen Bauernhof und ›saßen alsbald bei einem Omelett und einer Flasche Wein . . . in einer behaglichen, warmen Küche‹. In der Zwischenzeit war Hemingway in der Nähe von Buc an eine massierte Stellung von deutschen Panzern und 8,8-cm-Geschützen geraten. Während die motorisierte französische Artillerie die Sperre knackte, trat er mit Pelkey in ein zerbombtes Café, das Clair de Lune hieß. Sie trafen dort einen Armeehistoriker, Oberstleutnant Sam Marshall, mit seinem Chauffeur und Begleiter, Leutnant Westover. Marshall war ein eher finsterer Berichterstatter, er hatte ein energisches Kinn und stammte aus Detroit. Westover hatte eine entfernte

Die Straße nach Paris

Ähnlichkeit mit dem jungen F. Scott Fitzgerald. Sie hatten in einer Waldung bei Cernay-la-Ville übernachtet und waren noch durchnäßter als Hemingway und Pelkey. Sie waren gerade einer Spanierin begegnet, deren Mann bei den Pariser Maquisards kämpfte. Sie war achtzehn, hatte einen matten, olivfarbenen Teint, strähnige Haare und vorstehende Schneidezähne. Hemingways Bericht von seiner Ankunft war für die von ihm bevorzugte Art der Reportage typisch: ›Ich zog mich zurück ... und ging die Straße hinunter zu einem Café. Zahlreiche Maquisards saßen schon darin, sangen und vertrieben sich die Zeit mit einem hübschen spanischen Mädchen aus Bilbao ... Dieses Mädchen war hinter Kriegen und vor Soldaten hergezogen, seit ihrem fünfzehnten Lebensjahr.‹
Marshalls Bericht zufolge erschien Hemingway in der Tür des Cafés und schrie: ›Marshall, um Christi willen, haben Sie einen Drink?‹ Westover ging zu ihrem Jeep und holte eine versteckte Literflasche Whisky. Die Amerikaner tranken gerade fleißig, als sich ihnen auch Michel Pasteau zugesellte. ›Was geschieht mit dem Mädchen?‹ fragte Ernest. ›Sie möchte ihren Mann finden, und sie ist auf der Flucht, seit wir die spanische Republik verloren haben. Ich habe mit ihr gesprochen und weiß, daß sie in Ordnung ist. Sie ist möglicherweise ein bißchen schwanger.‹ Er wandte sich an Marshall. ›Kann sie in Ihrem Jeep mitfahren?‹ Marshall und Westover waren einverstanden. So begleitete sie ihre neuen Freunde auf dem ganzen Weg nach ›Paname‹.
Oberst Bruce war vom Frühstück aus dem Bauernhaus herausgekommen, um sich mit Hemingway, Mouthard, Pelkey und den anderen auf dem Vormarsch nach Paris wieder zu vereinen. Er freute sich, als er entdeckte, daß die Franzosen sich auf das Nachrichtenmaterial verließen, das in Rambouillet gesammelt worden war, und dementsprechend die meisten Punkte umgingen, wo man entschlossenen feindlichen Widerstand erwarten konnte. In Villacoublay stießen sie auf der Hauptstraße vor, die nach Paris führte. Mit Ausnahme zahlreicher aus alten Automobilen und langen Reihen gefällter Bäume bestehender Straßensperren stand ihnen als letztes, großes Hindernis nur mehr ein ›häuserblocklanges deutsches Munitionslager‹ im Weg. Die ›aufgestapelten Flakgranaten explodierten‹ bereits hoch in den Himmel und verwandelten die ganze Umgebung in ein Inferno. ›Das Prasseln von kleiner Munition und Leuchtspurgeschoßen und das schwere Krachen der größeren Granaten war nicht nur gräßlich anzuhören, sondern auch gefährlich, da die Geschoße in allen Richtungen herumschwirrten. Wir kamen schließlich nur wenige Meter an der Ecke des Depots vorbei, und was mich betrifft, so fand ich diesen Teil des Vormarschs fürchterlich‹, schilderte Bruce das Ereignis später. Marshall und Westover liefen durch die sengende Hitze und die fliegenden Metallteilchen Spießruten, kamen aber nicht zu Schaden. Pelkey lachte angesichts dieses aufwendigen Feuerwerks so fröhlich, als sei der 4. Juli zu feiern. ›Da geht

sie hoch, Papa‹, schrie er über das Getöse hinweg, und jede Sommersprosse in seinem Gesicht strahlte vor Glück.
›Als wir gegen fünf Uhr nachmittags den Abhang zur Seine hinabkamen‹, schrieb Bruce, ›waren die Straßen von Menschen gesäumt. Alle Häuser waren lustig beflaggt und die Bevölkerung beinahe hysterisch vor Freude. Wir kamen äußerst langsam voran, und es gab viele längere Aufenthalte, wenn Straßensperren beseitigt oder kleine feindliche Widerstandsnester gesäubert werden mußten. Während dieser Stops fielen die Umstehenden über uns her... Wenn sie erfuhren, daß wir Amerikaner waren, steigerte das ihre Begeisterung sichtlich... Überall sah man die Trikolore, oft mit einem Lothringer Kreuz darauf.‹ Westover zog aus seinem Tornister eine zerknitterte amerikanische Fahne. An einer Zeltstange befestigt und emporgehalten, füllte ihnen dieses Emblem die Jeeps mit soviel Wein, Obst und Blumen, daß die Insassen nicht mehr wußten, was sie damit anfangen sollten. Alle schrien sich mit ›Vive la France‹ heiser. Im Laufe des Nachmittags bot man ihnen eine solche Menge von Getränken an, daß man damit, wie sich Bruce ausdrückte, eine normale Konstitution vollkommen hätte ruinieren können: Bier, Most, weißen und roten Bordeaux, Champagner, Rum, Whisky, Cognac, Armagnac und Calvados.
Als die Nacht an diesem Donnerstag hereinbrach, waren sie immer noch mehr als einen Kilometer von der Pont de Sèvres entfernt. In einer Fabrik unterhalb der Brücke waren die französischen Panzer auf starken Widerstand gestoßen. Auf der Rennbahn von Longchamps und entlang des Flußufers lieferten sich deutsche Batterien und Panzerabwehrkanonen der Alliierten schwere Artilleriegefechte. Alle möglichen Fahrzeuge biwakierten an den Bürgersteigen. Michel Pasteau fand ein Haus, in dem sich die Amerikaner nun verteilten und ihre kalten Rationen und etwas Obst verzehrten, das ihnen die befreiten Pariser aufgedrängt hatten. Die triumphale Überquerung der Brücke mußte auf Mittag des kommenden Tages verschoben werden.
Nach einer knappen Woche mehrfacher persönlicher Gefährdung lautete momentan Ernests unmittelbares Kriegsziel, ›nach Paris zu kommen, ohne erschossen zu werden‹. Es gelang ihm mit einigem Glück. Laut Oberst Marshall kam die Kolonne am 25. kurz nach Mittag auf einem großen Platz in der Nähe des Bois de Boulogne plötzlich zum Stehen. Man hörte Gewehrfeuer, und von irgendwoher kam ›ein Artilleriegeschoß geflogen und fällte einen Kastanienbaum am Parkweg, der wie eine Scheidewand zwischen den Jeep und das nächste Appartementhaus stürzte‹, das etwa dreißig Meter entfernt lag. Hemingway und Oberst Bruce rannten Hals über Kopf auf das Gebäude jenseits des Kreisverkehrs zu. Marshall, Westover und die Spanierin suchten hinter dem gefällten Baumstamm Deckung. Dann tauchten ›mit Gerassel und Gedröhn‹ sechs Halbkettenfahrzeuge und fünf Panzer auf dem Platz auf und bestrichen die umliegenden Gebäude

mit Maschinengewehrsalven. Als die Panzer abdrehten, hörten sie eine Männerstimme, die von weit her zu kommen schien. Dann sahen sie auf dem Balkon im dritten Stock eines Wohnhauses auf der anderen, entfernteren Seite jemanden geduckt laufen. Westover bemerkte eine Ähnlichkeit mit dem Glöckner von Notre Dame. Aber es war Hemingway, der etwas auf Französisch brüllte. ›Was sagt er?‹ fragten sie das Mädchen. ›Daß die Deutschen in dem Gebäude hinter uns sind‹, antwortete sie. ›Wir müssen hier raus. Die Franzosen kommen mit Artillerie her.‹ Während Ernest ihren Fluchtweg mit einem Karabiner deckte, hasteten sie in ein Haustor. Ein Panzer hatte in der Zwischenzeit einige Geschoße in das Unglückshaus gefeuert. Marshall bemerkte düster, daß ein Dutzend Handgranaten die Angelegenheit besser erledigt hätte. ›Aber das wäre eine mickrige Schau gewesen.‹

Nach den Berichten von Oberst Bruce wurden sie neuerlich aufgehalten, als ihnen drei deutsche Panzer signalisiert wurden. ›Wir bogen ab und rasten unter der Führung eines Spahi-Leutnants durch die Seitenstraßen, bis wir hinter dem Arc de Triomphe in der Avenue Foch auftauchten, wo wir den Wagen parkten.‹ Marshall und Westover liefen in der Rue de Petersbourg direkt in einen Feuerhagel hinein. Das Ziel war diesmal ein Wohnhaus, das angeblich einige unheimliche Orientalen beherbergte. Aber es war nur ein kleiner Wäscher aus Tongking darin, den eine Kugel an der Schulter gestreift hatte.

Marshall und Westover verbanden ihn. Sie bewahrten auch eine Französin davor, von ihren Landsleuten geschoren zu werden, weil sie angeblich mit Deutschen verkehrt haben sollte. Der Spahi-Leutnant in seiner schmukken roten Pelerine bemerkte erst jetzt das spanische Mädchen im Jeep. ›Raus mit der Frau‹, schrie er, ›on ne fait pas la guerre avec les femmes!‹ Marshall, der fast vor Wut platzte, brüllte zurück: ›Seit wann denn? Gehen Sie, junger Mann, und studieren Sie ein wenig Militärgeschichte.‹ Aber das Mädchen brauchte keinen weiteren Wink. ›Sie schlüpfte ohne ein Wort aus dem Wagen, um sich auf die Suche nach ihrem Liebhaber zu begeben‹, schrieb Marshall, ›und wir haben sie nie wieder gesehen.‹

›Wir gingen zum Grab des Unbekannten Soldaten hinüber (schrieb Bruce). Es wurde von sechs Veteranen in Habt-Acht-Stellung und einem Kriegsversehrten, der in einem Rollstuhl saß, bewacht. Sie waren während des ganzen Spektakels im (Hotel) Majestic (das brannte) dagestanden. Der diensthabende französische Hauptmann fragte uns, ob wir auf das Dach steigen wollten. Wir taten es und wurden oben von einem Trupp Feuerwehrleute empfangen. Aus irgendeinem Grund überreichte mir ihr Kommandeur eine Feuerwehrmedaille... Am anderen Ende der Champs Elysées, auf der Place de la Concorde, brannte ein Fahrzeug aus, und dahinter, in den Tuilerien, ein Panzer. Vom Hotel Crillon und von der Deputiertenkammer jenseits des Flusses stieg Rauch auf. Heckenschützen feu-

Ein neuer Krieg

erten unentwegt in der Gegend um den Arc de Triomphe, und die Franzosen feuerten zurück... Der Blick (von oben) war atemberaubend. Man sah die goldene Kuppel des Invalidendomes, das grüne Dach der Madeleine, das Sacré Coeur und andere vertraute Wahrzeichen. Panzer schossen in verschiedenen Straßen. Ein Teil des Arc fing durch den Beschuß von Heckenschützen Feuer. Ein Geschoß aus einer deutschen 8,8 hatte in eine der Seiten ein tiefes Loch gerissen.‹
Bei mehreren Anlässen behauptete Ernest später, daß er den Travellers Club höchstpersönlich befreit habe. Tatsächlich hatte es sich folgendermaßen abgespielt: Hemingway, Bruce und Pelkey hatten nach ausgiebigem Champagnergenuß die Champs Elysées vollkommen leer vorgefunden, waren mit halsbrecherischer Geschwindigkeit die breite Avenue hintergerast und hatten vor der Tür des Clubs angehalten. Alle Räume außer der Bar waren geschlossen. Dort wartete der Clubpräsident, ein älterer Mann, mit einigen von der alten Garde. Da die Amerikaner die ersten waren, die in den Club drangen, wurden als Zeichen des Willkomms rasch einige Champagnerflaschen entkorkt und Toasts ausgebracht. Während sie tranken, begann ein Heckenschütze von einem angrenzenden Dach zu feuern. Pelkey schulterte sein Gewehr und zielte auf das Dach, er wurde aber von den Anwesenden zurückgehalten.
Nach alter Hemingway-Tradition fand der nächste, große Schritt zur Befreiung von Paris im Hotel Ritz auf der Place Vendôme statt. Bruce, Hemingway, Pelkey und mehrere Maquisards waren in heftigem Gewehrfeuer vom Travellers Club zum Café de la Paix gestürmt. Die Place de l'Opéra war mit ›einer undurchdringlichen Masse jubelnder Leute‹ vollgestopft. Dem Bruce-Hemingway-Haufen wurde in dem Gewirr ein Karabiner geklaut, und sie wurden von mindestens tausend Männern, Frauen und Babies in der Runde geküßt. Als sie mit ihren Fahrzeugen wieder vorwärts kamen, flüchteten sie schnurstracks ins Ritz, das während der deutschen Besetzung geöffnet und normal in Betrieb gewesen war. Das Hotel war gänzlich unversehrt geblieben, aber menschenleer ›bis auf den Direktor, den unerschütterlichen Ausiello‹, der die Ankömmlinge am Eingang feierlich willkommen hieß. Sie baten um Unterkunft, die ihnen auch gewährt wurde, und machten für ihre ›Privatarmee‹ in der Nähe Quartiere ausfindig. Als man sie nach ihren sonstigen Wünschen fragte, antworteten sie, daß sie gerne fünfzig Cocktails hätten. Der Barmann war unauffindbar und die Cocktails mittelmäßig. Aber Ernest befand sich schließlich im Besitz des Ritz.
Er unternahm gar nicht erst den Versuch, über die Kapitulation des deutschen Stadtkommandanten von Paris, Dietrich von Choltitz, zu berichten, die General Leclerc in der Gare de Montparnasse beim Bahnsteig 33 angeboten wurde. Aber er borgte Joe Driscoll von der *New York Times* großzügig seine Schreibmaschine, um ihm die Niederschrift einer Befrei-

ungsstory zu ermöglichen. Der britische Historiker Alan Moorehead traf Ernest und seine Kumpane in der Ritz-Bar, auf der Seite der Rue Cambon, wo sie Perrier-Jouet tranken. Später abends gab es ein Dinner, zu dem Ernest sieben amerikanische Offiziere einlud. Dazu zählten, außer den Obersten Bruce und Marshall und Leutnant Westover, Kommandeur Lester Armour vom OSS, Bruces Assistent G. W. Graveson, Brigadegeneral Edwin L. Sibert, J. F. Haskell und Hauptmann Paul Sapiebra. Sapiebra war bei der feierlichen Kapitulation am anderen Flußufer dabei gewesen. Die Tischgäste tauschten als Andenken untereinander Unterschriften auf den Speisekarten des Ritz aus. ›Keiner von uns wird jemals eine Zeile über diese letzten vierundzwanzig Stunden im Delirium schreiben‹, sagte Ernest, ›und wer es versucht, ist ein Dummkopf.‹ Am Samstag lud er Helen Kirkpatrick, Ira Wolfert, John Reinhart, Charles Wertenbaker und Irwin Shaw zum Lunch ins Ritz ein. Beim Brandy erklärte Helen, daß sie sich mit Reinhart die Siegesparade bei ihrem Marsch auf Notre Dame ansehen werde. Ernest versuchte sie davon abzubringen. ›Tochter, bleib schön sitzen und trink diesen guten Brandy‹, sagte er. ›Paraden kannst du dir immer ansehen, aber du wirst sicherlich niemals wieder die Befreiung von Paris im Ritz feiern.‹ Der Brandy war besser als das Essen, das sogar hier armselig und teuer war.

Nach vier Jahren deutscher Besetzung zeigte Paris kaum irgendwelche Zeichen einer Veränderung. Ernest fand dies so unglaublich, daß er sich vorkam, als sei er gestorben und wiedergekehrt, um glückselig durch einen jenseitigen Traum zu schreiten. Seine ›Befreiung‹ des Negre de Toulouse wurde mit großer Gastfreundschaft belohnt, und in der Brasserie Lipp am Boulevard Saint Germain gab es für seinen grotesken Enthusiasmus eine Flasche Martell-Cognac. Ferner feierte er fröhliches Wiedersehen mit Sylvia Beach in dem Buchladen in der Rue de l'Odéon. Sylvia hatte von Helen Kirkpatrick erfahren, daß Ernest wieder in Paris war, und er posierte in Uniform für die Fotografen. Die Zeitung *Le Franc-Tireur* veröffentlichte in der darauffolgenden Woche einen Bericht über das Ereignis und stellte fest, daß Mr. Hemingway den Eindruck von ›Unverwundbarkeit und Stärke‹ hinterlassen habe. Sylvia besaß immer noch das Exemplar von ›Der Sieger geht leer aus‹, das er ihr bei seiner Rückkehr aus Spanien im Frühjahr 1937 gewidmet hatte. Er ergriff eine Füllfeder, fügte seiner alten Widmung die Worte ›lu et approuvé‹ und ein neues Datum hinzu: Paris, 25. August 1944, obwohl es in Wirklichkeit der 26. war.

Er hatte absolut nichts dagegen einzuwenden, daß die französische Presse seine Großtaten erwähnte. Ihre Mitarbeiter waren entzückt, die Hemingwaysche ›Befreiungslegende‹ verbreiten zu dürfen. Ein merkwürdiges Ergebnis dieser Reklame war ein Brief von M. Chautard, seines Zeichens Holzhändler, Besitzer einer Sägemühle und des Wohnhauses in der Rue Notre Dame des Champs, wo Ernest mit Hadley und Bumby zwanzig

Ein neuer Krieg

Jahre zuvor nach ihrer Rückkehr nach Paris gelebt hatte. Seine Frau sei tot, schrieb Chautard, aber er würde sich glücklich schätzen, wenn Hemingway ihm die Ehre gäbe, zum Lunch zu kommen. Ernest lehnte höflich unter dem Vorwand ab, seinen militärischen Verpflichtungen nachkommen zu müssen. Was seine alte Feindin, die papageienstimmige Madame Chautard betreffe, so ergebe, wie er seinen Freunden gegenüber bemerkte, eine Kreuzung mit seiner Mutter eine Mischung, die bei der internationalen Hündinnenausstellung aller Zeiten ein blaues Band gewänne.

Er verfaßte für Mary Welsh, die sich zu diesem Zeitpunkt bereits in Paris aufhielt, einen Bericht über seine ›seltsamen‹ Abenteuer auf der Straße von Rambouillet zum Ritz. Er habe in der Nähe von Rambouillet einen Haufen von Maquisards aufgetrieben, die darauf bestanden hätten, sich seinem Kommando zu unterstellen. Er hätte sie in die Uniform eines aufgeriebenen Kavallerie-Aufklärungstrupps gesteckt und ihnen Waffen von der Division gegeben. Nach dem Abzug der amerikanischen Aufklärungstrupps aus Rambouillet hätte er die Stadt erobert und sie (zweimal habe er große Angst gehabt) gegen fünfzehn Panzer der Krauts und zweiundfünfzig deutsche Radfahrer verteidigt. Außerdem habe er Patrouillen angeführt, wovon manche schreckenerregender als Grimms Märchen gewesen seien, um die vorrückenden Franzosen mit ›Tips‹ zu versehen. Er habe mehrmals in einem Unternehmen, wie er sich vornehm ausdrückte, ›gegen den Haufen gekämpft‹. Sie hätten sich gut geschlagen und seien ›sehr nette Leute‹, die Mary gerne haben werde. Zum Glück für die Aufzeichnung der Ereignisse sei der offizielle Kriegshistoriker der Armee, Sam Marshall, während einer Phase des Vormarsches ›bei uns‹ gewesen. Sie wären über den Étoile und die Place de la Concorde in Paris einmarschiert. Er habe sich seit der Befreiung ordentlich und ruhig verhalten und die anderen Berichterstatter nicht ausgenützt, da er selbst an diversen militärischen Operationen teilgenommen habe. Im Gegenteil, er habe ihnen sogar sorgfältig alles erklärt, was er über die Umstände wußte und wie der Sieg errungen worden war.

Unterm Westwall

Während der letzten warmen Augusttage hielt Ernest in seinem Zimmer im Hotel Ritz Hof. Ein Besuch reichte dem nächsten die Türklinke. Für ihn war natürlich Mary Welsh der wichtigste Gast. Sie war schon vor einiger Zeit aus England abgeflogen, war auf einem Flugfeld bei Le Mans gelandet, hatte die Stadt dann per Jeep im Wirrwarr der Befreiung erreicht und schließlich über General Leclercs Triumphmarsch über die Champs Elysées am 26. berichtet. Obwohl sie beinahe Tag und Nacht im Einsatz war, kam sie, sobald sie konnte, zu Ernest auf Besuch. Er empfing sie mit

einer ›merry-go-round Willkommensumarmung‹ an der Tür und führte sie hinein, um sie mit seiner ›Bande‹ bekannt zu machen. Im Kamin stand ein GI-Ofen, und Mary bemerkte, daß der Boden kahl war. Ernests Uniform war gleichfalls ohne jedes Rangabzeichen mit Ausnahme der Schulterstücke der 4. Infanteriedivision, vier grünen Efeublättern.
Andere Besucher trafen ihn oft in Gesellschaft von einigen Maquisards an, die ihm auf der Straße nach Rambouillet Aufklärungsdienste geleistet hatten. Von diesen Leuten hatte er Onesime und Marcel besonders ins Herz geschlossen. Der interessanteste aus der Widerstandsgruppe war jedoch ein dunkelhaariger, dreiunddreißigjähriger Mann namens Jean Décan. Er haßte die Nazis fanatisch und gehörte seit nahezu zwei Jahren dem französischen Untergrund an. Er war von der Gestapo zweimal verhaftet und in den Schreckenskammern der Rue des Saussaies zweimal gefoltert worden. Aus der ersten Begegnung mit Hemingway im Hotel du Grand Veneur in Rambouillet hatte sich rasch eine große Anhänglichkeit entwickelt. Am 25. hatte er noch ein Scharmützel mit einer Abteilung von Deutschen in den Tuilerien gehabt und dann vergebens versucht, in die reguläre französische Armee aufgenommen zu werden. Seit damals war er Ernests persönlicher Leibwächter geworden.
Ernests französischer Übersetzer, Marcel Duhamel, diente ihm als Privatsekretär. Er zeichnete auch für den Besuch eines von Ernests führenden Schriftstellerrivalen verantwortlich. Es war eine Geschichte, die Ernest später gerne erzählte und die mit jedem Jahr besser wurde. Eines Tages saß er mit seinen ›nutzlosen Typen‹ auf den ›hübschen, zerbrechlichen alten Möbeln‹ in seinem Zimmer. Sie waren gerade dabei, Waffen zu zerlegen und zu reinigen. Ernest hatte die Stiefel ausgezogen und trug ›eines der beiden Hemden‹, die er besaß. Er war auf die strahlende Heldenfigur, die plötzlich in der Tür stand, vollkommen unvorbereitet. Es war André Malraux in der Uniform eines Obersten und in spiegelblank gewichsten Reiterstiefeln.
›Bonjour, André‹, sagte Ernest.
›Bonjour, Ernest‹, antwortete Malraux. ›Wieviel Leute haben Sie kommandiert?‹
Hemingways Antwort war mehr als bescheiden: ›Dix ou douze‹, sagte er in gespielter Untertreibung. ›Au plus deux cent.‹
Malraux' schmales Gesicht zog sich in dem schon berühmten Muskelzucken zusammen. ›Moi‹, sagte er, ›deux mille.‹
Hemingway fixierte ihn mit eiskaltem Blick und sagte ruhig: ›Quel dommage, daß wir nicht auf die Hilfe Ihrer Leute rechnen konnten, als wir diese kleine Stadt Paris einnahmen.‹
Malraux' Antwort ist nicht überliefert. Aber einer der Maquisards winkte Ernest sogleich ins Badezimmer. ›Papa‹, flüsterte er, ›on peut fusiller ce con?‹ Nein, sagte Ernest, es werde nicht nötig sein, den Mann zu erschie-

ßen. Man solle ihm einen Drink anbieten, dann würde er ohne Blutvergießen verschwinden. Also boten sie ihm einen Drink an, putzten ihre Flinten weiter und überließen es dem berühmten Besucher, sich wie ein Gockel aufzuführen und nervös mit dem Gesicht zu zucken, bis er aufstand und ging. So jedenfalls war Ernests Version des Ereignisses.
Ein junger, dunkelhaariger Sergeant in einer CIC-Uniform meldete sich öfter bei Ernest im Ritz. Sein Name war Jerome D. Salinger, und seine erste Begegnung mit Hemingway beeindruckte ihn außerordentlich. Salinger war zwanzig Jahre jünger als Hemingway und hatte schon einige Erzählungen verfaßt. Mit Fünfundzwanzig hatte er bereits Arbeiten an das *Story-Magazine* und die *Saturday Evening Post* verkauft. Er fand Hemingway freundlich und großzügig zugleich. Ihm schien, daß er von seinem Ruhm überhaupt nicht hochnäsig geworden war und daß er ›weich‹ war, im Gegensatz zu der Rauhheit und Härte, auf die manche seiner Werke schließen lassen könnten. Sie kamen sehr gut miteinander aus, und Ernest erklärte sich bereit, einige seiner Arbeiten anzusehen. Salinger kehrte, von Ernest höchst begeistert, zu seiner Einheit zurück.
Während Ernest in Paris dem literarischen Leben nachging, waren seine Freunde von der 4. Division dem Feind im Osten und Norden der Hauptstadt dicht auf den Fersen. Am 31. August, bei Einbruch der Dunkelheit, hatten sich Oberst Lanhams Teufelskerle einen Brückenkopf über die Aisne gesichert. In den folgenden drei Tagen überquerten sie die Oise nördlich von Guise nahe der belgischen Grenze. Die Gegend war flaches, von träg dahinfließenden Flüssen und Kanälen durchzogenes Ackerland. Der Großteil der Kämpfe fand in einem Quadrat statt, das aus den Ortschaften Wassigny, Le Cateau, Landrecies und Pommereuil gebildet wurde. Der Kampfverband, zu dem das 22. gehörte, errang nach schweren Kämpfen bemerkenswerte Erfolge; dabei wurden eine beträchtliche Anzahl deutscher Panzer zerstört, ein großes Munitionslager erbeutet und etwa 2000 Männer gefangengenommen.
Am 1. September wurde Ernest im Ritz eine rätselhafte Botschaft übermittelt: ›Häng' Dich auf, tapferer Hemingstein‹, schrieb Buck Lanham. ›Wir kämpften bei Landrecies, und Du warst nicht dabei.‹ Es war eine aktualisierte Version des triumphierenden Hohns von König Heinrich IV. gegenüber dem Herzog von Crillon nach einem Sieg bei Arques. Obwohl Ernest eigentlich zur Ansicht gekommen war, daß er sein Glück während des Vormarsches auf Paris schon vollauf strapaziert hatte, war dies eine Herausforderung, die man unmöglich ignorieren konnte. Er beschloß, noch einmal zu würfeln, wie er es ausdrückte. Bis zu den Zähnen bewaffnet verließ er am nächsten Morgen in seinem von Décan chauffierten Jeep die Place Vendôme und fuhr gegen Norden.
Es war das tollkühnste seiner Kriegsabenteuer. Das Gebiet, das er durchquerte, wimmelte von Widerstandsnestern deutscher Truppen und Panzer,

die die Alliierten bei ihrer eiligen ›Rattenjagd‹ zur belgischen Grenze überrollt hatten. Die meisten versuchten verzweifelt, südlich von Lüttich in die verhältnismäßige Sicherheit des Westwalls und der gut befestigten Bunker der Siegfriedlinie zu gelangen. Ernests Reiseroute läßt sich größtenteils nicht mehr rekonstruieren. Seine flüchtigen Notizen über die Fahrt, auf zwei Seiten seines Kriegstagebuches gekritzelt, lassen den Weg, den er einschlug, bloß erahnen. Er schreibt: ›Fahrt hinaus – Reifenpanne bei Le Bourget – Folge Div. bis über Compiegne – Die Nacht in schmalem Feld unter freiem Himmel – Der Wind in den Bäumen, als Herbstwetter aufkam – Die fünf V 2 – Dachte, sind Nachtbomber – 3. Sept. 6 Uhr im Div. Hauptquartier – Aufbruch nach Vic-sur-Aisne – Verlieren Kolonne wegen Reifenpanne – Nagel – Wieder Reifenpanne – 3. Reifenpanne – Die MPs, die 300 Deutschen, 15 FFI's von sechzig zurück – Kolonne in Fère steckengeblieben – Brücke fort – Wir erkunden Brücken – Die Ersatzbrücke per Fahrrad gefunden – Johns Mann entwischt – Bei Aufklärung 50 Radfahrer überholt. Aufklärung in ------ 2 Deutsche bei Straßenkreuzung – 42 Radfahrer – Rechts abgebogen nach ------ Soldaten auf Pferdewagen – die 2 Fluchtwege auf der anderen Straßenseite – 4 Gefangene in X – sechs weitere beim Bahnhof – die drei Panzer bei Mézières – drei weitere in Gebüsch bei Windmühle – Weiter nach ------ Der Kampf zu unserer Linken und unten bei St. Quentin...‹

Es hat den Anschein, als hätten er und Décan den üblichen Weg aus Paris nach Norden über Senlis und Compiègne eingeschlagen, wo sie am 2. September in einem Feld übernachteten und fünf deutsche V 2, jene mit Überschallgeschwindigkeit fliegenden Nachfolger der schwerfälligen V 1 sahen, wie sie hoch über ihren Köpfen in Richtung England segelten. Am nächsten Morgen bogen sie in östlicher Richtung ab, nach Vic-sur-Aisne auf der Straße nach Soissons, wo sie dermaßen von Reifenpannen aufgehalten wurden, daß sie die Kolonne verloren und erst wieder einholen, als diese in Fère, oberhalb von Laon, steckengeblieben war. Es ist möglich, aber nicht wahrscheinlich, daß sie so weit östlich wie Mézières kamen, viel wahrscheinlicher ist es hingegen, daß sie die Seitenstraße über Crécy nach Guise benutzten, in nächster Tuchfühlung mit Lanhams Regiment. Jedenfalls rollte der Würfel, über den er gesprochen hatte, durchaus weiter zu seinen Gunsten.

In der Nähe des Dorfes Wassigny, etwa sechzehn Kilometer von Guise, kamen Ernest und Jean in echte Schwierigkeiten. Jedenfalls behaupteten sie es später. Seinem Bericht zufolge zog ihre Anwesenheit über ein Dutzend hilfswilliger Dorfbewohner an. Ein Aufklärungstrupp fand heraus, daß die kurze Straße zwischen Wassigny und der größeren Stadt Le Cateau von deutschen Panzern abgeschnitten war, so daß es ratsam erschien, eine Ausweichroute zu nehmen. Das Haupthindernis stellte eine

feindliche Panzerabwehrkanone dar, die so auf einer Seitenstraße postiert war, daß sie die Hauptstraße vollkommen beherrschte. In seinem Wunsch, sie zum Schweigen zu bringen, kam einer der Freiwilligen aus Wassigny zu Hemingway und fragte: ›Mon Capitaine, on ne l'abat pas?‹ Hemingway verneinte. In dem Gebiet sei amerikanische Infanterie, und sie würde sich schon um diese Bedrohung kümmern. Als der junge Mann in einer Art auf den Boden spuckte, die irgendwie verächtlich wirkte, bekam Ernest einen seiner Zornausbrüche. Wenn der junge Held glaube, er könne die Kanone einfach so erledigen, so sei das ganz seine Sache, sagte er ihm. Der Angriff dauerte gräßliche vier Minuten. Die deutsche Kanone blieb unversehrt, aber sechs Franzosen wurden getötet und zwei weitere verwundet. All dies sei geschehen, weil er die Nerven verloren habe, sagte Ernest.
Am 3. September holte er Lanham in Pommereuil ein. Lanham gab ihm zu verstehen, daß er sich glücklich schätzen müsse, heil angekommen zu sein. Aber der ›tapfere Hemingstein‹ hatte seine hervorstechende Eigenschaft bewiesen, vor nichts Angst zu haben. Als sich der nur provisorisch gebildete Kampfverband auflöste, schien es Ernest sinnlos, weiter zu bleiben. Er eilte in sein Heiligtum, Zimmer Nr. 31 im Ritz zurück. Sein Wiedersehen mit Mary gestaltete sich außerordentlich erfolgreich. Sie lebten, ihren Worten nach, ›von kaum mehr als Lanson Brut Champagner und dem Wunder, wieder beisammen zu sein‹. Mary hatte vor vier Jahren Paris verlassen, kurz bevor die Deutschen einmarschiert waren, und sie besuchten jetzt ihre alte Wohnung hinter dem Invalidendom. Sie saßen auf den Kais der Ile St.-Louis in der Sonne, dort wo Ernest zwanzig Jahre zuvor für Fords *transatlantic review* Manuskripte durchgelesen hatte. Er verzeichnete einige Stationen in seinem Tagebuch. ›Lunch im Lavigne. Fuhr den Boul Mich hinauf, hielt bei Buchladen und ging dann ins (Café) Flore. Abendessen im Hotel, schlief bis zum Morgen.‹ Da Mary Ernests Zimmer im Ritz gemütlicher gestalten wollte, kaufte sie farbige Reproduktionen von Gemälden, die er mochte, und schmückte damit die Wände. Eines davon, van Goghs Bild abgetragener Arbeitsstiefel, erinnerte sie an Ernests Armeestiefel, die ihr vorkamen, als trügen sie den faltenreichen Stempel seines Charakters und seiner Kriegserlebnisse. Das einzig Betrübliche an dem Wiedersehen war seine Kürze. ›Pickle‹, schrieb Ernest einige Tage später, ›hatten wir es, für die kurze, unbeständige Zeit, nicht herrlich miteinander?‹
Als Ernest am Morgen des 7. September Paris in einem Konvoi von fünf Fahrzeugen, zwei Wagen, einem Motorrad und zwei Jeeps, wieder verließ, befand sich die 4. Infanteriedivision in ihrem rasanten Vormarsch bereits 140 Kilometer im Landesinneren Belgiens. Neben Ernest und Red Pelkey waren Jean Décan und die beiden anderen Maquisards, Marcel und Onesime, dabei. Ferner Hauptmann Marcus Stevenson, Peter Lawless von der Londoner *Daily Mail* und der Brasilianer Nemo Lucas, der Er-

nest im Juli seinen Drink geklaut hatte. ›Der Brasilius‹ hatte sich nicht verändert: er plapperte nach wie vor wie ein Wasserfall in gebrochenem Englisch und kannte nicht die geringsten Skrupel, sich alles, von der Schreibmaschine bis zur Zahnbürste, auszuleihen.

Das Land erinnerte Ernest an den Schwarzwald im Sommer 1922. Die Forellenbäche, an denen er vorbeikam, prägte er sich besonders ein. Aber leider mußte er feststellen, daß er sich nicht genügend warm ausstaffiert hatte. Über das Plateau von Villers-Cotterêts fegte gegen Soissons hin ein rauher Südwestwind. Nach den Tagen in Paris fühlte er sich todmüde, und als sie in östlicher Richtung in die Ardennen vorstießen, spürte er die Symptome einer Brusterkältung. Schwarze Gewitterwolken ballten sich über den Fichtenwäldern. Aber es regnete nicht, und sie schliefen in dieser Nacht auf dem braunen, nadelbedeckten Waldboden neben ihren Fahrzeugen. Der Wind wehte kühl und stark und schüttelte die Wipfel der Fichten wie damals, als er ein Junge in Michigan war. Aus diesem Grund fühle man sich nicht um den Herbst betrogen, wie manchmal, wenn man in einer fremden Stadt oder in Ländern lebe, deren Klima von dem der Kindheit verschieden sei, schrieb er Mary.

Während der ganzen Fahrt beeindruckte Ernest die eigenartige Mischung aus Krieg und Frieden, die ihm überall präsent schien, sehr. Als sie in Libin in Südbelgien ihre zweite Nacht verbrachten, bewunderte er den Wald hinter dem Schloß. Einigen Rehen und Wildschweinen war es geglückt, die Jahre der Besetzung durch die besondere Aufmerksamkeit des Wildhüters zu überleben, der auch die örtliche Kneipe führte. Dennoch waren überall in der Umgebung die Spuren der auf dem Rückzug befindlichen Deutschen zu sehen, die die Flanken der vorrückenden amerikanischen Kolonnen aufzureiben suchten, Minen legten, Sprengfallen installierten, im Hinterhalt lauerten und versuchten, Fahrzeuge zu erbeuten, die ihnen bei ihrer Flucht helfen sollten. Von Sprenglöchern aufgehalten, rückte die kleine Kolonne langsam nach St.-Hubert vor. Dort servierten Red und Jean Rinderfilets, die sie einer auf der Weide bei Hatrival getöteten Kuh herausgeschnitten hatten. Während die Stadtbevölkerung am Morgen des zehnten in die Kirche strömte, machten Jean und Red ein opulentes Sonntagsfrühstück mit Eiern und Speck. Ernest erwähnte in seinem Tagebuch lobend die vorzügliche Marmelade aus dem Verpflegungsgepäck.

Als sie sich wieder auf den Weg machten, war die Morgenluft noch ›lieblich‹. Sie vernahmen das Geräusch der Panzer und schwerer Maschinengewehre an der Straße nach Bastogne. Vor Compagne verhörten sie vier Gefangene. Einer davon war ein sehr verstörter Hitlerjunge, der andere ein schweigsamer, achtzehnjähriger Junge, der dritte ein älterer Mann von einem Regiment, das die Truppen auf dem Rückweg abschirmen sollte. Er war sehr höflich und sprach in kehligem Französisch, der vierte aber war ein SS-Mann, robust, jung und sehr blond, der ›exakte Informationen‹

Ein neuer Krieg

lieferte, ›so als spräche er zu einem Kameraden auf der Militärakademie‹. Das 22. Regiment operierte in der Gegend. Es gelang ihnen, Oberst Lanham in einer Waldung bei Bertogne ausfindig zu machen. Sie fuhren nach Mabompré weiter und beobachteten, während sie ihr Mittagessen verzehrten, einen deutschen Angriff auf eine unter ihnen liegende Straßenkreuzung.
An diesem Nachmittag erreichten sie den Westrand des belgischen Dorfes Houffalize, 60 Kilometer südöstlich von Lüttich. Von einer Erhöhung, von der man das Tal überblicken konnte, sahen sie das hügelige, waldige Land, das sich bis zur deutschen Grenze erstreckte. Lanham ließ zur Rükkendeckung einen Zug Panzerzerstörer ausschwärmen. Sie feuerten auf die deutschen Panzer, die gerade über die Dorfbrücke und aus der Ortschaft hinausrasten. Der Brasilius wanderte von Neugierde getrieben zu den PZs hinüber und exponierte sich dabei auf der Silhouette des Hügels so, daß er das Feuer einer deutschen Batterie jenseits des Dorfes auf sich zog und damit alle seine Gefährten in Gefahr brachte. Hemingway hatte ihm eben zugeschrien, herunterzukommen, als einer der Panzerzerstörer, während er sich in eine bessere Schußstellung manövrierte, auf eine Mine auflief und sich somit selbst außer Gefecht setzte. Als sich der Staub legte, stand der Brasilius immer noch aufrecht da, als wäre er ein Taubstummer. Hemingway lief geduckt zu ihm, warf ihn zu Boden und drohte, ihn umzubringen, falls er wieder aufstünde. Empört und verletzt rappelte sich der Brasilius auf die Knie hoch, was ihm lediglich einen weiteren rüden Schlag von dem wütenden Hemingway eintrug.
Die Brücke im Zentrum des Orts war für die nach Osten vorstoßenden Fahrzeuge Lanhams unentbehrlich. Ein ortsansässiger Belgier lotste ihn auf einem Ziegenpfad über die Erhöhung, die das Dorf zur Rechten begrenzte. Ernest und die anderen benützten die den Hügel hinunterführende Hauptstraße. Das erwies sich als schlecht. Die Deutschen hatten auf ihrem Rückzug Straßensperren aus Baumstämmen hinterlassen, die alle minenbestückt und mit Sprengladungen versehen waren. Sie hatten außerdem eine schwere Ladung TNT unter der Brücke angebracht. Lanhams Jeeps hatten eben den Hauptplatz erreicht, als die Brücke mit solcher Wucht in die Luft flog, daß auch mehrere Häuser in ihrer Nähe zerstört wurden.
Als Hemingway und Lawless hinkamen, war Lanham von Dorfbewohnern umringt, mit allen möglichen Geschenken, Kuchen, Körben voller Eier, Flaschen voller Wein und Kognak. Er war gerade mit einigen von ihnen im Gespräch, wie man die Brücke möglichst schnell wieder instand setzen könnte, da die Pioniere des Regiments irgendwo ganz hinten in der Kolonne steckten. Die Bürger von Houffalize machten sich sogleich an die Arbeit. Lanham und Hemingway hockten auf einem Zaun und sahen zu. Einige der Umstehenden, denen Hemingways Statur und kriegerisches Aussehen ins Auge fielen, sprachen ihn als General an. Aber Ernest erwiderte

bescheiden, er sei nur Hauptmann. Wie konnte es aber angehen, fragten sie ihn, daß er in seinem Alter noch nicht über den Rang eines Hauptmanns hinausgekommen sei? ›Leider‹, sagte Ernest traurig, ›weil ich nie schreiben und lesen gelernt habe.‹
Während dieses Zwischenspiels gruben die Handwerker von Houffalize die Trümmer aus, zimmerten Holzteile, bauten die Stützen, schleppten und nagelten Bretter und stellten eine Brücke auf, die durchaus alle Fahrzeuge, bis zu schweren Panzern, zu tragen vermochte. Es schien unglaublich, daß diese schwere Arbeit in nur einer Stunde vollendet wurde. Als die Brücke fertig war, überquerten der Oberst und sein Fast-General den Fluß auf den scheppernden Bohlen und kehrten dann zum Regiments-Gefechtsstand zurück. An diesem Abend war Ernest selbst zum Essen zu müde und ging früh zu Bett, zum Teil auch deshalb, weil er der Gesellschaft des Brasilius entrinnen wollte. ›Wenn Carmen Miranda einen schon ermüdet‹, schrieb er in sein Tagebuch, ›so haut einen dieser Brasilianer völlig um. Schlief gut, als er endlich draußen war.‹
Das klare blaue Septemberwetter erinnerte ihn stark an die Jagdausflüge seiner Kindheit, so daß er das Gebiet um Houffalize als Indianerland bezeichnete. Der Wald, den sie am 10. durchquert hatten, sei so dicht wie die Drehkiefernschonung hinter der Nordquist-Ranch in Wyoming, schrieb er seinem Sohn Patrick. Einer der letzten Gefechtsstände sei eine Jagdhütte gewesen, mit präparierten Jagdtrophäen über dem Kamin. In den Wäldern lösten Rehe nachts Leuchtkugeln aus, und Füchse, Hasen und Schwärme von Wildtauben könnten aus nahezu jedem Gestrüpp aufgetrieben werden. Eine den Soldaten aller Zeiten vertraute Laune der Natur bewirke es, daß selbst mitten im Kriege ständig Neues geschaffen werde.
Ernest fand, daß die Tage seit Mitte August die glücklichsten seines Lebens gewesen seien, ohne Einsamkeit, Enttäuschung und Entzauberung. Nichts war trügerisch, alle Probleme waren klar und scharf umrissen. Er war sich voller Stolz bewußt, daß Lanham ihn jetzt höher einschätzte als je zuvor, und er warf rasch einige Notizen über eine von Lanhams Stabsbesprechungen in der ›kleinen mehrsprachigen Stadt‹ Beho an der deutschen Grenze hin.
Der 12. war ein schöner Tag. Er brachte Gewaltmärsche und Gefechte mit dem fliehenden Feind. Die deutschen Panzer flüchteten in den Schutz des Westwalls, und Lanham stieß weiter vor, weil er noch die Anhöhe oberhalb von Hemmeres besetzen wollte. Hemingways Leute hatten sich in einer Zangenbewegung der nördlich operierenden Truppe angeschlossen und waren Maspelt gefolgt. Einmal fielen sie zurück, und Jean mußte sich wie ein indianischer Kundschafter vorschleichen, um an einer Straßenkreuzung den richtigen Weg ausfindig zu machen. Weit vorne beobachtete Ernest ein Halbkettenfahrzeug, das wie ein Tier hastig aus dem Waldrand herausjagte und rasch wieder hineinflüchtete. Auf der linken Seite flogen

Ein neuer Krieg

zwei Bomber nach dem Bombenabwurf ganz niedrig in Baumhöhe vorbei. Aber als sie den höchsten Hügel erklommen hatten, bot sich ihnen plötzlich ein Ausblick, der ihnen mindestens so willkommen gewesen sein muß wie der Pazifik einst für Balboa. ›Da lag Deutschland vor uns ausgebreitet‹, schrieb Hemingway.
Hinter einem Heuhaufen knapp unterhalb des Hügels hielten sie an und beobachteten zwei deutsche Panzer, die die Straße hinter dem Dorf hinaufjagten, während die amerikanische Artillerie schoß und vor den Fahrzeugen weißgelbe Rauchwolken und Straßenstaub aufwirbelte. Dann fuhren sie über einen Waldpfad hinunter zum Fluß. Eine zerstörte Eisenbahnbrücke war an den ineinander verschobenen Eisen- und Holzteilen kaum noch zu erkennen. Sie überquerten den Fluß an einer Furt (›braunes Wasser über braunen moosigen Steinen‹) und sahen zu, wie die ersten amerikanischen Panzer in Deutschland eindrangen. Es war 16.27 Uhr, am Dienstag, dem 12. September 1944.
In der Stadt Hemmeres machten sich ›häßliche Frauen und vierschrötige, verwachsene Männer‹ mit Schnapsflaschen an sie heran, aus denen sie selbst etwas tranken, um zu zeigen, daß sie nicht vergiftet waren. Andere Dorfbewohner streckten die Hände zum Zeichen der Kapitulation in die Höhe. Sämtliche Häuser waren verlassen, und in einem fanden sie die noch warmen Essensreste, die ein deutscher Offizier zurückgelassen hatte. Im Hämmern schwerer Maschinengewehre und dem Dröhnen der Artillerie zur Rechten durchquerte Lanhams Kampfverband den Ort, um sich die Anhöhe im Osten zu sichern.
Ernest requirierte ein verlassenes Bauernhaus am Dorfrand, kümmerte sich sogleich um Katze und Hund des Bauern, fütterte sie und schickte Jean auf die Suche nach Dorfbewohnern, die die brüllenden Kühe melken konnten. Dann lud er Oberst Lanham und seinen Stab zum Essen ein. Er schoß einer Anzahl von Hühnern mit der Pistole die Köpfe ab und veranlaßte eine Deutsche, sie zu rupfen und zu frikassieren. Lanham erschien gegen Sonnenuntergang mit Oberst Ruggles, seinen drei Bataillonskommandeuren und den Offizieren seines persönlichen Stabs. Sie begannen mit einer Stabsbesprechung, überprüften die Befehle und entwarfen die Pläne für den 13. Hemingway, Lawless, Stevenson und der Brasilius hörten zu und gossen die Getränke nach. ›Unsere ganze Beute weggetrunken‹, schrieb Hemingway in sein Kriegstagebuch. ›Teague läßt noch etwas Wein kommen. Aßen Huhn, Erbsen, frische Zwiebeln, Karotten, Salat und Büchsenobst und eingedickten Fruchtsaft zum Nachtisch.‹
Rückblickend schien Lanham das Abendessen in dem Bauernhaus der glücklichste Abend des ganzen Krieges.
Das Essen war ausgezeichnet, es gab reichlich Wein, die Kameradschaft war ausgezeichnet. Das Vorgefühl des Sieges war uns ebenso zu Kopf gestiegen wie der Wein. In dieser Nacht wurde der Gedanke an den West-

wall, gegen den wir in den nächsten achtundvierzig Stunden anrennen würden, völlig verdrängt. Wir lachten und tranken und erzählten uns gegenseitig die haarsträubendsten Geschichten. Wir kamen uns in diesem Augenblick alle wie Halbgötter vor, und Hemingway, der vom Tischende den Vorsitz führte, hätte sehr wohl ein väterlicher Mars sein können, der sich an dem Glück seiner Brut weidet.

Ernest wurde früh am nächsten Morgen von dem Klappern von Lawless' Schreibmaschine und dem Umherschleichen und Gejammer des Brasilius aufgeweckt, der sich die Maschine ausleihen wollte, da er seine eigene verloren hatte. Während des ganzen Tages ging das Klagen weiter, bis Ernest die Nerven verlor und ihm seine Meinung ins Gesicht schrie. Das Opfer nahm das Gebrüll mit der üblichen Miene beleidigter Unschuld hin. Nachdem sich aber Ernest beim Abendessen den Bauch mit Steak, Zwiebeln und Branntwein vollgeschlagen hatte, verflüchtigte sich sein Zorn. Er schrieb Mary, er schnurre bereits wieder wie ein alter Dschungelkater vor sich hin. Am anderen Tischende schrieb Hauptmann Stevenson gleichfalls seinem Mädchen, wobei er gelegentlich innehielt, wichtige Stellen vorlas und von Ernest Ratschläge bekam.

Das schöne Herbstwetter machte nun kaltem Regen Platz. Ernest verlor irgendwo seinen Burberry, wurde bis auf die Haut durchnäßt und fing an zu husten und zu niesen. Als der Kampfverband den Westwall angriff, lag er, wieder im Gefechtsstand der Division, mit einer schweren Erkältung im Bett. Die Anhöhen, die dem 22. Regiment gegenüberlagen, gehörten zu einer bewaldeten Hügelkette, die sich kilometerweit gegen Nordosten und Südwesten erstreckte und zur Eifel gehörte. Entlang der Anhöhen erstreckten sich schwerbefestigte Betonbunker, die, gegen Luftangriffe getarnt, teilweise von SS-Truppen besetzt waren und das Tal gegen Westen zu beherrschten. Alle Zugänge waren mit Tret- und Tellerminen gespickt. Auf den Höhen war schwere Artillerie postiert. So präsentierte sich der unbezwingliche Westwall, als der amerikanische Angriff am 14. September gegen 10 Uhr losging.

Als Ernest am 18. wieder zur Truppe stieß, hatte sich das Regiment in der Stadt Schweiler zwischen Müxtenich und Winterscheid eingenistet. Er war ungeheuer neugierig zu erfahren, was sich während seiner Abwesenheit ereignet hatte. Lanham nahm ihn auf einen Rundgang durch das umkämpfte Gebiet mit. Die Verluste waren schwer, aber man hatte in den Westwall eine breite Bresche geschlagen. Ernest interviewte Hauptmann Howard Blazzard, der ihn mit einer Menge Details über den Angriff versorgte. Er gelangte zu dem Schluß, daß selbst der ärgste Lügner Hollywoods das nicht zu erfinden vermochte, was Lanham und seine Männer vollbracht hatten. Als sich das 3. Bataillon beim Sturm auf den Hügel festgefahren hatte, war Lanham, bloß mit einem 45er Colt bewaffnet, nach vorne gestürmt, um seine Männer aufzumuntern. ›Kommt, wir holen uns

diese Krauts‹, hatte er gesagt. ›Los, laßt uns hinaufgehen, wir kriegen das wieder in Gang!‹ Schließlich hatten die Panzerzerstörer die deutschen Bunker umfahren und von hinten direkt gegen Stahltüren und Schießscharten gefeuert. ›So was haben Sie noch nicht gesehen‹, sagte Brazzard. ›Jeder Deutsche hatte was abgekriegt, jeder fünf oder sechs verschiedene Wunden von den Beton- und Stahlsplittern ... Aber die ganze Zeit über hörte man drinnen klägliches Jammern und Stöhnen.‹ Neben dreißig ›vernünftigen Krauts‹ hatten die Amerikaner im ersten Bunker mehrere Kisten Sardinen und einige Kisten Weinbrand erbeutet.
Ernest ließ sich in dem winzigen, auf einer Anhöhe über dem Hügelland gelegenen Dorf Buchet in einem Bauernhof nieder, den er gleich in Schloß Hemingstein umtaufte. In der folgenden Woche tauchte Hauptmann Stevenson an einem regnerischen Abend mit dem Zeichner John Groth auf. Groth war ein liebenswürdiger schlanker Mann, dessen Karikaturen und Skizzen seit Jahren zu einem Aushängeschild des *Esquire* geworden waren. Als er Hemingway zum ersten Mal sah, war er außerordentlich beeindruckt. Ernest saß in der Wohnstube des Bauernhauses und war von Bewunderern wie Jean Décan und dem Fotografen Kimborough umgeben. Auf dem Tisch vor ihm waren neben einem halbvollen Glas einige Handgranaten aufgetürmt. In einer Ecke stand eine große Korbflasche Kognak, die erst vor kurzem von einem Krämer requiriert worden war. Groth nahm ein Glas an und begann Ernest im Licht einer Öllampe zu porträtieren. Schließlich wurde Hemingway schläfrig und überreichte Groth ein paar Handgranaten mit der Anweisung, sie aus dem Fenster zu werfen, falls die Deutschen einen Gegenangriff starten sollten. Groth döste im Oberstock, immer wieder auffahrend und voll angekleidet, in einem schmutzigen Federbett, bis ihn das Dröhnen der Artillerie vor Tagesanbruch aufweckte. Als er den Treppenabsatz hinunterspähte, sah er, daß Hemingway noch immer wach war und, mit einer Maschinenpistole auf den Knien, in einem Taschenheftchen schmökerte.
Am selben Vormittag lagen sie mit einem Spähtrupp im Unterholz und sahen zu, wie die amerikanische Artillerie das Dorf Brandscheid bombardierte. Sie waren an diesem Abend, zusammen mit einem Dutzend anderer Leute, zu einem Steakessen in Lanhams Gefechtsstand geladen. Lanham schrieb:
Man hatte eben das Fleisch serviert, als eine 8,8-cm-Granate durch die Hemingway gegenüberliegende Wand krachte. Sie durchbrach die andere Seite der Wand, ohne zu krepieren ... Die 8,8-Geschosse erreichten beinahe Schallgeschwindigkeit, so daß man bei ihrem Herannahmen nicht gewarnt wurde. In wenigen Sekunden waren meine darauf trainierten Leute in einen kleinen Kartoffelkeller verschwunden ... Ich war der letzte, der den Treppenabsatz erreichte. Ich blickte zurück. Hemingway saß ruhig da und zerschnitt sein Fleisch. Ich rief ihm zu, seinen Arsch möglichst schnell in

den Keller zu verfrachten. Er weigerte sich. Ich ging zurück und wir stritten. Wieder fuhr ein Geschoß durch die Mauer. Er aß weiter. Wir fingen wieder zu streiten an. Er wollte sich um keinen Preis vom Fleck rühren. Ich setzte mich. Nach einem weiteren Durchschuß sagte ich ihm, er möge wenigstens seinen gottverdammten Blechhelm aufsetzen. Er wollte nicht, also nahm ich meinen auch ab. Während des Essens setzten wir uns über die Sache auseinander. Er kam wieder auf seine Lieblingstheorie zu sprechen, wonach man bei Artilleriebeschuß an einem Ort genauso sicher wie an irgendeinem anderen sei, wenn man nicht direkt beschossen würde. Ich wies darauf hin, daß das jetzt genau der Fall sei und daß er allmählich so dumm wie der Brasilius rede. Wir stritten, tranken und aßen weiter. Und vielleicht spürten wir auch den Alkohol ein wenig. Der Beschuß hörte bald auf, und die anderen kamen wieder herauf. Das Essen wurde wieder aufgewärmt und das Dinner ging weiter.

Am Samstag, dem 23., schrieb Ernest an Mary, er habe mit Sicherheit angenommen, er könne bis zu diesem Termin wieder in Paris sein. Die Geschichte des Sturms auf den Westwall sei nun in seinem Gedächtnis verstaut. Er würde sie gerne im Komfort des Ritz niederschreiben. In dem Brief und wahrscheinlich auch in dem Artikel selbst ließ er irgendwie den Eindruck entstehen, er sei während des Sturmes am 14. und 15. persönlich dabeigewesen. Es sei unter den Drachenzähnen des Westwalls unheimlich wagnerianisch zugegangen, schrieb er, und der Drache habe viele der besten Leute verschluckt. Er deutete mit keinem Hinweis an, daß er selbst nicht daran teilgenommen hatte. Er gestand ihr seinen inbrünstigen Wunsch, aus diesem ›Räusper- und Hust- und Spuckgebiet‹ herauszukommen und mit ihr ein richtiges Heim zu beziehen. Er habe sie in Hotels wie dem Dorchester und dem Ritz genossen, aber noch niemals zwischen den eigenen vier Wänden. Er wolle endlich an einem Ort sein, wo er sich wieder den Kopf waschen und vielleicht sogar auf einen Stapel reiner Hemden zurückgreifen könne, anstatt ewig in verdreckten Lumpen herumzulaufen.

Im Hauptquartier schwirrten hartnäckig Gerüchte herum, man werde ihm wegen seiner Aufklärungstätigkeit in Rambouillet Schwierigkeiten bereiten. Die ›Lügner‹, ›Aufschneider‹ und ›ballroom bananas‹ würden offenbar versuchen, ihm aus einer Leistung, auf die er sehr stolz sei, einen Strick zu drehen. Rückwirkend betrachte er das Ganze als einen Notfall, bei dem er nur seine Pflicht getan habe. Wenn es ein Verbot für Journalisten gäbe, in die Seine zu springen, würde sich im Ernstfall sicher niemand an die Regel halten. Er war überzeugt, seine Freunde würden bis zum letzten zu ihm halten, wie zum Beispiel Joe Driscoll von der *New York Times*, dem er am Befreiungstag seine Schreibmaschine geliehen hatte. Ebenso könnte man sich auf General Barton und Oberst Lanham verlassen, daß sie einem in Notzeiten zur Seite stünden.

Ein neuer Krieg

Am nächsten Morgen regnete es wieder, zunächst heftig und peitschend, doch im Laufe des Tages beruhigte sich das Wetter wieder. Der feindliche Beschuß hielt unvermindert an. Er würde noch ein wenig länger in Buchet bleiben müssen. Es war nicht fair, sich zurückzuziehen, wenn es hart auf hart ging. Er begann, an einem Gedicht herumzubasteln:

*Die drei letzten Nächte verloren,
Sie heute wieder gewonnen,
Triefend und dunkel der Wald ...*

Aber in dem kleinen Wohnzimmer von Schloß Hemingstein wurde zuviel gesprochen. Er gab das Dichten mit der Bemerkung auf, es höre sich ohnehin wie ›Hiawatha-Hühnerscheiße‹ an. Er fühle sich heute trotz seiner 45 Lenze wie ein Greis, gar nicht so lustig und lieb und nett wie Marys Freund Sam Boal, gar nicht charmant wie ›unser feiner Bruder‹ Willie Walton. Er komme sich wie ein alter Klepper vor, häßlich und mißgestaltet, aber zumindest wieder im Training. Bei Regen, Wind und der momentanen ausweglosen Situation im Westen Deutschlands sehe die Gesamtlage schlecht aus. Was ihn persönlich betreffe, sei er immerhin seine Erkältung losgeworden. Obwohl es niederträchtig klinge – er sei sehr glücklich in diesem Krieg.

Im Hürtgenwald

Die Nachricht, die Ernest schon lange befürchtet hatte, kam an einem Oktobermorgen. ›Begeben Sie sich mit Militärmaschine oder Militärtransport am oder um den 4. Oktober von derzeitiger Stellung zum Hauptquartier, Generalinspekteur Dritte Armee (Nachhut), um Anweisungen vom A. C. of S. (Assistant Chief of Staff), G-2, Oberstes HQ. AEF (American Expeditionary Forces) entgegenzunehmen.‹ Der Zweck war nicht angegeben, aber er wußte nur allzugut Bescheid. Er sollte über seine Tätigkeit in und um Rambouillet zwischen dem 18. und dem 25. August 1944 verhört werden. Er fuhr mit dem Jeep nach Nancy und wanderte im Mondlicht zu dem Hotel, in dem der Generalinspekteur Quartier bezogen hatte.

Der mit seinem Fall betraute Offizier hieß Oberst Park. Es lagen zahlreiche Anklagepunkte vor: Kriegsberichterstatter Hemingway habe seine Abzeichen, die ihn als Korrespondenten ausgewiesen hatten, entfernt, um den Oberbefehl über die Streitkräfte der französischen Widerstandsbewegung in Rambouillet zu übernehmen. Er habe bei der Verteidigung der Stadt am 19. und 20. mitgeholfen, er sei entweder als Oberst oder in einem anderen Rang Offizier der Widerstandsbewegung gewesen und habe in dieser Eigenschaft ununterbrochen Patrouillen geleitet. Die Korrespondenten, die diese Anklagen vorbrachten, behaupteten ebenso, sie hätten in seinem Zimmer ein ganzes Arsenal an Tretminen, deutschen Panzerfäusten und diversen kleinen Waffen gesehen. Sie erklärten ferner, er habe in Rambouillet ein ›Generalstabszimmer‹ besessen, einen Oberst als seinen Stabschef fungieren lassen und einem Kollegen gegenüber behauptet, daß er keine Depeschen mehr schreibe. Wenn sich diese Anschuldigungen als begründet herausstellten, würde ihm zur Strafe die Akkreditierung als Kriegsberichterstatter aberkannt und er würde per Schub in die Vereinigten Staaten zurückgeschickt werden. ›Morgen früh‹, sagte Oberst Park, ›vernehme ich Sie und nehme Ihre Erklärungen unter Eid ab.‹ Hemingway ging gegen Mitternacht zu Bett und schlief so gut er konnte.

Am nächsten Morgen gab Ernest zu, daß er seinen Waffenrock mit den Abzeichen wegen der Augusthitze wohl manchmal abgelegt haben mochte, aber nur für kurze Augenblicke und aus ›gesundheitlichen‹ Gründen. Er behauptete, er habe niemals Truppen befehligt, obwohl ihn die Résistance-Truppen wiederholt darum gebeten hätten. Schließlich seien sie damit einverstanden gewesen, nicht Befehle, sondern nur Ratschläge von ihm anzunehmen. Er behauptete ferner, er habe Major Thornton nur als Ratgeber bei der Aufstellung der Verteidigungstruppen in den Randbezirken der Stadt gedient. Die Leute, die ihn mit militärischen Titeln angesprochen hätten, seien nur darauf aus gewesen, ihm eine Freude zu machen. Er wies darauf hin, daß jeder Bewohner der Küste Neuenglands, dem eine kleine Schaluppe gehörte, automatisch als Kapitän angesprochen wird. Alle Bewohner Kentuckys gelten von Geburt an als Oberst, und jeder Chinese, der die erforderlichen Jahre in Uniform abgedient habe, werde gewöhnlich als General angesehen. Waffen und Munition seien nur deshalb in seinem Zimmer gelagert worden, weil es den Maquisards, die unter dem ordnungsgemäßen Kommando von Offizieren operiert hätten, so bequemer gewesen sei. Er habe Stabskarten besessen und sei auf Patrouillen gegangen, aber nur um Material für seine Zeitschriftenartikel zu sammeln. Er habe auch keinen Oberst als Stabsoffizier gehabt, sondern habe selbst als Verbindungsmann fungiert und die Befehle des Obersten an die Maquisards weitergegeben, weil er fließend Französisch spreche und die Möglichkeit von Mißverständnissen dementsprechend geringer gewesen sei. Wirklich militärische Funktionen habe er nicht ausgeübt.

Anscheinend wurde die Frage nur gestreift, ob Hemingway nach der Befreiung von Paris und während der ›Rattenjagd‹ durch Frankreich und Belgien tatsächlich mit der 4. Division gekämpft hatte. Hemingway ließ diese Vorstellung gar nicht aufkommen, indem er Oberst Park, der dazu nur mehr zustimmend nickte, versicherte, daß er die ganze Zeit über von Hauptmann Stevenson, dem Propagandaoffizier der Division, begleitet worden sei, der persönliches Zeugnis von Hemingways Unschuld ablegen werde. Auf die bösartigen Anschuldigungen, er habe die Armee ständig beim Vormarsch behindert, weil er sich wie eine Hemingway-Romanfigur aufzuführen versucht habe, antwortete er, er könne Führungszeugnisse von

Ein neuer Krieg

General Barton und Oberst Lanham beibringen, die das Gegenteil beweisen würden.

Oberst Park schloß das Verhör und gab Hemingway den Rat, sich zu beruhigen. Auf dem Rückweg nach Paris war es sehr kalt, und man konnte schon spüren, daß Schnee in der Luft lag. Ernest ging im Hotel vorbei, aber Mary war nicht da. So gönnte er sich einen Drink in einer überfüllten Bar, um die Tatsache zu verdrängen, daß er zum ersten Mal in seinem Leben einen Meineid geleistet hatte.

Kurz darauf wurde er von allen Vorwürfen freigesprochen. Er habe sich herausgewunden, sagte er, und wolle nun unbedingt bald zur 4. Division stoßen, die im Gebiet um Murringen und Krinkelt lag, um sich auszuruhen und neu zu formieren. Am Sonntag, dem 8., schickte er General Barton und Oberst Lanham eine kurzgefaßte Schilderung der Affäre in Nancy. Trotz der Erleichterung über seinen Freispruch war er verbittert, weil er doch Rambouillet wirklich verteidigt hatte und jetzt nur als ›Angeber und Pferdearsch‹ bezeichnet worden war. Hätte er zugegeben, daß die Anschuldigungen der Wahrheit entsprachen, hätte er als ›ein lausiger Held‹ heimgehen und bequem auf einen geeigneten Orden von der Handelskammer Key West oder dem Taubenschützen-Club von Havanna warten können. Statt dessen habe er seine ehemaligen Kumpane ›decken‹ müssen, als er seinen Anteil an der nützlichsten, erfolgreichsten und mühelosesten militärischen Unternehmung seines ganzen Lebens verleugnete. Verbitterung könne er sich jedoch nicht leisten. Im Augenblick schäme er sich, weil er wie ein Etappenhengst die Adresse des Hotels Ritz habe. Er wolle aber nichts anderes, als zu seinen Freunden an die Front zurückeilen.

Martha befand sich damals näher an der Front als er. Sie traf am 14. im Hauptquartier der 82. Luftlandedivision im Frontabschnitt bei Nimwegen Leutnant John Westover, der Ernest bei der ›Befreiung‹ des Ritz geholfen hatte. Westover schrieb seiner Frau, daß Martha ›Unmengen Parfum‹ verwende und ›sehr hübsch und reizend‹ sei. Er erzählte Martha, daß er mit Hemingway in Paris einmarschiert sei. Aber er nehme an, daß sie die Geschichte schon längst gehört habe. ›Ja‹, sagte Martha, ›er hat irgend etwas darüber gesagt. Ich war damals gerade aus Italien nach Paris gekommen, und er war von der 4. Division zurückgekehrt. Wir unterhielten uns zwei Stunden, dann sagte er, er habe irgendwo eine Sauferei, und ich war auch mit Freunden verabredet, so daß wir uns seither nicht mehr gesehen haben.‹ Westover empfand das als merkwürdige Art, eine Ehe zu führen.

Den Oktober verbrachte Ernest in Paris, weil sein Regiment ohne größere Feindberührung in Belgien lag, hauptsächlich aber wegen Mary Welsh. Als bevorzugter Kosename für sie hatte sich in letzter Zeit statt ›Small Friend‹ und ›Pickle‹ ›Papas Taschen-Rubens‹ eingebürgert. Er schrieb seinem Sohn Patrick, sie könnte, sollte sie schlanker werden, zum ›Taschen-Tintoretto‹ avancieren. Jedenfalls sei sie ein sehr nettes Mädchen. Sie sei gemein-

sam mit Bob Capas Mädchen während seines Londoner Unfalls wahnsinnig nett zu ihm gewesen und habe ihn nachher gepflegt. Er erinnerte sich nicht ohne Selbstmitleid an diese seiner Ansicht nach schlimmste Zeit seines Lebens.
Er widmete ihr bald wieder ein Gedicht, eine verworrene Mischung aus freien Rhythmen und noch freierer Prosa. Er schrieb es an mehreren Vormittagen zwischen dem 28. September und dem 9. Oktober, hauptsächlich in der an Marys Zimmer grenzenden Toilette, zusammen als Versuch, Liebe und Krieg kontrapunktisch gegeneinanderzusetzen. Hier, ›zu Hause‹, wie er sich in dem Gedicht ausdrückte, sei seine neue wahre Liebe, ›Mary Welsh mit den flinken Augen, dem konkaven hübschen Gesicht (mit Wangen aus der Ming-Dynastie) und den hübschen Brüsten‹, die ›die Gallionsfiguren aller (seiner) Schiffe‹ seien. Und jenseits des Horizonts, in Belgien und an der Westgrenze des Deutschen Reiches, sei der Krieg, zu dem er zurückkehren müßte, sobald wieder angegriffen würde.
Außerdem halte der Tod reiche Ernte. Die Männer des 22. Infanterieregiments hätten schwere Opfer zu beklagen. In 24 Stunden vom 13. zum 14. September 1944 seien viele Männer an der Siegfriedlinie gefallen: sechs Offiziere und einundsechzig Gemeine. ›Nun schläft der mit der alten Hure Tod, der sie gestern dreimal verleugnete‹, begann das Gedicht. ›Nimmst du diese alte Hure Tod zu deinem rechtmäßig angetrauten Weib? Sprich mir nach: Ja. Ja ... siebenundsechzigmal.‹
Das Gedicht war ursprünglich auf mehrere Schmierzettel gekritzelt worden und umfaßte schließlich nahezu acht maschinengeschriebene Seiten. Er trug es immer in seiner Uniformtasche und nahm es auch zu einer Party in Sylvia Beachs Buchladen in der Rue de l'Odéon mit. David E. Scherman arbeitete für *Life* gerade an einer Story über Sylvia und hatte sie gebeten, ›wie in den alten Zeiten‹ von 1920 wieder ›einige Freunde bei sich zu empfangen‹. Janet Flanner, die brillante Korrespondentin des *New Yorker*, Valéry, Vercors, Scherman und andere gehörten dazu. Alle lauschten sie voller Respekt.
Marlene Dietrich hatte ein Zimmer im Ritz gemietet, von dem aus sie ihre diversen Frontbesuche als Truppenbetreuerin startete. Sie las in der Bar des Ritz ein- oder zweimal das Gedicht mit ihrer heiseren Stimme vor und rührte die Tischgenossen, einschließlich Ernest, zu Tränen. ›Papa‹, sagte sie und starrte ihn mit ihren großen, melancholischen Augen an, ›seit Sie dieses Gedicht geschrieben haben, ist alles, was Sie weiter tun, einerlei.‹
In dieser Weise ermutigt, fing er in ähnlich metaphorischer Sprache laut zu denken an. So sagte er Buck Lanham, daß er nun den Tod ebensogut kenne wie die älteste Hure von Havanna. Er würde ihr zwar einen Drink spendieren, aber niemals mit ihr hinaufgehen. Doch *niemals* sei ein großes Wort. Gerade das, was man niemals tun wolle, werde man früher oder später mit Sicherheit tun.

Ein neuer Krieg

Neben den Gedichten dachte Ernest auch wieder an einen neuen Roman, der sich mit seinen Kriegserfahrungen auf See bei der U-Boot-Jagd, in der Luft bei der RAF und zu Land bei der 4. Infanteriedivision beschäftigen sollte. Er schrieb Max Perkins, er sei im April bei seiner Rückkehr von Kuba nach New York schon drauf und dran gewesen, den Teil auf See zu beginnen. Sollte sein Glück anhalten und er heil vom europäischen Kriegsschauplatz zurückkehren, würde er, wie er schrieb, wieder ein wertvolles literarisches Objekt für Scribner's sein.
Er war nun schon sechs Wochen im Ritz, als er erfuhr, daß die 4. Infanteriedivision vor einer neuen Offensive stand. Der Auftrag lautete, westlich der rheinländischen Stadt Düren einen breiten Korridor durch rund fünfzig Quadratkilometer dicht bewaldeten Hügellandes freizukämpfen. Das Unternehmen schien von vornherein zum Scheitern verurteilt. Die Gewässer waren vereist und reißend, der tiefe Schlamm machte die Operationen fast unmöglich. Die Deutschen hatten sich gut eingegraben. Überall lagen Minen verborgen. Jeder Hang und jeder Hohlweg wurde von Mörsern und Maschinengewehren verteidigt. Alles lag innerhalb der Reichweite schwerer Artillerie. Die Bauerndörfer der Gegend, Brandscheid und Gey, Kleinhau und Großhau waren in waffenstrotzende Festungen verwandelt worden. Einer anderen kleinen Gemeinde verdankte das dunkle und feuchte Waldgebiet seinen Namen: Hürtgenwald.
Am Spätnachmittag des 15. November blickte Oberstleutnant Tom Kenan in seinem Bataillonsgefechtsstand, der sich in einer Höhle in einer kleinen Lichtung am westlichen Rand des Hürtgenwaldes befand, von seiner Arbeit auf. Vor ihm stand, durch eine Stahlbrille kurzsichtig auf ihn herabblickend, ein hochgewachsener Mann in olivgrauen Hosen, Kampfstiefeln, gestricktem Helmfutter und Stahlhelm. Sein aus Kenans Perspektive beträchtlicher Umfang wurde von einer weißen, lammfellgefütterten Lederjacke noch mehr betont. Kenan identifizierte sie als eine Jacke, wie sie von den Deutschen im Frühwinterschnee der Eifel zur Tarnung getragen wurden. Im Gegensatz dazu sah die Brille auf seiner Nase ›jämmerlich klein und unpassend‹ aus. Er trug eine Thompson-Maschinenpistole. So sah Kenan Hemingway zum ersten Mal. Er war einige Stunden zuvor im Jeep angelangt, müde und vor Kälte zitternd, von seinem Leibwächter Jean Décan chauffiert und von Bill Walton begleitet.
Lanham und Hemingway unterhielten sich bis spätnachts im Regimentswohnwagen, tranken Whisky, den Ernest mitgebracht hatte, und erzählten sich, was in ihrem Briefwechsel noch nicht erwähnt worden war. Ernest sprach von seinem seit dem 28. Oktober vermißten Sohn Bumby und von dem Wunsch Marthas, sich von ihm scheiden zu lassen. Lanham erzählte von seiner Frau Mary, seiner einzigen Tochter und dem neuen kleinen Haus in Arlington in Virginia, dem ersten, das ihm selbst gehörte. Ernest erzählte vom letzten Hurrikan, der um die Finca herum viele

Im Hürtgenwald

Bäume entwurzelt hatte, und von der Treue Gregorio Fuentes', der während des ganzen Sturmes auf der ›Pilar‹ geblieben war.
Lanhams Wohnwagen aus Sperrholz war ein Meisterstück der Architektur auf Rädern. Er wurde von schweren Waffentransportern oder 2,5-Tonnen-Lastwagen von Ort zu Ort mitgeführt. Er enthielt zwei Schlafkojen, einen Ofen, einen Klapptisch, ein Waschbecken, zwei Sitzgelegenheiten und ein Feldtelefon. Es gab auch einen deutschen Stahlhelm, den der ›Große Falke‹ Hawkins, ein Stabsoffizier, mit Blumen drapiert und Lanham als Champagnerkübel geschenkt hatte. Trotz dieser Annehmlichkeiten und der Anwesenheit seines Freundes war Lanham an diesem Abend schwermütig und sagte im Laufe des Gesprächs, er werde die Hürtgen-Kampagne nicht überleben. Ernest ›platzte vor Wut‹, es ekle ihn vor all dieser Vorahnungsscheiße. Man höre zwar die ganze Zeit davon, aber sie habe überhaupt nichts zu bedeuten. Doch als er das sagte, klopfte er selber auf Holz. Wenn er auch das Gegenteil behauptete, er war selbst abergläubisch wie ein mittelalterlicher Bauer.
Der Angriff war für den nächsten Tag um 12.45 Uhr angesetzt. Die deutsche Artillerie hatte den ganzen Vormittag in der Gegend herumgeballert. Lanham ging, mit Ernest im Schlepptau, schon früh hinaus, um die Stellungen der Bataillone zu inspizieren und die Befehle zu überprüfen. Der stellvertretende Kommandeur des Ersten Bataillons, ein Major, hatte sich in einem sorgfältig getarnten Unterstand eingerichtet. Er war ein ›kleiner, unscheinbarer Mann‹, von dessen Führungsqualitäten Lanham nicht sehr überzeugt war. Auf dem Rückweg zum Wohnwagen äußerte Lanham im Jeep Hemingway gegenüber seine Bedenken. In ein oder zwei Tagen werde er den Major wahrscheinlich ablösen müssen. Ernest hörte schweigend zu. ›Buck‹, sagte er nach einer kurzen Pause, ›Sie werden ihn nicht ablösen müssen.‹ Lanham fuhr in seiner charakteristischen Art hoch. ›Warum?‹ fragte er. ›Er schafft es nicht‹, sagte Ernest. ›Er stinkt nach Tod.‹
Als der Jeep zehn Minuten später im Regimentsgefechtsstand eintraf, wurde er von Oberstleutnant John F. Ruggles, dem stellvertretenden Kommandeur, angehalten. ›Oberst‹, sagte Ruggles und salutierte, ›den Major hat es eben erwischt. Wer soll das Erste Bataillon übernehmen?‹
Ein Granatsplitter war durch das Holz des Unterstandes gedrungen und hatte den Major augenblicklich getötet. Ernest machte keinerlei Bemerkung und ging zum Wohnwagen. Im Gefechtsstand betraute Lanham Major George Goforth mit dem freigewordenen Kommando und überprüfte noch einmal die Pläne für den Angriff. Als er zurückkam, saß Ernest im Wohnwagen und labte sich an einem Drink. ›Wie zum Teufel haben Sie das gewußt?‹ fragte Lanham. Aber Hemingway murmelte nur, daß er keine Ahnung habe. Hier in Deutschland spüre er den gleichen merkwürdigen Gestank wie im Château Lingeard in der Normandie vor drei Monaten.
Während der achtzehntägigen Hürtgen-Kampagne wurden die Verluste

immer erschreckender. Die deutsche Artillerie und die Granatwerfer hämmerten ohne Unterlaß und äußerst präzis auf die Angreifer ein. ›Der undurchdringliche Wald ist schon an sich ein furchtbarer Feind‹, sagte Lanham. In dem dichten Nadelgehölz war das Artillerie-Sperrfeuer doppelt gefährlich, denn die Geschoße krepierten zwischen den Ästen, und die Metallsplitter flogen als sogenannte ›Baumexplosionen‹ in alle Richtungen. Überall waren Tretminen vergraben. Das Wetter blieb weiter unerträglich. ›Man sieht nichts‹, sagte George Morgan, der Stabsoffizier Goforths. ›Es gibt keine Schußmöglichkeiten. Die Artillerie zerfetzt die Bäume wie eine Sense. Alles geht drunter und drüber. Man kann kaum marschieren. Alle sind durchfroren und durchnäßt von Schneeregen und Graupelschauern. Dann greifen wir wieder an, und bald wird nur noch eine Handvoll der alten Männer übrig sein.‹

In den Augen seiner Kameraden unter den schwergeprüften Regimentsoffizieren benahm sich Hemingway genauso beispielhaft wie im September am Westwall. Tagsüber streifte er, von Jean Décan chauffiert, in der Gegend herum und ›schonte‹, wie sich Oberst Lum Edwards ausdrückte, ›unsere Nerven. Aber abends, wenn alles erledigt war, pflegte er in den S-3-Abschnitt hereinzuschneien, wo wir uns beide, und oft auch Oberst Lanham, unterhielten und Geschichten erzählten. Eines Abends kam er auf die Mätzchen der afrikanischen Löwen während ihrer Paarung zu sprechen und beendete seine Ausführungen, indem er persönlich das Verhalten eines Löwenmännchens demonstrierte. An anderen Tagen diskutierten wir über Mut, Pflichterfüllung und richtiges Verhalten gegenüber der Furcht. Er verspottete die Ansicht der Psychiater, wonach jedes Individuum einmal am Ende seiner Kräfte sei und etwas nur eine gewisse Zeitlang aushalten könne. Er wies die Behauptung zurück, daß man den psychischen break-down genausowenig kritisieren sollte wie den physischen. Er war augenscheinlich der festen Überzeugung, daß ein Mann entweder Mumm hat oder keinen und daß die Angst während des Kampfes ganz einfach das Kriterium dafür ist. Trotzdem machte tollkühne Tapferkeit überhaupt keinen Eindruck auf ihn. Er bewunderte eher einen Mann, der genau einschätzte, was notwendig war, und den Mut besaß, es zu tun, ohne Rücksicht auf die Größe des Risikos, das damit verbunden war. Er bewunderte niemals reines Draufgängertum, es sei denn als letzte Möglichkeit, eine Aufgabe zu lösen. Ich habe kein einziges Mal erlebt, daß er während des Kampfes etwas Unüberlegtes tat. Er begriff den Krieg und den Anteil eines Mannes daran weitaus besser, als es die meisten Leute je tun werden. Er besaß eine hervorragende Nase für die jeweilige Situation. Obwohl er immer mitmachen wollte, wußte er ganz genau, wann er zu handeln hatte und wann es besser war, eine Weile zu warten.‹

Über das Thema Krieg und Religion äußerte er sich auffallend zynisch. Der Kaplan der Division war ein kleiner und zutiefst redlicher Mann, der von Ernests Ansichten derart fasziniert war, daß er sie immer wieder von neuem hören wollte. Ernest fragte ihn einmal, ob er an die oft zitierte Behauptung Bataans glaube, daß es in Schützenlöchern keine Atheisten gebe. ›Nein, Mr. Hemingway‹, sagte der Kaplan, ›seit ich Sie und Oberst Lanham kennengelernt habe, nicht mehr.‹ Die Antwort versetzte Ernest in Entzücken, und er fügte sie seiner wachsenden Sammlung von Kriegsanekdoten hinzu.

Seine lebenslange Verachtung für ›Kopfdoktoren‹ machte sich wieder bemerkbar, als er den Psychiater der Division, Major Maskin, brüskierte. Der Arzt platzte eines Abends in Ernests Quartier herein und begann, ihm seine indiskreten, eindringlichen Fragen zu stellen. Ernest setzte eine sachliche Miene auf und gab vor, Maskins Rat zu brauchen. Er mache sich wegen seiner Katzen auf der Finca Vigia Sorgen. Er habe zwanzig oder dreißig Stück und bekäme immer mehr. ›Der kleine Bastard war fasziniert‹, erzählte Ernest. ›Seine Augen quollen hervor.‹ Der Arzt sagte, viele Leute liebten Katzen. Das sei kein Problem. ›Bei mir ist es eines‹, antwortete Hemingway. ›Mein Problem ist, daß ich anscheinend nicht aufhören kann, mit ihnen geschlechtlich zu verkehren.‹

Ernest sonnte sich in seiner Rolle als älterer Freund und Ratgeber der Offiziere und Soldaten. Manchmal nannte er sich ›Old Ernie Hemorrhoid, The Poor Man's Pyle‹. Zahlreiche Bataillonskommandeure und Kompanieführer waren tatsächlich nur halb so alt wie er. Seine hünenhafte Erscheinung trug viel zu der Vorstellung bei, er sei im Kampf und im Leben erfahrener als sie. Lum Edwards, George Goforth, Swede Henley, John Dowdy und Tom Kenan waren damals alle etwa 27 Jahre alt. Wenn er sich mit ihnen unterhielt, versuchte Ernest sich so unauffällig zu verhalten, wie es seine Statur erlaubte, aber sie hatten dennoch irgendwie das Gefühl, daß er sie wachsam beobachte und sogar ihren Wert im Kampf abschätze. Als einige der Untergebenen Kenans anfingen, ›in ziemlich übertriebener Manier zu sprechen, wenn sie die Hartnäckigkeit der (deutschen) Verteidigung beschrieben, antwortete Hemingway sanft und ohne Vorwurf, er habe bei den Operationen des Feindes nicht ganz diese Intensität beobachtet‹. Er war sorgsam darauf bedacht, ruhig und freundlich zu erscheinen, und pflegte mit einem scheuen, aber offensichtlich wohlmeinenden Lächeln zu sprechen.

Die Furchtlosigkeit Hemingways beeindruckte auch noch einen weiteren Bataillonskommandeur Lanhams, Swede Henley, einen humorvollen Mann aus Südcarolina. ›Er war einige Tage bei mir‹, schrieb Henley, ›in meinem Gefechtsstand an der Front, in Regen, Graupelschauer und Schneegestöber. Er war stets im dichtesten Gewühl des Kampfgeschehens zu finden, auf der Suche nach Material für seine Artikel. Er trug zwei Feldflaschen bei sich, die eine mit Schnaps, dem deutschen Gegenstück zum Bourbon der Südstaaten, die andere mit Kognak gefüllt. Er bot einem immer einen

Ein neuer Krieg

Schluck an und schlug nie einen aus. Was mich immer besonders amüsierte, war, wie er die Flasche in den Mundwinkel schob und das Zeug hinunterstürzte.‹

Dem schlechten Wetter, den kärglichen Essensrationen, den schweren Verlusten und den anderen Entbehrungen zum Trotz ließen sich diese Infanterieoffiziere ihren Humor nicht verderben. Ernest wurde in ihrem Kreis wie ein Soldat akzeptiert. Wie Swede Henley waren sie alle ›von der Tatsache beeindruckt, daß er sich aus eigenem Willen und Entschluß entschieden hatte, weit vorne in der Kampfzone zu bleiben‹. Mehrere Bataillonskommandeure hatten während ihrer zehntägigen Schiffsreise nach England im vorhergegangenen Winter ›Wem die Stunde schlägt‹ gelesen und neckten ihn nun des öfteren wegen der Szenen mit Jordan und Maria im Schlafsack. Er verstand Humor, ging aber nur bescheiden und mit einer Spur von Scheu auf ihre Scherze ein.

Nach mehreren Tagen schwerer Kämpfe wurde im Wald eine Lichtung gerodet. In einer Feuerpause gab Lanham den Befehl, seinen Wohnwagen nach vorne zu bringen, und ließ für seinen Stab im Umkreis Unterstände graben. Tag um Tag hockte Ernest in den Kunstlederstühlen, während Lanham seinen Aufgaben nachging. Hin und wieder pflegte Lanham die Wagentür zu öffnen, um das Gewehrfeuer genauer orten zu können. Wenn dann gerade ein Geschoß vorbeipfiff, was oft vorkam, sprang er zurück und knallte die dünne Sperrholztür zu, als könne sie Schutz gewähren. Über diese nutzlose Geste konnten sich die beiden Männer wie Schulbuben vor Lachen biegen.

Der Hürtgenwald war viel zu gefährlich, um Aufklärungsaktionen wie in Frankreich zu erlauben. Es genügte Ernest vollauf, zuschauen und zuhören zu dürfen. Als es aber einmal brenzlig wurde, war er den Dingen durchaus gewachsen. Deutsche Infanteristen hatten sich in einem rund zweihundert Meter entfernten Bunker verschanzt und Lanhams Gefechtsstand in der Waldlichtung zwei Tage lang beobachtet. Am Morgen des 22. kamen sie dann heraus und griffen an. Hauptmann Mitchell erwischte sofort eine Kugel, und Hemingway war mit seiner Maschinenpistole rasch zur Stelle. Unter heftigem Feuer versuchte Décan verwegen, Hauptmann Mitchell zu Hilfe zu eilen. Der Angriff war schnell zurückgeschlagen, die überlebenden Deutschen wurden gefangengenommen. All das geschah in kürzester Zeit unter Ernests aktiver Mitwirkung.

Aber es gab auch Zeiten, wo er vernünftig genug war, sich schnellstens platt auf den Boden zu werfen. Eines Vormittags nahm die amerikanische Artillerie die eigene Infanterie unter Feuer. Viele Soldaten in den vorderen Linien wurden getötet. Unter den Opfern befand sich Lanhams Ordonnanz, ein als Eightball Watkins bekannt gewordener einfacher Soldat. Nachdem der Beschuß aufgehört hatte, begleitete Ernest Lanham zum Gefechtsunterstand, wohin man einige Gefallene transportiert hatte. ›Wissen Sie, was Old Eightball gesagt hätte, wenn er noch könnte?‹ fragte einer der Herumstehenden. ›Er hätte gesagt: ‚Bei Gott, Oberst, es hat unsere ganze Artillerie gebraucht, um mich zu erwischen!'‹ Ernest bewegten solche für die Gesamtsituation bedeutungslose Todesfälle sichtlich. Noch Jahre später kehrten sie in seinen Alpträumen wieder.

Auch andere Szenen des Grauens setzten sich in seinem Gedächtnis fest. Eine der schrecklichsten erlebte er bei der Vernichtung von Großhau. Das ›Kartoffeldorf‹, wie es Lanham nannte, gehörte ›zu den zusammenhängenden Verteidigungsanlagen der Siegfriedlinie‹ und hatte Bunker mit Betonwänden, die oft ein bis eineinhalb Meter dick waren. Selbst wiederholter Artilleriebeschuß jedes Kalibers, Angriffe schwerer Bomber und schwerste Phosphorbrände hatten es nicht zustande gebracht, die Verteidiger aus Großhau zu vertreiben. Sie ergaben sich erst, als das 22. Infanterieregiment zum Angriff antrat und das Dorf im Kampf Mann gegen Mann säuberte. Die ›Fleischerrechnung‹ für diesen Sturmangriff war schrecklich, weil der Ort auch hinterher von der deutschen Artillerie und von einer riesigen Eisenbahnkanone, die in den westlichen Vororten von Düren stand, ununterbrochen beschossen wurde.

Ernest brannte darauf, nach Großhau zu kommen. Am 30. November machte er sich mit Bill Walton im Schlamm und Schneematsch auf den Weg. Deutscher Artilleriebeschuß zwang sie wiederholt, in Straßengräben Deckung zu suchen, die bisher weder von Minen noch von Gefallenen geräumt worden waren. Ein amerikanischer Soldat, der auf der Straße lag, war von den zahlreichen darüber hinwegrollenden Fahrzeugen derart flachgepreßt worden, daß man ihn kaum noch als menschliches Wesen erkennen konnte. Noch schlimmer war der Anblick eines Deutschen am Dorfrand, der vom Phosphor verbrannt war und von einem halbverhungerten Hund angefressen wurde. Solche Bilder und Gerüche prägten sich tief in das Gedächtnis jedes Beobachters ein. Ernest vergaß sie nie.

In Großhau standen Hemingway und Walton ununterbrochen im Feuerhagel. Leutnant James McLane, ein Kompanieführer Lanhams, hatte seinen Gefechtsstand im Keller eines zerstörten Hauses errichtet. Während draußen plötzlich Sperrfeuer einsetzte, blickte er auf und sah Hemingways Riesengestalt über den Rand des Kellerloches schwingen und herabfallen, im Nu von dem schmächtigeren Walton gefolgt. McLane mußte sich blitzschnell ducken, um einen Zusammenprall zu vermeiden. Später erinnerte er sich voller Bewunderung an die kühle Ruhe, die seine beiden Besucher bewahrt hatten. Während der gesamten Hürtgenkampagne hatte sich Hemingway Waltons Meinung nach in absoluter Hochform befunden und ließ es sich nicht nehmen, alle Gefahren des Krieges mit seinen Regimentskameraden zu teilen. Obwohl Walton zehn Jahre jünger war als Hemingway, war er sich nie eines Altersunterschieds bewußt. Ernest hatte anscheinend keine inneren Konflikte und litt nicht unter Weibergeschichten.

Ein neuer Krieg

Nachdem Großhau dem Erdboden gleichgemacht worden war, mußten die Amerikaner noch die Stadt Grey einnehmen, bevor sie aus dem Hürtgenwald in die Kölner Bucht vorstoßen konnten. ›Damals hatte ich mit mir selbst Unbeschreibliches durchzustehen‹, sagte Lanham. ›Mein großartiges Kommando hatte praktisch aufgehört zu existieren ... Diese Männer hatten Wunder vollbracht ... Meine Achtung und Bewunderung für sie ... kannte keine Grenzen. Mich quälte vor allem die Vorstellung, was geschehen würde, falls die Deutschen zum Gegenangriff übergehen sollten. Das Divisions-Hauptquartier schlug meine Warnungen in den Wind ... Und so fing ich allmählich an, alles mögliche Personal im Regimentshauptquartier zusammenzukratzen: Fernmeldeleute, Angestellte, Chauffeure und Mechaniker. Es waren zwei wild zusammengewürfelte Kompanien ... Sie standen Tag und Nacht in Alarmbereitschaft. Ich ließ sie für den Fall eines Gegenangriffs stets Waffen und Munition bei sich tragen.‹
Schließlich griffen die Deutschen eines Morgens um 3.30 Uhr an. Zwei von drei Panzern wurden sogleich außer Gefecht gesetzt. Der Bataillonskommandeur, der die Meldung an Lanham weitergab, feuerte mit einer Hand auf die Gegner, während er mit der anderen das Feldtelefon hielt. Die deutschen Angriffswellen schienen von überallher zu kommen. Lanham mobilisierte seine Reserveeinheit, die im Laufschritt zum Einsatz eilte. Dann rief er Hemingway. ›Ich komm' sofort‹, sagte Ernest, ›wartet auf mich.‹ Als er hinkam, war Lanhams Reservehaufen gerade ausgeschwärmt. Der deutsche Vorstoß geriet ins Stocken. Einem Kompaniekommandeur gelang es, ein paar Soldaten in den Rücken der Angreifer zu bringen. Der übriggebliebene Panzer rollte auf die rechte Flanke zu und begann sich allmählich aus dem Gefecht herauszuhalten. Als sich die Lage änderte, ergaben sich die Deutschen zu Dutzenden. Hemingway lauschte atemlos Lanhams Bericht über die letzten Strapazen der Infanterie. Auch diese Schilderung prägte sich tief in sein Gedächtnis ein. Er war dabeigewesen. Er wußte genau, wie es sich abgespielt hatte.
Lanhams Regiment war nun praktisch aufgerieben. Es hatte zwischen dem 16. November und 3. Dezember 2678 Ausfälle zu verzeichnen gehabt, darunter 12 Offiziere und 126 Männer, die gefallen waren, 184 Vermißte, 1859 Verwundete und fast 500 Leute, die ohne Feindeinwirkung kampfunfähig wurden. Am 4. Dezember morgens, als die Division endlich von der Front in ein Erholungsquartier in der Nähe der Stadt Luxemburg abkommandiert wurde, meinte Ernest zu Willie Walton, sie müßten sich jetzt von den abziehenden Überlebenden verabschieden. Es war an diesem Morgen kalt, und es lag dichter Bodennebel. Ihr gepanzerter Jeep kroch langsam auf der schlammigen Straße dahin, da vernahmen sie plötzlich ein merkwürdiges sausendes Geräusch. Nur Ernest erkannte es sofort wieder. Die deutsche Luftwaffe, die immer weniger Flugzeuge zum Einsatz bringen konnte, benutzte nun veraltete Maschinen von demselben Typ, wie

er sie in Spanien kennengelernt hatte. ›Spring!‹ schrie er, und sie stürzten in den Straßengraben. Aus dem schmutziggrauen Himmel stürzte im Tiefflug ein deutsches Flugzeug, es berührte beinahe die Straße und durchlöcherte den Jeep. Ernest und Willie blieben liegen, wo sie waren. Der Graben strotzte von Minen, und das Flugzeug konnte zurückkommen. Aber Ernest, eine riesige, schlammbedeckte Gestalt in einer Lammfelljacke, bewahrte erstaunliche Ruhe. Er hakte eine Feldflasche von seinem Gurt los und bot Walton einen Schluck an. Es war ein vorgemixter Martini. Er schmeckte nach Metall. Aber Walton hatte selten etwas Besseres genossen. Für ihn wie auch für Ernest bedeutete dieser Drink das Ende von 18 schrecklichen Tagen im Hürtgenwald.

Gefechtsstand Paris

Als Hemingway Ende der ersten Dezemberwoche aus dem Hürtgenwald zurückkehrte, hatte er den Krieg bis obenhin satt. Er begann, sich um eine Rückflugmöglichkeit in die Vereinigten Staaten zu kümmern. Das Winterwetter in Deutschland hatte ihm wieder eine schwere Grippe eingebracht. Ernest legte sich ins Bett, versammelte aber, wie stets, einen ganzen Hofstaat um sich. Auch Jean-Paul Sartre, ein untersetzter und redseliger Mann mit dicken Augengläsern, kam mit Simone de Beauvoir vorbei. Sartre wollte unbedingt Ernests Meinung über William Faulkner hören. Ernest gab großzügig zu, daß Faulkner ein besserer Schriftsteller sei als er. Als Simone ihn fragte, ob er denn ernstlich krank sei, stieß er die Bettdecke zurück, streckte ein Bein heraus und ließ seine Muskeln spielen. ›Kerngesund‹, sagte er. In diesem Moment zumindest hatte es den Anschein, als sei er in Bombenform. Er behauptete aber später, daß er ›die Toilette im Ritz oft blutig gespuckt‹ habe. Sein Bruder Leicester, der gelegentlich vorbeisah, erinnerte sich an die Blässe seines Gesichtes unter dem verwilderten Bart und auch wie er nach einem seiner Würgeanfälle ins Bett wankte und sich dabei an den Möbeln festhalten mußte.
Kurze Zeit später hatte Ernest wieder Gelegenheit, sich durch heroisches Verhalten auszuzeichnen. Am 16. gegen neun Uhr morgens hatte das deutsche Oberkommando eine großangelegte, von mechanisierten Einheiten getragene Offensive gegen die dünne Verteidigungslinie der Ersten amerikanischen Armee in Luxemburg gestartet. Es war dies der erste größere Gegenangriff seit der Avranches-Offensive im August, und er war von Generalfeldmarschall Gerd von Rundstedt, dem genialsten Strategen, der den Deutschen verblieben war, geplant worden. Der erste Stoß auf der linken Flanke war gegen General Bartons 4. Division gerichtet, und Oberst Bob Chances Regiment mußte, mit nur langsam eintreffenden

Ein neuer Krieg

Verstärkungen von anderen Einheiten, die volle Wucht des Angriffes ertragen.
Mit allen möglichen Kniffen gelang es Ernest, telefonisch Verbindung mit General Bartons Hauptquartier aufzunehmen. Laut Barton erklärte er, daß er krank sei und sich auf dem Heimweg befinde. ›Aber er wollte wissen, ob da eine Schau abgezogen werde, die den Weg lohne. Aus Sicherheitsgründen konnte ich ihm die Tatsachen telefonisch nicht mitteilen, also sagte ich ihm im wesentlichen, es gehe ziemlich heiß her und er solle nur kommen.‹ Am frühen Morgen des 17. hatte es Ernest fertiggebracht, sich über General Red O'Hare einen Jeep mit Fahrer zu verschaffen. Er sagte später, daß er immer noch Fieber gehabt und stark geschwitzt hätte. In der Zeit zwischen Aufstehen und Verlassen des Hotels mußte er das Hemd viermal wechseln. Er trug zwei fellgefütterte Mäntel, einen hatte ihm ein amerikanischer Flieger geschenkt, der andere war die ›Kraut‹-Jacke, die er im Hürtgenwald angehabt hatte.
Als er in Luxemburg ankam, war der Höhepunkt der deutschen Offensive schon vorüber. Im Hauptquartier der Division sagte ihm Barton, daß ›Bob Chance die 4. Division aus dem Feuer gerissen‹ habe. Er bat Ernest, doch dafür zu sorgen, daß ›Bob und sein Haufen eine gute Publicity bekämen‹. Aber Ernest war augenblicklich viel zu krank, um die Bitte erfüllen zu können. Er nahm Buck Lanhams Einladung an, zusammen mit Bill Walton in seinen derzeitigen Gefechtsstand bei Rodenburg zu ziehen, wo die beiden Korrespondenten ein großes Doppelbett mit ihrem eigenen Bettzeug zugewiesen bekamen. Auf Lanhams Drängen verschrieb der Regimentsarzt Ernest eine starke Dosis Sulfonamide und viel Ruhe. Das Haus gehörte einem Priester, der angeblich mit den Deutschen kollaboriert hatte. Ernest durchstöberte es von oben bis unten, bis er endlich auf einen Vorrat von Meßwein stieß. Es machte ihm irrsinnigen Spaß, den Inhalt der Flaschen zu leeren und diese anschließend vorsichtig vollzuurinieren. Er erklärte später, daß ihm die Flaschen als Nachtgeschirr gedient hätten, da das Thermometer Null Grad anzeigte und er ›mit dem Fieber und allem anderen‹ nicht sein Leben mit einem Spaziergang zur Latrine im unteren Stockwerk aufs Spiel setzen wollte. Ferner etikettierte er die Flaschen mit ›Schloß Hemingstein 1944‹. Leider beging er einmal den Fehler, eine davon im Dunkeln zu probieren, und untermauerte somit die Behauptung der Bibel, daß ›alles eitel ist‹.
Ernests Ehe mit Martha war nun endgültig zum Scheitern verurteilt. Sie erschien am 24. Dezember gegen Mittag und begann – wie sich Ernest höchst ungalant ausdrückte – ihren ›großen Weihnachts-Gegenangriff‹. Da Oberst Ruggles von der gespannten Lage keine blasse Ahnung hatte, lud er sie ein, den Weihnachtsabend und den Weihnachtstag mit dem 22. Infanterieregiment zu verbringen, und schickte einen Jeep in die Stadt Luxemburg, um sie zum Gefechtsstand in Rodenburg zu bringen. ›Ich hatte

die Absicht, Ernest angenehm zu überraschen‹, sagte Ruggles, ›aber ich fürchte, ich habe das Gegenteil erreicht.‹ Da Martha das Thema Scheidung bereits im November angeschnitten hatte, tat Ernest nichts, um die Spannung zu mildern.

An jenem Abend nahm er an einem Offiziersessen in General Bartons Messe, einer Schule in Luxemburg, teil. Obwohl es der 54. Geburtstag des kränklichen Generals war, hatte er das Essen zu Ehren von Oberst Chance geplant. Unter den Gästen befanden sich General H. W. Blakely, der im Begriff stand, Barton als Divisionskommandeur abzulösen; Brigadegeneral Rodwell, Bartons stellvertretender Kommandeur; der düstere Oberst Luckett und der Ehrengast, Oberst Chance. Bemerkenswerterweise fehlte Oberst Lanham, der sich während der Hürtgenkampagne mit Barton und Rodwell verbissen in den Haaren gelegen hatte. Er hatte den Befehl erhalten, neben seinem eigenen für diesen Abend auch das 12. Regiment zu übernehmen, damit Chance an der Festlichkeit teilnehmen konnte. Sie tranken die Whisky- und Gin-Rationen der Truppenbetreuung, den Weinbrand der Gegend und viel Champagner. Der Weihnachtstruthahn mit mashed potatoes und Preiselbeersauce schmeckte fast wie zu Hause. Der Schmaus währte bereits zwei Stunden, als Oberst Luckett anfing, das Divisionskommando so freimütig zu kritisieren, daß ihn Barton hinauswies. Der wechselte mit Ernest zu einer Champagnerparty beim 70. Panzerbataillon über. Ernest erschien später mit Martha in Bartons Privatquartier, wo sie, um Bartons Weihnachtsbaum sitzend, Weinbrand tranken und sich kurz unterhielten. Aber Ernest und Martha fuhren bald wieder nach Rodenburg zurück. Im Gegensatz zu Ruggles wußte Lanham bereits über ihre zerrüttete Ehe Bescheid. Trotzdem überließ er ihnen sein Schlafzimmer und verbrachte die lange eisige Nacht frierend in seinem ungeheizten Wohnwagen.

Am nächsten Morgen unternahmen sie einen Feiertagsausflug zu Lanhams diversen Bataillonskommandos. Ernest saß vorne beim Fahrer und benahm sich laut Martha höchst arrogant. Da sie keine Ahnung von Lanhams Französischkenntnissen hatte, begann sie, Ernest auf Französisch auszuzanken. Lanham saß schweigend da und fixierte Ernests Nacken, der von Minute zu Minute röter wurde. Schließlich drehte sich Ernest um. ›Falls du es nicht wissen solltest‹, sagte er schneidend, ›Buck spricht viel besser französisch als du.‹ Lanham ignorierte den Streit so gut es ging. Die Straßen um Luxemburg waren äußerst gefährlich. Die Kampfflugzeuge beider Seiten hatten es auf jedes Fahrzeug, das sich zeigte, abgesehen. Buck war noch gewitzigter als sonst, weil er am 24., von einer amerikanischen P-47 beschossen, nur knapp dem Tode entronnen war. Obwohl an diesem Morgen nichts dergleichen vorfiel, bekamen sie doch etwas höchst Erstaunliches zu Gesicht: einen weißen Kondensstreifen, der wie eine Kreidelinie aussah, die mit unglaublicher Geschwindigkeit quer über den Himmel gezogen

Ein neuer Krieg

wurde. Es war die Nachfolgerin der V 1, eine deutsche V-2-Rakete, die ihr Ziel mit Überschallgeschwindigkeit ansteuerte. Lanham befahl dem Fahrer anzuhalten, und sie sahen in den Himmel. Martha notierte sich Zeit und Ort. Lanham hörte, wie sie sagte: ›Denk daran, Ernest, die V 2 ist meine Story und nicht deine.‹ Ernest schwieg bis zum Abschluß der Rundfahrt. Dann sagte er Martha mit maliziösem Unterton, daß sie jetzt so nahe an den vordersten Frontlinien gewesen sei, wie sie es höchstwahrscheinlich nie mehr sein würde. Da sie seit 1939 an vielen Fronten gewesen war, fand sie die Bemerkung besonders gemein. Daß er ihren intimen Kosenamen Mooky in aller Öffentlichkeit benützte, machte die Sache auch nicht besser.
Zu Silvester hatte Ernest einen neuerlichen Tiefpunkt. Bill Walton war kaum in dem Luxemburger Hotel abgestiegen, wo die Luftwaffe einquartiert war, da lernte er Martha kennen. Er fand die große Frau mit dem honigfarbenen Haar und den gutsitzenden braunen Hosen sehr attraktiv. Sie nahm seine Einladung zu einem Abendessen an. Als Walton ins Hotel zurückkehrte, saß Ernest in seinem Zimmer. ›Ich habe bis jetzt mit Ihrer Frau gerodelt‹, sagte Walton, ›und ich führe sie zum Essen aus.‹ Ernest grinste grausam. ›Und mich auch‹, sagte er, ›ich komme mit.‹
Es war kein sonderlich geglückter Abend. Ernest stritt lange, laut und heftig mit seiner Frau. Walton gab bald den Versuch auf, die Unterhaltung in weniger gefährliche Bahnen zu lenken. Erst als Martha fortging und sie wieder in Waltons Zimmer waren, machte er Ernest wegen seines rüpelhaften Benehmens Vorwürfe. ›Willie, man kann einen Elefanten nicht mit Pfeil und Bogen jagen‹, sagte Ernest. Aber er war noch nicht fertig. Einige Minuten später zog er die Uniform aus, fand im Schrank des Zimmermädchens einen Besen und einen Eimer, stülpte sich den Eimer wie einen Helm über, legte sich den Besen wie eine Lanze auf die Schulter und marschierte in seinen langen Unterhosen den Gang hinunter, um Marthas Zimmer zu belagern.
Die Offensive Rundstedts war die letzte Schlacht des Krieges, an der Ernest teilnahm. Anfang Januar kehrte er ins Ritz zurück, nahm sein früheres Leben wieder auf und war für die Offiziere und Männer der 4. Infanteriedivision der Angelpunkt ihrer Paris-Urlaube. Er berichtete später – ob es der Wahrheit entspricht, ist nicht mehr herauszufinden –, daß ihn auch der berühmte George Orwell besuchte, den er zuletzt in Barcelona gesehen hatte. Orwell habe nervös und besorgt ausgesehen. Er habe von seiner Furcht gesprochen, daß ihm die Kommunisten nach dem Leben trachteten, und Hemingway gebeten, ihm eine Pistole zu leihen. Ernest borgte ihm den 32er Colt, den ihm Paul Willerts im Juni geschenkt hatte. Orwell war wie eine Geistererscheinung bald wieder verschwunden. Eines Tages begegnete er auch William Saroyan. Der stand vor der Bar des Hotel Scribe, als Hemingway, von vier oder fünf Kriegsberichterstattern umringt,

auftauchte. Einer winkte Saroyan zu, der sich der Gruppe näherte. ›Da ist Bill Saroyan‹, sagte ein Freund. ›Wo ist Bill Saroyan?‹ meinte Ernest. Saroyan sagte: ›In London hatten Sie einen Bart, aber selbst ohne Bart habe ich Sie nicht vergessen. Ist das Rasieren schuld daran, daß Sie mich vergessen haben?‹ Ernest wandte sich ab und nahm seine Unterhaltung mit den kriecherischen Zeitungsleuten wieder auf. Saroyan fand ihre Speichelleckerei ›vor Zeugen peinlich‹ und entfernte sich. Ernest rächte sich einige Abende später. Gruppenkapitän Peter Wykeham Barnes von der RAF war auf einen kurzen Urlaub nach Paris gekommen und traf Ernest zufällig im Scribe. ›Nachdem wir ein ziemliches Quantum Grog zu uns genommen hatten‹, schrieb er, ›übersiedelten wir zum Essen ins George V. Wir stiegen in den Speisesaal hinunter, und als Ernest zwei Tische weiter William Saroyan erspähte, konnte man schon die Alarmglocken hören. ... Der Anblick wirkte auf ihn wie eine kräftige Injektion ... Er begann mit der Bemerkung: ‚Na, um Gottes willen, was macht denn dieser lausige armenische Hundesohn hier?' ... Je mehr ich ihn zu besänftigen versuchte, um so schlimmer wurde es ... Schließlich gab Saroyans Gesellschaft Ernest alle Beleidigungen in barer Münze zurück. Ich weiß nicht, wie es kam, aber kurz darauf war ich in eine richtiggehende Keilerei verwickelt, rollte unter den Tischen herum und schlug die Köpfe wildfremder Menschen auf den Holzboden. Ich hatte den Eindruck, daß mich jemand in den Knöchel biß ... Die Hoteldirektion erschien mit Polizeiverstärkung, wie ich glaube, und wir wurden samt und sonders die Treppen *hinauf*geworfen, mitten in die Pariser Verdunkelung. Die beiden Parteien gingen auseinander. Ernest kicherte wie eine Hyäne.‹

Ungefähr um jene Zeit erfuhr Ernest aus verläßlicher Quelle, daß sein Sohn Bumby in Sicherheit oder zumindest am Leben war und sich in einem deutschen Kriegsgefangenenlager befand. Seit seiner Rückkehr aus der Hürtgenkampagne hatte ihn das Fehlen glaubwürdiger Nachrichten über Bumbys Ergehen vollkommen zermürbt. Im ›Zweiten Gedicht an Mary‹ hatte er das in einem Satz zum Ausdruck gebracht: ›Was man erleiden muß, ohne die geringste Möglichkeit, das Ergebnis zu ändern.‹ In seinem Kopf hörte er immer wieder die gleichen Worte: ›Im Kampf vermißt.‹ Die Geschichte war hochdramatisch gewesen, sogar für Ernest. Leutnant John H. Hemingway war im Juli zum OSS gestoßen und bei Le Bosquet d'Orb, fünfzehn Kilometer nördlich von Montpellier, über Frankreich abgesprungen. Man hatte ihm die Aufgabe zugeteilt, hinter den feindlichen Linien Widerstandsgruppen zu bilden. Ende Oktober machte er mit Hauptmann Justin Green und einigen französischen Maquisards eine Aufklärungsfahrt durch das Rhône-Tal. Aus einer Waldung hörten sie Geräusche, die vom Graben herrührten. Green schlich sich hinein, um die Ursache des Lärms herauszufinden. Das stellte sich als schwerwiegender Fehler heraus. Der Feind eröffnete mit Gewehren und Granaten das Feuer.

Ein neuer Krieg

Green wurde am Fuß und Bumby von einem Granatsplitter und sechs Schüssen aus einem Schnellfeuerkarabiner am rechten Arm und an der rechten Schulter verwundet. Der Franzose wurde in den Bauch getroffen und starb an den Verletzungen. Beim Verhör erkannten die Amerikaner, daß sie von einer Gebirgsjägereinheit gefangengenommen worden waren. Der diensthabende Offizier, ein Österreicher, spitzte die Ohren, als Bumby seinen Namen und seine Nummer nannte. Er war 1925 in Schruns gewesen und hatte Ernest, Hadley und den zweijährigen Buben gekannt, der jetzt im Alter von dreiundzwanzig Jahren vor ihm stand und heftig blutete. Der Offizier beendete schleunigst die Vernehmung und ließ Bumby in ein Lazarett im Elsaß abtransportieren. Eine Mannschaft der 4. Panzerdivision befreite ihn später aus einem Kriegsgefangenenlager bei Hammelburg, aber er wurde vier Tage darauf wieder gefangengenommen und in das Stalag Luft III nach Nürnberg gebracht.

Ende Januar reiste Mary nach London. Am St.-Valentins-Tag war sie wieder in Paris. Ernest sprach von dem bevorstehenden Besuch Buck Lanhams und Bob Chances, die aus ihren Gefechtsständen in Westdeutschland nach Paris kommen sollten – der erste Urlaub, den sie sich seit dem D-Day genommen hatten. Sie stiegen im Crillon ab, erfrischten sich ein wenig und machten sich in dem trostlosen und nassen Wetter auf den Weg zu Ernests Gefechtsstand im Ritz. Dort lernten sie Marthas Nachfolgerin Mary kennen, und Lanham überreichte Ernest als besonderes Geschenk ein Paar deutscher Maschinenpistolen. Wenn man sie auf eine Schulterstütze montierte, waren sie leichten Maschinengewehren annähernd gleichwertig. Buck hatte Ernest auch einen ansehnlichen Munitionsvorrat für die Waffen mitgebracht. Ernest war von den Geschenken und dem Wiedersehen mit diesen außergewöhnlichen Waffenbrüdern derart aufgekratzt, daß er, wie er später selbst zugab, ›ein wenig über die Stränge schlug‹. Er hatte auch schon soviel intus, daß er es sich nicht nehmen ließ, mit einer durchgeladenen Pistole unter dem Arm im Zimmer auf und ab zu marschieren – etwas, was er unter normalen Umständen nie getan hätte. Obwohl Lanham und Chance es beide als riskante Angelegenheit betrachteten, protestierten sie nur schwach. Einem so erfahrenen Pistolenspezialisten wie Ernest konnte man in jedem Fall trauen.

Er ergriff bald darauf ein Brustbild von Marys Mann, Noel Monks. Trotz Marys Protesten zeigte er das Bild den Gästen in der Runde, machte einige abfällige Bemerkungen über den Dargestellten, weil er sich bei der Scheidung ›etwas schwierig‹ gezeigt habe, und stellte das Bild im Kamin auf. Er pflanzte sich davor auf und wollte gerade mit seiner neuen Maschinenpistole darauf feuern, als Lanham ihn am Ärmel zurückhielt. Ein Handgemenge hätte unter den Leuten im Zimmer ein großes Unheil anrichten können, von unschuldigen Hotelgästen ganz zu schweigen. Ernest senkte die Pistole, ergriff das Bild, zog sich in die Toilette zurück und riegelte die Tür hinter

sich zu. Es vergingen keine zwei Minuten, als die Anwesenden zwei kurze, häßliche Feuerstöße hörten. Sie stürzten auf die Badezimmertür zu, rissen sie auf. Ernest bog sich vor Lachen. Er hatte Monks' Bild vorsichtig auf die Klomuschel gestellt, es in Fetzen geschossen und dabei natürlich die Muschel vollkommen zerstört. Der Boden des Badezimmers war überflutet. Die Hausangestellten begannen, ihn mit Badetüchern aufzuwischen. Da sich die Bescherung auch auf die darunterliegenden Zimmer ausgedehnt hatte, erschien eine Delegation verärgerter Direktoren, die das Zimmer mit gallischen Protesten füllten.
Ernest war fest entschlossen, diesen dramatischen Augenblick nicht ungenützt vorübergehen zu lassen. Er pflanzte sich wie ein Redner am 4. Juli auf dem Bidet auf und sagte: ›Messieurs, ich bedaure diesen unglücklichen Zwischenfall außerordentlich, Messieurs, erlauben Sie mir, Ihnen meinen Freund, Oberst Lanham vorzustellen, der bald General sein wird. Er ist ein außergewöhnlicher Frontsoldat, der seit der Landung in der Normandie ohne Unterbrechung dem feindlichen Feuer ausgesetzt gewesen ist und seither weder Entspannung noch Ruhe gekannt hat. Er kam hierher, um Madame und mich zu besuchen. Er sagte uns, daß er die Toilette benützen wolle. Als er sich setzte und sich erleichtern wollte, Bums!... Sie können sich selbst von dem Ergebnis in Kenntnis setzen, Messieurs. Wir dürfen keine Zeit mehr verlieren. Ich brauche sofort, und noch vor morgen früh, eine neue Toilette.‹
Was immer sich auch die Direktoren neuerlich dachten, sie zeigten für den merkwürdigen Unfall Verständnis. Sie schnalzten höflich mit der Zunge und ließen den Klempner kommen. Ernest fand das alles sehr komisch. Aber Mary war so wütend, daß sie allen Ernstes daran dachte, ihre Beziehungen auf der Stelle abzubrechen. Sie sagte Ernest, daß Buck Lanham es einen Dummen-Jungen-Streich genannt habe. ›Hoffentlich‹, murmelte Ernest, ›hoffentlich. Aber viele Leute mit Erwachsenenjobs halten diesen dummen Jungen für Papa.‹ Lanham kam am nächsten Morgen wieder. Ernest, Mary und Marlene Dietrich warteten bereits auf ihn. Es gab harte Getränke, Champagner und Cocktailhappen in Hülle und Fülle. Als Ernest und Mary sich verabschiedeten, um einige Einkäufe zu machen, dämmerte es Lanham, daß eine Verschwörung geplant war, die darauf zielte, den tapferen Krieger mit der schönen Schauspielerin allein zu lassen. Er fand das Ganze peinlich und war sichtlich erleichtert, daß Marlene Dietrich ihre Verführungskünste gar nicht erst ausprobierte. Sie kurierte eine schwere Erkältung aus und trank Champagner, um sie loszuwerden. Sie erzählte ausführlich über ihre Abenteuer während der Truppenbetreuung an der Front und erwähnte dabei unter anderem auch, daß ihr General George Patton, einer ihrer glühenden Verehrer, ein Paar mit Perlmuttergriffen versehene Pistolen geschenkt habe. Als Mary und Hemingway am Nachmittag wieder erschienen, teilte Lanham schon Hemingways immer wieder

Ein neuer Krieg

geäußerte Bewunderung für die ›Kraut‹. Ernest war stolz darauf, den Offizieren auf Parisurlaub Mary und Marlene vorzeigen zu können, und er rühmte sich, daß sein Zimmer der Pariser Gefechtsstand für alle Veteranen des 22. Infanterieregiments sei. Bill Walton wurde ein Zimmer im Ritz zugeteilt, und er fand bald heraus, daß es im selben Stockwerk lag wie das Marlene Dietrichs. Er hatte einen ziemlich extravaganten, mit schwarzen Hahnenfedern geschmückten Hut als Geschenk für seinen Freund Content Peckham vom New Yorker Büro der *Time* erstanden. Marlene stolzierte damit auf den Gängen herum und trug ihn sogar einmal, als sie in Waltons Badezimmer saß und sich mit ihm unterhielt, während er sich rasierte. Ernest debattierte stundenlang über Marlenes Vorzüge als Frau, er war aber sorgsam darauf bedacht, Walton zu verstehen zu geben, daß sie nie ein Verhältnis miteinander gehabt hätten.
Vor Bill Waltons Heimreise veranstalteten sie ihm zu Ehren eine Party. Er war kaum von Paris weg, als Ernest (bezeichnenderweise) auch schon begann, den Artikel, den Walton für *Life* über die Hürtgenwald-Kampagne verfaßt hatte, zu kritisieren. Laut Ernest klangen Bills vier wohlgemeinte Seiten so, wie wenn man seinem besten Hühnerhund einen Aischylos gibt und glaubt, daß er ihn lesen und nicht zerkauen wird. Er äußerte sich ähnlich gehässig auch über General Barton. Während er ihm weiterhin schmeichlerische Briefe schrieb, nannte er ihn im engsten Kreis ›unser verlorener Führer‹.
Obwohl er nicht oft genug betonen konnte, wie sehr ihm das Leben bei der 4. Division und dem 22. Regiment fehle, wurde sein Wunsch, heimzufahren, immer stärker. Er sagte Lanham, daß ihm sein Herz rate, bis zum Kriegsende zu bleiben; sein Kopf empfehle ihm hingegen, seinen eigenen Kampf wiederaufzunehmen, das heißt nach Kuba zurückzukehren, seine alte Form wiederzufinden und nach fast vier Jahren Pause wieder mit dem Schreiben anfangen zu können. Außerdem wolle er sich um sein persönliches Regiment kümmern, das jetzt aus Mary Welsh und seinen drei Söhnen bestehe. Dies würde viel anstrengender werden, als weiter in Europa zu bleiben; und deshalb müsse er es tun.
Außerdem marterten ihn seit kurzem Kopfschmerzen, die er wahrscheinlich zu Recht den vier schweren Gehirnerschütterungen innerhalb der letzten zwei Jahre zuschrieb. In den letzten Februartagen und am ersten März war es besonders schlimm. Als er aber am 2. März erwachte, waren die Schmerzen wie weggeblasen. Er schrieb die Erlösung einem ›Wasserwunder‹ zu: er hatte nämlich am Vorabend, bevor er zu Bett gegangen war, ein heißes Bad genommen.
Den Nachmittag des 2. März verbrachte er mit ›Einkäufen‹. Die Osterferien seiner beiden schulpflichtigen Söhne Patrick und Gregory würden am 14. März beginnen, und er wollte sie unbedingt bei sich in Kuba haben. Nach dem turbulenten Leben in Paris sehnte er sich schon nach der Zurück-

gezogenheit der Finca. Er hatte vor kurzem 3000 Dollar heimgesandt, um Haus und Grundstück einer Generalüberholung zu unterziehen. Vielleicht würde er fähig sein, sich das Trinken, die unnützen Plaudereien mit den die Finca überschwemmenden Besucherscharen, ja vielleicht sogar mit den Veteranen der 12. Brigade des spanischen Bürgerkrieges abzugewöhnen, die er, wie er sagte, seit 1939 auf seine Kosten erhalte.
Ein in die Staaten zurückfliegender Bomber nahm ihn mit. Er flog am Dienstag, den 6., in Gesellschaft General Orville Andersons ab. Am Abend vor seiner Abreise kritzelte er für Mary, sein ›liebstes Gör‹, ein Abschiedsbriefchen. Er wolle sie immer lieben. Er müsse jetzt fort, um ihr Zusammenleben in die Wege zu leiten. Während jeder Minute ihrer Trennung werde er ihr treu ergeben sein: in seinem Herzen, seinem Kopf und seinem Körper. Und er unterschrieb mit: ›Dein Dich liebender Mann, Mountain.‹ Während der Zwischenlandung in London stattete er Martha einen kurzen Besuch ab. Sie hatte Grippe und mußte im Dorchester das Bett hüten. Aber er hielt sich nicht lange auf. Dieser Abschnitt seines Lebens war vorbei.

KAPITEL X

Rückkehr

Der Blick von der Finca Vigia

Ernest investierte viel Zeit und Geld, um das Haus und das Grundstück für Marys Ankunft in Schuß zu bringen. Er unterschrieb einen Brief einmal mit ›E. Hemingway, Schriftsteller und Landwirt‹, obwohl seine Schriftstellerei von der Landwirtschaft momentan völlig an die Wand gedrückt wurde. Er hatte auch das Gefühl, als ob ihm der Krieg plötzlich fehle. Seine von der Trennung von Mary herrührende Einsamkeit verglich er mit der Einsamkeit einer armen Seele in der Vorhölle oder im Fegefeuer. Sein als Willkommensgeschenk gedachter Versuch, sich beim Trinken völlig einzuschränken, erweckte in ihm ein Gefühl der Rechtschaffenheit. Aber das Gefühl schien ihm nur ein schäbiger Ersatz für die Zeit, als er in seinem Zimmer im Ritz noch zwei Flaschen eisgekühlten Perrier-Jouet Brut 1937 bereitgestellt hatte und Marlene Dietrich auf ein Plauderstündchen da war, während er sich rasierte, und er anschließend mit Mary zum Abendessen ging. Während des Krieges in Paris habe seine Unproduktivität als Schriftsteller in ihm keinerlei Schuldgefühle erweckt, sagte er. Er sei damals stolz auf seine militärischen Aktivitäten gewesen, und wenn er nicht an der Front oder in der Nähe der Front gewesen sei, habe es ihm vollauf genügt, sich so gut wie möglich zu amüsieren. Wieder daheim, aber noch unfähig, sich wieder in den alten Trott zu fügen, fühle er sich zu nichts nütze.
Auf seinem ungeheuer langweiligen Flug über den Atlantik hatte sich überhaupt nichts ereignet. Während eines einwöchigen Zwischenaufenthalts in New York hatte er die Zeit mit Ferngesprächen mit Verwandten seiner Freunde beim Militär totgeschlagen, unter anderen auch mit Buck Lanhams Frau Pete. Ein kurzes Wiedersehen mit Morris Abraham Cohen, dem General aus Hongkong, und ein langer Verlegerlunch mit Max Perkins waren die einzigen Lichtblicke New Yorks. Dann holte er seine jüngeren Söhne ab – Patrick in New York und Gigi in Florida – und nahm sie während ihrer Frühjahrsferien mit nach Kuba.
Nach der Abreise der Jungen kam er sich wieder schrecklich allein vor. Er hielt sich massenhaft Hauspersonal: einen chinesischen Koch, einen But-

ler, ein Dienstmädchen, einen Chauffeur und zwei kleine Jungen für die Einkäufe im Dorf. Außerdem hatte er vier Gärtner angestellt, die alles das, was der Hurrikan von 1944 verwüstet hatte, wieder instand setzen und das Patiodach neben dem Schwimmbecken mit Stroh decken sollten. Im Inneren des Hauses räumte er seinen Schreibtisch auf und vernichtete unbeantwortet liegengebliebene Post. Es war nur schwierig, die Nächte durchzustehen. Um sich die richtige Bettschwere zu holen, fuhr er am 10. April nach Havanna hinein und spazierte durch die Altstadt. Sein Vorsatz, früh nach Hause zurückzukehren, war schnell verflogen, als er am Frontón vorbeikam. Er machte noch beim letzten Jaialai-Spiel mit und trank dann bis zwei Uhr früh einen eisgekühlten Daiquiri nach dem anderen. Das Floridita erwies sich nach wie vor als das beste Beruhigungsmittel gegen seine immer wiederkehrenden Alpträume, die damals gerade von deutschen Infanteristen mit ausdruckslosen Gesichtern bevölkert waren. Er war entweder zu gesellig – oder zu gequält – oder aber beides, um das Alleinsein wirklich genießen zu können; außer natürlich, wenn er schrieb, wozu er aber noch unfähig war. Er berichtete Mary von seiner Absicht, wieder seinen Thoreau zu lesen, der sich in der Einsamkeit immer am wohlsten gefühlt habe. Sein eigenes Problem sei jedoch, daß er gar nicht allein leben wolle. Er schrieb, er warte nicht ungeduldig auf Marys Ankunft, sondern sei einfach völlig verzweifelt.

Sie rief am Morgen des 13. endlich an, nachdem sie nach einer stürmischen Atlantiküberquerung in New York angekommen war. Sie mußte zuerst noch nach Chicago fahren und ihren Eltern Rede und Antwort stehen, warum sie Noel Monks verlassen hatte, um Ernest zu heiraten. Er lauschte ihrer schleppenden, sinnlichen Stimme und meinte, daß er es unmöglich noch zwei Wochen bis zum Wiedersehen aushalten könne. Aber er beschloß, die Wartezeit gut zu nützen und seinen Korpus, der unter dem Kriegswinter in Europa ziemlich gelitten hatte, wieder in Schuß zu bringen. Er machte Fortschritte. Seine Brustbeschwerden hatten sich gebessert, und die Kopfschmerzen machten sich nur mehr sporadisch bemerkbar. Er fing nicht mehr schon am Morgen mit dem Trinken an, sondern wartete mit dem ersten Tom Collins bis Mittag und genehmigte sich während des Mittagessens nur ein Viertel Wein. Es sei aber keineswegs seine Absicht, das Trinken ganz aufzugeben. Er wolle lediglich lernen, wie man den Durst beherrscht.

Am nächsten Tag kam Dr. José Luis Herrera, ein redseliger Chirurg, zum Lunch auf die Finca. Ernest beschrieb die unangenehmen Nachwirkungen der beiden Gehirnerschütterungen, die er aus dem Krieg mitgebracht hatte: gräßliche Kopfschmerzen, Schwerfälligkeit im Denken und Sprechen, Verlust des Namensgedächtnisses, die Tendenz, die Silben verkehrt zu schreiben, sporadisches Ohrensausen und teilweise Beeinträchtigung des Gehörs. Der Arzt war bestürzt, als er erfuhr, daß Ernest nach dem Unfall während der Verdunkelung in London nur vier Tage im Bett gelegen hatte. Er

Rückkehr

bemerkte ferner, daß der Calvados und der schlechte Gin, die Ernest in Frankreich und Belgien getrunken hatte, die denkbar schlechtesten Mittel gegen innere Blutungen gewesen seien. Ernest erklärte gegenüber Mary, daß die Entzündungen für sein zeitweiliges schlechtes Benehmen in Paris verantwortlich gewesen seien – denn er sei ›nicht er selbst gewesen‹. Hier in Kuba waren die Aussichten auf Heilung gut. Herrera riet ihm, das geschädigte Gehirn mit stark eingeschränkter intellektueller Aktivität allmählich wieder voll einsatzfähig zu machen.

Ernest war stolz auf seine Unverwüstlichkeit. Am Samstag, den 14., aß er mit Graciella Sánchez zu Abend und blieb mit ihr bis um zwei Uhr morgens in einem Café am Strand sitzen. Am folgenden Tag gewann er beim Taubenschießen im Club dreißig Dollar und genehmigte sich am Montag einen Lunch in Havanna, bei dem er sich gegenüber einigen der zwanzig Schützen, die er am Tag zuvor geschlagen hatte, ein wenig pampig benahm. Am Dienstag kreuzte er mit der ›Pilar‹ bis zur kleinen Bucht von Bacuranao und ließ sich dabei, nur mit einem Suspensorium bekleidet, in der Sonne schmoren, um für Marys Ankunft schön braun zu sein. Am 19. führte er erneut ein Ferngespräch mit Mary, beendete die Dachdeckerarbeiten beim Swimming-pool, sortierte Bücher für ein neues Bücherregal aus, schwamm zehn Längen, machte fünfundsiebzig Liegestütze, veranstaltete mit Alvarito Villamayor ein Wettschießen, bei dem er neunzehn von zwanzig Tauben abschoß und wieder dreißig Dollar kassierte, und beschloß den Tag mit drei Sätzen Tennis und ein paar weiteren Längen im Becken. Solch ein Programm sei notwendig, teilte er Mary mit, um ›gut‹ zu schreiben, seine neue Frau zu lieben und anzubeten, scharf zu denken, wenn erforderlich zu kämpfen und sein eines und einziges Leben ›durch und durch‹ und mit allen fünf Sinnen zu genießen, solange er noch in der Lage sei, es zu leben. Wenn er dann wieder einmal richtig in Form sei, würde er schon in den alten Schreibrhythmus zurückfinden, zuerst mit Briefen an Freunde, später mit einfachen Erzählungen, dann mit komplizierteren und schließlich mit einem Roman.

Er machte aus seiner Verachtung für Männer, die keine Uniform getragen hatten, kein Hehl. Ein Drückeberger war seiner Meinung nach Gustavo Durán, den er anfangs zur Zeit des spanischen Bürgerkriegs als Helden vergöttert und später, zur Zeit der Crook Factory, aber fallengelassen hatte. Während einer Cocktailparty in der Botschaft lehnte Ernest gerade angeheitert an der Steinbrüstung der Terrasse, als sich Gustavo näherte, um ihn zu begrüßen. Seine Augen blieben kalt, während sie einen Händedruck tauschten, aber er erkundigte sich höflich nach der Gesundheit von Duráns Kindern. Gustavo sagte ihm, daß sie in der Zwischenzeit wieder Nachwuchs bekommen hätten. ›Ach‹, meinte Ernest schneidend, ›du hast dich schön aus dem Schlamassel herausgehalten, was?‹ Die Beleidigungsabsicht war unmißverständlich. Durán verbeugte sich und ging.

Der Blick von der Finca Vigia

Obwohl Ernest mit Buck Lanham, der im März zum Brigadegeneral befördert worden war, in lebhaftem Briefwechsel stand, versuchte er damals, den Krieg vorübergehend etwas in den Hintergrund zu drängen. Er schenkte dem plötzlichen Tod Franklin Roosevelts geringe Beachtung. Er hatte ihn ohnehin nie leiden mögen und weigerte sich, sich an der allgemeinen Trauerstimmung zu beteiligen. Andere mochten von FDRs Martyrium in einem Atemzug mit Ostern sprechen – aber es sei evident, daß neben der Invasion in der Normandie und den anderen Taten der Infanterie alles andere verblassen müsse, meinte er. Obzwar er ursprünglich bis zum Tage V beim 22. Kampfverband bleiben wollte, habe er sich verpflichtet gefühlt, sofort heimzukommen, als die Niederlage der Deutschen festgestanden hatte. Sonst wäre er totsicher untätig irgendwo in Europa hängengeblieben. Er rechtfertigte sich damit, daß er seinen Söhnen und Mary zuliebe nach Kuba heimgekehrt sei. Sobald Mary bei ihm einziehen würde, könnte er ein neues Leben beginnen.

Als sie am zweiten Mai ankam, fuhr Ernest im Lincoln zum Flughafen und brachte sie im Triumphzug zum ersten Mal auf die Finca. Sie fand ihn weit besser beieinander als im März, als er von Paris abgereist war. Sein Bauch war kleiner geworden, er aß und trank wie ein gesunder und glücklicher Gourmet, er ging mit dem Dienstpersonal und den Haustieren ›einmalig‹ um und erklärte sich zur Leitung der Haushaltsangelegenheiten aus freien Stücken bereit, bis ihr Spanisch reichen würde, um die Oberaufsicht zu übernehmen. Wie Martha im Jahre 1939 kam Mary glücklich mit der neuen Situation zurecht. Das tropische Klima tat ihr sichtlich wohl, und Ernest entdeckte, daß sie seine Katzen mochte, das Meer liebte, gut fischte und schwamm und sich auf der ›Pilar‹ geschickt anstellte. Er schrieb Lanham bald darauf, daß sie tapfer, freundlich, selbstlos, anpassungsfähig und ›schön gebräunt‹ sei.

Obwohl sie mit ihrer Anwesenheit seine vorherige Einsamkeit und sein Gefühl der Nutzlosigkeit verscheuchte, merkte er, daß er den Krieg nicht vergessen konnte oder besser nicht vergessen wollte. Am herzlichsten freute er sich in diesem Frühjahr über die Nachricht, daß Bumby endlich freigelassen worden war und bald zur Erholung auf die Finca kommen würde, nach über sechs Monaten, in denen er in einer Reihe von deutschen Kriegsgefangenenlagern nur von Brotsuppe gelebt hatte. Er kam Anfang Juni zusammen mit Gregory und Patrick an. Bumby war lustig und gesellig wie immer, aber er hatte die Ruhe und Abwechslung dringend nötig. Ernest konnte sich wegen Bumbys soldatischen Leistungen kaum beruhigen und erzählte seinen Freunden voller Stolz, daß dessen Schulterwunde immer noch genügend groß sei, um eine Faust hineinzustecken. Jack sprach mit Genuß Gregorios Küche an Bord der ›Pilar‹ zu, trank mit seinem Vater eisgekühlte Daiquiris im Floridita und anerkannte (wie seine jüngeren Brüder) Mary Welsh sofort als neue Herrin auf der Finca Vigia.

Rückkehr

Am 20. Juni, als Ernest Mary für ihre Fahrt nach Chicago zum Flughafen brachte, war Bumby noch immer da. Es hatte an diesem Morgen zum ersten Mal seit acht Monaten geregnet. Außerhalb Havannas, auf einem Hügel an der Straße nach Mantilla, hatten Lastwagen Lehm befördert, und die Straße war schlüpfrig, als ob sie eingeseift worden wäre. Obwohl Ernest vollkommen nüchtern war und langsam fuhr, verlor er die Herrschaft über den Lincoln, als dieser ins Schleudern kam. Der Wagen rollte in einen Graben und prallte gegen einen Baum. Ernest schlug mit dem Kopf gegen den Rückspiegel, brach sich am Lenkrad vier Rippen und erlitt am linken Knie einen Bluterguß, als er damit gegen das Armaturenbrett krachte. Mary trug eine tiefe Wunde an der linken Wange und viele kleine Abschürfungen über der Stirn davon. Trotz ihres Nervenschocks hielt sie tapfer durch und erinnerte sich voller Bewunderung, daß ›mich Papa gegen seine glühende Brust gepreßt in die Erste-Hilfe-Station trug, mit seinem schwerverletzten Arm und seinem schwerverletzten Knie‹. Er ließ sofort einen Gesichtschirurgen kommen, um ihr ›hübsches, ausdrucksvolles Gesicht‹ vor einer bleibenden Narbe zu bewahren.
Durch die Rekonvaleszenz mußte Marys Scheidung von Noel Monks verschoben werden. Ihr Vater und ihre Mutter hatten sich endlich mit Ernest abgefunden, und J. T. Welsh schickte ihm als erstes Geschenk drei religiöse Bücher. Um von allem Anfang an seine Haltung gegenüber religiösen Angelegenheiten klarzustellen, legte Ernest in seiner Antwort die Veränderungen dar, die sein Glaube in drei Kriegen erfahren hatte. 1918, nach seiner Verwundung, sei er sehr verängstigt und deshalb sehr fromm gewesen. Er habe sich vor dem Tod gefürchtet, an die Erlösung geglaubt und gedacht, daß Gebete zur Jungfrau und zu verschiedenen Heiligen helfen würden. Diese Anschauung habe sich während des spanischen Bürgerkrieges merklich verändert, was der Allianz der Kirche mit dem Faschismus zuzuschreiben sei. Dann sei er zu der Ansicht gelangt, es sei egoistisch, für sich selbst zu beten. Aber ›der geistliche Beistand‹ habe ihm gefehlt, wie einem durchfrorenen und durchnäßten Mann ein guter Schluck fehlt. 1944 habe er harte Zeiten durchgemacht, ohne ein einziges Mal zu beten. Er habe den Eindruck, daß er das Recht auf jegliche göttliche Einwirkung auf seine persönlichen Angelegenheiten verwirkt habe und daß es ›unehrlich‹ wäre, um Hilfe zu flehen, wie groß die Angst auch immer sei. Für ihn wie auch für Pauline, wenn auch aus verschiedenen Gründen, sei der spanische Bürgerkrieg ein Wendepunkt gewesen. Des geistlichen Beistandes der Kirche beraubt und dennoch unfähig, den Marxismus als weltliche Ersatzreligion anzuerkennen, habe er seinen kindlichen Glauben an die Wohltaten persönlichen Betens aufgegeben. Statt dessen habe er sich wie sein Held Robert Jordan ›Leben, Freiheit und Streben nach Glück‹ als persönliches Rezept zugelegt.
Einige Monate später meinte er zu Mary, daß sie sich beide, Gott sei Dank,

vor Mary Baker Eddys ›Christian Science‹-Bewegung, der ihre Eltern anhingen, noch in Sicherheit gebracht hätten. Der Ersatz, den er vorschlug, war hedonistisch und sentimental-humanistisch. Er sagte, daß Mary und er ihre eigenen Verhaltensnormen entwickeln und aneinander glauben müßten. Dazu sei nur die Mühe, die ein guter Gärtner für einen guten Garten mit gutem Boden aufwende, erforderlich. Sie müßten versuchen, rücksichtsvoll, verständnisvoll und anständig zu sein – für das kämpfen, was ihrer Meinung nach das Rechte war, gute Kinder in die Welt setzen, die ihre Grundsätze befolgten, Bücher schreiben, die anderen Menschen dauernde Freude bereiteten –, die Welt zum Guten zu verändern und schließlich glücklich zu sein. Ernest gab seiner Hoffnung Ausdruck, daß diese Worte nicht zu sehr nach Dr. Hemingstein und seinen salbungsvollen Reden während eines Pfadfindertreffens klängen, und prophezeite, daß er mit großer Wahrscheinlichkeit gelegentlich rückfällig werden würde.
Im Laufe des Sommers machte seine Gesundheit ständig Fortschritte. Nur die Kopfschmerzen stellten sich manchmal noch ein. Als ihm *Vanguard Press* die Fahnen von John Groths ›Studio: Europe‹ sandte, für das er sich bereit erklärt hatte, eine Einleitung zu verfassen, war er endlich in der Verfassung, die Schreibarbeit wieder aufzunehmen. Ein Kapitel des Buches, ›Schloß Hemingstein‹, rief die Zeit wieder in Erinnerung, als Steve Stevenson vor elf Monaten Groth aus dem Divisionshauptquartier zu Ernests ›Gefechtsstand‹ im Bauernhaus mitgebracht hatte. ›Wenn man jemand so gern hat, wie wir John mochten‹, schrieb Ernest, ›und man dessen Mut, gute Laune und gesunde Menschlichkeit bewundert, sollte man nicht gebeten werden, für sein Buch und seine Zeichnungen eine Einleitung zu schreiben ... Johns Zeichnungen haben eine gewisse Verwandtschaft mit den Illustrationen zu Grimms Märchen. Da die Eifel der Schauplatz dieser hübschen Geschichten gewesen sein soll, mag das schon seine Richtigkeit haben. Liest man seine Schilderung unseres Alltagslebens in dieser Gegend, erscheint sie kaum weniger phantastisch, als wenn Grimm sie geschrieben hätte. Ich persönlich habe das alles anders in Erinnerung. Aber niemand erinnert sich ganz genau so, wie es tatsächlich war.‹
Ende August flog Mary nach Chicago, um ihre Scheidung unter Dach und Fach zu bringen. Ernest konnte nicht mit, weil seine eigene Scheidung von Martha sechs Monate ununterbrochenen Aufenthalt in Kuba notwendig machte und auch weil ihm davor graute, seiner betagten Mutter in River Forest in Illinois einen Besuch abstatten zu müssen. In Marys Abwesenheit schrieb Ernest an General Barton, der damals gerade wegen seiner Magengeschwüre in Fort McClellan in Alabama behandelt wurde. Die 4. Infanteriedivision sei unter seinem Kommando eine der ruhmreichsten in der amerikanischen Kriegsgeschichte gewesen, meinte Ernest. Er sei stolz darauf, ihr ein bißchen die Anerkennung, die sie verdiente, verschafft zu haben, indem er an andere Berichterstatter wie Hank Gorrel von der *United Press*, Ira

Rückkehr

Wolfert von der NANA und Charles Wertenbaker von *Time* und *Life* Informationen weitergegeben habe. Dieses Stupsen und Verhätscheln der anderen Korrespondenten sei erforderlich gewesen, um sie vor dem Erschossenwerden zu bewahren und um die Nachrichten von den Großtaten der Division raschest unter die Leute zu bringen, anstatt sie volle sechs Wochen bis zum Erscheinen von *Collier's* aufheben zu müssen. Außerdem sei er auch darauf stolz, ›diesem Knülch Leclerc‹ alle Informationen über die Verteilung der deutschen Truppen zwischen Rambouillet und Paris vermittelt zu haben, obwohl er noch immer verbittert sei, daß er dies alles dann vor dem Generalinspekteur der Dritten Armee habe verleugnen müssen. Erst viel später habe ihm der Chef der OSS (Oberst Bruce) eröffnet, daß er für seine Leistungen in und um Rambouillet eine Auszeichnung erwarten könne.

Ob nun Barton diese Bemerkung als Wink mit dem Zaunpfahl auffaßte oder nicht, er schrieb jedenfalls Hemingway bald darauf, daß er ihn, als eine seiner letzten Handlungen vor Eintritt in den Ruhestand, für das ETO-Band und für den Bronze Star eingereicht habe. ›Ich begründete den Brief mit Ihrer unschätzbaren Mithilfe beim Einholen und Verwerten von Informationen ohne Verletzung der Genfer Konvention‹, schrieb Barton. ›Die Kontaktvermittlung mit dem Maquis in Paris und bei der ‚Rattenjagd' durch Frankreich ist auch erwähnt. Gewisse Granatwerferangriffe in St.-Pois habe ich nicht angeführt. Ich persönlich sähe es gerne, wenn Sie eine DSM bekämen, weiß aber nicht, wie man neben dem Bronze Star noch eine andere amerikanische Auszeichnung dazubekommen könnte.‹ Ernest hatt eben General Bartons Brief erhalten, als General Buck Lanham und dessen Frau Pete Ernests Einladung zu einem Urlaub auf Kuba annahmen. Sie trafen am 22. September vormittags auf der Finca zu einem zweiwöchigen Besuch ein. Lanham war erst vor kurzem aus Europa zurückgekehrt und hatte die Informations- und Ausbildungsabteilung des Kriegsministeriums übernommen. Ernest lernte jetzt endlich Mrs. Lanham persönlich kennen und fand sie ›nett, reizend, offen, ehrlich, tapfer und verständnisvoll‹. Sie hieß in Wirklichkeit Mary und hatte auch ungefähr Marys Größe, war aber schon vorzeitig ergraut. Sie gingen zu Boxkämpfen in Havanna, verbrachten einen Abend im Frontón, aßen abwechselnd im Floridita oder im chinesischen Restaurant zu Abend, schossen im Club de Cazadores Tauben und gingen an Bord der ›Pilar‹ auf Fischfang.

Buck ging an all diese Tätigkeiten mit der für ihn typischen Begeisterung heran. Ernest zeigte sich von Lanhams Lobeshymnen auf sein Verhalten während des Krieges nach außen hin peinlich berührt, machte aber innerlich Luftsprünge. Er lenkte ihre Unterhaltung immer wieder auf die ehemaligen Kameraden im Regiment und der Division, oder er schnitt Themen der Weltpolitik an, die japanische Kapitulation, die Stellung Rußlands und die Atombombe, über die er sich damals gerade eingehend den Kopf zerbrach. Als Lanham sagte, daß er ›Die Sturmfluten des Frühlings‹ noch nicht gelesen habe, brachte ihm Ernest eigenhändig ein Exemplar. Er postierte sich bei der Lektüre neben seinem Freund, blickte ihm über die Schulter und konnte sich über seine eigenen Witze halb zu Tode lachen. Während der stundenlangen Mittagessen, zu denen ein bemerkenswerter spanischer Rotwein ausgeschenkt wurde, schwelgte Ernest in endlosen Erinnerungen an seine Kindheit.

Nach dem Essen pflegte Lanham für gewöhnlich Siesta zu halten, während Ernest und Pete sich miteinander unterhielten. Pete war eine offene und ehrliche Frau mit einer ausgeprägten Meinung. Sie verwickelte ihn in Diskussionen über die Grausamkeit des Stierkampfs und machte ihn auf die Möglichkeit aufmerksam, daß man auch auf Kuba im Gras auf Giftschlangen treten könnte. Ernest wurde allmählich störrisch und beschwerte sich in seinen Briefen an Mary, daß solche Frontalangriffe nicht seine Sache seien. Mrs. Lanham wiederum kam zu dem Schluß, daß er ein leidenschaftlicher Frauenhasser sein müsse. Er verurteilte seine Mutter, ohne ein Blatt vor den Mund zu nehmen, als herrschsüchtige Xanthippe, die seinen Vater in den Selbstmord getrieben habe. An Martha Gellhorn ließ er überhaupt kein gutes Haar. Mrs. Lanham gewann den Eindruck, daß Martha und Grace die einzigen Frauen in seinem Leben gewesen seien, die ihm gewachsen waren und sich seinem Einfluß widersetzt hätten. Für Marthas Ersuchen, ihr ihr Familiensilber zurückzugeben, hatte er nur Spott übrig. ›Sehen Sie sich das an‹, sagte er und ergriff einen hübschen Teelöffel, ›nur weil sie ihn schon besessen hat, bevor wir heirateten, möchte sie ihn jetzt zurück haben. Können Sie sich so etwas vorstellen?‹ Mrs. Lanham konnte Marthas Wunsch ohne Schwierigkeiten nachempfinden und gab ihm taktvoll zu verstehen, daß er doch kaum wünschen könne, mit Marthas Monogramm versehene Dinge zu behalten.

Aber Ernest schüttelte bloß den Kopf und begann alle seine bisherigen Ehen zu zerpflücken. Er sagte unverblümt, daß Pauline ihn ihrer guten Freundin Hadley ausgespannt habe. Pauline habe das Geld besessen, das Hadley gefehlt und er damals gebraucht habe. Als dann Pauline später Einwände gegen seine Liaison mit Martha erhob, habe er ihr einfach gesagt: ›Wer mit dem Schwert lebt, muß auch durch das Schwert sterben.‹ Er machte die eher höfliche Bemerkung, daß er die alleinige Schuld am Zusammenbruch aller seiner Ehen bis auf die mit Martha trage. Er allein sei für sein kopfloses Benehmen Hadley gegenüber verantwortlich. Mrs. Lanham brachte es über sich, ihren Mund zu halten, und bis kurz vor dem Ende ihres Besuchs herrschte zwischen ihnen Waffenstillstand. Mary war endlich aus Chicago zurückgekehrt, und Ernest sprach gerade einmal über die Position Rußlands in der Weltpolitik. Einige seiner Argumente erinnerten Mrs. Lanham an Chamberlain und dessen berühmten Regenschirm. ›Er-

Rückkehr

nie, wo ist Ihr Schirm?‹ fragte sie. ›Was Sie da sagen, klingt für mich nach richtiggehender Beschwichtigungspolitik.‹ Ernest sprang mit funkelnden Augen und gerötetem Gesicht auf, und es hatte einen Augenblick den Anschein, als würde er Pete sein Weinglas ins Gesicht schütten wollen. Als sie von Kuba abreisten, war Pete fest überzeugt, daß sie in die große Gesellschaft derer aufgenommen worden sei, die Ernest verabscheute, nämlich in den weiblichen Teil der Erdbevölkerung. Als einzige Ausnahme gab es nur Mary Welsh.
Ernests Kopfschmerzen waren während des Besuchs der Lanhams wieder öfter ausgebrochen. Er schrieb sie einem Gefühl der Frustration zu, das daraus resultierte, daß er schreiben wollte, aber gleichzeitig für das Wohlergehen und die Unterhaltung seiner Gäste sorgen mußte. Doch er betrog sich damit absichtlich selbst. Es hatte ihm stets Schwierigkeiten bereitet, nach der Rückkehr aus einem Krieg wieder mit dem Schreiben zu beginnen. Kampf und Liebe verdrängten allzu leicht die Kreativität. Die Schuld für das ›Abstumpfen‹ seines ›zarten geistigen Rüstzeugs‹ gab er der Tätigkeit bei der Crook Factory, der U-Boot-Jagd, der RAF und der 4. Infanteriedivision. Doch hätten ihn diese drei Abenteurerjahre seiner Meinung nach bloß vorübergehend hartgesotten. Innerlich sei er ganz anders: dort existiere weiterhin das alte Verlangen, freundlich, ehrlich, feinfühlig und anständig zu sein. An Stelle der verkrusteten Narben des völligen Abgestumpftseins wolle er alles wieder ins Lot bringen – damit alles sauber, gut und reizvoll ›wie ein früher Morgen‹ sei. Nichts komme der Zufriedenheit eines Schriftstellers gleich, der ein neues Stück der Welt erschafft und weiß, daß es auf immer bestehen wird. Er sei auf die Welt gekommen, um zu schreiben. Es sei sein wirklicher Glaube, seine Kirche, seine Politik, sein Gebot. Sein Denkapparat war seiner Meinung jetzt wieder ganz gut in Schuß. Er sei damit beschäftigt, die Ventile einzuschleifen und in die beiden Maschinen – die eine für Erzähltechnik, die andere für Phantasie – neue Ösen einzufügen. Er hoffe sie bald instand gesetzt und wieder in Gang gebracht zu haben.
In der Zwischenzeit versuchte er sich an einem weiteren kurzen Vorwort, diesmal für eine Anthologie unter dem Titel ›A Treasury for the Free World‹. Er schrieb: ›Jetzt, wo der Krieg vorbei ist und die Toten tot sind, stehen wir in dieser viel schwierigeren Zeit, in der es die Pflicht jedes Menschen ist, seine Welt zu verstehen.‹ Im Krieg brauchten die Menschen ›Gehorsam, Disziplin, klugen Mut und Entschlossenheit‹. Im Frieden sei es ihre Pflicht, ›zu widersprechen, zu protestieren, sich sogar aufzulehnen und zu rebellieren‹, während sie weiterhin daran arbeiten müßten, für das Zusammenleben aller Menschen auf dieser Welt ›einen Modus zu finden‹. Die Vereinigten Staaten seien aus dem Krieg als stärkste Macht hervorgegangen. Wichtig sei nun, daß sie nicht auch die meistgehaßte würden. Die amerikanischen Streitkräfte hätten neben anderen Großtaten wahr-

scheinlich ›mehr Zivilisten anderer Länder getötet als unsere Feinde in sämtlichen berühmten Massakern, über die wir alle so empört sind‹. Die Atombombe sei die Schleuder und der Stein, die alle Riesen, einschließlich der Vereinigten Staaten, vernichten könne. Die USA dürften jetzt nicht die kleinste Spur von Faschistenmentalität aufkommen lassen. Und sie sollten auch nicht in den verhängnisvollen Irrtum der Heuchelei, der Scheinheiligkeit und der Rache verfallen. Statt dessen müßten sie sich dazu erziehen, die ›Rechte, Privilegien und Pflichten aller anderen Länder‹ nicht anzutasten.

Kurz nachdem Ernest diese Anschauung zu Papier gebracht hatte, fiel ihm der erste Nachkriegserfolg in den Schoß. Er verkaufte die Filmrechte für zwei Erzählungen um eine größere Summe, als ihm der Verkauf von ›Wem die Stunde schlägt‹ eingebracht hatte. ›Die Killer‹ erbrachten ihm 37 000 Dollar und ›Das kurze, glückliche Leben des Francis Macomber‹ sogar 75 000 Dollar. Die Ironie dabei war die verhältnismäßig kurze und mühelose Arbeit an den beiden Erzählungen im Vergleich zu der siebzehn Monate dauernden Plackerei an dem Roman. Es war auch merkwürdig, daß auf seinem speziellen Steuerkonto 24 000 Dollar lagen, während sein persönliches Scheckkonto nur einen Stand von 499,38 Dollar aufwies.

Kurz vor Weihnachten erreichte ihn ein Bittbrief seines ehemaligen Fahrers Jean Décan. Er war als Kollaborateur denunziert worden und brauchte nun Zeugen, die aussagen konnten, daß er die Deutschen während der Kriegsjahre bekämpft hatte. ›Es wäre sehr nett von Ihnen, wenn Sie mir dieses Zeugnis ausstellen könnten. Es muß sich um den letzten Streich der Deutschen handeln, einen der eigenen Landsleute ins Kittchen zu bringen.‹ Ernest sprang sogleich zu Jeans Verteidigung in die Bresche und betonte in seinem Schreiben, wie sehr er seit Rambouillet und während der ganzen Ardennenschlacht seinen Mut und seine Nützlichkeit bewiesen habe. Er brachte General Lanham dazu, ihm ebenfalls eine Bescheinigung zu schicken. Diese Ungerechtigkeit brachte ihn innerlich auf den Siedepunkt. Ein guter Mensch müsse sein erstes Nachkriegs-Weihnachten in einem französischen Gefängnis schmachten, nur weil das Übel, das die Deutschen angerichtet hatten, wie der Krebs in Frankreich weiter wirke. Nicht einmal die Ankunft seiner Söhne zu einer Weihnachtsfeier konnte ihn in seiner Wut und Verbitterung besänftigen.

Die Distel und die Blume

Die Weihnachtsfeiertage des Jahres 1945 kennzeichnen ungefähr das Ende von Ernests ›Abkühl-Periode‹ nach den Zwischenfällen und Beschwernissen des Krieges. Als Martha sich am 21. Dezember von ihm scheiden

Rückkehr

ließ, empfand er es als Weihnachtsgeschenk. Er war fast rührend darauf bedacht, die Legende seiner Verwegenheit während des Krieges zu Lande, auf See und in der Luft zu spinnen und zu verbreiten. Er pries General Lanham bei jeder Gelegenheit als ›einen der anständigsten, geschicktesten und intelligentesten Offiziere‹, die er kennengelernt habe. Im gleichen Atemzug nahm er aber für sich den Ruhm in Anspruch, ›während einiger Wochen erbitterter Kämpfe im September, November und Dezember 1944‹ an Lanhams Seite gestanden zu haben.

Im Januar und Februar gab es auf der Finca ein geschäftiges Kommen und Gehen. Bumbys dreimonatiger Besuch bei seinem Vater ging zu Ende, und er verabschiedete sich, um seine Collegelaufbahn wiederaufzunehmen, diesmal an der Universität von Montana. Tom Shevlin und Wolfie Guest waren von ihrem Militärdienst im Pazifik zurückgekehrt und verloren keine Minute, Ernest einen Antrittsbesuch zu machen. Auf der Besucherliste standen auch Coopers, die Tunneys und Charles Ritz, der Besitzer des Pariser Ritz. Howard Hawks' Frau Slim begleitete die Hemingways nach Megano de Casigua, wo die Mannschaft der ›Pilar‹ einst Jagd auf die deutschen U-Boote gemacht hatte. Ernest hatten den Platz in Paraiso umgetauft.

Mary und Ernest besiegelten ihre Verbindung am 14. März in Havanna vor dem Standesbeamten. Sie fand die Zeremonie aus verschiedenen Gründen weniger eindrucksvoll als ihre inoffizielle Verlobung im Pariser Ritz im Herbst 1944. Der Schauplatz war diesmal eine Rechtsanwaltskanzlei in einem altmodischen Haus mit hoher Decke und schweren dunklen Möbeln. Der Rechtsanwalt ratterte den spanischen Text des langatmigen Dokuments herunter, das auf dem Code Napoléon basierte und sich eingehend mit dem ehelichen Güterrecht beschäftigte. Als die beiden Hauptpersonen aufgefordert wurden, Name und Geburtsort der letzten drei Generationen aufzuzählen, war Mary gezwungen, ihre Eltern in Chicago anzurufen, um das genealogische Puzzlespiel lösen zu können. Neben einigen kubanischen Freunden waren als Zeugen Ernests jüngere Söhne und Winston Guest aufgeboten worden. Nach der ersten Verhandlung wechselten sie zum Lunch ins Floridita hinüber, wo sie, wie sich Ernest ausdrückte, miteinander einen ›Schierlingsbecher‹ leerten. Auf den zweiten Rechtsanwaltsbesuch folgte ein Empfang mit Champagner und Kaviar in der Wohnung der Coopers in Vedado. Der Hochzeitstag schloß mit einem heftigen Wortwechsel auf der Finca, den Ernest wegen irgendeiner Kleinigkeit vom Zaun gebrochen hatte. Mary war dermaßen verärgert, daß sie ihre Koffer packte und sogleich abgereist wäre, wenn sie sich durch die Nachwirkungen des Champagners nicht so hundemüde gefühlt hätte. Der Friede wurde am nächsten Morgen, Ernests sanftester Tageszeit, wiederhergestellt, und ihre Ehe nahm wieder ihren geregelten Verlauf. Aber Ernest spürte, daß er bei seiner Frau an Boden verloren hatte.

Die Distel und die Blume

In den Anfangsmonaten des Jahres 1946 nahm Ernest die Schriftstellerei mit einem eigenartigen neuen Roman auf, der den Arbeitstitel ›The Garden of Eden‹ trug. Es war ein experimentelles Durcheinander von Vergangenheit und Gegenwart, strotzte von erstaunlichen Unzulänglichkeiten und basierte zum Teil auf seinen Erinnerungen an Hadley und Pauline, mit gelegentlichen Schwenks hinter die Kulissen seines damaligen Lebens mit Mary. Als Schauplatz für das erste Kapitel wählte er das Hafendorf Grau-du-Roi an der Mündung der Rhone. Dort hatte er im Mai 1927 seine Flitterwochen mit Pauline verbracht. Wie Ernest damals, ist der Held David Bourne erst drei Wochen verheiratet und der Verfasser eines erfolgreichen Romans. Seine Frau Catherine teilt die Begierden und Zerstreuungen ihres Mannes mit wilder Leidenschaft. Die Tage verbringen sie, ihrem fanatischen Wunsch, am ganzen Körper braun zu werden, folgend, nackt an verborgenen Stränden. Die Nächte sind mit sexuellen Experimenten erfüllt, bei denen sie ihre Identität vertauschen. Sie wird zu Pete und er zu Catherine.

Es kam in dem Roman noch ein weiteres Liebespaar vor: Nick Sheldon, ein junger Maler, und dessen Frau Barbara. Die beiden leben im Pariser Quartier latin. Ihre schäbige Wohnung war offensichtlich nach dem Quartier in der Rue Cardinal Lemoine gestaltet, in dem Ernest und Hadley im Jahre 1922 ihren Hausstand begründet hatten. Barbara besitzt, wie Hadley, dichtes rotblondes Haar, und wie Catherine Bourne hängt sie dem Traum vollständiger ehelicher Vereinigung nach, so sehr, daß sie sogar ihrem Mann gleichen will. Nick hat sein indianerschwarzes Haar fünf ganze Monate lang wachsen lassen. Als sie es ihm zum ersten Mal wieder schneidet, damit es bis auf die Farbe genau wie ihres aussieht, führt sie Nick zur Feier des Tages zum Lunch in die Brasserie Lipp aus. Sie essen ›choucroute garnie‹ und bewundern einander in den Wandspiegeln. Anschließend kehren sie in ihre frostige Wohnung zurück und lieben sich. Barbara beschließt den Tag mit einem inneren Monolog, der seine Existenz offensichtlich Molly Blooms Selbstgespräch am Schluß von Joyces ›Ulysses‹ verdankte. In der Zwischenzeit setzen sich die Liebesszenen zwischen David und Catherine in Grau-du-Roi mit einer Episode fort, in der Catherine ihren Mann damit überrascht, daß sie ihr Haar dem Schnitt und der Farbe seines Haares anpaßt.

Laut seinen eigenen Aufzeichnungen war er mit dem Roman Mitte Februar auf Manuskriptseite 400, Ende April auf Seite 700, und Mitte Juni war er schon auf tausend Seiten angewachsen. Obwohl Ernest seine engsten Freunde über die Fortschritte des Romans dauernd auf dem laufenden hielt, waren seine weiteren Pläne für das Werk merkwürdig unausgegoren. Er bekannte Lanham gegenüber, daß er nie an einer vorkonzipierten Schablone kleben könne. Er erfinde im Verlauf seiner Arbeit die Ereignisse von Minute zu Minute, ohne genau zu wissen, was als nächstes geschehen wer-

de. Mit Ausnahme der Feststellung, daß es ihm Spaß mache, über Hurerei zu schreiben, äußerte er sich nicht genauer über das Buch. Aber er behauptete damals wie auch in späteren Jahren, daß ihn die ›große Bedrohnis‹ ansporne, noch vor Jahresfrist sterben zu müssen. Anscheinend hatte er die Absicht, irgendwann nach der Seite 1000 über seine Kameraden vom 22. Infanterieregiment, Buck Lanham, Art Teague, Swede Henley, George Goforth und Tom Kenan, zu schreiben. Er sagte, er habe 1944 soviel Material zusammengetragen, daß er nun sein ganzes Leben lang über das Regiment, die 4. Division und die Royal Air Force in Romanform schreiben könne. Aber dieser Teil des Buchs stand noch in den Sternen.
Im Juni und Juli verfaßte Ernest eine Menge Briefe, die seine Kriegstaten im Ausland verbreiten sollten. Er schrieb dem russischen Romancier Konstantin Simonow, der gerade eine Amerikareise unternahm. ›Ich befand mich in schwieriger Mission etwa zwei Jahre auf See‹, schrieb Ernest, ›dann ging ich nach England und war vor der Invasion als Berichterstatter der RAF in der Luft im Einsatz, war dann bei der Invasion in der Normandie dabei und die restliche Zeit bei der 4. Infanteriedivision. Die Zeit bei der RAF war wunderbar, aber vergeudet. Bei der 4. Infanteriedivision versuchte ich mich nützlich zu machen, da ich französisch sprach und das Land kannte und so in der Lage war, mit dem Maquis zusammenzuarbeiten... Ich wünschte, Sie hätten unseren Obersten der 22. Infanteriedivision (jetzt General Lanham), meinen besten Freund, und die Kommandeure des 1., 2. und 3. Bataillons gekannt.‹ Er wiederholte sich mehrfach und schloß mit dem Wunsch, Simonow möge ›Wem die Stunde schlägt‹ lesen. ›Es handelt nicht von der Art Krieg, wie wir ihn in den letzten paar Jahren kennengelernt haben‹, schrieb er, ›aber den Kleinkrieg trifft die Darstellung gut. Und es gibt eine Stelle, wo wir die Faschisten töten – die würde Ihnen gefallen.‹ Simonows Antwort aus Boston fiel herzlich aus. Er sagte, daß er ›Wem die Stunde schlägt‹, obgleich es als Buch noch nicht in der Sowjetunion erschienen sei, schon zweimal in einem Manuskript in russischer Übersetzung gelesen habe. Es sei eines der drei oder vier Bücher seiner Bibliothek, die er wirklich möge. Der ›Kleinkrieg‹ entspreche durchaus der Realität. Alle Kriege würden von kleinen Gruppen durchgefochten, man denke nur an die heldenhafte Verteidigung Stalingrads. Was Ernests Übersetzer Iwan Kaschkin betreffe, so sei er wohlauf, trage nach wie vor seinen hochroten Schopf durch die Gegend und empfinde immer noch die gleiche Liebe und das Verständnis für die Werke Hemingways.
Als Mary im Juli bestätigt wurde, daß sie ein Baby erwarte, traf Ernest Vorkehrungen, um mit ihr nach Sun Valley zu fahren. Der Ort hatte der Marine während des Krieges als Erholungsort gedient und war eben der Zivilbevölkerung wieder zugänglich gemacht worden. Er schickte den Lincoln nach West Palm Beach, wo er überholt werden sollte, und forderte seine Söhne, die bei Pauline in Kalifornien weilten, auf, im August zu

ihm nach Idaho zu kommen. Er hatte 10 000 Schrotpatronen und 2000 Schuß Büchsenmunition gehortet und brannte darauf, sich in Bewegung zu setzen. Die Fahrt in den Westen begann Anfang August. Mit Ausnahme geringer Schwierigkeiten mit dem überholten Lincoln klappte anfänglich alles ausgezeichnet. Die Nacht zum 18. verbrachten sie im Mission Motor Court in Casper, Wyoming. Am nächsten Morgen gegen sieben, während Ernest gerade den Wagen zum Aufbruch packte, wachte Mary mit heftigen Schmerzen auf. Sie hatte eine Bauchhöhlenschwangerschaft, und der rechte Eileiter war plötzlich gerissen. Der Chefchirurg des Memorial Hospital von Natrona County weilte auf einem Angelurlaub. Mary schwebte einen Tag lang in Lebensgefahr. Der Kreislauf versagte, der Puls war kaum mehr hörbar, sie verlor das Bewußtsein, und der Internist gab Ernest, während er sich die Handschuhe auszog, den Rat, von seiner Frau für immer Abschied zu nehmen.

Aber der Mann, der einst eine Szene über ›den Abschied von einer Statue‹ geschrieben hatte, weigerte sich einfach, den Tod als Tatsache anzuerkennen. Er schlüpfte rasch in einen Ärztekittel, band sich eine Gesichtsmaske um, machte eine Venensonde, nahm eine Plasmaflasche, führte die Nadel ein und blieb an Marys Seite, bis der Puls wieder einsetzte, die Atmung normal wurde und endlich der Chefchirurg erschien. Mit vier weiteren Plasmaflaschen, zwei Bluttransfusionen und einem einwöchigen Aufenthalt unter einem Sauerstoffzelt war Mary außer Lebensgefahr. Ernest sagte, dieses aufsehenerregende Dem-Tod-Entronnensein beweise, daß es niemals gut sei, aufzugeben. Er war noch wochenlang davon fasziniert, den Beweis erbracht zu haben, daß man ›dem Schicksal lieber den blanken Arsch zeigen‹ als sich ihm unterwerfen sollte. Außerdem war er von Marys Mut tief beeindruckt. Sie wiederum bewunderte sein rasches Eingreifen, das sie vor dem ›plötzlichen Tod‹ bewahrt hatte, und sie behauptete noch Jahre später, er sei ein ›trefflicher Mann für alle Notzeiten‹.

Wie stets in dringenden Notfällen benahm sich Ernest bewunderswert, trank wenig und tat sein Bestes, freundlich und fröhlich zu sein. Nach zehn Tagen begann er dann zu jammern, daß er von dem ›lustigen Leben‹, das er im Mission Motor Court führe, langsam die Nase voll habe. Seine Söhne warteten in Ketchum auf ihn, und er traf sie am 29. in Rawlins und brachte sie für eine Woche nach Casper. Die Jungen fuhren jeden Tag zum über hundert Kilometer entfernten North Platte River im Black Canyon zum Fischen hinaus. Nach Marys Misere machte sich Ernest unentwegt über die Möglichkeit weiterer Unglücksfälle Sorgen. Es verursache ihm automatisch ein eiskaltes Gefühl in der Magengrube und plötzlich auftretendes Prickeln oben am Schädel, sagte er. Aber es geschah nichts, und Anfang September durfte er seine Frau nach Sun Valley bringen.

Die Täler Idahos versetzten ihn wie immer in einen Zustand der Verzückung. Die Luft war frisch, und die Jagd machte ungeheuren Spaß. Ab Mitte Oktober aßen sie beinahe täglich Wildbret: Bergschaf, Elch, Hirschsteaks, Fasane und Enten. Nach der Abreise seiner Brüder brachte Patrick einen kapitalen Rehbock zur Strecke. Bumby kam im Oktober zum Forellenfischen wieder, außerdem wurde sein dreiundzwanzigster Geburtstag gefeiert. Höhepunkt des Festes war eine Privatvorführung des Films ›Die Killer‹, der von Mark Hellinger produziert worden war. In den Hauptrollen spielten Burt Lancaster und Ava Gardner. Es war der erste Film nach einem seiner Bücher, den Ernest wirklich bewunderte. Oberst Sweeny kam mit Mrs. Dorothy Allen und deren Bruder, Clarence Bamberger, aus Salt Lake City herüber. Gary und Rocky Cooper waren zum ersten Mal seit 1941 wieder in Sun Valley. Ein weiterer willkommener Besucher war Slim Hawks. Mary erholte sich zusehends. Ernest fühlte, daß ihr Vertrauen zu ihm seit seinem raschen Eingreifen in Casper außerordentlich zugenommen hatte. Er dachte an Hotspurs berühmte Metapher in Shakespeares ›Heinrich IV.‹: ›Aus dieser Distel Gefahr pflücken wir diese Blume Sicherheit.‹ Seine Variation dieses Zitats in einem überschwenglichen Brief an Lanham lautete: ›Aus dieser Drecksdistel Gefahr pflücken wir diese gute alte Blume Vertrauen und Glauben an einen Kerl.‹

Hotspurs Maxime erwies sich kurz darauf von neuem als richtig. Am letzten Oktobertag gingen Ernest und Mary in Gesellschaft von Slim Hawks und Patrick auf Fasanenjagd. Gegen Ende des Nachmittags saßen sie wieder im Wagen und entluden ihre Gewehre. Ernest beugte sich eben hinunter, um seine Stiefel aufzuschnüren, als Slim ihre Automatik Kaliber 16 so nahe an seinem gebeugten Kopf losging, daß es ihm die Haare auf seinem Hinterkopf versengte. Er richtete sich blaß und zornig auf und nahm ihr das Gewehr aus der Hand. Sie war wie vom Schlag gerührt – sie hatte ihn nur um Haaresbreite verfehlt –, so daß er seinen Ärger rasch hinunterschluckte und so leicht wie möglich über den Zwischenfall hinwegging. Aber noch in derselben Woche beschrieb er ihn in Briefen an Lanham, Perkins und Otto Bruce in allen Einzelheiten.

Sie brachen ihren Aufenthalt in Sun Valley am 10. November ab, um sich noch Besuche in Salt Lake City, New Orleans und drei Wochen New York erlauben zu können. Mrs. Allen und Oberst Sweeny hatten sie nach Utah eingeladen. Marys Eltern wollten nach New York kommen, um ihren neuen Schwiegersohn zum ersten (und letzten) Mal zu Gesicht zu bekommen. Am 26. nahm Patrick den Zug nach New York, wohin ihm Ernest und Mary zwei Tage später folgten. Sie kamen am 1. Dezember an und wohnten in einer pompösen Suite im Sherry Netherland, die ihnen Mark Hellinger und die Universal Pictures als besondere Aufmerksamkeit zur Verfügung gestellt hatten.

Der wohl wichtigste Zweck von Ernests Reise nach New York war sein zweites Nachkriegs-Wiedersehen mit General Buck Lanham. Ernest hatte seinem Freund eine Jagdwoche auf dem Privatbesitz Gardiners Island ver-

sprochen, einer dreitausend Morgen großen Insel, einige Kilometer von Montauk und Orient Points an der Ostspitze von Long Island gelegen. Er befand sich seit dem siebzehnten Jahrhundert im Familienbesitz der Gardiners. Inmitten ausgedehnter Felder und Wälder, die von Fasanen, schwarzen Enten, Rotwildrudeln und wilden Truthähnen wimmelten, lag der alte Herrensitz. Winston Guest hatte die Insel für ein Jahr gepachtet. Die Hemingways sonnten sich in der Erwartung, diesen Paradiesgarten an der Küste zusammen mit Buck und Patrick ganz für sich allein zu haben. Die Superreichen seien zwar nicht sein Umgang, aber er betrete ihr Land wie jedes andere fremde Königreich, sagte Ernest.
General Lanham kam am 2. aus Washington. Er war arg erkältet und brachte Ernest einen mit Eiderdaunen gefütterten Mantel als Geschenk. Er fand den Freund in seiner Suite im Sherry Netherland mit dem Schriftsteller Paul de Kruif im Gespräch. Lanham stellte etwas verbittert fest, daß Ernest in seinem abgehackten, pseudo-indianischen Stil sprach, so als könne ihn gewollte Sprachprimitivität auf irgendeine Weise vor dem Zugriff der Zivilisation schützen. Die Primitivität erstreckte sich auch auf seine Kleidung: enge Western-Hosen, Filzpantoffel und ein Hemd, an dem mehrere Knöpfe fehlten. Ernest umarmte Lanham und sagte, daß sie als Gäste Sherman Billingsleys bald zum Essen in den Stork Club gehen müßten. Obwohl der Termin immer näher rückte, machte er keinerlei Anstalten, sich zu rasieren oder die Kleider zu wechseln. Lanham lieh ihm eine Krawatte, überredete ihn, sich zu rasieren, und brachte Mary dazu, die Knöpfe anzunähen. Im Klub saß der Klatsch-Kolumnist der *New York Post*, Leonard Lyons, mit seiner Frau und Damon Runyon beim Abendessen. Das Zusammensein verlief bis in die frühen Morgenstunden harmonisch, bis Ernest plötzlich Ingrid Bergman mit Charles Boyer erspähte. Wie damals in Paris mit Sayoran, fing er an, Boyer mit einem Schwall von Beleidigungen zu überschütten, lehnte sich zu Lanham hinüber und fragte laut, ob er diesen mickrigen, grüngesichtigen Typ seinen Handrücken verspüren lassen solle. Die Lyons, Lanham und Mary versuchten vergebens, das Thema zu wechseln, und die beiden Schauspieler taten ihr Bestes, um Ernests Aggressivität zu beschwichtigen. Aber er fuhr mit seinen kindischen Mätzchen fort, bis die Gesellschaft auseinanderging.
Ernest schilderte die so freudig erwartete Jagd auf Gardiners Island, wohin sie am folgenden Tag flogen, später als ›fracaso‹, als Reinfall ohnegleichen. Anstelle einer gelungenen Jagd mit langen Gesprächen und ruhigen Abenden fanden sie ›einen überaus verworrenen Betrieb‹ vor, wie sich Ellis ausdrückte. Die Leute kamen ununterbrochen per Flugzeug an, ›um Bridge zu spielen, zu diskutieren, zu jagen und zu trinken‹. Ernest versicherte Lanham zwar, daß das Essen verdammt gut, Wolfie ein reizender Gastgeber sei und daß sich unter den anderen Gästen auch viele angenehme Zeitgenossen befänden. Aber das Wetter war für Dezember un-

gewöhnlich warm, die Jagd kärglich, und Ernest beendete die Woche mit einigen fehlschlagenden Versuchen, sich mit Pfeil und Bogen an das Wild heranzupirschen.

Zwei weitere Fiaskos rundeten den New Yorker Besuch ab. Ernest fuhr im Taxi in das Bürohaus des *Daily Worker*, einem ehemaligen Speicher in der 35 West 12. Straße, um Mike Gold aufzusuchen. Dieser hatte in einem vor kurzem erschienenen Artikel Hemingway wieder angegriffen und ihn als einen der ›hohlen Männer‹ der amerikanischen Literatur bezeichnet. Ernest fuhr mit dem Aufzug in den achten Stock und sagte der Empfangsdame, daß er Gold zu sprechen wünsche. Sie antwortete, er sei ausgegangen, und fragte, ob sie ihm eine Nachricht hinterlassen könne. ›O. K.‹, sagte der ungeschlachte Besucher, ›sagen Sie Mike Gold, daß Ernest Hemingway ihm ausrichten läßt, er möge ihn am Arsch lecken.‹ Hätte Mike Gold von dem zweiten Zwischenfall, der sich einige Tage später ereignete, Nachricht erhalten, wäre er entzückt gewesen. Der Schauplatz der Handlung war wieder der Stork Club, den Gold wiederholt als faschistisch reaktionäres Nest bezeichnet hatte. An diesem Abend aß Ingrid Bergman mit Michael Blankfort, seines Zeichens Drehbuchautor aus Hollywood und Verfasser eines erfolgreichen Romans, ›The Brave and the Blind‹, über die Belagerung des Alcazar in Toledo. Blankfort hatte es Ernest nicht vergessen, daß er seinen Roman vor einigen Jahren als ›Schwindel‹ bezeichnet hatte, was einzig und allein darauf beruht hatte, daß Blankfort bei der Belagerung nicht persönlich dabeigewesen war. Er war deshalb unangenehm überrascht, als er im Stork Club plötzlich eine Stimme vernahm, die aufdringlich den Vorschlag machte, er möchte mit Ingrid an seinem Tisch Platz nehmen. Er erkannte Hemingway und weigerte sich prompt, der Aufforderung Folge zu leisten. Als man ihn nach dem Grund seiner Verstimmung fragte, erläuterte er ihn bereitwillig. Ernest ließ sogleich seinen ganzen Charme spielen. Diese Angelegenheit laste seit sechs Jahren auf seinem Gewissen. Er habe in Wirklichkeit Blankforts Roman prachtvoll gefunden und sogar befürchtet, daß er ›Wem die Stunde schlägt‹ ausstechen könnte. Er wandte sich Ingrid Bergman zu und versicherte ihr, daß Blankfort einer der besten Schriftsteller Amerikas sei, er schäme sich außerdem, daß er dessen Buch 1940 nicht geziemend gewürdigt habe. Blankforts Verbitterung löste sich in dieser Sturzflut von Komplimenten in nichts auf. Er war noch glücklicher, als Ernest versprach, sein letztes Buch, eine Biographie über Evans Carlson, für die *New York Times* zu rezensieren. Blankforts Verleger sandte sofort ein Rezensionsexemplar auf die Finca. Aber Ernest bestätigte weder den Empfang, noch schrieb er jemals die versprochene Kritik.

Eindringlinge im Paradies

Über hundert Seiten von ›The Garden of Eden‹ lagen bereits im Manuskript vor, und es verblieben noch neunhundert handschriftliche Seiten. Das Thema des Romans nahm in Ernests Phantasie allmählich Gestalt an. Es war keineswegs absolut neu, da er es bereits in ›In einem anderen Land‹, in ›Wem die Stunde schlägt‹ und mehreren Erzählungen implizit behandelt hatte. Es mußte aber noch ein weiteres Jahr vergehen, ehe er es erkannte und formulieren konnte: ›Das Glück des Paradieses, das der Mensch verlieren muß.‹

In den ersten Monaten des Jahres 1947 wurde er auf seinem kubanischen Besitz von Besucherinvasionen nicht ernstlich gestört. Die baskischen Angestellten hielten die Finca in Ordnung, seine jüngeren Söhne kamen zu den Neujahrsfeiertagen, Mary war wieder bei bester Gesundheit, und der Produzent Mark Hellinger und der Anwalt Maurice Speiser verhandelten gerade über eine Tantiemenvereinbarung mit Hollywood, die Ernest für die nächsten Jahre sämtlicher finanzieller Sorgen entheben würde. Nachdem Gigi zur Schule zurückgekehrt war, blieb Patrick noch bei seinem Vater und der Stiefmutter. Er war ein warmherziger und geselliger Junge, wollte nach Harvard und bereitete sich auf seine College-Prüfungen vor.

Die schlechten Zeiten kamen erst im April. Auf einer Fahrt zu Pauline wurden Patrick und Gregory in einem Kleinwagen in einen schweren Verkehrsunfall verwickelt. Gigi verletzte sich am Knie, erholte sich aber innerhalb weniger Tage. ›Patrick hatte äußerlich nur eine Kinnverletzung‹, schrieb Pauline. ›Er klagte über Kopfschmerzen ... (und) sprach ziemlich wirres Zeug. Dann kehrte er nach Kuba zurück, wo die Kopfschmerzen schlimmer wurden.‹ Ernest diagnostizierte die Beschwerden als eine unbehandelte Gehirnerschütterung. Er nahm am Nachmittag des 11. mit Patrick seinen Französisch-Stoff durch und spielte anschließend einige Sätze Tennis mit dem Jungen. Am folgenden Tag bestand Patrick wacker seine College-Prüfungen. Mit Ausnahme von Mathematik ging alles recht gut. Ernest ging zwischen den einzelnen Prüfungen mit ihm essen und blieb den ganzen Tag bei ihm. Am Morgen des 14. jedoch bekam der Junge Fieber und begann zu phantasieren. In der Nacht darauf begann er zu randalieren.

Mary wurde nach Chicago gerufen, da ihr Vater an Prostatakrebs erkrankt war, was alles noch schlimmer machte. Ernest funktionierte die Finca raschest in ein Spital um, bildete Juan Dunabeitia, Roberto Herrera und den Diener René zu Krankenpflegern aus und übernahm die Nachtwachen höchstpersönlich, wobei er sich auf einer Matratze vor dem Krankenzimmer gelegentlich kleine Schlafpausen gönnte. Am 16. kam Pauline herübergeflogen. ›Ich hoffe, Sie haben nichts dagegen‹, schrieb sie Mary. ›Ich mache mir große Sorgen um Patrick ... Dies ist der erste wirkliche Kummer, den ich jemals hatte ... Ich bin froh, daß Sie nicht in diesem

düsteren Haus sind.‹ Sie blieb bis zum 10. Mai, führte Küche und Hauspersonal. Ernest berichtete, daß sie sich bewundernswert schlug. Sie wiederum hatte viele böse Gerüchte über ihn gehört, daß er übermäßig trinke, Frauen nachlaufe, spiele und sich herumtreibe. Er freute sich, als sie ihm sagte, sie sei nun sicher, daß alles erstunken und erlogen sei.
In langen Briefen an Mary, die er während ruhigerer Nachtwachen auf einem Schreibbrett verfaßte, schilderte er seinen Kampf in jeder Nuance. Wie David Bourne in seinem neuen Roman machte es ihm Spaß, Mary zu drängen, sich das Haar zu einem tiefen Kastanienbraun tönen zu lassen. An einem Abend im Mai, an dem er in gehobener Stimmung war, weil Patrick nach einem Monat künstlicher Ernährung zum ersten Mal ein Steak gegessen hatte, experimentierte Ernest so lange an seinem Haar herum, bis es die Farbe eines neuen Kupferpennies hatte. Am nächsten Tag erklärte er den Hausgenossen der Finca, daß er irrtümlich eine Flasche Shampoo benützt habe, die noch aus Marthas Zeiten stammte. Mary kehrte am 18. zurück und war von den Sorgen mit ihrem Vater in Chicago vollkommen erschöpft. Als Pauline fünf Tage darauf neuerlich erschien, verstanden sich die beiden Mrs. Hemingways zu Ernests großer Überraschung auf Anhieb. Sie belustigten ihn mit Schulmädchenscherzen, wie zum Beispiel, daß sie beide die Hemingway-Universität absolviert hätten. Obwohl Mary Ernest als ›einen sehr widerstandsfähigen Kerl‹ pries, zeigte er allmählich Anzeichen einer nervösen, vornehmlich vom Schlafmangel verursachten Überreizung. Es ist zweifellos auf diesen Zustand zurückzuführen, daß er explodierte, als er eines Tages in der Zeitung las, daß ihn William Faulkner als Feigling bezeichnet hatte.
Dies war jedenfalls der Sinn, den er Faulkners Worten unterschob. Während eines Gesprächs mit einigen Studenten der Universität Mississippi hatte Faulkner erklärt, daß er Wolfe, Dos Passos, Erskine Caldwell, Hemingway und sich selbst zu den besten Romanschriftstellern zähle. Anschließend hatte er seine Theorie vom ›glanzvollen Scheitern‹ dargelegt. Wolfes Scheitern sei am glanzvollsten gewesen, weil er den meisten Mut besessen habe. Dos Passos habe einen Teil seines Mutes dem Stil geopfert. Hemingway stehe auf der Liste an letzter Stelle, weil ihm der Mut fehle, Experimente zu wagen, wie sie die anderen mehr oder weniger unternommen hätten. Faulkners Ansichten waren entschieden interessant, so daß sie die *Associated Press* aufgriff.
Ernest fühlte sich zutiefst beleidigt. Er schickte General Lanham den besagten Zeitungsausschnitt und bat ihn, Faulkner doch die Wahrheit über sein Verhalten während des Krieges im Jahre 1944 zu schreiben. Lanham schilderte Faulkner redlich Ernests Kriegstaten und schloß mit der Feststellung, daß er ›unbedingt der mutigste Mann war, den ich jemals kennengelernt habe – in Kriegs- und Friedenzeiten. Er besitzt physischen Mut sowie diese viel seltenere Eigenschaft, nämlich sittlichen Mut.‹ Faulkner

antwortete Lanham mit einem erklärenden und Hemingway mit einem entschuldigenden Brief. ›Der ganze Blödsinn tut mir leid‹, schrieb er Ernest. ›Ich hatte gerade 250 Dollar verdient. Ich nahm an, nur inoffiziell, und nicht für die Veröffentlichung meiner Ansichten... Ich vertrete seit Jahren die Überzeugung, daß die menschliche Stimme alle menschlichen Übel verursacht. Und ich dachte, daß ich mir das Reden schon abgewöhnt hätte. Das wird mir hoffentlich die letzte Lehre sein. Ich hoffe, daß es Ihnen nicht ein verdammtes Bißchen ausmacht. Aber sollte es Ihnen doch irgendwie oder irgendwo unangenehm sein, bitte nehmen Sie noch einmal eine tiefe Verbeugung Ihres Ergebenen entgegen.‹
Obwohl Ernest insgeheim überzeugt war, daß ihm mindestens das Verdienstkreuz zustehe, war er doch glücklich, als ihm anläßlich einer kleinen Feier in der Botschaft am 13. Juni in Havanna der Bronze Star überreicht wurde. In der Urkunde wurde ehrenvoll erwähnt, daß er sich als Kriegsberichterstatter ›vom 20. Juli bis zum 1. September und vom 6. November bis zum 6. Dezember 1944 in Frankreich und Deutschland verdienstvoll bewährt‹ habe. Er habe in den erwähnten Zeiträumen ›weitgehende Vertrautheit mit der modernen Kriegsführung gezeigt, indem er die Schlachten und Operationen der eigenen Streitkräfte und der des Feindes interpretiert und ausgewertet und sich in Kampfgebieten frei bewegt habe, um ein genaues Bild der Lage zu gewinnen. Durch seine literarische Ausdruckskraft habe es Mr. Hemingway seinen Lesern ermöglicht, sich von den Schwierigkeiten und Triumphen der Frontsoldaten und deren Vorgehen im Kampf ein lebendiges Bild zu machen.‹
Seine Auszeichnung war kaum auf der Finca, als ihn am 17. Juni die Nachricht von Max Perkins' plötzlichem Tod erreichte. Charles Scribner berichtete Ernest über Maxens letzte Tage und schloß seinen Brief mit den Worten: ›Ich besaß keinen besseren Freund.‹ Ernest empfand wie er. Er sandte ein Beileidstelegramm und etwas später einen Brief, in dem er Perkins einen seiner besten, treuesten Freunde und klügsten Ratgeber im praktischen Leben wie bei der Arbeit bezeichnete. Er sei auch ›ein großer, großer Lektor‹ gewesen, der niemals auch nur einen Absatz aus Hemingways Manuskripten gestrichen oder ihn ersucht hätte, etwas zu ändern. Letzteres stimmte nicht ganz, denn bei den wenigen Änderungen, die er nahegelegt hatte, war Max gegenüber Ernest stets mit einer wohldurchdachten Mischung aus Takt und Schmeichelei vorgegangen. Aber jetzt, so schrieb Ernest, könne ihm nichts mehr etwas anhaben. Er müsse nicht mehr mit dem Testamentsvollstrecker von Tom Wolfes ›Hühnerscheiße-Nachlaß‹ ringen. Und er müsse auch nicht mehr kämpfen, um Schriftstellerinnen daran zu hindern, sich in seinem Hut einzunisten. Die Tatsache, daß er sich durch seine Weigerung, einmal auszuspannen, völlig ruiniert hatte, sollte Ernests Meinung nach eine Lehre für alle Menschen sein.
Er schickte Mary, die an einer Darmerkrankung litt, zur Erholung zu

Rückkehr

Pauline nach Key West. Als sie im Juli zurückkehrte, hatte sich Patricks Gesundheitszustand weitgehend gebessert. Die Pechsträhne schien nun endgültig vorüber. Pauline kam wieder herüber, um Ernests Geburtstag mitzufeiern. Mark Hellinger, der Produzent der ›Killer‹, ließ seine Bereitschaft verlauten, wieder vier Erzählungen für je 75 000 Dollar zu kaufen. Sollte das Einspielergebnis der Filme jeweils eine Million Dollar überschreiten, garantierte er dem Verfasser zusätzlich 10 Prozent Gewinnbeteiligung.
Im August kündigte sich jedoch abermals ein Schreckgespenst an. Ernest hatte plötzlich in seinem Kopf ein seltsames Summen und Brummen wie das Geräusch von Telefondrähten auf Landstraßen. Dr. Herrera stellte fest, daß sein Blutdruck auf 215/125 angestiegen war. Er wog 116 Kilo, war also stark übergewichtig, so daß ihm der Arzt zu einer strengen Diät riet. Ernest erzählte niemandem außer Mary von seinen Schwierigkeiten und hoffte, daß ihn die gute Luft und die körperliche Betätigung in Sun Valley wieder in Form bringen werde. Er machte sich im September in einem neuen Buick Roadmaster mit Otto Bruce als Chauffeur auf den Weg. Sie wichen von der üblichen Reiseroute ab und besuchten Windemere am Walloon Lake, das nun von Ernests Schwester Sunny verwaltet wurde. Während sie die großen Ebenen überquerten, ergötzte er Otto Bruce mit aufregenden Schilderungen seiner Kindheitseskapaden, die wahrscheinlich aber nur zur Hälfte der Wahrheit entsprachen. Sie hielten in Red Lodge, an der Straße von Billings zum Beartooth-Paß an, um Chub Weaver zu besuchen, Ernests alten Freund aus den Tagen auf der Nordquist-Ranch. Sie kamen spätabends am 29. in Sun Valley an und bekamen eine Suite im Motel.
Mary und Pauline blieben auf der Finca. Pauline pflegte Patrick die letzten Wochen vor seiner endgültigen Genesung, während Mary größere Bauarbeiten überwachen mußte. Sie hatte einen dreigeschossigen Turm mit einer Aussichtsterrasse aufs Meer und auf die ferne Stadt entworfen und ließ ihn nun von einem ortsansässigen Baumeister errichten. Er sollte den Katzen eine eigene Bleibe, Ernest einen ruhigeren Arbeitsplatz und Mary selbst einen verborgenen Platz zum Sonnenbaden schaffen. Ernest war nach wie vor von der Tatsache überrascht, wie ›prächtig‹ sich seine zweite und seine vierte Frau miteinander verstanden. Er äußerte Charles Scribner gegenüber, daß er über genügend Material verfüge, um ein ganzes Buch über dieses Thema zu schreiben. Er wußte nicht, ob er sich freuen oder beleidigt sein sollte, als Mary, kurz nachdem sie ihm nach Sun Valley nachgereist war, wieder die Koffer packte, um die Thanksgiving-Woche mit Pauline, Bumby und Patrick in Kalifornien zu verbringen.
Ernest hielt sich so streng an seine Diät, daß er gegen Jahresende über 12 kg heruntergehungert und seinen Blutdruck auf 150/104 vermindert hatte. Er berichtete, daß der Arzt von seinem Gesundheitszustand bei seiner Ankunft ›offenbar erschüttert gewesen‹ sei. Er selbst mußte eine

Reihe von Todesfällen bewegt zur Kenntnis nehmen: zunächst Max Perkins und dann bei einem grauenhaften Autounfall am 12. September die ›Enthauptung‹ von Katy Dos Passos. Es waren außerdem zwei seiner ehemaligen Kameraden aus Spanien gestorben: General Hans Kahle auf natürliche Weise und General Karol Swierczewski als Opfer eines politischen Mordes. Auf der Liste erschien weiter Ramón, der Koch der Finca, der unerwartet durch eine Herzattacke hinweggerafft worden war. Diese Beispiele genügten wohl, um den Schluß zu erlauben, daß ›Unser himmlischer Vater‹ ganz ordentlich abräume, meinte Ernest. Während Ernests Urlaub starb auch noch plötzlich Mark Hellinger im Alter von vierundvierzig Jahren. Er hatte Ernest bereits die Hälfte der ersten garantierten 50 000 Dollar bezahlt. Den Rest hielt man während der Klärung des Nachlasses zurück. Ernest lieh sich von Charles Scribner 12 000 Dollar aus, um sein laufendes Steuerkonto aufzumöbeln, und jammerte, daß – obgleich der Film ›Die Killer‹ schon über drei Millionen Dollar eingespielt hatte – der Vertrag mit dem Autor so aufgesetzt worden war, daß er erst 50 000 Dollar erhalten hatte. Nach der langen und unglückseligen Geschichte mit der ›Fünften Kolonne‹ möge man ihm verzeihen, wenn er bei Dramatisierungen seiner Bücher etwas mißtrauisch sei. Aber er verlasse sich nach wie vor auf den geschäftlichen Spürsinn Maurice Speisers, der die Vereinbarung mit Hellinger eingefädelt hatte.

Kurz vor Weihnachten rief ein Mädchen namens Lillian Ross aus Mexiko an, wo sie gerade Material für ein Porträt Sidney Franklins – übrigens ihr erstes – gesammelt hatte, das im *New Yorker* erscheinen sollte. Als sie Hemingway sagte, daß sie ihm gerne einige Fragen über seine Freundschaft zu Sidney gestellt hätte, lud er sie ein, einige Tage in Ketchum zu verbringen. Sie traf am 24. Dezember gegen sieben Uhr morgens auf den McDonald Cabins ein. Sie war sofort von Ernest fasziniert, als sie ihn zum ersten Male sah. ›Er stand auf dem hartgefrorenen Schnee‹, schrieb sie, ›in der trockenen Kälte von minus zehn Grad, trug Pantoffeln ohne Socken, Westernhosen mit einem Indianergürtel (es war in Wirklichkeit ein deutscher mit Silberschnalle) und ein leichtes Western-style-Sporthemd mit offenem Kragen... Er hatte einen leicht ergrauten Schnurrbart und sah ruppig, stämmig, beflissen und freundlich aus‹.

Die Ankunft Juan Dunabeitias und Roberto Herreras, denen er als Belohnung für ihre aufopfernden Dienste während Patricks Krankheit Ferien in Idaho versprochen hatte, unterbrach seine Fortschritte an ›The Garden of Eden‹. Ernest meinte, daß die Atmosphäre in den beiden Hütten, die sie bewohnten, ungefähr dem Schreiben genauso förderlich sei wie einst Buck Lanhams Gefechtsstand im Wohnwagen im Herbst 1944. Außer Juan und Roberto, den drei Hemingway-Jungen, Mary und Ernest gab es noch ›eine Gesellschaft aus Salt Lake City und massenhaft andere Leute‹. Mary bereitete jeden Abend Enten, Fasane und Wildbret zu, buk

Rückkehr

Kuchen für die Kinder und zahllose Schokoladentorten, die schon zum Frühstück weggeputzt wurden. Das Skilaufen machte ihnen so großen Spaß, daß sie ihre Abreise um abermals zwei Wochen aufschoben.
Nach den Ereignissen des Jahres 1947 war Ernest in bezug auf 1948 nicht sonderlich zuversichtlich. ›Tochter‹, sagte er zu Ingrid Bergman während einer Silvesterparty, ›das wird das schlimmste Jahr, das wir je erlebt haben.‹ Sie starteten am 1. Februar zur langen Rückfahrt nach Florida. Sie mußten einer Reihe von Wirbelstürmen ausweichen und wurden ganz weit nach Süden bis zum Rio Grande abgedrängt. Bei seiner Rückkehr sah Ernest zum ersten Mal den neuen Turm. Er genoß zwar die Aussicht von seinem neuen Arbeitszimmer, hatte aber große Schwierigkeiten, darin zu arbeiten. ›Unsere Haushaltsgeräusche gingen ihm ab‹, schrieb Mary. ›René, wenn er den groben Teppich im Wohnzimmer kehrte, das gedämpfte Klappern und Schnattern aus der Küche, das gewohnte eilige Kommen und Gehen.‹ Ernest hatte aus Idaho einen Springerspaniel namens Blackie oder Black Dog mitgebracht, der in kurzer Zeit sein treuester Gefährte wurde. Im Gegensatz zu Ernests Prophezeiungen verlief der Frühling ohne besondere Ereignisse und ruhig. Malcolm Cowley, den Ernest damals als besten Kritiker der Vereinigten Staaten bezeichnet hatte, kam im Februar mit Frau und Sohn an, um Ernest zu interviewen. Das Interview, das der Vorbereitung eines langen Artikels über die Laufbahn von Hemingway dienen und in *Life* erscheinen sollte, nahm zwei Wochen in Anspruch. Ernest unterhielt einen regen Briefwechsel mit Lillian Ross, der Porträtschreiberin vom *New Yorker*, die ihn kürzlich in Ketchum besucht hatte. Er nannte sie bereits ›Tochter‹. Cowley und Miss Ross sollten die ersten Chronisten seines Lebens sein, die mit seinem Segen arbeiteten. Er sagte, daß es ihn beinahe körperlich schmerze, wenn er über sich sprechen müsse. Nachdem Cowley aus Kuba abgereist war, schrieb ihm Ernest, daß die biographischen Sitzungen sein Schreibvermögen für eine Woche lahmgelegt hätten.
Die Interviews mit Cowley taten freilich das Ihrige zur Etablierung der Hemingway-Legende. Ernest hatte selbst dafür Vorsorge getroffen, indem er Cowley drängte, General Lanham über die Kriegsereignisse zu befragen. Als Ernest General Lanham von Cowleys baldigem Eintreffen in Washington in Kenntnis setzte, schärfte er ihm ein, dem Interviewer alles, was er über ihn dachte, Gutes und Schlechtes, offen zu sagen. Dies alles gehöre zur Geschichte. Er setze dabei voraus, daß seine Abenteuer ein wichtiger Meilenstein in der Geschichte sein würden, ja er sei sogar fest davon überzeugt. Nach Lanhams Brief an Faulkner wußte er genau, daß die Treue und Freundschaft des Generals ihn dazu veranlassen würden, nur in den glühendsten Worten über Hemingway zu sprechen und seine Tapferkeit im Kampfe zu betonen.
Er setzte seinen Briefwechsel mit Cowley und Miss Ross während des gan-

zen Frühjahrs fort, wobei er immer wieder Bemerkungen über seine Lebensgeschichte und seine Anschauungen einfließen ließ. Er erzählte Cowley von seinem ›Bronze Star‹, seiner Mitgliedschaft im Vorstand des internationalen Hochseefischerei-Verbandes, ferner daß er mit Tom Heeney 1935 in Bimini geboxt und daß er den riesigen Neger Willard Saunders ausgeknockt habe. Er schilderte die Unterseebootjagd in der Karibischen See und brüstete sich damit, daß er mit jeder Frau geschlafen habe, die er begehrt, und gelegentlich auch mit solchen, die er nicht begehrt hatte. Er sagte, sein Haß auf seine Mutter sei nicht freudianisch, vielmehr sei sie wirklich die ärgste ›Hündin‹ aller Zeiten und ganz Amerikas gewesen. Die erste große seelische Verletzung in seinem Leben sei der Entdeckung entsprungen, daß sein Vater ein Feigling war. Er gab sogar eine detaillierte Schilderung vom Selbstmord Dr. Hemingways.

Die Briefe an Miss Ross strotzten von Komplimenten und humorvollen Anekdoten. Er zeigte sich von Sidney Franklins ›Lügen‹ über ihre ehemalige Freundschaft angeekelt und schlug ihr für künftige Porträts im *New Yorker* passende Themen vor, wie zum Beispiel den Sportschriftsteller Jim Cannon, den Diktator der Dominikanischen Republik, Trujillo, oder Arturo Suarez, den kubanischen Kolumnisten. Er habe sich früh dazu gezwungen, gefährlich zu leben, damit ihn die Leute in Ruhe ließen, sagte er entwaffnend. Er übermittelte Lillian eine Aufstellung seiner persönlichen Helden: Peter Wykeham Barnes von der RAF, Marschall Michel Ney, den Befehlshaber der Nachhut Napoleons während des Rückzugs aus Rußland, seine Frau Mary, weil sie sich geweigert hatte, auf dem Operationstisch in Casper zu sterben, nachdem die tollsten Höllenhunde sie längst aufgegeben hatten. Sein Sohn Patrick, der ein von Erfolg gekröntes Jahr an der Universität Stanford beendet hatte und im Begriff war, zu einer Ferienreise nach Europa aufzubrechen. Gustave Flaubert und James Thurber ergänzten die Liste seiner Helden.

Die Herausgeber des *Cosmopolitan* schickten damals ein Redaktionsmitglied mit einem Sonderauftrag nach Havanna. Der Mann hieß Aaron Edward Hotchner, war Mitte Zwanzig und ein Veteran der Air Force. Er hatte Hemingways Bücher seit seinen High-School-Jahren in St. Louis, Missouri, bewundert und erschauerte allein bei der Aussicht auf eine Begegnung mit dem Meister. Allerdings bereitete ihm sein Auftrag – Hemingway dazu zu bringen, einen Artikel über die ›Zukunft der Literatur‹ zu schreiben – einige Bedenken. Ernest verabredete sich mit ihm im Floridita, bewirtete ihn mit einer ganzen Batterie eisgekühlter Daiquiris, sprach mit ihm über alles mögliche, nur nicht über die Zukunft der Literatur, und nahm ihn am nächsten Tag auf die ›Pilar‹ zum Angeln mit. Als sie sich auf dem Gehsteig vor dem Hotel Nacional zum Abschied die Hand reichten, hatte Ernest den Artikel, dessentwegen Hotchner eigentlich gekommen war, halb versprochen.

Rückkehr

Als ihn im Juni die amerikanische Akademie der Künste und Wissenschaften zum Mitglied küren wollte, lehnte Ernest stolz ab. Er bombardierte Charles Scribner mit einer Reihe von Briefen voll nüchternen Privatkrams: beispielsweise, daß er sich in der Liebe mäßigen müsse, wenn er schwer arbeite, weil beides vom selben Motor angetrieben werde. Später im Juni arrangierte er als Abschiedsgeschenk für Patrick eine zehntägige Kreuzfahrt nach Cay Sal, den Anquillas und den Bahama Banks, an der auch Mary, Mayito Menocal und Elicio Arguelles teilnahmen. Gigi und Patrick kamen aus Key West herüber, und die ganze Gesellschaft schlief jede Nacht auf Menocals frisch überholter Jacht, der ›Delicias‹, und angelte tagsüber von der ›Pilar‹ und der ›Winston‹. Die Strömung nahm durch den starken Ostwind dermaßen zu, daß es unmöglich wurde, in zwanzig Faden Tiefe am Grund zu fischen. Aber sie hatten unglaubliches Glück mit der Schleppangel. Laut Ernest fingen sie in drei jeweils fünf Stunden dauernden Abschnitten durchschnittlich einen Fisch pro Minute: Marlins, Wahoo-Fische, Albacores, Amberjacks, drei Arten Barsche, Gelbschwänze, Königsmakrelen, alle Arten kleinerer Makrelen und 120 Barracudas. Außerdem erbeuteten sie drei große Schildkröten. Die Eiskästen der ›Delicias‹ und ›Pilar‹ quollen über von fast einer Tonne Hochseefischen.

Während dieser Reise schrieb Ernest einen Teil des Vorworts zu einer neuen illustrierten Ausgabe von ›In einem anderen Land‹. Am 29. Juni, vier Tage nach seiner Rückkehr, war es beendet. Es bestand aus sprunghaften Erinnerungen, in denen er die Schwierigkeiten und Freuden, während er den Roman zu Papier gebracht hatte, nachempfinden ließ. Rasmussons Illustrationen, besonders die von Catherine Barkley, befriedigten ihn nicht sonderlich. Nach seiner Erinnerung, so erklärte er, habe sie wie die junge Marlene Dietrich ausgesehen. All die Mädchen mit natürlich hübschen Gesichtern sähen am besten aus, wenn sie weinten oder knapp davor stünden, mit diesen leicht verschwollenen Lidern und Lippen; aber sie würden keineswegs wie eine verbissene Schwester Oberin ausschauen, so wie Rasmusson Catherine Barkley dargestellt habe. Er glaube nicht an die Möglichkeit der Illustration. Dabei trete immer eine unvermeidbare Kluft zwischen der Auffassung des Autors und der des Künstlers über Dinge, Orte und Menschen zutage. Sollte er ein Buch über die Bahamas schreiben, würde er darin gerne Bilder – keine Illustrationen – von Winslow Homer sehen. Zu den Werken Guy de Maupassants paßten Bilder von Toulouse-Lautrec oder Renoir ausgezeichnet. Aber ein reiner Illustrator könne gar nicht anders, als den Autor eines Romans zu enttäuschen: er sei beinahe per definitionem ein Außenseiter, ›der andere, der nicht dabei war‹.

Zu seinem neunundvierzigsten Geburtstag im Juli plante er eine neuerliche Kreuzfahrt. Nachdem er erst vor kurzem das Vorwort zu ›In einem anderen Land‹ beendet hatte, war er nun von dem Gefühl bedrängt, ›auf die Dreißiger zuzugehen‹. Diesmal fuhren Mary, Sinsky, Gregorio, Gigi und

Manolito mit ihm. Manolito war der kleine Sohn des Besitzers eines kleinen Cafés in Cojimar. Die Kreuzfahrt verlief angenehm, und Ernest freute sich ungemein über die für ihn vorbereitete Geburtstagsfeier. Mary hatte sich große Mühe gegeben und ›wunderbare Geschenke‹ gekauft und verpackt, und viele trugen Widmungskärtchen von den Katzen und Hunden der Finca. Außerdem gab es ein halbes Pfund frischen Kaviar und eine Torte mit Glasur und Kerzen. Der Weinhändler der Hemingways aus Havanna hatte sich mit einer Kiste Champagner eingestellt. Ernest und Sinsky brachen sie um sechs Uhr morgens auf und tranken ohne Pause bis zum Einbruch der Dunkelheit durch. Ernest bekräftigte seine Freude und seinen Stolz darüber, daß er neunundvierzig Jahre alt geworden war, und sagte, daß er sich schon auf seinen Fünfzigsten freue, denn dann müsse ihn die ganze Welt wohl oder übel verflucht respektieren. Aber auch sein Neunundvierzigster sei denkwürdig. Lillian Ross gegenüber erklärte er, er sei ›den ganzen Tag über bloß verdammt glücklich‹ gewesen.
Diese Hochstimmung hielt fast den ganzen Sommer an. Er half Roberto bei einer Kollekte für den Geburtstag ›Leopoldinas‹, einer alternden Prostituierten aus Havanna. Ferner erklärte er, daß er ernsthaft erwäge, sein Thompson-Maschinengewehr als Erinnerung an seine Kriegsabenteuer einem Museum zu schenken. Es sei mindestens ebenso wertvoll wie ein Schuh Hawthornes oder ein übriggebliebener Beistrich aus den Werken Henry James'. Er begann außerdem Pläne für eine Europareise zu schmieden, die erste seit dem Krieg. Er redete sich ein, daß Sun Valley allmählich zu ›überlaufen‹ sei und daß ihm wie auch Mary ein Orts- und Rhythmuswechsel ganz gut bekommen würde. Er wollte sich Anfang September von Havanna aus einschiffen, den Northwest Providence Channel in den Bahamas und das Sargasso-Meer durchkreuzen und dann ohne weitere Umwege weiterfahren, mit Zwischenaufenthalten in Funchal, Lissabon und Gibraltar, und schließlich in Cannes an Land gehen. Er stellte sich ein ziemlich kleines Schiff vor, weil er hoffte, den ganzen Weg mit der Schleppangel fischen zu können. Gregorio bereitete bereits eine Hardy-Angel für diesen Zweck vor.
Inmitten dieser Vorbereitungen erreichte ihn die beunruhigende Nachricht, daß sein Rechtsanwalt Maurice Speiser schwer erkrankt war. Er wurde von Alfred Rice, einem jungen Mitarbeiter, vertreten. Ernest rief sich die erste Begegnung mit Speiser in Erinnerung – es war vor zwanzig Jahren in Hendaye gewesen. Kaum hatte er diese Worte in die Maschine getippt, als ihn ein Telegramm von Rice davon in Kenntnis setzte, daß Maury am 7. August gestorben war. Ernest betrauerte seinen Tod als direkte Fortsetzung der langen Reihe schmerzlicher Verluste, die er seit 1944 erlitten hatte, obgleich er Speisers Wahrnehmung seiner geschäftlichen Angelegenheiten oft kritisiert hatte. Seine Vorhersage, die er Ingrid Bergman gegenüber geäußert hatte, schien sich zu bestätigen. 1948 wurde wieder ein

schlechtes Jahr. Viele ›durchaus gescheite Leute‹, die geglaubt hatten, daß ›Papa doof sei‹, waren jetzt tot. Der Beweis, daß er sie alle überdauern konnte, bereitete ihm große Genugtuung. Doch von Zeit zu Zeit, wenn ihn in seinem fünfzigsten Jahr die Schwermut überfiel, hörte er den kalten Wind, der um die Tore des Paradieses strich.

Vergangenheit und Gegenwart

Er gedachte oft der romantischen Tage seiner Jugend in Italien, als die ›Jagiello‹ im Oktober in Genua andockte, dem Hafen, von dem er dreißig Jahre zuvor die Heimreise angetreten hatte. Er hatte das Land – ausgenommen die Nachkriegsreise mit Hadley zu Beginn der 20er Jahre und den kurzen Abstecher mit Guy Hickok im Jahre 1927 – seit 1918 nicht mehr betreten. Sobald der Buick ausgeladen war, nahm er einen Chauffeur auf und fuhr mit Mary nach Stresa. Vergangenheit und Gegenwart, Phantasie und Wirklichkeit begannen sich in seinem Inneren zu vermischen.
›Himmel, Buck, ist das ein wunderbares Land‹, schrieb er Lanham. Mary, die zum ersten Mal in Italien war, war von der verschwenderischen Herbstblumenpracht und den lilafarben aus den Tälern aufsteigenden Nebeln entzückt. Ernest schwelgte im Hochgefühl der Heimkehr. Die Norditaliener behandelten sie ›wie Fürstlichkeiten‹. Alberto Mondadori, einer seiner beiden italienischen Verleger, versicherte ihm, daß sich seine Bücher seit Kriegsende besser als alle italienischen Autoren verkauften. Jedermann lese ihn, von den gewöhnlichen Matrosen bis zu den Lebemännern der italienischen Aristokratie. Seine Freude wurde noch größer, als sie von Stresa über Como, Bergamo und die gewundene Straße hinauf nach Cortina fuhren. Der Ort war zwar gewachsen, aber die Silhouetten der rosa und roten Gipfel hatten sich, seit Ernest, Hadley und Renata Borgatti 1923 dort überwintert hatten, nicht geändert. Ernest meinte, das Allerschönste daran sei, das norditalienische Land von neuem zu entdecken, das er nur aus überfüllten Militärlastwagen und durch Staubbrillen gesehen hatte, die er als Fahrer der Fiatambulanzen getragen hatte. Er verdrängte dabei ganz, daß er dazwischen ja zweimal hier gewesen war. Graf Federico Kechler und seine Frau Maria Luisa verbrachten ihre Ferien auch in Cortina. Der Graf kam ins Hotel und erkundigte sich, ob Ernest mit ihm Forellen fischen wolle. Es war ein großer Unterschied zu den alten Zeiten mit dem heruntergekommenen Führer ›Peduzzi‹. Kechler gehörte dem friaulischen Adel an und hatte während des Krieges bei der Marine gedient. Er war ein hagerer Mann mit hoher Stirn, vorquellenden Augen und eingefallenen Wangen. Ernests Italienisch war eingerostet, aber im Gespräch mit den Kechlers kehrte es allmählich wieder. Federicos Eng-

lisch war so tadellos, daß man ihn für einen pensionierten Offizier der Royal Navy hätte halten können.

Ende Oktober fuhren sie von Cortina über Belluno und Treviso nach Venedig. Wenn man sich etwas aus Geschichte mache, sei Venedig ganz und gar verflucht herrlich, meinte Ernest. Die Tatsache, daß Mary und Ernest sich unter den Venezianern allergrößter Beliebtheit erfreuten, vergrößerte noch das Vergnügen, das er empfand. Man überreichte ihm eine Schriftrolle, die ihn zum Cavaliere di Gran Croce al Merito des Malteser Ritterordens erkor, und er ließ sich zusammen mit Lady Mary im gediegenen Komfort des Gritti Palace Hotel und von Harry's Bar nichts abgehen. Er glaubte, die ganze Stadt liege ihm zu Füßen, und begann sich sogar einzubilden, er habe zweimal in seiner Jugend dazu beigetragen, sie zu verteidigen. Aus seinen Träumen erwuchs ein romantisches Bild seiner selbst, wie er, bis zur Brust in den Salzsümpfen der Lagune stehend, bei Capo Sile mit den anderen Verteidigern der Stadt Seite an Seite gekämpft hatte. Es war natürlich eine blanke Erfindung, aber in seinem Geist wurde sie echte Wirklichkeit.

Der alte Krieg schwirrte ihm immer noch so im Kopf herum, daß er eigens eine Reise an die Schauplätze unternahm, wo er dreißig Jahre zuvor verwundet worden war. Aus der wiederaufgebauten, im Zweiten Weltkrieg von neuem zerstörten schäbigen Stadt Fossalta fuhr er die tiefgelegene Straße entlang, die dem Ort seinen Namen verliehen hatte. Die Schützengräben, die sich kilometerweit am Flußufer erstreckten, waren schon vor langem zugeschüttet, bepflanzt und in einen Komplex von Wasserschutzdämmen eingegliedert worden. Am Rande des Flusses raschelte das Schilf. In einem Tal hinter einem der Dämme stand ein langgestrecktes, niedriges, gelbes Haus, das schon 1918 dagestanden hatte, vielleicht dasselbe, das Ernest in der Erzählung ›So wie du niemals sein wirst‹ verewigt hatte. Er stieß auf den Trichter (›wie eine geplante Mulde auf einem Golfplatz‹), der von dem Unterstand übriggeblieben war, wo das Granatwerfergeschoß krepiert war. Liebend gerne hätte er den Ort in höchst zeremonieller Weise mit seinem Kot beehrt. Da das unmöglich war, bohrte er mit einem Stock ein kleines Loch in die Erde und steckte einen Tausendlireschein hinein. Er wollte mit diesem primitiven Symbolismus andeuten, daß er für die italienische Erde Blut und Geld geopfert hatte. Mary erzählte, daß er an diesem Abend ›frohlockend und bei prima Laune‹ nach Venedig zurückkehrte.

Ernest verbrachte beinahe den ganzen November – teils mit Mary, teils allein – in der Locanda Cipriani, einem netten Hotel auf der Insel Torcello, etwa eine Bootsstunde nördlich von Venedig in der Lagune gelegen. Er befolgte einen lockeren Stundenplan, arbeitete an den Vormittagen und ging am Nachmittag auf Entenjagd. Er war von den knisternden Buchen- und Birkenscheiten im offenen Kamin und von der aus dem elften Jahr-

Rückkehr

hundert stammenden Kirche auf der Insel wie verzaubert. Von dem Kirchturm aus konnte man an klaren Tagen das Sumpfgebiet um Capo Sile und mit dem Fernrohr sogar die dahinterliegende Stadt Fossalta sehen. Was konnte die Romantik eines solchen Ortes noch übertreffen, von wo man buchstäblich auf dreißig Jahre zurückblickte? Unter dem Vorwand, daß er solche Stadtbesichtigungstouren hasse, weigerte er sich, Mary auf einer Rundreise nach Florenz und Fiesole zu begleiten. Er blieb und schrieb für die Zeitschrift *Holiday* unter dem Titel ›The Great Blue River‹ einen Artikel über den Golfstrom. Mary kehrte Ende des Monats voll von Erlebnissen zurück. Sie hatte häufig die florentinischen Gemäldegalerien in Gesellschaft ihrer englischen Freunde Lucy und Alan Moorehead besucht und hatte den englischen Kunsthistoriker Bernard Berenson im Garten seiner Villa I Tatti bei Fiesole kennengelernt. Berenson war ein angenehmer, schmächtiger dreiundachtzigjähriger Mann mit weißem Bart und beeindruckendem Intellekt.

Sie wollten den Winter in Cortina verbringen und hatten am Südrand des Ortes ein Chalet namens Villa Aprile gemietet. Anfang Dezember ging Ernest mit Carlo Graf Kechler, dem Bruder Federicos, auf Rebhuhnjagd, in einem Jagdrevier südlich von Latisana am Unteren Tagliamento, einem Besitz des Barons Nanyuki Franchetti. Als einziges weibliches Wesen an diesem regnerischen Samstagnachmittag war Adriana Ivancich, eine Bekannte Nanyukis, anwesend. Sie hatte noch niemals geschossen und war am Abend todmüde, durchnäßt und verbittert, weil sie von einer ausgeworfenen Patronenhülse aus ihrem Gewehr an der Stirn leicht verletzt worden war. Als sich die Jäger beim Whisky versammelten, um sich zu erwärmen und die Tagesereignisse noch einmal durchzugehen, stand sie in der Küche vor dem offenen Feuer, trocknete ihr Haar und wünschte sich einen Kamm, um es zu entwirren. Ernest richtete ein paar freundliche Worte an sie: er sagte, es tue ihm leid, daß sie das einzige Mädchen hier sei. Sein sichtliches Mitgefühl und die Hilfsbereitschaft, mit der er seinen Kamm entzweibrach und ihr eine Hälfte reichte, nahm sie sofort für ihn ein.

Adriana war eine ›jeune fille bien élevée‹ und stand einen Monat vor ihrem neunzehnten Geburtstag. Die Familie Ivancich war vor langer Zeit von Lusinpiccolo auf der Insel Lusina an der dalmatinischen Küste gekommen. Kurz vor 1800 hatte sie sich in Venedig niedergelassen. Ihr Palazzo lag am Canale de Rimedio, einer kleinen, schmalen Wasserrinne östlich der Piazza San Marco. Adriana war in einer katholischen Mädchenschule in Venedig erzogen worden und führte unter den wachsamen Augen ihrer verwitweten Mutter Dora nach wie vor ein wohlbehütetes Leben. Sie war mittelgroß, hatte eine mädchenhafte Figur und ein schmales, blasses Gesicht, das unter den Backenknochen Schatten aufwies. Die Augen waren haselnußbraun, ihre aristokratische Nase leicht gebogen, und sie besaß geschickte Hände, mit denen sie ununterbrochen kleine Karikaturen und Skizzen zeichnete. Ernest gefielen ihre sanfte Stimme, ihre ziemlich temperamentvolle weibliche Art, ihre katholische Frömmigkeit, die Tatsache, daß sie abergläubisch war, und nicht zuletzt ihre dunkle Schönheit. Er stand eine Zeitlang zwanglos am Kamin und plauderte mit ihr, während sie ihr schwarzes Haar auskämmte und ordnete. Als er sie zu einem Mittagessen, bei dem sie auch Mary kennenlernte, einlud, brachte sie ein Sammelalbum mit. Es war voll kindlicher Karikaturen und Andenken und wurde von Ernest, der sie bereits ›Tochter‹ nannte, mit seinem Autogramm bereichert.

Mit dem erlegten Wild auf den Rücksitzen des Wagens fuhr Ernest zurück nach Cortina. Er verlebte ein ruhiges Weihnachtsfest mit Mary. Sie hatten einen Tannenbaum, der im Wald geschlagen worden war, und tranken zu Mittag einen Krug Bloody Mary. Sein schönstes Weihnachtsgeschenk war der Verkauf der Filmrechte an ›Mein Alter‹: die Twentieth Century Fox hatte 45 000 Dollar auf den Tisch gelegt. Als das alte Jahr seinem Ende zuging, sprach er oft von seinem Roman über das Land, das Meer und die Luft und erwähnte Charles Scribner gegenüber, daß er nun an dem Abschnitt über das Meer arbeite. Er sei der komplizierteste der drei Teile, da er sich über die Jahre von 1936 bis 1944 erstrecke, während der er lediglich zwei Monate bei der RAF und sieben bei der Infanterie verbracht hatte. Er rechtfertigte sich vor Scribner, daß er so langsam arbeitete. Er habe zwei Gründe dafür: Erstens das unentwegte, lästige Ohrensausen, gegen das er in den vergangenen fünfzehn Monaten alle vier Stunden eine ekelhafte Arznei habe einnehmen müssen. Und zweitens sei er diesmal fest entschlossen, besser zu schreiben als je zuvor.

Er las damals zwei Romane: ›Die jungen Löwen‹ von Irwin Shaw und ›Tränen im Wein‹ von Elio Vittorini. Er fand das erste schändlich und abscheulich und bezeichnete den Verfasser als opportunistischen Feigling, der noch niemals im Zorn einen Schuß abgegeben habe. Er las die amerikanischen Korrekturfahnen von ›Tränen im Wein‹ und verfaßte ein kurzes Vorwort. Vittorini sei ein wahrer Schriftsteller, in dessen Werk es noch ›blitzt und donnert‹, während sich gewisse New Yorker Rezensenten von ›staubtrockener, anfechtbarer Dialektik ernährten‹. Ernest definierte ›Blitz und Donner‹ als ›Wissen, Erfahrung, Wein, Brot, Öl, Salz, Essig, Bett, frühe Morgen, Nächte, Tage, das Meer, Männer, Frauen, Hunde, geliebte Autos, Fahrräder, Hügel und Täler, das Auftauchen und Verschwinden von Zügen auf geraden und gewundenen Schienen, Liebe, Ehre... die Borsten eines Stachelschweins, das Trommeln des schottischen Moorhahns auf einer Linde, den Geruch von Süßgras und frisch gegerbtem Leder, und Sizilien.‹

Malcolm Cowleys ›A Portrait of Mister Papa‹ war eben in der Zeitschrift *Life* erschienen. Es war die erste von Ernest autorisierte biographische

Studie, ging ausführlich auf seine Kriegsabenteuer ein und wurde begierig von ihm gelesen. Obwohl sie nicht ›besonders genau‹ war – wie er sich Lanham gegenüber ausdrückte –, war sie doch zumindest interessant. Er lobte Cowleys unbedingte Rechtschaffenheit, da dieser sämtliche Daten, die ihm Ernest zu bringen verboten hatte, auch wirklich nicht erwähnt hatte. Er schrieb dem Autor bald darauf, daß er den Artikel ›O. K.‹ gefunden habe. Als Cowley jedoch die Frage einer wirklichen Biographie in Buchlänge anschnitt, zog sich Ernest hastig aus der Affäre. Wie er Lillian Ross, seiner neuen Freundin vom *New Yorker*, später erklärte, sei es ›irgendwie läppisch‹, sich schon bei Lebzeiten einbalsamieren zu lassen. Sollte er sich jemals ›präparieren‹ lassen, so bei Jonas Brothers aus Yonkers, den besten Tierpräparatoren im Lande.
Mary, die sich in letzter Zeit als ›die kleine, glückliche Frau von Mr. McPappa‹ bezeichnete, ärgerte Cowleys Behauptung, daß Ernest während seiner Schulzeit an der Oak Park High School kein Star-Athlet gewesen sei. Sie schrieb Cowley temperamentvoll, daß er nicht genügend über Ernest wisse, um sein Biograph zu werden. Ihr Mann sei in Wirklichkeit ein bemerkenswerter Athlet. Aber Ernest ließ ihrem Brief ein Schreiben folgen, in dem er zugab, daß seine Fähigkeiten als Football-Spieler ziemlich begrenzt gewesen seien. Andrerseits wisse er seit seinem zwölften Lebensjahr mit der Büchse, der Schrotflinte und der Angelrute umzugehen. Oft genug habe er Bill Smith in Horton Bay die Zigarette aus dem Mund geschossen, sagte er voller Stolz. Schießen und Fischen – ja. Mannschaftssport – nein.
Bald darauf gerieten beide Hemingways in eine kleine Pechsträhne: Mary brach sich bei einem Skiunfall im Schneematsch einen Knöchel, und Ernest zog sich eine schwere Brusterkältung zu, die ihn zwang, im Februar zwei Wochen das Bett zu hüten. Aber das unangenehmste körperliche Leiden kam im März, einige Wochen, nachdem Mary der Gipsverband abgenommen worden war. Eine Infektion, die von einem kleinen Kratzer in Ernests linkem Augenwinkel herrührte, verbreitete sich rasch über sein ganzes Gesicht. Die Ärzte in Cortina stellten Rotlauf, eine ansteckende Erkrankung des Bindegewebes, fest. Ernest glaubte, daß das Übel durch ein Staubpartikel, das er auf einer Fahrt im offenen Buick über Staubstraßen ins Auge bekommen hatte, verursacht worden sei. Später wurde eine romantischere Geschichte in Umlauf gesetzt: daß er die Infektion einem Pfropfenteilchen einer Schrotpatrone während einer seiner Entenjagden verdankte. Als die Ärzte in Cortina die Befürchtung aussprachen, daß die Infektion auf das Gehirn übergreifen könnte, brachte man Ernest in ein Spital nach Padua. Schwere Penicillindosen drückten das Fieber herunter und erstickten die Krankheit. Die ganze Zeit über war Ernests Gesicht von einer ›Kruste‹ überzogen, die Augen waren fast zugeschwollen, und sein farbloser Bart schob sich wie Stoppeln in einem morastigen Feld durch die Salbe.

Vergangenheit und Gegenwart

Sinclair Lewis war vor kurzem in Venedig angekommen und hatte eine Suite im Gritti gemietet. Wie Ernest später berichtete, nützte Lewis seine Abwesenheit aus, um Mary während einer dreistündigen Tirade mit dem Thema ›Ich liebe Ernest, aber . . .‹ ›festzunageln‹. Die wichtigsten Einwände waren, daß Ernest ein Snob sei, daß seine Produktivität als Schriftsteller kümmerlich sei und daß er Lewis' großzügige Lobeshymne auf ›Wem die Stunde schlägt‹ nicht genügend gewürdigt habe. Lewis drückte Mary zuletzt sein Mitgefühl für ihre Rolle als Frau eines Genies aus und bezahlte die Drinks. Als Ernest mit den vom Rotlauf angerichteten Verheerungen auf seinem Gesicht aus Padua zurückkehrte, ließ er dem Snobismus, dessen ihn Lewis beschuldigt hatte, freien Lauf und sagte zum Oberkellner des Gritti, daß Lewis nichts als ein Bastard mit Baedeker sei und daß seine vernarbte Gesichtshaut der Mondoberfläche in nichts nachstehe.

Adriana Ivancichs älterer Bruder Gianfranco war eben von einer längeren Reise aus New York zurückgekehrt, und Ernest lud beide zum Mittagessen ins Gritti ein. Gianfranco war 28, klein, lebhaft, hatte braunes Haar und braune Augen, und seine Kriegstaten gewannen ihm sogleich Ernests Zuneigung. Er hatte 1942 in der Schlacht von El Alamein in einem italienischen Panzerregiment unter dem Oberkommando von Generalfeldmarschall Erwin Rommel als Offizier gedient. Kurz darauf war er verwundet und mit dem letzten Rotkreuzschiff aus Nordafrika herausgebracht worden, bevor das Land den Alliierten in die Hände gefallen war. Nach einigen Genesungsmonaten in verschiedenen italienischen Lazaretten trat er dem amerikanischen OSS bei und übernahm die Leitung der Partisanentätigkeit in Venetien. In der haßerfüllten, turbulenten Zeit gegen Kriegsende wurde er von kriminellen Elementen gefangengenommen und mehrere Kilometer mit gespanntem Gewehrhahn im Nacken mitgeschleppt. Der Landsitz der Familie in San Michele al Tagliamento war von amerikanischen Mittelstreckenbombern, die es auf eine nahe liegende Brücke abgesehen hatten, irrtümlich zerstört worden. Am 12. Juni 1945 hatte Gianfranco zwischen Schuttmassen einer Allee in San Michele seinen außergewöhnlichen Vater, Gr. Uff. Dott. Carlo Ivancich, von unbekannter Hand ermordet, aufgefunden. Seither hatte die Familie unentwegt gekämpft, um sich von den tragischen Ereignissen der Jahre 1944 und 1945 zu erholen. Ernests romantisierendes Bild Adrianas wie auch die Bewunderung für den mannhaften und stoischen Gianfranco wurden durch all diese Erzählungen über ihre unmittelbare Vergangenheit nur noch verstärkt.

Ernest gab die unergiebige Arbeit an dem Meer-Abschnitt seines langen Romans auf, um einen neuen, kürzeren Roman in Angriff zu nehmen. Zunächst war es nichts weiter als die Schilderung einer Entenjagd vor Sonnenaufgang in den eisigen Gewässern der Lagune gewesen. Bald jedoch nahm es in seiner Phantasie die Ausmaße eines anspruchsvolleren Werkes an, und er griff auch auf andere Aspekte der vergangenen Monate

Rückkehr

in Norditalien zurück. So weit ging sein Snobismus doch, daß er aus seinen neuen Freundschaften mit den Familien Franchetti, De Robillant, Kechler und Ivancich dichterisches Kapital schlagen wollte. Die gemütlichen Innenräume von Harry's Bar und das Gritti gaben vollendete Schauplätze ab, ebenso die Meer- und Stadtsilhouette Venedigs im Winter. Er beabsichtigte, die Konfrontation zweier Zeitpunkte, die dreißig Jahre auseinander lagen, dramatisch zu gestalten. Zuerst würde sein Held ein Junge von 19 Jahren sein, der, wie er selbst, am Basso Piave verwundet wird. Dagegen wollte er die Haltungen und Erfahrungen desselben Mannes stellen, der 49jährig das Gebiet wieder besucht und voller Schwermut auf seine Jugend zurückblickt. Dieser Aufbau würde es ihm ermöglichen, einige seiner persönlichen Erinnerungen an den Krieg in Frankreich, Belgien und Deutschland einzuflechten.

Das Buchprojekt war noch immer kaum über eine Entenjagdgeschichte hinaus gediehen, als der Italienaufenthalt zu Ende ging und die Hemingways am 30. April in Genua die ›Jagiello‹ bestiegen, um die umständliche Heimfahrt nach Havanna zu beginnen. Ernest war sich über den Verlauf und die endgültigen Ausmaße des Romans noch ziemlich im unklaren. Als das Schiff am 22. Mai in Cristobal in der Panamakanalzone anlegte, weigerte er sich, einem Reporter mehr über sein Werk zu sagen, als daß es Fortschritte mache. Der übliche Berg unbeantworteter Post auf der Finca hinderte ihn an weiterer Arbeit. Um damit aufzuräumen, engagierte er eine Teilzeit-Sekretärin von der amerikanischen Botschaft in Havanna. Sie hieß Juanita Jensen. Man hatte Nita im voraus gewarnt, daß er sich gelegentlich einer etwas rauhen Sprache bediene. Sie war zugleich angenehm überrascht und ein wenig enttäuscht, als sich ihr neuer Arbeitgeber als ›höflichster und vollendetster Gentleman‹ erwies, den sie je kennengelernt hatte. Mehrere Wochen hindurch diktierte er mit der allergrößten Rücksicht auf ihre Gefühle. Dann, eines Tages, sagte er: ›Würde es Ihnen etwas ausmachen, wenn ich Sie ,Tochter' nenne?‹ ›Ganz und gar nicht‹, sagte das Mädchen. Als habe man ihn dazu ermutigt, begann er nun, weniger schickliche Worte zu gebrauchen. Dann hielt er mit dem Diktieren inne und fixierte Nita mit väterlichem Blick. ›Du mußt mir verzeihen, daß ich solche Ausdrücke benütze, Tochter‹, sagte er, ›aber ich finde sie durchaus notwendig.‹ ›Tun Sie sich keinen Zwang an‹, sagte das Mädchen. ›Bitte sagen Sie nur frei heraus, was Ihnen paßt.‹ Die Wirkung grenzte beinahe an ein Wunder. ›Von diesem Augenblick an bemerkte ich eine unglaubliche Änderung in seinem Diktat‹, sagte sie. ›Er fühlte sich wohler, sagte, was ihm einfiel, und ich glaube nicht, daß er irgendwas für sich behielt.‹

Ernest freute sich den ganzen Juni auf seinen 50. Geburtstag. Wie der Oberst in seinem neuen Buch, pflegte er immer wieder zu betonen, er habe ein halbes Jahrhundert auf dem Buckel. Das schien ihn genauso zu freuen wie seine innere Überzeugung, daß er immer noch 25 sei. Das einzig Ver-

Vergangenheit und Gegenwart

drießliche an diesem Tag war die Tatsache, daß ihm keiner seiner amerikanischen Bewunderer ein Glückwunschtelegramm gesandt hatte, aber zum Ausgleich kamen schmeichelhafte Botschaften von ein oder zwei ausländischen Verlegern. Den Nachmittag des 21. verbrachte er mit fünf Kumpanen an Bord der ›Pilar‹, und zusammen tranken sie eine ganze Kiste Champagner leer. Es regnete Geburtstagsgeschenke, er fühlte sich herrlich jung, sein Gewicht war auf 90 Kilo heruntergegangen, und sein Roman war in dieser Woche um 3199 Worte gewachsen.
Am darauffolgenden Samstag nahm er Mary, die neue Sekretärin Nita Jensen und Ray Rarick, einen stellvertretenden Luftwaffenattaché der Botschaft, zu einem Wochenend-Angelausflug mit. Nita und Ray waren gerade vom Boot weg an den Strand geschwommen, als Gregorio sie zum Lunch zurückrief. Als sie zurückwateten, jagte ein riesiger Hai zwischen ihnen und der ›Pilar‹ durchs Wasser. ›Ich hatte nicht die geringste Absicht, auch nur einen Fuß ins Wasser zu setzen‹, sagte Nita. ›Ich blickte mich um, um zu schauen, wie weit die Straße vom Strand entfernt war. Ich war barfuß, hatte bloß meinen Badeanzug an und natürlich kein Geld für den Busfahrschein ... Also standen wir da, schrien – ich zumindest – und gaben Papa schließlich zu verstehen, daß hier ein Hai sei ... Seine Reaktion war verblüffend. Er langte nach seinem Jagdmesser, klemmte es zwischen die Zähne, nahm seine Brille ab und sprang über Bord. Er schwamm zum Strand, um mich zu holen und zum Boot zurückzugeleiten, wobei er mich beruhigte, daß der Hai nicht zu einer gefährlichen Sorte gehöre. Ich glaube kaum, daß ich jemals in meinem Leben so rasch geschwommen bin, und ich gelangte in Rekordzeit zur ‚Pilar'. Nachher sagte mir Gregorio, daß es bloß ein Katzenhai gewesen sei und daß diese Tiere größere Angst vor den Menschen haben als diese vor ihnen. Papa war so süß und mitfühlend wie nur möglich. Ich glaube aber, daß er nachher tatsächlich ein wenig enttäuscht war, daß sich ihm nicht die Gelegenheit geboten hatte, das Messer zu benützen und mit dem Hai zu kämpfen.‹
Das Buch ging nun so schön voran, daß es sich Ernest erlauben konnte, gegenüber Charlie Scribner den Mund vollzunehmen. ›Jesus Christus‹, schrieb er, ›man muß Vertrauen haben, um ein Meister zu werden, und das ist das einzige, was ich mir immer gewünscht habe.‹ Es sei wahrscheinlich, daß sein Roman ein besseres Buch würde, als es je ein lebender oder toter Hundsfott zusammengebracht hätte. Jeden Tag stand er vor seiner Schreibmaschine, lauschte dem morgendlichen Krähen seiner Kampfhähne im Hof und freute sich, daß er zum Schreiben geboren worden war. Er sei nun in dem Stadium angelangt, wo er sich auf Titelsuche begeben müsse.
Von dieser Angeberlaune war es nur ein kleiner Schritt zum wütendsten Zornausbruch. Eine Reporterin der Zeitschrift *McCalls* hatte versucht, von seiner betagten Mutter in River Forest in Illinois ein Interview zu ergattern. Grace war damals 77 und wurde von Ruth Arnold umsorgt. In letz-

ter Zeit hatte Ernest die ›Rolle‹ des ergebenen Sohnes ›gespielt‹. Aber tatsächlich hasse er seine Mutter ebensosehr wie sie ihn, sagte er. Irgendwann während der Wirtschaftskrise hatte Ernest von ihr verlangt, den wertlosen Grundbesitz in Florida abzustoßen, worauf sie ihn davor gewarnt hatte, ihr jemals zu drohen: sein Vater habe es einmal zu Anfang ihrer Ehe versucht und es dann sein ganzes Leben lang bereut. Jetzt war Ernest hart. Wenn sie dieser Hündin von *McCalls* ein Interview gebe, werde er ihr den letzten Penny sperren. Er hatte eine neue, für solche Situationen allgemeingültige Phrase ersonnen: ›Was sagen Sie jetzt dazu, Gentlemen?‹ Er verwendete sie nicht nur, als er die Entscheidung wegen seiner Mutter fällte, sondern auch, wenn er von jenem deutschen Soldaten erzählte, den er angeblich während der ›Rattenjagd‹ im Sommer und Herbst 1944 getötet hatte. In seiner Eigenschaft als selbstdesignierter Nachrichtenoffizier hatte er einige feindliche Soldaten verhört. Einer von ihnen war so hochnäsig, daß Ernest ihm drohte, ihn umzulegen, wenn er den geplanten Fluchtweg der Deutschen nicht verriete. ›Ihr werdet mich nicht töten‹, hatte der Soldat gesagt, ›weil ihr Angst habt, weil ihr eine sittlich degenerierte Rasse seid und weil es gegen die Genfer Konvention verstößt.‹ Ernest fixierte ihn mit kühlem Blick. ›Was für einen Fehler du begehst, Bruder‹, sagte er, und schoß ihm dreimal in den Bauch und einmal in den Kopf, daß ihm das Gehirn aus der Nase quoll, als er umfiel. Dessen jedenfalls rühmte er sich vor seinem vornehmen Verleger Charles Scribner. Wie so viele seiner Kriegsgeschichten war auch diese entweder erfunden oder von jemand anderem aufgeschnappt. Durch ihre bloße Erwähnung wurde er jedoch seinen Ärger los, der jedesmal in ihm aufstieg, wenn er an die Reporterin von *McCalls* und an seine arme, alte Mutter in River Forest dachte.

Der Roman sollte nach der Fertigstellung in der Zeitschrift *Cosmopolitan* in Fortsetzungen erscheinen. Dies war zum Großteil Ernests Zuneigung für den jungen Aaron Hotcher zu verdanken, den er damals als ›einen der nettesten Jungen, die ich kenne‹, bezeichnete. Hotch kam Anfang September mit seiner Frau nach Kuba, um dort Ferien zu machen. Ernest war gerührt, als er darauf bestand, im Varadero zu wohnen, um jede Störung des Meisters bei der Arbeit zu vermeiden. Als er am 5. ankam, nahm ihn Ernest sofort an Bord der ›Pilar‹, wo er ihm die Anfangskapitel des Romans zur Lektüre überreichte. Wie schon 1945 bei Buck Lanham, beugte er sich über Hotchners Schulter, während dieser las, atmete ihm in die Ohren, machte Randbemerkungen und lachte herzhaft an den Stellen, die er geistreich fand. Hotchner fiel es schwer, sich zu konzentrieren, und er verbarg seine Verlegenheit damit, daß er bat, sich die Blätter mitnehmen zu dürfen, um sie in aller Ruhe und Bequemlichkeit noch einmal zu lesen. Der Besuch war für ihn sehr erfolgreich, weil er bei den Vorabdruckverhandlungen mit den Herausgebern des *Cosmopolitan* praktisch als Er-

nests Agent fungierte. Eine Woche nach Hotchners Abreise entschied sich Ernest endlich für einen Titel: ›Über den Fluß und in die Wälder‹, eine leicht gekürzte Version der letzten Worte General Stonewall Jacksons. Er lieh sich von Scribner 10 000 Dollar und schickte Mary zu ihren betagten Eltern nach Chicago auf Besuch; sie dürfte sich ›als Entschädigung dafür, daß ich so ‚scheißig' gewesen bin, als ich mich in die Zielgerade quetschte‹, einen Nerzmantel kaufen. Die Rennbahn-Metapher entsprach so ziemlich den Tatsachen: Trotz zwei Angelausflügen quetschte er zwischen dem 5. und dem 29. September 13 441 Wörter aus sich heraus. Während Marys Abwesenheit tat er sein Bestes, um seinen schlechten Ruf aufrechtzuerhalten. Vor kurzem war in Havanna eine neue Hure aufgekreuzt; er gab ihr den Spitznamen Xenophobia und schickte seinen Gefolgsmann Roberto Herrera aus, um sie auf die Finca zum Abendessen zu bringen. Einige Tage darauf stattete er der Hure Leopoldina, die genau in seinen Jahren war, einen Besuch ab. Sie tauschten lokalen Klatsch aus und erzählten einander ›traurige Geschichten über den Tod von Königen‹, wie sich Ernest ausdrückte. Danach veranlaßte er Roberto, die Wörter seines Manuskripts zu zählen. Es waren grob gerechnet 45 000, und Ernest war der Meinung, daß die Arbeit mit 15 000 weiteren erledigt sein würde. ›Versuche, Mr. Shakespeare in den Arsch zu treten‹, schrieb er an Scribner. ›Sehr schwierig.‹
Als Mary Anfang Oktober zurückkam, hatte sich Ernest bereits den 1. November als Fertigstellungstermin vorgenommen. Er schrieb Buck Lanham, daß sich die Zeit, die er in Italien verbracht habe, ›nun doppelt und vierfach bezahlt macht‹. Er sagte, daß seine Hauptfigur, Oberst Cantwell, aus den Porträts dreier Männer zusammengesetzt sei: Charlie Sweeny, der einstige Glücksritter, Lanham, der strebsame Westpointer, und allen voran er selbst, wie er hätte sein können, wenn er sich statt zu schreiben dem Soldatenleben zugewandt hätte. Seine Absicht sei, das Bildnis eines hochintelligenten Kämpfers zu entwerfen, den seine Erfahrungen zutiefst verbittert haben. Der Hintergrund sei wie stets Liebe und Tod. Im Vordergrund stehe der kampfbereite Held, der ewige Typus des ›Einen gegen die Welt‹. Die Kämpfe fänden in dem Buch ›alle hinter der Bühne statt, wie bei Shakespeare‹, sagte er. Es komme darin auch einiges über die Befreiung von Paris vor sowie ein paar Bemerkungen über seine Erfahrungen in den Ardennen, der Eifel und dem Hürtgenwald. Er schrieb, daß er um das Ende des Romans mehr gekämpft habe als im Hürtgenwald – eine gelinde Übertreibung. Aber er war damals in der Stimmung, zu übertreiben. Er sagte, er habe sich nun entschlossen, alles, was er über den Landkrieg wisse, hineinzustopfen, anstatt es für den geplanten dreiteiligen Roman über Land, See und Luft aufzusparen. Es sei etwa der Arbeitsvorgang, wie er ihn etwa Mitte der dreißiger Jahre bei ›Schnee auf dem Kilimandscharo‹ angewandt habe: das Material für mehrere Romane in den Rück-

Rückkehr

blenden einer einzigen Erzählung zu kondensieren. Er befand sich in einer Laune leichtsinnigster Verschwendungssucht.
Seine Behauptung, daß er seiner letzten Italienreise viel verdanke, entsprach den Tatsachen. Er sandte seinen Oberst nicht nur auf den ausgebombten Landsitz der Familie Ivancich in San Michele al Tagliamento, er ließ ihn auch seinen eigenen feierlichen und romantischen Besuch der Schützengräben von Fossalta wiederholen. Er gewährte ihm vom Turm der alten Kirche den Ausblick auf Torcello und brachte ihn im Gritti in Venedig unter. Er machte ihn mit einem amerikanischen Romanschriftsteller bekannt, dessen Gesicht ›so verwüstet und pockennarbig aussah wie eine Mondlandschaft, wenn man sie durch ein billiges Fernrohr betrachtet‹. Er stellte dem Oberst außerdem eine Frau zur Seite, der er sich entfremdet und die Ernest verschmerzt und vergessen hatte.
Bei der Figur von Renata, der 19jährigen Inamorata des 50jährigen Obersten, nahm sich Ernest die antike Pygmalion-Sage zum Vorwurf. Als Renatas Vorbild wählte er die schwarzhaarige, 19jährige Adriana Ivancich, für die er im Dezember in der Nähe von Latisana seinen Kamm entzweigebrochen und mit der er im April in Venedig zu Mittag gegessen hatte. Adriana war keine Gräfin wie Renata, noch war sie (außer auf vage und schulmädchenhafte Art) in Ernest verliebt. Man konnte die Beziehung am besten als sentimental-platonisch umschreiben. Es bereitete ihm gewisse Schwierigkeiten, ihr nicht zu offenbaren, was er mit ihrem fiktiven Gegenstück Renata beabsichtigte, als er ihr Anfang Oktober den ersten von vielen Briefen schrieb. Er nannte sie ›Tochter‹ und ›My Dear Adriana‹. Er sagte ihr, daß sein Sohn Gigi, der sie kürzlich während eines Venedigaufenthalts kennengelernt hatte, sie für das hübscheste Mädchen hielt, das er je kennengelernt habe. Er schrieb, er werde im November nach Paris kommen. Wenn sie auch käme, könnten sie sehr viel Spaß beim Wetten an der Rennbahn von Auteuil haben. Er werde ›durch das Buch so reich‹ sein, daß sie sich über Verluste beim Wetten keine Sorgen machen müßten. Er forderte sie auf, ihm auf italienisch zu schreiben, und schloß mit ›With much love, Papa‹.
Was diese romantische Väterlichkeit jedoch nicht offenbarte, war, daß Ernest in der Gestalt der Renata eine kompliziertere poetische Metapher versuchte als jemals zuvor. Er wollte sie mit einer venusartigen Aura umgeben wie eine dem Meer entstiegene Göttin, die als guter Geist über der altehrwürdigen Stadt Venedig herrscht. Er hatte ihren Namen von Renata Borgatti entliehen, mit der sich Hadley und er im Jahre 1923 in Cortina angefreundet hatten, aber er wußte durchaus genau, daß der Name eigentlich ›Die Wiedergeborene‹ bedeutete. Sie sollte den Geist der Jugend darstellen, der in der Seele des 50jährigen Obersten wiedergeboren wird. Er wollte in ihr die Frische, Unschuld, den Mut und den Idealismus versinnbildlichen, von denen sowohl Ernest als auch Oberst Cantwell beseelt wa-

ren, bevor der Krieg sie alt gemacht und verbittert hatte. In der Szene, in der sie sich unter einer Militärdecke in einer vom Wind geschaukelten Gondel lieben, erging sich Ernest in derselben Surrogat-Erotik wie ›In einem anderen Land‹. Adriana wäre auch niemals mit Ernest allein in einer Gondel oder in seinem Zimmer im Gritti geblieben. Aber das hinderte ihn nicht daran, wenigstens davon zu träumen.

Abgesehen vom symbolischen Gehalt, den er zu vermitteln suchte, hatte die Beziehung zwischen Renata und dem Oberst merkwürdige Parallelen zum Verhältnis der beiden Liebenden in ›The Garden of Eden‹, Ernests langem und hedonistisch-leerem Roman über die jungen Liebenden in Graudu-Roi und an der Costa Brava: Seite für Seite hatte er ihre Dialoge mit sprunghaften Kommentaren über Farbe und Beschaffenheit ihrer Haare, über die Speisen und Getränke, die sie zu sich zu nehmen pflegten, und über den augenblicklichen Bräunungszustand ihrer Körper durchsetzt. Einiges davon war in jene Stellen von ›Über den Fluß und in die Wälder‹ eingeflossen, in denen vom Essen, Trinken und Sich-Lieben die Rede ist. Die Atmosphäre war jedoch von einer seltsamen psychologischen Malaise getrübt, so als hätte Ernest die Seiten seines Romans als Ersatz für die Couch des Psychiaters benützt. Selbst das dreiste Geschwätz in seinen Briefen, daß er Mr. Shakespeare durch die Seile schlagen werde, kann man ähnlich interpretieren: als Selbstbestätigungsübung, um seinen erlahmenden Mut zu erneuern.

Seine innere Bitterkeit offenbarte sich auf verschiedene Weise, am besten wohl in den spöttischen Bemerkungen, die er Nita Jensen in bezug auf das Roosevelt Birthday Memorial Concert, das am 30. Januar 1950 im Hotel Waldorf Astoria in New York stattfinden sollte, diktierte. Averell Harriman hatte ihn schriftlich um seine Unterstützung gebeten. Ernest versprach zu helfen, wenn es seine Arbeit an dem Roman gestatten würde. Aber es war ein Versprechen, das er von vornherein nicht einzuhalten gedachte. Die ›Grußbotschaft‹, die er zum Glück niemals absandte, sprach mit der äußersten Geringschätzung von einem reichen und frustrierten Paralytiker, der die Welt verändert hatte und dann an Überarbeitung gestorben war.

In November stand fest, daß Ernest den Roman nicht vor der Abreise nach New York und Paris beenden würde. Nita tippte ein paar Anfangskapitel für Hotchner ab, damit er sie Herbert Mayes, dem neuen Chefredakteur des *Cosmopolitan*, vorweisen konnte. Ernest suchte bereits nach einem Weg, um für seinen jungen Freund eine Frankreichreise herauszuschinden. ›Möchte ihn in unserem Team mithaben‹, schrieb er. ›Vielleicht wird was daraus.‹ Lillian hatte ihm vor kurzem den Vorschlag unterbreitet, über ihn ein Porträt zu schreiben. ›Ich kann wahrscheinlich gar nicht so gut sprechen, daß es sich lohnt‹, sagte er ihr. ›Aber mit Ihnen würde es mir Spaß machen.‹ Am Vorabend ihrer Abreise schwebte die gewohnte

Rückkehr

Atmosphäre gelinder Verzweiflung über der Finca. Mary überwachte das Packen der 14 Koffer. Adrianas Bruder Gianfranco, der gerade nach Havanna gekommen war, arbeitete unentwegt an Nitas Maschinenskript, um die Orthographie italienischer Ortsnamen und geographische Irrtümer zu korrigieren. Mary schrieb Bernard Berenson, daß der Drang, den Roman hinter sich zu kriegen, Ernest in eine ›Phiole voll brodelnder Chemikalien verwandelt, mit der es gefährlich ist zu spielen‹. Als Ernest Lillian Ross telegrafierte, daß sie am nächsten Tag abflögen und spätnachmittags am 16. November in Idlewild ankämen, hatten sich die ätzenden Säuren gesetzt. Das Buch war zwar nicht fertig, aber das Ende war abzusehen. Weniger als sechs Monate nach seiner Rückkehr auf der ›Jagiello‹ fuhr er neuerlich ins Ausland. Urlaubsstimmung war bereits eingekehrt.

Über den Fluß und in die Wälder

Lillian Ross holte sie am Flughafen ab. Ernest stand in der Nähe eines Flugsteigs, drückte eine abgenutzte Aktentasche an sich und wartete auf Mary, die sich um das Gepäck kümmerte. Seine langsam grau werdende Mähne schrie geradezu nach dem Friseur, und ein unordentlicher, ein Zentimeter langer Stoppelbart bedeckte sein Gesicht. Er hatte den Druck seiner Brille durch ein zwischen Nase und Stahlrand gezwängtes Papierfetzchen abgemildert. Sein brauner Tweedrock spannte an den Schultern und hatte zu kurze Ärmel. Als sei er auf schlechtes Wetter vorbereitet, waren sein Hemd, die Krawatte, die Weste und die Hose aus Wolle, und die braunen Halbschuhe waren genauso abgenutzt wie seine Aktentasche. Er sagte, er sei zwar körperlich in Hochform, doch von dem Alpdruck des Romans gänzlich ausgepumpt. Die Leute könnten die ›ungeheure Verantwortung des Schreibens‹ nicht verstehen. Das einzige, was sie mitkriegen würden, sei das Verhalten danach, wenn sich der Schriftsteller, wie er jetzt, nach getaner Arbeit Zeit zur Erholung nähme.
New York machte keinerlei Eindruck auf ihn. ›Das ist nicht mehr meine Stadt‹, sagte er. ›Es ist eine Stadt, in die man für kurze Zeit kommt, eine mörderische Stadt.‹ Es war Mittwochabend, und die ›Ile de France‹ ging erst am Samstag ab. In seiner Suite im Sherry Netherland angelangt, schälte er sich aus Rock und Krawatte, rief im Plaza an, um Marlene Dietrich zum Abendessen einzuladen, und bestellte Champagner und Kaviar. Er reichte Miss Ross ein Glas Champagner und sagte, daß der neue Kriegsroman ein viel besseres Buch würde als ›In einem anderen Land‹, weil er in der Zwischenzeit seine jugendliche Torheit und Unwissenheit verloren habe. ›Was sagen Sie jetzt dazu, Gentlemen?‹, fragte er matt. Aber es war eben nur eine rhetorische Frage. Marlene Dietrichs Erscheinen

Über den Fluß und in die Wälder

in einem langen Nerzmantel unterbrach den Monolog. Sie nahm ein Glas Champagner an, öffnete ihre Handtasche und ließ die Fotos von ihrem kleinen Enkel herumgehen. ›Alles, was man tut‹, sagte sie, ›tut man für die Kinder.‹ Ernest stimmte ihr zu: ›Alles für die Kinder.‹
Der Gesellschaft gesellte sich kurze Zeit später Charles Scribner hinzu, ein ernster und ziemlich scheuer Mann mit sorgfältig gescheiteltem, gelblichweißem Haar. Ferner kamen George Brown, in dessen Sportschule im Stadtzentrum Ernest früher oft geboxt hatte, sowie Virginia Viertel dazu, eine grazile Frau in Marys Alter, die Jigee genannt wurde und mit den Hemingways gemeinsam nach Europa fahren sollte. Als Aaron Hotchner eintrat, führte ihn Ernest ins Schlafzimmer und entwarf ein wunderbares Bild all dessen, was er in Paris versäumen würde, wenn er daheim bliebe. Er hatte eine List ausgeheckt, durch die es vielleicht doch noch klappen würde. Hotchner sollte nur mit einem Teil des Manuskripts zu Herbert Mayes zurückkehren und mit Hemingways Versprechen, den Rest von Paris aus zu schicken. Mayes würde dann sicherlich darauf bestehen, daß Hotchner Hemingway nicht aus den Augen lassen solle, bis das ganze Buch fertig sei – und das alles natürlich auf Spesen von *Cosmopolitan*. Ernest grinste verschwörerisch. Die Rennbahn von Auteuil würde einen idealen Platz für Lektoratssitzungen abgeben.
Während der Überfahrt auf der ›Ile de France‹ vertrieb er sich die Zeit damit, ein wenig zu arbeiten, in der Turnhalle etwas Sport zu treiben, an der Bar zu sitzen und mit der Besatzung alte Freundschaften zu erneuern. Er schrieb Lillian Ross vom Schiff aus und dankte ihr für den Tequila, den sie ihm zum Abschied geschenkt hatte, sowie dafür, daß sie nicht versucht hatte, ihn während der Interviews zu ›drängen‹. Er gab ihr für das Porträt völlig freie Hand, mit der Einschränkung, auf die richtige Schreibung von Namen zu achten und alle verunglimpfenden Bemerkungen, die er über Personen geäußert haben könnte, herauszulassen. Sie liefen bei grauem Novemberwetter in Le Havre ein, fuhren nach Paris und quartierten sich in dem Zimmer ein, das Mary während des Krieges im Ritz bewohnt hatte. Marlene hatte es für ihre Ankunft mit roten Rosen ausschmücken lassen. Hotchner kam angeflogen und stieg in einem bescheidenen Hotel ab, in dem er schon während des Krieges logiert hatte. Ernest begann voller Aufregung über die Herbstrennen in Auteuil zu sprechen: er wollte gemeinsam mit Hotch in der kleinen Bar des Ritz ein Wettkonsortium bilden; man würde sich jeden Mittag treffen, Bloody Mary trinken und die Renntabellen studieren.
Zwischen all diesen Vergnügen beendete Ernest den ersten Entwurf seines Buches. Er erzählte seinen Freunden sogleich, daß er ›vollkommen erledigt‹ sei, ein Ausdruck, der aus Duff Twysdens Wortschatz von 1925 stammte. Besonders stolz war er auf die letzte Szene seines Romans, in der Oberst Cantwell in den Rücksitz seines ›verdammten, überlebensgroßen Luxus-

automobils‹ klettert und anschließend an einem Herzanfall stirbt. Mary, Hotchner, Virginia Viertel und selbst Madame Le Gros, die ältliche Dame, die das Manuskript tippte, schwammen in Tränen, sagte Ernest, und er selbst trieb auf den Wogen ihrer Rührung. Zwei Wochen vor Weihnachten nahmen seine Briefe einen fast unglaublich wirkenden überheblichen Ton an. Er habe ›wieder einmal gewonnen‹, die Arbeit in einem solchen Energieanfall beendet, daß er einige Tage lang von vierundzwanzig Stunden zweiundzwanzig Stunden daran gewesen sei und ihn nur kurze Nickerchen in seinem Stuhl wieder fit gemacht hätten. Die Vorabdrucksrechte waren für 85 000 Dollar verkauft, und er hoffte auf einen Absatz von 500 000 Exemplaren oder mehr. Er beteuerte, daß er nach dieser Strapaze von den ›Frauen und Pferden‹ plötzlich ganz durcheinander sei, und ließ sich einen Bart wachsen, in dem er sich Flaubert ähnlich fand.

Das Wetter war windig und regnerisch, mit seltenen Aufhellungen; Sturmwinde peitschten den Ärmelkanal, fegten übers Land und rissen in Paris, im Luxembourg und in den Tuilerien die Blätter von den Bäumen. Ernest flanierte mit Hotchner durch die Straßen. Er erzählte ihm komplizierte Geschichten über Krieg und Frieden, die zwar für gewöhnlich auf Tatsachen beruhten, aber sich meist schnell ins Reich der Phantasie bewegten. Er beschrieb jedoch alles in so realistischen Details, daß Hotchner sie allesamt für bare Münze nahm. An klaren Tagen fuhren sie nach Auteuil und setzten. Am Tag, als die Saison eröffnet wurde, verbuchten sie vier Sieger, von denen kein einziger als Favorit gesetzt worden war. Der Pferdewahn steckte auch Don Andrés, einen baskischen Priester, an, der am 13. angekommen war und sich auf dem Weg nach Rom befand. Er schloß sich am 21. voller Eifer dem Hemingwayschen Konsortium an, dem neben Aaron Hotchner das halbe Personal der kleinen Bar angehörte, und setzte mit ihnen auf das Pferd Bataclan II. Während einiger hundert Meter hatte Bataclan in Führung gelegen, hatte dann aber bei jedem Hindernis an Boden verloren, so daß es beim letzten Sprung schon hoffnungslos abgeschlagen war. Dann aber wendete sich das Blatt. Der eine Leader stolperte und stürzte, der andere konnte nicht mehr ausweichen und stürzte auch, Bataclan nahm das Hindernis an der anderen Seite der Hecke und siegte mit sechs Längen Vorsprung. Die endgültigen Quoten wurden 232 zu 10 angezeigt. Hotchner wurde losgeschickt, die Gewinne zu kassieren – ein halbes Bündel von Zehntausend-Francs-Scheinen, die sich Ernest in die Taschen stopfte, um sie an die Mitglieder des Wettkonsortiums zu verteilen.

Der einmonatige Aufenthalt in Paris ging am Heiligen Abend zu Ende. Die Hemingways und die Viertels brachen in einem riesigen, gemieteten Packard zu der Fahrt nach Südfrankreich auf. ›In letzter Minute stopften wir Hotch hinein‹, schrieb Ernest, der neben dem Chauffeur saß und die vorbeiflitzende Landschaft kommentierte. Sie verbrachten die erste Nacht in Saulieu, aßen in der Nähe von Valence das Weihnachtsmahl und kamen in der Provence in einen Rest Altweibersommer. Ernest fuhr von seinem Vordersitz aus mit seinen zwanglosen Baedeker-Lektionen fort und hob vor allem die Schönheiten Avignons und die mittelalterlichen Wunder der alten Festungsstadt Aigues-Mortes hervor. Bei Grau-du-Roi erzählte er ihnen die Geschichte König Ludwigs IX., des Heiligen, der den Hafen als Ausgangspunkt für seine letzten beiden Kreuzzüge benützt hatte. Die Vorlesungen gingen in der Camargue und in der Gegend um Arles bis Aix-en-Provence weiter. Aber seine Begeisterung erlosch, als sie an die ›verdammt verbaute Riviera‹ kamen. In Nizza fuhren die Viertels und Hotchner mit dem Nachtzug nach Paris zurück. Ernest holte seine Schreibmaschine hervor, um die unerledigte Korrespondenz nachzuholen, bis sich das Wetter aufklären würde und sie nach Venedig weiterfahren könnten.

Während der ersten Januarwochen des Jahres 1950 befanden sich Ernest und Mary oft in Gesellschaft ihrer aristokratischen Freunde. Nanyuki Franchetti kam mit einem Gipsbein, das er sich beim Skifahren geholt hatte, aus Cortina zurück. Er weihte die Hemingways in eine neue Sportart ein, nämlich im Park seines Schlosses mit einer Elefantenbüchse auf Statuen zu schießen. Als Ernest an der Klugheit des Unternehmens – mit einer 477er Statuen zu zerstören – zweifelte, meinte Nanyukis Mutter, daß sie diese schon nicht mehr sehen könne. Mary schoß mit den schweren Gewehren ›wunderbar‹ und brachte mit einer 22er die Kapellenglocke zum Klingen. Nachher verbrachten sie zwei Tage in Carlo Kechlers Haus in Codroipo bei Udine. Carlo hatte seinen Alfa Romeo und mehrere Pferde verkauft, um einen ›wirklich ausgezeichneten Goya‹ und einen ›überdurchschnittlich guten El Greco‹ zu erwerben. Ernest hatte eine Büchse grauen Kaviar und zwei Flaschen Gordon's Gin mitgebracht, und sie saßen alle vor einem mit Maulbeerbaumwurzeln genährten offenen Feuer und tranken Gin und Campari. Während draußen der wilde Wind Venetiens pfiff, fühlte sich Ernest so richtig in seinem Element. ›Ich lass' mich leicht verführen‹, sagte er, ›aber bei einem solchen Leben gehts besonders schnell.‹ Neben seinem Bett standen nachts zwei Flaschen mit trockenem Rotwein. Die Leselampe stand im richtigen Winkel, seine Stiefel glänzten, und seine Jagdkleider waren gereinigt und für den Morgen schon zurechtgelegt. Man hatte sogar den Goya und den El Greco von den Wänden genommen und sie in seinem Schlafzimmer gegen Stühle gelehnt, damit sein Blick beim Aufwachen in der Früh als erstes daraufffallen könne.

Das Leben in Venedig war weitaus hektischer. Der Oberkellner des Gritti empfahl Ernest eine Taverne, wo sie abends trinken und singen konnten. Er pflegte seine Freunde im Torcello bei großen Freßgelagen freizuhalten. Eines davon fand zu Ehren des allgegenwärtigen ›schwarzen Priesters‹ Don Andrés statt. Laut Ernests Schilderung umfaßte die Gästeliste Prinzessin Aspasia, die Mutter König Peters von Jugoslawien, ferner Nanyuki Franchetti und dessen Frau sowie die ›drei schönsten Mädchen‹ Venedigs, darunter natürlich Adriana Ivancich. Obwohl Ernest ›Tochter‹ zu ihr sagte und bemüht war, eine väterlich zuvorkommende Beziehung aufrechtzuerhalten, fuhr er doch fort, sie mit der Renata seines Romans zu verwechseln, und er warf oft sehr verträumte Blicke in ihre Richtung. Mary erkannte zwar sein geheimes Leiden und sprach auch voller Mitgefühl darüber, war aber von der Geschichte nicht sonderlich erbaut; sie hegte die feste Überzeugung, daß die venezianische Gesellschaft nur so von männermordenden Weibern wimmelte. Prinzessin Aspasia zum Beispiel sei ganz verrückt nach Ernest gewesen und habe sich bereit erklärt, ihm ein eigenes Haus in ihrem Park bauen zu lassen, wenn er nur dort hinziehen und leben wollte.

In der Nacht zum 28. war an die 30 Zentimeter Schnee auf die Dächer und Piazzas von Venedig gefallen, und Mary wünschte sich, wieder nach Cortina zu fahren. Als sie Anfang Februar für ein Wochenende hinauffuhren, lag so verführerischer Schnee auf allen Skihängen, daß sie schließlich zwei Wochen blieben. Es war Hochsaison, und der Après-Ski-Betrieb blühte. Ernest kehrte wieder zu seiner alten Gewohnheit zurück, der Wärme und Abgeschiedenheit wegen im Bett zu schreiben, während Mary auf dem gleichen Gelände Ski lief, wo sie sich im Jahr zuvor den Knöchel gebrochen hatte. Etwa nach einer Woche zog sich Ernest abermals eine Hautinfektion zu. Er hatte mit einer neuen italienischen Repetierflinte geschossen, und die Ärzte waren sich nun einig, daß es eine Allergie gegen Schießpulver sein müsse. Sie verschrieben ihm eine Dauerdosis von einer Million Einheiten Penicillin pro Tag und eine äußere Behandlung mit Aureomycin und Ichthyolsalbe.

Wieder in Venedig, beschrieb er seinen Zustand als ›voll mit Bohnen und Penicillin‹ und war gewillt, die Arbeit an den ersten 238 Seiten seines Manuskripts wiederaufzunehmen. Seine Energien wurden aber durch den Zustand seines Gesichts beeinträchtigt und einen Brief Hotchners, in dem er Ernest mitteilte, daß er von seinem Job beim *Cosmopolitan* gefeuert worden sei. Mary fuhr nach Cortina zurück, um wieder Ski zu laufen, und brach sich kurz darauf genau wie 1949 den linken Knöchel.

Das bedeutete drei Wochen Gips und hinterher ein paar Therapie- und Massagewochen. Ernest war traurig. Als Mary am 5. März wieder zu ihm ins Gritti kam, war sie ihm gegenüber zwar kleinlaut, aber doch guten Mutes. Sie übernahm graziös wie immer, während einer Dinner-Party für die Mondadoris in Torcello, von einer Couch aus den Vorsitz. Ernest fühlte sich geschmeichelt, als ihm Mondadori sagte, sein Name stehe auf der Liste der Literatur-Nobelpreiskandidaten an erster Stelle, aber Stockholm hülle sich noch in Schweigen. Um wegen noch lebender Personen einen möglichen Skandal zu verhindern, untersagte Ernest für die Dauer von mindestens zwei Jahren das Erscheinen einer italienischen Ausgabe von ›Über den Fluß‹. Aber er zeigte mit sichtlichem Stolz Adrianas Buchumschlagentwurf für die amerikanische Ausgabe herum, eine stilisierte Ansicht eines venezianischen Kanals.

Nachdem Ernest sein ›warmes und hübsches‹ Venedig wieder gegen das kalte und feuchte Paris eingetauscht hatte, zog er sich sofort eine Bronchitis zu. Dann war auch noch ein lästiger Brief von Ezra Pounds Freundin Olga Ridge zu beantworten. Sie hatte ihn darauf aufmerksam gemacht, daß Ezra nun schon seit fünf Jahren im St.-Elizabeth-Hospital in Washington dahinsieche. Die früheren Freunde hätten ihr eigenes schlechtes Gewissen mit literarischen Huldigungen beruhigt – aber sonst sei nichts geschehen. ›Ich weiß‹, sagte sie abschließend, ›Sie haben gestattet, daß Ihr Artikel von 1923 als Beitrag für die englischen Huldigungen zu E's 65. Geburtstag wieder veröffentlicht wird, aber – verzeihen Sie meine Direktheit – was haben Sie sonst noch für E getan?‹

Das Bewußtsein, daß er tatsächlich nichts getan hatte, trug keineswegs dazu bei, seine düstere Stimmung zu vertreiben. Als Charles und Vera Scribner tags darauf in Paris ankamen, entledigte er sich trotzdem heiter seiner Gastgeberpflichten, und die Ankunft Adriana Ivancichs und ›eines anderen hübschen Mädchens‹, Monique de Beaumont, verjüngte ihn geradezu. ›Die Kinder‹, wie er sie nannte, halfen Mary beim Packen und fuhren am 22. mit nach Le Havre, um den Hemingways das Geleit zur ›Ile de France‹ zu geben. Der Abschied versetzte Ernest noch mehr in Melancholie, und er klagte recht übertrieben, es komme ihm vor, als stopfe man sein Herz in einen Fleischwolf. Die Heimreise verlief stürmisch und öde. Es ekelte ihn geradezu vor der Skyline von New York – der ›beschissenen Betonschluchtenstadt‹, die er vier Monate zuvor mit soviel Überschwang verlassen hatte.

Das gesellschaftliche Treiben in der Hemingway-Suite im Sherry Netherland war so rege wie immer. Patrick erschien aus Harvard, Marlene Dietrich kam zum Essen und äußerte sich lobend über die ersten Kapitel von ›Über den Fluß‹ und gab vor, auf Renata eifersüchtig zu sein. Ernest aß mit Oberst Sweeny zu Mittag, trank Kaffee mit Harold Ross vom *New Yorker* und frühstückte mit Buddy North, der sie auch einmal in den Zirkus ausführte. Evan Shipman schaute vorbei und stellte fest, daß Ernest einen unglücklichen Eindruck mache. Lillian Ross war soviel wie möglich mit Ernest beisammen. Das Porträt war fast zu Ende gediehen, und er beantwortete ihre Interview-Fragen mit der üblichen Mischung aus Wahrheit und Dichtung.

Das schönste Ereignis während dieses kurzen New Yorker Aufenthalts war ein vollkommen unerwartetes Wiedersehen mit Chink Smith, der im Auftrag der irischen Regierung auf eine Vortragstournee herübergekommen war. Er hatte nun sein angestammtes Erbe in County Cavan angetreten, seinen Namen in Dorman O'Gowan geändert und als Generalleutnant von der Britischen Armee seinen Abschied genommen, nachdem er im

Rückkehr

2. Weltkrieg auf dem afrikanischen Kriegsschauplatz Auchinleck als Stabschef im Kampf gegen Rommel gedient hatte. Mit seinem immer heiteren Blick, der jedesmal wieder Ernests Bewunderung erregte, gab er eine distinguierte soldatische Erscheinung ab. Er war betroffen, wie sehr Ernest in fünfundzwanzig Jahren ›ausgeblichen und aufgequollen‹ war, aber er schlug rasch vor, daß er der irischen Armee als ›The O'Hem, eine legendäre Gestalt aus der amerikanischen Unterwelt‹ beitreten solle. Nachdem er ein Kapitel von ›Über den Fluß‹ gelesen hatte und es ›verteufelt gut‹ fand, war Ernest über alle Maßen entzückt. Woher wußte Ernest über Dinge Bescheid, die nur Armeeoffizieren im Ruhestand bekannt waren? ›Du verstehst unseren Kummer‹, schrieb er, ›warum hast Du mir das früher nicht gesagt?‹

Ernest war davon überzeugt, Kummer in allen seinen Erscheinungsformen zu kennen. Als er am 7. April wieder auf die Finca kam, fand er drei Briefe von Adriana vor. Er antwortete, sie habe ihm seit Le Havre jeden Augenblick gefehlt. Gianfranco, der sie vom Pier abgeholt hatte, war eben seinen Job bei einer Reederei losgeworden, und Ernest versprach Adriana, sich um sein Wohlergehen zu kümmern. Ansonsten tat er, was er konnte, um Mary durch sein unmögliches Verhalten zur Weißglut zu bringen. Am 5. Mai beispielsweise ließ er sie und ihre ältere Kusine beinahe eine Stunde im Club Nautico auf den Lunch warten. Als er endlich erschien, hatte er die Hure im Schlepptau, der er den Spitznamen Xenophobia gegeben hatte. Marys Kusine fand alles ›recht lustig und spaßig, wie es eben beabsichtigt war‹, aber Mary war ›gottverdammt sauer‹. Ernest entschuldigte sich für die Verspätung und erklärte, daß ihn die Arbeit an den Korrekturen seines Romans todmüde gemacht habe. Xenophobia hingegen sei nicht bloß knusprig, frisch und jung, sondern auch scharf auf das Essen, das er ihr versprochen habe. In seinen Dr.-Jekyll-Phasen benahm er sich wie ein richtiger Bürger und nahm sogar die Ehrenpräsidentschaft der örtlichen Elternvereinigung an. Als Mr. Hyde jedoch schrieb er Lillian Ross, daß er Xenophobia zwar nicht wieder zum Lunch in den Jacht-Club mitnehmen würde, aber noch viel schlimmere Streiche anzustellen hoffe.

Lillian Ross' Porträt von Ernest wurde zum Stadtgespräch von New York. Es war am 13. Mai erschienen und wurde von fast allen Leuten, wenn nicht sogar einstimmig, als ›vernichtend‹ angesehen. Diese Reaktion setzte Miss Ross nicht schlecht in Erstaunen, denn sie hielt sich auf ihre Objektivität viel zugute. Sie hatte versucht, nur das darzustellen, was sie in Ernests Anwesenheit vom 16. bis zum 18. November 1949 gesehen und gehört hatte. Aus diesem Grund habe sie ihr ›Gefühl der Zuneigung und Bewunderung‹ für den Mann und sein Werk nicht ganz in den Vordergrund gerückt. Ernest sah die Sache etwas anders. Nachdem er zwei Wochen zuvor den Bürstenabzug gelesen hatte, prophezeite er Charles Scribner, das Porträt werde ihm ›eine Menge guter neuer Feinde‹ einbringen. Trotz ihrer guten Absichten hätte es Miss Ross zuwege gebracht, sowohl Scribner als auch Hemingway als ›Pferdeärsche‹ hinzustellen. Die Leute würden sich ohne Zweifel an nichts anderes als die Tatsache erinnern, daß und wie ihre Namen in der Zeitung erschienen waren. Wie nach der Publizierung von Cowleys ›Portrait‹ in *Life* schrieb er der Verfasserin liebenswürdig, es sei ein ›guter, offener Artikel, der O. K. war‹. Er verliere damit durchschnittlich nur etwa einen Freund pro Tag. Sie müsse sich aber über derartige Verluste keinerlei Sorgen machen. Die Leute würden einem immer alles verdrehen. Er habe keinen Augenblick lang angenommen, daß sie versucht haben könnte, ›ihn aus dem Geschäft zu werfen‹.

Immer noch hing er beinahe täglich sentimentalen Venedig-Träumen nach. Er meinte, es sei keine Sünde, Mary und Adriana zugleich zu lieben, sondern nur eine Form strapaziösen Glücks. Die positiven Auswirkungen auf das Schreiben lägen auf der Hand. Richtige Kreativität käme erst dann so richtig zum Tragen, wenn man verliebt sei. Von seinen sehnsüchtigen Anwandlungen abgesehen, benahm er sich weiterhin so, wie es ihm gerade paßte. Am 10. Juli fuhr er nach Havanna, ›traf sich mit ein paar alten Huren‹, kam zwei Stunden zu spät zum Lunch nach Hause und wurde von seiner Frau ›zusammengestaucht‹. Am nächsten Tag schrieb er Scribner, daß er ›Über den Fluß‹ Mary ›in Liebe‹ zu widmen wünsche. Er arbeitete fast den ganzen Vormittag an einem Artikel, der sich unter dem Titel ›The Shot‹ hauptsächlich mit seinen 1941 unternommenen Antilopenjagden in den Pahsimeroi zusammen mit Taylor Williams und Pappy Arnold befaßte. Am Tag darauf unternahm er zusammen mit Mary auf der ›Pilar‹ und der ›Tin Kid‹ eine Kreuzfahrt die Küste entlang, besuchte die See-Indianer und verbrachte je zwei Nächte in Bahia Honda und in Megano de Casigua.

Als er am 1. Juli wieder auf hoher See war, erlitt er abermals einen seiner kuriosen Unfälle. Er befand sich mit Mary, Roberto und Gregorio auf einer dreitägigen Angelreise, um die Fertigstellung der Korrekturarbeiten zu feiern. Es herrschte schwerer Seegang. Sie fuhren nach Rincon hinein, um dort zu ankern. Ernest kletterte gerade auf die Schiffsbrücke, als Gregorio die ›Pilar‹ mit der Breitseite gegen eine heranrollende Welle stellte. Das Schiff schlingerte ein wenig, und Ernest verlor das Gleichgewicht. Er rutschte auf dem nassen Deck aus und fiel wie ein Stein zu Boden. Dabei stieß er mit dem Kopf gegen eine der großen Klammern, die die Harpune festhielten. Es gelang ihm, sich an der Reling festzuhalten und seine unversehrt gebliebene Brille Gregorio zu reichen. Als er aber mit der Hand nach seinem Schädel griff, sah er, daß sie voll Blut war. Roberto war in der ›Tin Kid‹ nachgefolgt. Er eilte an Bord und stillte die Blutung. Aber es dauerte ziemlich lange, bis man Ernest heimbringen konnte. Es war eine tiefe Kopfhautwunde, bis auf die Schädeldecke, aber ohne sie

verletzt zu haben. Dr. Herrera vernähte die Wunde mit drei Stichen. Am nächsten Morgen war Ernest um sechs wieder auf den Beinen, obwohl sein Kopf noch beträchtlich schmerzte und er an der Wirbelsäule eine Beule von der Größe eines Golfballes hatte. Zwei Ärzte versicherten ihm, daß er sein Leben nur seinem dicken Schädel zu verdanken habe.
Den ganzen Sommer über beglückte er seine Freunde wie fremde Leute mit einer Flut von Briefen. Er fühlte sich oft einsam, und die Briefe machten ihm eine Art Geselligkeit möglich. Dorman O'Gowan war wieder in Irland und Buck Lanham nach wie vor in Europa. Er sprach oft vom Krieg, auch von dem in Korea entbrannten, an dem er gerne unter Lanham teilnehmen würde. Adriana sandte er Komplimente und Beteuerungen seiner Liebe, aber auch Berichte über Gianfrancos Weiterkommen. Ernest hatte für die Zeitschrift *Holiday* zwei Kindermärchen über Venedig verfaßt, die sie illustrieren sollte. Mit Harvey Breit von der *New York Times* hatte er Freundschaft geschlossen und schrieb ihm häufig und sachkundig über die Themen Baseball und Boxen. Lillian Ross – sie war nach Kalifornien gefahren, um Stoff für den Film ›The Red Badge of Courage‹ zusammenzutragen – schrieb er alles, was ihm gerade einfiel, einen belustigenden Mischmasch von Neuigkeiten, Klagen, philosophischen Bemerkungen, Ratschlägen und Proben seines Witzes. Er paßte seinen Ton der Gemütsart seiner Empfänger an. Einem jungen, unbekannten Lehrer, der ihm einige Bücher zum Signieren geschickt hatte, schrieb er mit ausgesuchter Höflichkeit. Auf der anderen Seite war er beinahe unglaublicher Brutalität fähig, wie beispielsweise in seiner Antwort auf einen Brief von Miss Kathleen Sproul, die seine Schwester Carol während ihrer Studienjahre am Rollins College in Florida unterrichtet hatte. Da Carol dort ihren Mann kennengelernt und ihn gegen Ernests Willen geheiratet hatte, hatte er in einer Art Sippenhaftung noch immer einen tiefen Haß gegen das College. Als ihn Miss Sproul mit ›Ernie‹ anschrieb und ihm für die ›tragischen‹ Rezensionen eines seiner Bücher ihr Beileid aussprach, obwohl sie es nicht einmal gelesen hatte, platzte ihm der Kragen. Er beschimpfte sie in einem Anfall als vermessen und impertinent und legte ihr drei Dollar bei, damit sie sich das Buch kaufen könne. Sollte sie es zu traurig für ihren Geschmack finden, gebe er ihr den guten Rat, es irgendeinem jungen Menschen weiterzuschenken, der es mehr zu schätzen wüßte.
Er war oft hochgradig nervös und reizbar, teils wegen der Kopfschmerzen, die nach seinem Unfall am 1. Juli wieder auftraten, teils wegen der Aussichtslosigkeit seiner Gefühle für Adriana. Er meinte, daß er keineswegs die Couch eines Psychiaters benötige, um die Ursachen seiner Depressionen zu verstehen. Schuld daran seien die Langeweile, Stolz und Angewidertsein. All das sei heilbar – wenn nicht auf die eine Art, dann auf eine andere. Er erwähnte sogar die Möglichkeit des Selbstmordes, wenn auch nicht ohne eine gewisse Effekthascherei. Lillian Ross erzählte er, daß er

am 23. August weit draußen im Golfstrom lange und tief getaucht sei. Das Meer dort sei mindestens 2000 Meter tief. Nach seiner Schilderung war er hinuntergetaucht und hatte dabei die Luft ganz abgelassen. Es sei ungemein angenehm gewesen, und die Versuchung, unten zu bleiben, hätte ihn gepackt. Dann habe er die Notwendigkeit erwogen, seinen Kindern ein gutes Beispiel zu sein, und sein Stolz sei langsam zurückgekehrt. Schwimmend und strampelnd, schnaufend, mit rotem Gesicht sei er wieder hochgekommen und auf die ›Pilar‹ geklettert. Das erzählte er jedenfalls, und die ganze Geschichte wird vermutlich in der Absicht entstanden sein, sich wieder einmal selbst zu dramatisieren.

Schleudern und Pfeile

Trotz Ernests hochgeschraubten Hoffnungen wurde ›Über den Fluß‹ im September vorwiegend negativ aufgenommen. Die amerikanischen Kritiken strotzten von Attributen wie enttäuschend, peinlich, betrüblich, trivial, kitschig, geschwätzig und veraltet. Viele behaupteten, daß sich das Buch wie eine Parodie auf seinen einstigen Stil lese. Die Aufnahme in England war ungefähr die gleiche. Wie schon einige RAF-Piloten im Jahre 1944, fand ein Kritiker vom Londoner *Observer*, daß Hemingways Weltanschauung überhaupt keine Anziehungskraft mehr habe. Die gewohnte ›Haltung‹ seiner Helden, nämlich ›Verzweiflung, die von Mut und Männlichkeit aufrechterhalten wird‹, sei jetzt einigermaßen altmodisch; und das Format des Autors sei anscheinend auf das eines ›Sonderlings‹ vom ungehobelten amerikanischen Typ geschrumpft, ›mit ursprünglichem, aber begrenztem literarischem Talent‹.
Mary war aufs Festland gefahren, um ihren betagten Eltern beim Umzug nach Gulfport, Mississippi zu helfen. Ernest schrieb ihr, die Kritiker seien in zwei Gruppen gespalten: die einen sähen in ihm einen Faulpelz, der groggy in den Seilen hänge, und die anderen fänden in seinem Buch ›die beste Prosa, die jemals geschrieben wurde‹. Die zweite Gruppe sei zwar klein, aber sie existiere. Sie würde von Elliot Paul und Charles Poore gebildet; der Rezensent des *London Times Literary Supplement* verglich die schwanengesangartige Stimmung des Romans mit Sophokles' ›Ödipus in Kolonos‹ und Shakespeares ›Sturm‹. Der Name Shakespeare wurde ebenfalls von John O'Hara herangezogen. Er nannte Ernest einen Meister, mit dem man immer rechnen müsse, und ›den wichtigsten Autor seit Shakespeares Tod‹. Diese Kritik sandte Ernest an Adriana Ivancich, mit der Bemerkung, daß die *New York Times Book Review* – wo sie erschienen war – die wichtigste Fachzeitschrift im ganzen Lande sei.
Ein seltsames Nachspiel seiner Buchveröffentlichung wurde Ernest aus Ve-

nedig gemeldet: Afdera Franchetti, die hübsche, noch nicht 18jährige Schwester Nanyukis, hatte ihren Freunden erzählt, daß sie das Modell für Renata sei. Die Zeitschrift *Europeo* brachte ein Bild Afderas und Adrianas mit der Erklärung, daß Renata eine Mischung aus beiden sei. Aber Afdera ging noch weiter: Ernest sei unsterblich in sie verliebt. Sie habe ihn zweimal in Kuba besucht und sie hätten erst kürzlich gemeinsam einen Monat in Paris verlebt und Millionen Francs in Auteuil gewonnen. Ernest fand das alles ungemein amüsant und schrieb Adriana, daß man Afdera für ihre Jungmädchenträume nicht böse sein dürfe. Solange kein Schaden angerichtet werde, könne man diesen Phantastereien ruhig freien Lauf lassen.
Er wurde neuerdings von starken Schmerzen im rechten Bein gequält. Anscheinend waren sie diesmal nicht psychischen Ursprungs. Nach seinen eigenen Schilderungen war sein rechter Fuß so kalt wie Eis und ›wie der eines Zirkuselefanten‹ angeschwollen. Dr. Herrera versuchte den Schmerzen mit Diathermie und Massagen beizukommen, bis eine Röntgenaufnahme an den Tag brachte, daß sich im Bein noch immer mehrere aus dem Jahre 1918 stammende verkapselte Metallsplitter befanden und durch den Sturz vom 1. Juli wieder zu wandern begonnen hatten. Die Schmerzen und die Schwellungen waren durch den Druck auf die Nerven und Gefäße verursacht. Man zog eine Operation in Erwägung, kam jedoch wieder davon ab. ›Versuche vielleicht Seebäder und ignoriere die ganze Sache‹, sagte Ernest mit einem Anflug von Stoizismus. Als ihn Lee Samuelas, ein Tabakimporteur, der oft zwischen New York und Havanna hin- und herreiste und schon seit Jahren Erstausgaben von Hemingways Werken sammelte, ersuchte, für eine von ihm zusammengestellte Bibliographie ein kurzes Vorwort zu verfassen, erklärte er sich dazu bereit. Zur gleichen Zeit lehnte er eine Bitte Harvey Breits ab, der eine Biographie über Ernest schreiben wollte. Ernest meinte, es sei zu früh, schon etwas Endgültiges zu schreiben; zu viele Frauen seien noch am Leben, darunter seine Mutter und alle seine Ehefrauen. Es sei nicht seine Aufgabe, über sich selbst nachzudenken, sondern vielmehr sich auf seine Arbeit, seine Familie und seine täglichen Probleme zu konzentrieren. Die einzige Möglichkeit, sein Ziel zu erreichen, nämlich für ewig ›in seinem Werk‹ weiterzuleben, sei, sich jedem Buch, an dem er arbeite, mit ganzer Seele zu verschreiben. Wenn er einmal begänne, über sich selbst nachzudenken und zu sprechen, könnte dies – fürchte er – alles andere zurückdrängen.
Sein Verhalten daheim wurde immer schwieriger. Er war noch immer wegen der Kritiken verärgert und wegen der Schmerzen im Bein höchst reizbar. In diese Stimmung platzte eines Tages die banale Radiostimme der Klatschkolumnistin Louella Parsons wie eine Bombe. Sie sagte, daß die Hemingway-Ehe wegen einer italienischen Gräfin, die mit Ernest schon ganz ungeniert auf der Finca lebe, in die Brüche zu gehen drohe. Ernest

betrachtete das Gerede als das, was es auch tatsächlich war, nämlich als verzerrte Version von Afderas Phantastereien. Als Mary aus Gulfport heimkehrte, ließ er seine kindischen Launen an ihr aus, beleidigte sie in Anwesenheit von Gästen, stellte volle Teller auf den Boden neben seinen Stuhl, redete im Vokabular des übelsten Proleten und beschwerte sich in den Briefen an seine Freunde über sie. Er hatte sich seit seinem letzten Rappel in Paris im Jahre 1945 nicht mehr so benommen, und Mary vermutete wie damals, daß eine totale Auflösung seiner Persönlichkeit bevorstünde. Wie viele solcher Ausbrüche legte sich auch dieser bald. Ernest begann nun, die Sündenböcke für die kühle Aufnahme seines Buches zu suchen. Er schimpfte über Lillian Ross' Porträt und war überzeugt, daß die ›falsche‹ Kritik im *Time-Magazin* zum Großteil ihr zuzuschreiben sei. Dann gab er dem Autorenfoto auf der Rückseite des Schutzumschlages die Schuld. Er fand, daß er darauf wie ein ›katzenfressender Zombie‹ aussah. Außerdem behauptete er, daß die lange Zeitspanne, die zwischen der letzten Fortsetzungsfolge im *Cosmopolitan* und dem Erscheinen des Buches vergangen war, den Kritikern, die seit Jahren versuchten, ihn aus dem Geschäft zu werfen, in die Hände gespielt habe.

Aber der geschäftliche Erfolg konnte sich sehen lassen. ›Über den Fluß‹ kletterte unaufhaltsam an die Spitze der Bestsellerlisten, und die Verehrerpost legte die Vermutung nahe, daß seine Bewunderer von der Geschichte tief bewegt waren. Er war von den Briefen dreier Generäle zugleich gerührt und ermutigt: H. W. Blakely, der Weihnachten 1944 das Kommando über die 4. Infanteriedivision übernommen hatte, hatte das Buch gelobt, dann Dorman O'Gowan, der immer noch häufig aus Irland schrieb, und Lanham, der die militärischen Aspekte des Romans lobte und Ernest zu seinem Mut beglückwünschte, heilige Kühe à la Feldmarschall Montgomery aufs Korn genommen zu haben. Ein weiterer Trost war, daß auch Hollywood schon angeklopft hatte. Er behauptete wahrscheinlich etwas übertrieben, daß er schon ein Pauschalangebot über 250 000 Dollar abgeschlagen habe. Nach seiner Erfahrung mit ›In einem anderen Land‹ sei es viel klüger, auf eine Art ›Mietvereinbarung‹ hinzuarbeiten. Dies würde seinen Erben jedesmal, wenn von dem Film eine neue Version hergestellt werde, neue Dividenden einbringen.

Der allerschönste Trost war aber die Ankunft Adrianas mit ihrer Mutter Dora am 28. Oktober. Ernest und Mary holten sie in Gesellschaft Gianfrancos, Robertos und Gregorios vom Schiff vor Morro Castle ab. Sie halfen ihren Gästen bei der Erledigung der Einreiseformalitäten und führten sie anschließend zum Lunch in den Club Nautico aus. Ernest hatte durch ihre Ankunft das Gefühl, glücklicher zu sein als je zuvor in seinem Leben, aber dies war natürlich nur eine für ihn typische Illusion. Jeden Morgen erwachte er inmitten der Szenerie, die er am meisten auf der Welt liebte: das alte Haus am Hügel, die ›Pilar‹ in der Bucht von Havanna,

bloße fünfzehn Minuten entfernt, der Taubenschützenklub nur drei Kilometer von der Haupteinfahrt der Finca gelegen, und das Floridita genau vierzehn Kilometer auf der alten Camino-Real-Straße hinunter. Im ersten Morgengrauen konnte man die Guernesey-Kühe und Kälber auf der im Morgendunst liegenden Weide unterhalb des Hauses grasen sehen; die geliebten Katzen und Hunde durchstreiften den Besitz, als sei er ihr alleiniges Eigentum, und tropische Früchte reiften an den Bäumen. Und drüben im Gästehaus schlief neben ihrer Mutter das Mädchen mit dem ›lieblichsten Namen, den es je gegeben hat‹.
Er gab sich die größte Mühe, jeden Skandal zu vermeiden, hielt sich dem Gästehaus fern und verzichtete darauf, mit Adriana zu tanzen oder irgendein äußeres Zeichen seiner Gefühle für sie zu offenbaren. Wenn sie im Zimmer hoch oben im Turm zeichnete, blieb er für gewöhnlich unten. Er sagte ihr, sie seien die gleichberechtigten Partner der Firma White Tower Inc., und er habe bei ihrem Anblick das Gefühl, einfach die Welt aus den Angeln heben und unvorstellbar gut schreiben zu können.
Adriana erzählte Charles Scribner, daß sie und ihre Mutter es während des ganzen Aufenthaltes ›herrlich‹ gehabt und ›alle möglichen interessanten und unterhaltsamen Dinge‹ mit diesen ›reizenden Leuten, den Hemingways‹, unternommen hätten. Sie seien zum Taubenschießen und in Havanna zum Einkaufsbummel gegangen. Ende November wurden sie in Puerto Escondido von einem Sturm auf der ›Pilar‹ festgehalten. Sie kehrten am 27. zurück und feierten eine Woche darauf Thanksgiving. Mary gab am 9. Dezember für sie eine Party. Ernest behandelte sie weiterhin auf onkelhafte und väterliche Art, obwohl er sich insgeheim den verrücktesten Schwärmereien hingab und Adriana mit Komplimenten bedachte wie: frisch wie ein junger Tannenbaum im Hochgebirgsschnee, tüchtig wie ein guter Colt und hübsch wie die ersten Strahlen der Morgensonne in den Dolomiten.
Anfang Dezember ging ihm das Schreiben wieder gut von der Hand. Er erzählte Adriana später, daß er das ihrer Anwesenheit zu verdanken hatte. Er sei weder der erste noch der letzte Romantiker, der ein hübsches Mädchen zu seiner Muse erhebe und trotzdem auch weiterhin in seine Frau verliebt sein könne. Seine ›immense Glücks- und Arbeitssträhne‹ riß auch während der ersten drei Wochen des Monats nicht ab, und am Heiligen Abend erklärte er, daß eines seiner drei Bücher über das Meer ›beendet‹ sei. Er hatte auch schon die drei Arbeitstitel parat: ›The Sea When Young‹, ›The Sea When Absent‹ und ›The Sea in Being‹. Er sagte eher geheimnisvoll, daß er ›The Sea When Young‹ seit 1947 nicht mehr angerührt habe, und man kann annehmen, daß er auf seine gekürzte Version des fehlgeschlagenen ›Garden of Eden‹ anspielte. Er hatte gerade ›The Sea When Absent‹ in Arbeit gehabt. Der Held, ein Amerikaner namens Thomas Hudson, hatte in Erscheinung, Benehmen und Lebensgeschichte große Ähn-

lichkeit mit Ernest. Seine frühere Frau, die in der Geschichte eine große Rolle spielte, erinnerte stark an Hadley, während ihr ältester Sohn, von dessen Tod das Buch erzählte, eine oberflächliche Ähnlichkeit mit Bumby aufwies. Der dritte Teil, ›The Sea in Being‹ hatte schon seit sechzehn Jahren in seiner Phantasie Gestalt angenommen. Er hatte aber noch nichts davon zu Papier gebracht.

Die ›Beendigung‹ von ›The Sea When Absent‹, eine gelinde Übertreibung, bescherte ihm im Zusammenwirken mit der Anwesenheit Adrianas ein ›wunderbares‹ Weihnachtsfest. Patrick kam mit seiner jungen Frau Henny, Gigi erschien mit einem Mädchen, das Ernest mißfiel. Ständig strömten neue Besucher aus und ein, wie Winston Guest, Tom Shevlin, Gary Cooper und Patricia Neal, die alle aus Palm Beach herübergekommen waren, um im Winter Tauben zu schießen. Nicht einmal die Neuigkeit, daß Faulkner mit dem Nobelpreis für Literatur ausgezeichnet worden war, konnte Ernests Ferienhochstimmung dämpfen. ›Telegrafierte ihm, sobald ich davon erfuhr‹, schrieb er Harvey Breit in einem Neujahrsbrief. Er fügte hinzu, Faulkner sei ein netter Kerl, der die Auszeichnung verdiene. Sollte man ihm jemals den Nobelpreis anbieten, würde die Versuchung groß sein, sich höflich dafür zu bedanken und dann bei der feierlichen Verleihung durch Abwesenheit zu glänzen.

Nachdem die turbulenten Weihnachtsfeiertage vorbeigegangen waren, kehrte an den frühen, kühlen Morgen wieder Ruhe ein, und sein Drang zum Schreiben stellte sich blitzartig wieder ein. Er begann mit der Geschichte des alten kubanischen Fischers und des Riesenmarlins, die ihm Carlos Gutiérrez im Jahre 1935 erzählt hatte. Kurz darauf schrieb er Harvey Breit abermals, daß er sich zehn Jahre lang gescheut habe, den Stoff anzupacken; in Wirklichkeit hatte er ihn sechzehn Jahre hindurch immer wieder beiseite geschoben und verdrängt. Am 17. Januar zählte das Manuskript bereits 6000 Wörter, etwa ein Viertel des geplanten Gesamtumfanges. Der alte Mann, Santiago, hatte seinen Morgenkaffee getrunken, sich von dem Jungen Manolo verabschiedet und ›den Geruch des Festlandes hinter sich gelassen und war in den sauberen, frühmorgendlichen Geruch des Meeres hinausgerudert‹. Am 18. brachte es Ernest auf weitere 808 Wörter, machte Feierabend und lunchte mit Gene Tunney und seiner Frau, ging mit Tunney und Gigi zum Hahnenkampf, trank bis abends und setzte sich bei Sonnenaufgang des nächsten Tages mit frischer Energie wieder an seine Arbeit. Am 6. Februar schrieb er Harvey Breit, er habe wie ein Bulldozer gearbeitet und sechzehn Tage lang durchschnittlich tausend Wörter täglich geschrieben – ein bemerkenswerter Rekord für einen Menschen, dessen üblicher Tagesdurchschnitt fünfhundert Wörter waren. An diesem Nachmittag ging er neuerlich zum Hahnenkampf. Sein Favorit gewann in einer knappen Minute. Die Vorzeichen schienen gut zu stehen.

Rückkehr

Er hatte diesen Gewinn als Trost bitter nötig, denn an diesem Tag bestiegen Adriana und ihre Mutter im Flughafen von Havanna ihre Maschine. Mary begleitete sie auf einer Rundreise durch Florida, bevor sie in Jacksonville den Zug nach New York nahmen, von wo sie am 23. die Heimreise antraten. Gleich nachdem sie fort waren, klagte Ernest über Einsamkeit, obwohl ihn sein Roman so sehr in Bann hielt, daß er kaum an etwas anderes denken konnte. Am 17. Februar war die Erzählung praktisch beendet. Der alte Mann hatte seinen riesigen Marlin gefangen, ihn längsseits am Boot festgezurrt und ihn dann auf dem Rückweg nach Havanna an die Haifische verloren. Ernest mußte ihn jetzt nur noch in seine Hütte hinauf auf den Hügel bringen, wo er völlig erschöpft in tiefen Schlaf fallen würde, bis ihn der Junge Manolo am nächsten Morgen weckte.

Ernest konnte auch in späteren Jahren die Schnelligkeit und Mühelosigkeit, mit der sich die Geschichte Santiagos aus dem Kokon befreit hatte, in dem sie sechzehn Jahre gelegen hatte, nie so richtig begreifen. Er konnte auch nie vollkommen ergründen, wie es dieser offensichtlich simplen Erzählung von Gewinnen und Verlieren, von Ausdauer und Beständigkeit gelungen war, ihm selbst und den Leuten, denen er sie in Manuskriptform zur Lektüre gab, einen so starken, parabelhaften Eindruck zu vermitteln. Sieben Jahre zuvor hatte Malcolm Cowley in einem Vorwort zu einer Anthologie, die die intensive literaturkritische Beschäftigung mit den Werken Hemingways eingeleitet hatte, Ernest nur als einen naturalistischen Nachfahren Theodore Dreisers und Jack Londons bezeichnet. Er habe, so meinte Cowley, von allem Anfang an eher eine Verwandtschaft zu jenen ›besessenen, nächtlichen Schriftstellern‹ gezeigt, die sich mit ›Symbolen einer inneren Welt‹ beschäftigten. Infolgedessen sei er fähig, vielen Handlungen seiner Helden eine eigenartige und fast übernatürliche Qualität zu verleihen. Und genau diese Qualität hatte er jetzt dem Porträt Santiagos verliehen.

Allmählich wurde er sich bewußt, daß in den letzten Jahren schon eine ganze Reihe kritischer Studien über sein Leben und Werk erschienen waren. Außer den Porträts von Cowley und Lillian Ross war ein Band mit dem Titel ›Ernest Hemingway, The Man and His Work‹ auf dem Markt, der von J. K. M. McCaffery herausgegeben worden und beinahe gleichzeitig mit ›Über den Fluß‹ erschienen war. Er enthielt eine Kurzbiographie von Johnny Groth, Auszüge aus Gertrude Steins Autobiographie und Cowleys *Life*-Porträt. Außerdem hatte man achtzehn kritische Essays von Kaschkin, Alfred Kazin, Edmund Wilson, Edgar Johnson und anderen aufgenommen. Als einziger Beitrag gefiel Ernest Edward Fenimores Stilstudie des Englischen und Spanischen in ›Wem die Stunde schlägt‹. Die übrigen Artikel fand er unlesbar, auch konnte er in keinem ›den Mann‹ oder gar ›sein Werk‹ wiedererkennen.

Der Herausgeber McCaffery beschrieb in seinem Vorwort einige der Ur-

sachen für Ernests Antipathie recht gut: ›Wenn es in dieser Sammlung einen gemeinsamen Nenner gibt‹, schrieb der Herausgeber, ›so ist es die auffallende Tatsache, daß die Persönlichkeit des Dargestellten einen tiefen Eindruck auf die Kritik hinterließ und in beinahe jedem Fall den Ton der Kritik beeinflußte.‹ Es besteht kein Zweifel daran, daß Ernest das wohl bemerkte. Er war deshalb doppelt argwöhnisch und mißtrauisch, als er Anfang 1951 erfuhr, daß zwei Personen Bücher über ihn begonnen hatten. Der eine war Charles Y. Fenton, ein junger Mann von der Yale Universität, der bereits über Ernests journalistische Anfänge recherchiert und ihn schriftlich um seine Mithilfe gebeten hatte. Er wollte wissen, ob Ernest zufällig einige Exemplare des *Cooperative Commonwealth* aus den Jahren 1920–1921 aufgehoben hätte. Ernest antwortete flink, er habe keines mehr, und gab Fenton eine kurze Darstellung seiner damaligen Verbindung mit der Zeitschrift. Einige Wochen später erhielt er wieder einen Brief, diesmal von Carlos Baker, einem Professor aus Princeton, der eine komplette Studie zu schreiben beabsichtigte. Ernest antwortete höflich, es sei ihm nicht recht, daß man seine Biographie schon zu seinen Lebzeiten schreibe. Er habe schon Cowley und Breit davon abgebracht und sei entschlossen, die Veröffentlichung jeder Art Biographie, wenn nötig auch mit rechtlichen Mitteln zu verhindern. Als Baker erwiderte, daß er die Studie kritisch anlegen wollte, antwortete Ernest, daß er sich freuen würde, mit Informationen über seine Arbeit behilflich sein zu können. Was sein Leben betreffe, so sei es ›nicht wichtiger als mein Körper, wenn ich tot bin‹.
Er machte geltend, daß das Recht des Autors auf sein Privatleben von entscheidender Bedeutung sei. Indem der Autor fiktive Personen ›erfindet‹, die aber auf lebenden beruhen, setze er sich in dem Moment Beleidigungsklagen aus, sobald der Biograph die lebenden Vorbilder aufspüre. In der Presse erschienen ohnehin nur Lügen über ihn. Wenn er sich die Mühe nähme, jede einzelne Lüge zu entkräften, hätte er für nichts anderes mehr Zeit. Jeder Biograph würde, nachdem er zwischen den Wahrheiten, Halbwahrheiten, Mutmaßungen und Lügen umhergeschnüffelt habe, schließlich mit einem Wirrwarr von Fehlinformationen aufwarten, die zu entwirren ihn selbst als Objekt der Nachforschungen dann nur Zeit und Energie kosten würden. Er wünsche es nicht, daß man Verabredungen, Hoteleintragungen oder ähnliche Einzelheiten aufstöbere, weil zu viele Leute darin verwickelt seien. Er erzählte mit beinahe bestürzender Offenheit, daß er nach Paulines beiden Kaiserschnittgeburten gezwungen gewesen war, den Coitus interruptus zu praktizieren, weil weitere Kinder ihr Leben gefährdet hätten und ihre Religion Empfängnisverhütungsmittel untersagte. Dann seien Martha und ›massenhaft andere Eskapaden‹ gekommen, an die er sich nicht erinnern wolle, ›und Huren und nette Mädchen und Huren‹, bis er Mary begegnet sei. Die einfachste Art, solche Dinge nicht publik werden zu lassen, sei Biographien zu verbieten.

Rückkehr

Gegen Ende April hörte er von der Existenz noch eines anderen Buches, das von einem jungen Professor der Universität New York stammte. Er hieß Philip Young und hatte es 1948 als Doktorarbeit geschrieben. Thomas Bledsoe, ein Lektor von Rinehart and Company hatte die Dissertation gelesen und Young den Rat gegeben, ›das Zeug zu säubern, um den Dr.-phil.-Mief wegzukriegen‹ – dann würde Rinehart es mit größtem Vergnügen herausbringen. Young überarbeitete es gründlich und sandte es Malcolm Cowley zur Begutachtung. Cowley berichtete Hemingway über das Buch. Er fand die Anfangs- und Schlußkapitel recht gut. In der Mitte sei es eher ›matt‹, da es Hemingway offensichtlich mit seinen fiktiven Helden in einen Topf werfe. Ernests Antwort erreichte Cowley am 19. Mai. Er wiederholte seinen Entschluß, jegliche biographischen Studien zu untersagen, und betonte, daß er bereits Cowley, Baker, Breit und einen Typ namens Sammy Boal abgewimmelt habe. Sollte Youngs Buch biographischer Natur sein, würde er genau wie bei den anderen vorgehen. Als Cowley Bledsoe diese Stellungnahme übermittelte, antwortete Bledsoe, daß Youngs Buch kritisch und nicht biographisch sei. Diesmal jedoch hatte Cowley die Nase voll. Am 8. Juni schrieb er Ernest, daß er sich nunmehr aus dieser peinlichen Affäre ganz heraushalten wolle.
Während die Philologen ihre Interpretationen vorantrieben, wandte sich Ernest einem neuen Abschnitt seines Buches über die See zu. Am 5. März begann er eine Geschichte, die auf seinen Abenteuern während der U-Boot-Jagden der Jahre 1942 und 1943 basierte. Wie in der Erzählung, die er vor Weihnachten beendet, aber noch nicht ausgefeilt hatte, hieß der Held Thomas Hudson. Der Roman schilderte Hudsons Verfolgung der Mannschaft eines versenkten deutschen Unterseebootes in der Karibischen See und schloß mit seinem Tod. In späteren Erzählungen bauschte er das Ganze ziemlich auf und sagte, er habe sich gefürchtet, die Geschichte zu schreiben, und sogar einmal gehofft, sie nie zu Papier bringen zu müssen. Die Ursache seiner Angst ist nicht ganz klar. Vielleicht meinte er damit nur, daß er bei dieser schwierigen Aufgabe an seinen Fähigkeiten zweifelte. Aber in diesen Anspielungen lag auch die Absicht, seine Zuhörer glauben zu machen, die Geschichte beruhe auf Wahrheit.
Als er sein Manuskript Tag für Tag anwachsen sah, fühlte sich Ernest herrlich ermutigt und ausgefüllt. Das kam teilweise auch durch die Veröffentlichung seiner Artikel in diversen Zeitschriften. Die Märznummer von *Holiday* enthielt ›The Good Lion‹ und ›The Faithful Bull‹, jene venezianischen Märchen, die er im Januar 1950 für Adrianas kleinen Neffen Gherrardo Scapinelli und für die Tochter Carlo Di Robillants geschrieben hatte. Die Zeitschrift *True* brachte im April ›The Shot‹, die Erlebnisse während seiner Jagd auf Hornantilopen in Idaho. Das Vorwort für die Bibliographie von Lee Samuels lag in Korrekturfahnen bereits bei Scribners vor und sollte voraussichtlich im Juli erscheinen. Er hatte noch ein

weiteres Vorwort verfaßt, das ebenfalls schon im Druck war, und zwar für François Sommers Bilderbuch afrikanischer Tiere: ›Pourquoi ces bêtes sont-elles sauvages?‹

Sehr bedeutsam waren diese Dinge natürlich nicht. Die Hauptleistung dieses Frühjahrs war, wie er sehr wohl wußte, die Geschichte Santiagos. Mit 26 531 Wörtern hatte sie schließlich die richtige Länge erreicht. Er prüfte, wie bei allen anderen Werken, ihre Wirkung auf seine Freunde und wollte immer wieder die Bestätigung, daß sie sie ebenso bewegend fanden wie er selbst. Er überreichte es Charles und Vera Scribner, als diese im Februar zu Besuch kamen, und gab es Hotchner, der herübergeflogen war, um seinen Vorschlag zu besprechen, mit einer Ballettfassung von ›Die Hauptstadt der Welt‹ ein wenig zusätzliches Geld zu verdienen. Zu den Lesern zählten auch seine Schwester Ura und ihr Mann, Luftmarschall Lord Tedder und seine Frau, der Rechtsanwalt Alfred Rice und Ernests Kriegskamerad Bill Walton. Sie stimmten alle darin überein, daß das Buch eine ›rätselhafte Qualität‹ besaß, die in keinem seiner bisherigen Werke zum Ausdruck gekommen war. Im April gab er seinem norwegischen Verleger Harald Grieg eine Manuskriptkopie und sandte dem Princeton-Professor Baker ebenfalls eine. Baker befolgte seine Anweisungen, es zu lesen und zurückzuschicken, ohne es jemand anderem zu zeigen, und sagte Ernest, daß ihn Santiago an König Lear erinnere. Ernest antwortete, er halte den ›Lear‹ zwar für ein herrliches Werk, fügte aber hinzu, das Meer sei zu Lears Zeiten bereits ›ziemlich alt‹ gewesen.

Sein derzeitiger Roman über die Verfolgung und beinahe gelungene Gefangennahme der Nazi-U-Boot-Besatzung faszinierte ihn fast genauso. Nach zweieinhalb Monaten Arbeit erklärte er ihn am 17. Mai für beendet. Der Roman war eine chronologische Fortsetzung des anderen Romans, den er am Weihnachtsabend beendet hatte, und es tauchten auch viele Figuren aus dem ersten wieder auf. Charlie Scribner gegenüber erklärte er, daß er in der Qualität der Geschichte Santiagos gleiche, daß die Handlung aber viel rasanter und der Dialog viel präziser sei. Er war mit 45 000 Wörtern auch beinahe doppelt so lang. Zur Feier des Ereignisses und anläßlich der Ankunft eines ansehnlichen Tantiemenschecks von Jonathan Cape bestellte er ›in dem piekfeinen Freßladen in Havanna drei köstliche Riesensteaks‹ und trank zwei Flaschen Pommard. Mary, die seit ihrer Verheiratung mit Ernest vier Romane fertig werden gesehen hatte – davon drei innerhalb der vergangenen fünf Monate – war ›zu aufgeregt, um überhaupt zu essen‹.

Ernest war überzeugt, daß er seiner Diätkost, aus Roggenknäckebrot, rohem grünem Gemüse, Erdnußbuttersandwiches und gelegentlich einem Gläschen Wein bestehend, praktisch seine letzten Erfolge verdankte. Er setzte Charles Scribner lang und breit seine Ansichten über gesunde Ernährung auseinander. Jedermanns Stoffwechsel sei verschieden. Er selbst esse weder

Rückkehr

Süßigkeiten noch Kohlehydrate; sein täglicher Alkoholgenuß versorge ihn genügend mit Zucker. Er habe seit 1939 jeden Morgen sechs B-1-Combex-Kapseln genommen. Er sei nur richtig hungrig, wenn er in den Bergen oder auf hoher See sei. Dann bevorzuge er ›guten frischen Fisch, gegrillt‹, oder gute Steaks mit dem Knochen, ganz wenig durchgebraten, oder Lamm, ebenfalls wenig durch. Er liebe Elch, Bergschaf, Hirsch oder Antilope, in der gleichen Reihenfolge, und unter dem Wildgeflügel schottische Moorhühner, junge Steppenhühner, Wachteln, Krickenten und Stockenten mit Kartoffelpüree und Sauce. Alle Obstsorten einschließlich seiner selbstgezüchteten Mangos und Avocados bekämen ihm, und seine liebsten Gemüsesorten seien Rosenkohl, Schweizer Mangold, Broccoli und Artischocken mit Sauce Vinaigrette. So zählte er liebevoll all die Delikatessen auf, die er sich versagen mußte, während er seine letzten Bücher schrieb.
Von einem erfrischenden Wochenendurlaub und mehreren Siegen im alljährlichen Marlin-Fischturnier angestachelt, kehrte er zum ›langen ersten Abschnitt‹ seines Meerbuches zurück. Der ursprüngliche Plan war nun auf vier Teile erweitert worden. Er hoffte, aus jedem Teil eine unabhängige Einheit zu schaffen. Später würde er versuchen, das Ganze unter einen Hut zu bringen. Er schätzte die derzeitige Länge des ersten Teiles auf 85 000 Wörter, doch äußerte er sich wie üblich sehr vage über den Inhalt. Abgeschlossen war für ihn der dritte (die Verfolgung auf See) und der vierte Teil (Santiago und der Marlin). Sie waren seiner Meinung nach ›gegen jegliche Kritik gefeit‹ und bewiesen, wie irrig das Urteil sei, daß er als Schriftsteller zum alten Eisen gehöre. Jack O'Connell, ein Redakteur vom *Cosmopolitan* kam zu geschäftlichen Besprechungen aus New York. O'Connell war von dem, was ihm Ernest zeigte, derart begeistert, daß er vorschlug, die gesamte Santiago-Geschichte in einer Nummer herauszubringen. Er würde die Geschichte der Verfolgung auf See nach einer zweimonatigen Pause in zwei aufeinanderfolgenden Nummern veröffentlichen. Eine Zeitlang sah es so aus, als sei die Frage der Vorabdrucksrechte damit geklärt. Als Ernest aber hörte, daß sie nur zehntausend Dollar für die erste Geschichte und zwanzigtausend für die zweite Geschichte zu zahlen bereit waren, kühlte seine Begeisterung rasch ab, und er schlug das Angebot aus.
Inmitten dieser Verhandlungen erreichte ihn die Nachricht, daß seine neunundsiebzigjährige Mutter in Memphis im Bundesstaat Tennessee gestorben war. Ernest schrieb Baker, ihr Tod erinnere ihn daran, wie schön Grace in ihrer Jugend ausgesehen habe, ehe ›in der Familie alles zum Teufel ging‹, und wie glücklich sie als Kinder gewesen seien, ›ehe alles zerbrach‹. An dem Tag, da sie im Forest-Home-Friedhof in Illinois zu Grabe getragen wurde, begannen bei Sonnenuntergang die Dorfglocken nahe der Finca Vigia zu läuten. Er erklärte, seine Mutter habe sich trotz Ruth Arnolds Pflege letztlich nicht wohl gefühlt. Vermutlich sei ihr auch nicht ›die Gnade

eines glücklichen Todes‹ zuteil geworden. Jedenfalls hatte er anscheinend für den Augenblick die vernichtenden Worte vergessen, die er oft über sie in privaten Briefen und in der Öffentlichkeit verbreitet hatte.

Am 5. Juli flog Mary von Havanna nach New Orleans, um ihre Eltern in Gulfport zu besuchen und um nachher in den Norden zu einem Schultreffen in Minnesota weiterzufliegen, von wo aus sie anschließend ihre Kusine in Michigan besuchen wollte. Ernest schrieb ihr beinahe täglich. Ohne Unterlaß jammerte er über die Leere seines Bettes, die unmöglichen Kochkünste des Mädchens Clara und die Last des häuslichen Kleinkrams. Er hatte beschlossen, seinen zweiundfünfzigsten Geburtstag wieder an Bord der ›Pilar‹ zu verbringen, und in dem ›natürlichen Eiskasten‹ von Puerto Escondido außerhalb der Hitze und Feuchtigkeit, die sonst herrschte, vor Anker zu gehen. Lee Samuels lieh sich eine Mikrofilmanlage aus und kopierte 1600 Seiten von Ernests Manuskript, um das Original mit auf die Reise nehmen zu können. Sollte ihm etwas zustoßen, könne ›Der alte Mann und das Meer‹ ohne weiteres in einem kleinen Band herausgebracht werden, schrieb Ernest an Charles Scribner. Es war das erste Mal, daß er den endgültigen Titel des Buches erwähnte. Er versicherte Scribner außerdem, die Teile zwei und drei, also Thomas Hudsons Lebensgeschichte vor dem Krieg bis zu seinem Tod auf See könnten ohne weiteres veröffentlicht werden. Aber das war eine von der Hoffnung diktierte Übertreibung. Ernest schrieb weiter, es werde viel Zeit und Arbeit in Anspruch nehmen, den Anfangsteil umzuschreiben, dem er den Arbeitstitel ›The Island and the Stream‹ gegeben habe. Er enthalte ›herrliche Stellen‹ und es tue ihm weh, sie streichen zu müssen, aber es liege auf der Hand, daß man auch den ersten Teil auf Stil und Tempo der anderen drei Teile ausrichten müsse.

Letztlich beschloß er, das Manuskript doch nicht mit auf die Geburtstagsreise zu nehmen. Statt dessen wollte er fischen, schwimmen, lesen, schlafen, mit seinem Colt Iguanas erlegen und seine Lunge und seinen Magen mit kurzen Wanderungen am Strand und auf den nahen Hügeln wieder ins Lot bringen. Es wurde der heißeste Juli, den er jemals in Kuba erlebt hatte. Obwohl Puerto Escondido nur 80 Kilometer von Havanna entfernt lag, war es dort für gewöhnlich um zehn Grad kühler. Gregorio Fuentes war guter Dinge, die ›Pilar‹ war gut in Schuß und der Morgenhimmel war voll seidener Zirruswölkchen. Ernest hoffte, ›Mengen guter, frischer Fische für die Tiefkühltruhe‹ zurückzubringen. Wie schon Tausende Male zuvor, machte er sich voller Tatendurst und voll unverwüstlicher Energie auf die Fahrt.

Menschen in Not

Ernest kehrte bei schlechtem Wetter und von Pech verfolgt aus Puerto Escondido zurück. Die Passatwinde waren im Mai ausgeblieben und kräuselten auch jetzt kaum die Wellen, die Luft war feucht wie in Rangun, Schuhe und Kleider in den Schränken schimmelten graugrün; an den Wänden bildeten sich Schwammkulturen wie kleine japanische Gärten; auf den Buchrücken in seiner Bibliothek hätte man ›über Nacht Penicillin züchten‹ können. Mary war eben von ihrem Aufenthalt im Norden zurückgekehrt, als man sie benachrichtigte, daß die Krebserkrankung ihres Vaters wieder akut geworden war. Er hatte sich 1947 einem operativen Eingriff unterzogen, aber der ärztlichen Behandlung in letzter Zeit die Tröstungen der ›Christian Science‹ vorgezogen. Ernests Vater hatte diese Sekte ebenso verspottet wie schon sein Vater vor ihm. Die Gläubigen ›sind solange heiter, bis es weh tut‹, pflegte er zu sagen. Mary flog am 9. nach Gulfport, um nach besten Kräften zu helfen. Sie kehrte am 20. zurück, nachdem sie ihren Vater in einem Spital untergebracht und ihn überzeugt hatte, die Hormontherapie wieder aufzunehmen. Sie hatte als Einzelkind in ihrer Mädchenzeit viele Jahre mit ihrem Vater verbracht. Nun, da er einundachtzig, mager und krank war, dachte sie oft und gerne daran, wie er in jüngeren Jahren gewesen war. In der Zwischenzeit mußte sie sich um Ernests Wohlbefinden kümmern. Mary schrieb Scribner, daß Ernest lange Zeit in guter und ausgeglichener Laune gewesen sei. Dies sei wichtig, ›da sich, wie er sagt, gut eine Hälfte seiner Arbeit in seinem Unterbewußtsein vollzieht... Sie muß dort beendet sein, bevor sie aufs Papier kommt.‹ Wenn die Arbeit im Unterbewußtsein in vollkommener Ruhe vor sich gehe, sei das Ergebnis unvergleichlich besser.
Doch im Moment war es schwierig, ein wenig Ruhe zu erhaschen. Einige Menschen waren in Not. So Evan Shipman nach mehreren Krebsoperationen, und Jean Décan, Ernests Leibwächter während der Kriegszeit, der in einem französischen Gefängnis schmachtete. Andere wieder, wie seine Schriftstellerkollegen, verdarben ihm die gute Laune oft so gründlich, daß er vor Wut in die Luft ging. So verurteilte er James Jones, den Autor von ›Verdammt in alle Ewigkeit‹ in einem Wutanfall als ›Defätisten‹. Genauso zog er über das zweite Kapitel von Mailers ›Die Nackten und die Toten‹ her und beschimpfte es als ›mickrigen Käse in protziger Verpackung‹.
Der Tod seiner Mutter und die Krankheit von Marys Vater ließen ihn nun wieder intensiv an den Tod denken. Die Todesnachrichten kämen stets massiert auf ihn zu und meist, so entsann er sich, mit unheilvollen Folgen für ihn persönlich. Telegraf und Telefon hätten allmählich die Funktion von Instrumenten des Bösen angenommen, denn die eintreffenden Nachrichten waren, mit wenigen Ausnahmen, unweigerlich schlecht. Diese

Menschen in Not

Anschauung bestätigte sich erneut am 30. September, als Pauline aus San Francisco telegrafierte, wo sie auf Besuch bei ihrer Schwester weilte. Gigi sei in San Francisco in irgendwelche Schwierigkeiten geraten. Sie wollte hinfliegen, nachsehen, was los sei, und dann Ernest anrufen. Ihr Gespräch kam am ersten Oktober nach Mitternacht durch. Die Schwierigkeiten in Los Angeles seien ernst, aber nicht unüberwindlich. Sie sagte ferner, sie werde ihm die Einzelheiten am folgenden Tag schriftlich mitteilen. Ernest hörte nichts, bis gegen Mittag des nächsten Tages ein Telegramm von Jinny ankam. Pauline sei an diesem Morgen um vier Uhr gestorben, ein paar Stunden, nachdem man sie ins St. Vincent Hospital in Los Angeles eingeliefert hatte. Jinny werde anrufen, hieß es noch in dem Telegramm. Ernest wartete den ganzen Nachmittag vergebens und rief sie schließlich am Abend an. Sie sagte, sie habe den versprochenen Anruf vergessen, und hängte mitten in dem kurzen und kühlen Gespräch wieder auf. Sogar Ernest verübelte ihr ihre Reaktion nicht. Seit Beginn seines Verhältnisses mit Martha waren sie Feinde geworden. Er schluckte seinen Groll hinunter und begann an sein Leben mit Pauline zurückzudenken. Der Gram über den Tod einer Frau, die er einstmals geliebt und später verlassen hatte, überflutete ihn, genau wie beim Tod seiner Mutter, wie ›eine Welle‹, die ein Boot im Hafen trifft. Eine Zeitlang vermutete er irrtümlich, daß Paulines Tod irgendwie mit Gigis Unannehmlichkeiten in Zusammenhang gestanden habe. Sie war jedoch schon längere Zeit krank gewesen, mit Symptomen wie beschleunigter Herztätigkeit, hohem Blutdruck und starken Kopfschmerzen, den Folgen eines nicht erkannten Tumors in der Nebenniere. Nun war sie im Alter von sechsundfünfzig Jahren gestorben.
Ernest wurde erneut mit der Gefangenschaft Ezra Pounds konfrontiert. Die südamerikanische Dichterin Gabriela Mistral hatte einen Plan für seine Befreiung aus dem St. Elizabeth Hospital ausgeheckt. Sie wollte etwa hundert Nobelpreisträger ersuchen, eine Petition an Präsident Truman zu unterzeichnen, die die Aufhebung des Urteils gegen Pound forderte. T. S. Eliot, an den man im Frühjahr herangetreten war, hatte nur geraten, eine Kaution zu erlegen. Angeblich war Pound der Meinung, daß man ›Elifunt's‹ Brief ignorieren sollte, und Gabriela bezeichnete Eliot als ›un hombre muy timido‹. Sie riet dem Pound-Schüler D. D. Paige, an Hemingway heranzutreten, auch wenn er noch keinen Nobelpreis habe. Aber er sei bekannt dafür, Furchtsamkeit zu verachten.
Ernest antwortete am 22. Oktober. Zwar sei der Mistral-Plan tapfer und edel, doch dürfe man die praktischen Aspekte nicht übersehen. Eliots Brief sei vernünftig und nicht furchtsam gewesen. Pound, der große Dichter, und Pound, der großzügige Freund – das würde dem Pound, der während des Krieges in Mussolinis Radio gesprochen hatte, vor dem Gesetz leider nicht angerechnet. Wenn man ihn nicht für unzurechnungsfähig erklärt hätte, würde er sich einem Gerichtsverfahren wegen Hochverrats unter-

ziehen müssen. Aus diesem Grund sei der Plan der Mistral leider undurchführbar.
Zu den drei kritischen Studien über Ernests Werk, die schon verschieden weit gediehen waren, kam jetzt eine vierte Arbeit, die von John Atkins, einem britischen Journalisten, stammte. Ernest untersagte wiederum jeglichen biographischen Hinweis und sandte ihm einige Informationen, die wohl zeigen sollten, daß er kein Menschenfresser sei. Da er von Philip Youngs Buch nur über Malcolm Cowley gehört hatte, nahm er offenbar an, daß Young eine als Kritik getarnte Biographie schrieb. Um dies zu verhindern, verweigerte er Young die Erlaubnis, aus seinen Romanen und Erzählungen Zitate anzuführen. Young war verständlicherweise vor den Kopf gestoßen, da er seiner kritischen Studie die Arbeit eines Jahres gewidmet hatte, und nicht die leiseste Ahnung hatte, warum Hemingway so sehr dagegen voreingenommen war. Aber für Ernest war das Problem klar. Er sagte Charlie Scribner, daß er weitaus mehr Publicity bekäme, als für ihn zuträglich sei. Er wünsche, man möge ›mehr wahres Zeug‹ über seine Arbeit schreiben und weniger Lügen, Mythen, ›erschwindelte Anekdoten‹, falsche Zitate und verzerrte Fakten über sein Leben. Allmählich würden sich die Leute fragen, wie solch ein wichtigtuerisches, blödes Wrack mit seinem Geschreibsel eine Million Dollar jährlich verdienen könne.
Der plötzliche Tod von Christian Gauss, dem Dekan von Princeton, von dem ihn Baker in einem Brief in Kenntnis gesetzt hatte, bestätigte seine düstere Vorahnung für das Jahr 1951. Knapp vor Thanksgiving erlitt der baskische Seekapitän Juan Dunabeitia seinen dritten Herzanfall, als er mit seinem Schiff gerade in den Gewässern von Cardenas kreuzte. Man brachte ihn auf die Finca zurück, wo er sich unter Ernests wachsamen Augen langsam wieder erholte. Sogar der robuste Priester Don Andrés zeigte Symptome eines Herzleidens. Ernest erzählte, der Priester habe ›Angst vor dem Sterben‹, und machte sich daran, ihn aufzuheitern. Der frühe Tod von Harold Ross vom *New Yorker* war ein weiterer Hinweis, daß die Schatten auch für ihn langsam immer länger wurden. Noch ein paar Jahre wie 1951, und alle wären tot, noch bevor sie es richtig gemerkt hätten, sagte Ernest.
Er schämte sich ein bißchen, daß ihm persönlich in einem so schlechten Jahr die Arbeit so gut von der Hand gegangen war. Außer der Fertigstellung dreier Abschnitte seines Buches über das Meer hatte er den vierten – ›The Island and the Stream‹ – gekürzt und überarbeitet. Im ersten Monat hatte er die 485 Seiten auf 305 zusammengestrichen. Obwohl seine Statistiken oftmals Widersprüche aufwiesen und ihnen nicht recht zu trauen ist, behauptete er Mitte September, daß er an die 30 000 Wörter gestrichen habe und somit 76 000 übriggeblieben seien. Er nützte nach wie vor jede Gelegenheit, die Wirkung der Geschichte Santiagos an jedem Be-

sucher auf der Finca auszuprobieren. Harry Burns, der exzentrische Professor von der Washingtoner Universität, war einer der Gäste. Er erschien unangemeldet an einem regnerischen Tag, wurde in seiner Eigenschaft als Vorbild für Professor McWalsey aus ›Haben und Nichthaben‹ gebührend empfangen und eingeladen, im Gästehaus zu wohnen. Ernest zeigte ihm das Santiago-Manuskript und die U-Boot-Jagdstorys, worauf Burns deutlich, ›wenn auch nicht allzu übertrieben‹ durchblicken ließ, er wisse die Ehre, sie lesen zu dürfen, zu schätzen. Er bekam auch noch einen Stoß von etwa dreißig Gedichten. Burns hielt sie für lange nicht so gut wie die Prosa, es gelang ihm aber, zurückhaltend und taktvoll zu bleiben.
Mary war über Burns' Besuch unglücklich, da sie seit ihrer Studentenzeit in Northwestern ein gelindes Ressentiment gegen Universitätsprofessoren hegte. Ernests eigene antiprofessorale Gefühle wurden im Dezember mobilisiert, als er wieder von Tom Bledsoe, Philip Youngs Lektor, hörte. Er wiederholte seinen Entschluß, Biographien nicht zuzulassen und betonte, daß – hätte er gewußt, daß Young eine kritische Studie über seine Werke schreibe – er ihn mit Freuden mit Fakten über seine Romane versorgt hätte. Beispielsweise hätte Young die ›gesamte Entstehungsgeschichte‹ von ›Fiesta‹ erfahren können: Nach seiner Verwundung in Fossalta 1918 habe sich die Oberfläche seines Hodensacks mit Uniformstoffetzen infiziert, die durch die Explosion des Granatwerfergeschoßes hineingetrieben worden waren. Er habe noch ›andere Burschen mit Verletzungen der Geschlechts- und Harnorgane‹ getroffen. Das habe ihn wieder veranlaßt, sich die Frage zu stellen, wie sich das Leben eines Mannes gestalte, der seinen Penis verliert, während Testikel und Samenstrang unverletzt bleiben. Er sagte, er habe einen Jungen gekannt, der eine derartige Verletzung erlitten habe. Ihn als Vorbild benutzend, habe er versucht, sich in die Probleme des Jungen zu versetzen. Er hätte Young mit solchen Beispielen unschätzbare Dienste leisten können. Dennoch blieb er weiterhin bei seiner Weigerung, Young Stellen aus seinen Werken zitieren zu lassen.
Er schloß mit der zynischen Bemerkung, daß das Leben in den alten Tagen verteufelt lustiger gewesen sein mußte, als es noch mehr Schriftsteller und weniger Kritiker gab. Dadurch kam er auf die Idee, es selbst einmal als Kritiker zu versuchen, und er unterbreitete Charles Scribner den Vorschlag. Er war überzeugt, ›eine bescheidene wissenschaftliche Einleitung‹ verfassen zu können, die erklärte, wie und warum seine Geschichten zustande gekommen waren und wovon sie ›tatsächlich‹ handelten. Dies würde den Collegejungen weitaus mehr helfen als das lächerliche Zeug, das die Professoren stets verzapften. Vielleicht könne er die Einleitung schreiben und Charlie dann dazu bewegen, sie für eine posthume Veröffentlichung aufzubewahren. Aber dies sei bloß ein Einfall. Wahrscheinlich würde doch ›irgendein Universitätstyp‹ diese Arbeit erledigen müssen. Seine Aufgabe

sei es, Geschichten zu schreiben und die Interpretation den Interpretatoren zu überlassen.

Er beschloß das Jahr genau nach seinem Geschmack – draußen in der scharfen, klaren Luft, auf einer Farm in den Hügeln, Perlhühner jagend. Er ging lange zu Fuß, erklomm die Steinwälle, die von Händen errichtet worden waren, die sich schon seit langem nicht mehr rührten, und ging an den Ruinen alter Zuckerrohrmühlen vorbei, die von Dorngestrüpp und dem braunen Wirrwarr des Wintergrases überwuchert waren.

Im Januar kam strenger Nordwind auf und es wurde so kalt, daß man – so Ernest – ohne weiteres mit einer Ehefrau und einer Bettdecke zugleich schlafen konnte. Das Jahr war kaum einen Monat alt, da brachte der Selbstmord von Clara, dem Mädchen Marys, das Haus in Aufruhr. Um über diese unangenehme Sache irgendwie hinwegzukommen, machten die Hemingways auf der ›Pilar‹ und der ›Tin Kid‹ Ferien an der kubanischen Küste. Ein einziger Tag am Wasser genügte, um Hemingways Batterien wieder frisch aufzuladen, und er hoffte, den ganzen Februar auf See verbringen zu können. Eine Woche lang war die Fahrt idyllisch, es herrschte klares, frisches Wetter. Sie standen mit der Sonne auf, fischten den ganzen Vormittag, schwammen und lasen am Nachmittag und gingen gegen halb zehn Uhr abends zu Bett. Ernest schlief gut, aß voller Heißhunger, schränkte sich beim Trinken ein und strahlte Witz und gute Laune aus. Am 16. ging Mary mit Gregorio an Land, um in dem Dorf La Mulata an der Nordwestseite der Insel Eis zu holen. Sie nützte die Gelegenheit, um auf der Finca anzurufen, ob alles in Ordnung sei.

Es gab leider schlechte Nachrichten. Kurz nach ihrer Abreise war ein Telegramm eingetroffen, das von einem neuerlichen Todesfall berichtete: am Morgen des 11. Februar war Charles Scribner unerwartet an einer Herzattacke gestorben. Am Tage, als sie davon erfuhren, brach ein starker Gewittersturm los; ›wie in der Bibel‹, erzählte Ernest später. Er lauschte der Brandung, die klagend gegen das Riff vor ihrem Ankerplatz schlug. Am nächsten Tag kam ein lebhafter Nordwind auf. Sie wendeten in die entgegengesetzte Richtung und fuhren heimwärts in den Hafen von Cojimar. Ernest schrieb Vera Scribner, daß es nach dem Tode seines teuren und guten Freundes niemanden mehr gebe, dem man glauben und vertrauen könne. Der Verlust sei unersetzlich.

Die unangenehme Affäre mit Philip Young war vor kurzem in ein neues Stadium getreten. Young hatte in einer Rede, die kurz nach Weihnachten anläßlich der Jahresversammlung der Modern Language Association gehalten wurde, einige Werke Hemingways psychologisch interpretiert. Als jemand Ernest davon in Kenntnis setzte, gab er Tom Bledsoe zu verstehen, daß eine Kopie des Vortrags mit einem zusätzlichen Brief von Young die Situation klären könne. Draufhin schrieb Young Ernest zum ersten Mal und setzte ihm seine Lage, so gut er konnte, auseinander. Ernest fand das

Schreiben vor, als er auf die Finca zurückkehrte, aber er ließ sich mit der Antwort zwei Wochen Zeit. Dann schrieb er ihm, daß er von der Leichtfertigkeit betroffen sei, mit der Young mit medizinischer Terminologie herumjongliere, ohne dazu qualifiziert zu sein. Ferner stellte er fest, die ganze Angelegenheit habe ihm nichts als Sorgen, Unannehmlichkeiten und schwerwiegende Unterbrechungen seiner Arbeit eingebracht. Schließlich erklärte er, daß Young, wenn sein Buch keine als Kritik getarnte Biographie sei, getrost weiterschreiben und aus seinen Werken Zitate anführen dürfe. Dabei blieb es im Moment.
Erfreulichere Probleme erforderten seine Aufmerksamkeit. Was sollte er nun mit der Geschichte Santiagos und des Marlins anfangen, die ein Jahr nach Fertigstellung noch immer in Manuskriptform dalag? Das Problem wurde wenigstens provisorisch von Leland Hayward gelöst, der mit seiner Frau, Ernests Freundin Slim Hawks, zu einem Ferienaufenthalt nach Havanna gekommen war. Hayward war der Ansicht, daß das gesamte Manuskript in einer einzigen Nummer von *Life* erscheinen müßte. Er war so begeistert, daß Ernest eine Manuskriptkopie an Wallace Meyer, seinen ruhigen und gelehrten Kontaktmann bei Scribner, sandte. Er erklärte ihm, er wolle gar nicht versuchen, Vorzüge und Bedeutung der Geschichte hervorzukehren. Die Erzählung könnte sehr wohl als Epilog für all seine Werke stehen und für all das, was er erlernt oder zu erlernen versucht hatte, während er schrieb und lebte. Er habe nur wegen der Kürze des Buches einige Bedenken. Vielleicht finde Scribner es ausgeschlossen, eine so kurze Erzählung wie einen vollständigen Roman herauszubringen. Doch wisse er, daß in der Geschichte des Verlagswesens viele Bücher dieser Länge außerordentlich hohe Verkaufsziffern erreicht hätten: ›The Story of the Other Wise Man‹ beispielsweise oder ›A Christmas Carol‹ oder ›The Man Without Country‹. Er habe es bis obenhin satt, nichts zu veröffentlichen. Andere Schriftsteller brächten auch kurze Bücher heraus: es gebe keinen Grund, warum gerade er als Faulenzer angesehen werden solle, bloß weil er nicht Wälzer wie ›Krieg und Frieden‹ oder ›Schuld und Sühne‹ verfaßt habe. Das Publikum würde es sogar zu schätzen wissen, einmal ein gutes, nicht so langes Buch in die Hand zu bekommen, in dem gezeigt werde, wozu ein menschliches Wesen fähig sei, und die Würde der menschlichen Seele zum Ausdruck komme.
Am 10. März setzte er mit Mary die Ferien fort, die Scribners Tod unterbrochen hatte. Am 16., während die ›Pilar‹ vor der Küste der Provinz Pinar del Rio ankerte, schrieb er Meyer, daß er als 26jähriger die erste Niederschrift von ›Fiesta‹ innerhalb von sechs Wochen beendet habe; jetzt, doppelt so alt, war ›Der alte Mann und das Meer‹ in acht Wochen fertig geworden. Er sei gezwungen gewesen, seinen ersten Roman vollkommen umzuschreiben. Aber in 25 Jahren habe er soviel dazugelernt, daß er ›Der alte Mann und das Meer‹ überhaupt nicht verbessern müsse.

Rückkehr

Abgesehen von der Tatsache, daß Fulgencio Batista Anfang März die Macht in Kuba an sich gerissen hatte, klappte während des Monats April alles ausgezeichnet. Wallace Meyer berichtete, daß die Lektoren des Book of the Month Club ›Der alte Mann und das Meer‹ gelesen und für gut befunden hätten. Leland Hayward hatte mit der Redaktion von *Life* gesprochen und sandte Ernest ein optimistisches Telegramm. Ernest frohlockte bei der Aussicht auf fünf Millionen Leser für seinen Roman. Dies sei vernünftiger, gesünder und rühmlicher als den Nobelpreis zu gewinnen. In der Zwischenzeit genoß er das Wiedersehen mit Herbert Matthews, der heruntergekommen war, um für die *New York Times* die allerletzte Phase der kubanischen Revolution zu untersuchen. Dann schrieb er Adriana Ivancich, daß er nun hoffe, endlich einmal richtig Geld zu verdienen. Er erwähnte, daß er eine große Erzählung über ›Michigan vor langer Zeit‹ begonnen habe. Sie sei in ihrem inneren Aufbau kompliziert, nach außen hin aber ›sehr einfach‹. Sie war tatsächlich recht einfach, und ging auf die Reiherepisode in Mud Lake während seiner High-School-Zeit zurück. Er stellte die Wildhüter als freche Erzgauner dar, die vor Windemere Cottage trinken und zelten, während sie darauf warten, Nick Adams wegen Wilderns zu schnappen. Nick und seine Schwester, die sichtlich nach Ernests Schwester Sunny gestaltet war, flüchten tief in die nördlichen Wälder und entkommen so der Verhaftung. Es war sowohl dem Stil als auch dem Stoff nach ein merkwürdiger Rückfall in seine Kindertage. Aber ein bißchen Abstand und Abwechslung von den Dingen, die er bislang geschrieben hatte, genügte, um ihn glücklich zu machen. Er schrieb Adriana, er versuche seinen Neujahrsvorsatz zu halten, nämlich besser zu schreiben, gesund zu bleiben, zu den Nachbarn freundlich zu sein, und jegliche Ungezogenheit, Egoismus und unnötige Sorgen zu vermeiden.
Sein Programm gestaltete sich recht erfolgreich. Am 30. April war er bei der Hochzeit von Nita Jensen und Walter Houk, dem ersten Sekretär der amerikanischen Botschaft, Brautführer. Ernest sprach oft über seinen treuen Gefährten Black Dog, der sich nach dem Schreiben jeden Tag mit ihm ans Schwimmbecken zurückzog. Ernest trank eine Mischung von Gin mit Kokosmilch, während der Hund die kleinen Eidechsen jagte, die sich auf dem Mauerwerk sonnten. Das Wasser im Becken erwärmte sich zusehends, je stärker es Frühling wurde. Ernest und Mary schwammen an stillen Nachmittagen oft nackt. Marys Rosengarten stand in Blüte wie auch die Kapuzinerkresse, die sie unter dem Kapok-Baum gepflanzt hatte. Die Blütenpracht der Sträucher – Frangipani und Bougainvillea, Colonia und Jasmin – brachte sie in Verzückung. Und sie freute sich auch, daß Ernest so ruhig und sanft war wie ein guter Tag im Mai.

Der alte Mann und das Meer

Ernests ganze Zeit von Mai bis Dezember gehörte fast ausschließlich seinem Buch ›Der alte Mann und das Meer‹. Telegramme von Leland Hayward und Alfred Rice benachrichtigten ihn Anfang Mai, daß *Life* zugestimmt hatte, den Gesamttext in der ersten September-Nummer zu veröffentlichen. Das war ein unerhörter Triumph, da *Life* noch niemals zuvor ein solches Experiment gewagt hatte. Die Zeitschrift wollte auch gut bezahlen. Alles sah viel zu schön aus, um wahr zu sein. Vielleicht war irgendwo ein Haken? Würde nicht der Book of the Month Club seinen Mitgliedern anzeigen müssen, daß das Buch zuerst in einer Zeitschrift erschienen war? Konnte der Club dann überhaupt eine Garantie versprechen und sich dann auch daran halten?
Gegen Monatsmitte wurden seine Befürchtungen entkräftet. Rice telegrafierte, daß das Geld von *Life* überwiesen und deponiert worden sei, aber ein ziemlich großer Brocken müßte leider auf das Steuersonderkonto weiterüberwiesen werden. Die Funktionäre des Book of the Month Club beruhigten ihn über die Garantie. Ernest gab Wallace Meyer zu verstehen, die Einführungspublicity für den Roman dürfe ihn weder als Kuriosität noch als strittige Gestalt darstellen. Er wünsche ›mit diesem Buch gewürdigt zu werden‹: man solle ihn als Schriftsteller beurteilen und als nichts anderes. Die Gestaltung des Schutzumschlages gefiel ihm nicht, und er telegrafierte Adriana, sie möge sich daran versuchen. Bald darauf sandte sie per Luftpost eine Reihe von Entwürfen nach New York. Die Wahl fiel auf eine stilisierte Fernsicht in Weiß, Blau und Braun, mit fünf Hütten, drei Fischerbooten und dem Meer dahinter, das sich unendlich ausdehnte. Ernest war begeistert. Er schrieb, er sei niemals stolzer auf sie gewesen. ›Viva el torre blanco‹, rief er, ›viva!‹ Die Frage des Autorenfotos auf der Rückseite des Schutzumschlages wurde von Lee Samuels gelöst, der von Ernest am Swimmingpool 35 Aufnahmen schoß. Ernest war überzeugt, daß eine davon schon entsprechen werde. Er hatte nur einen Wunsch: nicht wie ein ›Zombie‹ auszusehen.
Erstmals sei es bei diesem Buch nicht nötig, die Identität seiner fiktiven Charaktere zu verbergen. Der alte Mann und der Fisch seien beide seit langem tot. Den Haien seien auch keine Beleidigungsklagen zuzutrauen. Mit Manolito, dem jungen Sohn des Kaffeehausbesitzers in Cojimar, der ihm vielleicht als ganz entferntes Vorbild für den Jungen Manolo in der Geschichte gedient hatte, befürchtete er anscheinend keine Schwierigkeiten. Er war nur einen Augenblick beunruhigt, als ihn Carlos Baker an einen alten Brief an Max Perkins erinnerte, in dem er Carlos Gutiérrez als entferntes Modell für Santiago erwähnt hatte. Aber er löste das Problem, indem er Baker ersuchte, den Zusammenhang nicht aufzudecken. In der Gluthitze des 30. Mai beschloß er, neben dem Schwimmbecken dösend,

daß das Buch ›Mary und Pilar‹ gewidmet werden sollte. Aber an diesem Tag war Heldengedenktag und er dachte plötzlich an die Freunde, die gestorben waren. Abends sagte er Mary, daß er es ›Charlie Scribner und Max Perkins‹ dedizieren wolle. Sie stimmte großherzig zu. Nun verblieb nichts als das Korrigieren der Fahnen, was er an einem langen Feiertag in Paraiso erledigte.
Indessen hatte er auch die Kontroverse mit Philip Young beendet. Young hatte ihm mitgeteilt, daß seine ganze akademische Zukunft von der Veröffentlichung des Buches abhänge und daß er bereits fünf Jahre damit beschäftigt sei. Er war bereit, es noch einmal umzuschreiben, alle Zitate zu entfernen und in einem Vorwort festzustellen, Hemingway sei nicht willens gewesen, die übliche Erlaubnis zu erteilen. Ernest kapitulierte in einem Brief und einem Telegramm: ›*Wenn es Sie Ihren Job kostet nicht zu veröffentlichen informieren Sie Wallace Meyer bei Scribners daß Sie meine formelle Erlaubnis haben zu zitieren. Hoffe Sie sind zufrieden. Hemingway.*‹ Young antwortete, er sei, obwohl nicht vollends glücklich, dennoch aufrichtig dankbar. Die Sache schien endlich bereinigt.
Nichtsdestoweniger brach Ernest im Juni einen neuen Krieg mit einem anderen Kritiker vom Zaun, nämlich mit Charles Fenton aus Yale, der noch immer über seiner Dissertation über Hemingways journalistische Lehrzeit saß. Ernest hatte Gerüchte vernommen, wonach Fenton sein Privatleben gründlich erforsche. Er protestierte heftig, daß ihm diese Schnüffelei wie eine Untersuchung durch den FBI, ja sogar wie durch die GPU oder die Gestapo vorkomme. Fenton schrieb eine wütende Antwort und Ernest versuchte es auf sanftere Art. Er hätte einmal einen wunderbaren Roman über Oak Park schreiben können, aber er hätte es nicht getan, aus Furcht, jemanden zu verletzen. Er sei immer nur bestrebt gewesen, ein guter Schriftsteller zu sein. Nun wisse er, daß von dem Augenblick seines Todes an Schakale, Waschweiber und Hyänen an seiner Leiche kauern würden. Wieder antwortete Fenton wütend. Am Abend des 13. Juli schrieb ihm Ernest, daß er 200 Dollar für die Reise nach Kuba und zurück beilege. Wenn Fenton es tatsächlich wage, zu kommen, so wüßte er sich kein besseres Geschenk zu seinem 53. Geburtstag, als Fenton allein in einen geschlossenen Raum zu bitten. Fenton verfaßte eine geduldige Entgegnung und erläuterte seine Lage noch einmal. In einem langen Brief, in dem er mißverständliche Tatsachen und Auslegungen klarstellte, die in einem Artikel Fentons über die ersten Tage in Kansas City vorkamen, beruhigte sich Ernest schließlich.
Inmitten der Gluthitze, die Mitte Juni Temperaturen von 33 Grad im Schatten erreichte, kam Alfred Eisenstaedt herunter, um von Ernest für die Titelseite von *Life* Farbaufnahmen zu machen. Er fotografierte außerdem noch Fischer und Fischerboote als Vorlage für Noel Sickles, der ›Der alte Mann und das Meer‹ illustrieren sollte. Durch das mehrstündige Sitzen

in der Sonne während Eisenstaedts Arbeit bekam Ernest heftige Kopfschmerzen und ließ sich über seine Abneigung gegen Illustrationen aus. Eisenstaedt heuerte den 80jährigen Fischer Anselmo Hernandez an, wie Santiago in der Geschichte einen Hügel bei Cojimar hinauf zu gehen. Anselmo machte eine so rührende Figur, als er sich stoisch in der Hitze plagte, daß Ernest es nicht länger ertrug und Eisenstaedt ruhig mitteilte, daß er mit dem Fotografieren aufhören müsse.
Harvey Breit von der *New York Times Book Review* hatte nun den klugen Einfall gehabt, William Faulkner um seine Meinung über ›Der alte Mann und das Meer‹ zu bitten. Breit stellte ihm die Frage, als Faulkner auf seiner Rückreise aus Europa in New York anlangte. Faulkner antwortete, er wisse nicht, wie er so etwas anpacken solle, und fuhr nach Mississippi weiter. Aber kurze Zeit später überraschte er Breit damit, daß er ihm eine lange lobende ›Stellungnahme‹ über Hemingway schickte. ›Vor wenigen Jahren‹, hieß es darin, ›sagte Hemingway, daß Schriftsteller wie Ärzte, Anwälte und Wölfe zusammenhalten sollten. Ich glaube, daß darin mehr Witz als Wahrheit oder Notwendigkeit steckt, jedenfalls im Falle Hemingway. Denn die Schriftsteller, die es nötig haben, auf Gedeih und Verderb zusammenzuhalten oder unterzugehen, gleichen den Wölfen, die nur im Rudel Wölfe sind, und einzeln wieder nur Hunde.‹ Und Faulkner schrieb in seinem charakteristischen Stil weiter, pries Hemingways Integrität als Schriftsteller und ließ durchblicken, daß Hemingway von allen Menschen den Schutz des Rudels am wenigsten nötig habe.
Doch als Breit Ernest davon eine Kopie sandte, mußte er feststellen, daß er in ein Hornissennest gestochen hatte. Ernest brütete über Faulkners Syntax und zog närrischerweise den Schluß, daß derselbe Mann, der ihn im Jahre 1947 einen Feigling genannt hatte, ihn jetzt als eine ›Art Hund‹ bezeichnete. Faulkner hätte das Glückwunschtelegramm anläßlich seiner Nobelpreisverleihung niemals zur Kenntnis genommen. Unterdessen habe er, Ernest, einen guten und offenen Roman geschrieben, ›ohne Tricks und Rhetorik‹ wie Faulkners Nobelpreis-Rede. Warum hatte es Faulkner nicht einfach abgelehnt, über ›Der alte Mann und das Meer‹ zu schreiben und es dabei bewenden lassen? Und so ging es einen ganzen langen Brief weiter. Zu diesem Zeitpunkt hatte Harvey Breit von der Sache genug. ›Hören Sie zu, es tut mir verdammt leid‹, sagte er Ernest. Er habe die unschuldige Absicht gehabt, ›Freundschaft, und nicht Zwietracht zu stiften‹.
Inmitten dieser Querelen dämmerte es Ernest, daß er möglicherweise Faulkners Ansicht mißverstanden haben könnte. Er gab zu, vielleicht nur ein sturer und überempfindlicher Bastard zu sein, betrachtete die ›Stellungnahme‹ aber weiterhin mißtrauisch. Große Dichtung enthalte ein ›Mysterium‹, das man nicht heraussezieren könne, und das für immer seinen

Rückkehr

Wert behalte. Ein echter Schriftsteller könne dieses Mysterium in einem einfachen Satz heraufbeschwören. Vielleicht sei er zu hart zu Faulkner gewesen. Aber er sei nicht annähernd so hart gegen ihn gewesen, wie gegen sich selbst. Er werde bald 53, und in all diesen Jahren habe er stets versucht, gut zu schreiben. Old Faulkner möge sein ›Anomatopoeio-County‹ behalten. Sein Reich dagegen sei der Golfstrom, sein Fisch der streitbare Marlin. Alles, was Faulkner davon kenne, sei der gemeine Seewolf.

Glücklicherweise erreichte nichts von alldem das Ohr Faulkners, der vor kurzem eine Kurzkritik über ›Der alte Mann und das Meer‹ an die kleine Zeitschrift *Shenandoah* gesandt hatte. Er nannte den Roman den besten Hemingways. ›Es wird sich mit der Zeit erweisen‹, schrieb er, ›daß es vielleicht das beste Einzelwerk von uns allen ist, ich meine von seinen und meinen Zeitgenossen. Diesmal hat er Gott als Schöpfer entdeckt. Bis jetzt haben sich seine Männer und Frauen selbst gemacht, sich aus ihrem eigenen Lehm selbst gestaltet; ihre Siege und Niederlagen lagen in der Hand eines jeden einzelnen, um sich selbst oder anderen zu beweisen, wie stark und zäh sie sein können. Aber diesmal schrieb er über das Erbarmen, über irgend etwas irgendwo, das sie alle erschaffen hat: den alten Mann, der den Fisch fangen und dann verlieren mußte, den Fisch, der gefangen und verloren werden mußte, die Haie, die dem alten Mann den Fisch zu rauben hatten. Es ist gut so. Dankt Gott, daß, was immer Hemingway und mich schuf und liebt und mit uns Erbarmen hat, ihn davon abhielt, es weiter anzutasten.‹

Mochte Ernest diesen Aufsatz über seinen Roman auch gelesen haben, so gab er dies mit keinem Zeichen zu verstehen. Aber in Briefen aus dieser Zeit erörterte er wiederholt, was für eine ›verdammt sonderbare Geschichte‹ es sein mußte, daß sie so viele Menschen, wie auch ihn selbst, zutiefst berührte. Seine italienische Übersetzerin schrieb, daß sie den ganzen Nachmittag über seinem Buch geweint habe. Diese und ähnliche Reaktionen seiner Leser bestätigten ihn in seiner Überzeugung, daß er eine Wirkung ›weit über seine Erwartungen hinaus‹ erreicht hatte. Die Ästhetik dahinter sei nach außen hin einfach und nach innen kompliziert. ›Die Emotion wurde durch die Handlung hervorgebracht‹, bemerkte er stolz. Er verwarf die Ansicht, er habe die Bösartigkeit der Natur zeichnen wollen. Er leugnete außerdem, daß er das, ›was man ‚Naturalismus' zu nennen pflegt‹, verwendet hätte. Eine naturalistische Behandlung des Stoffes hätte leicht tausend Seiten ergeben, die mit der Geschichte und Soziologie von Santiagos Dorf, seiner Bewohner, den Bootrennen, den Schmuggeltätigkeiten, den Revolutionen und den alltäglichen Vorkommnissen des Landlebens angefüllt gewesen wären. Er habe es sich hingegen zur Aufgabe gestellt, die Erfahrung Santiagos so genau und direkt zu vermitteln, daß sie ein Teil der Erfahrung des Lesers würde, mit all den Implikationen, die der Leser dazu beisteuern konnte.

Je näher der Erscheinungstermin heranrückte, desto mehr wuchs Ernests kindliche Aufregung. Dan Longwell von *Life* berichtete ihm von einer ›Flüsterkampagne‹, die nationale Ausmaße angenommen habe. 600 Sonderexemplare der Fahnenabzüge der *Life*-Ausgabe waren zu Reklamezwekken verteilt worden. Jedermann, der sie las, prahlte vor einem Dutzend anderer damit, daß er den Inhalt kenne. Da sie wegen des Erscheinens in Fortsetzungen um ihren Gewinn bangten, schmuggelten die Buchhändler das Buch an ihre Kunden weiter. Die ironische Seite dieser Verrücktheiten bestand darin, daß Ernest verpflichtet war, von den 40 000 Dollar, die ihm *Life* gezahlt hatte, 24 000 für die Steuer abzuzweigen, während die Garantie des Book-of-the-Month-Club gerade ausreichte, um die 21 000 Dollar abzuzahlen, die der verstorbene Charles Scribner ihm geliehen hatte, um frühere Steuern zu begleichen. Es blieben ihm also bare 16 000 Dollar übrig. ›Man kann nicht gewinnen, General‹, sagte er zu Buck Lanham.
Abgesehen von den steuerlichen Problemen brachte die Veröffentlichung von ›Der alte Mann und das Meer‹ nur Annehmlichkeiten. *Life* verkaufte innerhalb 48 Stunden 5 318 650 Exemplare. Die Vorbestellungen der amerikanischen Verlagsausgabe lagen bei 50 000 Exemplaren, und der Verkauf pendelte sich dann bei einem wöchentlichen Absatz von 3000 Stück ein. In London wurden zu Beginn 20 000 und später 2000 pro Woche verkauft. Jonathan Cape prophezeite in einem Telegramm einen Gesamtabsatz von über 100 000. Diese Statistiken waren recht eindrucksvoll. Noch betroffener – wenn überhaupt möglich – war Ernest aber von der Wirkung des Buches auf die Leser. Er sagte, daß ihm alle möglichen Leute telefonisch gratulierten. Wer ihn sah, dankte ihm persönlich und brach oft in Tränen aus. Es war ›schlimmer als Bajazzo‹, sagte Ernest glückselig. Die amerikanischen Rezensenten waren meist hingerissen. Harvey Breit nannte das Buch ›bedeutend und ermutigend‹. Joseph Henry Jackson war voll des Lobes für dieses ›Mirakelspiel des Menschen gegen das Schicksal‹. *Time* fand ›nichts mehr von der alten Hemingwayschen Roheit‹, und bezeichnete das Buch als Meisterstück. Die Leserzuschriften in *Life* strotzten von lobenden Attributen. Rabbis und Pfarrer lasen Predigten auf Ernests Text. Drei Wochen hindurch erhielt Ernest durchschnittlich 80–90 Glückwunschschreiben pro Tag: von Hochschülern, Soldaten im Dienst, diversen Professoren, Journalisten aus New York, ehemaligen Kameraden aus Italien, Montana und Bimini, und von vielen Fremden.
Bernard Berenson schrieb ihm einen rührenden Brief. Ernest und Mary dankten dem alten Mann. Das Geheimnis des Romans sei, daß es darin keinen Symbolismus gebe, sagte Ernest. Meer bedeutete Meer, Mann alter Mann, der Junge sei ein Junge, der Marlin sei ein Marlin und die Haie seien nicht besser und nicht schlechter als andere Haie. Er nannte Berenson einen ›weisen alten Mann‹, und klopfte an, ob er sich wohl bereit erklären könne, für Scribners ein oder zwei Zeilen über das Buch als Zitat in der Ankündi-

gung zu schreiben. Er versicherte Berenson, daß er der einzige Kritiker sei, den er respektiere. Und wenn er das Buch wirklich schätze und dies auch sagen wolle, könne dies einige weniger ehrbare Kritiker zurechtstauchen. Zum Schluß entschuldigte er sich für seine Bitte, zog sie jedoch nicht zurück. Berenson antwortete umgehend aus der Casa al Dono in Vallombrosa mit ›einigen wenigen Zeilen über dieses kleine Meisterwerk‹. Hemingways ›Der alte Mann und das Meer‹, schrieb er, ›ist ein Idyll des Meeres als Meer, so wenig Byron und so wenig Melville wie Homer selbst. Die erzählende Prosa ist so milde und bezwingend wie Homers Poesie. Ein wahrer Künstler – und Hemingway ist ein wahrer Künstler – symbolisiert und allegorisiert niemals, aber jedes wahre Kunstwerk haucht Symbole und Allegorien aus. So auch dieses kurze, aber keineswegs unbedeutende Meisterwerk.‹

Ernest zögerte nicht lange und schickte die Kurzkritik an Wallace Meyer weiter. Er schlug gleichzeitig vor, sie in Vierteljahres-Rezensionszeitschriften wie *Hudson* und *Partisan* als Schlagzeilen in den Anzeigen zu verwenden. Er erklärte Meyer, Berenson habe die Symbolismus-Geschichte recht hübsch klargelegt und einen Schwall frischer Luft hereingelassen. Als Dank und um den alten Mann mit der Kraft seiner geschichtlichen Imagination zu beeindrucken, schrieb er Berenson, daß er manchmal das Gefühl habe, in allen Zeiten und in allen Ländern gelebt zu haben. Flauberts historischer Roman über das alte Karthago, ›Salammbo‹, habe ihn immer geärgert, weil er wisse, was sich in jenen Tagen an den Ufern des Mittelmeeres *tatsächlich* abgespielt habe. Romanschriftsteller seien Superlügner, die ihre Lügen wirklicher als die Wirklichkeit machen könnten, sagte er. Er persönlich sei stolz darauf, so profundes und ausgedehntes Wissen zu besitzen, um daraus seine Lügen zu schneidern.

Obwohl er im engsten Kreise sagte, es sei ihm unangenehm, unter der neuen Diktatur Batistas zu leben, nahm er ›im Namen der berufsmäßigen Marlin-Fischer von Puerto Escondido bis Bahia Honda‹ eine Ehrenmedaille der kubanischen Regierung entgegen. Aber er weigerte sich nach New York zu fahren, um dort seinen Erfolg zu feiern. Es gebe dort einfach zuviel verdammte Publicity. Betrunkene warteten darauf, ihn zu verdreschen (so drückte er sich aus), weil er hinter Scribners Rücken *Life* gestattete, das Buch zuerst zu veröffentlichen. Nüchterne Leute priesen seine Geschichte mit Tränen in den Augen. Beide Reaktionen machten ihn krank. Bücher zu veröffentlichen sei erschöpfender als zuviel Liebe, sagte er. Wenn er nach New York fahre, dann müsse er mit allerlei Witzbolden aus der Stadt saufen, und es würde zweifelsohne damit enden, daß er einen niederschlagen würde. Mary könne an seiner Stelle fahren und den Triumph auskosten. Er wolle in Kuba bleiben und mit dem Riesenmarlin kämpfen. Bis Ende September hatte er 29 Stück gefangen und hoffte nun auf Nummer 30. ›Wenn der mächtige Fisch aus dem Wasser schnellt und wieder eintaucht, bin ich von dem Schauspiel so bewegt wie das erste Mal‹, sagte er Berenson. Eine Zeitung in Havanna schrieb begeistert über den verborgenen Symbolismus in ›Der alte Mann und das Meer‹. Der Ausdruck versetzte einen einheimischen Fischer in Erstaunen, erzählte Ernest. ›Ernesto‹, fragte er auf Spanisch, ›was ist Symbolismus? In der Zeitung heißt es, daß die Haie die Kritiker sind.‹ Ernest grinste. ›Symbolismo‹, sagte er belehrend, ›es un truco nuevo de los intellectuales.‹ Es machte ihm Spaß, diese anti-intellektuelle und anti-symbolistische Pose einzunehmen.

Einer von Ernests damaligen außerliterarischen Plänen ging dahin, Gianfranco Ivancich, der erfolglos versucht hatte, seine Farm in Kuba zu verkaufen, und dessen weitere Zukunft noch ganz unsicher war, aus der Patsche zu helfen. Er war nur drei Jahre älter als Bumby, und Ernest betrachtete ihn halb als Bruder, halb als Sohn. Er brauchte die Treue und Ergebenheit, die Gianfranco bekundete – wie die Sinskys, Robertos, Gregorios und Don Andrés' – nur daß sie bei Gianfranco mit mehr Intelligenz, Sensibilität und ›Mysterium‹ gepaart waren als bei den anderen.

Ein anderes Projekt wurde im Dezember hochaktuell: Leland Hayward kam nach Kuba, um mit Ernest wegen der Verfilmung seines Romans zu verhandeln. Ernest schätzte Hayward, weil er *Life* dazu gebracht hatte, das Buch im Vorabdruck zu veröffentlichen, und weil er Schlager wie ›South Pacific‹, ›Oklahoma‹, und ›Call Me Madam‹ geschrieben hatte. Haywards Vorschlag lautete, Spencer Tracy solle mit einem jungen Schauspieler in einer Reihe von Vortragsabenden kreuz und quer durchs Land reisen und aus dem Buch vorlesen – wie es Charles Laughton mit Shaws ›Don Juan in der Hölle‹ getan hatte. Das würde das Publikum für einen Film erwärmen, bei dem Vittorio de Sica Regie führen und Spencer Tracy die Hauptrolle spielen sollte. Die Hauptaufnahmen könnten in eineinhalb Jahren beginnen. Indessen sollte Ernest die Hai-Szenen vor Puerto Purgatorio, einem Riff bei Paraiso, filmen, und zwar mit Ködern, die seitlich an einem Boot befestigt waren, und mit auf der Schiffsbrücke der ›Pilar‹ montierten Kameras.

Ernest billigte den Vorschlag im Prinzip. Der Plan, der ihn wirklich fesselte, war aber eine neuerliche Jagdsafari in Afrika. Patrick hielt sich derzeit mit seiner Frau in Kenia auf, und seine Berichte an den Vater klangen begeistert. Ernest lieh sich in der Lonsdale-Bibliothek das Buch ›Großwildjagd in Afrika‹, aus, damit sich Mary schon zu Hause über die eßbaren und die gefährlichen wilden Tiere orientieren könnte. Darryl F. Zanucks Film ›Schnee auf dem Kilimandscharo‹ war vor kurzem mit großer Publicity in New York angelaufen. Ernest sagte, er wolle seine alte 577er ölen, die sowohl für Nashörner und Büffel als auch leichte Panzerfahrzeuge tauge. Gleich nach der Landung in Mombasa wolle er die Büchse schultern, den Kilimandscharo besteigen, den Kibo Peak erklimmen und ›Zanucks Seele zu suchen‹ beginnen.

KAPITEL XI

Eine Angelegenheit von Leben und Tod

Das Jahr der Jäger

Ernests Gedanken kreisten nun fast ausschließlich um Afrika. Die schwebenden Verhandlungen mit Leland Hayward zögerten seine Abreise während des ganzen Frühjahrs 1953 hinaus. Er verging fast vor Ungeduld. Annähernd drei Jahre habe er auf Meeresniveau gearbeitet, schrieb er Berenson. Jetzt dränge es ihn unaufhaltsam ›auf die Berge hinauf‹. Er schärfte seinen Blick mit Wachteljagden im Hinterland, und ballerte im Club de Cazadores auf Tauben.

Als ein Zirkus nach Havanna kam, freundete er sich unter dem wachsamen Auge der hübschen blonden Dompteuse Herta Klausser mit zwei Bären namens Okie und Katya an. Okie war ein großer Malaienbär mit Zähnen wie ein vierjähriger Löwe. Er leckte Ernests Gesicht und ließ es sich sogar gefallen, als Ernest seine Tatzen hielt. Ernest schlug im Scherz vor, Katya ins Floridita mitzunehmen, denn, so beteuerte er, alle Bären seien von Natur aus versoffen. Er schrieb einen kleinen Aufsatz für das Programmheft der Ringling Brothers. Der Zirkus sei das einzig übriggebliebene Schauspiel, das noch einen ›wirklich glücklichen Traum‹ vermittle. Die Raubkatzen machten Dinge, die keine Katze je tun würde. Die Bären fuhren Rad und tanzten und hätten sich alle angetrunken, wenn nicht die Familie Klausser eingeschritten wäre.

Zu den nicht eingeplanten Vorbereitungen für die Afrikareise gehörte auch eine Menschenjagd. In den Dämmerstunden des 17. Januar döste er am anderen Ende des Hauses in Marys Bett, als er verdächtige Geräusche aus seinem Schlafzimmer vernahm. ›Rasch und barfuß‹ sprang er auf, packte seine 22er und feuerte in der Finsternis drauflos. Die drei Einbrecher flohen, einer von ihnen war aber von Ernest angeschossen worden. In der darauffolgenden Woche gab es weiteres Blutvergießen. Gianfranco bereitete sich auf die Heimreise nach Venedig vor, wo er einen Direktorenposten bei einer Schiffahrtslinie gefunden hatte. Sie halfen ihm eines Abends gerade beim Packen, als ein hochgewachsener junger Mann einem Taxi entstieg. Er erklärte, er sei gekommen, um bei Ernest zu lernen und auf der Finca zu wohnen, aber es stellte sich bald heraus, daß er sich schlagen

wollte. Ernest verpaßte ihm wütend ein Dutzend harter linker Haken. Der junge Amerikaner ging blutend zu Boden. Ernest bezahlte den Chauffeur und wies ihn an, den Burschen in einem der kleinen Stundenhotels in Havanna abzuliefern.
Seine Wut war beinahe ebenso groß, als er John Atkins' und Philip Youngs kritische Studien über sein Werk zu Gesicht bekam. Die eine betrachtete er als gutgemeinte Stümperei, die andere war ihm zu weitschweifig und verworren. Er bestritt wütend Youngs Behauptungen, ›Schonzeit‹ sei unter dem Einfluß Scott Fitzgeralds, ›Die Killer‹ unter dem Stephen Cranes entstanden. Die Grundsymbolik in ›Schnee auf dem Kilimandscharo‹ stünde unter dem Einfluß von Flaubert und Dante; das Porträt des Negers in ›Der Kämpfer‹ verrate eine latente Homosexualität. Am schrecklichsten empfand er aber die Feststellung, die Geschichte von Francis Macomber sei eine Selbstdarstellung gewesen. Er schloß daraus, daß die akademischen Kritiker alle versuchten, seine Werke ›in das Prokrustesbett ihrer Ismen und ihrer Dialektik‹ zu zwängen, und was noch schlimmer sei – sie benähmen sich alle eher wie Klatschspaltentanten als wie Gelehrte. Dieser Punkt störte ihn offensichtlich am meisten. Im Februar hörte er von seiner alten Freundin Dorothy Connable, daß sich Charles Fenton um Informationen über Ernests Anfangszeit in Toronto an sie gewandt hatte. Er schrieb Dorothy, er finde es erbärmlich, daß die Leute schon zu seinen Lebzeiten über sein Privatleben schrieben. Jene Zeit in Toronto gehöre den Connables und ihm selbst allein. Das einzige Mittel, diesen FBI-Schnüfflern einen Riegel vorzuschieben, sei, ihnen absolut nichts zu erzählen. Die Wahrheit würden sie gar nicht zur Kenntnis nehmen, wenn sich etwas Sensationelleres oder für ihre Theorie Passenderes biete. Dorothys Brief hatte in Verbindung mit dem Valentinstag in ihm die Erinnerung an die wundervolle trockene Kälte der Winter in Toronto wieder wachgerufen, an seine Liebe und Bewunderung für Mrs. Connable und an das Feingefühl, mit dem sie den Grünschnabel aus Oak Park behandelt hatte.
Noch ein gewichtigeres Argument gegen die wissenschaftlichen Spürnasen war, daß sie Material verarbeiteten, das er vielleicht eines Tages selbst in seinen Memoiren verwerten wollte. Er hatte schon früher öfter davon gesprochen, seine Erinnerungen an das Paris der zwanziger Jahre einmal niederzuschreiben, und erst vor kurzem einige besonders gute Anekdoten in Briefen an Reporter weitergegeben. Eine davon war die Geschichte von Fitzgeralds Wahnidee, sein Geschlechtsteil sei anormal klein geraten und tauge nichts. Eine andere wieder drehte sich um ein lesbisches Gespräch zwischen Gertrude und Alice, von dem Ernest behauptete, er habe es einst mitgehört. Wer konnte ahnen, was die Kerle klauen würden, während sie, unter dem Vorwand der Kritik, auf den Hintertreppen herumstöberten. Er instruierte Scribners wie im Falle Philip Youngs, Fenton die Erlaubnis zu verweigern, aus Ernests Werk zu zitieren.

Eine Angelegenheit von Leben und Tod

Zwei Wochen lang – etwa von Ende Januar bis Anfang Februar – befürchtete er, daß sich das schlechte Jahr 1951 wiederholen würde. Seine Schwester Sunny teilte ihm aus Memphis telegrafisch mit, daß ihr Mann plötzlich an einer Herzattacke gestorben sei. Ernest bemühte sich, sie wenigstens am Telefon zu trösten. Mary bekam Fieber, eine Halsentzündung und einen Hexenschuß und mußte eine Woche lang das Bett hüten. Ein weiteres trauriges Ereignis war Gianfrancos Abreise am 26. Januar. Es sei ärger, als jemanden tot zu wissen, sagte Ernest, denn ein Mann könne den Tod stets viel leichter als vorübergehende Entfernung Lebender verkraften. Mary und er waren beinahe außer sich vor Kummer, als zu allem Überfluß die Katze Willie von einem Wagen überfahren wurde und über den Hügel der Finca heraufgekrochen kam. Beide rechten Läufe waren gebrochen. Der Fall war hoffnungslos und Ernest erschoß die Katze. Er weinte heiße Tränen über den Verlust seines Lieblings, den er elf Jahre um sich gehabt hatte.

Im März machte Ernest mit Mary zweimal ausgedehnte Ausflüge nach Paraiso, mit Gregorio und dem Jungen Felipe als Maat und Matrosen. Ernest war nach eigener Aussage gebräunt wie ein ›Indio tostado‹. Mary schwamm, suchte Muscheln und war ›sehr glücklich‹. Am Abend des 2. April kehrten sie heim, gerade noch rechtzeitig, um sich auf die lang erwartete Ankunft von Spencer Tracy und den Haywards vorzubereiten.

Ernest war von Tracy angenehm überrascht: Er schien zugleich bescheiden und intelligent zu sein. Er ging in Begleitung seines Gastgebers den kleinen Hafen von Cojimar inspizieren und hatte sogar das Glück, den alten Anselmo Hernandez nach einer durchfischten Nacht in seiner Hütte schlafen zu sehen. Tracy war Abstinenzler und war jeden Morgen schon um halb sieben auf den Beinen, was Ernest imponierte, während die Haywards gewöhnlich bis Mittag schliefen. Sie waren gerade während des Osterwochenendes gekommen, eine für Ernest denkbar ungeeignete Zeit, geschäftliche Transaktionen durchzuführen. Es stellte sich bald heraus, daß Tracy nicht vor 1955 für den Film frei würde. Ostersonntag fiel mit Marys Geburtstag zusammen, und sie verbrachte nachdenklich eine Stunde allein beim Sonnenbaden auf dem Turm. Daß ihr siebtes Ehejahr als bisher bestes von allen so harmonisch und ohne die geringsten Zerwürfnisse verlaufen war, machte sie sehr glücklich.

Am ersten Montag im Mai fischten sie gerade vor den Riffen von Pinar del Rio, als sie in den Sechs-Uhr-Nachrichten Ernests Namen hörten. ›Der alte Mann und das Meer‹ hatte 1952 den Pulitzerpreis für Literatur gewonnen. Er bemühte sich, seine Befriedigung hinter gespielter Lässigkeit zu verbergen. Es war sein erster Pulitzerpreis, obwohl er 1940 in die engere Wahl gekommen war. Er schenkte den damit verbundenen Scheck an Bumby weiter, für den das auf die Dauer von fünf Monaten ein zusätzliches Taschengeld von 100 Dollar monatlich bedeutete. Ernest konnte sich diese Großzügigkeit erlauben. Der Vertrag, den er eben mit Hayward abgeschlossen hatte, sicherte ihm eine Vorauszahlung von 25 000 Dollar für die Benützung seines Romans als Filmvorlage und noch einmal die gleiche Summe dafür, daß er die Aufnahmen mit den Haien in der Karibischen See und mit dem Riesen-Marlin vor Peru überwachte. Gegen Mitte Mai kamen einige Redakteure von der Zeitschrift *Look* und boten Ernest für eine Artikelserie über seine zukünftige Safari ansehnliche Honorare. Prompt kaufte er Mary ein gelbes Plymouth-Kabriolet und fing an, mit dem Geld die Afrikareise vorzubereiten.

Ehe sie die Segel nach Mombasa setzten, hoffte er, der Fiesta von San Fermîn in Pamplona neuerlich einen Besuch abzustatten. Das Problem war, daß Franco noch immer an der Macht war und Ernest allgemein als überzeugter Republikaner bekannt war. Als er aber mit seinen Freunden über den geplanten Abstecher nach Spanien sprach, waren sie sich einig, daß er ruhig und ohne das Gesicht zu verlieren nach Spanien zurückkehren könnte, vorausgesetzt, er würde nichts von dem, was er geschrieben habe, widerrufen und sich nicht über Politik äußern. Sie richteten nun den Zeitpunkt der Abreise danach: Ernest und Mary buchten die Überfahrt an Bord der ›Flandre‹ für den 24. Juni und vereinbarten mit Gianfranco, daß er sie am 30. in Le Havre abholen solle. Von dort könnten sie dann im Lancia gemütlich nach Pamplona fahren, anschließend nach Madrid und Valencia und schließlich wieder zurück nach Paris, bevor sie sich von Marseille nach Mombasa einschiffen würden. In Nairobi wollten sie ihren kubanischen Freund Mayito Menocal treffen, der direkt hinfliegen wollte, um die Safari mitzumachen, während Philip Percival wieder als White Hunter fungieren sollte.

Ernest sagte Black Dog besonders Lebewohl, da er nicht erwartete, ihn bei seiner Rückkehr lebend vorzufinden, und fuhr mit Mary über Key West nach New York. Während der Reise hielt er sich durch schmale Kost, Training im Gymnastiksaal der ›Flandre‹ und tägliches Vichy-Wasser nach dem Abendessen in Form. Abgesehen von Briefen beschäftigte er sich literarisch nur mit Charles Fentons Doktorarbeit. Alfred Rice hatte ihm in New York eine Kopie des Manuskripts ausgehändigt. Er las es während der Überfahrt und schrieb Fenton, er könne das Buch veröffentlichen, wenn er in Afrika sterbe. Andernfalls ganz gewiß nicht.

›Wenn du fröhlich reisen willst – und das will ich‹, sagte Ernest, ›dann reise mit netten Italienern.‹ Er meinte damit Gianfranco, der in Le Havre zu ihnen gestoßen war, und Adamo, einen vergnügten, dunkelhaarigen und devoten Leichenbestatter aus Udine, der als Chauffeur mitfuhr. Sie hielten sich in Paris überhaupt nicht auf, rasteten in Chartres und fuhren über Poitiers weiter. Im Loire-Tal, das Gianfranco noch nie zuvor gesehen hatte, amüsierte sich Ernest bei dem Gedanken, jetzt ein Ritter des Mittelalters zu sein, der auf seinem Roß das Ufer entlanggaloppierte. Er spann

Eine Angelegenheit von Leben und Tod

diesen Einfall den ganzen Weg in den Süden weiter aus, der sie über Dax und St. Jean-de-Luz nach Hendaye führte, wo er vor vielen Jahren am ersten Entwurf von ›Fiesta‹ gearbeitet hatte.
Sie überschritten bei Irún ohne jeden Zwischenfall die Grenze, obgleich Ernest später in übertriebener Form die Gefahr beschrieb, von den Grenzposten erschossen zu werden. Als sie in Pamplona ankamen, mußten sie feststellen, daß alle Hotelzimmer ausgebucht waren. Also nahmen sie 33 Kilometer nördlich in Lecumberri, einer angenehmen, in ein grünes Tal eingebetteten baskischen Stadt, Quartier. Das Hotel Ayesterán war blitzsauber, im besten nordspanischen Stil, mit eichenen Pfostenbetten und gescheuerten Holzböden.
Am nächsten Tag standen sie vor Sonnenaufgang auf und fuhren nach Pamplona. Auf dem Hauptplatz erwartete sie Ernests alter Freund Juanito Quintana, der sein Hotel im Bürgerkrieg verloren hatte. Er war nun 63, ein kleiner, schmalschultriger Mann mit würdigem und gewinnendem Benehmen. Außerdem erwartete sie Rupert Bellville, ein hochgewachsener Engländer, den Ernest im Jahre 1937 an Bord des Schiffes kennengelernt hatte, das sie beide nach Spanien brachte, um auf entgegengesetzten Seiten am Krieg teilzunehmen. Die Gesellschaft trank starken Kaffee zum Frühstück, band rote Halstücher um und eilte über die kopfsteingepflasterten Gassen zur Plaza de Toros, gerade noch rechtzeitig, um den Galopp der Stiere durch die Straßen und die Ankunft der atemlosen Amateure mitzuerleben. Mittags gesellte sich ein richtiger ›Salat‹ (eine Bezeichnung Ernests) verschiedener Leute zu ihnen: Tom und Durie Shevlin, Peter Viertel und ein baumlanger, junger Princeton-Absolvent namens Peter Buckley, der behauptete, Bumby von seiner Pariser Kindheit her zu kennen. Buckley erging sich in Lobeshymnen über einen brillanten neuen Matador namens Antonio Ordóñez, den Sohn von Nino de la Palma, dessen Heldentaten Ernest in ›Fiesta‹ unter dem Namen Pedro Romero gefeiert hatte. Ernest war mit seinem Empfang in Pamplona, wo man ihn ›wie einen Einheimischen, der Wort hält‹, behandelte, vollauf zufrieden. Als Vorwand für sein Kommen behauptete er, sich für einen Anhang zu ›Tod am Nachmittag‹ Tips über die Entwicklung und den Verfall des modernen Stierkampfes holen zu wollen. Aber Antonio überzeugte ihn bald, daß *Verfall* keineswegs das richtige Wort war. Ernest ging nach einer bemerkenswerten Corrida am Nachmittag hinüber ins Hotel Yoldi, um den neuen Helden kennenzulernen, einen schlanken, dunkelhaarigen jungen Mann mit Charme und großer persönlicher Ausstrahlung. Ernest war hinterher der Überzeugung, daß Ordóñez weitaus besser sei als sein Vater an seinem besten Tag.
Nach fröhlichem Beginn löste sich die Fiesta, wie es Ernest schon einmal erlebt hatte, in heftigen Regengüssen auf. Mary erkältete sich, wie es schon Hadley unter ähnlichen Umständen einmal passiert war. Schließlich fuhr

Das Jahr der Jäger

Gianfranco mit Bellville nach Biarritz, und Ernest und Mary zogen sich, mit Adamo am Steuer, in den Süden nach Burgos zurück.
Von der direkten Route machten sie Abstecher nach Sepúlveda, nach Segovia und San Ildefonso, so daß Ernest Mary zeigen konnte, wo sich das Versteck der Guerilleros seines Romans in der Sierra de Guadarrama befunden hatte. Die gebirgige Landschaft bestand aus Granitmassiven, war mit Eichen- und Fichtenwald bedeckt, und überall in den Höhen sah man die dunklen Öffnungen der Höhlen. Unter einer kleinen Steinbrücke hindurch brauste ein Gebirgsbach. Ernest sah glücklich auf die vorbeiziehende Landschaft und bezeichnete sie als das Land von ›Wem die Stunde schlägt‹. Obgleich die Brücke nicht genau der des Romans entsprach, die Robert Jordan mit Dynamit in die Luft gesprengt hatte, befriedigte Ernest die Entdeckung, daß er das Terrain genauso beschrieben hatte, wie es tatsächlich war.
In Madrid ließ er es sich nicht nehmen, dasselbe Zimmer im Hotel Florida zu mieten, das er im Herbst 1937 bewohnt hatte. Er schrieb Buck Lanham, daß ihm sein eingebautes Radar sage, daß die Spanier dies als durchaus korrekte Handlungsweise seinerseits ansehen würden. Im selben Brief beschrieb er seine aktive Mitwirkung am Bürgerkrieg außerordentlich plastisch: er habe in die Kühlvorrichtungen der Maxim-Maschinengewehre, sobald sie sich überhitzten, gepißt, und im Staub des nackten, grauen Landes (›ärger als Hürtgen‹), in dem er und seine Kameraden dem fünften Gegenangriff der Franco-Rebellen standhielten, den siedenden Harn gerochen.
Die Gemälde des Prado hatten sich in seinem ›Kopf und Herz so tief eingeätzt‹, als ob sie in all den Jahren an den Wänden der Finca gehangen hätten. Er meditierte vor den Bildern von Goya, Bruegel und Hieronymus Bosch und stand lange vor Andrea del Sartos ›Bildnis einer Frau‹, in deren Gesicht er sich vor Jahren verliebt hatte. Der Museumsbesuch schien ihm sein allerschönstes Geburtstagsgeschenk, aber auch die anderen waren recht erfreulich: die Nachricht vom Ende des Korea-Kriegs, die Nachricht, daß ihn Batista mit dem Carlos-Manuel-de-Céspedes-Orden ausgezeichnet hatte, und ein Gedicht von Archie McLeish, das das Kriegsbeil zwischen ihnen endgültig begrub.
Sie rundeten die Spanienreise mit einem Besuch bei Ordóñez und seinem Schwager Luis Miguel Dominguin in der Villa Paz Ranch in Saelices ab und setzten die Fahrt nach Valencia fort. Mary machte mit Juanito Quintana und Peter Buckley eine Stadtrundfahrt, und alle zusammen besuchten sie mehrere Stierkämpfe. Dann war es an der Zeit, nach Paris zurückzukehren. Am 4. August reisten sie von Paris in Richtung Marseille ab, hielten sich noch in Aix-en-Provence auf und schifften sich schließlich an Bord der ›Dunnottar Castle‹ nach Mombasa ein.
Das Wetter war besser und das Schiff viel sauberer als 1933. Nach vier

Eine Angelegenheit von Leben und Tod

Tagen auf See kam ein kalter Wind auf, der mitten im August schon wie ein Winterhauch wirkte. Vor der ägyptischen Küste und am Suez-Kanal war es heiß und windstill, bis sich spätnachts die Wüstenkälte bemerkbar machte. Der Himmel prangte voll klarer Sterne, und die Positionslampen vorüberziehender Schiffe leuchteten hell und warm. Sie vertrieben sich die Zeit unter Tag mit Basketball, so lange es das Wetter erlaubte. Aber im Roten Meer stellte sich mörderische Hitze ein, begleitet von starken Monsun-Winden, die sechs Meter hohe Wellen aufwarfen.
Am Freitag wurde am Touristendeck getanzt. Clive Cookson, ein junger, britischer Seemann, hatte mittschiffs einen Kranblock ausgewechselt und ging gerade nach vorne, um sich zu waschen, als er auf Hemingway stieß, der an der Reling lehnte und auf die See blickte. Er trug ein weißes Nylonhemd und Flanellhosen. Graue Stoppeln bedeckten sein Kinn, er schwitzte mächtig, und Gesicht und Nase waren vor Hitze rot angelaufen. Der Brustkasten wölbte sich unter dem Hemd; wie ein Turm stand er vor Cookson. Der junge Mann sagte, daß ihm Ernests Geschichte von Malcolm Macomber sehr gefallen hätte. ›Sie meinen *Francis* Macomber‹, sagte Hemingway ziemlich unwirsch. Cookson wurde rot und fing an, zu stottern. Er habe das Gerücht gehört, daß Hemingway nach Mombasa unterwegs sei, um einen Roman zu schreiben oder einen Film zu machen. ›Verdammte Gerüchte‹, erwiderte Ernest, ›verflixte Gerüchte.‹ Er verfiel in Schweigen und Cookson fühlte sich entlassen. Aber Ernest war noch nicht so weit. ›Ich trage neuerdings ein hübsches Gewicht mit mir herum‹, sagte er und deutete auf seinen Bauch. ›Es ist überhaupt nicht groß‹, log Cookson. Die Schmeichelei ärgerte Ernest anscheinend, doch legte sich sein Zorn bald. ›Wart einmal‹, sagte er, ›ich hole Mary.‹
Als sie kam, sprachen sie von den Sternen. Ernest sagte, daß er sich bei dem Stern, den Santiago in ›Der alte Mann und das Meer‹ sah, geirrt habe. Sieben Leute hätten ihn darauf aufmerksam gemacht. Der alte Mann konnte Rigel in jenem Teil der Welt und in der geschilderten Jahreszeit unmöglich gesehen haben. ›Die Leute waren so freundlich, es mir zu schreiben‹, sagte Ernest. Er bestand darauf, Cookson Marys kostbares Buch über die Sterne zu leihen. Der junge Mann behielt es über Nacht und brachte es schon am nächsten Tag wieder zurück, aus Furcht, daß es einer seiner Schiffskameraden stehlen könnte. Die See und die Hitze hatten Hemingway philosophisch gestimmt. ›Weißt du‹, sagte er zu Cookson, ›wir trampeln uns unseren Pfad bis zum Heranwachsen vom Augenblick unserer Geburt an. Man formt seine Vorstellungen, wie man sein Leben führen soll, stufenweise. Sonderbar, wenn man verletzt wird – wirklich verletzt, meine ich –, dann ist man bereit, diese Vorstellungen zugunsten anderer, die einem nun sinnvoll erscheinen und den Schmerz lindern, sofort über Bord zu werfen.‹ Vielleicht träumte er vom Jahr 1918 in Italien. Doch Cookson fragte ihn nicht und Ernest sprach es nie aus.

Das Jahr der Jäger

Als sie Mombasa erreichten, regnete es. Cookson lehnte an der Reling und beobachtete die Verabschiedung der Hemingways. Sie stiegen in einen von einem farbigen Fahrer chauffierten Landrover. Ernest fischte in seiner Tasche nach Papieren und stierte wild auf den afrikanischen Polizisten, der die Eingänge zum Hafen bewachte. Aber sein ganzes Gesicht überzog sich mit einem breiten Lächeln, als Philip Percival erschien. Er war in den verflossenen 20 Jahren und nach einer kürzlichen Flecktyphus-Erkrankung merklich gealtert, aber sein heiteres Aussehen war nicht im mindesten davon beeinträchtigt. Mary vernarrte sich sofort in ihn. Mayito Menocal war bereits nach Nairobi vorausgeflogen, mußte aber dort mit schwerer Arthritis ins Krankenhaus eingeliefert werden. Er tauchte aber bald gutgelaunt wieder auf und stieß im Lager auf Philip Percivals Kitanga-Farm zu den anderen. Earl Theisen, ein Fotograf von *Look*, der vorwiegend von seiner Kameraausrüstung in Anspruch genommen war, tauchte ebenfalls auf. Die letzten Augusttage verbrachten sie, luxuriös in neun Zelten untergebracht, auf der Kitanga-Farm an den grün-braunen Abhängen der Mua Hills bei Machakos: Sie fuhren mehrmals nach Nairobi, um noch Ausrüstungsgegenstände und Jagdkleidung einzukaufen und die letzten Safarivorbereitungen zu erledigen. Am zweiten Tag kam Philip vor dem Frühstück mit der Nachricht, daß der 160 Kilometer südöstlich gelegene Kilimandscharo aus seiner Wolkenhülle aufgetaucht sei, und sie verfrachteten sich alle schnell in den Wagen, um den Anblick von der Kuppe des Potha Hill aus zu genießen. Ernest frohlockte bei der Nachricht, daß man ihnen die Genehmigung erteilt hatte, den September im südlichen Wildreservat im Kajiado Distrikt, 60 Kilometer südlich von Nairobi, als Einzeljäger zu verleben. Das Gebiet war erst vor kurzem wieder für Jäger geöffnet worden und es hieß, daß es vor Wild überquelle. Sie besorgten in Machakos die Jagdlizenzen, zahlten 1000 Shilling pro Löwen plus 200 für einen Extralöwen. Anschließend frühstückten sie kalte Zwergtrappe, frische Tomaten und Bier. Dann machte sich die kleine Karawane voller Tatendurst auf den Weg.

Sie brauchten nicht lange zu warten. Nach wenigen Kilometern wurden sie von einem jungen, staubbedeckten Wildhüter namens Denis Zaphiro begrüßt, der seinen Landrover am Straßenrand abgestellt hatte und grinsend dastand. ›Ihr wollt ein Nashorn schießen?‹ fragte er. ›Ja‹, erwiderte Ernest. ›Schön, kommt mit‹, sagte Zaphiro, ›es ist gerade da rein.‹ Ernest und Mary, Mayito und Theisen kletterten in den Landrover. Der Heger bog von der Straße in das hohe Gras und hielt an, als sie das Nashorn, das neben einem Dornbusch stand, erblickten. Zaphiro hatte seine Fährte seit dem Vormittag verfolgt; es war angeschossen worden und schleppte einen Fuß nach. Die Männer schritten voran und ließen Mary als Beobachterin zurück. Die Dämmerung brach herein. Mary war etwas nervös, da sie das Gefühl hatte, Ernest wage sich zu nahe heran. Er war nur noch zwölf

Eine Angelegenheit von Leben und Tod

Schritte entfernt, als er die über sieben Kilo schwere 577er hob. Die Büchse donnerte los, und das Nashorn warf sich herum. Er feuerte noch einmal, aber das Vieh lief zwischen dem Dornengestrüpp davon. Sie verfolgten die Fährte, solange es noch hell genug war, und gaben erst auf, als man in der Dunkelheit nichts mehr ausmachen konnte. In ihrer Abwesenheit hatten die Boys das Lager errichtet, das sie freundlich empfing, als sie im Feuerschein hinkamen. Sieben Zelte standen unter einem mächtigen Dornbaum neben dem Salengai-Fluß, einem breiten ausgetrockneten Flußbett mit einem ganz kleinen Rinnsal auf einer Seite. Denis Zaphiro bemerkte, daß nachts viele Elefanten auf ihrer Wanderung zu den Wasserplätzen vorbeiziehen würden. Es höre sich wie der Marschschritt galoschenbewehrter Riesen an. Es könne sogar ein neugieriger Löwe in die Zelte schauen.
Die Nacht verlief ohne die angekündigten Besuche. Am nächsten Morgen gingen Ernest und Zaphiro bei Sonnenaufgang auf die Suche nach dem Nashorn. Es lag verendet nahe der Stelle, an der sie die Suche am Abend zuvor abgebrochen hatten. Sie ließen es unberührt, in der Hoffnung, daß es Hyänen anlocken werde. Ernest wollte gerne welche abknallen. Als sie zum Frühstück ins Lager zurückkehrten, waren Zaphiro und Ernest bereits gute Freunde geworden. Zaphiro stammte aus London, war 27 Jahre alt, fast ebenso groß wie Ernest, aber von schlankem Körperbau. Während des Krieges hatte er in der britischen Armee gedient und anschließend im Äquatorialkorps in einem der besten Wildgebiete Afrikas. In den vergangenen drei Jahren war er Wildhüter des Kenia-Wild-Department gewesen, ein leidenschaftlicher, überzeugter Heger, der mit der Verwendung leichter Flugzeuge zur Ortung der ziehenden Wildherden Pionierarbeit geleistet hatte. Ihm war es zu verdanken, daß das südliche Wildreservat wieder für die Jagd geöffnet worden war.
Das Gebiet des Salengai-Flusses wimmelte von Vögeln und allen möglichen anderen Tieren. Ernest befriedigte seine Schießleidenschaft für Flugwild an großen Schwärmen von Tauben, Steppen- und Perlhühnern. Es gab auch viele Marabus, die feierlich und stocksteif in den Sümpfen standen und Mary an knickebeinige, alte Algebraprofessoren erinnerten. Laut Denis beherbergte der Distrikt vierhundert Elefanten, zehn Nashörner und über zwanzig Löwen, doch gab es darüber hinaus eine erstaunliche Vielfalt anderen Wildes. Das erste ›Tierchen‹ Marys war ein Gnu, das erste Ernests ein Gerenuk. In rosafarbene Tuniken gehüllte Massaikrieger strömten herbei, stießen ihre Speere in den Boden, sagten ›Jambo‹ und verteilten kräftige, trockene Händedrucke. Während der Fahrt zu dem in östlicher Richtung gelegenen Dorf Sultan Hamuds hielten sie am 5. September bei einer Massai-Siedlung, wo Ernest eine Vorstellung für die Eingeborenen gab. Er schoß mit seiner 22er Zigaretten aus der Hand und durchlöcherte Pennies und halbe-Dollar-Münzen.
Als sich die Massai bei Zaphiro beschwerten, daß Löwen ihre Her-

den überfallen würden, legte er als Köder Zebrakadaver aus. Am frühen Morgen des 6. September brachen Ernest und Mary mit Zaphiro, Earl Theisen und den Gewehrträgern auf. Als sie zum ersten Köder kamen, hörten sie ein Geräusch brechender Zweige. ›Da muß etwas Großes drin sein‹, sagte der sanftmütige Theisen. ›Wie recht Sie haben‹, flüsterte Ernest vergnügt. Knapp hinter dem dünnen Buschwerk, 30 Meter abseits der Straße, ästen sieben Elefanten. Die Jäger schlichen zum Köder zurück und versuchten dabei wie Indianer zu schleichen. Von dem Zebra war nichts als ein kleines Stück Rippe übriggeblieben. Als sie sich zum Gehen wandten, erschienen drei weitere Elefanten am Rande der Lichtung. Denis bildete während ihres Rückzuges zum Landrover die Nachhut, als ihn plötzlich einer der jungen Bullen erblickte. Die ganze Herde überquerte die Straße in einer Art eiligen Schlenkerns – riesige, von rötlichem Staub bedeckte Bullen und viele Kühe mit ihren Jungen. Ernest zählte 52 Stück, die in seinen dramatischen Briefen an Lanham, Berenson und Breit bis auf 72 anstiegen. Er wandelte Theisens Bemerkung ›Da muß etwas Großes drin sein‹ rasch in einen Lagerwitz um.

Die eine Woche am Salengai gab allen Gelegenheit miteinander bekannt zu werden. Mayito Menocals weißer Jäger hieß Roy Home. Marys Gewehrträger war der alte Charo, nun schon weit über siebzig, noch kleiner als Mary und sich noch immer nur vage dessen bewußt, daß ihn Ernest in ›Die grünen Hügel Afrikas‹ unsterblich gemacht hatte. Der dreißigjährige N'Gui war Ernests Gewehrträger. Nach wenigen kurzen Fragen war er überzeugt, den Sohn von M'Cola, seinem verstorbenen Blutsbruder aus dem Jahre 1933 vor sich zu haben. Denis Zaphiro kam so gut mit Ernest und Mary aus, daß ihn Philip Percival bat, als ihr White Hunter zu fungieren. Ernest gab ihm den liebevollen Spitznamen ›Gincrazed‹, der bald auf ›G. C.‹ zusammenschrumpfte. Die Vereinbarung ›hatte den Segen des Wild-Departementes in Nairobi‹, wie Denis bemerkte. Man hoffte, daß ein guter Artikel von Hemingway die Leute ermutigen werde, nach Kenia zu kommen – trotz der schlechten Publicity, die die Mau-Mau-Gefahr bewirkt hatte.

Am letzten Tag am Salengai erlegte Ernest frühmorgens seinen ersten Löwen. Er machte keine gute Figur dabei, obwohl er es später anders erzählte. Als sie im Landrover aufbrachen, war der Himmel mit Regenwolken verhangen. Zwei Löwen taten sich an dem ausgelegten Köder gütlich. ›Papa hat auf 200 Yard auf einen geschossen‹, schrieb Mary. ›Wir hörten den Knall, aber weder fiel noch brüllte er.‹ Er war nur wie vom Erdboden verschwunden. Percival und Menocal gesellten sich zum Suchtrupp. Nach einer halben Stunde fand Denis den verwundeten Löwen und machte ihm mit zwei schnellen Schüssen den Garaus. Ernest schoß ebenfalls zweimal. Beim Abhäuten nahmen sich die Hemingways je einen Bissen rohen Fleisches und kauten daran.

Eine Angelegenheit von Leben und Tod

Diese Geste sollte Glück bringen. Mayito Menocal schoß regelmäßig besser als Ernest und schrieb seine Glückssträhne bescheiden dem gelben Schal zu, den er trug. Wenn es tatsächlich nur Glück war, so zeigte es sich zwei Tage später im Kajiado-Distrikt in der Nähe des Kimana-Flusses besonders deutlich. In vier Stunden hatten sie das Lager südwärts verlegt und unter hohen Bäumen neben einer staubbedeckten, aber parkartigen Ebene errichtet. Am 11. schoß Mayito einen schwarzmähnigen Löwen, der von der Schwanzspitze bis zum Maul 2,70 m maß und über 220 Kilo wog. In merklichem Gegensatz zu Ernests Abenteuer beim Salengai-Fluß hatte Mayito nur einmal geschossen. Ernest kam wieder in Schwierigkeiten, als Mary und er mit Denis die Kimana-Sümpfe durchkämmten. Plötzlich sahen sie eine gewaltige Büffelherde mit ebenholzschwarzen Rücken über dem hohen Ried. Ernest schoß auf einen Bullen und Denis versicherte ihm, daß die Kugel getroffen habe. Aber sie konnten weder den Büffel noch eine Fährte finden.

In einem Versuch, die Schlappe wettzumachen, packte Ernest die alte Springfield aus, die ihm 1933 so gute Dienste geleistet hatte. Zunächst ging alles gut: er erlegte an zwei aufeinanderfolgenden Tagen mit jeweils einem Schuß ein Zebra und ein Gerenuk. Dann begann er wieder zu patzen – in zwei Jagdwochen rund um Kajiado verzeichnete er Fehlschüsse auf zwei Zebras, ein Warzenschwein, einen Löwen, eine Löwin und einen Pavian. Aber er war nach wie vor ein guter Flugwildschütze und nützte jede Gelegenheit dazu. Das Wandern tat ihm gut. Sein Gewicht sank ungeachtet seines starken Appetits auf 86 Kilo, und aus seinen Briefen ging stets hervor, daß er eine wundervolle Zeit verbringe. Von seinen Unannehmlichkeiten mit der Büchse abgesehen stimmte es. Der Koch N'Bebia ließ alle seine Kochkünste spielen und die Gerichte waren so üppig und exotisch, daß Ernests Appetit auf Wild allmählich verging. Er kam auf seine Frühstücksgewohnheitem im Wild-West-Stil zurück und genehmigte sich Spiegeleier, Schinken, Zwiebelscheiben, Ketchup, Worcestersauce und Senfgurken.

Sie brachen das Lager am 19. September ab und kehrten für drei Tage nach Salengai zurück. Am 24. kamen sie in ein neues Gebiet, das das Wild-Department Feigenbaum-Lager benannt hatte. Es lag westlich von Magadi und nördlich des Natron-Sees in der Nähe eines kleinen Flusses namens Oleibortoto, der seinen Ursprung am Westrand des Rift Escarpment hatte. Mary fand die Gegend bezaubernd. Wenige Kilometer weiter südlich an einem Hügelabhang erlegte Mayito einen schönen männlichen Leoparden und Mary kurz darauf mit einem einzigen Trägerschuß einen kleineren Kudu-Bock.

Theisen reiste am ersten Sonntag im Oktober nach Nairobi, von wo er den langen Heimweg antreten wollte. Mayito und Roy Home drangen nach Tanganjika vor, während die Hemingways noch zehn Tage im Feigenbaum-Lager blieben, da sie weiterhin auf einen Löwen für Mary hofften. Am 13. Oktober brachen sie das Lager ab, fuhren nach Nairobi zurück, trafen dort Tom Shevlin und fuhren zu einem vergnügten Dinner auf Percivals Kitanga-Farm. Mary blieb dort, um einen Artikel über Spanien zu schreiben, während Ernest nach Tanganjika flog, um Patrick zu besuchen. Seine 3000 Morgen große Farm lag in der Nähe von John's Corner zwischen waldigen Hügeln und Bergwiesen. Ernest hatte seinen Kopf vollständig kahlgeschoren. Die Narben seiner diversen Kopfwunden kamen zum Vorschein, und er zeigte sie voller Stolz Patrick und Henny. Er nahm die Gelegenheit wahr, um Gianfranco zu schreiben und Marys ›ideales‹ Verhalten während der Safari zu loben.

Obwohl sie ihren Freunden daheim versicherten, daß sie es Zeit ihres Lebens nicht schöner gehabt hätten, hatten sie im dritten Jagdmonat viel Pech. Ihre Reise nach Ibohara Flats im Usangu-Distrikt gestaltete sich als einzige Katastrophe. Wild war kaum zu sehen und die Temperaturen stiegen oft auf 42 Grad an. Nach ihrer Rückkehr nach Kajiado wohnten sie eine Woche in Denis' neuem Haus, wo Bill Lowe, der Herausgeber von *Look*, zu ihnen stieß. Sie unternahmen gemeinsam eine Zehn-Tage-Safari, die ziemlich unbefriedigend verlief. Zu allem Überfluß purzelte Ernest in einer scharfen Kurve aus dem Landrover, zerschnitt sich das Gesicht und verstauchte sich die Schulter. Henny wurde krank und Patrick erlitt einen schweren Malaria-Anfall.

Ernest hatte durch diverse Andeutungen zu verstehen gegeben, daß er es nur allzu gern mit einer Eingeborenen treiben würde. Eines Abends beim Dinner erklärte er Mary, daß sie ihn ›um sein neues Weib brächte‹ – ein Wakamba-Mädchen namens Debba von einer Shamba nahe dem Dorf Laitokitok. Mary, die sich schon seit langem damit abgefunden hatte, kleine Jungen kleine Jungen spielen zu lassen, erwiderte hilfreich, daß dem Problem mit Leichtigkeit abgeholfen werden könne, aber Debba müsse zuallererst einmal von oben bis unten geschrubbt werden. Ernests Begeisterung ließ sofort nach, und er meinte, es sei jetzt nicht die geeignete Zeit, darüber zu diskutieren. Einige Wochen lang geschah nichts Besonders. Am 12. flog Mary mit einem Buschpiloten namens Roy Marsh zu Weihnachtseinkäufen nach Nairobi. Als sie am 16. heimkehrte, mußte sie feststellen, daß Ernest in der Zwischenzeit ein ziemlich wilder Eingeborener geworden war. Er hatte seine Lederjacken und zwei Hemden ›in verschiedenen Schattierungen von rostrotem Massai-Ocker‹ gefärbt und begonnen, mit dem Speer zu jagen. Er warf den Speer nach einem auf einem Dornbaum kauernden Leoparden und verfolgte seine Fährte in das dichte Gebüsch. Zehn Schritte weiter fanden sie einen Blutspritzer und ein Stück Schulterblatt des Leoparden. Als N'Gui Ernest den Knochensplitter reichte, steckte er ihn sich wie einen Talisman quer in den Mund. Der Leopard hatte in einem Dornendickicht Zuflucht gesucht. Ernest mußte sechs Salven

mit seiner Winchesterbüchse abgeben, ehe das Tier zu heulen aufhörte und verendete. Ernest feierte das Ereignis im Western-Stil mit fünf Flaschen Bier. Am Abend wurde er von Debba und ihren Freundinnen aus dem Schlaf gerissen. Er nahm sie nach Laitokitok mit und kaufte ihnen Kleider für Weihnachten. Als sie wieder ins Lager gelangten, gestaltete sich die Feier, wie Mary berichtete, bald so ›schwungvoll‹, daß sie ihr Bett zerbrachen. Doch als einer der Diener warnte, Debbas Tante könne Schwierigkeiten machen, nahm Ernest von weiteren Aktionen Abstand und brachte die Mädchen wieder in die Shamba.
Sie begingen die Festtage nach afrikanischem Brauch, feierten den Weihnachtsmorgen mit einem geschmückten Dornbaum und verteilten Geschenke an die Safari-Diener. Für den Weihnachtsabend hatte Ernest ein besonderes ›Ngoma‹ arrangiert. Unter der Schar der Wakamba und Massai, die zur Vorstellung kamen, befand sich auch Debba mit ihrer Tante. Ernest hielt eine feierliche Rede. Die Eingeborenen vollführten mit gefärbten Straußenfedern geschmückt ihre kunstvollen Tänze. Den Silvesterabend verbrachten sie dann in aller Stille bei Tee und Pasteten, die die Percivals mitgebracht hatten.
›Hier beim Feuer sind wir glücklich‹, schrieb Mary am 2. Januar in ihr Tagebuch, ›und denken daran, was für ein wunderbares Jahr wir hinter uns haben.‹
Ernest saß da und rieb sich seinen kahlgeschorenen Schädel. ›Ich bin kein Großmaul, aber ich bin ein schrecklicher Aufschneider‹, sagte er.
›Nein‹, dachte Mary zärtlich, ›nur ein großer Spaßvogel.‹
›Wir waren kluge Kinder, daß wir nach Afrika gekommen sind‹, sagte Ernest.

Uganda und danach

Freitag, den 8. Januar 1954 um ein viertel nach sechs Uhr abends saßen die Hemingways friedlich in ihrem Lager in Kimana. Es blieben ihnen nicht mehr viele solche Abende. In ein paar Wochen würden sie von Nairobi aus zu einer Ferienreise nach Belgisch-Kongo aufbrechen. Roy Marsh sollte sie, als verspätetes Weihnachtsgeschenk für Mary, in einer Cessna 180 hinfliegen. Plangemäß wollten sie am 15. von Kimana fort, im Amboseli-Reservat einmal übernachten, einige Tage mit Denis in Kajiado verbringen und dann nach Nairobi fahren, um sich wieder neu zu ›gruppieren‹, wie Ernest zu sagen pflegte.
Am 21. starteten sie in der von Roy Marsh geflogenen Cessna vom Flughafen Nairobi. Roy war ein schlanker und selbstbewußter junger Mann mit einem kleinen schwarzen Schnurrbart. Die Flugroute war abwechslungsreich. Sie flogen anfangs nach Südwesten ins Feigenbaum-Lager, wo

sie eine Botschaft für Denis Zaphiro hinterließen, erforschten das Rift Escarpment aus der Luft und bewunderten die Färbung des Natron-Sees, der von unzähligen Flamingos rosa übersät war. An jenem Nachmittag drehten sie nach Westen ab und überflogen den Ngorongoro-Krater und die Serengeti-Ebene. Ernest machte den Lagerplatz von 1933 und die Stelle aus, wo Pauline ihren Löwen geschossen hatte. Sie landeten zum Auftanken in Mwanza und kamen bei Sonnenuntergang zum Kivu-See, dem schönsten, den Mary je gesehen hatte. In Bukavu, mit dem Beinamen Costermansville, blieben sie über Nacht.

Am nächsten Tag flogen sie nach Norden über das Seengebiet des Edward-, George- und Albert-Sees und landeten am Abend in Entebbe am Nordwestufer des Victoria-Sees. Mary hatte Hunderte Photos geschossen: Den Natron-See und die Flamingos, die großen Herden von Ngorongoro und Serengeti, Farbaufnahmen von Kivu, Eingeborenendörfer unter Strohdächern, Fischer in Einbäumen, Elefanten und Büffel einträchtig nebeneinander, Nilpferde beim Bad an den Seeufern. Am dritten Tag sahen sie das weiße Band des Nils, das sich durch die grüne Landschaft wand. Sie machten einen Umweg nach Osten zu, den Victoria-Nil entlang, um Mary Gelegenheit zu geben, die Murchison-Fälle zu fotografieren, wo der Fluß über eine Reihe sehenswerter Katarakte hinabstürzte.

Roy umkreiste die Fälle dreimal. Bei der dritten Runde kreuzte plötzlich ein Schwarm Ibisse den Weg des Flugzeugs. Als Marsh die Maschine herunterdrückte, um ihnen auszuweichen, streifte er die Drähte einer stillgelegten Telegrafenleitung, die die Schlucht überspannten. Dadurch wurde der Propeller geknickt und das Leitwerk zerstört. Marsh bog von den Fällen ab, versuchte vom Steilufer wegzukommen, verlor aber stetig an Höhe und hielt nach einem geeigneten Platz zum Notlanden Ausschau. Fünf Kilometer südwestlich der Fälle fanden sie geeignetes Gelände und machten sich zur Landung bereit. Das Flugzeug krachte mit dem Geräusch zerberstenden Metalls zwischen großen Dornbüschen nieder. ›Schnell raus‹, schrie Marsh. Die Hemingways sprangen hinaus und setzten damit zum ersten Mal in ihrem Leben den Fuß auf den felsigen Boden Ugandas.

Nachdem der Flugzeuglärm verstummt war, herrschte tödliche Stille. Roy fuhr die Radioantenne aus. Sie konnten seine Stimme in der Kabine hören. ›Mayday, Mayday, Mayday. Victor Love Item drei Meilen süd-westlich der Murchison-Fälle abgestürzt. Niemand verletzt. Erwarten Hilfe auf dem Landweg.‹ Er wiederholte die Botschaft und schaltete auf Empfang. Keine Antwort. Im dichten Gestrüpp ringsumher vernahmen sie den vielstimmigen Chor der Tiere. Mary hatte einen Schock davongetragen und mußte sich hinlegen. Einige Minuten lang konnte Ernest ihren Puls überhaupt nicht fühlen, dann plötzlich sprang er auf 155 in der Minute. Ihr Brustkasten schmerzte. Ernest hatte sich beim Aufprall die Schulter verrenkt. Ansonsten waren sie, wie Marsh gesagt hatte, unverletzt.

Eine Angelegenheit von Leben und Tod

Sobald sie sich wieder gefangen hatten, erstiegen sie einen nahen Hügel, auf dem Telegrafenmaste ohne Drähte gegen den Himmel ragten. Von der Kuppe aus erblickte man den Fluß, wo sich Nilpferde und Elefanten bei der Tränke tummelten. Mary schlief in dieser Nacht unruhig unter einer Wolljacke und einem Regenmantel, während Ernest und Roy neben dem Feuer dösten.

Sobald es hell war, brach Roy zu den Fällen auf, um einen großen Pfeil in Richtung auf das abgestürzte Flugzeug auszulegen. Ernest stöberte gerade nach Brennholz, als er etwas Erfreuliches erblickte: Ein weißes Boot fuhr stromabwärts. Mary und er winkten mit ihren Regenmänteln, um die Aufmerksamkeit auf sich zu ziehen. Leider gab es kein Anzeichen, daß man sie vom Boot aus gesehen hatte. Die Elefanten waren zu nahe, als daß sie zum Ufer hätten laufen können. Verzweifelt beobachteten sie, wie das Boot an einem kleinen Landeplatz festmachte und die Passagiere an Land schlenderten. Sie winkten und schrien von neuem und wurden diesmal gesehen. Ein paar Eingeborene trennten sich von den anderen und kamen den Hügel herauf. Ernest blieb an Ort und Stelle, um auf Roy zu warten, während Mary hinunter zum Boot ging.

Der Name auf dem Bug des Schiffes lautete ›Murchison‹. Der Kapitän war ein Inder. Er hielt es nicht für vernünftig, noch weitere Personen an Bord zu nehmen. Das Boot war für den Tag von Ian McAdam gechartert worden, einem britischen Chirurgen aus Kampala, der bereits mit Frau und Sohn ausgestiegen war, um die Wasserfälle zu besichtigen. Als Ernest und Roy kamen, bestand der Inder darauf, daß sie ein außergewöhnlich hohes Fahrgeld von hundert Shilling pro Person bezahlten. Er war an reiche Amerikaner gewöhnt; so hatte er die ›Murchison‹ schon an John Huston und dessen Frau während der Dreharbeiten zu ›The African Queen‹ vermietet.

Es war Spätnachmittag, als sie den Albert-See erreichten und der Ostküste nach Butiaba folgten. Ein Buschpilot namens Reggie Cartwright erwartete sie mit dem Polizeibeamten Williams an der Anlegestelle. Sie hatten den ganzen Tag hindurch gesucht. Es ging das Gerücht, die Hemingways seien bei dem Absturz umgekommen. Ein Pilot der BOAC, der bei den Fällen gesucht hatte, meldete die Bruchlandung und sah keinerlei Zeichen von Überlebenden. Cartwright, dessen Flugzeug, ein zwölfsitziger De Havilland Rapide, aufgetankt auf dem Flugfeld von Butiaba stand, war bereit, sie nach Entebbe zu fliegen. Die Nacht brach herein, als sie die Landebahn erreichten. Der Rapide sah recht flugtauglich aus, doch die Startbahn erinnerte an einen schlecht gepflügten Acker. Ernest, Mary und Marsh kletterten mit gemischten Gefühlen an Bord und blickten auf die Bahn, als das Flugzeug mit Getöse und Gequietsche über die Furchen zu rumpeln begann, sich erhob, wieder auf dem Boden aufprallte und binnen Sekunden in Flammen stand. Vor Marys Fenster loderte das Feuer empor; sie

hakte ihren Sicherheitsgurt los. Es schien ein Jahrhundert zu dauern, ehe sie die Tür an der gegenüberliegenden Seite fand. Sie war verklemmt. Weiter vorne hatte Roy Marsh ein Fenster ausgeschlagen. Mary und er krochen hinaus und brachten sich in Sicherheit. Ernest erschien auf der Tragfläche, er hatte sich mit seinem lädierten Kopf und der verletzten Schulter voran den Weg durch die verklemmte Tür gebahnt. Er sprang taumelnd herunter und wankte in dem flackernden Licht von dannen. Zweimal in zwei Tagen hatten sie Unfälle erlitten und waren jedesmal lebend davongekommen.
Aber nicht unversehrt. Beim Aufbrechen der Kabine hatte sich Ernest am Schädel verletzt. Er blutete stark aus einer Kopfwunde und hinter seinem linken Ohr sickerte eine klare Flüssigkeit heraus. Mary hatte ein angeschlagenes Knie und hinkte vor Schmerzen. Sie stiegen in den Wagen des Polizeibeamten Williams und legten die 80-Kilometer-Strecke nach Masindi zurück. Ernest sagte später, es sei die längste Fahrt seines Lebens gewesen, und auch Mary dürfte sie kaum als kurz empfunden haben. Im Bahnhofshotel in Masindi gab es weder Essen noch Ruhe. Mehrere Buschpiloten kreuzten auf und schlossen sich den Überlebensfestivitäten an. Sie hatten wie Cartwright alle das Land auf der Suche nach der Absturzstelle durchkämmt. Sobald wie möglich zogen sich die Hemingways auf ihre Zimmer zurück und knabberten noch an einigen Sandwiches herum. Keiner von beiden war auch nur im geringsten hungrig, und Ernest wurde von dauernden Hustenanfällen geplagt.
Am nächsten Morgen telegrafierte Mary ihren Eltern. Auf der ganzen Welt erfuhren die Leute aus Zeitungen und Radio, daß die Hemingways überlebt hatten. Es erschien ein Arzt mit Verbandzeug, und sie fuhren in einem Mietwagen mit Chauffeur nach Entebbe. Es ging fast zweihundert Kilometer über staubige Straßen. Sie bekamen im Lake Victoria Hotel ein Eckzimmer. Vertreter der East African Airways warteten auf einen Bericht aus erster Hand über die Abstürze. Anschließend sprach Ernest kurz zur Presse, obwohl er doppelt sah und sein Gehör so schlecht funktionierte wie ein Radio während eines Gewitters.
›Das Glück ist mir noch immer gewogen‹, sagte er ihnen. An diesem Abend leistete ihnen Stuart Cloete beim Dinner Gesellschaft. Für Ernest war es, als säßen ihm Zwillinge gegenüber.
Während des Rests der Woche lebte er nur von Gin und nacktem Überlebenswillen. Er hatte einen Leistenbruch, mit der Niere stimmte etwas nicht, er erbrach sich oft, sein Kreuzbein fühlte sich an wie ein glühender Schürhaken und er trug seinen lädierten Schädel wie ein rohes Ei. Patrick flog am Dienstag nachmittags mit einer gecharterten Maschine von Daressalam ein. Er hatte 14 000 Shilling bei sich. Seine ruhige und bestimmte Art gefiel und rührte seinen Vater zugleich. Am Donnerstag trieb Roy Marsh eine Cessna 170 auf, um Ernest nach Nairobi zu schaffen. Patrick

Eine Angelegenheit von Leben und Tod

und Mary folgten am nächsten Tag in einem Verkehrsflugzeug. Seit Beginn der Reise waren erst neun Tage vergangen, aber sie kamen ihnen wie tausend Jahre vor. Aus beiden Hemisphären strömten Gratulationstelegramme herbei. Ernest saß aufrecht in seinem zerwühlten Bett und las sie alle. Danach kamen die verfrühten Nachrufe aus Zeitungen der ganzen Welt, die Ernest mit ›unmoralischer Wonne‹ verschlang, wie sich Mary ausdrückte. Aber es ging ihm nicht aus dem Kopf, daß einige Leute die Nachricht von seinem Tod mit Freude aufgenommen haben könnten.
Er schwebte noch immer in Lebensgefahr. Abgesehen von der schweren Gehirnerschütterung hatte er Leber-, Milz- und Nierenrisse davongetragen, zeitweiligen Verlust des Sehvermögens auf dem linken Auge, Verlust des Hörvermögens auf dem linken Ohr, eine Quetschung der Wirbelsäule, Verstauchung des rechten Armes, der Schulter und des linken Beines. Außerdem war sein Schließmuskel gelähmt, und er hatte vom Flugzeugbrand Verbrennungen ersten Grades auf Gesicht, Armen und Kopf. In der üblichen Pose der Unverwundbarkeit hatte er den Reportern erzählt, es sei ihm niemals besser gegangen. In Wahrheit war es ihm niemals schlechter gegangen. Anfang Februar gab es sogar Momente, wo ihn seine Gehirnerschütterung unterzukriegen schien. Adriana versicherte er in einem Brief, daß er beide Male, als er ›starb‹, lediglich bedauert habe, sie traurig zu machen. Er spielte sentimental auf Petrarca und Laura, Abelard und Héloise an. Er erzählte Harvey Breit, daß er, ehe er dem zweiten Inferno entkommen sei, zweimal Feuer geschluckt habe, und daß so eine Prozedur noch nie jemandem genützt habe – außer Jeanne d'Arc.
Vor den Unfällen hatten sie ein Fischerboot gemietet und es so eingerichtet, daß das Safariteam samt Last- und Jagdwagen weiter für sie bereitstand, weil sie bei Shimoni an der Küste Kenias ein neues Lager errichten wollten. Während Mary nach Mombasa fuhr, um alles zu überwachen, blieb Ernest in Nairobi und verfaßte einen 15 000 Wörter langen Artikel für *Look*. Das Honorar für den nach seiner Überzeugung authentischen und humorvollen Bericht über die jüngsten Unannehmlichkeiten in Uganda betrug 20 000 Dollar. Der Artikel stimmte zum Großteil mit den Tatsachen überein, aber er war eher zerfahren, enthielt viele komische Umschreibungen und Ernests übliche Übertreibung. Das Überraschende daran war nicht etwa die nicht sehr hochstehende Prosa, sondern die Tatsache, daß ein Mann in seiner Verfassung überhaupt noch schreiben konnte.
Das Lager bei Shimoni war bereits aufgeschlagen, als Ernest mit Roy Marsh an Washingtons Geburtstag hinunterflog und am Strand einige Kilometer nördlich landete. Patrick, Henny und die Percivals waren bereits eingetroffen. Ernest sprach begeistert über seine Angelpläne. Die übrige Gesellschaft fuhr zwar fast jeden Tag aus, aber Ernest war nur selten in der Lage, mitzuhalten. Sein verletztes Rückgrat bereitete ihm andauernde Schmerzen, und jede Bewegung erforderte größte Mühe. Gerade wäh-

rend dieser ärgsten Zeit brach in der Nähe des Lagers ein furchtbares Buschfeuer aus. Tollkühn wie er war, versuchte er, mit den anderen das Feuer einzudämmen. Sein körperlicher Zustand war aber so schlecht, daß er stolperte und in die Flammen fiel. Als man ihn mit bereits schwelenden Kleidern herauszog, hatte er sich an den Beinen, am Bauch, Brust und Lippen schon Verbrennungen zweiten und an der linken Hand, wie am rechten Unterarm, Verbrennungen dritten Grades geholt. Jetzt reichte es ihm, und er blieb solange an Bord des Fischerbootes im Hafen von Mombasa, bis sie sich für die Rückreise nach Venedig an Bord der ›Africa‹ begaben.

Er blieb während der Rückfahrt in seiner Kabine, bis sie in Port Said waren. Er stand für ein oder zwei Stunden täglich auf, um sich seine Beine zu vertreten. Er hatte neun Kilo abgenommen, und die inneren Blutungen hatten ihn sehr geschwächt. Gleich nachdem das Schiff Ende März in Venedig vor Anker ging, legte er sich sofort im Gritti ins Bett. Er schrieb Berenson, daß er ursprünglich vorgehabt habe, endlich die so lange aufgeschobene Reise nach Florenz zu unternehmen, daß er jetzt aber wieder davon abgekommen sei. Er würde statt dessen vielleicht nach Torcello fahren und nichts anderes tun, als in seinem Schlafzimmer vor einem Buchenholzfeuer zu liegen. Aber er blieb, wo er war und empfing die üblichen Besucherscharen. Alle waren von seinem Anblick entsetzt. Er erzählte ihnen, daß er seine Brandwunden mit Löwenfett kuriere. Aber diese romantische Arznei hinderte ihn nicht daran, in Flaschen und Gläsern Dutzende von Urinproben im Badezimmer seiner Suite zu sammeln. Er ging auch oft in die Klinik, wo man ihn untersuchte und mit Bestrahlungen behandelte. Seine rechte Niere wies einen schweren Riß auf und zwei Lendenwirbel waren zertrümmert. Aber den ganzen April hindurch, der in diesem Jahr kalt und regnerisch war, zeigte er sich nach außen hin trotz seiner Schmerzen und Sorgen gutgelaunt.

Als Oberst Jim Luckett und seine Frau ihn besuchten, hielt er in einem Unterhemd, einem alten grauen Leibchen, zerrissenen Pyjamahosen und weichen Pantoffeln Hof. Er monologisierte lebhaft über die Ardennenschlacht und seinen jüngsten Kampf mit dem Schicksal in Uganda. Dann zog er sich an, um mit David und Evangeline Bruce zu lunchen, kehrte aber bald darauf ›vollkommen fertig‹ – wie seine Redensart lautete – in sein Bett zurück und schluckte haufenweise Pillen. Er traf Adriana so oft es nur ging und wünschte der nun 24jährigen bei jeder Gelegenheit, sie möge recht bald den besten Mann der Welt heiraten. Doch obwohl er die Bedenken ihrer Mutter wegen ihres guten Rufes weitgehend respektierte, machte er weiterhin zahlreiche kleine und scherzhafte Anspielungen auf ihre Partnerschaft in der White Tower Incorporated. Er berichtete ihr stolz, daß ihm die amerikanische Akademie für Kunst und Literatur einen Verdienstorden verliehen habe, den man ihm im Mai in New York überreichen wolle.

Eine Angelegenheit von Leben und Tod

Aber er habe überhaupt keine Lust, hinzufahren. Er beabsichtige vielmehr, nach Madrid zu den San-Isidro-Stierkämpfen zu reisen und dann von Genua aus gemütlich mit einem langsamen Schiff nach Havanna zu schaukeln.

Madrid war wegen des Festes vor Menschen überfüllt, aber Ernest hatte im Palace Hotel schon Zimmer bestellt. Das Hotel war zumindest so luxuriös wie das Pariser Ritz. Als Mary und Rupert Bellville aus Sevilla eintrafen, bestand er trotz des elenden Wetters darauf, zu den Stierkämpfen zu gehen. Am 18. Mai, dem ersten Tag, an dem sich die Sonne zeigte, fuhr er in einem kleinen Konvoi zu einer Stierzuchtranch in der Nähe des Escorial hinaus, wo er auf einer ausgebreiteten Capa faulenzte, während er Luis Miguel Dominguin bei der Arbeit mit einjährigen Kälbern zusah. Er posierte mit Dominguin und Ava Gardner für die Fotografen und es machte ihm sichtliches Vergnügen, in der erlauchten Gesellschaft einer berühmten Filmschauspielerin und ›des besten lebenden Stierkämpfers‹ aufgenommen zu werden. Aber er gab nachher privat zu verstehen, daß für einen Mann, der gerade aus Afrika zurückgekommen war, selbst der Stierkampf einen gewissen Abstieg bedeutet.

Der Absturz in Butiaba und der Brand in Shimoni hatten ihm tatsächlich einen Großteil seiner früheren Spannkraft genommen. Während des Madrider Aufenthaltes war er gezwungen, Dr. Juan Madinaveitia zu konsultieren, der seine Geschichte anhörte, ihn abermals untersuchte, und anhaltende Ruhe, eine vorsichtige Diät und stark eingeschränkten Alkoholkonsum empfahl. Er befolgte die Vorschriften während der letzten Woche in Madrid und der Fahrt nach Genua so gut es ging. Die lange Überfahrt nach Havanna an Bord der ›Francesco Morosini‹ war zwar ›höllisch langweilig‹, aber auch ›geruhsam und gesund‹. Als das Schiff in Funchal auf Madeira einlief, gab ihm ein überraschender Brief Adrianas, den er mit entsprechender Zärtlichkeit am selben Tag noch beantwortete, neuen Mut. Im übrigen aß er wenig, las, döste und betrachtete die Färbungen des Meeres. Er hatte keine besondere Lust, etwas anderes zu tun. Ein einziger Brief genügte, um ihn zu ermüden. Wieder daheim, nach einer Abwesenheit von nahezu dreizehn Monaten, vertraute er sich den Händen Dr. Herreras an. Er erholte sich mit Leibesübungen am Schwimmbecken und mit einem Brett unter der Matratze, das seinen Rücken entspannte. Trotz seiner Misere in Uganda hatte er nicht die Absicht, ›als König Lear eingestuft zu werden‹, und begann davon zu sprechen, daß er bereits wieder Heimweh nach den fernen Hügeln Afrikas habe.

Nobelpreis

Trotz seines schneeweiß gewordenen Bartes war Ernest erst 55 und außerdem fest entschlossen, sich die Gesundheit wieder zu erkämpfen – die körperliche wie die seelische. Er erklärte dem bejahrten Berenson, daß allem zum Trotz nur die Jugend zähle und daß sich nichts mit den alten Lieben messen könne. Ruhm als Schriftsteller sei eine Sache, aber die andere, Publicity genannt, habe er reichlich satt. Die ganze Absturzgeschichte habe nur den alten und irrigen Mythos vom strammen Kerl durch eine neue Legende der Unverwüstlichkeit ersetzt, die ebenso falsch sei. Was ihn in ernsten Stunden interessiere, sei Schriftstellerei, das härteste Geschäft der Welt. Dies sei die Fähigkeit, das außerhalb normaler Wahrnehmungen Liegende wahrzunehmen und es nicht bloß faßbar, sondern auch noch normal erscheinen zu lassen. Da dies offensichtlich genauso unmöglich scheine wie die Kunst der Alchimisten, minderes Material in Gold zu verwandeln, sei das Publikum in jedem Fall sehr darauf erpicht. Dennoch sei zuviel Verehrung schlecht für einen Schriftsteller. Die wahre Belohnung trage er in sich, in seinem Bewußtsein, daß er die Grenzen seiner Fähigkeiten erreicht habe und dann darüber hinausgegangen sei.
Es waren Gerüchte im Umlauf, daß sein Name auf der Liste der Nobelpreiskandidaten ganz oben stehe. Da er schon einmal enttäuscht worden war, verhielt er sich skeptisch. Er äußerte aber in einem Gespräch, daß er, sollte es ihm gelingen, so viel steuerfreies Geld in die Hände zu bekommen, sich eine Cessna 180 kaufen und sich wirklich einmal anständig amüsieren würde. Ansonsten könne der Preis gefährlich werden. Nach seiner Theorie der sauren Trauben hätte ›kein einziger Hundsfott, der einmal den Nobelpreis gewann, nachher noch etwas Lesenswertes geschrieben‹. Faulkners Roman ›Eine Legende‹, im August erschienen, bestätigte das seiner Meinung voll und ganz. Er schien Ernest unecht und gekünstelt: alles, was man brauche, täglich 5000 Wörter von einem solchen Zeug zu schreiben, sei ein Liter Whisky, der Heuboden in einer Scheune und eine totale Mißachtung der Syntax.
Sommer und Herbst gingen wie üblich mit teils positiven, teils negativen Vorfällen vorüber. An seinen 55. Geburtstag erschien er im Internationalen Jachtclub und nahm den Carlos-Manuel-de-Céspedes-Orden entgegen, den man ihm ein Jahr zuvor angekündigt hatte. Mary war gerade von Gulfport heimgekehrt, wo sie ihre Eltern in einem Pflegeheim untergebracht hatte. Philip Percival unterzog sich in London einer Krebsoperation. Gianfranco, der auf seiner eigenen Finca schwer arbeitete, hofierte gerade ein Mädchen namens Christina Sandoval, das vor Ernest keine Gnade fand. Ava Gardner und Dominguin kamen zu Besuch. Ernest freute sich über das Angebot seines Sohnes Gregory, ihren nun schon drei Jahre währenden Streit zu begraben. Er redete ohne Unterlaß von einem Dokumentarfilm

Eine Angelegenheit von Leben und Tod

über das Leben der wilden Tiere Afrikas, zog aber wütend seinen Namen zurück, als seine Verhandlungspartner die Vereinbarungen vorzeitig bekanntgaben.
Im Sommer konnte er eine Zeitlang nichts anderes schreiben als Briefe. Als der Herbst nahte, nahm er einige Geschichten in Angriff, die auf seine jüngsten Erfahrungen in Afrika zurückgingen. Eine wurde so umfangreich, daß er erwog, daraus einen Roman zu machen. In Wirklichkeit war sie eher ein etwas ausgeschmücktes, großenteils völlig formloses Tagebuch der Safari, das halbwegs wirkungsvolle bis völlig banale Szenen enthielt. Im Vordergrund standen er selbst, Mary und Denis Zaphiro. Die Safaridiener und die anderen Afrikaner kamen und verschwanden wieder, wie es die Gelegenheit gerade erforderte. Er machte viel Aufhebens um N'Gui und Charo, die er bei ihren richtigen Namen nannte. Auch das Makamba-Mädchen Debba kam mehrmals vor – mit gekräuseltem Haar, rauhen Händen und ohne das geringste Schamgefühl, aber ansonsten, wie er McLeish erklärte, ›ganz wie Prudy Boulton‹, das Indianermädchen vom Walloon Lake.
Lanham war vor kurzem aus Europa in die Armee-Generalstabsschule in Norfolk in Virginia zurückgekehrt. Da ihn das Nichtstun langweilte, beschloß er, sich zu einer schon lange nötigen Bruchoperation ins Spital zu begeben. Eines Tages gegen Ende Oktober erschien eine Krankenschwester und sagte: ›General, es ist ein Ferngespräch für Sie da.‹ Die Stimme am anderen Ende gehörte unverkennbar Ernest.
›Buck, ich hab' nur angerufen, um dir zu sagen, daß ich das Ding bekommen habe.‹
›Das Ding? Welches Ding?‹
›Das schwedische Ding. Du weißt schon.‹
›Du meinst den Nobelpreis?‹
›Nhm‹, sagte Ernest, ›du bist der erste, den ich anrufe.‹
›Gottverdammt, wunderbar‹, sagte Lanham, ›gratuliere.‹
›Ich hätte das verdammte Ding schon lange bekommen sollen‹, sagte Ernest. ›Ich überlege mir, ob ich ihnen nicht sagen soll, sie sollen sich's an den Hut stecken.‹
›Sei kein Esel. Das kannst du nicht machen.‹
›Na ja, vielleicht doch nicht‹, sagte Ernest. ›Es sind 35 000 Dollar. Wir beide können mit 35 000 Dollar verflucht viel Spaß haben. Weswegen ich vor allem angerufen habe, Buck, ich möchte, daß du herkommst und mir hilfst. Jeder wird an die Tür der Finca trommeln. Buck, was hältst du davon?‹
Lanham sprach von seiner gestrigen Bruchoperation.
›Zur Hölle, Buck‹, sagte Ernest, ›das ist ja nichts Ernstes. Komm nur. Können dich diese Docs nicht zusammenflicken?‹
›Sie haben's schon‹, sagte Lanham. ›Sie haben's so ordentlich getan, daß

ich diesen ganzen verfluchten Korridor mit meinem Darm in der Hand heruntermarschiert bin, um mit dir zu telefonieren.‹
›Schön, Buck‹, sagte Ernest. ›Ich sag' dir ehrlich, ich fahr' nicht hin. Ich schreib' ihnen irgendwas, das sie vorlesen können. Was würdest du sagen, wenn *du* den Nobelpreis bekämst?‹
Für den 28. Oktober, den Tag der offiziellen Bekanntgabe, hatte sich Ernest vorgenommen, ein gutes Benehmen an den Tag zu legen. Mitten während der überfüllten Feier auf der Finca rief Harvey Breit aus New York an, um ihn zu interviewen. ›Würdest du mir bitte Schriftsteller nennen, die vor der Stiftung des Nobelpreises im Jahre 1901 lebten und denen du als Mitglied der Jury die Auszeichnung verliehen hättest?‹ fragte Breit.
›Schön‹, sagte Ernest, ›als Nobelpreisträger kann ich nur bedauern, daß er nie an Mark Twain oder Henry James verliehen wurde, um nur von meinen Landsleuten zu sprechen. Noch größere Schriftsteller als die beiden haben den Preis auch nicht erhalten. Ich wäre heute glücklicher gewesen, wenn der Preis an die wunderbare Schriftstellerin Isak Dinesen gegangen wäre oder an Bernard Berenson, der sein ganzes Leben damit verbracht hat, die besten und klarsten Bücher über Malerei zu schreiben, die je erschienen, und am glücklichsten wäre ich gewesen, wenn der Preis Carl Sandburg verliehen worden wäre... Da ich die Entscheidung der Schwedischen Akademie respektiere und ehre, sollte ich mir solche Bemerkungen gar nicht erlauben. Aber jeder, der eine Ehrung erhält... soll sie in Demut empfangen.‹
›Hem‹, sagte Harvey Breit, ›ich glaube, das reicht.‹
›Glaubst du, es ist in Ordnung, hm?‹
›Ich glaube, es ist sogar sehr in Ordnung‹, sagte Breit. ›Es ist wunderbar, und ich liebe dich, Hem.‹
Ernest legte den Hörer sorgsam auf, wischte sich die schwitzende Stirn und kehrte zur Party zurück. Er sagte später, daß er an diesem Morgen dankbar und großzügig habe sein wollen, und daß es ihn gefreut habe, drei Leuten, die ›ihr ganzes Leben hart gearbeitet‹ hatten, Anerkennung und persönliche Freude bereitet zu haben. Es sei gar keine Kleinigkeit gewesen, an einem einzigen Tag drei Menschen glücklich zu machen, die alle schon ziemlich bejahrt waren.
Die offizielle Laudatio des Nobelpreiskomitees mißfiel ihm. Sie pries seine ›kraftvolle, stilbildende Meisterschaft in der Kunst der modernen Erzählung‹. Aber sie bezeichnete zugleich seine früheren Werke als ›brutal, zynisch und gefühllos‹. Deshalb sei die Verleihung eine Ausnahme von der Regel, den Preis nur einem ›Werk mit vorbildlichen Tendenzen‹ zuzusprechen. Es war noch vom ›heroischen Pathos‹ die Rede gewesen, das ›das Grundelement seiner Lebensauffassung‹ bilde, ebenso wie von seiner ›männlichen Liebe für die Gefahr und das Abenteuer‹ und seiner ›natür-

lichen Bewunderung für jedes Individuum, das in einer Welt der Realität, von Gewalt und Tod überschattet, den guten Kampf kämpft‹. Der kurze Text roch ziemlich nach einem von einem Komitee vorbereiteten Schriftstück, und Ernest fand sich mit Gebrumm damit ab.
Zwei Tage nach der Verlautbarung der Auszeichnung bemerkte er zum jungen Charles Scribner, daß ›das verdammte Ding‹ nun glücklicherweise vorbei sei. Es habe seine Arbeit unterbrochen, seine Zurückgezogenheit gestört und viel ›widerwärtige Publicity‹ hervorgerufen. Freilich würde ihm der Scheck über 35 000 Dollar helfen, einige Schulden abzudecken, vornehmlich das schon lange überfällige Darlehen von Lee Samuels. Was die elegante Goldmedaille betreffe, sei er sich nicht im klaren, was er damit anfangen solle. Yeats hatte sie die ›Gabe Schwedens‹ genannt und Ernest wünschte freigiebig zu sein. Er überlegte, ob er sie Ezra Pound geben sollte, besann sich aber anders. Eine Zeitlang versteckte er sie im geheimen Schmucksafe auf der Finca. Schließlich schenkte er sie der Jungfrau von Cobre, der Nationalheiligen Kubas, und sie sollte im Schrein Unserer Frau in Santiago de Cuba aufbewahrt werden.
Im November ließ die amerikanische Botschaft in Stockholm von sich hören. Der Botschafter, John Cabot, hatte aus den Zeitungen erfahren, daß Mr. Hemingways Gesundheit es ihm nicht erlauben werde, seinen Preis persönlich entgegenzunehmen. Sollte die Meldung tatsächlich zutreffen, wolle er als Botschafter der USA die Auszeichnung an seiner Statt entgegennehmen. Minister Stahle, der Vorsitzende der Nobelstiftung, hatte der Hoffnung Ausdruck gegeben, daß Mr. Hemingway eine kurze Erklärung übersenden werde, die während des feierlichen Banketts verlesen werden könne.
Ernest kam dem Wunsche mit dem folgenden Text nach:
›Mitglieder der Schwedischen Akademie, meine Damen und Herren! Obwohl ich kein großer Redner bin und weder rhetorische noch oratorische Gaben besitze, möchte ich den Verwaltern der Freigebigkeit Alfred Nobels für diesen Preis meinen Dank aussprechen. Kein Schriftsteller, der die großen Schriftsteller kennt, die den Preis nicht erhielten, kann ihn anders als mit Demut annehmen. Es besteht keine Notwendigkeit, diese Schriftsteller aufzuzählen. Jeder der Anwesenden mag sich seiner Kenntnis und seinem Gewissen gemäß eine eigene Liste machen. Es wäre unmöglich für mich, den Botschafter meines Landes zu bitten, daß er eine Rede verliest, in der ein Schriftsteller all die Dinge ausspricht, die in seinem Herzen sind. Diese Dinge brauchen in dem, was ein Mann schreibt, nicht auf den ersten Blick erkennbar zu sein, und manchmal ist das ein Glück für ihn; aber zuletzt sind sie ganz deutlich, und durch sie wird er überdauern oder vergessen werden. Schreiben bedeutet bestenfalls ein einsames Leben. Organisationen für Schriftsteller mildern des Schriftstellers Einsamkeit, aber ich bezweifle, daß sie sein Schreiben verbessern. Ver-

zichtet er auf seine Einsamkeit, so gewinnt er an öffentlichem Ansehen und dadurch verschlechtert sich oft seine Arbeit. Denn er macht seine Arbeit allein, und wenn er ein guter Schriftsteller ist, muß er tagtäglich der Ewigkeit (oder ihrem Nichtvorhandensein) ins Auge blicken. Für einen wahren Schriftsteller sollte jedes Buch ein neuer Anfang sein, ein neues Streben nach etwas, was jenseits des Erreichbaren liegt. Sein Ziel sollte immer das sein, was noch nie gemacht worden ist, oder das, was andere versucht und nicht fertiggebracht haben. Dann wird er manchmal (bei großem Glück) erfolgreich sein. Wie einfach wäre das Schreiben, wenn man nur in einer anderen Art zu schreiben brauchte, was bereits gut geschrieben worden ist. Es liegt daran, daß wir in der Vergangenheit so große Schriftsteller hatten, wenn ein Schriftsteller weiter hinausgetrieben wird, als er gehen kann, dorthin, wo ihm niemand zu helfen vermag. Für einen Schriftsteller habe ich viel zu lange gesprochen. Ein Schriftsteller sollte keine Reden halten, sondern das, was er zu sagen hat, niederschreiben. Nochmals: ich danke Ihnen.‹

›Ich bin natürlich stolz, den Preis zu haben‹, sagte er Robert Manning, der ihn am 17. November für eine Titelgeschichte in *Time* interviewte, ›aber ich habe gerade gut geschrieben, als die ganze Sache auf mich zukam, und ich möchte keinen Preis gewinnen, wenn das bedeutet, ein Buch zu verlieren.‹ In einer Antwort auf einen Gratulationsbrief von General Dorman O'Gowan schrieb er, daß ihn diese ›schwedische Angelegenheit‹ vollkommen kühl lasse. Die ganze Publicity, die nun so rasch auf die von den Flugzeugabstürzen verursachte gefolgt war, habe ihm den Appetit verdorben. ›Ich mag keine von beiden‹, sagte Ernest. Um weiteren Störungen zu entgehen, kreuzte er, sobald er loskommen konnte, mit Mary auf der ›Pilar‹ der Küste entlang. Als er kurz vor Weihnachten wieder auf der Finca war, fand er, daß der ›schwedische Gong‹ noch immer nachhallte, und daß alle möglichen Leute nach wie vor wild darauf waren, mit ihren ungebetenen Glückwünschen in sein Privatleben einzudringen. Am 22. war er gerade eifrig damit beschäftigt, grüne Schildkröten und Fische für die Tiefkühltruhe in Portionen zu schneiden, als ihn der portugiesische und chinesische Generalkonsul heimsuchten. ›Ich habe das beste daraus gemacht, drückte ihnen mit schildkrötenbeschmierten Fingern die Hand und wünschte ihnen glückliche Reise‹, sagte Ernest.

Während der ersten fünf Monate des Jahres 1955 war Ernests Leitmelodie dieselbe: ein Klagelied über die lästigen Leute und die lästigen Schmerzen. Er ging am 31. Dezember zeitig zu Bett, ohne etwas getrunken zu haben, und erwachte am nächsten Morgen mit einem starken Ausschlag auf Gesicht und Brust. Zwei Wochen später teilte er Charles Scribner mit, seine Gesundheit sei ›nicht so glänzend‹. Ein ganzes Jahr nach den Flugzeugabstürzen plagten ihn die Rückenschmerzen noch immer, und er schrieb Adriana etwas romantisch verbrämt, daß er zum Teil deshalb schreibe,

Eine Angelegenheit von Leben und Tod

um nicht vor Schmerzen verrückt zu werden. Als Marys Vater im Februar starb und Mary nach Gulfport reiste, steigerte ihre Abwesenheit Ernests Trübsinn noch mehr. Was ihn sonst noch störte, war der Menschenandrang. Wenn er die Tagesarbeit hinter sich gebracht hatte, wünschte er nur, den ›Saft‹ wieder einströmen zu lassen; er wollte nichts erklären oder erörtern oder gar wie ›ein Elefant im Zoo‹ ausgestellt werden.

Am 6. April gegen zehn Uhr vormittags erschienen vier Studenten aus Princeton an der Vordertür, während er arbeitete. Er erklärte, daß er sich sein Brot mit Schreiben verdienen müsse, und bat sie, unten beim Swimming-pool zu warten, bis er sein Tagespensum erledigt habe. Er schickte René mit Bier hinunter und versuchte, zu seiner Arbeit zurückzukehren. Aber es war ›endgültig aus‹. Also zog er ein Hemd über und ging hinunter, um mit den Burschen zu plaudern. Sie verabschiedeten sich um drei Uhr nachmittags, hellauf begeistert. Kaum waren sie vier Stunden fort, da kreuzte ein anderer Student auf, lud seine Reisetasche und seinen Mantel ab, drückte ein Bündel Manuskripte in Ernests Hände und blieb beinahe bis Mitternacht. Er war Hörer von John Ciardis Kurs für kreatives Schreiben in Rutgers. Ernest las und kritisierte drei Erzählungen, und da er mit Ciardis Randbemerkungen nicht konform ging, hielt er dem Jungen selbst eine Vorlesung über Schriftstellerei. Er lieh ihm außerdem 25 Dollar für die Heimreise.

Zwei Tage später kam ein junger Professor aus Buffalo, allerdings auf Einladung. Er hieß Fraser Drew und sammelte seit Jahren Hemingway-Erstausgaben. Der Chauffeur Juan holte ihn vom Ambos Mundos ab, und Ernest begrüßte ihn auf der Terrasse. ›EH ist ein gewichtiger Mann‹, schrieb Drew, ›mit Khakishorts und einem alten Hemd bekleidet; er hat graues Haar und einen grauen Bart und einen rötlichen Teint. Er reicht mir die Hand und heißt mich willkommen und ist zuerst scheu, als sei ich und nicht er der bedeutende Mann.‹ Er zeigte Drew das erste Stockwerk des Hauses und ging dann mit ihm zum Schwimmbassin. Zu diesem Zeitpunkt hatte er seine Schüchternheit verloren und sprach frei. Drew fand, daß er ›ein leicht zugänglicher Mensch mit langsamen Bewegungen, langsamer Redeweise und angenehmer Art‹ sei. Er war ›sehr freundlich und höflich‹, und seine Stimme war ›ruhig und leise‹. Sie sprachen über die kritischen Studien seiner Werke von Atkins, Baker, Fenton und Young. ›Er äußerte sich freundlich über sie alle‹, schrieb Drew, ›ist aber der Ansicht, daß man über einen lebenden Menschen keine Bücher schreiben sollte. Er ist verblüfft, daß Atkins sein Buch in Khartum schreibt, fern von allen Bibliotheken und Primärquellen ... Youngs Buch hat EH überhaupt nicht gefallen, denn dessen Hauptthese ist, daß Hemingways Bücher alle von einem Trauma ausgehen ... EH bewundert Carlos Baker und Bakers großes Buch. ... Aber es ist ein schweres Buch und spielt, wie so viele andere Kritiker, den Symbolismus zu sehr hoch ... Ein guter

Schriftsteller hat noch nie zuerst seine Symbole gehabt und dann erst ein Buch um sie herum geschrieben. Vielmehr können aus einem guten, lebensechten Buch Symbole entstehen und mit Nutzen erforscht werden, wenn man sie nicht überschätzt ... Das Fenton-Buch findet EH ebenfalls übertrieben. Fenton ist ein enttäuschter Schriftsteller und ein enttäuschter FBI-Detektiv.‹

Es war Karfreitag und Drew erwähnte, daß er Katholik sei. ›Ich denke gerne daran, daß ich einer bin, soweit ich es noch sein kann‹, sagte Ernest. ›Ich kann noch zur Messe gehen, obwohl ich oft geschieden bin und mich oft wiederverheiratet habe.‹ Er erwähnte den baskischen Priester Don Andrés. ›Er betet jeden Tag für mich, so wie ich für ihn. Ich kann für mich selbst nicht mehr beten. Vielleicht, weil ich in gewisser Weise verhärtet bin.‹

Damals war Ernest aus Mangel an Bewegung außerordentlich übergewichtig. Um wieder in Form zu kommen und weiteren Besuchen zu entrinnen, kreuzte er mit Mary mit der ›Pilar‹ vor der Küste. Als sie am 4. Mai heimkehrten, war sein Gewicht auf 104 Kilo gesunken, und er hatte einen derart mächtigen Energieanfall, daß er in den nächsten drei Wochen sein Afrikabuch auf 466 Seiten brachte. Aber er hatte weiterhin Rückenschmerzen, wenn er müde war, und klagte, daß er am linken Auge schlecht sehe und am linken Ohr taub sei. Er erwähnte Leland Hayward und Peter Viertel gegenüber nichts von diesen Leiden. Die beiden waren am 1. Juni aufgetaucht, um abermals über die Pläne zur Verfilmung von ›Der alte Mann und das Meer‹ zu verhandeln. Wie damals Spencer Tracy, führte er auch Viertel durch Cojimar und versuchte, ihm einen Einblick in die Kunst des Fischens zu vermitteln, indem er drei weiße Marlins fing. Viertel schlug vor, das Drehbuch bis zum 1. September fertigzustellen, dem Zeitpunkt, da die Kameraleute einträfen, um die einleitenden Angelszenen zu drehen. Nachdem Viertel und Hayward abgereist waren, stellte Ernest fest, daß er weitere zwei Kilo verloren hatte. Sein Blutdruck war auf 158/60 gefallen; zum erstenmal seit der Rückkehr aus Afrika fühlte er sich wieder. Doch auf ein Leben ohne jede Widrigkeit durfte Hemingway nie zählen. Am Johannistag starb plötzlich Don Andrés, der schon seit zwei Jahren an Herzbeschwerden gelitten hatte. Eine Woche darauf kreuzte Ernest mit Mary nach Key West, um sich um Reparaturarbeiten und Mietprobleme an seinem Haus in der Whitehead Street zu kümmern. Aaron kam am 4. Juli per Flugzeug an, um seinen neuesten Plan – Dramatisierungen von Ernests Erzählungen – zu besprechen. Er war bestürzt, wie sehr Ernest seit ihrer letzten Begegnung in Madrid im Jahre 1954 gealtert war. Bill Walton und Gianfranco Ivancich, mit denen Ernest seinen sechsundfünfzigsten Geburtstag feierte, empfanden dasselbe. ›Scheiß-maru, wie die Jahre vergehen‹, schrieb er Patrick am nächsten Tag. ›Aber wir haben es lustig, und das ist mehr als die meisten Leute haben.‹

Eine Angelegenheit von Leben und Tod

Im August kamen die Kameraleute und Techniker an, um einige Angelaufnahmen für ›Der alte Mann und das Meer‹ zu machen. Ernests Kräfte waren offenbar wiederhergestellt und seine Vorkehrungen waren glänzend getroffen. Er mietete in Cojimar vier kleine Boote ›alter Bauart‹ und benützte die ›Pilar‹ und Mayitos ›Tensi‹, um den kleineren Booten zur Seite zu eilen, sobald es eine Panne gab. Während der ersten beiden Septemberwochen arbeiteten sie an jedem schönen Tag, obgleich die See außergewöhnlich rauh war. Am ersten Tag landete Ernest zwei große Marlins. Er führte lange und voll Stolz von der Schiffsbrücke aus das Steuer und stärkte sich dabei schlückchenweise mit Tequila. Es war ein großes Team mit vierzehn Kameraleuten, Ernest, Gregorio und Mayitos Vetter Elicin Arguelles, einen unermüdlichen Sportsmann, nicht miteingerechnet. Ernest sorgte für Eis, Köder und Angelgeräte, und bemerkte freudig, es sei, als organisiere man eine Safari auf See.
Als Trainer für dieses anstrengende Unternehmen ließ er seinen alten Freund und Boxlehrer George W. Brown kommen. Brown rieb ihn nach den Dreharbeiten ab und ergötzte ihn mit ungeheuchelter Besorgnis. ›Haben sie dich verletzt, Ernie?‹ pflegte George zu fragen. ›Wie geht's mit dem Rücken? Leg dich hin, als ob du schlafen wolltest. Mach ihm einen Drink zurecht, René. Welche Art von Alkohol schadet dir, Junge? Halt's ihm an den Mund, René. Trink es langsam, Ernie. Entspanne dich nur gut, und laß mich deine Beine lockern.‹ Ernest empfand diese Behandlung herrlich und berief George auch als Testamentszeugen. Er schrieb es sorgfältig mit blauer Tinte und datierte es auf den 17. September. Er überschrieb sein gesamtes Vermögen Mary, die er auch zur Vollstreckerin ernannte. Die vierte Klausel besagte: ›Ich habe es absichtlich unterlassen, für meine jetzt lebenden Kinder oder für andere, die nach der Verfertigung dieses Testaments geboren werden könnten, vorzusorgen, da ich meiner geliebten Frau Mary vollkommen vertraue, und sicher bin, daß sie sich genau an die schriftlichen Anordnungen hält, die ich ihr gegeben habe.‹
Die drei Söhne entwickelten sich gut, jeder auf besondere Art. Bumby hatte die Armee gegen eine Laufbahn als Geschäftsmann eingetauscht und kam zur Freude seines Vaters im Oktober für zwei Wochen auf die Finca. Die beiden anderen befanden sich in Tanganjika. Gigi jagte ein wenig und Patrick hatte vor kurzem seine Lehrzeit als White Hunter beendet. Kein Vater hätte stolzer auf ihn sein können. Er meinte, daß er ein glücklicherer Vater als James Joyce sei und führte als Beweis die unerfreuliche Entwicklung von Joyces Sohn Giorgio an.
Wenn ihn in jenem Herbst seelische Spannungen befielen, reagierte er seine schlechte Laune ab, indem er vom Turm aus Bussarde schoß. Manchmal stellte er sich vor, es seien Leute, die er nicht leiden konnte. Zu dieser Spezies gehörte auch Bernard De Voto, bei dessen Tod im November Ernest nicht einmal Bedauern heuchelte; aber die schärfsten Schüsse wa-

Blick zurück

ren für Faulkner reserviert. Eine Sammlung seiner Jagdstories war eben in einem hübschen Band unter dem Titel ›Big Woods‹ erschienen. Ernest ließ Faulkner durch Harvey Breit wissen, daß die Erzählungen gut und mit großem Einfühlungsvermögen geschrieben seien, daß Mr. Hemingway aber weitaus bewegter gewesen wäre, wenn Faulkner auch Tiere gejagt hätte, die nach beiden Seiten weglaufen würden.

Sein Interesse für den Stierkampf wurde von Dominguin und Ordóñez wieder geschürt, die auf dem Weg zu ihren Winterengagements in Mittel- und Südamerika nach Havanna kamen. Nun, da sich sein wild dahinwucherndes Buch Seite 700 näherte, sprach er davon, mit Mary nach Caracas zu fahren, wo zwischen dem 27. November und 4. Dezember Spaniens führende Matadore zu sehen sein würden. Aber aus dem Plan wurde nichts. Am 17. November begab er sich unklugerweise persönlich zu dem feierlichen Empfang anläßlich der Verleihung des San-Cristóbal-Ordens in den Sportpalast von Havanna. Nachdem er zwei Stunden lang im heißen Scheinwerferlicht der Fernsehaufnahmen geschmort hatte, verkühlte er sich in der kalten Nachtluft. Zwei Tage später schwoll sein rechter Fuß wie ›ein Fußball‹ an, und er zog sich eine gefährliche Niereninfektion zu. Bald waren auch die gesunde Niere und die Leber in Mitleidenschaft gezogen, und es zeigten sich Symptome einer Nieren- und Leberentzündung. Er blieb vom 20. November bis 9. Januar im Bett, obwohl er sich gelegentlich wohl genug fühlte, um an seinem Afrikabuch zu arbeiten und allerlei Nebensächliches zu lesen. Seit den Flugzeugunglücken in Afrika waren nun nahezu zwei Jahre vergangen. Er hatte den Nobelpreis gewonnen und damit Faulkner eingeholt. In seinem körperlichen Befinden war eine allmähliche Besserung eingetreten, aber seine inneren Beschwerden waren keineswegs behoben, wie die gegenwärtige Erkrankung bewies.

Blick zurück

Zu Beginn des Jahres 1956 war er noch bettlägerig. Die Anzahl seiner roten Blutkörperchen lag stark unter dem Normalen – und auch Mary litt unter anhaltender Anämie. Der Film ›Der alte Mann und das Meer‹ war von einer anderen Form der Anämie befallen. Trotz all ihrer Mühe im September war es ihnen nicht gelungen, entsprechend dramatische Aufnahmen eines Riesenmarlins zu schießen. Es war nun davon die Rede, nach Cabo Blanco in Peru zu fliegen, wo die Marlins angeblich Durchschnittsgewichte von 450 Kilo erreichten und sich annähernd auf dieselbe majestätische Art benahmen wie der Fisch in Ernests Roman.

Als erste Vorbereitung für die Reise, die für Ende April geplant war, wickelte Ernest sein dickes afrikanisches Manuskript in Zellophan und legte es beiseite. Als Leland Hayward mit dem Regisseur Fred Zinneman im März erschien, war Ernest, was die Rollenverteilung anbelangte, sehr kritisch. Der Junge, den sie für die Rolle des Manolo ausgewählt hatten, kam ihm wie eine Kreuzung zwischen einer Kaulquappe und Anita Loos vor. Was Spencer Tracy betraf, der seit seiner letzten Reise nach Kuba zugenommen hatte, so sah er laut Ernest auf den ersten Bildern wie ›ein sehr fetter, reicher und alter‹, doch nach wie vor fähiger Schauspieler aus. Noch schlimmer waren die Streitereien zwischen den Beteiligten, Tracy nicht ausgenommen. Nachdem Ernest das Treiben zwei Wochen lang aus sicherer Entfernung betrachtet hatte, schrieb er an Wallace Meyer, daß er niemals wieder etwas mit dem Film zu tun haben wolle.

Er flog wie geplant in Gesellschaft Marys, Gregorios und Elicin Arguelles' nach Peru, und sie fischten jeden Tag von früh morgens bis spät nachmittags in rauher See. Zwei Wochen hindurch bekamen sie keinen einzigen Marlin zu Gesicht. Ganz mit leeren Händen zurückzukehren, wäre zu blamabel gewesen, und so begannen sie, an der windigen Küste im Schutz der öden Felsenriffe zum Vergnügen zu fischen. Einmal sahen sie am Strand einen Kondor, der einen toten Pelikan im Schnabel trug, als wiege er rein gar nichts. Abends verkostete Ernest die guten peruanischen Weine und ein Getränk namens Pisco, das wie mit Wodka verstärkter Tequila schmeckte. Obwohl das Meer rauh blieb, fühlten sie sich in den beiden folgenden Wochen glücklicher. Ernest und Elicin landeten je zwei Riesenmarlins, wenn auch keiner der vier ein Tausendpfünder war. Ernests Rücken hielt sich überraschend gut, und er freute sich, daß er einen Marlin von über 300 Kilo in acht Minuten längsseits brachte, ehe er ihm wieder Leine ließ, damit er ein Dutzend schöner Sprünge für die Kameraleute machen könne. Er kehrte Ende Mai heim und versicherte, daß sich sein Gewicht auf gesunde 98 Kilo vermindert habe, und daß er nun die Absicht habe, ›lange zu leben und sich glänzend zu amüsieren‹. Abgesehen davon, wiederholte er stets, daß die Reise Zeitvergeudung gewesen sei. Die verdammten Filmleute hatten drei oder vier Monate seines ›einen und einzigen Lebens zerstört‹. Die einzige Entschädigung war eine ansehnliche Zahlung von Warner Brothers, was zumindest bewies, daß er immer Geld verdienen könne. Die Zeitschrift *Look* bot ihm 5000 Dollar für einen 3000 Wörter umfassenden Text zu einigen Aufnahmen, die Earl Theisen während eines kürzlichen Besuchs auf der Finca gemacht hatte. Obwohl er sich zunächst widerstrebend zeigte und große Lust hatte, sich mit Bill Attwood, dem Abgesandten der Zeitschrift anzulegen, erledigte Ernest den Auftrag schließlich in aller Eile in eineinhalb Tagen. Aber in seinem Artikel zitierte er genüßlich eine Bemerkung Cyril Connollys, wonach ›jeder Ausflug in den Journalismus oder in die Arbeit für den Rundfunk, die Werbung oder den Film‹ reine Narretei sei, ›da wir damit nur unsere guten – wie die schlechten – Einfälle zur Vergeblichkeit verurteilen‹.

Blick zurück

In der Woche seines siebenundfünfzigsten Geburtstages war Ernest zugleich großzügig und äußerst reizbar. Er sandte Ezra Pound einen Scheck über 1000 Dollar ›nach dem alten chinesischen Prinzip, daß man nichts besitzt, ehe man es nicht jemand anderem gegeben hat‹. Aber vier Tage darauf war er alles andere als großzügig, als er einem Korrespondenten versicherte, daß William Faulkner ein ›nichtsnutziger Hundesohn‹ sei. Seine noch am ehesten lesbaren Bücher seien die Romane ›Die Freistatt‹ und ›Wendemarke‹.

Seine Reizbarkeit war zweifellos dem Umstand zuzuschreiben, daß er mit seiner Schreibarbeit nicht sonderlich vorankam. Das Afrika-Manuskript blieb unberührt in seinem Zellophankokon, denn er beschäftigte sich fast den ganzen Sommer mit Erzählungen. ›A Room of the Garden Side‹ war eine Anekdote über das Hotel Ritz kurz nach der Befreiung von Paris. ›The Cross Roads‹, auch ›Black Ass at the Cross Roads‹ betitelt, war eine sehr realistische, erfundene Geschichte über einen Hinterhalt, den Deutsche auf ihrem Rückzug auf der Straße nach Aachen im September 1944 gelegt hatten. ›The Monument‹ und ›Indian Country and the White Army‹ handelten vom Feuergefecht bei Houffalize in Belgien. Obwohl alle diese Kriegsgeschichten roh und unvollständig waren, ja oft sogar weitschweifig und witzlos, hieß die ärgste Entgleisung dieses Sommers ›Get Yourself a Seeing-Eyed Dog‹ – eine sentimentale Episode über einen in Venedig erblindeten Amerikaner, ein Einfall, der wahrscheinlich Ernests Ringen mit der Augenerkrankung im Jahre 1949 entsprungen war.

Im August schob er seine Arbeit beiseite und machte Pläne für eine Europareise. Marys Anämie dauerte hartnäckig an, und so hoffte er, daß ein Klimawechsel sie endgültig heilen werde. Die letzten beiden Wochen des Monats verbrachten sie in New York, wo sie sich in Harvey Breits Haus in der 64sten Straße einquartierten, um dem Publicityrummel in einem Hotel aus dem Weg zu gehen. Buck Lanham kam aus Washington geflogen, um einen Abend mit ihnen beisammen zu sein. Ernest reichte ihm ein Manuskript seiner Kriegsgeschichten und sagte überschwenglich, daß er Lanham, das 22. Infanterieregiment und die 4. Division ›unsterblich gemacht‹ habe. Lanham las sie zwar mit verständlichem Interesse, fand sie aber nicht genügend eindrucksvoll, um ihnen Unsterblichkeit zuzugestehen.

Als die Abfahrtszeit der ›Ile de France‹ herannahte, brachten es die Hemingways zuwege, sich an Bord zu schmuggeln, ohne von den Reportern erspäht zu werden. Aber Ernest wurde sofort von seinem alten Bekannten Irving Stone erkannt, der mit seiner Frau nach Italien reiste und dort seinen Roman ›The Agony and the Ecstasy‹ in Angriff nehmen wollte. Stone stellte belustigt fest, daß die Buchhandlung des Schiffes neun seiner Bücher und nur drei von Ernest führte. Ernest errötete vor Zorn. Am nächsten Morgen stellte der Buchladen sechs Bücher Hemingways und sechs Bücher Stones aus. Einer der Filme, die im Bordkino gezeigt wurden, war

Eine Angelegenheit von Leben und Tod

die Verfilmung von Stones Van-Gogh-Roman. Ernest ging während der Vorstellung, nachdem er sich zuerst vorgebeugt und Stone um Entschuldigung gebeten hatte. ›Ich brauche wenigstens drei Vorführungen, um einen meiner eigenen Filme ganz durchstehen zu können‹, flüsterte er. Er erzählte Stone später von seiner Empörung über die vergeudete Zeit bei der Verfilmung von ›Der alte Mann und das Meer‹.

Mario Casamassima, ein dürrer und sarkastischer Freund von Gianfranco, vertrat Adamo während der Reise nach Spanien als Chauffeur. Sie startete vom Pariser Ritz am 17. und 18. September und wurde in zwei Etappen bewältigt. Auf dem Weg nach Madrid machten sie in Logroño halt, um Ordóñez bei der Auswahl der Stiere zuzusehen. Der ruhigen Lage wegen stiegen sie diesmal im Gran Hotel Felipe Secundo, eine halbe Autostunde außerhalb Madrids, ab. Das Hotel bot Nachsaisonpreise und lag für die Plätze, die Ernest sehen wollte, sehr zentral. Die Herbsttage in Spanien waren im Gegenteil zu Paris, wo es regnerisch gewesen war, so schön, daß er Berenson schrieb, er fühle sich, als sei er gestorben und bereits im Himmel.

Das wichtigste Ereignis der Herbstsaison war die Feria der Pilar in Saragossa, die die Saison abschloß. Sie begann am 12. Oktober, und vier Tage lang gab es Feste und Stierkämpfe. Wie in Logroño im September war Ordóñez der führende Matador. Er hatte in dieser Saison sechsundsechzigmal gekämpft und dreimal das Horn zu spüren bekommen, einmal davon ernstlich. Zu dem Klan, der sich um ihn sammelte, gehörten Peter Buckley, der junge Fotograf, der gerade ein Stierkampfbuch verfaßte, das er mit eigenen Fotos illustrieren wollte; Rupert Bellville und eine hübsche Amerikanerin; der Maharadscha von Cooch Behar und Aaron Hotchner, der eben aus Rom gekommen war. Auf der ›Ile de France‹ hatte Stone bemerkt, daß Ernest übermäßig trank. ›Was kann ich dagegen tun?‹ sagte Mary zu Mrs. Stone. ›Er hat keinen Polizisten geheiratet. Es ist besser, ich lasse ihn in Ruhe.‹ Jetzt in Saragossa bemerkte Hotchner dasselbe. Mary blieb bei ihrem Standpunkt: es gefiel ihr zwar nicht, aber sie weigerte sich, an ihrem Mann herumzunörgeln. Trotz seiner Abhängigkeit von der Flasche war Ernest immer in der Verfassung, an den Nachmittagscorridas teilzunehmen, und war außerordentlich gerührt, als man ihm an zwei aufeinanderfolgenden Tagen je einen Stier widmete. Die Menge erhob sich und klatschte und rief ihm Beifall zu. Hunderte von Menschen brachten ihm Stierkampf-Eintrittskarten, die er mit seinem Autogramm versah, und er schloß beglückt daraus, daß er von den Spaniern nach wie vor verehrt wurde.

Der greise Arzt und Romanschriftsteller Pio Baroja y Nessi lag bereits auf dem Sterbebett, als Ernest ihm einen Besuch abstattete. Er hatte als Geschenk Socken, einen Pullover und eine wärmende Flasche Scotch mitgebracht. Dr. Baroja hatte bis ins einundachtzigste Lebensjahr geschrieben

und Ernest schmeichelte ihm mit den Worten, daß er den Nobelpreis hätte erhalten müssen. Als Baroja dann zwei Monate vor seinem vierundachtzigsten Geburtstag starb, ging Ernest zur Beerdigung. Es war ein nebeliger Tag und die Sonne kam nur selten durch. Auf dem Weg zum Friedhof waren die Straßen mit Blumen geschmückt, denn es war Allerseelentag. Es erschien nur eine Handvoll Trauergäste. Der einfache Fichtensarg war frisch gestrichen, was auf die Gesichter, Hände und Kleider der Sargträger schwarz abgefärbt hatte. Ernest war bewegt und gerührt.
Er brannte darauf, Ordóñez auf Großwildjagd nach Afrika mitzunehmen. Kurz vor Barojas Begräbnis hatte er die Überfahrt nach Mombasa gebucht und eine sechswöchige Safari vorbereitet, bei der Patrick als White Hunter fungieren sollte. Als Nasser den Suezkanal sperrte, wurde die Sache kompliziert. Das bedeutete, daß die ›SS Africa‹ das Kap der Guten Hoffnung zu umfahren hatte, womit sich ihre Ankunft in Mombasa um einige Wochen verzögern würde. Ein weiteres Problem stellte der labile Gesundheitszustand der beiden Hemingways dar. Marys Anämie hatte sich zwar gebessert, aber sie erkrankte im November an Gastritis und Kolitis und mußte sich den Händen Dr. Madinaveitias anvertrauen. Als der Arzt Ernest zu Gesicht bekam, bestand er ebenfalls auf einer Untersuchung. Seine Augenpartien waren aufgedunsen, und er litt regelmäßig an Nasenbluten. Die Untersuchung ergab, daß sowohl sein Blutdruck (210/105) als auch sein Cholesterinspiegel von 380 gefährlich hoch waren. Die Leber funktionierte schlecht, und das Fluoroskop zeigte einen Entzündungsherd um die Hauptschlagader, was Ernest auf seine Fischexpedition in Peru zurückführte. Madinaveitia verordnete ihm eine strenge Diät, bei der jegliches Fett verboten war, empfahl verminderten Alkoholgenuß und verordnete sexuelle Abstinenz. Er sagte Ernest, daß eine Afrikareise nicht in Frage käme. Ernest antwortete herausfordernd, daß er auf alle Fälle fahren wolle. Es würde vielleicht seine letzte Reise sein, aber er hätte die Ärzte auch schon früher zum Narren gehalten. Er habe keinerlei Absicht, ›als Hypochonder zu gelten‹, und könne ›noch eine Reise‹ überdauern. Seine Starrköpfigkeit hielt bis zum 14. November an, als er erfuhr, daß der Kanal endgültig blockiert war. Er mußte sich mit einer Tagesjagd auf Rebhühner auf einem Gut in der Nähe des Escorial begnügen. Obwohl es Spaß machte, war es ein armseliger Ersatz für Salengai, die Kimana-Sümpfe und das Hinterzimmer bei Singh in Laitokitok. Am 17. fuhren sie – Mario chauffierte und Ernest saß verdrossen neben ihm – im Lancia nach Paris, um den Rest des Jahres im Ritz zu verbringen.
Es stellte sich heraus, daß das Ritz seit über fünfundzwanzig Jahren einen Hemingway-Schatz hortete. Nachdem die Träger den riesigen Gepäckstapel in der Suite 56 aufgeschlichtet hatten, erinnerten sie Ernest an zwei kleine vermodernde Koffer, die seinen Namen trugen und offenbar seit 1928 im Souterrain des Ritz aufgehoben worden waren. Darin be-

fanden sich ganze Bündel Manuskripte, mit Ernests deutlicher Handschrift vollgekritzelte blaue und gelbe Notizbücher, alte Zeitungsausschnitte, Bücher und Unterhemden und Sandalen – die schimmelnden Überreste seiner frühen Pariser Jahre. Dieser Blick in die Vergangenheit bereitete ihm ungeheures Vergnügen. ›Es ist wundervoll‹, sagte er Mary, ›es ist mir damals genauso schwer gefallen zu schreiben wie heute.‹ Er kaufte zwei neue Koffer und ließ sich von einem Hotelpagen helfen, den Schatz für die Heimreise neu zu verpacken.

Dennoch war er noch lange nicht in Ordnung. Am 30. November mußte er Dr. Louis Schwartz konsultieren. ›Es war ein sonniger Tag‹, schrieb Dr. Schwartz, ›und ich erinnere mich genau an meine Vorfreude... einen Mann kennenzulernen, den ich bewunderte. Ich erinnere mich auch an die gewaltigen Koffer, die den Eingang zu seinem Appartement versperrten. Er lag im Bett, lächelte matt, sein kurzer weißer Bart war schlampig zurechtgestutzt und er erzählte mir mit zögernder Stimme seine Krankengeschichte, wobei ihn Mrs. Hemingway von Zeit zu Zeit in einigen Einzelheiten verbesserte. Er unterwarf sich wie ein artiges ›altes Kind‹ meiner medizinischen Routine... nahm ohne Debatte all die Untersuchungen für's Labor und die strengen Diätvorschriften hin. Ich sah ihn während eines guten Monats etwa einmal wöchentlich.‹

In der Zwischenzeit tat Mary ihr Bestes, um Ernest in Bewegung zu halten. Nach ihrer Rückkehr von einem einwöchigen Urlaub in London fuhren sie beinahe täglich nach Auteuil oder gingen zum Linken Ufer, um in Buchläden zu stöbern oder in den Jahrmarktbuden auf Pappenten zu schießen. François Sommer nahm sie in das in den Ardennen gelegene Mursan zur Wildschweinjagd mit. Ernest ging mit dem Kolumnisten Leonard Lyons auch ins Musée Cluny, um sich die Waffen und Wandteppiche anzusehen. Sie gaben einmal für die übliche Garde von Freunden einen größeren Lunch, ansonsten aßen sie aber meist allein in ihrer Suite im Ritz. Mary schrieb Patrick, daß die Diät und Paris im Winter Ernest anödeten; außerdem sei er empört, daß ›ihm sein Körper diesen verräterischen Streich gespielt hatte‹. Black Dog war auf der Finca gestorben, und Ernest wurde, als er von dem ›albernen Todeskampf‹ hörte, den das Tier mitgemacht hatte, schlechter gelaunt denn je. Er hielt sich sogar zu Weihnachten an seine Diät, beklagte sich aber bei Meyer, daß ihn diese Methode – man schaute ihm ganz genau auf die Finger – nervös, hungrig und reizbar mache.

Er hatte eben erst von Archie MacLeish gehört, der sich bemühte, Pounds Entlassung aus dem St. Elizabeth-Hospital in die Wege zu leiten. Nach dem gegenwärtigen Plan wollte man den Generalstaatsanwalt ersuchen, die ursprüngliche Anklage nicht weiterzuverfolgen, die Beschuldigung wegen Hoch- und Landesverrats fallenzulassen und die Sache in die Hand der Ärzte zu legen. MacLeish hatte zu diesem Zweck einen Brief verfaßt.

T. S. Eliot und Robert Frost hatten ihm bereits ihre Unterstützung zugesagt. Ernest hatte genau auf eine solche Initiative gewartet. ›Natürlich habe ich unterzeichnet‹, erzählte er Lenny Lyons. ›Pound ist verrückt. Alle Dichter sind es ... Sie müssen es sein. Man steckt einen Dichter wie Pound nicht in die Klapsmühle. Der Geschichte zuliebe sollten wir ihn nicht dort lassen.‹
Ende Januar vertraute sich Ernest auf der ›Ile de France‹ bereitwillig den Händen des Arztes Dr. Jean Monnier an, der ihm stärkende Vitamininjektionen und Medikamente zur Senkung seines Cholesterinspiegels verabreichte. Während der sechstägigen Überfahrt fiel sein Blutdruck auf den niedrigsten Stand seit Monaten. Er beschloß, die anschließende Kreuzfahrt durch die Westindischen Inseln an Bord des Schiffes mitzumachen, da Matanzas auf Kuba auch einer der Anlaufhäfen war, und überredete George Brown, als sein ›Trainer‹ mitzukommen. Während des Zwei-Tage-Aufenthaltes in New York herrschte in ihrer Suite im Savoy Plaza der übliche Trubel. Ned Calmer und seine Tochter brachten Ernest zum Abschied in Gesellschaft Marys zum Pier. Mary fuhr mit dem Zug nach Minneapolis, wo ihre Mutter in einem Pflegeheim erkrankt war, und war, noch bevor Ernest und George eintrafen, wieder zu Hause.
Ernests Depressionen hielten während des gesamten Frühlings des Jahres 1957 an. ›Der Hauptschuldige‹, so schrieb Mary an Bernard Berenson, sei ›seine arme, leidende Leber‹. Im Mai sagte er zu Wallace Meyer, ›daß es ärgerlich sei, nicht zu trinken, und sehr schwierig, Ärger zu vertragen, ohne zu trinken‹. Als ihn die *Atlantic Monthly* um einen Beitrag für ihre in Kürze erscheinende hundertjährige Jubiläumsausgabe ersuchte, nahm er einen Bericht über den Beginn seiner Freundschaft mit Scott Fitzgerald in Angriff: ›Wie ich ihn kennenlernte und wie er war.‹ Es fiel ihm leicht, sich zu erinnern und schwer, es niederzuschreiben. Schließlich dachte er über ein anderes Thema nach, nämlich wie die Freunde von Dylan Thomas nach seinem Tod in Anekdoten über ihn hergezogen waren. Er war von dieser Empfindung des Verrats derart besessen, daß er die Fitzgerald-Story beiseite schob. Statt dessen verfaßte er eine Erzählung, die ›A Man of the World‹ hieß und von einem übelriechenden alten Schnorrer handelte, der bei einer Wirtshausrauferei in Jossup in Wyoming das Augenlicht verliert. ›Ich glaube, es ist eine gute Story‹, sagte Ernest. Wenn er wirklich dieser Meinung war, so hatte seine Kritikfähigkeit in der Zwischenzeit sehr gelitten.
Im Laufe des Sommers machte die Initiative zur Rehabilitierung Ezra Pounds deutliche Fortschritte. Als MacLeish im Juni aus London zurückkehrte, berichtete er Ernest, er hätte sowohl mit Eliot als auch mit Frost gesprochen. Frost habe sich bereiterklärt, für Pound in Washington zu intervenieren. MacLeish bat Ernest, sich mit ihm dort zu treffen. Ernest entschuldigte sich aus Krankheitsgründen, schrieb jedoch Frost einen langen

und ausführlichen Brief, in dem er die Gründe für Pounds Entlassung darlegte. Pound sei niemals ›ein gefährlicher Verräter‹ gewesen, sondern bloß ein ›Verrückter‹. Sollte das Justizministerium von der Anklage Abstand nehmen, so sei Ernest bereit, 1500 Dollar beizusteuern, um Ezra mit seiner Tochter in Italien einen Alterssitz zu verschaffen. Der betagte Frost reiste in der feuchten Hitze des 19. Juli mit diesem Brief und von MacLeish begleitet nach Washington und stattete dem Justizministerium einen Besuch ab. Als MacLeish ihm einen Zwischenbericht sandte, war Ernest gerade achtundfünfzig geworden. Die Ergebnisse sahen ermutigend aus, aber MacLeish prophezeite, daß verschiedene Komplikationen Ezras Entlassung bis zu einem Jahr verzögern könnten.

Auch in anderer Hinsicht entwickelte sich 1957 genau nach Ernests Voraussage zu einem ›hundsföttischen Jahr‹. Nach einer viermonatigen Regenperiode im Frühjahr war ein heißer und feuchter Sommer gefolgt. Bumby hatte gerade als Investment-Berater in Havanna zu arbeiten begonnen, als er an Hepatitis erkrankte und zwei Monate im Bett verbringen mußte. Als er sich wieder auf dem Wege der Besserung befand, erkrankte sein Halbbruder Gregory in Florida und mußte sich im Laufe des Herbstes im Miami Medical Center öfter in Behandlung begeben. Marys Mutter wurde in Minnesota intensiv gepflegt. Selbst der Golfstrom hatte heuer nichts zu bieten. Als Denis Zaphiro aus Afrika nach Kuba kam, um zu angeln, war die Ausbeute die schlechteste seit zwanzig Jahren, und es gelang ihm nur, zwei mittlere schwarze Marlins zu fangen.

Obwohl Ernest vor der Zensur der Regierung immerhin so große Angst hatte, daß er sich in seinen Briefen über die politischen Bedingungen in Kuba kaum äußerte, beklagte er sich doch bei Berenson, daß der ehemalige Zauber der Küste dahin sei, daß man die Strände aufgegraben habe, um Zement für die Wolkenkratzer zu gewinnen, daß die Hügel bei der Finca von einer vierspurigen Autobahn verunstaltet würden. Havanna selbst schaue allmählich wie ein Zwischending von Barcelona und Caracas aus. Im August wurde er eines Morgens um 4 Uhr früh mit den Schattenseiten der Politik konfrontiert: Eine Regierungspatrouille hatte auf der Suche nach einem Flüchtling aus dem politischen Untergrund den Boden der Finca durchkämmt und dabei Ernests neuen Hund Machakos getötet. Es fiel ihm schwer, seinen Mund zu halten. Dies war ein weiteres Beispiel für die Gefahren des Lebens unter einer Diktatur.

Selbst die Ferienreise dieses Herbstes nach New York verlief enttäuschend. Sie wohnten im Westbury, verplemperten die Zeit in Toots Shors Restaurant, besuchten einen langweiligen Boxkampf zwischen Sugar Ray Robinson und Carmen Basilio und sahen sich zwei Baseballspiele im Yankeestadion an. An einem Abend, an dem Mary mit Denis ins Theater gegangen war, führte Ernest Marlene Dietrich zum Dinner in den Club 21 aus. Doch der alte Zauber war fort: Ernest bemerkte düster, daß mit der Stadt etwas geschehen sei und bezeichnete den Aufenthalt als ›eine seltsame Reise‹, bei der er über vier Kilo zunahm und einen Leberrückfall erlitt. Er war höchst angewidert, als er bei seiner Heimkehr nach Kuba erfuhr, daß sich seine Einkommensteuer für dieses Jahr auf 41 000 Dollar belaufen werde.

Er konnte seine bösen Vorahnungen, daß sich bald etwas verändern würde, nicht loswerden. Gleichsam als erster Paukenschlag verschied Marys betagte Mutter am Neujahrsabend in Minnesota. Von Anfang Dezember an war das Wetter in Kuba ›wild‹ und ›merkwürdig‹. Arktische Einflüsse machten sich bemerkbar und ein Nordsturm nach dem anderen fegte über das Land. Die Tagestemperaturen stiegen selten über 10 Grad Celsius. Von Süden zogen wüste Unwetter auf, und es hatte den Anschein, als seien alle Fische aus dem Meer verschwunden. Im Dorf San Francisco de Paula herrschten Hungersnot und Arbeitslosigkeit. Gleichzeitig nahm Havanna immer mehr das Aussehen von Miami Beach an. ›Ich weiß nicht, wohin ich gehen soll‹, sagte Ernest kläglich.

Dennoch war die Finca im Augenblick nach wie vor ein guter Ort zum Arbeiten. Im Herbst 1957 und Frühjahr 1958 begann er an einem ganz neuen Buchprojekt zu arbeiten und machte dabei Riesenfortschritte. Es handelte sich dabei um eine Reihe autobiographischer Skizzen, die sich mit seinem Leben in Paris in den Jahren 1921 bis 1926 beschäftigte. Er behauptete, es enthalte ›die goldrichtigen Tips, über die zwar schon jedermann geschrieben hat, die aber niemand außer mir kennt‹. 1933 hatte er sich vor Max Perkins gerühmt, daß seine Memoiren verdammt gut werden würden, weil er niemandem eines auswischen wolle und ein Gedächtnis wie ein Elefant besäße. 1949 hatte er das Thema mit Charles Scribner erörtert. Jetzt, im Jahre 1957, da er in den Besitz der verschimmelten Dokumente aus dem Keller des Ritz gelangt war, war der Antrieb zum Handeln da. Er hatte die erste Skizze – über seine Freundschaft mit Fitzgerald – im Mai 1956 begonnen und wieder beiseite gelegt. Nun kam er mit einem runden Dutzend anderer weiter. Sein Gedächtnis war auch nicht mehr das alte: einige Namen waren ihm entglitten und er scherte sich überhaupt nicht um die Richtigkeit von Zeitangaben. Er äußerte sich voller Verachtung über die alten Trunkenbolde und Bummler und Poseure, besonders auch über die Reichen (wie Pauline und die Murphys), denen er die Schuld für den Zusammenbruch seiner ersten Ehe gab. Daneben bewies er aber auch seine Zuneigung – für Hadley und ihren Sohn, für die Straßen und Hügel von Paris, für den schnell zwischen den hohen Quais dahinfließenden grauen Fluß, für die beiden Winter, in denen sie sich in die trockene Kälte und den reinen Schnee der österreichischen Alpen geflüchtet hatten. Durch alle Szenen bewegte sich, alles beobachtend, die Gestalt Ernests – als zynischer Held, begehrlich und begeistert, voller Tugend, wenn auch nicht ohne Tadel. Es war sein ›portrait of the artist as a young man‹.

Eine Angelegenheit von Leben und Tod

Nach Marys Angaben waren die ersten drei Skizzen im Dezember fertig. Eine davon schilderte die Umstände, unter denen Ernest im Januar 1922, kurz bevor Hadley und er zu ihrem ersten Schweizer Urlaub abreisten, in einem Café an der Place St.-Michel die Erzählung ›Drei Tage Sturm‹ verfaßt hatte. Die beiden anderen befaßten sich mit Gertrude Stein und mit Ford Madox Ford. Eine erste Fassung des Ford-Textes hatte schon in ›Fiesta‹ gestanden, war aber noch vor der Veröffentlichung im Jahre 1926 wieder getilgt worden. Ernest wiederholte die Erzählung mit amüsanten Einzelheiten.
Als er Mary die ersten drei Skizzen überreichte, war sie enttäuscht. ›Das handelt ja kaum über dich‹, sagte sie ihm, ›ich dachte, es wird autobiographisch.‹ Er setzte seine Arbeit während des ganzen Frühjahrs 1958 fort. Am 31. Juli behauptete er, daß das Buch praktisch fertig sei. Er ›versuche noch immer herauszufinden, wie man damit am besten verfahren solle‹ – wobei er zweifellos die Reihenfolge meinte, in der die Skizzen erscheinen sollten. Bis jetzt waren es achtzehn, eingeschlossen zwei weitere Geschichten über Gertrude Stein, und je eine über den Ästheten Harold Acton, den Dichter Ralph Cheever Dunning und seinen alten Herausgeber Ernest Walsh. Wie das Porträt Fords waren die meisten sehr zynisch ausgefallen. Aber es gab auch freundlichere: über Sylvia Beach, den Maler Pascin, Ezra Pound, Evan Shipman. Er erwog, ob er noch zwei weitere Kapitel hinzufügen solle, die er begonnen, aber nicht weitergeschrieben hatte. Schließlich ließ er sie aber doch weg. Insgesamt hatte ihn das Buch mehr als ein Jahr in Anspruch genommen.
Zwischen seiner Arbeit an den autobiographischen Skizzen hatte er seinen langen Roman ›The Garden of Eden‹ umgeschrieben, den er zehn Jahre zuvor begonnen und teilweise schon in ›Über den Fluß und in die Wälder‹ verarbeitet hatte. Ende Juni hatte er achtundzwanzig Kapitel revidiert, und Ende Juli prophezeite er, daß er innerhalb von drei Wochen fertig sein würde. Mitte September war es noch immer nicht so weit, obwohl ›dem Ende nahe‹, und er schätzte den Umfang auf etwa 160 000 Wörter. In Wirklichkeit waren es vierundachtzig Kapitel mit über 200 000 Wörtern. Es besaß in keiner Phase die geballte Kraft von Ernests besten Werken und wies so viele Wiederholungen auf, daß es nicht aufzuhören schien. Neben der Landschaftsschilderung, den Exkursen über Essen und Wein versuchte er, gewisse Intimitäten seines Sexuallebens mit Mary und rückblendend einiges Material über seine zweite Safari einzuflechten. Die Handlung wurde zum Großteil in Dialogform vorangetrieben, aber es fehlte ihr merkbar Witz und Prägnanz der Dialoge seiner Pariser Tagebuchskizzen. Er war sich selbst darüber im klaren, daß das Pariser Buch zuerst erscheinen müßte. Zu den freundlicheren Kapiteln zählte die humorvolle Geschichte von Ezra Pounds aufopfernder Hilfsbereitschaft für seine Schriftstellerkollegen. Ein Tribut, der gerade zur rechten Zeit kam. Nach

nahezu dreizehn Jahren wurde am 18. April die Anklage gegen Pound zurückgezogen. Er kehrte nun wieder nach Italien zurück und siedelte sich mit seiner Tochter auf Schloß Brunnenberg bei Meran an. Ernest hatte nun zweiundzwanzig Monate gebraucht, um mit seinen körperlichen Leiden fertig zu werden. Sein Cholesterinspiegel war als erstes wieder normal geworden, die entzündete Hauptschlagader pumpte nun ›stark und zuverlässig‹ mit vierundfünfzig in der Minute, der Blutdruck war gefallen und er wog unter 94 Kilo. Das Leberleiden quälte ihn am längsten, doch selbst dieses konnte Ende September als ›behoben‹ gelten. Mary berichtete Gianfranco in einem heiteren Brief, daß Ernests Gehirn nun wieder so genau funktioniere wie vor dem Unfall in Butiaba. Leider rechtfertigten die Tatsachen ihre Zuversicht nicht.

Ein Mann von sechzig Jahren

In seinem 60. Lebensjahr wollte Ernest das Leben noch einmal so richtig genießen. Das neunundfünfzigste war mit seiner Schreib- und Diätdisziplin so hart gewesen, daß er davon nur mehr als von einer Zeit ›bloßer Arbeit und keinerlei Vergnügens‹ sprach. Sich zu amüsieren, bedeute nicht unbedingt, das Schreiben aufzugeben. Die ›erschreckende‹ Weltlage überzeugte ihn täglich von neuem, daß Schreiben ›das einzig Positive‹ sei, was ein Mann tun könne. Darüber hinaus spornte ihn das Gefühl an, daß seine Zeit knapp wurde und daß er keine einzige Stunde vergeuden dürfe. Aber Kuba war keineswegs mehr das Richtige – weder für die Arbeit noch fürs Vergnügen. Er sagte, daß er dort, wenn er es irgendwie einrichten könne, keinen Sommer mehr verleben wolle. Nach dem merkwürdigen, stürmischen Winter war eine anhaltende Hitzewelle eingetreten. Das Meer lag glatt und ölig da, die Tage waren glühend heiß und die Nächte kaum kühler als die Mittage.
Er sehnte sich danach, wieder die erquickende Luft der Berge im amerikanischen Westen zu schnuppern. Lloyd Arnold fand in Ketchum ein Haus, das sie mieteten, und Ernest lud Betty und Otto Bruce mit zu der Reise ein. Mary und Betty flogen nach Chicago, wo ihre Ehemänner Anfang Oktober zu ihnen stießen. Der Wagen war bis unters Dach voll mit Gepäck. Ernest war von der Landschaft überwältigt. Durch ganz Iowa, Nebraska und Wyoming zählte und bestimmte er jeden Vogel, den er zu Gesicht bekam und führte eine Liste aller Tiere, die er auf dem Weg sah. Er ließ in den kleineren Städten anhalten, um in Gemischtwarenläden Äpfel, Käse und Mixed Pickles zu kaufen, die er mit Scotch und frischem Limonensaft hinunterspülte. Daneben lauschten sie den Nachrichten, die sie im Autoradio empfingen. Immer wenn die Nationalhymne gespielt

wurde, nahm Ernest seine Leinenmütze ab und hielt sie in komisch wirkender patriotischer Geste gegen seine Brust. Die Sendungen wurden häufig von Bulletins über den sterbenden Papst Pius XII. unterbrochen. Jedesmal machte Ernest still das Kreuzzeichen. In Iowa fuhren sie durch Paulines Geburtsort Parkersburg und durch Dyersville, wo sich Ernests Urgroßvater Alexander Hancock im Jahre 1854 niedergelassen hatte.
In Ketchum wurden sie von ihren Freunden Taylor Williams, Pappy und Tillie Arnold, Clara Spiegel, Chuck und Flossie Atkinson, Forrest MacMullen, Don Anderson und Dr. George Saviers herzlich empfangen. Die Atkinsons hatten an Stelle der ehemaligen Spielhölle, des Christina-Casinos, ein neues Einkaufszentrum und ein Motel eröffnet. Unweit davon stand mitten im Ortszentrum das Blockhaus, das die Arnolds für die Hemingways aufgetrieben hatten. Sie zogen ein und bereiteten sich auf den Beginn der Jagdsaison vor. Ernest klagte, daß ihn die Reise ermüdet habe, und sie waren alle von der Veränderung in seinem Aussehen und Benehmen entsetzt. Aber seine Lebensgeister erwachten bei einem von Tillie Arnold gegebenen Hähnchenessen kurzfristig wieder. Er schälte sich aus seinem Rock, nahm ihre große siamesische Katze in die Arme, walzte mit ihr durchs Zimmer und ergötzte die Gesellschaft mit Gesängen, die er ziemlich falsch intonierte. Es eilte ihm keineswegs, an die Arbeit zu gehen, und er achtete nach wie vor auf seine Diät. Aber er erklärte, daß er sich in der klaren, trockenen Luft ›wie in seinen besten Zeiten‹ fühle.
Obwohl er sich bei seiner Ketchumer ›Familie‹ ausgesprochen wohl fühlte, freute er sich doch über drei Besucher, die im November eintrafen. Einer davon war sein polnischer Übersetzer Bronislaw Zielinski, den er sogleich ins Herz schloß und ›Alter Wolf‹ und ›Magnetpol‹ nannte. Das Ergebnis seines Besuches war, daß Ernest für den Polen, der den besten Roman des Jahres 1959 schreiben würde, einen Preis von tausend Dollar und die gesamten Tantiemen aus der polnischen Übersetzung der ›Grünen Hügel Afrikas‹ aussetzte. Ferner kam Aaron Hotchner zu Besuch, der gerade ›Wem die Stunde schlägt‹ fürs Fernsehen einrichtete. Während Hotchners Anwesenheit arbeitete Ernest meist an den Vormittagen und ging nachmittags mit seinem Freund ins Freie, um ihm die Anfangsgründe der Flugwildjagd beizubringen. Sie fuhren einmal auch nach Hailey, wo Ernest einer Gruppe katholischer Schulkinder über seine Werke Frage und Antwort stand. Hotchner notierte sich Ernests Antworten und verkaufte seine Aufzeichnungen einige Monate später an die Zeitschrift *This Week*. Der dritte Besucher war Gary Cooper, der nach zwanzig Jahren immer noch ein eifriger Anhänger Sun Valleys war. Eines Tages brachte er eine geräucherte Gans mit, und sie unterhielten sich den ganzen Nachmittag, während draußen starkes Schneetreiben herrschte, ruhig vor dem Kamin, aßen die Gans und tranken Chablis dazu. Cooper erzählte, daß er den Überredungskünsten seiner Frau nachgegeben habe und Katholik geworden

sei. Ernest zeigte dafür Verständnis. Auch er habe vor dreißig Jahren so gehandelt, und er ›glaube‹ noch immer ›an den Glauben‹.
Die Situation auf Kuba bereitete ihm ständige Sorgen. Er versuchte sie zu verdrängen, indem er seine Pariser Tagebuchskizzen zum Teil umschrieb und drei Kapitel von ›The Garden of Eden‹ überarbeitete. Aber er hegte die größten Befürchtungen, daß in seiner Wahlheimat sehr bald der Bürgerkrieg ausbrechen würde. Als Fulgencio Batista Anfang Januar nach Ciudad Trujillo fliehen mußte und die Truppen Fidel Castros die Hauptstadt einnahmen, fiel ihm ein Stein vom Herzen. Herbert Matthews schrieb, daß der Finca nichts passiert sei. René Villeréal, mit dem sie telefonische Verbindung bekamen, sagte, daß alles, abgesehen von der Versorgung der Bevölkerung mit Lebensmitteln, in Ordnung sei. Die Explosion eines Munitionsdepots in Guanabacoa hatte auf der Finca ein paar Fenster und das Dach beschädigt. Jaime Bofils, ein kleiner, immer lächelnder Kubaner, den Ernest seit Jahren kannte, rief an und teilte mit, daß er Mitglied der neuen provisorischen Regierung sei und die Finca unter seinem persönlichen Schutz stehe. Erfreulich war auch die Nachricht, daß Dr. Herrera während seiner medizinischen Ausbildungszeit Fidel Castro gekannt hatte, und daß der Kommandant der Garnison von Havanna aus San Francisco de Paula stammte und früher im lokalen Baseballteam gespielt hatte, als Ernest noch Werfer war.
Freilich war auch viel Blut vergossen worden. Ein Dutzend junger Leute aus San Francisco de Paula und dem benachbarten Dorf Cottoro war verhaftet, ermordet und von Batistas Geheimpolizei in Gruben verscharrt worden. Auf der Gegenseite war der Batista-Sergeant, der im August Ernests Hund Machakos erschossen hatte, im November gehängt worden, nachdem er von den Jungen aus Cotorro ›auf die übliche Weise verstümmelt‹ worden war. Als alter Revolutionskenner vertrat Ernest den Standpunkt, daß jeder Wechsel in Kuba besser sei als keiner. Batistas Bande habe die reiche Insel total ausgeplündert, und Ernest schätzte, daß er sich mit etwa 600 bis 800 Millionen Dollar aus dem Staub gemacht habe. Wenn Castro halbwegs anständig regieren würde, so wäre das großartig, aber er würde sich gegen verteufelt viel Geld durchsetzen müssen. Gewisse Interessen der Vereinigten Staaten, wie beispielsweise United Fruit, seien gut und verantwortungsbewußt verwaltet worden; andere wieder hätten mit Batista unglaubliche Geschäfte gemacht und wären ›sehr wenig O. K.‹ vorgegangen. ›Ich wünsche Castro alles erdenkliche Glück‹, sagte Ernest. ›Das kubanische Volk hat jetzt zum allerersten Mal eine leidliche Chance.‹ Er bedauerte nur, daß er bei der Vertreibung Batistas nicht dabeigewesen war.
Als ihr Mietvertrag für das Haus in Sun Valley Mitte Dezember ablief, zogen sie in ein neues um. Es war noch nicht ganz fertiggestellt, war außen noch mit Teerpappe verkleidet und hatte nur Sperrholzböden, aber

die vielen Haushaltsvorrichtungen entzückten Mary: eine vertäfelte Wandheizung, die auch bei Temperaturen unter Null Grad funktionierte, eine Tiefkühlanlage, die prompt mit Wildgeflügel angefüllt wurde, und ein großer Fernsehapparat, der von der Decke herabhing. Die gesamte Ketchumer Familie schneite herein, um sich jeden Freitagabend die Boxkämpfe und samstags die Profi-Footballspiele anzusehen. Ernest gefiel es so gut, daß er nach einem eigenen Haus Ausschau hielt. Das beste, was momentan angeboten wurde, war ein zweigeschossiges Chalet aus Schüttbeton. Es stand am Ende eines Kiesweges auf einem mit Salbeigestrüpp bewachsenen Hügel fast zwei Kilometer nordwestlich des Ortszentrums. Das Parterre beherbergte einen großen, in gelber Eiche getäfelten Wohnraum, im Obergeschoß lag ein Schlafzimmer von derselben Größe. Ein kleinerer, nach hinten gehender, in dunklem Nußholz gehaltener Schlafraum konnte als Ernests Arbeitszimmer hergerichtet werden. Die Aussicht war großartig: im Norden und Süden konnte man auf die zeltförmigen Berge der Umgebung sehen, und durch die breiten Ostfenster auf die Windungen des von hohen Espen und kanadischen Pappeln gesäumten Big-Wood-Flusses. Chuck Atkinson war der Meinung, daß Ernest das möblierte Haus mitsamt siebzehn Morgen Land für etwa 50 000 Dollar bekommen müßte.

Am anderen Ende des Tales konnte man durch die schon entlaubten Bäume den grasgrünen Streifen des Ketchumer Friedhofs liegen sehen. Dort hatten sie schon 1939 Van Guilder begraben, und dorthin folgten sie auch dem Sarg von Taylor Williams, der ganz plötzlich am 18. Februar gestorben war. Diesmal hielt Ernest keine Grabrede. Als sich die Trauernden zerstreut hatten, blieben er und Don Anderson zurück und schütteten das Grab zu. Er bemerkte ruhig, daß Leichenbegängnisse überlebtes Heidentum seien, und daß man sie so rasch wie möglich hinter sich bringen sollte. Die Toten seien tot. Für die Lebenden hielt Ernest einen Liter guten Whisky bereit. Aber rückblickend geriet er doch in eine depressive Stimmung. Sein alter Freund Charlie Sweeny war vor kurzem von Salt Lake City auf Besuch gekommen. Doch kaum wieder daheim, erlitt er einen Schlaganfall. ›Mir bleiben nicht sehr viele Freunde übrig‹, sagte Ernest.

Gleich nach dem Begräbnis hatte er auch die Vorkehrungen für seinen Sommerurlaub in Spanien beendet. Er wollte sich hauptsächlich auf dem Gut von Nathan (Bill) Davis, einem reichen amerikanischen Auswanderer, aufhalten, den er mit Unterbrechungen seit fünfundzwanzig Jahren kannte. Sein Grundbesitz, La Consula, lag in der Nähe der Ortschaft Coin bei Malaga an der Costa del Sol. Dort würde Ernest einen ruhigen Platz haben, wo er schreiben und sich zwischen den einzelnen Stierkämpfen erholen konnte. Antonio Ordóñez hatte vor, gegen seinen Schwager Dominguin eine Reihe von Mano-a-mano-Corridas auszufechten, und Ernest wollte sie alle miterleben. Sein Gesundheitszustand war besser als jemals seit dem Flugzeugabsturz in Butiaba, seine Nieren und die Leber arbeiteten sichtlich besser, Blutdruck und Cholesterinspiegel waren fast wieder normal. ›Es sieht so aus, als würde es ein wundervoller Sommer werden‹, sagte er Bill Davis. Seine Begeisterung glich eher der eines Jungen als eines Mannes, der in sein sechzigstes Jahr geht.

Mitte März reisten sie in einem Mietwagen von Ketchum ab. Aaron Hotchner fuhr bis Orleans mit, um Ernest beim Chauffieren abzulösen. Ernest machte in Phoenix Station, um zum Ankauf des Hauses in Ketchum einen Scheck über 50 000 Dollar auszustellen. In Tuscon genoß er ein wortreiches Wiedersehen mit dem Maler Waldo Peirce und dessen Frau Ellen. Ernest setzte sich zwischen New Orleans und Key West ans Steuer. Sie stellten den Wagen ein und flogen am Ostersonntag nach Havanna weiter. Er kam zur Ansicht, daß Castros Revolution bis dahin ›sehr rein und schön‹ verlaufen sei, und daß man auf sie die gleichen Hoffnungen setzen könne, wie auf die erste spanische Republik. Castro plante für April eine Amerikarundreise. Obwohl Ernest das Gefühl hatte, daß die Chancen nicht gut für ihn standen, hoffte er, daß Castro sein Temperament in Zaum halten und sich mit den Wohlgesinnten auf dem Festland arrangieren werde.

Ein charakteristisches Zwischenspiel während Ernests kurzem Aufenthalt daheim war ein Zusammentreffen mit dem Dramatiker Tennessee Williams. Es war von Kenneth Tynan eingefädelt worden, der gerade in Kuba weilte, um Castro zu interviewen, und sich einmal mit Ernest zum Lunch im Floridita verabredete. Williams kam verspätet nach, weil er schon von dem Ungutes verheißenden Gerücht gehört hatte, daß ›Hemingway Leute wie mich meist in den Hintern tritt‹. Seine Befürchtungen verwirklichten sich jedoch nicht, selbst als er Ernest erzählte, daß er vor kurzem in Spanien Ordóñez kennengelernt habe und ihn als ›lieben Jungen, sehr freundlich und sehr zugänglich‹ beschrieb. Williams trat noch mehr ins Fettnäpfchen, weil er von Pauline sprach, die er in Key West kennengelernt hatte, und sich erkundigte, woran sie gestorben sei. ›Sie starb, wie jeder stirbt, und danach war sie tot‹, sagte Ernest. Die Atmosphäre besserte sich zusehends, als sich die Unterhaltung Ernests Verletzungen nach den Flugzeugunglücken zuwandte. ›Man kann mit einer Niere leben‹, sagte er Williams, ›aber wenn die Leber aussetzt, ist man hinüber.‹ Durch die Gesprächsthemen ›Medizin und Sterblichkeit zusammengeführt‹, trennten sich der Romanschriftsteller und der Dramatiker schließlich in aller Freundschaft.

Das war der Beginn des ›gefährlichen Sommers‹, in dem Ernest sechzig wurde. Anfang Mai hatten sich die Hemingways bereits in La Consula niedergelassen. Der Besitz erinnerte Ernest an die Finca, nur daß er größer und älter war. Das große weiße Haus war 1935 erbaut worden. Es gab gepflegte Ziergärten und einen achtzehn Meter langen Swimming-pool. Die stattlichen Innenräume waren durchwegs mit Davis' Sammlung von

Bildern und Drucken geschmückt. Davis selbst war ein großer, grauäugiger, glatzköpfiger Mann von zweiundfünfzig Jahren. Er lebte seit einigen Jahren mit seiner Frau Annie und zwei Kindern in dieser Zurückgezogenheit. Ernest und Mary wurden aneinandergrenzende Schlafzimmer im zweiten Stock zugewiesen. Ernest bekam ein großes Eckzimmer, das sich auf einen breiten Balkon öffnete, von dem aus man den Hof auf der Gartenseite überblickte. Es war mit einem Stehpult und mit einem Tisch für seine Manuskripte möbliert. ›Wer hier nicht schreiben kann, kann nirgends schreiben‹, sagte Ernest. Anfang Mai setzte er sich zu seiner ersten Sommerarbeit, einem Vorwort für eine neue Schulausgabe seiner Erzählungen.

Um den 13. hatte er den ersten Entwurf flüchtig skizziert. Er legte ihn aber bald beiseite, weil er zum San-Isidro-Stierkampf nach Madrid fahren wollte. Sie wohnten im Suecia, einem neuen Hotel in der Stadtmitte, wo sie von der Direktion wie auf Staatsbesuch weilende Fürstlichkeiten behandelt wurden. Wenngleich er oft darüber jammerte, war Ernest kein Feind der Publicity. Er wußte genau über die Weltberühmtheit seiner weißbärtigen Gestalt Bescheid, und sonnte sich in der Ehre, als Busenfreund Ordóñez' anerkannt zu werden, an dessen Laufbahn er fast ein persönliches Interesse hatte. Sein ungeheurer Einfluß manifestierte sich am 24. Mai in der neuen Plaza de Toros vor Tausenden von Zuschauern. Die Sensation des Nachmittags hieß Segura, ein blutjunger Novillero, der brillant mit Capa und Muleta zu arbeiten wußte und mit dem Degen rasch und sicher tötete. Die Menge ehrte ihn mit einem Meer wehender Taschentücher, aber seine Leistung wurde nicht offiziell anerkannt, bis zu dem Augenblick, da Ernest sich erhob, den Präsidenten fixierte und feierlich sein eigenes Tuch wehen ließ. Der Präsident kam seiner unmißverständlichen Aufforderung sogleich nach und belohnte Segura mit beiden Ohren seines Stieres.

Zwischen dem 26. und 31. waren in Antonio Ordóñez' Terminkalender Kämpfe in Cordoba, Sevilla, Aranjuez und Granada eingetragen. Mary hatte sich bei dem in Madrid herrschenden schlechten Wetter eine starke Erkältung mit Fieber zugezogen und verzichtete deshalb auf die Reise, die Ernest spielend schaffte. Am 30. nachmittags war er in Aranjuez, südlich von Madrid. ›Der Regen hatte aufgehört‹, schrieb er, ›und die Stadt lag frisch gewaschen in der Sonne ... Wir gingen in das alte Café-Restaurant unter den Bäumen und blickten auf den (Tajo) Fluß und die Ausflugsboote.‹ Zu seinen Begleitern zählte John Crosby von der *New York Herald Tribune*, der bei den Erdbeeren, die serviert wurden, kräftig zulangte. Anschließend sahen sie Ordóñez in einem herrlichen Kampf. Der zweite Stier des Tages hatte ihn mit seinem Horn an der linken Hinterbacke erwischt. Stark blutend und vor Wut kochend, tötete er den Stier, bevor er selbst zusammenbrach. Ernest blieb die ersten fünfzig Stunden an seinem Krankenbett, um eine Infektion der Wunde zu verhüten. Eine Woche später

flog Antonio mit nach Malaga, um sich unter der Obhut seines Freundes zu erholen.
Als Antonio Ende Juni seine Verpflichtungen wieder aufnahm, befand sich Ernest wiederum in seinem Gefolge: Saragossa an einem Nachmittag, Alicante am nächsten, dann Barcelona, dann Burgos. Er prahlte (und glaubte offensichtlich auch daran), daß seine Anwesenheit für Antonio nicht einerlei sei. Für jeden anderen Sechzigjährigen wäre solch ein Nonstopprogramm lästig und anstrengend gewesen. Aber Ernest sagte sich, daß es ›bei weitem lustiger war, als auf meinem Arsch in Kuba zu sitzen und über kubanische Politik daherzureden‹. Bis zur Fiesta von San Fermín am 6. Juli in Pamplona war er schon bei zwanzig Stierkämpfen dabeigewesen, und hatte noch lange nicht genug.
Er schrieb nachher, Pamplona sei ›hart wie immer‹ gewesen. Eine Woche lang hatten sie zum ›Dröhnen der Kriegstrommeln von Navarra‹ durchschnittlich nur etwas über drei Stunden Schlaf. Juanito Quintana war aus San Sebastian gekommen, Annie Davis und Mary erschienen aus Malaga. Aaron Hotchner hatte Ernest am 28. Juni in Alicante erreicht. Dr. Saviers und seine Frau Pat waren als Ernests Gäste aus Sun Valley angereist, und Valerie Danby-Smith, eine neunzehnjährige Journalistin, verschaffte sich ebenfalls Zutritt zu der Runde.
Die Gesellschaft unternahm zum Teil schon während der Fiesta Picknick- und Badeausflüge zum oberhalb von Aoiz gelegenen Irati-Fluß, dem zauberhaften Gebiet, das Ernest 1924 entdeckt hatte. Er konnte feststellen, daß ›der letzte große Forst des Mittelalters‹ noch immer unberührt und von mächtigen Buchen und einem ›Jahrhunderte alten Moosteppich‹ bewachsen war. Rosé schlürfend saß er an einem Baum, ›glücklicher als jemals zuvor‹. Es schien ihm nicht viel auszumachen, daß Mary unter Schmerzen an einem Stock humpeln mußte, da sie sich auf den schlüpfrigen Steinen des Flußbettes eine Zehe gebrochen hatte. Sein Verhalten in Pamplona und in den darauffolgenden Wochen war überhaupt aggressiv-jugendlich. Er war offenbar der festen Überzeugung, daß sich seine Jugend, wie einst mit Adriana, durch die Verbindung mit einem neunzehnjährigen Mädchen wie durch Zauberkraft erneuern könne, und engagierte Valerie Danby-Smith als Sekretärin; er bestand sogar darauf, daß sie beim Essen, beim Stierkampf und im Wagen neben ihm sitzen müßte. Während eines seiner Aufenthalte in Madrid hatte ihm Dr. Madinaveitia eine tadellose Gesundheit bescheinigt, und er war offensichtlich entschlossen, das nach Kräften auszunützen. Sein sechzigster Geburtstag fiel mit Carmen Ordóñez' dreißigstem zusammen. Mary hatte über einen Monat mit den Vorbereitungen für eine Galafeier in La Consula verbracht. ›Es kamen alle möglichen Leute‹, schrieb sie nachher, ›David Bruce und Evangeline, Miguel Primo de Rivera, Buck Lanham, Amerikaner, Engländer und Spanier aus den verschiedensten Gesellschaftsschichten.‹ Zu den Leuten, die sie nicht an-

führte, zählten Gianfranco mit seiner Frau Christina, die in Ernests brandneuem Lancia angefahren kamen, Carmen und Antonio, der Maharadscha von Cooch-Behar mit seiner rothaarigen Maharani, Dr. Saviers und Frau, Peter Buckley mit seiner Gattin, Valerie Danby-Smith und Aaron Hotchner. Auf der geräumigen Veranda im ersten Stock wurde ein reichhaltiges Dinner mit Geschenken und zahlreichen Trinksprüchen gegeben. Es spielte ein Orchester, und man tanzte Flamenco. Unten auf dem Rasen war eine kleine Schießbude errichtet, und später gab es ein Feuerwerk. Die Party währte die ganze Nacht und die letzten Festgäste verabschiedeten sich am 22. nach dem Frühstück.
Aber die Situation war nicht durchwegs rosig. Dr. Saviers behandelte Ernest wegen Nierenbeschwerden, die in Pamplona wieder aufgetreten waren, und sein Schlafzimmer in La Consula stand voller Gläser und Flaschen mit Urinproben. Seit einigen Tagen hatte er begonnen, sich etwas merkwürdig zu benehmen. Buck Lanham war abends am 18. aus Madrid herübergeflogen. Im Verlauf eines späten Abendessens hatte er Ernest die Geschichte des 22. Infanterieregiments überreicht, einen vervielfältigten Band von nahezu zweihundert Seiten. Als Ernest Lanhams Widmung las, brach er in Tränen aus und verließ den Raum, bis er sich gefaßt hatte. Zwei Abende später führte er bei einem Dinner im Hotel Miramar den Vorsitz. Unter den Gästen befanden sich der amerikanische Botschafter, seine Frau, das Ehepaar Davis, Valerie und Hotchner. Am späteren Abend, nach einem Tanz mit Mrs. Bruce, ging Lanham auf dem Weg zu seinem Platz an Ernest vorbei. Er legte seine Hand als freundschaftliche Geste auf Ernests Schulter und sagte, daß bis zum 21. Juli, seinem Geburtstag nur mehr zwanzig Minuten fehlten. Als er sich wieder abwandte, streifte er mit seinem Arm Ernests Hinterkopf. Ernest zuckte zusammen, als ob er sich verbrannt hätte, und sagte laut und klar, daß es niemandem gestattet sei, seinen Kopf zu berühren. Lanham entfernte sich weiß vor Zorn. Nach einer Weile begab sich Ernest zu ihm und entschuldigte sich weinend. Er erklärte, daß er schon eine Glatze habe und deshalb sein weißes, gelocktes Haar nach vorne zu Fransen kämmen würde, um seine Kahlheit zu verbergen. Wenn Lanham ihm verzeihen wolle, werde er am folgenden Tag zum Friseur gehen und sein ›gottverdammtes Haar‹ so kurz wie Lanham scheren lassen. Lanham antwortete, er möge aufhören, wie ein Esel zu reden, aber er war noch immer so in Rage, daß er hinzufügte, der einzige Grund, warum er nicht noch in derselben Nacht aufbreche, sei die Tatsache, daß von Malaga keine Flugzeuge mehr abgingen. Es war der einzige Streit, den sie jemals miteinander hatten. Lanham bedauerte ihn, aber er konnte Ernest nicht verzeihen.
Lanham war auch von Ernests törichter Sehnsucht nach ewiger Jugend und der erstaunlichen Obszönität seiner Ausdrucksweise unangenehm berührt. Trotz Marys Bemühungen um eine gelungene Geburtstagsparty und trotz

ihrer unermüdlichen Sorge um sein Wohlergehen, schien sich Ernest die allergrößte Mühe zu geben, zu ihr grausam und undankbar zu sein. Er beschwerte sich, daß sie sein ganzes Geld für die Festlichkeiten vergeudet habe, obwohl sie den Großteil davon mit dem Ertrag eines Artikels bezahlt hatte, den sie für *Sports Illustrated* verfaßt hatte. Er verspottete sie, weil sie hinkte, und versuchte sogar Dr. Saviers die Feststellung zu entlocken, daß ihre Zehe nicht wirklich gebrochen sei. Solche und noch ärgere Demütigungen waren mehr, als Lanham ertragen konnte. Das sprach er schließlich auch laut aus, aber Ernest hörte anscheinend auf keine Ermahnungen mehr.

Bevor Lanham nach Washington zurückflog, begleitete er Ernest und seinen ›Mob‹ zur Feria nach Valencia. Die Schar war nun auf neun Personen zusammengeschrumpft: Lanham, Gianfranco und Christina, Bill und Annie, Valerie, Aaron und die Hemingways. Ernest wurde das Gefühl nicht los, daß sich etwas Unheildrohendes zusammenbraute. Während der ersten Corrida färbte sich der Himmel dunkel und es kam Wind auf. Auch Antonio und Luis hatten Angst. ›Ernesto‹, sagte Antonio, ›dieser Wind ist schrecklich.‹ Er legte sich nicht. Am Nachmittag wurde es immer finsterer und als Dominguins letzter Stier hereinstürmte, mußten schon Lampen angezündet werden. Bei der neunten Passage fegte der Wind die Muleta fort, und der Stier warf Dominguin in den Sand. Ehe Antonio einschreiten konnte, stieß das Tier Dominguin in die Leistengegend. Drei Tage später lagen beide Matadore im Sanatorium Ruber in Madrid. Auch Antonio hatte das Unheil ereilt: Er war in Palma de Mallorca durchbohrt worden.

Der Mano-a-mano-Wettbewerb zwischen Antonio und Luis Miguel war genau nach Ernests Geschmack. Er hatte mit *Life* einen Vertrag für einen Stierkampfartikel abgeschlossen und machte sich dazu Aufzeichnungen. Das Duell erreichte Mitte August in Malaga seinen Höhepunkt, wo beide Matadore ungeachtet ihrer Verbände eine großartige Demonstration an Geschicklichkeit und Mut an den Tag legten. Dann stellte sich das Pech wieder ein. Eine Woche später wurde Dominguin in Bilbao so schwer verletzt, daß er für den Rest der Saison außer Gefecht gesetzt wurde. Er lag schon wieder im Sanatorium Ruber, als Antonio bei einem Kampf in Dax jenseits der französischen Grenze eine Fußverletzung erlitt und ins Spital von San Sebastian gebracht werden mußte.

Ernest blieb an der Seite seines Freundes, bis die ärgsten Schmerzen vorüber waren. Dann verabschiedete er sich und brach mit Valerie und Davis im Lancia nach Madrid auf. Kurz nach Aranda de Duero südlich von Burgos platzte der rechte Vorderreifen. Der Wagen mähte fünf Kilometersteine am Straßenrand nieder. Es kam niemand zu Schaden, aber die ganze Vorderseite des Wagens war zertrümmert. Sie ließen ihn in Madrid zurück und flogen wieder nach Malaga. Anderntags gestand Ernest traurig,

daß er nun genug vom Zuschauen habe: das Bangen um Antonio mache ihn völlig fertig, es sei ebenso nervenzermürbend wie ›mit einem Alkoholiker verheiratet zu sein‹. Mary freute sich, ihren Mann unverletzt wiederzuhaben. ›Papa Sportif‹ könne sehr amüsant sein, aber sie habe ihn lieber, wenn er ›ruhig, besinnlich und mein Freund‹ sei.
Mit den ganzen Zechereien und Vergnügungen war es nun endgültig aus. Antonio war nach einer Auseinandersetzung mit Stierkampf-Funktionären für einen Monat gesperrt worden.
Aaron Hotchner schrieb, daß er mit Buick und CBS einen glänzenden Vertrag für mehrere 90-Minuten-Fernsehspiele nach Ernests Kurzgeschichten abgeschlossen habe. Das Einspielergebnis würde zwischen Autor und Bearbeiter fifty-fifty geteilt werden. Mary sehnte sich wieder nach Kuba. Sie hatte den ganzen Sommer alles mögliche durchgemacht, von schweren Erkältungen bis zu diversen Demütigungen. Aber Ernest war anscheinend entschlossen, bis Mitte Oktober in La Consula zu bleiben. Es half nichts, aber er mußte seinen Stierkampfartikel in Angriff nehmen, solange er sich innerhalb der magischen Grenzen Spaniens befand. Bis er sich an die Arbeit machte, war es bereits der 10. Oktober geworden. Mit Ausnahme des Vorwortes für die Erzählungen hatte er den ganzen Sommer über keine Zeile geschrieben und Valerie nur einige Briefe diktiert. Am ersten Tag schaffte er 541 Wörter, 845 am zweiten. Er rief sich die zauberhaften Tage des Jahres 1953 in Erinnerung, als er zum ersten Mal seit Francos Sieg im Jahre 1939 nach Spanien zurückgekehrt war. Bis zum 15. Oktober hatte er 5000 Wörter auf dem Papier, und trotzdem war er noch kaum über den Anfang hinausgekommen.
Im fernen Italien stand Ezra Pound schon an der Schwelle zu seinem 74. Geburtstag. ›In glücklicheren Tagen‹, schrieb er Ernest, ›hätte ich Ihren monumentalen Scheck als Beweis Ihrer Großmut in Plexiglas eingießen lassen. Nun ist's ein zu wertvolles Souvenir, als daß man's wie beabsichtigt als Briefbeschwerer auf dem Tisch liegen lassen könnte.‹ Ezra fühlte bereits das vorschreitende Alter, aber Ernest brannte mit seinen Sechzig auf weitere Vergnügungen. Antonio und Carmen hatten eingewilligt, zum Abschluß der Entenjagdsaison nach Ketchum zu kommen. ›Ich möchte mich ein bißchen körperlich betätigen und in Form kommen‹, sagte Ernest.

Die letzte Reise

Der Zeitpunkt von Ernests Anliegen, in Form zu kommen, war klug gewählt. Der Sommer 1959 war für ihn gefährlicher gewesen, als er zugeben wollte. Während eines kurzen Aufenthaltes im Ritz in Paris zog er sich, als er in der Zugluft saß, eine schwere Erkältung zu. Er befürchtete, daß dies seine angegriffene Niere in Mitleidenschaft ziehen könne, und schluckte immer noch Pillen, als sie schon längst an Bord der ›Liberté‹ in Richtung Amerika dampften. Er hatte Mary, sozusagen als Entschädigung dafür, daß er sie im Sommer vernachlässigt hatte, eine Diamantnadel gekauft, aber er verübelte ihr auf kindische Weise, daß sie sich wegen seines Benehmens den Mund aufzumachen traute. Er zählte die Eigenschaftsworte auf, die sie angeblich auf seine Person gemünzt hatte: herzlos, gedankenlos, selbstsüchtig, ausgesprochen albern, verderbt, rücksichtslos und vor Egoismus und Publicity-Sucht vollends übergeschnappt. So oder so hatte er das meiste davon verdient, aber er zeigte sich keineswegs geneigt, es zuzugeben.

Während des Großteils der stürmischen Überfahrt pflegte er in einer Einzelkabine seine Erkältung. Er fieberte etwas, und sein Kopf fühlte sich ›vollgestopft und blöde‹ an. Ein gewisser Andrew Turnbull, der in Paris Material über Scott Fitzgeralds Leben zusammengetragen hatte, fragte eines Tages an, ob Mr. Hemingway gewillt sei, über seine Erinnerungen an Scott zu sprechen. Ernests schäbige Aktentasche enthielt das Manuskirpt des Pariser Skizzenbuches, worin sich drei Kapitel über Fitzgerald befanden. Er war nicht bereit, einem Fremden die Geheimnisse preiszugeben und schwieg bis zum letzten Tag der Überfahrt. Am 31. Dezember kleidete er sich aber zum Lunch um, nahm einen Drink an der Bar und ließ sich zu einer Unterhaltung mit Turnbull herbei. Obwohl Turnbull die Ansicht eines anderen Passagiers teilte, daß Hemingway etwas ›Theatralisches und Übertriebenes‹ an sich habe, mußte er doch zugeben, daß ›von seiner mächtigen, schlingernden Gestalt und der traurigen Maske seines Gesichts große Würde ausstrahlte‹. Er war, wie damals viele Leute, von der ›Magerkeit‹ seiner nackten Unterarme und dem rotgeäderten Weiß seiner Augen betroffen. Ernest sprach scheu und einsilbig, half Turnbull bei seiner Untersuchung über Fitzgerald kaum weiter, und seine Augen flackerten Turnbull in ›einer Art unsteten Mißtrauens‹ an.

Aaron Hotchner holte ihn in New York vom Landungssteg ab und brachte ihn in ein Appartement, das Ben Finney Ernest zur Verfügung gestellt hatte. Hotchner fand ihn merkwürdig streitsüchtig und sehr in Sorge, ob Mary auch die Diamantnadel gefallen würde. Sie hatte Finney, George Brown, George Plimpton und Hotchner gebeten, eine geeignete Wohnung zu finden, wo ihm für seine gelegentlichen New-York-Besuche Abgeschiedenheit garantiert sei. Sie hatten im vierten Stock eines Hauses in der 62sten Straße Ost etwas Passendes gefunden, gegenüber dem Knickerbocker-Club mit Blick auf den Central Park. Ernest fand es ausgezeichnet, es sei ein ›sicherer Platz‹, im Spionage-Thriller-Sinn des Wortes. Aber es war Marys Idee und nicht seine. Er wollte in sein altes Haus auf Kuba zurückkehren und dann Antonio sein neues Haus in Ketchum zei-

gen. Am 3. November lieferte er Charles Scribner sein Pariser Manuskript ab und gab die Anweisung, es nach Ketchum zu schicken, damit er die letzten Korrekturen vornehmen könne. Dann holte er Antonio und Carmen Ordóñez ab und flog nach Süden, um seine Frau zu treffen.
Am Flughafen von Havanna hatte sich eine fahnenschwingende Menge eingefunden, um ihn daheim zu begrüßen. Reporter erkundigten sich, was er von dem zunehmenden Einfrieren der Beziehungen Amerikas zu Castro halte. Er mißbilligte es und sagte, daß er sich nach zwanzigjährigem Aufenthalt als echter Kubaner fühle. Als Beweis dafür küßte er den Saum einer kubanischen Flagge. Die Geste war für die Fotografen zu rasch gekommen. Sie baten ihn, sie zu wiederholen. ›Ich sagte, ich sei ein Kubaner und nicht ein Schauspieler‹, meinte er grinsend. Er war sichtlich von Marys zärtlicher Begrüßung erleichtert. Sie hatte Reparaturarbeiten an der Finca beendet und war bereit, das Haus in Ketchum für den Empfang von Antonio und Carmen herzurichten. Aber sie hatte nicht die Absicht, ewig die Köchin und das Arbeitstier zu spielen. Diesmal würde sie das Dienstmädchen Lola Richards mitnehmen. Ernest muckte nicht auf. Er wollte mit Antonio auf die Jagd gehen. Es durfte nichts seine Pläne durchkreuzen.
Die Reise nach Ketchum begann glänzend und endete enttäuschend. Antonio und Carmen die amerikanische Landschaft zu zeigen, war ein köstliches Erlebnis. Trotz einer Menge Schnee und kaltem Wetter bezeichnete Ernest die Fahrt als ›unglaublich herrlich‹. Die Strecke, die sie am letzten Tag zurücklegten, führte über 360 Kilometer, vom Südrand des Grand Canyon zuerst westwärts nach Las Vegas und dann über Hailey auf der altbekannten Route 93 in den Norden. Antonio gefiel Las Vegas, aber Ernest war erheblich mehr von einer neuen ›Stadt‹ namens Jackpot beeindruckt, einer Handvoll Rasthäuser und Spielhallen an der Grenze zwischen Nevada und Idaho. Mary wartete schon voller Vorfreude, als sie endlich die Eisenbahngeleise und die Brücke überquerten und den Kiesweg zum Haus heraufkamen. Die Enttäuschung kam im Handumdrehen. Antonios in Mexiko verheiratete Schwester hatte wegen einer Ehekrise fast einen hysterischen Anfall bekommen und er fühlte sich verpflichtet, ihr zu Hilfe zu eilen. Nachdem Carmen und Antonio abgereist waren, blieben die Hemingways erstmals seit April zusammen allein. Ihre Freude war von kurzer Dauer. Am 27. November gingen sie mit George Saviers auf die Jagd. Mary brachte mit einem schönen Schuß ein Waldhuhn herunter. Aber sie hatte im Unterholz gestanden und beim Schuß das Gleichgewicht verloren, war auf den gefrorenen Boden gefallen und hatte sich den linken Ellbogen gebrochen. Saviers nahm eine zweistündige Operation vor und legte den Arm in Gips. Sie bekam heftige Schmerzen, und der Ausgang war völlig ungewiß. Ernest traf es hart und er klagte, daß damit alle seine Jagdpläne zerschlagen seien, gerade in dem Augenblick, da er für

den *Life*-Artikel und das Pariser Skizzenbuch in Form kommen wollte. Die meisten Vormittage mußte er Besorgungen machen und auf Marys Bedürfnisse im Sun Valley Hospital Rücksicht nehmen. Er murrte, daß er sich mit Sachen herumschlagen müsse, die ansonsten die Dienerschaft auf der Finca erledige. Sein Blutdruck stieg an und er schlief schlecht. Aber wenigstens das Wetter entsprach seinem Geschmack. ›Es ist hier nach drei Tagen Schnee sehr schön‹, schrieb er Bill Davis am 13. Januar, ›scharf und kalt, mit hohem, klarem Gebirgshimmel, und der Schnee knirscht, wenn man darübergeht. Vom Fenster des großen Schlafzimmers kann man einem Erpelpaar zusehen, das am großen Teich vorm Haus Wasserkresse pickt.‹
Kürzlich hatte er Harold Loebs Autobiographie, ›The Way It Was‹ in die Hand bekommen. Er fand sie ›sehr rührend und traurig‹, weil Loeb darin seine Wunschvorstellungen von der Vergangenheit niederschreiben wollte. Ernest war in seiner eigenen Autobiographie, dem Pariser Skizzenbuch, mit der Wahrheit auch nicht sehr zimperlich, besonders in dem letzten Kapitel über den Winter 1925–1926 in Schruns, als Pauline, die Murphys und Dos Passos in sein privates österreichisches Paradies eingedrungen waren und es zerstört hatten. Aber er selbst fand zwischen Loebs Buch und seinem eigenen keine Parallelen. Als man ihm mitteilte, daß Loeb an Angina Pectoris leide, demselben Übel, unter dem Ernests Vater vor seinem Selbstmord im Jahre 1928 gelitten hatte, sagte er, daß er Loeb ›die Gnade eines glücklichen Todes‹ wünsche. Er war überhaupt elegisch gestimmt. Denn in Loebs Jugendträumen und Ernests gegenwärtigen Qualen wurden neuerlich die Gefühle heraufbeschworen, die Ernest schon früh seinem Vater gegenüber geäußert hatte: ›Und um wieviel besser ist es, man stirbt in der glücklichen Zeit noch nicht desillusionierter Jugend, man tritt ab im hellen Glanze des Lichts und nicht mit einem verbrauchten, alten Körper und zerbrochenen Illusionen.‹
Mitte Januar fuhren sie im Zug nach Miami zurück. Mary blieb die meiste Zeit in ihrem Abteil und stützte den schmerzenden Ellbogen in die Kissen. Es hob die Stimmung auch nicht, daß die Finca nach einer ganzen Reihe rauher Nordstürme einem Eiskasten glich. Aber Ernest sehnte sich danach, seinen Stierkampfartikel, den er seit Malaga nicht mehr angerührt hatte, wieder aufzunehmen. Mary stimmte seinem Vorschlag zu, Valerie als Sekretärin kommen zu lassen, um Zeit zu sparen. Die Hemingways bemühten sich nach Kräften, sich aus der kubanischen Politik herauszuhalten Die Russen hatten ihre Liebe zu Castro entdeckt. Anastas Mikojan kam mit seinem Gefolge eines Tages sogar auf die Finca und verteilte mehrere russische Übersetzungen von Ernests Büchern. Herbert Matthews erschien im Herbst und sprach immer noch begeistert über die Revolution. Mary nannte ihn den ›Nationalhelden‹ von Kuba. Im engsten Kreise waren sie einer Meinung, daß nämlich mindestens 75 Prozent der

Eine Angelegenheit von Leben und Tod

Bevölkerung Castro unterstützte, vor allem deshalb, weil er entschlossen war, ordentliche Ernährung, Schulen und medizinische Fürsorge einzuführen.
Am ersten April hatte Ernest, ›wie eine Dampfmaschine schuftend‹, 63 000 Wörter seines Stierkampfartikels geschrieben. ›Bin es müde, all diese toten Pferde abzuhäuten‹, sagte er, ›und von mir aus können sie sich diese ganzen Stierkämpfe sonstwo hinstecken.‹ Obwohl er klagte, sein Vertrag mit Life habe ihm nichts als Kopfschmerzen eingebracht, war ihm anscheinend entfallen, daß man ihn bloß um 10 000 Wörter gebeten hatte. Am 28. Mai, beim Stand von 120 000 Wörtern, erklärte er den Artikel für beendet. Der Druck der Arbeit von Ende Januar bis Ende Mai hatte seine Augen erschöpft, noch mehr allerdings seinen Kopf. Das Schlimmste daran sei, daß die Zwangsarbeit (trabajando forzado) sein Gehirn verwirrt habe, schrieb er Juanito Quintana auf Spanisch. Aus dieser Anspielung vom 1. Juni 1960 konnte man das erste Mal heraushören, daß er glaubte, möglicherweise geisteskrank zu werden.
Drei Wochen später beauftragte er Aaron Hotchner, ihm bei der Kürzung des Manuskripts behilflich zu sein. Die Hitze war unbarmherzig, und jeden Nachmittag gab es starke Regengüsse. Mit unendlicher Mühe gelang es ihnen, etwa 50 000 Wörter herauszustreichen. Hotchner nahm die gekürzte Fassung mit nach New York. Selbst die Kurzfassung war noch zweimal so lang wie vereinbart, aber der Chefredakteur Ed Thompson erklärte sich bereit, für 90 000 Dollar eine Auswahl zu erwerben. Die Abdruckrechte in der spanischen Ausgabe des Magazins brachten weitere 10 000 Dollar. Der Artikel hieß nun in Anspielung auf die Mano-a-mano-Kämpfe des Jahres 1959 ›The Dangerous Summer‹.
Ernests 61. Geburtstag hinterließ, in merklichem Gegensatz zu seinem 60., kaum wesentliche Eindrücke. Er verließ selten die Wohnung und stellte in einer Ecke des Wohnraumes, der ihm als Büro diente, einen Kartentisch auf. Charles Scribner konferierte dort öfter mit ihm. Zu seinen wenigen Ausgängen gehörte eine Fahrt zum Augenarzt und ein Lunch mit Lenny Lyons, Jimmy Cannon und Hotchner. Hotchner hatte mit der Twentieth Century Fox über einen Spielfilm unter dem Titel ›The World of Nick Adams‹ verhandelt, aber Ernest war mit dem ersten Angebot über 100 000 Dollar unzufrieden und beauftragte Hotchner, der Filmfirma 900 000 Dollar abzuknöpfen. Am 31. Juli schrieb er seinem Sohn Bumby, daß er sich gar nicht in Form fühle, nun nach Spanien zu fahren, aber Antonio brauche ihn dringend. Nach einigen Aufschüben setzte er sich endlich in einen TWA-Nachtjet nach Lissabon und Madrid. Sein Sitznachbar war ein Anwalt aus Chicago namens Luis Kutner, mit dem er schon einmal über die Freilassung Ezra Pounds korrespondiert hatte. Wie Turnbull im Oktober, traf Kutner die Entdeckung hart, daß dieser unsichere und stille Mann mit dem ›robusten, männlichen, aggressiven‹ Helden der

volkstümlichen Legende identisch war. Als das Flugzeug in Madrid landete, war Ernest von dem plötzlichen Zeitwechsel müde und verstört. Er besprach sich kurz mit Bill Lang, dem Pariser Bevollmächtigten des *Life*-Magazins und fuhr dann mit Bill Davis nach La Consula, um sich dort zwei Tage zu erholen.

Die beiden Davis' hatten ihn schon in verschiedensten Stimmungen erlebt, aber keine war seiner augenblicklichen Verfassung ähnlich. Er zeigte Symptome extremer nervöser Depression: Angst, Einsamkeit, Langeweile, Argwohn gegenüber anderen, Schlaflosigkeit, Schuldgefühl, Gewissensbisse, Gedächtnisschwund. Er war erst zehn Tage in Spanien, als er in den Briefen an seine Frau schon über Krämpfe und Alpträume jammerte. Nach zwei Wochen erklärte er geradeheraus, daß er ›aus totaler Überarbeitung‹ einen völligen körperlichen und nervlichen Zusammenbruch befürchte. Sein ganzes Leben lang sei er heiter erwacht. Nun scheine ihm jeder Tag wie ein Alptraum, der 72 Stunden anhalte. Obwohl er von Vereinsamung sprach, machten ihn neue Gesichter nervös. Der ganze Stierkampf dünkte ihm plötzlich ›korrupt‹ und ›belanglos‹. Jeder, der damit zu tun habe, sei ›egoistisch wie Sinsky in seinen schlechtesten Zeiten‹. Er verdächtigte Dominguin sogar der heimlichen Intrige gegen Antonio. Dennoch beunruhigte ihn der Gedanke, daß er in seinem Artikel für *Life* Dominguin gegenüber unfair gewesen sein könnte. Als ihm Anfang September die erste Fortsetzung von ›The Dangerous Summer‹ per Luftpost zugeschickt wurde, schauderte er vor dem grinsenden Porträt auf der Titelseite zurück und bezeichnete es als ›gräßliche Visage‹. Er war ›beschämt und angewidert‹, sich auf so etwas eingelassen und ›eine solche Schweinerei‹ geschrieben zu haben. Er schrieb Mary oft, nannte sie ›armes, gesegnetes Kätzchen‹ und sagte, daß ihm nun langsam klar würde, warum sie Spanien im Sommer 1959 so sehr gehaßt habe. Er würde sie jetzt gerne bei sich haben, damit er nicht ›überschnappe‹.

Auf seine dringende Bitte und auf Annie Davis' Einladung hin, schickte ihm Mary Valerie nach, damit sie ihm bei der Erledigung seiner Post helfe. Sie kam ruhig und heiter an und fand ihn in genau entgegengesetzter Verfassung vor. Antonio war in Bilbao von einem Stier niedergeworfen worden und hatte eine Gehirnerschütterung erlitten, Carmen hatte erst vor kurzem eine Fehlgeburt gehabt. Ernest sagte, daß ihn das alles bis ins Mark treffe. Er halte es nur aus dem Grund aus, weil sich jedesmal, wenn es ihm schlecht gegangen sei, eine gute Periode des Schreibens eingestellt habe. Er hoffte immer noch auf eine Wiederholung dieses Phänomens und war nicht imstande, sich einzugestehen, daß es ihm noch niemals in seinem Leben so ›schlecht‹ ergangen war wie jetzt.

Valerie und die beiden Davis' waren bestürzt. Als Aaron Hotchner Anfang Oktober mit ihnen in Madrid zusammentraf, glich die Atmosphäre in Ernests Suite im Suecia der einer Totenwacht. Es zeigte sich deutlich,

daß er an Verfolgungswahn litt. Er erklärte Hotchner, daß Bill Davis 1959 versucht habe, ihn beim Autounfall mit dem Lancia umzubringen und es jetzt wieder versuche. Seine Nieren plagten ihn, jedenfalls bildete er sich das ein. Er war über alle Maßen reizbar. So hatte er eines Tages wegen der Kellner im Restaurant Callejón einen Wutausbruch und stelzte zornig aus dem Lokal, ehe das Mittagessen beendet war. Wieder im Suecia, legte er sich für vier Tage ins Bett und erfand zahlreiche Gründe, um seinen Heimflug aufzuschieben. Endlich gelang es seinen Freunden, ihn an Bord einer nach Idlewild gehenden Mitternachtsmaschine zu befördern. Es war, als verabschiedeten sie sich von einem Fremden.
Marys schlimmste Befürchtungen bestätigten sich, als sie ihn in die Arme schloß. Wie im Juli rührte er sich keinen Schritt aus der Wohnung fort. Er machte sich Sorgen wegen Valerie in Spanien, Hotchner in London, wegen seiner Häuser in Kuba und Idaho, seiner Einkommensteuer und dem Zustand seiner Nieren. Nach einer Woche bedurfte es aller organisatorischen Kräfte und Überredungskünste Marys, ihn in den Zug nach Idaho zu verfrachten. Sie kamen am 22. Oktober in Shoshone an und wurden von Dr. Saviers nach Hause gefahren. Nicht einmal im Schoße seiner Ketchumer ›Familie‹ gelang es Ernest, wenigstens den Schein guter Laune zu erwecken. Eines Tages, während er in Ketchum rückwärts aus einer Parklücke fuhr, streifte er einen anderen Wagen. Er erschrak sehr, da er fürchtete, der Sheriff werde ihn verhaften. Er notierte sich die Wagennummer und setzte sich mit den Eigentümern in Verbindung. Selbst als ihm diese versicherten, daß der Schaden geringfügig sei, hielten seine Befürchtungen unvermindert an. Er sagte Mary, daß sie das Haus in Ketchum aufgeben müßten, da er sich die Steuern dafür nicht mehr leisten könne. Sie versuchte, ihm diese Angst durch einen Anruf bei seiner New Yorker Bank zu nehmen, wo er ein ansehnliches Konto hatte. Aber auch diese Garantie vermochte ihn nicht zu trösten.
Er wurde von der Zwangsvorstellung verfolgt, daß das FBI wegen Valeries Status als Ausländerin hinter ihm her sei. Sie hatte sich jetzt in New York an der American Academy of Dramatic Arts eingeschrieben. Er schickte ihr zur Begleichung der Studienkosten einen Scheck.
Seymour Betsky und Leslie Fiedler, zwei Englischprofessoren von der Montana State University, hatten ihn in Unkenntnis seiner Verfassung ersucht, in Missoula Vorlesungen zu halten. Wie alle anderen, die ihn in letzter Zeit aus der Nähe gesehen hatten, waren sie über sein Aussehen entsetzt. ›Ähnlich mit dem Mann, den wir uns vorgestellt hatten‹, schrieb Betsky, ›war nur sein volles Gesicht. Und sogar das Gesicht war blaß und rotgeädert, keineswegs rotwangig oder wettergegerbt. Ganz besonders fiel uns die Magerkeit seiner Arme und Beine auf ... er bewegte sich nur tastend voran wie ein Mann weit über einundsechzig. Unser stärkster Eindruck war der seiner Gebrechlichkeit.‹ Sie waren ebenso von seiner

augenscheinlichen Sprechunfähigkeit überrascht. Er ›sprach in vereinzelten Wortbrocken, kaum jemals in Sätzen ... Er wollte überhaupt nicht über seine Werke reden, und wir bedrängten ihn auch nicht.‹ Nach neunzig Minuten waren sie erleichtert, als er sie bat, ihn auf ihrer Rückfahrt in Ketchum abzusetzen. Auf der Weiterfahrt nach Missoula waren sie sich einig, daß er ›äußerst rücksichtsvoll‹ gewesen war, ›beinahe gütig, ein Mann mit den Manieren eines Gentleman bis hinunter zum Ritual, mit dem er ein kleines Glas Wein schlürfte‹. Sie hatten das Gefühl, daß nur eine sehr schwere Krankheit an diesem Gegensatz zwischen dem bekannten Hemingwaybild und dem Mann, den sie kennengelernt hatten, schuld sein konnte.

Einige Zeit vor Thanksgiving stellte es sich heraus, daß er ins Krankenhaus mußte. Die entscheidenden Fragen waren wo und wie bald. Man zog die Kliniken der Menninger- und der Mayo-Brüder in Betracht. Dr. Saviers hatte beobachtet, daß Ernests Blutdruck normal war, wenn seine Arbeit gut vonstatten ging, während er bei seelischer Belastung zu gefährlichen Höhen anstieg. In der letzten Novemberwoche war er 250/125. Mit Marys Erlaubnis schilderte Hotchner einem hervorragenden New Yorker Psychiater Ernests jüngstes Verhalten. ›Meine begrenzte Kenntnis des Patienten‹, sagte der Arzt, ›ließ mich eine Diagnose aufgrund der Symptome und ein Behandlungsprogramm formulieren. Es sah Maßnahmen gegen seine organischen Störungen vor mit einem anschließenden psychotherapeutischen Programm, das alle zusammenwirkenden Ursachen berücksichtigte‹. Ungeachtet der Schwierigkeiten einer Diagnose par distance, spielte der Arzt ›eine entscheidende Rolle in den Vorkehrungen zur Einlieferung‹ des Patienten in die Mayo-Klinik in Rochester in Minnesota. Ernest wurde am 30. November unter strengster Geheimhaltung und in Begleitung von Dr. Saviers in einer von Larry Johnson gesteuerten Piper Comanche von Hailey nach Rochester geflogen. Es war eine angenehme Reise bei gutem Wetter, mit Zwischenlandung zum Auftanken in Rapid-City in Dakota. Ernest war in glänzender Laune und unterhielt sich vergnügt über die Geschichte des amerikanischen Westens. Er trat in das St. Marys-Hospital in Rochester unter dem Namen George Saviers ein. Mary folgte per Bahn und trug sich im Hotel Kahler als Mrs. Saviers ein.

Dr. Hugh R. Butt, ein Spezialist für Lebererkrankungen, behandelte Ernests organische Störungen. Das ›psychotherapeutische Programm‹ lag in den Händen Dr. Howard P. Romes, eines der beiden Chefberater der psychiatrischen Abteilung. ›Unser Dr. George Saviers in Sun Valley konnte Ernests Blutdruck nicht herunterbringen‹, schrieb Mary einige Tage darauf, ›also sind wir hierher gekommen, und die Leute der Mayo-Klinik unterziehen Ernest einer sogenannten Generaluntersuchung, die aber intensiv, äußerst genau, präzis und gründlich ist ... Das Erfreuliche daran ist, daß die meisten Tests und Laborberichte soweit optimistisch klingen ... Ich vertraue darauf, daß sie nicht nur den Grund von Ernests

Leiden finden, sondern sie auch heilen werden.‹ Abgesehen von dem hohen Blutdruck, der Ernest seit 1947 zu schaffen machte, verliefen die organischen Tests ›im wesentlichen negativ‹. Ein Blutzuckertoleranz-Test offenbarte freilich ›leichte Diabetes mellitus‹. Dr. R. G. Sprague von der Stoffwechsel-Station meinte, daß Ernests derzeitiges Gewicht von 79 Kilo ›ideal‹ sei und daß er in Grenzen essen könne, was er wolle, solange er dieses Gewicht halte. Dr. Butt fand einen ›tastbaren linken Leberlappen ... mit einem runden Rand‹. Die Diabetessymptome und die vergrößerte Leber, das Ergebnis anhaltender Alkoholzufuhr während vieler Jahre, ließen Butt darauf schließen, daß Ernest möglicherweise ›an einer sehr seltenen Krankheit namens Hämachromatose‹ litt. Nachdem zu einer endgültigen Diagnose eine Biopsie erforderlich war, beschloß er, momentan keine weiteren Untersuchungen anzustellen.

Sein Blutdruck stieg in negativen Phasen weiterhin an. In den ersten Wochen der Behandlung ›stand er noch bei 220 systolisch und 150 diastolisch‹. Die Ärzte glaubten, daß einige depressive Symptome von den Medikamenten herrührten, die er zur Senkung der Hypertonie eingenommen hatte, und empfahlen, in Zukunft davon Abstand zu nehmen, wenn es nicht ›unbedingt notwendig‹ sei. Aber seine Depressionen waren so ernst, daß ihn Dr. Rome bis Ende Dezember und Anfang Januar zweimal wöchentlich mit Elektroschocks behandelte. Abgesehen von Kopfschmerzen und der üblichen vorübergehenden Aphasie schien Ernest gut darauf anzusprechen. Er freundete sich mit seinen Ärzten und Krankenschwestern an, bestellte für sie Bücher bei Scribners und war oftmals Gast im Hause Dr. Butts, wobei er sagte, daß ›er von der Klinik genug habe und sich nach einem Haus mit vielen Büchern sehne‹.

Einmal Anfang Dezember kam er mit einem Hut zu Besuch. Er nahm ihn vorsichtig ab und kämmte sein Haar nach vorne, um seine Kahlheit zu verdecken. Er war außerordentlich schüchtern, bis ihm einige Drinks die Zunge lösten. Dann sprach er angeregt über die Flugzeugabstürze in Afrika, begann aber fast vor Verzweiflung zu weinen, als ihm der Name des Wildreservats der Kimana-Sümpfe nicht einfiel. Sie wußten, daß sein beeinträchtigtes Erinnerungsvermögen eine Nachwirkung der Schockbehandlung war. Aber seine Wahnvorstellungen waren durchaus noch nicht völlig verschwunden: er erzählte ihnen, daß jemand, obwohl er kein Geld besitze, versucht habe, ihn auszurauben. Während eines Dinners am Weihnachtsabend mit Dr. und Mrs. Butt und ihren vier Kindern zeigte er sich sehr vergnügt. Mary und er sangen Strophen aus spanischen, französischen und deutschen Volksliedern. Er berichtete voller Glück von einem anderen Abendessen Anfang Januar, an dem Dr. Butt sogar erlaubte, in kleinen Mengen Sancerre, Muscadet und Haut-Brion zu trinken. Außerdem ging er mit Butt und dessen Sohn in einen alten Steinbruch in der Nähe des Mayo-Areals scheibenschießen, brachte in einer Reihe 27 Tontauben

Die letzte Reise

herunter und zerschoß mit einer 22-Pistole auf 30 Meter Entfernung jede Weinflasche. Seine Anwesenheit in Rochester blieb bis zum 11. Januar, sechs Wochen nach seiner Ankunft, ein wohlgehütetes Geheimnis. Die Meldung, daß er sich dort befand, zog eine Flut von Briefen wohlwollender Freunde und Fremder nach sich. Die Briefe seiner Freunde spiegelten, wie auf einer Skala, die Zeiten und Orte seiner Vergangenheit wider: die Thompsons aus Key West, Tom Shevlin aus den Tagen von Bimini, Milton Wolff aus dem Spanischen Bürgerkrieg und Ellis Briggs, dem er einen heiteren Antwortbrief über die kurz nach Pearl Harbour stattgefundenen Herrenabende in Havanna mit Spruille Braden und Winston Guest während der Spion- und U-Boot-Jagd schrieb. Es kamen herzliche Briefe von den Infanterieoffizieren Buck Lanham und Jim Luckett, mit denen er 1944 stolz Freundschaft geschlossen hatte, und ein Brief von Philip Percival, der berichtete, daß er an seinem 67. Geburtstag zwei über Viehherden herfallende Löwen erlegt habe. Ernests Antworten, die er einer medizinischen Assistentin namens Patricia McQuarrie diktierte, ließen erkennen, daß sein Gedächtnis zumindest für weiter zurückliegende Ereignisse wieder normal arbeitete. Der Ton spiegelte etwas von seiner alten Überschwenglichkeit wider.

Als er am 12. Februar vom neugewählten Präsidenten John F. Kennedy ein Telegramm erhielt, in dem er die Hemingways zu den Inaugurationsfeierlichkeiten am 19. und 20. einlud, freute sich Ernest ungeheuer. Ernest erwiderte am nächsten Tag, daß ›Mrs. Hemingway und ich außerordentlich geehrt sind ... und der Regierung jeden Erfolg bei ihren kulturellen Projekten und allen anderen wünschen. Leider muß ich gewisse Betätigungen meiden, wenn wir die Behandlung meines erhöhten Blutdrucks hier beendet haben, sodaß wir nicht in der Lage sein werden, an den Inaugurationsfeierlichkeiten teilzunehmen. Aber wir möchten dem Präsidenten und Mrs. Kennedy unseren Dank und herzlichsten persönlichen Glückwunsch aussprechen.‹ Am 20. sah er sich mit Mary die Feierlichkeiten im Fernsehen an. Danach sandte er dem Präsidenten eine zweite Botschaft. ›Während wir die Inauguration in Rochester sahen, waren wir glücklich, hoffnungsvoll und stolz – und wir dachten, wie schön Mrs. Kennedy doch ist. Während ich auf den Bildschirm blickte, war ich sicher, daß unser Präsident jedem heißen Gefecht ebenso gewachsen sein wird, wie er die Kälte an diesem Tag ertragen hat. Ich habe jeden Tag seither mein Vertrauen erneuert und versucht, die praktischen Schwierigkeiten des Regierens zu verstehen, denen er mutig begegnen muß, sobald sie auftreten, und bewundere den wahren Mut, mit dem er daran geht. Es ist gut, in so harten Zeiten, wie sie jetzt unser Land und die Welt mitmachen, einen tapferen Mann als Präsidenten zu haben.‹

Wegen schlechten Wetters und einer unangenehmen Erkältung wurde er bis zum 22. Januar, dem offiziellen Entlassungstag, in Rochester festgehalten. 53 Tage waren seit seiner Einlieferung und sieben Jahre seit dem Tag vergangen, da er vom Westflughafen Nairobi mit Roy Marsh den unglückseligen Flug nach Uganda angetreten hatte. Diesmal gab es keinerlei Schwierigkeiten. Larry Johnson steuerte die Maschine auf der nunmehr schon vertrauten Route genau in westlicher Richtung. Sie überflogen die Wind-River Gebirgskette und die Craters of the Moon und landeten acht Stunden nach dem Start ohne Zwischenfall in Hailey.

›Arbeite wieder schwer‹, schrieb Ernest drei Tage darauf. ›Blutdruck normalisiert.‹ Eine Zeitlang schien sich dies zu bewahrheiten, obwohl die Arbeit zum Großteil darin bestand, die Skizzen seines Pariser Tagebuches in die richtige Reihenfolge zu bringen. Er stand jeden Morgen um sieben Uhr auf, begann um acht Uhr dreißig mit der Arbeit und hörte gegen ein Uhr mittags ›todmüde‹ auf. Nach dem Lunch und einem Schläfchen spazierte er, um Bewegung zu haben, die schneebedeckten Straßen entlang, gelegentlich allein – eine eher schlanke Gestalt in karierter Mütze und schweren Stiefeln, die ab und zu stehenblieb, um den Schulkindern auf ihrem Heimweg nachzuwinken. Mary hatte ein Programm entworfen, nach dem sie auf der Straße 93 gegen Norden fuhren, den Wagen parkten und jeden Tag über einen anderen Straßenabschnitt wanderten. Ernest bemühte sich nach Kräften, die Anordnungen der Ärzte zu befolgen, mied starken Alkohol und trank nur wenig Rotwein zu den Mahlzeiten. Eines Tages kaufte er in Chuck Atkinsons Kaufhaus ein Schnapsglas, um sein tägliches Quantum zu messen. ›Versuche, nur von einem Tag auf den anderen zu denken‹, schrieb er Anfang Februar, ›und ebenso zu arbeiten, aber es ist in letzter Zeit schwer gewesen, und es ist überhaupt sehr schwer.‹ Seine Bibliothek in Kuba ging ihm ab, und er bat Scribners, ihm Exemplare der King-James-Bibel und des ›Oxford Book of English Verse‹ zu schicken, worin er einen Titel für sein Pariser Buch zu finden hoffte.

Charles Scribner schickte ihm eine ermunternde Botschaft und erinnerte ihn darin an seinen lebenslangen Leitspruch ›Il faut (d'abord) durer‹. Ernest war gerührt. Er schrieb zurück, daß er es ›gewiß versucht‹ habe. Jeden Morgen bleibe er stundenlang in seinem hinteren Schlafzimmer, stehe an seinem Stehpult beim Fenster und türme Manuskriptpapier von einem Stoß auf den anderen, doch könne er ›kaum die Augen‹ auf das prachtvolle Gebirgspanorama im Norden ›lenken‹, wie Mary behaupte. Gegen Ende Februar verhielt er sich mehr und mehr wie ein Einsiedler. Er lud seine Freunde nicht mehr zu den Freitagabend-Boxkämpfen im Fernsehen ein. Seine Besuche in Ketchum und Sun Valley hörten gänzlich auf. Wenn er aus seinem oberen Zimmer auftauchte und in seinen Indianermokassins ins Wohnzimmer hinuntertappte, hatte er wenig zu sagen. Seine Augen schweiften merkwürdig abwesend in die Ferne. Manchmal stand er an den breiten Vorderfenstern und starrte durch die Zweige der entlaubten Pappeln über den Fluß auf den Ketchumer Friedhof.

Die letzte Reise

Mit Ausnahme ganz weniger Briefe schrieb er nichts. Im Februar ersuchte man ihn, für einen Geschenkband an Präsident Kennedy auch etwas beizusteuern. Mary kaufte Papier, schnitt es zurecht, und er begann am Wohnzimmer-Schreibtisch zu arbeiten. Er werkte den ganzen Tag, erlaubte sich nur zum Lunch eine kleine Pause und schrieb eine große Anzahl Bögen voll, ohne aber etwas Richtiges hinzukriegen. Die nervöse Überreizung breitete sich auf das ganze Haus aus. Mary harrte aus, solange es möglich war, und ging dann spazieren. Als sie zurückkam, saß er immer noch an der Arbeit. Einer der wenigen Menschen, die er sehen wollte, war George Saviers, der fast täglich erschien, um Ernests Blutdruck zu messen, der sein Leben jetzt weitgehend bestimmte. Sie saßen für gewöhnlich nebeneinander auf der Couch unter dem Fenster am Nordende des Wohnzimmers. Ernest pflegte dann mit der grauen Manschette um seinen Arm dazusitzen und erbarmungswürdig davon zu reden, daß er nicht schreiben könne – es wollte eben ›nicht mehr kommen‹. Die Tränen liefen ihm die Wangen hinab.
Im März stieg die Spannung noch weiter an. Ernest machte sich um Gewicht, Blutdruck und Diät ständig Sorgen. Chuck Atkinson hatte man vor kurzem wegen Hautkrebs im Gesicht operiert. Als er vorbeischaute, um sich nach Ernest zu erkundigen, sprach Ernest seine Befürchtung aus, daß sein Gewichtsverlust durch Krebs verursacht sein könnte. Außerdem beunruhigte ihn im Zusammenhang mit seinem Pariser Buch die Möglichkeit von Beleidigungsklagen. Eines Tages rief er seine erste Frau Hadley an, die den Winter mit ihrem Gatten auf einer Vergnügungsranch in Arizona verbrachte. Die völlige Freudlosigkeit seiner Stimme traf sie ins Herz. Er wollte von ihr die Namen des Mannes und der Frau wissen, die 1925 in Paris junge Schriftsteller ausgenützt hatten – er selbst hatte sie vergessen. Hadley vermutete, daß er Ernest Walsh und Ethel Moorehead meinte, war aber nicht in der Lage, sich an nähere Umstände zu erinnern. Darauf fragte er, wer es noch wissen könnte. Sie zählte Sylvia Beach, Bill Bird und Ezra Pound auf. Ernest antwortete, daß Sylvia zu ungenau sei. Pound könne reagieren oder auch nicht. Ernest und Bill Bird standen auf keinem guten Fuß miteinander. Er erwähnte auch noch, daß Bumby mit seiner Familie vor kurzem in Ketchum zu Besuch gewesen war. Dann ging das Gespräch zu Ende. Aber Hadley konnte den müden Klang seiner Stimme nicht vergessen.
Mary mußte die große Traurigkeit, die über ihn gekommen war, miterleben, konnte aber nichts dagegen machen. Von der langen Zermürbung nervlich überbeansprucht, stand Mary Anfang April im Halbschlaf auf und fiel kopfüber die Stiege hinab. Sie verletzte sich am Kopf und verstauchte sich einen Fuß. Obwohl sie gezwungen war, am Stock zu gehen, tat sie ihr Möglichstes, um heiter zu bleiben. Der Frühling rückte voran, der Salbei wurde grün, Segler und Lerchen flogen wie der Blitz an den

Eine Angelegenheit von Leben und Tod

Fenstern vorbei, der Schnee war von den Gebirgshängen verschwunden. Aber Ernest hatte Augen für nichts. Er war gefangen im Käfig seiner Verzweiflung.
An einem Aprilmorgen gegen elf Uhr hinkte Mary die Treppe hinunter. Ernest stand in der Ecke des Wohnzimmers, in der Nähe des Foyers, wo sich der Gewehrständer befand. Er trug den roten Bademantel aus Italien, den sie stets den ›Kaisermantel‹ genannt hatten. Er hatte ein Jagdgewehr in der Hand und auf der Fensterbank lagen zwei Patronen. Mary sprach ruhig auf ihn ein. Sie wußte, daß Dr. Saviers zu Mittag zum Blutdruckmessen vorbeikommen würde und versuchte verzweifelt, die Zeit bis dahin zu überbrücken. Sie sagte Ernest, daß er nicht aufgeben dürfe. Er habe noch viel zu tun. Sie lobte seinen Mut und erinnerte ihn an seine Söhne. Er hatte einen Zettel in der Hand, der aber nicht an sie adressiert war. Er schien über und über mit Zahlen bekritzelt zu sein. Ernest steckte ihn in die Tasche des Bademantels, und sie sah ihn niemals wieder. Die Minuten gingen dahin. Sie fuhr fort, ganz leise auf ihn einzusprechen. Er blieb verschlossen und schweigsam, starrte ausdruckslos durch das Südfenster auf die Aprillandschaft oder saß in einem Stuhl und hielt das Gewehr. Nach einer Ewigkeit von fünfzig Minuten hörten sie einen Wagen in der Einfahrt. Er fuhr halb um das Haus herum und hielt an der Hintertür neben dem Gästehaus. Man hörte Schritte, die durch die Küche und dann über die beiden Stufen herab ins Wohnzimmer kamen. Es war George Saviers – so willkommen wie ein Engel. Er sprach ruhig, ganz ruhig auf Ernest ein, und überredete ihn, ihm das Gewehr zu übergeben. Dann brachte er ihn ins Krankenhaus nach Sun Valley und gab ihm starke Beruhigungsmittel.
Es blieb nichts anderes übrig, als ihn wieder in die Mayo-Klinik einzuweisen. Larry Johnson war mobilisiert worden, um Ernest in der viersitzigen Piper Comanche nach Rochester zurückzufliegen. Don Anderson und Joannie Higgons, eine Pflegerin aus Sun Valley, wurden beauftragt, mit Ernest nach Hause zu fahren, damit er sich einige Kleidungsstücke mitnehmen könnte. Sie stiegen an der Hintertür aus dem Wagen. Mit einem wunderlichen, listigen Lächeln sagte Ernest zu Don und Joanie, daß sie sich nicht bemühen sollten, mit hereinzukommen. Er wisse, wo das Zeug liege, und würde nicht lange brauchen. Aber Don antwortete ruhig, daß man sie gebeten habe, bei ihm zu bleiben. Ernest ging schnurgerade durch die Küche, wo die Putzfrau an der Arbeit war, eilte die Treppe zum Wohnraum hinab und ging zum Gewehrständer hinüber. Obwohl ihm Don beinahe auf den Fersen war, gelang es ihm, ein Jagdgewehr zu erwischen, zwei Patronen hineinzustecken, den Verschluß zuzuklappen und die Mündung an seine Kehle zu setzen. ›Nein, Papa‹, schrie Don und versuchte, ihm das Gewehr zu entwinden. Trotz seiner Größe und Kraft bekam er es nicht in die Hände. Joanie sagte nachher, daß Ernests Ge-

Die letzte Reise

sichtsausdruck schrecklich gewesen sei. Noch mit ihm ringend, gelang es Don, den Verschluß zu öffnen, so daß Joannie die Patronen herausbringen konnte. Dann zwang er Ernest auf das Sofa. Er saß mit glasigen Augen, schweigsam und trotzig da, selbst nachdem Mary aus ihrem Schlafzimmer heruntergestürzt war und wieder ruhig auf ihn einzusprechen begann. Joanie rief George Saviers an, der sofort herbeieilte. Don und er fuhren Ernest wieder ins Krankenhaus, wo man ihn wieder ins Bett steckte.

Am 25. April, zwei Tage später, brachten ihn Saviers und Anderson nach Hailey, wo sie zum 500-Kilometer-Flug starteten. Ernest bestand darauf, Mary noch eine Notiz zu schreiben. Don hatte das Gefühl, als ob er die ganzen fünfzehn Minuten mit einem Bleistiftstummel auf einem Papierschnitzel gekritzelt hätte, wobei er eine Tragfläche als Schreibpult benützte. Er überreichte das Briefchen zur Weitergabe an Larry Johnsons Frau. Dann kletterten er und Don auf die Rücksitze, Larry und George nach vorne. Das Flugzeug erhob sich, gewann Höhe und überflog die Berge. Das Wetter war ausgezeichnet. Unter ihnen lagen die schwarzen Lava-Formationen und die weite, braune Ebene, die sich in den Osten dehnte. Aber Ernest sah nicht hinunter. Er saß düster da und blickte geradeaus. Don versuchte, über ein neues Entenjagdrevier zu sprechen, doch Ernest brummte nur in seinen Bart. Er fummelte an seinem Gürtel herum. Er habe so sehr abgenommen, daß er nicht mehr passe. Don machte einen Scherz darüber. Ernests Hose würde sicherlich nicht hinunterrutschen, wenn er stillsäße. Aber Ernest wand sich weiter hin und her, bis ihm Don seinen eigenen Gürtel anbot. Es war schwierig, ihn in dem engen Sitz abzunehmen. Als er ihn ihm hinüberreichte, holte Ernest prompt sein langes Klappmesser hervor und schnitt den Gürtel zurecht. Dann kam noch die Schwierigkeit, ihn durch die Gürtelschlaufen zu ziehen, bevor er sich endlich beruhigte. Die Maschine dröhnte durch den strahlenden Morgen in Richtung Osten.

Es war später Vormittag, als sie zum Auftanken in Rapid City landeten, 250 Kilometer von Hailey entfernt. Da noch eine Reparatur notwendig war, stieg Ernest aus, um sich ein wenig die Beine zu vertreten. Don blieb hartnäckig auf seinen Fersen, während er durch die Hangars des Flughafens eilte. Auf der Suche nach einem Gewehr durchstöberte er in den Schuppen ungeschickt Laden und Werkzeugkästen und murmelte, daß man da oft Gewehre aufbewahre. Er öffnete sogar die Handschuhfächer in einigen geparkten Wagen. Als die Comanche zum Abflug bereit war, sah er ein anderes Flugzeug die Landebahn entlangrollen und schritt geradewegs auf die wirbelnden Propeller zu. Don und er waren kaum noch zehn Meter entfernt, da stoppte der Pilot die Maschine und Ernest verlor das Interesse.

Beim letzten Abschnitt des Fluges ging es ihm etwas besser. Sie erreichten

649

den Flughafen von Rochester gegen drei Uhr nachmittags. Dr. Butt und ein Wärter holten ihn ab. Ernest war anscheinend entzückt, Dr. Butt wiederzusehen. Aber er schien überrascht, daß ihn seine Freunde sogleich verließen. ›Kid, Sie fliegen doch nicht etwa zurück, oder?‹, fragte er. Als Don antwortete, daß sie müßten, sagte Ernest nichts weiter und entfernte sich mit Dr. Butt zu der wartenden Limousine.

Wie schon im Dezember und Januar ließ Ernest die täglichen Routineuntersuchungen und eine weitere Reihe von Schockbehandlungen ruhig über sich ergehen. Er bekam ein kurzes Briefchen von Dos Passos aus Baltimore: ›Hem, hoffe, das bürgert sich nicht ein. Nimm's leicht dort. Viel Glück. Dos.‹ Gary Cooper und seine Frau sandten ein Sympathie-Telegramm: ›Was soll man mehr sagen als daß Du unserer Liebe sicher bist?‹ Die versuchte Invasion Kubas in der Schweinebucht ging beinahe unbemerkt an ihm vorüber, ebenso Castros Rede am ersten Mai, in der er die Bildung eines sozialistischen Staates proklamierte. Dr. Rome nahm Ernest das Ehrenwort ab, daß er nicht wieder Selbstmord versuchen werde. Er sagte zwar, er könne immer ein Elektrokabel oder einen Kleiderbügel benützen, versuchte es jedoch nicht.

Man hatte Mary geraten, daheim in Ketchum zu bleiben. Sie hatte alle Gewehre in den Abstellraum des Kellers gesperrt, aber die beiden Selbstmordversuche ließen sie mehr denn je daran zweifeln, daß Ernest in Rochester die geeignete Behandlung erhielt. Ende Mai fuhr sie nach New York und konsultierte den hervorragenden Psychiater, der Ernests Einlieferung in die Mayo-Klinik in die Wege geleitet hatte. Sie war kaum eine Woche dort, als sie auf Ernests Bitte nach Rochester gerufen wurde. Er hatte sich darüber beklagt, daß er völlig unbeweibt dahinvegetieren müsse. Aber der Besuch war keineswegs erfolgreich. Sie hatte sich eine Reihe Fragen notiert, die sie Dr. Rome stellen wollte. Seine Antworten befriedigten sie nicht. Ernest zeigte sich ihr von einer ganz anderen Seite als den Ärzten. Sie war bestürzt, als sie erfuhr, daß Dr. Rome ihn entlassen wollte. Wieder in New York, versuchte sie, die Überstellung in eine psychiatrische Anstalt in Hartfort in Connecticut zu veranlassen. Die Mayo-Klinik sprach sich aber dagegen aus. Ernests altes Blatt, *The Kansas City Star*, berichtete am 31. Mai, sein Zustand habe sich gebessert. Mary war anderer Ansicht, aber die Hände waren ihr gebunden. Diese ausweglose Situation hatte sich auch bis zum Juni nicht verändert.

Es gab immer noch Wege, ihn von seiner Lethargie zu befreien. Ein Autor namens Herbert Wellington hatte einen Angelführer für die Gewässer des Yellowstone geschrieben. Charlie Scribner übersandte Ernest ein Exemplar. Er las es gierig und bat Scribner, Bumby in San Francisco ebenfalls eines zu schicken. Es brachte ihn dazu, wieder von den alten Tagen auf der Nordquist Ranch an der Clark's Fork des Yellowstone zu träumen. Scribner berichtete außerdem, daß sich Ernests sämtliche Bücher sehr gut

Die letzte Reise

verkauften. Dies gebe ihm ›ein gutes Gefühl‹, sagte Ernest. Die Arbeit sei sein Leben. Er hoffe, bald nach Ketchum zurückzukehren und wieder arbeiten zu können.

Dr. Saviers' neunjähriger Sohn Fritz lag im Krankenhaus von Denver. Er litt an Myokarditis und die Aussicht auf Heilung war gering. George meinte, daß ihn eine Nachricht von Ernest aufheitern würde. ›Lieber Fritz‹, schrieb Ernest. ›Ich war schrecklich traurig, als ich heute morgen von Deinem Vater hörte, daß Du noch einige Tage länger in Denver liegen mußt, und schicke Dir rasch diesen Brief, um Dir zu sagen, wie sehr ich hoffe, daß es Dir bald besser geht. Hier in Rochester war es sehr heiß und feucht, aber in den letzten zwei Tagen ist es kühl und angenehm geworden und nachts schläft es sich jetzt wundervoll. Das Land in der Umgebung ist schön und ich hatte Gelegenheit, wunderbare Landstreifen am Mississippi zu sehen, wo man in den alten Zeiten der Holzfäller die Stämme heruntergeflößt hat, und die Pfade, auf denen die Pioniere nach Norden gekommen sind. Sah in dem Fluß manchen guten Barsch springen. Ich habe bisher nichts über den Oberen Mississippi gewußt. Es ist wirklich ein sehr schönes Land, und es gibt eine Menge Fasane und Enten im Herbst. Aber nicht soviel wie in Idaho, und ich hoffe, wir werden in Kürze wieder dort sein und können dann zusammen über unsere Krankenhauserfahrungen scherzen. Alles Liebe, altes Haus, von Deinem guten Freund, der Dich sehr vermißt. /Mister Papa./‹

Es war kein Traum, als er davon sprach, nach Idaho zurückzukehren. Ernest hatte die Ärzte überzeugt, daß er entlassungsreif sei. Als Mary in Rochester ankam, war sie sich bewußt, daß man einen schwerwiegenden Fehler beging. Aber Ernest brannte darauf, von dort wegzukommen, und sie hatte das Gefühl, nachgeben zu müssen. Sie rief George Brown in New York an. Er flog nach Rochester, um sie nach Ketchum heimzufahren. Mary mietete bei Hertz einen Buick und sie machten sich am Morgen des 26. Juni auf den Weg. Ernest saß neben George auf dem Vordersitz und blickte auf die Straße. Am ersten Tag ging alles gut. Sie legten über 130 Kilometer zurück und übernachteten in einem Motel in Mitchell, Süddakota. Am 27. kehrten Ernests Wahnvorstellungen jedoch wieder. Mary hatte Wein für ein Picknick unterwegs eingekauft. Nun machte er sich unentwegt Gedanken, sie könnten von der Staatspolizei festgenommen werden, weil sie illegal Alkohol mit sich führten. Zu Mittag begann er schon davon zu sprechen, wo sie übernachten würden. Solche Probleme hatten ihn früher nie beschäftigt. Mary mußte telefonisch Zimmer bestellen. Die nächsten Tage war er dermaßen hartnäckig, daß sie sich ein- oder zweimal nicht anders zu helfen wußte, als Münzen in den Telefonautomaten zu werfen und so Gespräche vorzutäuschen. Die Fahrt wurde oftmals schon gegen zwei oder drei Uhr nachmittags unterbrochen. Sie brauchten fünf Tage, um 770 Kilometer zurückzulegen.

Eine Angelegenheit von Leben und Tod

Am Freitag, den 30. Juni, kamen sie endlich in Ketchum an. Mary schlief im vorderen und Ernest im hinteren Schlafzimmer. George Brown wohnte im Gästehaus neben der Parkfläche vor der Küchentür. Am Morgen darauf fuhren Ernest und George ins Spital, um Saviers zu besuchen. Der Doktor sagte, Fritz habe sich sehr über Ernests Brief gefreut. Das Kind sei einige Tage zu Hause gewesen, aber er würde es noch heute abend im Zug nach Denver bringen müssen. Ernest ging über die Straße, um Don Anderson in seinem Sun-Valley-Büro zu besuchen. Don war nicht da, und sie fuhren wieder nach Hause. Am Nachmittag kam Chuck Atkinson herüber, um Ernest zu sehen, und sie standen vor dem Eingangstor und plauderten eine Stunde. Clara Spiegel wollte sie zu sich nach Hause zum Dinner einladen. Statt dessen bat er Clara für Sonntag zum Abendessen. Ernest und Mary nahmen George Brown ins Christiania Restaurant neben Chuck Atkinsons Motel mit. Ernest saß in seiner Ecke und überblickte den Raum. Er sprach wenig, schien aber nicht mürrisch. Das Restaurant füllte sich mit Samstagabend-Gästen. Sie gingen früh und kehrten nach Hause zurück. Ernest wollte sofort zu Bett gehen. Er putzte sich gerade die Zähne im Badezimmer, als Mary plötzlich ein fröhliches, italienisches Lied einfiel: ›Tutti mi chiamano bionda‹ — ›Sie nennen mich alle blond‹. Sie sang es Ernest vor und er fiel in die Schlußstrophe ein. Er zog seinen blauen Pyjama an und schaltete die Leselampe ein. Mary legte sich im großen vorderen Schlafzimmer zu Bett.
Der Sonntagmorgen dämmerte strahlend und wolkenlos herauf. Ernest erwachte zeitig wie stets. Er zog den roten ›Kaisermantel‹ an und tappte leise die teppichbespannte Treppe hinab. Das erste Sonnenlicht fiel schon in Sprenkeln auf den Boden des Wohnzimmers. Er hatte bemerkt, daß die Gewehre im Keller eingesperrt worden waren. Aber er wußte wohl, daß die Schlüssel auf dem Fenstersims über dem Küchenausguß lagen. Er ging auf Zehenspitzen die Kellertreppe hinunter und sperrte den Abstellraum auf. Es roch dumpf wie in einer Gruft.
Er wählte eine doppelläufige Boss-Jagdflinte mit kleinem Kaliber, die er jahrelang beim Taubenschießen benutzt hatte. Einer Kiste im Abstellraum entnahm er einige Patronen, schloß und versperrte die Tür und kletterte wieder die Kellertreppe hinauf. Wenn er den strahlenden Tag draußen überhaupt bemerkte, hielt ihn das jedoch nicht von seiner Absicht ab. Er ging durch das Wohnzimmer zur Vorderhalle, einem kleinen Eingangsraum von eineinhalb mal zwei Meter, mit eichengetäfelten Wänden und einem Boden aus Linoleumfliesen. Jahrelang hatte er an seinem Leitspruch festgehalten: ›*Il faut d'abord durer*‹. Nun war ein anderer an seine Stelle getreten: ›*Il faut (après tout) mourir*‹. Dieser Leitspruch erfüllte ihn ganz. Er schob zwei Patronen in die Flinte, setzte den Gewehrkolben vorsichtig auf den Boden, lehnte sich nach vorne, preßte die Doppelläufe knapp über den Augenbrauen an seine Stirn und drückte ab.

1 *Grace Hemingway und Sohn Ernest, 7 Wochen; 6. 9. 1899*

2 *Ursula, Ernest und Marcelline mit den Eltern; Oktober 1903*

3 Der Fünfjährige; Juli 1904

4 Der Siebzehnjährige; Sommer 1916
5 Ernest mit seiner Mutter; 1910

6 Ernest füttert ein Eichhörnchen; Februar 1910

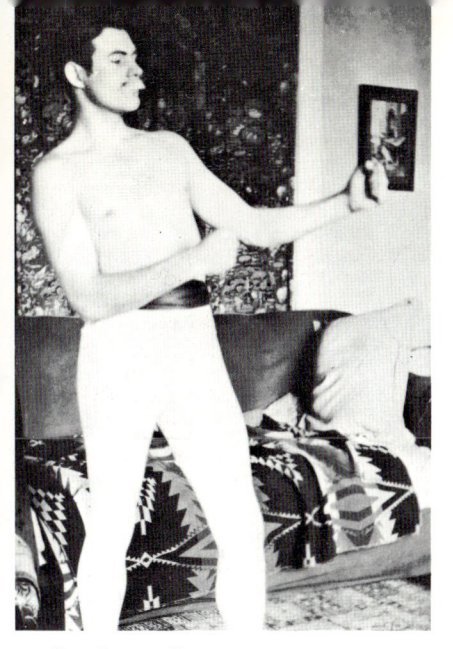

7 Der Boxer; Januar 1921

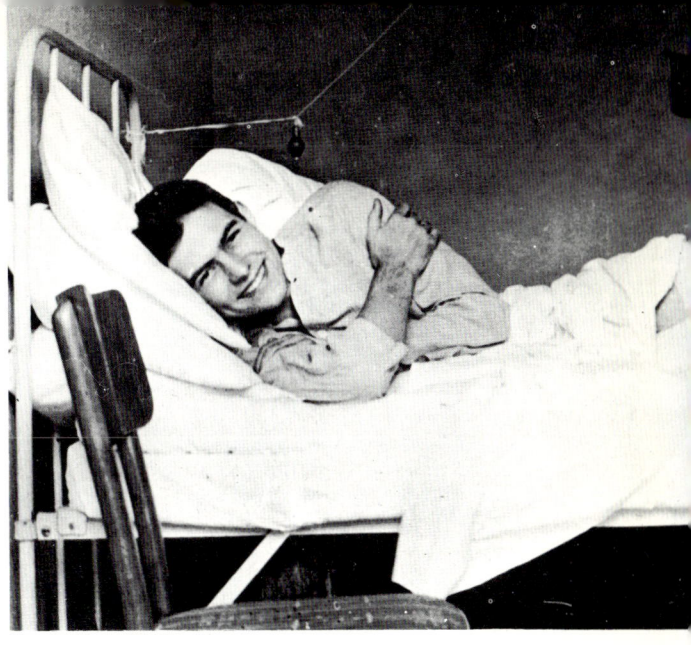

8 Im Hospital nach seiner Verwundung; Juli 1918

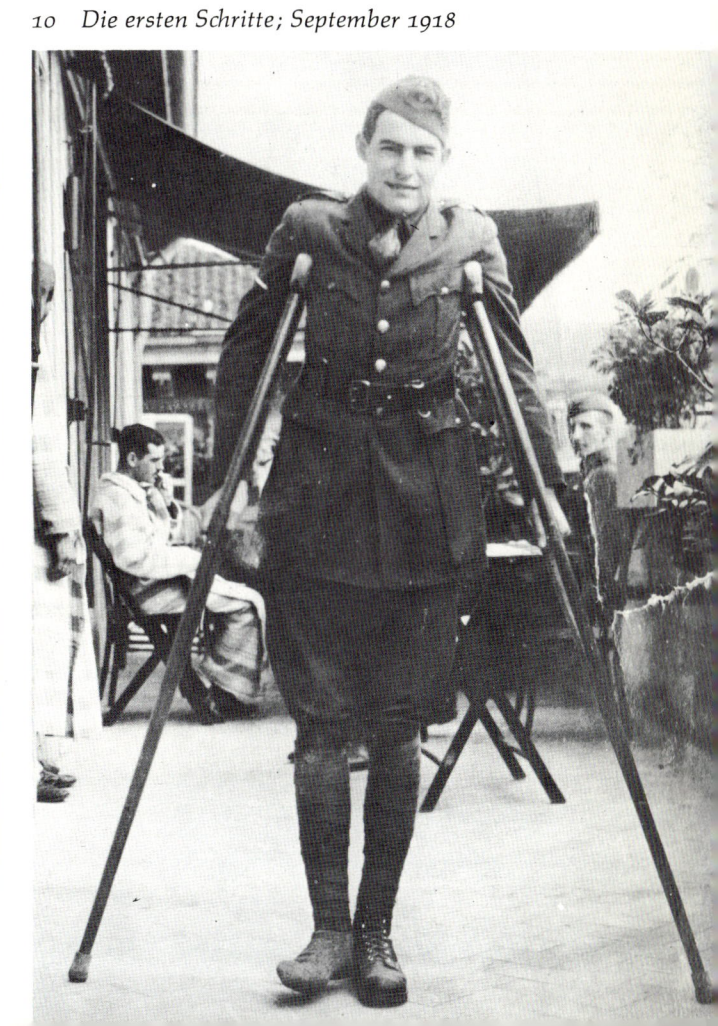

10 Die ersten Schritte; September 1918

9 Agnes von Kurowsky; August 1918

11   Hochzeitstag: Ursula, Hadley, Ernest, Grace und Leicester; 3. September 1921

12   Hadley und Ernest im Schwarzwald; August 1922

13 Pauline auf der
    Nordquist-Ranch; 1932

14 In Paris; 1924

15 Der Jäger; 1932

16 In den Schützengräben
    während des spanischen Bürgerkriegs –
    Joris Ivens, Hemingway und
    Dr. Werner Heilbrun; April 1937

17 Hemingway und
    General Enrique Lister;
    November 1938

18 Pauline und Ernest
    in der Serengeti; Januar 1934

19 Der Kriegsberichterstatter
    mit Staffelkapitän Alan Lynn;
    Juni 1944

20 Mary Hemingway; August 1945

21 Weihnachten 1959

Danksagung

Eigentlich kann ich mich bei all denen, die mir geholfen haben, kaum bedanken. Die folgende Liste kann sie nur anführen, sagt aber nichts darüber aus, wieviel Zeit mir geopfert wurde. Ich habe Verpflichtungen gegenüber Institutionen und Bibliotheken, ebenso wie mir Hunderte von Frauen und Männern geholfen haben. Hätte mich nicht die Universität Princeton freigestellt, wäre dieses Buch in seiner vorliegenden Form nicht entstanden. Besonders verpflichtet fühle ich mich Dr. Gordon N. Ray, Präsident der John Simon Guggenheim Memorial Foundation, aber auch Mrs. Elizabeth Ames, Direktor des Yaddo.

Für ständige Mitarbeit und Ermutigung, die ich niemals werde wiedergutmachen können, für das Lesen des Manuskriptes in seinen verschiedenen Stadien bedanke ich mich besonders bei Dorothy S. Baker, Professor Cecil Eby, Mrs. Ernest Hemingway, Morton D. Hull, Major General Charles T. Lanham (USA, Ret.), Professor A. W. Litz, Herbert R. Matthews, Mrs. E. J. Miller, Mr. und Mrs. Paul Scott Mowrer, Charles Scribner, jr., J. H. Taylor und Dale Wilson.

Für Interviews, häufig wiederholt und oft durch ausführliche Korrespondenz ergänzt, geht mein herzlicher Dank an Floyd Allington, Paolo Altamura, Don Anderson, Mr. und Mrs. Lloyd Arnold, Mr. und Mrs. Charles Atkinson, Bertin Azimont, Lawrence T. Barnett, Professor Charles W. Bernardin, Pio Bertoli, William Bird, Botschafter Spruille Braden, Louis Bréteall, Mr. und Mrs. T. O. Bruce, J. C. Buck, Peter Buckley, Mrs. Margaret H. Bundy, Professor Harry H. Burns, Nathaniel Burt, Morley Callaghan, Mario Casamassima, Duncan D. Chaplin, jr., Lewis Clarahan, Gregory Clark, Mrs. Louis H. Cohn, Charles Collingwood, Mrs. Saxe Commins, Dorothy Connable, Sister Conceptor, James A. Cowan, Mr. und Mrs. Robert Cox, Nathan Davis, Mr. und Mrs. Robert Davis, Mr. und Mrs. George H. Dennis, Mrs. F. W. Dilworth, Mr. und Mrs. John Dos Passos, Botschafter Angier Biddle Duke, Albert Dungan, Mr. und Mrs. Gustavo Durán, Dr. Scott Earle, Professor Louis Fischer, Jerome Flaherty, Janet Flanner, Donald Friede, Robert Frost, Lewis Galantière, Donald Gallup, John Gardner, Dean Christian Gauss, Martha Gellhorn, Mrs. F. R. B. Godolphin, Mrs. Irene Gordon, C. Roy Greenaway, Winston F. C. Guest, Professor Ramon Guthrie, Gelston Hardy, Mrs. Ernest Hemingway, Dr. Gregory Hemingway, John H. Hemingway, Patrick Hemingway, Mr. und Mrs. Barklie Henry, Andrée F. Hickok, Mrs. Guy Hickok, Mr. und Mrs. William D. Horne, Allin K. Ingalls, Gianfranco Ivancich, Howell G. Jenkins, G. M. Johnson, Walter Johnson, Waring Jones, Mr. und Mrs. Robert P. Joyce, Graf und Gräfin Federico Kechler, Fred Keller, jr., Mrs. Susan L. Kesler, Mrs. Eric Knight, General und Mrs. Charles T. Lanham, Ramon Lavalle, Harold Loeb, Colonel James S. Luckett, Mr. und Mrs. Archibald MacLeish, Sara Mayfield, William L. McGeary, Mrs. Ernest J. Miller, W. M. Mills, Mrs. Theodore Morrison, Mr. und Mrs. Paul Scott Mowrer, Mrs. Auguste Nels, Josef Nels, Mrs. Olive Nordquist, Katherine T. Norris, Joseph

Danksagung

North, E. G. Pailthorp, Frances Pailthorp, Earle Pashley, Air Commander G. J. C. Paul, Laud Payne, Waldo Peirce, Archie Pelkey, Bernard Peyton, Karl Peiffer, Hazel Potter, Ezra Pound, Juanito Quintana, Adriana von Rex, Charles Ritz, Mr. und Mrs. John Rogers, Paul Romaine, Mrs. W. W. E. Ross, Major General John F. Ruggles, Mr. und Mrs. Sterling S. Sanford, Dr. George Saviers, Charles Scribner, Thomas Shevlin, Adamo Simon, Ernest Smith, Mr. und Mrs. William B. Smith, Mr. und Mrs. Y. K. Smith, Mrs. Clara Spiegel, Frederick Spiegel, Mrs. William Stanfield, Jr., Mrs. R. W. Steele, Wing Commander K. Stevens, Henry Strater, J. B. Sullivan, Janet H. Taylor, Mr. und Mrs. Charles Thompson, Virgil Thomson, Edith Treleaven, Dr. John Walker, Ivan Wallace, William Walton, Dale Warren, Mr. und Mrs. L. S. Weaver, Mrs. Lael Tucker Wertenbaker, John N. Wheeler, Owen S. White, Professor William White, Dale Wilson, Edmund Wilson, Rosalind Wilson, Ira Wolfert, Dr. W. H. York und Bronislaw Zielinski.

Viele haben mir Kopien von Hemingway-Briefen zur Verfügung gestellt. Häufig war es Korrespondenz, die sich über lange Zeiträume erstreckte: J. Donald Adams, Jay Allen, Milton Altman, Milford Baker, Major General Raymond O. Barton, Roland Baughman, Michael Blankfort, Harvey Breit, Gene M. Brown, J. Edward Brown, Robert M. Brown, Mr. und Mrs. T. O. Bruce, Peter Buckley, Professor Harry Burns, Morley Callaghan, Richard J. Callahan, Ned Calmer, Cyril Clemens, Mrs. Raiberto Comini, Dorothy Connable, Malcolm Cowley, Kenneth C. Cramer, Lambert Davis, Lieutenant General E. E Dorman-O'Gowan, John Dos Passos, Professor Fraser Drew, Gustavo Durán, Irving Fajans, Charles E. Feinberg, Mrs. Charles A. Fenton, Charles D. Field, Robert Frost, Donald Gallup, Mr. und Mrs. Antonio Gattorno, Arnold Gingrich, Dr. Fiorella Superbi Gioffredi, Mr. F. R. B. Godolphin, John D. Gordan, Mrs. Irene Gordon, Mark Gormley, Dr. Howard Gotlieb, George P. Hammond, Mrs. Ernest Hemingway, Patrick Hemingway, Mr. und Mrs. Barklie Henry, Mrs. Guy Hickok, Hans Hinrichs, Mary M. Hirth, William D. Horne, Mrs. Walter Houk, Miss Bert Hunt, Henry Hunter, Gianfranco Ivancich, Howell G. Jenkins, Waring Jones, Professor Alfred Kazin, Mrs. Eric Knight, Dr. Lawrence Kubie, Major General Charles T. Lanham (USA, Ret.), Mrs. Ellen Lasley, James Laughlin, Ramon Lavalle, Harold Loeb, Mrs. J. C. Long, Daniel Longwell, Mrs. Janet Lowrey, Archibald MacLeish, Charles W. Mann, jr., Elisabetta Mariano, Herbert R. Matthews, David C. Mearns, Mrs. Cynthia D. Meyer, Professor Arthur Mizener, Mrs. Laura V. Monti, Mrs. Theodore Morrison, Mrs. Paul Scott Mowrer, Michael E. Murphy, Joseph Nels, Henry W. R. North, Mrs. Amy Nyholm, Professor Ronald Paulson, Professor Norman Holmes Pearson, Waldo Peirce, Karl Pfeiffer, George Plimpton, Captain John C. Pratt (USAF), Juanito Quintana, Adriana von Rex, James C. Rikhoff, Charles Ritz, Selden Rodman, Paul Romaine, Lillian Ross, Dr. George Saviers, Charles Scribner, Charles Scribner, jr., Dean Gilbert Seldes, Professor William W. Seward, jr., Thomas Shevlin, William B. Smith, jr., Solita Solano, Mrs. Clara Spiegel, Henry Strater, Charles B. Strauss, Mrs. J. S. Thomas, Mr. und Mrs. Charles Thompson, Lawrence Towner, Diana Trilling, Hyatt Waggoner, Dale Warren, James Wells, Wirt Williams, Dale Wilson, Milton Wolff, John Cook Wyllie, Bronislaw Zielinski, Lester Ziffren.

Für wertvolle Informationen über Hemingway, besonders durch Korrespondenz, bedanke ich mich besonders bei: Eaton Adams, Richard W. Adams, Mrs. Dorothy Allen, Jay Allen, Don Anderson, Margaret Anderson, Mr. und Mrs. Lloyd Arnold, Nathan Asch, Jerome Bahr, Mrs. Arturo Barea, Major General Raymond O. Barton, Clyde Beatty, Wing Commander R. P. Beaumont, Samuel Bell, A. A. Bernabei, Alvah Bessie, William Bird, Major General H. W. Blakely, Michael Blankfort, W. L. Bond, Vance Bourjaily, Professor Charles R. Bouslog, Botschafter Ellis O. Briggs, John Brooks, Botschafter David K. E. Bruce, Commander Hugo V. B. Burgerhout, Michael Burke, Professor H. H. Burns, Dr. Hugh Butt, Mrs. Elsa Spear Byron, James M. Cain, Richard J. Callahan, Ned Calmer, Whitney Campbell, Kathleen Cannell, Jimmy Cannon, Sally Carrighar Duncan D. Chaplin, jr., Professor Thomas Caldecott Chubb, Lewis Clarahan,

Danksagung

Morrill Cody, Mrs. L. H. Cohn, Charles Collingwood, Dr. Guy C. Conkle, Dorothy Connable, Clive Cookson, James A. Cowan, Mrs. Virginia Crawley, John Crosby, Russel Crouse, Roald Dahl, J. E. Davis, Sefton Delmer, Mrs. Russell Doherty, Lieutenant General E. E. Dorman-O'Gowan, John Dos Passos, Professor Fraser Drew, Air Marshal C. R. Dunlap, Professor Cecil D. Eby, George C. Edberg, Colonel Earl W. Edwards, Air Marshal Sir Charles Elworthy, Air Marshal Sir Basil Embry, Professor Ben Euwema, Irving Fajans, James T. Farrell, S. Kip Farrington, Janet Flanner, Professor John Gassner, Mr. und Mrs. Antonio Gattorno, Dean Christian Gauss, Ruth Bradfield Gay, John Gehlmann, Raymond E. George, Arnold Gingrich, Mrs. Irene Gordon, Mrs. John Grace, Winston F. C. Guest, Gelston Hardy, Professor Hornell Hart, Carl Hayden, Richard Haywood, Mrs. Edith Heal, Mrs. Dorothy Heckendorn, Lillian Hellman, Mrs. Ernest Hemingway, Dr. Gregory Hemingway, John Hemingway, Mrs. Mary Williams Hemingway, Patrick Hemingway, C. M. Henley, Josephine Herbst, John Hersey, Mary Hickok, Frank B. Hines, Margarette Hines, Hans Hinrichs, Richard Hokin, Mrs. Lansing C. Holden, jr., George Houghton, Mrs. Walter Houk, Mrs. Carl Howe, jr., A. R. Ingalls, Douglas M. Jacobs, Keith Jennison, Mrs. Jasper Jepson, Robert Joyce, Colonel Thomas A. Kenan, Mrs. Susan Lowry Kesler, Clinton King, Steven Kokes, Luis Kutner, Major General Charles T. Lanham (USA, Ret.), Raymond Larsson, Ramon Lavalle, William J. Lederer, Michael Lerner, Read Lewis, Howard Lindsay, Joseph W. Lippincott, Harold Loeb, Maurice E. Lovén, Jacob H. Lowrey, Colonel James Luckett, Alan Lynn, Mr. und Mrs. Archibald MacLeish, Forest H. MacMullen, Tom Mahoney, Brigadier General S. L. A. Marshall, G. Grant Mason, Sara Mayfield, William L. McGeary, Mario Menocal, jr., Charles Meyers, Mrs. Robbins Milbank, Lewis Milestone, Nancy W. Milford, Colin Miller, J. Miller, Marianne Moore, Professor Samuel French Morse, Arthur Moss, Mr. und Mrs. Paul Scott Wowrer, Gerald Murphy, Michael Murphy, Professor John Murra, Mrs. Olive Nordquist, H. W. R. North, John North, Joseph North, John O'Hara, Earl Pashley, George W. Pay, Laud Payne, Philip Percival, Richard Percival, Prudencio de Pereda, Mr. und Mrs. Edmund I. Phillips, Fred A. Picard, George A. Plimpton, Katherine Anne Porter, Dawn Powell, J. B. Priestley, John Pudney, Ken W. Purdy, Alfred Putnam, Mrs. Ben Ray Redman, Adriana von Rex, Mrs. Albert Roos, Major General John F. Ruggles, Harold Sampson, Mr. und Mrs. Sterling S. Sanford, William Saroyan, Dr. George Saviers, David E. Scherman, Dr. Louis Schwartz, George Seldes, Dean Gilbert Seldes, Professor William W. Seward, jr., Louis Sheaffer, Vincent Sheean, Gordon Shepherd, Gordon D. Shorney, Dr. Charles A. Siler, Francis G. Smith, jr., William B. Smith, jr., Solita Solano, Professor A. E. Southard, Mrs. William Stanfield, jr., Professor Marshall W. Stearns, John Steinbeck, Mrs. Edith M. Stern, Mrs. Holly Stevens, Marcus O. Stevenson, Donald Ogden Stewart, Irving Stone, Colton Storm, F. Sturgis Stout, Henry Strater, Charles B. Strauss, Dr. Carl Stroven, Allen Tate, Janet Taylor, Josephine G. Taylor, Mrs. Ellen Teague, Sir William Teeling, Mrs. J. S. Thomas, Mr. und Mrs. Charles Thompson, Mrs. James Thurber, Calvin Tompkins, Bob Trout, R. G. Tugwell, Andrew Turnbull, Mrs. Anthony J. Ulchar, Commander H. J. E. van der Kop, Henry S. Villard, Nat Wartels, L. S. Weaver, Colonel George S. Wertenbaker, Mrs. Lael Tucker Wertenbaker, Professor John G. Westover, John N. Wheeler, Professor Ray Lewis White, Mrs. William Carlos Williams, Colonel Roger Willock, Dale Wilson, Mrs. Ella Winter, Milton Wolff, Air Marshal Sir Peter Wykeham, Philip Wylie, Professor Philip Young, Denis Zaphiro und Lester Ziffren.

Andere haben mir bei den verschiedensten Gelegenheiten geholfen: Robert Allen, Mrs. Sherwood Anderson, Dr. William C. Archie, Veronica Arlunas, Frederick L. Arnold, Mr. und Mrs. A. E. Baker, Brian A. Baker, Brian C. Baker, Professor Sheridan Baker, John Bareto-Leite, Mrs. Rodney M. Barker, Peter Barrett, Peter H. Beard, Rupert Bellville, Professor G. E. Bentley, Paul Benton, John Bernstein, Mary Bertagni, Gordon Birch, Jane M. Birch, L. G. Birch, G. Bogart Blakely, Professor R. P. Blackmur, Professor

Danksagung

Joseph Blotner, Reverend W. S. Boice, Kay Boyle, Thomas J. Brandon, Richard Brantley, Dan Bronson, Andreas Brown, R. M. Brown, Jackson Bryer, Martin Bucco, John A. Buche, Dr. Roger A. Burgos, Dr. David W. Butsch, Dr. John L. Butsch, Judith B. Campbell, Dr. und Mrs. Frank Campo, Stanley A. Carlin, Mr. und Mrs. Paul D. Carter, Marthe Cella, Douglas Chambers, Professor Kenneth K. S. Ch'en, Alexander P. Clark, Richard T. Clark, H. B. Collamore, Michael Collins, Major E. R. Conway, Professor R. L. Cook, Seymour A. Copstein, Malcolm Cowley, Bert Daga, Mrs. Claude Dauphin, Professor Donald Davidson, John D. Davies, H. A. Decker, Anthony Del Balso, Perine Di Verita, Dr. William S. Dix, Professor A. S. Downer, Cecile Driggs, Helen Duncombe, Sister Dutton, Mary Elizabeth Duykinck, Professor und Mrs. Richard Eberhart, Peter Ehlers, Mrs. H. W. Elliot, Garrett Evans, Mrs. Dwight Follett, Professor Russell Fraser, Anne Freudenberg, Robert Frey, Herbert Furlow, Mrs. John Gardner, E. B. Garnett, George Garrett, Maxwell Geismar, Jonathan Goodwin, E. M. Halliday, Audre Hanneman, C. A. Harper, Mr. und Mrs. Clinton Harriman, Raymand C. Harwood, Edward Hattam, Justin Herman, Granville Hicks, Helen Ann Hillebrand, Dr. Helmut Hirsch, H. W. Hoisington, Mr. und Mrs. William Homer, Professor John M. Howell, Professor John B. Hughes, Ralph Ingersoll, Sturgis Ingersoll, Melvin Jacobson, Mrs. Jean Wilton Jaffe, Douglas C. James, Lucien Jansen, David Jeffrey, Professor A. E. Jensen, Professor E. D. H. Johnson, Richard Colles Johnson, Waring Jones, Dr. E. S. Judd, Hans-Joachim Kann, Leona Keene, Professor Maurice Kelley, Dr. und Mrs. Charles W. Kennedy, C. D. Kerr, Arthur F. Kinney, Günter R. Klatovsky, Savage Klein, Victor Knight, Elsie Koeltl, Professor Jerzy R. Krzyzanowski, Professor und Mrs. Louis A. Landa, Roberta Latham, Jon Leon, Professor Robert W. Lewis, jr., Mrs. Samuel J. Lanahan, Landon Laird, Erling Larsen, Meyer Levin, Professor Peter Lisca, Professor A. W. Litz, Adrian B. Lopez, Edmund Ludwig, Professor Richard M. Ludwig, Sergeant Leonard Lumbert, Radu Lupan, Patricia Lutz, Leonard Lyons, W. H. Lyons, Nathaniel Mackey, Mr. und Mrs. Edward B. Marks, Patricia Marshall, J. C. Douglas Marshall, Professor R. B. Martin, Anthony Maruca, Robert G. Mayer, Joseph McBride, Allan McCune, Alexander A. Mackenzie, Harry M. Meacham, Professor James Meriwether, Charles L. Michod, jr., Professor H. K. Miller, Mrs. Janet Miller, Burroughs Mitchell, Judge Worrall F. Mountain, William F. Nolan, Russell O'Brien, Dorothy O'Donnell, George V. Packard, William A. B. Paul, Jordon Pecile, Alice Perkins, Ted Pittenger, Mariquita Platov, George Preucil, Helen E. Price, Alan F. Randolph, Arthur Raybold, Mrs. Gustav Regler, Donald H. Reiman, Charlotte W. Reinheimer, William H. Reinheimer, Alfred Rice, Howard C. Rice, jr., Robert Richardson, Alice Rickards, Professor W. R. Robinson, Mrs. Leicester Rogers, Dr. Howard P. Rome, Melville J. Ruggles, Professor Charles Ryskamp, Lee Samuels, Mr. und Mrs. Norvell Brockman Samuels, Alan Sandy, H. H. Sargeant, Frederick G. Schmidt, Professor Mark Schorer, Adamo Simon, William Sloane, Red Smith, Lawrence E. Spellman, Professor Peter J. Stanlis, Cuyler Stevens, Janet H. Taylor, G. B. Tennyson, Halsey Thomas, Professor Lawrence R. Thompson, Professor Willard Thorp, Timothy L. Towell, Gene Turney, Dorothy L. Tyler, Mrs. Roland Usher, Mrs. B. van Benschoten, Professor Edmond L. Volpe, Helmut von Erffa, E. W. Wade, Professor I. O. Wade, Mr. und Mrs. Lansing Wagner, Alexander Wainwright, Marilyn Walden, Mrs. Eleanor Waldman, Robert Wallace, Bruce Wallis, V. I. Wexner, Kenneth S. White, James S. Whiton, Professor Raymond S. Willis, David Williamson, Thomas W. Wilson, L. L. Winship, Sue Wood, Mrs. Jeanne H. Wright, Dr. W. H. York und Louis Zara.

Es ist möglich, daß ich jemanden vergessen habe, ich hoffe aber, daß es nicht passiert ist.

Carlos Baker

ANMERKUNG DES VERLAGES

Der englischen Ausgabe folgend, wurde der umfangreiche Anmerkungsapparat der amerikanischen Originalausgabe nicht übernommen, weil die meisten der angegebenen Quellen in Deutschland nicht verfügbar sind.

IN DEUTSCHLAND LIEFERBARE WERKE

In unserer Zeit 15 Stories, rororo Band 278 · *Die Sturmfluten des Frühlings* Roman, 136 Seiten, Leinen · *Fiesta* Roman, 308 Seiten, Leinen; rororo Band 5 · *Männer ohne Frauen* 14 Stories, rororo Band 279 · *In einem anderen Land* Roman, 316 Seiten, Leinen · *Tod am Nachmittag*, 81 Abb.; rororo Band 920–922 · *Der Sieger geht leer aus* 14 Stories, rororo Band 280 · *Die grünen Hügel Afrikas* 320 Seiten, Leinen; rororo Band 647 · *Haben und Nichthaben* Roman, rororo Band 605 · *Die fünfte Kolonne* rororo Band 1232 · *Über den Fluß und in die Wälder* Roman, 276 Seiten, Leinen; rororo Band 458 · *Der alte Mann und das Meer* Erzählung, 128 Seiten, Leinen; rororo Band 328 · *Schnee auf dem Kilimandscharo* 6 Stories, rororo Band 413 (vergriffen) · *Paris – ein Fest fürs Leben* Erinnerungen, 256 Seiten, Leinen; rororo Band 1438 · *Sämtliche Erzählungen* Sonderausgabe, 480 Seiten, Leinen · *49 Depeschen* 384 Seiten, Leinen · *Inseln im Strom* Roman, 448 Seiten, Leinen
(Alle Titel im Rowohlt Verlag, Reinbek bei Hamburg)

BILDNACHWEIS

Carl Hayden: 21; Mary Hemingway (Familiensammlung): 1–10, 14, 19; Herbert Matthews 17; Mrs. Paul S. Mowrer: 11, 12; Mrs. Gustav Regler: 16; Royal Air Force: 19

Register

Abdullah (Afrikanischer Führer) 297 ff.
Acton, Harold 626
Adams, J. Donald 371, 409 f.
Adams, Saker 316
After the Fourth 223
Age Demanded, The 165
Aires, Pat 276
Akins, Zoe 126
Aldrich, Mildred 113
Algabeno, Matador 160 ff.
Allen, Dorothy 532 f.
Allen, Jay 263 f., 346 f., 375 f., 384, 404, 409 f.
Alington, Floyd 253 ff.
Along with Youth 182
Alte Mann und das Meer, Der 575, 581 ff., 615 ff., 619
Anderson, Donald 628, 630, 648 ff.
Anderson, Margaret 106 ff., 151 f., 414 ff.
Anderson, Orville 517
Anderson, Robert 456 ff.
Anderson, Sherwood 97 f., 102 f., 106 ff., 125, 146 ff., 166, 181 f., 195 ff., 281 ff., 422 f.
Anderson, Tennessee 97, 102
Anllo, John 159
Araquistain, Luis 349, 362
Arens, Michael 181
Arguelles, Elicio 542, 616, 618 f.
Armiston, Tod 50
Armour, Lester 485
Armstrong, Hamilton Fish 263

Arnold, Lloyd (Pappy) 397 ff., 425 ff., 563, 627 ff.
Arnold, Ruth 89, 551, 574
Arnold, Tillie 398 f., 425, 628 f.
Asch, Nathan 158, 162, 166 f.
Aspasia, Prinzessin (von Griechenland) 559 ff.
Asper, Manuel 304 ff.
Atkins, John 578, 591, 614 f.
Atkinson, Chuck 425, 628, 630, 646 ff., 651 ff.
Atkinson, Flossie 425, 628
Atkinson, J. E. 144, 425
Attwood, William 618
Ayers, Annie 25

Babbitt, Bernice 82
Bacon, Henry 15 ff., 27, 31, 336
Baer, Max 327
Bagley, Caroline 76
Baker, Carlos 571 f., 573 ff., 614 f.
Baker, Milford 250 f.
Balchen, Bernt 422
Balmer, Edwin 80 f., 85 ff.
Bamberger, Clarence 532
Banale Geschichte, Eine 223
Bancroft, Caroline 246
Barea, Arturo 352, 362 f., 370
Barnett, Lawrence 55
Baroja y Nessi, Pío 620 ff.
Barton, Ralph 198
Barton, Raymond O. 466 ff., 510 ff.
Barton, William E. 69

Basilio, Carmen 624
Bates, Ralph 432
Bates, Robert 64
Batista, Fulgencio 582, 588, 629 f.
Baudelaire, Charles 106
Baum, Richard 55, 58
Beach, Sylvia 102 f., 108 f., 124, 131, 147, 156, 178, 183, 244 ff., 302 f., 362 f., 383, 485 f., 501, 626, 647 ff.
Beaumont, Monique de 561
Beauvoir, Simone de 509 f.
Beaverbrook, Lord 450
Beerbohm, Max 111, 209 ff.
Bellville, Rupert 594 ff., 620
Belmonte, Juan 187 f.
Benchley, Robert 203 ff.
Berenson, Bernard 473, 546 f., 556, 587 ff., 599, 607, 609, 611, 620, 623 ff.
Bergman, Ingrid 415 ff., 430, 444, 533 f., 540, 543
Bessie, Alvah 379 f., 389 f., 400 f., 412 f.
Betsky, Seymor 642 f.
Bianchi, Don Giuseppe 59, 220
Biggs, Fannie 40
Billingsley, Sherman 533
Bird, Sally 118 ff., 159
Bird, William 109 ff., 118, 124 ff., 135 ff., 149 ff., 159 ff., 216 f., 375, 647 f.
Bishop, John Peale 219 f., 243, 245
Bizet, Georges 430

Register

Blackburn, Jack 37
Blakely, H. W. 511, 567
Blankfort, Michael 534 f.
Blazzard, Howard 495 ff.
Bledsoe, Thomas 572 f., 579 ff.
Bliven, Bruce 283 f.
Blixen, Baron von 301, 318 f.
Blixen, Eva von 318
Blixen, Karen von (Isak Dinesen) 291 ff., 611
Boal, Samuel 572
Bofils, Jaime 629
Boleslawskaja 389
Bone, John 102, 108 ff., 113, 120 ff., 134 f., 142, 150 f.
Boni & Liveright 146, 164, 175 ff., 201
Bonell, Bonnie 86
Borgatti, Renata 133 ff., 544, 554
Bosch, Hieronymus 595
Boulton, Nick 28 ff., 39, 164
Boulton, Prudence 28, 39 ff.
Bowen, Stella 157, 245
Boyd, Ernest 203 f., 209 f.
Boyd, Madeleine 203
Boyer, Charles 533 f.
Braden, Spruille 431 f., 436, 438 ff., 645
Bradfield, Ruth 96, 98 ff.
Bradley, William 200, 476
Brancusi, Constantin 176
›Brasilius‹ siehe Lucas, Nemo C.
Braun, Mathilde 171 ff.
Breaker, George 96, 98 f., 100, 153
Breaker, Helen 96, 98 ff., 153
Breit, Harvey 564, 566, 569 ff., 599, 606, 611 f., 617, 619
Brickell, Herschell 196
Bridges, Robert 210, 239 f., 241, 251
Briggs, Ellis O. 431 f., 435 ff., 645
Britton, Jack 194
Bromfield, Louis 198, 201 ff.
Brooks, George 341
Brooks, Ruth 62
Broun, Heywood 310
Browder, Earl 364 f.

Brown, George 411, 415, 447 556, 616 f., 623 f., 637, 651 f.
Browning, Robert 51
Bruce, Betty 627 f.
Bruce, David 474 ff., 524, 607, 633 ff.
Bruce, Evangeline 607, 633 ff.
Bruce, T. Otto 277, 401, 407, 411, 425, 532, 538 f., 627
Brueghel, Pieter 595
Brumback, Theodore 51 ff., 62, 65, 88 ff.
Buckley, Henry 389
Buckley, Peter 594 ff., 620, 634
Bullfighting, Sport and Industry 250
Bullitt, William 383
Bump, Marjorie 80 ff., 101, 163
Burge 248 ff.
Burke, Michael 449 f., 454 f.
Burns, Harry 336, 339, 341, 578 f.
Burton, Harry Payne 295, 331 ff.
Butler, Dorothy 118 ff.
Butler, Nicholas Murray 420
Butt, Hugh R. 643 ff.
Butterfly and the Tank, The 391
Byrd, Richard 422

Cabot, John 612
Cadorna, Luigi 76 f., 111
Caldwell, Erskine 536
Callaghan, Loretto 241 ff.
Callaghan, Morley 147 ff., 241 ff.
Calmer, Ned 301, 312, 623
Calmer, Priscilla 301
El Campesino (Valentín González) 355, 397
Canby, Henry Seidel 244
Cannell, Kitty 153 f., 156, 164 ff., 175 ff., 218
Cannon, Jim 541, 640
Capa, Robert 389, 411, 450 ff., 500
Cape, Jonathan 214, 217, 573, 587

Caracciolo, Domenico 77, 79 f.
Carey, George 268
Carpentier, Georges 87
Carrighar, Sally 47 f.
Carroll, Nancy 331
Cartwright, Reggie 604 f.
Casamassima, Mario 620
Castro, Fidel 629 ff., 638 ff., 650
Cather, Willa 147
Cavanaugh, Loretta 62 ff., 79
Cawalader, Charles 309 ff.
Céspedes, Carlos Manuel de 287
Cézanne, Paul 163, 227
Chamberlain, John 409
Chamberlain, Neville 384 f.
Chambers, Canby 304
Chambers, Esther 304, B 401, 448 f.
Chance, Robert 510 ff.
Charles, Mrs. Joseph William 92 f., 99, 109
Charo 304, 599, 610
Charters, James 289 f., 304, 451 f., 453 ff.
Chautard, Madame 151, 161, 178, 190, 486 ff.
Chautard, Pierre 151, 156
Che ti dice la patria? 223
Child, Richard Washburn 129
Ching, William 437
Chocianowicz, Leon 54, 68
Choltitz, Dietrich von 484
Ciardi, John 614 f.
Clarahan, Lewis 34 ff., 36 ff., 44, 47
Clark, Gregory 85 ff., 142 f., 148 ff., 157, 167, 450
Clarke, Herbert 176 f.
Clemenceau, Georges 126 f.
Clendening, Logan 269 f.
Cloete, Stuart 605
Coates, Frances 39
Coates, Robert M. 275
Cocteau, Jean 158, 275 f.
Cohen, Morris Abraham 417 f., 421, 518
Cohn, Louis Henry 251 ff., 265 ff., 278 ff.
Cohn, Marguerite 265

Register

Cole, Robert 43
Coles, Jack 341 f.
Collingwood, Charles 464 f., 471 ff.
Collins, John 50
Colomo, Felix 287
Conelly, Marc 203
Connable, Dorothy 83 ff., 591 f.
Connable, Harriet Gridley 83, 86, 100, 144
Connable, Ralph 83 f., 100
Connable, Ralph jr. 83, 86
Conolly, Cyril 450, 618
Conrad, Joseph 125 f., 143 f., 167 f., 199
Cooch Beha, Maharadscha von 620, 634
Cookson, Clive 596 f.
Cooper, Gary 408 ff., 426 ff., 444, 528, 532, 569, 628 f., 650
Cooper, Rocky 408 ff., 426, 528, 532, 650
Copeland, Charles Townsend 265
Corcoran, Gifford 57
Costello, Tim 448
Cowan, James 150
Cowles, Jack 203
Cowles, Virginia 357
Cowley, Malcolm 218, 244, 388, 540 f., 547 ff., 570 ff.
Crane, Stephen 591
Cranston, J. H. 85 f., 87, 94, 101
Crichton, Kyle (Robert Forsythe) 352
Crompton, Bonte (später Mrs. Gustavo Durán) 405
Crosby, John 632
Cross Roads, The auch *Black Ass at the Cross Roads* 619
Cuddy, Henry 103 f.
Cummings, E. E. 147, 168, 177 f., 247
Cunard, Nancy 168
Curry, Fanny 262
Curtis, Constance 81 f.
Curzon, Lord 128
Cusack, Tom 34, 37, 42

Dahl, Harold (Whitey) 358
Dahl, Roald 447 f., 451, 458, 472
Danby-Smith, Valerie 633 ff.
Dangerous Summer, The 640 ff.
D'Annunzio, Gabriele 87
Dante, Alighieri 591
Dashiell, Alfred 280 f.
David (Chauffeur) 358 f.
Davidson, Jo 111
Davies, Dorothy 34 f., 39
Davis, Annie 631 ff.
Davis, Nathan (Bill) 431, 630 ff.
Davis, Owen 203
Davis, Richard Harding 432
Dean, Roselle 75 ff.
Debba 601 ff.
Debs, Eugene 272
Décan, Jean 487 ff., 527 f., 576
Defense of Dirty Words 308 ff.
Defoe, Daniel 245
Delmer, Sefton 356 ff., 374, 376 f., 379 ff.
Dempsey, Jack 327
Denunciation, The 391
Desnos, Robert 348
Detro, Philip 370 f.
Detweiler, Meade 55, 64
De Voto, Bernhard 616
Díaz, Rodrigo 437
Dickens, Charles 25
Dietrich, Marlene 302, 311, 501, 515 ff., 542, 556 ff., 624
Dillon, Mack 37
Dilworth, Elizabeth 19 f., 35 ff., 52, 81 f., 99 ff.
Dilworth, James 28, 161
Dilworth, Wesley 19 f., 21, 88
Dinesen, Isak, siehe Blixen, Karen von
Di Robillant, Carlo 572
Divine Gesture, A 99, 111
Dixon, Margaret 40
Doktor und seine Frau, Der 164
Dominguin, Luis Miguel 595, 608 ff., 617, 630, 635 ff.
Donaldson, Arthur 84 f.

Donnelley, Eleanor 236
Doran, George 171 ff., 196
Doren, Carl van 328
Dorman-Smith, Eric, später Dorman O'Gowan 70 ff., 105, 113 ff., 120 f., 129 ff., 161, 207, 291, 561, 564, 567, 613
Dos Passos, John 57 f., 117, 141, 157 ff., 195 ff., 230 ff., 239 ff., 240 ff., 304, 310 ff., 357, 390, 439, 444, 536 f., 639, 650
Dowdy, John 505
Dreiser, Theodore 268, 324, 570
Drei Tage Sturm 81, 164, 626
Drew, Fraser 614 ff.
Driscoll, Joe 484, 497
Droopy (Führer) 295 ff.
Duhamel, Marcel 487
Dunabeitia, Juan (Sinsky) 433 ff., 442 ff., 535, 539 f., 578, 641
Dungan, Albert 39, 75 ff.
Dunlap, C. R. 459
Dunn, E. M. 52
Dunning, Ralph Cheever 626
Durán, Bonte 438 ff.
Durán, Gustavo 358 ff., 397, 402 f., 405 ff., 427 f., 438 ff., 520 ff.

Eastman, Max 110 ff., 283 ff., 367 ff.
Edgar, Carl 47 ff., 51 ff., 65, 99
Edwards, E. W. ›Lum‹ 467 f., 504 ff.
Ehrenburg, Ilja 355 f., 360
Einfache Frage, Eine 219, 223
Eisenhower, Dwight D. 476
Eisenstaedt, Alfred 584 ff.
Eliot, Thomas Stearns 132 f., 165 ff., 275 f., 577 f., 623 f.
Ellermann, Annie Winifred 131
Ellis, Havelock 95, 533
Empey, Arthur Guy 432
Ende von Etwas, Das 81, 164

669

Fadiman, Clifton 244, 289 f., 388, 409
Fairbanks, Douglas 47
Faithfull Bull, The 572
Farewell to Arms, A siehe *In einem anderen Land* (Roman) 239
Farrell, James T. 343 f.
Faulkner, William 117, 268 ff., 275 f., 343, 509 f., 536 f., 540, 569 f., 585 ff., 609, 617 ff.
Feder, Walter 55
Felsch, Happy 46
Fenberg, Bertha 228, 237
Fenimore, Edward 570
Fenton, Charles 571 f., 584 f., 591 f., 593 f., 614 ff.
Ferno, John 36, 347, 356 f.
Fiedler, Leslie 642
Fielding, Henry 196 ff.
Fiesta 188, 192, 194, 198, 199 ff., 217 ff., 239, 240, 261, 265, 362, 416, 444, 579, 581, 593 ff.
Fifth Column and The First Forty-Nine Stories 386
Finney, Ben 401, 637 f.
First Fifty-Four Stories 313
Fischer, Louis 360
Fisher, Lou 424
Fisher, Paul 156 f., 178
Fitzgerald, Scott F. 177 ff., 195 ff., 218, 238 f., 243 ff., 264, 280, 303 f., 306 ff., 319 ff., 362, 366 ff., 414 f., 422, 427, 443, 481, 591 f., 623, 625, 637 ff.
Fitzgerald, Zelda 175 ff., 188, 203, 280 f., 303
Fitzpatrick, Leo 50 f.
Flaherty, Jerome 55
Flanner, Janet 170 f., 301 ff., 348 ff., 501
Flashberg, Alex 424
Flaubert, Gustave 141, 148, 541, 558, 588, 591
Flechtheim, Alfred 165 f., 183
Fleischman, Helen 165
Fleischman, Leon 165 ff., 217
Foley, Edith 94

Ford, Ford Madox 125 f., 152 ff., 157 ff., 167 ff., 203, 218, 245, 277 f., 422 ff., 626 f.
Forsythe, Robert (Kyle Crichton) 326
Forty-Nine Stories 334
Fourie, Ben 292, 297 ff.
Fowler, Henry W. 309 f.
Franchetti, Afdera 559, 565 ff.
Franchetti, Nanyuki 546 f., 559 f., 566
Franco, Francisco 347 ff., 350 ff., 369 f., 376, 378, 380, 382, 384, 441, 444, 593, 636
Frank, Waldo 196
Franklin, Sidney 243 f., 250, 263, 287, 343 f., 348 ff., 361, 367 f., 370, 539 ff.
Friede, Donald 223 f., 408 f., 410, 415 ff.
Friend, Krebs 95, 97 ff., 162 f., 168
Frise, Jimmy 85 f., 101, 148
Frost, Robert 623 ff.
Fuentes, Gregorio 434, 503 ff., 575, 580
Fünfte Kolonne, Die 381, 386, 391 ff., 409, 427, 539
Für eine einen Kanarienvogel 216, 223

Gable, Clark 427
Gabrielle (Patricks Kindermädchen) 265
Gains, Larry 156
Galantiére, Lewis 102 ff., 118, 145, 158, 251 f., 450
Galinski, Anton 54
Gallagher, Ben 290, 387, 394
Gamble, Jim 58, 64, 71 ff., 95 ff.
Gannett, Lewis, 328
García, Manuel 139
Garden of Eden, The 529, 535, 539, 555, 568, 626, 629
Gardner, Ava 532, 608 ff.
Gardner, John 278 f., 281
Garibaldi, Giuseppe 115
Garrick, David (Afrikanischer Führer) 297 ff.

Gates, John 379
Gattorno, Antonio 309 f., 312
Gauss, Alice 181
Gauss, Christian 181 f., 578
Gay, Marguerite 102
Gebirgsidyll, Ein 207 ff., 223
Gehlmann, John 41
Gellhorn, Alfred 344
Gellhorn, Edna Fischel 344
Gellhorn, Georg 344
Gellhorn, Martha, siehe Hemingway, Martha
George, Marian 24
Get Yourself a Seeing-Eyed Dog 619
Gibbson, Tommy 37
Gilbert, Proctor 34
Gingrich, Arnold 279 ff., 303, 308, 312 ff., 320, 329 ff., 376 f., 388 f., 406
Give us a Prescription, Doctor, später *Der Spieler, die Nonne und das Radio* 279
Glaser, Benjamin 392 f.
Glaser, Margarete Elisabeth Maria 199, 204 ff., 273
Godfrey, Harry 50
Godolphin, F. R. B. 202
Goff, Irvin 412
Goforth, George 503 ff., 530
Gogh, Vincent van 490
Gold, Michael 110, 411 ff., 534 f.
Golder, Lloyd 34 f.
Goldstein, Irene 82 f., 88
González, Valentín siehe El Campesino
Good Lion, The 572
Gorer, Peter 452 f.
Gorkij, Maxim 210
Gorman, Herbert 196, 437
Gorne, Bill 64
Gorrell, Hank 356, 523
Gott hab euch selig, ihr Herren 50, 269, 278
Goya, Francisco 165, 559 f., 595
Grab, Harry 37
Grant, Bruce 477
Graveson, G. W. 485
Great Blue River, The 545

Great Little Fighting Machine, A (später *Der Kämpfer*) 174 f.
Greco, El 227 f., 559 f.
Green, Abner 328 ff.
Green, Justin 513 ff.
Green, Simon 28 f.
Greppi, Conte Emanuele 67, 71, 84
Grey, Zane 235, 286
Grieg, Harold 573
Griffin, Charles B. 57 ff.
Griffith, D. W. 147
Grinnell, Mrs. Oliver 335
Gris, Juan 183, 264
Großer doppelherziger Strom 80, 157 f., 162 ff., 171 ff., 261
Groth, John 496 ff., 523 f., 570
Grünen Hügel Afrikas, Die 315, 321 ff., 599, 628
Guest, Winston 433 ff., 528, 533, 569, 645
Guffey, Don Carlos 262, 266
Guthrie, Pat 179, 185 ff.
Guthrie, Ramon 227 f., 348
Gutiérrez, Carlos 304 ff., 322, 393, 569, 583

Haase, Paul 34
Haben und Nichthaben 365 ff., 371, 376, 386, 409, 427, 444
Hall, Caroline Hancock 266
Hall, Ernest 16 ff., 20 f., 150
Hall, Leicester C. 20
Hamnett, Nina 451
Hancock, Alexander 26, 628
Hancock, Annie 26
Hancock, Benjamin Tyley 21, 23 ff., 26 f.
Hancock, Caroline (später Mrs. Ernest Hall) 26
Hansen, Harry 210
Happy Ending, The 332
Harcourt, Alfred 201 ff.
Harding, Warren G. 129
Harriman, Averell 555
Harriman, Karl 80
Harris, Frank 124
Harter, Lloyd 43
Hartley, Marsden 138

Hartman, Bertram 167 ff., 172 ff., 176
Hartman, Gusta 167 f.
Haskell, Henry, J. 46 ff.
Haskell, J. F. 485
Hauptstadt der Welt, Die 573
Hawks, Howard 426 ff.
Hawks, Slim (später Mrs. Leland Hayward) 528, 532 f., 581
Hawthorne, Nathaniel 543
Haynes, Patrick, Kardinal 380
Hayward, Leland 581 ff., 615 f., 618
Heap, Jane 106, 133 ff., 146, 151
Hecht, Ben 209
Hecht, Joe 379
Heeney, Tom 320 f., 346 f., 541
Heilbrun, Werner 359 f., 362 f., 365 ff., 403
Hellinger, Mark 532 f., 535, 538, 539 ff.
Hellman, Lillian 347
Hemingway, Adelaide 27, 86 f.
Hemingway, Alfred Tyler 46 ff.
Hemingway, Anson T. 15 ff., 27, 247
Hemingway, Arabella White 46 f.
Hemingway, Carol (später Mrs. John Gardner) 26, 74, 100, 262, 271, 278, 280, 564
Hemingway, Clarence Edmonds 15 ff., 20 ff., 27 ff., 42 ff., 80, 142, 154, 198, 219, 233 ff., 238 f., 402, 541
Hemingway, George 27, 36, 154, 239 ff.
Hemingway, Grace Hall 15 ff., 41 ff., 74 ff., 101 ff., 198, 218, 228 f., 233 f., 239 ff., 402, 552, 574
Hemingway, Gregory Hancock (Gigi) 266 ff., 404 ff., 589, 609
Hemingway, Hadley 93 ff., 206 ff., 241 ff., 286, 376 f., 395 ff., 435, 446, 479, 486, 514, 525 ff., 569, 594, 625 ff., 647 f.
Hemingway, Henrietta Broyles (Mrs. Patrick Hemingway) 28, 569, 601 f., 606
Hemingway, John (Bumby) 152 ff., 156, 159 ff., 175 ff., 206 ff., 215 ff., 238 f., 254 ff., 486, 502, 513 ff., 569, 592, 594 ff.
Hemingway, Leicester 25, 35, 74, 100, 238 f., 271, 305, 450 ff., 509
Hemingway, Madelaine (Sunny) (später Mrs. Kenneth Mainland und Mrs. E. J. Miller) 20 f., 35 f., 45 f., 74, 89, 237 ff., 582, 592
Hemingway, Marcelline (später Mrs. Sterling Sanford) 17 ff., 24 ff., 30 ff., 33 ff., 39, 41, 44 ff., 51, 69, 74 ff., 249
Hemingway, Martha 344 ff., 424 ff., 525 ff., 577
Hemingway, Mary 450 ff.
Hemingway, Patrick 235 ff., 404 ff., 532 ff., 569, 601 f., 605 ff.
Hemingway, Pauline 175 ff., 197, 200 ff., 425, 522, 529, 538 ff., 577 f., 628
Hemingway, Ursula (später Mrs. Jasper Jepson) 18, 41, 45, 74, 89, 100
Hemingway, Dr. Willoughby 25, 27 f., 276
Henley, Swede 505 ff., 530
Henrietta (Patricks Kinderfrau) 262
Henty, G. A. 25
Herbst, Josephine (später Mrs. John Herrmann) 169, 257, 270 f., 353 f.
Hermann, John 169, 248, 262 f., 353, 443
Hernandez, Anselmo 585, 592
Herrera, José Luis 519 ff.
Herrera, Roberto 434, 535, 538 ff., 564, 566, 608, 629

Herrick, Robert 246
Hersey, John 448
Heute ist Freitag 223, 372
Hickok, Clara 108
Hickok, Guy 108 f., 140 ff., 158, 174, 221 ff., 229, 243 ff., 544
Hickok, Mary 108, 221 ff.
Hicks, Wilson 50 ff.
Hidalgo, Rubio 370
Higgons, Joan 648 ff.
Hindmarsh, Harry 142 ff., 149 ff.
Hines, Anginette 24, 29
Hines, Anginette Hemingway 29
Hines, Anson 29
Hines, Frank Bristow 28 ff.
Hines, Frank Jr. 29, 157 ff.
Hines, Margarette 29 f.
Hipolito (Chauffeur) 358, 361
Hitler, Adolf 288, 385, 473
Home, Roy 599 ff.
Homer, Winslow 542
Homer 588
Hoover, Herbert 235, 250
Hopkins, Charles 52
Hopkins, Harry 366 f.
Horne, William D. 55 ff., 65, 69, 74 f., 93 ff., 236
Hotchner, Aaron Edward 541 f., 552 ff., 620 f., 628 f., 630, 633 ff.
Houghton, George 449, 454
Houk, Walter 582
Hourihan, Marty 383 f.
Howard, Kid 37 ff.
Howe, Annie L. 19
Hudson, W. H. 79, 179
Hügel wie weiße Elefanten 222, 225, 269
Hugle, Beverly 89
Hulbert, Bürgermeister 144
Huldigung an die Schweiz 279 f.
Huston, John 604
Hutchinson, Percy 244
Huxley, Aldous 275 f.

Ibarlucia, Paxtschi 434, 440, 445

Ibarruri, Dolores siehe Pasionaria, La 401
Indianerlager 154 f., 157, 164
Indian Country and the White Army 619
In einem anderen Land (Roman) 216, 222, 230 f., 244, 248 ff., 251 ff., 371, 430, 444 f., 535, 542, 556, 567
In einem anderen Land (short story) 409
Ingersoll, Ralph 411 f., 421 ff.
Ingersoll, R. Sturgis 398, 422
In our time 149 f., 154, 164 ff., 173
In unserer Zeit 174, 178, 196 ff., 214, 223, 270
Irvin, Red 475
Inseln im Strom 575, 578
Italy 1927 223
Ivancich, Adriana 546 f., 549, 554 ff., 606 ff.
Ivancich, Carlo 549
Ivancich, Dora 546, 567
Ivancich, Gianfranco 549 f., 555, 562, 564, 567, 585 ff., 592 ff., 615, 620, 627, 634 ff.
Ivens, Joris 347, 356 f., 361 ff., 401

Jackson, Joseph Henry 587
Jackson, Stonewall 553
Jacobs, Douglas 404 f.
James, Henry 228 f., 543, 611
James, Will 258
Jenkins, Howell 54 ff., 58, 68, 79 ff., 96 ff., 100, 105, 109, 168, 174, 181
Jensen, Juanita 550 ff., 555 ff., 582
Jessup, Elsie 71 ff.
Johnson, Edgar 570
Johnson, Eldridge 249
Johnson, Larry 643, 646, 648
Johnson, Nelson 420 f.
Johnson, Walter 151
Jones, Howard Mumford 437
Jones, James 576
Joyce, Giorgio 616
Joyce, James 102, 108 f., 148,
154, 181, 183, 229 ff., 268, 277, 282, 290, 301 ff., 362, 431 ff., 529, 616
Joyce, Jane 440 f.
Joyce, Robert P. 437 ff.

Kämpfer, Der 177, 591
Kahle, Hans 351 ff., 397, 412, 539
Kamau 292, 299 ff.
Kaschkin, Iwan 322 ff., 531, 570
Katze im Regen 132, 164
Kay, Eddie 424
Kay, Virginia 424
Kazin, Alfred 570
Keats, John 344
Kechler, Graf Carlo 546, 559 f.
Kechler, Graf Federico 544 ff.
Kechler, Gräfin Maria Luisa 544
Kees, C. Waardenburg 460 ff.
Keller, Fred 371 f., 379 ff., 412
Kelly, Shipwreck 394, 436
Kenan, Thomas 502 f., 505 f., 530
Kennedy, John F. 645 f., 647
Kiki von Montparnasse 247 f.
Killer, Die 208, 214, 223, 532, 538 ff., 591
Kimborough (Fotograf) 496
Kipling, Rudyard 79
Kirkpatrick, Helen 471, 485 f.
Klausser, Herta 590
Kleber 397
Klein, S. J. 268
Knapp, Joseph 318 f.
Knight, Eric 273 ff.
Knopf, Alfred 172
Knox, Frank 429
Kohler, Clarence 43
Kohly, Cucu 437
Kohr, Harry 50
Koltsow, Michail 355 f., 397
Konstantin, König von Griechenland 133
Koritschoner, Hans 298 f., 304 f.

Register

Kotesky, John 101
Krieger, Irving 475 f.
Krock, Arthur 421
Kronenberge, Louis 371
Kruif, Paul de 533
Kulcsar, Ilsa 352, 353, 360 ff.
Kung, Madame 422
Kurowsky, Agnes Hannah von 62 ff., 88, 96, 125, 129, 140, 230
Kurze glückliche Leben des Francis Macomber, Das 365, 394, 527
Kutner, Luis 640

Lady Poets with Foot-Notes, The 165
La Farge, Christopher 398, 401
Lancaster, Burt 532
Lang, William 641
Lanham, Charles Trueman (Buck) 467 ff., 521 ff., 552 ff., 587, 595, 599, 610 f., 619 f., 633 ff.
Lanham, Pete (Mary) 518, 524 ff.
Lardner, James 378 f., 380
Lardner, Ring 41 f., 68, 238, 309, 378, 388
Latimer, Jonathan 343
Laughton, Charles 589
Lavalle, Ramon 358, 421 ff.
Lavalle, Wendy 421 f.
Lawless, Peter 490 ff.
Lawrence, David Herbert 282
Lawrence, Gertrude 449 f.
Leahy, W. I. 456 ff.
Leclerc, Jacques 476, 479 ff. 524
Lederer, William 419 f.
Leeds, William B. 317, 340
Léger, Fernand 148
Le Gros, Madame 558
Lent, Walther 173 ff., 199 ff., 336
Leonard, Benny 194
Leopoldina 553
Lerner, Mike 320 f.
Leserin schreibt, Eine 269
Lewis, George 67
Lewis, Lloyd, 432

Lewis, Sinclair 117, 199, 227 f., 269 f., 324, 348, 401, 411, 428 ff., 437, 549 f.
Licht der Welt, Das 280, 282
Liebling, A. J. 471 f.
Lincoln, Abraham 370, 446
Lister, Enrique 355, 388 ff.
Litwinow, Maxim 110
Liveright, Horace 165 ff., 174, 178 ff., 197 ff., 223 f., 386, 408
Lloyd George, David 143 f.
Lloyd George, Megan 143, 144 f.
Loeb, Harold 153 ff., 156 f., 165 ff., 172 ff., 218 f., 220, 639 f.
London, Jack 570
Long, Katharine C. de 62, 65
Long, Ray 127
Longan, George 47
Longford, Sam 37
Longwell, Dan 587
Longwell, Kathryn 77 ff.
Loomis, Elizabeth 89 f.
Loomis, Robert 89
Loos, Anita 618
Loper, Richard 95
Lorimer, George Horace 80, 330
Louis, Joe 327 f., 385 f.
Lovetta, Konteradmiral 459 ff.
Lovette, Leland 449
Lowe, Joe 326
Lowe, William 601
Lowrey, Malcolm 243, 265
Lowrey, Mary 147, 149 ff.
Lowrey, Ruth 235
Lowrey, Susan 40
Loy, Mina 138
Lucas, Nemo C. 434, 465 ff., 490 ff.
Lucasz, General (Maté Zalka) 359 f., 362 f., 365 ff., 397, 402 ff.
Luce, Henry 246
Luckett, James 511 f., 607, 645
Luckner, Felix Graf von 432
Lynn, Alan 460 ff.
Lyons, Leonard 533 f., 622 ff., 640

MacAdam, Ian 449, 454, 604
McAlmon, Robert Menzies 131 ff., 135 ff., 159 ff., 170, 246 f.
MacCollum, Ruth 31
MacDonald, Elsie 61 ff., 77
McGaffery, J. K. M. 570 f.
McGoorty, Eddie 37
Machado, Gerardo 287 ff., 304
McHarg, William 80
McHugh, Vincent 437
McKay, Claude 110
Mackenzie, Compton 181
McLane, James 507 f.
MacLean, Charles Agnew 80
McLeish, Ada 169, 209, 213 f., 218 ff., 229 f., 248 ff.
McLeish, Archibald 169 f., 207 ff., 213 f., 218 ff., 229 f., 245 f., 258 ff., 283 f., 306 f., 340, 347, 364 f., 439 ff., 595, 610, 622 ff.
MacMullen, Forrest 628
M'Cola 292 ff., 599
McQuarrie, Patricia 645
Madill, George 34
Madinaveitia, Juan 608, 621 f., 633
Männer ohne Frauen 219, 223, 226 ff., 233
Maëra, Manuel García 140 ff., 159 ff., 166, 223
Manolito 542 f., 583
Maran, René 109
Marceau, Tahon 474 ff.
Marcel 487, 490
March, Florence 366
March, Frederic 366
Marigny, ›Graf‹ Freddy 436
Mailer, Norman 575
Malraux, André 389, 412, 487 f.
Mamoulian, Rouben 430
Mann, Thomas 199 f., 264
Manning, Frederick 437
Manning, Robert 613
Man of the World, A 623
Markowitsch, Mirko 412
Marlowe, Christopher 230, 444
Marryat, Frederick 200, 245, 435

Marsh, Mae 53 f.
Marsh, Roy 601 ff., 646
Marshall, Margaret 409
Marshall, S. L. A. 480 ff.
Marty, André 359 ff., 412 ff.
Maskin, Major 505 f.
Mason, Frank 121, 123
Mason, George Grant 264, 270, 345
Mason, Jane 264 f., 287 f., 310, 333 f., 347
Masson, André 142
Matisse, Pierre 312 f.
Matteotti, Giacomo 192
Matter of Colour, A 38 f.
Matthews, Herbert 328, 356 ff., 369 ff., 629, 639
Maugham, W. Somerset 199
Maupassant, Guy de 282, 542
Mayes, Herbert 555, 557 f.
Mees, Huck 253, 273 ff.
Mein Alter 125 f., 127 ff., 131 f., 135, 138, 146 f., 196, 547
Men at War (Anthologie) 432, 436 ff.
Mencken, H. L. 172, 275
Menocal, Mayito 400, 403, 415, 542 f., 593, 597 ff., 615 ff.
Menocal, Mayito jr. 441 ff.
Merriman, Robert 369 f., 402
Mesa, Fernando 434
Meyer, Art 99
Meyer, Wallace 581 ff., 618, 622 ff.
Michigan vor langer Zeit 582
Mikojan, Anastas 639
Miller, Colin 414 f.
Miller, John 67 ff.
Millis, Walter 438
Miró Joan 195 ff., 215, 251, 267
Mr. and Mrs. Eliot 174
Mr. and Mrs. Smith 164
Mistral, Gabriela 577 f.
Mitchell, Hauptmann 506 f.
Mock, Michael 341 ff.
Modesto, Juan 355, 390, 397
Moise, Lionel C. 49 ff.
Molnár, Franz 392
Moncini, Alice 236, 251

Moncini, Auguste 236, 251
Moncini, Charles 236, 251
Moncini, Lucien 236, 251
Mondadori, Alberto 544, 560
Monks, Noel 450 ff., 514 ff.
Monnier, Jean 623
Monroe, Harriet 99, 111, 124 f., 133
Montgomery, Bernard Law 479, 567
Montijo, John Igual de 424
Monument, The 619
Moore, Alex 185
Moorehead, Alan 451 f., 485, 546
Moorehead, Ethel 170, 173, 177 ff., 647
Moorehead, Lucy 451 f., 546
Moorehead, William 50
Mora, Constancia de la 350, 370, 376
Morgan, George 504
Morgan, Henry 241, 281
Mouthard siehe Pasteau, Michel
Mowrer, Paul Scott 286, 395
Müde bin ich, geh zur Ruh' 223 f., 270
Murphy, Baoth 316 f.
Murphy, Gerald 195 f., 199, 203 ff., 256, 273 f., 303, 314 ff., 625, 639
Murphy, Sara 195 f., 199, 203 ff., 256, 273, 303, 316, 625, 639
Musselman, Morris 34, 42, 94
Mussolini, Benito 114 ff., 127 ff., 161, 192, 220 ff., 288, 350, 376, 385, 443, 473, 577
My Pal the Gorilla Gargantua 385

Nach dem Sturm 269, 282, 288
Nairobi, den 18. Januar 295
Nash, William 118
Nasser, Gamal Abd-el 621
Neal, Patricia 569
Nels, Paul 169, 172
Nelson, Bat 174
Nelson, Steve 412
Neroni, Nick 78 f., 95

Ney, Michel 541
N'Gui 599, 601, 610
Nichols, Dudley 430 f.
Night before Battle 388, 393 ff.
Nobody Ever Dies 392
Nordquist, Lawrence 252 ff., 272 f.
Nordquist, Olive 273 ff.
North, Henry W. R. (Buddy) 449 f., 454 f., 561
North, Joseph 326, 380 ff., 404 f.
Notes on the Next War: A Serious Letter 313, 320

Oakes, Nancy 436
Oben in Michigan 81, 107, 108, 125, 128, 138, 146, 165, 174, 177, 220, 386
O'Brien, Edward 131 f., 146, 214
O'Connell, Jack 574 f.
O'Hara, John 448 f., 565
O'Hare, Red 510
O'Henry siehe Porter, William Sidney 73, 87
Ohlsen, Ray 34 ff., 41 ff.
Old Timer 425 ff.
On American Dead in Spain 393
O'Neil, Barbara 125
O'Neil, Dave 125, 157
O'Neil, George 156, 157, 159 ff.
Onesine 487, 489
One Trip Across 295
On the Blue Water 393
Ordoñéz, Antonio 594 ff., 617, 620 ff., 630 ff.
Ordoñéz, Carmen 633 ff.
Ordoñéz, Cayetano (Niño de la Palma) 185 ff., 594
Orwell, George 512 ff.

Paige, D. D. 577
Pailthorp, Edwin 82 ff., 100
Palma, Niño de la siehe Ordoñéz, Cayetano
Palmer, Edwin 319
Paris 1922 133 ff.
Park, Oberst 498 ff.

Register

Parker, Austin 381 f.
Parker, Dorothy 203 ff., 215, 247, 409
Parsons, Louella 566
Pascha, Ismet 127
Pascha, Kemal 121
Pascin, Jules 626
Pasionaria, La (Dolores Ibarruri) 402, 412
Passing of Pickles McCarty, or The Woppian Way, The 78, 104, 208
Pasteau, Michel (Mouthard) 478 ff.
Paterson, Isabel 246, 328
Patterson, George 516
Patton, George 465 ff.
Paul, Elliot 263, 265
Paul, G. J. C. 459
Paxinou, Katina 444
Pay, George 67
Payne, Laud 277
Pearson, ›Fatty‹ 294 f.
Pease, Warren 58 f.
Peat, Harold 411
Peckham, Content 516
Pegler, Westbrook 309
Peirce, Ellen 631
Peirce, Waldo 222 ff., 233, 235 ff., 265 ff., 306, 331 ff., 371, 631
Pelkey, Archie (Red) 468 ff.
Pennington, Ann 95
Pentecost, Jack 42 f., 99, 157
Percival, Philip 267, 291 ff., 327, 332 ff., 593, 597 f., 599 f., 602, 607, 609, 645
Pereda, Prudencio de 312, 339 ff., 346, 365 f.
Pérez, Mungo 437
Perkins, Louise 258, 315
Perkins, Maxwell 178 ff., 200 ff., 218, 220 f., 227 f., 234, 237 ff., 315 f., 326, 330, 334, 340 ff., 401, 403 ff., 443 ff., 502, 518, 532, 537 f., 539, 583 ff., 625
Peter, König von Jugoslawien 559
Peterson, M. S. 475 f.
Pfeiffer, Gustavus Adolphus 213, 222, 231, 233, 242 f., 250, 253 ff., 263 ff.
Pfeiffer, Mary Downey 212 ff., 234, 242, 275, 281, 309, 333, 339, 347, 367, 386 ff.
Pfeiffer, Paul 213, 237, 242, 333
Pfeiffer, Pauline siehe Hemingway, Pauline 175 ff., 197, 200 ff.
Pfeiffer, Virginia 175 ff., 206 f., 220 ff., 236, 238, 262, 266, 286 ff., 384, 394, 399 f., 577 f.
Picasso, Pablo 183
Pickles McCarthy 125
Pinder, Albert (Old Bread) 316 f.
Pius XII., Papst 628
Platt, Frank J. 32
Plimpton, George 637
Poore, Charles 328, 565
Porter, Katherine Anne 302 f.
Porter, William Sidney (O'Henry) 73, 87
Potter, Eva 82
Potter, Hazel 82 f.
Pound, Dorothy 106
Pound, Ezra 102, 106 ff., 124 ff., 136 ff., 141 ff., 151 ff., 165 ff., 277 ff., 443 f., 561, 577 f., 612, 619, 622 ff., 636, 640, 647
Powell, Dawn 304, 306, 448
Primo de Rivera, Miguel 633
Printup, Hale 34
Pudney, John 455 f., 462

Quinet, Edgar 290
Quinlan, Grace 82, 99
Quinn, John 158, 162
Quintana, Juanito 183, 594 ff., 633, 640
Quintanilla, Luis 263, 287, 312 ff., 340 f., 349 f., 359, 373
Quintanilla, Pepe 354 f.

Ramsdell, Luman 82 ff., 100
Rarick, Ray 551
Rascoe, Burton 145 f., 168 ff.
Rasmusson, Daniel 542 f.
Rawlings, Marjorie Kinnan 334 ff.
Reade, Robert 148 f., 157, 167
Redman, Ben Ray 242 ff.
Rees, O. M. 268
Regler, Gustav 359 ff., 392, 403 f.
Reid, Marjorie 154, 158
Reinhart, John 485
Remarque, Erich Maria 245
Renoir, Pierre Auguste 542
Reynolds, Dorothy 75 ff.
Reynolds, Jean 89
Rice, Alfred 543, 573, 583 f., 593
Rice, Grantland 385
Richards, Frank 432
Richards, Lola 638
Richardson, Florence 93
Richardson, Hadley siehe Hemingway, Hadley 93 ff., 100 ff., 113 ff.
Richardson, Samuel 198
Riddle, Georgia 98
Ridge, Olga 561
Ritz, Charles 528
Robinson, Sugar Ray 624
Robles, José (Pazos) 354 f., 361, 384, 444
Rockefeller, Nelson 427
Roderick, Virginia 80
Rodwell, Brigadegeneral 511 f.
Rohrbach, Marie 151, 157, 159 ff., 208, 210 ff., 479
Rolland, Romain 383
Romaine, Paul 268 f., 364
Rome, Howard R. 643 ff.
Rommel, Erwin 549
Room of the Garden Side, A 619
Roosevelt, Eleanor 363 f., 366 f., 437
Roosevelt, Franklin D. 272, 291, 363, 366, 384, 427, 441, 479, 521
Roosevelt, James 422
Roosevelt, Theodore Jr. 466
Rosa, Salvator 137
Rose, Billy 393
Rosenfeld, Paul 97
Ross, Harold 561, 578
Ross, Lilian 539 ff.

Rouse, Robert 93, 203
Royce, Smokey 253 ff.
Ruggles, John F. 494 f., 503 f., 510 ff.
Rundstedt, Gerd von 509, 512
Runyon, Damon 533
Russell, Joe 241, 270 f., 281, 284 ff., 333 ff., 423 ff.
Rutherford, Hugo 394
Ryall, William Bolitho 127 f., 144

Sage, Ann 74 f.
Saint-Exupéry, Antoine de 358
Salinger, Jerome D. 488 f.
Sammarelli, Hauptmann 62, 64, 66
Sampson, Harold 21, 31 f., 33 f.
Samuels, Lee 566, 572 f., 575, 583, 612
Samuelson, Arnold 308 ff.
Sánchez, Graciella 520
Sánchez, Thorwald 445
Sandburg, Carl 611
Sandoval, Christina 609
Sanford, Sterling 240
Sapiebra, Paul 485
Sarabia, Hernandez 374 f.
Saroyan, William 313, 450 f., 513 ff., 533
Sarto, Andrea del 595
Sartre, Jean-Paul 509 f.
Sauberes, gutbeleuchtetes Café, Ein 279 ff.
Saunders, Eddie (Bra) 232 ff., 248, 269, 282, 304 ff.
Saunders, Willard 320 f., 541
Saviers, Fritz 651 f.
Saviers, George 628, 633, 634 ff.
Saviers, Pat 633 ff.
Saxon, Don 433
Scapinelli, Gherrardo 572
Schauer, Konrad 268
Scherman, David E. 501 f.
Schmeling, Max 385 f.
Schnee auf dem Kilimandscharo 336 ff., 365, 373, 554, 589, 591

Schnee überm Land 164
Schonzeit 135 f., 138, 591
Schwartz, Louis 622 f.
Schwester Florence 260 f.
Scott 428
Scribner, Charles 393, 401 f., 405, 407, 429 f., 537 ff., 561 ff., 613, 625, 637, 640 f.
Scribner, Charles Jr. 424 f., 612, 650
Scribner, Vera 561, 573, 580
Scribner's 178 ff., 200 ff., 217, 222, 251, 259, 261, 266, 278, 315, 328, 334, 345, 366, 372, 378, 399, 405, 408 ff., 502, 588, 591, 644, 646
Sea in Being, The 568 ff.
Sea When Absent, The 568 ff.
Sea When Young, The 568 f.
Segura, Matador 632
Sehr kurze Geschichte, Eine 182
Seldes, George 110, 111
Seldes, Gilbert 158, 196
Seltzer, Thomas 158
Selznick, David 416, 427
Selznick, Myron 408 ff.
Sepi Jingan 41
Serena, Enrico 63 ff., 71
Shakespeare, William 437, 532, 553 f., 555, 565
Shaw, Emmett 69 ff.
Shaw, George Bernard 589
Shaw, Irwin 451 f., 547
Sheean, Vincent 378 ff., 448 f.
Shenton, Edward 327
Shepherd, Gordon 40 f., 43
Sheridan, Claire 128
Sherwood, Robert 409
Shevlin, Lorraine 594
Shevlin, Thomas 319 ff., 394, 436 ff., 528, 569, 594, 600, 645
Shipman, Evan 166 f., 195, 275, 279 f., 348 f., 373, 383 f., 393, 426, 443 f., 561, 576, 626
Shot, The 563, 572
Sibert, Edwin L. 485
Sica, Vittorio de 589
Sickles, Noel 584

Sieger geht leer aus, Der 282 ff., 322
Simmons, Isabelle (später Mrs. F. R. B. Godolphin) 129, 144 f., 151, 203, 221
Simmons, Zalmon 55
Simonow, Konstantin 530 f.
Simpson, Ed 254
Sinclair, Gregg 416
Sittwell, Edith 422
Sittwell, Osbert 422
Sittwell, Sacheverell 422
Slocombe, George 109 ff.
Smart, David 367 f., 376, 384 f.
Smith, Chard Powers 164
Smith, Ernest 84 f., 86
Smith, Katharine (später Mrs. John Dos Passos) 77, 91 ff., 95 ff., 240 f., 268 f., 339
Smith, T. R. 177
Smith, William B. 45 f., 65, 77 f., 88 f., 99, 105, 109 f., 155, 159 ff., 174 ff., 233, 548, 561
Smith, Yeremya Kenley 77, 95 ff., 106, 109 f., 136
Smith, Mrs. Y. K. (Doodles) 77, 93 ff.
Smurthwaite, B. W. 179
Snook, Ernest 258 ff.
Solano, Solita 302 ff., 348 ff., 414
Soldaten zu Haus 164, 171
Sommer, François 573, 622
Soul of Spain with McAlmon and Bird the Publisher, The 165
So wie Du niemals sein wirst 270, 545
Speiser, Maurice 278 f., 345, 392, 535, 539, 543 f.
Spewack, Sam 111
Spiegel, Clara 628, 652
Spiegel, Fred 55, 57, 450
Spieler, die Nonne und das Radio, Der 279
Sprague, R. G. 644
Sproul, Kathleen 564 f.
Stahle, Minister 612
Staib, John 256 f., 274, 291, 296

Register

Stallings, Laurence 261
Stambulski, Alexander 110
Stanwyck, Barbara 426
Stearns, Harold 444 f.
Steffens, Lincoln 110, 127 ff., 134, 157, 238
Stein, Gertrude 102, 107 ff., 113, 124, 128 f., 130, 134, 138, 141 f., 145 ff., 155 ff., 167 ff., 197 f., 218, 251, 281 ff., 570, 626 f.
Steinbeck, John 392, 430, 448 f.
Stelzel, Sophie 16 ff.
Stendhal 148, 432
Stevens, Wallace 333 f.
Stevenson, Marcus 466 f., 490, 494 ff., 523
Stevenson, Robert Louis 181
Stewart, Donald Ogden 157 f., 160 ff., 171 ff., 182 ff., 251, 264 ff., 363 ff., 446
Stoker, Bram 31
Stone, Irving 312 f., 619 ff.
Strasberg, Lee 393
Strater, Henry (Mike) 124 f., 129 ff., 141, 149, 197, 211 ff., 221 f., 233, 238 ff., 267 f., 270, 286, 296, 316 ff.
Strauß, Charles B. 326, 329
Street, Julian 385
Stuart, J. E. B. 423
Sturmfluten des Frühlings 197, 199, 200 ff., 208 ff., 222, 525
Suarez, Arturo 541
Sullivan, J. B. 232 f., 325, 327, 334
Sun also Rises, The siehe *Fiesta* 192
Sun Yatsen 417 f.
Sweeny, Charles 121, 190 f., 403, 423 f., 429 ff., 532 f., 553, 561, 630
Swierczewski, Karol siehe General Walter 360, 402

Tabeshaw, Billy 28 f., 41, 164
Tamiroff, Akim 444
Tate, Allen 245 f.
Taylor, Robert 426

Teague, Arthur 494, 530
Tedder, Lord 573
Tedder, Ura 573
Tennyson, Alfred Lord 18
Thayer, Scofield 107 f.
Theisen, Earl 597 ff., 618
Thistlewaite (Trainer) 40 f.
Thomas, Dylan 623
Thomason jr., John W. 423 f., 429 ff.
Thompson, Charles 233 ff., 251, 259, 267, 270, 274 ff., 327, 334, 645
Thompson, Ed 640
Thompson, Lorine 233, 237 ff., 248, 301, 345, 645
Thornton, James W. 476 f., 499
Three Stories and Ten Poems 141, 145 ff., 154, 164 ff., 173
Thurber, James 288 f., 541
Time Now, The Place Spain, The 376
Tinker, Frank 358, 432
Tod am Nachmittag 266 ff., 283 ff., 335, 473, 594
Toklas, Alice B. 102, 107, 155, 311
Tolstoi, Leo N. 199
To Mary in London 461
Tomás (Chauffeur) 350 ff.
Tone, Franchot 393
Toulouse-Lautrec, Henri de 542
Tovar, Herzog von 354
Tracy, Spencer 589 f., 592 f., 615, 618 f.
Tradesman's Return, The 329
Treasury for the Free World, A (Anthologie) 526
Triana, Gitanillo de 159
Trik, Carl Hugo 73 f.
Trueblood, Dr. 254 ff.
Trujillo 541
Truman, Harry S. 577
Tsanakis, John 371 f.
Tschechow, Anton 210
Tschiangkaischek 417
Tschiang, Madame 419 f.
Tschitscherin, Georgij 110 f.
Tugwell, Rexford Guy 343 ff.
Tunney, James Joseph (Gene) 276, 320, 385 f., 528, 569

Turgenjew, Iwan 196, 199 f.
Turnbull, Andrew 637 f., 640
Twain, Mark 46, 277, 281, 414, 611
Twysden, Anthony 179
Twysden, Lady Duff 179 ff., 217, 557
Twysden, Sir Roger Thomas 179
Tynan, Kenneth 631
Tzara, Tristan 158

Über den Fluß und in die Wälder 553, 555, 560 ff., 626
Ulrich, Leonore 393
Ultimately 268
Um eine Viertelmillion 194, 207, 223
Unbesiegte, Der 171 f., 176, 214, 223, 261
Under the Ridge 394
Untzain, Don Andrés 431, 445
Usher, Mrs. Roland Green 93
Utrillo, Maurice 275

Väter und Söhne 282, 362
Valéry, Paul 501
Vallee, Rudy 259
Vanderbilt, Alfred 300 ff.
Van Dusen, William 449, 457 ff.
Van Gelder, Robert 405 f.
Van Guilder, Gene 397 ff., 630
Van Guilder, Nin 397
Villalta, Nicanor 139 ff., 144, 149, 159
Villamayor, Alvarito 520
Vega, Alonso 379
Velásquez, Diego 350
Vercors (Jean Bruller) 501
Verfolgungsjagd, Eine 219, 223
Verlaine, Paul 105
Viertel, Peter 594, 615 f.
Viertel, Virginia 557 ff.
Villard, Henry 63 ff., 70
Villeréal, René 629
Vittorini, Elio 547 f.
Voe, Katherine de 75

Register

Walker, Al 157
Wallace, George 50
Wallace, Ivan 253 ff., 291 f.
Wallich, Robert 375
Walsh, Ernest 170 ff., 175 ff., 626, 647
Walter, General (Karol Swierczewski) 360, 369, 402, 412
Walton, William 452 f., 464 f., 471, 498, 502, 507 ff., 573, 615
Ward, T. H. (Mike) 156, 174
Warren, William 316
Wartels, Nat 430 f., 432
Washington, Raoul F. 424
Watkins, Eightball 506 ff.
Watt, George 379
Waugh, Evelyn 473
Weaver, Leland Stanford (Chub) 253 ff., 339, 538
Wedderkorp, Graf Alfred von 165
Weeks, Edward 328
Wein aus Wyoming 251 f., 269, 288
Welles, Orson 365
Wellington, C. G. (Pete) 47 ff., 57
Wellington, Herbert 650
Wells, H. G. 344, 411 f.
Welsh, Mary, siehe Hemingway, Mary
Welsh, Thomas J. 522, 614 f.
Wem die Stunde schlägt 406, 408, 411 ff., 424, 427, 430 f., 437, 444 f., 506, 527, 530 f., 534 ff., 549, 570, 595, 628

Wertenbaker, Charles 450, 455, 471, 485, 524
Wertenbaker, George 464
Wertenbaker, Lael Tucker 450, 452 f.
Wescott, Glenway 203, 228
Westover, John 481 ff., 500 f.
Wetterumschwung 269
Wheeler, John N. 343 f., 346, 381 ff., 431 f.
White, David McKelvey 412
White, J. B. 46
White, Trumbull 44 f., 78
Whitney, Jack 243
Wiggins, William 148
Wilcoxen, Fred 42
Wilder, Thornton 220
Wilhelmine, Königin der Niederlande 263
Willerts, Brenda 395
Willerts, Paul 392, 512
Williams, Taylor 397, 425 ff., 563, 628, 630
Williams, Tennessee 631 f.
Williams, Tubby 94, 604 ff.
Williams, William Carlos 138, 156
Wilson, Dale 49 ff.
Wilson, Edmund 145 ff., 166 ff., 196, 218, 222, 261 ff., 328 f., 388, 415, 427 ff., 570
Wilson, Woodrow 53, 74
Winchell, Walter 343 f.
Winter, Ella 157 f.
Wirth, Karl Josef 110
Wister, Owen 241, 269
Wogoman, Mun 253
Wolfe, Thomas 261, 278 f., 319, 345, 377 f., 408 f., 422, 424, 536 ff.

Wolfert, Ira 348 f., 450, 455 f., 467, 471, 485
Wolff, Milton 370 f., 378, 412 ff., 645
Wolgast, Ad 174 f.
Wolves and Doughnuts 82, 104
Woods, Sam 427 f.
Woolf, Virginia 226 f., 422 f.
Woollcott, Alexander 283, 310
Woppian Way, The 80
Wornall, Shorty 122, 140
Worthington, Lyman 34, 43
Wright, Don 93, 101
Wykeham Barnes, Peter 455 f., 462 ff., 513, 541
Wyman, Bates 118

Xenophobia 553, 562 f.

Yeats, William Butler 612
Young, Philip 572 f., 578 ff.

Zalko, Maté siehe General Lucasz
Zanuck, Darryl F. 589
Zaphiro, Denis 597 ff., 624
Zehn Indianer siehe *After the Fourth* 194, 208, 223, 225
Zeilen, die beim Ausstreuen der Eier Scott Fitzgeralds von Eden Roc ins Meer vorgelesen werden sollen 330
Zielinski, Bronislaw 628
Zinneman, Fred 618
Zipp, Homer 82